lonely planet

MEXIKO

Baja California S. 556

Barranca del Cobre & Nordmexiko S. 594

Nördliches Zentralhochland S. 508

Zentrale Pazifikküste S. 398

Westliches Zentralhochland S. 464

Mexico City S. 58

Rund um Mexiko City, S. 132

Veracruz S. 176

Oaxaca S. 344

Chiapas & Tabasco S. 296

Halbinsel Yucatán S. 218

Kate Armstrong, Joel Balsam, Ray Bartlett, John Hecht, Nellie Huang, Anna Kaminski, Regis St Louis, Phillip Tang

INHALT

Reiseplanung

Reiseziele

©FITOPARDO/GETTY IMAGES ©

Trajinera (Gondel), Xochimilco (S. 131)

BRENT HOFACKER/SHUTTERSTOCK ©

Rindfleisch-Tacos

Mariachi-Band, Convento de San Antonio de Padua (S. 274)

Praktisches

Storybook

Im Oktober 2023 wurde die Westküste Mexikos von einem Hurrikan verwüstet. Die Recherchen für dieses Buch fanden vor der Naturkatastrophe statt. Daher empfehlen wir dir, die Reiseziele vor deinem Besuch zu überprüfen. Auch die Reisewarnungen des Auswärtigen Amt solltest du checken, da dort einige Orte aus dem Buch gelistet sind.

Maya-Tänzerinnen, Guanajuato (S. 514)

WILLKOMMEN IN MEXIKO

Guanajuato im Hochland ist mein persönliches Highlight. Wo ich im herrlichen, facettenreichen Mexiko auch unterwegs bin: Ich kehre immer wieder dorthin zurück. Denn die urige, laute, bunte und lebhafte Stadt steht für die Seele des Landes. Ein Mix aus teils indigenen Einheimischen und Ausländern erfreut sich an Festen, religiösen Feiertagen und Mariachi-Bands. Zudem unterhält die Studentenschaft seit den 1960er-Jahren mit Gesängen und Geschichten bei *callejoneadas* (Stadtspaziergängen; S. 515). Guanajuato hat weder die Kultiviertheit von Mexico City noch die Strände von Quintana Roo oder die Urwälder von San Cristóbal de las Casas. Seine Reize sind anderer Art: farbenfrohe Häuser, aromatische Spezialitäten wie *enchiladas mineras*, Imbisse und Legenden aus der Bergbau-Zeit. Auch die Kulturszene mit einem Orchester, dem Cervantes-Festival und dem neoklassizistischen Teatro Juárez lockt hierher zurück – so wie mich seit nunmehr 15 Jahren.

Kate Armstrong
@nomaditis
Die Reisejournalistin Kate liebt Mexiko und besucht das Land regelmäßig.

Absolut großartig sind Trips durch den herrlich einsamen Lacandón-Dschungel (Chiapas; S. 311): Zusammen mit einheimischen Naturfreunden kann man hier Vögel beobachten und Maya-Ruinen erkunden.

LIEBLINGSPLÄTZE

Hier schlägt für unsere Autor:innen und Expert:innen das Herz Mexikos

JHVEPHOTO/SHUTTERSTOCK ©

Nur wenige Naturwunder sind so majestätisch wie der Monarchfalter-Zug in der **Reserva Monarca Mariposa** (S. 496): Die Millionen von orangefarbenen Insekten sind angeblich Seelen, die anlässlich des Día de Muertos zurückkehren. Sogar aus Kanada flattern sie gen Süden hierher, um auf Michoacáns Tannen zu überwintern. Illegale Abholzung und der Klimawandel könnten dem eindrucksvollen Phänomen aber schon bald ein Ende bereiten.

Joel Balsam

@joelbalsam

Der freiberufliche Journalist und Reiseautor Joel Balsam hat bereits zahlreiche Publikationen veröffentlicht.

FREDERICK MILLETT/SHUTTERSTOCK ©

Die **Baja California** (S. 556) zählt zu den einzigartigsten, vielfältigsten und schönsten Landschaften der Welt. Der schmale Wüstenstreifen erstreckt sich südwärts zwischen zwei der reizvollsten Meeresgebiete des Planeten: dem Pazifik und dem Golf von Mexiko. Land, Leute und Geschichte warten hier auf erfreuliche Erkundungen.

Ray Bartlett

@kaisoradotcom

Ray Bartlett ist Fotograf, Reise- und Romanautor.

Ob Naturwunder, freundliche Menschen, eine gewisse Lebensart oder all das auf einmal: Mitunter kommt man an Orte, die einen auf Anhieb begeistern. Das abgeschiedene Mixteken-Bergdorf **Santiago Apoala** (S. 396) liegt inmitten von diesigen Wasserfällen, türkisblauen Seen und mächtigen Felsformationen. Statt moderner Ablenkungen gibt's hier nur grandiose Natur.

John Hecht

@john_hecht

In über 20 Jahren als Reiseautor hat John an zahllosen Mexiko-Reiseführern mitgewirkt.

PLAN B VIAJERO/SHUTTERSTOCK ©

Monterrey (S. 621) war und ist für mich die vielleicht größte Überraschung in Mexiko: Ursprünglich erwartete ich von dieser Metropole nichts Positives. Doch die facettenreiche Stadt hat mich gewissermaßen bekehrt. Inmitten schroffer Berge erzählen hier z.B. das wiederbelebte Barrio Antiguo oder das elegant sanierte Viertel San Pedro ihre Geschichten in faszinierender Atmosphäre.

Nellie Huang

@wildjunket

Als Buchautorin, abenteuerlustige Mutter und erfahrene Reisejounalistin ist Nellie von ihrer Wahlheimat Maxiko begeistert.

ESKYSTUDIO/SHUTTERSTOCK ©

Puerto Vallarta (S. 415) ist in vielerlei Hinsicht bemerkenswert: Indigene Kunst wird hier wirklich respektiert und geschätzt. Zudem warten tolle Restaurants bzw. Bars, ein paar von Mexikos schönsten Stränden und zahlreiche Meereslebewesen. Obendrein ist die lokale Toleranz gegenüber der LGBTIQ+-Szene landesweit unerreicht.

Anna Kaminski

@ACKaminski

Die Reiseautorin Anna ist auf spanischsprachige Länder spezialisiert und interessiert sich besonders für vorkoloniale Kulturen.

BLOKPHOTO/SHUTTERSTOCK ©

ECSTK22/SHUTTERSTOCK ©

Die **Plaza Grande** (S. 268) in der Altstadt ist Méridas Herz und Seele. Bäume und ein paar der bedeutendsten Lokalbauten umgeben diesen Platz, der ansonsten auch der wichtigste örtliche Treffpunkt ist: Seit dem 16. Jh. feiern die Einheimischen hier Silvester, lauschen Freiluftkonzerten oder treffen sich einfach mit Freunden.

Regis St. Louis

Als Autor hat Regis an über 100 Reiseführern mitgewirkt – auch mit vielen Artikeln über Kultur, Essen und Abenteuer in Mexiko.

MARCOS ELIHU CASTILLO RAMIREZ/GETTY IMAGES ©

Mexico City (S. 85) steht auch kulinarisch für Vielfalt. Und der Verzehr von Tacos al pastor mit gewürztem Schweinefleisch ist hier ein Ritual. Man führt diese Spezialität nicht mit der Hand hoch zum Mund, sondern man beugt sich mit schiefem Kopf zu ihr herunter – als ob man ihrer königlichen Geschichte lauscht. Einer Geschichte von Einwanderern, deren Gewürze erst Mexikos Rezepte und dann dessen Hauptstadt erobert haben.

Phillip Tang

hellophillip.com; @mrtangtang tang

Phillip hat an vielen Lonely Planet Bänden mitgewirkt und lebt seit über zehn Jahren in Mexico City.

MITWIRKENDE AUTOR:INNEN

Ashley Harrell

@where_smashley_went

Ashley lebt in Kalifornien und ist freiberufliche Reisejournalistin mit einem Faible für Outdoor-Aktivitäten (vor allem Sporttauchen). Bislang hat sie an über 50 Lonely Planet Bänden zu Ländern in Nord- oder Südamerika, Südostasien und Afrika mitgewirkt.

Liza Prado

@liza.prado

2004 wurde aus der früheren Firmenanwältin Liza Prado eine überzeugte Reiseautorin. Seitdem hat Liza an über 50 Reiseführern mitgewirkt und zahllose Artikel über den amerikanischen Kontinent verfasst.

Barranca del Cobre
Mexikos spektakulärste Zugfahrt genießen (S. 602)
Espíritu Santo
Nach Herzenslust zelten, schnorcheln und paddeln (S. 576)
Ende der Welt
Den großartigen Felsbogen, den Sonnenuntergang und die Brandung bewundern (S. 563)
Puerto Vallarta
In außergewöhnliche Volkskunst eintauchen (S. 415)
Guanajuato
Sich in der malerischen und belebten Universitätsstadt vergnügen (S. 514)
Reserva Mariposa Monarca
Millionen von Monarchfaltern beobachten (S. 497)
San Diego
Tijuana
Mexicali
Colorado
Yuma
San Luis
Ensenada
Sonoyta
Picacho del Diablo
Puerto Peñasco
Nogales
Agua Prieta
El Paso
Ciudad Juárez
Río Bravo del Norte
Río Grande
VEREINIGTE STAATEN
Isla Guadalupe
Isla Ángel de la Guarda
Isla Tiburón
Hermosillo
Ojinaga
Guerrero Negro
Isla de Cedros
Cuauhtémoc
Chihuahua
Ciudad Acuña
Delicias
Sierra Madre Oriental
Baja California
Ciudad Obregón
Sea of Cortez (Golf von Kalifornien)
Hidalgo del Parral
Monclova
Loreto
Isla del Carmen
Los Mochis
Cerro Mohinora
Gómez Palacio
Torreón
Isla San José
Sierra Madre Occidental
Saltillo
Culiacán
La Paz
Isla Cerralvo
Durango
San José del Cabo
Cabo San Lucas
Mazatlán
Cerro Gordo
Zacatecas
San Luis Potosí
Aguascalientes
Islas Marías
Tepic
Guanajuato
Puerto Vallarta
Guadalajara
Volcán Nevado de Colima
Lago de Chapala
Morelia
Pátzcuaro
Colima
Islas Revillagigedo
Sierra Madre del Sur
Lázaro Cárdenas
Zihuatanejo
Pazifik

0 500 km

Reserva de la Biósfera Sierra Gorda

Herrliche Nebelwälder und Missionskirchen erkunden (S. 549)

Chichén Itzá

Atemberaubende Maya-Ruinen besichtigen (S. 287)

Teotihuacán

Faszinierende vorkoloniale Pyramiden bestaunen (S. 138)

Pico de Orizaba

Mexikos höchsten Berg erklimmen (S. 204)

Palenque

Sich zwischen spektakulären Maya-Bauten verirren (S. 302)

Mexico City

Die großartige und kultivierte Mega-Metropole durchstreifen (S. 59)

Oaxaca

Ein paar von Mexikos besten Mezcal-Sorten probieren (S. 344)

Del Rio
Eagle Pass
Piedras Negras
Laredo
Nuevo Laredo
McAllen
Brownsville
Reynosa
Matamoros
Monterrey
Linares
Cerro El Potosí
Ciudad Victoria
Tampico
Ciudad Valles
Querétaro
Poza Rica
MEXICO CITY
Xalapa
Veracruz
Córdoba
Volcán Popocatépetl
Tehuacán
Chilpancingo
Tuxtepec
Huajuapan de León
Oaxaca
Acapulco
Cerro Nube Flan
Juchitán
Salina Cruz
Puerto Escondido
La Crucecita
Mazunte
Golfo de Tehuantepec
Coatzacoalcos
Villahermosa
Tuxtla Gutiérrez
Palenque
San Cristóbal de las Casas
Comitán
Tapachula
Bahía de Campeche
Ciudad del Carmen
Campeche
Mérida
Valladolid
Cancún
Playa del Carmen
Isla Cozumel
Tulum
Halbinsel Yucatán
Chetumal
Yucatánstraße
Golf von Mexiko
Karibisches Meer
Golf von Honduras
BELIZE
GUATEMALA
HONDURAS
EL SALVADOR
NICARAGUA

KUNST UND KUNSTHANDWERK

Geschicklichkeit, Liebe, Lebendigkeit sowie Spaß und Traditionen der Mexikaner zeigen sich in den außergewöhnlichen *artesanías* (Kunsthandwerk). Viele traditionelle Techniken stammen aus prähispanischen Zeiten, und die indigene Bevölkerung des Landes übt die bedeutende Handwerkskunst noch heute aus. An erster Stelle stehen Textilien wie Stoffe, Teppiche und Hängematten. In den verschiedenen Regionen werden aber auch Keramiken, Masken und Perlarbeiten sowie Lack- und Holzarbeiten angeboten – und je nach Ort unterscheiden sich sowohl Techniken als auch Muster.

Lebensbaum

Es lohnt sich unbedingt, nach einem erlesenen *árbol de la vida* (Lebensbaum) Ausschau zu halten. Einige der besten stammen aus Metepec, es gibt sie aber im ganzen Land.

Bedeutung von Masken

Jahrtausendelang wurden anlässlich von Tänzen, Zeremonien und Riten Masken getragen: Wer die Maske trägt, wird die Person, Kreatur oder Gottheit, die die Maske darstellt.

Kunsthandwerksbuch

Das schöne (und nützliche) farbenfrohe Buch *The Crafts of Mexico* von Margarita de Orellana und Alberto Ruy Sánchez behandelt das ganze Spektrum des mexikanischen Kunsthandwerks.

VON LINKS: MARCO ORTIZ-MOF/SHUTTERSTOCK ©, SSANTIAGO CASTILLO CHOMEL/SHUTTERSTOCK ©, LUNAMARINA/SHUTTERSTOCK ©

Talavera, Puebla (S. 150)

DIE BESTEN KUNST- & KUNSTHANDWERKSERLEBNISSE

Am ❶ **Lago de Pátzcuaro** in Geschäften der *pueblos hospitales*, der historischen Kunststädte der indigenen Purépecha, stöbern. (S. 498)

Wie wär's mit etwas Authentischem? Mexikos berühmte, ganz unterschiedliche Keramiken, *talavera*, stammen aus ❷ **Puebla**. (S. 150)

Im ❸ **Valle de Zimatlán** (S. 366) in Oaxaca die urigen Werkstätten besuchen, die für ihre schwarzen Keramiken und *alebrijes* bekannt sind. Lohnend ist auch **Teotitlán del Valle** (S. 368), wo es aufwendig hergestellte Zapoteken-Teppiche und Tapisserien gibt.

In ❹ **Amealco de Bonfil** im Bundesstaat Querétaro Haus und Museum der berühmten Lele-Puppe besuchen. (S. 547)

Im Centro de Textiles del Mundo Maya in ❺ **San Cristóbal de las Casas** (S. 317) alles über Textilien lernen und echte *huipiles*, Webarbeiten und Decken von **Sna Jolobil** (S. 317), kaufen.

Markt in Tlacolula (S. 366)

MARKTLEBEN

Märkte gehören in Mexiko einfach dazu. Lebensmittelmärkte sind perfekt, um die Aromen und den Geschmack der mexikanischen Kultur kennenzulernen. Von duftenden Mangos bis hin zu rauchigen Sardellen-Chilis ist so ziemlich alles im Angebot. Auf Kunsthandwerksmärkten und *tianguis* (Märkte unter freiem Himmel) bekommt man alles, von Kunsthandwerk über Gebrauchtes bis hin zu landwirtschaftlichem Gerät.

Handeln oder nicht handeln

Feilschen ist bei der indigenen Bevölkerung, die oft monatelang für die Herstellung ihrer Waren benötigt, unüblich. Man sollte keinesfalls vergessen, wie viel Können und Zeit für die Produktion vor allem großer Artikel erforderlich sind.

Auf Mercados essen

Viele mexikanische Märkte verfügen über *comedor*-Bereiche, wo man auf Bänken sitzt und preiswerte, vor Ort zubereitete Hausmannskost genießen kann.

DIE BESTEN MARKTERLEBNISSE

Sich in der größten Markthalle Lateinamerikas, dem Mercado San Juan de Dios in ❶ **Guadalajara** (S. 472), verlaufen.

Shoppen wie die Einheimischen im Mercado Medellín (S. 101), Mercado de Coyoacán (S. 128) oder auf dem Outdoor-Basar (S. 109) in ❷ **Mexico City**.

Sich in ❸ **Tlacolula** (S. 366), einem der ältesten Märkte und Treffpunkt der Zapoteken, unter die Einheimischen mischen.

Die drei Märkte in ❹ **San Cristóbal de las Casas** besuchen. (S. 317)

Sich auf dem Mercado Pino Suárez in ❺ **Old Mazatlán** an Speerfisch-Tacos und frittierten Shrimps-Tortillas satt essen. (S. 410)

WUNDER DES WASSERS

Dank der vielen Dschungelgebiete, der immensen Wasserscheiden und intensiven Regenzeit hat Mexiko einige der außergewöhnlichsten Wasserfälle, Stromschnellen und Cenoten – unglaubliche Dolinen voller Wasser – zu bieten. Es macht einfach Spaß durch die satt grüne Vegetation, über abgelegene Straßen und durch kleine Dörfer zu wandern, und wenn man dann angekommen ist, gibt es weitere überraschende Aspekte dieses abwechslungsreichen Landes.

Saisonale Sicherheit

Für den Sprung ins kühle Nass im Landesinneren sollte man auch auf die Jahreszeit achten. In der Regenzeit können die Badestellen wegen zu hoher Wasserstände und stellenweise unbefahrbarer Straßen gesperrt sein.

Cenoten und Sonnenschutzmittel

Wer in Cenoten baden will, sollte kein Sonnenschutzmittel verwenden. Das Öl sammelt sich an der Oberfläche, schadet dem Wasser und beeinträchtigt das Erlebnis.

Der höchste Wasserfall

Mit 453 m ist der Piedra Volada in Chihuahua der höchste Wasserfall Mexikos. Diese Höhe erreicht er aber nur in der Regenzeit.

DIE BESTEN ERLEBNISSE RUND UMS WASSER

In ❶ **Yucatán** von einem Cenoten in den nächsten springen und sich an deren Unterschiedlichkeit und Einzigartigkeit erfreuen, von urigen Wasserlöchern bis hin zu Wellness-Cenoten. (S. 258)

Die ganze Region ❷ **La Huasteca Potosina** ist übersät mit Wasserfällen und Wasserlöchern. Die Aktivitäten auf dem Wasser reichen von Kanutouren bis hin zu Wasserfall-Hopping. (S. 537)

Wer sich vom Tequila erholen will, relaxt in der ❸ **Cascada las Azules** oder in den Quellwasserbecken des **Balneario La Toma**. (S. 491)

In ❹ **Creel** die heißen Quellen und Wasserfälle genießen, die alle an einem Tag zu Fuß oder mit dem Auto zu erreichen sind. (S. 606)

(Vorsichtig) in den schäumenden Kaskaden, Wasserfällen und Becken von ❺ **Agua Azul** (S. 310) und **Misol-Há** (S. 309) herumtollen.

GUTE TROPFEN

Obwohl Mexiko für seinen Tequila berühmt ist, so wird doch seit Kurzem auch mehr und mehr Mezcal getrunken. *Mezcalerías* werden vor allem bei einem jüngeren, hippen Publikum immer beliebter. Sowohl Tequila als auch Mezcal sind Alkoholika und obwohl sie beide aus Agaven hergestellt werden, unterscheiden sie sich doch erheblich (S. 491). Inzwischen ist aber auch mexikanischer Wein eine „große Sache" geworden, vor allem in Guanajuato und Querétaro. Ganze Gegenden in diesen Bundesstaaten sind mit Weinreben bedeckt. Ein Besuch der Weingüter ist eine lohnende und spaßige Sache.

Alkoholhaltige Getränke

Eines steht fest: Der Alkoholgehalt von Mezcal beträgt zwischen 40 und 55 %, der von Tequila geringfügig weniger. Also bitte mit Vorsicht genießen!

Raicilla

Okay, Tequila und Mezcal kennt man, aber was ist *raicilla*? Dieses ebenfalls auf Agaven basierende Getränk war bis vor Kurzem außerhalb von Jalisco kaum bekannt, ist jetzt aber der Renner in der Szene. (S. 438)

Alkoholgesetze

Achtung: Der erlaubte Blutalkoholwert ist je nach Bundesstaat unterschiedlich. Im Allgemeinen beträgt er zwischen 0,4 und 0,8. Der Genuss von Alkohol ist erst ab 18 Jahren erlaubt.

VON LINKS: FABIAN MONTANO HERNANDEZ/SHUTTERSTOCK ©, DOUGLAS PEEBLES/GETTY IMAGES ©, MIKEL DABBAH/SHUTTERSTOCK ©

Weingut, Valle de Guadalupe (S. 584)

DIE BESTEN DRINKS

In ❶ **Oaxaca** einige der besten *mezcalería*-Bars des Landes besuchen (und lernen, wie man Mezcal richtig genießt). (S. 169)

In erstklassigen *coctelerías* (Cocktailbars) in ❷ **Jalisco** alles über *raicilla*, den traditionellen Agave-Alkohol, erfahren und ihn probieren. (S. 438)

In Guadalajara in den Tequila Train, ❸ **Jose-Cuervo-Express**, steigen und einen Ausflug zu einer berühmten Schnapsbrennerei machen, Verkostungen und mehr genießen. (S. 486)

Auf den Weingütern im ❹ **Bundesstaat Guanajuato** lernen, wie die Trauben ins Glas kommen, hypermoderne Architektur bewundern und Gourmet-Restaurants besuchen. (S. 528)

In Probierstuben im ❺ **Valle de Guadalupe** einen Tag lang die Nase ins Weinglas stecken. (S. 584)

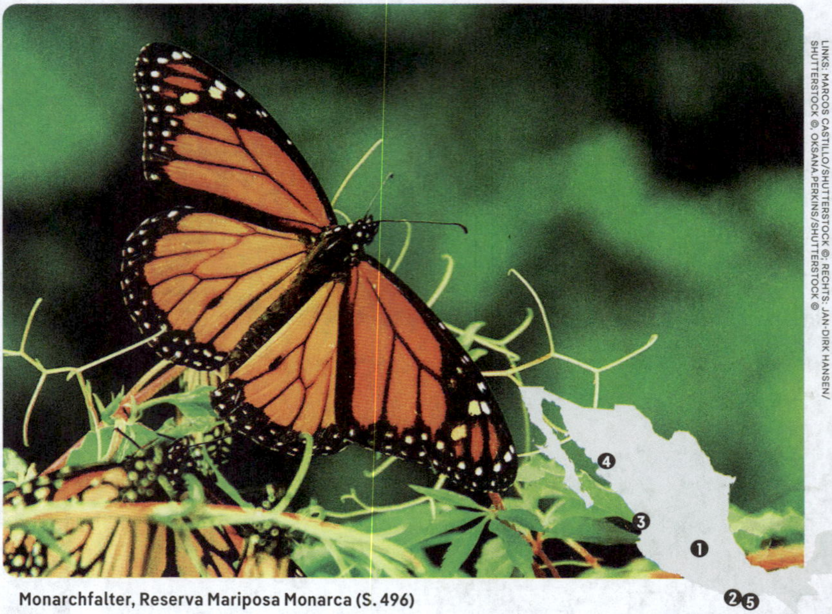

Monarchfalter, Reserva Mariposa Monarca (S. 496)

WILDE WELT

Von Walen im Golf von Kalifornien und Armeen von Schildkröten, die zum Nisten an Land kommen, bis hin zu flatternden Schmetterlingen in den Wäldern – Mexiko hat eine unglaublich reiche Tierwelt zu bieten. Wer bestimmte Tiere sehen möchte, sollte die für die Spezies geeigneten Jahreszeiten berücksichtigen. Aber egal wann, wer mit offenen Augen durch dieses Land reist, wird immer Erstaunliches sehen.

Schildkrötenprojekte der Gemeinden

Viele der Projekte zum Schutz von Schildkröten sind in Gemeindehand. Wer mehr über Nistprogramme erfahren möchte, kann sich an die Büros (manchmal in kleinen Schuppen) am Strand wenden.

Vögel beobachten

Wer auf der Suche nach einem Guide für Vogelbeobachtungstouren ist, sollte sich in Dörfern oder Städten umhören. Oft stehen Vögel nicht auf der Aktivitätenliste, aber an Vogelkundigen fehlt es keinesfalls.

DIE BESTEN TIERERLEBNISSE

Sich über Millionen von flatternden Schmetterlingen im Waldschutzgebiet ❶ **Reserva Mariposa Monarca, Morelia**, freuen. (S. 496)

Tausende von Schildkröten an der ❷ **Playa Escobilla** beobachten und helfen, diese Tiere zu schützen. (S. 382)

Vogelliebhaber besuchen ❸ **San Blas**, wo sie sagenhafte 250 einheimische Spezies zu Gesicht bekommen. (S. 437)

❹ **El Fuerte** ist ebenfalls ein Vogelbeobachtungsspot allererster Sahne. Eisvögel, Fischadler und andere gefiederte Freunde erfreuen Vogelbeobachter. (S. 611)

Krokodile, Meeresschildkröten und Zugvögelschwärme auf einer Ökotour in der Gemeinde ❺ **La Ventanilla** beobachten. (S. 387)

UNTER DEN WELLEN

Mexiko ist ein grandioses Ziel, wenn man die schwimmende Tierwelt kennenlernen will, vor allem Buckelwale und Walhaie sind vor der Pazifikküste und vor Baja California zu sehen, Hammerhaie im Golf von Kalifornien. Zugelassene Unternehmen bieten in einigen der größeren Städte Touren an. Manchmal stehen auch Schnorchelstopps mit auf dem Programm.

Schutz von Walen

Verantwortungsbewusste Unternehmen werden ihren Tourgästen nicht erlauben, normales Sonnenschutzmittel aufzutragen, auch werden sie verbieten, die Tiere zu berühren, unter ihnen durchzutauchen oder sie anderweitig zu belästigen.

Walbeobachtungssaison

Walbeobachtungssaison ist in Mexiko im Allgemeinen zwischen Ende November und März (manchmal bis April). Wenn man die Küste runterfährt, sollte man also immer wieder auf das Meer schauen!

Noch mehr wilde Tiere

Je nachdem, wo man ist, kann man vor allem in Baja California neben Wasservögeln auch Seelöwen, See-Elefanten und (gefährdete) Guadalupe-Seebären zu Gesicht bekommen.

DIE BESTEN ERLEBNISSE MIT WALEN UND HAIEN

Im Rahmen einer Bootstour die ❶ **Islas Marietas**, zwei unbewohnte Vulkaninseln, besuchen. Die saisonale Wanderung der Buckelwale führt durch diesen geschützten Meerespark. (S. 445)

Einen sachkundigen Biologen begleiten und mit faszinierenden, sanftmütigen Walhaien in der Meeresbucht ❷ **La Paz Bay**, Baja California, schwimmen. (S. 572)

In ❸ **Guerrero Negro** auf eine *panga* springen und mit etwas Glück wandernde Grauwale sehen, die auf dem Weg gen Süden sind, um dort ihren Nachwuchs auf die Welt zu bringen. (S. 589)

Auf Tauchgängen oder von der Küste aus Buckelwale beobachten, wenn sie ungefähr von November bis März an den traumhaften, zerklüfteten Buchten von ❹ **Huatulco** vorbeiziehen. (S. 388)

Mit Walhaien schwimmen, wenn sie zum Fressen in die flachen Gewässer um die ❺ **Isla Holbox** kommen. (S. 235)

DAS GIBT ES NUR IN MEXIKO

Wer auf der Suche nach einzigartigen Traditionen und Orten ist, ist in Mexiko genau richtig. Man denke nur an Lucha Libre (mexikanisches Wrestling) und an Klippenspringer, die sich in die Tiefe stürzen. Hier gibt's die Kultur der *charrería* (Cowboys) und *callejoneadas* (Straßenfeste), auf denen man der Musik hinterher durch die Straßen zieht. Auch den dicksten Baum der Welt und surreale Skulpturen in einem labyrinthischen Garten gibt's zu sehen. Wem das nicht reicht, der besucht einen Nachtclub im Bergwerk. Es gibt viele Optionen in das Land einzutauchen und alles über kulturelle Praktiken (auch an sonderbaren Orten) zu erfahren.

VON LINKS: ANDRZEJ ROSTEK/SHUTTERSTOCK ©, MARIO ANGUT/SHUTTERSTOCK ©, NADYARA/SHUTTERSTOCK ©

Feste Preise

Wer einzigartige Orte in Mexiko besuchen möchte, zahlt im Allgemeinen eine geringe Gebühr oder den angeschlagenen Preis. Da diese Orte sowohl bei Einheimischen als auch bei ausländischen Gästen recht beliebt sind, könnte es voll sein.

Die Wurzeln der Lucha Libre

Lucha Libre kam im 19. Jh. auf, als Enrique Ugartechea, ein Veracruzano, die Bewegungen des olympischen mit denen des griechisch-römischen Wrestlings kombinierte.

Abseits der Tourismuspfade

Wer smart reist, kann in den Vororten von Mexico City in das echte kulturelle Leben eintauchen und beliebten Tanzvorführungen beiwohnen. (S. 88)

Clavadistas am La Quebrada (S. 460), Acapulco

DIE BESTEN EINZIGARTIGEN ERLEBNISSE

In ❶ **Mexico City** (S. 76) skurrile, aber wunderbare Museen besuchen, in denen man z. B. Schuhe, medizinische Gerätschaften oder Rosenkranzperlen bewundern kann.

In ❷ **Guadalajara** (S. 480) und **Mexico City** (S. 103) *luchadores* (Wrestler) beobachten, wie sie in einer Lucha Libre „kämpfen".

Sich in ❸ **Guadalajara** (S. 479) von Cowboys und ihren Rössern anlässlich einer *charrería*, Mexikos Nationalsport, verblüffen lassen.

Den Atem anhalten beim Anblick der Klippenspringer, die sich in ❹ **Acapulco** von unglaublich hohen Steilhängen in die Tiefe stürzen. (S. 460)

Durch ❺ **Las Pozas**, den Labyrinthgarten im Dschungel, laufen und über Treppen, die ins Nirgendwo führen, und andere surreale Kunst nachdenken. (S. 540)

Playa Paraíso (S. 252), Tulum

SANDSTRÄNDE

Mexikos Strände sind wirklich grandios: kleine, überfüllte Buchten, Schluchten mit feierlustigem Strandvolk, abgelegene Strände mit weißem, seidenweichem Sand und grün-blauem Wasser. Familien mit Kindern sollten Strände besuchen, an denen Rettungsschwimmer:innen im Einsatz sind, denn die Wasserbedingungen können unberechenbar sein.

Rückströmungen an der Pazifikküste

Wer im Pazifik schwimmt, sollte extrem vorsichtig sein. Rückströmungen und Monsterwellen sind keine Seltenheit. Selbst erfahrene Surfer:innen und Schwimmer:innen haben schon über Probleme berichtet.

Rettungsschwimmer:innen

Achtung: Rettungsschwimmer:innen gibt es nur an Stränden von Dörfern oder Städten.

DIE BESTEN STRANDERLEBNISSE

Mit einer *lancha* zu einer der Inseln vor Veracruz, z. B. zur ❶ **Isla de Enmedio**, schippern. (S. 188)

An der Küste von ❷ **Tulum**, die für ihre weißen Sandstrände und das türkisfarbene Karibische Meer bekannt ist, den perfekten Platz an der Sonne finden. (S. 252)

Beach-Hopping an den vielen kleinen azurblauen Buchten mit schneeweißem Sandstrand in der Gegend von ❸ **La Paz**. (S. 570)

Am ❹ **Isthmus von Tehuantepec** die weitläufigen Strände und riesigen Dünen an der Playa Bamba und der Playa Chipehua genießen. (S. 393)

An der ❺ **Playa Holbox** die Zehen in den Puderzucker-Sand stecken. (S. 234)

ZÜGE UND SEILBAHNEN

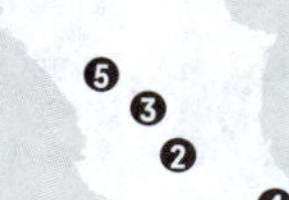

Die staatliche Eisenbahn Mexikos fährt schon seit Jahren nicht mehr, aber es gibt noch eine großartige Bahnfahrt durch den Copper Canyon sowie drei *teleféricos*, mit denen man über die Städte schweben kann – aufregend, aber auch etwas haarsträubend. Mit einem in privater Hand befindlichen Touristenzug kann man von Guadalajara zu einer Tequila-Farm fahren.

Tren Maya

Der Tren Maya ist umstritten, aber es wurden bereits breite Schneisen in den Dschungel geschlagen, um touristische Highlights wie Palenque und andere Orte in Chiapas miteinander zu verbinden.

Was ist ein *teleférico*?

Eine Seilbahn kann sowohl eine Standseilbahn wie die in Guanajuato als auch eine (hängende) Seilbahn wie die in Zacatecas und Orizaba, Veracruz, sein.

Der Untergang der Eisenbahn

Die von dem umstrittenen Langzeitpräsidenten Porfirio Díaz Ende des 19. Jhs. gebaute Eisenbahn ist aufgrund von jahrelanger Unterinvestition und Privatisierung seit den 1980er-Jahren größtenteils von der Bildfläche verschwunden.

DIE BESTEN ZUG- UND SEILBAHNERLEBNISSE

Mexikos berühmtester Zug, der Ferrocarril Chihuahua Pacífico, ❶ **„El Chepe“**, ist ein Wunderwerk der Technik. Allein der spektakuläre Blick lohnt die Fahrt. (S. 602)

Eine kurze, aber steile Fahrt in der Standseilbahn in ❷ **Guanajuato** endet an der berühmten Statue des Unabhängigkeitshelden El Pípila. (S. 517)

Seilbahnfahrt von der ehemaligen, in einem Tal gelegenen Bergbaustadt ❸ **Zacatecas** nach La Bufa, einer beeindruckenden Felsnase mit Museen, Denkmälern und tollem Ausblick. (S. 440)

Der schnelle *teleférico* in ❹ **Orizaba** überwindet 320 m und befördert die Gäste von der Talstation am Fluss auf den Cerro del Borrego. (S. 204)

In den Genuss eines umwerfenden Blicks auf ❺ **Durango** kommt man auf der Fahrt vom Paseo Teleférico zum Mirador de los Remedios. Auch die Besichtigung einer historischen Kirche mit ihrer interessanten, wenn auch umstrittenen Vergangenheit ist lohnend. (S. 635)

EDLE BOHNEN

Kakaobohnen gibt es in Mexiko seit Jahrtausenden. Die Olmeken benutzten sie als Erste, die Maya-Zivilisation und später auch die Azteken verehrten sie. Moctezuma, der Aztekenführer, soll sie als Aphrodisiakum benutzt haben. Kaffeepflanzen wurden im 18. Jh. in Mexiko eingeführt und sind sehr ergiebig. Wen wundert es also, dass man hier in Schoko- und Kaffeeträumen schwelgen kann.

Schokolade- und Kaffee-Touren

Viele Reisebüros bieten spezielle Schokoladen- und Kaffeetouren an. Man kann sich aber auch allein auf den Weg machen.

Einzigartige Kaffee-Erfahrung

Wer die ausgetretenen Pfade verlassen will, fährt nach Pluma Hidalgo, wo man auf einer echten Kaffee-Finca übernachten kann. (S. 376)

Das Beste vom Besten

Chiapas ist Mexikos größter Kaffee-Produzent. In San Cristóbal de las Casas gibt es eine gute Kaffee-Szene, wie auch in Mexico City, Guadalajara und San Miguel de Allende.

VON LINKS: ARINA P HABICH/SHUTTERSTOCK ©, MARI TERE/SHUTTERSTOCK ©, ANTON_IVANOV/SHUTTERSTOCK ©

Choko-Story (S. 283)

DIE BESTEN SCHOKOLADEN- UND KAFFEE-ERLEBNISSE

In ❶ **Oaxaca** in köstlichem Kakao und leckerer Schokolade schwelgen. (S. 358)

In den modernen Läden in ❷ **San Cristóbal de las Casas** Bio-Kaffee genießen. (S. 319)

In ❸ **Veracruz** mit dem Löffel gegen das Kaffee-Glas schlagen und schon beginnt der Spaß... eine sonderbare Art, Kaffee serviert zu bekommen. (S. 185)

In ❹ **Coatepec**, Mexikos Kaffee-Hauptstadt, erfahren, wie man Arabica-Bohnen anbaut, röstet und richtig zubereitet. (S. 197)

In der ❺ **Choco-Story**, einem Schokoladen-Museum unweit Uxmal, der schokoladigen Versuchung erliegen. (S. 283)

Voladores (S. 207), Papantla

KULTUR-BEGEGNUNGEN

Mexikos ethnische Diversität wird vor allem geprägt von den *mestizos*, einem Volk gemischter Abstammung, und den *indígenas*, den indigenen Nachkommen von Mexikos prähispanischer Bevölkerung. Einige Gruppen heißen Traveller besonders willkommen und zeigen ihre traditionellen Praktiken, von Kochen bis Weben und mehr.

Land der vielen Völker

Nach Angaben der National Commission for the Development of Indigenous Peoples gehören in Mexiko 25,7 Mio. Menschen zu indigenen Völkern, die 63 anerkannte Sprachen sprechen.

Direkte Nachfahren

Die etwa 1,5 Mio. Maya auf der Halbinsel Yucatán sind direkte Nachfahren der alten Maya-Zivilisation, entsprechend den Tzotzil und Tzeltal in Chiapas.

DIE BESTEN KULTUR-ERLEBNISSE

Sich bei einem 1000 Jahre alten mesoamerikanischen Heilungsritual reinigen und in einem Temazcal, einem ❶ **schamanischen Dampfbad**, schwitzen. (S. 165)

Den unglaublichen Tanz der fliegenden *voladores* und die Traditionen der Totonac in ❷ **Papantla** kennenlernen. (S. 207)

Traditionelle indigene Dörfer der Tzotzil und Tzeltal in der Nähe von ❸ **San Cristóbal de las Casas besuchen.** (S. 318)

Die Sprache der Zapoteken in einer Sprachschule in ❹ **Oaxaca** lernen. (S. 358)

Alles über das Volk der Rarámuri (Tarahumara) in dem informativen ❺ **Museo Tarahumara** in Creels an der Barranca del Cobre erfahren. (S. 606)

MUSEEN IN MEXICO CITY

Angesichts der sich stark ausbreitenden Hauptstadt mit ihrer reichen, faszinierenden Geschichte ist es nicht verwunderlich, dass es in Mexico City einige der weltweit besten Museen gibt, und zwar mit Schwerpunkten wie Archäologie, Volkskunst, Wandmalerei, zeitgenössische Kultur und allerhand mehr. Wer Zeit hat, sollte wenigstens ein oder zwei der nachstehend genannten Museen besuchen.

Beste Zeit für einen Besuch

Wer frühmorgens ein Museum besucht, umgeht die Menschenmassen. Achtung: Sonntags (freier Eintritt) ist am meisten los. Montags sind die Museen geschlossen.

Das Museo Nacional de Antropología

Wer nur wenig Zeit hat, sollte direkt in den Teotihuacán-Saal gehen, in dem archäologische Stätten zu neuem Leben erweckt werden.

Wenig Zeit?

Angesichts der Entfernungen zwischen den einzelnen Museen, sollte man nicht zu ambitioniert sein und sich auf ein (oder zwei) Museen pro Tag beschränken und dann nebenbei auch die jeweiligen Stadtviertel erkunden.

DIE BESTEN MUSEUMSERLEBNISSE IN MEXICO CITY

Die ganze Geschichte Mexikos von prähispanischen Kulturen bis hin zur Moderne im ❶ **Museo Nacional de Antropología** anhand von faszinierenden und leicht verständlichen Exponaten wieder aufleben lassen. (S. 116)

Sich am Nachlass der berühmten mexikanischen Künstlerin Frida Kahlo erfreuen und im ❶ **Museo Frida Kahlo: La Casa Azul**, ihrem ehemaligen Wohnhaus, ihre Kreativität bewundern. (S. 127)

Die Architektur und die gewaltigen Wandgemälde weltberühmter mexikanischer Künstler in dem riesigen ❶ **Palacio de Bellas Artes** bestaunen. (S. 82)

Im ❶ **Museo de Arte Popular**, das selbst den größten Museumsskeptikern gefallen wird, die farbenfrohe mexikanische Volkskunst betrachten. (S. 80)

Im ❶ **Antiguo Colegio de San Ildefonso** Diego Riveras allererstes Wandgemälde und die außergewöhnlichen Arbeiten von berühmten mexikanischen Wandmalern betrachten. (S. 69)

DER DUFT DER ROSEN

Mexikos botanische Gärten sind aufgrund ihrer Geschichte und Pflanzenarten recht speziell. Zu sehen ist dort so ziemlich alles, von Kakteen bis hin zu Wasserpflanzen in zurückgewonnenen Wüsten und kolonialen Anlagen. Diese Gärten sind wunderbare Orte, die es zu erkunden gilt. In den meisten sind regional endemische Spezies zu sehen, in einigen auch Pflanzen aus dem ganzen Land. In Mexikos faszinierenden ethnobotanischen Gärten wird die Beziehung zwischen Mensch und Pflanze aufgezeigt. Hier ist zu sehen, wie Einheimische verschiedene Pflanzen für Nahrungsmittel, Medizin und künstlerische Traditionen verwenden.

Gut vorbereitet sein

Einige Gärten befinden sich in ungeschützten Gegenden, andere im Dschungel. Man sollte umweltfreundliche Sonnencreme und/oder Insektenschutzmittel verwenden, da viele Pflanzen für ihre Bestäubung auf Insekten angewiesen sind.

Kakteenarten

Mexiko hat die meisten Kakteenspezies der Welt. Die größte aktenkundige Kaktusspezies ist der gewaltige Pachycereus pringlei mit einer Wuchshöhe von 19,2 m.

Öffnungszeiten

Man sollte sich bei den Einheimischen nach den besten Zeiten für den Besuch eines jeden einzelnen Gartens erkunden, um sicher zu gehen, dass man als i-Tüpfelchen auch Insekten und Vögel zu sehen bekommt.

Cosmovitral Jardín Botánico (S. 174), Toluca

DIE BESTEN GARTENERLEBNISSE

Der ethnobotanische Garten ❶ **El Charco del Ingenio** in San Miguel de Allende ist ein außergewöhnliches Beispiel für Umweltbewusstsein und Gemeinschaftsgeist. (S. 523)

Der ❷ **Cosmovitral Jardín Botánico** ist ein botanischer Garten mit etwas ganz Besonderem, nämlich einem großen Buntglas-Gewächshaus und prächtigen Gartenbeeten. (S. 174)

Oaxaca verfügt über mehr Pflanzenspezies als jeder andere mexikanische Bundesstaat. Bewundern kann man das in dem außergewöhnlichen ❸ **Jardín Etnobotánico de Oaxaca**. (S. 362)

Von den Bromeliengewächsen, Orchideen, Agaven und anderen Pflanzen im dschungelartigen ❹ **Jardín Botánico de Vallarta** tief beeindruckt sein. (S. 423)

In den sattgrünen, wilden ❺ **Jardín Botánico Dr. Alfredo Barrera Marín** in der Nähe von Puerto Morelos eintauchen. (S. 239)

La Huasteca Potosina (S. 537)

ESKAPADEN IM DSCHUNGEL

Etwa 25 % Mexikos sind, vor allem im Osten und Westen, mit Dschungel bedeckt. Der Lacandon-Dschungel ist der größte Landstrich Mexikos. Er erstreckt sich vom Süden Chiapas bis nach Honduras und durch den südlichen Teil der Halbinsel Yucatán. Es ist ein echtes Privileg, in diese wertvollen Regionen und die dortigen Gemeinschaften reisen zu können.

Tren Maya

Die 1500 km lange Strecke des Tren Maya führt durch mehrere mexikanische Touristenzentren. Der Zug ist wegen der Auswirkungen auf die Umwelt und die extreme Zerstörung des Dschungels äußerst umstritten.

Gut vorbereitet sein

Klar, es ist bekannt, aber man kann es nicht oft genug wiederholen: Unbedingt mitnehmen sollte man Wasser, Sonnencreme und Insektenschutzmittel (aber bitte nicht benutzen, wenn man in Cenoten baden will).

DIE BESTEN DSCHUNGEL-ERLEBNISSE

Im Nebelwald der ❶ **Reserva de la Biósfera Sierra Gorda** wandern und anschließend Missionen besuchen. (S. 549)

Sich in das abgelegene Gebiet ❷ **Selva Lacandona** wagen, wo das Volk der Lacandón-Maya in kleinen Gemeinschaften lebt. (S. 311)

Durch ❸ **La Huasteca Potosina**, eine üppig grüne Gegend mit spektakulären Wasserfällen und Badespaß, fahren. (S. 537)

Die ehrfurchtgebietende archäologische Stätte ❹ **Calakmul** besuchen, die sich tief im Dschungel versteckt und Meilen von jeglicher Zivilisation entfernt ist. (S. 293)

Über einen Dschungelpfad nach ❺ **Altavista** laufen, der am besten erhaltenen Stätte mit Felsbildern in Nayarit. (S. 435)

WAS MAN IN MEXICO CITY UNBEDINGT TUN SOLLTE

Wer zum ersten Mal in Mexico City ist, könnte überwältigt sein. Es gibt aber erstaunlich gut erschließbare Orte, vor allem wenn man sich auf ein oder zwei Stadtviertel beschränkt, in denen man Museen, Plazas und Märkte besucht oder einfach nur in einem Straßencafé sitzt und Leute beobachtet. Hier ein paar Tipps für alle, die nicht genau wissen, was sie unternehmen sollen.

Mariachi-Musik

Der einfachste Weg, Mariachi-Bands in ihren silberbesetzten Outfits zu erleben, ist ein Abstecher zur Plaza Garibaldi (S. 69).

Tickets für das Ballet Folklórico de México

Am Tag der Aufführung kann man oft noch Karten ergattern, und der Besuch einer der Shows ist zudem der einzige Weg, die Theaterräume des Palacio de Bellas Artes zu bestaunen.

Nützliche Informationen

Mexikos offizielle Tourismus-Website, visit-mexico.mx, bietet allerhand nützliche Infos zu Mexico City und dem ganzen Land. Außerdem haben fast jeder Staat und auch kleinere Verwaltungseinheiten eigene Websites.

❶

DIE BESTEN ERFAHRUNGEN IN MEXICO CITY (AUSSER MUSEEN)

Auf einer ❶ **Taco-Tour** in Roma (S. 97) und Condesa (S. 105) herausfinden, welche Füllung man am leckersten findet – von *cochinita pibil* (langsam gegartes Schweinefleisch) bis hin zu *chapulines* (Heuschrecken).

Sich in einer ❶ **Cantina** einen Barhocker schnappen und den Trompeten und Balladen der Mariachi lauschen. (S. 69)

Kamera raus, sich „flussklar" machen und rauf auf die ❶ **Aztekenkanäle von Xochimilco.** (S. 131)

Sich einen Platz für eine Tanzaufführung des erstklassischen traditionellen ❶ **Ballet Folklórico de México** sichern und die verschiedenen regionalen „Bewegungen" kennenlernen. (S. 82)

Durch die Kopfsteinpflasterstraßen bummeln und das zweite Domizil sowie die Design-Welt in ❶ **San Ángel,** Fridas anderem Stadtviertel, kennenlernen. (S. 119)

STÄDTE & REGIONEN

Entdecke dein Sehnsuchtsziel.

Baja California

WÜSTEN, WELLEN UND SONNENSCHEIN

Die Baja hält nicht nur einen der besten Roadtrips der Welt bereit, sondern auch atemberaubende Strände, faszinierende Wüstenabenteuer, eine einzigartige Tierwelt und aufregende Städte. Im Valle de Guadalupe gibt's tolle Weine, Cerritos ist ein Paradies zum Surfen und in La Paz kann man mit Walhaien schwimmen.

S. 556

Zentrale Pazifikküste

SURFSTRÄNDE UND KÜSTENSTÄDTE

Mexikos Westseite lockt zum Surfen mit der wildesten und am wenigsten entwickelten Küste des Landes, mit spannenden Städten wie Puerto Vallarta mit seiner großartigen Kunstszene und herrlichen Stränden. Im Landesinneren wartet die jahrhundertealte Architektur des kolonialen *pueblo mágico* (magisches Dorf) San Sebastián del Oeste.

S. 398

Westliches Zentralhochland

GUADALAJARA, TEQUILA UND SCHMETTERLINGE

Guadalajara, die zweitgrößte Stadt Mexikos, ist Geburtsort vieler mexikanischer Traditionen und Speisen. Von hier aus ist es nicht weit nach Tequila sowie zu mehreren weiteren *pueblos mágicos*. Michoacán ist für sein Kunsthandwerk bekannt und Heimat von Millionen von Monarchfaltern.

S. 464

Baranca del Cobre & Nordmexiko

BEINDRUCKENDE BERGE UND WÜSTEN

Der Ferrocarril Chihuahua Pacífico (Chepe-Personenzug) bietet eine epische Zugreise, u. a. durch die Barrancas del Cobre (Kupferschlucht). In Chihuahua und Durango kann man in die Kultur der Norteños eintauchen, und im kosmopolitischen Monterrey großartige Museen und Parks genießen.

S. 594

Rund um Mexico City

PYRAMIDEN, HISTORISCHE STÄDTE UND NATURSCHÖNHEITEN

Außerhalb der Hauptstadt wartet überall kleinstädtischer Charme. Ein Tagesausflug nach Teotihuacán mit seinem Pyramidenkomplex ist ein Muss. Die Ruinen von Tula, Malinalco und Tepoztlán bieten Zeitreisen voller Geheimnisse. Frische Luft gibt's in Mineral del Chico, Valle de Bravo und Cuetzalan, und die Kolonialstädte Cuernavaca, Taxco und Puebla liegen nur wenige Stunden entfernt.

S. 132

Nördliches Zentralhochland

KOLONIALSTÄDTE, WÜSTEN UND BIOSPHÄRENRESERVATE

Von Wüsten bis zu Nebelwäldern, von charmanten Gassen bis zu modernen Städten, von Straßenessen bis zu schicken Restaurants – das nördliche zentrale Hochland Mexikos hat alles zu bieten. Besonders erlebenswert: das historische San Miguel de Allende, die Wälder der Reserva de la Biósfera Sierra Gorda und die Wasserfälle von La Huasteca Potosina.

S. 508

Mexico City

KOSMOPOLITISCHE METROPOLE

Mexico City bietet jede Menge mexikanischer Kultur, von Designmuseen über das Haus von Frida Kahlo bis zur Straßenkunst. Die Stadtteile Condesa, Roma und Coyoacán überraschen mit coolen, umgebauten Villen. Entlang der Straßen gibt's köstlicheTacos, in den Restaurants die beste *mole* der Welt und in den Bars grandiose Mezcal-Cocktail.

S. 58

Veracruz

KAFFEE, HOCHLAND UND KÜSTE

Dieser vielseitige Bundesstaat liegt an der zentralen Golfküste Mexikos und ist perfekt für alle, die das Besondere suchen, darunter die Art-déco-Architektur von Veracruz-Stadt, die Kaffeeplantagen und die riesigen Olmeken-Steinköpfe von Xalapa sowie der Pico de Orizaba – der höchste Berg des Landes.

S. 176

Nördliches Zentralhochland S. 508
Mexico City S. 58
Rund um Mexico City S. 132
Veracruz S. 176
Oaxaca S. 344
Chiapas & Tabasco S. 296
Halbinsel Yucatán S. 218

Halbinsel Yucatán

MAYA-STÄTTEN, STRÄNDE UND HISTORISCHE STÄDTE

Yucatán ist das Tor zu Wundern, die sowohl von Menschenhand als auch von Mutter Natur geschaffen wurden. Bei Cancún, Tulum und Cozumel warten karibischen Strände und im Landesinneren beeindruckende Maya-Stätten wie Chichén Itzá und Uxmal. Städte wie Mérida, Valladolid und Campeche vereinen Moderne und Historie.

S. 218

Oaxaca

ALTE BRÄUCHE, KULTUR UND TRAUMSTRÄNDE

Oaxaca verzaubert mit prähispanischen Traditionen und moderner Kunst. Traumhafte Strände und artenreiche Feuchtgebiete säumen seine Südküste, und die nebelverhangenen Berge der Sierra Norte bieten faszinierende Ausflüge in die Wildnis.

S. 344

Chiapas & Tabasco

WILDE RUINEN UND WASSERFÄLLE

Mexikos südlichste Bundesstaaten locken Abenteuerlustige mit dschungelbewachsenen antiken Stätten (wie dem außergewöhnlichen Yaxchilán), Wasserfällen und von Kiefern gesäumten Seen. Hier kann man die Ruinen von Palenque erkunden, in San Cristóbal de las Casas indigene Kultur kennenlernen und in den wundervollen Wasserwelten von El Chiflón und Lagos de Montebello entspannen.

S. 297

GARY718/SHUTTERSTOCK ©

Walbeobachtung, Cabo San Lucas (S. 565)

REISEROUTEN

Baja Roadtrip

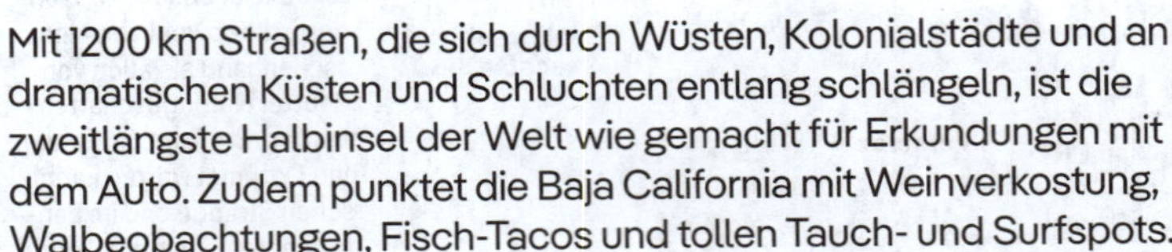

Dauer: 1 Woche **Strecke:** 1200 km

Mit 1200 km Straßen, die sich durch Wüsten, Kolonialstädte und an dramatischen Küsten und Schluchten entlang schlängeln, ist die zweitlängste Halbinsel der Welt wie gemacht für Erkundungen mit dem Auto. Zudem punktet die Baja California mit Weinverkostung, Walbeobachtungen, Fisch-Tacos und tollen Tauch- und Surfspots.

AZUCENA MORALES/EYEEM/GETTY IMAGES ©, EMILY MARIE WILSON/SHUTTERSTOCK ©

1 2

VON TIJUANA NACH ENSENADA 1 TAG

Von **Tijuana** (S. 590) geht's nach **Valle de Guadalupe** (S. 584), wo eine Weinprobe und ein Mittagessen warten. In **Ensenada** (S. 582) gibt's leckere Fisch-Tacos (sowie noch mehr Wein) und, etwas nördlich davon, die wunderbare Brandung von **San Miguel**.

Abstecher: *Fahrt von Ensenada aus in die Sierra de San Pedro Mártir, um einen wunderschönen Nadelwald zu erkunden. 2 Stunden Fahrt*

3

GUERRERO NEGRO 1 TAG

Weiter fährt man Richtung Süden durch die spektakuläre Wüstenlandschaft der **Carretera Transpeninsular** nach **Guerrero Negro** (S. 589), Mexikos Zentrum der Salzproduktion, etwa auf halber Strecke auf der Pazifikseite der Baja. Ist man zwischen Februar und März hier, unbedingt Ausschau nach kalifornischen Grauwalen halten, die in der **Laguna Ojo de Liebre** ihre Kälber zur Welt bringen.

4

LORETO ⏱ 1 TAG

Durch die Desierto de Vizcaíno geht's ins grüne San Ignacio, einem Dattelpalmenzentrum mit einer Jesuitenmission, dann nach Santa Rosalía, wo die Iglesia de Santa Bárbara von Gustave Eiffel entworfen wurde, und nach Mulegé, deren Mission Santa Rosalía heißt. In **Loreto** (S. 578) lassen sich einige der weiteren erhaltenen Missionen der Region sowie Kunsthandwerksläden und historische Gebäude besichtigen.

5

LA PAZ & UMGEBUNG

⏱ 2 TAGE

Auf dem Weg zurück ins Landesinnere nach **La Paz** (S. 570), der „mexikanischsten" Stadt der Baja, kommt man an mehreren tollen Stränden vorbei. Auf der Strandpromenade lassen sich ein, zwei Tage verbringen z. B. mit wandern in der Sierra de la Laguna. Unweit der Insel **Espíritu Santo** (S. 576), nördlich von La Paz, kann man Kajakfahren, Schwimmen, Schnorcheln oder die Seelöwenkolonie besuchen.

6

LOS CABOS & UMGEBUNG

⏱ 2 TAGE

Es wartet die besondere Energie von **Todos Santos** (S. 568). **Cabo San Lucas** (S. 562) bietet actionreiche Strandaktivitäten, das ruhige **San José del Cabo** (S. 562) Kunstgalerien, Restaurants und Cafés. **Cabo Pulmo** (S. 569), das oft vergessene dritte Kap, ist toller Tauchspot.

***Abstecher:** Mit dem Wassertaxi oder einem Glasbodenboot nach Land's End mit seinem magischen Steinbogen und einer Seelöwenkolonie übersetzen.*

⏱ 2-stündige Bootsfahrt

Cascada de Tamul (S. 538), La Huasteca Potosina

REISEROUTEN

Kolonialstädte & Hochlandwälder

Dauer: 10 Tage **Strecke:** 1050 km

Diese Tour umfasst einen Großteil der mexikanischen „Wiege der Unabhängigkeit"-Route, bei der mit Stopps an Museen, Naturschutzgebieten und archäologischen Stätten das historische Erbe der Indigenen sowie die Geschichte des Kampfs um Unabhängigkeit im Vordergrund stehen.

1

SAN MIGUEL DE ALLENDE 2 TAGE

Los geht's mit der Erkundung des Stadtzentrums (S. 521), der Kunstgalerien, Boutiquen und den guten Restaurants und Bars. Unbedingt die heißen Quellen (S. 527), Weingüter (S. 528) besuchen oder sich einen halben Tag im Cañada de la Virgen (S. 528) gönnen – alles nur eine Stunde von der Stadt entfernt. Diese ist die perfekte Basis für die nächsten zwei Tage.

2

DOLORES HIDALGO 1 TAG

Das hübsche **Dolores Hidalgo** (S. 519) bietet das Ambiente einer echten mexikanischen Kleinstadt und gilt, seit Padre Hidalgo hier die Einwohner:innen mit seinem berühmten *El Grito* (Schrei nach Unabhängigkeit) aufrüttelte, als Zentrum der mexikanischen Unabhängigkeit. Auf jeden Fall die Unabhängigkeitsmuseen besuchen, das berühmte Eis probieren, und lokale Keramik begutachten.

3

GUANAJUATO 1 TAG

Diese Stadt (S. 514) mit seinem kolonialen Zentrum, den Fußgängerzonen und den bunten Häusern bietet sich als Abstecher oder Übernachtungsmöglichkeit von San Miguel de Allende aus an. Man kann hier einige Museen besuchen und mit dem *teleférico* auf den El Pípila fahren, um die Aussicht zu genießen. Den Sundowner nimmt man am besten in einer der Rooftop-Bars.

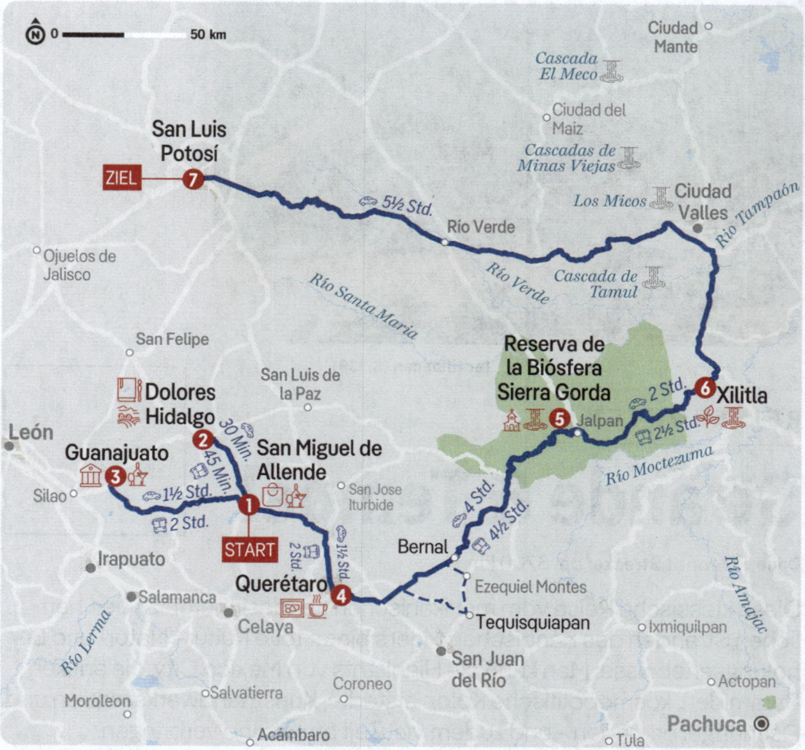

0 50 km
Ciudad Mante
Cascada El Meco
Ciudad del Maiz
Cascadas de Minas Viejas
Los Micos
Ciudad Valles
Río Tampaón
San Luis Potosí
ZIEL 7
5½ Std.
Río Verde
Río Verde
Cascada de Tamul
Ojuelos de Jalisco
Río Santa María
Reserva de la Biósfera Sierra Gorda
San Felipe
San Luis de la Paz
2 Std.
6 Xilitla
Dolores Hidalgo
5 Jalpan
2½ Std.
León
2
30 Min.
45 Min.
San Miguel de Allende
Guanajuato
3
Río Moctezuma
1½ Std.
2 Std.
Silao
1
San Jose Iturbide
4 Std.
4½ Std.
START
2 Std.
1½ Std.
Bernal
Irapuato
Querétaro 4
Ezequiel Montes
Río Amajac
Salamanca
Celaya
Tequisquiapan
Ixmiquilpan
Río Lerma
San Juan del Río
Moroleon
Salvatierra
Coroneo
Actopan
Pachuca
Acámbaro
Tula

4

QUERÉTARO 2 TAGE

Weiter düst man nach **Querétaro** (S. 541), wo man eineinhalb Tage damit verbringt, die beeindruckenden Kunstgalerien, das Aquädukt und die Cafés zu besuchen. Am zweiten Tag bietet sich ein Abstecher nach **Tequisquiapan** und **Bernal** (S. 546) an (ca. einstündige Fahrt), oder eine geführte Tour entlang der Wein- und Käseroute (S. 547).

5

RESERVA DE LA BIÓSFERA SIERRA GORDA 2 TAGE

Die Fahrt nach Jalpan in **La Biósfera Sierra Gorda** (S. 549) dauert ein bisschen und ist kurvenreich. Dort angekommen, besucht man mindestens eine der Missionen. Am nächsten Tag warten viele Wasserfälle, Flüsse und Nebelwaldwanderungen – oder ein längerer Spaziergang. Wer noch etwas bleiben kann, sollte die **Sótano del Barro** (S. 551) erkunden.

6 7

XILITLA & SAN LUIS POTOSÍ 3 TAGE

Nun bricht man früh nach **Xilitla** auf, wo sich Las Pozas befindet (S. 542). Bergab geht's entweder über die **Sótano de las Golondrinas** oder die **Sótano de las Huahuas** in die Region La Huasteca Potosina. Hat man zwei Tage mehr Zeit, kann man die Wasserfälle hier erkunden. Wenn nicht, erreicht man nach 5½-stündiger Fahrt **San Luis Potosí** (S. 530), die Endstation der Tour, von wo aus man einen Bus nach San Miguel nehmen kann.

LEONID ANDRONOV/SHUTTERSTOCK ©

Teotihuacán (S. 138)

REISEROUTEN

Strände & Tempel

Dauer: 1 Monat **Strecke:** ca. 3700 km

Diese klassische Reise vom mexikanischen Landesinneren zu den herrlichen Stränden des Karibischen Meers bietet tolle Kultur-, Natur- und Erholungserlebnisse. Man kann die Highlights von Mexico City, die antiken Pyramiden, kosmopolitische Kolonialstädte, Kunsthandwerkszentren und Dschungel erkunden – und zudem viel Zeit am Strand verbringen.

KIT LEONG/SHUTTERSTOCK ©, NYKER/SHUTTERSTOCK ©, JACKKPHOTO/SHUTTERSTOCK ©

1

MEXICO CITY 4 TAGE

Erkunde das aufregenden Mexico City (S. 59), v. a. das *centro histórico*, das Anthropologische Museum, die Kunstmuseen und der Palacio de Bellas Artes. Straßenstände und Restaurants bieten großartige Gaumenfreuden, die Art-déco-Architektur ist besonders sehenswert und Spaziergänge führen durch schöne Viertel, in denen die Geister von Frida Kahlo, Diego Rivera und anderen bedeutenden Persönlichkeiten leben. Ein Abstecher nach **Teotihuacán** ist ein Muss.

2 3

VERACRUZ & OAXACA 6 TAGE

Los geht's mit der quirligen Hafenstadt **Veracruz** (S. 177) mit ihrer Art-déco-Architektur und dem höchsten Berg des Landes, dem Pico de Orizaba. Nach einer sechsstündigen Fahrt (oder einem 3½-stündigen Flug) kommt man in **Oaxaca City** (S. 350) an. Einen Tag sollte man für die Besichtigung der Kolonialstadt einplanen, einen weiteren Tag für die alte zapotekische Hauptstadt **Monte Albán** und einen Tag für ein langes Mittagessen.

4 5

OAXACAS KÜSTE & SAN CRISTÓBAL DE LAS CASAS 3 TAGE

Die Fahrt von Oaxaca (oder einem Flug über Mexico City) zu den Strandorten an der Pazifikküste ist lang, aber lohnt sich! In **Puerto Escondido** (S. 377), **Mazunte**, **Zipolite** (S. 383) oder **Parque Nacional Lagunas de Chacahua** (S. 381) warten Sonne, Sand und Brandung, und auch im Hinterland gibt's jede Menge zu unternehmen. Die Tour endet in die Bergstadt **San Cristóbal de las Casas** (S. 313).

0 500 km
Golf von Mexiko
Ciudad Victoria
Ciudad Valles
Tampico
Poza Rica
START
Teotihuacán
Xalapa
1 MEXICO CITY
6 Std.
1 Std.
Pico de Orizaba
2 Veracruz
Coatza-coalcos
Chilpancingo
3½ Std.
8 Std.
Acapulco
3 Oaxaca
6½ Std.
Parque Nacional Lagunas de Chacahua
4 Puerto Escondido
Mazunte & Zipolite
Salina Cruz
Tuxtla Gutiérrez
9 Std.
5 San Cristóbal de las Casas
5½ Std.
6½ Std.
Villahermosa
Bahía de Campeche
Ciudad del Carmen
6 Palenque
Yaxchilán
Tapachula
Campeche
5 Std.
7 Mérida
Uxmal
2 Std.
Valladolid
2½ Std.
8 Chichén Itzá
Halbinsel Yucatán
Isla Holbox
ZIEL
10 Cancún
Isla Mujeres
Playa del Carmen
9 Tulum
Isla Cozumel
2 Std. 2 Std.
Karibisches Meer
Chetumal
BELIZE
Golf von Honduras
GUATEMALA
HONDURAS
EL SALVADOR
NICARAGUA

6 7

PALENQUE & MÉRIDA

6 TAGE

Palenque (S. 302) ist eine der beeindruckendsten alten Maya-Städte. Von hier aus sind es fünf Stunden Fahrt nach **Campeche** (S. 290), das sich für eine Übernachtung empfiehlt. Am nächsten Tag folgt eine angenehme 2½-stündige Fahrt nach **Mérida** (S. 266), dem besten Ausgangspunkt zum Besuch der fantastischen Ruinen von Uxmal sowie den Sehenswürdigkeiten entlang der **Ruta Puuc**.

8 9

CHICHÉN ITZÁ & TULUM

5 TAGE

Von Mérida aus geht's zu einem Tagesausflug nach **Chichén Itzá** (S. 287), der berühmtesten Maya-Stätte Yucatáns (zwei Autostunden). Dann folgt **Tulum** (S. 249) mit seiner Maya-Ruine am Wasser mit tollen Aussichten, einer großen Burg und klasse Stränden. Wer sich losreißen kann, sollte entlang der **Riviera Maya** in Richtung Norden zur **Isla Cozumel** (S. 244) fahren – die Schnorchel- und Tauchspots hier sind fantastisch!

10

CANCÚN & UMGEBUNG

3 TAGE

Nach zwei Stunden Fahrt Richtung Norden erreicht man den Küstenort **Cancún** (S. 224), wo die Tour mit Sonne am Tag und Party am Abend endet. Wem der touristische Charakter des Ortes zu viel ist, kann die umliegenden Cenoten und Maya-Stätten erkunden oder direkt auf die **Isla Mujeres** oder die **Isla Holbox** ausweichen, die 40 Flugminuten oder zwei Autostunden (plus kurzer Bootsfahrt) von Cancún entfernt liegen.

Barranca del Cobre (S. 600)

REISEROUTEN

Die Küste & Barranca del Cobre

Dauer: 2–3 Woche **Strecke:** ca. 1790 km

Diese Tour ist perfekt für Abenteuerlustige, die gerne unkonventionelle Routen fahren (die Reise lässt sich auch problemlos in umgekehrter Richtung machen). Von Guadalajara geht es nach Westen zur Pazifikküste und weiter nach Norden nach Maztalán. Die Fahrt nach Los Mochis dauert zwar, aber sie lohnt sich wegen dem El Chepe und der unglaublichen Barranca del Cobre.

1

GUADALAJARA ⏱ 3 TAGE

Start ist in **Guadalajara** (S. 470), die zweitgrößte Stadt Mexikos, deren Flughafen gute regionale und internationale Verbindungen bietet. Hier wartet die Welt der Mariachi-Musik, der *charros* (mexikanische Cowboys) und eine hervorragende Küche. Für die Erkundung des pastellfarbenen Pueblo Mágico von Tlaquepaque und der Colonia Americana sollte man ein bis zwei Tage einplanen, bevor es dann weiter nach **Tequila** (S. 487) und zu den **Pyramiden von Guachimontones** (S. 485) geht.

2

SAYULITA ODER PUERTO VALLARTA ⏱ 2 TAGE

Von Guadalajara aus sind es 4½ Stunden Fahrt nach **Sayulita** (S. 430); man könnte auch in den weiter südlich gelegenen, größeren Ferienort **Puerto Vallarta** (S. 415) fahren. In beiden kann man nach einer anstrengenden Woche Sonne und Wellen genießen und Strandspaziergänge entlang der Küste nördlich und südlich unternehmen.

3

MAZATLÁN 2 TAGE

Bei einem Besuch von **Mazatlán** (S. 404) lässt sich bei einem leckeren Essen auf einem der ausgezeichneten Märkte der Stadt Energie tanken; anschließend sollte man die antiken Felszeichnungen bestaunen, die nur eine Autostunde nördlich liegen. In der Altstadt kann man wunderbar hochwertiges lokales Kunsthandwerk bestaunen. Auch eine Fahrt über die *malecón* der Stadt mit einem Leihfahrrad macht Spaß.

4

LOS MOCHIS 1 TAG

Los Mochis (eine 4½-stündige Fahrt Richtung Norden) ist der westliche Startpunkt für die unvergessliche Zugfahrt mit **El Chepe** (S. 602). Viel zu sehen gibt's hier zwar nicht, aber die Meeresfrüchte gelten als die besten in Nordmexiko. Wer ein wenig Zeit hat, sollte das Museo Regional del Valle del Fuerte und den Jardín Botánico Benjamin Francis Johnston besuchen. So oder so, die Fahrt mit dem El Chepe sollte man sich auf keinen Fall entgehen lassen!

5

BARRANCA DEL COBRE 1 WOCHE

Die Verbindung (ohne Zwischenstopps) mit dem El Chepe nach Chihuahua dauert zwar nur 10 Stunden, dabei hat man dann allerdings keine Zeit, den Zug zu verlassen, um z. B. die **Barranca del Cobre** (S. 600) zu besuchen. Hat man eine ganze Woche Zeit, kann man an einigen schönen Orten entlang der Strecke aussteigen und Landschaft und Dörfer wie El Fuerte, Bahuichivo, Divisadero, Creel sowie die Endstation **Chihuahua** erkunden.

BESTE REISEZEIT

Angesichts der abwechslungsreichen Topografie, der Strände, Wüsten und Dschungel, ist irgendwo in Mexiko immer die perfekte Reisezeit.

Obwohl Mexiko Jahreszeiten kennt, ist für Besucher:innen eher von Bedeutung, ob gerade Regen- oder Trockenzeit herrscht. Wegen der abwechslungsreichen Topo- und Geografie ist es in verschiedenen Teilen des Landes trocken, feucht, kalt oder warm. Das sollte in die Reiseplanung einfließen. Die Regenzeit dauert von Juni bis August, wenn das Hochland von üppigem Grün und blühenden Pflanzen übersät ist. Zu dieser Zeit sind einige Teile des Dschungels jedoch nicht zugänglich. Der Januar eignet sich hervorragend für einen Urlaub an der Küste, aber zwischen Weihnachten und Neujahr (und während der Semana Santa im März oder April) sind die Einheimischen auf Reisen und die Küsten heillos überfüllt. Im Mai beginnt die Nebensaison, und im Süden wird es richtig feucht. Im August kommten Scharen an Tourist:innen aus Nordamerika und Europe, und im September ist Hurrikansaison auf der Halbinsel Yucatán. Der November ist ideal für Reisen im ganzen Land, wobei es im Norden erwas kühler ist. Im Dezember kommen die Weihnachtsgäste, sowohl einheimische als auch ausländische.

Reservierungen

Außerhalb der üblichen Tourismusorte lohnt es sich während der Semana Santa, Mexikos Osterwoche, sowie Weihnachten und Neujahr, wenn die Mexikaner:innen Familienurlaub machen, im Voraus zu reservieren. Zu diesen Zeiten steigen die Preise erheblich. Während die Preise an Feiertagen generell höher sind, schwanken sie je nach Saison.

LOCAL TIPP

HERBSTWONNEN

Guide Alberto Hernández de Lago
Meine liebsten Geheimorte in Mexico City (mexicosecretoguiado.com):

„Meine liebste Jahreszeit in Mexico City ist der Herbst, von Oktober bis Dezember. Obwohl sich die Temperaturen hier während des Jahres kaum ändern, sind sie in dieser Zeit etwas niedriger. Ich liebe diese Zeit. Es ist eine Zeit zum Feiern. Im Oktober finden viele Festivals statt. Ich mag vor allem das Blumenfestival, wenn das Viertel Polanco von Blüten übersät ist. In der Vorweihnachtszeit ist es hier ebenfalls wunderschön."

Tulum-Ruinen (S. 250)

WASSER-TEMPERATUREN IN QUINTANA ROO

Im August ist das Wasser an den Stränden von Quintana Roo am wärmsten, im Durchschnitt 29 °C. Der kälteste Monat ist der Januar, aber selbst dann beträgt die durchschnittliche Wassertemperaturatur herrliche 25 °C.

Reisewetter

JANUAR	FEBRUAR	MÄRZ	APRIL	MAI	JUNI
Durchschnittl. Tagestemperatur **22 °C**	Durchschnittl. Tagestemperatur **23 °C**	Durchschnittl. Tagestemperatur **26 °C**	Durchschnittl. Tagestemperatur **26 °C**	Durchschnittl. Tagestemperatur **27 °C**	Durchschnittl. Tagestemperatur **26°C**
Niederschlag 10 ml	Niederschlag 5 ml	Niederschlag 14 ml	Niederschlag 14 ml	Niederschlag 24 ml	Niederschlag 61≈ml

TROCKENZEIT

Klar, in der nördlichen Hemisphäre ist Winter, aber Dezember bis April sind die trockensten Monate in Mexiko. Während die durchschnittliche Tagestemperatur in der Regel zwischen 10 und 32 °C liegt, sollte man sich darauf einstellen, dass die Temperaturen nachts stark fallen können. Reisende sollten sich gut zum Zielort informieren und ausreichend warme Kleidung einpacken.

Partytime! Festival (und Fiesta) Spaß!

In der **Semana Santa** (Osterwoche) finden Gottesdienste, feierliche Prozessionen und uralte Rituale statt. Riesige Menschenmassen nehmen an einer sehr realen Nachstellung der Kreuzigung in Iztapalapa, Mexico City, teil. **April**

Ganz Mexiko feiert die **Día de Muertos**, Allerheiligen, mit Altären, Blumen und Zuckerschädeln. Auf S. 55 sind die besten Orte zum Feiern aufgeführt. **November**

Alle – von Gemeinschaftsorganisationen zu Schulklassen – feiert die **Día de la Revolución** (den Tag der Revolution). Überall sammeln sich Gruppen kleiner Pancho Villas (inklusive Hut und Bart). **November**

Während der neun Nächte der **Las Posadas** stellen Einheimische die Reise von Josef und Maria nach. Gefolgt vom Rest der Gemeinde endet die Prozession an der einheimischen Kirche, wo ein Gottesdienst stattfindet. Die Feierlichkeiten enden mit der Geburt Jesus an Weihnachten, danach wird um Mitternacht in den Häusern gefeiert. **Dezember**

Ungewöhnliche Parties

Chiapa de Corzo (S. 326) feiert die **Fiesta de Enero**, ein 12-tägiges Festival mit regionalem Essen, Musik und dem berühmten Parachico-Maskentanz. Das Fest ehrt die lokalen Schutzheiligen St. Sebastian, den Schwarzen Christus von Esquipulas, und St. Antonius den Großen. **Januar**

Bersucher:innen strömen nach Chichén Itzá (S. 287) für die **Tag-und-Nachtgleichen im Frühling und Herbst**. Die Feierlichkeiten dauern jeweils eine Woche vor und nach der Tag- und Nachtgleiche. **März und September**

Die **Feria Huamantla** (S. 158) umfasst Paraden, Radfahrende und Musik. Am letzten Abend, der La Noche Que Nadie Duerme („Der Nacht in der niemand schläft"), übersäen die Einheimischen die Straßen der Stadt mit *tapetes*, wunderschönen „Teppichen" aus Blumen und Sägespänen. **August**

Mariachis strömen nach Guadalajara (S. 470), um mit ihren Trompeten, Gitarren und Stimmen beim lautstarken Festival **Encuentro Internacional del Mariachi** zu feiern. **Ende August bis Anfang September**

LOCAL TIPP

SAISONALE HIGHLIGHTS

Giovanna Navarro ist der Hotelmanager von Pug Seal Allan Poe in Polanco, Mexico City. @haurieya

„Ich liebe die Regenzeit in Mexico City. Es ist nie kalt, weil sich die Sonne immer irgendwann blicken lässt. Ich liebe es, wie der Regen auf die Stadt fällt. Wenn es aufhört zu regnen und man nach draußen geht, glitzert alles und der National Palace und der Zócolo schauen fantastisch aus. Der Regen erweckt die Architektur zum Leben, deshalb kann man die Geschichte spüren. Nach dem Regen hört sich die Stadt auch ganz anders an."

Encuentro Internacional del Mariachi

KALTER WIND

Traveller wissen, dass er da ist, wenn die Einheimischen „el Norte" flüstern: Der eiskalte Nordostwind, der sich vom Golf von Mexiko seinen Weg entlang der folgenden Staaten der Golfküste bahnt: Tamaulipas, Veracruz, Tabasco, Campeche und Yucatán.

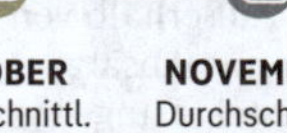

JULI	AUGUST	SEPTEMBER	OKTOBER	NOVEMBER	DEZEMBER
Durchschnittl. Tagestemperatur **24 °C**	Durchschnittl. Tagestemperatur **25 °C**	Durchschnittl. Tagestemperatur **25 °C**	Durchschnittl. Tagestemperatur **24 °C**	Durchschnittl. Tagestemperatur **23 °C**	Durchschnittl. Tagestemperatur **23°C**
Niederschlag 70 ml	Niederschlag 55 ml	Niederschlag 38 ml	Niederschlag 18 ml	Niederschlag 2 ml	Niederschlag 2 ml

LINKS: OLIGALLEGO/SHUTTERSTOCK ©RECHTS: CINEMATIC COLLECTION/ALAMY STOCK PHOTO ©

Jardín Etnobotánico de Oaxaca, (S. 362)

BESTENS VORBEREITET AUF MEXIKO

Nützliches zum Vorbereiten und Einstimmen.

Kleidung

Schichten: Das Wetter in Mexiko ist wechselhaft, daher vorab gut informieren! An den Golfstränden ist es von Mai bis Oktober heiß und schwül. Hier eignen sich Schichten aus Baumwolle und schnelltrocknende Kleidung. Während der Regenzeit ist eine Regenjacke in Mexiko ein Muss. Wer von Mai bis Oktober abseits der Küste unterwegs ist, sollte eine warme Jacke oder ein Sweatshirt für den Abend mitnehmen.

Schuhe: In den Küstengebieten braucht man wasserfeste Schuhe. Andernorts sind Wanderschuhe ein Muss. Außerhalb von Großstädten sind Schuhe mit Absätzen wegen der unebenen Bürgersteige ungeeignet.

Hüte: Die Sonne ist überall in Mexiko sehr stark. Ein Hut (und Sonnenmilch) sind essenziell - vor allem beim Besuch historischer Stätten oder eines Strandes. Im Hochland kann es ebenfalls sehr heiß werden.

Etikette

Es ist üblich, andere - auch Fremde - zu **begrüßen** („buenos días/tardes").

Es ist höflich, **señor oder señora/señorita** zu benutzen, besonders, wenn man um etwas bittet.

In Restaurants, aber auch wenn man gemeinsam mit anderen isst, ist es üblich, sich „buen provecho" („Guten Appetit") zu wünschen.

Bei Begrüßungen oder Vorstellungen **ist es normal, einander zu berühren**, entweder mit einem Handschlag oder Wangenkuss.

LESEN

Bittersüße Schokolade (Laura Esquivel, 1992) Nichts fängt die Würze der Liebe und der mexikanischen Küche so gut ein wie dieses Buch (und der gleichnamige Kinofilm).

Mañana Forever: Mexico and the Mexicans (2012, Jorge Castañeda) Die heftige Auseinandersetzung eines ehemaligen Außenministers mit der Komplexität der mexikanischen Kultur und Politik. Nur auf Englisch erhältlich.

American Dirt (Jeanine Cummins, 2020) Die Erzählung folgt einer mexikanischen Frau und ihrem Sohn auf der Flucht in die Vereinigten Staaten.

Das Labyrinth der Einsamkeit (Octavio Paz, 1950) Ein Essay des mexikanischen Literaturnobelpreisträgers, das sich mit der Identität Mexikos – oder eher der Suche nach dieser – beschäftigt.

Sprechen

Hola (ohne „h" ausgesprochen) bedeutet „Hallo".

Por favor, „bitte" ist sehr nützlich, selbst wenn man im Geschäft mit dem Finger auf etwas zeigt.

Gracias heißt „danke", und kommt immer gut an.

Ayúdame bedeutet „Hilf mir (bitte)".

La cuenta por favor bedeutet „Die Rechnung, bitte".

No muy picoso, por favor ist nützlich wenn man nicht zu scharf essen möchte.

No entiendo bedeutet „Ich verstehe nicht".

Habla aléman/inglés, por favor? Ist die höflichste Weise, zu fragen, ob jemand Deutsch/Englisch spricht.

Cuanto cuesta? Heißt „Wieviel kostet dies?".

Tiene cambio? Die immer wieder verblüffende Knappheit an Wechselgeld führt dazu, dass man oft gefragt wird, ob man kleinere Bankscheine oder Münzen hat.

Puedo verlo? Ist die höfliche Art zu fragen, ob man sich etwas an einem Marktstand oder in einem Geschäft ansehen darf.

Soy vegetariano/a (männlich-weiblich) oder **soy vegano/a** oder sogar **no como carne**. Vegetarier:innen und Veganer:innen können so deutliche ihre Essgewohnheiten zum Ausdruck bringen. Oft wird dennoch angenommen, dass man Hühnchen oder Fisch isst – in dem Fall sollte man **ni pollo, ni pescado** (auch kein Hühnchen, auch keinen Fisch) hinzufügen.

ANSCHAUEN

Amores Perros (Alejandro González Iñárritu; 2000) Ein Drama in drei Episoden, mit dem der mexikanische Regisseur berühmt wurde.

Roma (Alejandro González Iñárritu; 2018) Erzählt das Leben einer mixtekischen (indigenen mesoamerikanischen) Haushälterin.

Coco (Lee Unkrich; 2017) Ein humorvoller und berührender Animations- und Fantastiefilm für Kinder, der auf der Día de Muertos (dem Tag der Toten) basiert.

Y Tu Mamá También (oben dargestellt; Alfonso Cuarón; 2001) Ein Roadtrip über das Erwachsenwerden zweier Teenager aus Mexico City im Jahr 1999.

REINHÖREN

Mexico Matters (CSIS; csis.org/podcasts/mexico-matters) Ein englischsprachiger Podcast zu Mexikos Außenpolitik, Wirtschaft, Handel und Sicherheit. **Der Mexiko Podcast** informiert auf Deutsch über die aktuelle Entwicklung in Mexiko.

Lo mejor de José Alfredo Jiménez (José Alfredo Jiménez; 1990) Der beliebte José Alfredo Jiménez gilt noch immer als der König des *ranchero* (der mexikanischen Volksmusik).

Error (The Warning; 2022) Das Trio aus mexikanischen Schwestern aus Monterrey ist seit 2013 in der Rock- und Metall-Szene bekannt.

Vestido de Etiqueta por Eduardo Magallanes (Juan Gabriel; 2016) Mexikos beliebte Popikone gab diese Platte einige Wochen vor seinem Tod heraus. Seine Musik reicht von *rancheras* bis Disko.

LUNAMARINA/SHUTTERSTOCK ©

cochinita pibil (langsam gegartes Schweinefleisch)

ESSEN WIE DIE LOCALS

Von knusprigen Tacos bis hin zu sechsgängigen Verkostungsmenüs – Mexiko hat eine der weltweit vielfältigsten und aufregendsten Küchen!

Es wäre nicht übertrieben zu sagen, dass die Mexikaner:innen für ihr Essen leben. Die Zubereitung und der Genuss von Mahlzeiten sind ein wichtiger Bestandteil des alltäglichen Lebens und einheimische Zutaten sind einfach ein Muss. Die drei Hauptzutaten sind seit Jahrhunderten Bohnen, Chili und Mais. Auch heute noch sind sie die Grundlage vieler Gerichte, selbst in den edelsten Restaurants. Das heißt aber nicht, dass die Aromen und Speisen in ganz Mexiko gleich sind. Jede Region hat ganz unterschiedliche Varianten – Meeresfrüchte (Küstenregion), Enchiladas (mit unterschiedlichen Füllungen, je nach Region) und *pozoles* (ein Art Eintopf). Auch lokale Spezialitäten stehen auf den Speisekarten, u. a. *moles* (in Oaxaca und im Landesinneren) und *cochinita pibil* (langsam gegartes Schweinefleisch z. B. in Yucatán).

Essen ist für die Mexikaner:innen auch Kommunikationsmittel: Essen spendet Trost und steht für Liebe. Welche kulinarischen Vorlieben man auch haben mag, hier werden sie bestimmt befriedigt.

Moles

Für viele Mexikaner:innen steht *mole* – eine reichhaltige, dicke Soße auf Chilibasis mit Nüssen und Gewürzen – für die Küche Mexikos. Traditionell gehört *mole* über Gerichte aus Hähnchen, Truthahn oder Schweinefleisch, für viele ist *mole*, also die Soße, das Gericht selbst. Viele Reisende haben auch schon von Schokoladen-*mole* gehört. Schokolade ist eine der Zutaten in der *mole poblano* aus Puebla (S. 150). Trotzdem ist Oaxaca der Ort der *moles*: Typisch für Oaxaca, dem „Land der sieben Moles“, sind *mole negro* (mit etwas Schoko-

Unbedingt probieren!

COCHINITA PIBIL
Langsam gegartes, mariniertes Schweinefleisch wird in Yucatán mit auf Tacos serviert.

TACO DE PESCADO
Gebratene oder gegrillte Fischtacos sind am Meer in Baja California eine Spezialität.

BIRRIA
Der Ziegenschmortopf aus Jalisco kommt mit einer Kräuter-Tomaten-Brühe auf den Tisch.

HUACHINANGO A LA VERACRUZANA
Marinierter Roter Schnapper in einer Oliven-Kapern-Soße.

lade), *mole amarillo, mole verde, mole colorado, mole rojo, manch manteles* und *chichilo negro*.

Scharfes Essen

Nicht alle mexikanischen Speisen sind scharf. Sicher, einige Gerichte sind nicht ohne, vor allem in Yucatán, wo Habanero, eines der weltweit schärfsten Chilis, verwendet wird. Gekocht sind sie im Allgemeinen etwas milder. Selbst Chili-Gerichte wie die lecker gefüllten *chile enogada* werden normalerweise getränkt, damit sie ihren „Kick" verlieren. Achtung: Salsas (Soßen oder Relish) enthalten des Öfteren rohe Chilis und können *scharf* sein. Sie stehen in der Mitte auf dem Tisch und werden je nach Gusto verwendet, wie in einigen Ländern Salz und Pfeffer.

Vegetarisch & vegan

In vielen Gebieten Mexikos ist der Begriff *vegetariano* nahezu unbekannt. Und *vegano*? Das haben viele noch nie gehört. In größeren Städten wie in Mexico City oder in touristischen Orten wie Miguel de Allende ist vegane Küche inzwischen hip und es gibt sogar Spezialitätenrestaurants (S. 110). In jedem Restaurant können vegetarische Gäste die allgemein üblichen Zutaten – Eier, Reis, Käse und Avocados – zusammen mit Mais, Bohnen und Chilis bestellen. Viele traditionelle mexikanische Gerichte sind vegetarisch: *quesadillas* sind gefüllt mit Zutaten wie *nopales* (Kaktusblätter), *huitlacoche* (Maispilze) und Zucchini-Blüten. *Arroz a la mexicana* (Reis auf mexikanische Art) ist eine weitere schmackhafte Option. Aber Vorsicht, einige Gerichte werden mit Fleischbrühe oder tierischem Fett, z. B. *manteca* (Speck), zubereitet.

MARCOS CASTILLO/SHUTTERSTOCK ©

Tlayuda

SANDORFOTOGRAFIA/SHUTTERSTOCK ©

ESSEN- & WEINFESTE

Feria del Ponche, Pan y Café (Abb. oben; S. 507) Im April feiert Colima alle gute Dinge: Punsch, Brot und Kaffee! (Hunger mitbringen.)

Festival del Mole Poblano (https://feriadelosmoles.com) Im Juni feiert Puebla seinen berühmten Beitrag zur mexikanischen Küche, die schokoladenhaltige Soße *mole poblano*.

Catando (https://catando-mexico.com) Ende November treffen sich in Guanajuato City Winzer:innen aus dem ganzen Land und präsentieren ihre besten Kreationen. Man kann nur so herumlaufen oder sich ein Ticket für Verkostungen kaufen.

Festival Gourmet International (https://festivalgourmet.com.mx/en) Im November treffen sich Gastköchinnen und -köche zu diesem 10-tägigen „Fest-athon" der kulinarischen Künste in Puerto Vallarta.

Feria del Queso y Vino (www.feriadelquesoyvino.com.mx/) Im Mai oder Juni feiert das *pueblo mágico* (magisches Dorf) in Tequisquiapan ihre lokalen Wein- und Käsehersteller.

TLAYUDA
Riesige Maistortilla mit Bohnen und dazu Fleisch (Oaxaca).

SOPA DE LIMA
Traditionelle Suppe aus Yucatán mit Truthahn oder Huhn in köstlicher Limettensoße.

ARROZ A LA TUMBADA
Traditionelle Meeresfrüchte mit Reis. Das Gericht aus Veracruz wird in einem Tontopf zubereitet.

CABRITO
Spezialität in Monterrey: Gepökeltes, langsam über Kohle gegartes Zicklein.

Lokale Spezialitäten

Die mexikanische Küche besteht aus lokalen Spezialitäten. Wo immer man ist, man sollte stets nach den dort typischen Gerichten, Snacks oder Delikatessen fragen. Nachstehend einige Spezialitäten, die es wert sind, probiert zu werden.

Nur Mut

Tacos de ojos (Kuhaugen-Tacos) Kuhaugen werden zerkleinert, gedämpft und in Tacos gefüllt.

Ahuatle (Eier von Wasserfliegen) Prähispanisches Gericht aus Insekteneiern und Wasserfliegenlarven.

Escamoles Ameisenlarven, die Reis ähneln.

Chapulines Heuschrecken werden getrocknet, geräuchert oder in Zitronensaft und Chilipulver gebraten.

Chapulines

Snacks & Street Food

Tamale Maisteig gefüllt mit Käse, Fleisch oder Chili und in Mais- oder Bananenblättern gedämpft.

Gordita Eine *masa*-Tasche (aus Maisteig) in einer *comal* gebraten und mit Füllung versehen.

Quesadilla Die mit Käse gefüllte, mondförmig zusammengeklappte Tortilla wird gebraten.

Churros Frittierte Gebäckstücke, manchmal mit Schokolade oder *dulce de leche* gefüllt.

Drinks

Pulque, das prähispanische Getränk aus vergorenem Agavensaft (Aguamiel), gehört neben Tequila und Mezcal zu den beliebtesten und ältesten alkoholischen Getränken. Tequila ist vor allem bei Tourist:innen beliebt. *Pulque* und Mezcal erleben eine Renaissance, seit junge Leute diese Alkoholika für sich entdeckt haben. Eine kurze Übersicht über Mezcal und Tequila findet sich auf S. 491.

GESCHMACKS-ERLEBNISSE

Máximo (S. 98) Das geistige Kind von Eduardo García. Frische Zutaten und innovative Speisekarte. Grandios!

Rosetta Das Restaurant (nicht die wunderbare Bäckerei von S. 101) in Mexico City präsentiert traditionelle mexikanische Gerichte mit einem neuen Touch.

Alcade (https://alcalde.com.mx) Das Juwel in Guadalajara wird weltweit gelobt. Verkostungsmenü bestellen!

Casa Oaxaca (S. 353) Küchenchef Alejandro Ruíz gelingt es mit seinen traditionellen Oaxaca-Gerichten seine Gäste zu verzaubern.

Ku'uk (www.kuukrestaurant.com) Das Restaurant in einem der großen, historischen Herrenhäuser in Mérida serviert moderne Yucatán-Gerichte.

Áperi (https://doscasas.com.mx/aperi) Ein kulinarisches Erlebnis eigener Klasse in San Miguel de Allende.

SAISONALE KÜCHE

FRÜHJAHR

Die Zeit vor der Semana Santa (Osterwoche). In der Fastenzeit stehen Speisen wie *romeritos* (Soden, eine Wildpflanze) mit *mole* auf dem Speiseplan.

SOMMER

Huitlacoche, den grauen Pilz, der auf Maiskolben wächst, gibt's nach der Maisernte. Er ähnelt leicht einem „Trüffel" und sein milder Geschmack eignet sich perfekt als Tortilla-Füllung.

HERBST

Die Zeit für Walnüsse und Granatäpfel. Sie sind Bestandteil des Gerichts *chile en nogada*, deren Farben der mexikanischen Flagge entsprechen. Das perfekte Gericht für den Unabhängigkeitstag (16. September).

WINTER

Pan de muertos (Brot der Toten) und *calaveras de azúcar* (Zuckerschädel) sind am Tag der Toten auf den Straßen erhältlich. Truthahn und *bacalao* (getrockneter Kabeljau) gehören zum mexikanischen Weihnachtsmahl.

Oben: *Huachinango a la veracruzana* (S. 187); Unten: Quesadillas

ANDREA IZZOTTI/SHUTTERSTOCK ©

Kajakfahren, El Arco (S. 563)

OUTDOOR-ERLEBNISSE

Mexiko ist großartig für alle, denen der Sinn nach frischer Luft, Wander- und Wasserabenteuer, Reiten, Vogelbeobachtung und vielem mehr steht.

Mexiko, mit seiner vielfältigen Landschaft aus Dschungeln, Bergen und Stränden, bietet ein abwechslungsreiches Paradies für Natur- und Abenteuerfans. Von Gipfel erklimmen über Wellenreiten bis zu entspannten Cenoten-Erkundungen – Mexiko hat für alle etwas: Man kann die Wüste durchqueren, im Dschungel Vögel beobachten, Wale entdecken oder Kitesurfen. Mexiko bietet alles, was das Herz begehrt.

Surfen

Bei über 11 000 km Küste ist es nicht verwunderlich, dass Mexiko bei allen ganz oben steht, denen es um Wellen geht … und ums Surfen. Die besten Surfspots des Landes befinden sich vor allem an der Pazifikküste: Puerto Escondido, Mazatlán, Sayulita, La Saladita, La Ticla und Troncones sind absolute Highlights. Die weitgehend unberührte Pazifikküste Oaxacas ist besonders charmant. Die Baja an der Pazifikküste bietet ruhige Strände wie San Miguel bei Ensenada und viele weitere im Süden, an denen es nicht viel anders aussieht. Cerritos und Zippers bietet beide große Wellen – und viel Trubel.

Die Bedingungen sind anständig und die Auswahl an Brechern bieten Abenteuer zum Surfen für Neulingen bis zu Profis. Im Allgemeinen sind die Wellen zwischen April und Oktober am stärksten (das hängt jedoch davon ab, wo man sich befindet). Vor-

Outdoor Sport

REITEN
Mit einheimischen Pferdeflüster:innen in Real de Catorce (S. 535) durch die Wüste reiten.

VOGELBEOBACHTUNG
In der Laguna de Manialtepec (S. 380), einer mit Mangroven bewachsenen Lagune in der Nähe von Puerto Escondido, vom Motorboot aus Vögel beobachten.

WINDSURFEN & KITESURFEN
Im Winter in La Ventana (S. 577) die Passatwinde zum Wind- oder Foilsurfen und Kiteboarden nutzen.

FAMILIEN-ABENTEUER

Reserva Mariposa Monarca (S. 496) In diesem Waldreservat sich von Millionen Schmetterlingen (schrumpfende Population) verzaubern lassen.

Surfen lernen (S. 430) In Sayulita, Mazatlan und Puerto Escondido können Kinder auf sanften Wellen surfen lernen.

Museo Nacional de Antropología (S. 116). Die faszinierenden Exponate des Museums (Schädel, Statuen und Schnitzereien) begeistern alle.

Playa Escobilla (S. 382) Während einer *arribada* Tausende von Schildkröten an Land beobachten.

Pazifikküste (S. 421) und die Baja (S. 581) Bei einer Bootsexpedition Schildkröten, Delfine und Wale entdecken.

Creel (S. 606) Ausgangspunkt für die Erkundung der Barranca del Cobre zu Pferd, für Wanderungen zu Wasserfällen und für die berühmte Zugfahrt.

sicht: die Hurrikans zwischen Juli und Oktober können riesige und gefährliche Wellen mit sich bringen.

Zahlreiche Surfschulen bieten Kurse für alle Könnensstufen an.

Wandern & Trekken

Wanderfans bietet Mexiko alle möglichen Varianten, von kürzeren, einfacheren Spaziergängen an Flüssen entlang zu Wasserfällen oder zu archäologischen Stätten im Dschungel bis hin zu steilen Bergwanderungen. Geübte können die zahlreichen Vulkane des Landes besteigen: Der höchste Vulkan ist der 5636 m hohe Pico de Orizaba im Bundesstaat Veracruz, wo man zusätzlich den Volcán San Martín erklimmen kann. Aber auch der schneebedeckte Nevado de Colima, der Gipfel des Iztaccihuatl oder der Volcán Paricutín, der „jüngste" Vulkan Amerikas, bieten sich an. Viele fahren mit dem Zug durch die Kupferschlucht, aber auch entlang dieses Canyons gibt es tolle Wandermöglichkeiten. Und über den Rundweg Barranca de Huentitán in Guadalajara, kann man eine alte, extrem steile Bahnstrecke hinaufwandern.

Reiten, Real de Catorce (S. 535)

Tauchen & Schnorcheln

Das klare Wasser vor Mexikos Küsten eignet sich hervorragend zum Tauchen und Schnorcheln, und das nicht nur im Meer – die Cenoten, Yucatáns berühmte Höhlen, und die Seen in La Huasteca Potosina bieten außergewöhnliche Schnorchel- und Taucherlebnisse. Die ruhigsten Tauchbedingungen finden sich in den warmen, klaren Gewässern der Karibikküste vor Quintana Roo und entlang der Riviera Maya sowie der Costa Maya der Halbinsel Yucatán. Die Baja bietet ebenfalls ausgezeichnete Möglichkeiten, insbesondere das Korallenriff bei Cabo Pulmo, sowie Loreta und die Gebiete um La Paz. Huatulco in Oaxaca verfügt über mehr als 30 fischreiche Tauchplätze. Auch an der Golfküste liegen einige großartige Schnorchelspots, wie z. B. die schöne Sandbank von Cancuncito. Auf der Isla Mujeres, der Isla Holbox und in La Paz kann man mit Walhaien tauchen.

WALBEOBACHTUNG
Zwischen Mitte Dezember und Mitte März in Puerto Escondido (S. 379) und Santa Cruz Huatulco (S. 390) Wale beobachten.

RAFTEN
Mit dem Floß oder Kajak die Stromschnellen von Jalcomulco (S. 200) hinunterfahren, die zu den besten des Landes gehören und für alle Wildwasserfans geeignet sind.

RADFAHREN
Die Barranca del Cobre (S. 606) ist für ihre tolle Zugfahrt bekannt. Die nahe gelegenen Felsentäler, Seen und Wälder kann man auch mit dem Fahrrad erkunden.

PLUNGE POOLS, STROMSCHNELLEN UND WASSERFÄLLE
In der Nähe von Palenque (S. 309) gibt's tolle Naturpools, gewaltige Wasserfälle und fantastische Stromschnellen.

Surfen

1. Sayulita (S. 430)
2. Troncones (S. 447)
3. La Saladita (S. 451)
4. Puerto Escondido (S. 378)
5. Cerritos (S. 568)
6. Zippers (S. 566)
7. San Miguel (S. 588)

Schnorcheln & Tauchen

1. Cabo Pulmo (S. 569)
2. Loreto (S. 578)
3. Cancuncito (S. 188)
4. Isla Mujeres (S. 231)
5. Akumal (S. 256)
6. Los Arcos National Park (S. 422)
7. Cenote dos Ojos (S. 260)

Vulkanwanderungen

1. Volcán Paricutín (S. 503)
2. Volcán Nevado de Colima (S. 506)
3. Volcán San Martín (S. 212)
4. Iztaccíhuatl (S. 155)
5. Nevado de Toluca (S. 175)

ACTION AREAS

Die besten Outdoor-Erlebnisse in Mexiko.

Wandern/Trekken

1. Sierra Norte (S. 371)
2. Aqueduct Trail, Etla (S. 365)
3. Barranca de Huentitán (S. 480)
4. Parque Ecológico Chipinque (S. 628)
5. Sierra Madre (La Bufa S. 440; Cueva de Majahua S. 448)

Nationalparks

1. Cañón del Sumidero (S. 325)
2. Parque Nacional Lagunas de Chacahua (S. 381)
3. Parque Nacional Iztaccíhuatl-Popocatépetl (S. 155)
4. Reserva de la Biosfera Sierra Gorda (S. 549)
5. Parque Nacional Lagunas de Montebello (S. 338)

Ciudad Acuña
Piedras Negras
Nuevo Laredo
Reynosa
Monterrey
Matamoros
Linares
Ciudad Victoria
Golf von Mexiko
Ciudad Valles
Tampico
Querétaro
Poza Rica
MEXICO CITY
Toluca
Pico de Orizaba
Xalapa
Veracruz
Puebla
Córdoba
Tehuacán
Tuxtepec
Coatzacoalcos
Bahía de Campeche
Chilpancingo
Huajuapan de Leon
Oaxaca
Acapulco
Puerto Escondido
La Crucecita
Mazunte
Juchitán
Salina Cruz
Golfo de Tehuantepec
Pazifik
Tuxtla Gutiérrez
San Cristóbal de las Casas
Palenque
Comitán
Villahermosa
Ciudad del Carmen
Campeche
Mérida
Valladolid
Cancún
Yucatánstraße
Playa del Carmen
Isla Cozumel
Tulum
Halbinsel Yucatán
Chetumal
Karibisches Meer
BELIZE
Golf von Honduras
GUATEMALA
HONDURAS
Tapachula
EL SALVADOR
NICARAGUA

ECSTK22/SHUTTERSTOCK ©

Uxmal (S. 276)

REISEPLANUNG

MEXIKOS ALTE RUINEN

Prähistorische Stätten sind in ganz Mexiko verstreut, vor allem im Zentrum, Süden und Südosten. Egal ob in Dschungeln oder auf Wüstenebenen, sie erzählen Besonderes über ihre Lage und Geschichte, und enthüllen viel über die Kulturen, die sie schufen.

Hinweise zu Ausflügen zu Mexikos historischen Stätten

PRAKTISCH & KONKRET

Die bekanntesten Stätten sind oft überfüllt. Es lohnt sich, vor den Bussen anzukommen. Andere verstecken sich auf entlegenen Hügeln oder im dichten Dschungel, wie z. B. Calakmul. Diese bieten Abenteuer! Aufgrund ihres schwereren Zugangs sind diese abgelegene Gebiete in der Regel auch weniger überlaufen.

Der Eintritt zu archäologischen Stätten variiert zwischen 0 und 500 Mex$, abhängig von der Stätte und ihrer Popularität. Die Kosten für einen Guide hängen von der Dauer und dem Ort der Tour ab. Lizenzierte Guides haben üblicherweise feste Preise, während andere verhandelbar sind.

Besucher:innen sollten sich vor Sonne und Insekten schützen, insbesondere vor Moskitos in Stätten im Dschungel. Es ist ratsam, Trinkwasser mitzunehmen, am besten in eigenen recycelbaren Flaschen. An weniger bekannten Stätten fehlen oft Essenstände, daher empfiehlt es sich, einige (umweltfreundliche) Snacks mitzubringen.

ZUGÄNGLICHKEIT & SPRACHE

Die berühmten Stätten sind normalerweise für Rollstuhlfahrer:innen zugänglich. Zu weniger bekannten Stätten führen oft nur rudimentäre Pfade. Meist gibt es auch gar keine Wege, sondern lediglich felsige oder grasige Flächen.

Hinweisschilder gibt es oft nur auf Spanisch, manchmal zusätzlich auf Englisch oder einer lokalen Sprache. Nur wenige haben taktile Schilder für Gäste mit Sehbeeinträchtigungen.

GUIDES

Lizensierte Guides befinden sich an den meisten Stätten im Bereich der Ticketschalter. Viele sprechen mehrere Sprachen und man kann sich kurz mit ihnen unterhalten, ehe man sich entscheidet, denn ein guter Guide erweckt eine Stätte zum Leben! Die

TOP 10 STÄTTEN

Alle Stätten sind in Bezug auf ihren Kontext, ihre Geschichte und Lage interessant. Einige befinden sich an entlegeneren Orten als andere, wie z. B. Yaxchilán, das nach einer einstündigen Bootsfahrt erreicht werden kann. Hier sind die Top 10 Empfehlungen mit der besten Jahreszeit für einen Besuch:

Teotihuacán, Zentralmexiko, ganzjährig
Chichén Itzá, Halbinsel Yucatán, September bis November
Uxmal, Halbinsel Yucatán, September bis November
Palenque, Chiapas, Oktober bis Mai
Monte Albán, Oaxaca, Oktober bis Mai
Yaxchilán, Chiapas, Oktober bis Mai
Calakmul, Halbinsel Yucatán, November bis Mai
Tulum, Halbinsel Yucatán, November bis Juni
El Tajín, Veracruz, Oktober bis Mai
Templo Mayor, Mexico City, ganzjährig

Führungen dauern oft ein bis zwei Stunden, im Abschluss daran kann man die Stätte noch auf eigene Faust erkunden. Für entlegene Stätten findet man geführte Touren oft in den nahegelegenen Ortschaften.

WENIGER BEKANNTE STÄTTEN

Ständig werden neue Stätten entdeckt und andere weiter ausgegraben. Einige der weniger bekannten Stätten sind genauso einen Besuch wert wie die berühmten. Archäolog:innen behaupten beispielsweise, dass **Xihuacan** (S. 455) an Bedeutung mit Teotihuacán oder Chichén Itzá mithalten kann

Cañada de la Virgen (S. 528) ist eine außergwöhnliche prähispanische Stätte mit beeindruckender Pyramide, während **Guachimontones** (S. 485), neben den Pyramiden, ein exzellentes Museum beherbergt.

Die am besten erhaltene Stätte in Nayarit im Bezug auf Felszeichnungen ist **Altavista** (S. 435). **Las Labradas** (S. 413) besitzt eine faszinierende Sammlung, von der man glaubt, dass sie mit der Sommersonnenwende verbunden sei.

Monte Alban (S. 364)

MEXIKOS ALTE KULTUREN

Seit dem 19. Jh. legen Archäolog:innen die alten Stätten im ganzen Land frei. Viele imposante Anlagen wurden inzwischen restauriert und für Besucher:innen zugänglich gemacht. Andere wurden nur teilweise freigelegt oder ruhen noch immer unangetastet, begraben unter der Erde oder versteckt in dichten Wäldern.

Die wichtigsten Kulturen waren:

- **Olmeken** (1200 bis 400 v. Chr.) Mexikos „Mutterkultur" konzentrierte sich an der Golfküste. Berühmt sind die gigantischen Olmeken-Köpfe aus Stein.
- **Teotihuacán** (0 bis 700 n. Chr.) 50 km von Mexico City zeugen riesige Pyramiden vom Erbe der größten aller alten mexikanischen Reiche.
- **Maya** (250 bis 900 n. Chr.) Die Maya lebten vorwiegen im Südosten Mexikos und im benachbarten Guatelmala und Belize. Sie waren für ihre erlesenen Tempel und Steinskulpturen bekannt. Die Kultur der Maya hat unter den indigenen Bevölkerungen in diesen Regionen bis heute überlebt.
- **Tolteken** (750 bis 1150 n. Chr.) Die Kultur steht für mehrere Stadtstaaten in Zentralmexiko. Deren berühmteste Hinterlassenschaften sind die Kriegerskulpturen von Tula.
- **Azteken** (1325 bis 1521 n. Chr.) Von ihrer Hauptstadt Tenochtitlan (heute Mexico City) herrschten die Azteken vom Golf bis zum Pazifik über den Großteil Zentralmexikos. Die berühmteste Aztekenstätte ist der Templo Mayor in Mexico City.

R.M. NUNES/SHUTTERSTOCK ©

Xantolo, Guanajuato

REISEPLANUNG

MEXIKOS DÍA DE MUERTOS

Nur wenige Feste verraten mehr über Mexikos Spiritualität und Verständnis vom Tod als der Día de Muertos (Tag der Toten), bei dem am 1. und 2. November der Verstorbenen gedacht wird.

Wo, wann & wie

URSPRÜNGE DES FESTS

Die Tradition ist eine Vermischung 3000 Jahre alter prähispanischer Glaubensvorstellungen mit dem Katholizismus. In der aztekischen Mythologie wohnen die Toten in einer *mictlān* genannten Unterwelt. Am Día de Muertos, der ursprünglich im August gefeiert wurde, können die Toten zu ihren Wohnstätten zurückkehren. Die katholischen Konquistadoren, die das Fest durch ihre Lieblingstaktik der kulturellen *mestizaje* (Vermischung) vereinnahmen wollten, verlegten es auf die Feiertage Allerheiligen (1. Nov.) und Allerseelen (2. Nov.).

WIE DAS FEST GEFEIERT WIRD

Mit dem Feiern des Todes verherrlichen die Mexikaner:innen das Leben. Und das tun sie, indem sie alles andere feiern: Mit Essen, Trinken, Musik, Freunden, Familie und farbenfroher Dekoration. 2008 erkannte die UNESCO die Bedeutung des Día de Muertos an, indem sie ihn in die Liste des immateriellen Kulturerbes der Menschheit aufnahm.

Bei vielen indigenen Gemeinschaften ist der Día de Muertos immer noch vorwiegend ein religiöses und spirituelles Fest. Bei ihnen könnte man eher von der Noche de Muertos (Nacht der Toten) sprechen, weil die Familien praktisch die ganze Nacht auf dem Friedhof verbringen, um sich mit den Verstorbenen auszutauschen. Je nachdem, wo man in Mexiko ist, handelt es sich um eine lustige Angelegenheit, mit viel Trinken und Mariachi-Livemusik. Andernorts

TIPPS FÜR DIE TEILNAHME

Orte mit großen Umzügen, z. B. Mexico City und Patzcuaro, locken Menschenmassen an. Die Unterkunft und den Platz an der Umzugsroute sollte man sich im Voraus sichern.

Wer die Unterschiede und Traditionen besser verstehen möchte, schließt sich einer geführten Tour an, wie sie z. B. der Veranstalter Aztec Explorers (aztecexplorers.com) in Mexico City anbietet.

Man muss nicht unbedingt am Umzug teilnehmen; der Besuch von Altären (S. 75) ist für viele die bewegendere und realere Erfahrung.

An Orten mit Umzügen schminkt und kostümiert man sich! Gleichzeitig gilt jedoch, das tief spirituelle Element des Festes zu würdigen und die Traditionen zu respektieren.

zeigen Familien ihren Respekt, indem sie die Gräber säubern, eine wirklich ernstes Vorhaben, ohne Feiern (Alkohol ist auf einigen Friedhöfen gar nicht erlaubt).

OFRENDA & CALAVERAS

Den Mittelpunkt der Feierlichkeiten bildet die *ofrenda* (der Altar, der im Haus oder auf dem Friedhof aufgebaut wird). Er wird mit orangen und gelben *cempasúchil* (Ringelblumen), Teller voller *tamales*, Zuckerschädeln und *pan de muerto* („Brot der Toten", ein süßes Brot) geschmückt, welche die Toten zurück zu ihrer Ruhestätte führen sollen. Zusätzlich stehen ein Wasserbehälter (zum Durstlöschen) und die Lieblingsspeisen der Verstorbenen bereit. *Copal* (Baumharz) wird verbrannt, um den Bereich um den Altar spirituell zu reinigen.

Skelette und *calaveras* (künstliche Schädel) sind weitere wichtige Elemente der Feierlichkeiten. Diese wurden von Bildern des Künstlers José Guadalupe Posada inspiriert, der für die Schöpfung der La Catrina bekannt ist, dem schick gekleideten Skelett, das eine satirische Darstellung der zeitgenössischen Gesellschaft sein soll.

Día de Muertos-Umzug, Mexico City

DIE BESTEN ORTE ZUM FEIERN

- **Mexico City** Zu den Festlichkeiten in der Hauptstadt zählen mehrere große Umzüge: der Aufbau von *ofrendas* für verstorbene Prominente und Würdenträger, die Dekoration mit riesigen Schädeln und *alebrijes* (Tierfiguren) sowie *papel picado* (Papierarbeiten), sowie Schmink- und andere Events. S. 75
- **Oaxaca** Einer der beliebtesten Orte für Feiern des Día de Muertos in Mexiko. In der Stadt und den umliegenden Dörfern finden Kostüm- und Musikumzüge und Kerzenwachen statt. S. 355
- **Lago de Pátzcuaro** Wegen Pátzcuaros verschiedenen wunderschönen kulturellen Traditionen behaupten einige, dass die Stadt der einzig wahre Ort zum Begehen dieses besonderen Tages ist. Hier gibt es *cempasúchil*, *pan de muerto*, Kerzen und Getränke, welche die Verstorbenen locken sollen, sowie Kinder, die als *catrinas* umherziehen, und beleuchtete Boote, die auf dem See schwimmen. S. 499
- **Mérida** Der Paseo de las Ánimas ist ein Besuchermagnet, obwohl er erst im Jahr 2008 erfunden wurde. Am Abend des 31. Oktobers kleiden sich die Teilnehmenden in traditionelle Kostüme und bemalen ihre Gesichter im Stil der La Catrina. S. 266
- **La Huasteca** In dieser Region, die Teile der Staaten Tamaulipas, Veracruz, Puebla, Hidalgo, San Luis Potosí und Guanajuato umfasst, ist der Feiertag als *xantolo* (ausgesprochen „schantolo") bekannt. Die Umzüge hier sind lautstarke, ganztägige Angelegenheiten, bei denen sich die Einheimischen mit handgeschnitzten Gesichtsmasken und traditionellen Kostümen verkleiden

MEXIKO

REISEZIELE

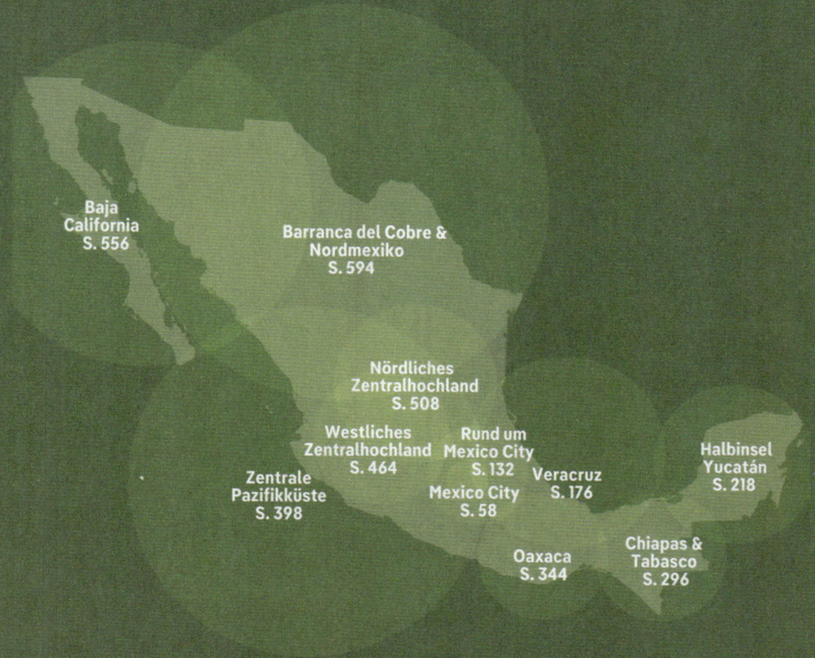

In jeder Region starten wir mit dem perfekten Standort, um die Umgebung zu erkunden. Entdecke einzigartige Erlebnisse, Tipps unserer Autor:innen und Expert:innen, Hintergründe und Empfehlungen.

Cenote Suytun (S. 283), Halbinsel Yucatán

FERRANTRAITE/GETTY IMAGES ©

Oben: El Ángel (S. 94), Paseo de la Reforma; auf der anderen Seite: Museo Frida Kahlo (S. 127)

DIE WICHTIGSTEN ZIELE

CENTRO HISTÓRICO
Lebhafte historische Innenstadt. S. 64

ALAMEDA CENTRAL
Kulturelle Plazas im Freien. S. 78

JUÁREZ & ZONA ROSA
Schwulenbars und aufstrebend cool. S. 89

ROMA
Hippe Läden in schönen Gebäuden. S. 97

MEXICO CITY

PALÄSTE, TACOS, FRIDA UND COCKTAILS

Das Geheimnis ist gelüftet: Die mexikanische Metropole vereint Glamour und grungige Realness. Mexico City ist sicherer und viel cooler, als man es sich vorstellt.

Mexico City bietet die ganze Bandbreite an mexikanischer Kunst und Kultur. Überall, wo man hinschaut, schimmern Spuren der bewegten Geschichte hindurch. Jahrhundertealte Formen der darstellenden Kunst wie prähispanische Tänze und Mariachi-Musik werden immer noch auf öffentlichen Plätzen aufgeführt. Enthusiastische Umzüge, wie sie am Día de Muertos (Tag der Toten) stattfinden, feiern das Leben und ziehen die Mengen an. Hier kann man die glitzernde Decke einer mächtigen Kathedrale bestaunen und sich dann unter die Erde wagen, um die Fundamente der aztekischen Tempel zu sehen, die sich sträuben, begraben zu bleiben. Familienrezepte aus Oaxaca bis Yucatán werden in Polanco von den angesehensten Köchinnen und Köchen des Landes veredelt oder in den brutzelnden Straßenküchen um die Ecke zubereitet.

Nichts ist schlicht. In dieser Stadt kann man einfach überall Fotos machen. Im üppig grünen Park des vornehmen Stadtteils Condesa präsentieren Straßenverkäufer:innen ihre Luftballons, während Hundeausführer:innen mit vielen Hunden vorbeimarschieren. Es ist ein fortwährendes Spektakel, das man am besten mit einem Churro oder einer Thunfisch-Tostada in einem der vielen Restaurants genießt, während im noblen Roma Design-Boutiquen, elegante Cafés und Pariser Villen die Vorübergehenden verzaubern. In den letzten Jahren lockten diese Viertel eine Vielzahl Digital Creatives an.

In der Stadt von Frida Kahlo und Diego Rivera ist die Kunst ein fester Bestandteil. Museen von Weltrang decken alle Epochen der mexikanischen Kulturgeschichte ab. Aber es sind die Wandmalereien an öffentlichen Gebäuden, die ein Bilderbuch der Vergangenheit des Volkes sind, von der Aztekenzeit bis zu den Auseinandersetzungen in der Kolonialzeit.

Daneben sind moderne Graffiti überall in den Straßen der Stadt zu sehen. Glänzende Türme, die Burg und der „Wald" von Chapultepec stehen Seite an Seite. Die Geschichte ist hier sehr präsent und doch ist Mexico City immer noch heiß auf die Zukunft, und es gibt keinen besseren Ort, um das mitzuerleben.

CONDESA
Begrünt und schick.
S. 105

POLANCO & BOSQUE DE CHAPULTEPEC
Top-Museen und weitläufiger Park. **S. 111**

SAN ÁNGEL
Kopfsteinpflastercharme im Süden.
S. 119

COYOACÁN
Boheme-Leben rund um Fridas Haus. **S. 123**

Erste Orientierung

Mexico City ist weitläufig, aber die meisten Sehenswürdigkeiten sind auf ein paar Stadtteile beschränkt. Wenn man mal herausgefunden hat, wie man zwischen ihnen hin- und herpendelt, ist das Vorankommen ganz einfach. Hier kommen die wichtigsten Attraktionen und Bezirke.

VOM/ZUM FLUGHAFEN

An den offiziellen, sicheren Taxiständen hinter der Zollkontrolle werden Pauschalpreise für Fahrten berechnet, die nach Zonen festgelegt sind. Man kann dank des kostenlosen WLANs auch ein Uber bestellen. Der Metrobús (Bus) fährt zum Zócalo (45 Min.); die Haltestellen befinden sich an *puerta* (Ausgang) 7 des Terminals 1 und an *puerta* 3 des Terminals 2.

ZU FUSS & RADFAHREN

Die einzelnen Stadtteile lassen sich am besten zu Fuß erkunden, vor allem das grüne Viertel Condesa, Roma, Coyoacán oder der Bosque de Chapultepec. Auch Radfahren ist in diesen Gegenden angenehm, und Besucher:innen können sich mit einer Kreditkarte und einem Ausweis für das städtische Fahrradverleihsystem Ecobici anmelden.

METRO & METROBÚS

Mexico City hat ein günstiges, verständliches Metro- und Metrobús-System, das alle Hauptstrecken bedient. Zu den Hauptverkehrszeiten ist es in den Fahrzeugen heiß und voll, sodass es leicht zu Taschendiebstählen kommen kann. Man sollte wiederaufladbare Chipkarten an den Metrostationen kaufen.

TAXI & UBER

Am besten bittet man das Hotelpersonal, ein sicheres Taxi zu rufen; nie eines auf der Straße rufen! Uber ist billig und effizient, und seine relative Sicherheit hat das Reisen sowohl für Besucher:innen als auch für Einheimische verbessert.

Perfekte Tage

Man könnte Monate damit verbringen, all die Museen, Denkmäler, Plätze, Gebäude aus der Kolonialzeit, Klöster, Wandmalereien, Galerien, archäologischen Funde und religiösen Relikte zu erkunden, die diese Stadt zu bieten hat.

PRAKICHTREETASAYUTH/SHUTTERSTOCK ©

Templo Mayor (S. 66)

Tag 1

Morgens

- Der erste Tag bricht an und man steht auf dem **Zócalo** (S. 74), dem einstigen Zentrum des aztekischen Universums. Man erkundet die prähispanischen Ruinen des **Templo Mayor** (S. 66) und bewundert die cineastischen Wandgemälde von Diego Rivera im **Palacio Nacional** (S. 70).

Mittags

- Nachmittags probiert man die berühmten *suadero*-Tacos (Rinderbrust) im kultigen **Los Cocuyos** (S. 73) und bewundert die blau-weiß gekachelte Fassade der **Casa de los Azulejos** (S. 72). Im Inneren befindet sich ein Wandgemälde von José Clemente Orozco.

Abends

- Bei Einbruch der Dunkelheit genießt man auf der quirligen **Plaza Garibaldi** (S. 69) traditionelle mexikanische Gerichte und Mezcal, während Mariachi-Musik ertönt.

...nicht verpassen

Über das Zentrum und Roma/Condesa hinausfahren, um Tacos in einer Autowerkstatt zu probieren und auf einem Blumenmarkt an Bergen von Blüten zu schnuppern.

KUNSTHANDWERK SHOPPEN

Im **Centro de Artesanías La Ciudadela** (S. 81) findet man *artesanías* (Kunsthandwerk) aus ganz Mexiko zu vernünftigen Preisen.

***PULQUE* TESTEN**

In der schnörkellosen Kneipe **Pulquería La Hija De Los Apaches** kann man das leicht alkoholische aztekische Gebräu *pulque* in unzähligen Geschmacksrichtungen kosten.

DIE METRO NEHMEN

Man sollte das Verkehrsmittel der *chilangos* (Einwohner:innen von Mexico City), die U-Bahn, nehmen. Sie ist heiß, billig und „staufrei".

VON LINKS NACH RECHTS: ARTURO VEREA/SHUTTERSTOCK ©, GUAJILLO STUDIO/SHUTTERSTOCK ©, ALEXANDRA LANDE/SHUTTERSTOCK ©

Tag 2

Morgens

● Am zweiten Tag taucht man im umfassenden **Museo Nacional de Antropología** (S. 116) in die Geschichte Mexikos ein und blickt vom **Castillo de Chapultepec** (S. 114) auf den größten Stadtpark Lateinamerikas, vorbei an den einheimischen Pflanzen des **Jardín Botánico** (S. 118).

Mittags

● Am Nachmittag schlendert man durch die von Cafés gesäumten Straßen von **Roma** (S. 97) und genießt ein spätes (mexikanisches) Mittagessen im **Contramar** (S. 100), bevor man die Art-déco-Gebäude vor dem grünen **Parque México** (S. 106) in Condesa bewundert.

Abends

● Der Abend beginnt mit einem kreativen Cocktail im **Baltra** (S. 107), später kann man mit den heimkehrenden Partyleuten in der **Taquería Orinoco** (S. 104) noch ein paar Tacos essen.

Tag 3

Morgens

● Man begrüßt den neuen Tag mit einem Spaziergang entlang der Brunnen und der grünen Wege der **Alameda Central** (S. 84) und sollte sich Zeit nehmen, die Art-déco-Pracht und das Diego-Rivera-Wandgemälde des **Palacio de Bellas Artes** (S. 82) zu bewundern. Weiter geht's mit einer Besichtigung der drei großen Wandmaler im **Antiguo Colegio de San Ildefonso** (S. 69), bevor man sich im **Sin Nombre** (S. 80) mit Slow Food (und Getränken) aus Oaxaca verwöhnen lässt.

Mittags

● Am Nachmittag geht es weiter in den Süden zum blauen Haus des **Museo Frida Kahlo** (S. 127) in Coyoacán.

Abends

● Wenn die Sonne untergeht, kann man im herrlichen **Jardín Centenario** (S. 129) zu Abend essen und Mezcal probieren.

EINEN BLUMENMARKT BESUCHEN

Im **Mercado Jamaica** kann man rund um den Tag der Toten in ein Meer von *cempasúchil* (Aufrechte Studentenblume) eintauchen.

IN EINER AUTOWERKSTATT SPEISEN

Südlich von Roma, in Narvarte, gibt es abends *tacos al pastor* in einem **Taco-Laden**, der tagsüber eine Autowerkstatt ist.

DIE PYRAMIDEN BESUCHEN

Die atemberaubende prähispanische Stadt **Teotihuacán** liegt zwar nicht direkt in der Hauptstadt, aber der Tagesausflug dorthin ist ein Klacks.

EINEN MEXIKANISCHEN WRESTLINGKAMPF ANSEHEN

Im raueren Viertel Doctores, in der Nähe von Roma, kann man in der **Arena México** einen mexikanischen Ringkampf erleben.

CENTRO HISTÓRICO

LEBHAFTE HISTORISCHE INNENSTADT

Das UNESCO-gelistete Centro Histórico (historisches Zentrum) ist mit seinen prächtigen Gebäuden und interessanten Museen der ideale Ausgangspunkt für die Erkundung Mexico Citys.

Das Herz der Stadt ist der riesige Hauptplatz, der Zócalo, wo prähispanische Ruinen, imposante Gebäude aus der Kolonialzeit und eine majestätische Kathedrale die bewegte Vergangenheit von Mexico City widerspiegeln. Hier verkündeten Diego Rivera und die anderen Wandmaler der „großen Drei" an den Wänden öffentlicher Gebäude, dass Wandmalereien sowohl die Kunst für das Volk als auch dessen Stimme sein müssen.

Im Centro pulsiert das Straßen- und Nachtleben. Ausgedehnte traditionelle Märkte bieten Spezialitäten an, von Hexenkunst bis zu *mole* und exotischen Zutaten, und Studierende bevölkern die Bars.

In den letzten Jahren wurde die Gegend aufpoliert. Die Straßen wurden neu gepflastert, die Beleuchtung und der Verkehrsfluss verbessert und die Sicherheit erhöht. Museen, Restaurants und Clubs sind in die renovierten Gebäude eingezogen und sorgen für Leben.

TOP TIPP

Die enorme Größe des Centro Histórico macht die Straßen unübersichtlich. Am besten orientiert man sich am Zócalo und am Palacio de Bellas Artes (in der Alameda Central). Die verkehrsfreie Zone Avenida Madero verbindet diese beiden Straßen, ist aber auch ziemlich voll. Viel ruhiger ist es auf der parallel verlaufenden Avenida 5 de Mayo.

Palacio Nacional (S. 70)

KAMIRA/SHUTTERSTOCK ©

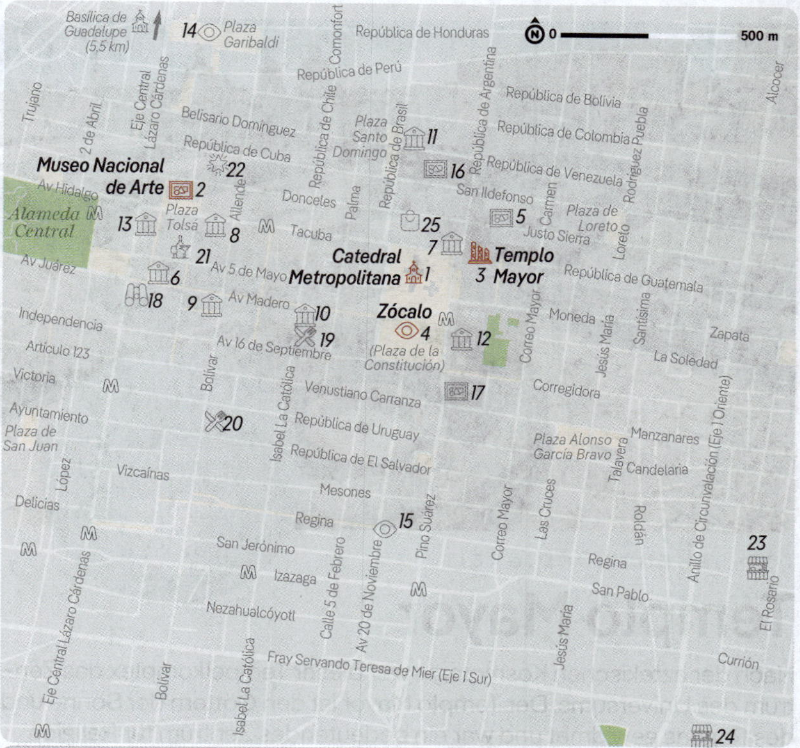

HIGHLIGHTS
1 Catedral Metropolitana
2 Museo Nacional de Arte
3 Templo Mayor
4 Zócalo

SEHENSWERTES
5 Antiguo Colegio de San Ildefonso
6 Casa de los Azulejos
7 Museo Archivo de la Fotografía
8 Museo de la Tortura
9 Museo del Calzado El Borceguí
10 Museo del Estanquillo
11 Palacio de la Inquisición
12 Palacio Nacional
13 Palacio Postal
14 Plaza Garibaldi
15 Regina
16 Secretaría de Educación Pública
17 Suprema Corte de Justicia
18 Torre Latinoamericana

ESSEN
19 Azul Histórico
20 Los Cocuyos

AUSGEHEN & FEIERN
21 Bar La Ópera
22 La Purísima

SHOPPEN
23 Mercado de la Merced
24 Mercado de Sonora
25 Pasaje Catedral

Mercado de la Merced

DER GIGANTISCHE MARKT, WO ES ALLES GIBT

2019 brannte ein Feuer 630 Stände nieder, und die Reparaturen dauern an, aber der Markt hat seine chaotische Pracht weitgehend wiedererlangt. Mexico Citys größter Markt erstreckt sich über vier Häuserblocks und bietet Waren des täglichen Bedarfs zu Tiefstpreisen an. Die fotogenen Auslagen präsentieren Gewürze, Chilis und frische mexikanische Lebensmittel aller Art, u. a. Ameisenlarven. Besonders beliebt ist der Bereich mit mexikanischen Süßigkeiten. Vor dem Tag der Toten ist hier alles voller Farben und Totenköpfe aus Zucker.

In einem stimmungsvollen Essbereich werden verschiedene frische Tacos, *mole* (Chilisauce) und *tlacoyos* (mit Schweinefleisch oder Käse gefüllte ovale Tortillas) serviert.

WITR/SHUTTERSTOCK ©

TOP-SEHENSWÜRDIGKEIT

Templo Mayor

Nach der aztekischen Kosmologie war dieser Tempelkomplex das Zentrum des Universums. Der Templo Mayor ist den Göttern der Sonne und des Regens gewidmet und war ein bedeutendes Zentrum für Religion und Politik. Mit jedem Herrscher wurde er erweitert, und es wurden auch Opfer für den Wohlstand dargebracht. Heute erfährt man bei der Erkundung der Schreine, Ruinen, Museen und schaurigen Relikte des Templo Mayor die faszinierende Entstehungsgeschichte von Mexico City.

NICHT VERPASSEN

- Museo del Templo Mayor
- Museo Subterráneo
- Plaza del Templo Mayor
- Ausgrabungsausstellung
- Schrein des Tláloc

Geschichte

Im Glauben der Azteken war dieser Ort das Zentrum des Universums. Der Tempel soll sich genau an der Stelle befinden, an der die Azteken ihren symbolischen Adler mit einer Schlange im Schnabel (manche halten die Schlange allerdings für eine spanische Zutat) auf einem Kaktus sitzen sahen – heute ist das Motiv das Symbol Mexikos.

Entdeckung

Auf dem Gelände der heutigen Kathedrale sowie der im Norden und Osten angrenzenden Häuserblocks erstreckte sich einst der aztekische „Große Tempel“ Teocalli von Tenochtitlán, der von den Spaniern zerstört wurde. Erst 1978, nachdem bei Arbeiten an Elektroleitungen zufällig eine 8 t schwere Steinscheibe mit einem Relief der Aztekengöttin Coyolxauhqui entdeckt worden war, fiel die Entscheidung, Kolonialbauten abzureißen, um den Templo Mayor freizulegen.

Opfer & Erweiterung

Ähnlich wie andere heilige Stätten Tenochtitláns wurde auch dieser Tempel mehrmals vergrößert, wobei jeder Bauabschnitt von der Opferung gefangener Krieger begleitet wurde. Heute sieht man Teile des Tempels aus sieben verschiedenen Phasen.

Schrein des Tláloc

Im Zentrum des Tempels liegt eine Plattform von ca. 1400. An der südlichen Hälfte ist ein Opferstein vor einem Schrein zu sehen, der dem aztekischen Kriegsgott Huizilopochtli geweiht ist. Auf der nördlichen Hälfte findet man eine *chac-mool* (eine liegende Maya-Figur), dahinter einen Schrein für den Wassergott Tláloc. Zur Zeit der Ankunft der Spanier erhob sich hier eine 40 m hohe Doppelpyramide mit einer steilen Doppeltreppe, die zu den Schreinen der zwei Gottheiten hinaufführte.

Plaza del Templo Mayor

Der Eingang zur Tempelstätte und zum Museum liegt östlich der Kathedrale auf der anderen Seite der hektischen Plaza del Templo Mayor, von wo man einen großen Teil des *templo* von außen sehen kann, ohne die Stätte betreten zu müssen. Autorisierte Guides (mit Sectur-Ausweis) bieten am Eingang ihre Dienste an.

Museo del Templo Mayor

Das Museo del Templo Mayor (im Eintrittspreis zur Stätte inbegriffen) zeigt ein Modell von Tenochtitlán sowie Ausgrabungsfunde von der Stätte, die einen guten Überblick über die Zivilisation der Azteken alias Mexica geben. Anders als in den Ruinen gibt es aber kaum Ausschilderungen auf Englisch. Das Schmuckstück der Ausstellung ist der große, radähnliche Stein von Coyolxauhqui („die mit den Glocken auf der Wange"), den man am besten vom Aussichtspunkt im obersten Stockwerk aus sieht. Die Göttin ist enthauptet dargestellt – sie wurde von ihrem Bruder Huitzilopochtli (dem als Kolibri dargestellten Gott des Krieges, der Sonne und der Menschenopfer) ermordet, der, um der höchste aller Götter zu werden, auch seine 400 Brüder umbrachte. Das neueste Artefakt des Museums ist eine aztekische Skulptur von Xipe Tótec, einer Gottheit, der die Azteken Menschenopfer darbrachten.

Ausgrabungsausstellung

In einer neuen, für das Publikum geöffneten Eingangshalle sind Objekte ausgestellt, die in den vier Jahren der Ausgrabungen gefunden wurden: Grabbeigaben, Knochen, Porzellan aus der Kolonialzeit und die präkolumbischen Konstruktionen des Cuauhxicalco („Ort des Adlergefäßes").

Museo Subterráneo

In einem neuen unterirdischen Museum kann man die Pyramidenbasis des Templo de Ehécatl aus nächster Nähe betrachten, während maßstabsgetreue Modelle einen Eindruck vom Standort des Tempels vermitteln.

GRABEN NACH AZTEKISCHEN KÖNIGEN

2017 wurde nahe des Templo Mayor ein Turm aus über 650 menschlichen Schädeln ausgegraben. Dabei könnte es sich um den Huey Tzompantli handeln. 2019 wurden schließlich zwei Opfer-Begräbnisstätten freigelegt, in einem befand sich ein als Huitzilopochtli kostümierter Junge. 2022 wurden 160 Seesterne als Opfergaben für denselben Kriegsgott ausgegraben, was die Hoffnung erhöht, doch noch die Gräber der aztekischen Könige zu finden, die trotz jahrzehntelanger Grabungen noch nicht entdeckt werden konnten.

TOP TIPPS

- Einheimische haben sonntags freien Eintritt, darum herrscht an diesem Wochentag der größte Andrang.
- An den Eingängen stehen englischsprachige Guides, die einem die vielen Ruinen näher bringen können.
- Drinnen ist kein Wasser erlaubt.
- Wer wenig Zeit hat, kann einen Großteil der Anlage kostenlos von der Plaza del Templo Mayor aus besichtigen und dann die Entscheidung treffen, ob man mehr Interesse hat. Die ausgegrabenen Artefakte sind ein Highlight und können nur im Inneren angeschaut werden.
- Eine Reihe von Stufen verbindet die einzelnen Ausgrabungsbereiche der Stätte, sodass sie für Menschen mit Mobilitätseinschränkungen nicht geeignet ist.

Museo del Estanquillo

POPKULTUR-MUSEUM

In einem traumhaften neoklassizistischen Gebäude, zwei Blocks vom Zócalo entfernt, ist dieses Museum untergebracht. Es beherbergt eine riesige Sammlung zur Popkultur, die der sammelwütige Essayist Carlos Monsivais aus Mexico City über Jahrzehnte zusammengetragen hat. Das Museum veranschaulicht mithilfe zahlreicher Fotos, Gemälde, Filmplakate, Comicstrips und mehr die diversen Entwicklungsphasen der Hauptstadt. Manchmal werden Drucke von José Guadalupe Posada gesondert ausgestellt, der einen großen Teil der Skelettbilder, die bei den Feiern zum Tag der Toten verwendet werden, populär gemacht hat.

WANGKUN JIA/SHUTTERSTOCK ©

Museo del Estanquillo

Regina

STREET-ART UND STUDENTISCHE BARS

In der verkehrsberuhigten Zone Regina, benannt nach ihrem Straßennamen, tummelt sich die coole Studierendenszene. Bars mit Eimern voller Bier, Theaterstudios, Partyhostels, Galerien, esoterische Geschenkeläden, eine Wandskulptur aus Gras und originelle, billige *fondas* (Gasthäuser) reihen sich an eine Kirche und Kolonialgebäude. Und dann ist da noch die Street-Art. Graffiti-Wandbilder tauchen auf und verschwinden wieder, als wäre Regina eine Freiluftgalerie. Oft kann man Kunstschaffende bei der Arbeit beobachten. Der Stil hier ist oft fotorealistisch. Die eine dauerhafte Karikatur ist eine Parodie von Sr. Niuk auf Riveras *Sueño de una tarde dominical en la Alameda Central.*

Museo Nacional de Arte

PALASTARTIGES KUNSTMUSEUM

Das Museum beherbergt Werke aller mexikanischen Kunstströmungen bis ins frühe 20. Jh. Ein Highlight ist José María Velascos Darstellung des Valle de México im späten 19. Jh. Die Bibliothek verfügt über eine Sammlung von Büchern über mexikanische Kunst, die man sich ansehen (aber nicht ausleihen) kann.

Das Gebäude wurde um 1900 im Stil eines italienischen Renaissancepalasts erbaut. Ein Besuch lohnt sich schon allein wegen der kunstvollen Innenarchitektur. Die Statue davor zeigt Carlos IV. von Spanien und wurde vom Architekten Manuel Tolsá entworfen, nach dem der Platz hier benannt ist. Es gibt kostenlose Führungen auf Englisch.

Secretaría de Educación Pública

RIVERA-WANDBILDER IM FREIEN

Diego Rivera malte Wandbilder auf öffentliche Gebäude, um die Kunst für alle zugänglich zu machen. Die Wandgemälde des Kultusministeriums befinden sich unter freiem Himmel in den Durchgängen zwischen den Büros. Hier kann man jeden einzelnen Pinselstrich aus der Nähe bewundern.

Die beiden vorderen Höfe säumen 120 Fresken von Diego Rivera aus den 1920ern. Gemeinsam ergeben sie ein Bild vom „wirklichen Alltag der Menschen", wie der Künstler es formulierte.

Jeder Hof widmet sich unterschiedlichen Themen: Der an der Ostseite steht im Zeichen von Arbeit, Industrie und Landwirtschaft. Im inneren Hof sind Traditionen und Festivals dargestellt; u.a. kann man oben – unter einem roten Banner, auf dem ein mexikanisches *corrido* (Volkslied) abgedruckt ist – einige Gemälde zur Proletarier- und Agrarrevolution sehen.

Die erste Tafel ziert ein Bildnis von Frida Kahlo, die als Arbeiterin in einem Waffenlager dargestellt wird. *La cena capitalista* zeigt das berühmte „kapitalistische Abendessen" mit Münzen und dem Ausspruch „Gold ist nichts wert, wenn es kein Essen gibt". Hier verkündeten Rivera und Kahlo ihre marxistischen Überzeugungen – unter den Augen von Regierungsbeamten und als Provokation gegenüber den Vereinigten Staaten von Amerika.

Antiguo Colegio de San Ildefonso

Antiguo Colegio de San Ildefonso

PATIO DER DREI GROSSEN WANDMALER

Diego Rivera, José Clemente Orozco und David Siqueiros verzierten in den 1920er-Jahren das Antiguo Colegio de San Ildefonso mit ihren Wandmalereien. Die meisten Werke im Haupthof stammen von Orozco; sehenswert ist das Porträt von Hernán Cortés und seiner Konkubine La Malinche unterhalb der Treppe. Im Amphitheater hinter dem Foyer findet sich Riveras erstes Wandgemälde, *La creación* (die Schöpfung), das er nach seiner Rückkehr aus Europa im Jahr 1923 schuf. Das ehemalige Jesuitenkolleg aus dem 16. Jh. beherbergt heute bedeutende wechselnde Kunstausstellungen.

Plaza Garibaldi

Plaza Garibaldi

MARIACHI, RESTAURANTS UND TEQUILA-MUSEUM

Jeden Abend versammeln sich die Mariachi-Bands der Stadt auf diesem festlichen Platz, um Balladen zu schmettern. Gekleidet in silbern bestickte Anzüge stimmen sie lautstark ihre Instrumente, bis jemand für ein Lied bezahlt. Auch weiß gekleidete *son jarocho*-Gruppen aus Veracruz und *norteño*-Combos, die Volksmusik aus dem Norden des Landes zum Besten geben, streifen umher. Die zwielichtige Plaza Garibaldi wird immer noch saniert. Zu den Maßnahmen gehört eine verbesserte Sicherheit, aber Vorsicht ist angebracht. Man sollte Restaurantrechnungen prüfen und vermeiden, Geld von den hiesigen Automaten abzuheben.

Der jüngste Neuzugang zur Plaza ist das **Museo del Tequila y el Mezcal**, das der Herkunft und Herstellung der beiden beliebtesten Agavenschnäpse Mexikos gewidmet ist.

Catedral Metropolitana

Catedral Metropolitana

MONUMENTALE KATHEDRALE

Mit einer Länge von 109 m, einer Breite von 59 m und einer Höhe von 65 m gehört diese monumentale Kathedrale zu den größten Wahrzeichen der mexikanischen Hauptstadt. Der Bau der Kirche begann 1573, zog sich aber über die gesamte Kolonialzeit hin, sodass sie sich heute als ein Katalog verschiedener Architekturstile präsentiert. Die Konquistadoren befahlen, die Kathedrale auf dem Templo Mayor zu errichten und nutzten für den Bau hauptsächlich Steine aus dem Aztekentempel.

Wenn man die Kathedrale betritt, fällt zuerst der kunstvoll geschnitzte, vergoldete **Altar de Perdón** (Altar der Vergebung) auf. Am Fuß der düsteren Christusfigur **Señor del Veneno** (Herr des Gifts) ist immer eine Warteschlange von Gläubigen. Die Legende besagt, die Figur habe ihre Farbe erhalten, als sie auf wundersame Weise über die Füße Gift aufgesaugt habe, das sich auf den Lippen eines vergifteten Priesters befunden hätte.

Der größte Kunstschatz der Kathedrale ist der **Altar de los Reyes** (Altar der Könige) aus dem 18. Jh. hinter dem Hauptaltar. 14 geschmückte Kapellen säumen die beiden Seitenschiffe. Riesige kolonialzeitliche **Gemälde** von Juan Correa und Cristóbal de Villalpando bedecken die Wände der Sakristei. Diese gehört zu dem Teil der Kathedrale, der zuerst errichtet wurde.

Besucher:innen dürfen sich frei in der Kirche bewegen, sind aber angehalten, dies während der Messe zu unterlassen (So 12 Uhr). Wer die goldene **Sacristía Mayor** und die **Krypta** betreten will, muss eine Spende geben. Es gibt dort auch Guides.

Nach dem Verlassen der Kathedrale wendet man sich nach links. An der Ecke beherbergt ein Kolonialbau aus dem 16. Jh. das **Museo Archivo de la Fotografía**, das Ausstellungen zum Thema Hauptstadt zeigt. Das Museum verfügt über ein imposantes Archiv mit über 12 000 Fotografien, die die gesamte Geschichte der Fotografie in Mexiko abdecken. Die Bilder reichen von ikonischen Porträts berühmter Kunstschaffender und Politiker:innen bis hin zu Landschaften und Straßenszenen (Erläuterungen nur auf Spanisch).

Palacio Nacional

RIVERA-WANDGEMÄLDE IM PRÄSIDENTENPALAST

Im Inneren dieses grandiosen Palasts aus der Kolonialzeit sind Wandgemälde von Diego Rivera zu bestaunen (gemalt zwischen 1929 und 1951), die die mexikanische Bevölkerung von der Ankunft Quetzalcóatls (des aztekischen gefiederten Schlangengotts) bis in die postrevolutionäre Zeit hinein abbilden. Die neun Wandmalereien, die die nördlichen und östlichen Wände im 1. Stock oberhalb des Innenhofs bedecken, zeigen das Leben der Indigenen vor der Eroberung durch die Spanier.

Im Palacio Nacional sind auch die Büros des mexikanischen Präsidenten sowie das Finanzministerium untergebracht. Der erste Palast an dieser Stelle wurde unter dem Aztekenherrscher Moctezuma II. im frühen 16. Jh. errichtet und 1521 von Cortés zerstört, der ihn als Festung wieder aufbaute. Die spanische Krone kaufte das Bauwerk 1562 von Cortés' Familie und nutzte es fortan als Residenz der Vizekönige von Nueva España.

Altar de Perdón

Bar La Ópera

BAR DER PRÄSIDENTEN UND LITERATURSCHAFFENDEN

Dieses prunkvolle Bar-Restaurant im Pariser Stil wurde von fast allen Ex-Präsidenten und Literaturschaffenden Mexikos besucht, von Monsiváis bis Gabriel García Márquez. An der kupferfarbenen, verzierten Decke ist noch immer das Einschussloch zu sehen, das Pancho Villa 1914 mit seiner Pistole verursacht haben soll, um einige lärmende Gäste zum Schweigen zu bringen. Mit Sitznischen aus dunklem Walnussholz, die in New Orleans geschnitzt wurden, bleibt diese Bar aus dem späten 19. Jh. eine Bastion der Tradition. Hier kann man gut einen Drink genießen, aber auch die französisch-mexikanischen Chipotle-Schnecken sind sehr beliebt.

Bar La Ópera

Blick vom Torre Latinoamericana

Torre Latinoamericana

HÖCHSTER AUSSICHTSPUNKT DER STADT

Wenn es der Smog zulässt, hat man von der Lounge-Bar im 41. Stock sowie von der Aussichtsplattform im 44. Stock einen traumhaften Blick auf die riesige Stadt. Die Torre Latinoamericana war bei der Fertigstellung 1956 das höchste Gebäude Lateinamerikas (166 m), und dank der tief versenkten Pylonen, die das Gebäude verankern, hat es einige heftige Erdbeben überstanden, darunter die von 1985, 2017 und 2022.

Man kann am selben Tag jederzeit wiederkommen – und so die Aussicht sowohl bei Tag als auch bei Nacht genießen. Der Eintritt beinhaltet den Zugang zu einem Museum, das die Geschichte von Mexico City dokumentiert. Wer nur in der Bar etwas trinken möchte, bezahlt keinen Eintritt.

Palacio Postal

GOLDENES BAROCKPOSTAMT

Die Hauptpost von Mexico City ist mehr als nur ein einfaches Postamt: Der 1907 erbaute, italienisch beeinflusste goldene Palast geht auf einen Entwurf von Adamo Boari, dem Architekten des Palacio de Bellas Artes, zurück und zeigt Merkmale des Jugendstils, des Art-déco, des Rokoko, des Neoklassizismus und des maurischen Stils. Die beigefarbene Steinfassade hat barocke Säulen, die Fenster sind rundum mit filigranen Verzierungen geschmückt, und die Bronzegeländer der gewaltigen Treppe im Inneren wurden in Florenz gegossen. Im kleinen **Postmuseum** im 1. Stock können Philatelistinnen und Philatelisten die erste in Mexiko herausgegebene Briefmarke bestaunen.

Casa de los Azulejos

MITTAGESSEN ZWISCHEN VERZIERTEN KACHELN

Man hat den verkehrsfreien Korridor zum Centro Histórico erreicht, wenn man die blauen und weißen Kacheln der extravaganten Casa de los Azulejos entdeckt, die die Sonne widerspiegeln. Das Gebäude stammt von 1596 und wurde für die Condes (Grafen) del Valle de Orizaba erbaut. Die meisten Kacheln an den Außenwänden wurden in China hergestellt und auf sogenannten Manila-*naos* (spanischen Galeonen) nach Mexiko gebracht. Man kann kostenlos bis nach oben gehen und sich die Treppe mit einem im Jahr 1925 von Orozco geschaffenen Wandgemälde anschauen.

Das Sanborns-Restaurant serviert preiswerte mexikanische Gerichte, auch wenn der überdachte Innenhof und der maurische Brunnen einen anderen Eindruck vermitteln.

Suprema Corte de Justicia

LINKS: ATOSAN/SHUTTERSTOCK ©; UNTEN LINKS: MELVYN LONGHURST/ALAMY STOCK PHOTO ©

Casa de los Azulejos

Suprema Corte de Justicia

WANDMALEREIEN GEGEN STAATLICHE GEWALT

Wie würden mexikanische Wandmaler „Gerechtigkeit" interpretieren? Der mexikanische Muralist José Clemente Orozco schuf 1940 im 1. Stock des Obersten Gerichtshofs rund um die Haupttreppe vier Bilder, von denen zwei das Thema Gerechtigkeit bzw. Justiz behandeln. Ein jüngeres Werk gleichen Themas, *La historia de la justicia en México* (Die Geschichte der Justiz in Mexiko) des aus Mexico City stammenden Künstlers Rafael Cauduro, ziert drei Stockwerke des südwestlichen Treppenhauses des Gebäudes.

In seinem hyperrealistischen Stil katalogisiert Cauduro in seiner Serie (auch bekannt als *Die sieben schlimmsten Verbrechen*) die Schrecken der staatlich geförderten Verbrechen gegen die Bevölkerung, einschließlich des immer wieder relevanten Geständnisses unter Folter. In der südöstlichen Ecke im Inneren des Gebäudes reflektiert das Werk *La busqueda de la justicia* (Die Suche nach Gerechtigkeit) von Ismael Ramos Huitrón den ständigen Kampf des mexikanischen Volkes um Gerechtigkeit, genau wie das sozial-realistische Werk *La justicia* (Gerechtigkeit) des japanisch-mexikanischen Künstlers Luis Nishizawa im nordwestlichen Treppenhaus.

Kostenlose Audioguides erhält man bis 16 Uhr. Für den Eintritt ist ein Lichtbildausweis erforderlich.

Azul Histórico

EDEL SPEISEN IM INNENHOF

Chefkoch Ricardo Muñoz bringt traditionelle mexikanische Gerichte wie *pescado tikin xic* (Zackenbarsch mit Kochbanane und Tortillastreifen – ein köstliches Essen aus Yucatán) auf den Tisch. Das Restaurant befindet sich in einem schönen, umgebauten Gebäudekomplex. Man isst, umgeben von Steinbögen, in einem Innenhof mit üppigen Bäumen und romantischer Beleuchtung. Das Azul gehört zu den wenigen Restaurants im Centro, die eine gehobene Kundschaft ansprechen. Wer ein einzigartiges und gehobenes kulinarisches Erlebnis sucht, ist hier richtig.

Los Cocuyos

GUAJILLO STUDIO/SHUTTERSTOCK ©; OBEN RECHTS: NELSON ANTOINE/SHUTTERSTOCK ©

***Suadero*-Tacos**

Los Cocuyos

KULTIGE STRASSENTACOS

Suadero- (Rindfleisch-) Tacos gibt's in der Hauptstadt überall, aber nirgends so gut wie in diesem rund um die Uhr geöffneten Lokal. Der Nase nach geht's zu den blubbernden Fleischkesseln, wo man leckere, deftige *campechano* (Taco mit einem Mix aus Rindfleisch und Würstchen) bekommt. Für Abenteuerlustigere gibt's auch Tacos mit *ojo* (Auge) oder mit – die Spezialität – *lengua* (Zunge); Vegetarier:innen entscheiden sich für *nopales* (Kaktusblätter), die allerdings auf derselben Kochplatte zubereitet werden. Es bildet sich immer eine Schlange, aber das Warten lohnt sich. Durch die vielen Menschen und die begrenzte Anzahl an Plastikstühlen kommt man zudem leicht mit den Einheimischen ins Gespräch.

La Purísima

SCHWULENCLUB UND LGBTIQ+-STRASSE

Die Zona Rosa (S. 96) ist nicht das einzige LGBTIQ+-Juwel in Mexico City. Am Ende der Calle República de Cuba an der Alameda Central gibt es eine Reihe von Schwulenclubs, die so dicht beieinander liegen, dass sie wie ein einziger Laden wirken. La Puri, wie die Stammkundschaft es nennt, hat hier Kultstatus. Das Obergeschoss bestimmt ein Mix aus Kitsch, Kabarett und einer großen Prise Hipness. Unten gibt's Hits und viele Menschen. Neonbilder von Jesus in Stöckelschuhen und einem Harnisch sorgen für Aufmerksamkeit und Präsenz in den sozialen Netzwerken. Die Warteschlangen an den Wochenenden sind ebenso berüchtigt – man kann Stunden dort verbringen –, also sollte man frühzeitig da sein, obwohl das gesellige Miteinander auf der Straße hier der halbe Spaß ist.

Zócalo

ZENTRALER PLATZ DER STADT

Zócalo

Das Zentrum von Mexico City ist die Plaza de la Constitución. Im 19. Jh. begannen die Einwohner:innen sie Zócalo („Sockel") zu nennen, weil damals die Pläne zur Errichtung eines großen Unabhängigkeitsdenkmals nach der Fertigstellung des Sockels auf Eis gelegt wurden. Mit einer Nord-Süd-Länge von 220 m und einer Ost-West-Länge von 240 m ist der *zócalo* einer der größten Stadtplätze der Welt.

Der Teocalli, das zeremonielle Zentrum des aztekischen Tenochtitlán, lag direkt nordöstlich des Zócalo. Heute umgeben ihn der Palacio Nacional, die Catedral Metropolitana und Büros der Stadtverwaltung.

Die Danzantes Aztecas tanzen täglich auf dem Zócalo. Sie tragen Lendenschurze aus Schlangenhaut und Muschelketten an den Fußgelenken und singen auf Náhuatl. Trommler:innen schlagen dazu die congaähnliche *huehuetl* (indigene Trommel) und die fassförmige *teponaztli*. Der Tanz soll an die aztekische *mitote* erinnern, eine ekstatische Zeremonie, die die präkolumbischen Mexikaner zur Erntezeit durchführten. Es gibt aber nur dürftige Belege dafür, wie der Tanz einst wirklich ausgesehen hat.

Die riesige mexikanische Flagge in der Mitte des Platzes wird täglich um 8 Uhr von Soldatinnen und Soldaten der mexikanischen Armee gehisst und um 18 Uhr wieder eingeholt.

Turibús

HOP-ON-HOP-OFF-BUS

Wie der Name schon andeutet, ist der Turibús eigentlich ein touristischer Bus, aber er deckt ein großes Gebiet ab und ist daher sehr nützlich. Rote Doppeldeckerbusse fahren auf folgenden vier *circuitos* (Routen) durch die Stadt, für die alle das gleiche Ticket gilt: Centro (Zentrum), Sur (Süden, inkl. Museo Frida Kahlo), Hippódromo (Polanco und Chapultepec) und Basílica (Norden). Die Busse fahren alle 15 bis 60 Minuten; Fahrgäste können an jeder ausgewiesenen Haltestelle aus- oder wieder zusteigen. Die Routen treffen an der Westseite der Catedral Metropolitana aufeinander.

Die Ticket-Armbänder kauft man im Bus oder an größeren Haltestellen wie El Ángel oder Mercado Roma.

Turibús veranstaltet auch Tagesausflüge nach Teotihuacán und Touren zu verschiedenen Themen.

Turibús

GABRIEL PEREZ/GETTY IMAGES ©

Catrina, Día de Muertos

MEHR IM CENTRO HISTÓRICO

Die Altäre für den Día de Muertos

GESCHMÜCKTE ALTÄRE UND PARADE

Der Día de Muertos (Tag der Toten) ist eine mexikanische Tradition, die am 1. und 2. November gefeiert wird. In dieser Zeit wird der verstorbenen Angehörigen gedacht. Besucher:innen können bunte *ofrendas* (Altäre) besichtigen, die öffentlich aufgebaut werden und mit Blumen, Bildern sowie dem Lieblingsessen der Verstorbenen geschmückt sind. Traditionell glaubt man, dass die Geister geliebter Menschen für eine Nacht auf die Erde zurückkehren, um an den Feierlichkeiten teilzunehmen, angelockt durch die *ofrendas*.

Im Vorfeld findet alljährlich eine riesige Straßenparade, die Desfile de Día de Muertos, statt, bei der über 1000 kostümierte Tänzer:innen und Darsteller:innen mit riesigen *calavera*-(Skelett-) Puppen über die Reforma (die mit riesigen *cráneos*-Schädeln geschmückt ist) bis zum Zócalo ziehen. Hunderte Familien sehen vom Rand aus zu und bewundern die Altäre mit unterschiedlichsten Themen bei der **Megaofrenda** auf dem Hauptplatz.

In den meisten Museen kann man eine *ofrenda* besichtigen, einige der prächtigsten sind im **Anahuacalli**, im **Museo Dolores Olmedo**, auf der **Plaza Santo Domingo** im Centro (nicht mehr am langjährigen Sitz in der Ciudad Universitaria) und im Viertel San Andrés Mixquic im äußersten Südosten von Mexico City zu sehen. Das Programm der Hauptevents in der Stadt findet man auf der offiziellen Website der Stadtregierung.

BESTE LIVE-UNTERHALTUNG IM CENTRO HISTÓRICO

Arena Coliseo
Der intimere und kleinere der beiden CDMX-Wrestling-Austragungsorte bietet extravagante *luchadores* (Wrestler:innen) in einer zirkusähnlichen Atmosphäre.

Zinco Jazz Club
Ein unterirdischer Nachtclub und Drehscheibe für lokalen Jazz, Funk sowie Sinatra- und Winehouse-Tribute-Acts.

Salón Tenampa
Die stimmungsvolle Cantina an der Plaza Garibaldi bedeutet Tequila, Essen und singende Mariachi.

Café de Tacuba
Mexikanisches Kultrestaurant, in dem energiegeladene *estudiantinas* (studentische Musikgruppen) von Mittwoch bis Sonntag für Stimmung während des Abendessens sorgen.

ÜBERNACHTEN IM CENTRO HISTÓRICO

Gran Hotel Ciudad de México
Das Tiffany-Buntglasdach und die luxuriösen Zimmer werden fast noch getoppt vom Brunch mit Blick auf den Zócalo. **$$$**

Mexico City Hostel
Preisgünstiges, ruhiges Hostel mit großzügigen Gemeinschaftsbereichen und Security an der Tür in einem Haus in der Nähe des Zócalo. **$**

Hotel Catedral
Erstklassige Lage direkt neben der Kathedrale. Die teilmodernisierten Zimmer und das Restaurant vor Ort sind ebenfalls gut. **$$**

WITR/SHUTTERSTOCK ©

Basílica de Guadalupe

Die Besucher:innen erwarten aufwendige Kunstwerke, leuchtende Farben und traditionelle Elemente wie Kerzen, Weihrauch und farbenfrohe *cempasúchil* (Aufrechte Studentenblumen), die die Geister anlocken und leiten sollen. Die Teilnehmenden tragen wilde Halloween-artige Kostüme, und es laufen erschreckend viele klassische *Catrinas* (elegante Damen) und Männer im Anzug mit auf das Gesicht geschminkten *calaveras* herum.

Skurrile & wundersame Museen

SCHUHE, FOLTER, MEDIZIN, RELIGION, HEXEREI

In Mexico City gibt es mehr Museen als in jeder anderen Stadt der Welt (abgesehen von London), weswegen einige weniger bekannte Museen eher Nischencharakter haben. Schuhliebhaber:innen sollten zum Museo del Calzado El Borceguí schlendern, Mexikos älteste Schuhfabrik (seit 1865). Das Museum zeigt mehr als 2000 Schuhpaare, darunter von so berühmten Träger:innen wie den mexikanischen Literaturschaffenden Carlos Fuentes und Elena Poniatowska sowie von Fußballspieler:innen. Man entscheidet für sich selbst, ob Magic Johnsons Basketballschuhe in Größe 60 und Neil Armstrongs Mondstiefel echt oder fake sind.

Wer sich für das Makabre interessiert, sollte das Museum für mexikanische Medizin besuchen, das sich im ehemaligen Sitz der Heiligen Inquisition, dem Palacio de la Inquisición, befindet. Es zeigt eine Vielzahl medizinischer Instrumente und eingelegter Körperteile und gibt Informationen über die traditionelle mexikanische Medizin. Das Museo de la Tortura, in dem europäische Folterinstrumente aus dem 14. bis 19. Jh. ausgestellt

ESSEN IM CENTRO HISTÓRICO

El Cardenal
Traditionelle mexikanische Küche in der schönsten Gegend der Stadt, untergebracht in einer Villa im Pariser Stil. Es gibt Live-Klaviermusik. $$$

Coox Hanal
In dem 1953 von dem Boxer Raúl Salazar gegründeten bescheidenen Restaurant werden Gerichte aus Yucatán zubereitet, z.B. ausgezeichnetes *cochinita pibil* (langsam gegartes Schweinefleisch). $

La Casa de las Sirenas
Das in einem Gebäuderelikt aus dem 17. Jh. residierende Restaurant mit Blick auf den Zócalo serviert regionale Gerichte mit zeitgenössischem Flair, z.B. Hühnchen in Kürbiskern-*mole*. $$

Al Andalus
Versorgt die große libanesische Gemeinde der Hauptstadt mit Schawarma, Falafel und gefüllten Weinblättern. $$

AUSGEHEN IM CENTRO HISTÓRICO

La Faena
Dieses vergessene Bar-Relikt ist auch ein Stierkampfmuseum und lockt mit niedrigen Preisen und Matador-Artefakten eine neue Generation Trinker:innen an.

Nardo Cocktail Club
In dieser hellen, ausgefallenen Galerie-Bar wird der „Águila y Sol" gemixt, ein Kaktus-Cocktail, der inspirierend schmeckt.

Hostería La Bota
Jedes *cerveza* (Bier) und jeder Mezcal-Cocktail unterstützt lokale Kunstprojekte in dieser grungigen, mit Schnickschnack geschmückten Bar.

sind, z. B. ein mit Metallspitzen gespickter Folterstuhl und ein Schädelspalter, ist eine Option für Fans des Morbiden.

Für ein spirituelles Erlebnis bietet die **Pasaje Catedral** gegenüber der Kathedrale eine Reihe von Geschäften mit einem bunten Angebot an religiösen Artikeln, darunter Rosenkranzperlen, baumelnde Putten, Figuren und andere Kuriositäten, die ins Heidnische und Esoterische gehen. Hier sitzt La Virgen de Guadalupe neben Santa Muerte (die Todeskultfigur) und es gibt Salbeizweige zur spirituellen Reinigung. Frische Zutaten wie *cuatecomate* (eine Frucht, die die Atemwege heilt) findet man im **Mercado de Sonora** mit Gängen voller mexikanischer Hexereiprodukte wie Voodoo-Puppen, Amuletten und allem, was man zur Herstellung von Zaubertränken braucht.

Basílica de Guadalupe

DER MEISTBESUCHTE KATHOLISCHE SCHREIN DER WELT

An dieser Stätte entwickelte sich ein Kult, nachdem im Dezember 1531 ein christlicher Konvertit namens Juan Diego behauptet hatte, ihm sei auf dem Hügel die Jungfrau Maria erschienen. Diegos Geschichte der Erscheinung führte neben vielen weiteren Sichtungsberichten zur Errichtung des Schreins zu ihren Ehren.

Heute sind die religiösen Stätten rund um den Cerro del Tepeyac (früher eine heilige Stätte der Azteken) die wichtigsten in Mexiko und die meistbesuchten katholischen Schreine überhaupt. Jeden Tag strömen Tausende Pilgernde herbei; vor und an dem Jahrestag ihrer zweiten Erscheinung, dem 12. Dezember, werden gar Hunderttausende registriert. Manche Pilgernde legen die letzten Meter zum Schrein auf den Knien rutschend zurück.

Um 1700 wurde auf dem Gelände eines früheren Schreins die viertürmige Basílica de Guadalupe errichtet, um die Gläubigen aufzunehmen. Doch in den 1970er-Jahren reichte das Gebäude mit der gelben Kuppel (die heutige Antigua Basílica) nicht mehr, deshalb wurde nebenan die neue Basílica de Nuestra Señora de Guadalupe erbaut. Das große, runde Gebäude mit blauem Dach und offener Struktur bietet Platz für über 40 000 Menschen. Das mit einem grünen, goldverbrämten Mantel bekleidete Kultbild der Jungfrau hängt über und hinter dem Hauptaltar der *basílica*; bewegliche Stege sorgen dafür, dass die Gläubigen so nah wie möglich an herankommen. Die Messe wird stündlich zelebriert.

Im Verlauf der Geschichte wurden La Virgen alle möglichen Wunder zugeschrieben, was dabei half, den indigenen Mexikanern den Katholizismus schmackhaft zu machen. Dazu trug auch bei, dass sie mit mexikanischen Gesichtszügen dargestellt wurde. Sie ist eine christianisierte Version der aztekischen Göttin Tonantzin. Die Jungfrau wurde 1737 offiziell zur Schutzpatronin Mexikos erklärt.

PLAZA DE LAS TRES CULTURAS

Die Plaza de las Tres Culturas nördlich des Centro Histórico symbolisiert die Verschmelzung der präkolumbischen und spanischen Wurzeln zur mexikanischen *mestizo*-Identität. Denn hier stehen drei kulturelle Facetten des architektonischen Erbes dicht beieinander: die aztekischen Pyramiden von Tlatelolco, der im 17. Jh. von den Spaniern erbaute Templo de Santiago und der moderne Gebäudeturm des Centro Cultural Universitario.

Man kann die Überreste von Tlatelolcos Hauptpyramidentempel und weitere aztekische Gebäude besichtigen. Die Zwillingstreppen der Doppelpyramide führten vermutlich hinauf zu Tempeln, die Tláloc und Huitzilopochtli geweiht waren.

Das Centro Cultural Universitario dokumentiert ein Massaker: Am 2. Oktober 1968 wurden hier am Vorabend der Olympischen Spiele in Mexico City Hunderte protestierender Studierende von Regierungstruppen ermordet.

DIE BESTE ARCHITEKTUR DER BASÍLICA DE GUADALUPE

Capilla del Pocito
Exquisite, eigenartige Barockkapelle aus dem 18. Jh., deren runde Form die Besucher:innen zwingt, sie langsam zu erkunden.

Der Glockenturm der Basílica
1991 vom Architekten des Anthropologiemuseums entworfen, mit Sonnenuhr, Astrolabium und aztekischer Monduhr.

Jardín del Tepeyac
Ein paradiesischer Garten mit Brunnenstatuen, die die Sichtung der Jungfrau durch die Ureinwohner:innen nachstellen.

ALAMEDA CENTRAL

KULTURELLE PLAZAS IM FREIEN

Die von historisch bedeutsamen Gebäuden umgebene Alameda Central wurde 1592 als Promenade und Garten für den Vizekönigspalast angelegt, sollte der Elite der Stadt als Ort zum Flanieren und für geselliges Beisammensein dienen und wurde schnell bei der mondänen Gesellschaft beliebt. Ein Großteil des umliegenden Gebiets wurde bei dem Erdbeben von 1985 zerstört, doch in den letzten Jahrzehnten wurde hier eine ehrgeizige Sanierung durchgeführt. Die Grünflächen der Alameda Central sind nach wie vor eine von Straßenhändlerinnen und Straßenhändlern verschonte Ruhezone.

Das Viertel ist eine Fortsetzung des Centro Histórico im Osten (viele Einheimische betrachten es als dasselbe Gebiet) und erstreckt sich im Westen entlang des Paseo de la Reforma bis zum Monumento a la Revolución und weiter zu den angrenzenden aufstrebenden Bezirken San Rafael und Santa María la Ribera.

Die U-Bahn-Stationen Bellas Artes und Hidalgo befinden sich an der Ost- bzw. Westseite des Parks.

TOP TIPP

Die meisten Museen in der Hauptstadt, darunter auch das Museo de Arte Popular und der Palacio de Bellas Artes in diesem Viertel, sind am Montag geschlossen und haben am Sonntag freien Eintritt, weshalb dann am meisten los ist. Die überfüllten Straßen kann man umgehen, wenn man unter der Woche kommt (und Eintritt zahlt).

Alameda Central

PAWEL TOCZYNSKI/GETTY IMAGES ©

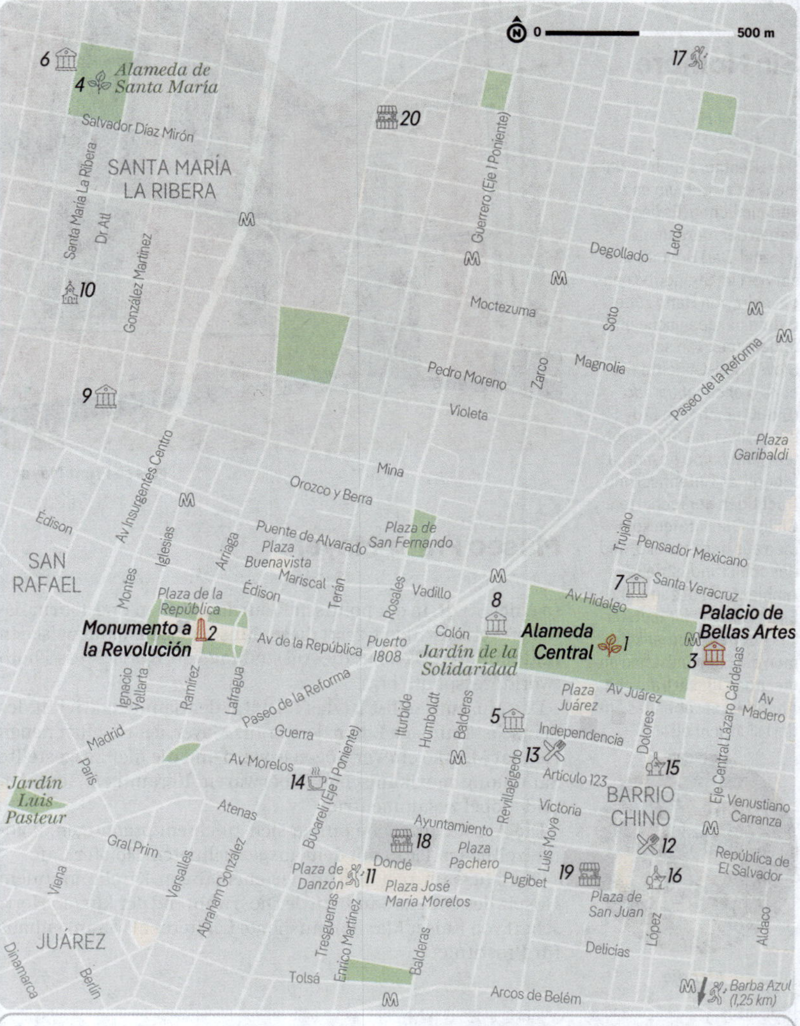

HIGHLIGHTS
1 Alameda Central
2 Monumento a la Revolución
3 Palacio de Bellas Artes

SEHENSWERTES
4 Alameda de Santa María la Ribera
5 Museo de Arte Popular
6 Museo del Instituto de Geología de la UNAM
7 Museo Franz Mayer
8 Museo Mural Diego Rivera
9 Museo Universitario del Chopo
10 Parroquia Josefina Sagrada Familia

KURSE & TOUREN
11 Plaza de Danzón

ESSEN
12 El Huequito
13 Sin Nombre

AUSGEHEN & FEIERN
(siehe 13) Bósforo
14 Café La Habana
15 Cantina Tío Pepe
16 Pulquería Las Duelistas
17 Salón Los Ángeles

SHOPPEN
18 Centro de Artesanías La Ciudadela
19 Mercado San Juan
20 Tianguis Cultural del Chopo

Sin Nombre

SLOW FOOD AUS OAXACA AN EINEM GEHEIMEN ORT

Das „Restaurant ohne Namen" ist zu gut, um es zu verheimlichen. Es liegt neben der *mezcalería* (Mezcal-Bar) Bósfaro und serviert im Steingut-Kochgeschirr, von Hand zubereitete oaxacanische und andere mexikanische Slow-Food-Gerichte wie *conejo encacahuatado* (Bio-Kaninchen in Erdnuss-Salsa mit Süßkartoffeln) und *pulpo en morita* (gegrillter Tintenfisch mit fruchtigen geräucherten Chilis). Die Zutaten kommen aus ganz Mexiko, und das schick industrielle Ambiente ist bezaubernd. Es ist kein Ort für lautstarke Gruppen, hierher kommen die Einheimischen immer noch für vertrauliche Abendessen, aber das ändert sich schnell.

Alebrije

Museo Franz Mayer

Museo Franz Mayer

PRÄSENTATION VON FOTOJOURNALISMUS UND MEXIKANISCHER KULTUR

In einer Stadt, in der politische Journalistinnen und Journalisten oft verschwinden, zeigt dieses Museum jedes Jahr zwischen Ende Juli und Oktober die Ausstellung von World Press Photo (worldpressphoto.org).

Das Museum selbst ist das Resultat der Sammelaktivität des deutschstämmigen Finanziers Franz Mayer, der in seiner neuen Heimat Mexiko ein Vermögen erwarb und die hier ausgestellte Sammlung mexikanischer Silberwaren, Keramiken, Textilien und Möbel zusammentrug.

Die Ausstellungssäle öffnen sich zu einem prächtigen, kolonialzeitlichen Patio mit dem ausgezeichneten Cloister Café.

Das Museum residiert in der ehemaligen Kirche und dem Hospiz des Ordens San Juan de Dios; während der kurzen Herrschaft von Kaiser Maximilian diente Letzteres als Krankenhaus für Prostituierte.

Museo de Arte Popular

MEXIKOS BESTES MUSEUM FÜR VOLKSKUNST

Das farbenfrohe Museum ist ein einziges Schaufenster der Volkskunst, das sogar Museumsmuffel und Kinder lieben. In fünf Sälen, verteilt auf drei Ebenen, findet sich hier Kunsthandwerk aus allen mexikanischen Bundesstaaten – von den Wurzeln mexikanischer Alltagsgegenstände bis zu „fantastischen Dingen". Eine illustrierte Wandkarte gibt einen Überblick über die Regionen Mexikos und deren Traditionen.

Zu den Exponaten gehören Karnevalsmasken aus Chiapas und *alebrijes* (bunte Tierfiguren aus Holz) aus Oaxaca. Highlights sind Kostüme aus jeder Region und eine ganze Abteilung zum Tag der Toten. Das Museum hat seinen Sitz in der ehemaligen Feuerwehrzentrale, ein von Vicente Mendiola entworfenes herausragendes Beispiel der Art-déco-Architektur der 1920er-Jahre. Der Laden im Erdgeschoss verkauft hochwertiges Kunsthandwerk, das anderswo nicht leicht zu finden ist.

RECHTS: MARISOL RIOS CAMPUZANO/SHUTTERSTOCK ©; UNTEN RECHTS: ARTURO VEREA/SHUTTERSTOCK ©

Plaza de Danzón

Plaza de Danzón

EINEN KUBANISCH-MEXIKANISCHEN TANZ LERNEN

Wer gern tanzt, der kann auf der Plaza de Danzón, nordwestlich von La Ciudadela und in der Nähe der Metrostation Balderas, ein paar tolle Schritte lernen. Paare aller Altersstufen (vor allem aber ältere) tummeln sich jeden Samstag ab 11 Uhr auf der Plaza, um *danzón* zu tanzen, einen eleganten, komplizierten kubanischen Tanz, der im 19. Jh. nach Mexiko gelangte. Es wird Tanzunterricht für den *danzón* und andere Tänze angeboten. Gegen 15 Uhr erobern Salsa- und Cumbia-Tänzer:innen (aus Kolumbien) den Platz. Auch wer nicht die Absicht hat, das Tanzbein zu schwingen, sollte hier vorbeischauen, um die *danzón*-Paare in ihren feinen Gewändern von einst zu bewundern.

Centro de Artesanías La Ciudadela

KUNSTHANDWERKSMARKT MIT ALLEM DRUM UND DRAN

Die Preise auf diesem Kunsthandwerksmarkt sind erstaunlich fair für eine so große Verkaufsfläche. Ist Mexico City die letzte Station der Reise, ist dies eine ideale Anlaufstelle, um gutes (und auch in Massenproduktion hergestelltes) Kunsthandwerk aus ganz Mexiko zu erwerben, das man woanders nicht gekauft und schon bedauert hat. Einen Blick lohnen *alebrijes* aus Oaxaca (skurril bemalte Tiere), handbemalte Talavera-Fliesen aus Puebla, Gitarren aus Paracho und perlenbesetzte Arbeiten der Huicholen. Zudem gibt's Sonnenhüte für Teotihuacán, Wrestling-Masken und mexikanische Kitschgürtel zu kaufen.

Die individuellsten Stücke, die man wohl nirgendwo anders zu sehen bekommt, sind die *retablos,* handbemalte alte Getränkedosen mit Lobpreisungen für heilige Figuren, die den Menschen bei alltäglichen Problemen wie untreuen Partnerinnen und Partnern und Nahtoderfahrungen helfen.

Die höherwertigen Keramiken haben entsprechend höhere Preise. Eine gute Strategie ist es, sich erst einmal umzuschauen und dann in der traditionellen *fonda* (Gasthaus) im Zentrum des Marktes zu Mittag zu essen, um über die Favoriten nachzudenken und Produkte zu vergleichen.

Centro de Artesanías La Ciudadela

JOHN COLETTI/GETTY IMAGES ©

Palacio de Bellas Artes

MEHR WANDMALEREIEN DER GROSSEN DREI

Weitere Wandgemälde der Los Tres Grandes, Rivera, Orozco und Siqueiros, befinden sich in der Innenstadt an den Wänden des **Antiguo Colegio de San Ildefonso** (S. 69). Einige von Riveras besten Fresken sind an der **Secretaría de Educación Pública** (S. 69) zu sehen.

Palacio de Bellas Artes

JUWEL VOLLER WANDMALEREIEN

Dieser Koloss im Stadtzentrum ist ein so wichtiges Symbol für Mexico City, dass man meinen könnte, es ginge nur um die imposante Fassade, doch im Inneren betonen die Wandmaler, dass Kunst für alle Mexikaner zugänglich sein sollte. Riesige Wandgemälde weltbekannter mexikanischer Kunstschaffenden dominieren die oberen Stockwerke des weißen Marmorpalasts – ein Konzert- und Kunstzentrum, das von Präsident Porfirio Díaz in Auftrag gegeben wurde. Die Errichtung des Gebäudes begann 1905 unter Leitung des italienischen Architekten Adamo Boari, der neoklassizistische und Jugendstilelemente bevorzugte.

Die ersten Probleme gab es, als der schwere Marmor im schwammigen Boden versank – und schließlich funkte noch die Revolution dazwischen. So stellte erst der Architekt Federico Mariscal in den 1930ern die Innenräume im Art-déco-Stil fertig.

Im 2. Stock gibt es zwei Werke des von den Zapoteken abstammenden Malers Rufino Tamayo aus den frühen 1950er-Jahren: *México de hoy* (Mexiko heute) und *Nacimiento de la nacionalidad* (Geburt einer Nationalität), eine Darstellung der Entstehung der Identität der *mestizos* (Menschen verschiedener Abstammungen).

Am Westende des 3. Stocks befindet sich Diego Riveras berühmtes Werk *El hombre en el cruce de caminos* (Mensch am Scheideweg), das ursprünglich vom New Yorker Rockefeller Center in Auftrag gegeben wurde. Die Rockefellers ließen das Original wegen seiner antikapitalistischen Thematik zerstören, weshalb Rivera es 1934 ein zweites Mal schuf.

Auf der Nordseite warten die dreiteilige *La nueva democracia* (Die neue Demokratie) von David Alfaro Siqueiros und Riveras vierteiliger *Carnaval de la vida mexicana* (Karneval des mexikanischen Lebens). Östlich ist *La katharsis* von José Clemente Orozco zu sehen, die den Konflikt zwischen „gesellschaftlichen" und „natürlichen" Aspekten des Menschen thematisiert.

Das Museo Nacional de Arquitectura im 4. Stock zeigt Wechselausstellungen zur zeitgenössischen Architektur. Darüber hinaus werden in dem Palast auch Sonderausstellungen geboten.

BALLET IM BELLAS ARTES

Das Ballet Folklórico de México bietet ein zweistündiges festliches Spektakel mit Kostümen, Musik und Tänzen aus ganz Mexiko.

Die Aufführungen finden im eindrucksvollen Theater des Palacio de Bellas Artes statt, das nur während der Vorstellungen zu bewundern ist. Der Buntglasvorhang, der das Valle de México darstellt, basiert auf einem Entwurf des mexikanischen Malers Gerardo Murillo (auch bekannt als Dr. Atl) und wurde vom New Yorker Juwelier Tiffany & Co. aus fast einer Million farbiger Glasstücke zusammengesetzt.

Tickets bekommt man in der Regel am Tag der Aufführung oder über Ticketmaster.

Monumento a la Revolución

MEXIKANISCHES WAHRZEICHEN UND AUSSICHTSPLATTFORM

Das 1938 enthüllte Monument enthält die Grabmäler der revolutionären und postrevolutionären Nationalhelden Pancho Villa, Francisco Madero, Venustiano Carranza, Plutarco Elías Calles und Lázaro Cárdenas. Es gilt bis heute als Symbol der mexikanischen Unabhängigkeit und Widerstandsfähigkeit. Die heutige Hauptattraktion ist der Paseo Linternilla in 65 m Höhe. Über einen verglasten Fahrstuhl und dann eine Wendeltreppe (nicht geeignet für kleine Kinder) gelangt man auf die umlaufende Terrasse, von der man einen Panoramablick auf die Stadt hat. Darunter befindet sich die ebenfalls eindrucksvolle, wenn auch nicht ganz so hohe 360-Grad-Aussichtsplattform, der höchste Punkt, zu dem man ohne die Eintrittskarte für alle Bereiche gelangt.

In den Galerien der Konstruktion von 1910 hat man Zugang zum Gerüst des Bauwerks, und im Untergeschoss gibt's eine interessante Kunstgalerie, den **Paseo Cimentación**, wo im Labyrinth der gigantischen Stahlträger, die das Gebäude tragen, Wechselausstellungen gezeigt werden.

Das unter der Plaza und dem Monument gelegene **Museo Nacional de la Revolución** widmet sich den 63 Jahren der mexikanischen Geschichte zwischen der Verkündung der Verfassung, die die Menschenrechte garantierte (1857), und der Konstituierung der postrevolutionären Regierung (1920). Die Ausstellung ist nur auf Spanisch erläutert.

Ursprünglich sollte das Monumento a la Revolución als Parlamentsgebäude dienen, aber die Bauarbeiten wurden von der Revolution unterbrochen. Danach wurde der Abriss der ganzen Anlage erwogen, aber stattdessen wurde sie schließlich modifiziert und erhielt eine neue Funktion.

Kinder planschen gern in den geysirartigen Brunnen auf der Plaza. Abends werden die renovierten architektonischen Merkmale des Denkmals durch bunte Scheinwerfer hervorgehoben.

Monumento a la Revolución

ATEMBERAUBENDE AUSSICHTEN & SPEISEN

Das Restaurant Terraza Cha Cha ist so festlich, wie es klingt. Eine Margarita und eine *tuna tostada* (große knusprige Tortilla) auf der Terrasse mit Blick auf das Monumento a la Revolución sind der Auftakt zu einer wahren Fiesta. Gruppen und Familien lieben den großen Ballsaal und die abwechslungsreiche Speisekarte: Fleisch und Fisch vom Grill, Austern, *aguachile* (Shrimps mit Zitronensaft) und Tacos mit Rinderzunge, Ente, Krabbenfleisch oder Zucchiniblüten. Die Cocktailbar ist entspannt, aber an den Wochenenden geht es mit Livemusik und DJs hoch her. Reservieren, wenn man einen Platz auf der Terrasse haben will.

Museo Mural Diego Rivera

DAS WHO IS WHO IN DER MEXIKANISCHEN GESCHICHTE DER WANDBILDER

Das Museum beherbergt eines der berühmtesten Werke Diego Riveras: *Sueño de una tarde dominical en la Alameda Central* (Traum von einem Sonntagnachmittag im Alameda-Park). Auf dem 15 m langen Wandgemälde von 1947 sind einige Persönlichkeiten zu sehen, die Mexico City seit der Kolonialzeit prägten, darunter Hernán Cortés, Benito Juárez, Porfirio Díaz und Francisco Madero.

Sie alle sind um *Catrina*, ein Skelett in vorrevolutionärer Frauentracht, versammelt. Schautafeln erläutern die verschiedenen Figuren, darunter Rivera selbst sowie Frida Kahlo. Das Museum wurde 1986 eigens für dieses Wandgemälde gebaut, nachdem der ursprüngliche Ort, das Hotel del Prado, beim Erdbeben 1985 zerstört worden war.

Diego Rivera ist auf dem 500-Peso-Schein abgebildet

Alameda Central

Alameda Central

HISTORISCHE GRÜNFLÄCHE IN DER INNENSTADT

Die stadteigene Vorlage für den New Yorker Central Park ist ein beliebter Zufluchtsort vor dem Lärm der Innenstadt, vor allem am Sonntag, wenn Familien über die Wege schlendern und Verliebte auf den Bänken um die zwölf Springbrunnen kuscheln.

Was im 14. Jh. als aztekischer Marktplatz in Tenochtitlán entstand, wurde während der spanischen Inquisition zu einem Ort, an dem „Ketzer:innen" verbrannt wurden. Die Alameda Central wurde in den späten 1500er-Jahren auf Geheiß des damaligen Vizekönigs Luis de Velasco als Park angelegt. Sie verdankt ihren Namen den *álamos* (Pappeln), mit denen die rechteckige Gartenanlage bepflanzt wurde. Im späten 19. Jh. wurden nach europäischem Vorbild Gaslaternen und Statuen hinzugefügt. Der Park entwickelte sich zu dem Ort, an dem sich die Elite und die Besucher:innen der Stadt zeigten. Der Dichter William Cullen Bryant nutzte ihn als Inspiration für die Anlage des Central Park.

Der Palacio de Bellas Artes (S. 82) dominiert die Ostseite der Alameda Central, die Geschenkboutiquen des Barrio Alameda liegen westlich davon, und da Straßenverkäufer:innen im Inneren nicht erlaubt sind, befinden sich im Süden des Viertels Gemischtwarenläden, anständige Restaurants der Mittelklasse und das Barrio Chino (Chinatown).

El Huequito

STREET-TACO-EXPERTE

Das Lokal gehört zu den alten Hasen im Geschäft und serviert seit 1959 köstliche *tacos al pastor* (mit mariniertem Schweinefleisch vom Grillspieß). Es beansprucht sogar für sich, das Gericht in Mexico City eingeführt zu haben (von libanesischen Eingewanderten aus Puebla), weshalb hier der Preis etwas höher ist als im Durchschnitt. In der Innenstadt gibt's mehrere Huequito-Filialen, in die man sich setzen kann, aber aus irgendeinem Grund sind die Tacos hier im ursprünglichen Laden besser. Das Anstehen in der Schlange lohnt sich und garantiert frische Tacos.

Tacos von El Huequito

Mercado San Juan

Mercado San Juan

EXOTISCHER LEBENSMITTELMARKT

Es gibt Krokodil. Und trüffelähnliche Pilze, die auf Mais wachsen – das sind *huitlacoche*. Der Mercado San Juan ist definitiv etwas für Fans des Besonderen. Der kleine Markt ist auf seltene, hochpreisige Lebensmittel wie Insekten, Strauß, Reh und ungewöhnliche Früchte spezialisiert. Lokale Chefköchinnen und -köche sowie Gourmets versorgen sich hier mit Zutaten, die anderswo in der Stadt nicht zu finden sind. Es ist ein faszinierender Anblick, auch wenn man sich nur an die *mole*-Pasten und Baguettes hält. Man kann die Produkte auch frisch an den Ständen verspeisen. In der Nähe der Eingänge sind es die Säfte, die Paella und die Ceviche (mit Limetten gepökeltes Seafood), und weniger die ausgefallenen Sachen, die die Menschen anlocken. Abenteuerlustige probieren die frittierten Heuschrecken, die einen traditionellen Geschmack Mexikos vermitteln.

Bósforo

ANGESAGTE MEZCALBAR

Wer nicht aufpasst, läuft an einer der coolsten Nachbarschafts-*mezcalerías* der Stadt vorbei. Hinter dem unscheinbaren Vorhang warten hochwertiger Mezcal, eine bunte Musikmischung und überraschend gutes Kneipenessen. Es gibt keine Speisekarte, nur eine Preistafel, man sollte also nach Empfehlungen fragen (Englisch wird hier gesprochen), wobei die Mezcal-Cocktails ein guter Anfang sind. Fotografieren ist nicht erlaubt, so bleibt der Ort geheimnisvoll und beliebt bei den kreativen Köpfen (und hippen Kids) der Stadt. In dem stimmungsvollen Raum mit Kerzenlicht sehen alle besser aus, und selbst das Loft ist proppenvoll, man muss sich also auf Tuchfühlung einstellen.

EVE OREA/SHUTTERSTOCK ©

Kiosco Morisco

FÜR MEZCAL-FANS

Im **Bósforo** (S. 85), in der Nähe des Palacio de Bellas Artes, trifft man schicke, gleichgesinnte Mezcal-Liebhaber:innen.

BESTE CAFÉS IN ALAMEDA CENTRAL

Vegamo
Frische vegane mexikanische Gerichte und Gesundes neben Soja-Chai und Kaffee in einem Loft.

Farmacia Internacional
Stylishes Brunchcafé mit starkem Kaffee, auch mit Soja- oder Macadamia-Milch, hausgemachtem Müsli mit Joghurt sowie Eiern und Salaten.

Panadería Regis
Ein Espresso mit mexikanischem Ocho-Gebäck am Rand des Parks verheißt Glückseligkeit.

Finca Don Porfirio
In dem Café im 8. Stock des Kaufhauses Sears gibt's preiswerten, anständigen Kaffee und dazu einen fantastischen Ausblick auf den Palacio de Bellas Artes gegenüber.

MEHR IN ALAMEDA CENTRAL

Cantinas, Literaturschaffende & Revolutionäre

MACHT DEM TRINKENDEN VOLKE

Kleinstadtgetränke sind mittlerweile ein Renner in der Metropole Mexico City. *Pulque*, ein heiliges Getränk der Azteken, das von selbst auf Agaven gärt, hat sich von einem kuriosen ländlichen Getränk zu einem Zeichen des mexikanischen Widerstands gegen das Bier der ausländischen Eliten entwickelt. Die **Pulquería Las Duelistas**, vier Blocks südlich des Palacio de Bellas Artes, ist eine klassische *pulquería,* die von jungen Kunst- und Musikschaffenden wiederentdeckt wurde. Der *pulque* (in verschiedenen Geschmacksrichtungen) kommt immer noch direkt aus dem Fass. Die Formica-Tische und die Graffiti an den Wänden machen das Lokal zu einem zwanglosen Ort, an dem man bei einem Guaven-Pulque die Einheimischen kennenlernen kann, wie es sich für so ein Volksgetränk gehört.

Die Spanier begannen, Agaven zu Tequila und Mezcal zu destillieren. Rund um die Viertel Centro und Alameda Central findet man immer noch traditionelle mexikanische Cantinas, um einen solchen Shot zu schlürfen, wie es William Burroughs in den frühen 1950er-Jahren tat. Es heißt, dass der Autor der Beat Generation durch einen Besuch in der Cantina Tío Pepe, eine der ältesten und traditionsreichsten Kneipen der Stadt,

ÜBERNACHTEN IN DER ALAMEDA CENTRAL

Palace Hotel
Geräumig, mit Blick auf die Stadt, Livemusik, Pool und moderner Einrichtung, in der Nähe des Palacio de Bellas Artes. **$$$**

Plaza Revolución Hotel
Stilvolle, moderne Zimmer vier Blocks östlich des Monumento a la Revolución. **$$**

Casa MX Alameda
Partys auf dem Dach, aber ruhige und komfortable Schlafsäle in einem renovierten Hostel nördlich des Parks. **$**

inspiriert wurde, in *Junkie* über eine „billige Cantina" zu schreiben. Im Laufe von fast 14 Jahrzehnten schenkte dieser Saloon einflussreichen mexikanischen Politiker:innen und berühmten Kunstschaffenden Drinks aus.

Journalistinnen und Journalisten sowie Literaturschaffende wie Gabriel Garcia Marquez, Roberto Bolaño und Octavio Paz besuchten das klassische Café La Habana, in dem auch Fidel Castro und Ché Guevara die Kubanische Revolution planten.

Das aufstrebende Santa María la Ribera

NEUES SZENEVIERTEL

Nordwestlich der Alameda Central gelegen, ist **Santa María la Ribera** das derzeit angesagteste Viertel von Mexico City. Es lohnt sich, durch die ruhigen Straßen mit den neoklassizistischen Villen im Porfiriato-Stil (französisch geprägte Kunst und Architektur des späten 19. Jhs., die von Präsident Porfirio Díaz bevorzugt wurde) zu schlendern, die die Höhen und Tiefen der Gegend überstanden haben – von einem Vorort der Reichen zu einer Industriebrache, die nun endlich wieder zu sich selbst findet.

Die **Alameda de Santa María la Ribera** ist der zentrale Platz des Viertels. Die Hauptattraktion ist der beeindruckende **Kiosco Morisco** (Maurischer Kiosk), der vom mexikanischen Architekten José Ramón Ibarrola für die Weltausstellung 1884 in New Orleans entworfen wurde. Der Kiosk weist Ornamente im Mudéjar-Stil auf, einer Mischung aus spanischer und maurischer Architektur. An den Wochenenden sieht man hier Tänzer:innen, die Cumbia tanzen oder K-Pop-Moves üben.

Das **Museo del Instituto de Geología de la UNAM** am nordwestlichen Rand des Parks ist ein schönes Beispiel für die Jugendstilarchitektur der Zeit des Porfiriato. Es wurde 1890 von Präsident Porfirio Díaz in Auftrag gegeben und verfügt über eine Fassade aus Vulkanstein, in die Bilder der mexikanischen Landschaft eingemeißelt sind, und eine imposante Jugendstil-Wendeltreppe. Die Sammlung umfasst die ersten in Mexiko gefundenen Dinosaurierfossilien, Meteoriten und ein Mammutskelett.

Südlich des Parks befindet sich die **Parroquia Josefina Sagrada Familia**, ein einzigartiges neobyzantinisches Meisterwerk aus dem Jahr 1899 mit Kuppeldächern, Bögen, Marmorsäulen und islamisch inspirierten Blumenmustern.

Das **Museo Universitario del Chopo** ist eine hoch aufragende Stahlkonstruktion mit einer Glasfassade im Jugendstil, die 1902 in Deutschland gebaut und nach Mexico City verfrachtet wurde. Das 1905 eröffnete Museum für moderne Kunst bietet marginalisierten und aufstrebenden Kunstschaffenden eine Plattform.

MINI-CHINATOWN

Gegenüber vom Palacio de Bellas Artes liegt Mexico Citys Chinatown. Das nachgebildete rote Eingangstor, die steinernen Löwen und Laternen sind vorhanden – es fehlt nur die chinesische Gemeinde.

Chinesische Handelsleute, die sich im 19. Jh. in Mexicali und Torreón im Norden Mexikos niedergelassen hatten, wurden während der mexikanischen Revolution 1911 von fremdenfeindlichen Nationalisten angegriffen, getötet und vertrieben. Einige flohen in die Hauptstadt, und in den 1930er-Jahren gab es in den Straßen von Dolores und Luis Moya Bäckereien und die berühmten *cafes chinos* mit ihren *bisquets* (Gebäck, das heute als mexikanisch gilt) und preiswerten Gerichten.

Heute ist El Barrio Chino (Chinatown) eine der kleinsten Chinatowns der Welt, aber sie wächst. Der chinesische Torbogen, Arco Chino, wurde von mexikanischen Kunstschaffenden mitgestaltet, in der Hoffnung, dass diese Chinatown wieder aufblühen kann.

ESSEN IN ALAMEDA CENTRAL

El Cuadrilátero
Torta- (Sandwich-) Laden des Wrestlers Super Astro mit einem Schrein für *lucha-libre*-Masken (mexikanisches Wrestling). **$**

Taquería Tlaquepaque
Mexikanisches Restaurant mit Klassikern aus Guadalajara wie *birria* (langsam gegartes Ziegenfleisch) oder *chamorro* (langsam geschmorte Schweinskeule). **$**

El Cardenal
Traditionelles mexikanisches Familienrestaurant mit klassischem Frühstück und hausgemachten Spezialitäten. **$$**

NURPHOTO SRL / ALAMY STOCK PHOTO ©

Barba Azul

BESTE KUNSTTREFFS IN SANTA MARÍA LA RIBERA

Eucalipto 20
Queeres Kunstkollektiv, das Kunst ausstellt und verkauft und am Wochenende Abende mit von Hand gemachter Pizza und Wein veranstaltet.

Casa Equis
Wegbereiter für aufstrebende Kunst und Treffpunkt für Einheimische und Kunstschaffende bei Craft Bier und Snacks.

Moonrise
Zentrum für lokal entworfene Skateboard-Decks, Streetwear und Zines.

Galería Rab 63
Winzige Galerie, in der Werke lokaler Kunstschaffender ausgestellt und Ausstellungspartys veranstaltet werden.

Ranzö Café y libros
Café-Buchladen mit Designer-Büchern, Bagels und schicken Samtstühlen.

Wilde Tänze

MEXICO CITY: RAU, RETRO, REAL

Wer sich aus der Alameda Central rauswagt, findet weniger touristische Vororte, in denen mexikanische Subkulturen erhalten blieben. Die rote Beleuchtung und die farbenfrohe Kunst der Tänzer:innen sorgen für die richtige Stimmung im **Barba Azul**, einem Tanzlokal im Kabarett-Stil, in dem man noch einige *ficheras* (Frauen, die mit Männern tanzen) bei der Arbeit beobachten kann. Seit den 1950ern treten hier die besten Salsa-, Merengue- und *son*-Acts der Stadt auf. Sorgfältig die Rechnung prüfen und sich beim Verlassen ein sicheres Taxi rufen lassen!

Im Salón Los Ángeles können Fans der Varieté-Musik die herausragenden Orchester oder die anmutigen Tänzerinnen erleben, die das weite Parkett des stimmungsvollen Ballsaals aus dem Jahr 1937 füllen. Die Livemusik, bestehend aus Salsa und *cumbia* (aus Kolumbien stammende Tanzmusik) am Sonntag und Swing und *danzón* am Dienstag, zieht vor allem ein älteres Publikum an. Der Salón befindet sich im raueren Viertel Colonia Guerrero, also ein autorisiertes Taxi oder ein Uber nehmen.

Tagsüber halten die jüngeren Cool Cats im **Tianguis Cultural del Chopo** die 1980er- und 90er-Jahre am Leben. Hier treffen sich die verschiedenen Jugendsubkulturen der Stadt – vor allem aus Gothic, Metal, Indie und Punk. Die Stände im Freien verkaufen neue und alte Kleidung oder bieten Tätowierungen, Piercings und Haarfärbungen an. Am nördlichen Ende des Marktes befindet sich eine Konzertbühne für junge und hungrige Bands, die ein meist zugedröhntes Publikum anziehen. Auf die eigenen Sachen aufpassen und damit rechnen, dass einem auf diesem berüchtigten Markt Drogen angeboten werden!

ESSEN IN SANTA MARÍA LA RIBERA

Sabina
Überragende Oktopus-*gorditas* (gefüllte Tortilla) und Cocktails in einem stattlichen umgebauten Herrenhaus mit Garten. **$$**

Kolobook
Russische Institution am Park, wo es Knödel, Borschtsch, Honigkuchen und reichlich Fisch und vegetarische Gerichte gibt. **$**

Mercado La Dalia
In der Formica-Bar auf dem Markt gibt es schmackhafte *tacos de carnitas* (Tacos mit geschmortem Schweinefleisch). **$**

JUÁREZ & ZONA ROSA

SCHWULENBARS UND AUFSTREBEND COOL

In diesem Viertel kommen Schwulenclubs, Sportbars, koreanische Lebensmittelläden, Touri-Busse, japanische Restaurants und das Finanzviertel zusammen. Und das hauptsächlich in der Zona Rosa. Seit der Pandemie haben Straßenverkäuferinnen den Platz vor der U-Bahn-Station Insurgentes für sich erobert, um ihre Waren feilzubieten, was dem Gebiet ein noch chaotischeres Flair verleiht. In der Zona Rosa trifft sich die Jugendsubkultur aus dem Skate-, Rock- und K-Pop-Bereich sowie von den Sad Boys, Kawaii-Mädchen und College-Aktivist:innen.

Daneben liegt das aufstrebende Juárez, das 1906 als elitäres Viertel nur für Ausländer:innen und die porfirische Elite geschaffen wurde, das aber mittlerweile hauptsächlich von Arbeitenden aus der Unterschicht und den kleinen Geschäften, die sie versorgen, bevölkert wird. In den letzten Jahren wurden die schönen Gebäude von Juárez in Boutiquen, Bars, Galerien und hippe Cafés umgewandelt, in denen sich Digitalnomadinnen und -nomaden versammeln. Juárez ist immer noch wenig saniert und vermittelt einen Eindruck davon, wie Roma einst war.

TOP TIPP

Verwirrenderweise hat das Gebiet verschiedene Namen. Die Einheimischen bezeichnen den Paseo de la Reforma einfach als Reforma und meinen damit jede *colonia* (Viertel) in der Nähe der Allee – „Reforma" könnte Cuauhtémoc auf der Nordseite, Juárez im Süden oder die Zona Rosa daneben bedeuten. Ebenso verwirrend ist, dass die Metrostation, die von Roma aus zu Fuß zu erreichen ist, Insurgentes heißt.

Zona Rosa

KAMIRA/SHUTTERSTOCK ©

JUÁREZ & ZONA ROSA

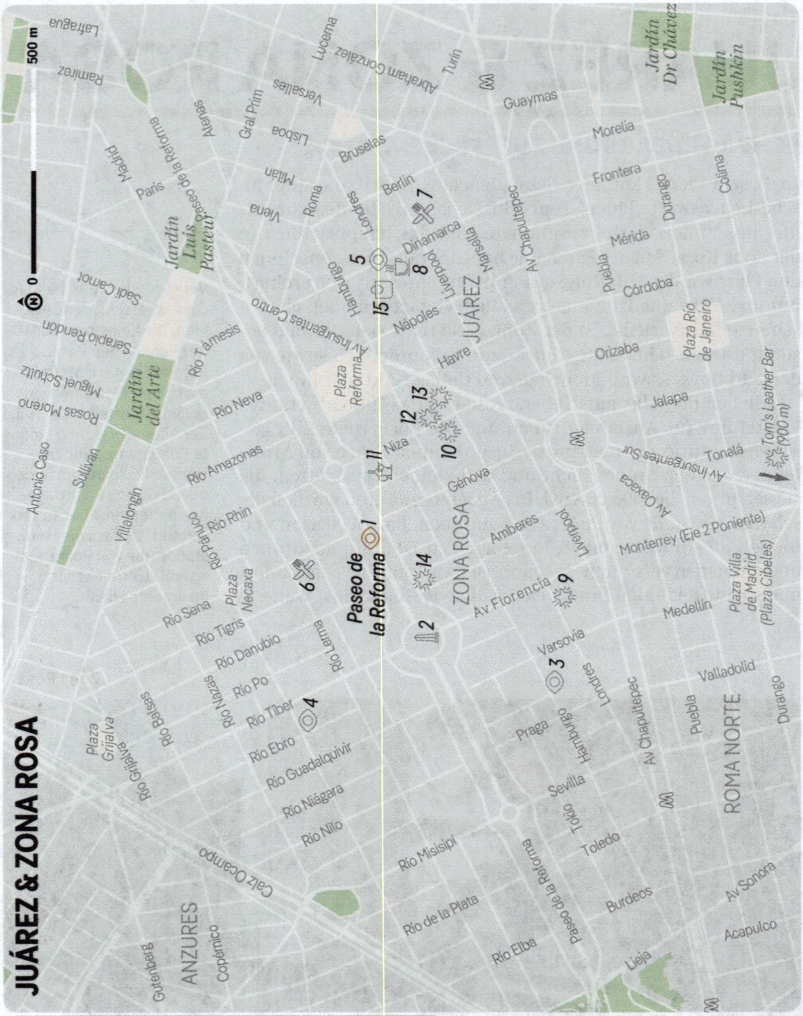

HIGHLIGHTS
1 Paseo de la Reforma

SEHENSWERTES
2 El Ángel
3 Pequeño Seúl
4 Pequeño Tokio
5 Plaza Washington

ESSEN
6 Tacos Gabriel
7 Tamales Madre
8 La Rifa Chocolatería

AUSGEHEN & FEIERN
9 Nicho Bears & Bar
10 Rico
11 Xaman Bar
12 Blow Bar
13 Cabarétito Fusión
14 Kinky

SHOPPEN
15 Bazar Fusión

Paseo de la Reforma

UNTEN: DARIOGAONA/GETTY IMAGES ©

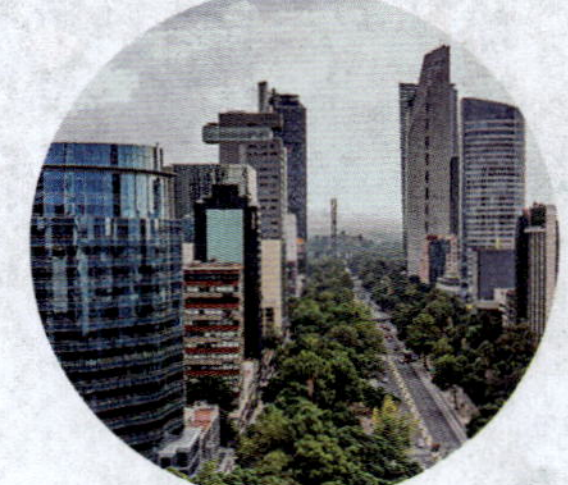

Tamales

Tamales Madre

GEDÄMPFTER, STYLISHER MAISTEIG

Ein *tamales*-Paradies, besonders für Vegetarier:innen. Radfahrer:innen, die über Lautsprecher „*Tamales!*“ in den Straßen der Hauptstadt ausrufen, verkaufen mit Schmalz gebackene *tamales* mit dürftiger Füllung. Die besten *tamales* gibt's allerdings im modernen, minimalistisch eingerichteten Tamales Madre. Hier werden *mole* (würzige Sauce) mit Hühnchen oder veganer Kochbanane, *hoja santa* (mexikanischer Blattpfeffer) oder vegetarische Pekannuss-Creme kunstvoll in Mais-*masa* (Teig) geschichtet, in einem Mais- oder Bananenblatt gedämpft und ohne *manteca* (Schmalz) zubereitet. Der große Esstisch ermöglicht es, den Köchinnen und Köchen bei der Zubereitung der *tamales* zuzusehen und sich mit ihnen und anderen Gästen zu unterhalten, während man wartet.

Tacos Gabriel

ABENTEUERLICH ESSEN IN CUAUHTÉMOC

Die Tacos im Gabriel sind ein wenig ungewöhnlich. *Camarón* (Krabben), *hongos* (Pilze; vegan), Hühnchen und klassisches *lechón* (Spanferkel) sind die Renner. Was Gabriel auszeichnet, sind handgemachte Tortillas und sechs aromatische Salsas – von der prickelnden *piña habanero* bis zur rauchigen Chipotle. Wer sich verwöhnen lassen möchte, sollte die Tacos nach *volcán*-Art probieren, mit frittierten Tortillas und geschmolzenem Käse. Die würzigen *tostaditas adobadas* (Maischips) zum Bier oder zu einer *agua fresca* sind kultverdächtig gut. Der kleine Raum und der Retro-Neon-Style sorgen dafür, dass die Leute am Wochenende immer Schlange stehen.

Tacos

Klein-Seoul & Klein-Tokio

FUSION AUS KOREANISCH, JAPANISCH & MEXIKANISCH

Die Zona Rosa entwickelte sich nicht nur für die LGBTIQ+-Gemeinschaft, sondern auch für **Pequeño Seúl** (Klein-Seoul) zu einer ungewöhnlichen gemeinsamen Heimat. Die Lebensmittelgeschäfte, Karaoke-Bars, BBQ-Restaurants, Cafés und Schönheitssalons sind keine Augenwischerei wie in Chinatown, sondern werden von einer echten koreanischen Kundschaft besucht.

Etwas gehobener geht es in der benachbarten *colonia* Cuauhtémoc zu, inoffiziell **Pequeño Tokio** (Klein-Tokio) genannt. Tagsüber essen Büro- und Botschaftsmitarbeitende in Ramen-Restaurants (Rokai) oder *sando*-(Sandwich-) Bistros (Endomoto Coffee). Abends schläft man auf einem Futon im schlicht-eleganten Ryo Kan und speist im schicken Koku aus der Edo-Zeit. Oder man probiert die fusionierten *taconori*-Tacos aus geröstetem Seegras bei Shiso oder *birria*-Ramen (Ziegeneintopf) bei Ánimo Ay Caldos! Zum Abschluss gibt es in der mondänen Tokyo Music Bar Cocktails und Schallplatten.

La Rifa Chocolatería

PRÄKOLUMBISCHE SCHOKOLADENGENÜSSE

In diesem netten Freiluftcafé an der Plaza Washington werden präkolumbische Kakao-Traditionen kunstvoll zelebriert. Die fermentierte heiße Schokolade hat eine sämige, geschmacksintensive Konsistenz. Wer sie authentisch wie vor Tausenden von Jahren möchte, wählt eine mit Wasser zubereitete Variante, die dennoch cremig ist; man kann sie auch leicht gesüßt oder mit einem Hauch Chili bestellen.

Die Tarts und der Salat mit Schokolade, Mango und Feigen sind ebenfalls hervorragend. Als pikante Optionen empfehlen sich *mole tamales* (*tamales* in einer würzigen Kakao-Sauce) oder *chalupas* aus Mini-Tortillas mit *chapulines* (Heuschrecken). Als Erinnerung an dieses Highlight von Juárez kann man noch Schokoladenpräsente kaufen.

mole tamales

Bazar Fusión

KUNSTHANDWERKSMARKT AM WOCHENENDE

In einer umgebauten *casona* (großes Haus), die typisch für Juárez sind, bieten ein Dutzend unabhängiger Boutiquen Geschenkartikel, Kleidung und Möbel an, die meisten mit mexikanischem Touch. Hier kann man sich hervorragend mit nachhaltigen Produkten und veganen Schönheitsartikeln eindecken. Jeden Freitag bis Sonntag findet im Innenhof ein sich ständig ändernder Markt statt, auf dem Produkte und Lebensmittel aus einer bestimmten Region, z. B. Michoacán, angeboten werden. Diese Veranstaltungen sind oft eine gute Quelle für handwerklich produzierten Mezcal zum Mitnehmen – nach einem Plausch mit sachkundigen Herstellern. In einem Café werden Gourmet-Snacks wie Pizza mit *chapulín* (Heuschrecke) oder einfach Aubergine serviert. Hier kann man gemütlich herumschlendern und sich einen Eindruck von diesem Viertel verschaffen, während Einheimische ihre Hunde und ihre besten Wochenend-Looks ausführen.

Mini-Tortillas mit *chapulines*

Xaman Bar

COCKTAILS IN EINER VERSTECKTEN KNEIPE

Das ist eine Untergrund-Bar im wörtlichen Sinn. Durch den versteckten Eingang gelangt man in ein stimmungsvolles Inneres, das an das Labor eines Cocktail-Kults erinnert. Kräuter wie Salbei veredeln den sanften Mezcal, der in Kokosnussschalen serviert wird. Aus Marmorgefäßen kommen Rauch, Kapern und Anis. Die von Designerinnen und Designern gestalteten Räume und Getränkenamen wie „Astral Travel" beschwören eine mystisch-schicke Atmosphäre herauf. Aber auch abgesehen von dem Hokuspokus sind die Cocktails bezaubernd. Der geheimnisvolle (aber elegante) Ort ist typisch für Juárez (eigentlich Cuauhtémoc), und ähnliche Bars wie das Hanky Panky verdeutlichen, was das Viertel so cool macht.

Museo Tamayo

Paseo de la Reforma

DIE GANZE STADT AN EINEM BOULEVARD

Beim Anblick der Bäume, die den breiten Boulevard Paseo de la Reforma flankieren, wird einem klar: Das ist das Mexico City, von dem alle schwärmen. Diese Straße ähnelt vielleicht den Champs-Élysées in Paris, führt aber durch alle Schichten des mexikanischen Lebens. Der Boulevard zieht sich als breite Schneise von Tlatelolco Richtung Südwesten bis zum Bosque de Chapultepec, umrundet die Alameda Central und durchquert die Stadtteile Juárez und Zona Rosa.

Kaiser Maximilian von Habsburg ließ den Paseo anlegen, um sein Schloss auf dem Chapultepec mit dem alten Stadtzentrum zu verbinden. Nach seiner Hinrichtung erhielt die Straße ihren heutigen Namen, um an die Reformgesetze des Präsidenten Benito Juárez zu erinnern. Die breite Allee lädt zum Bummeln ein, auf den mit Statuen geschmückten Mittelstreifen finden Buchmessen und Kunstausstellungen statt. Der Paseo de la Reforma verbindet eine Reihe monumentaler *glorietas* (Rondelle). Die erste, nahe der Alameda Central, ist **El Caballito** mit der Darstellung eines gelben Pferdekopfs vom Bildhauer Sebastián. Eine weitere Sehenswürdigkeit ist das **Centro Bursátil**, ein Gebäudekomplex aus einem eckigen Turm und einer spiegelnden Glaskuppel, in dem die Bolsa (Börse) des Landes residiert. Dann kommt das goldene Wahrzeichen Mexico Citys in den Blick: **El Ángel** (S. 94). Dieses Monument ist das Herz der Reforma.

Weiter geht es zu dem Denkmal, das allgemein als **La Diana Cazadora** bekannt ist, einer Bronzeskulptur aus dem Jahr 1942, die die Bogenschützin des Nordsterns darstellt. Der Paseo wird grüner am **Bosque de Chapultepec**, am **Castillo de Chapultepec** und bei den großartigen Museen **Museo de Arte Moderno**, **Museo Tamayo** und **Museo Nacional de Antropología**. Er endet am **Auditorio Nacional**, dem Konzerthaus in Polanco.

DIY-REFORMA-TOUR

Man kann den gesamten Boulevard mit öffentlichen Verkehrsmitteln wie einem Doppeldecker-Bus erkunden. Der Metrobús Línea 7 deckt die interessantesten Abschnitte des Paseo de la Reforma ab und ist an Wochenenden oder wochentags zwischen 10 und 16 Uhr selten voll. Die günstige, bequeme Fahrt startet an der Plaza Garibaldi und führt an allen Sehenswürdigkeiten auf dem Paseo de la Reforma vorbei bis zum El Ángel, dann weiter zum Bosque de Chapultepec (sonntags vor 14 Uhr ist hier Endstation) und zum Museo Nacional de Antropología. Hinter dem Auditorio Nacional endet die Tour.

Plaza Washington

DAS GRÜNE HERZ VON JUÁREZ

An der von Bäumen beschatteten *glorieta* der Plaza Washington zeigt sich das erneuerte Juárez von seiner prächtigsten Seite. Einst stand hier in einem Garten eine Statue von George Washington (die in den Bosque de Chapultepec versetzt wurde). Inmitten der rauen Umgebung von Juárez ist dies immer noch eine grüne Oase. Erholungssuchende verweilen unter Bäumen beim Chocolatier La Rifa (S. 92) und essen Brathähnchen-Sandwiches im Treffpunkt der Digitalnomadinnen und -nomaden, dem Cicatriz. In der Nähe gibt es versteckte Bistros, Bars und Boutiquen, die den Coolness-Faktor noch erhöhen. Dennoch hat man das Gefühl, dass die Plaza Washington in einem lebhaften Viertel liegt, mit *torta*- (Sandwich-) und Pizzaläden.

Torta al pastor

NELSON ANTOINE/SHUTTERSTOCK ©; UNTEN LINKS: GUAJILLO STUDIO/SHUTTERSTOCK ©

El Ángel

El Ángel

GOLDENES SYMBOL DER HAUPTSTADT

Das Wahrzeichen von Mexico City ist als „El Ángel" (Der Engel) bekannt. Die vergoldete Statue auf einem 45 m hohen Pfeiler stellt die geflügelte griechische Siegesgöttin Nike dar und wurde anlässlich des 100. Jubiläums der mexikanischen Unabhängigkeit 1910 errichtet. Im Denkmal ruhen die sterblichen Überreste von Miguel Hidalgo, José María Morelos, Ignacio Allende und neun weiteren Persönlichkeiten. Tausende Menschen versammeln sich am Unabhängigkeitstag, zu Silvester und nach Fußballspielen rund um das Denkmal.

El Ángel eignet sich auch hervorragend zum Leutebeobachten. Flanierende Familien und K-Pop-Fans ziehen hier ihre Kreise, schwule und lesbische Liebespaare turteln auf den umliegenden Bänken, während nervöse Visumantragsteller:innen hier vor ihren Terminen in der nahe gelegenen US-Botschaft warten.

Die Stätte ist auch ein Magnet für politische Demonstrationen. Im August 2019 endete ein Protest gegen die Morde an Frauen damit, dass El Ángel mit Graffiti beschmiert wurde, um Aufmerksamkeit auf die Probleme der Diskriminierung im Land zu lenken.

Um zum Denkmal zu gelangen, muss man auf eine Lücke im Straßenverkehr warten. Es gibt keine Ampel für Fußgänger:innen.

GUILLERMOGPHOTO/SHUTTERSTOCK ©

Radfahren, Paseo de la Reforma

MEHR IN JUÁREZ & DER ZONA ROSA

Radfahren am autofreien Sonntag

RÜCKGEWINNUNG DES PASEO DE LA REFORMA

Am Sonntagvormittag (8–14 Uhr; außer am letzten So im Monat) ist der Paseo de la Reforma vom Bosque de Chapultepec bis zur Alameda Central anlässlich des Paseo Dominical für Autos tabu. Es ist ein befreiendes Gefühl, sich den Horden von *chilangos* anzuschließen, die fröhlich auf der Avenida skaten, radeln oder mit dem Roller fahren, ohne von Autos gestört zu werden.

Der 26 km lange *ciclotón* erstreckt sich vom Auditorio Nacional entlang der Reforma bis zur Basílica de Guadalupe. Die Route führt an Denkmälern wie El Caballito, dem Centro Bursátil, El Ángel und La Diana Cazadora vorbei, deren Fassaden man ohne Eintritt bewundern kann.

Wer es an diesem Tag nicht schafft: Ein großer Teil der Route ist ohnehin mit *ciclovías* (markierte Radwege) gekennzeichnet. Die *ciclovía* auf dem Paseo de la Reforma ist durch kleine Bodenschwellen vom Verkehr getrennt. Man darf auch im Bosque de Chapultepec fahren – hilfreich, um die vielen kleinen Sehenswürdigkeiten zu sehen, die weit voneinander entfernt sind.

Um ein Rad zu mieten, wird in Mexico City eine ständig wechselnde Liste von Fahrrad- und Roller-Sharing-Apps genutzt. Stadtfahrräder kann man mit Kreditkarte bei Ecobici oder kostenlos mit einem Pass bei den Bicigratis-Modulen (entlang der Reforma und der Fuente de Cibeles) für drei Stunden ausleihen.

ESSEN IN JUÁREZ & DER ZONA ROSA

Masala y Maiz
Indisch/ostafrikanisch-mexikanisches Fusion-Restaurant. Ausgezeichnete vegetarische Optionen und Bio-Weine. **$$**

Alba Cocina Local
Saisonale Speisekarte mit mexikanischem Frühstück und Abendessen mit kreativem Einschlag. Vollbringt Wunder mit Artischocke und Oktopus. **$$**

Café NiN
Die ach so fotogene, goldene Bistro-Bäckerei des Rosetta-Imperiums ist der Brunch-Himmel für Alleinspeisende und Paare. **$$**

Yug Vegetariano
Seit über 50 Jahren unprätentiöse vegetarische und vegane Hausmannskost und ein tolles Mittagsbuffet. **$**

ÜBERNACHTEN IN JUÁREZ & DER ZONA ROSA

Casa González
Seit fast einem Jahrhundert in Familienbesitz; ein Dauerbrenner für ruhige Zimmer rund um einen begrünten Innenhof. **$$**

Hotel Geneve
Diese Institution in der Zona Rosa legt Wert darauf, inmitten der Action ihr Belle-Epoque-Flair zu bewahren. **$$$**

Capsule Hostel
Das partyfreie Budgethostel in Juárez erinnert weniger an ein japanisches Kapselhotel als vielmehr an einen schicken Krankensaal eines Hospitals. **$**

SERGIO MENDOZA HOCHMANN/SHUTTERSTOCK ©

Zona Rosa

BESTE ARCHITEKTUR IN JUÁREZ & DER ZONA ROSA

Calle Havre
Prachtvoll mit umgestalteten *casonas* (großen Häusern), vom Mansion Havre bis zur französischen Schönheit Havre 77.

Museo de Cera, Londres 6
Jugendstilschönheit, die jetzt ein Ripley's Museum ist.

Edificio Vizcaya, Bucareli 128
Als dieser Wohnblock 1924 eröffnet wurde, war er einer der ersten in Juárez, der über fließendes Wasser verfügte.

Secretaria de Salubridad, Lieja 7
Art-déco-Regierungsgebäude in der Nähe von Chapultepec, das vom postrevolutionären Ex-Präsidenten Calles in Auftrag gegeben wurde.

Ausgehen in der LGBTIQ+-Szene

ZENTRUM DER MEXIKANISCHEN QUEER-COMMUNITIES

Mexico City ist ein Symbol der Hoffnung für unzählige schwule, lesbische und transsexuelle Menschen, die aus weniger toleranten mexikanischen Städten oder sogar aus anderen lateinamerikanischen Ländern in die Zona Rosa fliehen. Hier strömen die Partyfreudigen aus den pulsierenden Bars und Clubs entlang der Amberes und mischen sich manchmal mit dem Publikum der Sportbars in der Nähe, ohne dass es zu größeren Problemen kommt. Die Zona Rosa macht sich über die schicken (versnobten) Schwulenpartys von Polanco und Condesa lustig.

Junge Einheimische und Ausreißer:innen (für die Nacht) aus dem Bundesstaat Mexiko feiern im grungigen Club **Rico** mit seinen Drag-Shows und dem bis spät geöffneten Dachgarten. Ähnlich überfüllt, aber spaßig geht's im nahen **Cabarétito Fusión** und in der 3. (Reggaeton-) Etage der **Blow Bar** zu, die beide für *perreo* (Dirty Dancing) beliebt sind. Am besten kommt man pünktlich zur Öffnungszeit, um die Schlangen zu umgehen.

Auf dem Hauptstrip für Schwule, **Amberes**, hat man die Wahl zwischen ähnlichen Lokalen mit Tanzflächen, einige davon mit Glaswänden (super, wenn man gern für Vorübergehende posiert). Hier ist auch das **Kinky**, das mit der Dachterrasse, den Go-go-Boys und der Popmusik ein schickes Publikum um die 30 anzieht. Donnerstags finden Lesbenabende mit *goga*-Tänzerinnen statt.

„Bären" sollten die einladende **Nicho Bears and Bar** besuchen. Außerhalb der Zona Rosa gibt es **Tom's Leather Bar** (mit einem Darkroom), die zwar „machomäßig", aber weniger fetischistisch ist, als es klingt, vor allem an internationalen Dienstagen.

Wie überall sind in vielen Bars Taschendiebstähle an der Tagesordnung.

KUNST UND KUNSTHANDWERK SHOPPEN IN JUÁREZ & DER ZONA ROSA

Antigüedades Plaza del Ángel
Der Wochenend-Flohmarkt in einem Einkaufszentrum mit Antiquitätenshops bietet Schmuck, Deko-Artikel und Möbel.

Fonart
Der staatliche Kunsthandwerksladen verkauft hochwertige Ware aus ganz Mexiko zu Festpreisen.

México Hecho Arte
Nördlich vom El Ángel in Cuauhtémoc treffen moderne Kunstwerke und traditionelles Kunsthandwerk aufeinander.

ROMA

HIPPE LÄDEN IN SCHÖNEN GEBÄUDEN

Einst wohnten hier Kunst- und Literaturschaffende, heute sind Designer-Labels und internationale Restaurants hinzugekommen. Die Nebenstraßen haben sich noch ihre Geruhsamkeit bewahrt. Romas Tattoosalons, Designer:innen, Clubs, Plattengeschäfte, vegane Cafés und sogar Friseurläden sind die Trendsetter in der Stadt. Bei einem Spaziergang auf der Álvaro Obregón, Romas Hauptstraße, kann man die vielen Cafés, Taco-Lokale, Galerien und speziellen Boutiquen entdecken, die sich in den begrünten Straßen verteilen. Beim Bummel auf der Orizaba kommt man an zwei Plätzen vorbei: der Plaza Río de Janeiro mit einer Replik von Michelangelos *David* und der Plaza Luis Cabrera mit einem Brunnen.

Die meiste Action passiert in Roma Norte (Norden). Richtung Roma Sur (Süden) kommen immer mehr Wohngebiete dazu. In der Nähe des Mercado Medellín und der umliegenden *fondas* (Gasthäuser), Bars und kolumbianischen Geschäfte herrscht wieder reges Treiben. Auf der anderen Seite der Schnellstraße Insurgentes beginnt das gehobene Condesa.

TOP TIPP

Was für ein Unterschied ein Highway macht. Überquert man die Avenida Cuauhtémoc in Richtung Westen, gelangt man in das Viertel Doctores, wo die Unterkünfte deutlich günstiger sind als in Roma. Allerdings sind die dunklen Straßen von Doctores – trotz Gerüchten über eine Wiederbelebung – nachts oft menschenleer, was Raubüberfälle wahrscheinlicher macht.

Plaza Río de Janeiro

JUST ANOTHER PHOTOGRAPHER/SHUTTERSTOCK ©

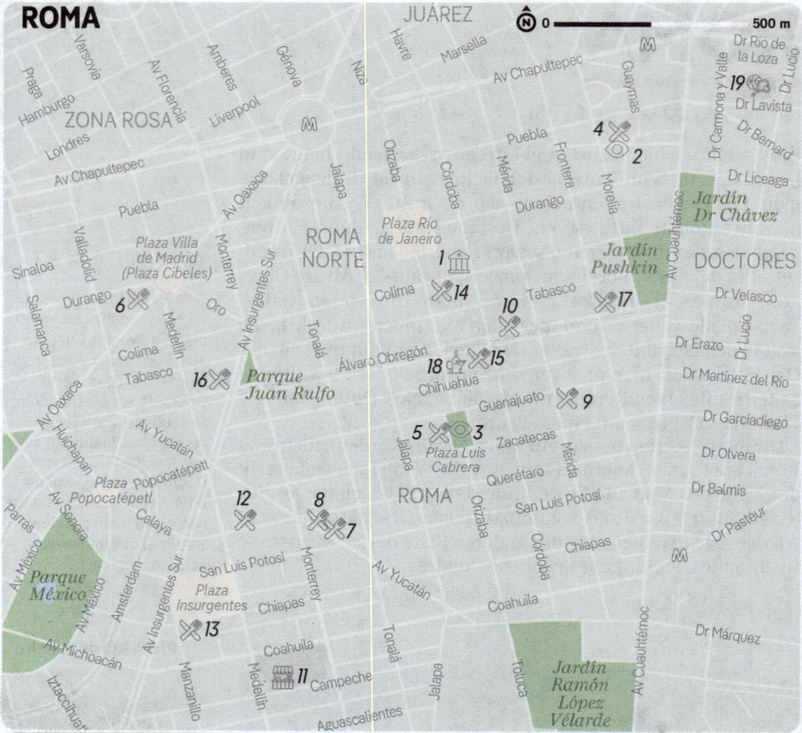

ROMA

SEHENSWERTES
1 Museo del Objeto del Objeto
2 Plaza La Romita
3 Plaza Luis Cabrera

ESSEN
4 Antojitos La Romita
5 Cabrera 7
6 Contramar
7 El Parnita
8 Expendio de Maíz
9 Forever
10 Maximo
11 Mercado Medellín
12 Mercado Roma
(siehe 7) Páramo
13 Por Siempre Vegana Taquería
14 Rosetta
15 Tacos Álvaro Obregón
16 Taquería Orinoco
17 Taquitos Frontera

AUSGEHEN & FEIERN
18 Licorería Limantour

UNTERHALTUNG
19 Arena México

Maximo

LOKALE PRODUKTE IN HÖCHSTER VOLLENDUNG

Wenn es einen Ort gibt, der die anregende neue Gastronomie Mexico Citys am besten repräsentiert, dann ist es das Maximo. Zu den ständig wechselnden Gerichten, die auf europäischen und ein paar mexikanischen Rezepten beruhen und mit frischen saisonalen Zutaten zubereitet werden, gehören z. B. mit Krabben gefüllte Zucchini-Blüten oder Oktopus-Ceviche (mit Limetten gepökelt). Der Inhaber und Chefkoch Eduardo García erlernte seine Kunst im Pujol (S. 115) bei dem berühmten Chefkoch Enrique Olvera. Die Namensänderung (von Máximo Bistrot Local), die Scheune und der neue Standort an der Álvaro Obregón sind gelungene Neuerungen. Unbedingt reservieren.

Mercado Roma

Mercado Roma

ANGESAGTER GOURMET-FOODCOURT

Am Wochenende erinnert dieser Gourmet-Foodcourt an ein Gala-Event wohlhabender Familien und bestens gekleideter Leute (man sah davon schon Bilder in führenden Modezeitschriften). Der gehobene Stadtteil Condesa liegt schließlich auch ganz in der Nähe. Es handelt sich in der Tat um einen eindrucksvollen, wenn auch beengten Ort zum Zusammenkommen, Essen und Trinken. Die Snacks sind erstklassig, eine Auswahl vom Besten der ganzen Stadt: Blaue-Mais-Tacos mit *tuétano* (Knochenmark), *tlayudas* (Tortilla-„Pizzas"), Paella und sehr gute Burger. Es gibt auch viele vegane und internationale Optionen. Der kleine „Markt" bringt feine Zutaten in die heimischen Speisekammern – Gewürze, Seafood oder schwer zu findende Produkte.

Plaza Luis Cabrera

GESCHICHTE AUF DER STRASSE

In den 1950er-Jahren war Roma ein Zufluchtsort für amerikanische Literaturschaffende der Beat-Generation. Auf der Plaza Luis Cabrera verbrachten Dichter:innen wie Allen Ginsberg drogenberauschte Sitzungen rund um den Brunnen, die ihre Werke (und das Bild Mexikos) inspirierten. Es gibt ein Foto von Kerouac und seinen Freunden, die möglicherweise hier posierten. Heute ist der ruhige Platz ein Kunstraum im Freien, gesäumt von Bänken für Verliebte, Restaurants in umgebauten Häusern und Cafés, in denen man das eigene Meisterwerk tippen kann. Der riesige Bronzekopf stammt von Javier Marín aus Roma. Der Platz und die größere Plaza Rio De Janeiro (mit der David-Statue), die sich an Roma Norte anschließen, sind reizvolle Rastplätze.

Plaza Luis Cabrera

Museo del Objeto del Objeto

Museo del Objeto del Objeto

MUSEUM FÜR MEXIKANISCHE KURIOSITÄTEN

Mit einer Sammlung von annähernd 100 000 Werken – einige stammen noch aus der Zeit des Mexikanischen Unabhängigkeitskrieges (1810) – gibt das zweistöckige Design-Museum mit thematischen Ausstellungen, z.B. zum *fútbol*, eine einmalige Sicht auf die mexikanische Geschichte. In der Dauersammlung sind Dinge wie alte Schreibmaschinen, Poster, Streichholzschachteln, Stempel und Dosen – u.a. für Tabak, Schuhpolitur und Grammofonnadeln – gruppiert. Es gibt zwar nur wenige Erklärungen auf Englisch, aber dafür bekommt man einen seltenen Einblick in das Hobbyleben in Mexiko über die Jahrzehnte hinweg.

Licorería Limantour

COCKTAILS MIT MEXIKANISCHER WÜRZE

Diese laute Cocktailbar rangiert regelmäßig unter den 50 besten Bars der Welt und gilt, umstrittenerweise, als beste Bar Lateinamerikas. Der Service und die Cocktails werden diesem Ruf auch gerecht. Die einheimischen Kreationen sind ein Hit, z.B. Guave oder Al Pastor, eine Hommage an die Ananasbeilage zu den Tacos. Dank des Hypes ist auf allen drei Ebenen viel los. Wer einen Tisch auf der Dachterrasse bekommen will, muss früh da sein, aber eigentlich macht es am meisten Spaß, an der Bar zu sitzen und den Cocktailkünstler:innen bei der Arbeit zuzusehen.

***Tostadas de atun* (Thunfisch-*tostadas*), Contramar**

Contramar

ERSTKLASSIGES SEAFOOD UND TOP-AMBIENTE

In diesem stilvollen Restaurant mit Strandatmosphäre und makellosem Service dreht sich alles um Seafood. An den Wochenenden wimmelt es nur so vor Servicekräften, und man hat das Gefühl, dass die halbe Stadt und alle Gäste hier in ihrer edelsten Garderobe brunchen. Die Spezialität ist Thunfischfilet nach Contramar-Art. Der Fisch wird geteilt, mit einer Sauce aus rotem Chili und Petersilie eingerieben und perfekt gegrillt. Die sahnige Thunfisch-*tostada* (knusprige Tortilla) mit Avocado-Scheiben ist eine Vorspeise, die man probiert haben muss. Aber nur eine halbe Portion bestellen, sonst ist man schon satt! Alleinspeisende können sich mit einem *carajillo* (Kaffee- und Likörcocktail) an die Bar setzen und eine Beilage bestellen, um das pulsierende Roma zu beobachten. Reservierung empfohlen.

Rosetta

Rosetta

VORZEIGEBÄCKEREI UND -RESTAURANT

Traumhaftes mexikanisches und französisches *pan dulce* (süßes Gebäck), echte Croissants und Baguettes kommen in dieser Bäckerei täglich frisch aus dem Ofen. Die überdachten Stände und Tische draußen inmitten der stattlichen französischen Architektur der Calle Orizaba sind ein Magnet für Besucher:innen. Bei der Entscheidung, wo man essen gehen soll, kommen einem vielleicht die Sandwiches und das mexikanische Frühstück im Rosetta in den Sinn. Abends kann man in der umgebauten Eckvilla des Schwesterrestaurants ein romantisches Abendessen aus pinker *mole*, Süßkartoffel-*tamales* und dem Dessert *hoja santa* (mexikanisches Pfefferblatt) genießen.

Mercado Medellín

MEXIKANISCHE MARKTREALITÄT

Man stelle sich den Duft vor: *sempasuchil* (Aufrechte Studentenblume) um den Tag der Toten herum und *nochebuena* (Weihnachtsstern) an Weihnachten. In der einen Richtung liegen Bleche mit *chicharrón* (Schweinebauch) unter heißen Lampen, während aus Schönheitssalons der Duft von Dauerwellenlotion weht; in der anderen wabert Weihrauch vor Santa-Muerte-Bildern.

Am Eingang werden Tamarindenbonbons und getrocknete Chili-Erdbeeren angeboten. Verkäufer:innen locken mit dem Ruf „*Qué le doy?*" (Was darf es sein?) und zeigen auf Stapel von *guanabaná*- (Stachelannone), *nopal*- (Kaktus) und *mole*-Saucen. Dann läuft man zwischen schwingenden Piñatas in Form von orangefarbenen Ex-Präsidenten und Cartoon-Figuren hindurch.

Der Markt ist eine Anlaufstelle für Eingewanderte, die Zutaten aus Lateinamerika einkaufen. Im **El Conde de Medellín** kann man ausgezeichneten Kaffee aus Kolumbien und Chiapas schlürfen. Im hinteren Teil, bei **Helados Palmeiro**, serviert ein aus Havanna stammender Mann kubanisches Eis mit Geschmacksrichtungen wie *mantecado* (Muskat-Vanille) nach dem Rezept seiner Großmutter. Hier gibt es auch *fondas* (Lokale) mit Plastiktischen, wo man inmitten des Trubels ein traditionelles mexikanisches Mittagessen einnehmen kann.

Mercado Medellín

Expendio de Maíz

FRISCH VON DER HERDPLATTE

Ein unverzichtbares, einmaliges Erlebnis. Hier gibt es keine Karte und keinen Namen (abgesehen von der Bezeichnung „Getreidehandel"), sondern nur einen lässigen Gemeinschaftstisch mit wunderbaren Speisen direkt vom *comal* (heiße Platte). Das zweisprachige Personal erklärt jedes Gericht, z.B die knusprig-rauchigen *carnitas* (Zupfbraten) mit Käse aus Oaxaca in hausgemachten Tortillas. Überwiegend kommen saisonale Bio-Produkte aus der Region zum Einsatz. Jede Runde von Gerichten enthält eine vegetarische Option. Wenn man satt ist, sagt man einfach, dass man genug hat. Für vier Gänge großzügig bemessener Snacks samt einem Getränk wie Kombucha oder Mezcal zahlt man rund 200 Mex$. Nur Barzahlung; auf eine lange Warteschlange einstellen.

***Tortillería*, La Romita**

La Romita

GEHEIME PLAZA-OASE

Ein Dorf versteckt in Roma? Sobald man die Plaza de Romita betritt, fühlt man sich wie in einem *pueblo mágico* (magisches Dorf). Die Kiefern schirmen die moderne Welt ab und umgeben einen einzelnen Brunnen, der nur für einen selbst gemacht zu sein scheint. Hier scheint die Zeit stehenzubleiben, als wäre es noch 1953, als die schlichte weiße Kirche Rectoria de San Francisco Javier gebaut wurde. La Romita (wie dieser Teil von Roma genannt wird) war einst Teil des prähispanischen Tenochtitlan und ist damit älter als Roma. Auf dieser Plaza hat der spanisch-mexikanische Filmemacher Luis Buñuel einen Teil seines Films *Die Vergessenen* (1950) gedreht. La Romita wirkt auf wunderbare Weise „vergessen". Man sollte mal genau hinhören: In der baufälligen, ein halbes Jahrhundert alten *tortillería* rutschen heiße Tortillas knisternd vom Fließband. Dies ist das Mexico City von gestern, ebenso wie das preiswerte Restaurant **Antojitos La Romita**, das unkomplizierte Enchiladas und andere Klassiker serviert. Im *huerto* (Baumschule) bieten Freiwillige Workshops an, und zwar über den Zusammenhang zwischen dem, was wir anbauen und was wir essen. Das Ethos des kleinstädtischen Lebens wird hier nicht vergessen.

Plaza de Romita

CHICO SANCHEZ / ALAMY STOCK PHOTO ©

Luchador

MEHR IN ROMA

Lucha-Libre-Wrestler:innen anfeuern

TIPPS FÜR MEXIKANISCHE RINGKÄMPFE

Die **Arena México** ist das Wrestling-Zentrum der Hauptstadt. Direkt auf der anderen Seite der Schnellstraße von Roma herrscht in dem 17 000 Plätze fassenden Stadion jede Woche Gladiatorenatmosphäre, wenn extravagante *luchadores* (Wrestler) wie Místico oder Sam Adonis in Teams oder solo gegeneinander antreten. Es finden drei oder vier Vorkämpfe und ein Hauptkampf statt.

Es ist ein aufschlussreiches Kultur-Erlebnis, auch wenn man sich nicht so sehr für Wrestling interessiert. Für manche sind die Pausen mit den folkloristischen Tänzen genauso spannend.

Allerdings gilt es, einige Fallstricke zu vermeiden. Es ist sicherer, aus Richtung Roma im Osten zu kommen als aus dem Westen, um in das zwielichtige Viertel Doctores zu gelangen. Schlepper:innen vor der Arena, die behaupten, der Kampf wäre ausverkauft, sollte man ignorieren. Tickets sind fast immer an der Stadionkasse erhältlich. Die billigen Plätze liegen zwar höher hinter einem Drahtzaun, aber hier sitzen auch die rausten Einheimischen, sodass es dort am stimmungsvollsten zugeht (man lernt viele mexikanische Schimpfwörter). Wenn man die Action von den teureren Plätzen vorn erleben will, sollte man für Freitag vorab reservieren (und das Ticket an Schalter 1 abholen).

Essen und Wasser mitzubringen, ist verboten, aber man kann Bier und andere Getränke drinnen kaufen und zum Platz mitnehmen. Die Getränke sind erstaunlich preiswert, schließlich handelt es sich um einen Volkssport. Gegen ein Trinkgeld bringen einem die Platzanweiser:innen auch Getränke oder Snacks, dann verpasst man nichts von dem Spektakel.

WARUM ICH DEN MERCADO MEDELLÍN LIEBE

Phillip Tang, Autor

Der Mercado Medellín (S. 101) ist mehr als ein Ort, an dem man spannende Gewürze erschnuppern und eine Limettenpresse kaufen kann (obwohl es auch das gibt). Es ist ein geballter Einblick in das mexikanische Alltagsleben. Ich bin voreingenommen, weil der Mercado Medellín seit 2011 mein lokaler Markt ist. Ich ließ mir von einem Mädchen mit Zahnspange die Haare schneiden, während sie mir die *ranchero*-Songs erklärte. Dieser Markt ist ein Schauplatz der Aromen aus ganz Lateinamerika, sodass ich in jedem Gang von Peru nach Guatemala und zurück nach Mexiko spazieren könnte. Hier wurde ich von der süßen Honig-Kürbis-Textur der aztekischen *mamey*-Frucht verzaubert, und seine erste vergisst man nie. Trotz der Gentrifizierung Romas floriert hier das traditionelle Leben.

ÜBERNACHTEN IN ROMA

Hotel Milán
Preisgünstigste moderne Unterkunft in Roma, minimalistisches Dekor, gepflegte kleine Zimmer mit hochwertiger Bettwäsche. **$$**

Hotel Stanza
Bequeme Basis mit Fitnessbereich am Ostende der Álvaro Obregón. **$$**

Hotel Monarca
Hervorragendes, günstiges, hostelartiges Hotel mitten im Getümmel, mit Lärm und allem drum und dran. **$**

LOCAL TIPP: AUSGEHEN IN ROMA

Armando López Muñoz, lokaler Drehbuchautor und Radiomoderator, gibt Ausgehtipps für Roma. Instagram: @laroid_palmus; X: @doktorpalma

Covadonga
Entspannte Cantina und kulturelles Zentrum für Gruppen oder Einzelreisende. Hier treffen sich alle – Hipster, alte Spanier:innen, Büroangestellte, Journalistinnen und Journalisten sowie Kunstschaffende. Und es gibt tolles spanisch-mexikanisches Essen.

Casa Franca
Guter Jazz im Herzen von Roma. Es gibt viele verschiedene Räume im Haus, darum eignet es sich gut für Paare oder kleine Gruppen. Im Erdgeschoss gibt's außerdem tolles Franca-Essen (italo-argentinisch).

Cine Tonalá
Gut für einen Drink, mit mexikanisch-internationaler Küche, Arthouse-Filmen und manchmal experimenteller Livemusik. Es liegt in einer ruhigeren Gegend, sodass es nicht so voll wird, und es gibt eine gemütliche Terrasse.

Cine Tonalá

Welcher Taco-Typ bist du?

VOM KLASSIKER BIS ZUM KLASSENPRIMUS

Um dieses vielseitige Viertel kennenzulernen, muss man die mexikanische Konstante konsultieren: den Taco.

Roma Sur (Süden) liegt zwar in der Nähe des schicken Condesa, ist aber nach wie vor eine raue Gegend. Gegenüber von einem lokalen Markt passen die tätowierten Mitarbeitenden der **Por Siempre Vegana Taquería** perfekt ins Bild und vollbringen Wunder mit Soja und anderen Fleischimitaten, ohne dass es zu trendy wird. In Roma Norte (Norden) geht es raffinierter zu: Im **El Parnita** gibt es handgemachte Tortillas mit langsam gegartem Schweinefleisch. Abends trinkt das hippe Publikum im benachbarten **Páramo** Cocktails und verspeist in einem großen Raum Tacos mit gebratenem Thunfisch in Honig.

Passend zur geschäftigen Hauptstraße von Roma Norte serviert **Tacos Álvaro Obregón** Zungen-Tacos und gewährt einen Einblick in die grungigere Vergangenheit der Gegend. **Taquitos Frontera** ist ein weiterer Dauerbrenner, der hervorragende *tacos al pastor* zaubert, ohne mehr für eine trendige Einrichtung zu verlangen.

Auf der eleganteren Seite von Roma Norte schmecken die *tacos gobernador* (Garnelen-Tacos) im **Cabrera 7** mit Blick von der Terrasse auf die grüne Plaza Luis Cabrera und einem Cocktail in der Hand einfach göttlich. Vielleicht bevorzugt man aber auch zu gefüllten Chili-Tacos den unfassbar schönen Art-déco-Außenbereich des veganen **Forever**.

Bis spät in die Nacht strömen die hippsten Partylöwen von Roma in die **Taquería Orinoco**, um einige der besten Schweinefleisch-Tacos der Stadt zu essen.

ESSEN IN ROMA

Yemanyá
Mexikanisch angehauchtes Seafood sorgt für einzigartige Geschmackserlebnisse in einer tollen Atmosphäre auf der Terrasse. **$$$**

Departamento
Cooles Zentrum mit einem Restaurant, in dem moderne Gerichte angeboten werden, und einem Club mit Livemusik. **$$$**

El Hidalguense
Schon vor dem Netflix-Ruhm hatte das Lamm *barbacoa* (in Agavenblätter gewickelt und in einer Grube gegart) Scharen von Fans. **$$**

CONDESA

BEGRÜNT UND SCHICK

Die eindrucksvollen Bauten, palmengesäumten Esplanaden und netten Parks deuten schon an, dass Condesa im frühen 20. Jh. als Viertel einer neuen, aufstrebenden Elite entstand. Die trendigen Restaurants, hippen Boutiquen und angesagten Nachtlokale sind geblieben. Während und nach der Pandemie wurde Condesa zu einem Zufluchtsort für Digitalnomadinnen und -nomaden und Ausgewanderte aus Europa und den USA. Mit dem Zustrom wächst auch die Zahl der Cafés, Restaurants und Unterkünfte, die sich auf die Besucher:innen einstellen. Glücklicherweise ist auch viel von dem alten Flair des begehrten Viertels erhalten geblieben. Ein Großteil der Anziehungskraft liegt darin, entlang der parkähnlichen Alleen mit Gebäuden im Art-déco- und kalifornischen Kolonialstil zu schlendern. Den Mittelpunkt bildet der friedliche Parque México, dessen ovale Form seine frühere Nutzung als *hippodromo* (Pferderennbahn) verrät. Condesa ist eine grüne Enklave innerhalb der Metropole, die man am liebsten nie mehr verlassen würde.

TOP TIPP

Die Nähe zum Parque México kostet was. Restaurants und Unterkünfte nur ein paar Blocks entfernt sind genauso interessant, und das zu günstigeren Preisen. Man sollte nur darauf achten, dass alles in der Nähe ist, was man braucht. Es kann schwierig sein, nach 21 Uhr etwas zu essen zu finden, vor allem außerhalb der Wochenenden.

Condesa

HIGHLIGHTS
1 Parque México

KURSE & TOUREN
2 Amsterdam

ESSEN
3 El Moro
4 Lardo
5 Nevería Roxy
6 Pastelería Maque

AUSGEHEN & FEIERN
7 Baltra
8 La Clandestina
9 Tom's Leather Bar

SHOPPEN
10 Libreria Rosario Castellanos
11 Tianguis de Condesa

El Moro

SÜSSE PAUSE AM PARQUE MÉXICO

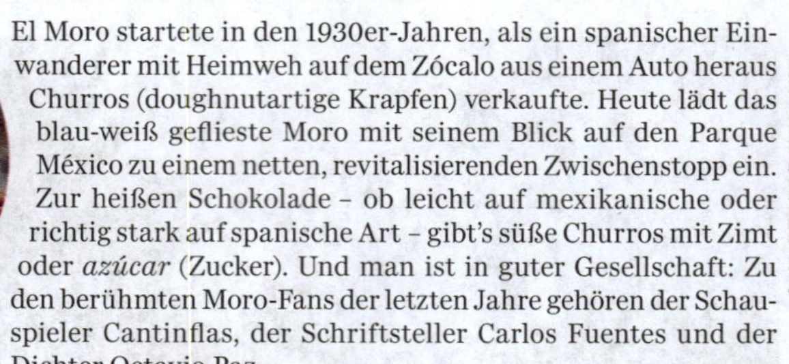

El Moro startete in den 1930er-Jahren, als ein spanischer Einwanderer mit Heimweh auf dem Zócalo aus einem Auto heraus Churros (doughnutartige Krapfen) verkaufte. Heute lädt das blau-weiß geflieste Moro mit seinem Blick auf den Parque México zu einem netten, revitalisierenden Zwischenstopp ein. Zur heißen Schokolade – ob leicht auf mexikanische oder richtig stark auf spanische Art – gibt's süße Churros mit Zimt oder *azúcar* (Zucker). Und man ist in guter Gesellschaft: Zu den berühmten Moro-Fans der letzten Jahre gehören der Schauspieler Cantinflas, der Schriftsteller Carlos Fuentes und der Dichter Octavio Paz.

Churros, El Moro

Parque México

GRÜNES HERZ DER STADT

Der ideale Ort, um Erkundungstouren durch Condesa zu beginnen, befindet sich im Herzen der Stadt, und zwar in der belebten Grünanlage des Parque México. Diese zieht professionelle Hundeausführer:innen, Tänzer:innen, die ihre Schritte üben, *fútbol*-Spielende und Liebespaare, die auf den Bänken turteln, an, ebenso wie die Familien, die wegen des eingezäunten Kinderspielbereichs herkommen.

Alles kreist um diesen Park, und jede Straße, die von ihm abgeht, ist ein Traum. Der Art-déco-Park wurde 1927 eröffnet. Die Skulptur einer indigenen Frau mit Wasserkrügen in den Händen am mittleren Eingang wurde von dem bedeutenden mexikanischen Bildhauer José María Fernández Urbina entworfen, der auch am Wiederaufbau von El Ángel im Jahr 1957 beteiligt war.

Zwei Blocks nordwestlich liegt der Parque España, der ebenfalls über einen Kinderspielplatz verfügt.

La Clandestina

MEZCAL-VERKOSTUNG IN DER VERBORGENEN KNEIPE

Die ausführliche Karte des im Stil eines ländlichen Krämerladens aufgemachten Clandestina beschreibt den Herstellungsprozess der 22 Mezcals, die hier in Krügen auf hohen Regalen stehen. Für Neulinge gibt es eine Verkostung von drei Mezcals mit Erklärungen des Barpersonals (in unterschiedlich gutem Englisch, je nachdem, wer gerade arbeitet). Der *espadín reposado* ist eine ausgezeichnete, rauchig gereifte Sorte. Wie bei einer Flüsterkneipe ist das winzige Schild draußen nur für Eingeweihte erkennbar.

Mezcal

Baltra

Baltra

COCKTAILS MEXIKANISCHER ART

Diese Bar ist so schummrig, dass alle im warmen Schein und mit einem ausgezeichneten Cocktail in der Hand gut aussehen. Das kundige, Englisch sprechende Personal kann einem bei der Auswahl helfen, aber ein „Pacífica" aus Mezcal, Gurke und der richtigen Prise Habanero-Chili ist allemal ein guter Start. Kein Wunder, dass das Baltra auf der renommierten Liste der 50 besten Bars der Welt steht. Das mit Messing und Holz verkleidete nautische Dekor wurde von Charles Darwins Reise zu den Galapagosinseln inspiriert. Die Tische füllen sich schnell, an den Wochenenden sollte man reservieren. Auch die Martini-Dienstage ziehen eifrige Trinker:innen an.

Lardo

EURO-MEXIKANISCHES BISTRO

In dem geselligen, stylishen Bistro, das mexikanische Aromen mit europäischer Frische kombiniert, geht's immer sonnig zu. Das Lardo gehört zum Imperium der Patisserie Rosetta (S. 101) und serviert ausgezeichnete Mini-Pizzas mit Zucchini und Minze sowie hervorragend ausbalancierte Gerichte wie roter Schnapper mit Pepita-Sauce oder Hühnerküken mit *adobo* (roter Paprika).

Zum Brunch strömen die Menschen wegen der großartigen *chilaquiles* ins Lardo, ein typisches leichtes mexikanisches Frühstück mit Tortilla-Chips, die mit Salsa übergossen und mit Spiegeleiern oder Fleisch belegt werden. Wer nicht auf einen Tisch oder einen Platz an der Bar warten kann, dem bleibt immer noch das Seitenfenster, wo die Bäckerei hervorragende *conchas* (süße Brötchen) und anderes Gebäck zum Mitnehmen verkauft.

Amsterdam

ZU FUSS DURCH CONDESA

Das Zentrum von Condesa, der Parque México, umgibt ein von Bäumen gesäumter Mittelstreifen namens Amsterdam, der fast selbst ein Park ist. Bei einem Spaziergang über die gesamte Länge des Amsterdam erhält man einen guten Überblick über Condesa, denn von hier gehen die Straßen wie Speichen eines Wagenrads ab. Jeder Abschnitt hat sein eigenes Flair und ist mit Skulpturen und Plätzen geschmückt – die süße Plaza Citlaltépetl mit Brunnen im Süden und die Plaza Popocatépetl im Art-déco-Stil mit Talavera-Kacheln aus Puebla . Egal, wo man hingeht, man sollte sich vor vorbeirauschenden Jogger:innen in Designer-Lycra in Acht nehmen.

Amsterdam

Pastelería Maque

FRANZÖSISCHE UND MEXIKANISCHE CAFÉ-BÄCKEREI

Condesas Connaisseurs versammeln sich morgens zum Kaffee und abends zum Irish Coffee in diesem pariserisch aufgemachten Café mit Bäckerei nahe dem Parque México. Servicekräfte versorgen sie mit frisch gebackenen Croissants und anderen französischen und mexikanischen Gebäcken. Ex-Präsident Porfirio Diaz war besessen von der französischen Kultur, daher fanden sich die Spuren der Architektur, des Lebensstils und der Küche von Paris in den frühen 1900er-Jahren überall in Condesa. Daraus entstand ein eigener mexikanischer Touch. Die mexikanischen *conchas* bei Maque bestehen aus einem glasierten runden Brötchen, haben aber – dank der französischen Backkunst – die perfekte weiche Textur. Das Omelette *flor de calabaza* (Zucchiniblüte) zum Brunch ist der Inbegriff von Condesa.

Conchas

Nevería Roxy

EIS-NOSTALGIE

In dieser Oldschool-Eisdiele erstrahlt die Nostalgie wie das Lächeln eines Kindes. Die beiden Condesa-Locations haben seit der Eröffnung des Nevería Roxy im Jahr 1946 dieselben charmanten gestreiften Markisen, gepolsterten Hocker und edlen Chromausstattungen. Auch die Früchte, die den *helados* (Eis) und *nieves* (Sorbets) ihren Geschmack geben, stammen nach wie vor vom Markt La Merced. Beliebt sind mexikanische Spezialitäten wie *mamey* (eine Art Süßkartoffel), *arroz con leche* (Milchreis), *guanábana* (Stachelannone) und Kokosnuss mit Kahlua, aber es werden natürlich auch gern die klassischen Geschmacksrichtungen genommen. Für Erwachsene gibt es auch Bananensplit und Affogato, die sich für ein Date eignen. Am Wochenende sieht man hier Familien und junge, hippe Leute, die in Condesa leben.

Librería Rosario Castellanos

GROSSE BUCHHANDLUNG UND LESESAAL

Im eindrucksvollen Art-déco-Gebäude des Centro Cultural Bella Época befindet sich einer der größten Buchläden Lateinamerikas. Das Gebäude war früher ein Kino, daher ist es riesig und richtet Literatur-Events aus. Wer auf der Suche nach lateinamerikanischen Autor:innen ist oder einige entdecken möchte, ist hier genau richtig.

Auf den Sofas und im Café des Zentrums kann man stundenlang in den Büchern stöbern (und das ist sogar erlaubt). Der einzige Haken ist, man muss ein Buch finden, das nicht eingeschweißt ist, denn das sind die meisten. Es gibt eine ausgezeichnete Auswahl an Büchern über Fotografie, Kunst, Reisen und mexikanische Kultur, einige davon in englischer Sprache, sowie CDs, DVDs und Designer-Geschenkartikel.

Librería Rosario Castellanos

Tianguis de Condesa

„Se Compran Colchones“

FIERRO-VIEJO-SCHROTTHÄNDLER

Alle Besucher:innen von Mexico City werden sich irgendwann fragen: Was ist das für ein Lastwagen mit dem schreienden Mädchen? Man kann nicht nach dieser Szene suchen, aber sie wird einen finden. Das schrille Heulen des Schrotttransporters ist eine Institution in Mexico City, das man gehört haben muss. Das Prinzip wird überall in der Hauptstadt angewandt, sogar im schicken Condesa: Junge Männer fahren mit einem Pickup durch ein Viertel, während eine Mädchenstimme aus einem Lautsprecher schallt: *Se compran colchones, tambores, refrigeradores ...,* d. h. sie kaufen Matratzen, Lattenroste, Kühlschränke und anderes *„fierro viejo“* (Altmetall).

Die Tonbandaufnahme des Schrotthändlers von seiner 15-jährigen Tochter aus dem Jahr 2005 wurde parodiert und neu abgemischt, bleibt aber in Erinnerung. Die Leute verkaufen oder spenden tatsächlich alte Matratzen für weniger als 50 Mex$, anstatt für die Beseitigung zu bezahlen. Die Federn und andere Metallteile werden dann recycelt.

Auch abends wird es nicht leiser: Radfahrer:innen verkaufen/schreien *tamales*, das schrille Pfeifen des Ofens, in dem die *camotes* (geröstete Süßkartoffeln) gebraten werden, ertönt.

Tianguis de Condesa

DIENSTAGSMARKT

Will man das mexikanische Leben verstehen, ist der Besuch eines *tianguis* (Outdoor-Basar) die beste Möglichkeit, es mit eigenen Augen zu sehen (und zu riechen). Selbst im gehobenen Condesa bietet der wöchentliche *tianguis* am Dienstag die Energie und den Charme eines städtischen Marktes. Hier kann man preiswert Kleidung, Antiquitäten, Geschenke und frische Produkte kaufen. Oder man sucht sich einen Platz an einem der Essensstände für Tacos und *flautas* (flötenförmige, frittierte Tacos) unter den Planen.

Es lohnt sich, frische Avocados, Früchte oder Nüsse aus Dörfern bei den indigenen Frauen am Rand des Marktes zu kaufen. Diese können sich keinen eigenen Stand oder Ware von Großhändlern leisten.

LOCAL TIPP: ESSEN IN CONDESA

Karen Villagómez, Bar-Managerin im Ciena in Condesa und Inhaberin der Bäckerei *ñom*, verrät ihre Empfehlungen für die besten Lokale in Condesa. @flevrs_

Esquina Común
Chefköchin Ana Dolores und ihr Partner servieren Abendessen in ihrer Wohnung in Condesa. Das Konzept, Zutaten zu verwenden, die gerade verfügbar sind, ist wunderbar. Und es fühlt sich an, als würde man bei Freund:innen essen.

Antolina
Im Mittelpunkt stehen die mexikanische Küche und der Mezcal. Sie respektieren die Zutaten und erklären, was gerade Saison hat, und beziehen das Gemüse von den *chinampas* (schwimmenden Farmen) in Xochimilco, um farbenfrohe Gerichte zu kreieren.

Lagerbar
Es gibt hier mexikanische Gerichte, z.B. *chamorro* (Rinderhaxe), wie man sie in einer Cantina bestellen würde, und Oktopus-*tostada* (knusprige Tortilla). Ein toller Ort, um mit Freund:innen zu essen.

Red Tree House

MEHR IN CONDESA

Ein veganer Ausflug durch den Park

VEGANE UND VEGETARISCHE SNACKS UND MAHLZEITEN

Pflanzliche Speisen und *comida vegana* (veganes Essen) sind in Condesa sehr angesagt. Ob es nun daran liegt, dass die Einheimischen gesundheitsbewusster oder kosmopolitischer geworden sind, oder daran, dass man sich auf Ausländer:innen einstellt – fast jedes Restaurant hat mindestens ein vegetarisches oder veganes Gericht auf der Speisekarte. Mehrere Optionen fleischloser Snacks gibt's im Parque México. Das **Falafelito** bietet Falafel-Pita-Taschen, das **fakc-yeah** „Chicken"-Burger und das **Tierra Garat** Kaffee mit Sojamilch ohne Aufpreis.

Eine gehaltvollere vegane Nudelsuppe gibt es im Nordosten bei **V Ramen**, das nahe gelegene **Veganion Antojería** treibt die Fleischimitation mit *milanesa* (Schnitzel) und *molcajete* (Mörser mit gegrilltem „Fleisch" und Feigenkaktus) auf die Spitze.

Westlich des Parque México ist **u.to.pi.a** ein Paradies für Tapioka-Käse-Pizzen mit Pilzen. Es gibt auch Sondergrößen für Alleinreisende oder wenn man sich nicht entscheiden kann. Bei **Veguísima** dreht sich alles um Burritos an Tischen im Freien. Das Juwel von West-Condesa ist das **Green Corner**, das zwar nicht vegan ist, aber ein täglich wechselndes Mittagsmenü mit veganen und gesunden Bio-Produkten anbietet. Es ist ideal für Gruppen, die die grüne Kulisse genießen oder im Bioladen einkaufen möchten.

Zudem kann man das kleine **India Mandala** auf der anderen Seite der Schnellstraße aufsuchen, eine *fonda* (Diner), das täglich hausgemachte authentische indische Köstlichkeiten auftischt.

STYLISH ÜBERNACHTEN IN CONDESA

Red Tree House
Elegantes B&B mit stylishen Zimmern, Innenhof, Garten und Happy Hour zum Austausch. **$$$**

Condesa Haus
Schönes, ruhiges Designerhaus in bester Lage und mit super Betreuung durch Fernando und seine Mitarbeitenden. **$$$**

Casa Comtesse
Acht schöne Zimmer in einem Gebäude aus den 1940ern mit Parkettboden, grandiosem Frühstück und hilfsbereitem Personal. **$$**

POLANCO & BOSQUE DE CHAPULTEPEC

TOP-MUSEEN UND WEITLÄUFIGER PARK

Polanco ist bekannt für schicke Restaurants, horrende Mieten und Designermodeläden, es ist also eine privilegierte Gegend. Das Viertel entwickelte sich in den 1940er-Jahren zu einem alternativen Wohnviertel für eine neue Mittelschicht, die darauf erpicht war, das überbevölkerte Centro zu verlassen. Heute können auch Normalsterbliche hier in erstklassigen Restaurants speisen und einige der renommiertesten Museen und Kunstgalerien der Hauptstadt besuchen, und gleich nebenan den weitläufigen Bosque de Chapultepec. In dem mehr als 4 km² großen Park liegen Seen, eine ehemalige Präsidentenresidenz und ein früherer Sommerpalast des Kaisers. Sonntags herrscht im Park Hochbetrieb: Verkäufer:innen säumen die Hauptwege, und Heerscharen von Familien kommen, um zu picknicken, mit Ruderbooten auf dem See zu paddeln und die Museen zu besuchen. Und doch gibt es genügend grüne Ecken, in denen man Ruhe finden kann.

TOP TIPP

Die meisten der Attraktionen in Chapultepec finden sich in oder in der Nähe der la Sección (1. Abschnitt) im Osten. Die Museen Soumaya und Jumex liegen nicht in der Nähe der Metrostation Polanco, aber wenn man hier ankommt, kann man auf dem 25-minütigen Spaziergang, vorbei an Boutiquen und Villen, hin zu den Museen sehen, wie die andere Hälfte (oder 1%) lebt.

Castillo de Chapultepec

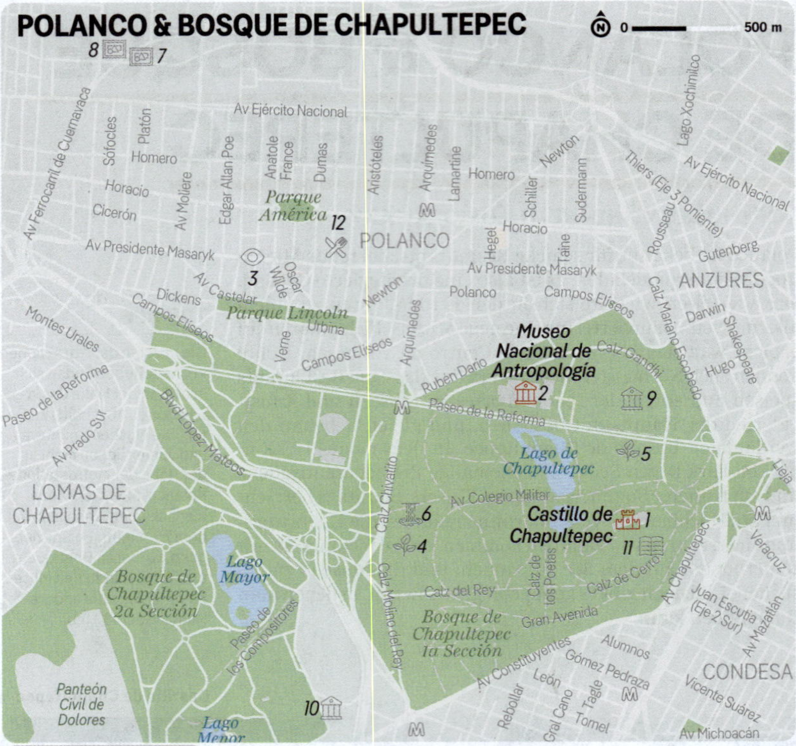

POLANCO & BOSQUE DE CHAPULTEPEC

HIGHLIGHTS
1 Castillo de Chapultepec
2 Museo Nacional de Antropología

SEHENSWERTES
3 Avenida Masaryk
4 Bosque de Chapultepec
5 Jardín Botánico
6 Monumental Fuente de Nezahualcóyotl
7 Museo Jumex
8 Museo Soumaya
9 Museo Tamayo
10 Papalote Museo del Niño

AKTIVITÄTEN
11 Audiorama

ESSEN
12 Pujol

Museo Tamayo

ZEITGENÖSSISCHE KUNST IM PARK

Das kleine Museum zeigt jeweils ein topaktuelles Hauptwerk von überall auf der Welt zusammen mit thematisch ausgewählten Werken aus Tamayos Sammlung; hinzu kommen noch ein oder zwei kleine Ausstellungen. An Sonntagen ist das Museum sehr gut besucht, denn dann ist der Eintritt frei.

Das mehrstöckige Gebäude zur Ausstellung internationaler zeitgenössischer Kunst stiftete der aus Oaxaca stammende Maler Rufino Tamayo dem mexikanischen Volk. Das Museo Tamayo ist ein architektonisches Highlight der Stadt. Das prämierte brutalistische, abgestufte Design der verstorbenen mexikanischen Architekten Teodoro González de León und Abraham Zabludowsky wurde 1981 von prähispanischen Pyramiden inspiriert und 2012 modernisiert und erweitert.

Museo Jumex

Museo Jumex

NAMHAFTE ZEITGENÖSSISCHE KUNST

Ja, Jumex, das mexikanische Saftunternehmen. Der einzige Erbe hat im Museo Jumex eine der führenden Sammlungen zeitgenössischer Kunst in Lateinamerika zusammengetragen. Im Zentrum der Wechselausstellungen aus der Sammlung, die rund 2600 Werke renommierter mexikanischer und internationaler Kunstschaffender umfasst, standen schon Gabriel Orozco, Fernanda Gomez, Andy Warhol und Jeff Koons. Der britische Architekt David Chipperfield entwarf das unübersehbare Sägezahndach des Museums als Reaktion auf den uneinheitlichen architektonischen Stil in der Umgebung. (Selfie-Fans haben von den Balkonen einen guten Blick auf das benachbarte Museo Soumaya.)

Museo Soumaya

GLANZVOLLE ARCHITEKTUR, RODIN UND DALÍ

Die silberne, gedrehte Rautenform dieses Privatmuseums überstrahlt sogar die Kunstwerke im Inneren. Der mexikanische Milliardär Carlos Slim benannte seinen sechsstöckigen Koloss nach seiner verstorbenen Frau. Das mit 16 000 sechseckigen Aluminiumplatten verkleidete Museum wurde von seinem Schwiegersohn, dem Architekten Fernando Romero, in Zusammenarbeit mit Frank Gehry entworfen. Kein Wunder, dass es ein Hit in den sozialen Medien und ein lokaler Treffpunkt ist.

Das täuschend große Innere beherbergt mehr als 60 000 Kunstwerke. Es gibt viele Lückenfüller, daher sollte man direkt die spiralförmigen Gänge zur obersten Etage hinaufgehen – hier wartet dann die beeindruckende Sammlung von Skulpturen des Franzosen Auguste Rodin, darunter sein *Denker,* und des katalanischen Surrealisten Salvador Dalí. Darüber hinaus sind auch bedeutende Wandbilder von Rivera und Siqueiros, eine aufgeblasene Botero-Skulptur sowie Gemälde aus dem französischen Impressionismus zu sehen.

Museo Soumaya

MUSEO DE ARTE MODERNO

Nur einen kurzen Spaziergang vom Castillo de Chapultepec entfernt befindet sich das Museum für Moderne Kunst. Die Sammlung umfasst Werke bedeutender mexikanischer Kunstschaffender des 20. und 21. Jhs., einschließlich einer Fotogalerie, sowie Gemälde von Dr. Atl, Rivera, Siqueiros, Orozco, Remedios Varo, Tamayo und O'Gorman. Auch das wohl bekannteste Gemälde Frida Kahlos, *Las dos Fridas*, hängt hier. Das Museum zeigt zudem gute Sonderausstellungen mit einem Schwerpunkt auf mexikanischen Kunstschaffenden. Das Museum selbst ist in einem eleganten Gebäude untergebracht, das ursprünglich für die Olympischen Spiele 1968 errichtet wurde.

Castillo de Chapultepec

OPULENTES SCHLOSS MIT STADTBLICK

Als sichtbares Zeugnis der verschwundenen mexikanischen Aristokratie thront das „Schloss" auf dem Gipfel des Chapultepec. Mit dem Bau wurde 1785 begonnen, fertiggestellt wurde es aber erst nach der Unabhängigkeit und diente dann als nationale Militärakademie. Als Kaiser Maximilian und Kaiserin Carlota 1864 ankamen, richteten sie die Anlage als ihre Residenz ein.

Im östlichen Teil des Schlosses befindet sich ihr Palast, dessen prunkvolle Salons sich zu einer Außenterrasse mit weiter Sicht auf die Stadt öffnen – für viele Besucher:innen das eigentliche Highlight.

Später residierten hier die mexikanischen Präsidenten, bis es 1939 von Präsident Lázaro Cárdenas in das Museo Nacional de Historia umgewandelt wurde.

Im Obergeschoss liegen die opulenten Gemächer von Porfirio Díaz, der im späten 19. Jh. als erster Präsident das Schloss zu seiner Residenz erkor. In der Mitte befindet sich ein Hof mit einem Turm, der den höchsten Punkt des Chapultepec-Hügels (45 m über Straßenniveau) markiert.

Um zum Schloss zu gelangen, folgt man der Straße, die sich hinter dem Monumento a los Niños Héroes den Hügel hinaufschlängelt. Alternativ kann man den zugartigen Transporter nehmen, der im 15-Minuten-Takt fährt, wenn das Schloss geöffnet ist. Bis zum Eingang auf dem Hügel darf man kostenlos laufen, aber um hineinzugehen und um die Aussicht zu genießen, muss man ein Ticket kaufen. Man kann Audioguides in englischer Sprache ausleihen. Wasserflaschen und Essbares dürfen nicht mit hineingenommen werden, es gibt aber Schließfächer.

Castillo de Chapultepec

RICHIE CHAN/SHUTTERSTOCK ©

FÜR FRIDA-KAHLO-FANS

Das **Museo Frida Kahlo** (S. 127) in Coyoacán ist ein Pflichtbesuch zu Ehren der Künstlerin in Mexico City. Hier wurde sie geboren, arbeitete und lebte sie, und heute ist es ein Museum.

Papalote Museo del Niño

WISSENSCHAFTSMUSEUM IM PARK

Kinder werden dieses innovative, praxisorientierte Museum gar nicht mehr verlassen wollen, denn hier können sie eine Radiosendung zusammenstellen, ihre wissenschaftliche Neugier ausleben, an einer archäologischen Ausgrabung teilnehmen und alle möglichen technischen Geräte und Spiele ausprobieren. Den intensivsten Eindruck von Mexiko bekommt man, wenn man einen Axolotl und die Flora von Xochimilco aus nächster Nähe betrachtet, etwas über das städtische Leben in Mexico City erfährt und mexikanische Kleidung aus anderen Epochen anprobiert. Die Kleinsten freuen sich über die sphärische Leinwand des „Domo Digital" und das IMAX-Kino im Planetarium.

Papalote Museo del Niño

Pujol

Pujol

STREETFOOD IN SCHICK

Das Pujol ist eines der am besten bewerteten Gourmetrestaurants Mexikos und bietet eine moderne Interpretation klassischer mexikanischer Gerichte. Der berühmte Chefkoch Enrique Olvera erfindet seine Speisekarte regelmäßig neu, greift Gerichte aus Oaxaca auf und verfeinert sie mit asiatischen Aromen. Diese Fusion präsentiert er als *menú degustación,* ein viele Gänge langes Erlebnis. Zu den schmackhaften Bissen gehören z. B. ein leckeres, schwarz gegartes Auberginen-*tamal, infladita langosta* (Hummer im Maisteig) und im Hauptmenü die berühmte *mole madre*. Es gibt köstlichere Gerichte in bescheidenerem Rahmen, aber das Pujol ist wegen seines exklusiven modernen Ambientes selbst ein Ziel. Das Lokal ist zwar nicht unumstritten (Vorwürfe der kulinarischen kulturellen Aneignung und Klagen ehemaliger Mitarbeitenden über Misshandlungen), aber dennoch sehr beliebt, man muss deshalb selbst entscheiden.

Designer-Shoppingmeile

SCHAULAUFEN WIE AUF DER FIFTH AVENUE

Polanco trieft vor Geld, altem und neuem. Um zu sehen, wie die anderen 1% leben, schlendert man die **Avenida Masaryk** entlang, wo sich internationale Modelabels und lokale Boutiquen zwischen den Bäumen drängen. Die **Pasaje Polanco** ist ein eleganter Komplex, flankiert von exklusiven Fachgeschäften und einem großen Kunsthandwerksladen, in dem Handtaschen, Wrestling-Masken und Volkskunst zum Tag der Toten verkauft werden. Im Nordwesten, entlang der Moliere, befindet sich das keilförmige Luxuskaufhaus **El Palacio de Hierro**, weiter nördlich das charmante, halb überdachte **Antara**, in dem Normalsterbliche stöbern können, bevor sie die Museen rund um das Museo Soumaya erkunden.

ANTON_IVANOV/SHUTTERSTOCK ©

QR-Code für Eintrittspreise und Öffnungszeiten:

TOP-SEHENSWÜRDIGKEIT

Museo Nacional de Antropología

Das Museum von Weltrang ist ein Highlight in Mexico City. Die vielfältige Geschichte Mexikos wird hier auf faszinierende, leicht zugängliche Art präsentiert. Man kann Artefakte und sogar die Nachbildung einer Pyramide aus nächster Nähe betrachten. Olmekenköpfe und kunstvolle Tempel stehen in grünen Höfen und verbinden die alte mit der realen Welt.

NICHT VERPASSEN

- Sonnenstein
- Jademaske des Zapoteken-Fledermausgottes
- Tempel von Quetzalcoatl
- Olmekenköpfe
- Pakals Grabkammer
- Moctezumas Kopfschmuck

Brunnen & Anthropologie

Der riesige Säulenbrunnen im Hof ist als *el paraguas* (der Regenschirm) bekannt und erinnert an die Verbindung zur Natur. Jede Seite zeigt unterschiedliche Verzierungen: An der Ostseite ist die Einigung Mexikos dargestellt, an der Westseite das auf die Zukunft ausgerichtete Mexiko und an der Nord- und der Südseite der Kampf für die Freiheit in den mexikanischen Dörfern.

Am besten beginnt man den Rundgang auf der rechten Seite, und zwar mit der Einführung, wie die ersten Menschen herkamen und im zentralen mexikanischen Hochland zu einer Existenz als Ackerbauern und -bäuerinnen fanden.

Teotihuacán-Saal

Hier sind Modelle und Objekte des ersten großen und mächtigen mesoamerikanischen Reichs ausgestellt. Der farbige **Tempel von Quetzalcoatl** zeigt, wie die Pyramide in ihrer Blütezeit ausgesehen haben könnte.

Los Toltecas

Vom Teotihuacán-Saal geht es weiter in den Saal der Tolteken, in dem vier aus Basalt gehauene **atlantische Kriegersäulen** aus dem Tempel des Tlahuizcalpantecuhtli in Tula zu bewundern sind. Besonders hervorzuheben sind die Schlangenskulpturen, darunter der zweiköpfige toltekische Thron, *trono bicéfalo*.

Mexica

Der anschließende Saal ist den Mexica, also den Azteken, gewidmet und bietet zahlreiche Hingucker. Hier finden sich der berühmte Sonnenstein, der 1790 unter dem Zócalo entdeckt wurde, und prächtige Skulpturen von aztekischen Gottheiten.

Sonnenstein

Ein Höhepunkt des Museums ist die Beschäftigung mit der missverstandenen Geschichte des früher fälschlicherweise sogenannten „Aztekenkalenders". Bei der 24 t schweren Basaltscheibe mit Glyphen handelt es sich wohl um einen zeremoniellen Altar, der mit dem Sonnengott Tonatiuh in Verbindung steht, der in der Mitte im Zeichen Ollin abgebildet ist, das für Bewegung steht.

Chak-Mo'ol

Menschenähnliche mesoamerikanische Skulpturen, Chak-Mo'ol genannt, wurden verwendet, um in Blutritualen die Herzen von Kriegern aufzunehmen, um so gute Ernten zu erzielen. Die Chak-Mo'ol stammen aus Tempeln aus dem ganzen Land.

Moctezumas Kopfschmuck aus Vogelfedern

Moctezuma II. war der Anführer der Azteken zur Zeit der spanischen Eroberung. An einer Wand hängt eine exzellente Nachbildung seines farbenprächtigen, spektakulären Kopfschmucks.

Oaxaca & der Golf von Mexiko

Die folgenden Hallen sind dem kulturellen Erbe aus Oaxaca und vom Golf von Mexiko gewidmet, zu dem auch zwei Olmekenköpfe aus Stein mit einem Gewicht von fast 20 t gehören.

Monte Albán

Das berühmteste Artefakt ist die **Jademaske des Zapoteken-Fledermausgottes** (gefunden in den Ruinen der Pyramiden).

Veracruz

Der Außenhof der Halle der Golfstaaten ist super, um Luft zu schnappen und die (nachgebildete) Mictlantecuhtli-Skulptur mit den menschlichen Schädeln und Jaguarköpfen zu bestaunen.

Maya

Man sollte sich auf keinen Fall die maßstabsgetreue **Replik der Grabkammer von König Pakal** entgehen lassen, die im Inneren des Templo de las Inscripciones in Palenque entdeckt wurde.

Torringe

Die Maya von Chichen Itza spielten ein rituelles Ballspiel mit hohem Einsatz – die Strafe für eine Niederlage war der Tod. Die hier gezeigten Torringe aus Stein sind Reproduktionen.

SPICKZETTEL

Wer nur die größten Hits sehen will, geht direkt zum Teotihuacán-Saal mit der nachgebauten Pyramide. Dann geht's weiter zum Moctezuma-Kopfschmuck und zum Sonnenstein – fast mythische Symbole Mexikos – im Mexica-Saal. Danach durchquert man den Oaxaca-Saal und bewundert auf dem Weg zum Maya-Saal einen Olmekenkopf und Pakals Jade-Todesmaske.

TOP TIPPS

- Am Eingang nach den kostenlosen einstündigen Führungen fragen, die manchmal auch auf Englisch stattfinden.
- Das riesige Museum bietet mehr, als sich bei einem Besuch erfassen lässt. Anhand des Lageplans auf der Website sollte man eine Route planen.
- Auf der rechten Seite beginnen. Die Säle sind gegen den Uhrzeigersinn in chronologischer Reihenfolge angeordnet.
- Wie die meisten Museen in Mexico City ist auch dieses montags geschlossen und gewährt an – dann überfüllten – Sonntagen freien Eintritt für Ortsansässige.
- Es gibt nur ein Café-Restaurant vor Ort, aber in der Nähe des Eingangs finden sich zahlreiche Imbissstände.
- Man kann hier Stunden verbringen. In den Ausstellungen unter freiem Himmel gibt es Möglichkeiten für Pausen.

ERICH SACCO/SHUTTERSTOCK ©; UNTEN RECHTS: KIEVVICTOR/SHUTTERSTOCK ©

Monumental Fuente de Nezahualcóyotl

ESSEN IN POLANCO

Quintonil
Das Restaurant wird für seine kreative mexikanische Küche mit lokalen und biologischen Zutaten immer wieder als eines der besten der Welt ausgezeichnet. $$$

El Rey del Suadero
Unbedingt Tacos *suadero* und *al pastor* im El Rey probieren, empfohlen von Enrique Olvera, dem renommierten Chefkoch des Pujol. $

Taquería El Turix
Diese traditionelle *taquería* serviert ausschließlich *cochinita pibil* (mariniertes Pulled Pork), zubereitet nach einem fast 50 Jahre alten Familienrezept. $

Sala Gastronómica
Die Speisekarte im Restaurant des Museo Nacional de Antropología führt quer durch Mexiko, u. a. mit einer gemischten *tampiqueña*-Fleischplatte nach Tamaulipas. $$

MEHR IN POLANCO & BOSQUE DE CHAPULTEPEC

Museumsfreier Spaß

KINDERFREUNDLICHE PARKS

Kinder (und Erwachsene), denen Galerien zu langweilig sind, können sich in der freien Natur amüsieren. Die ausgedehnte (und interessantere) 1a Sección des **Bosque de Chapultepec** ist von guten Wanderwegen durchzogen. Der Av Colegio Militar ist als einziger mit Ständen gespickt, die amerikanisches und mexikanisches Essen, Spielzeug und Wrestlingmasken verkaufen. Die Eingänge sind auf den Karten nicht eindeutig zu erkennen; am praktischsten sind die ganz im Osten oder gegenüber dem Museo Nacional de Antropología. 100 m vor dem Eingang des Museums vollführen indigene Männer vom Volk der Totonac gegen ein Trinkgeld alle 30 Minuten ihren spektakulären **Voladores-Ritus**, den „Flug" von einem 20 m hohen Pfahl. Auf der anderen Straßenseite, am **Lago de Chapultepec**, kann man ein Kajak, Paddelboot oder Ruderboot mieten. Im **Jardín Botánico** wartet eine in die Klimazonen Mexikos unterteilte Pflanzenwelt. Es gibt viele Kakteen und Agaven, ein Gewächshaus voller seltener Orchideen und übergroße Käferskulpturen.

Audiorama hinter dem Schloss ist eine friedliche Bibliothek in einem geheimen Garten. Man kann kostenlos Bücher ausleihen (oder ein Nickerchen machen), während aus Lautsprechern in den Bäumen Musik ertönt.

Im Westen liegt das wenig besuchte **Monumental Fuente de Nezahualcóyotl**. Diese imposante Promenade aus Wasser, das in Kaskaden aus dem Maul von Kojoten-Skulpturen aus schwarzem Stein herabstürzt und zum Texcoco-Krieger Nezahualcóyotl führt, ist so dramatisch und wunderbar, wie es klingt.

AUSGEHEN IN POLANCO

Fifty Mils
Weltbeste Cocktails, ergänzt durch die üppigen Innenhöfe des Four Seasons.

Cafe Joselo
Guter Kaffee, große Auswahl und ein gemütlicher Ort gegenüber dem Parque Lincoln.

Cafebrería El Péndulo
Kaffee und Cocktails mit Blick von der Terrasse inmitten museumsartig präsentierter Büchern.

SAN ÁNGEL

KOPFSTEINPFLASTER-CHARME IM SÜDEN

Das kurz nach der spanischen Eroberung von den Dominikanern besiedelte San Ángel, 12 km südwestlich des Zentrums bzw. nur 3,5 km östlich von Coyoacán, hat sich seinen kolonialen Glanz inmitten der Metropole bewahrt. Die Wurzeln als Karmeliterkloster-Stadt zeigen sich im Templo & Museo de El Carmen, wo man noch heute die Mumien in der Krypta besichtigen kann.

Bekannt ist San Ángel vor allem wegen des samstäglichen Kunsthandwerksmarkts neben der Plaza San Jacinto. Hier spiegelt sich der Ruf der Stadt als Zufluchtsort für Kunstschaffende und Wohlhabende wider. Die berühmtesten Bewohner:innen waren das Künstlerpaar Frida Kahlo und Diego Rivera, deren angrenzende Häuser und Ateliers heute Interessierte anziehen.

Auf der Hauptzufahrtsstraße, der Avenida Insurgentes, geht es chaotisch zu. Wer aber gen Westen läuft, wird das kopfsteingepflasterte Herz des alten Ortes entdecken: ein ruhiger Fleck Erde, gespickt mit kolonialzeitlichen Villen mit wuchtigen Holztoren, Geranien hinter Fenstergittern und Bougainvilleen.

TOP TIPP

Einen Besuch in San Ángel mit Coyoacán zu kombinieren, kann Zeit sparen, vor allem wenn man nur die Häuser von Frida Kahlo sehen möchte. Der Fridabús verbindet die beiden Orte, allerdings fährt er nur vom Museo Frida Kahlo in Coyoacán aus, sodass es sich lohnt, zuerst das Museum zu besichtigen.

HIGHLIGHTS

1 Museo Casa Estudio Diego Rivera y Frida Kahlo
2 Templo & Museo de El Carmen

SEHENSWERTES

3 Casa de la Marqueza de Selva Nevada
4 Jardín de la Bombilla
5 Museo Casa del Risco
6 Museo de Arte Carrillo Gil
7 Parroquia de San Jacinto
8 Plaza del Carmen
9 Plaza de los Arcángeles
10 Plaza San Jacinto

Plaza San Jacinto

Jardín de la Bombilla

Jardín de la Bombilla

STATUE IM SOWJETSTIL

In dem tropisch üppigen, zurechtgestutzten Garten östlich der Avenida Insurgentes führen Wege rund um das Monumento a Álvaro Obregón. Der Schrein zu Ehren des postrevolutionären mexikanischen Präsidenten ist das Werk des mexikanischen Bildhauers Ignacio Asúnsolo. Die Skulpturen von Arbeiter:innen, Soldaten und einem mächtigen Adler sowie das Wasserbecken erinnern an ein sowjetisches sozialistisches Kriegsdenkmal.

Das Denkmal wurde errichtet, um den Arm des Generals aufzubewahren, den er 1915 in der Schlacht von Celaya verloren hatte, der aber 1989 doch eingeäschert wurde.

„La Bombilla" war der Name des einstigen Restaurants, in dem Obregón 1928 ermordet wurde. Der Attentäter, José de León Toral, gab sich als Cartoonist aus und war an der Cristero-Rebellion gegen die kirchenfeindliche Politik der Regierung beteiligt.

Der Park selbst ist hübsch und hat mehrere Springbrunnen. Im Juli wird der Park zum wichtigsten Schauplatz für **La Feria de las Flores**, einer riesigen Blumenshow.

Templo & Museo de El Carmen

KARMELITERKIRCHE UND MUMIEN

Dieses gut erhaltene Kloster ist die Wiege von San Ángel. Der **Templo del Carmen** war ein Kloster und Kolleg, das 1615 für die Barfüßigen Karmeliterinnen errichtet wurde. Das aztekische Dorf Tenanitla wuchs um ihn herum und wurde zu San Ángel. Heute ist die Kirche mit ihren Kuppeln aus verwitterten Talavera-Kacheln aus Puebla und dem goldenen Barockaltar im Inneren ein imposantes Beispiel für die Architektur des Herrera-Stils.

Nebenan ist das **Museo de El Carmen** eine Fundgrube für religiöse Kunst in einer früheren Schule des Karmeliterordens. Die Sammlung umfasst Ölgemälde des mexikanischen Meisters Cristóbal de Villalpando, das Highlight sind allerdings die Mumien in der prächtigen Krypta. Man geht davon aus, dass es sich um die sterblichen Überreste von Gönnern des Ordens aus dem 17. Jh. handelt. Sie wurden während der Revolution von Zapatisten freigelegt, die eigentlich auf der Suche nach vergrabenen Wertgegenständen waren.

Im Innenhof befindet sich ein Aquädukt, das die Karmeliterinnen einst nutzten, um die Obstplantagen zu bewässern, was neben den religiösen Studien zu ihren Aufgaben gehörte.

Museo de El Carmen

Museo de Arte Carrillo Gil

KLEINES MUSEUM MIT GROSSEN WANDMALERN

Von Mexikos Los Tres Grandes – den drei großen Wandmalern – bekommt man nie genug. Ein paar weniger bekannte Werke von Diego Rivera, José Clemente Orozco und David Alfaro Siqueiros kann man in einem der ersten zeitgenössischen Kunstmuseen bewundern. Dieses Museum in San Ángel gründete der Kinderarzt und Geschäftsmann Álvaro Carrillo Gil aus Yucatán, um die große Sammlung an Exponaten zu beherbergen, die er selbst zusammengetragen hat. Lange Rampen im Gebäude verbinden drei Stockwerke mit Werken von u. a. so modernen Kunstschaffenden wie Cynthia Gutiérrez, die sich mit der Vergänglichkeit der mexikanischen nationalen Identität auseinandersetzt.

Museo Casa Estudio Diego Rivera y Frida Kahlo

Museo Casa Estudio Diego Rivera y Frida Kahlo

FRIDAS ANDERES BLAUES HAUS

In diesen Häusern wurde Geschichte geschrieben. Hier malte Frida Kahlo zwei Werke, die ihr wahres künstlerisches Schaffen begründeten: *Lo Que el Agua Me Dió* (das ihr Leben in einer Badewanne darstellt) und *El Difunto Dimas* (über ein verstorbenes Kind). Kahlo und ihr Mann Diego Rivera lebten hier von 1934 bis 1940, nachdem sie drei Jahre in den USA verbracht hatten.

Wer den Film *Frida* (2002) gesehen hat, wird diese Häuser wiedererkennen, die heute ein Museum beherbergen. Entworfen wurden sie von dem Architekten und Maler Juan O'Gorman, einem Freund Kahlos und Riveras. Frida, Diego und O'Gorman hatten jeder ein separates Haus: Fridas (das blaue) und O'Gormans Häuser wurden für Wechselausstellungen ausgeräumt.

Am interessantesten ist Riveras Bleibe. In seinem Atelier im Obergeschoss kann man seine Kunstutensilien wie Pinsel und Wassergläser bewundern. Es ist, als ob der Künstler mitten beim Malen verschwunden wäre. Rivera schuf hier bis zu seinem Tod 1957 3000 Werke. Frida kehrte 1941 allein in ihr Haus in Coyoacán zurück und blieb dort bis zu ihrem Tod im Jahr 1954. In Riveras Atelier mit den hohen Decken sind nur noch riesige Pappmaché-Figuren zu sehen, die er (und Kahlo) gesammelt haben.

Die Häuser sind durch einen Gang verbunden, der zeigt, dass die drei hier separat, aber gemeinsam lebten.

DESIERTO DE LOS LEONES

Nur eine halbe Stunde Autofahrt von San Ángel entfernt befinden sich die kühlen, duftenden Kiefern- und Eichenwälder des Desierto de Los Leones. Das Highlight dieses Nationalparks ist das Ex-Convento Santo Desierto del Carmen, ein ehemaliges Karmeliterkloster aus dem 17. Jh. Heute ist es ein Museum, in dem Guides in Soutanen und Sandalen Besucher:innen durch die Räume des Klosters und die weitläufigen Gärten führen und ihnen von der Geschichte und dem Leben der Karmeliter erzählen. Im Park gibt es jede Menge Wanderwege, aber es gab schon Raubüberfälle, darum ist es sicherer, auf den Hauptwegen zu bleiben.

Desierto de Los Leones

Ciudad Universitaria

MEGA-WANDBILD UND ZEITGENÖSSISCHE KUNST

2 km südlich von San Ángel liegt die Ciudad Universitaria, der Hauptcampus der **UNAM**, der größten Universität Lateinamerikas. Sie beherbergt die zum UNESCO-Weltkulturerbe gehörende **Biblioteca Central**, die ein berühmtes Wandgemälde von Juan O'Gorman ziert. Dieses Werk (1953) scheint jedes Ereignis der mexikanischen und aztekischen Geschichte zu umfassen.

Hier befindet sich auch das **MUAC**, in dessen neun Sälen Wechselausstellungen von modernen Kunstschaffenden aus Mexiko und dem Ausland, u.a. Ai Wei Wei, gezeigt werden.

San Ángel Inn

EQROY/SHUTTERSTOCK ©

MEHR IN SAN ÁNGEL

Lebendige Kunst & Architektur

HERRENHÄUSER UND KUNSTMÄRKTE ERKUNDEN

Statuen, Gärten und *casonas* (herrschaftliche Häuser) machen San Ángel zu einem Museum ohne Mauern, das man am besten zu Fuß erkundet. Der Rundgang startet an der **Plaza del Carmen**, die von Schönheiten umgeben ist: An der südlichen Ecke befinden sich das **Centro Cultural San Ángel** (1887) und das neoklassizistische **Chucho el Roto** (die heutige Biblioteca Revoluciones) mit sogar zwei Innenhöfen; im Nordwesten liegt die **Casa del Mayorazgo Fagoaga**, eine *casona* eines Goldhändlers (17. Jh.).

Im Westen, entlang der architektonisch reizvollen, wenig befahrenen Seitenstraße Amargura, liegt die **Plaza San Jacinto** aus dem 18. Jh. Jeden Samstag präsentiert der **Bazaar Sábado** einige der besten Kunsthandwerke Mexikos. Umfunktionierte Villen blicken auf den **Brunnen**, in dessen Nähe ein **Denkmal für den Künstler Diego Rivera** in Form einer Staffelei steht.

Das **Museo Casa del Risco** an der Plaza-Nordseite hat einen **Brunnen** mit einem Mosaik aus Talavera-Fliesen und chinesischem Porzellan. Im Obergeschoss gibt's Barockgemälde. An den Wochenenden findet draußen ein **Antiquitätenmarkt** statt.

Westlich der Plaza Jacinto befindet sich die **Parroquia de San Jacinto** aus dem 16. Jh. – das **Kruzifix** im Garten ist das erste Mexikos, das in Stein gehauen wurde. An der Ecke Árbol-Hidalgo liegt die **Casa de la Marqueza de Selva Nevada** mit Holztoren im Mudéjar-Stil vom einstigen Botschafter von Österreich-Ungarn. Weiter geht es nach Süden auf der Árbol und links auf der Frontera zur **Plaza de los Arcángeles**. Bougainvilleen, steinerne Torbögen und Efeu verzieren die Herrenhäuser.

LEID, KUNST & FRIDA

Frida Kahlo wurde 1907 in Coyoacán geboren. Im Alter von sechs Jahren erkrankte sie an Polio, weshalb ihr rechtes Bein ihr Leben lang dünner blieb als das linke. 1925 wurde sie bei einem Busunfall schwer verletzt: Sie brach sich das rechte Bein, das Schlüsselbein, das Becken und mehrere Rippen. Während ihrer Rekonvaleszenz begann sie zu malen. Der Schmerz – der physische und der emotionale – sollte das dominierende Thema ihrer Kunst werden. Kahlo sagte: „Ich bin meine eigene Muse."

Kahlo hatte zu ihren Lebzeiten nur eine einzige Ausstellung in Mexiko, und zwar 1953. Auf einer Krankenliege wurde sie zur Eröffnung getragen. Ihr Partner Diego Rivera sagte: „Jeder, der sie gesehen hat, muss ihr großes Talent bewundern." Sie starb im folgenden Jahr in der Casa Azul.

STYLISH ESSEN IN SAN ÁNGEL

San Ángel Inn
Klassische mexikanische Gerichte im Garten dieser eleganten ehemaligen *pulque*-Hacienda. **$$$**

Santana del Mar
Das angesagte Seefoodrestaurant hat preiswerte Tacos mit gebratenem Thunfisch und tortillafreie Mango-Tacos. **$**

El Cardenal San Ángel
Diese hiesige Institution in einem Herrenhaus peppt den Brunch mit Enten-Tacos und *escamoles* (Ameisenlarven) auf. **$$**

COYOACÁN

BOHEME-LEBEN RUND UM FRIDAS HAUS

Es überrascht nicht, dass das Viertel von Frida Kahlo den Ruf einer Oase für Kunstschaffende hat. Coyoacán (Náhuatl für „Platz der Kojoten"), 10 km südlich des Zentrums, diente Hernán Cortés nach dem Untergang von Tenochtitlán als Basis. Das Dorf wurde erst in den vergangenen Jahrzehnten langsam von der sich immer weiter ausdehnenden Großstadt „geschluckt". Dennoch ist Coyoacán ein unverändert friedliches Fleckchen Erde mit schmalen Straßen aus der Kolonialzeit, Cafés und einer munteren Atmosphäre.

Früher lebten hier Leo Trotzki und Frida Kahlo (ihre Wohnhäuser wurden zu faszinierenden Museen umfunktioniert), und die Atmosphäre steht auch heute noch im Zeichen der Gegenkultur – ein Umstand, der sich vor allem an den Wochenenden bemerkbar macht. Dann versammeln sich Musiker:innen und Kleinkünstler:innen auf den Plätzen im Zentrum, und große, aber relaxte Menschenmassen besuchen die dortigen Handwerksmärkte. Für Besucher:innen ist Coyoacán eine Gelegenheit, eine städtische Version des *pueblo*- (Dorf-) Lebens kennenzulernen. Man kann ein Eis an den Brunnen auf den Plätzen essen, einen Kaffee aus Veracruz trinken und durch die kopfsteingepflasterten Straßen zwischen den Gärten schlendern, so wie es Kahlo und Diego Rivera vielleicht getan haben.

TOP TIPP

Von der nächstgelegenen Metrostation „Coyoacán" braucht man zu Fuß etwa 20 Minuten (1,6 km) bis zum Zentrum von Coyoacán (um den Jardín Centenario) oder zum Museo Frida Kahlo (10 Minuten zwischen den beiden). Man sollte den Weg planen und Zwischenstopps an der Cineteca Nacional und dem Mercado de Coyoacán machen.

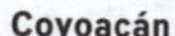

Coyoacán

HIGHLIGHTS
1 Museo Frida Kahlo

SEHENSWERTES
2 Casa de Cortés
3 Centro Cultural Jesús Reyes Heroles
4 Fonoteca Nacional
5 Jardín Centenario & Plaza Hidalgo
6 Museo Casa de León Trotsky
7 Museo Nacional de Culturas Populares
8 Museo Nacional de la Acuarela „Alfredo Guati Rojo“
9 Parque Frida Kahlo
10 Parroquia de San Juan Bautista

ESSEN
11 Churreria General de la Republica
12 Corazón de Maguey
13 El Kiosko de Coyoacán
14 Los Danzantes
15 Mercado de Antojitos

AUSGEHEN & FEIERN
16 Café El Jarocho
17 Cantina La Coyoacana

UNTERHALTUNG
18 Cineteca Nacional

SHOPPEN
19 Bazar Artesanal Mexicano
20 Mercado de Coyoacán

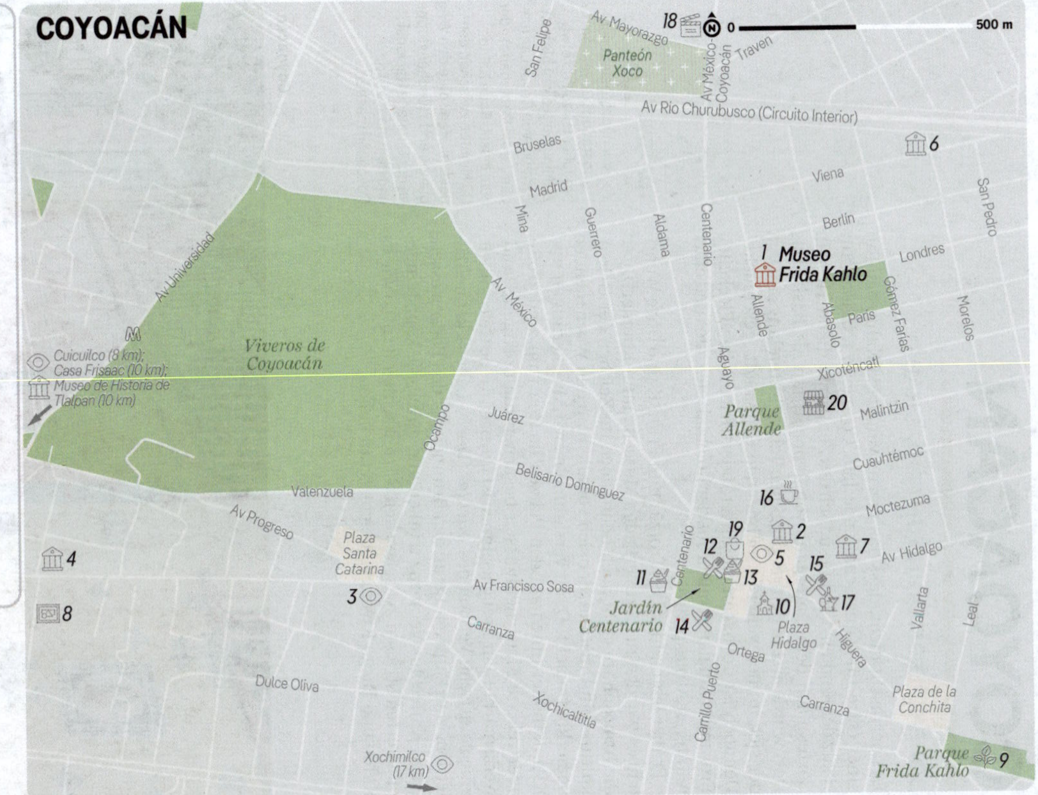

Café El Jarocho

Café El Jarocho

KAFFEE-IKONE AUS VERACRUZ

Der traditionellste Kaffee in Mexiko ist *café de olla* – gebraut in Steinguttöpfen mit einem Hauch von Zimt und anderen Gewürzen. Die Leute stehen dafür Schlange in dem unglaublich beliebten Kult-Café El Jarocho. In den zahlreichen Filialen in Coyoacán wird der Kaffee aus Veracruz an viele Bohnenliebhaber:innen verkauft, die extra in dieses Viertel kommen. *Jarocho* ist ein Spitzname für einen Mann aus Veracruz. Da es kaum Sitzgelegenheiten gibt, genießen die Leute ihr Getränk im Stehen auf der Straße oder auf den Bänken am Straßenrand.

Cineteca Nacional

ARTHOUSE-POWERHOUSE

Es ist zwar ein Kinokomplex, aber die Cineteca Nacional hat das cineastische Flair eines Kunstzentrums, das mit seinem kühnen, museumsähnlichen Äußeren die Besucher:innen begeistert. Auf zehn Leinwänden werden täglich mexikanische und ausländische Independent-Filme gezeigt – mit spanischen Untertiteln, nicht synchronisiert. Film-Fans – viele von ihnen Studierende – treffen sich vor der Vorstellung zu Snacks und Getränken in den Cafés oder auf der Grünfläche.

Im November findet in dem Komplex das internationale Filmfestival Muestra Internacional de Cine statt. Zwischen Oktober und März gibt's in der Abenddämmerung kostenloses Open-Air-Kino im Garten hinter dem Haus.

Auf dem Gelände ist auch die **Galería de la Cineteca Nacional**, die sich dem mexikanischen Film widmet, aber auch Ausstellungen zum internationalen Film präsentiert.

Museo Casa de León Trotsky

Museo Casa de León Trotsky

EIN HEIM IM EXIL

In diesem Haus, nun ein Museum, rammte 1940 ein Agent Stalins, der Katalane Ramón Mercader, dem Revolutionär León Trotzki einen Eispickel in den Schädel.

Nachdem Trotzki beim Machtkampf um die Sowjetunion Stalin gegenüber den Kürzeren gezogen hatte, wurde er 1929 verbannt und in Abwesenheit zum Tode verurteilt. 1937 fand er Zuflucht in Mexiko. Trotzki und seine Frau Natalia wohnten kurzzeitig in Frida Kahlos Blauem Haus, nach einem Streit mit Kahlo und Rivera zogen sie in die Nähe um.

Trotzkis Möbel sind praktisch unangetastet geblieben. In den Gebäuden abseits des Innenhofs sind Erinnerungsstücke ausgestellt, und in einem Grab mit Hammer und Sichel ist die Asche Trotzkis aufbewahrt. Im Schlafzimmer sind immer noch Einschusslöcher zu sehen, die von einem gescheiterten Mordversuch zeugen.

Los Danzantes

TRADITIONELLE GERICHTE UND DER BERÜHMTE MEZCAL

Traditionelle mexikanische Gerichte, darunter Ravioli mit *huitlacoche* (Maisbeulenbrand, auch als „mexikanischer Trüffel" bekannter Pilz) in *chile-poblano*-Sauce, Bio-Hähnchen mit schwarzer *mole* sowie mit Käse und Chipotle-Chilis gefüllte *hoja santa* (mexikanischer Blattpfeffer), erhalten im Los Danzantes eine zeitgemäße Abwandlung. Es gibt auch erstklassigen Mezcal aus der eigenen, berühmten Destillerie.

Während der Temporada de los Bichos (Anfang Mai–Anfang Juni) kann man sich hier auch an Gerichte mit *escamoles* (Ameisenlarven), *gusanos* (Agavenwürmer), *chicatanas* (geflügelte Ameisen) und anderen Insekten wagen.

Los Danzantes

Cuicuilco

JUANARIZAI/SHUTTERSTOCK ©; OBEN RECHTS: GAMALIEL2412/CREATIVE COMMONS INFO ©

Cuicuilco

VON LAVA BEGRABENE MESOAMERIKANISCHE STADT

Zu den ältesten nennenswerten Überresten einer präkolumbischen Siedlung innerhalb der Grenzen von Mexico City gehört Cuicuilco. Der „Ort des Singens und Tanzens" ist Zeugnis einer Zivilisation, die bereits um 800 v. Chr. am Ufer des Lago de Xochimilco siedelte. In ihrer Blütezeit im 2. Jh. v. Chr. – damals begann gerade erst der Aufstieg der Teotihuacán-Zivilisation – zählte sie um die 40 000 Angehörige.

Die Stätte südwestlich von Coyoacán wurde ein paar Jahrhunderte später aufgegeben, nachdem bei einem Ausbruch des nahen Vulkans Xitle der Großteil der Gemeinschaft in den Lavamassen umgekommen war.

Die archäologischen Arbeiten werden fortgesetzt und neue Abschnitte freigelegt. Das Gelände ist in großen Bereichen von Gras überwuchert, sodass man sich wie Entdecker:innen fühlt. Das Highlight ist ein 23 m hoher, runder, an eine Pyramide erinnernder Erdhügel.

Tlalpan

TRADITIONELLES JUWEL AM ZENTRALEN PLATZ

Tlalpan ist heute das, was Coyoacán früher mal war. Das fern vom Zentrum gelegene Dorf hat ein unkonventionelles Flair und besticht durch tolle Kolonialarchitektur. Die hübsche **Casa Frisaac** beherbergt Wechselausstellungen, das **Museo de Historia de Tlalpán** zeigt archäologische Fundstücke aus Cuicuilco. In den Arkaden an der charismatischen Plaza gibt's ein paar schöne Restaurants. Das schnörkellose **Alipús** gehört den Produzenten der beliebten Mezcal-Marken Alipús und Los Danzantes aus Oaxaca und serviert einige der besten Mezcals Mexikos und die aus Tlalpan stammende Suppe *caldo tlalpeño*.

Tlalpan liegt 12 km südlich von Coyoacán am Fuß des südlichen Ajusco-Höhenzugs, das Klima ist entsprechend kühler und feuchter. Die Haltestelle Fuentes Brotantes wird vom Metrobús der Línea 1 angefahren und befindet sich vier Blocks westlich des Hauptplatzes.

Museo Frida Kahlo

DAS HAUS EINER KÜNSTLERIN, IHRE KUNST UND IHR LEBEN

Frida Kahlos Leben war ihre Kunst. Die berühmte mexikanische Künstlerin wurde in der Casa Azul (Blaues Haus) geboren, in der sie auch lebte und starb. Heute ist das Haus ein intimes Museum über ihr Leben. Fast alle Besucher:innen der Hauptstadt pilgern hierher, um die Malerin besser kennenzulernen.

Fridas Vater Guillermo erbaute das Haus drei Jahre vor ihrer Geburt. Es ist vollgestopft mit Andenken und persönlichen Gegenständen, die an ihre lange, oft stürmische Beziehung zu ihrem Ehemann Diego Rivera und an die linksgerichteten Intellektuellen erinnern, die sie hier oft empfing. Küchengeräte, Schmuck, Fotos und andere Dinge aus dem Alltag der Künstlerin finden sich hier neben Kunst, präkolumbischen Exponaten und mexikanischem Kunsthandwerk.

Nachdem man 2007 in einer Dachkammer ein Versteck mit bis dato unentdeckten Dingen gefunden hatte, konnte die Sammlung erheblich erweitert werden. Seit 2012 legt die Ausstellung „Das Erscheinungsbild kann täuschen: Die Kleider von Frida Kahlo“ den Schwerpunkt auf Kahlos Image und ihren berühmten Stil. Viele Kleider aus ihrem Badezimmer werden gezeigt und die Korsetts zur Festigung ihrer Wirbelsäule.

Wie sich ihre körperlichen Gebrechen, ihr Sinn für Mode, ihre Ideologie (Fotos von Marx und Stalin hängen über ihrem Bett), die Themen ihrer Kunst und ihr Ruhm kreuzen, ist sehr interessant.

Um den Menschenmengen zu entgehen, sollte man früh kommen, vor allem am Wochenende. Außerdem sollte man das Ticket online kaufen, um die Warteschlange zu vermeiden.

ANAHUACALLI

Das Museum Anahuacalli, eine tempelartige Konstruktion aus vulkanischem Gestein, liegt 5 km südlich von Coyoacán und wurde von Diego Rivera zur Unterbringung seiner Sammlung präkolumbischer Kunst entworfen. Es umfasst eines seiner Ateliers und seine Studie zu *Der Mensch am Scheideweg*, jenes Wandbild, dessen ursprüngliche Version vom Rockefeller Center in Auftrag gegeben und anschließend 1934 zerstört wurde. Später wiederholte Rivera es für den Palacio de Bellas Artes (S. 82).

Der Eintritt ins Anahuacalli ist im Preis für das Museo Frida Kahlo enthalten, der Fridabús fährt an den Wochenenden von dort zum Anahuacalli.

Museo Frida Kahlo

ANTON_IVANOV/SHUTTERSTOCK ©

FRIDA & DIEGOS ANDERES HAUS

Das **Museo Casa Estudio Diego Rivera y Frida Kahlo** (S. 121) in San Ángel ist ein Museum mit Fridas anderem, nüchternerem, blauem Haus. Diegos Atelier befindet sich daneben, abgetrennt durch einen Außenweg.

Mercado de Coyoacán

MARKT MIT ENDLOS VIELEN TOSTADAS

Chapulines

Die *tostada*, eine knusprige Tortilla mit Seafood überbacken – dieser eine *antojito* (Snack) ist der Favorit des Mercado de Coyoacán. Das bunte Sortiment an exotischen Früchten, wippenden Piñatas und Säcken mit Paprika und Gewürzen eines traditionellen mexikanischen Marktes ist natürlich auch vorhanden, aber es ist die Verlockung einer *tostada*, die die Massen anzieht. Man sollte sich auf eine Bank an einem der vielen Stände setzen und zwischen *pulpo* (Oktopus), *jaiba* (Krabben), *atún* (Thunfisch) oder dem klassischen *camarón* (mit Limetten gepökelte Garnelen-Ceviche) mit Avocado wählen.

Abenteuerlustige können sich an getrocknete *chapulines* (Heuschrecken) – ein guter Snack zum Drink –, *alacranes* (Skorpione) und andere Insekten wagen. Es gibt auch Säfte und einfachere *antojitos*, die man zwischen dem Stöbern in den endlosen Gängen mit *artesanías* (Kunsthandwerk) genießen kann. Um den Tag der Toten schmücken Zuckerschädel und dekorierte Altäre den Markt.

Wenn man vom Museo Frida Kahlo hierher kommt, liegt der Markt auf halbem Weg zum Hauptplatz von Coyoacán –es bietet sich als unterhaltsamer Spaziergang mit Zwischenstopp an.

La Coyoacana

Cantina La Coyoacana

MARIACHI, TEQUILA UND FLEISCH

Rein geht's durch schwingende Saloon-Türen in den offenen Hof, wo wehklagende Mariachis ihre Lieder zum Besten geben. Diese traditionelle Kneipe ist die berühmteste in Coyoacán. Gegen Bezahlung kann man sich traditionelle *ranchera*-Songs wünschen oder andere anhören. Es ist eine ausgelassene Art, den Nachmittag zu verbringen und dabei etwas von der Speisekarte mit Snacks und Hauptgerichten zu kosten. Die *molcajetes* sind hier das Nonplusultra, wenn man Lust auf einen Steinmörser hat, der mit Steakstreifen und anderem Fleisch gefüllt und mit *chicharrón* (knuspriger Schweinebauch) und Guacamole gekrönt wird. Am besten mit einem Mezcal-Cocktail runterspülen.

SANTIAGO CASTILLO CHOMEL/SHUTTERSTOCK ©

El Kiosko de Coyoacán

MEHR IN COYOACÁN

Bei den Kojoten

DAS HERZ VON COYOACÁN ERKUNDEN

Das Zentrum des Lebens in Coyoacán sind der Jardín Centenario und die Plaza Hidalgo, zwei nebeneinander liegende Plätze, auf denen am Wochenende die meisten Veranstaltungen stattfinden. Auf dem **Jardín Centenario** steht ein zentraler Brunnen mit Kojoten, dem Wahrzeichen der Stadt. Die größere, kopfsteingepflasterte **Plaza Hidalgo** besitzt eine Statue des Unabhängigkeitshelden Miguel Hidalgo sowie eine Rotunde mit Buntglas. Beim Jardín Centenario empfiehlt sich ein Besuch des mexikanischen Restaurants **Corazón de Maguey**, das Gerichte aus Mezcal-Regionen wie Oaxaca in neuem Gewand anbietet.

In der **Casa de Cortés** an der Nordseite der Plaza Hidalgo richtete der Konquistador Hernán Cortés während der Belagerung von Tenochtitlán die erste Stadtverwaltung in Mexiko ein. Die dominierenden Gebäude an der Südseite sind die **Parroquia de San Juan Bautista** und das angrenzende ehemalige Kloster. Der doppelte Torbogen hier, die **Arcadas Atrial**, war einst der Eingang zur Parroquia. Gegenüber der Kirche befinden sich mehrere Eisdielen, z. B. **El Kiosko de Coyoacán**, und die Menschen stehen Schlange für hausgemachtes Eis und Sorbet. Der

AVENIDA FRANCISCO SOSA

Diese 450 Jahre alte Allee diente einst als Hauptverkehrsader, die Coyoacán mit dem damaligen Dorf San Ángel verband. Heute stehen hier mehr als 60 Gebäude, die vom Nationalen Institut für Anthropologie und Geschichte als historische Denkmäler anerkannt sind. Ein Spaziergang entlang der Avenida ist ein architektonischer Genuss. Besonders erwähnenswert ist die **Casa de Diego de Ordaz**, die sich in der Nähe des „Platzes der Kojoten" befindet. Es ist ein beeindruckendes Beispiel für die Kachelarchitektur im Mudéjar-Stil aus dem Jahr 1756. Obwohl das Haus nicht für die Öffentlichkeit zugänglich ist und es kaum Hinweise darauf gibt, dass der Konquistador Diego de Ordaz jemals dort gelebt hat, ist es auch von außen eine faszinierende Attraktion.

ÜBERNACHTEN IN COYOACÁN

Chalet del Carmen
Umweltfreundliches B&B mit Küche und antiken Möbeln, geführt von einem freundlichen einheimisch-schweizerischen Ehepaar. **$$**

Hostal Frida B&B
Familienbetriebenes, pensionsartiges *hostal* mit sechs Doppelzimmern samt Holzfußboden, einige mit Küche. Monatliche Preise verfügbar. **$$**

Hostal Cuija Coyoacán
Erschwingliches HI-Hostel mit Eidechsen-Dekor nahe der Sehenswürdigkeiten von Coyoacán, mit kleinen, sauberen Schlafsälen und Privatzimmern. **$**

LOCAL TIPP: ESSEN & AUSGEHEN IN COYOACÁN

Alejandro Serra, gebürtig aus Coyoacán und Bassist der Band May Queen (@mayqueenofficial), gibt seine Empfehlungen für die besten Lokale in der Gegend. @ale.jandro.s

El Hijo del Cuervo
Eine tolle alte Taverne mit typisch mexikanischen Gerichten. Es gibt eine kleine Bühne für Theaterstücke und Livemusik, hauptsächlich mexikanischer Rock und Ska.

La Ruta de la Seda
In diesem Café gibt es eine große Auswahl an exotischen Tees und mehr, darunter Chili oder Kakao. Der einfach köstliche „Kyoto"-Kuchen wird mit Matcha zubereitet. Er ist das Glanzstück des Hauses.

Duke's Burgers & Beer
Die Spezialität des Hauses sind klassische Burger, aber mit ausgefallenen Optionen wie Apfelscheiben und gebratenen Süßkartoffeln. Außerdem gibt es hier köstliche Craft-Biere.

Bazar Artesanal Mexicano ist auch in der Nähe, aber hier gibt's vor allem Souvenir-Schmuck und -Kunsthandwerk.

Wer ein authentisches lokales Erlebnis sucht, wird im **Mercado de Antojitos** fündig, wo es traditionelle mexikanische Snacks gibt, darunter frittierte Quesadillas, *pozole* (Maismehlsuppe) und *esquite* (gerösteter Mais in einer Tasse mit Sauce). Die **Churrería General de la República** ist eines der vielen Churro-Lokale in der Nähe der Plaza Hidalgo und ein guter Ort, um die berühmten frittierten Donut-ähnlichen Leckerbissen zu probieren.

Kunst & Gärten

GALERIEN, MUSEEN, GÄRTEN UND FRIDA

Coyoacán ist ein Viertel der Kunst und der Natur. Um das lokale Leben anhand von Galerien kennenzulernen, beginnt man im **Museo Nacional de la Acuarela „Alfredo Guati Rojo"**. Hier werden *acuarela* (Aquarelle) in Ausstellungen mit mexikanischen und internationalen Kunstschaffenden aus verschiedenen Jahrhunderten und Stilrichtungen gezeigt. Das Museum ist kostenlos (wie die anderen hier) und verfügt über einen gepflegten Rasengarten mit Palmen und Kakteen. Gleich um die Ecke widmet sich die **Fonoteca Nacional** dem Klang und dem Ton. Man kann in Tonarchive hineinhören, alte Radios bewundern und an Veranstaltungen und Konzerten teilnehmen. In dem prächtigen Kolonialhaus lebte der verstorbene mexikanische Dichter Octavio Paz, den man in den Archiven sprechen hören kann. Allein der idyllische, gewölbte Hofgarten mit Musik und Soundeffekten aus den Lautsprechern ist schon einen Besuch wert.

In der Mitte der prächtigen Avenida Sosa liegt das **Centro Cultural Jesús Reyes Heroles**, ein kolonialzeitliches Anwesen von 1780, in dem Buchpräsentationen und Kunstkurse (auf Spanisch) stattfinden. Auf dem Gelände gedeihen Yucca-, Jacaranda- und Izote-Palmen in sorgfältig gepflegten Gärten. Eine Skulptur von Diego Rivera und Frida Kahlo, die auf einer Bank sitzen, steht für Fotos zur Verfügung. Im kinderfreundlichen **Parque Frida Kahlo** im Südwesten der Gegend gibt es einige weitere Frida-Skulpturen unter freiem Himmel.

In der Nähe des Zentrums befinden sich das kleine, aber lebhafte **Museo Nacional de Culturas Populares** und ein Innenhof, in dem Kunsthandwerk und Trachten aus ganz Mexiko ausgestellt sind. Die *alebrijes* (fantastische Tierschnitzereien) und Masken dürften auch die Kleinen begeistern. Frida war eine Förderin des traditionellen mexikanischen Handwerks und integrierte ländliche Kleidung wie den *rebozo* (Schal) in ihre mittlerweile kultigen Looks.

SÜSSIGKEITEN UND KAFFEE IN COYOACÁN

Picnic Helados
Das Ingwer- und Mango-Eis und die tollen Brownies übertreffen jeden Snack weit und breit.

Café Negro
Mittels Aeropress, Cold Brew und anderen Geräten und Methoden wird hier guter Kaffee zubereitet. Auch die Schokocroissants sind es wert.

Churrería El Moro Coyoacán
Nach dem Genuss von ofenfrischen Churros und dicker heißer Schokolade gibt es hier zum Glück schicke Sitzgelegenheiten.

LIBIA SEGURA/SHUTTERSTOCK ©

Xochimilco

Xochimilco

KANÄLE UND SCHWIMMENDE GÄRTEN

Etwa 19 km südlich von Coyoacán erinnert ein Netz aus Kanälen, die von *chinampas* (erhöhtes fruchtbares Land, auf dem die indigene Bevölkerung ihre Nahrungsmittel anpflanzte) gesäumt sind, an das präkolumbische Erbe der Stadt. Die schwimmenden Gärten waren eine wirtschaftliche Grundlage des aztekischen Reiches und verwandelten den Lago de Texcoco in eine Reihe von Kanälen. Die Überbleibsel der *chinampas* werden heute hauptsächlich für Blumen wie die Aufrechte Studentenblume verwendet. **Xochimilco** wurde 1987 zum UNESCO-Weltkulturerbe ernannt.

In einer fantasievoll dekorierten *trajinera* (Gondel) durch die Kanäle zu gleiten, ist ein sowohl beschauliches als auch festliches Erlebnis. An den Wochenenden füllen sich die Wasserwege mit Booten, auf denen Familien und Gruppen von Freundinnen und Freunden sind. Daneben tummeln sich Musiker:innen und Händler:innen, die Speisen und Getränke verkaufen. An Werktagen ist die Stimmung um einiges entspannter.

INSEL DER PUPPEN

Ein wahrlich surreales Erlebnis ist die Fahrt mit einer Gondel von Xochimilco zur Isla de las Muñecas, der Insel der Puppen. Dort hängen Hunderte gruseliger, halb zersetzter Puppen in den Bäumen. Ein Einwohner der Insel hat die Spielsachen aus den Kanälen gefischt, um damit den Geist eines Mädchens zu besänftigen, das in der Nähe ertrunken ist.

ESSEN IN XOCHIMILCO

Restaurante Lina Xochimilco
Großzügiges mexikanisches Frühstück wie *chilaquiles* und Omelettes mit reichlich Salsa in einem Innenhof. **$**

Rincon de Mi Barrio
Am Wochenende locken Buffets mit frischen Quesadillas, Müsli, Obst und Waffeln die Einheimischen an. **$$**

Torteria La Planta
In der Nähe des Bahnhofs von Xochimilco gibt es in diesem *torta*-Laden *pierna*- (Schinken-) Sandwiches für Bootsfahrten. **$**

RUND UM MEXICO CITY

PYRAMIDEN, KOLONIALE WUNDER UND NATUR

Das wahre Mexiko ist näher als man denkt, ob in magischen kleinen Städten oder in erhabenen, von alten Zivilisationen erbauten Tempeln.

Mexico City wirkt riesig, doch man kann sich seinem Wirkungskreis schnell entziehen. Nach einer nur 20-minütigen Busfahrt lösen weite grüne Felder und wellige Hügel die urbane Szenerie ab. Selbst bei einem kürzeren Aufenthalt in Mexikos Hauptstadt sollte man sich die alten Ruinen, *pueblos mágicos* („magische Dörfer"), mit reicher Kultur und die eindrucksvolle Bergkulisse des Umlands nicht entgehen lassen. Wie viele Hauptstädte hat Mexico City mit seinen nächsten Nachbarn wenig gemein.

Die faszinierenden Pyramiden von Teotihuacán sind dabei nur der Anfang. Puebla bietet ikonische mexikanische Gerichte, während die Kolonialstädte Taxco und Cuernavaca mit perfekten Fotomotiven aufwarten. Zudem gibt's prähispanische Magie in den kleinen Orten Malinalco und Tepoztlán, frische Bergluft und Feierlaune in den *pueblos mágicos* Cuetzalan und Huamantla oder Entspannung in Mineral del Chico, Real del Monte und Valle de Bravo. Abenteuerlustige erklimmen die Vulkanriesen Iztaccíhuatl und Nevado de Toluca, während die Ruinen von Xochicalco zwar weniger bekannt, jedoch ebenso eindrucksvoll sind. Die weitläufige Region vereint das Beste von beiden Welten und bietet in unmittelbarer Nähe zur Hauptstadt und ihren Annehmlichkeiten Abenteuer, neue Aromen und Erholung!

DIE WICHTIGSTEN ZIELE

SOFT_LIGHT/SHUTTERSTOCK ©

Oben: Krieger-*telamones*, Tula (S. 146); gegenüber: Puebla (S. 149)

Teotihuacán, S. 138

Die faszinierenden Ruinen der alten mesoamerikanischen Stadt umfassen Tempel und einige der größten Pyramiden, die zu präkolumbischen Zeiten auf dem amerikanischen Kontinent erbaut wurden.

Malinalco, S. 168

Ein kleiner Aztekentempel-Komplex befindet sich in den Hügeln über der verschlafenen Stadt mit Boutique-Potential.

Cuernavaca, S. 160

Wegen des halbtropischen Klimas und der Gärten auch „Stadt des ewigen Frühlings“ genannt. Viele historische Bauten gehen auf den Beginn der Kolonialisierung zurück.

Erste Orientierung

Die Region ist weitläufig, die meisten Ziele sind jedoch gut mit günstigen Direktbussen von den vier Busbahnhöfen in jeder Himmelsrichtung in Mexico City zu erreichen. Zwischen den Städten gibt es nur wenige Verbindungen, deswegen muss man jeweils zurück in die Hauptstadt.

TAXI

Uber gibt es nur in größeren Städten. Für Fahrten zwischen Städten kann man in Hotels nach einem Mietwagen mit Fahrer:innen zu einem Pauschalpreis fragen.

BUS

Busse der zweiten Klasse und Combis verkehren manchmal zwischen den Städten der Region, in der Regel benötigt man jedoch gute Spanischkenntnisse und Geduld wegen verpasster oder verspäteter Verbindungen. In Hotels nachfragen.

AUTO

Für einen Besuch mehrerer Städte ist das Auto die praktischste und manchmal auch die einzige Option. Für Mietwagen sind Mexico City, Puebla oder Pachuca die besten Adressen.

Puebla, S. 149

Das kulinarische Herzland von *chiles en nogada* und *mole poblano* begeistert mit kunstvoll gefliesten Kolonialbauten und einer Pyramide in der Nähe.

Tantoyuca
Naranjos
Poza Rica
Papantla
Tecolutla
Golf von Mexiko
Xiocotepec de Juarez
Huauchinanco
Martínez de la Torre
Cuetzalan
Río Apulco
Zacatlán
Teziutlán
Zaragoza
VERACRUZ
Tlaxco
Perote
Xalapa
Actopan
TLAXCALA
Apizaco
Tlaxcala
Huamantla
La Malinche
Parque Nacional La Malintzi
Parque Nacional Pico de Orizaba
Pico de Orizaba
El Seco
Huatusco
Cholula
Puebla
Pirámide Tepanapa
Tepeaca
Córdoba
Orizaba
Río Atoyac
PUEBLA
Tehuacán
Reserva de la Biosfera Tehuacán-Cuicatlán
Acatlán
Teotitlán del Camino
Huautla de Jiménez
Río Acatlán
Huajuapan de León
OAXACA

Perfekte Tage

Ausgangspunkt ist jeweils einer der vier Busbahnhöfe in Mexico City im Norden, Süden, Osten und Westen, je nachdem welche Sehenswürdigkeiten man rund um Mexico City besichtigen möchte.

ANTON_IVANOV/SHUTTERSTOCK ©

Taxco (S. 166)

Wenig Zeit

- Ein absolutes Highlight bei einem Besuch der Region und der Hauptstadt ist der spektakuläre Pyramidenkomplex von **Teotihuacán** (S. 138). Ein Spaziergang durch die bedeutendste Stadt Mesoamerikas mit ihren imposanten Pyramiden ist ein unvergessliches Erlebnis. Aus praktischen Gründen schließen sich die meisten Reisenden einer Tagestour an, da die Stätte 50 km nordöstlich von Mexico City liegt.

- Mit entsprechender Planung kann man bei der **Experiencia Nocturna** (S. 142) die Pyramiden mit nächtlicher Beleuchtung oder bei einer **Ballonfahrt** (S. 143) über die prähispanische Anlage bei Sonnenaufgang erleben.

VON LINKS NACH RECHTS: BIROL BALI/SHUTTERSTOCK ©, CLAUDIO BRIONES/SHUTTERSTOCK ©, ALEJANDRO_MUNOZ/SHUTTERSTOCK ©

Beste Reisezeit

Wechselhaftes Wetter mit Regenfällen von Juli bis September und Feierlaune in den Städten der Region.

JANUAR

Bei mildem, trockenem Wetter feiert Taxco die **Fiesta de Santa Prisca**, bei der Einheimische ihre verkleideten Haustiere segnen lassen.

MÄRZ

Im ersten Frühlingsmonat sorgen **Karnevalstänze** kostümierter Huehuenches und Chinelos in Tepoztlán für Stimmung.

MAI

Puebla feiert den **Cinco de Mayo** (5. Mai) mit einem riesigen Umzug und Feierlichkeiten in den folgenden zwei Wochen.

7-tägige Städtetour

● Nach Teotihuacán geht's südlich von Mexico City zu einer kleinen Pyramide auf einem Hügel in **Tepoztlán** (S. 165) mit Wellnessangebot und charmantem Zentrum.

● Bei einem Nachmittag in **Cuernavaca** (S. 160) warten tolle Museen und Restaurants, bevor die Silberstadt **Taxco** (S. 166) mit verwinkelten Kopfsteinpflasterstraßen und Blicken auf weiße Häuser in den Hügeln lockt.

● Zurück in Mexico City hält **Puebla** (S. 149) weiter östlich ein gut bewahrtes Kolonialzentrum, Kirchen mit blau-weißen glasierten Fliesen und leckere saisonale Spezialitäten bereit. Bleibt noch Zeit, besucht man die Pyramide von **Cholula** (S. 151).

Länger Zeit

● Mit etwas mehr Zeit besucht man von Mexico City aus kleinere Städte wie **Malinalco** (S. 168), wo Ruinen eines Aztekentempels auf einem Hügel mit schicken Mezcal-Bars im kopfsteingepflasterten Zentrum wetteifern.

● Danach erzählt in **Toluca** (S. 174) ein einzigartiger botanischer Garten in einem Treibhaus mit Buntglas die kosmischen Anfänge des Lebens. Abenteuerlustige können von hieraus den schlafenden Vulkan **Nevado de Toluca** (S. 175) besteigen, alternativ lädt **Valle de Bravo** (S. 172), ein kosmopolitisches Wochenendziel der Hauptstadtelite inmitten pinienbedeckter Hügel, zu Meeresfrüchten direkt neben einem See ein.

JUNI

Anfang Juni feiert Puebla die berühmte würzige Soße **mole poblano**.

AUGUST

Ein Fest in Huamantla hat am 14. August mit **La Noche Que Nadie Duerme**, bei der Straßen mit farbigem Sägemehl bedeckt werden, seinen Höhepunkt.

SEPTEMBER

Rund um den Unabhängigkeitstag kann man **chiles en nogada** probieren. Am 7. September wird in Tepoztlán anlässlich der **Fiesta del Templo** gefeiert.

OKTOBER

Im kalten Oktober gibt's in Cuernavaca und Puebla Altare Programm rund um den **Día de los Muertos**; Valle de Bravo feiert das **Festival de las Almas**.

Mexico City
Teotihuacán

TEOTIHUACÁN

Nichts in der Gegend ist mit der eindrucksvollen alten Stadt Teotihuacán zu vergleichen. Der Komplex mit majestätischen Pyramiden, 50 km nordöstlich von Mexico City, beherbergt die bedeutendste archäologische Stätte der Region. Die weitläufige Stätte spielt in einer Liga mit den berühmten Ruinen von Yucatán und Chiapas.

Teotihuacán dominiert die von Bergen gesäumten Ausläufer des Valle de México und ist vor allem für seine zwei imposanten Pyramiden bekannt, die Piramide del Sol (Sonnenpyramide) und die Piramide de la Luna (Mondpyramide). Die alte Stadt Teotihuacán war über 20 km² groß, heute findet man einen Großteil der Überreste auf einem knapp 2 km langen Gebiet entlang der Calzada de los Muertos.

Eine Erkundungstour durch die Stadt gibt Einblicke in den technischen Fortschritt und die architektonischen Fähigkeiten der Zivilisation von Teotihuacán. Ein Besuch verspricht eine inspirierende Reise durch die Zeit.

TOP TIPP

Ein Besuch von Teotihuacán ist ein faszinierendes Erlebnis, die unermüdlichen Avancen der Straßenhändler:innen sind hingegen ermüdend. Der Besucherandrang ist oft riesig. Am meisten los ist von 10 bis 14 Uhr sowie an Sonntagen, Feiertagen und rund um die Tagundnachtgleiche im Frühjahr. Am besten bricht man möglichst früh auf.

Templo de Quetzalcóatl (S. 141)

CLICKSDEMEXICO/SHUTTERSTOCK ©

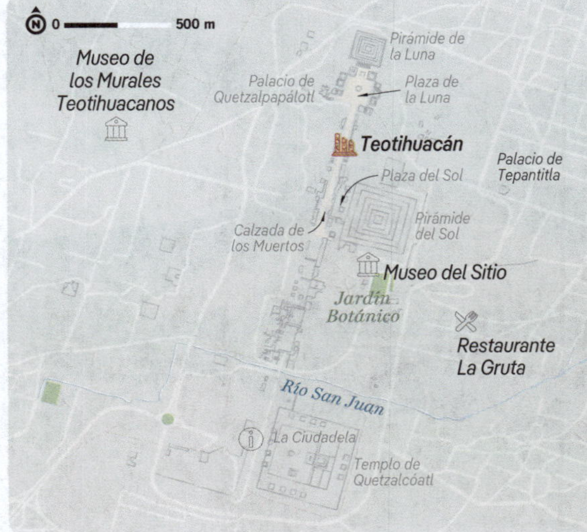

Höhlenrestaurant

MEXIKANISCHE KÜCHE UND TÄNZE BEI KERZENLICHT

In einer riesigen Höhle unweit von Tor 5 von Teotihuacán setzt das **Restaurante la Gruta** ganz auf offen kitschige Inszenierung und bietet eine einzigartige kulinarische Erfahrung. Die Decke ist so hoch wie in einer kleinen Pyramide, klaustrophobische Gefühle kommen also nicht auf. Die Höhlenkulisse hat zweifellos ihre Vorteile: Nach einem Tag in der Sonne ist man dankbar für den kühlen Innenraum, während die Dunkelheit zu jeder Tageszeit für romantische Beleuchtung sorgt.

Eine Margarita, ein Bier oder eine *limonada* (Limettenlimonade) sind eine gute Begleitung für die 40-minütige folkloristische Tanzvorführung am Samstag- und Sonntagnachmittag (Reservierung zu empfehlen).

Serviert wird klassische mexikanische und prähispanische Küche auf Tongeschirr, darunter *mole* (würzige Soße auf Hühnchen), *barbacoa* (Lammbraten), *tamales* (gedämpfter Maisteig mit verschiedenen Füllungen), *tostadas de cochinita* (gezupftes Schweinefleisch auf knusprigen Tortillas) und Tacos mit überraschend guten *escamoles* (Ameisenlarven). Das *menú del día* (Tagesmenü) bietet das beste Preis-Leistungs-Verhältnis.

WISSENSWERTES ÜBER DIE TEOTIHUACANOS

Zwei Museen in Teotihuacán informieren umfassend über die Zivilisation, die hier erblühte, und über deren eindrucksvollen architektonischen und technischen Errungenschaften.

Die faszinierenden Repliken der Wandzeichnungen aus der Pirámide del Sol und aus anderen Bauwerken im **Museo de los Murales Teotihuacanos** erlauben es, die Werke im Detail zu bewundern. Die präzisen farbenfrohen Reproduktionen zeigen, wie die alten Wandzeichnungen wohl ursprünglich aussahen. Ein maßstabsgetreues Modell der Anlage macht ihre Größe greifbar.

Das **Museo del Sitio** bietet eine Einführung in die Geschichte der alten Stadt und zeigt Artefakte, die in der Stätte gefunden wurden, darunter nachgebildete Menschenopfer. Das Museum gibt detaillierte Einblicke in den Alltag und die Kultur der Zivilisation von Teotihuacán.

ÜBERNACHTEN FÜR EINEN FRÜHEN BESUCH VON TEOTIHUACÁN

La Finca del Abuelo Teotihuacán
Eine grüne Oase, 10 Gehminuten vom Tor 2 entfernt, mit sauberen, gefliesten Zimmern und einem Restaurant vor Ort. **$$**

Hotel Posada Sol y Luna
Perfekt, wenn man nur eine saubere, ruhige Unterkunft in Gehweite (20 Min.) zu den Pyramiden möchte. **$**

Villas Teotihuacán Hotel
Elegantes Hotel südlich der Pyramiden, mit Fitnessraum, Spa mit Temascal (Schwitzhütte), Spielplatz und Restaurant. **$$$**

Für Preise und Öffnungszeiten diesen QR-Code scannen.

TOP-SEHENSWÜRDIGKEIT

Teotihuacán

Teotihuacán war einst die größte Stadt im alten Mexiko und für ihre eindrucksvollen Pyramiden und Mosaike bekannt. Die Hauptstadt eines prähispanischen Reiches war ein Migrationshotspot, dessen multiethnische Gemeinschaften in getrennten Vierteln lebten. Daraus resultierende kulturelle und soziale Spannungen führten laut Studien von 2015 schließlich zum Niedergang und Kollaps der Stadt.

NICHT VERPASSEN

- Pirámide del Sol
- Pirámide de la Luna
- Templo de Quetzalcóatl
- Puma-Wandbild
- Calzada de los Muertos
- Restaurante La Gruta
- Museo del Sitio

Calzada de los Muertos

Die „Straße der Toten" ist der Hauptweg, der die meisten Sehenswürdigkeiten von Teotihuacán miteinander verbindet. Tor 1 führt zu dem Abschnitt vor La Ciudadela. Über 2 km Richtung Norden säumen den Weg die früheren Paläste der Oberschicht von Teotihuacán und andere große Bauwerke wie die Pirámide del Sol. Die imposante Pirámide de la Luna erhebt sich am nördlichen Ende. Eine Wand zwischen beiden Pyramiden schmückt das mysteriöse Wandbild eines Pumas (oder Jaguars).

Pirámide del Sol

Die drittgrößte Pyramide der Welt – größer sind nur die Cheops-Pyramide in Ägypten (die im Gegensatz zu den Tempeln hier auch ein Grab ist) und die Pyramide von Cholula (S. 151) – dominiert die Ostseite der Calzada de los Muertos. Zur Blütezeit von Teotihuacán zwischen 375 und 500 n. Chr. war die Fassade der Pyramide leuchtend rot gestrichen, was bei Sonnenuntergang ein eindrucksvoller Anblick gewesen sein muss. Die Pyramide hat 248 unebene Stufen mit tollem Ausblick auf die alte Stadt. Zum Schutz der Bauten ist es aktuell nicht erlaubt, die Pyramide zu besteigen.

Palacio de Tepantitla

Die Priesterresidenz 500 m nordöstlich der Pirámide del Sol birgt das bekannteste Fresko von Teotihuacán: Das verwitterte *Paradies von Tláloc* zeigt den Regengott umgeben von Priestern, anderen Menschen und Tieren. Darüber befindet sich das düstere Portrait der Großen Göttin von Teotihuacán. Diese gilt als Göttin der Finsternis und des Krieges, da sie oft zusammen mit Unterwelttieren (Jaguaren, Eulen, Spinnen) abgebildet ist. Bemerkenswert sind ihre bezahnte Mundpartie und ihre Schutzschilde voller Spinnweben.

Pirámide de la Luna

Die 300 n. Chr. fertiggestellte Mondpyramide am Nordende der Calzada de los Muertos ist kleiner als die Pirámide del Sol, hat dafür jedoch grazilere Proportionen. Ihre Spitze ist fast so hoch wie die der Pirámide del Sol, weil sie auf höherem Grund steht. Von oben wird einem die Dominanz der größeren Pyramide bewusst.

Palacio de Quetzalpapálotl

Der Palast des Quetzal-Schmetterlings südwestlich der Pirámide de la Luna gilt als Wohnsitz eines Hohepriesters. Hier wurden die Überreste von Bären, Gürteltieren und anderen exotischen Tieren gefunden. Dies lässt darauf schließen, dass die Oberschicht hier kochte und Rituale abhielt.

Palacio de los Jaguares

Der Palacio de los Jaguares (Jaguarpalast) und der Templo de los Caracoles Emplumados (Tempel der gefiederten Muschelhörner) befinden sich hinter dem und unterhalb des Palacio de Quetzalpapálotl. Der Innenhof des Jaguarpalasts grenzt an mehrere Kammern, deren untere Wände von teilweise erhaltenen Wandbildern geziert werden. Darauf bläst der Jaguargott in Muschelhörner und betet zum Regengott Tláloc.

Templo de Quetzalcóatl

Die drittgrößte Pyramide von Teotihuacán ist die mit den kunstvollsten Verzierungen. Die vier verbliebenen Stufen (von ursprünglich sieben) der Fassade schmücken eindrucksvolle Schnitzereien. Auf den rechtwinkligen *tablero*-Tafeln wechselt sich die gefiederte Schlangengottheit mit einem zweizahnigen Wesen ab, der Feuerschlange, die die Sonne bei ihrer täglichen Reise über den Himmel trägt. Die heute leeren Augenhöhlen waren einst mit funkelnden Obsidianen bestückt und die Pyramide erstrahlte in Blau.

NACH DEM NIEDERGANG

Die Pirámide del Sol wurde über einem Höhlenschrein erbaut und 150 n. Chr. fertiggestellt. Der Niedergang der Stadt begann und fand im 8. Jh. seine Vollendung.

Jahrhunderte später diente Teotihuacán den Aztekenherrschern als Pilgerstätte. Sie glaubten, dass alle Gottheiten sich hier geopfert hätten, um zu Beginn der „fünften Welt" – des Zeitalters der Azteken – die Sonne in Bewegung zu setzen.

TOP TIPPS

- Wer nichts gegen Gruppenreisen hat, für den sind Tourbusse mit Transport und Guide oftmals günstiger als die Anfahrt nach Teotihuacán selbst zu organisieren und am Eingang einen Guide zu engagieren.
- Schatten gibt es praktisch nicht, deswegen ist eine Kopfbedeckung – die man vor Ort auch günstig erstehen kann – wichtig.
- Das kulinarische Angebot rund um die Stätte ist spärlich. Meist handelt es sich um förmliche Restaurants fernab der Eingänge. Wichtig sind Snacks und Wasser sowie kleinere Mahlzeiten für Kinder.
- Die besten Fotos des gesamten Teotihuacán-Komplexes lassen sich von der Pirámide de la Luna machen; wenn möglich, besteigt man diese, ansonsten positioniert man sich auf dem Platz davor.

DIE BESTEN RESTAURANTS RUND UM TEOTIHUACÁN

Restaurante La Gruta
Kein herkömmliches Restaurant, sondern ein magisches kulinarisches Erlebnis in einer Höhle. $$$

Conejo en la Luna
Die herzhaften barbacoa-Gerichte und mexikanischen Klassiker nahe Tor 2 sind überraschend gut. $$

Restaurante Aguamiel
Gute mexikanische Küche, legeres Flair und ein Gartenbereich in San Juan Teotihuacán. $$

Restaurante Techinanco
Das gemütliche Restaurant hinter der Pirámide de la Luna serviert exzellente Enchiladas und vegane Optionen. Nur Bargeldzahlung. $

Am Ende der Mahlzeit bekommt man eine Kerze, um sie am anderen Ende der Höhle aufzustellen, wo schon viele weitere brennen. Damit wird an ein Ritual der Wiedergeburt erinnert, das in prähispanischer Zeit in der *oztotl* (Náhuatl für „Höhle") praktiziert wurde.

Energie der Tagundnachtgleiche

DIE ERSTEN SONNENSTRAHLEN UMARMEN

Jedes Jahr zu Beginn des Frühlings, wenn die Nordhalbkugel sich allmählich wieder der Sonne zuwendet, strömen Tausende in energetisch-kosmischem Weiß gekleidet nach Teotihuacán. Ziel ist es, die ersten Sonnenstrahlen von der Sonnenpyramide willkommen zu heißen. Teilnehmende berichten von der besonders starken Energie an diesem Tag. Die Morgendämmerung soll ihre weiße Kleidung in rotes Licht tauchen, während sie tanzen, meditieren, singen und Weihrauch anzünden

War sich die Bevölkerung von Teotihuacán dieser Energie bewusst? Archäoastronomische Untersuchungen ergaben, dass der Palast von Quetzalcoatl ein Sonnenobservatorium war. Bis heute werfen die Sonnenstrahlen einen Schatten auf rot gemalte Eulen an der Wand. Der Vogel war ein Symbol der Sterne und für Dunkelheit und Licht zugleich. Zur Tagundnachtgleiche scheint die Sonne direkt auf den Äquator und sorgt so in gleichem Maße für Dunkelheit und Licht.

In der Vergangenheit wollten so viele die Pyramide besteigen, dass sich lange Schlange bildeten, mittlerweile ist das Hinaufklettern zum Schutz des Bauwerkes hingegen verboten. Doch auch vom Boden aus ist es für viele das ganze Jahr über ein magischer Moment, die Strahlen aus dem Osten mit ausgestreckten Armen zu begrüßen.

Experiencia Nocturna

LICHTERSHOW AUF DEN PYRAMIDEN

FÜR GESCHICHTSFANS

Tiefere Einblicke in die Kultur von Teotihuacán liefert das **Museo Nacional de Antropología** (S. 116) in Mexico City mit einer nachgebauten Sektion der Pirámide del Sol, die wie zu deren Blütezeit rot verputzt ist.

Die Pyramiden von Teotihuacán waren einst rot verputzt und leuchteten bei Sonnenuntergang. Die spektakuläre abendliche Experiencia Nocturna fängt einen Teil dieser Faszination mit musikalisch untermalten bunten Licht- und Videoprojektionen auf die Pirámide del Sol und die Pirámide de la Luna ein. Die 35-minütige Show mag etwas kitschig sein, vermittelt jedoch eine eindrucksvolle Vorstellung von den Pyramiden in ihrer einstigen roten Pracht.

Vor der Show kann man gruppenweise die Calzada de los Muertos entlangspazieren und die Stätte unter dem Ster-

ZEIT FÜR EINE PAUSE IN TEOTIHUACÁN

Essensstände
Die mobilen Snackstände an den Eingangstoren 4 und 5 helfen gegen den kleinen Hunger.

Museo del Sitio
Einer der wenigen schattigen Orten auf dem Komplex.

Jardín Escultórico
Hübscher Skulpturengarten mit Toiletten, Snackbar, Picknicktischen und Buchladen nahe dem Museo del Sitio.

ORBON ALIJA/GETTY IMAGES ©

Luftaufnahme der Pirámide del Sol (S. 140)

nenhimmel ohne den Besucheransturm entdecken (frei umherlaufen darf man jedoch nicht). Ein 45-minütiger Audioguide führt zu zehn Stationen, darunter die Sonnen- und Mondpyramide, und erklärt deren Bedeutung. Manchmal weisen die begleitenden Guides mit ihren Taschenlampen auf Besonderheiten der Wandmalereien hin, was der Erfahrung das gewisse Etwas verleiht. Dann versammeln sich alle auf Kissen gegenüber der Sonnenpyramide, um sich die multimediale Lichtershow anzusehen.

Die „Nächtliche Erfahrung" findet nicht regelmäßig statt, deswegen sollte man bereits Monate im Voraus die Website checken, da Tickets schnell ausverkauft sind.

MULTIETHNISCHE STADT

Teotihuacán war eine multiethnische Stadt mit verschiedenen Vierteln.

Skelettüberreste von 137 Menschenopfern wurden unter La Ciudadela gefunden. DNA-Tests ergaben, dass sie aus verschiedenen Teilen Mesoamerikas hergebracht wurden, um geopfert zu werden. Viele kamen auch freiwillig und stützten durch ihre Arbeitskraft die Wirtschaft. Vulkanausbrüche im 1. und 4. Jh. zwangen sie vom südlichen Becken zum Rand von Teotihuacán zu ziehen.

In der Stadt Teotihuacán sollen einst 200 000 Menschen gelebt haben. Meist bewohnten mehrere Familien Steinkomplexe mit farbenfrohen Wandbildern. Im Vergleich: 2020 nannten 58 500 die Gemeinde Teotihuacán ihre Heimat.

Heißluftballonfahrt über den Pyramiden

MORGENDLICHE BALLONFAHRT ÜBER TEOTIHUACÁN

Eine Ballonfahrt ist eine tolle Art, Teotihuacán zu erleben, auch wenn man den Pyramidenkomplex bereits besucht hat. Treffpunkt ist vor Sonnenaufgang. Das frühe Aufstehen lohnt sich.

KAFFETRINKEN IN SAN JUAN TEOTIHUACÁN

Me Latte Café
Eine Cafe-Bar mit Cappuccino und Eiskaffee zum Mitnehmen in der kleinen Stadt neben den Ruinen.

Chocolateria Macondo
Ja, es gibt Kaffee, aber die Spezialität hier ist der raffiniert gewürzte prähispanische heiße Kakao.

Tierra Café Teotihuacán
Espressi, Affogatos und Säfte für den Start in den Tag, später dann Kaffeeliköre und Live-Musik.

GEOPFERTER AFFE DER MAYA

2018 lieferte die überraschende Entdeckung eines geopferten Klammeraffenweibchens in Teotihuacán seltene Einblicke in die frühen diplomatischen Beziehungen zwischen den alten Maya- und Teotihuacán-Zivilisationen. Neben dem Affen fand man die Schädel eines geopferten Adlers und Pumas und Artefakte mit Jade, Muscheln und Obsidianen.

Vorher glaubte man, dass die beiden Zivilisationen im ständigen Konflikt miteinander lebten. Militärische Spuren der Teotihuacán auf Maya-Gebiet gehen etwa auf das Jahr 378 zurück. Die Überreste des Affen sind jedoch älter (ca. 300). Vermutlich war er ein diplomatisches Geschenk der Maya in Friedenszeiten. Eine Analyse der Skelettüberreste Ende 2022 lassen darauf schließen, dass der Affe dreijährig in feuchtem Maya-Terrain gefangen und nach Teotihuacán gebracht wurde. Dann fütterte man ihn mit Mais und Chilischoten und opferte ihn schließlich ein paar Jahre später.

Palacio de Quetzalpapálotl (S. 141)

Über der alten Stadt reihen sich dutzende Heißluftballons in bunten Farben über den sonnengeküssten Pyramiden wie Wächter auf. Die Fahrt führt so nahe über die Pirámide del Sol, dass man die Treppen sehen kann. Aus 700 m Höhe offenbaren sich die imposanten Ausmaße der Calzada de los Muertos. Der Weg zeigt auf die Pirámide de la Luna, einem kleinen Punkt am diesigen Horizont, die sich nach etwas Fahrtzeit ebenfalls direkt unter einem erhebt. Die Pyramiden waren der Versuch Normalsterblicher, die Macht der Berge nachzubilden, und während der Ballon heiße Luft in den Himmel bläst, fühlt man sich selbst wie eine Gottheit zwischen den „Bergen" von Teotihuacán.

Ballonfahrten starten zwischen 5 und 6 Uhr im Municipio Teotihuacán und dauern in der Regel 45 Minuten. Am besten fragt man die Veranstalter nach ihrem Plan B, wenn der Wind keine Fahrten zulässt. Manche bieten Helikopterflüge als Ersatz.

UNTERWEGS VOR ORT

Tagsüber verkehren Busse von Autobuses México-San Juan Teotihuacán vom Terminal Norte in Mexico City zu den Ruinen (1 Std.). Da es aber noch immer bewaffnete Überfälle auf die Busse gibt, ist Uber sicherer.

Es werden viele Touren zu den Ruinen angeboten. Sie sind günstiger, als wenn man im Alleingang einen Guide bucht, und sie starten am Zócalo in Mexico City. Turibús und Capital Bus bieten fast identische Tagestouren in offenen Bussen ab der Hauptstadt, englischsprachiger Guide und Eintrittsgebühren inklusive. Touren stoppen an der Basílica de Guadalupe und bei touristisch ausgerichteten Werkstätten (ob man möchte oder nicht).

Rund um Teotihuacán

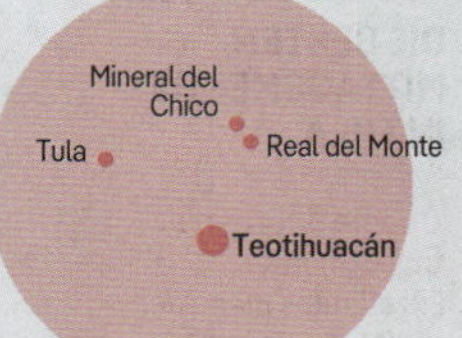

Das Umland von Teotihuacán nördlich von Mexico City abseits der Besuchermassen versprüht magischen, altehrwürdigen Charme.

Die Pyramiden sind nur der Anfang, denn jenseits von Teotihuacán locken noch weitere historische Relikte. Ein Kurztrip nach Nordwesten führt zu den eindrucksvoll erhaltenen Steinstatuen von Tula. Im Nordosten wartet mit Pachuca die aufstrebende Hauptstadt des dynamischen Bundesstaates Hidalgo mit ihrem Kolonialzentrum, bevor es in die nahen Bergdörfer geht. Eindrucksvolle Natur gibt's im Parque Nacional El Chico, während die charmanten ehemaligen Bergbauorte Mineral del Chico und Real del Monte einen einzigartigen Mix aus mexikanischer und kornischer Kultur sowie großartige Ausblicke und frische Luft zu bieten haben.

TOP TIPP

Für das gesamte Gebiet nördlich von Teotihuacán ist ein Auto am besten. Das mietet man in Mexico City.

Palacio Quemado (S. 146)

Kriegeratlanten von Tula

TOLTEKISCHE KRIEGERSTATUEN

Tula, eine bedeutende Stadt der alten zentralamerikanischen, gemeinhin als toltekisch bezeichneten Kultur, ist vor allem für ihre furchteinflößenden 4,5 m hohen Steinkrieger bekannt. Sie ist deutlich kleiner als Teotihuacán 100 km im Südosten, jedoch faszinierend und lohnt einen Tagesausflug oder eine Übernachtung, wenn man sich für alte mexikanische Geschichte interessiert.

Etwa 2 km nördlich von Tulas hübschem zentralem *zócalo* (Hauptplatz) thronen die Ruinen der Hauptzeremonialstätte auf einem Hügel. Erklimmt man die **Pirámide B**, auch Tempel von Quetzalcóatl oder Tlahuizcalpantecuhtli (Morgenstern) genannt, kann man sich die vier imposanten **Krieger-Telamones aus Basalt** genauer ansehen; die männlichen Figuren, Los Atlantes genannt, wurden als Stützpfeiler verwendet. Sie tragen Kopfschmuck, Brustpanzer in der Form von Schmetterlingen sowie Röcke, die von Sonnenscheiben zusammengehalten werden, und haben Speerschleudern, Messer und Weihrauchbeutel in den Händen. Von oben überblickt man Tulas welliges Umland (und einen nahen Industriekomplex).

Die **Coatepantli** (Schlangenwand) in der Nähe ziert eine Reihe von Schlangen, die menschliche Skelette verschlingen. Es sind noch Spuren der leuchtenden Farben, mit denen Tulas Bauwerke einst angestrichen waren, zu sehen.

Der **Palacio Quemado** (Verbrannter Palast) besteht aus verschiedenen Hallen und Höfen, die wohl für Zeremonien genutzt wurden. Die **Sala de Orientación Guadalupe Mastache**, ein kleines Museum, zeigt die riesigen Füße von Karyatiden (Frauenfiguren, die als stützende Säulen dienten) und eine visuelle Präsentation, die offenbart, wie die Stätte zu ihrer Blütezeit wohl ausgesehen hat.

DIE BESTEN MITTAGSMENÜS IN TULA

Cocina Económica Las Cazuelas
Exzellentes *menú del día* (Mittagsmenü) mit Suppe, Hauptgerichten wie *chiles rellenos* (Chilis mit Käsefüllung) und *agua* (aromatisiertes Wasser). $

Mana
Das heimelige vegetarische Restaurant serviert ein üppiges *menú del día*, z. B. mit Gemüse-Burgern, Quesadillas und Hafermilch. $

Restaurant Casa Blanca
Verlässliche mexikanische Küche und abwechslungsreiches Büffet (13 bis 18 Uhr). Eine der wenigen Optionen mit Sitzbereich nahe dem *zócalo*. $$

Gute Luft in Mineral del Chico

NATIONALPARK UND MAGISCHE STADT

Das charmante alte Bergdorf Mineral del Chico stellt als *pueblo mágico* das deutlich größere Pachuca, die Hauptstadt von Hidalgo, in den Schatten. Ein wunderbarer Tages- oder Wochenendausflug führt von Pachuca (oder Teotihuacán über Mexico City mit dem Bus) in die kleine Stadt oder in den nahen 30 km² großen **Parque Nacional El Chico**, der 1898 zum Schutzgebiet erklärt wurde.

Die Aussicht ist traumhaft, die Luft frisch und die Berge bieten tolle Wanderwege und wunderschöne Wasserfälle. Hiesige Hotels informieren über mögliche Outdoor-Aktivitäten.

ÜBERNACHTEN IN TULA

Hotel Casablanca
Kleine gepflegte Zimmer in einem zentral gelegenen Business-Hotel in ruhiger Lage. $

Hotel Cuellar
Motel im L. A.-Stil mit Pool, großem Parkplatz und gemütlichen Betten für einen längeren Aufenthalt. $$

Hotel Real Catedral
Luxuriöse Bleibe hinter dem Platz mit Fitnessbereich und Restaurant. Die Suiten bieten Balkone mit Blick auf die Straße. $

Peña del Cuervo Mirador

Vom Aussichtspunkt **Peña del Cuervo** auf einem Gipfel in 2770 m Höhe bieten sich weite Blicke über die grünen Berge im Parque Nacional El Chico. Die fernen Felsformationen werden wegen ihrer Form Las Monjas (die Nonnen) genannt. Noch weiter entfernt liegen mit Los Frailes (die Mönche) weitere Felsen mit religiöser Bezeichnung.

Die meisten mexikanischen Wochenendgäste verlassen die charmante Hauptstraße (quasi die gesamte Stadt) kaum. Kein Wunder bei den freundlichen Einheimischen, die das Motto *„pueblo chico, gente grande"* (kleine Stadt, großartige Menschen) leben.

Hinter der Hauptstraße liegt von fast allen Richtungen aus die **Corona del Rosal** mit Blicken ins Tal. Hübsch sind die verschlungenen Wege hinter der **Capilla del Calvario**, einer Kapelle aus dem 19. Jh. von der Kirche bergaufwärts.

Kornische Kultur in Real del Monte

ENGLISCHE PASTETEN UND BERGARBEITER

Das wunderhübsche Bergdorf ist ein Gewirr aus Häuschen im kornischen Stil auf einem pinienbestandenen Hügel. Real del Monte (offiziell Mineral del Monte) wurde im 19. Jh. gegründet, zuvor hatte ein britisches Unternehmen die Minen übernommen. Mit einem Spaziergang durch die steilen Kopfsteinpflaster-

OUTDOOR-AKTIVITÄTEN IM PARQUE NACIONAL EL CHICO

Der Nationalpark bietet Aktivitäten mit oder ohne Guide ab dem Zentrum von Mineral del Chico.

Río del Milagro
Ein einfacher 1,5 km langer Wanderweg führt zu einem Bach, einem Wasserfall und einem Aussichtspunkt übers Tal. Einfach von der Kirche bergabwärts laufen und den Schildern folgen.

Peña del Cuervo Mirador
Colectivos mit der Aufschrift „Carboneras" fahren von Mineral del Chico zum Ausgangspunkt der Route mit Bergblicken.

Besucherzentrum
Informiert über geführte Aktivitäten wie nächtliche Touren durch den Nationalpark sowie Felsklettern mit Transport.

Camping
Zwischen Km 7 und 10 an der Carretera Pachuca auf dem Weg nach Mineral del Chico gibt es mehrere einfache Zeltplätze. Für Buchungen und Informationen ist das Besucherzentrum die richtige Adresse.

BERGFORELLEN IN MINERAL DEL CHICO

Restaurante y Cabañas San Diego
Unweit eines Bachs bereitet die Mutter des Eigentümers exzellente Forellengerichte zu. **$$**

La Gran Compaña
Auf die *trucha empapelada* (gebackene Forelle) folgen Cocktails. Man hat Blick auf die Hauptstraße. **$**

La Trucha Grilla
Gegrillter Fisch wird von regionalem Gemüse, wilden Pilzen und Shrimps-Spießen sowie von diversen Salsas begleitet. **$$**

DIE BESTEN MEXIKANISCHEN PASTETEN IN REAL DEL MONTE

El Serranillo
Die mexikanischen Varianten kornischer Pasteten mit *mole verde* (Kürbiskernsauce) oder *papa* (Kartoffel) sind einfach köstlich. $

London Paste
Käse- und Ananas-Pasteten in einem Landschaftsgarten an der Schnellstraße. $

Pastes Dificultad
Großzügig gefüllte Pasteten aus Blätterteig, nicht aus dem sonst üblichen Mürbeteig. Lecker sind die mit Chorizo oder *zarzamoras* (Brombeeren) als Dessert. $

IVAN PASCOE/SHUTTERSTOCK ©

Panteón Inglés

straßen samt Stopps in den Geschäften für *pastes* (Pasteten) lässt sich wunderbar ein Nachmittag verbringen. Im **Museo del Paste** lernt man, wie die kornischen Pasteten aus England nach Mexiko kamen, und kann sogar selbst welche zubereiten.

Arbeiter aus Cornwall, England, kamen ab 1824 und brachten wohl den *fútbol* über diesen Ort nach Mexiko.

In der **Mina de Acosta** kann man sich mit einem Schutzhelm gewappnet die eiskalte verlassene Mine bei einer Führung ansehen und Hand an die Dampfmaschine und andere aus England importierte Gerätschaften anlegen.

Der friedliche **Panteón Inglés** (englischer Friedhof) von 1851 birgt nicht nur Grabsteine englischer Arbeiter (und ihrer mexikanischen Nachkömmlinge), die bis auf 1834 (bevor es einen offiziellen Friedhof gab) zurückgehen, sondern auch von chinesischen, deutschen und niederländischen Bergleuten.

Real del Monte und Mineral del Chico im Nordwesten lassen sich gut gemeinsam bei einem Wochenendausflug ab Mexico City besuchen. Die Luft ist sauber und frisch, allerdings auch dünn, deswegen sind leichte Probleme mit der Höhe nicht ungewöhnlich. Es kann plötzlich kalt und windig werden, deswegen ist ein Pulli oder eine Jacke wichtig.

UNTERWEGS VOR ORT

Für die steilen Bergstraßen nach Mineral del Chico und Real del Monte sind gute Fahrkünste vonnöten. Ohne Auto muss man in der Regel zurück zum Terminal de Autobuses Central del Norte in Mexico City, wo Busse nach Pachuca fahren, danach geht's mit Combis in die Bergorte. Auch Busse nach Tula fahren hier ab. Von der Gemeinde San Juan Teotihuacán verkehren Busse zweiter Klasse nach Tula oder Pachuca. Wenn man nach Mexico City zurückkehrt und dort komfortablere, schnellere und sicherere Busse nimmt, ist man jedoch genauso schnell.

PUEBLA

Das adrette, auf den ersten Blick staatstragende Puebla ist für sein gut erhaltenes barockes Zentrum mit über 1000 kolonialen Gebäuden und seine 70 mit blauweißen Talavera-Fliesen verzierten Kirchen bekannt. Doch dank eines eindrucksvollen Wandels hält die Stadt ein spannendes Programm parat. Heute gehören ein dynamisches Kulturleben, aufstrebende Kunst- und Ausgehszenen, getragen von den jüngeren *poblanos* (Menschen aus Puebla), ein Kunstviertel und innovative moderne Museen zum Kern Pueblas. Tradition und Geschichte bleiben dennoch präsent, dafür sorgen Feierlichkeiten zum Cinco de Mayo und eine gut erhaltene, verehrte alte Pyramide nebenan in Cholula.

Puebla zählt zu den kulinarischen Schwergewichten des Landes. Vieles, was als typisch mexikanisch gilt – Gerichte wie *chiles en nogada* oder *mole poblano* und auch der Stil von Frida Kahlo – ist tatsächlich auch *poblano*. Und das Gesamtpaket der Stadt überzeugt sowohl mit Raffinesse als auch mit Spaß!

TOP TIPP

Die meisten Museen in Puebla haben montags geschlossen und verlangen dienstags keinen Eintritt. Ausnahmen sind das Museo Amparo (sonntags und montags geöffnet und umsonst) und das Museo Internacional del Barroco (mittwochs umsonst). In der Zona Arqueológica im nahen Cholula ist sonntags freier Eintritt.

Talavera-Fliesen, Puebla

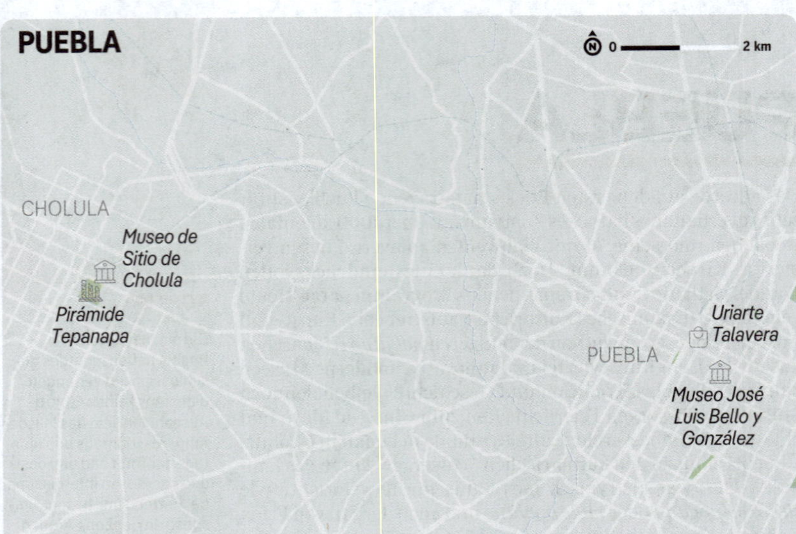

Talavera-Fliesen

TRADITIONELLE HANDGEMACHTE FLIESEN

In Puebla sind *azulejos de talavera* – glasierte Fliesen in Königsblau und anderen Tönen – allgegenwärtig und zieren die vielen Kirchen der Stadt. Entscheidend sind die Farben: Die Originale werden von Hand mit natürlicher Tinte aus einer Palette von nur sechs Farben (blau, grün, gelb, orange , violett und schwarz) bemalt.

Bei authentischen Fliesen handelt es sich um Keramik mit Zinnglasur, die mithilfe von aus Spanien eingeführten Techniken aus dem 16. Jh. hergestellt werden. Hochwertige Töpfereiarbeiten aus Lehm und Vulkanboden haben eine lange Tradition. Inspiriert von dem weißen Porzellan mit blauen Verzierungen, das Kolonialisten aus China mitbrachten, entwickelte sich Pueblas Keramik sowohl zu einer Kunstform als auch zu einer Industrie.

Das Museo José Luis Bello y González beherbergt die facettenreiche Kunst- und Kunsthandwerksammlung der Industriellenfamilie Bello, die hier im 19. Jh. lebte. Das exquisite französische, englische, japanische und chinesische Porzellan und die große Sammlung von Puebla Talavera werden Keramikfans begeistern.

An der Plazuela de los Sapos und in den umliegenden Straßen gibt es einige gute Talavera-Geschäfte. Größere Stücke sind

SANTUARIO DE NUESTRA SEÑORA DE LOS REMEDIOS

Auf der Pirámide Tepanapa thront das reich verzierte Santuario de Nuestra Señora de los Remedios. Die Kirche aus dem 16. Jh. ist ein klassisches, vielleicht unabsichtliches Symbol der Eroberung: Die Spanier bemerkten wohl erst nach deren Fertigstellung, dass der Hügel einen heidnischen Tempel barg.

Der sanft ansteigende 15-minütige Weg mit Panoramablick auf Cholula beginnt in der Nähe der Nordwestecke der Pyramide.

DIE BESTE MOLE POBLANO

Celia's Cafe
Jede *mole poblano* wird auf Talavera-Keramik serviert, die aus Celias eigenem Atelier stammt und zum Verkauf steht. **$**

Restaurante Casareyna
Die hiesigen *chalupas (mole*-Hühnchen auf kleinen Tortillas) sind so exquisit wie die umgebaute *casona* (Prachtvilla) aus dem 16. Jh. **$$**

El Mural de los Poblanos
Spezialität des Hauses sind fünf verschiedene erstklassige *moles,* die in einem hübschen kolonialen Hof serviert werden. **$$**

RAUL LUNA/SHUTTERSTOCK ©

Untere Ebene der Pirámide Tepanapa

teuer, empfindlich und schwer zu transportieren. Uriarte Talavera stellt seit 1824 vor Ort Keramik her. Der Verkaufsraum zeigt eine wunderschöne Auswahl an hochwertigen, kunstvoll bemalten Arbeiten. Wochentags gibt's Führungen durch das Werk.

Pirámide Tepanapa

DIE GRÖSSTE PYRAMIDE DER WELT

Die unglaubliche Pirámide Tepanapa in der Stadt **Cholula**, eine 20-minütige Fahrt vom Zentrum Pueblas entfernt, ähnelt eher einem Hügel als der größten Pyramide der Welt und beeindruckt mit kilometerlangen begehbaren Tunneln im Inneren des 4,45 Mio. m^3 fassenden Bauwerks. Der Tunnel an der Nordseite führt über einen mehrere 100 m langen, etwas unheimlichen Weg durch das Zentrum der Pyramide und bietet Blicke auf die früheren Schichten des Baus.

Mehrere Pyramiden wurden ab 200 bis 400 n. Chr. im Zuge verschiedener Umbauten übereinander errichtet. Im Rahmen archäologischer Arbeiten entstanden über 8 km lange Tunnel unterhalb der Pyramide, um Zugang zu jeder Schicht zu haben.

Die **Zona Arqueológica** beinhaltet auch die Ausgrabungsstätten rund um die Pyramide. Der Tunnel führt an der Ostseite nahe dem **Patio de los Altares** ins Freie. Dieser Platz, der von Plattformen und einzigartigen diagonalen Treppen umgeben ist, war der Hauptzugang zur Pyramide. Drei große Steinplatten an den Seiten sind im **Veracruz-Stil mit ineinandergreifenden Schnörkeln** verziert. Am südlichen Ende steht in einer Grube ein **Altar im aztekischen Stil** aus der Zeit kurz

DIE BESTE TALAVERA IN PUEBLA & CHOLULA

Templo de San Francisco Acatepec, Cholula
Mehr ist mehr, lautet wohl das Motto dieser von unzähligen Talavera-Fliesen bedeckten Kirche.

San Francisco de Las Cinco Llagas
Paneele mit floralen Urnen aus Talavera-Kacheln und religiöse Portraits vor roten *ladrillo*-(Ziegelstein-) Fliesen.

Capilla del Rosario, Templo de Santo Domingo
Spektakuläres Zusammenspiel von Blattgold und Talavera an der Decke dieser barocken Kapelle.

Museo de Arte Religioso de Santa Mónica
Hier gibt es auch eine klassische mexikanische Küche mit Talavera-Fliesen, in der einst *chiles en nogada* entstanden.

ÜBERNACHTEN IN PUEBLA

Hotel Colonial
Hotel aus der Mitte des 19. Jhs. nahe des Trubels, das dank seiner Jesuitenkloster-Vergangenheit historisches Flair versprüht. **$$$**

Hotel Nube
Zimmer mit Designer-Touch und frischen Bädern in der Nähe des *zócalo* und doch in ruhiger Lage. **$$**

Hotel Teresita
Winzige moderne Zimmer mit Privatbädern und großartiger Lage zu Schnäppchenpreisen. **$**

STADTSPAZIERGANG DURCH DAS HISTORISCHE PUEBLA

Startpunkt ist Pueblas zentraler 1 **zócalo**. Auf dem früheren Marktplatz fanden einst Stierkämpfe, Theatervorführungen und Hinrichtungen statt. Die umliegenden Arkaden stammen aus dem 16. Jh. Mexikos höchste Kathedralentürme (69 m) krönen die 2 **Catedral de Puebla** im Herrera-Stil, die bis 2019 Mexikos 500-Mex$-Schein zierte. Weiter südlich wartet mit der 3 **Casa de la Cultura** ein klassisches Gebäude aus Ziegelstein und Fliesen. Der einstige Bischofspalast beherbergt die erste öffentliche Bibliothek (von 1646) auf dem amerikanischen Kontinent.

Nun geht's zur 4 **Plazuela de los Sapos** mit ihren Antiquitätenläden und dem Markt rund um den Krötenbrunnen, dem der Platz seinen Namen verdankt. Richtung Schnellstraße ehrt ein häuserblocklanges 5 **Wandbild** von Oscar Pinto die Soldaten des 5 de Mayo und ihren Sieg 1862 gegen Frankreich. Dann passiert man nordwärts das 6 **Edificio Carolino** aus dem 16. Jh. und läuft zur eleganten 7 **Iglesia de la Compañía** in Weiß und Kastanienbraun, wo China Poblana begraben liegt. Ihre bestickten Blusen, die Frida Kahlo berühmt machte, sind heute ein nationales Symbol.Nnordwestlich fällt das 8 **Museo Casa del Alfeñique** ins Auge, ein Beispiel für die kunstvolle *alfeñique*-Technik im Stuck-Stil, benannt nach der Süßigkeit, aus der sich Pueblas Marzipan entwickelte.

Nach einem Bummel über den kopfsteingepflasterten 9 **Kunsthandwerksmarkt El Parián** kann man im 10 **Barrio del Artista** dem künstlerischen Schaffen in den Ateliers unter den gefliesten Torbögen zusehen. Guadalupe Tecuapetla Romeros Marmorstatue *Génesis* beinhaltet prähispanische Katzen- und Adler-Kriegersymbole. Das von Einschusslöchern gezeichnete **Museo de la Revolución** diente als Kulisse für die erste Schlacht der Revolution 1910.

Letzte Station ist die 11 **Calle de los Dulces** mit 40 traditionellen Süßwarenläden, die sich mit der baumbestandenen Einkaufspromenade 12 **5 de Mayo** kreuzt.

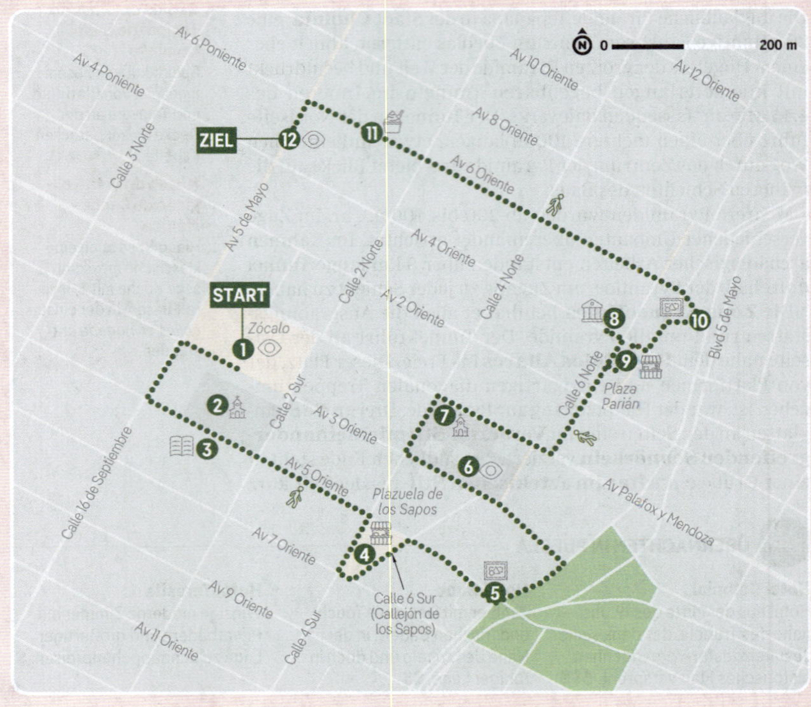

vor der spanischen Eroberung. An der Westseite des Hügels befinden sich ein **rekonstruierter Abschnitt** der letzten Pyramide und zwei freigelegte ältere Schichten.

Das Museo de Sitio de Cholula mit einem Querschnittmodell der Pyramide gegenüber dem Ticketschalter bietet die beste Einführung zu der Stätte.

Puebla für Gourmets

KULINARISCHE HIGHLIGHTS

Pueblas kulinarisches Erbe zeigt sich stolz überall in der Stadt, ob in einfachen Imbissen oder in Restaurants im Kolonialstil.

Das Herzstück ist **mole**, eine raffinierte Soße aus Chilis, Nüssen und Gewürzen, die meist zu Hühnchen gereicht wird. Im Gegensatz zu *mole negro* (schwarzer *mole*) aus Oaxaca hat die rotbraune *poblano*-Variante dank Rosinen und weniger Schokolade einen süßeren, feineren Geschmack. Bei der grünen *mole* **pipian verde** wiederum ersetzten Kürbiskerne die Schokolade.

Zu den typischen Straßensnacks gehören **chalupas** (dicke Tortillas mit gezupftem Hühnchen und viel Sauce) und **cemitas** (Pueblas dick mit Avocado und Schnitzel belegte Sandwichbrötchen). Nach dem Ersten Weltkrieg gelangte das Schawarma aus dem Libanon hierher und entwickelte sich zu **tacos arabes**, mit nahöstlichen Zutaten verfeinertes Schweinefleisch in Pitabrot anstelle von Tortilla.

Puebla bietet zudem saisonale Spezialitäten:

Escamoles (März bis Juni) Ameisenlarven; ähnelt Reis und wird meist in Butter gebraten.

Gusanos de maguey (April bis Mai) Würmer, die in Agaven leben, und meist in einer Sauce aus Chili und *pulque* (Agavengetränk mit geringem Alkoholgehalt) gebraten werden.

Huitlacoche (Juni bis Oktober) Tiefschwarzer Maispilz mit wunderbar erdigem Geschmack; wird manchmal auch *cuitlacoche* geschrieben.

Chiles en nogada (Juli bis September) Mit *picadillo* (Hackfleisch und Trockenfrüchte) gefüllte grüne Paprika mit cremiger Walnusssauce und roten Granatapfelkernen.

Chapulines (Oktober bis November) Von Verdauungsresten befreite Heuschrecken, die getrocknet, geräuchert oder in Zitronensaft und Chilipulver angebraten werden.

Und zum Nachtisch? An der Avenida 6 Oriente verkaufen Geschäfte traditionelle handgemachte Süßwaren aus Puebla wie **camotes** (kandierte Süßkartoffelstangen) und **jamoncillos** (Riegel aus Kürbiskernpaste).

LOCAL TIPP: GESELLIGE BARS

Alejandro Osorio, „Talavera-Pop"-Künstler aus Cholula, über die besten Bars für gesellige Abende. Instagram @alejandroosorio.mx

Azotacalles
Der Laden in der Nähe der Pyramide von Cholula zieht Leute der Alternative-Musikindustrie, talentierte DJs und Kultur-Influencer:innen an. Am Wochenende kann man hier tanzen und mit jungen Kunstschaffenden ins Gespräch kommen.

San Pedrito
Die Bar im Herzen von San Pedro Cholula hat eine breite Auswahl an Mezcales, gute Musik und leckere mexikanische Küche. Die Terrasse bietet eindrucksvolle Blicke auf die bei Nacht beleuchtete Pyramide von Cholula.

Hormiga Negra Bar
Eine gute Auswahl an Getränken und Craft-Bieren gepaart mit Partystimmung bis tief in die Nacht. Hier sind gute Laune und Spaß garantiert.

UNTERWEGS VOR ORT

Die meisten Hotels und Attraktionen sind von Pueblas *zócalo* zu Fuß zu erreichen, deswegen ist man nicht auf Verkehrsmittel angewiesen.

Am Busbahnhof CAPU kauft man sich bei einem Kiosk ein Ticket für ein lizensiertes Taxi ins El Centro (Stadtzentrum) oder lässt sich von Uber abholen. Das ist möglich, auch wenn Taxifahrer teils das Gegenteil behaupten. Niemals ein Taxi von der Straße nehmen. Alternativ fährt die RUTA-Buslinie 3 direkt nach Verlassen des CAPU zur Station Clínica 2, drei Blocks südöstlich des *zócalo*. Man benötigt eine Prepaid-Karte, in der Regel kann man jedoch direkt im Bus bezahlen.

Der Touristenzug fährt Cholulas Pirámide Tepanapa nicht mehr an, Uber ist jedoch ohnehin praktischer und meist günstiger.

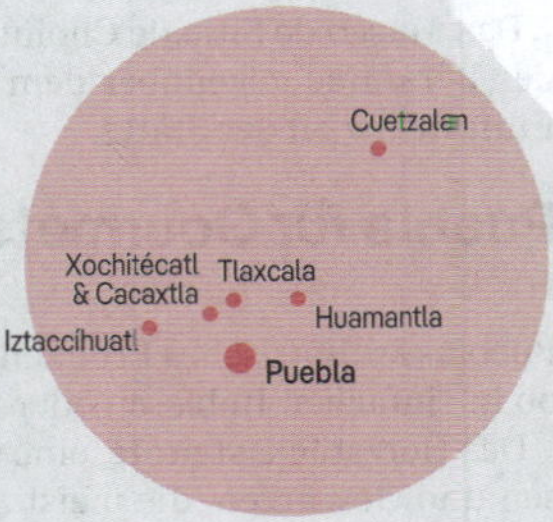

Cuetzalan
Xochitécatl & Cacaxtla
Tlaxcala
Huamantla
Iztaccíhuatl
Puebla

Rund um Puebla

Hier locken Ruhe, magische Dörfer, einsame Ruinen und hochaufragende Vulkane.

Das ländliche Herz des Bundesstaates Puebla ist die Heimat von rund 500 000 Indigenen und ihren reichen Kulturen. Wander- und Kletterabenteuer bietet der schneebedeckte Vulkangipfel Iztaccíhuatl, während es in den benachbarten Stätten Cacaxtla und Xochitécatl alte Wandbilder mit grausamen Schlachten und Opferritualen zu entdecken gibt, und Tlaxcala wiederum mit kolonialem Charme und originellen Festlichkeiten punktet. Vorabplanung wird nötig für das unwirkliche Spektakel von Huamantlas traditionellem Fest, bei dem wortwörtlich niemand schläft. Wilde Natur wartet im Umland von Cuetzalan, das für lebendige Märkte und die waghalsigen Vorführungen der *voladores* (Flieger) bekannt ist. Abenteuerlich wird's jenseits der Stadt Puebla.

TOP TIPP

Puebla ist das Drehkreuz für alle hier genannten Ziele (außer Cuetzalan). Oft ist es schneller, nach Puebla zurückzukehren, als die direkten, aber langsamen Verbindungen zwischen der Ortschaften zu nehmen.

Xochitécatl (S 158)

LEV LEVIN/SHUTTERSTOCK ©

Iztaccíhuatl

Vulkanisches Leben auf dem Iztaccíhuatl

DEN DRITTHÖCHSTEN GIPFEL MEXIKOS ERKLIMMEN

Mexikos dritthöchster Gipfel, der erloschene Vulkan Iztaccíhuatl, liegt 40 km westlich von Puebla. Er hat die Form einer schlafenden Frau und jeder Bereich ist nach einem Körperteil benannt, von La Cabellera (das Haar) und La Cabeza (der Kopf) im Norden bis hin zu Los Pies (die Füße) im Süden. Iztas höchster Gipfel ist El Pecho (die Brust; 5220 m). Von hier oben bieten sich Panoramablicke auf das Plateau und die Gletscher bis hin zum Partnerberg Popocatépetl. Wege winden sich in niedriger Höhe durch Pinienwälder und grüne Wiesen mit Traumblicken auf die nahen Gipfel.

Die fast 1000 Pflanzenarten, die in den Wäldern wachsen, entsprechen 45 % der bekannten Spezies im Tal von Mexiko, darunter mexikanischer Berg-Wacholder und verschiedene Pilze. Von der vielfältigen Tierwelt entdeckt man vielleicht Kolibris, Frösche, *zacatuches* (mexikanische Vulkankaninchen) oder Nasenbären, die mit dem Waschbären verwandt sind. Zugvögel passieren das Gebiet auf dem Weg zum Golf von Mexiko und zum Pazifik.

VULKANISCHE LIEBSCHAFT

Der Legende nach ähnelt der Iztaccíhuatl einer schlafenden Frau, die vor Kummer starb, weil sie glaubte, Popocatépetl (der Vulkan 20 km weiter südlich) sei tot. Dieser kehrte später aus dem Krieg zurück, fand sie leblos vor und ist bis heute erzürnt über seinen Verlust.

Bei den größeren Ausbrüchen des Popocatépetl zwischen 1994 und 2001 mussten 16 Dörfer evakuiert und 30 Mio. Menschen im Umland gewarnt werden. In den vergangenen Jahren störten Ascheexplosionen Flüge nach und ab Mexico City und Toluca. 2017 koinzidierte ein leichtes Ausströmen von Rauch und Dampf mit einem großen Erdbeben, was der unheimlichen Vulkanlegende neues Futter gab.

ESSEN IN CHOLULA

La Casa de Frida
Hof mit Kunsthandwerk, Musik, auf offener Flamme gegrillten Steaks und einem Büffet am Wochenende mit leckerer *mole*. **$$**

Recaudo
Biologische vegetarische und andere Leckereien wie *tostadas* mit Ziegenkäse und Bohnen-Burger in einem Hof. **$**

La Norberta
Das familienfreundliche Lokal serviert Tacos und *aguachile* (in Limette eingelegte Garnelen) zu Mezcal und *pulque* (fermentiertes alkoholisches Getränk). **$**

JOHNNYOLANOCHOA/SHUTTERSTOCK ©

Museum, Tlaxcala

LEBENDE PUPPE

Was macht man, wenn eine Puppe vom Jesuskind plötzlich anfängt zu laufen, als wäre sie lebendig? Dies geschah angeblich 1914 in Tlaxcala, woraufhin sie El Santo Niño Milagroso de Tlaxcala genannt wurde. Heute sitzt sie ruhig da, wer an Wunder glaubt (oder auch nicht), kann sich vor Ort jedoch selbst ein Bild von ihr machen und ein Portrait mitnehmen. Die Puppe befindet sich in der **Parroquia de San José** mit orangefarbenem Stuck und blauen Fliesen, die nach Erdbebenschäden wieder eröffnet werden soll. Angeblich soll die Puppe Gebete erhört sowie Schussopfer und Schwerkranke geheilt haben. Die Holzfigur wird am 14. Februar gefeiert: Gläubige bringen Spielsachen, Blumen und Süßigkeiten, und die Kirche wird wie bei einem Kindergeburtstag mit Luftballons geschmückt.

Wer den Gipfel besteigt, muss eine Nacht am Berg verbringen. Es kann das ganze Jahr über windig sein und Minusgrade geben, dennoch gehen Wanderfreudige jeder Couleur und jedes Alters wegen der eindrucksvollen Schönheit des Izta das Wagnis ein.

Vor dem Aufstieg muss man sich beim Büro des Parque Nacional Iztaccíhuatl-Popocatépetl anmelden und die Parkgebühr bezahlen. Die Website des Parks bietet exzellente Karten, einen praktischen englischsprachigen Kletterguide zum Herunterladen und das Anmeldeformular auf Englisch.

Kunstfreuden in Tlaxcala

FRIDA KAHLO UND EIN RIESIGES WANDBILD

Tlaxcala, die Hauptstadt von Mexikos kleinstem Bundesstaat, versprüht entspanntes Selbstvertrauen. Sie ist nicht groß, birgt jedoch auch dank der beträchtlichen Studierendenanzahl eine rege Kulturlandschaft, leckeres Essen und tolle Museen. Tlaxcala ist nur eine kurze Fahrt von Puebla entfernt und wird von Reisenden oft übersehen, ist für Kunstfans jedoch ein schöner Tagesausflug. Größere Touristenattraktionen gibt es nicht, das macht die lebendige Kultur jedoch wieder wett.

Auch große Namen sind geboten, darunter Frida Kahlo. Das **Museo de Arte de Tlaxcala**, ein fantastisches kleines Museum für zeitgenössische Kunst, zeigt moderne mexikanische Werke

ÜBERNACHTEN UND ESSEN MIT TLAXCALA-FLAIR

Posada La Casona de Cortés
Erschwingliches Boutique-Hotel rund um einen grünen kolonialen Hof – fast zu gut, um wahr zu sein! **$$**

Fonda del Convento
Der Klassiker im Hausmannsstil serviert traditionelle Tlaxcalteca-Küche wie Kaninchen in *pulque* und *pipián* (Kürbiskernsauce). **$**

Pulquería Tía Yola
Hausgemachter *pulque*, geselliges Treiben und Tlaxcalteca-*mixiote* (Barbecue) in einem Hof à la Día de Muertos. **$**

und eine exzellente Auswahl an frühen Bildern Kahlos, die über viele Jahre als Leihgaben rund um die Welt ausgestellt waren.

Draußen wachen über Tlaxcalas grünem *zócalo* (**Plaza de la Constitución**) der **Palacio Municipal** aus dem 16. Jh., ein ehemaliges Getreidelager, und der **Palacio de Gobierno** mit der größten Attraktion der Stadt, den farbenfrohen Wandbildern zu Tlaxcalas Geschichte von Desiderio Hernández Xochitiotzin. Sein bemerkenswerter Stil mit lebendigen Details erinnert an moderne Graphic Novels. Die Werke auf einer 500 m² großen Fläche entstanden zwischen 1967 und 2007, und sind die letzten Vertreter von Mexikos großflächiger Muralismo-Bewegung. Ein Guide lohnt sich, denn es gibt einiges zu den Bildern zu erzählen.

Gegenüber von Tlaxcalas südlichem Platz, der Plaza Xicohténcatl, bereitet das Geschichtsmuseum **Museo de la Memoria Tlaxcala** indigene Feste und Folklore multimedial auf.

Lust auf Shopping? In der **Casa de Artesanías** gibt es hochwertiges Kunsthandwerk aus der Region Tlaxcala und Puebla.

Natur in Cuetzalan

GRÜNE STADT UND BERGGÄRTEN

Die abgeschiedene grüne Stadt **Cuetzalan** (Ort der Quetzals) liegt auf einem steilen Hang, eine dreistündige Fahrt nordöstlich von Puebla. Dank der bekannten stimmungsvollen Feste, der *voladores*-(Flieger-)Vorstellungen am Wochenende und dem sonntäglichen *tianguis* (Straßenmarkt), auf dem sich traditionell gekleidete Indigene tummeln, lohnt sich ein mehrtägiger Aufenthalt. An klaren Tagen reicht der Blick von den Berggipfeln bis zur 70 km entfernten Golfküste.

Vom Herzen der Stadt, dem *zócalo*, erheben sich drei Bauten gen Himmel: der Uhrenturm, die gotische Turmspitze der Parroquia de San Francisco und der Turm des französisch-gotischen Santuario de Guadalupe mit seinen ungewöhnlichen Reihen von *jarritos* (Tonvasen) und einem Design, das dem Heiligtum in Lourdes nachempfunden ist. Zahlreiche Palmen gedeihen in dem feuchten Klima. Und wer mit dem Auto oder *colectivo* die Stadt hinter sich lässt, entdeckt noch wildere Natur.

Der Jardín Botánico Xoxoctic ist ein kleiner, aber hübscher botanischer Garten in einem Bergwald mit guter Aussicht, 4 km östlich von Cuetzalans Zentrum. Zu den Highlights gehören Riesenfarne, tropische Kirschen, ein Schmetterlingshaus und exotische Orchideen. Hier lohnt sich ein Zwischenstopp auf dem Weg zu der zeremoniellen prähispanischen Stätte Yohualichán, die einst von Totonaken bewohnt wurde. Die Nischenpyramiden sind unterschiedlich stark verfallen und ähneln denen von El Tajín in Veracruz. Der eindrucksvolle Komplex bietet zudem tolle Ausblicke von diesem Teil des Tals.

LOS VOLADORES

Bei der *danza de los voladores* (Tanz der „Flieger") wirbeln an den Knöcheln an ein Seil gebundene Tänzer in der Luft um einen 30 m hohen Pfahl herum und spielen dabei Flöte. An den meisten Wochenenden bieten die *voladores* mehrmals täglich vor der Kirche auf dem *zócalo* von Cuetzalan das aufregende Spektakel.

Das mesoamerikanische Ritual wurde 2009 von der UNESCO zum Immateriellen Kulturerbe erklärt. Der Tanz entstand in der präklassischen Zeit (1000 bis 250 v. Chr.) in Veracruz. Vier Tänzer stehen für die Himmelsrichtungen, ein weiterer für die Sonne. Sie drehen sich 13-mal, da die 52 (die Anzahl der Jahre in einem prähispanischen Jahrhundert) durch vier Seile geteilt wird, und symbolisieren so das Aufgehen einer neuen Sonne.

ÜBERNACHTEN IN HUAMANTLA

La Aurora Hotel Boutique
Wirkt wie ein Apartment in einem weitläufigen familiären Haus samt Ping-Pong-Tisch. **$$**

Hotel Centenario
Saubere, geräumige, lachsfarbene Zimmer mit abdunkelnden Vorhängen und renovierten Bädern in der Nähe des *zócalo*. **$**

Hacienda Soltepec
Das Anwesen außerhalb der Stadt diente einst einem Film mit María Félix als Kulisse und überblickt La Malinche. **$$$**

KULINARISCHE HIGHLIGHTS IN HUAMANTLA

Xuni
Serviert rund um einen farbenfrohen Hof leckere *tacos gobernador* (mit Garnelen und Avocado) sowie beliebte Mittagsmenüs. **$**

El Quinto Toro
Der familienbetriebene Imbiss grillt traditionell ländliche Küche wie Kaninchen-*mixiote* und Lamm-*barbacoa* (Schmorbraten). **$$**

El Herradero
Huamantlas schickste Adresse setzt auf dem großen Dach Frühstück, mexikanische Grillgerichte und Cocktails in Szene. **$$**

Restaurant Bar de Cantera
Tlaxcala-Küche wie *huazontle* (aztekischer Brokkoli) und das Sonntagsbüffet locken jede Menge Gäste auf die Terrasse des Restaurants. **$**

Rund 5 km südöstlich der Stadt gibt es zwei hübsche Wasserfälle, die Cascada Las Brisas und die Cascada del Salto. Die seichten Naturbecken unterhalb davon sind kalt, aber verlockend – am besten Badesachen und Schuhe für die scharfen Felsen unter Wasser mitbringen.

Straßenteppiche in Huamantla

FEST MIT BUNTEN TEPPICHEN AUS SÄGESPÄNEN

Der Hauptgrund für einen Besuch des farbenfrohen Huamantla sind die bekannten *tapetes*. Über zwei Augustwochen bietet die **Feria Huamantla** Umzüge, Radrennen und Musik. Höhepunkt ist die spektakuläre **La Noche Que Nadie Duerme** (Die Nacht, in der niemand schläft) am 14. August, wenn Einheimische die Straßen der Stadt mit kunstvollen *tapetes* schmücken, „Teppichen" aus Blumen, Samen und bunten Sägespänen. Sie erinnern an tibetanische Sand-Mandalas und zeigen Heilige, Vögel und geometrische Formen. Die Festlichkeiten und kerzenbeleuchteten Prozessionen zu Ehren der Virgen de la Caridad (Barmherzigen Jungfrau) dauern bis in die frühen Morgenstunden; um 7 Uhr werden die Teppiche entfernt.

2022 brach die Stadt den Guinness-Weltrekord und entthronte Guatemala mit dem längsten Teppich aus Sägespänen der Welt. Er maß 6 km und war das Werk von 240 Kunsthandwerker:innen.

Außerhalb der Festsaison ist Huamantla eine angenehme Ausgangsbasis für Ausflüge ins ländliche Umland jenseits der weitläufigen Vororte. Zudem gibt es Werkstätten, in denen man selbst einen *tapete* fertigen kann. Nach der 54 km langen Anfahrt nordöstlich von Puebla zieht es die meisten ins Zentrum mit dem charmanten *zócalo* vor der dramatischen Kulisse des schlafenden Vulkans La Malinche. Bei der Farbgestaltung in Huamantlas Kirche, der **Parroquia de San Luis Obispo**, spielen bunte Sägespäne keine Rolle, dennoch ist sie eindrucksvoll.

Ruinen von Cacaxtla & Xochitécatl

FREILUFTFRESKEN UND EINE RUNDPYRAMIDE

Die benachbarten Stätten Cacaxtla und Xochitécatl, rund 32 km nordwestlich von Puebla, zählen zu den faszinierendsten Ruinen Mexikos.

Cacaxtla (ka-*kascht*-la) birgt großartige Darstellungen des täglichen Lebens. Um zu den verblassenden Wandzeichnungen zu gelangen, muss man einen mit Buschwerk bewachsenen Hügel mit weiter Aussicht auf das ländliche Umland erklimmen.

Nur in Cacaxtla gibt es Wandbilder, die eindeutig die Maya-Einflüsse auf die Symbolik im mexikanischen Hochland zeigen.

FAIR-TRADE-PRODUKTE IN CUETZALAN

Tianguis dominical
Auf dem Sonntagsmarkt verkaufen Einheimische alles Mögliche, von *guajes* (Kürbisgefäße) bis hin zu *yolixpa* (medizinischer Likör) und Kaffee.

Hotel Taselotzin
Saubere Lodge mit zehn Zimmern und einem Restaurant unter der Leitung von 100 Nahua-Handwerkerinnen, die sich für fairen Handel einsetzen.

Mercado de Artesanías Matachiuj
Auf dem Fair-Trade-Markt trifft man Kunsthandwerker:innen, die hochwertige Webarbeiten und anderes fertigen.

ELENI MAVRANDONI/SHUTTERSTOCK ©

Pirámide de las Flores

Das **Mural de la Batalla** (Wandgemälde einer Schlacht) aus der Zeit vor 700 n. Chr. stellt eine Schlacht dar: Die Olmeca-Xicallanca (die Jaguarkrieger) schlagen die eindringenden Huaxteken (die Vogelkrieger mit Jadeornamenten) eindeutig in die Flucht.

Die zweite große Ansammlung von Wandmalereien (von ca. 750 n. Chr.) zeigt eine Figur im Jaguarkostüm und eine schwarz gemalte Figur in einem Vogelkostüm (das vermutlich den Olmeca-Xicallanca-Priesterkönig darstellt), die auf einer gefiederten Schlange steht.

Die deutlich älteren Ruinen von **Xochitécatl** (so-tschi-*teh*-katl) sind 2 km entfernt und von Cacaxtla zu Fuß zu erreichen. Sie beinhalten die runde **Pirámide de la Espiral,** die zwischen 1000 und 800 v. Chr. entstand und wohl als astronomische Beobachtungsstation diente. Danach passiert der Weg drei weitere Pyramiden.

Das **Basamento de los Volcanes** ist alles, was von der ersten Pyramide übrig geblieben ist. Die farbigen Steine, die zum Bau von Tlaxcalas Stadtpalast verwendet wurden, scheinen von hier zu stammen.

Die **Pirámide de la Serpiente** beeindruckt vor allem mit dem riesigen Wassergefäß, das im Inneren gefunden wurde. Es wurde aus einem einzigen Felsbrocken gemeißelt, der aus einer anderen Region stammt.

Die **Pirámide de las Flores** wurde wahrscheinlich für Rituale zu Ehren des Fruchtbarkeitsgottes genutzt. Nahe der Basis der Pyramide, der viertbreitesten Lateinamerikas, befindet sich ein Becken. Hier wurden wohl 30 Kinder gewaschen, bevor sie geopfert wurden.

BLUTIGE ZEREMONIEN

Wer herrschte über Puebla? Cacaxtla war die Hauptstadt einer Gruppe von Olmeca-Xicallanca oder Putún Maya, die bereits 450 n. Chr. nach Zentralmexiko kamen. Nach dem Niedergang von Cholula (an dem sie wohl beteiligt waren) um das Jahr 600 n. Chr. hatten sie die Macht über das südliche Tlaxcala und das Puebla-Tal. Cacaxtla erlebte von 650 bis 950 n. Chr. seine Blütezeit und wurde 1000 n. Chr. angesichts möglicher chichimekischer Neuankömmlinge verlassen.

Das auf einem höheren Hügel thronende Xochitécatl wurde vorwiegend für grausame Quecholli-Zeremonien zu Ehren von Mixcoatl, dem Gott der Jagd, genutzt. Cacaxtla diente in erster Linie der herrschenden Klasse als Wohnstätte, wobei auch hier Zeremonien abgehalten wurden: Der Fund der Skelettüberreste von hunderten verstümmelten Kindern zeugt von Cacaxtlas blutiger Vergangenheit.

UNTERWEGS VOR ORT

Von den Busbahnhöfen TAPO in Mexico City und CAPU in Puebla verkehren Direktbusse nach Tlaxcala oder Huamantla. Ab Puebla gibt es keine Direktverbindungen nach Cuetzalan, nur von Mexico City. In Puebla vermitteln Hotels entsprechende Fahrdienste. Die wunderschöne Strecke nach Cuetzalan zählt zu den aufregendsten Spritztouren der Region und ist für sich genommen ein Abenteuer.

CUERNAVACA

In den grünen Hügeln des Bundestaates Morelos gelegen, lockt Cuernavaca, die „Stadt des ewigen Frühlings“, mit mildem Wetter und einem reichen kulturellen Erbe zur Erholung. Hier kann man gemütlich durch das koloniale Zentrum spazieren, mit Blick auf den *zócalo* speisen, die Kunsthandwerkssammlungen der Reichen bestaunen (und eine eigene starten) und die gut erhaltenen Ruinen im nahen Xochicalco erkunden.

Einst war Cuernavaca mit seinen prachtvollen Haciendas und weitläufigen Anwesen vor allem bei der Oberschicht beliebt, heute lockt es mit Gastfreundlichkeit, reicher Geschichte und wunderschöner Architektur Reisende jeder Façon an. Unberührte Natur ist mittlerweile Zersiedelung gewichen, dennoch bleibt die Stadt ein populäres Ziel mit glamourösem Flair, das sich für den Wochenendausflug von Mexico City aus anbietet.

TOP TIPP

Die vielbefahrene Straße Miguel Hidalgo im Zentrum von Cuernavaca, die die Kathedrale und den *zócalo* miteinander verbindet, säumen Hotels und Restaurants. Südöstlich davon liegt das Bar- und Clubviertel, wo am Wochenende manchmal bis in den frühen Morgen laute Musik läuft und den Schlaf stören kann.

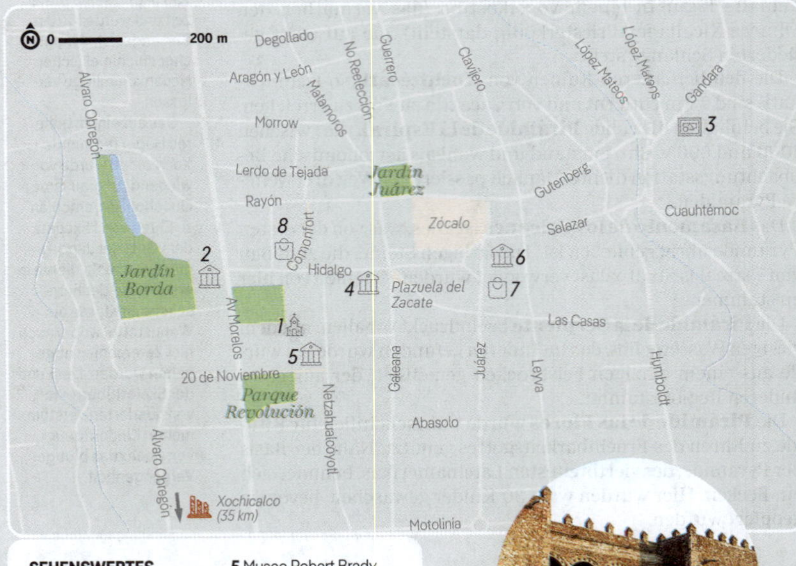

SEHENSWERTES
1 Kathedrale
2 Jardín Borda
3 MMAC
4 MMAPO
(siehe 1) Museo de Arte Sacro; **(siehe 6)** Museo Regional Cuauhnáhuac
5 Museo Robert Brady
6 Palacio de Cortés

SHOPPEN
7 Mercado de Artesanías
8 Wochenendmarkt für Bücher und Kunsthandwerk

Palacio de Cortés

Museo Robert Brady

Reichtum & Dekadenz

PRACHTVILLEN UND KUNSTSAMMLUNGEN

Seit Jahrhunderten ist Cuernavaca ein beliebtes Ziel für wohlhabende Erholungssuchende aus der Hauptstadt und viele der hiesigen Museen waren einst noble Wohnhäuser. So auch das **Museo Robert Brady**, wo Designinteressierte eine Sammlung von über 1000 Kunstwerken und Artefakten bestaunen können. Der US-amerikanische Künstler Robert Brady (1928–86) lebte 24 Jahre in Cuernavaca und gilt als Schwulenikone. Die Stücke stammen u. a. aus Indien, Haiti und Südamerika, zudem gibt es private Fotos und Kunstwerke von Josephine Baker und Peggy Guggenheim. Jeden der wunderschönen Räume und Gärten zieren Gemälde, Schnitzereien, Textilien, Antiquitäten und Volkskunst aus der ganzen Welt, auch von Größen der mexikanischen Kunstwelt wie Tamayo, Covarrubias, Rivera und Kahlo.

Der opulente Jardín Borda ist von Versailles (1783) inspiriert. Den extravaganten Familiensitz zieren terrassenförmige Gärten mit Fontänen und im Inneren gibt das **Museo de Sitio** Einblicke in das Leben der mexikanischen Aristokratie im 19. Jh. Ein berüchtigtes Gemälde zeigt Kaiser Maximilian im Garten mit La India Bonita, „dem hübschen indigenen Mädchen", das seine Geliebte wurde. Ab 1866 nutzte Maximilian das Haus als Sommerresidenz.

LOCAL TIPP: ESSEN IN CUERNAVACA

Mariela Martínez, Creative Designer, wohnt in Cuernavaca und hat folgende Restaurantempfehlungen. @mar.sinsal

Casa Hidalgo
Restaurant unter freiem Himmel mit Traumblicken gegenüber dem Palacio de Cortés und dem *zócalo*. Die tolle, abwechslungsreiche mexikanische Küche und die Weine schmecken auf dem Balkon am besten.

Las Mañanitas
Das perfekte Restaurant. Highlights sind die köstliche *sopa de tortilla* und der wunderschöne Garten mit umherstolzierenden Pfauen. Das Personal ist freundlich und es gibt eine Bar für Drinks.

La Hacienda de Cortés
Nach einem leckeren Essen samt Wein und gutem Service lockt ein Spaziergang über die Hacienda. Das historische Flair gewährt Einblicke in die Vergangenheit.

ÜBERNACHTEN IN CUERNAVACA

Hotel Hacienda de Cortés
Eine frühere Zuckermühle aus dem 16. Jh., deren Zimmer einen eigenen Garten mit Terrasse bieten. **$$$**

Home Sweet Home
Gemütliches, ruhiges, unrenoviertes Haus in der Nähe der Kathedrale mit viel Platz. **$$**

Hotel Bajo El Volcán
Ruhige, grüne Anlage mit apartmentähnlichen Unterkünften im 1980er-Stil mit geräumigen gefliesten Zimmern rund um einen sauberen Pool. **$**

Pirámide de Quetzalcóatl

DIE BESTEN BARS IN CUERNAVACA

Mercado Comonfort
In dem separaten Hof mit Terrassenbars und -restaurants lassen sich coole Einheimische Mojitos schmecken.

La Verdad Sospechosa
Schicke Bar mit gedämpfter Elektromusik und den besten Cocktails der Stadt. Das namensgebende Getränk besteht aus Mezcal, Orange und Chili.

Enigma
Schwulenbar mit Drag-Shows des hiesigen Stars La Gorda.

Feis Buk
Die schmuddelige Bierkneipe („Facebook") ist bei Studierenden und alternativer Klientel beliebt.

Penny Lane Pub
Kleine Kneipe mit guter *cerveza de barril* (Fassbier) und Livemusik lokaler Rockbands.

Seit Cuernavacas Gründung residierten hier die Reichen und Mächtigen. Hernán Cortés' imposanter steinerner Palacio de Cortés im mittelalterlichen Stil wurde 1535 auf dem Fundament der Stadtpyramide errichtet, die er nach der Einnahme von Cuauhnáhuac zerstört hatte. An den Palastmauern (aktuell gesperrt) zeigt ein faszinierendes **mural** von Diego Rivera, *Historia del Estado de Morelos*, die Unterdrückung und Gewalt, die Mexikos Geschichte prägten und zynischerweise die Wurzeln von Cuernavacas Privilegien bildeten.

Kunst & Kunsthandwerk von Morelos

MODERNE UND TRADITIONELLE KUNST

Die *chinelos* (kostümierte Tänzer aus Morelos) mit ihrer weißen Haut, dem nach oben gereckten Kinn und der auffälligen Kleidung erinnern nicht zufällig an spanische Eroberer. Die traditionelle Kostümierung geht auf indigene Arbeitskräfte in der Region zurück, die unerkannt tanzen und dabei die gnadenlosen spanischen Landbesitzer parodieren wollten. Heute sieht (und hört) man tanzende *chinelos* in ganz Cuernavaca und Tepoztlán. Lebensgroße *chinelos* zeigt das **MMAPO,** das Kunsthandwerk aus Morelos gewidmet ist. Die meisten Stücke sind nicht hinter Glas ausgestellt, können also aus nächster Nähe betrachtet werden. Der angeschlossene Laden verkauft hochwertige Stücke, die man auf dem **Mercado de Artesanías** vergeblich sucht. Dafür gibt's auf den 200 Ständen des Marktes günstige *chinelo*-Puppen und -Masken sowie weiteres Kunsthandwerk aus Morelos wie *casitas* (kleine Häuser) aus Stacheln des *pochote* (heiliger mexikanischer Baum), *maracas* aus lokalem *huaje* (Kürbis) und Bilder auf *amate*-Rinde.

ENTSPANNT MITTAGESSEN IN CUERNAVACA

Café Alondra Centro
Die Terrasse gegenüber der Kathedrale lädt zu einem entspannten leckeren *pan de elote* (Maiskuchen) oder Enchiladas ein. **$$**

Emiliano's
Legerer Klassiker, der für preiswerte Mittagsmenüs und *pozole* (Maiseintopf) bekannt ist. **$**

La Maga Café
Das Künstlercafé bietet ein Büffet mit Obst, Salaten und warmen mexikanischen Gerichten, darunter viele vegetarische Optionen. **$$**

Wer sich für religiöse Kunst interessiert, besucht das kleine Museo de Arte Sacro in Cuernavacas Hauptkathedrale, das 92 religiöse Gemälde, Ornamente und Skulpturen vom 16. bis zum 20. Jh. ausstellt. Der Wochenendmarkt für Bücher und Kunsthandwerk gegenüber erstreckt sich über zwei Straßen.

Das Museo Regional Cuauhnáhuac im Palacio de Cortés widmet sich mexikanischer Kultur und Geschichte. Im Erdgeschoss liegt der Fokus auf prähispanischen Kulturen wie den lokalen Tlahuica und ihrer Beziehung zum Aztekenreich. Zurück in die Moderne geht's mit dem Museum für zeitgenössische Kunst **MMAC**, das Sonderausstellungen und eine Dauersammlung mit 1200 Bildern und Kostümdesigns des modernen mexikanischen Künstlers Juan Soriano zeigt. Zu den Highlights gehören Sorianos Skulpturen im schattigen Garten, einer idyllischen Alternative zur Plaza de Armas, dem Hauptplatz.

Antikes Xochicalco

HISTORISCHES OBSERVATORIUM, RUINEN UND EINE PYRAMIDE

Auf einer dreistufigen grasbewachsenen Hochebene mit kilometerweiter Aussicht liegt ein UNESCO-Weltkulturerbe und eines der wichtigsten archäologischen Zentren Zentralmexikos. **Xochicalco** (so-tschi-*kal*-ko) bedeutet auf Náhuatl „Ort des Blumenhauses" und bietet sich als Tagesausflug von Cuernavaca aus an. Das weitläufige Xochicalco ist groß genug, dass sich die 38 km lange Anreise lohnt, jedoch nicht so berühmt, dass es von Reisenden überlaufen wäre.

Die weißen Steinruinen, von denen viele noch nicht ausgegraben sind, leigen auf rund 10 km². Hinter jeder Ecke wartet eine Überraschung. Die Ruinen sind Zeugnisse verschiedener Kulturen – Tlahuica, Tolteken, Olmeken, Zapoteken, Mixteken und Azteken –, für die Xochicalco ein wirtschaftliches, kulturelles und religiöses Zentrum war. Als zwischen 650 und 700 n. Chr. der Einfluss Teotihuacáns schwand, gewann Xochicalco an Bedeutung, das zwischen 650 und 900 n. Chr. seine Blüte mit weitreichenden kulturellen und kommerziellen Beziehungen erlebte.

Das bekannteste Bauwerk der Stätte ist die **Pirámide de Quetzalcóatl**. Aufgrund des gut erhaltenen Flachreliefs wird vermutet, dass sich Priester-Astronomen hier zu Beginn und am Ende eines jeden 52-Jahre-Zyklus des prähispanischen Kalenders versammelten. Die Beschilderungen sind auf Englisch, die Erklärungen im exzellenten Museum nur auf Spanisch.

Um das Jahr 650 n. Chr. trafen sich hier spirituelle Anführer der Zapoteken, der Maya und von der Golfküste, um ihre Kalender abzugleichen. Eine Höhle namens **El Observatorio** diente Forschenden als „Sternwarte". Vom 29. April bis zum 13. August dringt Sonnenlicht durch die Decke des El Observatorio und erhellt – fast wie eine Botschaft des Himmels – die Höhle.

DIE VON INDIGENEN ERRICHTETE CATEDRAL DE CUERNAVACA

Cuernavacas Kathedralenkomplex wurde von Indigenen errichtet. Die Zwangsarbeit begann fünf Jahre nachdem Cortés Tenochtitlán von den Azteken erobert hatte. Die Franziskaner ließen die Mission ab 1526 durch indigene Arbeitskräfte und mit Bruchstein aus Cuauhnáhuac, dem heutigen Cuernavaca, errichten.

Die Kathedrale steht in einem festungsähnlichen *recinto* (Komplex), der die kurz zuvor besiegten Einheimischen einschüchtern und fernhalten sollte. Der **Seiteneingang** weist indigene und europäische Elemente auf. Der Totenkopf darüber ist ein Symbol des Franziskanerordens, die Steine erinnern an zu Tode gekommene Arbeiter. Die **tonnengewölbte Decke** im Inneren wurde von Indigenen gefertigt.

Die offene **Capilla Abierta San José** rechter Hand sollte indigene Menschen anlocken, die geschlossenen Räumen nicht trauten, während der **Templo de la Tercera Orden** barocke Schnitzarbeiten von einheimischen Kunsthandwerker:innen aufweist.

UNTERWEGS VOR ORT

Die Busbahnhöfe von Cuernavaca sind verwirrend, da verschiedene Anbieter von unterschiedlichen Orten in der Stadt starten. Beim Ticketkauf in den Terminals von Mexico City sollte man sich bereits nach den entsprechenden Anschlüssen erkundigen.

Rund um Cuernavaca

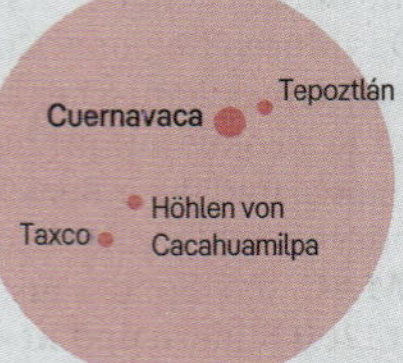

Tepoztlán ist nicht die einzige nahe gelegene Stadt mit geradezu magischer Energie. Die weit verstreuten weißen Häuser von Taxco und die Höhle in der Nähe sind ebenfalls faszinierend.

Bei einer Reise durch Morelos und Guerrero ist Cuernavaca nur der Beginn des Abenteuers. Im mystischen Tepoztlán besteigt man eine Aztekenpyramide auf einem Hügel und in der malerischen Silberminenstadt Taxco spaziert man durch die Kopfsteinpflasterstraßen, während der Höhlenkomplex Grutas de Cacahuamilpa für Überraschungen sorgt.

Der Bundesstaat Morelos, in dem Cuernavaca und Tepoztlán liegen, gehört zu den kleinsten und am dichtesten besiedelten Mexikos. Allerorts wird Tradition großgeschrieben, so tanzen sich *chinelos* mit ihren rebellischen Kostümen durch Feste in der ganzen Region. Die unterschiedlich hoch gelegenen Täler bergen verschiedene Mikroklimata und man kann die vielen Obst-, Getreide- und Gemüsesorten kosten, die hier seit prähispanischen Zeiten angebaut werden.

TOP TIPP

Unter der Woche ist es in der Region deutlich ruhiger als am Wochenende, wobei die Energie und der Trubel am Samstag durchaus etwas für sich haben, besonders in Taxco.

Taxco

Tepoztlán

In Tepoztlán zu sich finden

KURORT MIT PYRAMIDE

Ein Wochenende in **Tepoztlán** ist magisch. Der Geburtsort von Quetzalcóatl, dem allmächtigen Schlangengott der Azteken, ist ein bedeutendes Náhuatl-Zentrum und lockt spirituell Gesinnte an, die ihm kreative Energie nachsagen. Die wunderschön gelegene kleine Stadt, 45 Minuten von Cuernavaca entfernt, ist mit den hohen zerklüfteten Klippen, die das gut erhaltene historische Zentrum umrahmen, wirklich etwas Besonderes. Als Gesundheitszentrum bietet sie die verschiedensten naturmedizinischem Praktiken, Meditation, Yoga und Massagen.

Das *pueblo mágico* bewahrt indigene Traditionen. Einige Ältere sprechen noch Náhuatl, während die jüngere Generation es in der Schule lernt, was nahe der Hauptstadt selten ist. Fastfood-Ketten und 7-Eleven-Läden gibt es hier nicht, dafür einen Markt mit *tortitas* (Kroketten) mit sieben Samen in **El Tlecuil**. Auch das indigene **Temazcal** ist beliebt. Das 1000 Jahre alte mesoamerikanische Heilungsritual wird in dunklen Schwitzhütten praktiziert und von einem singenden Schamanen angeleitet, der mit Heilpflanzen versetztes Wasser auf heiße Steine spritzt und dazu auffordert, intime Gefühle mit Fremden zu teilen.

Die Hauptattraktion von Tepoztlán ist die 10 m hohe **Pirámide de Tepozteco** auf einem Felsen am Ende eines steilen befestigten Weges. Die Pyramide wurde zu Ehren von Tepoztécatl,

TEPOZTLÁNS RESTAURANTS MIT DER BESTEN AUSSICHT

El Ciruelo
Alteingesessenes beliebtes Restaurant mit gehobener Küche, Livemusik und toller Aussicht auf die Klippen und die Pyramide. **$$$**

Los Colorines
Fiesta-Stimmung in Omas pinkem Refugium, gepaart mit Piñatas, bodenständiger Regionalküche und Terrassenblicken. **$$**

Tepoznieves
Farbenfrohe Eisdiele unter einheimischer Leitung mit 100 Geschmacksrichtungen wie Kaktus und Ananas-Chili. **$**

La Veladora
Fusionküche in einem prächtigen grasbewachsenen Garten in einer ruhigen Seitenstraße. **$$$**

La Sibarita
Die Traumblicke über die Stadt bis zur Pyramide machen die erstklassige europäisch-mexikanische Küche noch besser. **$$$**

TEMASCALS IN TEPOZTLÁN

Uitetl Nantli Tlali Spa & Temazcal
Geduldige, einfühlsame Anleitung in einem grasbewachsenen Garten mit Aussicht auf die Felsen. Es gibt auch Massagen.

Temazcal El Shaddai Tepoztlán
Ruhige Lage in einem Hinterhof an der Straße nach Tepozteco und günstige Preise; geleitet von einem Schamanen.

Temazcal Tepoztlán
Feurig heißes, professionelles Temazcal in einem Landschaftsgarten direkt vor der Stadt.

DIE BESTEN MUSEUMS-SKURRILITÄTEN IN TAXCO

Museo Casa Figueroa
Museum in einem prachtvollen Haus von 1767 mit Kuriositäten wie Jesusstatuen aus menschlichem Haar, einem Panikraum und einem Foto von Elvis auf Besuch.

Museo Guillermo Spratling
Das Archäologiemuseum zeigt die Sammlung des US-amerikanischen Silberschmieds William Spratling mit prähispanischen Exponaten wie phallischen Kultobjekten.

Museo de Arte Virreinal
Das charmante Museum für religiöse Kunst erläutert die Manila-Galeone, die den Handel zwischen Amerika und Fernost revolutionierte.

Casa Borda
Vom Fenster an der Rückseite des Gebäudes blickt man vier Stockwerke in die Tiefe, obwohl sich der Eingang im Erdgeschoss befindet.

VLADIMIR KOROSTYSHEVSKIY/SHUTTERSTOCK ©

Höhlen von Cacahuamilpa

dem aztekischen Gott der Ernte, der Fruchtbarkeit und des *pulque*, erbaut und beeindruckt mit ihrer Lage und den Panoramablicken ins Tal. Jedes Jahr am 7. September wird bei der Pyramide die ganze Nacht über die **Fiesta del Templo** gefeiert und mit jeder Menge *pulque* auf Tepoztécatl angestoßen. Weniger feuchtfröhlich geht's im **Museo de Arte Prehispánico** zu. Es zeigt steinerne Kaninchen, die an die 400 Kaninchengötter der Trunkenheit erinnern und rund um Tepozteco entdeckt wurden, sowie Kunsthandwerk von den Maya bis hin zu den Olmeken.

Taxco aus jedem Blickwinkel

PANORAMABLICKE AUF EINE SILBERSTADT

Der Anblick von Taxcos weißen Häusern, die sich auf das steile Tal verteilen, ist atemberaubend; perfekt für einen Wochenendausflug aus Cuernavaca oder der Hauptstadt. Die Kolonialarchitektur vor der Kulisse dramatischer Berge und Klippen zählt zu den faszinierendsten Szenerien im zentralen Hochland.

Ausgangspunkt ist der *zócalo,* über dem der **Templo de Santa Prisca** thront. Um zu einem Balkon gegenüber der Kirche zu gelangen, läuft man den Weg an der **Plazuela de los Gallos** links vom Springbrunnen hinauf und biegt rechts ab. Hier überblickt man die Glockentürme im churrigueresken Stil des barocken Meisterwerks Santa Prisca und den *zócalo.*

Nun geht es die Gallos zurück, dieses Mal folgt man ihr bis zur schmalen Kreuzung mit **Delicias.** Alte VW-Käfer sind in Taxco allgegenwärtig, an dieser scharfen Kurve ist der Anblick der VW-Parade mit ihrem Sound jedoch besonders charmant.

Die Terrasse des **Pueblo Lindo** und seines Restaurants **Rosa Mexicano** bietet schlichtweg spektakuläre Ausblicke. Die weißen Häuser sind fast zum Greifen nah.

ESSEN UND AUSGEHEN IN TAXCO

Bar Berta
Eine Berta (Tequila-Cocktail) auf dem Balkon über dem *zócalo* in dieser kitschig schicken Bar ist Genuss pur.

Casa Spratling
Mexikanisch-europäische Fusionküche wie Hühnchen-*mole*-Pizza oder *chilaquiles* (Spiegelei auf Maischips) und europäisches Frühstück. **$**

Sotavento
Ein Hof und Blicke auf Santa Prisca, gepaart mit exzellenten mexikanischen Gerichten und Frühstücksbüffet am Sonntag. **$$**

Für Blicke aus der Ferne fährt man mit einem VW-Taxi oder Kombi 20 Minuten bergaufwärts zur Christusstatue **Cristo Monumental**. Der Ausblick auf die weißen Häuser ist einfach großartig. Das charmant altmodische Gesamtbild ist der Tatsache zu verdanken, dass neue Gebäude mit dem alten Stil harmonieren müssen. Zudem ist Taxco nicht von industriellen Vororten umrahmt, obwohl die Stadt ab dem 16. Jh. den Silberminenboom und den folgenden Niedergang erlebte.

Für einen Perspektivwechsel sorgt der **teleférico** (Seilbahn) im Norden, der hinauf zum Hotel Monte Taxco fährt. Vom Hotelpool bieten sich fantastische Ausblicke auf Taxco und die umliegenden Berge.

Die Höhlen von Cacahuamilpa

TROPFSTEINE NAHE TAXCO

Zu den eindrucksvollsten Naturattraktionen Zentralmexikos zählen die **Höhlen von Cacahuamilpa**, ein Pflichtstopp bei einem Besuch von Taxco oder Cuernavaca. Die Dimensionen der Höhlen sind kaum zu ermessen: Die gewaltigen, bis zu 82 m hohen Kammern liegen 2 km tief unter dem Berg und bergen atemberaubende Stalaktiten und Stalagmiten.

Leider darf man dem (sicheren) Weg durch die Höhlen nicht auf eigene Faust folgen. Stattdessen werden jeweils zur vollen Stunde große Besuchergruppen von (kostenlosen) Guides durchgeschleust, die bei vielen Zwischenstopps auf bestimmte Felsformationen (darunter ein Nikolaus, ein knieendes Kind und ein Gorilla) hinweisen. Am Ende der einstündigen Tour geht's dann im eigenen Tempo bei ausgeschalteter Beleuchtung zurück zum Eingang. Die meisten Guides sprechen nur Spanisch.

Vom Höhlenausgang führt ein steiler Pfad in 15 Minuten zum schnell fließenden Río Dos Bocas. Hier warten das ganze Jahr über spektakuläre Ausblicke und in der Trockenzeit idyllische **Badelöcher**. Insektenspray nicht vergessen!

Die besucherstarken Wochenenden gehen mit langen Schlangen und großen Tourgruppen einher, deswegen kommt man, wenn möglich, besser unter der Woche. In der Nähe des Eingangs gibt es Restaurants sowie Snack- und Souvenirläden. Zwischen Eingang und den Höhlen führt eine kurze **Zipline** durch die Baumwipfel, man kann den 150 m langen Weg jedoch auch zu Fuß zurücklegen.

Busse von Estrella Roja fahren in 40 Minuten von Taxco zu den Höhlen bzw. in zwei Stunden ab Cuernavaca.

WARUM ICH TAXCO LIEBE

Phillip Tang, **Autor**

Taxco weiß hinter jeder Ecke zu überraschen. Steile Kopfsteinpflasterstraßen schlängeln sich wie in einem Bild von M. C. Escher labyrinthgleich in alle Richtungen. In einem Moment folge ich dem Weg zu den Türmen von Santa Prisca, im nächsten bestaune ich die weißen Häuser, die die Landschaft dominieren. Seit über zehn Jahren komme ich zu Besuch und bin noch immer fasziniert. Taxco ist wie ein Aufklappbuch, in dem man gespannt jede Seite umblättert und hofft, es möge niemals enden.

UNTERWEGS VOR ORT

Pünktlichkeit wird in der Region nicht gerade großgeschrieben. Zu den an Busbahnhöfen angegebenen Fahrtzeiten sollte man etwa 15 % addieren.

Nach Taxco gelangt man über die Haltestelle Estrella Blanca in Cuernavaca oder das südliche Terminal in Mexico City.

Busse zu den Grutas de Cacahuamilpa starten am Hauptbusbahnhof von Taxco, dem geteilten Terminal von Futura und Estrella Blanca ganz in der Nähe des *zócalo*. Der Busbahnhof Primera Plus/Estrella de Oro (EDO) bietet mehr Verbindungen in die Hauptstadt und liegt 750 m entfernt am Südende der Stadt an der Hauptstraße.

Ometochtli bietet Direktbusse der zweiten Klasse von Cuernavacas lokalem Busbahnhof, vier Blocks nordöstlich des *zócalo*, nach Tepoztlán. Erste-Klasse-Busse gibt's nur am Terminal Sur nach ADO/OCC in Mexico City.

MALINALCO

Das *pueblo mágico* in einem Tal mit dramatischen Felsen und alten Ruinen entwickelt sich immer mehr zum nächsten Tepoztlán oder Valle de Bravo. Am Wochenende ist recht viel los, jedoch deutlich weniger als in einfacher zugänglichen Wochenendzielen. Die Fahrt nach Malinalco ist eine der schönsten der Gegend, dafür sorgt die dramatische Szenerie entlang der Straße südlich von Toluca.

Das charmante koloniale Zentrum des Dorfes birgt ein gut erhaltenes Kloster, einen belebten *zócalo* mit einer Rotunde und einen kleinen Platz mit den obligatorischen riesigen „Malinalco"-Lettern. Am Wochenende kommen noch Essens- und Kunsthandwerkstände hinzu.

Herkunftsgeschützter Mezcal sorgt für eine lebendige Barszene, zudem gibt es einige schicke „Hippie"-Läden, ein interaktives Käfermuseum für Kinder und eine erstaunliche Auswahl an gehobenen Hotels mit Pools. Ein vollwertiges urbanes Angebot sollte man dennoch nicht erwarten und unter der Woche hat man die ruhigen Nebenstraßen oft für sich.

TOP TIPP

Die einfachsten Budgetunterkünfte findet man nicht online, dennoch gibt es sie, nämlich rund um den zentralen *zócalo*. Die meisten anderen anständigen Adressen liegen im mittleren bis hohen Preissegment. Spahotels befinden sich in der Regel etwas außerhalb des Zentrums.

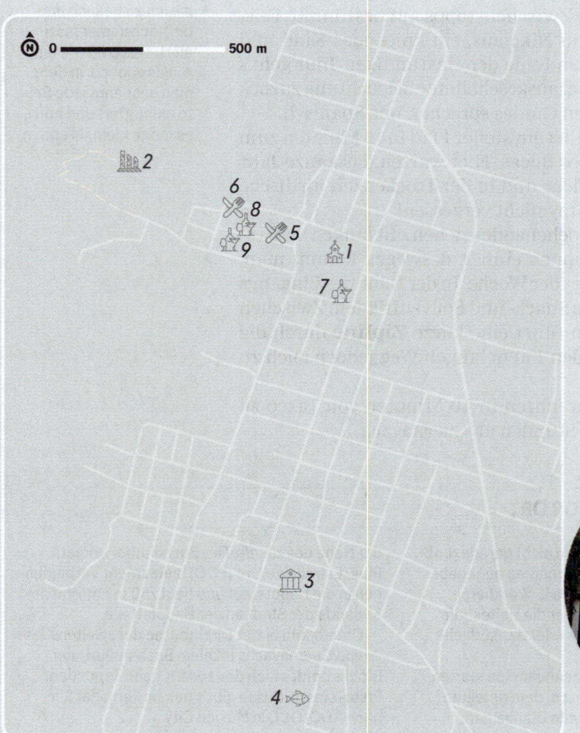

SEHENSWERTES
1 Augustinerkonvent
2 Aztekische Tempel
3 Museo Vivo

AKTIVITÄTEN, KURSE & TOUREN
4 Criadero las Truchas

ESSEN
5 Casa Colibrí
6 Mixe Cocina Tradicional y Mezcalería

AUSGEHEN & FEIERN
7 Arca De Noe
8 Casa Diablitos
9 Pulques Nawa911

LIZ PICHARDO/SHUTTERSTOCK ©; UNTEN LINKS: OMAR ALPIZAR/SHUTTERSTOCK ©

Museo Universitario Dr. Luis Mario Schneider

Mezcal-Tour in Malinalco

LOKALE SPIRITUOSEN

Seit 2018 dürfen Mezcal-Hersteller in zwölf Gemeinden rund um Malinalco den rauchigen Cousin des Tequila als herkunftsgeschützten Mezcal bezeichnen. Bars rund um den *zócalo* nutzten die Gunst der Stunde.

Ein guter Start ist ein Abendessen in der **Casa Colibrí** im Zentrum. Hier gibt es nur einen Mezcal, den Mezcal *divino*, der tatsächlich „göttlich" ist, genau wie die Aussicht auf die Berge von der Terrasse und der *jabalí* (Wildschweinbraten), die Spezialität des Hauses.

Dann geht's zu einem echten Original, der **Casa Diablitos** an der Guerrero. Wer seinen inneren *diablito* (kleinen Teufel) wecken möchte, bestellt eine *cata* (Probierbrett) mit Mezcales, u. a. mit *chicatana* (Flugameise) verfeinert.

Auf der anderen Straßenseite serviert das **Pulques Nawa911** eine *pachita* (kleine Flasche) von mit *maracuya* (Passionsfrucht) verfeinertem lokalem Mezcal – eine gefährliche Variante, die aber dabei hilft, die trockenen Snacks vom *gusano de maguey* (Agavenwurm) hinunterzuspülen.

Einen Block weiter nördlich an der Hidalgo kombiniert die **Mixe Cocina Tradicional y Mezcalería** Mezcal und Cocktails

ESSEN UNTER FREIEM HIMMEL IN MALINALCO

Los Placeres
Gartenrestaurant mit Kunstflair und *tortitas de huazontle* (Kroketten von aztekischem Brokkoli). $

La Casa de Valentina
Das Café-Restaurant serviert Burger, Pasta und hausgemachtes Eis im Hof oder in gemütlichen Sitzecken. $

Casa Vieja
Der große Innenhof lockt mit seinen herzhaften Mittagsmenüs und abendlichen Forellengerichten große Gruppen an. $

Mestizo
Das Bistro mit Oaxaca-Touch kredenzt *tlayudas* (knusprige Tortilla-Pizzas) in einem idyllischen Garten. $$

Tianguis
Mittwochs, samstags und sonntags verkaufen Essensstände Mittagessen, das man auf dem nahen *zócalo* essen kann. $

ÜBERNACHTEN IN MALINALCO

Hotel Casa Pixan
Die weitläufige Gartenanlage bietet Erholung von der einen 18-minütigen Spaziergang entfernten Stadt. $$$

Casa Hotel MaliKualli
Wirkt wie ein Motel, doch nahe dem *zócalo* sind Pool, Garten und Sauberkeit ansonsten Mangelware. $$

El Asoleadero
Pool im Hof mit Traumblicken auf die Berge, direkt bergaufwärts vom *zócalo*, zu günstigen Preisen. $$

BLUMENFRESKEN

An Malinalcos *zócalo* steht ein gut erhaltenes Kloster aus dem 16. Jh. mit einer Fassade im Renaissance-Stil. Die erdbebengeschädigten Hauptgebäude sind weiterhin wegen Reparaturen geschlossen, der Kreuzgang ist jedoch wieder zugänglich. Hier zieren prachtvolle Fresken mit geometrischen Mustern und Pflanzenmotiven sämtliche Wände und die Gewölbedecke. Für die Darstellung der Flora und Vögel der Gegend kamen pflanzenbasierte Farben zum Einsatz, z.B. mit der Heilpflanze *huacalxochitl,* die bei aztekischen Zeremonien verwendet wurde. Drei Medaillons stehen für Jesus Christus, Maria und den Augustinerorden. Das Kloster wurde von Augustinermönchen gegründet und 1580 von Indigenen erbaut.

Gottesdienste finden noch immer statt. Die Hauptelemente der Kirche – Kirchenbänke, Kanzel und Gemälde der Virgen de Guadalupe – wurden in den überdachten Innenhof verfrachtet.

TOLOBALAGUER.COM/SHUTTERSTOCK ©

Tempel III, Malinalco

aus der Gegend und aus Oaxaca mit einer wechselnden Speiseauswahl eines einheimischen Kochteams. Oder man bestellt Pizza mit *chapulines* (Heuschrecken) und eine *cata*.

Ein paar Blocks südöstlich an der Galeana gibt es eine *cantina* alter Schule. Bis vor Kurzem war Mezcal ein einfaches Getränk, das gerne auf dem Dorf getrunken wurde. Diese Atmosphäre versprüht das **Arca De Noe** mit seinen Plastikstühlen, der bunt gemischten einheimischen Klientel und hochwertigem Mezcal, bei dem keine Zuschläge für das Dekor erhoben werden.

Forellenfischen & Käfermuseum

TIERISCHE AKTIVITÄTEN

Rund zehn Blocks südlich des *zócalo* bietet Malinalco einige ungewöhnliche Aktivitäten, bei denen man mit Tieren auf Tuchfühlung gehen oder ein leckeres Essen genießen kann.

Forelle (*trucha*) spielt in der hiesigen Küche eine zentrale Rolle, wobei sie fast immer aus der Zucht stammt. Bei **Criadero las Truchas** kann man seine eigene *trucha* aus den großen Außenbecken angeln. Gezahlt wird für die *masa* (Köder), die einfache Ausrüstung und den Fang (unter 100 Mex$/kg). Diesen kann man dann in den Restaurants säubern und nach Wunsch zubereiten lassen, z. B. in Bananenblätter gewickelt mit *nopal* (Kaktus) und *epazote* (Heilkraut). Wer nicht selbst angeln möchte, kann sich an den Tanks auf der Farm ein Exemplar aussuchen.

MEXIKANISCHER KAFFEE IN MALINALCO

La Cereza Cafetería Y Repostería
Lokaler Kaffee, *elote*-(Mais-) Kuchen und Quiche mit *rajas con crema* (Creme und Chili). $

La Galería
Die Café-Bar am *zócalo* serviert Mezcal, Milchkaffee und Kaffeekaltgetränke auf der Terrasse mit Bergblicken an der Rückseite. $

Carajillo Malinalco
Der *carajaillo* des Hauses ist ein exzellenter Espresso aus vor Ort gerösteten Arabica-Bohnen mit einem Schuss Mezcal. $

Wer keinen Fisch essen will, dem bietet das nahe Museo Vivo mit einer Sammlung an lebenden (aber auch aufgespießten) Insekten und anderen Krabbeltieren Unterhaltung. Bei der durchgehend stattfindenden Rundtour kann man eine Vogelspinne oder eine Schlange halten, einen Mehlwurm verspeisen und an mexikanischen Pflanzen riechen. Kinder und Erwachsene werden dazu angeregt, ihr Verhalten gegenüber der Natur zu überdenken. Die Führung ist auf Spanisch, die interaktiven Elemente jedoch universell verständlich.

Aztekentempel besteigen

DER FELSENTEMPEL CUAUHCALLI

Eine belebende Wanderung führt über 358 Stufen bergaufwärts oberhalb von Malinalco zu einem der wenigen gut erhaltenen Tempel des Landes, der selbst die Erdbeben in jüngerer Zeit überstand. Hier bieten sich eindrucksvolle Ausblicke auf das Tal und das Umland. Die kleine faszinierende Stätte beinhaltet das Wandbild *El paraíso de los guerreros*, das einst eine ganze Wand bedeckte und zeigt, wie gefallene Krieger als Götter im Paradies weiterleben.

Die Azteken nahmen die Region 1476 ein und erbauten gerade ein rituelles Zentrum, als sie von den Spanien überwältigt wurden. Tempel I, El Cuauhcalli, blieb erhalten, weil er direkt aus dem Berg geschlagen wurde. Der Monolith war der Tempel der Adler- und Jaguarkrieger, in dem die Initiation der Söhne von adligen Azteken für Kriegerorden stattfand. Die Bauart ist bemerkenswert – Cuauhcalli wurde in einem Stück aus dem Felsen geschlagen, inklusive des Eingangs in Form einer Schlange mit Fangzähnen, Statuen und dreizehn Stufen.

Tempel IV am hinteren Ende der Anlage gibt Forschenden bis heute Rätsel auf. Der Raum liegt so, dass bei Sonnenaufgang die ersten Sonnenstrahlen hineinfallen, deshalb gibt es Theorien, dass er Teil eines mexikanischen Sonnenkults bzw. eines Sonnenkalenders gewesen sein könnte oder ein Versammlungsort von Adligen – oder aber eine Kombination daraus.

Das **Museo Universitario Dr. Luis Mario Schneider**, 50 m vor dem Eingang der Stätte, beleuchtet Geschichte und Archäologie der Region auf einer hübschen modernen Ausstellungsfläche.

Vom *zócalo* führen Schilder über einen gut instandgehaltenen, ausgewiesenen Weg bergaufwärts zur *zona arqueológica*. Sonntags ist der Ansturm groß, da Einheimische freien Eintritt haben.

IN EINER FELSSPALTE CAMPEN

Die Wälder rund um Malinalco laden zu Outdoor-Abenteuern ein. **MaliKualli** bietet Glamping in einem luxuriösen Biodom, Gleitschirmfliegen und Canyoning, während der traumhafte Wellnesskomplex von **Ollinyotl** Yoga und *temazcal* bereithält. Ein Bergabenteuer der Extreme gibt's beim *camping en la grieta* („Camping in der Spalte") von **MailEmociones**. Dabei übernachtet man in einer Felsspalte 20 m über dem Boden. Nach einer einstündigen Wanderung bergaufwärts schlägt man mit Gurten gesichert sein Nachtlager in einer niedrigen Höhlenspalte am Abgrund mit einmaliger Aussicht auf. Am nächsten Morgen seilt man sich dann ab.

KRIEGSTROMMEL

Das **Museo de Antropología e Historia** (S. 174) in Toluca zeigt das hölzerne Original der Kriegstrommel *tlalpanhuéhuetl*, die im Tempel I, El Cuauhcalli, gefunden wurde. Die Schnitzereien sind bemerkenswert.

UNTERWEGS VOR ORT

Busse von Flecha Roja fahren täglich vom Terminal Poniente in Mexico City ins Zentrum von Malinalco. Samstags und sonntags gibt es drei Verbindungen, unter der Woche zwei. An Bord ist keine Toilette vorhanden. Man sollte sich merken, wo man herausgelassen wurde, denn auf dem Rückweg halten die Busse an derselben (nicht beschilderten!) Stelle. In der Nähe befindet sich eine Santander-Bank. Die alternative Busfahrt vom nahe gelegenen Chalma nach Mexico City ist wenig angenehm, unzuverlässig und deutlich länger als angegeben.

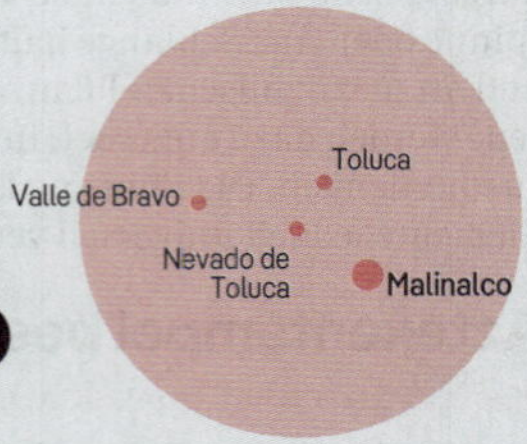

Valle de Bravo
Toluca
Nevado de Toluca
Malinalco

Rund um Malinalco

Weiter nordwestlich gen Valle de Bravo warten Naturwunder, Boutique-Läden, ein See mit Wassersportoptionen sowie eine Tour zu einem Vulkan.

Valle de Bravo, auch Valle genannt, ist die schickste kleine Kolonialstadt nahe Malinalco (oder sogar Mexico City) und der beste Grund für eine Reise in den Nordwesten. Sie liegt am Ufer eines großen, künstlich angelegten Stausees. Der Weg hierher führt durch Toluca mit Malinalco im Süden, Valle im Westen und Mexico City unmittelbar östlich. Wer sich auf Tolucas Schnellstraßen wagt, wird mit dem Besuch im einzigartigen Cosmovitral Jardín Botánico, einem eindrucksvollen Gewächshaus aus Buntglas, belohnt. Die meisten passieren Toluca jedoch nur auf dem Weg in nahe Städte und ins ländliche Umland, geprägt von malerischen Pinienwäldern, Flüssen und einem riesigen erloschenen Vulkan, dem Nevado de Toluca.

TOP TIPP

Vor den Toren der Städte gibt es jede Menge Möglichkeiten für Abenteuersport. Wer kein Auto hat, muss sich einer Tour anschließen.

Nevado de Toluca (S. 175)

OSCARGLEZT/SHUTTERSTOCK ©

SUNANDMOONAGS/SHUTTERSTOCK ©

Valle de Bravo

Seeambiente in Valle de Bravo

BLICKE AUFS WASSER UND KOLONIALES ZENTRUM

Das *pueblo mágico* Valle de Bravo birgt eines der hübschesten Kolonialzentren Zentralmexikos und bietet sich sowohl als charmantes Ausflugsziel von Mexico City aus oder als Zwischenstopp aus Malinalco kommend an. Die Kulisse mit dicht bewaldeten, nebligen Bergen und roten Terrakottadächern erinnert fast ein wenig an die Seen Norditaliens.

Valle ist als Wochenendziel für die gut vernetzte Oberschicht der Hauptstadt bekannt.

Am Ufer des **Lago Avándaro** bieten sich tolle Ausblicke. Der künstlich angelegte See entstand durch den Bau einer Wasserkraftanlage. Beliebt sind Bootsfahrten und Gleitschirmfliegen sowie Camping und Hüttenübernachtungen in den Bergen.

Wanderungen zu Haciendas, Schmetterlingsfarmen, Wasserfällen und sogar zu einem buddhistischen Tempel kann man in Eigenregie oder im Rahmen einer Tour unternehmen. Der beliebteste Weg führt zum Aussichtspunkt **La Peña** mit Panoramablicken über den See, der außerdem als Startpunkt für Gleitschirmflüge dient. Informationen gibt's beim Stand der Tourismusinformation am *zócalo*.

DIE BESTEN RESTAURANTS IN VALLE DE BRAVO

La Michoacana
In der Nähe des *zócalo* mit Traumblicken auf die Stadt und den See. Lecker ist der Lachs in Mandelsauce. $

Restaurante Paraíso
Fantastische Seeblicke, eine große Auswahl an Meeresfrüchtespezialitäten sowie fantasievoll zubereitete Forelle. $$

La Chiquita
Das rustikale Bistro serviert authentische *tlayudas* (mexikanische Tortilla-„Pizza") und Hühnchen-*mole* nach Oaxaca-Art. $$

El Punto
Schicke Café-Bäckerei in einem Hof mit europäisch-mexikanischem Biofrühstück, Säften, Kombucha und Backwaren. $

ÜBERNACHTEN IN VALLE DE BRAVO

Hotel San Sebastian
Von den Balkonen der kleinen Zimmer des schicken Hotels bieten sich großartige Blicke auf den See und die Terrakottaziegel. $$

Hotel San José
Ranchähnliches Hotel in der Nähe des *zócalo* mit Bergblicken und großen, einfachen Zimmern mit sehr gemütlichen Betten. $

Hotel y Club de Golf Avándaro
Dank Pool, Golfplatz, Spa, Tennis und hübschen Hütten kann man hier wunderbar abschalten. $$$

DIE BESTEN MUSEEN IN TOLUCA

Museo Taller Nishizawa
Werke des Wandmalers Nishiwa mit Wurzeln in Japan und Toluca, der sein japanisches Erbe in die Landschaften einfließen lässt.

Centro Cultural Mexiquense
Das Kulturzentrum 4,5 km westlich der Innenstadt Tolucas beherbergt die drei folgenden hervorragenden Gratis-Museen.

Museo de Arte Moderno del Estado de México
Mutige zeitgenössische Kunst von Tamayo und Orozco sowie ein Wandbild über Sklaverei.

Museo de Antropología e Historia
Zeichnet mittels Werkzeugen und Textilien prähispanische kulturelle Einflüsse nach.

Museo de Culturas Populares
Wunderbar abwechslungsreiche Sammlung von traditionellem mexikanischem Kunsthandwerk.

ERLUCHO/SHUTTERSTOCK ©

Cosmovitral Jardín Botánico

Selbst wenn man nur durch das faszinierende, größtenteils intakte Kolonialzentrum spazieren möchte, lohnt sich eine Übernachtung. Valle ist gut auf Reisende eingestellt und dennoch authentisch.

Menschheitsgeschichte in einem Buntglashaus in Toluca

KOSMISCHE ANFÄNGE UND MUSEEN

Die meisten Reisenden passieren Toluca lediglich auf ihrem Weg nach Malinalco, Valle de Bravo oder auch nach Mexico City (jeweils 1½ Std.) entfernt, dabei lockt die dynamische Stadt mit hübschen Plätzen, belebten Einkaufsstraßen, Kunstgalerien und Museen.

Eine Attraktion lohnt aber schon für sich genommen einen Besuch: der spektakuläre **Cosmovitral Jardín Botánico,** ein botanischer Garten mit Buntglasfenstern. Das eindrucksvolle, einzigartige Gewächshaus wurde im Jahr 1909 als Markt erbaut und beherbergt heute 3500 m² große, wunderschöne Gartenanlagen, die von 48 Buntglas-Paneelen erleuchtet werden. Sie sind das Werk des aus Toluca stammenden Künstlers Leopoldo

ESSEN IN TOLUCA

Petra Fonda
Kreative, modern interpretierte mexikanische Gerichte in exquisiter Glashaus-Kulisse. **$$**

La Gloria Chocolatería y Pan 1876
Das familienbetriebene Café serviert Tacos und Sandwichs, der Verkaufsschlager sind jedoch *churros*. **$**

La Vaquita Negra del Portal
Unter den bekannten *portales* (Torbögen) serviert die Institution von 1943 erstklassige *torta*-„Sandwiches“ aus erlesenen Zutaten. **$**

Flores, unterstützt von 60 Kunsthandwerker:innen. Die 500 000 Glasstücke in 28 verschiedenen Farben stammen aus sieben Ländern, darunter Japan, Belgien und Italien.

Die Paneele zeigen die historische Entwicklung der Menschheit und deren Beziehung zu den Sternen, was das „Cosmo" im Namen erklärt. Zudem sind die Gegensätze des Universums dargestellt: Schöpfung und Zerstörung, Leben und Tod, Tag und Nacht. Im östlichen Teil sind ein Mann und eine Frau im Andromedanebel zu sehen, während in der Mitte die Entstehung des Universums bunt leuchtet.

Tatsächlich lohnt es sich also, mehr als nur einen Tag in Toluca zu verbringen.

Nevado de Toluca

PANORAMABLICKE VON ZWEI GIPFELN

Atemberaubende Ausblicke auf die von Schnee gesäumten Kraterseen Sol und Luna bieten sich von den zwei Gipfeln des Nevado de Toluca, auch Xinantécatl genannt. Der lange erloschene Vulkan zählt zu den höchsten Bergen in der Region und ist der vierthöchste Mexikos. Beliebt ist die Wanderung zum niedrigeren **Pico del Águila** (4620 m), die in der Nähe des Parkplatzes startet. Eine größere Herausforderung ist der drei- bis vierstündige Aufstieg zum höheren Hauptgipfel, dem **Pico del Fraile** (4704 m). Je früher man oben ist, desto besser sind die Chancen auf eine klare Sicht. Manchmal kann man im Gipfelbereich langlaufen, denn von November bis März liegt dort teils Schnee. Bei starkem Schneefall ist die Área de Protección de Flora y Fauna Nevado de Toluca, der einstige Parque Nacional Nevado de Toluca, gesperrt.

Die Umbenennung des Nationalparks in *„zona protegida"* (geschütztes Gebiet) durch die mexikanische Regierung 2013 legalisierte und legitimierte den zuvor unkontrollierten Bergbau im Park. Dennoch wird das Gebiet oft noch immer als Nationalpark bezeichnet.

ARCHÄOLOGISCHE WUNDER

Nevado de Toluca birgt 18 archäologische Stätten an den Kraterwänden und Gipfeln. In prähispanischer Zeit diente die Gegend der indigenen Bevölkerung als rituelles Zentrum, in dem Zeremonien und Opfergaben stattfanden. Die **Seen** selbst gelten auch als archäologische Stätten, da auch hier Opfergaben (insbesondere Kopal) erbracht wurden, die am Grund des Sees liegen.

An einer dieser Stätten, **Xicotepec,** wurden grüne Obsidian-Schwerter und mehrfarbige Keramikartefakte gefunden. Der **Pico Sahagun** an der Nordseite des Kraters brachte Keramikstücke hervor, während **El Mirador** auch dank einer Stele mit dem Zenit der Sonne in Verbindung gebracht wird.

UNTERWEGS VOR ORT

In der Regel ist es am besten, nach Mexico City zurückzufahren und dort einen Erste-Klasse-Bus nach Valle de Bravo zu nehmen. Es gibt keine Direktverbindungen zwischen Malinalco und den hier genannten Zielen, ohne Toluca oder Mexico City passieren zu müssen. Eventuell sind holprige kleinere *peseros* (öffentliche Minivans) eine Alternative, wobei man auch dann umsteigen muss.

Tolucas Verkehrsknotenpunkte sind der Toluca International Airport, der chaotische Busbahnhof und die Bahnlinie (Tren Interurbano de Pasajeros Toluca-Valle de México) zur Metrostation Observatorio in Mexico City, die deutlich später als geplant eröffnet wurde. Mit dem Auto muss man von der Hauptstadt Tolucas Schnellstraßen passieren, um nach Valle de Bravo und Malinalco zu gelangen. Zum abgeschiedenen Nevado de Toluca kommt man am besten im Rahmen einer Tour mit Transport, außer man verfügt über sehr viel Erfahrung in bergigem Terrain.

STACYARTUROGI/SHUTTERSTOCK ©

Oben und daneben: Tlacotalpan

VERACRUZ

BERGE, STRÄNDE UND KAFFEESTÄDTE

Der unterschätzte Bundestaat Veracruz umfasst ein großes Waldgebiet und erstreckt sich entlang der Küste des Golfs von Mexiko.

Der langgezogene und vielfältige Bundesstaat Veracruz erstreckt sich über einen Großteil der Küste des Golfs von Mexiko und ist eine Region von großer historischer Bedeutung. Hier begann die spanische Eroberung des Azteken-Reiches, und die Region war die Wiege der ältesten Kultur Mesoamerikas, der Olmeken. Die verschiedenen indigenen Zivilisationen, die hier lebten, hinterließen eine Reihe archäologischer Wunderwerke, darunter die riesigen Olmekenköpfe von San Lorenzo Tenochtitlán und die „Nischen"-Pyramiden von El Tajín.

In der ältesten von Europäern gegründeten Siedlung Mexikos, der Stadt Veracruz, gibt es den größten Hafen des Landes und ein paar Strände und unberührte Inseln. Im Landesinneren erhebt sich der höchste Gipfel des Landes, der schneebedeckte Pico de Orizaba, in seiner ganzen Pracht, nicht weit entfernt von dem bezaubernden pueblo mágico (Magisches Dorf) Orizaba. Die Hauptstadt Xalapa ist umgeben von Kaffeeplantagen und historischen Dörfern wie Xico und Coatepec. Weiter südlich entlang der Küste locken die schwüle Laguna Catemaco und das nahe gelegene Biosphärenreservat Los Tuxtlas mit einer einzigartigen üppigen Landschaft und zauberhaften Wasserfällen.

Mit über 720 km Küstenlinie, 24 Flüssen und 15 Lagunen bietet Veracruz eine unglaubliche Vielfalt und wird dennoch von Reisenden häufig übersehen. Auch wenn die Strände auf Yucatán schöner und die Städte im benachbarten Oaxaca kulturell reicher sind, bietet Veracruz all das auch, aber ohne Touristenmassen und in einer wunderbaren Ruhe.

DIE WICHTIGSTEN ZIELE

VERACRUZ (STADT) Mexikos ältester und größter Hafen. S. 182

XALAPA Pulsierende Universitätsstadt. S. 192

ORIZABA Europäisches Flair mitten in den Bergen. S. 201

PAPANTLA Die indigene Stadt ist für ihre „fliegenden" Voladores bekannt. S. 206

RESERVA DE LA BIOSFERA Los Tuxtlas Vulkane und Inseln. S. 211

Erste Orientierung

Der kleine Bundesstaat Veracruz, der sich über einen großen Teil der mexikanischen Golfküste erstreckt, bietet eine Reihe von Sehenswürdigkeiten; von Stränden über Hochlandstädte bis hin zu schwülen Seen. Einige Orte, voll mit Geschichte, Kultur oder Natur, sind besonders lohnenswert.

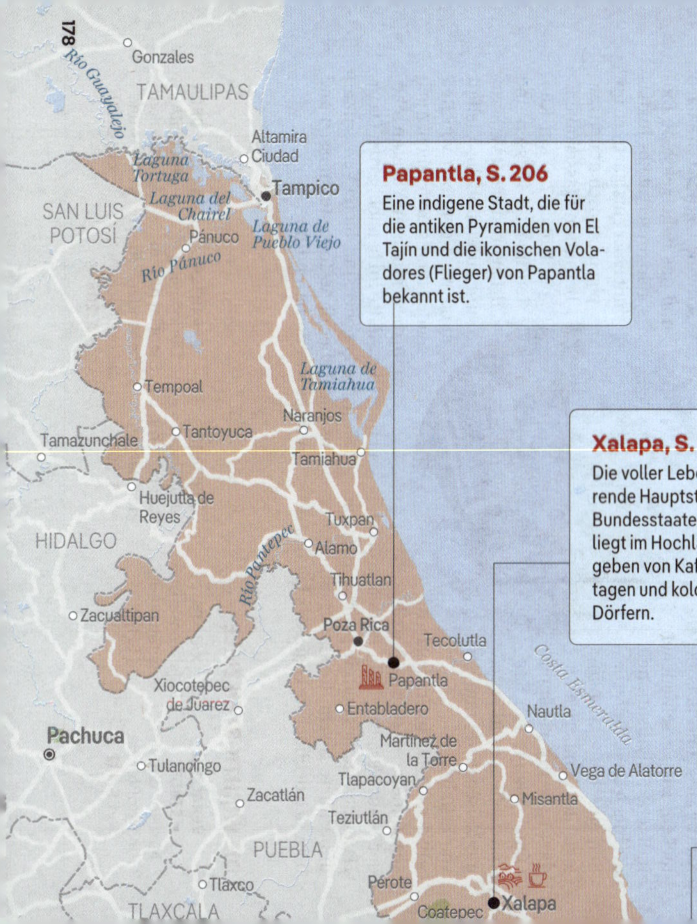

Papantla, S. 206
Eine indigene Stadt, die für die antiken Pyramiden von El Tajín und die ikonischen Voladores (Flieger) von Papantla bekannt ist.

Xalapa, S. 192
Die voller Leben pulsierende Hauptstadt des Bundesstaates Veracruz liegt im Hochland, umgeben von Kaffeeplantagen und kolonialen Dörfern.

Veracruz City, S. 182
Die älteste von Europäern gegründete Siedlung Mexikos bietet eine faszinierende Mischung aus verruchtem Altstadtflair und lebhafter Strandatmosphäre.

Orizaba, S. 201

In diesem Pueblo Magico, einer der schönsten Städte von Veracruz, kann man den schneebedeckten Pico de Orizaba, den höchsten Berg Mexikos, erblicken.

Reserva de la Biosfera Los Tuxtlas, S. 211

Hier kann man auf den aktiven Volcán San Martin wandern, durch die Gewässer der Laguna Catemaco gleiten oder Inseln mit olmekischen Skulpturen und Wasserfällen besuchen.

BUS

Veracruz als zentraler Knotenpunkt sorgt für gute Verbindungen entlang der Küste und im Landesinneren. ADO verknüpft alle größeren Städte in Veracruz mit klimatisierten Bussen. Minibusse und Sammeltaxis verbinden die Städte mit den Dörfern.

AUTO

Die Straßen sind in relativ gutem Zustand. Der einspurige Highway 180 verbindet die Küstenstädte von Veracruz City bis nach Papantla; der Verkehr kann sich zu bestimmten Tageszeiten stauen. Am Flughafen gibt es Autovermietungen, darunter Hertz und Dollar.

TAXI

In Veracruz City müssen die Taxis die offiziellen Tarife für die diversen Reisezonen aushängen. Die Taxis sind preiswert und die Preise sind im ganzen Bundesstaat Veracruz einheitlich. Auch Uber ist in Veracruz-Stadt und Xalapa leicht verfügbar.

Perfekte Tage

Die Entfernungen in Veracruz sind recht kurz: Vom Strand ins Hochland braucht man nur zwei Stunden. Wer seinen Aufenthalt gut plant, kann in nur einer Woche Kolonialstädte durchstreifen, durch Kaffeeplantagen und in Hochlandwäldern wandern.

OOO.PHOTOGRAPHY/SHUTTERSTOCK ©

El Tajín (S. 208)

Tag 1

● Man landet wahrscheinlich in der Stadt Veracruz und beginnt den Tag somit am besten im historischen Stadtzentrum. Auf dem zócalo (Hauptplatz) ist immer jede Menge los, vor allem am Sonntag, wenn die Einheimischen zur Messe in die **Catedral de Veracruz** (S. 184) strömen. Im **Gran Café de la Parroquia** (S. 185) sollte man unbedingt den berühmten lechero (Milchkaffee) trinken. Nach alter Tradition klopfen die Einheimischen mit dem Löffel an ein Kaffeeglas, um auf sich aufmerksam zu machen.

● Im **Museo Histórico Naval** (S. 185) taucht man tief in Veracruz' Seefahrtsgeschichte ein. Dann geht's weiter zum Leuchtturm **Faro Carranza** (S. 185). Jeden Montag wird hier eine feierliche Zeremonie abgehalten. Das Gebäude befindet sich direkt am malecón (Strandpromenade), der vorbei an Statuen von berühmten Politikern und kilometerlangem grauen Sandstrand führt.

VON LINKS NACH RECHTS: MEXICO SHOOTS/GETTY IMAGES ©, JAM MEDIA/GETTY IMAGES ©, JUANARIZAI/SHUTTERSTOCK ©

Beste Reisezeit

Die beste Zeit für einen Besuch ist zwischen Dezember und Mai, wenn es kaum regnet. Der Karneval findet in der Hochsaison in Veracruz statt, aber für die elektrisierenden Feierlichkeiten lohnt es sich, sich durch die Menschenmassen zu drängeln.

JANUAR

In Tlacotalpan findet der **Día de la Candelaria** statt, bei dem Stiere durch die Straßen getrieben werden und eine Flotte aus kleinen Booten den Fluss hinuntertreibt.

FEBRUAR

Mit dem **Karneval in Veracruz** beginnt die Partysaison an Mexikos Ostküste. Es gibt farbenprächtige Paraden, Feuerwerk, Sambamusik und Folklorevorführungen.

APRIL

Das **Frühlingsäquinoktikum** wird mit traditionellen Totonac-Tänzen gefeiert, wenn die ersten Sonnenstrahlen auf die Pyramiden von El Tajín treffen.

Tag 2

● Weiter Richtung Westen liegt **Orizaba** (S. 201) und der beeindruckende Jugendstilpalast **Palacio de Hierro** (S. 202) von Gustave Eiffel, in dem sich heute ein kleines Kunstmuseum befindet. Die tolle Seilbahn **Teleférico de Orizaba** (S. 202) fährt hinauf zum Cerro del Borrego. Von dort hat man einen atemberaubenden Blick über die Stadt. Ein Rundweg führt zu Aussichtspunkten, von wo man bei klarer Sicht bis zu Mexikos höchsten Berg, dem Pico de Orizaba, blicken kann.

● Zurück in der Stadt macht man einen schönen Spaziergang entlang des Río Orizaba flussabwärts bis zum **Paseo del Arte** (S. 205), wo es spektakuläre Wandgemälde zu bestaunen gibt, oder flussaufwärts zu den Tieren im **Reserva Animal Citlaltépet** (S. 205) entlang des Paseo del Río.

Tag 3

● Wer mehr Zeit hat, fährt weiter Richtung Nordosten nach **Xalapa** (S. 192), der Hauptstadt des Bundesstaates Veracruz. Der größte Besuchermagnet ist das **Museo de Antropología** (S. 195), in dem sieben der 17 gigantischen Olmekenköpfe ausgestellt sind, die in Mexiko gefunden wurden. In den zahlreichen grünen Parks in der Stadt kann man die frische Bergluft genießen. Der **Parque Ecológico Macuiltépetl** (S. 195) ist der beliebteste Ort bei Sonnenuntergang.

● Dann fährt man weiter Richtung Norden nach **Papantla** (S. 206) zu den stimmungsvollen und oft leeren alten Ruinen von **El Tajín** (S. 208). Außerhalb der Ruinen führen die „fliegenden" Totonac-voladores regelmäßig ihr Ritual durch, bei dem sie sich von einem 30 m hohen Holzpfahl stürzen und wie in Trance um ihn herumschwingen.

MAI

Die **Feria de Corpus Christi** ist ein großes Event in Papantla. In der ganzen Stadt sieht man Voladores (fliegende Tänzer), Umzüge, Stierkämpfe und charreadas (mexikanische Rodeos).

JUNI

In Papantla wird am 18. Juni das **Festival de Vainilla** mit indigenen Tänzen, gastronomischen Köstlichkeiten und dem Verkauf von allen möglichen Vanilleprodukten gefeiert.

JULI

Xico feiert seine Schutzpatronin zwischen dem 15. und 24. Juli mit der **Fiesta de Santa Magdalena** mit einem Stierlauf.

NOVEMBER

Bei milden Temperaturen und wenig Regen strömen Traveller ins Land. In Veracruz wird der **Dia de los Muertos** gefeiert – ofrendas (Altäre) werden aufgebaut und Friedhöfe besucht.

VERACRUZ (STADT)

Mexico City
Veracruz

Veracruz (auch bekannt als Heroica Veracruz) liegt an der Küste des Golfs von Mexiko und ist die älteste von Europäern gegründete Siedlung Mexikos. Mit der Ankunft von Hernán Cortés am 21. April 1519 begann sein Eroberungsfeldzug in Mexiko.

Veracruz war 400 Jahre lang Mexikos wichtigstes Tor zur restlichen Welt. Unzählige Plünderungen durch Franzosen, Spanier und Amerikaner verwüsteten die Stadt und hinterließen im historischen Zentrum verfallene Kolonialarchitektur. Schmucklose Kirchen stehen neben Art-déco-Gebäuden und modernistischen Wahrzeichen in verschiedenen Verfallstadien. Die Schönheit der Stadt liegt eher in ihrem spröden Charakter als in ihrer Großartigkeit.

Auf dem *zócalo* (Hauptplatz) herrscht vor allem am Wochenende zumeist eine ausgelassene Stimmung, wenn viele Paare traditionellen Tänzen üben. Ein paar Häuserblocks weiter östlich befindet sich der malecón, eine 20 km lange Strandpromenade, die zwischen ruhigen, von Art-déco-Gebäuden gesäumten Abschnitten und belebten Stränden mit vielen Strandbars wechselt. Weiter südlich markieren moderne Wolkenkratzer und riesige Einkaufszentren den Beginn der Ablegerstadt Boca del Río.

TOP TIPP

Der kleine, aber schöne internationale Flughafen von Veracruz liegt 18 km südwestlich des Zentrums. Einige Fluggesellschaften fliegen häufig nach Mexico City, Monterrey, Cancún und Houston. Es verkehren keine Busse von hier in die Stadt, aber für ein offizielles Taxi von ADO bezahlt man 270 Mex$ ins Stadtzentrum. Tickets gibt's an einem Stand in der Ankunftshalle.

Zócalo (S. 184)

San Juan de Ulúa (8 km)
Hafen von Veracruz
Isla de Sacrificios (3 km)
Cancuncito (3 km)
Isla de Enmedio (21 km)
0 — 200 m
Plaza de la Republica
Zócalo
Parque de Marina
Parque Zamora
Boca del Rio (11 km)
Av Zaragoza
Juárez
Lerdo de Tejada
Zamora
Molina
Serdán
Arista
Landero y Coss
Paseo del Malecón
Av Xicoténcatl
Peña
Av 16 de Septiembre
Morales
Figueroa
Hernández
Canal
Rayón
Av Gómez Farías
Víctimas del 25 de Junio
Doblado
Clavijero
Av Independencia
Av 5 de Mayo
Av Madero
Av Hidalgo
Blvd Camacho

SEHENSWERTES
1 Altar de la Patria
2 Baluarte de Santiago
3 Catedral de Veracruz
4 Faro Carranza
5 Monumento al Emigrante Libanés
6 Museo Histórico Naval
7 Palacio Municipal
8 Playa Ostiones
(siehe 5) Plaza del Migrante Libanés
9 Torre de Pemex
10 Zócalo

AKTIVITÄTEN
11 Paseo del Malecón

AUSGEHEN
12 Gran Café de la Parroquia

SHOPPEN
13 Mercado de Artesanías

Baluarte de Santiago (S. 185)

DIE BESTEN RESTAURANTS IN VERACRUZ

Antojitos Miguel Alemán
Das bei Einheimischen sehr beliebte Lokal hat sich mit seinen picadas (kleine Tortillas mit hochgezogenem Rand) eine treue Anhängerschaft erworben. $

Fussion Restaurante & Taller
Mit Gerichten wie Thunfisch-tataki in Mole und Oktopus-Risotto bietet das Fussion eine moderne Interpretation der mexikanischen Küche. $$

Emilio Restaurante
Die Einheimischen lieben das gemütliche Lokal und seine kreativen Gerichte, die mexikanische, italienische und spanische Aromen vereinen. $$

Namik
Das schickste Restaurant in Veracruz unter der Leitung von Chefkoch Erik Guerrero serviert gehobene Gourmetgerichte à la Veracruz. $$$

Palacio Municipal

Der Zócalo

JEDES WOCHENENDE EINE PARTY

Alle Straßen in Veracruz führen zum *zócalo* (oder Plaza de Armas), dem pulsierenden Herzen des historischen Zentrums. Der schöne Platz ist umgeben von hohen Palmen, den schönsten Kolonialgebäuden der Stadt, wunderschönen *portales* (Arkaden) und einigen gut besuchten, hochpreisigen Restaurants mit Tischen auf dem Platz.

Im Südosten steht die **Catedral de Veracruz** (Nuestra Señora de la Asunción) aus dem 18. Jh., die aus Korallen und Bruchsteinen gebaut wurde. Die weiß getünchte neoklassizistische Fassade bildet einen perfekten Kontrast zu den auffälligen blaugrünen Mosaikziegeln auf dem Kuppeldach. Davor steht der **Palacio Municipal** (Rathaus) aus dem 17. Jh. mit einem Wachturm, der einst dazu diente, die in den Hafen einlaufenden Schiffe zu beobachten.

An jedem Wochenende verwandelt sich der zócalo in eine Party im Freien, bei der kulturelle Tanzvorführungen eine Stimmung wie beim Karneval erzeugen. Auf dem Platz herrscht ein reges Treiben mit Musik, Marimba-Bands, Gauklern und Luftballonverkäufern. Die *jarochos* (Einwohner von Veracruz) nehmen ihre traditionellen Tänze sehr ernst, vor allem den *danzón*, einen eleganten tropischen Tanz mit kubanischen Wurzeln.

ÜBERNACHTEN IN VERACRUZ

Hotel Emporio
Das elegante Hotel ist voller Kunstwerke und die geräumigen Zimmer verfügen über einen tollen Meerblick. Das Hotel liegt am schönsten Abschnitt des malecón. $$$

Gran Hotel Diligencias
Das luxuriöseste Hotel in Veracruz liegt direkt am größten Platz der Stadt. $$$

Múcara Hotel
Das zentral gelegene Hotel liegt direkt neben der Kathedrale. Das ausgezeichnete Mittelklasse-Hotel hat einfache, aber sehr saubere Zimmer. $

Festungen & Museen

EINE REISE DURCH DIE GESCHICHTE DER SEEFAHRT

Das High-Tech-Museum **Museo Histórico Naval** in der ehemaligen Marine-Akademie erzählt die Geschichte der mexikanischen Seefahrt anhand von interessanten interaktiven Ausstellungen und Präsentationen nur in spanischer Sprache. Den Schiffssimulator im zweiten Stock sollte man nicht verpassen.

Hinter dem Museum steht der riesige **Faro Carranza**. Hier wurde 1917 die mexikanische Verfassung ausgearbeitet. In dem Gebäude befinden sich Büros der Marine, aber das Erdgeschoss ist für die Öffentlichkeit zugänglich. Jeden Montagmorgen hält die mexikanische Marine hier eine feierliche Zeremonie ab.

Ein paar Blocks Richtung Süden vermittelt das **Baluarte de Santiago** einen Eindruck davon, wie Veracruz als ummauerte Stadt mit mittelalterlichen Verteidigungsanlagen ausgesehen haben muss. Es wurde 1526 am damaligen Ufer erbaut und ist das einzige noch erhaltene von den neun Forts. Die verfallene Festung wirkt etwas deplatziert in einer ruhigen Seitenstraße des historischen Viertels.

Die Reise in die Geschichte der Seefahrt in Veracruz endet bei der **San Juan de Ulúa**, den Überresten der Festung aus der Kolonialzeit am nordwestlichen Ende des modernen Hafens. Die ältesten Befestigungsanlagen stammen aus dem Jahr 1565. Die Festung wurde ursprünglich auf einer Insel errichtet, die seitdem durch einen Damm mit dem Festland verbunden ist. Heute sind von der Festung nur noch die Ruinen von Brücken, Brustwehren und Korridoren zu sehen. Man sollte eine geführte Tour am Kartenschalter buchen.

AFROKUBANISCHE EINFLÜSSE IN VERACRUZ

Das kulturelle Erbe von Veracruz ist eine von den Afrokubanern beeinflusste Mischung, die während der Kolonialisierung als Sklaven ins Land gebracht wurden. Die *jarochos* (Einwohner von Veracruz) sind Nachkommen afrikanischer Sklaven, die Europäer oder Einheimische geheiratet haben. Der afrokubanische Einfluss ist in allen Aspekten der Kultur der jarachos spürbar – von ihrer Musik und ihrem Tanz bis hin zu ihren Ritualen und ihrem Essen.

Veracruz' berühmten Lechero probieren

MILCHKAFFEE UND DIE TRADITION DES LÖFFELKLOPFENS

In Veracruz muss man einfach das **Gran Café de la Parroquia** *(laparroquia.com)* besuchen. Die Institution gibt's schon seit 1808. Das Café brachte nicht nur die Kaffeekultur nach Veracruz, sondern hier entstand auch die Tradition des Löffelklopfens.

Der Gast klopft mit dem Löffel an ein Kaffeeglas, um auf sich aufmerksam zu machen. Ein Kellner in einer weißen Jacke kommt mit zwei großen Messingkesseln an den Tisch. Ein Kessel enthält den Kaffee, der andere die heiße Milch. Zuerst gießt er die Menge eines Espresso in das Glas und füllt es dann mit heißer Milch auf. Dabei wird die Milch in einem Strahl aus dem hoch über das Glas gehobenen Kessel ausgegossen. *Et voila!* Parroquias legendärer Milchkaffee, der *lechero*, ist serviert.

WEITERE MUSEEN IN VERACRUZ

Centro Cultural La Atarazana
Das ehemalige Lagerhaus wurde in ein schönes Kulturzentrum verwandelt. Eine der Wä schmückt ein herrliches Gemälde von Melchor Peredo, einem Künstler aus Veracruz.

Museo Agustín Lara
Das Museum zeigt Möbel und Erinnerungsstücke von Agustín Lara, einer der berühmtesten Musikikonen von Veracruz.

Museo de la Ciudad de Veracruz
In einem bezaubernden Kolonialgebäude wird die Geschichte der Stadt von der prähispanischen Zeit bis heute erzählt.

ESKYSTUDIO/SHUTTERSTOCK ©

Promenade

DIE BESTEN CAFÉS IN VERACRUZ

Impetus
Die Baristas des kreativen Cafés der dritten Kaffeewelle sind mehrfach preisgekrönt.

Antonino's
Ein kleines Café, das angeblich den besten Kaffee der dritten Kaffeewelle der Stadt braut.

Finca Sierra del Mar
Die Außenstelle der Kaffeefarm Sierra del Mar serviert hochwertigen Gourmetkaffee und Frühstück.

Gran Café del Portal
In dem wunderschönen alten Kaffeehaus wird heißer lechero serviert. Es hat eine schöne, alte Einrichtung und sogar einer Ecke mit Erinnerungsstücken.

Gran Café de la Parroquia
Das ehrwürdige *lechero-Kaffeehaus* ist eine Institution und hier wird die jahrhundertealte Tradition des Löffelklopfens gepflegt.

Außer Kaffee gibt's hier auch noch ein tolles Frühstück mit Eiern in mindestens zwölf Variationen und kleine Gerichte. Das Parroquia hat mehrere Nachahmer in der Stadt inspiriert, darunter einige direkt nebenan. Es gibt auch eine großartige neue Filiale des Parroquia (Ecke Av George Washington & Blvd Manuel Ávila Camacho) am Strand entlang des *malecón*.

Am Malecón entlangschlendern

DENKMÄLER UND SKULPTUREN AN DER STRANDPROMENADE

Als geschäftiger Ölhafen hat die Stadt Veracruz vielleicht nicht den schönsten Küstenabschnitt, aber die 8 km lange Strandpromenade **Paseo del Malecón** ist einen Spaziergang wert. Im Schatten von Art-déco-Gebäuden, Strandbars und *palapas* (strohgedeckte Hütten), die Meeresfrüchte verkaufen, bekommt man einen Eindruck davon, wie vielseitig die Stadt sein kann.

Am besten beginnt man am **Mercado de Artesanías**, auf dem jede Menge Souvenirs und Kunsthandwerk angeboten werden. Dann geht's vorbei an dem unscheinbaren Gebäude **Torre de Pemex,** das dem größten mexikanischen Ölkonzern gehört. Das Gebäude ist ein frühes Beispiel der modernen mexikanischen Architektur.

LIVEMUSIK & BARS IN VERACRUZ

Bar Prendes
Die Bar liegt in bester Lage für die abendlichen Tanzveranstaltungen auf dem *zócalo* und serviert großartige *botanas* (Snacks) zu eiskaltem Bier.

La Barricas
Die jarochos schwärmen von dem Veranstaltungsort, in dem alles von Reggaeton bis Rock gespielt wird.

La Casona de la Condesa
In dem Club in der Nähe der Strandpromenade gibt's fetzige Livemusik und ein energiegeladenes Publikum.

SERGIO HAYASHI/SHUTTERSTOCK ©

Encacahuatado

Die Strandpromenade führt entlang der Küste vorbei an mehreren Leuchttürmen, Statuen bekannter Politiker und Denkmälern für die Verteidiger der Stadt und die auf See gefallenen Seeleute. Die auffälligste Statue ist das **Monumento al Emigrante Libanés**, das zu Ehren der Einwanderer errichtet wurde, die hier durchgezogen sind. Zwei Häuserblocks Richtung Landesinnere vom malecón entfernt befindet sich der **Altar de la Patria**, ein Obelisk, der die Gräber derjenigen ziert, die Veracruz in den zahlreichen Schlachten verteidigt haben.

In Richtung Süden erweitert sich der malecón zu einem Fußgängerweg, den die Einheimischen bulevar nennen. Bänke und Tische mit Sonnenschirmen säumen die **Playa Ostiones**, den ersten der vielen grauen Sandstrände entlang der Küste.

Strände & Inseln

PLANSCHEN AN DER GOLFKÜSTE

Veracruz besuchen zwar nicht viele ausländische Reisende, aber seine Strände sind ein Magnet für mexikanische Urlaub machende. Südlich des Stadtzentrums gibt's tolle Strände entlang der Küste bis nach Boca del Río. Als Faustregel gilt: Je weiter entfernt von den Ölplattformen, desto schöner sind die Strände.

GERICHTE, DIE MAN IN VERACRUZ UNBEDINGT PROBIEREN MUSS

Wegen seiner Lage am Meer spielen in Veracruz Meeresfrüchte die Hauptrolle. In fast jedem Restaurant stehen Meeresfrüchtegerichte auf der Speisekarte. Die Einheimischen kombinierten spanische und afrokaribische Einflüsse mit Meeresfrüchten und der prähispanischen Ernährung mit Reis und Bohnen, um Gerichte zu kreieren, die alle Einflüsse vereinen.

Arroz a la tumbada Eine Suppe mit Meeresfrüchten und Reis.

Huachinango a la veracruzana Gebratener roter Schnapper in scharfer Tomatensoße.

Chilpachole de jaiba Ein scharfer Eintopf mit Krabben und Chilis.

Pollo encacahuatado Hühnchen serviert in Erdnusssoße.

Picada Ein *antojito* (Snack an Straßenständen) aus einer kleinen Tortilla mit einem hochgezogenen Rand mit Sahne, Käse, Zwiebeln und Salsa.

DIE BESTEN MEERESFRÜCHTERESTAURANTS IN VERACRUZ

Palapa Perea Seafood
In dem rustikalen Restaurant baumeln Haifischfiguren vom Strohdach. Das Lokal ist bei Einheimischen sehr beliebt wegen der preisgünstigen, aber frischen Meeresfrüchte. **$**

La Cevicheria
Das Lokal wird als erste Adresse für Ceviche (marinierter roher Fisch) und *coctel de marisco* (Meeresfrüchtecocktail) gepriesen. **$$**

Villa Rica Mocambo
Eine äußerst beliebte Meeresfrüchtekette, die seit langem ein fester Bestandteil der Restaurantszene von Veracruz ist. **$$**

LOCAL TIPP: DIE BESTEN ORTE FÜR KINDER

Sara Tyler, eine Worldschooling-Mutter und Inhaberin von Nomad Publishing, nennt ihre Lieblingsorte in Veracruz für einen Besuch mit Kindern.

Parque Zaragoza
Der Lieblingsplatz meiner Familie in der Stadt ist dieser grüne Park südlich des centro (Stadtzentrum). In der grünen Oase können sich die Kinder frei bewegen. Neben dem Park gibt es einen Markt mit fantastischen picadas (Tortillas mit hochgezogenem Rand).

Paseo del Malecón
In den Abendstunden ist die Uferpromenade toll für einen Spaziergang. Meine Kinder fahren hier gerne mit dem Fahrrad.

Isla de Enmedio
Nur einen Katzensprung von Veracruz entfernt findet man hier das ultimative Paradies mit weißen Sandstränden wie aus dem Bilderbuch. Hier verbringen wir oft das Wochenende.

Boca del Río

Vom Aquarium fahren lanchas (Motorboote) zu den vorgelagerten Inseln, wo man unberührtes, kristallklares Wasser vorfindet. Eine schöne Alternative ist auch **Cancuncito**, eine Sandbank vor der Küste, die manchmal völlig überflutet ist. Hier kann man herrlich baden und schnorcheln. Die meisten Boote fahren auch zur **Isla de Sacrificios**. Auf der Insel fanden früher Menschenopfer der Totonac statt, später war sie eine Leprakolonie. Heute gehört sie zum Natur- und Meeresschutzgebiet **Parque Marino Nacional Sistema Arrecifal Veracruzano**. Deshalb dürfen die Boote auch nicht anlegen.

Die **Isla de Enmedio,** ein Geheimtipp unter den Einheimischen, soll die besten Strände in Veracruz haben. Die streng geschützte Insel ist Teil des Nationalparks, und in ihrem glasklaren Wasser wimmelt es von Korallenriffen und farbenprächtigen Fischen. Auf der Insel muss man vorsichtig sein, denn es liegen viele Schildkröteneier im pulverigen Sand vergraben. Zum Schutz der Eier wurde ein Schildkrötencamp eingerichtet. Die Insel liegt eine 25-minütige Schnellbootfahrt von Antón Lizardo, 30 km südöstlich von Veracruz, entfernt.

Die aus dem Nichts entstandene Stadt **Boca del Río** hat einen schönen Strand mit seichtem Wasser und kleinen Wellen, der für kleine Kinder geeignet ist. In den letzten Jahren wurden hier gläserne Wolkenkratzer und moderne Gebäude gebaut, darunter das **Foro Boca**, eine 2017 erbaute futuristische Konzerthalle. Der Blvd Camacho an der Flussmündung des Río Jamapa ist von farbenfrohen Meeresfrüchterestaurants gesäumt. Das beste ist das Villa Rica Mocambo. Hier legen auch die *lanchas* zu ihren Touren durch die Mangroven ab.

UNTERWEGS VOR ORT

Das Stadtzentrum von Veracruz kann man gut zu Fuß erkunden. Busse mit der Aufschrift „Mocambo-Boca del Río" fahren regelmäßig von der Ecke Avenida Zaragoza und Arista in der Nähe des zócalo zum Strand. Sie fahren am Parque Zamora vorbei, über den Blvd Camacho zur Playa Mocambo (20 Min.) und dann weiter nach Boca del Río (30 Min.). Der Busbahnhof liegt 3 km südlich vom zócalo. Busse mit der Aufschrift „Díaz Mirón y Madero" fahren ins Stadtzentrum. Die Busse fahren vorbei am Parque Zamora und dann weiter zur Avenida Madero.

Rund um Veracruz (Stadt)

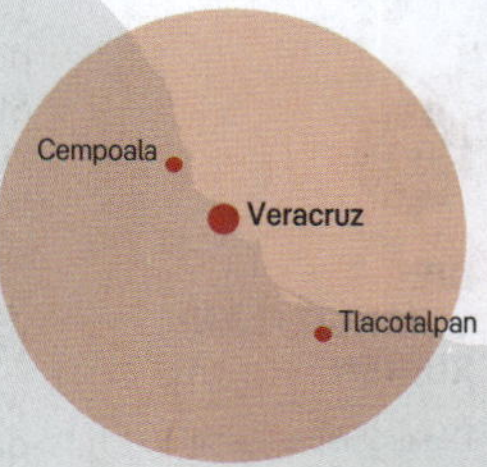

Veracruz ist der perfekte Ausgangspunkt für die alten Ruinen im Norden und die magischen Städte im Süden.

Die Küste von Veracruz ist gespickt mit historischen Stätten, alten Ruinen und *pueblos mágicos*. Der Norden von Veracruz ist von großer historischer Bedeutung, aber noch relativ unberührt und unerforscht. Die beeindruckenden archäologischen Stätten Cempoala und Quiahuiztlán sind wegen ihrer einzigartigen Pyramiden mit rechteckigen Nischen einen Besuch wert und können beide auf einem Tagesausflug von Veracruz aus kombiniert werden. Im Süden von Veracruz liegt die malerische Kolonialstadt Tlacotalpan, die vermutlich am wenigsten bekannte UNESCO-Welterbestätte Mexikos.

TOP TIPP

Vom Hauptbusbahnhof aus fahren Busse zu den verschiedenen Städten und Ruinen rund um Veracruz, die man daher bequem und einfach auf eigene Faust erkunden kann. Wer geführte Touren bevorzugt, für den organisiert Tours y Tickets Veracruz (turiticket.com*)* Tagestouren in komfortablen Fahrzeugen in kleinen Gruppen.

Cempoala (S. 190)

LEV LEVIN/SHUTTERSTOCK ©

Die wenig besuchten Ruinen der Totonac

ALTE TEMPEL UND PYRAMIDEN

Die archäologischen Überreste von **Cempoala** stammen aus der Zeit um 1200 n. Chr. und liegen am Stadtrand der heutigen Stadt Zempoala, etwa 48 km nördlich von Veracruz. Einst lebten rund 30 000 Totonac in der Stadt, Cempoala war von einer Verteidigungsmauer umgeben und es gab ein unterirdisches Wasser- und Abwassersystem. Die Tempel und Gebäude wurden umfangreich renoviert. Die meisten sind mit spiegelglatten Flusssteinen verziert, obwohl viele ursprünglich verputzt und weiß gestrichen waren. In den Tempeln wurden Menschenopfer dargebracht.

Bevor man das Gelände erkundet, sollte man das kleine Museum besuchen. Hier gibt's neben (spanischen) Erläuterungen und Fotos zu den wichtigsten Gebäuden auf dem Gelände auch interessante Lehmfiguren, mehrfarbige Steinplatten, Feuersteine aus Obsidian und rituelle Keramiken zu sehen. Vor dem Eingang zum **Templo del Muerte** (Totentempel) befand sich einst ein Grabmal von Mixtecachihuatl, der Göttin der toten Frauen. Der 1972 entdeckte **Templo Mayor** (Haupttempel) ist eine 11 m hohe Pyramide mit einer breiten Treppe, die zu einem Schrein hinaufführt.

Bei ihrem ersten Aufenthalt in Cempoala residierten Cortés und seine Männer im **Templo de Las Chimeneas**, dessen zinnenähnliche Spitzen sie für Kamine hielten – daher auch der Name. Im **Círculo de los Guerreros**, einem Steinkreis im Zentrum der Anlage, mussten gefangene Soldaten gegen mehrere Stammeskrieger kämpfen. Nur wenige überlebten das.

Im Westen befinden sich zwei große Gebäude: Im **Templo del Sol** wurden dem Sonnengott Opfer gebracht. Das zweite Gebäude weiter nördlich ist der **Templo de la Luna,** der den Aztekentempeln ähnelt und dem Windgott Ehécatl geweiht war.

DIE QUIAHUIZTLÁN-RUINEN

Die prähispanische Stadt und Nekropole der Totonac **Quiahuiztlán** („Ort der Regen") klebt 34 km nördlich von Zempolala wie ein Mini-Machu-Picchu auf einem Plateau unterhalb des hornförmigen Gipfels. Die Stätte besteht aus zwei Pyramiden, mehr als 70 Gräbern und in Stein gemeißelten Monumenten mit einem atemberaubenden Blick auf die Golfküste. Vom Hauptplateau über dem Meer führt ein kurzer Weg hinauf zu weiteren vier Gräbern.

Trotz ihrer erhabenen Lage wurde die Siedlung zwischen 800 und 900 n.Chr. zuerst von den Tolteken und dann um 1200 n.Chr. von den Azteken unterworfen. All das kann man ganz in Ruhe bewundern, da man wahrscheinlich den Ort ganz für sich allein haben wird.

Das farbenfrohe Tlacotalpan erkunden

UNESCO-WELTKULTURERBESTADT

Pastellfarbene historische Gebäude, elegante Pavillons im europäischen Stil und die Anordnung im perfekten Schachbrettmuster machten die malerische Stadt 1998 zum UNESCO-Weltkulturerbe. Das 100 km südlich von Veracruz gelegene Tlacotalpan war früher ein bedeutender Flusshafen, der jedoch mit dem Bau der Eisenbahnlinie seine Bedeutung verlor:
In Tlacotalpan schlendert man am besten einfach durch die bunten Straßen und saugt die Atmosphäre in sich auf. Die Stadt

ESSEN IN TLACOTALPAN

Rokala
Seine absolut unschlagbare Lage unter den Kolonialbögen der Plaza Zaragoza macht das freundliche Restaurant das ganze Jahr über sehr beliebt. **$$**

Restaurant Doña Lala
Das beliebteste Restaurant der Stadt mit einer großen Auswahl an mexikanischen Gerichten. **$$**

Las Brisas del Papaloapan
Das sehr beliebteste Fischrestaurant am Flussufer serviert den Fang des Tages und *arroz a la tumbada*. **$$**

Tlacotalpan

ist ein einziger Farbenrausch. Die leuchtenden Sonnenuntergänge über dem nahe gelegenen **Río Papaloapan** addieren feine Orange- und Gelbtöne zu dem Regenbogen aus Kolonialhäusern, sodass man sofort an das verschlafene Havanna erinnert wird. Am besten erkundet man die (ebene) Stadt auf zwei Rädern: Man leiht sich ein Fahrrad bei Bicicleteando aus und fährt gemütlich zum Flussufer hinunter.

Tlacotalpan hat zwei hübsche Plätze direkt nebeneinander: Den **Parque Hidalgo** und die **Plaza Zaragoza**. Man sollte unbedingt einen Blick in die lachsfarbene **Capilla de la Candelaria** at Parque Hidalgo werfen. Das Mittelgewölbe ist aus Korallenstein aus Veracruz gefertigt. Die **Parroquía San Cristóbal** ist eine klassizistische Kirche aus dem 18. Jh. und völlig in blau und gelb gehalten.

Das beste der wenigen kleinen Museen in Tlacotalpan ist das **Museo Salvador Ferrando**. Es ist nach einem einheimischen Künstler benannt. Zu den bunt zusammengewürfelten Ausstellungsstücken zählen eine alte Singer-Nähmaschine und Gemälde von Persönlichkeiten der Stadt. Das **Teatro Netzahualcóyotl** im prächtigen französischen Stil wurde im Jahr 1891 erbaut. Der Hausmeister lässt Besuchende herein und schaltet alle Lichter ein, damit man das Haus in seiner ganzen Pracht bewundern kann.

DIE STRASSE NACH ALVARADO

Auf dem Weg von Veracruz nach Tlacotalpan fährt man durch das Fischerdorf Alvarado. Die im 16. Jh. gegründete Stadt wurde nach dem spanischen Eroberer Pedro de Alvarado benannt. Heute ist es ein schöner Ort für einen kurzen Zwischenstopp, um den Palacio Municipal und die Iglesia de San Cristóbal von 1770 zu bewundern. Eine der eindrucksvollsten Sehenswürdigkeiten ist das **Monumento a los Héroes de Sotavento,** eine Hommage an die Verteidiger von Alvarado. Hier kommt man nicht umhin, *jarocho arroz a la tumbada* (Reis mit Meeresfrüchten) probieren.

UNTERWEGS VOR ORT

In den Norden von Veracruz gelangt man am Busbahnhof mit einen Bus nach Cardel. Regelmäßig fahren Busse neben dem Hotel Cardel nach Zempoala und Quiahuiztlán ab. Die Busse Richtung Süden fahren auch vom Hauptbusbahnhof ab; TRV-Busse fahren regelmäßig nach Tlacotalpan.

XALAPA

Xalapa hat viele Überraschungen zu bieten. Nur wenige haben je von der Stadt gehört und noch weniger wissen, dass Xalapa (und nicht Veracruz) die Staatshauptstadt ist. In Mexiko ist Xalapa (ha-la-pa ausgesprochen) vor allem wegen seiner superscharfen grünen Chili bekannt, die nach der Stadt benannt wurde.

Xalapa unterscheidet sich jedoch völlig von der feurigen Jalapeño. Im Gegensatz zum schwülwarmen Veracruz an der Küste herrscht im nur 107 km weiter im Nordosten liegenden Xalapa aufgrund seiner Lage im Hochland das ganze Jahr über ein gemäßigtes Klima. Man sollte zu jeder Jahreszeit eine leichte Jacke und Wanderschuhe für die steilen Straßen, die sich durch die hügelige Stadt ziehen, dabei haben.

Dank der alternativ anmutenden Atmosphäre und der großen Studentenschar bietet die Stadt ein gutes Nachtleben und eine blühende Kulturszene. Die Stadt hat ein wunderbares *centro* (Stadtzentrum) mit schicken Bars, kleinen Buchläden und herrlichen Cafés.

TOP TIPP

Vom Busbahnhof in der Innenstadt von Veracruz fahren häufig ADO-Busse nach Xalapa. Für die 107 km benötigen sie zwei Stunden. Xalapas moderner Busbahnhof Central de Autobuses de Xalapa (CAXA) liegt 2 km östlich des Stadtzentrums. Wer mit dem Taxi zum Zentrum fahren möchte, muss sich vorher am Busbahnhof eine Fahrkarte kaufen (kostet maximal 50 Mex$ für einen Weg). Das Fahren hier ist sehr anstrengend, da Xalapa für seine vollen Straßen berüchtigt ist.

Catedral Metropolitana

SEHENSWERTES
1 Catedral Metropolitana
2 El Ágora de la Ciudad
3 Museo Casa de Xalapa
4 Palacio de Gobierno
5 Palacio Municipal
6 Parque Juárez
7 Parque Los Berros
8 Parque Los Tecajetes
9 Parque Paseo de los Lagos
10 Pinacoteca Diego Rivera

SHOPPEN
11 Callejón del Diamante

Xalapa

RECHTS: GOGADICTA/GETTY IMAGES ©; GEGENÜBER: MIROSLAW SKORKA/SHUTTERSTOCK ©

Xalapas Hauptplatz

MUSEEN, PALÄSTE UND WANDGEMÄLDE

Der Hauptplatz der Stadt, der **Parque Juárez**, ist eine grüne Oase mit perfekt geschnittenen Hecken und Chilenischen Araukarien und dazwischen findet man hier jede Menge Schuhputzer, Imbissstände und Ballonverkäufer. Der Park ist zugleich eine Aussichtsterrasse, denn auf der Südseite blickt man hinunter ins Tal, auf die bunte, willkürlich angeordnete Skyline der Stadt und bei klarem Wetter bis zum schneebedeckten Gipfel des Pico de Orizaba am Horizont.

Am *mirador* (Aussichtspunkt) befindet sich die moderne Galerie **El Ágora de la Ciudad** mit Ausstellungen und einem Kunstfilmkino. Etwas unterhalb steht die riesige Mosaikstatue der gefiederten Schlange, die zugleich ein Klettergerüst mit Rutsche für Kinder ist. Außerdem stehen hier noch die Statuen der vier Tugenden Stärke, Gerechtigkeit, Vorsicht und Mäßigung.

Auf der Westseite des Platzes führen Stufen hinunter zur **Pinoteca Diego Rivera**. Die kleine Galerie zeigt eine bescheidene Sammlung von Riveras Werken und Gemälde anderer mexikanischer Künstler. Nebenan befindet sich das Museo de Casa Xalapa. Das kleine Museum gibt dank liebevoll zusammen-

DIE BESTEN RESTAURANTS IN XALAPA

Fonda El Itacate
In der beliebten Cafeteria gibt es bei Einheimischen sehr beliebte und gesunde Gerichte wie *chile relleno* (gefüllte Paprika). **$**

La Candela
Das schön hell dekorierte Lokal zieht immer Scharen treuer Stammgäste an, die wegen der originellen mexikanischen Küche und der hervorragenden Steaks kommen. **$$**

Macario Local Cuisine
In der ausgefallenen, gemütlichen Gastrobar werden moderne xalapeño-Gerichte und tolle mezcalitos (Cocktails auf Mezcal-Basis) serviert. **$$**

El Brou
Das El Brou befindet sich in einer wunderschönen Lounge im Kolonialstil mit hohen Decken. Die vielseitige Speisekarte bietet eine kreative Auswahl an Gerichten aus dem Mittelmeer und dem Libanon sowie aus Mexiko. **$$$**

ÜBERNACHTEN IN XALAPA

Hotel Boutique San Antonio
Altmodischer Charme kombiniert mit neu renovierten Zimmern mit Holzbalkendecken und Teakholzmöbeln. **$$$**

Mesón del Alférez Xalapa
Die noble Villa bietet Zuflucht vor dem Trubel auf der Straße. Die schönen Zimmer haben zwei Ebenen und das Frühstück ist das beste der Stadt. **$$**

Posada del Cafeto
Die schöne gemütliche Pension in einem Kolonialgebäude verfügt über einen Innenhof mit viel frischem Grün. **$**

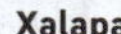

Olmeken-Skulpturen, Museo de Antropología

gestellter Ausstellungsstücke (auf Spanisch) einen Überblick über Xalapas Vergangenheit, von der Prägeschichte bis zu deren Wachstum und Verstädterung. Die Ausstellungen behandeln das Kultur- und Handelsleben der Stadt und umfassen eine Nachbildung einer typischen Küche.

An der Nordseite des Platzes steht der schlichte **Palacio Municipal** mit seinen grauen Arkaden. Daneben befindet sich die beeindruckende **Catedral Metropolitana,** die in einem kontrastreichen honiggelben Farbton leuchtet. Obwohl sie nur einen Turm hat, beeindruckt sie durch ihre Größe und Pracht. Das Innere ist eine Mischung aus Neugotik und Barock mit einem spektakulären Kruzifix aus Bronze in der Mitte. Zwei Blocks Richtung Nordosten der Kathedrale liegt die **Callejón del Diamante**, eine schmale Gasse mit unzähligen Straßenhändlern, die günstigen Schmuck, Hüte und anderen Krimskram feilbieten.

Gegenüber der Kathedrale steht der beeindruckende **Palacio de Gobierno** mit braun umrandeten Arkaden und überhängenden Balkonen. Der Palast ist heute der Sitz des Parlaments von Veracruz. Die Straße vor dem Regierungsgebäude ist häufig Schauplatz von Studierendenprotesten und Friedensmärschen. Im Treppenhaus an der Ostseite des Gebäudes befindet sich ein schönes Wandgemälde, das die Geschichte der Justiz darstellt.

VOGELBEOBACHTUNG IN XALAPA

Auch wenn Xalapa eine relativ große und verkehrsreiche Stadt ist, ist sie von viel Wald und Wildnis umgeben. Die hochgelegenen Kiefernwälder von Las Minas, etwa 7 km nordöstlich der Stadt, eignen sich besonders gut zur Vogelbeobachtung. Zu den häufig gesichteten Arten gehören der Bronzetrogon, der Gelbbauchtyrann und die Rosenkehlelfe. **Wildside Nature Tours** (wildsidenaturetours.com) bietet Touren zur Vogelbeobachtung in der Region an, die von erfahrenen Naturguides geleitet werden.

Parks, Seen & Aussichtspunkte

GRÜNE OASEN INMITTEN DER STADT

Xalapa wurde auf einem Mischwald erbaut und ist voll von grünen Flächen. Das macht den Reiz dieser lebendigen Universitätsstadt aus - an Grün mangelt es hier nicht.

GRÜNFLÄCHEN IN XALAPA

Parque Ecological Macuiltépeti
Ein auf einem Hügel gelegener Nebelwald mit Möglichkeiten zur Vogelbeobachtung und dem besten Blick auf den Sonnenuntergang in der Stadt.

Parque Paseo de los Lagos
Ein ruhiger Park am See mit vielen Wegen und der Möglichkeit zum Ruderbootfahren.

Parque Los Tecajetes
Ein üppiger Stadtpark mit moosbewachsenen Bäumen und Kanälen.

Der schöne **Parque Paseo de los Lagos** südlich des Parque Juárez verfügt über 3 km lange Wege an einem ruhigen See. Im **Centro Cultural los Lagos** im Norden finden kulturelle Veranstaltungen und Yoga-Kurse statt. Östlich des Sees liegt der **Parque Los Berros.** Der von Bäumen gesäumte Park ist bei Familien wegen seiner Pferdekutschen, Spielplätze und Gedenkstatuen sehr beliebt.

Nur 1,5 km nordwestlich des Zentrums liegt der **Parque Los Tecajetes,** eine üppige Grünanlage mit moosbewachsenen Aquädukten, sprudelnden Brunnen und gewundenen Kanälen, die von einer Süßwasserquelle ausgehen. Hohe Zedern und Moosgärten spenden Schatten für die vielen jungen Studenten, die sich im Park entspannen. Im **Jardín Botánico Clavijero** am südwestlichen Rand der Stadt kann man zwischen hohen Eukalyptusbäumen und Zypressen, die mit Spanischem Moos bewachsen sind, spazieren gehen. Der 38 ha große Botanische Garten auf dem Gelände einer ehemaligen Kaffeefarm liegt in einem hügeligen Nebelwald 1400 m über dem Meeresspiegel.

Der **Parque Ecológico Macuiltépetl** ist perfekt für einen Spaziergang bei Sonnenuntergang. Der dicht bewaldete Park wurde auf einem erloschenen Vulkan 5 km nördlich der Innenstadt angelegt. Die unzähligen Wege, die sich durch den Park hinauf zum Gipfel winden, werden gerne von Joggern genutzt. Der 40 ha große Park ist ein toller Ort für Vogelbeobachtung. Hier leben seltene Arten wie der die blaue Spottdrossel.

DIE OLMEKEN

Die Olmeken gelten als „Mutterkultur" Mesoamerikas und haben viele der kulturellen Wahrzeichen der Region erschaffen, darunter die riesigen Steinköpfe und das legendäre Ballspiel. Ihre Zivilisation erlebte ihren Höhepunkt von etwa 1200 bis 900 v.Chr. in San Lorenzo Tenochtitlán im Süden von Veracruz und von 800 bis 400 v.Chr. in La Venta, Tabasco. Siebzehn olmekische Steinköpfe wurden vor allem im Kernland der Olmeken in den Bundesstaaten Veracruz und Tabasco gefunden, einem Gebiet, das sich über etwa 275 km von Osten nach Westen erstreckt.

Riesige Olmeken-Steinköpfe

RIESIGE OLMEKEN-STEINKÖPFE

Der größte Anziehungspunkt Xalapas für Reisende ist zurecht das **Museo de Antropología,** das die zweitbeste archäologische Sammlung Mexikos (nach dem riesigen Museo Nacional de Antropología in Mexico City) beherbergt. Das bemerkenswerte Museum liegt 4 km nordwestlich des Zentrums und die Artefakte sind in einer Reihe von miteinander verbundenen Galerien, die sich einen Hügel hinaufziehen, untergebracht. Es befindet sich in einer weitläufigen gepflegten Gartenanlage und verfügt über Ausstellungsbereiche im Freien.

Schon das Gebäude an sich ist ein Kunstwerk. Der Schwerpunkt liegt auf den drei bedeutendsten prähispanischen Zivilisationen der Golfküste: den Olmeken, Totnaken und Huaxteken. Die Exponate sind in chronologischer Reihenfolge ausgestellt, beginnend mit den überlebensgroßen faszinierenden Olmeken-Steinköpfen. Von den 17 Olmeken-Skulpturen, die in Mexiko gefunden wurden, sind sieben hier ausgestellt.

VERANSTALTUNGSORTE IN XALAPA

Teatro del Estado
Im Staatstheater geben das Orquesta Sinfónica de Xalapa und das Ballet Folklórico der Universidad Veracruzana erstklassige Vorstellungen.

Centro Recreativo Xalapeño
Das Kulturzentrum in einem schönen Kolonialgebäude hat ein großes Angebot: Jam Sessions, Tanzkurse, Kunstausstellungen und Kunstfilme.

Tierra Luna
Ein wahres Mekka für Kunstinteressierte. Hier finden regelmäßig Dichterlesungen, Theateraufführungen und Musikkonzerte statt.

DIE BESTEN CAFÉS IN XALAPA

Flor Catorce
Eines der angesagtesten Lokale bei Studierenden mit versteckten kleinen Nischen und einem üppig begrünten Innenhof. $

Cafetal-pan
Das entspannte Café ist eine Außenstelle der finca (Farm) Coatepec, in dem die Qualität des Kaffees an erster Stelle steht. $

Bolena
Xalapas neuestes Café ist unglaublich stylisch und serviert Gourmetkaffee und uralte Kaffeesorten in einer schicken Atmosphäre. $$

Caferencial
Das minimalistisch eingerichtete Café der dritten Kaffeewelle serviert Kaffee mit verschiedenen Aromen. $$

JORGE DUARTE ESTEVAO/GETTY IMAGES ©

Kirche, Xalapa

Alles ist sehr gut ausgestellt, auch wenn die Hinweistafeln nur auf Spanisch sind. In einigen Zimmern hängen laminierte englische Informationsblätter an der Wand. Am besten leiht man sich einen Audioguide aus oder schließt sich einer englischsprachigen Führung an, um die Ausstellungen besser zu verstehen. Wer mit öffentlichen Verkehrsmitteln kommt, steigt in den Bus nach Camacho-Tesorería in der Enríquez beim Parque Juárez. Ein Taxi kostet 50 Mex$.

Eine Zeitreise auf einer Hacienda

EINE BEGEGNUNG MIT DER VERGANGENHEIT

12 km südlich von Xalapa am Highway von Veracruz befindet sich das **Museo Ex-Hacienda El Lencero**. Die ehemalige *posada* (Gasthaus) ist fast so alt wie die spanische Kolonie. Juan Lencero, ein treuer Soldat von Hernán Cortés, baute sie 1525 als Raststation für Reisende, die zwischen der neuen „europäischen" Stadt Mexico City und der Küste unterwegs waren. Später wurde das Gasthaus um eine Rinderfarm, eine Töpferscheune und eine Zuckerrohrplantage erweitert.

Im heutigen Museum ist das wunderschön restaurierte Haus mit seinen antiken Möbeln aus dem 16. Jh. zu sehen. Es gibt eine Kapelle, eine Pfarrei namens Casa de las Monjas, eine Waffenkammer und herrliche Gärten mit einem kleinen See und einem 500 Jahre alten Feigenbaum. „Miradores"-Busse fahren regelmäßig beim Einkaufszentrum Plaza Cristal in Xalapa ab. Vom Highway sind es dann noch 10 Gehminuten zum Museum.

UNTERWEGS VOR ORT

Xalapa ist ein Verkehrsknotenpunkt mit ausgezeichneten Verbindungen ins ganze Land, aber es ist auch berühmt-berüchtigt für seine verkehrsreichen Straßen. Das Fahren hier ist nicht zu empfehlen; alleine schon durch die weitläufigen Vororte ins Zentrum zu finden, ist schwierig. Wer mit dem Bus vom CAXA fahren will, nimmt einen Bus mit der Angabe „Centro" an der Bushaltestelle bergab an der Hauptstraße, der Avenida 20 de Noviembre. Ein Taxi ins Zentrum kostet ca. 50 bis 150 Mex$.

Rund um Xalapa

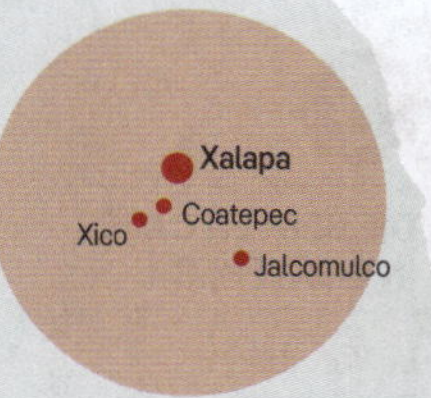

Die Umgebung von Xalapa bietet Kaffee-Fincas (Farmen) und Provinzstädte, die einen ländlichen Charme versprühen.

Geheimnisvolle Nebelwälder, reißende Flüsse und dramatische Wasserfälle umgeben die Berge rund um Xalapa. Hier wird die Kaffeeproduktion großgeschrieben. Die hohe Lage und das feuchte, gemäßigte Klima sind die perfekten Bedingungen für den Anbau der Gourmet-Kaffeebohne. Seit dem frühen 18. Jh. wird hier Kaffee angebaut und das brachte der Region Wohlstand und ließ Siedlungen mit gepflasterten Plätzen und prächtigen Kolonialgebäuden entstehen.

Nur wenige Kilometer südlich von Xalapa reihen sich entlang des Highway 7 eine Vielzahl malerischer Bergstädte aneinander, die sich hervorragend für einen Ausflug eignen. Coatepec ist ein beliebter Ausgangspunkt für Ausflüge zu Kaffeeplantagen und Wanderungen zu Wasserfällen. 10 km weiter südlich liegt Xico, ruhiger und hügeliger als Coatepec und bekannt für *mole* (reichhaltige pikant-süße traditionelle Sauce). Abenteuerlustige können sich bei einem Rafting-Abenteuer auf den Stromschnellen des Río Antigua in Jalcomulco austoben.

TOP TIPP

Das Reisen in die Umgebung von Xalapa ist eigentlich einfach. Die Busse nach Coatepec und Xico starten regelmäßig am Mercado de los Sauces 1 km westlich der Innenstadt. Eine Taxifahrt kostet normalerweise nicht mehr als 200 Mex$ pro Weg. Die Busse nach Jalcomulco fahren am Busbahnhof Azteca in Xalapa ab.

Coatepec (S. 198)

AURORA ANGELES/SHUTTERSTOCK ©

DIE BESTEN CAFÉS IN COATEPEC

La Vereda
Das trubelige Kaffeehaus mit Blick auf den Hauptplatz serviert Kaffee aus lokalem Anbau, der perfekt zu den üppigen Torten passt. **$$**

El Café de Avelino
Der Eigentümer Avelino Hernández, lokal bekannt als der Poeta del Café (Kaffeedichter), braut den besten Kaffee in Coatepec. **$**

Santa Cruz Restaurante Café
Ein sehr originelles Café mit Bio-Kaffee und kreativen Gerichten in einem Farmhaus. **$$**

M Cafe
Dieses hochmoderne Café im Museo de Cafe Botica ist perfekt für eine Tasse Kaffee, auch wenn man keine Zeit für eine Museumsführung mitbringt. **$$**

Cascada de la Monja

Mexikos Kaffeehauptstadt

KAFFEE DORT TRINKEN, WO ER HERGESTELLT WIRD

Die Kaffeeproduktion ist schon lange die Existenzberechtigung der zu Füßen der Sierra Madre gelegenen Stadt **Coatepec**, die nur 15 km südlich von Xalapa liegt und als „Mexikos Kaffeehauptstadt gilt. Das wird bereits beim Aussteigen aus dem Bus deutlich. Die Siedlung wurde 1701 gegründet und fast genauso lange wird hier in den umliegenden Nebelwäldern Kaffee angebaut. Und nicht irgendein Kaffee, sondern hochwertige Arabica-Bohnen, die hier in einer Höhe von 900 bis 1200 m über dem Meeresspiegel angebaut werden, also optimale Bedingungen für den Kaffeeanbau.

Wer etwas über die verschiedenen Techniken des Kaffeeröstens und -brauens erfahren möchte, geht direkt ins **Museo de Cafe Botica** auf der Constitución. Das schicke Café, für das eine 200 Jahre alte botica (Apotheke) umgebaut wurde, beherbergt ein kleines Museum, das im Rahmen einer Führung besichtigt werden kann. Der unglaublich sachkundige Barista erklärt den gesamten Prozess der Kaffeeproduktion und serviert den besten Kaffee in Coatepec.

Etwas außerhalb der Innenstadt befindet sich das **El Cafétal Apan** (elcafetalapan.com), ein traditioneller Kaffeeproduzent

ÜBERNACHTEN IN COATEPEC

Posada Coatepec
Das prächtige Hotel aus der Kolonialzeit verfügt über einen sehr schönen zentralen Innenhof mit vielen Pflanzen. **$$$**

Hotel Mesón del Alférez Coatepec
Ein kleines altes Stadthaus mit einem versteckten Innenhof und Zimmern mit Holzmöbeln und kolonialen Akzenten. **$$**

Casa Aroma de Café
Das Hotel im Kolonialstil verfügt über einen Innenhof und geräumige Zimmer mit Kronleuchtern und Ledersesseln. **$$**

mit einer eigenen Finca, die nur 4 km südlich entfernt liegt. Auf einer Führung sieht man antike Geräte zur Kaffeeherstellung und danach wird man zur Kaffeefarm gefahren, wo man durch Kaffeepflanzen spazieren kann, bevor man sich in malerischen Wasserfällen abkühlen kann. Führungen müssen mindestens 48 Stunden im Voraus auf der Webseite gebucht werden.

Die Kaffeeproduktion ist zwar die Existenzberechtigung der Stadt Coatepec, aber es gibt auch noch einige andere lohnende Sehenswürdigkeiten außerhalb der Stadt, vor allem für Abenteuerlustige. Nördlich der Independencia führen Kopfsteinstufen hinauf zum **Cerro de las Culebras** (Schlangenhügel). Dort befindet sich ein Aussichtsturm mit einer weißen Christusstatue. Von hier aus hat man einen tollen Blick auf die Berge. Nach der Wanderung erfrischt man sich im **Cascada Bola de Oro,** der 5 km nördlich der Stadt liegt. Die Wasserfälle befinden sich auf einer Kaffeeplantage, zu der auch ein Naturschwimmbad und verschiedene Wanderwege gehören.

Das ländliche Xico

ENTSPANNTES LANDLEBEN

Im Schatten von Coatepec liegt das ruhige Dorf **Xico**. Verglichen mit Coatepec (8 km nördlich) ist Xico viel ruhiger und hügeliger. Xico ist eher für *mole* und Kunsthandwerk bekannt als für Kaffee. All das macht die Stadt zu einem beliebten Ausflugsziel am Wochenende. Besonders bekannt ist die **Fiesta de Santa Magdalena**, die jedes Jahr im Juli stattfindet und genauso berühmt ist wie das Stierrennen im spanischen Pamplona.

Seit 2011 ist Xico ein von der mexikanischen Regierung geschütztes *pueblo mágico*. Die kopfsteingepflasterte Hauptstraße, die Avenida Miguel Hidalgo, führt zur gelb-weißen **Parroquia de Santa María Magdalena,** die auf der Spitze des Hügels thront. Direkt neben der Pfarrei befindet sich der Hauptplatz der Stadt, der **Parque Xico** mit seinen zahlreichen Essens- und Süßigkeitenständen. In einer Nische hinter der Kirche sind im **Museo del Vestido** Kostüme ausgestellt, die die Hl. Maria Magdalena bei den Prozessionen seit 1910 getragen hat.

Direkt um die Ecke Aldama & Juárez befindet sich das **Casa-Museo Totomoxtle.** Das kleine Museum ist der für Xico typischen Herstellung von kunstvollen Figuren aus *hojas de maiz* (Maisblättern) gewidmet. Die Puppen sind etwas gruselig, aber das alte Kolonialhaus, in dem es untergebracht ist, ist einen Blick wert.

Ein schöner 3 km langer Spaziergang die Straße von Coatepec nach Xico entlang führt zu zwei spektakulären Wasserfällen: der 80 m hohen **Cascada de Texolo** und der **Cascada de la**

ESSEN IN XICO

Restaurant Mesón Xiqueño
Im bekanntesten Restaurant Xicos kann man die berühmte lolale *mole xiqueño probieren.* **$$**

Los Portales Texolo
Hier kann man unter freiem Himmel köstliche *xiqueño*-Spezialitäten genießen. **$$**

La Casona de Don Gonzalo
Das stimmungsvolle Restaurant serviert die üblichen in viel *mole schwimmenden Fleischgerichte.* **$$**

El Campanario de Xico
Das bezaubernde Restaurant, das in dem symbolträchtigen roten Glockenturm untergebracht ist, serviert in seinem mehrstöckigen Inneren traditionelle Klassiker. **$$**

ÜBERNACHTEN IN XICO

Las Magdalenas
Xicos schönstes Boutiquehotel versprüht ein modernes Ambiente in einem prachtvollen Kolonialgebäude. **$$$**

Hotel Coyopolan
Das preisgünstige Hotel am Fluss südlich der Innenstadt ist in fröhlichen Farben gehalten und im lebhaften mexikanischen Stil ausgestattet. **$$**

Posada los Naranjos
Das einfache Hotel mitten im Stadtzentrum verfügt über Zimmer mit hohen Decken (einige haben jedoch keine Fenster). **$**

Rafting, Río Antigua

Monja, der in dem Film *Auf der Jagd nach dem grünen Diamanten* (1984) zu Ehren kam. Beides sind schöne Badestellen für eine Abkühlung, aber das Wasser kann kalt (selbst bei Sonnenschein) und die Strömung sehr stark sein.

RAFTING IN TLAPACOYAN

Ein weiterer toller Ort fürs Raften ist Tlapacoyan, 165 km nördlich von Jalcomulco an der Mündung des Río Filobobos (auch Río Bobo genannt). **Aventurec** (aventurec.com) organisiert Rafting- und Kajaktouren. Man kann auch Seilrutschen und wandern oder die zwei archäologischen Stätten Caujilote und Vega de la Peña in der Nähe besichtigen, die beide nicht überlaufen sind.

Jalcomulco-Stromschnellen

RAFTING-ADVENTEUER

30 km südöstlich von Xalapa liegt das winzige Jalcomulco in einem üppigen Tal am Río Antigua inmitten von dschungelbewachsenen Hügeln. In der Gegend gibt es viele Höhlen und fantastische Badestellen. Am bekanntesten ist sie jedoch für ihre Stromschnellen , darunter einige der besten in ganz Mexiko, bei denen Raftingfans – Anfänger und Fortgeschrittene – voll auf ihre Kosten kommen.

Jalco Expediciones (jalcoexpediciones.com.mx) organisiert Rafting-Touren und andere Aktivitäten wie Abseilen, Reiten, Mountainbiken, Canyoning, Ziplining und Schwitzen im temascal (traditionelles Dampfbad). Unbedingt im Voraus buchen, da die Teilnehmerzahl meist beschränkt ist. Das erfahrenere Unternehmen **México Verde** (mexicoverde.com) auf einem dschungelartigen Gelände 4 km nördlich der Stadt bietet ähnliche Touren an, darunter Glamping in luxuriösen Safarizelten. Auf dem Gelände gibt es auch ein Restaurant, einen Swimmingpool, einen Wellnessbereich und ein temascal.

An den Wochenenden erwacht Jalcomulco durch die zahlreichen Abenteuerlustige zum Leben. Die restliche Zeit über ist es ein verschlafenes Dorf mit Mangoplantagen und Zuckerrohrfeldern.

UNTERWEG VOR ORT

In der Gegend rund um Xalapa gibt es gute Busverbindungen und *colectivos*. Man kann problemlos auf eigene Faust Wanderungen unternehmen und Kaffeetouren in den Museen buchen (keine Voranmeldung erforderlich), aber alle Outdoor-Aktivitäten in Jalcomulco sollten im Voraus bei einem Veranstalter gebucht werden, da eine Mindestteilnehmerzahl erforderlich ist.

ORIZABA

Mexico City
Orizaba

Orizaba wird einen schnell und unwiderruflich in seinen Bann ziehen. Im Schatten des schneebedeckten Pico de Orizaba, dem höchsten Berg Mexikos, und umgeben von einer Reihe von anderen Bergen versprüht die Stadt mit ihrem schönen Stadtzentrum und den umliegenden Vierteln einen Hauch von Eleganz und alter Schönheit.

Orizaba übertrumpft andere Städte in Veracruz wie Córdoba und Xalapa mit seinem einzigartigen europäischen Flair. Während der Herrschaft von Porfirio Díaz (die letzten beiden Jahrzehnte des 19. Jhs.) galt Orizaba als die reichste und industriell am weitesten entwickelte Stadt im Bundesstaat Veracruz. Der Zuzug von Menschen aus Italien, Frankreich, Deutschland und Schweden brachte einen starken europäischen Einfluss in die Stadt, der noch heute spürbar ist.

Auf dem Hauptplatz, dem Parque Castillo, steht die auffälligste Sehenswürdigkeit der Stadt: Gustave Eiffels Palacio de Hierro, der den weiten Weg aus Belgien hergebracht wurde. Mit seiner Jugendstilfassade, den schmiedeeisernen Verzierungen, den üppigen Wasserfontänen und dem gepflegten Park wirkt er wie eine Filmkulisse aus dem alten Frankreich.

TOP TIPP

Orizaba liegt 132 km südwestlich von Veracruz und 144 km südlich von Xalapa. Der moderne ADO-Busbahnhof liegt an der Hauptverkehrsader der Stadt, dem Hwy 150 (Av Oriente 6), nur 350 m südöstlich des historischen Zentrums. Die meisten Hotels liegen an derselben Straße und sind von den meisten Sehenswürdigkeiten aus leicht zu Fuß zu erreichen.

Palacio de Hierro

SEHENSWERTES
1 Biori Jardín Botánico
2 Cerro del Borrego
3 Palacio de Hierro
4 Paseo del Arte
5 Poliforum Mier y Pesado
6 Rio Orizaba

KURSE & TOUREN
7 Teleférico de Orizaba

ESSEN IN ORIZABA

Super Tortas Orizabeñas
Das bei Einheimischen sehr beliebte Lokal bietet einfache, aber frische tortas (Sandwiches). $

Gran Café de Orizaba
In dem altmodischen Café im Palacio de Hierro kann man in malerischer Kulisse einen Kaffee genießen. $

El Artista Bistro
Das schöne, kleine Bistro hat eine kreative Speisekarte mit raffinierten Gerichten. $$

Romantxu Cocina & Bar
Das beliebte Lokal im Poliforum ist auf mediterrane Aromen und mexikanische Klassiker spezialisiert. $$

Marron Cocina
Das bekannteste Restaurant in Orizaba bietet eine große Auswahl an gegrilltem Fleisch, Pasta und Pizzen. $$

Ein Hauch von Europa

DAS VON EINEM FRANZOSEN ENTWORFENE WAHRZEICHEN IM STADTZENTRUM

Der „eiserne Palast" **Palacio de Hierro** ist mit seiner auffälligen Stahlstruktur, den olivgrünen Eisenwänden und dem mehrschichtigen Stahldach das bedeutendste Wahrzeichen von Orizaba. Der ehemalige Palacio Municipal wurde von Alexandre Gustave Eiffel entworfen, nach dem auch der Eiffelturm benannt wurde. Der Bürgermeister von Orizaba kaufte ihn 1892, weil er den Rest Mexikos mit einem Rathaus im europäischen Stil beeindrucken wollte. Der 600 Tonnen schwere Palast wurde in Belgien abgebaut, nach Mexiko verschifft und in Orizaba wieder aufgebaut.

97 Jahre lang diente der Palacio de Hierro als Rathaus, bis die Verwaltung 1991 ihren Sitz in den Palacio de Orizaba verlegte. Der eiserne Palast wurde inzwischen in ein Tourismusbüro und mehrere kleine Museen umgewandelt. *Boletos* (Eintrittskarten) gibt's im Tourismusbüro, mit der 50 Mex$ teuren Eintrittskarte hat man Zugang zu 14 Museen in der Stadt.

Das **Museo de las Raíces de Orizaba** zeigt eine Sammlung aus archäologischen Artefakten und im **Museo de Geográfico de Orizaba** erhält man interessante Informationen über die Geographie der Region. Für Reisende mit Kindern empfiehlt sich das **Museo Interactivo** mit einem kleinen Planetarium und verschiedenen spannenden wissenschaftlichen Experimenten. Erwachsene erfahren im **Museo de la Cerveza** Wissenswertes über Orizabas größte Brauerei und bekommen ein Gratisbier. Nach dem Rundgang durch die Ausstellung kann man auf der Veranda des Gran Café de Orizaba einen Kaffee genießen, der in einer der alten Kaffeemaschinen gebrüht wurde.

Neben dem eisernen Palast fährt der **Tren Chipi Chipi** (60 Mex$), ein Touristenzug, der die Mitreisenden in einer Stunde zu den historischen Stätten der Stadt bringt, ab. In dem Zug sind Tiere erlaubt und er verfügt über eine Zugangsrampe für Reisende im Rollstuhl.

Spaß & tolle Aussichten

MIT DER SEILBAHN FAHREN

Von den Bergen rund um Orizaba ist der Cerro del Borrego der am leichtesten zugängliche und bietet sich für einen Ausflug vom Zentrum aus an. Die 2014 eröffnete Seilbahn **Teleférico de Orizaba** fährt von der Talstation gegenüber dem Palacio de Orizaba am Fluss zum Cerro del Borrego (1240 m) hinauf. Die Bahn ist 1km lang und überwindet 320 Höhenmeter. Dafür braucht sie gerade einmal 5 Minuten. Wer an Höhenangst leidet, sollte nicht runterschauen!

ÜBERNACHTEN IN ORIZABA

Casona 142 Hotel Boutique
Das schickste Hotel in Orizaba in einem alten Kolonialgebäude. Die modernen Suiten sind geschmackvoll eingerichtet. $$$

Gran Hotel de France
Das frisch renovierte Boutiquehotel hat schicke, moderne Zimmer, einen mondänen Pool und eine Dachterrasse. $$

Estacion Alameda
Das Hotel mit großem Innenhof bietet ein hervorragendes Preis-Leistungs-Verhältnis und verfügt über geräumige Zimmer. $

SIMON MCGILL/GETTY IMAGES ©

Teleférico de Orizaba

Der Fahrt an sich ist schon ein tolles Erlebnis, aber oben angekommen wird es noch besser. Ein kleiner Rundwanderweg führt um den Ökopark herum zu mehreren Aussichtspunkten. Es gibt auch eine Seilrutsche (100 Mex$ pro Fahrt), die Überreste einer alten Festung und ein kleines Militärmuseum. Die Festung war 1862 Schauplatz einer Schlacht zwischen der mexikanischen und der französischen Armee. Die französische Armee hatte die mexikanischen Truppen im Morgengrauen überrascht, besiegt und den Cerro del Borrego eingenommen. Gelegentlich finden Nachstellungen der Schlacht statt; im Tourismusbüro gibt's Informationen über die Termine.

Weiter gelangt zu einem Aussichtsturm, von dem aus man bei klarer Sicht den schneebedeckten Pico de Orizaba sehen kann.

CAÑON DEL RÍO BLANCO

Ein weniger bekanntes, aber unberührteres Naturgebiet in Orizaba ist der Parque Nacional Cañon del Río Blanco, nur 5 km östlich des Zentrums. Der 1938 zum Nationalpark erklärte grüne Flecken Erde ist über einen 3,7 km langen Rundweg zu erreichen. Die drei Gewässer des Nationalparks - der Tuxpango-Stausee, die Laguna Los Sifones und das Feuchtgebiet Laguna Puerto del Aire - sind Heimat von Hunderten von Vogelarten, darunter die Blauflügelente, der braune Reiher und der rotäugige Ibis.

Sich im Poliforum verlaufen

ORIZABAS BEEINDRUCKENDSTER KULTURELLER VERANSTALTUNGSORT

Wer von Orizaba nach Xalapa oder Veracruz fährt, entdeckt sofort das riesige **Poliforum Mier y Pesado** an der Hauptverkehrsstraße der Stadt (Hwy 150). Das palastartige Gebäude von 1944 inmitten eines gepflegten Parks 2 km östlich der Innenstadt war früher eine Heilanstalt und wurde im Februar 2014 von der mexikanischen Regierung zum „nationalen Kunstdenkmal" ernannt.

Heute beherbergt es einige ausgezeichnete Museen, von denen das beste, das **Museo de Traje**, den traditionellen Trachten aus ganz Mexiko gewidmet ist. Das **Museo de Ayer y Hoy** führt durch die Geschichte von Orizaba, mit wunderschönen Gemälden und Schwarz-Weiß-Fotos der Stadt aus der Vergangenheit.

WANDERUNGEN RUND UM ORIZABA

Laguna del Chirimoyo
Der gemütliche 900 m lange Spaziergang führt auf einem Rundweg um den kleinen See 4,5 km nördlich des Stadtzentrums.

500 escalones
Die bei Sportlern sehr beliebte Treppe führt 500 Stufen hinauf zu einem Fahnenmast und einem Denkmal.

Cerro de Escamela
Eine 5,1 km lange Rundwanderung von Ignacio de la Llave auf den Escamela-Hügel.

KINDERFREUNDLICHE AKTIVITÄTEN IN ORIZABA

Für Reisende mit Kindern ist Orizaba eine sehr familienfreundliche Stadt mit einer guten Mischung aus pädagogischen und interaktiven Unterhaltungszentren. Wir haben die besten Orte für Familien in Orizaba aufgelistet.

Planetario Orizaba
Ein Hightech-Planetarium mit einem VR-Raum und einer Sternwarte.

Ojo de Agua
Die natürliche Lagune wurde in einen trubeligen Wasserpark umgewandelt.

Aeroparque
Luftfahrtbegeisterte werden von dem Museum und Themenpark in einer Boeing 727 begeistert sein.

Parque Alameda
Der größte und lebendigste Park der Stadt mit einem riesigen Dschungel aus Hüpfburgen, aufblasbaren Rutschen und Spielplätzen.

Expo Parque de los Dinosaurios
Ein kleiner, von Bergen umgebener Park mit großen Dinosaurierfiguren.

Pico de Orizaba

Kinder werden vom **Museo de Francisco Gabilondo Soler** begeistert sein, denn es zeigt viele bekannte Comic-Figuren und ist dem in Orizaba geborenen Kinderliedkomponisten gewidmet. Außerdem gibt's hier einige beliebte Cafés und Restaurants.

Mexikos höchster Berg

EIN EINMALIGES ABENTEUER

Mit bis in die Wolken reichenden, atemberaubenden 5636 m ist der schneebedeckte **Pico de Orizaba** Mexikos höchster Berg. In der Sprache der Náhuatl heißt der Pico de Orizaba Citlaltépetl (Sternenberg). Von seinem Gipfel kann man im Westen bis zum Popocatépetl, Iztaccíhuatl und La Malinche und im Osten bis zum Golf von Mexiko blicken.

Den besten Blick auf den Pico de Orizaba hat man bei klarem Wetter vom Cerro del Borrego. Von Orizaba fährt eine Seilbahn hinauf. Für eine genauere Erkundung des Bergs bieten mehrere Veranstalter verschiedene Tagestouren an und bringen die Teilnehmenden bei gutem Wetter zum Fausto González Gomar Hostel auf 4520 m Höhe. Dies ist der höchste Punkt, der mit dem Auto zu erreichen ist.

Von dort geht es weiter hinauf auf den Gipfel. Diese Tour ist aber nur für erfahrene, gut ausgerüstete Kletter:innen geeignet, die an extreme Kälte aushalten und die nicht höhenkrank werden. Besonders anspruchsvoll ist die Überquerung von Eisfeldern auf dem letzten Abschnitt. Vor dem Aufstieg sollte man sich

WEITERE ATTRAKTIONEN IN ORIZABA

Teatro Ignacio de la Llave
Das Theater von 1875 gilt aufgrund seiner hervorragenden Akustik als eines der besten im Bundesstaat Veracruz.

Catedral de San Miguel Arcángel
Die gelbe und ockerfarbene Catedral de Orizaba steht direkt neben dem Palacio del Hierro.

Museo de Arte del Estado
Das Museum beherbergt die zweitwichtigste ständige Diego-Rivera-Sammlung Mexikos mit 33 seiner Originalwerke

einige Tage lang akklimatisieren. Neben Orizaba sind auch die alte Kolonialstadt Coscomatepec (37 km nördlich von Orizaba) und die kleine Stadt Tlachichuca in Puebla gängige Ausgangspunkte für die Expedition.

Die Klettersaison dauert von Oktober bis März, der Höhepunkt ist im Dezember und Januar. Die Touren müssen lange im Voraus gebucht werden, und man sollte vier bis sieben Tage fürs Akklimatisieren, den Aufstieg und den Abstieg einplanen. Die Gefahr, in dieser Region höhenkrank zu werden, ist sehr groß und kann tödlich enden. Deshalb sollte man immer langsam aufsteigen.

KLETTERGUIDE

Selbst Erfahrene im Klettern sollten einen Guide engagieren. **Servimont** (servimont.com.mx) in Tlachichuca ist ein alteingesessener Veranstalter von Abenteuertouren, der geführte Besteigungen des Pico de Orizaba mit einem englischsprachigen Guide anbietet. Wer den Berg aus der Nähe sehen möchte (ohne ihn zu besteigen), für den bietet **Turismo Aventura** (turismoaventuraorizaba.com) verschiedene Tagestouren an und bringt die Teilnehmenden bei gutem Wetter zum Fausto González Gomar Hostel auf rund 4520 m Höhe.

Die Stadt der schönen Gewässer

WUNDERSCHÖNE WEGE AM FLUSSUFER

Orizabas namensgebender Fluss wird in der Sprache der Náhuatl *Āhuilizāpan genannt,* was „Ort des schönen Wassers" bedeutet. Orizaba liegt auf 1200 m Höhe am Zusammenfluss mehrerer Flüsse, von denen einer, der **Rio Orizaba**, durch den westlichen Teil des historischen Zentrums fließt. Ungewöhnlich für eine mexikanische Stadt verfügt Orizaba über schöne Spazierwege entlang des sprudelnden Flusses, die Wandgemälde schmücken und an denen sich überraschend Tierkäfige mit Wild- und Haustieren befinden.

Dreizehn Brücken führen über den Fluss, darunter eine Hängebrücke und die Bogenbrücke **Puente La Borda** von 1776. Am besten beginnt man seinen Spaziergang an der Talstation der Seilbahn, wo eine klapprige Brücke schwankend über das reißende Wasser führt. Stromabwärts beginnt wenige Meter dahinter der 5 km lange gepflasterte **Paseo del Arte** (Kunstweg). Ab hier sind beide Seiten des Flussufers mit Wandgemälden und abstrakten Skulpturen von lokalen Künstlern geschmückt.

Am Ende des Paseo del Arte befindet sich der **Biori Jardín Botánico,** der größte Botanische Garten im Bundesstaat Veracruz. In den Gärten ist die berühmteste Flora aus fünf verschiedenen Kontinenten zu sehen, darunter Orchideen aus Ozeanien in wunderschönen Gewächshäusern, bunte Tulpen, die um eine holländische Mühle gepflanzt wurden, und Bambuspflanzen neben asiatischen Tempeln. An den Wochenenden werden Workshops und Yoga-Kurse angeboten.

Weiter flussabwärts gelangt man zum **Paseo del Río** (Flussweg), der auch als Reserva Animal Citlaltépetl dient. Entlang des Ufers stehen mehrere Tierkäfige, in denen Affen, Papageien, Rehe, Nilpferde und sogar ein Bär leben. Insgesamt beherbergt das Reservat 46 Arten mit 800 Tieren, die alle von SEMARNAT (Ministerium für Umwelt und natürliche Ressourcen) in Mexiko registriert und geschützt sind.

UNTERWEGS VOR ORT

Orizaba ist eine mittelgroße Stadt und das Zentrum ist gut zu Fuß zu erkunden. Vom Autofahren ist abzuraten, da die Straßen eng und oft steil sind. Der ADO-Busbahnhof ist nur ein kurzer Fußweg vom Hauptplatz, dem Parque Castillo, entfernt. Zu den Wanderungen in den umliegenden Bergen nimmt man am besten ein Taxi, die zeitnah kommen und recht preisgünstig sind (max. 150 Mex$).

PAPANTLA

Der Norden von Veracruz zwischen der Küste und den Ausläufern der Sierra Madre Oriental besteht zum größten Teil aus hügeligem Weideland und Sumpfgebieten. Die größte Sehenswürdigkeit ist El Tajín, eine eindrucksvolle Hinterlassenschaft der klassischen Veracruz-Zivilisation, die im Vergleich zu einigen der berühmten archäologischen Stätten Mexikos nicht so überlaufen ist.

In den letzten Jahren hat sich die Stadt Papantla de Olarte (besser bekannt als Papantla) zum Ausgangspunkt für Besichtigungen der Ruinen von El Tajin entwickelt und dabei seine eigene indigene Vergangenheit und Bedeutung in der weltweit berühmten Anbauregion für Vanille betont. Die Geschichte des *pueblo mágico* reicht weit in die prähispanische Zeit zurück. Seine Blütezeit erlebte die Stadt, als die Totonac-Kultur auf ihrem Höhepunkt war.

Papantlas faszinierendste Totonac-Tradition sind die rituellen Tänze der „fliegenden" *voladores*. Schon seit Jahrhunderten wirbeln *voladores* (Flieger) der Totonac um Holzstangen herum und werden dabei von Trommeln und Flöten begleitet.

TOP TIPP

Papantla liegt rund 220 km nördlich von Veracruz und 250 km nordöstlich von Xalapa. ADO-Busse fahren regelmäßig von den zwei großen Städten zum Busbahnhof in Papantla (Ecke Juárez & Venustiano Carranza), einen kurzen steilen Fußweg vom Zentrum entfernt. Ein Taxi vom Zentrum zum Busbahnhof kostet rund 30 Mex$. Die nächstgelegenen Flughäfen befinden sich in Veracruz und Tampico (240 km) im Bundesstaat Tamaulipas.

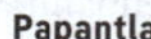

Papantla

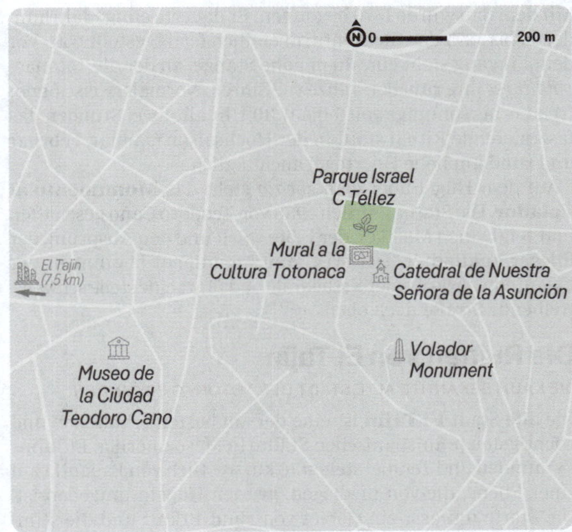

Durchs Zentrum von Papantla spazieren

WANDGEMÄLDE DER TOTONAC UND STATUEN

Im *zócalo von Papantla,* offiziell bekannt als **Parque Israel C Téllez**. ist immer etwas los. Der in die Hügel geschlagene Hauptplatz ist voll mit Arm in Arm flanierenden Frauen und sich küssenden Pärchen. Besonders lebhaft geht es freitagabends zu, wenn jeder willkommen ist, beim *danzón* (einem tropischen Tanz mit kubanischen Wurzeln) zuzusehen oder mitzumachen.

Gegenüber dem Platz befindet sich das 50 m langes Steinrelief **Mural a la Cultura Totonaca** (hinter den bunten Papantla-Buchstaben). Es zeigt die Geschichte der Totonac und von Veracruz. Eine Schlange schlängelt sich durch das Bild und verbindet auf bizarre Weise einen prähispanischen Steinmetz mit der El Tajín's Pirámide de los Nichos und einer Ölbohrinsel. Der einheimische Künstler Teodoro Cano fertigte das Bild 1979; seine anderen Werke, darunter mehrere Totonac-Artefakte, sind im kleinen, aber feinen **Museo de la Ciudad Teodoro Cano** zu sehen.

Oberhalb des Steinreliefs befindet sich die beeindruckende **Catedral de Nuestra Señora de la Asunción.** Von der Aussichtsplattform hat man einen herrlichen Blick auf den *zócalo*.

DER RITUELLE TANZ DER TOTONAC

Einer Legende der Totonac zufolge sagten die Götter zu den Menschen: „Tanzt, wir werden zusehen." Um die Götter zu besänftigen, erfanden die Totonac die bizarre, aber mystische Tradition der *voladores*, bei der die Flieger um 30 m hohe Holzstangen fliegen (ohne jede Sicherung) und dann in tranceartigen Drehungen anmutig wieder auf den Boden kommen. Ein Mann (Musiker) tanzt auf der Plattform über den anderen. Dabei spielt er die *chirimía*, eine kleine Trommel, die mit einer Flöte verbunden ist. Die Trommel steht für die Stimme Gottes und die Flöte für den Gesang der Vögel. Das Ritual ist der Höhepunkt der Feria de Corpus Christi im Mai. In El Tajín tanzen sie täglich und vor der Kathedrale in Papantla von Freitag bis Sonntag.

ÜBERNACHTEN IN PAPANTLA

Hotel Vista Inn
Das entspannte Hotel bietet saubere, preiswerte Zimmer mit einer herrlichen Aussicht auf den Platz. **$**

OYO Hotel Totonacapan
Das Kettenhotel bietet guten Komfort für wenig Geld. **$**

Hotel Tajín
Das Hotel direkt am zócalo ist zwar nicht so schön, hat aber einen malerischen Swimmingpool und eine Dachterrasse mit herrlichem Ausblick. **$**

Mit dem Bau wurde 1570 begonnen. Er dauerte einige Jahrhunderte, bis 1875 der Glockenturm endlich fertiggestellt war. Vor dem Eingang steht eine 30 m hohe Stange, an der die Totonac-*voladores* ihre rituellen Tänze vollführen. Normalerweise findet freitags bis sonntags von 9 bis 17.30 Uhr alle zwei Stunden das faszinierende Ritual statt, in der Hochsaison (Januar, Februar und rund um hohe Feiertage) auch täglich.

Auf dem Hügel über dem *zócalo* steht das **Monumento al Volador**. Die Statue wurden 1988 von Teodoro Cano geschaffen und zeigt einen Musiker, der Flöte spielt und den Absprung der Flieger ankündigt. Der Weg zum Monument beginnt in der Calle Centenario vor der Kathedrale und führt eine steile schweißtreibende Straße nach oben.

DIE GEHEIMNISVOLLEN TOTONAC

Die meisten Menschen kennen die Azteken und die Maya und hörten vielleicht schon von den Olmeken, aber über die Totonac weiß man kaum etwas. Niemand weiß, woher der Name „Totonac" stammt. Einige glauben, dass der Begriff aus dem Náhuatl stammt und „Mann aus der heißen Erde" bedeutet, andere glauben, dass er in einem der Totonac-Dialekte „drei Herzen" bedeutet. Die Totonac-Sprachfamilie ist mit keiner anderen Sprache der Welt verwandt, so dass es sich schwierig gestaltet, das Volk der Totonac mit anderen Völkern Mesoamerikas in Verbindung zu bringen. Aber eines ist sicher: Die Totonac waren das erste indigene Volk Mexikos, das den Spaniern begegnete. Heute leben etwa 300 000 Totonac vor allem in den Bundesstaaten Veracruz und Puebla.

Die Ruinen von El Tajín

DIE KAUM BEKANNTE ALTE STADT DER TOTONAC ERKUNDEN

Die alte Stadt **El Tajín** ist eine der am besten erhaltenen und wichtigsten prähispanischen Städte in Mesoamerika. El Tajíns Pyramiden und Tempel stehen 10 km westlich von Papantla auf einer Ebene, die von niedrigen, grünen Hügeln umgeben ist. Die Stätte umfasst ein Gebiet von rund 10 km^2 und die stimmungsvolle alte Stadt ist eine eindrucksvolle Hinterlassenschaft der klassischen Veracruz-Zivilisation. 1992 wurde die prähistorische Stätte zum UNESCO-Weltkulturerbe ernannt.

Ursprünglich glaubte man, dass El Tajín (der totonakische Name für „Donner", „Blitz" oder „Wirbelsturm") zwischen 100 v.Chr. und 1200 n.Chr. besiedelt wurde. Die jüngste Forschung deutet jedoch darauf hin, dass El Tajín seine Blütezeit zwischen 800 und 900 n.Chr. erlebte. Um 1200 n.Chr. wurde der Ort aufgegeben – wahrscheinlich nach einem Brand und Angriffen der Chichimeken. Schnell eroberte der Dschungel das Gelände zurück, welches so in Vergessenheit geriet, bis es zufällig 1785 von einem Spanier „wiederentdeckt" wurde.

Die schön proportionierte 18 m hohe **Pirámide de los Nichos** (Nischenpyramide) ist das auffälligste Gebäude von El Tajín. Die sechs unteren Ebenen sind jeweils von Reihen kleiner quadratischer Nischen umrundet, die Tag und Nacht und Leben und Tod in unserem Universum der Dualitäten symbolisieren sollen. Archäologen vermuten, dass der Bau ursprünglich 365 Nischen besaß: dies deutet darauf hin, dass das Gebäude als eine Art Kalender benutzt wurde. In seiner Blütezeit war es rot gestrichen, die Nischen schwarz.

In El Tajín wurden bisher 17 Ballspielplätze entdeckt. Der **Juego de Pelota de las Pinturas** (Ballspielplatz der Gemälde) liegt an einer Seite der Pirámide de los Nichos. Er wurde so be-

ESSEN IN PAPANTLA

Ágora Alta Cocina
Das schicke Restaurant bietet exquisite zubereitete Fusiongerichte in luftiger Höhe. $$$

Plaza Pardo
Auf dem Balkon des Plaza Pardo kann man die Atmosphäre Papantlas bei einem der kreativen Gerichte genießen. $$

Mercado Miguel Hidalgo
Der Markt am *zócalo* ist voll von Totonac-Frauen, die hausgemachte *chiles rellenos* (gefüllte Paprikaschoten) anbieten. $

LEONID ANDRONOV/SHUTTERSTOCK ©

Pirámide de los Nichos

nannt, weil sich an seiner Nordseite zwei beeindruckend gut erhaltene, rot-blaue geometrische Friese befinden.

Der **El Tajín Chico** war einst das Regierungsviertel der alten Stadt und wurde von der herrschenden Klasse bewohnt. Viele der Gebäude sind mit Steinmosaiken verziert. Den **Edificio I,** der wohl als Palast diente, zieren ein paar wunderschöne Reliefs. Die bislang nicht rekonstruierte **Plaza de las Columnas** (Plaza der Säulen) nordwestlich der Plaza El Tajín Chico ist eine der bedeutendsten Anlagen der Stätte. Einige Reliefsäulen wurden wieder zusammengesetzt und sind im örtlichen Museum ausgestellt.

Der **Juego de Pelota Sur** (Südlicher Ballspielplatz) stammt vermutlich aus dem Jahr 1150 und ist aufgrund der sechs Wandreliefs, welche die brutalen Opferrituale des Ballspiels beleuchten, der berühmteste seiner Art.

Das Relief in der nordöstlichen Ecke ist am besten zu erkennen: In der Mitte vollziehen drei Ballspieler nach dem Spiel ein Opferritual, wobei einer der Spieler dem anderen ein Messer in die Brust sticht, während der Dritte die Arme des Opfers festhält. Totengötter und eine vorsitzende Figur sind Zeugen des Schauspiels.

TOP TIPPS FÜR EL TAJÍN

Das Ritual der voladores wird mehrmals täglich vor dem Eingang zu den Ruinen von El Tajín aufgeführt. Spenden werden erwartet, sind aber kein Muss (rund 50 Mex$ sind angemessen).

Um alles zu sehen, muss man ein paar Kilometer zurücklegen und ein paar Stunden investieren. Das Gelände ist nicht anstrengend oder hügelig, aber nicht rollstuhlgerecht.

Es gibt nur wenig Schatten und es kann wirklich heiß werden, daher sollte man früh oder spät herkommen, wenn die Temperaturen milder sind.

Die meisten Pyramiden und Tempel sind auf Englisch und Spanisch beschriftet, aber ein Guide hilft, deren Bedeutung wirklich zu verstehen. Englischsprachige Guides können im Besucherzentrum gebucht werden.

In dem Museum am Eingang gibt es ein ausgezeichnetes Modell der Stätte und beeindruckende Reliefs.

UNTERWEGS VOR ORT

Papantla ist eine kleine Stadt, die man sehr gut zu Fuß erkunden kann. In Paplanta starten die Busse zu den Ruinen mit der Zielangabe „Pirámides Tajín" von der Calle 16 de Septiembre. Ein Taxi kostet pro Weg ca. 100 Mex$. Vor den Ruinen warten in der Regel Taxis. Andernfalls kann man mit dem Fahrer einen Preis für die Rückfahrt vereinbaren, der die Wartezeit einschließt.

Rund um Papantla

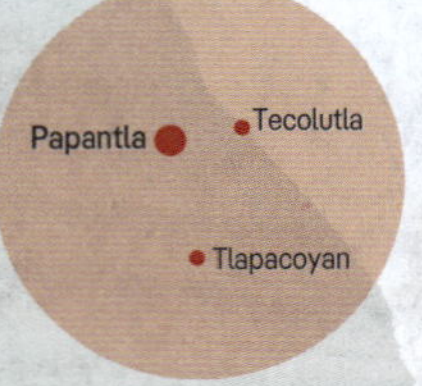

Die wilde Küste vor Papantla ist übersät mit Küstenstädten, reißenden Stromschnellen und Wasserfällen.

Die **Costa Esmeralda** (Smaragdküste) liegt südlich von Papantla und ist ein gut 25 km langer Strandabschnitt zwischen Tecolutla und Nautla, der trotz der unattraktiven Strände jeden Sommer Scharen von mexikanischen Urlauberinnen und Urlabern anzieht. Der Hwy 180 verläuft entlang der Küste und verbindet einige Dörfer miteinander.

Der nächste Küstenort von Papantla ist Tecolutla. Der größte Anziehungspunkt ist die **Vida Milenaria** (vidamilenaria.mx), ein Schildkrötenschutzzentrum, das seit über 35 Jahren Schildkröten aufpäppelt und in die Freiheit entlässt. Morgens kann man dabei zusehen, wie die Jungschildkröten ausgesetzt werden.

Wer südlich von Nautla auf dem Hwy 129 ins Landesinnere abbiegt, gelangt nach **Tlapacoyan**, wo man auf dem reißenden Río Filobobos spannende Rafting-Abenteuer erleben und danach in dem wunderschönen Becken des Cascada de Encanto schwimmen kann. Aventurec (aventurec.com) bietet verschiedene Touren an, bei denen Verpflegung, Unterkunft und Seilrutschen oder Wandern im Preis inbegriffen sind.

TOP TIPP

Vom Busbahnhof fahren ADO-Busse nach Tecolutla. Von dort fahren Bus auf dem Hwy 180 in jeden Küstenort an der Costa Esmeralda. Dazu muss man jedoch umsteigen.

Neugeborene Schildkröten, Costa Esmeralda

RESERVA DE LA BIOSFERA LOS TUXTLAS

Das Reserva de la Biosfera Los Tuxtlas ist ein wildes Naturwunder, das weitab der ausgetretenen Pfade liegt. Es besteht aus einer Mischung aus Sumpfgebieten, vulkanisch geprägtem Regenwald und atemberaubenden Seen.

Die verschiedenen Naturschutzgebiete rund um Catemaco wurden 2006 zu einem UNESCO-Biosphärenreservat zusammengeschlossen. Der wildere, vulkanische Teil des Naturschutzgebietes ist über San Andrés Tuxtla zu erreichen, während das Vogelbeobachtungsgebiet Laguna Catemaco über die gleichnamige Stadt zu erreichen ist. Am Fuße des Volcán San Martín (1748 m) liegt Ruíz Cortines, ein kleines Dorf und Ausgangspunkt für Wanderungen zu Höhlen und geführte Besteigungen des Vulkans. Die olmekische Zivilisation erlebte vor über 2000 Jahren in der Region ihre Blütezeit. Mehrere Steinköpfe der Olmeken wurden in der archäologischen Stätte Tres Zapotes entdeckt.

TOP TIPP

San Andrés ist der Verkehrsknotenpunkt von Los Tuxtlas und bietet recht gute Busverbindungen in alle Richtungen. Busse von ADO und AU fahren regelmäßig von ihren jeweiligen Busbahnhöfen in Veracruz und Xalapa auf der Juárez unweit des Highways (rund zehn Gehminuten vom Zentrum) nach San Andrés ab. Die Busse fahren ebenfalls zum Busbahnhof am Flussufer in Catemaco.

Los Tuxtlas

WITOLD SKRYPCZAK / ALAMY STOCK PHOTO

ESSEN IN SAN ANDRÉS

Restaurant Winni's
Mittags findet man hier nur schwer einen Tisch, da das Restaurant bei den Einheimischen sehr beliebt ist. **$**

El Merendero
In dem einfachen Restaurant am Hwy 180 werden saftige Steaks und andere Klassiker aus Veracruz serviert. **$**

La Estación Oaxaqueña
In dem farbenfrohen, spannenden Lokal gibt's Gerichte aus Oaxaca zu günstigen Preisen. **$$**

San Andrés Tuxtla als Ausgangspunkt

WASSERFÄLLE, VULKANE UND ZIGARREN

Das geschäftige und moderne San Andrés, die größte Stadt der Region, ist ein wichtiger Umsteigebahnhof und Ausgangspunkt für Los Tuxtlas und die Besichtigung von anderen interessanten Sehenswürdigkeiten in der Umgebung, wie den **Volcán San Martín**. Im übersichtlichen Stadtzentrum erhebt sich die orange und gelb geflieste Kirche über dem Hauptplatz.

Zigarrenrauchenden kommen auch auf ihre Kosten, da San Andrés die Zigarrenhauptstadt Mexikos ist. Auf den Feldern in der Umgebung wächst Tabak in Hülle und Fülle. Die berühmte Tabakfabrik **Puros Santa Clara** (santaclarapuros.com) liegt nur einen Block vom Busbahnhof entfernt. Hier kann man den *torcedores* (Zigarrenrollern) zusehen, wie sie die Zigarren blitzschnell rollen. Die *puros* in allen Größen und Formen, darunter auch die 48,3 cm lange Magnum (die den Guinness-Rekord für die längste jemals verkaufte Zigarre hält), werden hier zu Fabrikpreisen verkauft.

Aber die größte Sehenswürdigkeit von San Andrés ist der beeindruckende **Salto de Eyipantla**. Der Wasserfall ist 40 m breit und 50 m hoch und ergießt sich eine felsige Klippe hinab in den reißenden Catemaco River. Die Wassermenge ist in der Regenzeit (August bis Oktober) am höchsten, wenn die Bäche zu einem

ÜBERNACHTEN IN SAN ANDRÉS

OYO Finca Tabacalera Tafisa
Das Hotel 5 km nordöstlich des Zentrums gehört zu einer landesweiten Kette und ist die günstigste Option in dieser Gegend. **$**

Hotel Michelle
Die altmodische Pension am westlichen Rand des Stadtzentrums verfügt über einen Pool und veraltete, aber preiswerte Zimmer. **$**

Piedra Alta Classic
Das moderne, neue und schönste Hotel der Stadt biete ein tolles Preis-Leistungs-Verhältnis mit einem hervorragenden Frühstück und gemütlichen Zimmern. **$$**

JOHN MITCHELL/ALAMY STOCK PHOTO ©

Restaurante Colonial

spektakulären Wasservorhang zusammenfließen. Wer die 250 Stufen nicht hinuntersteigen und ein bisschen nass werden will (10 Mex$), kann den Wasserfall auch von einem kostenlosen Aussichtspunkt aus bewundern. Hier wurden einige Szenen des Films *Apocalypto* von Mel Gibson gedreht. Der Wasserfall liegt 12 km südöstlich von San Andrés im gleichnamigen Dorf und von der Ecke Cabada und 5 de Mayo in San Andrés fahren regelmäßig TLT-Busse zum Wasserfall.

Abenteuerlustige können ins kleine Dorf **Ruíz Cortines** eine Stunde nördlich von San Andrés Tuxtla fahren, wo man in rustikalen *cabañas* schlafen sowie reiten und Wanderungen zu den Höhlen unternehmen kann. Die meisten Reisenden kommen her, um den Volcán San Martín (1580 m) zu besteigen, den einzigen aktiven Vulkan im Bundesstaat Veracruz, der allerdings seit Jahrhunderten nicht mehr ausgebrochen ist. Beim letzten Ausbruch (1793) wurde die Asche mehr als 320 km vom Vulkan entfernt ausgestoßen. Es ist relativ sicher, den Vulkan zu umwandern und zu besteigen. Man sollte allerdings einen Guide buchen, da die Besteigung recht anstrengend ist (nur für Fitte geeignet). Selva de los Colibríes (selvadeloscolibriescom.wordpress.com) organisiert geführte Besteigungen und dreistündige Wanderungen durch die Nebelwälder. Man kann auch in einer der Hütten übernachten. Ein Taxi von San Andrés nach Ruiz Cortines kostet 150 Mex$ und *piratas* kosten pro Weg 40 Mex$.

ESSEN IN SANTIAGO TUXTLA

Mercado Municipal
Der Markt neben dem Museo Tuxteco ist ein Labyrinth aus allerlei möglichen Streetfood-Ständen. $

La Tamehua
Das Lokal wird von den Einheimischen für das beste alambre (gegrilltes Rindfleisch mit Speck, Paprika und Käse) und queso fundido (geschmolzener Käse) der Stadt empfohlen. $

Restaurante Colonial
Das schickste Lokal der Stadt liegt oberhalb des ADO-Busbahnhofs und auf der Speisekarte stehen Meeresfrüchte- und Fleischgerichte. $$

ÜBERNACHTEN IN SANTIAGO TUXTLA

Hotel Mirador Santiago
Das abgelegene Hotel inmitten einer Gartenanlage auf einem Hügel mit Blick auf die Stadt ist nur mit einem Fahrzeug zu erreichen. $$

Mesón de Santiago
Das schöne Hotel im Kolonialstil verfügt über hübsch eingerichtete Zimmer und einen ruhigen Innenhof. $

OYO Hotel Santiago Plaza
Das Kettenhotel am Hauptplatz bietet makellose Zimmer zu einem günstigen Preis. $

ARTURO PEÑA ROMANO MEDINA/GETTY IMAGES©

Catemaco

DAS OLMEKEN-TRIO

Etwa 160 km südöstlich von Tres Zapotes liegt eine weitere olmekische Siedlung: **San Lorenzo Tenochtitlán.** Die Stätte war von 1200 v.Chr. bis 900 v.Chr. zusammen mit La Venta und Tres Zapotes ein wichtiges Zentrum der Olmeken. Hier wurden mehrere Olmeken-Steinköpfe entdeckt, darunter der größte, der im Zentrum von Santiago Tuxtla steht. Archäologen gehen davon aus, dass die Köpfe aus großen Felsblöcken gehauen wurden, die über 150 km von Los Tuxtlas nach San Lorenzo transportiert und in einer Nord-Süd-Linie quer durch die Stätte platziert wurden. Der zuletzt entdeckte Kopf und eine ebenfalls hier entdeckte Skulpturensammlung sind im angegliederten Museum ausgestellt.

Mehr über die Geschichte der Olmeken erfahren

ALLES ÜBER DIE OLMEKEN ERFAHREN

Santiago Tuxtla liegt 15 km westlich von San Andrés und ist deutlich entspannter und charmanter. In der Mitte liegt eine äußerst hübsche, üppig begrünte Plaza – eine der schönsten im ganzen Bundesstaat. Der von hoch aufragenden Palmen gesäumte **Parque Olmeca** wird von der weiß-roten **Iglesia de Sagrado Corazón** und den gelb-braunen Bögen des **Palacio Municipal** überragt.

Die größte Sehenswürdigkeit ist der Olmeken-Steinkopf auf der westlichen Seite der Plaza. Die Olmeken waren die erste mesoamerikanische Zivilisation, die für die Herstellung riesiger Menschenköpfe bekannt war. Der 3,4 m hohe Steinkopf wiegt 40 t und ist der größte je gefundene Olmeken-Steinkopf, der dank der geschlossenen Augen einzigartig ist. Sein Name „Cobata Head" bezieht sich auf den Ort, wo er gefunden wurde.

Gegenüber des Parque Olmec befindet sich das **Museo Tuxteco.** Ein besonderer Schwerpunkt liegt auf den Olmeken und zu den Artefakten gehören ein Olmeken-Steinkopf, Keramikteller, die für Menschenopfer auf der Isla de Sacrificios verwendet wurden, und eine Nachbildung eines Altars aus Tres Zapotes.

ESSEN IN TRES ZAPOTES

Polleria Beraca
In dem einfachen Lokal wird das Hähnchen perfekt gebraten, von außen knusprig und innen zart. $

Taqueria Emanuel
Das kleine Lokal serviert gute Tacos *al pastor* (mit am Spieß gebratenem marinierten Schweinefleisch). $

Restaurante Doña Chole
In diesem bodenständigen Lokal wird *comida típica* (Hausmannskost) zu günstigen Preisen serviert. $

Geschichte in Tres Zapotes hautnah erleben

DER URSPRUNG DER OLMEKEN-ZIVILISATION

Eine der wichtigsten archäologischen Stätten von Veracruz, die Siedlung von Tres Zapotes liegt rund 21 km westlich von Santiago Tuxtla. Die Stätte war über 200 Jahre eine olmekische Siedlung (etwa von 1200 v. Chr. bis 1000 n. Chr) und wurde wahrscheinlich zuerst bewohnt, als das große olmekische Zentrum von La Venta (Tabasco) noch florierte. Nach der Zerstörung von La Venta (um 400 v. Chr.) existierte die Stadt in einer „epiolmekischen Phase" (so bezeichnen es die Archäologen), der Periode, in der die olmekische Kultur ihren Niedergang erlebte, während andere Zivilisationen (vor allem die Izapa und die Maya) aufstiegen.

Tres Zapotes besteht heute nur noch aus ein paar Erdhügeln inmitten von Maisfeldern, aber das archäologische Museum zeigt wichtige Funde der Stätte. Ein 1,5 m großer Olmeken-Steinkopf aus der Zeit um 100 v. Chr. ist der ganze Stolz des Museums. Das größte Fundstück, die Stele A, zeigt drei menschliche Figuren im Rachen eines Jaguars. Eine andere Figur könnte einen Gefangenen mit hinter dem Rücken gefesselten Händen darstellen.

Busse oder Taxis nach Tres Zapotes starten von dem Sitio Puente Real am äußeren Ende der Fußgängerbrücke in Zaragoza. Von Santiago Tuxtla führt die Straße in südwestlicher Richtung nach Tres Zapotes; vom Hwy 180 dem Schild „Zona Arqueológica" folgen.

Durch die Gewässer von Catemaco gleiten

TIERBEOBACHTUNG UND INSEL-HOPPING

Die nicht besonders schöne und verschlafene Stadt Catemaco wird nur von wenigen Rucksacktraveller besucht, ist aber ein guter Ausgangspunkt für die Erkundung von Los Tuxtlas. Die 11 km östlich von San Andrés liegende Stadt liegt direkt an der 16 km langen **Laguna Catemaco**. Umgeben wird sie von üppig grünen Vulkanhügeln. Catemaco hat eine lange Tradition der Hexerei, großartige Ufergelände, natürliche Schwimmbecken und einsame wilde Strände und ist somit ein interessanter Ort, um sich abseits der ausgetretenen Pfade zu bewegen.

Die Laguna Catemaco, die eigentlich ein See und keine Lagune ist, kann man am besten mit einem *lancha* (Motorboot) erkunden. An der *malecón* (Uferpromenade) bieten zahllose

ESSEN IN CATEMACO

La Casita
Die Einheimischen schwören auf das einfache Lokal wegen seiner breit gefächerten Speisekarte, die von preiswerten Tacos bis hin zu gebratenem Fisch alles bietet. $

La Casa de los Tesoros
Das Café im Hippie-Stil ist auch Galerie und Souvenirshop. Morgens gibt es ein großes Frühstücksangebot und abends leckere Burger. $$

La Palapa de Jose
Das trubelige Restaurant am östlichen Ende des malecón ist unser Favorit für die köstlichen tegogolo (Schnecken). $$

Restaurante & Bar La Moyotera
In dem Restaurant über dem Wasser mit eigener Uferpromenade gibt's beeindruckende Berge an Meeresfrüchten. $$$

DIE BESTEN HOTELS IN CATEMACO

Hotel La Finca
Das etwas in die Jahre gekommene Hotel ist äußerst komfortabel und bietet Balkone mit Seeblick und einen Swimmingpool mit Rutschen. $$

Hotel Las Brisas
Ein zentral gelegenes, preiswertes Hotel mit blitzsauberen Zimmern, die von Zweibettzimmern bis zu Familiensuiten mit acht Betten reichen. $

Hotel Posada Koniapan
Das preisgünstige Hotel, nur wenige Schritte vom Busbahnhof entfernt, verfügt über schöne Zimmer, einen großen Pool am Wasser und viele Grünflächen. $

Kapitäne ein- oder zweistündige Bootsfahrten auf dem See an. Bei den Fahrten wird an mehreren Inseln angelegt. Der frühe Morgen und der späte Nachmittag (vor 16 Uhr, da einige Inseln um 17 Uhr schließen) sind die beste Zeit, um auf dem glasklaren Wasser die reiche Vogelwelt zu beobachten.

Einige der Inseln sind auch zugänglich. Auf der größten Insel **Isla Tenaspi** wurden Skulpturen der Olmeken entdeckt. Auf der **Isla de los Changos** (Affeninsel) leben Gelbwangengibbons, die ursprünglich aus Thailand stammen und 1974 von der Universidad Veracruzana hier angesiedelt wurden. Leider sind sie durch die Fütterung durch Traveller krankhaft fettleibig geworden. Also bitte nicht füttern. Auf der **Isla Agaltepec** leben vom Aussterben bedrohte (äußerst lautstarke) Brüllaffen.

Östlich der Stadt gibt's einige Strände mit grauem Sand, wo man im trüben Wasser baden kann. Allerdings schwimmen dort gelegentlich Beulenkrokodile herum, die eigentlich im See leben und bis jetzt noch keinen Menschen angegriffen haben. Im See leben auch *tegogolo-Schnecken, die als Aphrodisiakum gelten und mit Chili und Tomaten gegessen werden* und überall an Straßenständen am Hauptplatz abends verkauft werden. Die vielen Restaurants an der *malecón* servieren die bei den Einheimischen sehr beliebten Gerichte *huachinango a la Veracruzana* (roter Schnapper in Tomatensoße) und *chipalchole* (Shrimps- oder Jonahkrabbensuppe).

VERHEXT

Jedes Jahr kommen am ersten Freitag im März Hunderte von *brujos* (Schamanen), Hexen und Heiler aus ganz Mexiko nach Catemago, um gemeinsam auf dem nördlich der Stadt gelegenen Cerro Mono Blanco ein Reinigungsritual durchzuführen, mit dem sich die Teilnehmenden von den negativen Energien des vergangenen Jahres befreien wollen. Zu dieser Zeit strömen auch Scharen von Mexikanerinnen und Mexikaner in die Stadt, um Schamanen zu konsultieren oder *limpia* (Reinigungszeremonien) durchführen zu lassen. Das Ganze ist eine bizarre Mischung aus jenseitiger Inbrunst und hedonistischer Ausschweifung.

Am Nanciyaga vor Anker gehen

SPIRITUELLER RÜCKZUGSORT IM DSCHUNGEL

Zu dem gepflegten Naturschutzgebiet **Reserva Ecológica de Nanciyaga** (nanciyaga.com) am nordöstlichen Ufer der Laguna Catemaco 8 km von Catemaco entfernt gehört auch ein kleiner dichter Regenwald. Der Park, das sich den Ureinwohnern verschrieben hat, verfügt über Wanderwege, die sich durch den Regenwald schlängeln, vorbei an Nachbildungen von Olmeken-Skulpturen, einem Krokodilteich, einem *temascal* (Dampfbad) und einem alten Planetarium.

Für Tagesbesucher:innen werden geführte Wanderungen in die Natur angeboten, aber auch Übernachtungen für das ultimative Dschungelerlebnis. Eine Übernachtung in einer der mit Solarenergie betriebenen, rustikalen Hütten umfasst ein Schlammbad, eine Massage, eine geführte Wanderung und kostenlosen Kajakverleih. Die Zimmer mit Moskitonetzen als Fenster sind offen und die Gemeinschaftsbäder gleich in der Nähe. Das schreckt viele ab, ist aber reizvoll für diejenigen, die gerne in der Natur übernachten möchten.

RUSTIKALE ÖKO-LODGES IN DER NÄHE VON CATEMACO

Cabañas Cascadas Encantadas
Am südöstlichen Ende der Laguna Catemaco bieten diese abgelegenen Hütten einfache Zimmer mit spektakulärer Aussicht. **$$**

Ecobiosfera
Schaukelnde Hängematten, palapa-Hütten und einen kleinen Swimmingpool bietet die familienfreundliche Ökolodge in Dos Amates in der Nähe von Catemaco. **$$**

Cabañas Ixaya
In den Bambushütten mitten im Dschungel auf halbem Weg zwischen Catemaco und Sontecomapan kann man wunderbar zur Ruhe kommen. **$**

ALFREDO SCHAUFELBERGER/SHUTTERSTOCK ©

Reserva Ecológica de Nanciyaga

Am Ufer gibt's ein nettes Restaurant mit gesunden Gerichten, darunter auch vegane Optionen. Von Catemacos Hauptplatz fahren Taxis und Boote hierher.

Wo die Lagune ins Meer mündet

MANGROVEN, LAGUNEN UND BADESTELLEN

Von Catemaco führt eine 92 km lange, zumeist befestigte Straße an die Küste. Dabei durchquert man eine Gegend, die als „Schweiz Mexikos" (vermutlich wegen der grünen Hügel und vielen Kühe) bezeichnet wird. Schließlich erreicht man die Lagunenstadt **Sontecomapan**, wo Bootstouren durch die Mangroven zur Vogelbeobachtung im **Reserva Ecológica Manglares del Toztlan** und zu allen anderen Orten in der Laguna de Sontecompan angeboten werden.

Nur 5 Gehminuten vom Bootsanleger entfernt liegt der idyllische **Pozo de los Enanos** (Zwergenteich), eine natürliche Badestelle, an der sich jugendliche Einheimische in Tarzanmanier an Seilen ins Wasser schwingen. Die beste Übernachtungsmöglichkeit ist **Los Amigos Ecoturismo** (losamigos.com.mx), eine schöne ruhige Anlage, wo die Lagune ins Meer mündet, mit in die grünen Hügel gebauten hübschen *cabañas*.

DIE GOLDKÜSTE

Nur 16 km nordöstlich von Sontecomapan liegt die **Costa de Oro** (Goldküste), einer der schönsten Küstenabschnitte von Veracruz. Die lanchas in Sontecomapan bringen Reisende in das Fischerdorf **La Barra** mit seinen herrlichen Stränden und Meeresfrüchterestaurants. Nordwestlich von La Barra führt eine holprige Staubpiste zum strahlend weißen Sandstrand **Playa Escondida** („Versteckter Strand"), der so heißt, weil er wenig besucht wird. In der Nebensaison ist der Strand unter der Woche praktisch menschenleer.

UNTERWEGS VOR ORT

Preisgünstige *piratas* fahren zu den kleinen Orten rund um Los Tuxtlas und in Richtung Küste. In Catemaco fahren sie von einer Ecke fünf Blocks nördlich des Busbahnhofs ab. In San Andres starten regelmäßig *colectivos* vom Markt. TLT-Busse fahren in Santiago vom Busbahnhof auf der Morelos ab. Private Taxis sind ebenso eine preiswerte Möglichkeit, um von einer Stadt in die nächste zu kommen.

HALBINSEL YUCATÁN

STRÄNDE, NATUR UND ANTIKE RUINEN

Palmenumsäumte Strände, ehrfurchtgebietende Maya-Tempel und Städte mit reicher Kultur bilden die spannende Kulisse für denkwürdige Abenteuer auf der Halbinsel Yucatán.

Nur ein Ziel in Mexiko bietet auf einen Schlag antike Maya-Ruinen, das azurblaue Karibische Meer und malerische koloniale Städte: die Halbinsel Yucatán. Mexikos südöstliche Ecke, die die drei Staaten Yucatán, Quintana Roo und Campeche umfasst, punktet mit jeder Menge Natur und menschengemachten Wundern.

Die in den 1960er-Jahren aus dem Nichts geschaffene Stadt Cancún ist mit ihren Sandstränden und tropischen Resorts nur eines von vielen Meereszielen an Mexikos 400 km langer Karibikküste. Man findet hier auch quirlige Städte, verschlafene Fischerorte und an Lagunen liegende Dörfer sowie bezaubernde Inselrefugien wie Cozumel und die Isla Mujeres. Alle gewähren Zugang zu einem farbenprächtigen Unterwasserreich, einem Teil des weltweit zweitgrößten Barriereriffs.

Hinter der Karibikküste verbirgt das von Wäldern bedeckte Landesinnere sagenhafte archäologische Schätze. Die hohen Pyramiden von Chichén Itzá, Uxmal und Calakmul sind nur einige von Dutzenden eindrucksvoller antiker Stätten der Maya auf der Halbinsel. Später hinterließen die Spanier ihre Spuren mit kopfsteingepflasterten, pastellfarbenen Stadtzentren, die vor über 400 Jahren angelegt wurden.

Zurück in der Gegenwart finden sich viele moderne Attraktionen, von Kunstgalerien und Kunsthandwerksmärkten bis zu Straßenkünstlern und einem munteren Nachtleben – ein netter Kontrapunkt zur wilderen Seite Yucatáns. Tagsüber kann man mit Meeresschildkröten schnorcheln, in mit Weinranken behangenen Cenoten (mit Wasser gefüllten Karsthöhlen) baden oder in einem Kajak durch Biosphärenreservate paddeln. Nachts genießt man den kulinarischen Reichtum der Küche Yucatáns in einem von Dschungel umgebenen Restaurant in einem Hinterhof, vielleicht gefolgt von einem Drink am Meer.

DIE WICHTIGSTEN ZIELE

Oben: Cenote Ik-Kil (S. 289); gegenüberliegende Seite: Izamal (S. 274)

BACALAR	**MÉRIDA**	**UXMAL & RUTA PUUC**	**CHICHÉN ITZÁ**	**CAMPECHE**	**CALAKMUL**
Schöne Lagune und ein entspanntes Refugium. **S. 261**	Die historische, kulturell reiche Hauptstadt. **S. 266**	Spektakuläre Ruinen mitten in den Wäldern. **S. 276**	Ehrfurchtgebietende Maya-Tempel. **S. 287**	Befestigte Stadt mit UNESCO-Welterbe-Status. **S. 290**	Maya-Ruinen im Dschungel. **S. 293**

BUS & COLECTIVO

Angesichts eines ausgebauten Netzes an Bussen, die den ganzen Tag über fahren, ist es leicht, zwischen den kleineren und größeren Städten auf der Halbinsel Yucatán herumzufahren. An einigen Orten (z.B. an der Karibikküste) sind *colectivos* (Sammeltaxis und -transporter) ein schnelles, günstiges Verkehrsmittel.

AUTO

Mit einem eigenen fahrbaren Untersatz kann man abgelegene Ruinen (z.B. Calakmul) und weniger erschlossene Gebiete an der Nordküste besuchen. Das Autofahren ist hier allerdings eine Herausforderung: Die Straßen sind schmal, es gibt üble Schlaglöcher (und Bremsschwellen), die Preise für Mietwagen und das Benzin sind hoch.

ZUG

Das umstrittene, 1525-km-Bahnprojekt Tren Maya (Maya-Bahn) wird um die Halbinsel Yucatán herumführen und Cancún, Tulum, Bacalar, Chichén Itzá, Valladolid, Mérida und andere wichtige Ziele miteinander verbinden. Die Bahnstrecke soll 2024 fertiggestellt sein.

Mérida, S. 266

Die kopfsteingepflasterten Straßen sind gesäumt von prächtigen Kathedralen und grünen Parks. Die kulturbegeisterte Hauptstadt hat einen dicht gedrängten Veranstaltungskalender.

Uxmal & Ruta Puuc, S. 276

Bei diesen auf bewaldeten Hügelhängen stehenden Ruinenstätten mit ihren Tempeln taucht man in die Welt der Maya ein. Uxmal ist zu Recht berühmt, während andere Stätten noch weitgehend unbekannt sind.

Campeche, S. 290

Historische Gebäude säumen das Zentrum der malerischen Kolonialstadt, deren trutzige Festungswälle, die sie einst vor Piraten schützten, von ihrer bewegten Vergangenheit zeugen.

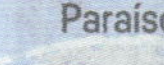

Erste Orientierung

Die berühmte Halbinsel liegt zwischen dem Golf von Mexiko und dem Karibischen Meer. Wälder bedecken 65% des Landesinneren. In der flachen Landschaft finden sich historische Städte, Maya-Siedlungen, antike Ruinen und Tausende von Cenoten.

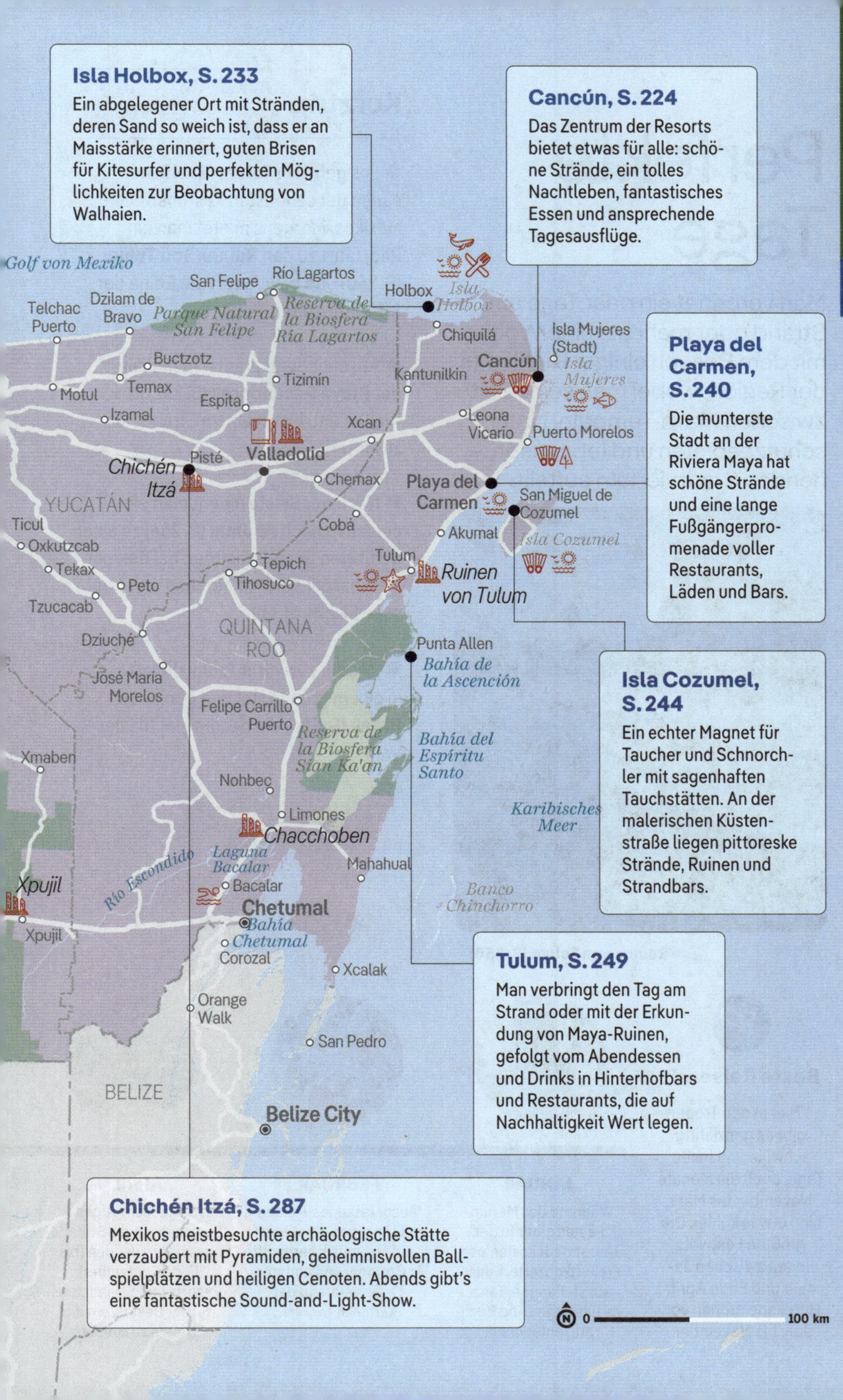

Isla Holbox, S. 233

Ein abgelegener Ort mit Stränden, deren Sand so weich ist, dass er an Maisstärke erinnert, guten Brisen für Kitesurfer und perfekten Möglichkeiten zur Beobachtung von Walhaien.

Cancún, S. 224

Das Zentrum der Resorts bietet etwas für alle: schöne Strände, ein tolles Nachtleben, fantastisches Essen und ansprechende Tagesausflüge.

Playa del Carmen, S. 240

Die munterste Stadt an der Riviera Maya hat schöne Strände und eine lange Fußgängerpromenade voller Restaurants, Läden und Bars.

Isla Cozumel, S. 244

Ein echter Magnet für Taucher und Schnorchler mit sagenhaften Tauchstätten. An der malerischen Küstenstraße liegen pittoreske Strände, Ruinen und Strandbars.

Tulum, S. 249

Man verbringt den Tag am Strand oder mit der Erkundung von Maya-Ruinen, gefolgt vom Abendessen und Drinks in Hinterhofbars und Restaurants, die auf Nachhaltigkeit Wert legen.

Chichén Itzá, S. 287

Mexikos meistbesuchte archäologische Stätte verzaubert mit Pyramiden, geheimnisvollen Ballspielplätzen und heiligen Cenoten. Abends gibt's eine fantastische Sound-and-Light-Show.

Golf von Mexiko
Telchac Puerto
Dzilam de Bravo
San Felipe
Río Lagartos
Parque Natural San Felipe
Reserva de la Biosfera Ría Lagartos
Holbox
Isla Holbox
Chiquilá
Isla Mujeres (Stadt)
Isla Mujeres
Cancún
Kantunilkín
Buctzotz
Tizimín
Motul
Temax
Izamal
Espita
Xcan
Leona Vicario
Puerto Morelos
Chichén Itzá
Pisté
Valladolid
Chemax
Playa del Carmen
San Miguel de Cozumel
Isla Cozumel
YUCATÁN
Ticul
Oxkutzcab
Cobá
Akumal
Tekax
Tepich
Tulum
Ruinen von Tulum
Peto
Tihosuco
Tzucacab
QUINTANA ROO
Dziuché
Punta Allen
Bahía de la Ascención
José María Morelos
Felipe Carrillo Puerto
Reserva de la Biosfera Sian Ka'an
Bahía del Espíritu Santo
Xmaben
Nohbec
Limones
Karibisches Meer
Chacchoben
Laguna Bacalar
Mahahual
Río Escondido
Xpujil
Bacalar
Chetumal
Bahía Chetumal
Banco Chinchorro
Corozal
Xcalak
Orange Walk
San Pedro
BELIZE
Belize City
0 — 100 km

Perfekte Tage

Man verbringt ein paar Tage am Strand oder mehr als eine Woche mit dem Besuch einiger Highlights der Region, wobei man seine Zeit zwischen Maya-Tempeln, Naturschutzgebieten und lebenssprühenden Stadtvierteln aufteilt.

WAGNER SANTOS DE ALMEIDA/SHUTTERSTOCK ©

Ruinen von Tulum (S. 250)

Kurztrip

- Los geht's in **Tulum** (S. 249) mit einem der schönsten Küstenstreifen Mexikos. Morgens mietet man ein Rad, fährt zu den **Ruinen von Tulum** (S. 250) und bewundert die Reihe der 800 Jahre alten Tempel.

- Anschließend plantscht man an der **Playa Pescadores** (S. 252) in den Wellen und isst in einem Strandclub zu Mittag.

- Nach der Siesta nimmt man ein *colectivo* nach **Akumal** (S. 256) zu einer geführten Schnorcheltour, bei der man Meeresschildkröten, Rochen und tropische Fische erlebt.

- Wieder zurück in Tulum diniert man in einem grünen Hof und genießt im **Batey** (S. 254) die besten Mojitos der Welt.

Beste Reisezeit

Hier in den Tropen gibt es ganzjährig schwüle und heiße Tage, doch die Monate November bis März sind etwas kühler. Die größten Festivals liegen zwischen Januar und Ende April; Hurrikane drohen von Juni bis November.

JANUAR

Während des Mérida-Festes gibt's in der Hauptstadt kostenlose Freiluftkonzerte, Kunstausstellungen, Tanzvorführungen und Buchpräsentationen.

FEBRUAR

Ausgelassenes Treiben mit Umzügen, Kostümen und Livemusik herrscht in Cozumel und anderen Orten während der Karnevalswoche.

APRIL

Sargassum-Algen beginnen, an die Strände gespült zu werden (bis Ende September); Resorts und Strandclubs tun ihr Bestes, um die Strände zu säubern.

VON LINKS NACH RECHTS: ADITUM CREATIVOS/SHUTTERSTOCK ©, AVRESA/GETTY IMAGES ©, DANIROMPHOTO/SHUTTERSTOCK ©

3 Tage Zeit

● Nach einem Tag in Tulum bricht man früh nach **Chichén Itzá** (S. 287) auf, einer der bedeutendsten und am besten erhaltenen Maya-Stätten in Mexiko. Nach einigen Stunden der Erkundungen zieht man weiter nach **Valladolid** (S. 280). Hier schlendert man durch das historische Zentrum, stöbert in den Boutiquen an der **Calzada de los Frailes** (S. 283) und isst mit Blick auf den Hauptplatz zu Abend.

● Als nächstes kommt **Mérida** (S. 266) mit seinem lebendigen historischen Bezirk an die Reihe. Man durchstöbert die Vergangenheit in der **Casa de Montejo** (S. 268) und im **Palacio de Gobierno** (S. 268) und versenkt sich im **Gran Museo del Mundo Maya** (S. 270) in die Kultur der Maya.

Länger Zeit

● Los geht's in **Cancún** (S. 224) mit seinen hinreißenden Karibikstränden.

● Anschließend fährt man hinunter an die **Playa del Carmen** (S. 240) und mit der Fähre hinaus nach **Cozumel** (S. 244), wo einen spannende Schnorchelabenteuer inmitten spektakulärer Korallenriffe erwarten. Nächstes Ziel ist das entspannte Dorf **Bacalar** (S. 261) an einer bezaubernden Lagune.

● Nun geht's westwärts quer über die Halbinsel zu den im Dschungel liegenden Ruinen von **Calakmul** (S. 293) und weiter nach **Campeche** (S. 290), wo man durch das historische Zentrum dieser befestigten Stadt schlendert.

● Man erkundet die sagenhaften **Ruinen von Uxmal** (S. 276) und begibt sich dann zur Westküste für eine Paddeltour durch das artenreiche **Reserva de la Biosfera Ría Celestún** (S. 272).

● Die Reise endet mit einem yucatekischen Festmahl im kulinarisch orientierten **Mérida** (S. 266).

MAI
Die Walhaisaison (bis September) führt Naturfreunde zur Isla Holbox und an die nordöstliche Küste.

SEPTEMBER
Der Monat ist der Höhepunkt der Hurrikan-Saison, aber das tut der Feierlaune am mexikanischen Unabhängigkeitstag keinen Abbruch.

OKTOBER
Ende Oktober bis Anfang November feiert man den Día de Muertos (Tag der Toten) – mit Livemusik, Prozessionen und Festivitäten auf den Friedhöfen.

DEZEMBER
Die Ferien bringen große Besuchermassen und höhere Preise. Ein *norte* (Nordwind) kann gelegentlich Tauch- und Schnorchelpläne mit rauer See durchkreuzen.

CANCÚN

Mit jährlich mehr als 2 Millionen Besuchern hat Cancún einen hohen Rang unter den beliebtesten Ferienzielen der Welt. Der einstige Fischerort ist längst vergessen; heute ist die Stadt ein boomendes Zeugnis für die Transformationskraft des Tourismus. Üblicherweise richtet sich die ganze Aufmerksamkeit auf die Mega-Resorts und Clubs, aber auch die gastronomische Szene gehört zu den besten in Yucatán. Wenn man weiß, wo man suchen muss, braucht richtig gutes Essen gar nicht unerschwinglich zu sein. Wer aber einfach nur wegen Glanz und Glamour kommt, wird gewiss auch nicht enttäuscht werden.

Die Stadt ist grob in zwei Teile unterteilt: das abseits des Wassers gelegene El Centro und die Zona Hotelera mit ihren schicken All-Inclusive-Hotels. Sie erstreckt sich in D-Form rund um eine große Lagune. Wie zu erwarten liegen die meisten günstigeren Hotels und die Restaurants mit besserem Preis-Leistungs-Verhältnis in El Centro.

TOP TIPP

Wer eine Pause von der Sonne braucht, besucht einfach das Museo Maya de Cancún. Ausgestellt sind Hunderte von Stücken, die an Schlüsselstätten auf der Halbinsel (darunter Chichén Itzá) gefunden wurden. Die Exponate reichen von Skulpturen über Keramiken bis hin zu Schmuck. Es gibt auch Wechselausstellungen zu Maya-Themen.

Zona Hotelera

CHRISTOPHER LIN/SHUTTERSTOCK ©; RECHTS: MAX RASTELLO/SHUTTERSTOCK ©

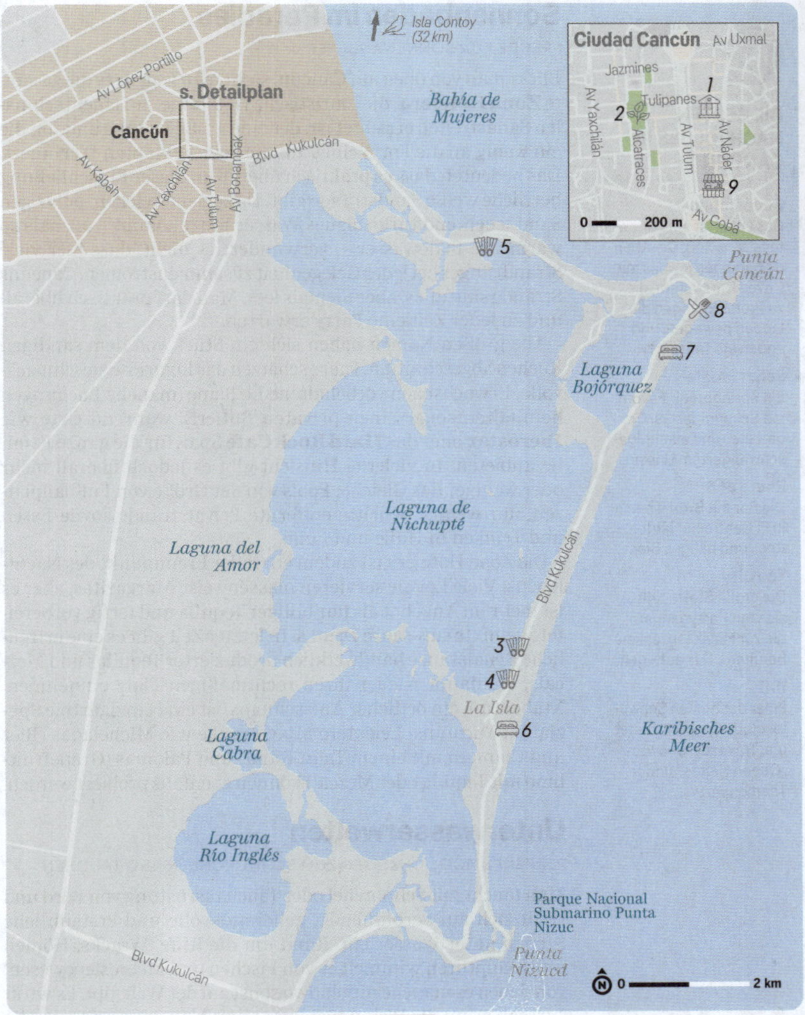

Ciudad Cancún

Av Uxmal
Jazmines
Tulipanes
Av Yaxchilán
Alcatraces
Av Tulum
Av Náder
Av Cobá
0 — 200 m

Isla Contoy (32 km)
Bahía de Mujeres
Av López Portillo
s. Detailplan
Cancún
Av Kabah
Av Yaxchilán
Av Tulum
Av Bonampak
Blvd Kukulcán
Punta Cancún
Laguna Bojórquez
Laguna de Nichupté
Laguna del Amor
Blvd Kukulcán
La Isla
Laguna Cabra
Karibisches Meer
Laguna Río Inglés
Parque Nacional Submarino Punta Nizuc
Punta Nizucd
Blvd Kukulcán
0 — 2 km

SEHENSWERTES
1 Palacio Municipal
2 Parque de las Palapas

KURSE & TOUREN
3 Manta Dive & Snorkel
4 Scorpio Divers
5 Scuba Cancún

SCHLAFEN
6 Iberostar
7 Le Blanc

ESSEN
8 Hard Rock Cafe

SHOPPEN
9 Ki Huic Market

Parque de las Palapas

DIE BESTEN NACHTCLUBS IN CANCÚN

Coco Bongo
Das Lokal ist teils Show-, teils Tanzclub. Die Abende beginnen jeweils mit Cover-Darstellern, die zu Promi-Einlagen die Lippen bewegen, und enden als Tanzparty.

Señor Frog's
Ein Springbreak-Favorit mit Schaumpartys, Conga-Lines und alkoholgeschwängertem Unsinn.

Route 666
Die Bar mit Biker-Thema in El Centro hat lauten Rock und billiges Bier.

The City
Die große Stätte füllt sich mit Partygängern, die zur Musik tanzen, die berühmte DJs auflegen.

11:11
Einer der besten Schwulenclubs Cancúns bietet u.a. Travestie-Shows, „Queen Nights" und Themenpartys.

Sonnenbaden im Paradies

FREUDE FÜR SONNENANBETER

Blickt man von oben auf Cancún, stellt man fest, dass die gesamte **Zona Hotelera**, die touristische Hotelzone, auf einem schmalen Sandstreifen errichtet ist, der eine große Lagune umgibt, die ein wenig an die Form eines auf die Seite gekippten D erinnert. Das bedeutet, dass es praktisch überall an dieser Einschließung herrliche weiße Sandstrände gibt. Da zu dem weichen, pulvrigen Sand leuchtend türkisblaues Wasser hinzukommt – oftmals so warm wie Badewasser –, verwundert es nicht, dass hier viele Strandgänger bei jeder Gelegenheit zusammenströmen. Cancúns Strände sind alles, aber niemals leer. Man darf praktisch überall und zu jeder Zeit eine Party erwarten.

Alle großen Namen haben sich ein Stück von dem sandigen Kuchen abgeschnitten. Paare schätzen das luxuriöse, geschmackvolle, Erwachsenen vorbehaltene Le Blanc (manche Buchungen beinhalten sogar einen privaten Butler!), während Orte wie **Iberostar** oder das **Hard Rock Cafe** Spaß für die ganze Familie anbieten. In vielerlei Hinsicht gibt es jedoch überall mehr oder weniger das Gleiche: Pools von der Größe von Fußballplätzen, nur wenige Schritte entfernte Privatstrände sowie Essen und Trinken in Hülle und Fülle.

Die Zona Hotelera ist zudem ein toller Brennpunkt des Nachtlebens. Viele Lokale servieren massenweise Margaritas, aber es ist mehr im Angebot als nur billiger Tequila und fertig vorbereitete gemixte süß-saure Drinks. In letzter Zeit gibt es eine erfreuliche Renaissance handwerklich produzierter Tequilas und Mezcals, die damit wieder ihren rechtmäßigen Platz einnehmen. Xtabentún, ein örtlicher Anisschnaps, ist eine einzigartige Spezialität Yucatáns. Leichtere Mixgetränke wie Micheladas (Bier und Clamato mit einem Tajin-Rand) und Palomas (Grapefruitlimo mit Tequila oder Mezcal) können ebenfalls probiert werden.

Unterwasserwelten

PERFEKTE MÖGLICHKEITEN ZUM SCHNORCHELN UND TAUCHEN

Man taucht mit Schnorchel oder Tauchausrüstung von Bord und stellt sich auf verblüffende, geheimnisvolle und erstaunliche Szenen unter Wasser ein. Rund um die Riffe, Wracks, Höhlen und Skulpturen wimmelt es von Fischen und Meereslebewesen, von denen es manche nirgendwo sonst auf der Welt gibt. Es wirkt surreal, wenn die Welt um einen herum blau wird und man die unzähligen Formen, Farben und Lebewesen erblickt. Muränen, Rotfeuerfische, Rochen, Haie, Papageienfische, Kaiserfische, Doktorfische – die Liste ließe sich beliebig fortsetzen. Dank eines wachsenden Bewusstseins für die Gefährdung der Korallen und des **Museo Subacuático de Arte (MUSA)**, das die Leute zu

COCKTAILS MIT AUSSICHT

La Palapa Belga
Belgisches Essen an der Lagune und die womöglich besten Margaritas in Cancún.

Parole
Italienisches Restaurant in der Zona Hotelera auf einer schicken, über das Wasser hinausragenden Holzterrasse.

Las Casitas
Romantische Zelte am Strand für einen Abend, an dem alles geschehen kann.

ROB ATHERTON/SHUTTERSTOCK ©

MUSA

ABENTEUERPARKS

Die Küste südlich von Cancún ist mit **Abenteuerparks** (S. 257) bestückt, die einen Tag voller Aktivitäten versprechen, etwa Fahrten an Seilrutschen, Höhlentouren und Schnorcheln in den Lagunen, außerdem Essen und Live-Unterhaltung. Viele Parks bieten Transportmöglichkeiten ab Cancún.

menschengemachten Wundern lockt, zeigen die natürlichen Korallen Zeichen der Erholung. Viele Traveller finden Cancún ideal, um das PADI-Zertifikat zu machen. Es gibt alles von schnellen Einführungen ins Tauchen in offenen Gewässern bis zu anspruchsvollen Tauchgängen in tiefen Gewässern oder in Höhlen. Das Tauchen in Cenoten, mit Süßwasser gefüllten Karsthöhlen, die die Maya für Zugänge zur Unterwelt Xibalba hielten, ist ein lohnendes, nur in Yucatán mögliches Erlebnis. Wofür auch immer man sich entscheidet, es ist hier leicht, unter die Oberfläche zu tauchen und die Wunder unter Wasser zu erkunden.

Es gibt eine Reihe angesehener Tauchveranstalter vor Ort. **Scuba Cancún**, einer der ältesten, ist ein Familienunternehmen, das die gesamte Palette anbietet: MUSA-, Schnorchel-, Cenote-Touren und Tauchgänge. **Manta Dive & Snorkel** ist ein von einer Frau geführter Tauchshop, der für seine freundlichen Lehrer:innen bekannt ist und Ausflüge zum MUSA und zu Cenoten durchführt. **Scorpio Divers** arbeitet mit kleinen Tauchgruppen und veranstaltet Touren zu den üblichen Spots in Cancún sowie nach Cozumel.

MYSTISCHES MUSA

Tauchen verspricht immer ein mystisches Erlebnis, aber das **MUSA** hebt diese Mystik auf ein anderes Niveau. Man taucht hier zu mehr als 500 Betonstatuen, Skulpturen und Werken der Unterwasserkunst hinab (und es gibt Pläne, dort zukünftig noch mehr zu platzieren). Die Werke faszinieren als Kunstinstallationen, und außerdem geben sie Interessierten die Gelegenheit, abseits der fragilen Korallen zu schnorcheln und zu tauchen. Damit haben die Korallen die Chance, sich von Jahrzehnten der Überbeanspruchung zu erholen. Die aus pH-neutralem Meeresbeton geschaffenen Statuen beeinträchtigen die vorhandene Natur nicht, sondern bieten vielmehr eine wertvolle Zuflucht für Fische und andere Meereslebewesen.

El Centro erkunden

DAS ECHTE MEXIKO IST NUR EINIGE SCHRITTE ENTFERNT

Cancún ist so glamourös, dass das als El Centro bezeichnete Stadtzentrum oft einfach übersehen wird. Das ist schade, weil es überraschend authentisch und ein netter Ort ist, um das echte Mexiko, wenn auch nur für ein paar Stunden, zu erleben.

BESTE ÖFFENTLICHE STRÄNDE

Playa Tortugas
Weißer Sandstrand nahe einer der Fährstellen zur Isla Mujeres.

Playa Caracol
Ein kleiner, aber beliebter Strand in Gehentfernung von vielen Läden und Restaurants in der Zona Hotelera.

Delfines
An diesem erstklassigen Strand gibt's Parkplätze, Toiletten und karibisches Wasser von unglaublicher Bläue.

ISLA CONTOY

Ein Ausflug zur Isla Contoy ist definitiv nicht jedermanns Sache, aber für manche ein aufregendes Erlebnis. Die kleine, vom Meer umspülte und mit Mangroven bestandene Insel ein Stück nördlich der Isla Mujeres ist unbewohnt und dank der Abwesenheit des Menschen ein Anlaufgebiet für Vögel; rund 170 Arten von Zugvögeln machen hier jedes Jahr Halt. Man sollte hier nach Fregattvögeln, Ohrenscharben, Weißbauchtölpeln und Flamingos Ausschau halten.

Wer sich nicht für Vögel interessiert, kann die Fahrt trotzdem genießen, weil sie Gelegenheit bietet, Delfine, Tümmler und bis zu vier verschiedene Meeresschildkrötenarten zu sichten, die auf der Insel ihre Eier ablegen.

Tourveranstalter in Cancún bieten täglich Trips hinüber zu der Insel.

Isla Contoy

Nimmt man ein Taxi oder den Bus R-1 oder R-2 von der Zona Hotelera, entdeckt man farbenprächtige Märkte, hippe Cafés, wimmelnde Straßen und Tacos, die nicht die Welt kosten. Man schlendert über die Avenida Nader und schaut sich die Parks, Läden und Restaurants an oder geht hinüber zum **Palacio Municipal** an der Avenida Tulum. Man macht ein Selfie mit dem Schild von Cancún und schlendert dann über den **Ki-Huic-Markt** mit seinen Ständen oder überquert die Avenida Tulum zum **Parque de las Palapas**.

Für alle, die hier leben, ist El Centro das eigentliche Cancún: schmuddelig, verstopft, chaotisch, aber ebenfalls lebenssprühend und lustig. Die Besucher:innen vergessen nur zu leicht, dass der Ort nicht nur ein Urlaubsmekka ist, sondern dass hier Menschen leben. Es gibt Supermärkte und große Läden, kleine Eckläden, Stände mit frisch gepressten Säften, Taco-Lokale und Nachbarn, die sich auf der Straße grüßen

An den Wochenenden strömen die Einheimischen in Massen zum Parque de las Palapas, wo es Livemusik, Dutzende Essenskarren und Spiele für die Kinder gibt. Man erblickt ganze Großfamilien, die sich eine Tüte mit *churros* (Spritzkuchen) teilen, während die Kleinkinder auf gemieteten Rollschuhen herumtollen und Zuckerwatteverkäufer rosa und blaue Streifen von den unglaublich hohen Türmen verkaufen, die sie herumtragen. Wenn man hungrig ist, hält man sich besser an Karren, an denen viele, nicht wenige Leute anstehen.

UNTERWEGS VOR ORT

Fast jedes Verkehrsmittel in Cancún hat Vor- und Nachteile, aber die beste Alternative sind wohl die Busse R-1 und R-2. Die leuchtend roten Busse fahren in entgegengesetzter Richtung rund um die Zona Hotelera und nach El Centro, sodass man für wenige Pesos zum Strand und zurück gelangt. Wer Busse meidet, findet überall Taxis. Die Preise sind vernünftig, allerdings nachts für Fahrten aus der Zona Hotelera wesentlich teurer. Die meisten Fahrer sind ehrlich, doch sollte man sich vor dem Einsteigen über den Preis verständigen. Wenn man unsicher ist, erkundigt man sich in seinem Hotel nach den aktuellen Preisen. Ein Trinkgeld wird erwartet.

Mexico City
Isla Mujeres

ISLA MUJERES

Viele Reisende lassen Cancún links liegen und eilen direkt zu dieser bekannten vorgelagerten Insel, wo sich das Tempo verlangsamt, die Resorts kleiner werden und das Wasser womöglich noch türkisblauer schimmert. Aus welchen Gründen man auch kommt, die Isla Mujeres – „Fraueninsel" – ist auf eine nette, charmante Art anders und gefällt daher jenen, die sich von der hektischen großen Schwesterstadt auf dem Festland überwältigt fühlen. Eine 40-minütige Fährfahrt bringt einen fort von dem allen zu einem Inselparadies, wo Golfmobile das normale Fortbewegungsmittel sind, wo das Ortszentrum so klein ist, dass man in weniger als 20 Minuten überallhin gelangt und wo die Stimmung angenehm und friedlich ist. Wenn man auf die All-Inclusive-Opulenz von Cancún verzichten kann und auf eigene Faust etwas entdecken und erkunden will, dann ist die Isla Mujeres möglicherweise genau das, was der Arzt verordnet.

TOP TIPP

Die praktische Ultramar-Fähre kann online gebucht und das Ticket jetzt direkt aufs Handy geladen werden. Man nimmt die Fähre ab dem Hafen Juarez oder von Anlegestellen in der Zona Hotelera. Auf der Insel bewegt man sich mit einem Golfmobil oder Motorroller oder – ganz ökologisch – mit dem Fahrrad.

SEHENSWERTES
1 Buho's
2 Capilla de Guadalupe
3 Garrafón de Castilla
4 Iglesia Del Sagrado Corazon
5 La Trigueña
6 Monumento a la Tortuga
7 Parroquia Inmaculada Concepción
8 Punta Sur

KURSE & TOUREN
9 Carey Dive Center

ESSEN
10 Los Amigos
11 Olivia
12 Rooster

Capilla de Guadalupe

Garrafon De Castilla

DIE BESTEN STRÄNDE FÜR KINDER

Mit kleinen Kindern sollte man nicht an der Ostküste baden, da die Strömungen und Wellen unberechenbar sein können.

Playa Norte
Dieser flache Strand erstreckt sich entlang der gesamten Nordküste der Insel und bietet neben flachen Stellen auch einen Fußballplatz.

Hermosa Caleta
Ein hübsche, seichte Bucht mit einem ruhigen Badebereich und von Wellen umspülten Felsen, um die herum bunte Fische schwimmen.

Garrafon De Castilla
Dieser Strandclub am südlichen Ende der Insel hat einen ruhigen Badebereich und einige felsige Auskragungen, die Fische anlocken.

Historische Isla Mujeres

EINE INSEL VOLLER GESCHICHTE

Die Isla Mujeres existiert schon viel länger als die Touristenströme. Manche Archäolog:innen glauben, dass die Insel ein Zwischenstopp für die Maya war, wenn sie zur Isla Cozumel fuhren, um Ixchel, ihre Fruchtbarkeitsgöttin, zu verehren.

Trotz der geringen Größe der Insel bezeugen ein paar hübsche Kirchen den auch heute noch vorhandenen katholischen Einfluss. Die **Parroquia de la Inmaculada Concepción** am Stadtplatz ist eine kleine Kirche mit einigen interessanten Wandmalereien und ein zentraler Bezugspunkt im Leben vieler Insulaner. Ganz in der Nähe gibt ein kleines Museum mit Fotografien Einblick in die örtliche Geschichte und Kultur. Weiter südlich bietet das malerische Gebäude der **Capilla de Guadalupe** innen einen schönen Ausblick aufs Wasser und eine große Marienstatue an der Wand. Noch weiter südlich grüßt die noch malerischere **Iglesia del Sagrado Corazon** die Inselbewohner mit einer schönen Fassade, vor der man ein Selfie machen sollte.

Außerdem besitzt die Isla Mujeres eine Reihe schöner Statuen, die ihre Geschichte und Mythologie feiern. Zu diesen zählen **La Trigueña** und das **Monumento a la Tortuga**, eine Hommage an die Tausende von Meeresschildkröten, die jedes Jahr an den Ufern der Insel ihre Eier ablegen.

STRANDCLUBS AUF DER ISLA MUJERES

Mayan Beach Club
Ein in Blau und Weiß gestalteter Club mit Klasse und Schaukelstühlen an der Bar.

Tarzan
Zwangloser Club mit Surfer-Atmosphäre direkt am Wasser.

Buho's
Ein beliebter, lockerer Club an der Playa Norte mit einer Bar und Strandliegen.

Strandclub-Freuden

SAND, WELLEN, SONNENSCHEIN UND MEHR

Auf der Isla Mujeres finden sich einige der nettesten und entspanntesten Strandclubs in der Gegend, und die meisten sind für die Öffentlichkeit zugänglich. Man kommt einfach, mietet einen Liegestuhl oder einen Sonnenschirm, trägt den Sunblocker auf und lässt den Tag beginnen. Die Clubs verteilen sich über die ganze Insel, aber die Stimmung ist in jedem anders. **Buho's** ist einer von mehreren an der Playa Norte der Isla Mujeres. Dann ist da auch **Garrafon De Castilla** an der Südseite, wo man Schnorchelausrüstung und Schließfächer mieten und im Bar-Restaurant essen und trinken kann.

Zu den vielen Annehmlichkeiten, die diese Clubs bieten, zählen therapeutische Massagen, die in der Regel auf überdachten Bänken unter freiem Himmel direkt am Strand durchgeführt werden. Ein weiteres Highlight der Strandclubs sind die Drinks, die das Servicepersonal direkt zum Liegestuhl oder Badetuch bringt. Einige Clubs punkten auch mit Hängematten und vermieten Kajaks oder Paddelbretter.

Hidalgo-Straße

WO ES MAGISCH ZUGEHT

Die verkehrsberuhigte Straße Miguel Hidalgo verläuft längs durch das Stadtzentrum, von der Plaza bis zu den Strandclubs an der Nordseite. In der Straße finden sich viele Souvenirläden, Restaurants, Hotels und Straßenverkäufer; abends zieht man hier von Bar zu Bar.

Meeresfrüchte sind hier natürlich erste Wahl, ebenso – keine Überraschung – klassische mexikanische Kost. Das beste Essen gibt es übrigens abseits dieser Hauptstraße in den kleinen Seitenstraßen und abgelegenen Gassen. Die Einheimischen gehen immer noch gerne ins altbewährte **Los Amigos**. Angenehm Frühstücken kann man Richtung Norden im **Rooster**, aber für den Drink am Nachmittag schaut man sich nach anderen Lokalen um. Das **Olivia** ist ein nettes Restaurant, das sich fürs Abendessen empfiehlt.

Auf dem Wasser

ANGELN, TAUCHEN UND SCHNORCHELN

Die Isla Mujeres ist zwar ein Strandziel, aber für viele ist nicht der Strand, sondern das Meer dahinter die Attraktion. Das Sportangeln steht hoch im Kurs, und Stellen zum Hochseefischen sind hier leichter zu erreichen als von Cancún aus. Das Gleiche gilt für Unterwasseraktivitäten wie Tauchen und Schnorcheln. Großartig schnorcheln kann man von den vielen Strandclubs aus, vor

DIE GÖTTIN IXCHEL

Die Religion der Maya durchdrang alle Bereiche ihres Lebens, von großen Festen bis zu den Aktivitäten des Alltags. Nichts war wichtiger, als dass das eigene Leben und die eigenen Gewohnheiten im Einklang mit dem Willen der Götter standen.

Die Göttin Ixchel wurde dementsprechend auf der Isla Mujeres hoch verehrt. Sie ist als Jaguargöttin bekannt und war wahrscheinlich die Göttin der Medizin und des Gebärens, also für zwei sehr wichtige Bereiche zuständig. Doch nach der Mythologie der Maya war sie zudem die Mutter der Erde und des Himmels, so dass also eigentlich alles dieser Göttin zugeschrieben werden konnte. Auch heute noch bitten Menschen in modernen Zeremonien Ixchel um Gesundheit, Heilung von Krankheiten, um Fruchtbarkeit und gesunde Kinder.

TOP-RESORTS AUF DER ISLA MUJERES

Ixchel Beach Hotel
Das Hotel liegt direkt an der Playa el Cocal und hat ausgezeichnete Restaurants und einen großen Pool. $$$

Hotel Privilege Aluxes
Eine schicke Anlage mit gutem Zugang zu den Stränden und zum Stadtzentrum. $$$

Mía Reef Isla Mujeres
Tolle Familienunterkunft am äußersten nördlichen Ende der Insel, direkt an der Hermosa Caleta. $$$

FEILSCHEN ODER NICHT?

Beim Shoppen auf einem Markt braucht man keine Sorge zu haben, wenn man stöbert und sich nur umschaut und jemand einem etwas zuruft: Die Händler:innen sind daran gewöhnt, dass Tourist:innen gucken und dann weitergehen. Es ist in aller Regel kein Problem, ein wenig zu feilschen, aber man braucht nicht zu glauben, dass hier sonst die pure Abzocke herrscht – zumal man zu Hause Abzocke in Kauf nimmt, ohne mit der Wimper zu zucken. Der Latte, für den man in einer Cafékette vielleicht 6 € bezahlt, kostet in der Produktion ja auch nur einen Bruchteil des Preises. Und anders als diese Caféketten sind die Verkäufer hier oftmals Mütter und Väter, die ihren Lebensunterhalt verdienen müssen.

Statue der Göttin Ixchel, Punta Sur

der Küste kann man eine Tour zum **MUSA** (S. 227) unternehmen. Auch dem Tauchen steht nichts im Wege: Fantastische Tauchstellen sind schnell und leicht zu erreichen. Renommierte Veranstalter wie das **Carey Dive Center** bringen einen nahe heran an diverse Haiarten, Rochen, eine Meeresschildkrötenart, Skorpionsfische, Rotfeuerfische, Muränen und weitere Meeresbewohner. Man kann auch gut zu den Korallen tauchen.

Wandern an der Punta Sur

AUF ERKUNDUNGSTOUR IM SÜDEN

An der Südspitze der Isla Mujeres trifft man auf die Punta Sur, wo es einen Leuchtturm, eine Maya-Ruine, einige Wanderwege und eine spektakuläre Aussicht auf von den Wellen erodierte Klippen und auf das unglaublich intensiv schimmernde türkisblaue Wasser gibt. Eine Fahrt hierher verspricht eine schöne Abwechslung zum Faulenzen am Strand.

Man kann den **Leuchtturm** betreten und seine Spitze erklimmen; die Aussichtsplattform ist ein guter Ort zum Fotografieren. Ganz in der Nähe steht eine barbusige **Statue** der Göttin Ixchel, eine beliebte Stelle für mehr oder weniger lustige Selfies.

An der äußersten Spitze führt ein Pfad über eine Treppe hinunter zu einem betonierten Weg am Rand des Wassers. Man sieht dort Leute, die baden oder angeln, sollte sich ihnen aber nicht anschließen, weil das verboten ist.

UNTERWEGS VOR ORT

Golfmobile findet man hier überall, an zahlreichen Stellen sind sie nur Schritte von den Fähren entfernt zu mieten. Golf Carts Joaquin hat Standardpreise für Golfmobile und Motorroller und akzeptiert Barkarten und Kreditkartenzahlung. Hält man sich überwiegend im Hauptort auf, will aber einmal auch Punta Sur besuchen, kann man ein Taxi nehmen und den Fahrer bitten, auf einen zu warten. Oder man lässt sich seine Nummer geben und ruft ihn an, wenn man wieder abgeholt werden will. Die Preise auf der Isla Mujeres sind festgelegt und von der zurückgelegten Entfernung abhängig; man wird aber etwas mehr zahlen müssen, wenn der Fahrer eine Wartezeit hat.

ISLA HOLBOX

Diese urige, immer hipper werdende Insel sprach einst nur Windsurfer und Strandgänger an, aber die Zeiten ändern sich. Schicke Bars, Dinieren und Yoga am Strand sind auf dem Vormarsch, verdrängen die Fischer und kleinen Familienläden und verwandeln Holbox in eine Art „Tulum-Nord". Die benzingetriebenen Golfmobile und Geländewagen sausen ständig über die lehmigen Straßen, aber trotz der Hektik und des Trubels kann ein Tag am Strand hier herrlich ruhig sein, und das Essen ist ausgezeichnet – insbesondere die Tacos. Außerdem ist die Insel unbestreitbar auf eine Art schön, die man sonst nirgendwo in Yucatán findet: Kneift man die Augen zusammen, verschmilzt der Himmel mit dem Meer. Blinzelt man erneut, verschmilzt das Meer mit dem Strand zu ineinander übergehenden Blau-, Grün- und Elfenbeintönen. Im Winter sieht man Walhaie, und die Passatwinde führen Überwinternde aus dem Norden her, die hier surfen, schwimmen und sonnenbaden, wie sie es schon immer getan haben. Manche Dinge ändern sich nie.

TOP TIPP

Jenseits der frequentierten Küstenlinie besitzt Holbox eine Reihe von Mangroven, Quellen und Lagunen, die man im Rahmen geführter Touren besuchen kann. Die von Insel zu Insel führende Tres-Islas-Tour ist eine beliebte Option; sie beinhaltet einen Halt an einem für seine Heilwirkung berühmten Cenote, den Besuch eines Vogelschutzgebiets und eines malerischen einsamen Strandes.

Isla Holbox

ARKADIJ SCHELL/SHUTTERSTOCK ©

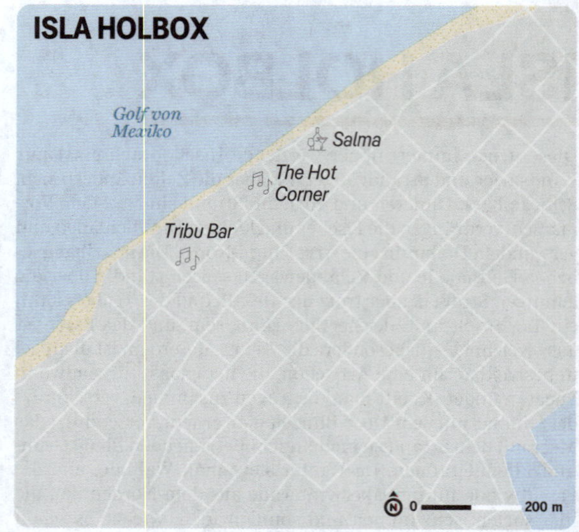

BRILLANTE BIOLUMINESZENZ

Das erstaunliche Phänomen der Biolumineszenz ist auf der Isla Holbox ganzjährig zu beobachten, am verbreitetsten ist es aber während der Sommermonate; oft fällt es mit der Saison der Walhaie zusammen. Wer gekommen ist, um die Haie zu sehen, sollte sich einen oder zwei Abende vormerken, um zum Wasser herunterzugehen, wenn es ruhig und dunkel ist, wo es dann eine wundervolle Überraschung gibt: Bei jeder Welle oder Kräuselwelle glüht der Ozean. Diesen schönen, fast unheimlichen Anblick verursachen Millionen winziger Organismen, die mit chemischen Reaktionen auf Auslöser reagieren. Eine sich brechende Welle, ein springender Fisch, ein Spritzer verursachender Fuß – das alles kann das bemerkenswerte Lichterspiel in Gang setzen.

Sich sonnen am Strand

PUDERZUCKERWEICHER SAND UND WARME WELLEN

Die Strände der Isla Holbox haben etwas unbeschreiblich Entspannendes, eine Ruhe, die Körper und Geist durchströmt. Selbst die Pelikane wirken entspannter, ganz zu schweigen von den sanften Wellen, dem samtweichen Sand und dem Himmel, der wie mit Wasserfarben gemalt erscheint – die Sonne trifft auf den Ozean und färbt ihn jadegrün. Die Winde, wenn es denn welche gibt, sind warm und beruhigend, und man kann leicht einen ganzen Morgen oder Tag vorbeiziehen lassen, indem man herumliegt, faulenzt, an einem Drink nippt und badet.

Die meisten Strandgänger kommen zur Nordseite der Insel, doch wenn man ruhigere Orte besuchen will, kann man ein Taxi oder sogar eine Barkasse nehmen und zu Stellen gelangen, wo man mit dem Strand und ein paar Mangroven allein ist.

Am Strand kann man viele Tiere beobachten – Flamingos und Löffler ebenso wie eine Vielzahl von Strandvögeln, Möwen, Reiher und Fischreiher. Leguane, Land- und Meeresschildkröten sowie einige Schlangen sind verbreitete Reptilien. In abgelegeneren Gebieten, insbesondere mit Meeresarmen oder Lagunen, sollte man auf Krokodile achten. Und beim Gehen im Wasser ist man gut beraten, die Füße am Boden schleifen zu lassen, damit man nicht auf einen Stachelrochen tritt.

ÜBERNACHTEN AUF DER ISLA HOLBOX

Tribu Hostel & Bar
Diese schrille, hippe und sehr freundliche Unterkunft ist toll, um zu übernachten und sich unters Volk zu mischen. **$**

Hotel Casa Palapas del Sol
Mit einem Aussichtsturm und tollem Zugang zum Strand. **$$$**

Hotel Para Ti
Ein Hotel mit viel Holz und Palmwedeln rund um einen schönen Pool. **$$$**

ARTERRA/GETTY IMAGES ©

Isla Holbox

Speisen auf der Insel

EIN FEST FÜR AUGE UND GAUMEN

Das gastronomische Angebot auf der Isla Holbox wird immer besser, da schicke neue Lokale den etablierten am Hauptplatz Konkurrenz machen. Man findet jetzt fast alles hier, von feinen Steaks bis zu Karibik-Hummern und sogar US-amerikanische Südstaatenspezialitäten wie Pulled Pork oder Rippchen. Viele Strandrestaurants an der Nordküste haben Essensbereiche im Freien, nur Schritte von dem jadegrünen Wasser entfernt, für das die Insel berühmt ist.

Wer auf den Ausblick aufs Meer keinen Wert legt, findet ausgezeichnete Restaurants an der Hauptplaza. Viele der Lokale am Platz haben nicht nur den Jahreszeiten und dem einen oder anderen Hurrikan getrotzt, sondern es auch verstanden, die Gäste zu motivieren, gern immer wieder zu kommen.

Schnorcheln mit Walhaien

DIE SANFTEN RIESEN AUS DER NÄHE SEHEN

Für viele ist die Beobachtung von Walhaien in freier Natur ein Punkt auf der Wunschliste, und mit ihnen zu schwimmen, erscheint sogar noch besser. Die Isla Holbox ist einer der sehr wenigen Orte auf der Welt, wohin ausgewachsene Walhaie kommen, um sich zu ernähren. Von Mai bis September ist das Schwimmen mit Walhaien eine angesagte Aktivität. Wer keine Angst davor hat, direkt neben einem 5 bis 8 m langen Walhai im Wasser zu sein, sollte sich dieses Erlebnis nicht entgehen lassen. Gefahr ist dabei nicht im Spiel: Die sanften Riesen ernähren sich, indem sie ihr Maul aufreißen und wie die Wale große Mengen kleiner Fische sowie Plankton und Krill aufnehmen. Walhaie sind jedoch, anders als Wale, keine Säugetiere, sondern echte Fische – und zwar die größte bekannte Fischart der Welt.

LOCAL TIPP: TACO-TECHNIKEN

Lorena De Léon von Taco Tour Holbox, bei deren Touren vier leckere Taco-Lokale angesteuert werden, wo es jeweils vier tolle Cocktails gibt (die Touren können auf die Ernährungsbedürfnisse der Teilnehmenden abgestimmt werden), verrät uns die Geheimnisse, die einen hervorragenden Taco ausmachen.

1. Die Tortilla. Sie bildet unseren ersten Kontakt mit dem Taco – von den Zutaten bis zu ihrer Textur zieht sie uns in ihren Bann.

2. Die Füllung. Einen Taco kann man mit verschiedensten Leckereien bestücken – die Füllung ist die eigentliche Seele des Tacos.

3. Die Salsa. Einige Salsas sind so lecker, dass sie einen guten Taco zu einem hervorragenden machen.

4. Die Gelegenheit. Beim Taco-Essen geht es auch darum, auszugehen und Zeit mit guten Freunden zu verbringen.

GAUMENFREUDEN AUF DER ISLA HOLBOX

El Chapulím
Ein lange bestehender Garant für Meeresfrüchte und feine, kunstvoll zubereitete Gerichte.
$$$

Salma
Kreative Fusion-Küche in einem dekorativen Ambiente.
$$

La Pinsa de Tío Pupo
Die beste Pizza auf der Insel.
$

PUNTA MOSQUITO

Dieser beliebte Strand bildet den nördlichen „Ellenbogen" der Isla Holbox und ist eine Schatztruhe für Naturliebhaber:innen oder Leute, die dem Gewusel im Stadtzentrum entkommen wollen. Aus der Luft ähnelt das feine Netz aus Kanälen, Meeresarmen, Sümpfen und Lagunen dem vergrößerten Querschnitt einer Zelle. Überraschenderweise ist Punta Mosquito dank der Brise oftmals weniger von Insekten geplagt als die Hauptteile der Stadt, aber man sollte dennoch Insektenschutzmittel dabeihaben, denn „weniger" bedeutet leider nicht moskitofrei.

Vor Ort kann man Krokodile, Schlangen, Leguane, Pelikane, Flamingos, Löffler und weitere Tiere beobachten. Die Stelle ist ein beliebtes Ziel für Schnorchelausflüge und Anlaufstelle vieler Inseltouren. Fotofans finden das azurblaue, undurchsichtige Wasser absolut faszinierend.

MAYBE.MARION/SHUTTERSTOCK ©

Flamingo, Punta Mosquito

Die Touren beginnen, sobald die Walhaie eintreffen, was in der Regel frühestens im Mai geschieht, und setzen sich bis etwa Mitte September fort. Verantwortungsbewusste Tourveranstalter achten darauf, dass die Teilnehmer keinen normalen Sonnenschutz auftragen und die Tiere nicht berühren, nicht unter ihnen hindurchschwimmen oder sie in anderer Weise belästigen. Wer beim Kontakt mit diesen unglaublichen Kreaturen Wert auf Sicherheit für sich selbst und diese Fische legt, hört bei der Einweisung genau zu und hält sich an die Richtlinien. Die Touren sind meist ganztägig: Am Anfang steht eine kurze Orientierung, gefolgt von mehreren Stunden auf dem Boot. Dann folgt die Begegnung mit den Walhaien und schließlich ein Halt an einem einsamen Strand zum Mittagessen, Baden und (optional) Schnorcheln. Wenn man am späten Nachmittag müde und begeistert zurückkehrt, hat man Erinnerungen und hoffentlich auch Fotos im Gepäck, die einen das ganze Leben begleiten werden.

Nach Sonnenuntergang

NÄCHTE AUF HOLBOX: LUSTIG, NICHT WILD

Auf der Isla Holbox herrscht eine viel sanftere Stimmung als an der Karibikküste, aber ein Ausgehabend kann trotzdem lustig sein, zumal wenn es im **Tribu** Livemusik gibt. Eine weitere Option ist **The Hot Corner**, ebenfalls mit Livemusik, und zwar oft so laut, dass der Laden leicht zu finden ist. Mexikaner vom Festland schlürfen häufig Cocktails im **Salma**. Man kann auch die Strandclubs besuchen, die oftmals für die Scharen der Barfüßigen, die etwas trinken und dabei die Knöchel in den Sand stecken wollen, bis tief in die Nacht geöffnet haben.

UNTERWEGS VOR ORT

Zwei Fährgesellschaften fahren täglich zwischen ca. 6 und 21 Uhr von Chiquimulá zur Isla Holbox. Da sie abwechselnd verkehren, kann es bei Rückfahrttickets passieren, dass man länger warten muss, weil man nicht einfach mit der nächsten Fähre, sondern nur mit der seiner Gesellschaft zurückfahren kann. Man muss zwar höchstens eine Stunde warten, aber Traveller, die flexibel sein wollen, verzichten auf die kleine Preisersparnis und kaufen lieber ein einfaches Ticket für die Hin- und die Rückfahrt an den Anlegestellen. Diverse Busse fahren von der Fähranlegestelle auf dem Festland zu Orten auf ganz Yucatán, darunter auch nach Mérida und Cancún, und weiter.

PUERTO MORELOS

Das auf halber Strecke zwischen Cancún und Playa del Carmen gelegene Puerto Morelos ist ein toller Zugangspunkt zur Riviera Maya. Die entspannte Stadt an einem malerischen, vom flachen Wasser des Karibischen Meeres umspülten Uferabschnitt besitzt immer noch eine Fischerei-Industrie und einen Ökotourismus, der in kleinem Maßstab operiert und sich von dem Massentourismus weiter nördlich und südlich deutlich unterscheidet.

Der größte Stolz der Stadt ist das Barriereriff, welches nur 600 m vor der Küste liegt. Seit den 1980er-Jahren hat sich die Ufergemeinde sehr für seinen Schutz eingesetzt und war schließlich erfolgreich, als Präsident Ernesto Zedillo 1998 das Dekret zur Schaffung des Parque Nacional Arrecife de Puerto Morelos unterzeichnete. Das Unterwasser-Ökoystem gehört zum Mesoamerikanischen Riffgürtel und ist bei Besuchern wegen seiner leichten Erreichbarkeit beliebt. Es ist eines der am gründlichsten erforschten Riffe Mexikos, und örtliche Schulen und größere Universitäten nutzen es für Forschungsprojekte.

TOP TIPP

Die zentrale Plaza von Puerto Morelos liegt 2 km östlich des Hwy 307 fast am Ende der Hauptzufahrtsstraße zur Stadt (das eigentliche Ende ist am Hauptdock). Die Stadt, die von Ost nach West gerade einmal drei Straßen breit ist, erstreckt sich über mehrere Blocks nördlich der Plaza und über drei lange Blocks nach Süden.

Leuchtturm, Puerto Morelos

RUTA DE LOS CENOTES

Rund 1 km südlich des Abzweigs nach Puerto Morelos weist ein Schild an der Autobahn den Weg zur Ruta de los Cenotes, einer 37 km langen, von Dschungel gesäumten Straße, die an mehr als einem Dutzend bezaubernder Badestellen vorbeiführt. Einige Highlights: **Siete Bocas** punktet mit einem unterirdischen Bereich und einem nach oben offenen Cenote, in die man von den kleinen Klippen hineinspringen kann. **Boca del Puma** besitzt zwei Cenoten und bietet Abenteueraktivitäten wie Seilrutschen. **La Noria** ist ein erfrischender Ort für ein Bad (oder die Fahrt an einer Seilrutsche), und man kann dort auch Ausritte unternehmen. Am besten bringt man sein Mittagessen und die Schnorchelausrüstung mit, damit man den Ausblick auch unter dem kristallklaren Wasser bewundern kann. Im Idealfall kommt man früh, vor dem Eintreffen der Besuchermassen.

Die Riffe erkunden

DENKWÜRDIGES SCHNORCHELN UND TAUCHEN

Brillante, kontrastierende Streifen aus Hellgrün und Dunkelblau trennen das Ufer von dem Barriereriff – ein hinreißender Anblick. Die hiesigen Hart- und Weichkorallen bilden einen Abschnitt des 1000 km langen Mesoamerikanischen Riffs, das sich von Mexiko südwärts längs der Küsten von Belize, Guatemala und Honduras erstreckt.

Man kann hier Meeresschildkröten, Haie, Rochen, Muränen, Hummer und jede Menge farbenprächtiger tropischer Fische bewundern. Diverse Anbieter:innen veranstalten Touren, darunter Wet Set und Aquanauts, die über jahrelange Erfahrung im Leiten von Schnorchel- und Tauchtrips verfügen. Bei der üblichen zweistündigen Exkursion wird zunächst eine Stelle im Riff angesteuert (die in der Regel fünf bis zehn Minuten entfernt ist), wo man inmitten der vielen im Meer lebenden Spezies schnorcheln kann. Man hat dort rund 45 Minuten Zeit, ehe es zu einer zweiten Stelle tiefer im Riff geht. In den Sommermonaten (Juni – Mitte September) kommen Walhaie in die Region, die man bei speziellen Schnorcheltouren sehen kann.

Die Wassertiefe beträgt 3 – 6 m; die Ausrüstung wird in der Regel gestellt, inklusive der (für Besuche im Nationalpark vorgeschriebenen) Rettungswesten. Das Benutzen von Sonnencreme

ESSEN IN PUERTO MORELOS

Cafe d'Amancia
Das gut besuchte Lokal am Hauptplatz serviert das beste Frühstück im Ort. **$$**

La Pirata
Das Restaurant an der von vielen Restaurants gesäumten Avenida Gomez tischt farmfrische Biogerichte auf und hat gelegentlich Livemusik. **$$**

Al Chimichurri
Der uruguayische Grill serviert perfekt zubereitete Steaks, Pizza, Pasta und *empanadas*. **$$$**

ist verboten, daher sollte man ein Hemd tragen, um sich vor der Sonne zu schützen.

Taucher:innen können das Riff noch weit besser erkunden. Grasbewachsene Areale sind ideal, um weidende Meeresschildkröten zu beobachten, während Bajito im Herzen des Nationalparks kleine Canyons, Bogen, durchschwimmbare Passagen und von Korallen gesäumte Höhlen besitzt. Erfahrene wagen sich zu tieferen Stellen vor, etwa dem Aquarium mit seinen riesigen Fischbeständen. Mit einem Guide können sie auch zu einem Schiffswrack aus der Zeit des Zweiten Weltkriegs tauchen.

Jungle Walk im Jardín Botánico

KLEINES RESERVAT VOLLER NATUR

Gleich südlich von Puerto Morelos kann man in einen üppigen Überrest der einst riesigen Küstenwälder eintauchen, die die nördliche Halbinsel Yucatán bedeckten. Trotz seines Namens wirkt der **Jardín Botánico Dr. Alfredo Barrera Marín** nicht wie ein gepflegter botanischer Garten, sondern wie ein ungezähmtes Naturreservat; Wildtiere sind hier genauso eine Attraktion wie die diversen Pflanzenarten.

Ein 2 km langer Weg zieht eine Schleife um das Anwesen und windet sich durch Abteilungen, die Epiphyten, Palmen, Farnen und anderen Waldpflanzen gewidmet sind. Man sieht mächtige Brotnussbäume, die Höhen von 40 m erreichen können und Stützwurzeln treiben. Der *palo mulato* (Weißgummibaum) ähnelt mit seiner sich schälenden Rinde einem Touri mit Sonnenbrand, während der kleinere *palo santo* seit Jahren von der indigenen Medizin und seit kürzerer Zeit als Weihrauch und im Kunsthandwerk benutzt wird. In einem feuchten Teil des Reservats sieht man die verknäulten Wurzeln der Mangroven und die glänzenden Bätter der Knopfmangrove *(mangle botoncillo)*, einer weiteren, gegenüber Salz unempfindlichen Spezies.

Ein imposanter Kapokbaum, von den Maya für heilig angesehen, liegt in der Nähe eines Abschnitts mit traditionellen Behausungen, die aus Stützpfählen und Strohdächern bestehen. Der Pfad führt weiter in ein Gelände, wo die Ruinen von Plattformen, Altären und Felsmauern zu sehen sind. Diese gehörten zu einer Zeremonialstätte aus dem 15. Jh.

Beim Wandern auf dem Pfad hält man nach Wildtieren Ausschau. Zu Gesicht bekommt man mit Glück z. B. *Leptophis ahaetulla* (eine leuchtend grüne Peitschennatter mit weißem Bauch), Agutis (rauhaarige, an ein übergroßes Meerschweinchen erinnernde Nagetiere), Nasenbären (Verwandte der Waschbären) und Klammeraffen. Auf jeden Fall sollte man Insektenschutzmittel mitnehmen und früh oder spät am Tag aufbrechen – so ist die Chance am größten, wirklich auf Wildtiere zu treffen.

KUNSTHANDWERKSMARKT

Einer der besten Gründe, nach Puerto Morelos zu kommen, ist der tägliche Kunsthandwerksmarkt in den Straßen südwestlich der Plaza. Traumfänger, Töpferwaren und Textilien sind beliebt, und wenn man nach einer Hängematte sucht, ist man hier richtig. Die Hängematten in den größeren Städten kommen aus Mérida, hier hingegen stammen einige von örtlichen Familien, die sie direkt in der Stadt herstellen.

Klammeraffe

UNTERWEGS VOR ORT

Die Kleintransporter und *colectivos* (Sammeltransporter) von Playa Express aus Cancún oder Playa del Carmen setzen ihre Passagiere am Autobahnabzweig nach Puerto Morelos ab. Von dort marschiert man 2,5 km bis in die Stadt oder nimmt ein Taxi oder ein zur Stadt fahrendes *colectivo*, die am Taxistand um die Ecke (an der Calle Jose Maria Morelos) halten.

PLAYA DEL CARMEN

Playa del Carmen, das an Größe nur Cancún nachsteht, zählt mit Tulum zu den trendigsten Orten an der Riviera Maya. Die Strände der Stadt liegen im Windschatten der Insel Cozumel und bieten leichten Zugang von den Hotels, Restaurants und Bars an der nahegelegenen Quinta Avenida. Korallenriffe liegen gleich vor der Küste, und idyllische Cenoten sind nur eine kurze Fahrt von der Stadt entfernt.

Playa, wie die Stadt vor Ort genannt wird, war einst ein Fischerdorf und bis in die 1990er-Jahre touristisches Hinterland. In den letzten drei Jahrzehnten ist die Bevölkerung explodiert, da Mexikaner:innen aus anderen Landesteilen zugewandert sind, um von der boomenden (am Tourismus orientierten) Wirtschaft der Stadt zu profitieren. Die Stadt mit ihren 310 000 Einwohnern hat eine der schnellsten Zuwachsraten Lateinamerikas. Sie ist zudem eines der kosmopolitischsten Ziele Mexikos, mit Gästen und ortsansässigen Ausländer:innen aus allen Ecken der Welt.

TOP TIPP

In der Quinta Avenida und den angrenzenden Straßen kann abends, insbesondere am Wochenende, großes Gedränge herrschen, doch einige Blocks weiter westlich trifft man auf merklich mehr Lokalkolorit. Infos zu aktuellen Events vor Ort und Tipps zu Tagesausflügen findet man unter Everything Playa del Carmen (everything playadelcarmen.com).

Quinta Avenida (S. 242)

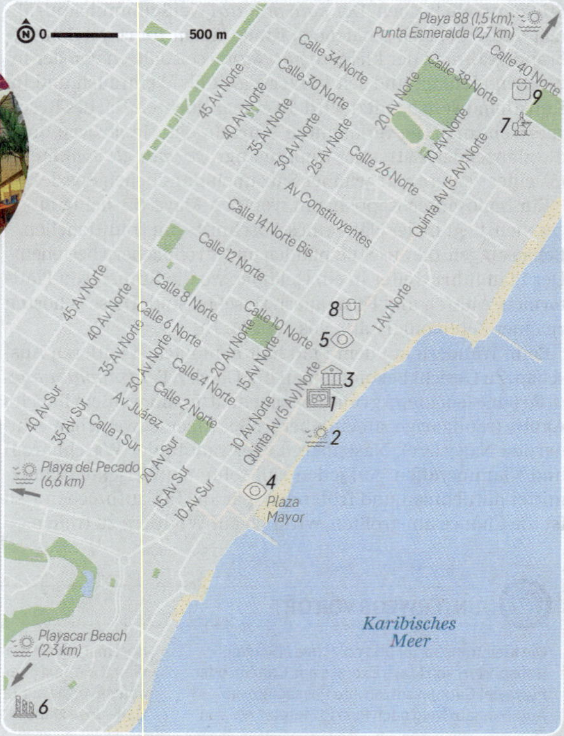

SEHENSWERTES
1 Gastón Charó Gallery
2 Inti Beach
3 Museo Frida Kahlo Riviera Maya
4 Parque Los Fundadores
5 Quinta Avenida
6 Xaman-Há Ruins

AUSGEHEN & FEIERN
7 Chela de Playa

SHOPPEN
8 Calle Corazón
9 Tierra Huichol

PATRYK KOSMIDER/SHUTTERSTOCK © ;LINKS: GUAJILLO STUDIO/SHUTTERSTOCK ©

Playa del Carmen

Strände in Playa del Carmen

DIE VERSCHIEDENEN UFER ERKUNDEN

Wer sich den Massen anschließen will, ist am Strand von **Inti** richtig, dem Streifen zwischen dem Parque Fundadores und dem Muelle Constituyentes. Hier findet man das munterste Ufer-Spielgelände der Stadt mit Freiluftrestaurants, anzumietenden Liegestühlen und jeder möglichen Action am und auf dem Wasser.

Die Massen werden geringer nördlich des Muelle Constituyentes, und an der **Playa 88** findet man ein prächtiges, nur dünn bebautes Ufer. Man erreicht diesen Küstenabschnitt über die Calle 88 oder die gleich südlich davon verlaufende Avenida Colosio. Einen weiteren Kilometer nördlich bietet Punta Esmeralda weichen weißen Sand und viel Raum zum Herumlaufen. Es gibt dort auch einen kleinen flachen Cenote – ein ruhiger Pool an der Küste, in dem Kinder spielen können.

Südlich von Centro finden sich ebenfalls einige bezaubernde Stellen an der Küste. Gleich hinter dem Fährhafen kann man seine Schuhe ausziehen und auf dem gepflegten Strand von **Playacar** herumspazieren. Der einladende Sand und das flache Wasser sind ideal für Familien. Rund 500 m hinter der Fähranlegestelle passiert man einen kleinen Abzweig zu den aus dem 13. Jh. stammenden Ruinen von **Xaman-Há**. Die fast vom Urwald

LOCAL TIPP: DER VATER DER MESTIZEN

Der in Playa del Carmen geborene und dort auch aufgewachsene **Pierre Nahataen Alvarez Kauil** führt Stadtspaziergänge von Estación Mexico und erzählt von einem der unbesungenen Helden der Geschichte.

Im Jahr 1511 erlitt Gonzalo Guerrero vor der Halbinsel Yucatán Schiffbruch und wurde von den Maya versklavt. Mehrere Jahre später erfuhr Hernán Cortés, dass er noch lebte, und schickte eine Mannschaft zu seiner Rettung aus. Guerrero aber wollte sich nicht retten lassen, weil er mittlerweile in der Maya-Kultur angekommen war. Er hatte Zazil Há geheiratet, eine Tochter des Häuptlings Na Chan Kan, mit der er mehrere Kinder hatte. Die Spanier bezeichneten ihn als „den Renegaten", aber für die Maya wurde er der Vater der Mestizen. Seine Kinder waren die ersten mit europäischen und indigenen Vorfahren.

ESSEN IN PLAYA DEL CARMEN

La Cueva del Chango
„Die Affenhöhle" ist für ihre frischen Zutaten bekannt und bietet Plätze im Ambiente einer Dschungel-*palapa* sowie in einem grünen Garten. **$$**

Chez Céline
Diese von Franzosen geführte Bäckerei mit Café bietet gutes, gesundes Frühstück und wundervoll lockere Backwaren. **$**

La Tarraya
Das Restaurant, das zu Playas ältesten gehört, serviert gute Meeresfrüchte zu vernünftigen Preisen in einer beneidenswerten Lage am Strand. **$$**

FÄHRE ZUR ISLA COZUMEL

Zwei Unternehmen betreiben Passagierfähren zur Isla Cozumel (S. 248), die jede Stunde vom Fährhafen am Ende der Calle 1 Sur nahe dem Parque los Fundadores starten. Die etwas teurere Fähre von Ultramar erreicht die Insel in 20 Minuten, während Winjet rund 40 Minuten braucht.

IACOB MADACI/GETTY IMAGES ©

Quinta Avenida

BESTE OPTIONEN FÜRS NACHTLEBEN IN PLAYA

Inti Beach
Der Strandclub hat DJs und eine abendliche Feuershow (üblicherweise ab etwa 20 Uhr). Man beobachtet den Mondaufgang über dem Meer und schlürft dabei tropische Cocktails.

La Bodeguita del Medio
Die Schrift steht buchstäblich an den Wänden (und auf den Lampenschirmen etc.) in diesem kubanischen Bar-Restaurant mit afrokubanischem Jazz und feuriger Salsa.

La Verbena
Die entspannte Bar hat hinten einen üppigen Garten mit diverser Livemusik von rhythmischen *cumbias* bis zu klassischem Reggae.

verschlungenen, niedrigen Gebäude waren einst ein wichtiger Zwischenhalt für die Maya-Pilger auf dem Weg zur Insel Cozumel.

Ein verstecktes Stück der Riviera Maya ist die **Playa del Pecado** an der Südspitze des Strands von Playacar. Jener Strand wirkt wild und bemerkenswert frei von Bebauung; hinter ihm liegen nur wogende Palmen und Küstenwald. Es ist jedoch ein langer Anmarsch (4 km), bei dem man mehrere Felsformationen überwinden muss. Man sollte also entsprechende Schuhe tragen.

Bummeln auf der Quinta Avenida

PLAYAS BERÜHMTE FUSSGÄNGERSTRASSE

Gleich hinter dem Strand verläuft parallel zum Ufer die berühmte Fußgängerstraße von Playa del Carmen. Die Quinta Avenida ist von Restaurants, Bars und Läden gesäumt und zeigt je nach Tageszeit ein anderes Gesicht. Am frühen Morgen, wenn die meisten noch schlafen, kann man sich Joggern und Spaziergängern anschließen, die den Schatten und die Ruhe in der Straße genießen. Am Nachmittag und frühen Abend stürzt man sich ins Gewusel und bahnt sich seinen Weg vorbei an den Straßenhändlern, Restaurant-Schleppern, Musikanten, Tanzgruppen und anderen Straßenkünstlern, die ihre Talente zeigen.

Das südliche Ende der Straße markiert der Parque Los Fundadores, ein von Bäumen gesäumter Platz, auf dem das städtische Leben pulsiert. Imbissstände verkaufen Kokosmilch und frisches Obst, während Tourist:innen sich für ein Foto neben dem riesi-

BESTE KLEINBRAUEREIKNEIPEN IN PLAYA DEL CARMEN

Colectivo Mexicano Cervecero
Gastropub mit Schwerpunkt auf regionalen Craft-Bieren, die prima zu den Fisch- oder Shrimps-Tacos passen.

Club de la Cerveza
Das Lokal ist für seine hervorragenden Biere (darunter wechselnde vom Fass) beliebt, die man anderswo nicht findet.

Chela de Playa
Man findet einen Platz auf der grünen Terrasse und bestellt ein Probegedeck guter Fassbiere von dieser Kleinbrauerei aus Playa de Carmen.

gen „Playa del Carmen"-Schild aufstellen. Die massive Skulptur zum Meer ist als **Portal Maya** bekannt; die wirbelnden Figuren feiern die wesentlichen Elemente der Küste – Wasser (linke Seite) und Wind (rechts) –, während die Reifen an das vielgeliebte, präkolumbianische Spiel des *juego de pelota* erinnern. Abends dient die Skulptur als Kulisse für Konzerte und Filmvorführungen sowie die relativ häufigen Vorstellungen von Trommlern und als mythische Maya-Krieger kostümierten Tänzern.

Nördlich des Parks taucht man, während man auf der Straße weitergeht, in Playas diverse Subkulturen ein. Zur Straße offene Restaurants laden zum Verweilen ein, und von den Terrassen hört man abends Salsa und amerikanischen Rock. Hinter der Calle 6 sollte man Ausschau nach der **Gastón Charó Gallery** halten. Die Galerie in einer engen Gasse abseits der Fußgängerstraße zeigt die Werke von mehr als 40 Künstler:innen aus Mexiko und dem Ausland. Sehenswert sind die wilden anthropomorphen Skulpturen am Galerieeingang, die von dem argentinischen Künstler und Gründer der Galerie, Gastón Charó, geschaffen wurden. Drinnen finden sich noch mehr seiner Werke.

Lohnend ist auch ein kurzer Abstecher in die Calle 8, um die kolossale Wandmalerei des mexikanischen Künstlers Senkoe zu bestaunen. **Equilibrio** zeigt das traumartige Bild einer Frau, die unter einer Explosion leuchtender Blumen aus den Wolken hervortritt. Das ist nur eine von vielen Wandmalereien in den Straßen von Playa del Carmen.

Im weiteren Verlauf steht Shopping im Mittelpunkt, insbesondere in der Shoppingmall der **Calle Corazon**, wo US-amerikanische Marken in Fülle vertreten sind. Dieses Areal ist auch das Epizentrum des Nachtlebens von Playa; schwere Bässe dröhnen aus den mehrgeschossigen Danceclubs der Calle 12.

Der Andrang verringert sich auf dem Weg weiter nach Norden, wo die Straße von Bäumen, Straßenrestaurants und Cafés sowie von einmaligen Läden wie **Tierra Huichol** gesäumt ist, der eine farbenfrohe Kollektion von *alebrijes* (Volkskunstfiguren, die fantastische Kreaturen darstellen) anbietet.

Je weiter man kommt, umso beschaulicher wird es. Palmen säumen die Straße, und gelegentlich erblickt man Straßenkunst in der Nähe von Galerien und vegetarischen Restaurants. Vor dem Ende des verkehrsberuhigten Abschnitts der Allee kann man einen kulinarischen Abstecher in die Calle 38 Norte machen. Einige der romantischsten Restaurants von Playa liegen inmitten dichten tropischen Grüns, aus dem nachts die Lichterketten leuchten. Es gibt hier sogar einen winzigen Cenote, den man ausprobieren kann, bevor man die Tageswanderung mit einem Bier in der Kleinbrauereikneipe **Chela de Playa** auskingen lässt.

MUSEO FRIDA KAHLO RIVIERA MAYA

Der Eintritt ist teuer und es gibt hier keine originalen Werke der berühmten Malerin zu sehen, dennoch gelingt es dem kleinen Museo Frida Kahlo Riviera Maya hervorragend, die legendäre mexikanische Künstlerin zum Leben zu erwecken. Kundige Guides führen durch Schlüsselmomente ihres Lebens, unterstützt von Kunstwerken anderer mexikanischer Künstler:innen (von denen einige aus Playa del Carmen stammen). Ein kurzer Animationsfilm behandelt das Trauma des Unfalls, der sie für immer zeichnen sollte, und in einem Modell ihres Krankenbetts flackern fantastische Bilder über spiegelnde Schmetterlinge. Anderswo blickt man durch winzige Löcher auf verkleinerte Szenen ihres Lebens.

UNTERWEGS VOR ORT

Die meisten Fernbusse starten und enden am ADO Terminal Alterna. Busse zu Zielen im Bundesstaat Quintana Roo fahren vom ADO Terminal Turística an der Quinta Avenida. Die Shuttlebusse von Playa Express (die von der Avenida Benito Juárez fahren) sind eine schnellere Alternative, um die Riviera Maya zwischen Playa del Carmen und Cancún zu erkunden.

Um nach Tulum zu gelangen, kann man außer dem ADO-Bus auch *colectivos* nehmen, die häufig von der Calle 1 Sur nahe der Avenida 45 Norte starten.

Mexico City

Cozumel

ISLA COZUMEL

Cozumel ist ein Schmelztiegel, allerdings nur mit drei Zutaten: Passagieren von Kreuzfahrtschiffen, Tauchern und Menschen, die ihren Lebensunterhalt mit den ersten beiden Gruppen verdienen. Aber auch wenn man nicht zu einer dieser Kategorien gehört, kann man sich in die Insel verlieben.

Die Hauptattraktion ist der Parque Nacional Arrecifes de Cozumel mit seinen klaren, warmen, von Korallen bewohnten Gewässern. Jacques Cousteau hat bestätigt, dass die Tauch- und Schnorchelbedingungen um Cozumel weltklasse sind, und selbst Nichtschwimmer können die von Leben wimmelnden Riffe aus einem Boot mit Glasboden oder auch von einem U-Boot aus bewundern. Im Stadtzentrum auf der Insel sieht man Wandmalereien, die das Leben im Meer zeigen, und auch die weniger besuchten Teile der Insel lohnen auf jeden Fall eine Erkundung. Bei einer Fahrt auf der Küstenstraße entdeckt man windige Strände, kleine Maya-Ruinen und Strandbars an den Klippen. Abends speist man frisch gefangene Meeresfrüchte oder kehrt vielleicht noch zu einem herrlichen nächtlichen Tauchgang ins Wasser zurück.

TOP TIPP

Wer ein Auto, einen Motorroller oder ein Fahrrad mietet, muss einige Dinge wissen: Die meisten Straßen in San Miguel sind Einbahnstraßen, es gibt jede Menge Schlaglöcher und Bremsschwellen, wer auf einem Motorroller ohne Schutzhelm erwischt wird, zahlt ein Bußgeld.

Luftansicht, Isla Cozumel

SEHENSWERTES
1 El Castillo Real
2 El Cedral
3 Jade Cavern
4 Mayan Bee Sanctuary
5 Pueblo Del Maíz
6 Punta Molas
7 Punta Sur Eco Beach Park
8 San Gervasio

KURSE & TOUREN
9 Aldora Divers
10 Atlantis Submarines
11 Chankanaab Beach Adventure Park
12 Deep Blue
13 ScubaTony

Unterwasserabenteuer

SCHNORCHELN UND TAUCHEN DER SPITZENKLASSE

Wer Cozumel besucht, mietet sich die Ausrüstung und **schnorcheln** gleich vor der Insel und den Strandclubs. Es gibt eine gute Stelle nördlich von San Miguel; ein felsiger Strand und eine Reihe von Betonblöcken bilden dort Verstecke, die Meerestiere anlocken. Wer einen Liegestuhl nach dem Sport bevorzugt, für den sind die zum Schnorcheln am besten geeigneten Strandclubs das Buccanos, das Sky Reef und der Playa Palancar Beach Club. Um in die Clubs zu kommen, zahlt man Eintritt, spart sich aber den Fahrpreis fürs Boot. Zu den besten Schnorchelstellen muss man jedoch in tieferes Wasser. Tourveranstalter wie **Deep Blue** bieten häufige Ausflüge zu Tauchstellen vor dem südlichen Teil der Insel, u.a. nach Palancar, Colombia und El Cielo.

LOCAL TIPP: UNGEWÖHNLICHE & EINDRUCKSVOLLE TAUCHSTELLEN

Miranda Ríos González ist ein Tauchguide in Cozumel und Inhaberin des Tourveranstalters Miri Adventures. Sie empfiehlt hier einige anspruchsvolle und außergewöhnliche Tauchstellen:

Höhle der schlafenden Haie
Diese Stätte nördlich der Insel ist ein Muss für Hai-Liebhaber. Es gibt hier mehrere Höhlen, in denen man 2 m lange karibische Riffhaie entdecken kann. Einige scheinen zu schlafen, andere sind hellwach.

Wand der Adlerrochen
An dieser Stelle, ebenfalls nördlich der Insel, beobachten örtliche Taucher:innen Adlerrochen. Wir haben hier schon Schulen von bis zu 40 dieser herrlichen Tiere gesehen.

Teufelsrachen
Eine 40 m tiefe Stelle für erfahrene Taucher:innen vor Punta Sur, geeignet für Personen, die gern tief tauchen und sich auch durch enge Spalten zwängen.

BESTE INSEL-TOURVERANSTALTER

Gala Naturaleza
Bei den Vogelbeobachtungstouren entdeckt man endemische Arten wie Smaragdkolibris und Goldwaldsänger.

Smiggie's Concierge Services
Veranstaltet sehr interessante Stadtspaziergänge, Geländewagentouren abseits der Straßen und Schnorchelausflüge nach El Cielo.

Gozumel
E-Bike-Touren in der Stadt und längs der Küste mit freundlichen, Englisch sprechenden Guides.

DIE BESTEN SCHNORCHEL-STELLEN

El Cielo
Das flache, türkisblaue Wasser ist ideal, um mit den Seesternen, Stachelrochen und Fischen zu schwimmen. Die Stelle ist nur per Boot erreichbar.

Punta-Sur-Riff
Vom Südufer der Insel schwimmt man 20 Minuten zu der Stelle. Das Korallenriff wimmelt von Fischen und purpurnen Gorgonien.

Palancar Shallows
Eindrucksvolle Unterwassergärten mit Korallen, Schwämmen, Fischen, Schildkröten, Rochen und Aalen. Ausgezeichnete Sicht, aber einige Strömungen. Um hinzukommen, braucht man ein Boot.

Colombia Gardens
Massive, mit Schwämmen bedeckte Korallenwände, die man von oben sehen kann, ebenso wie gelegentlich Schildkröten oder Barrakudas.

Die **Tauchstätten** vor Cozumel bieten ganzjährig beste Sicht (30 m und mehr) und große Vielfalt von Meeresbewohnern, darunter Gefleckte Adlerrochen, Muränen, Zackenbarsche, Barrakudas, Schildkröten, Haie, Hirnkorallen und riesige Schwämme.

Es gibt viele Tauchveranstalter auf der Insel; zwei verlässliche sind **ScubaTony** und **Aldora Divers**. Beide begrenzen die Gruppengröße, haben kompetente Tauchleiter:innen und bringen die Teilnehmer:innen zu weniger bekannten Tauchstellen.

Wer sehen will, was sich im Meer tut, aber nicht tauchen kann, geht zu **Atlantis Submarines**. In einem U-Boot mit großen Fenstern taucht man 30 m ab, um Korallen, Röhrenaale, Hummer und Königin-Engelfische zu bewundern. Man kommt auch am C-53-Schiffswrack vorbei, in dem sich häufig Taucher tummeln.

Die Lebensweise der Maya kennenlernen

GESCHICHTE UND KULTUR

Je nachdem, welche Fachleute man fragt, war Cozumel entweder ein Handelszentrum oder eine Pilgerstätte für die Maya, die rund 30 Siedlungen auf der Insel gründeten. Die am besten erhaltene ist **San Gervasio** im Inselinneren. Zu dem Komplex soll das Heiligtum der Fruchtbarkeitsgöttin Ixchel gehört haben, weshalb Maya-Frauen hierher kamen, um sie zu verehren.

Eine weitere bescheidene Ruine findet sich in El Cedral, der ältesten Maya-Siedlung auf der Insel, die heute aus einem kleinen Tempel, einer modernen Kirche und einer angrenzenden Plaza für Märkte und Feste besteht. Außerdem gibt's noch die **Jade-Höhle**, ein Cenote voller Fledermäuse, die für die Maya ein Eingang zur Unterwelt war. Wer darin schwimmen will, kann das tun, aber das Wasser ist trübe und wenig einladend.

Die unterhaltsamste Maya-Attraktion ist das **Pueblo de Maíz**. Beim Betreten bemalt Personal in Maya-Kostümen die Gesichter der Besucher:innen mit natürlichen Farbpigmenten, reinigt sie mit heiligem Weihrauch und stellt ihnen ein Steinrelief der Göttin Ixchel vor. Von dort führt sie ein Guide mit Maya-Kopfputz in eine Reihe von *palapas*, wo Aktivitäten, an denen man sich beteiligt, den Lebensstil der antiken Maya nachstellen. Man bereitet selber *tamales* zu, probiert Schokolade und *pozol* (ein fermentiertes Maisgetränk) und prüft die Stärke von Agaven-Fasern. Das Erlebnis ist mit vielen Scherzen über Menschenopfer garniert, aber das Finale mit Trommeln, Tanzen und Sprüngen durchs Feuer ist stark und eindrucksvoll.

Wer Lust auf mehr verspürt, stattet anschließend dem **Mayan Bee Sanctuary** einen Besuch ab. Die Insel war in vorspanischer Zeit ein Zentrum der Honigproduktion – hier kann man stachellose Bienen kennenlernen, ihren Honig probieren und einen kleine Cenote besuchen.

BESTE STRANDCLUBS AUF DER ISLA COZUMEL

Paradise
Ein schwimmender Wasserpark und Bananenboot-Fahrten für die Kleinen; Massagen, Liegen und Drinks all inclusive für die Erwachsenen.

Mr. Sancho's
Lange bestehender Strandclub für Familien, mit Kajaks zum Ausleihen sowie der Möglichkeit für Ausritte.

Buccanos
Strandclub in der Zona Hotelera mit ordentlichen Schnorchelbedingungen, einem Restaurant mit schmackhaftem Essen und kostenlosen Tequila-Verkostungen.

Schnorcheln, Isla Cozumel

Fahrt über die Insel

STRÄNDE, NATUR UND LEUCHTTÜRME

Um die Insel zu umrunden und ihre entfernten Ecken zu besuchen, benötigt man nur einen Tag. Man kann dafür ein Auto oder einen Motorroller mieten – Unerschrockene leihen sich ein Fahrrad aus und radeln auf dem Radweg an der malerischen, aber windigen Ostseite der Insel entlang. Am besten schließt man sich einer der vielen Inseltouren an, wobei Fahrzeuge aller Art zum Einsatz kommen, darunter Kleintransporter, Geländewagen, VW-Cabrios, Quads und E-Bikes.

Der lohnendste Halt ist trotz des hohen Eintrittsgelds der **Parque Ecológico Punta Sur** an der Südwestspitze der Insel. Hier findet man einen Leuchtturm, ein kleines nautisches Museum und eine Maya-Ruine. Von dort geht's auf der Küstenstraße weiter zu einem Beobachtungsturm, von dem aus man Zugvögel und Krokodile beobachten kann. Weiter Richtung Westen erreicht man einen weißen Sandstrand mit einem flachen Riff, einigen Freiluftrestaurants und kostenlosen Bootstouren (um 12, 13 & 14 Uhr) auf der Laguna Colombia. Beim Herumfahren im Park sichtet man wahrscheinlich Nelson-Nasenbären und Cozumel-Waschbären, zwei durch Inselverzwergung entstandene Unterarten, sowie Schildkröten. Das unberührte Habitat wirkt meilenweit von der Zivilisation entfernt.

Um **Punta Molas** im äußersten Nordosten der Insel zu erreichen, sollte man sich einer Geländetour mit Omar's Island Buggy Tours oder dem Cozumel Lighthouse Project anschließen, um nicht auf der abgelegenen, unbefestigten Straße zu stranden. Die Tour macht Halt an einigen ziemlich guten Stränden, wo man schnorcheln kann, sowie bei den kleinen Maya-Ruinen des **Castillo Real** (Königsschlosses).

KUNST DES MEERES

Das Leben unter Wasser hat überall auf Cozumel Kunstwerke inspiriert. Wenn man unterwegs ist, sollte man nach den Wandmalereien Ausschau halten, die von Sea Walls Cozumel, einem Stiftungsprojekt von PangeaSeed, angeregt wurde. Bei diesem Projekt schufen Künstler:innen in den Jahren 2015 und 2019 insgesamt 57 Wandgemälde, die ein Bewusstsein für den Schutz des Meeres und eine verantwortliche Erschließung der Küste wecken sollen. Eine Karte der Malereien findet man unter cozumelmycozumel.com/cozumel-sea-walls.

Schnorchler:innen und Taucher:innen können im Chankanaab Beach Adventure Park und vor der Küste nahe der Sunset Bar Unterwasserskulpturen entdecken. Ein Künstler hat dort die Skulptur eines riesigen DNS-Moleküls installiert, das zugleich als ein künstliches Riff fungiert. Mit dem Cozumel Coral Reef Restoration Program können sich Freiwillige an der Säuberung der Skulptur beteiligen und einen Korallen-Rettungsgarten besuchen.

ESSEN AUF DER ISLA COZUMEL

Rasta Bar
Die Fahrt zu dieser *palapa* an der Ostküste lohnt sich wegen des Blicks auf den Ozean und der leckeren Kokos-Shrimps. **$**

Cervecería Punta Sur
Die erste und einzige Kleinbrauerei auf der Insel serviert gute örtliche Biere und eine hervorragende Rotfeuerfisch-Pizza. **$$**

Kondesa
Gehobenes Meeresfrüchterestaurant in einer Dschungelumgebung. Die Rotfeuerfisch-Küchlein sind zu empfehlen. **$$$**

DIE BESTEN ORTE FÜR EINEN SUNDOWNER

Coconuts
Verrückte Bar im Osten, auf dem höchsten Punkt von Cozumel. Die Merkmale sind alberne Beschilderung, Büstenhalter, Unterwäsche und ein Krokodil als Haustier.

Hemingway Lounge & Night Club Bar
Schicke Restaurantbar mit zwei Ebenen und *palapa*-Dach. Prächtiger Meerblick und eine herzförmige, als Fotomotiv lohnende Terrasse.

Alberto's Beach Restaurant
Hier kann man abtauchen und die Zehen in den Sand stecken. Eine örtliche Rockband spielt dienstags, donnerstags und sonntags. Die Meeresfrüchte kommen direkt vom Boot.

Buccanos at Night
Dieser Strandclub wird abends mondän, wenn die Cocktail-Lounge und das schicke Restaurant auf der Dachterrasse öffnen.

LOST_IN_THE_MIDWEST/SHUTTERSTOCK ©

Chankanaab Beach Adventure Park (S. 247)

Cozumel bei Nacht

ZU EINEM WESEN DER NACHT WERDEN

Für alle, die sich dem Wasser nach Einbruch der Dunkelheit anvertrauen wollen, ist das Schnorcheln bei Nacht ein lohnendes Erlebnis, weil sich verschiedene Arten von Meereslebewesen beobachten lassen und die Atmosphäre angenehm gruselig ist. Anfänger:innen nehmen dafür am besten mit Daniel Mendoza Iglesias über seine Instagram-Seite (@night_snorkel_cozumel) Kontakt auf. Er ist ein zertifizierter Tauchguide, der schon seit fast fünf Jahren Tauchgruppen bei Nacht in die Untiefen führt. Er stellt die notwendige Ausrüstung bereit, darunter einen Neoprenanzug, Maske, Schwimmflossen, Schnorchel und eine extrahelle Unterwasser-Taschenlampe. Dann folgt man ihm an einer von mehreren Stellen, die er besucht, und beginnt, nach kleinen Stachelrochen, Kraken und Tintenfischen Ausschau zu halten.

Für Taucher:innen gibt's einige noch aufregendere nächtliche Optionen. Fast alle Tauchshops bieten nächtliche Tauchgänge im Meerespark an, und die meisten bringen einen zu flachen Riffen wie Paradise, Yucab und San Clemente. Manchmal ist es etwas nervenaufreibend und man ist bemüht, nicht mit anderen Tauchern zusammenzustoßen, aber zur Belohnung gibt's regelmäßig Sichtungen von Kraken, Tintenfischen, Aalen, Rochen und ungewöhnlichen Fischen. Zu einem bestimmten Zeitpunkt des Tauchgangs kann der Guide einen auffordern, die Lampen auszumachen. Wenn man dann die Hand im Dunkeln schnell durch das Wasser bewegt, zeigt sich die Biolumineszenz von mikroskopisch kleinem Plankton. Für erfahrene Taucher:innen bieten Blackwater Cozumel und Aldora Divers Tauchgänge in Schwarzwasser oder nächtliche Tauchgänge bis zu 25 m Tiefe im offenen Ozean an. Bei diesen Tauchgängen fühlt man sich, als schwebe man im Weltraum, und die Kreaturen, die im Wasser schwimmen, wirken ebenfalls ganz entschieden außerirdisch.

UNTERWEGS VOR ORT

Man gelangt per Fähre oder Flugzeug auf die Insel. Passagierfähren von Ultramar und Winjet verkehren von 7 bis 22 Uhr häufig zwischen Cozumel und Playa del Carmen; sie legen am Passagierfährdock an und ab (Fahrtdauer rund 45 Minuten). Der kleine Flughafen von Cozumel liegt 3 km nordöstlich vom Fährhafen und bietet Direktflüge von/nach Städten in den USA, Mexiko und Kanada.

TULUM

Tulums spektakuläre Küste gilt mit ihrem Puderzuckersand, dem kobaltblauen Wasser und den milden Brisen als einer der schönsten Strände Mexikos. Zum besonderen Reiz tragen die eindrucksvollen Maya-Ruinen bei, die über dem Ufer thronen. Zudem gibt es ausgezeichnete Schnorchel- und Tauchbedingungen, bezaubernde Cenoten in der Nähe und ein munteres Nachtleben an der Küste.

Das ursprünglich Zama („Morgenröte") genannte Tulum geht in die späte postklassische Periode (1200–1521 n. Chr.) zurück, als der Ort eine wichtige Hafenstadt war. Die Maya betrieben Schifffahrt längs der Küste und unterhielten Handelswege von anderen Teilen des heutigen Mexiko bis hinunter nach Honduras.

Das heutige Tulum ist eine schnell wachsende Stadt mit zwei Gesichtern am Strand und im Ort. Die gehobenen Strandclubs der Zona Hotelera setzen auf Glanz und Glamour, während das Stadtzentrum mit seinen Restaurants, Läden und Bars, die hinsichtlich Geschmack und Geldbeutel auf eine große Bandbreite eingestellt sind, entschieden entspannter wirkt.

TOP TIPP

Fahrräder und Motorroller sind gut geeignet, um die 5 km lange Strecke zwischen der Stadt und dem Strand zu bewältigen. Einige Hotels und Hostels stellen ihren Gästen kostenlos Fahrräder zur Verfügung. Es gibt auch viele Fahrrad- und Motorrollervermieter in der Stadt, darunter das verlässliche I Bike Tulum.

HIGHLIGHTS
1 Tulum Ruins

SEHENSWERTES
2 Playa Las Palmas
3 Playa Paraíso
4 Playa Pescadores

AUSGEHEN & FEIERN
5 Batey
6 La Guarida
7 Mistico Tulum
8 Naná Rooftop Bar

Papaya Playa Project (1,5 km); Akiin Beach Tulum (5,1 km); Punta Allen (51 km)

Playa Paraíso (S. 252)

JLAZOUPHOTO/SHUTTERSTOCK ©

SEHENSWÜRDIGKEIT

Ruinen von Tulum

Diese hoch auf einer Klippe über dem türkisblau leuchtenden Wasser thronenden Maya-Ruinen mögen nicht so imposant sein wie die Gebäude von Chichén Itzá, aber an keiner anderen archäologischen Stätte Mexikos bietet sich ein so hinreißender Blick auf das Karibische Meer. Das im 6. Jh. n. Chr. gegründete Tulum erlebte seine Blüte in der späten postklassischen Periode (1200–1521), als es ein wichtiger Hafen für den Küstenhandel war.

NICHT VERPASSEN

- El Castillo
- Templo del Dios Descendente
- Templo de las Pinturas
- Casa del Cenote

El Castillo

Das nahe dem Klippenrand fast 8 m aufragende imposante Bauwerk diente einst als Leuchtturm, der den Schiffen der Maya den Weg in den Hafen wies. Im oberen Geschoss sieht man die kleinen Fenster, die hell aufleuchteten, wenn abends das Feuer entzündet wurde. Der Wachtturm wurde von den Spaniern passenderweise als El Castillo (das Schloss) bezeichnet. An den Ecken erkennt man die „Kukulcánes" (gefiederten Schlangen) in toltekischem Stil, die an jene in Chichén Itzá erinnern.

Templo del Dios Descendente

Der Tempel verdankt seinen Namen dem Relief mit der Figur eines herabsteigenden Gottes in einer Nische über der Tür. Die Beine der Figur sind gespreizt, die Arme hängen nach unten und der Gott trägt einen Kopfputz. Bemerkenswert ist die leicht schiefe Neigung der Wände und der Tür, die von den Maya-Baumeistern genau so gewollt wurde.

Casa del Cenote

Die nach einer kleinen Doline am südlichen Sockel benannte Casa del Cenote wurde über einer Wasserquelle errichtet, die für die Stadt lebenswichtig war. Blickt man hinein und in die Tiefe, sieht man vielleicht kleine silbrige Fische in dem trüben Wasser schwimmen. In der *casa* wurde ein kleines Grabmal entdeckt.

Templo de las Pinturas

Mit seinen Säulen, Reliefs und der zweistöckigen Konstruktion gehörte der Freskentempel zu den aufwendigsten in Tulum. Die Fassade des unteren Tempels zeigt Reliefmasken und Skulpturen, während eine Innenwand mit farbenprächtigen Wandmalereien geschmückt war. Die Wandmalereien wurden teilweise restauriert, sind aber kaum noch erkennbar. Dieses Bauwerk könnte das letzte sein, welches die Maya vor der spanischen Eroberung errichteten.

Templo del Dios Viento

Die zweigeschossige Konstruktion steht für sich allein in erhöhter Lage mit Blick aufs Meer und ist ungewöhnlich wegen ihres runden Sockels, der mit Kukulcán, dem Windgott der Maya, in Verbindung gebracht wird. Drinnen befindet sich ein kleiner Altar; es gibt Hinweise, dass das Gebäude noch im frühen 20. Jh. für zeremonielle Zwecke genutzt wurde. Laut einer Legende wussten die Maya, dass ein gefährlicher Sturm oder Hurrikan aufziehen würde und sie Schutz suchen sollten, wann immer sich ein Pfeifen aus dem oberen Geschoss des Bauwerks vernehmen ließ.

Casa del Halach Uinic

Ein kurzer Marsch vom Templo de las Pinturas führt zum Haus des Halach Uinic, das nach dem Herrscher (und Priester) benannt worden ist, der wahrscheinlich hier wohnte. Obwohl ein Teil des recht großen Gebäudes eine Ruine ist, lässt sich immer noch die Treppe erkennen, die zu dem von Säulen gesäumten Eingang führt, sowie die Stuckfigur über dem Portal gleich dahinter. Es handelt sich um ein weiteres Bild des herabsteigenden Gottes, das sich auf Ah Muzen Cab beziehen könnte, den verehrten Gott der Bienen.

Mirador Arqueoastronómico

Dieser fantastische Aussichtspunkt mit Blick auf die Ruinen ist auf den meisten Karten nicht verzeichnet. Man erreicht die Stelle, wenn man hinter dem Freskentempel rechts abbiegt und Richtung Westen (ins Binnenland) bis zu einer offenen Fläche geht, wo man einen weiten Blick auf El Castillo und die umliegenden Tempel hat. Ein kleines Schild zeigt die perfekte Ausrichtung der Gebäude im Verhältnis zu den Sonnenwenden und Tagundnachtgleichen. Beim Sonnenaufgang während der Wintersonnenwende fällt ein Sonnenstrahl durch eine Öffnung an der Spitze des Tempels des herabsteigenden Gottes.

AUFGABE

Die Stadt wurde rund 75 Jahre nach der spanischen Eroberung aufgegeben und verlassen. Damit war sie eine der letzten der antiken Städte, die verlassen wurden; die meisten anderen waren schon lange vor der Ankunft der Spanier der Natur zurückgegeben worden. Doch Maya-Pilger besuchten sie auch weiterhin, und indigene Flüchtlinge versteckten sich hier während des Kastenkrieges (1847–1901) von Zeit zu Zeit.

TOP TIPPS

- Die beste Besuchszeit ist 8 Uhr morgens oder spät am Tag.
- Durch das Buchen einer Führung umgeht man Warteschlangen.
- Man sollte einen Hut, Sonnencreme und Wasser dabei haben, da es an der Stätte nicht viel Schatten gibt.
- Badesachen mitnehmen, um nach der Erkundung der Ruinen einen Sprung in den Ozean zu machen!
- Zur Anfahrt nutzt man am besten ein Fahrrad (vom Stadtzentrum sind es 3,5 km) oder ein *colectivo* – alle Sammeltransporter nach Playa del Carmen können einen am Highway absetzen, von wo man 1 km bis zum Ticketschalter marschiert.
- Am Strand nahe den Ruinen kann man eine einstündige Bootstour buchen, bei der man eine weite Sicht auf die Tempel hat und anschließend schnorcheln geht.

ZUM STRAND GELANGEN

Man kann mit dem Fahrrad zum Strand radeln: Vom Stadtzentrum sind es rund 5 km bis zur Playa Pescadores. Als öffentliche Verkehrsmittel bieten sich *colectivos* an, die häufig vom Parque Rotario fahren. Diese Sammeltransporter halten an der T-Kreuzung der Strandstraße, von wo aus man zu den Stränden am Nordufer laufen muss (1,5 km bis zur Playa Las Palmas). Auf dem Weg zu den südlichen Stränden fahren *colectivos* südwärts bis zum Biosphärenreservat Sian Ka'an, bevor sie umdrehen. Man kann unterwegs überall aussteigen. Mit einem Auto muss man für einen Parkplatz (ab 250 Mex$) oder einen Strandclub (ab 500 Mex$) bezahlen. Die Taxipreise sind generell unverhältnismäßig hoch mit Preisen ab 400 Mex$.

Playa Paraíso

Die Strände von Tulum

DIE KÜSTENLINIE ERKUNDEN

Von Palmen gesäumte Strände blicken aufs himmelblaue Meer – Tulum hat keinen Mangel an schönen Küstengebieten. Nahe der Stadt liegen zwischen den Ruinen von Tulum und dem Biosphärenreservat Sian Ka'an 10 km eines herrlichen weißen Sandstrands am Karibischen Meer mit seinem klaren und fast ganzjährig warmen Wasser. Um eine gute Stelle für sich zu reklamieren, sollte man früh aufbrechen.

Fährt man auf der grünen Strandstraße vom Sian Ka'an nach Norden, tut sich plötzlich eine Öffnung im tropischen Wald auf, geradezu ein Fenster in eine andere Welt. Es handelt sich um die **Playa Las Palmas**, einen weiten, geneigten Strand mit ruhigem blauen Wasser, einer felsigen Bucht am einen und weißen Sandstreifen am anderen Ende.

Weitere 700 m nördlich erreicht man den Eingang zur **Playa Paraíso**, wo es mehrere Restaurants und Strandclubs gibt. Hierher kommt man, um Leute zu beobachten und wegen der basslastigen Beats; die mit Ceviche-Platten und kalten Drinks beladenen Kellner pendeln zwischen den Liegestühlen und Strandliegen.

Ein kurzes Stück (300 m) den Strand hinauf erreicht man die einstige Fischergemeinde **Playa Pescadores**. Heute werden die auf den Sand gezogenen Boote eher für Schnorchelausflüge zum Riff genutzt. Wer einen Ausflug bucht, kann nicht nur einen Blick

DENKWÜRDIG SPEISEN IN TULUM

La Negra Tomasa
Ein fröhliches Gartenlokal, in dem man hauptsächlich mit Meeresfrüchten zubereitete Tacos, *tostadas* und Gerichte zum Teilen genießen kann. **$$**

La Hoja Verde
Tulums bestes vegetarisches Restaurant lockt seine Fans zum Frühstück, Mittag- und Abendessen und veranstaltet auch Kochkurse. **$$**

Asado Argentino
Einer von mehreren Essenskarren nahe dem Pemex (abseits der Géminis Norte). Dieser bietet leckere gegrillte Steaks. **$**

auf die Unterwasserwelt werfen, sondern genießt auch den hinreißenden Blick vom Wasser auf die nahegelegenen Ruinen – ein Aussichtspunkt, der die ganze Pracht der Küstenlinie von Tulum erst richtig deutlich macht.

Das südliche Ufer von Tulum ist nicht frei öffentlich zugänglich, man kann das Wasser aber über die Strandclubs und Restaurants erreichen. Einige, z. B. **Akiin Beach Tulum**, verlangen nur, dass man irgendetwas bestellt – selbst ein Drink reicht schon. Andere verlangen einen deutlich höheren Mindestverzehr für die Nutzung ihrer Einrichtungen.

Abseits gebahnter Pfade in Sian Ka'an

ABGELEGENE STRÄNDE UND NATUR

10 km südlich von Tulum markiert ein Bogen über der Küstenstraße den Eingang zum **Sian Ka'an** (Ort, wo der Himmel geboren wurde), ein dschungelbedecktes Biosphärenreservat mit schönen Stränden und Gelegenheiten zum Beobachten von Wildtieren. Nachdem man seine Angaben im Registrierungsbuch gemacht und den Eintritt (100 Mex$/Pers.) bezahlt hat, fährt man weiter auf der von dichtem Wald gesäumten, von Schlaglöchern übersäten unbefestigten Straße.

Rund 3 km hinter dem Eingang erreicht man eine Stelle, wo man eine Bootstour auf der Lagune vereinbaren kann. Bei diesem zweistündigen Erlebnis (ab 750 Mex$/Pers.) kann man auf der großen, von Inseln durchsetzten Lagune Manatis, Krokodile und viele Vögel sehen.

Einige Kilometer weiter gelangt man zu einer kleinen Lichtung in den Bäumen, wo es einen Parkplatz für ein paar Fahrzeuge und einen Pfad hinunter zum Wasser gibt. Das ist eine der wenigen Gelegenheiten, um an den Strand zu kommen (anderswo längs der Straße ist der Zugang von Privatgrundstücken blockiert), daher lohnt es sich, anzuhalten und ein wenig am Ozean zu verweilen. Der Ausblick über diesen leeren Sandstrand ist prächtig.

Nach weiteren 10 km erreicht man den **Puente Boca Paila**, wo die Straße die Lagune überquert, gerade bevor sie ins Meer übergeht. Hier kann man anhalten, um nach Vögeln, Schildkröten und sich sonnenden Krokodilen zu spähen.

Je weiter man nach Süden kommt, umso schwieriger wird die Fahrt; man braucht in der Regel rund drei Stunden für die nur 43 km lange Strecke von Tulum nach **Punta Allen**. In diesem Ort am Ende der Straße gibt's ein paar schlichte Pensionen und Restaurants sowie Bootskapitäne, mit denen man diverse Touren (Wildtierbeobachtungs-, Schnorchel- oder Angeltouren) unternehmen kann.

DIE BESTEN LÄDEN IM ZENTRUM VON TULUM

Kaahal Home
Hochwertige, fair eingekaufte und nachhaltige Keramiken, Wandbehänge und Schmuck.

Honesta Vintage
Kleidung aus vergangenen Jahrzehnten und Design-Upcycling. Vintage-Stoff wird für moderne Tops und alter Jeansstoff für Stiefel wiederverwendet.

Mixik
Farbenfroher Laden mit einer breiten Palette von Volkskunst und Kunsthandwerk.

La Valentina
Hat über 400 verschiedene Tequilasorten, zudem Mezcal, Sotol (aus Dasylirion gebrannt) und mexikanische Weine auf Lager.

Panna e Cioccolato
Serviert das beste Eis in Tulum.

ZUGANG VON MUYIL

Auch der Norden bietet Zugang zum Biosphärenreservat Sian Ka'an. Nahe den Ruinen von Muyil (S. 260) kann man auf der Lagune von Muyil Boot fahren, in einem antiken Maya-Kanal schwimmen und Wildtiere erspähen.

BESTE CAFÉS IN TULUM

La Fournée
Ein kleines Stück Paris in Tulum: Buttrige Croissants, frisch gepresster Orangensaft und sättigende Baguette-Sandwichs. **$$**

Ki'Bok
Man genießt einen Chai Latte oder einen Espresso mit heißer Milch (sowie gute Frühstücks- und Mittagsgerichte), während man im Garten chillt. **$$**

Raw Love
Café mit kreativen, vegetarischen Gerichten in einem üppigen Freiluftambiente in der Stadt und am Strand. **$$**

LOCAL TIPP: AUSGEHEN IN TULUM

Lucia Dao, Gründerin von Honesta Vintage und beste Freundin von Margarita (ihrer Hündin), verrät ihre örtlichen Lieblingslokale.

La Guarida
Eine Bar mit vielen Räumen. Hier gibt's Livemusik, auflegende DJs und regelmäßige Filmvorführungen, außerdem gemütliche Plätze zum Abhängen (inklusive eines Raumes mit Kissen, wo man sich ausstrecken kann).

Recíprico
Ein Ort, wo man sich fühlt wie draußen auf dem Land, obwohl er nur ein paar Minuten von Tulum entfernt ist. Überwiegend ein Ort zum Frühstücken oder Mittagessen, aber gelegentlich gibt's besondere Events wie L8 Nai mit DJs und Standup-Comedy.

Bandera
Freitags und samstags ist immer eine gute Party in Gang; der Laden wirkt einheimischer und einladender als viele andere.

Sian Ka'an (S. 253)

Barbummel in Tulum

BARS, GARTENLOUNGES UND STRANDCLUBS

Tulum hat ein munteres Nachtleben mit Livemusik, tropischen Cocktails und üppigen Terrassen. Die Calle Centauro Sur gleich abseits der Avenida Tulum ist das Epizentrum des Geschehens. Der Abend beginnt im **Batey**, einer beliebten Expat-Location mit einem Garten, in dem Bands auftreten; die Bar zum Bürgersteig ist ein genialer Ort, um Leute zu beobachten. Nicht verpassen sollte man die Spezialität des Hauses: Mojitos mit frisch gepresstem Zuckerrohr – man sieht die Akteure in voller Action an dem angemalten VW-Käfer gleich hinter der Bar.

Einen Block weiter ist das **La Guarida** ein tolles Refugium für einen Abend mit Cocktails, Snacks und super Weinen. In dem mehrstöckigen Lokal gibt's lauschige Räume und Terrassen und oft Livemusik (Funk, Soul, Flamenco, Reggae u.a.). An anderen Abenden locken DJs das Publikum auf die Tanzfläche.

Die **Naná Rooftop Bar** liegt etwas abseits (10 Gehminuten von der Centauro Sur). Oben im 4. Stock herrscht Lounge-Atmosphäre bei luftiger Aussicht und gut zubereiteten Cocktails. Wenn man es etwas gehobener mag, findet man im **Mistico Tulum** Tische in einem üppigen Garten. Man kann dort Essen bestellen, Wasserpfeife rauchen und DJs erleben, während Feuertänzer ihre Fertigkeiten demonstrieren.

Tulums Strandclubs sind hauptsächlich tagsüber frequentiert. An den Wochenenden kann man jedoch einige der besten Partys von Tulum an Orten wie dem Papaya Playa Project erleben. An den Samstagabenden bietet dieses noble Hotel mit Restaurant und Strandbar DJ-Auftritte in einem wundervollen Ambiente am Meer. Am bekanntesten sind die hiesigen Vollmondpartys an dem Samstag, der dem Vollmond am nächsten liegt. Tickets dafür bucht man vorab im Internet.

UNTERWEGS VOR ORT

Vom zentral gelegenen ADO-Busbahnhof an der Avenida Tulum fahren häufig Fernbusse nach Cancún (Stadt & Flughafen), Bacalar, Mérida und anderen wichtigen Orten.

Colectivos fahren von mehreren Halteplätzen an der Avenida Tulum nach Playa del Carmen. Die *colectivos* nach Cobá starten von der Osiris Norte gleich abseits der Avenida Tulum.

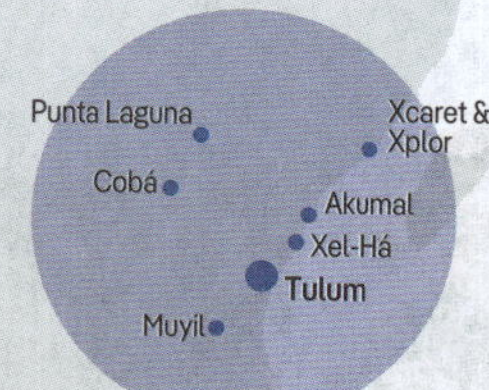

Rund um Tulum

Dieser Küstenabschnitt und sein Hinterland sind voller natürlicher und menschengemachter Wunder, von antiken Ruinen bis zu korallengesäumten Stränden.

TOP TIPP

Wer eine Pause vom Trubel in Tulum braucht, übernachtet am besten in der ruhigen, an einem See gelegenen Stadt Cobá.

Die Maya hinterließen größere und kleinere Spuren in der Region rund um Tulum. Die prächtigen Ruinen von Cobá waren einst eine dicht bevölkerte Stadt, und in Muyil kann man noch heute auf Kanälen fahren, die von Maya-Ingenieuren erbaut wurden. Den Namen, den ihnen die Maya gaben, tragen viele Orte bis heute, so Akumal, der „Ort der Schildkröten", einer der besten Strände, um inmitten der Meeresbewohner zu schnorcheln. Die Maya sind – anderes als häufig angenommen – nicht untergegangen: Ihre Nachfahren leben überall in Quintana Roo und auf der Halbinsel Yucatán, wo rund 700 000 Menschen immer noch Mayathan sprechen. Man kann auch an Ökotourismus-Abenteuern teilnehmen, die von einer kleinen Maya-Gemeinde in Punta Laguna veranstaltet werden.

Nohoch Mul (S. 258)

CINOBY/GETTY IMAGES ©

Meeresschildkröte, Bucht von Akumal

SCHNORCHELN AUF EIGENE FAUST

Zwischen den Ausfahrten Chemuyil und Xel-Há weist ein winziges Schild an der Ostseite des Highways den Weg zu einer kurzen, unbefestigten Straße, die zu den beiden bogenförmigen Buchten Xcacel und Xcacelito führt. Dies ist einer der schönsten und saubersten Strände an der Riviera Maya. Man findet hier gute Schnorchelbedingungen (eigene Ausrüstung mitbringen!), vor allem aber den wichtigsten Nistplatz von Unechten und Echten Karettschildkröten in Quintana Roo. Die Stätte wird von einer örtlichen Gemeinde verwaltet, die eine kleine Eintrittsgebühr erhebt. Nahrungsmittel, Getränke und der Einsatz von Sonnenschutzmitteln sind an diesem geschützten Strand verboten (geöffnet 10–16 Uhr, Mo geschl.).

Die Meeresschildkröten von Akumal

SCHNORCHELABENTEUER

Mit Meeresschildkröten, die in dem klaren Wasser vor dem palmengesäumten Strand weiden, wird Akumal seinem Namen gerecht. Bis vor Kurzem verliefen Besuche hier ziemlich ungeregelt, doch seit der Schaffung des **Tsúuk Akumal Parque Natural** (Eintritt 120 Mex$) steht der Naturschutz im Mittelpunkt, und die Lebensbedingungen für die Schildkröten und anderen Meeresbewohner haben sich verbessert.

Um in die geschützten Gewässer vor dem Strand zu gelangen, bucht man eine geführte Schnorcheltour (500 Mex$). Ein zertifizierter, Englisch sprechender Guide schwimmt mit den Teilnehmern rund um das Reservat; Rettungsweste, Maske und Schnorchel inbegriffen. Bei der 45-minütigen Tour bekommt man vermutlich mehrere Rochenarten, tropische Fische, Korallen und die Überreste eines alten Schiffswracks zu Gesicht. Die Meeresschildkröten sind natürlich das Highlight: Man kann die massiven, doch anmutigen Tiere beim Weiden auf dem Meeresboden beobachten und sehen, wie sie ihren Kopf aus dem Wasser recken und einen anblicken.

Zu Akumal gehört auch die **Laguna Yal-Kú** rund 2 km hinter dem Tsúuk Akumal Parque Natural. Zwar werden auch hier manchmal Schildkröten gesichtet, aber diese Lagune ist mehr für ihre vielen Fische bekannt, die sich in dem kristallklaren Wasser wundervoll beobachten lassen. An beiden Stätten ist der Gebrauch von Sonnenschutzmitteln verboten; man sollte also ein Hemd tragen und außerhalb des Wassers Schatten suchen.

Akumal liegt 30 km nördlich von Tulum gleich abseits des Highways nach Playa del Carmen. Ordentliches Essen und Snacks erhält man in einem Komplex auf der anderen Straßenseite gegenüber dem Eingang zum Schutzgebiet.

ESSEN IN AKUMAL

La Cueva del Pescador
Das entspannte Restaurant grillt ausgezeichnete Meeresfrüchte und bietet auch Angeltouren (den Fang lässt man sich anschließend dort zubereiten). **$$**

Turtle Bay Cafe & Bakery
Ein gutes Lokal für den ganzen Tag mit herzhaftem Frühstück, Tex-Mex-Kost und Burgern sowie hausgemachter Eiscreme. **$$**

La Buena Vida
Riesige Auswahl an Meeresfrüchten, außerdem Snacks und Cocktails in einem Freiluftambiente oberhalb des Strandes. **$$**

Ein Tag im Abenteuerpark

AKTIVITÄTEN IM WASSER UND IN DER LUFT

Themenparks sind immer ein großer Hit bei Kindern, und es gibt mehrere davon zwischen Cancún und Tulum, viele in einer fantastischen Landschaft – einige der schönsten Lagunen, Cenoten und Naturgebiete gehören dazu. Die meisten dieser Parks verlangen hohe Eintrittspreise (ab 110 US$), doch auf ihren Webseiten gibt's bei Online-Reservierung oft Rabatt.

Einige Parks bieten das Schwimmen mit Delfinen an, doch weisen Tierschützer immer wieder darauf hin, dass dies bei den Tieren Stress verursacht, weshalb man solche Aktivitäten besser unterlassen sollte.

Xcaret liegt 6 km südlich von Playa del Carmen und zählt zu den beliebtesten Parks. Hier kann man leicht einen ganzen Tag damit verbringen, in unterirdischen Strömen zu schwimmen, am Strand und neben natürlichen Teichen abzuhängen sowie ein Aquarium, ein Schmetterlingsgehege und eine Voliere zu besuchen. Es gibt auch Shows (Tänze, hoch durch die Luft fliegende *voladores*) und ansprechende Restaurants.

Das nicht weit von Xcaret entfernte **Xplor** ist ein Eldorado für Abenteueraktivitäten: Hier kann man Seilrutschen ausprobieren, mit Amphibienfahrzeugen durch den Dschungel fahren, auf einem unterirdischen Fluss unter Stalaktiten paddeln, schwimmen und durch Höhlen wandern. Ein Mittagsbüffet, Snacks und Getränke sind im Eintrittspreis enthalten.

Das rund 13 km nördlich von Tulum gelegene **Xel-Há** ist um einen Meeresarm herum gebaut und bietet viele Aktivitäten im Wasser, darunter Schnorcheln in Cenoten, an einer versteckten Bucht und in dem langsam fließenden Fluss. Es gibt auch einen 30 m hohen Turm mit schöner Aussicht, der zugleich eine spiralförmige Wasserrutsche ist. Das Essen ist im Preis enthalten.

Zu den Ruinen von Cobá radeln

EINE GEWALTIGE MAYA-STÄTTE ERKUNDEN

Zu den Ruinen von Cobá zählt die höchste Pyramide in Quintana Roo (die zweithöchste auf der ganzen Halbinsel Yucatán). Angesichts der Entfernungen zwischen einigen Tempeln mietet man sich am besten ein Fahrrad (gleich hinter dem Haupttor).

Noch bevor man den Fahrradstand erreicht, wendet man sich nach rechts, zum Gebäudekomplex **Grupo Cobá**. Hier findet man Höfe, gewölbte Räume und einen *juego de pelota* (Ballspielplatz). Das größte Gebäude hier ist **La Iglesia** (die Kirche), eine hohe Pyramide, der frühe Entdecker ihren Namen gaben, weil sie sie an eine große mittelalterliche Kathedrale erinnerte.

DIE VERBINDUNG MIT GUATEMALA

Das einst von rund 40000 Maya bewohnte Cobá ist architektonisch ziemlich ungewöhnlich: Seine hohen Pyramiden und seine Stelen erinnern an die Bauten im mehrere hundert Kilometer entfernten Tikal und nicht an die viel näheren Stätten wie Chichén Itzá und andere im Norden der Halbinsel Yucatán. Die Archäolog:innen erklären, dass zwischen 200 und 600 n. Chr., als Cobá ein großes Territorium auf der Halbinsel beherrschte, durch Kriegsbündnisse und Heiraten eine Allianz mit Tikal geschmiedet wurde, um den Handel zwischen den Maya in Guatemala und Yucatán zu erleichtern. Auf den Stelen erblickt man wahrscheinlich weibliche Herrscher aus Tikal, die Zeremonialstäbe halten und ihre Macht demonstrieren, indem sie auf Gefangenen stehen. Diese Herrscherfrauen könnten bei ihrer Heirat mit Adligen aus Cobá Architekten und Kunsthandwerker aus Tikal mitgebracht haben.

ESSEN AUSSERHALB VON TULUM

Pandano
Das gehobene Strandrestaurant mit gut zubereiteter italienischer und mexikanischer Kost bietet sich für einen Besuch zum Sonnenuntergang an. **$$$**

Oscar & Lalo
Hier verspeist man mit Meeresfrüchten gefüllte *poblanos* und andere Versuchungen in einem ruhigen, an einen Garten erinnernden Raum. **$$**

Tulum Cerveceria Artesanal
Der Schwerpunkt dieses hübschen Kleinbrauerei-Restaurants liegt auf Nachhaltigkeit und hervorragenden frischen Meeresfrüchten. **$$$**

BESTE UNTERKÜNFTE & RESTAURANTS IN COBA

La Casa de los Gorditas
Das einladende, an der Seite offene Lokal hat eine kleine Karte mit überlegt zubereiteten yukatekischen Gerichten. **$$**

Chile Picante
Das Lokal serviert alles von vegetarischen Omletts mit *chaya* (mexikanischem Baumspinat) bis zu *panuchos* (mit Bohnen gefüllte belegte Tortillas). **$**

El Cocodrilo
Palapa-Restaurant mit klassischer mexikanischer Kost nur einen kurzen Spaziergang von den Ruinen entfernt. **$**

Aldea Cobá
Ein schön gestaltetes Dschungelresort, dessen Zimmer von örtlichen Kunsthandwerkern möbliert sind. **$$$**

Mayahau Cobá
Diese preisgünstige Option bietet gemütliche Zimmer über einem ordentlichen Restaurant und liegt in Gehweite der Ruinen. **$$**

Kaab Cobá
Schöne, gut ausgestattete Zimmer mit Blick auf den See; die Ruinen sind einen kurzen Fußmarsch entfernt. **$$**

Anschließend schnappt man sich ein Fahrrad und macht sich auf zur **Grupo Nohoch Mul**. Nordöstlich des Abzweigs zur Grupo de las Pinturas erreicht man den zweiten *juego de pelota*-Hof von Cobá. Am Boden in der Mitte des Platzes erblickt man einen aus Stein gehauenen Schädel (der Sieger oder Verlierer eines Ballspiels?) und die Reliefdarstellung eines Jaguars. Nach dem Ballspielplatz verläuft der Weg zwischen den Resten eines Tempels bis zu einer Art Kreuzung.

Wendet man sich nach rechts (Osten), gelangt man zum **Xaibé**, einem abgestuften, fast vollständig restaurierten halbkreisförmigen Gebäude. Der Name bedeutet „die Kreuzung", weil das Bauwerk den Schnittpunkt von vier separaten *sacbeob* (Zeremonialstraßen aus Kalkstein zwischen großen Maya-Städten) markiert. Nördlich davon kommt man am Templo 10 und der Stela 30 vorbei. Diese Stele, weniger stark verwittert als manche andere, trägt das Datum 730 n. Chr. und zeigt einen Herrscher, der sich über zwei Gefangene erhebt. Vor der Stele befindet sich eine moderne Umrisszeichnung mit originalen Details.

Man sollte sich Zeit für den majestätischen **Nohoch Mul** nehmen, einen 42 m hohen Tempel und die nach Calakmul zweithöchste Pyramide auf der Halbinsel. Das Hinaufklettern ist inzwischen verboten, sodass man die beiden Gottheiten über dem Türsturz in einer der oberen Nischen nicht mehr zu Gesicht bekommt. Sie wurden in der postklassischen Periode (1100 bis 1450 n. Chr.) geschaffen und ähneln den Skulpturen in Tulum.

Per Fahrrad geht es zur Weggabelung zurück und nun nach links, um nach kurzer Fahrt die **Grupo de las Pinturas** (Gruppe der Gemälde) zu erreichen. Dieser Tempel zeigt Spuren von Symbolen und Fresken über seiner Tür und innen Überreste von farbenprächtigem Stuck. Verlässt man ihn auf dem Weg im Nordwesten (gegenüber den Tempelstufen), gelangt man zu einer Stele unter einer *palapa*. Hier steht die Figur eines Herrschers über zwei anderen, von denen die eine mit auf den Rücken gefesselten Armen kniet.

Weiter radelt man zur **Grupo Macanxoc**. Dieser Komplex zeichnet sich durch zahlreiche restaurierte Stelen aus. Einige Reliefs auf diesen Stelen zeigen wohl Herrscherfrauen aus Tikal.

Ein abkühlendes Bad in den Höhlen

DREI CENOTEN IM UMKREIS VON COBÁ

An heißen Tagen sind diese nahe beieinander liegenden unterirdischen Wasserlöcher ideal für ein Bad. Wer nicht mit dem Auto unterwegs ist, kann ein Fahrrad in Cobá mieten. Als erstes gelangt man 6 km südwestlich von Cobá zur **Choo-Ha**, einer mit Stalaktiten gefüllten Höhle, deren flaches Wasser ideal für

CENOTEN & LAGUNEN WESTLICH VON TULUM

Laguna Kaan Luum
Auf halbem Wege nach Muyil liegt diese große Lagune mit sicher abgesperrtem türkisblauem Wasser. Die Hängematten über dem Wasser sind ein tolles Fotomotiv.

Cenote Corazon
Dieser herzförmige Cenote rund 7 km westlich von Tulum wirkt wie eine grüne Oase.

Cenoten Escondido & Cristal
Der eine kurze Radfahrt von der Stadt entfernte Cenote hat klares, von Dschungel umgebenes Wasser. Auf der anderen Seite punktet der Cenote Cristal mit mehreren Badeplattformen.

Nohoch Mul

kleinere Kinder ist. Ein kurzes Stück weiter folgt **Tamcach-Ha** mit viel tieferem Wasser und mehreren Plattformen, von denen Wagemutige ins Wasser springen können. Wieder zurück auf der Hauptstraße erreicht man nach 3 km **Multum-Ha**, die sich durch bemerkenswert klares Wasser auszeichnet.

Abenteuer am Rand der Lagune

AFFEN, ABSEILEN UND SEILRUTSCHEN

Rund 20 km nordöstlich von Cobá (von Tulum rund eine Fahrstunde) liegt **Punta Laguna**, wo eine kleine Maya-Gemeinde ein Ökotourismusprojekt im Naturschutzgebiet **Otoch Ma'ax Yetel Kooh** betreibt. Kernstück des Schutzgebiets sind die Lagune und die umgebenden, an Wildtieren reichen Wälder.

Die meisten Besucher:innen kommen wegen des Abenteuer-Pakets hierher. Das Erlebnis beginnt mit einer Reinigungszeremonie mit Weihrauch, die Glück für den Tag verheißen soll. Anschließend folgt man seinem Guide durch den Wald auf der Suche nach Klammeraffen, Brüllaffen und einmaligen Pflanzenarten. Unterwegs erfährt man etwas über das Reservat, von seiner Schaffung durch *chicleros* (Gummizapfer) bis zur Bewahrung durch deren Kinder und Enkel. Heute wird das Schutzgebiet von mehr als 30 Familien geführt, die hier leben und arbeiten.

Nach der Waldwanderung paddelt man im Kanu über die Lagune, auf der Suche nach Vögeln und dem einen oder anderen Krokodil. Dann folgt ein aufregender Flug über das Wasser an einer 240 m langen Seilrutsche und zum Abschluss der Abstieg in den Cenote Calaveras, auf deren Grund klares Wasser fließt – beim Abstieg ist Vorsicht geboten. Vor dem Ausgang sollte man sich das kleine Museum anschauen, in dem man mehr über die Pflanzen und Tiere des Schutzgebiets und über die Brüder Canul erfährt, die das Gebiet vor etwa 50 Jahren wiederentdeckten.

LOCAL TIPP: MAYA-ZEREMONIEN

Der örtliche Guide **Muriano Canul Abam** teilt sein Wissen über Maya-Traditionen.

Mein Großvater kam in dieses Gebiet, als er etwa 30 Jahre alt war, und arbeitete als *chiclero* (Gummisammler), der später mithalf, diesen Ort zu erhalten. Er war auch ein *H-Men*, eine Art Schamane, der diverse Zeremonien wie Taufen oder Maya-Hochzeiten ausführte. Vor seinem Tod unterwies er meinen Vater und meinen Onkel in den traditionellen Maya-Zeremonien, die sie heute für die Parkbesucher vorführen. Die Zeremonie dient der Reinigung und dem Schutz und verwendet den Rauch des Copal (ein an Weihrauch erinnerndes Baumharz). Damit erhält man einen Eindruck von den einstigen großartigen Zeremonien, die zu Ehren des Regengotts Chaac und anderer Gottheiten ausgeführt wurden.

UNTERKÜNFTE AUSSERHALB VON TULUM

Zamna Tulum
Rustikal-schicke Bungalows mit Blick auf einen Cenote im Wald 6 km westlich des Stadtzentrums von Tulum. **$$**

Bayou Tulum
Glamping-Zelte und schlichte Hütten mit Bad in einer dschungelartigen Anlage 3,5 km westlich von Tulum. **$**

Ajal Tulum
Schön gestaltete Baumhäuser mit Balkonen voller Hängematten in Gehentfernung zum Cenote Escondido. **$$$**

DIE BESTEN CENOTEN IN DER NÄHE VON TULUM

Zacil-Há Baden, Schnorcheln und eine Seilrutsche in einem kleinen, netten Cenote 8 km nordwestlich von Tulum.

Gran Cenote Ein lohnender, aber immer stark besuchter Zwischenstopp am Highway zu den Ruinen von Cobá. Man schnorchelt inmitten kleiner Fische und durch eine Höhle.

Cenote Dos Ojos Bietet geführte Schnorcheltouren durch einige wundervolle Unterwasserhöhlen, wo man umgeben von beleuchteten Stalaktiten und Stalagmiten durch ein unheimliches Wunderland schwimmt. Bei einem Anbieter in Tulum kann man auch ein Tauchabenteuer in diesem Cenote buchen.

Aktun-Ha (Car Wash) Der offene Cenote ist ein einladendes Ambiente zum Entspannen mit geringerem Besucherandrang.

Muyil

Ruinen & Wasserstraßen

MAYA-TEMPEL UND ANTIKE KANÄLE

23 km (20 Minuten) westlich von Tulum liegt **Muyil,** die einst bedeutendste Maya-Siedlung innerhalb des heutigen Biosphärenreservats Sian Ka'an. Inmitten dichter Vegetation kann man eine Handvoll von Ruinen besichtigen, zu denen sehr viel weniger Besucher:innen kommen als zu den bekannteren Tempeln von Tulum und Cobá. Nach der Besichtigung lohnt sich die zusätzliche Gebühr für die Wanderung durch den Wald und die Boots- und Badeexkursion auf den nahegelegenen Wasserwegen.

Das **Gebäude 7H-3** nahe dem Eingang birgt immer noch sichtbare Fragmente von Wandmalerei und Merkmale des Westküstenstils der Maya wie gewölbte Decken und von Säulen getragene Stürze. Ein kurzer Weg führt von hier zu **El Castillo**, dem eindrucksvollsten Bauwerk in Muyil. Auf der Rückseite sieht man ein Stuckfries mit zwei Reihern über einem Portal im Obergeschoss.

Dann folgt man dem 500 m langen Pfad durch den Wald. Unterwegs kann man einen hölzernen Aussichtsturm besteigen und über den Dschungel und die Lagunen im Osten blicken.

Am Ufer können einen Bootsführer über die **Laguna de Muyil** und durch einen schmalen Kanal in die **Laguna Chunyaxché** bringen. Dort legt das Boot an, und der beste Teil des Ausflugs beginnt. Mit einer Rettungsweste ausgerüstet springt man in das klare Wasser und lässt sich vorbei an Mangroven und zwitschernden Vögeln treiben. Das ist nicht anstrengend, weil einen die Strömung die ganze 800 m lange Strecke trägt.

Man kann Muyil mit einem *colectivo* erreichen, das in Tulum jeweils zur vollen Stunde von einem Haltepunkt rund einen Block westlich des Busbahnhofs an der Hauptstraße, der Avenida Tulum, abfährt.

UNTERWEGS VOR ORT

Colectivos sind die günstigsten und verlässlichsten Verkehrsmittel vor Ort. Um gen Norden nach Akumal und zu den Themenparks an der Riviera Maya zu gelangen, nimmt man von der Avenida Tulum ein *colectivo* nach Playa del Carmen und sagt dem Fahrer, wo man aussteigen möchte. Die *colectivos* nach Cobá starten gleich abseits der Avenida Tulum an der Calle Osiris Norte.

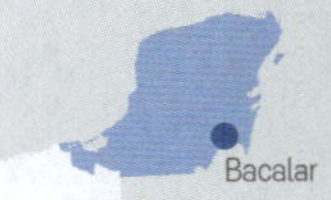

BACALAR

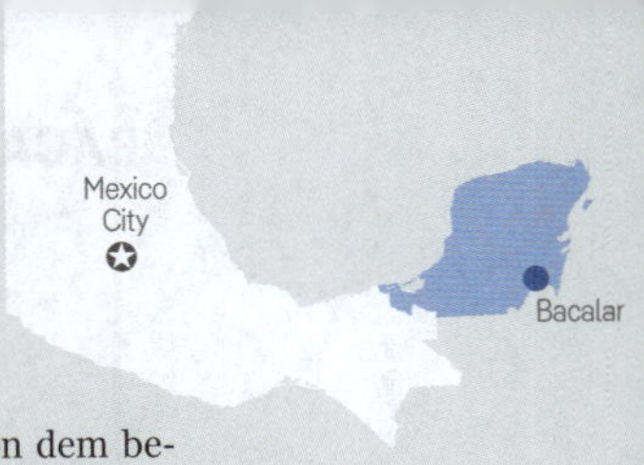

Die ruhige, aber wachsende Stadt hat sich vieles von dem bewahrt, was sie seit Jahrzehnten ausmacht. Immer noch reiten Cowboys auf denselben Hauptstraßen, auf denen Kinder mit Skateboards entlang sausen, und immer noch gibt es Taco-Stände neben schicken veganen Restaurants. Für Traveller liegt der Reiz von Bacalar in dem Gefühl, weit weg von allem zu sein, verbunden mit der Möglichkeit, die natürliche und historische Schönheit wirklich aus der Nähe zu erleben: den Nebel, der von der Lagune aufsteigt, während sich das Sonnenlicht im Wasser spiegelt; die Wälder, in denen immer noch Jaguare und Tapire leben; die geheimnisvollen Maya-Ruinen in einem Dschungel, der so dicht ist, dass man sie erst erblickt, wenn man direkt vor ihnen steht. Die Stadt wächst zweifellos, aber im Augenblick bedeutet das nur, dass man hier gutes Essen findet, einige nette Bierlokale und eine Reihe von Hotels. Und das nur ein paar Fahrtstunden von der ungezügelten Metropole Cancún entfernt.

TOP TIPP

Wenn möglich, sollte man nahe der Lagune in einer Unterkunft wohnen, die Kajaks und Stehpaddelbretter zur Verfügung stellt oder wenigstens über eine gute Aussichtsterrasse verfügt. Am besten steht man früh auf, um den Sonnenaufgang am oder auf dem Wasser zu erleben, denn der ist wahrlich atemberaubend. Der frühe Morgen ist auch die beste Zeit, um Wildtiere zu sichten.

Bacalar

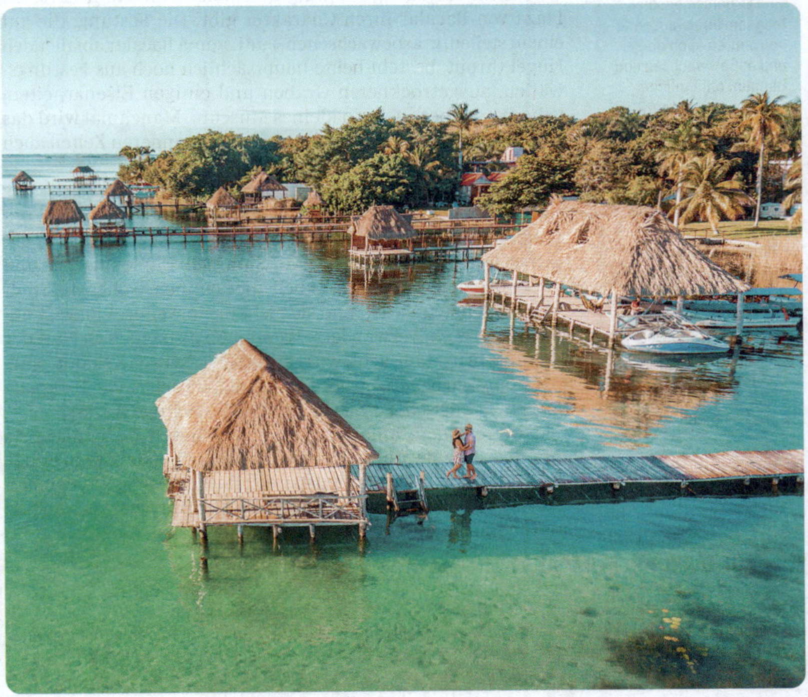

RUBI RODRIGUEZ MARTINEZ/SHUTTERSTOCK ©

STROMATOLITHEN

Bacalar rühmt sich vieler Naturwunder, vor allem aber ist die Lagune Heimat einer der ältesten Lebensformen der Erde – einige Wissenschaftler:innen glauben, diese hätte erst einmal genug Sauerstoff in die Atmosphäre freigesetzt, sodass andere Lebensformen in ihr existieren konnten. Die in mancher Hinsicht Korallen ähnelnden Stromatolithen sind Organismen, die langsam über Tausende von Jahren nach oben und außen wachsen und blumenkohlähnliche Formen annehmen. Wenn sie sterben, härtet das Kalziumkarbonat aus und bildet eine Kruste, auf der neue Schichten des Organismus wachsen.

Stromatolithen sind fein, fragil und durch Berührung leicht zu zerstören. Man sollte sie daher nicht anfassen oder ihnen auf dem Paddelbrett, mit dem Kajak oder Boot zu nahe kommen.

Bacalar Plaza

EINE FESTUNG, EIN PLATZ, EIN AUSBLICK

Die trutzige Ruine des **Fuerte San Felipe** ist unübersehbar, aber nicht das einzige Highlight, das der ruhigen, friedlichen Plaza von Bacalar ihren Charakter gibt. Die Festung, die auf einem steilen, grasbewachsenen, zur Laguna Bacalar abfallenden Hügel thront, besteht heute hauptsächlich noch aus Festungswällen, ausgetrockneten Gräben und einigen Eisenarbeiten, beherbergt aber auch ein kleines Museum. Manchmal wird das Gelände für eine Lightshow verwendet, zu anderen Zeiten auch für Kunstausstellungen.

So bedeutend die Festung für den Platz auch sein mag – das eigentlich Spektakuläre ist die Aussicht hinter ihr auf die unglaublichen Grün- und Blautöne der Lagune. Gegenwärtig findet sich im Ort genau die richtige Mischung von Einheimischen und Reisenden, und die Tourist:innen, die kommen, wollen die Stadt so genießen, wie sie ist, und sie nicht in ein weiteres Playa, Cancún oder Tulum verwandeln. Wenn man also einen Ort auf der Halbinsel Yucatán sucht, wo man aufs Wasser sehen kann, ohne Ohrstöpsel zu benötigen oder stundenlang nach einem Parkplatz suchen zu müssen, ist Bacalar genau die richtige Adresse.

Mehrere Restaurants mit gutem Essen liegen an der Plaza. Es gibt Pizza, Kaffee und sogar vegane Kost. Abends sorgen einige Bars für die überwiegend entspannte, lockere Menge, in der man eher Bekanntschaften schließen und sich austauschen möchte als die Nächte durchzutanzen.

UNTERKUNFT IN BACALAR

Hotel Laguna Bacalar
Ein geräumiges Hotel in Weiß und Blau mit herrlichem Ausblick auf die Lagune. **$$**

El Roble
Das kleine, familiengeführte Hotel hat schlichte, niedliche Zimmer. **$**

Yak House
Ein lustig-schrilles Hostel direkt am Ufer der Lagune. **$**

Fuerte San Felipe

Wundervolle Laguna Bacalar

ATEMBERAUBENDE SCHÖNHEIT

Die Laguna Bacalar ist ein echtes Juwel Yucatáns. Der längste und größte Süßwassersee auf der Halbinsel ist von sehr unterschiedlicher Tiefe – knöcheltiefe, seichte Stellen wechseln mit Spots von über 90 m Tiefe – und damit beim Blick von oben einer der schönsten Seen der Welt. Und auch von unten ist er faszinierend, weil er Anschluss an unterirdische wasserführende Schichten hat, die Teil eines ausgedehnten Höhlensystems sind.

Mit seinen Seerosen, seinem Schilf und den diversen Wildtieren besticht der See auch vom Ufer aus. Die Lagune bietet eine große Palette an Wassersportarten, von Stehpaddeln und Kajakfahren über Touren in motorisierten *launchas* bis hin zum Segeln auf Charterbooten, mit denen man zu Stellen am anderen Ufer kommen kann, zu denen nur wenige Tourist:innen gelangen.

Ob man die Laguna Bacalar nun aktiv oder einfach passiv aus der Hängematte genießt, sie ist in jedem Fall ein zentraler, unverzichtbarer Bestandteil eines Aufenthalts hier.

Nachtleben in Bacalar

DEZENTER SPASS

Das Nachtleben in Bacalar kann nicht im Entferntesten mit dem in Tulum, Playa oder Cancún mithalten, aber das ist auch gut so. Hier kann man sich in einer Bar niederlassen und sich wirklich unterhalten, mit dem freundlichen Barkeeper plaudern oder mit dem Nachbarn an der Theke Bekanntschaft schließen. Die Optionen reichen von Restaurants wie dem **Nixtamal**, die nach Küchenschluss offen bleiben, um Cocktails anzubieten, bis zu Lokalen wie der **I Scream Bar** mit Musik, aber in gedämpfter Lautstärke. An einigen Abenden gibt's ordentliche Livemusik im **Galeon Pirata** am Ufer, das tagsüber ein Zentrum für Kunst und Ausstellungen ist.

KROKODILE

Beim Wort „Krokodil" läuft vielen Leuten ein Schauder über den Rücken, doch obwohl Krokodile in der Lagune (und in den Sümpfen und Wasserwegen überall auf Yucatán) leben, sind sie im Allgemeinen keine Plage, und viele Leute bekommen sie gar nicht zu Gesicht. Bedenkt man die Zahl der Menschen, die zu allen Tageszeiten im Wasser sind, sind Krokodilangriffe extrem selten.

Dennoch sollte man beim Baden oder auch beim Sitzen nahe dem Wasser die Gefahr im Auge haben; leider fehlten zum Zeitpunkt unserer Recherche Warnschilder an der Lagune.

Diese Reptilien sind vor allem nachts aktiv, unternimmt man also nur tagsüber Bootsfahrten oder betreibt Wassersport, wird man sie womöglich nicht einmal bemerken.

UNTERWEGS VOR ORT

Wie die Lagune zieht sich auch der Ort in die Länge. Wenn man in der Nähe der Plaza wohnt, liegt nahezu alles in Gehentfernung. Anderswo braucht man einen eigenen fahrbaren Untersatz. Viele Hotels und Hostels verleihen Fahrräder an ihre Gäste.

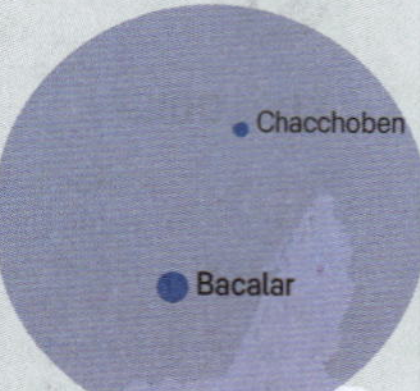

Rund um Bacalar

Wer sucht, kann viel Wunderbares in dieser Region entdecken: Dschungel, Ruinen, Wildtiere, Strände, Sümpfe und mehr.

TOP TIPP

Man sollte eigene Moskito-Vergrämungsmittel von zu Hause mitbringen, weil die hier angebotenen Mittel weniger effektiv sind. (Und man braucht diese Schutzmittel wirklich!)

Diese Region war ein zentrales Gebiet der Maya, und wichtige Ruinen liegen noch immer tief im Dschungel verborgen, mitunter nur teilweise erforscht oder in einigen Fällen auch noch ganz unberührt. Zu den Ausnahmen zählt das eindrucksvolle Chacchoben, das ein beliebter Tagesausflug für die Gäste der Kreuzfahrtschiffe ist, aber auch für Reisende, die in Bacalar wohnen, ein lohnendes Ziel darstellt. Auf der Fahrt dorthin kann man in Limones vorbeifahren (oder auch anhalten), wo eine weitere Ruine auf den Highway hinunterblickt.

Rund um Bacalar gelangt man in ruhige, ländliche *ejidos* (kommunale Landgüter), wo die Menschen noch in traditionellen Maya-Häusern wohnen, *huipiles* (lange, ärmellose Hemden) tragen und Mais anbauen. Diese Lebensart hat sich in Jahrhunderten wenig verändert. Als solche ist sie sehens- und bewahrenswert und verdient unseren Respekt.

Ruine von Chacchoben

JEFF WHYTE/SHUTTERSTOCK ©

Klammeraffen

Ruinen von Chacchoben

EINDRUCKSVOLLE ALTERNATIVE ZU CHICHÉN ITZÁ

Chacchoben, nicht zu verwechseln mit dem 11 km entfernten Maya-Dorf gleichen Namens, wurde erst vor relativ kurzer Zeit erschlossen – anders als berühmtere Stätten wie Chichén Itzá, das Stephens und Catherwood schon 1841 besuchten. Erst 2002 wurde Chacchoben für den Tourismus geöffnet. Die Stätte besitzt weniger und kleinere Gebäude als die Schwesterstätte im Norden, ihr größter Reiz besteht jedoch darin, dass man hier noch auf viele Gebäude hinaufklettern darf. Von oben hat man einen unglaublichen Blick aus der Vogelperspektive auf den Dschungel und kann sich ausmalen, was die Maya-Herrscher sahen, als diese großen Städte noch bewohnt waren. Vor Ort sind immer noch archäologische Restaurierungen in Gang, sodass man die verschiedenen Arbeitsschritte beobachten kann.

Der Parkplatz ist ein gutes Stück von den ersten Gebäuden entfernt, sodass man erst einen Marsch durch den Dschungel absolviert, bevor man eine Lichtung und die erste Pyramide erreicht. Von der noch höheren zweiten Pyramide kann man Klammer- und Brüllaffen in Augenhöhe in den Bäumen beobachten und nach Vögeln Ausschau halten. In dem Gebiet leben auch seltene Tierarten wie Jaguare und Tapire, die man kaum zu Gesicht bekommen wird, sowie verbreitetere wie Füchse, Rehe und Wildschweine. Wie bei vielen Stätten in dem Gebiet können Moskitos für Ärger sorgen. Man sollte ein Insekten-Vergrämungsmittel auftragen, um sich vor den Plagegeistern zu schützen.

KLAMMER- & BRÜLLAFFEN

Klammeraffen und Brüllaffen sind die beiden in dieser Region heimischen Affenarten, wobei Letztere in der Regel scheuer und daher auch schwerer zu beobachten sind. Wie ihr Name verrät, sind sie aber nicht zu überhören: Ihr dämonisches Gebrüll erfüllt den Dschungel, und man fragt sich, wie so laute, furchteinflößende Töne von einem so niedlichen Tier produziert werden können, das nicht größer ist als ein Basset.

Klammeraffen werden im Englischen Spinnenaffen (spider monkeys) genannt, da sie mit ihren langen, haarigen Beinen und dünnen Körpern vage an Taranteln erinnern. Man sollte nicht zu lange direkt unter ihnen stehen, sonst entdeckt man, dass ihr beliebtester Spaß darin besteht, sich in den Zweigen zu erleichtern und ihre Hinterlassenschaften auf die unten Stehenden fallen zu lassen.

UNTERWEGS VOR ORT

Ganz gleich, ob man mit einem Kreuzfahrtschiff oder aus Bacalar kommt, Chacchoben ist sehr leicht zu erreichen: Man fährt entweder mit den öffentlichen Verkehrsmitteln oder erfragt beim Taxifahrer den Preis von Anfahrt und Rückfahrt mit inbegriffener Wartezeit.

MÉRIDA

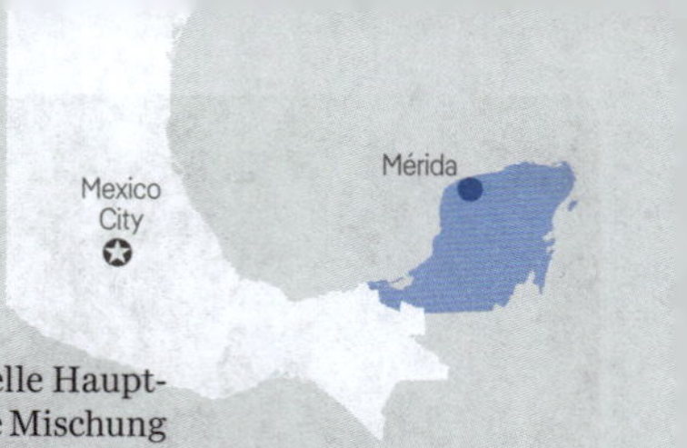

Seit der spanischen Eroberung ist Mérida die kulturelle Hauptstadt der Halbinsel Yucatán. Die Stadt, eine freundliche Mischung aus provinziell und kosmopolitisch, ist mit ihren schmalen, kopfsteingepflasterten Straßen, den weiten grünen Plazas und den besten Museen der Region, zu denen eine fantastische Sammlung archäologischer Fundstücke der Maya zählt, stark der Geschichte verpflichtet. Man findet ausgezeichnete Restaurants, stimmungsvolle Unterkünfte, muntere Märkte und einen vollgepackten Kulturkalender, bei dem fast jeden Abend irgendein Event stattfindet. Mérida ist auch das ideale Standquartier, um spannende Abenteuer im übrigen Bundesstaat Yucatán zu erleben: Dutzende von Stätten, darunter entspannte Küstenorte und ausgedehnte Ruinenstätten der Maya, sind von hier aus leicht erreichbar.

Mérida ist seit Langem bei europäischen Travellern beliebt, die den Trubel in den Resort-Städten von Quintana Roo zumindest zeitweilig hinter sich lassen wollen. Die Stadt zieht viele Besucher:innen an, ist aber zu groß, um als Touristenfalle zu erscheinen. Als Hauptstadt des Bundesstaats Yucatán bildet Mérida den kulturellen Schnittpunkt der Region.

TOP TIPP

Um die Stadt fahrradfreundlicher zu machen, sperrt Mérida sonntags von 8 bis 12 Uhr den Hauptabschnitt des Paseo de Montejo für Autos. Fahrräder mieten kann man bei BiciMérida in bequemer Lage am südlichen Ende des Paseo. Gruppenfahrten durch Mérida stehen auf Bicis Facebook-Seite.

SEHENSWERTES
1 Casa de Montejo
2 Catedral de San Ildefonso
3 El Minaret
4 Iglesia de Jesús
5 MACAY-Fernando García Ponce
6 Montejo 495
7 Museo de la Ciudad
8 Palacio Cantón
9 Palacio de Gobierno
10 Parque Hidalgo
11 Parque Santa Lucía
12 Paseo de la Revolución
13 Plaza Grande
14 Quinta Montes Molina

ESSEN
15 Dulcería y Sorbetería Colón

SHOPPEN
16 Casa T'hō
17 Cielo
18 Mercado Municipal Lucas de Gálvez
19 Poshería

Paseo de Montejo (S. 269)

Das historische Zentrum erkunden

GROSSARTIGE ARCHITEKTUR, PLAZAS UND MÄRKTE

Den Puls Méridas spüren kann man auf der malerischen **Plaza Grande**, auf der mächtige Lorbeerbäume die Parkbänke und breiten Wege beschatten. Kommt man abends wieder, kann man hier oft Konzerte und andere Events erleben.

An der Südseite des Platzes lohnt die 1540 errichtete Casa de Montejo einen Blick. An der Fassade stehen triumphierende Konquistadoren auf den Köpfen typisch dargestellter Barbaren; diese sind zwar nicht als Maya gekennzeichnet, aber die Bedeutung ist unmissverständlich. Man sieht hier auch Büsten von Montejo dem Älteren, seiner Frau und seiner Tochter, die einst in diesem Stadtpalast wohnten. Drinnen befindet sich ein **Museum** mit einer Dauerausstellung von Möbeln im Stil des Viktorianismus, des Neorokoko und der Neorenaissance.

Schräg gegenüber erhebt sich der 1892 erbaute Palacio de Gobierno, der die Büros der Regierung des Staates Yucatán beherbergt. Geht man durch den Hof und die Treppe hinauf, kann man die aufwendigen Wandmalereien und Ölgemälde des örtlichen Künstlers Fernando Castro Pacheco bewundern. Die in den späten 1970er-Jahren fertiggestellten Gemälde stellen symbolisch die Geschichte der Maya und ihrer Interaktion mit den Spaniern dar und liefern auf ausgezeichnete Weise den Kontext zu jeder Reise durch die Region.

An der Ostseite der Plaza steht eine der ältesten Kathedralen des amerikanischen Doppelkontinents. Die Catedral de San Ildefonso wurde im 16. Jh. über einem früheren Maya-Tempel erbaut, und die Bauleute benutzten sogar Steine von dem abgebrochenen Tempel. Das massive Kruzifix hinter dem Altar ist als Cristo de la Unidad (Christus der Einheit) bekannt und ein Symbol der Versöhnung zwischen den Menschen mit spanischer und mit Maya-Abstammung. Ansonsten ist das Innere sehr nüchtern, da die reiche Dekoration von wütenden Scharen auf dem Höhepunkt der antiklerikalen Ausschreitungen während der mexikanischen Revolution zerstört wurde.

Nach dem Verlassen der Kirche schlendert man durch den **Paseo de la Revolución**, ein langes Atrium, in dem wechselnde Kunstwerke ausgestellt sind. Auf halben Weg der Passage liegt das MACAY-Fernando García Ponce, ein Museum mit Werken der berühmtesten Maler Yucatáns aus der Zeit des Realismus und der Ruptura im ehemaligen Palast des Erzbischofs.

Drei Blocks südöstlich gibt's mehr Einblicke in die Vergangenheit im Museo de la Ciudad. Das in der alten Hauptpost residierende Museum verfolgt die Geschichte der Stadt von der vorkolonialen Zeit über die Belle Époque, als *henequen* (Sisal) Reichtum in die Region brachte, bis ins 20. Jh.

LOCAL TIPP: YUKATEKISCHE ZUTATEN

Die Stadtführerin **Melissa Gabriela Aguilar Cervantes** vermittelt Einblicke in die Küche Yucatáns.

Yucatán ist kulinarisch einer der interessantesten Bundesstaaten von Mexiko. Drei *recados* (Gewürzpasten) bilden die Grundbausteine vieler yukatekischer Gerichte. Eine grüne Version wird für *papadzules* verwendet – sie ähneln Enchiladas, werden aber mit einer Sauce aus Kürbiskernen gemacht. Rote Saucen mit *achiote* geben *cochinita pibil* (einem Gericht mit gebratenem Schwein) das reiche Aroma. Es gibt auch schwarze Saucen, z. B. im *relleno negro* (einem Eintopf mit verschmorter Paprika). Mein Lieblingsgericht ist aber *queso relleno*, ein Gericht aus Käse, Kürbiskerncreme und *masa* (Maismehl).

YUKATEKISCHE KÜCHE IN MÉRIDA

Picheta
Auf der Dachterrasse über der Plaza Grande gibt's zeitgenössische Küche und einfallsreiche Cocktails. **$$$**

Apoala
Unter den Bögen am hübschen Parque Santa Lucia speist man kreative Gerichte, die Rezepte aus Oaxaca und Yucatán kombinieren. **$$$**

La Chaya Maya
In diesem sehr beliebten Restaurant mit vielen Filialen werden alle Klassiker der yukatekischen Küche geboten. **$$**

Paseo de la Revolución

In der Nähe kann man in das geschäftige Epizentrum von Méridas Marktviertel, den Mercado Municipal Lucas de Gálvez, eintauchen. Die Händler verkaufen alles von *panuchos* (mit Bohnen gefüllte und mit Fleisch und Gemüse belegte gebratene Tortillas) bis zu Ceviche. In den umliegenden chaotischen Straßen wird auch Kunst und Kunsthandwerk angeboten.

Weiter geht's nach Norden auf der malerischen Calle 60. Am **Parque Hidalgo** kann man ein Eis essen oder Kaffee trinken und spaziert dann über die Plaza zur Iglesia de Jesús. Die Kirche wurde im 17. Jh. aus den Resten eines zerstörten Maya-Tempels erbaut; mehrere Steine zeigen immer noch Maya-Verzierungen.

Einige Blocks nördlich erreicht man den kleinen, hübschen Parque Santa Lucía. In den Arkaden nördlich und westlich residieren mehrere Restaurants; von den draußen aufgestellten Tischen aus kann man gut das Treiben beobachten.

Spazieren auf dem Paseo de Montejo

ARCHITEKTUR, BOUTIQUEN UND POX

Méridas Stadtplaner des 19. Jh. folgten bei dem breiten Paseo de Montejo dem Vorbild der Pariser Champs-Élysées. Ein kleiner Kreisverkehr nahe der Calle 47 markiert gleich nördlich des historischen Viertels

BESTES NACHTLEBEN IN MÉRIDA

Pipiripau Bar
Die stimmungsvolle Cantina umfasst mehrere Räume, in denen man Mezcal-Cocktails trinken kann, sowie einen Garten mit gelegentlicher Livemusik.

Mercado 60
Diese muntere Halle mit Speisen und Cocktails verspricht einen lustigen Abend mit Alkohol und internationalen Gerichten. An den meisten Abenden gibt's Livemusik (und Tanz).

La Negrita
Bekannter Hotspot mit tropischen Rhythmen (darunter live Salsa) und einem Garten hinter dem Lokal.

Bird
Die schön gestaltete Bar bietet Jazzrhythmen, Craft-Bier und frisch zubereitete Kost (darunter die besten Pizzen in Mérida).

LAND DES GRÜNEN GOLDES

Die *henequén*-Barone besaßen alle luxuriöse Stadthäuser in Mérida, aber wenn man sich die Plantagen anschauen will, denen sie ihren Reichtum verdankten, muss man die Landgüter südlich von Mérida besuchen. In Sotuta de Peón (S. 274) erfährt man etwas über die miserablen Lebensbedingungen der Arbeiter und sieht alte Maschinen in Aktion.

BESTE CAFÉS IN MÉRIDA

Voltacafé Santa Lucia
Einladendes, den ganzen Tag geöffnetes Café mit gutem Espresso, Frühstücksburritos und *chilaquiles* (gebratenen Tortillastreifen).

El Apapacho
Boheme-Café und Buchladen mit einem Hinterhof voller Wandmalereien und einer Karte, auf der viele Gerichte für Vegetarier stehen.

Manifesto
Das kleine, aber stimmungsvolle Café wird von einem Trio aus Kalabrien geführt und bietet mit den besten Kaffee in Mérida.

EINTAUCHEN IN DIE WELT DER MAYA

Das **Gran Museo del Mundo Maya,** eines der besten, den Maya gewidmeten Museen Mexikos, beherbergt eine Dauersammlung von mehr als 1100 bemerkenswert gut erhaltenen Artefakten, darunter eine liegende Chac-Mool-Skulptur aus Chichén Itzá und eine wundervolle Unterweltfigur aus Ek' Balam (mit Punkrock-Schädelgürtel und Schlangenhaaren). Wenn man die Ruinen in der Gegend besuchen will, sollte man sich zuerst hier Hintergrundinformationen holen und einen Blick aus der Nähe auf einige der faszinierenden Stücke werfen, die an diesen Stätten gefunden wurden. Das Museum geht auch auf die Traditionen, die Vergangenheit und Gegenwart der Maya ein. Das Museum liegt rund 12 km nördlich des Stadtzentrums an der Straße nach Progreso. Hin gelangt man mit Bussen mit der Zielangabe „Siglo XXI" oder „Tapetes" (die man an der Calle 56 nahe der Calle 61 nehmen kann).

FRANCISCO J RAMOS GALLEGO/SHUTTERSTOCK ©

Gran Museo del Mundo Maya

den Beginn eines entspannten Spaziergangs auf dem Boulevard mit prächtigen Gebäuden und baumgesäumten Bürgersteigen.

Einen Block weiter residieren in der **Casa T'hō,** einer Villa aus dem frühen 19. Jh., einige Boutiquen, die Kleidung, Schmuck, Kunst und Kunsthandwerk verkaufen. Im Hof befindet sich ein einladendes Restaurant und Café.

Die **Poshería** im nächsten Block ist der beste Ort der Stadt, um etwas über *pox* zu erfahren, einen traditionellen Schnaps aus der indigenen Maya-Gemeinde in Chiapas. Man kann diverse Varianten dieser aus Mais gebrannten Spirituose probieren oder eine Flasche kaufen, um sie nach Hause mitzunehmen. Gleich nebenan gibt's im Cielo hochwertige Hängematten in allen Farben des Regenbogens.

Eine Erholung von der Hitze versprechen die eisigen Erfrischungen der **Dulcería y Sorbetería Colón**, ein Wahrzeichen Méridas, das Sorbets aus tropischen Früchten in eleganten Glasschalen serviert. Hier kann man einzigartige Geschmacksrichtungen wie Sapote, Guave oder Tamarinde probieren.

Weiter geht's auf der Calle 35, die man überquert, um die Quinta Montes Molina zu besuchen, die einen Eindruck von der Pracht und Größe der Ära des *henequén*, des „Oro Verde" (grünen Goldes) vermittelt. Dann läuft man zurück an der Westseite des *paseo* und legt einen Halt ein, um den 1911 erbauten Palacio Cantón zu bewundern, den ehemaligen Gouverneurspalast, der heute ein Anthropologiemuseum beherbergt. Einen Halt lohnt auch das **Montejo 495**, ein weiteres Museum in einer verschwenderischen Villa, das zeigt, wie die Oberschicht im frühen 20. Jh. lebte (vorab eine Führung buchen!).

UNTERWEGS VOR ORT

Die meisten Teile Méridas, die einen Besuch wert sind, liegen im Umkreis von 10 Blocks um die Plaza Grande – am besten geht man zu Fuß. Méridas Hauptbusbahnhof ist der ADO Centro Histórico TAME (Calle 69 nahe Calle 68), von dem Busse zu wichtigen Zielen und zum Flughafen fahren.

Rund um Mérida

Man kann viele Tage mit der Erkundung der Umgebung von Mérida verbringen: Hier locken Naturschutzgebiete, Orte am Meer, historische Landgüter und sagenhafte Klöster.

TOP TIPP

Man findet hier viele einzigartige Unterkünfte, darunter rustikale Hütten am Meer (Perla Escondida) und historische Landgüter (Sotuta de Peón).

In einem Umkreis von 90 Fahrtminuten rund um Mérida gibt's viel zu sehen und zu entdecken. Versteckt in den Wäldern südlich der Stadt liegen die alten *henequén*-Plantagen; einige werden immer noch zum Anbau der Faserpflanzen genutzt, während andere zu gehobenen Unterkünften mit Restaurants, Swimmingpools und gepflegten Gärten umgewandelt wurden.

Der Bundesstaat Yucatán besitzt zwar keine Karibikstrände, aber dennoch eine bezaubernde Küstenlinie, von der lebendigen Strandstadt Progreso bis zum entspannteren Fischerdorf Celestún in der Nähe eines bedeutenden Naturschutzgebiets. Jenseits dieser Touristenattraktionen finden sich Hunderte selten besuchter Cenoten und Höhlen sowie traditionelle Dörfer, in denen das Leben im Rhythmus der Landwirtschaft verläuft: Die Einheimischen fahren auf Fahrrädern hinaus, um Feuerholz zu schlagen oder einen Fasan zu schießen, die Frauen tragen immer noch *huipiles,* und Mayathan ist die Umgangssprache.

MEHR FLAMINGOS

Im Bundesstaat Yucatán liegt noch ein weiteres UNESCO-Biosphärenreservat. Nahe Rio Lagartos (S. 286) kann man an der Nordküste Bootsausflüge inmitten von Flamingos und weiteren Vogelarten unternehmen.

Flamingos, Reserva de la Biosfera Ría Celestún

FAHRTEN AN DER KÜSTE

Fährt man auf dem Hwy 27 von Progreso Richtung Osten, gelangt man nach 35 km zu der von Mangroven gesäumten **Laguna Rosada** (Rosafarbene Lagune). Hier biegt man rechts in die Straße von Dzemul nach Xtampú ab, um nach Flamingos und anderen Vögeln Ausschau zu halten und die bislang wenig bekannten Maya-Ruinen von **Xcambó** zu besuchen.

Wieder zurück auf dem Hwy 27 erreicht man nach weiteren 5 km Richtung Osten die **Reserva Ecológica Sayachaltun**, ein gemeindeverwaltetes Naturschutzgebiet, in dem man Kajakfahren und ein Schlammbad nehmen kann. Ein paar Kilometer weiter hält man in dem am Meer gelegenen Dorf **Telchac Puerto** an, um etwas zu essen, oder fährt weiter nach **Dzilam de Bravo**. Diese kleine Siedlung ist Sitz des netten **Perla Escondida**, wo rustikale Hütten und denkwürdige Exkursionen angeboten werden.

KAI GRIM/SHUTTERSTOCK ©

Mangroven, Ría Celestún

Entspanntes Reisen in einem Biosphärenreservat

GEMEINDEBASIERTER ÖKOTOURISMUS

Celestún, ein sonnenverbranntes Fischerdorf an der Westküste, ist das Tor zur **Reserva de la Biosfera Ría Celestún**, einem Naturschutzgebiet voller Vögel, wobei die großen Kolonien von Flamingos die Hauptattraktion sind. Zwar gibt es viele Veranstalter von Motorboottouren, die vom Strand starten, aber viel angenehmer (und für die Wildtiere besser) ist es, einen nachhaltigeren Ausflug zu buchen, den der Ökotourismuspionier Guardianes de los Manglares de Dzinintún anbietet. (Den Kontakt nimmt man über Whatsapp 999-645-4310 auf, um nicht auf ähnlich firmierende Nachahmer hereinzufallen).

Man kann selber paddeln (in einem Einer- oder Doppelkajak) oder überlässt dem Guide die Arbeit, der die Teilnehmer ruhig in einem Kanu voranbringt, während sie nach Wildtieren Ausschau halten. Beim Gleiten über das teebraune Wasser passiert man Mangroventunnel und fährt in malerische, herzförmige Lagunen, während Eisvögel vorbeiflitzen und Kormorane auf Anlegepfählen ihre Schwingen in der Sonne trocknen. Große Scharen von Flamingos sind von Februar bis Ende April präsent.

MEERESFRÜCHTE AM STRAND DES RÍA CELESTÚN

La Palapa
Malerisches Restaurant am Ufer mit einer großen Karte und Plätzen drinnen und draußen. **$$**

Los Pámpanos
Das Lokal mit Tischen auf dem Sand ist ein guter Ort, um bei aromatischen Ceviches und Margaritas den Sonnenuntergang zu bewundern. **$$**

La Ramada de la Tía Candi
In dem entspannten, familiengeführten Uferlokal speist man Kokos-Shrimps und geht dann baden. **$$**

Radeln durch die Wildnis

MALERISCHE NEBENSTRASSEN UND RUINEN

Die **Hacienda Real de Salinas** 5 km südlich von Celestún ist ein denkwürdiges Ziel für ein Radabenteuer auf eigene Faust. Dieses verlassene Landgut produzierte einst Farbholz und Salz und diente als Sommerwohnung einer Familie aus Campeche. Man kann zwischen den Ruinen herumschlendern, in der Wand die in das Baumaterial hineingemischten Muschelschalen betrachten sowie die Fragmente französischer Dachziegel, die als Ballast in Schiffen aus Europa mitgeführt wurden. Man fährt auf der Calle 4 nach Süden aus der Stadt, biegt an der Y-Kreuzung links ab (auf eine unbefestigte Straße, die Puerto Abrigo flankiert) und folgt dieser wenig befahrenen Piste vorbei an Lagunen, wo man manchmal Flamingos, Schwarznacken-Stelzenläufer und Reiher sehen kann. Fahrräder mieten kann man von der **Casa Bacab** (Calle 11 nahe Calle 12).

Abenteuer am Wasser in Progreso

STRÄNDE, PROMENADEN UND BADELÖCHER

Wenn einen die Hitze in Mérida ans Meer treibt oder man den längsten Pier (6,5 km) Mexikos sehen möchte, sollte man nach **Progreso** (bzw. Puerto Progreso) fahren. Der **Malecón** (Uferpromenade) und der Strand davor können voll sein, trotzdem sind beide toll zum Ausspannen, insbesondere für Familien. Los geht's am **Muelle de Pescadores** (Fischerpier) und weiter Richtung Osten vorbei an einigen Freiluftrestaurants, einem Skatepark, einigen Eisdielen (z. B. **Gelatopia**) und dem bei Kindern beliebten **Museo del Meteorito** zum Thema Dinosaurier. Am Abend (18–23 Uhr) öffnet auch ein kleiner **Vergnügungspark**.

Gleich östlich des Hauptstrands von Progreso, aber von diesem durch den Hafen getrennt, liegt die **Playa de Cerditos**, die besser unter ihrem englischen Spitznamen Pig Beach bekannt ist. Dem Namen entsprechend, verbringen schwarz-weiße Schweine hier den Tag (8–18 Uhr), überwiegend in einem Pferch. Mehrmals am Tag (derzeit um 11, 15 & 17 Uhr) stromern sie frei über den Sand und interagieren mit den Besuchern (in der Regel sind sie auf der Suche nach Futter).

Ein weiterer schöner Ort zum Abkühlen ist die **Reserva Ecológica El Corchito**. Hier kann man in einem von mehreren von Mangroven umgebenen Süßwasser-Badelöchern schwimmen. Im Eintrittspreis inbegriffen ist die Fahrt mit dem Motorboot über den Kanal, um das Schutzgebiet zu erreichen. In El Corchito gibt's Waschbären und Nasenbären, Schildkröten und kleine Fische. Das Mitbringen von Essen, Sonnencreme und Plastikbeuteln ist verboten.

LOCAL TIPP: HOTSPOT DER ARTENVIELFALT

José Isaías Uh Canul, der Gründer der Kooperative Guardianes de los Manglares de Dzinintún, begeistert sich für die Mangrovenwälder von Celestún und spielt seit 20 Jahren eine führende Rolle bei der Wiederaufforstung.

Die Mangroven bilden eine wichtige Barriere zum Schutz der Küste gegen Hurrikane, und sie stützen zudem ein ganzes Ökosystem. Diese Mangrovenwälder sind die Heimat von Ozelots, Nasenbären, Waschbären, Schlangen, Krokodilen und zahllosen Vögeln – darunter einige Arten, etwa Reiher, die ihre Nester in den Bäumen bauen. Deren Wurzeln sind ebenso wichtig für das Meeresleben, da viele Fischarten sich in diesem geschützten Bereich vermehren und ihre Eier ablegen. Wenn man eine Exkursion unternimmt, sollte man nach einem Guide mit Umweltbewusstsein suchen, der diesen Ort und seine unglaubliche Artenvielfalt wirklich liebt.

ESSEN IN PROGRESO

Eladio's
Das Lokal ist in Progreso wegen seiner Uferlage und der vielen kostenlosen Vorspeisen sehr beliebt. **$$**

La Antigua
Das historische Restaurant mit Veranda und Pool hat eine Karte voller klassischer Gerichte (tolles Frühstück). **$$**

Crabster
Das stilvolle, gehobene Restaurant mit Strandtischen serviert in idealer Lage am *malecón* vor allem Meeresfrüchte. **$$$**

LOCAL TIPP: DER HEILIGE BAUM DES LEBENS

Felipe A. Fuentes, ein Guide und Historiker in Sotuta de Peón, erzählt von den Kosmos-Vorstellungen der Maya.

Der Kapokbaum, den Maya als Yax'ché bekannt, war das heiligste Element in der Landschaft und symbolisierte das Verbindungsglied zwischen den drei Ebenen des Universums. Der Stamm repräsentierte die mittlere Welt, in der die Menschen leben, die Äste den oberen Bereich als Übergang in den Himmel und die Wurzeln geleiteten einen in die Unterwelt (Xibalba). Der Baum klingt hohl, wenn man auf ihn klopft; in ihm stiegen nach der Maya-Mythologie die Seelen hinab zur Xibalba. Der untere Teil des Stamms kann breiter oder geschwollener wirken, was für die Maya ein Symbol für eine Schwangere oder sogar für Mutter Erde war.

Eine Straßentour in die Vergangenheit

ALTE SISALGÜTER UND CENOTEN

Bei einem lohnenden Tagesausflug von Mérida kann man historische Stätten besuchen und sich mit einem Bad in einem Cenote abkühlen. **Sotuta de Peón**, 32 km südlich von Mérida, ist die einzige noch arbeitende *henequén*-Hazienda der Welt. Um eine der mehrmals täglich veranstalteten Führungen mitzumachen, muss man vorab reservieren. Zweisprachige Guides erläutern die Prozesse vom Anbau der Pflanzen bis zur Verpackung der Fasern in riesige, 200 kg schwere Ballen – für die man rund 8000 Blätter benötigt. Man wirft einen Blick in das schön restaurierte, mit Möbeln der Zeit ausstaffierte Haupthaus und erfährt etwas über die schrecklichen Lebensbedingungen der Arbeiter.

Man sieht die altmodische Art der Fasergewinnung und riesige Schabmaschinen, die die Industrie umgekrempelt haben. Anschließend fährt man in einem von Pferden gezogenen Karren über Land zu einem einladenden, unterirdischen Cenote, in dem man baden kann.

Rund 15 km südlich sind die **Cenotes Hacienda Mucuyché** berühmt für ihre malerisch inmitten der Ruinen eines einst prächtigen *henequén*-Landguts gelegenen Cenoten. Das ganze Event bucht man vorab; enthalten ist eine Führung zu den alten Gebäuden und das Baden in dem kristallklaren Wasser eines von Grün gesäumten Kanals und zweier Cenoten (einer ist nach Kaiserin Carlota von Mexiko benannt, die hier als erste 1865 ein Bad nahm).

Auf dem Rückweg nach Mérida legt man einen Abstecher zur **Hacienda Yaxcopil** mit grasenden Ziegen ein, einem weiteren Relikt der *henequén*-Ära. Man kann frei zwischen den Gebäuden im Stil der französischen Renaissance herumschlendern, von denen viele malerisch restauriert wurden. Nicht verpassen sollte man die Gärten hinter dem Anwesen und den separaten Komplex mit den alten, aber immer noch funktionstüchtigen Maschinen.

Die Ciudad Amarillo erkunden

HEILIGE, MAYA-TEMPEL UND KUNSTHANDWERK

Eine Fahrtstunde östlich von Mérida liegt **Izamal**, das seinen Spitznamen Ciudad Amarillo (Gelbe Stadt) seinen leuchtend gelben Gebäuden aus der Kolonialzeit verdankt. Die kleine Stadt mit ihren idyllischen Plazas und Pferdekutschen ist vor allem bekannt für den gewaltigen **Convento de San Antonio de Padua**, ein immer noch genutztes Kloster aus dem 16. Jh.

Von der Hauptplaza geht man die Rampe hinauf zu dem weiten, von Arkaden gesäumten Hof, welcher angeblich der weltweit

ESSEN IN IZAMAL

Restaurante Los Arcos
Das stimmungsvolle Restaurant an der Hauptplaza hat einen kleinen Garten und serviert klassische mexikanische sowie vegetarische Gerichte. **$$**

Restaurante Zamna
Authentische Hausmannskost, zubereitet in einer großen, an den Seiten offenen strohgedeckten Hütte. **$$**

Kinich
Das traditionell kostümierte Personal serviert hervorragende yukatekische Gerichte in einer großen *palapa*. **$$**

KAMIRA/SHUTTERSTOCK ©

Convento de San Antonio de Padua, Izamal

zweitgrößte nach dem Petersplatz in Rom ist. Die Hauptkirche des Klosters ist das **Santuario de la Virgen de Izamal**, das neben dem Eingang von zwei Fresken aus dem 16. Jh. flankiert ist. Das Innere der Kirche ist, abgesehen von dem reich vergoldeten Altar, ziemlich nüchtern. Um einen Blick in das Kloster zu werfen, schließt man sich einer Führung an, bei der man einen kleinen Kreuzgang und ein Marien-Museum sieht, das der Hauptattraktion des Klosters gewidmet ist, nämlich der **Statue der Jungfrau von Izamal**, der Schutzheiligen Yucatáns. Zahlreiche Wunder werden dieser Statue des 16. Jh. zugeschrieben. Sie lockt seit langem Pilger an, darunter auch Papst Johannes Paul II., der sie 1993 besuchte und der Jungfrau eine Krone stiftete.

Ein paar Blocks nordöstlich der Plaza lohnt die Stätte **Kinich Kak Moo** einen Besuch, eine der originalen Maya-Pyramiden der Stadt. Von der Spitze der 34 m hohen Anlage hat man einen weiten Blick über die Stadt und die ländliche Umgebung.

Izamal ist auch bekannt für seine kunsthandwerklichen Traditionen. Gleich jenseits des Kloster-Vorplatzes zeigt das **Centro Cultural y Artesanal** Volkskunst aus ganz Mexiko. Man sieht wundervoll einfallsreiche Werke aus Stoff, Papier und Lehm, darunter eine aufwendige Grabprozession mit einem farbenfrohen, als Skelette kostümierten Gefolge.

IZAMALS GÖTTER

In der Antike war Izamal ein Zentrum der Verehrung des obersten Maya-Gottes Itzamná und des Sonnengottes Kinich Kak Moo. Ein Dutzend Tempelpyramiden waren diesen und anderen Gottheiten geweiht. Zweifellos wählten die spanischen Kolonisten wegen dieser starken Bekundungen der Maya-Religiosität Izamal als Stätte für ein gewaltiges und eindrucksvolles Franziskanerkloster. Nachdem die Spanier Izamal erobert hatten, zerstörten sie den größten Maya-Tempel und nutzten seine Steine für die Errichtung des Convento de San Antonio de Padua. Unter den Arkaden des Klosters kann man immer noch Steine mit Maya-Reliefs entdecken.

MEHR ÜBER DIE KULTUR DER MAYA ERFAHREN

Ein toller Ort, um viel über die Glaubensvorstellungen und kulturellen Traditionen der Maya zu erfahren, ist das ausgezeichnete Gran Museo del Mundo Maya (S. 270) in Mérida.

UNTERWEGS VOR ORT

Von Mérida unternehmen häufig Busse die 45-minütige Fahrt nach Progreso; sie starten vom Autoprogreso-Busbahnhof an der Calle 62. Vom Noreste-Busbahnhof (Calle 67 und 50) in Mérida fahren Busse nach Celestún oder Izamal. Mit öffentlichen Verkehrsmitteln zu den alten Haziendas zu gelangen, ist schwierig; am besten mietet man dafür ein Auto.

UXMAL & DIE RUTA PUUC

Mexico City

Uxmal

Uxmal (ausgesprochen uh-schmal) ist eine überaus eindrucksvolle Ruinenstätte, die zweifellos zu den wichtigsten (und meistbesuchten) archäologischen Stätten der Maya zählt. Sie umfasst eine Reihe faszinierender Bauten in gutem Zustand und aufwendige Verzierungen.

Uxmal war eine wichtige Stadt in einer Region, zu der die Satellitenstädte Sayil, Kabah, Xlapak und Labná zählten. Obwohl Uxmal in der Sprache der Maya „dreimal gebaut" bedeutet, wurde die Stadt tatsächlich fünfmal umgebaut. Erstmals wurde Uxmal gegen 600 n. Chr. besiedelt. In der Architektur zeigen sich Einflüsse aus dem mexikanischen Hochland, die wahrscheinlich über Handelsverbindungen vermittelt wurden. Zeichen dieses Einflusses sind die Schlangenbilder, die phallischen Symbole und die Säulen.

Uxmal ist die wichtigste Stätte an der Ruta Puuc, einem bewaldeten, hügeligen Landstrich, der von Maya-Tempeln durchsetzt ist. Die Stätten bergen wundervolle architektonische Details und vermitteln ein vertieftes Verständnis des Puuc-Stils der Maya-Kultur.

TOP TIPP

Es ist möglich, Uxmal und mehrere Tempel an der Ruta Puuc im Rahmen eines langen Tagesausflugs ab Mérida zu besuchen (allerdings sollte man besser direkt zum Zeitpunkt der Öffnung vor Ort sein). Viel angenehmer ist es in jedem Fall, sich Zeit zu nehmen und vielleicht in einer stimmungsvollen Unterkunft im nahegelegenen Santa Elena zu übernachten.

Pirámide del Adivino

ALEKSANDAR TODOROVIC/SHUTTERSTOCK ©

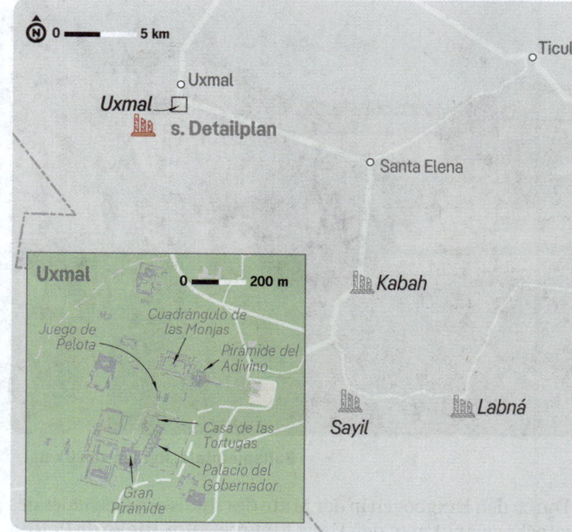

Die Ruinen von Uxmal erkunden

TEMPEL, GÖTTER UND GEBÄUDE

Nähert man sich Uxmal, erblickt man bald die **Pirámide del Adivino** (oder Casa del Adivino, die „Pyramide des Zauberers"). Bemerkenswert ist die ovale Form des 35 m hohen Tempels. Was man sieht, ist eine restaurierte Version der fünften Inkarnation des Tempels, die aus abgerundeten Steinen besteht, die von viel Beton zusammengehalten werden. Die Dekoration ist im aufwendigen (weiter südlich entstandenen) Chenes-Stil ausgeführt; das Portal bildet den Mund einer gigantischen Chaac-Maske.

Geht man um die Nordfassade des Tempels, erreicht man das **Cuadrángulo de las Monjas** (Nonnenviereck). Es ist unklar, ob es sich um eine Militärakademie, königliche Schule oder einen Palastkomplex handelte. Das langnasige Gesicht des Chaac erscheint überall an den Fassaden der vier Tempel, die das Viereck bilden. Die überreich verzierten Fassaden zeigen Elemente mexikanischen, vielleicht totonakischen Einflusses. Die gefiederte Schlange (Quetzalcóatl oder, auf Mayathan, Kukulkan) an der Oberkante der Fassade des Westtempels gehört zu diesen Elementen. Bemerkenswert sind auch die stilisierten Darstellungen von *na* (traditionellen, strohgedeckten Maya-Hütten) über einigen Türöffnungen am nördlichen und südlichen Gebäude.

LOCAL TIPP: TRANK DER GÖTTER

Die Jurastudentin und Schokoladen-Kennerin **Beatriz Dzul Vela** gibt Erläuterungen zum wichtigsten Getränk der Maya.

Das moderne Wort „Schokolade" stammt von der Maya-Bezeichnung *chocol haa,* was wörtlich „heißes Wasser" bedeutet. *Espuma* (Schaum) war ein wesentlicher Bestandteil bei der Zubereitung des Schokoladengetränks, welches für Rituale verwendet wurde. Die Maya verwendeten drei verschiedene Techniken, um Schaum zu erzeugen: Sie bliesen durch ein hohles Rohr, nutzten ein Holzwerkzeug zum Aufrühren oder gossen die Flüssigkeit von einem Gefäß in ein anderes, gleich großes, und wieder zurück. Das Erzeugen von Schaum war eine Art, mit dem Gott des Kakaos (Ek Chuah) Kontakt aufzunehmen, und er stand auch für die Reinheit der Person, die das Getränk zubereitete. Einige glauben, dass die zubereitende Person sogar geopfert werden konnte, wenn sich kein Schaum bildete.

ANDERE AKTIVITÄTEN RUND UM UXMAL

Grottoes Loltún
Spannende Führung durch eins der größten bekannten trockenen Höhlensysteme auf der Halbinsel Yucatán.

Museo de las Momias
In Santa Elena gibt es mumifizierte Kinderleichen und Infos über synkretistische Begräbnisriten (mit Elementen der Maya- und katholischen Kultur).

Choco-Story
Man erfährt hier viel über Schokolade (inklusive Verkostung); auf dem üppig grünen Gelände sieht man auch gerettete Klammeraffen und Jaguare.

ABENTEUER ABSEITS GEBAHNTER PFADE

In der Nähe von Calcehtok, 40 km nordwestlich von Uxmal, führt ein Abzweig vom Highway auf eine raue, schmale Straße, an der sich einige herausragende Attraktionen befinden. Abenteuerlustige unternehmen eine Exkursion durch die **Grutas de Calcehtok**, ein Höhlensystem, das man erkunden kann, indem man auf dem Bauch kriecht, an Seilen hinunterklettert und sich durch den „Geburtskanal" schiebt. Man sollte Kleidung tragen, bei der es egal ist, ob sie schmutzig wird. Ein paar Kilometer weiter folgt **Oxkintoc**, eine selten besuchte Maya-Stätte mit antiken Inschriften und einer 15 m hohen, begehbaren Pyramide, von der man eine schöne Aussicht hat. Zwei Kilometer weiter kommt man zu den Höhlen von **Aktun Usil**, die für die Maya eine heilige Stätte und ein Eingang zur Unterwelt waren. Bei einer Führung sieht man Petroglyphen und Felsmalereien (hierfür Kontakt mit Victor oder Lourdes über WhatsApp 999-214-1342 aufnehmen!).

Ballspielplatz, Ruinen von Uxmal

Durch den Kragbogen in der Mitte des südlichen Gebäudes des Vierecks gelangt man den Hang hinunter zum **Juego de Pelota** (Ballspielplatz). Dort wendet man sich nach links und marschiert den steilen Hang und die Stufen hinauf zur großen Terrasse.

Die **Casa de las Tortugas** (Schildkrötenhaus) steht auf der Spitze eines Hügelhangs und blickt auf den Juego de Pelota. Das Gebäude verdankt seinen Namen den Schildkröten, die in das Gesims eingehauen sind. Die Maya verbanden Schildkröten mit dem Regengott Chaac. Nach ihrem Glauben litten bei einer Dürre nicht nur die Menschen, sondern auch die Schildkröten, und beide beteten zu Chaac um Regen. Der Fries der kurzen Säulen oder „gerollten Matten", der unter den Schildkröten rund um den Tempel verläuft, ist charakteristisch für den Puuc-Stil.

Ganz in der Nähe erhebt sich der **Palacio del Gobernador**, mit seiner fast 100 m langen Fassade das wohl eindrucksvollste Gebäude in Uxmal. Die Wände sind mit Schutt verfüllt, mit Beton verblendet und dann mit einer dünnen Schicht aus Kalksteinblöcken bedeckt; der untere Teil der Fassade ist unverziert, der obere Teil mit stilisierten Chaac-Masken und geometrischen, oft gitterartigen oder verflochtenen Mustern geschmückt.

Auf einer kleinen Plattform vor der Ostseite des Palastes steht der **Trono del Jaguar** (Jaguarthron) mit zwei Jaguarköpfen. Die Körper der beiden Tiere vereinen sich in der Mitte und bilden einen flachen Thron, auf dem der Herrscher von Uxmal zu sitzen oder stehen pflegte. Als diese Jaguarskulptur nahe ihrem gegenwärtigen Standort entdeckt wurde, dachte niemand daran,

UNTERKÜNFTE AN DER RUTA PUUC

Pickled Onion
Die charmante Anlage in Santa Elena bietet *cabañas* mit *palapa*-Dächern, einen Swimmingpool und ein gutes Restaurant. **$$**

Hacienda Uxmal
Das historische Anwesen prunkt mit hübschen Fliesen, Schmiedeeisen, hohen Decken und einem schönen Swimmingpool. **$$$**

Nueva Altía
Die umweltfreundlichen Bungalows mit Hängematten auf den Balkonen stehen auf einem bewaldeten Gelände in der Nähe von Santa Elena. **$$**

unter der Figur zu graben. 1951 fanden Archäologen dort dann eine Truhe, die voller Perlen, Ohrringe, Speerspitzen und Obsidianmesser war – sie enthielt insgesamt mehr als 900 Artefakte.

Südwestlich des Palacio del Gobernador erhebt sich die 30 m hohe, neunstufige **Gran Pirámide,** von der nur die Nordseite restauriert wurde. Fachleute glauben, dass das Viereck auf der Spitze weitgehend zerstört wurde, um eine weitere Pyramide über die vorhandene zu bauen. Diese Arbeit wurde aber aus unbekannten Gründen nie fertiggestellt. An der Spitze finden sich einige Stuckverzierungen mit Chaac-Figuren, Vögeln und Blumen.

Straßentour auf der Ruta Puuc

MAYA-TEMPEL ABSEITS AUSGETRETENER PFADE

Rund 23 km südöstlich von Uxmal liegt **Kabah** mit dem **Codz Poop** (Palast der Masken). Die mit fast 300 Masken des Regengottes Chaac bedeckte Fassade bietet einen imposanten Anblick. An der Rückseite lohnen die beiden restaurierten Atlanten (als Tragsäulen verwendete männliche Figuren) einen Blick. Sie sind besonders interessant, weil es sich dabei um zwei der sehr wenigen vollplastischen menschlichen Figuren handelt, die man an den Hauptstätten der Maya-Kultur sehen kann. Die eine Figur ist kopflos, die andere trägt eine Jaguarmaske auf dem Kopf.

Fährt man von Kabah 10 km nach Süden, erreicht man **Sayil**, das vor allem für **El Palacio** bekannt ist, ein riesiges, dreistöckiges Gebäude mit einer 85 m langen Fassade. Folgt man dem Pfad südlich des Palastes, gelangt man zu einer Stele, die ein leider heute verwittertes Relief eines Fruchtbarkeitsgottes mit einem gewaltigen Phallus zeigt.

Weiter führt die Fahrt nach **Labná**, wo im 9. Jh. rund 3000 Maya lebten. Um so viele Menschen in diesen trockenen Hügeln zu versorgen, wurde das Wasser in Dutzenden von *chultunes* (Zisternen) gesammelt, von denen mehrere heute noch zu sehen sind. **El Palacio**, das erste Gebäude, welches man hier zu Gesicht bekommt, ist eines der längsten in der Puuc-Region, und viele seiner dekorativen Reliefs sind in gutem Zustand. An der Westecke der Fassade des Hauptgebäudes erblickt man einen Schlangenkopf, zwischen dessen Fängen ein menschliches Gesicht hinausblickt – das Symbol des Planeten Venus. Von hier aus in Richtung des Hügels erblickt man eine eindrucksvolle Chaac-Maske und ganz in der Nähe die untere Hälfte einer menschlichen Figur (vielleicht eines Ballspielers) in Lendenschurz und Strumpfhosen. Vor allem bekannt ist Labná aber für **El Arco**, einen prächtigen, 6 m hohen Kragbogen, dessen obere Fassade mit Reliefs im überschwänglichen Puuc-Stil reich verziert ist.

WARUM ICH DIE RUTA PUUC LIEBE

Regis St. Louis, Autor

Nach der Reise durch die flachen Landschaften im nördlichen Yucatán habe ich immer das Gefühl, inmitten der welligen Hügel und dichten Wälder der Ruta Puuc in eine andere Welt zu kommen. Ich freue mich über die Wanderungen zu alten Tempeln, die vom Dschungel verschluckt werden, und über die rustikalen Restaurants mit traditioneller yukatekischer Kost. Hier kann man gemächlich reisen. Wenn man ein paar Nächte (z. B. in dem grünen Refugium Nueva Altía) einplant, findet man Zeit, mit Einheimischen zu plaudern, die gerne Tipps zu dieser abgeschiedenen Ecke von Mexiko geben.

DAS KÖNIGREICH DER SCHLANGE

Wer noch mehr Maya-Wunder sucht, fährt Richtung Süden durch den halben Bundesstaat Campeche nach Calakmul (S. 293). Hier kann man steile Pyramiden erklimmen und hat einen super Blick über den Regenwald.

UNTERWEGS VOR ORT

Vom Ado TAME Terminal (Calle 69) in Mérida fahren mehrmals täglich Busse von Sur nach Uxmal, etwa um 9 Uhr, und kehren gegen 15 und 17 Uhr zurück. Verpasst man den Bus in Uxmal, nimmt man ein Taxi ins nahe Muna, wo stündlich *colectivos* zurück nach Mérida fahren. Mit den Öffis lassen sich andere Stätten an der Ruta Puuc kaum erreichen; für diese benötigt man ein Auto.

VALLADOLID

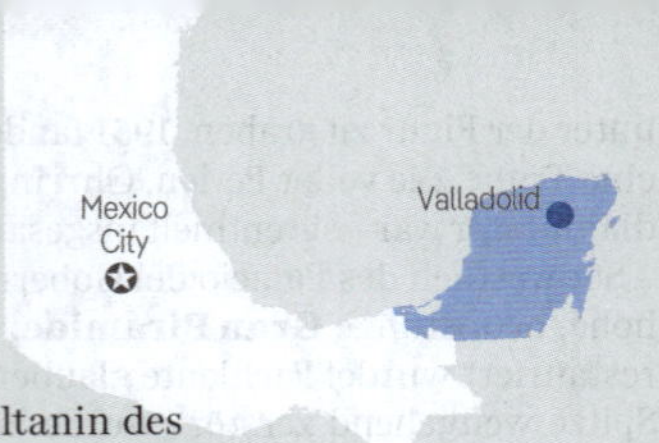

Yucatáns drittgrößte Stadt, einst bekannt als die Sultanin des Ostens, ist berühmt für ruhige Straßen und sonnenbeschienene, pastellfarbene Mauern. Es macht Freude, Valladolid mit seinem fußläufigen Zentrum zu erkunden, seinen faszinierenden Kunstsammlungen und versteckten Attraktionen (zu denen ein Freiluft-Cenote im Stadtzentrum zählt). Diese Provinzstadt ist zudem ein tolles Standquartier für Besuche in Río Lagartos, Chichén Itzá, Ek' Balam und einer Reihe von Cenoten außerhalb der Stadt.

Vor 1545 befand sich hier ein Zeremonialzentrum der Maya namens Saki'. Die Konquistadoren rissen in ihrer typischen Manier den Ort nieder und nutzten die Steine des Maya-Dorfes für ihre Kirchen und Häuser. Während der meisten Zeit der Kolonialära sorgte die Entfernung zwischen Valladolid und Mérida für eine vergleichsweise große Autonomie von der königlichen Herrschaft, und die Maya in der Gegend hatten unter brutaler Ausbeutung zu leiden, die sich auch nach der Unabhängigkeit Mexikos fortsetzte. Heute ist Valladolid ein wohlhabendes Zentrum der Landwirtschaft, ergänzt durch ein wenig Industrie und den wachsenden Tourismus.

TOP TIPP

Fahrräder sind super, um die Stadt zu erkunden und hinaus zu den Cenoten zu fahren. Räder mieten kann man bei Ko'ox Balak, ein paar Blocks westlich des Parque Principal. Einige Cenoten sind auch mit *colectivos* erreichbar. Diese fahren von verschiedenen Haltestellen im Zentrum, einfach bei den Einheimischen nachfragen!

Cenote Zaci (S. 282)

DIEGO GRANDI/SHUTTERSTOCK ©, RECHTS: NIK WALLER PRODUCTIONS/SHUTTERSTOCK ©

SEHENSWERTES
1 Casa de los Venados
2 Casa Maya
3 Choco-Story
4 Convento de San Bernardino de Siena
5 Diez y Siete
6 Iglesia de San Servacio
7 Museo de Ropa Étnica de Mexico (MUREM)
8 Parque Francisco Cantón Rosado

KURSE & TOUREN
9 Cenote Zací

ESSEN
10 Tresvanbien

SHOPPEN
11 Caracol Púrpura
12 Conesencia
13 Coqui Coqui
14 Mercado Municipal
15 Vernaculo

Convento de San Bernardino de Siena (S. 283)

Parque Francisco Cantón Rosado

LOCAL TIPP: VALLADOLIDS KUNSTSZENE

Horazio Sánchez, ein Künstler, der maßgeschneiderte, gemeindebasierte Führungen veranstaltet und seine Werke in den Galerien der Stadt ausstellt, teilt seine Einblicke in Valladolids kreative Szene.

Es gibt eine Handvoll Künstler, die in der Gegend arbeiten. Einer der etabliertesten ist der chilenische Maler Jaime Fierro, der in dem kleinen Dorf Tikuch lebt und viele Werke mit Maya-Thematik malt. Rafael Baca stammt ursprünglich aus Mexico City, lebt aber schon seit einigen Jahren hier. Man findet seine *alebrijes* (farbenfrohe Tierfigürchen) und andere eindrucksvolle Werke in seiner Galerie Ik-Kan gegenüber dem Cenote Zaci. Daniel Baar schafft viele fantasievolle Werke, darunter auch Straßenmalereien.

Das historische Zentrum erkunden

VOLKSKUNST, CENOTEN UND SCHOKOLADE

Los geht's im grünen **Parque Francisco Cantón Rosado** im Zentrum der Altstadt. Man holt sich einen Snack von einem der Händler, die *churros,* Eiscreme oder *elotes* (Maiskolben) anbieten.

An der Südseite des Parks lohnt ein Blick in die imposante Iglesia de San Servacio. Die ursprüngliche Kirche war 1545 erbaut worden, wurde aber im frühen 18. Jh. abgebrochen und neu errichtet, nachdem sie durch Mordtaten während eines Volksaufstands entweiht worden war. Bemerkenswert sind die beiden Glockentürme und die vertikalen Schlitze in der Fassade, die bei Aufständen zur Verteidigung der Kirche genutzt wurden.

Einen halben Block vom Park entfernt birgt die Casa de los Venados eine der besten privaten Volkskunstsammlungen Mexikos. Besichtigen kann man sie im Rahmen von Führungen (stündlich 10–13 Uhr), bei denen die Besucher:innen durch das schön restaurierte koloniale Haus eines ortsansässigen Ausländers geleitet werden. Jedes Zimmer bietet fantastische Werke zu verschiedenen Themen (einschließlich einer Frida-Suite voller Kunst, inspiriert von Frida Kahlo).

Fünf Blocks weiter südlich zeigt das **Museo de Ropa Étnica de Mexico (MUREM)** – ein kleines, wundervoll kuratiertes Museum – traditionelle Kostüme einer Reihe der vielen verschiedenen ethnischen Gruppen Mexikos.

Nun läuft man zur Plaza zurück und drei Blocks Richtung Nordosten zum Cenote Zaci. Der einzige Cenote im Stadtzentrum ist klein, aber ansprechend, und es gibt ein gutes Restaurant mit

ESSEN IN VALLADOLID

Ix Kat Ik
Das hervorragende Lokal bietet die beste Gelegenheit, in Valladolid traditionelle Maya-Küche zu genießen. Zur Hinfahrt nimmt man ein Taxi. **$$$**

Mesón de Marqués
Das historische Hotel an der Hauptplaza besitzt ein schönes Hofrestaurant und eine Bar auf der Dachterrasse. **$$$**

Yerbabuena del Sisal
In einem lauschigen Garten am Parque Sisal erhält man leckere gesunde Gerichte, darunter auch viele vegetarische Optionen. **$$**

Blick auf das Wasser. Auf dem Mercado Municipal in der Nähe werden Obst und Gemüse, Blumen und Kunsthandwerk feilgeboten. Dazu gibt's auch Imbissstände mit yukatekischer Kost.

Der Spaziergang endet im **Choco-Story**, einem faszinierenden Museum, das sich der Welt der Schokolade widmet, von ihrer Bedeutung für Maya-Zeremonien bis zu ihrer späteren Beliebtheit an den europäischen Fürstenhöfen.

Ein Spaziergang auf der Calzada de los Frailes

KUNST, KUNSTHANDWERK UND ARCHITEKTUR

Die ursprünglich im 16. Jh. angelegte „Mönchsgasse" verband Vallodolid mit der indigenen Siedlung Sisal. Heute wird die schmale, 600 m lange Straße von einzigartigen Läden und Cafés mit Gärten sowie von einigen prachtvollen Bauten aus vergangenen Jahrhunderten gesäumt.

Der Beginn der Gasse liegt ein paar Blocks westlich von Vallodolids Hauptplaza. Die kleine Boutique **Vernaculo** auf der linken Seite ist bekannt für ihre Jaguarvasen, Kerzenständer und andere ungewöhnliche Keramiken. Ein paar Schritte weiter findet man bei **Conesencia** eine schön zusammengestellte Auswahl von Kunsthandwerk und Kleidung, darunter Töpferwaren, geflochtene Taschen und Kleider.

Im eleganten **Coqui Coqui** kann man nach vor Ort hergestellten Parfümen mit tropischen Akzenten stöbern und in dem versteckten Café im Hof einen Kaffee trinken. Auf der anderen Straßenseite gibt's im **Tresvanbien** sättigende argentinische *empanadas* (gefüllte Teigtaschen), die man im Garten hinter dem Laden genießen kann.

Die nahegelegene Galerie **Diez y Siete** zeigt Wechselausstellungen örtlicher Künstler:innen. Im Atelier hinten im Haus kann man sogar dort wohnende Künstler bei der Arbeit sehen.

Die leuchtend grünen Wände von **Caracol Púrpura** laden zum weiteren Umschauen ein. Drinnen geht man an einer einen Sombrero tragenden Catrina (Skelett zum Tag der Toten) vorbei und findet Regale voller Volkskunst und Schmuck.

Ein Stück weiter erblickt man auf der rechten Seite ein gut erhaltenes Überbleibsel traditioneller Architektur: Die **Casa Maya**, besser bekannt als „Casita Blanca", ist ein kleines, weiß getünchtes Haus mit einem Strohdach und abgerundeten Wänden.

Am südlichen Ende der Gasse überquert man die Plaza und besichtigt den an eine Festung erinnernden **Convento de San Bernardino de Siena** aus dem 16. Jh. Innerhalb des Klosters und seiner Kirche findet man rosafarbene Wände, Fresken aus dem 16. Jh. und ein kleines Museum mit Waffen und anderen Objekten, die in dem überdeckten Cenote auf dem Klostergelände gefunden wurden.

DIE BESTEN CENOTEN NAHE VALLADOLID

Cenote Suytun
Der bei Instagram-Postern beliebte Cenote Suytun hat eine Steinplattform, die durch eine Öffnung vom Sonnenlicht beschienen wird. Früh kommen, um das obligatorische Foto zu schießen!

Cenote X'Kekén y Samulá
Mit der Eintrittskarte hat man Zutritt zu zwei separaten Cenoten: Beide sind unterirdische Wasserbecken in Höhlen mit wundervollen Kalksteinformationen.

Cenote Oxman Hacienda
Auf der ehemaligen *henequén*-Plantage findet sich ein prächtiger Cenote in einer eingestürzten, natürlich belichteten Höhle. Die Baumwurzeln, die in das Wasser hinabragen, tragen zu der Schönheit bei, und es gibt eine Seilschaukel und ein Restaurant.

NÄCHTE IN DER STADT

Valladolid ist nicht gerade für sein Nachtleben bekannt. Wer nach Mezcal-Cantinas, Craft-Bier-Stuben und Livemusik-Schuppen sucht, geht nach Mérida (S. 266), wo es die besten Bars im Bundesstaat Yucatán gibt.

UNTERWEGS VOR ORT

Das historische Zentrum und andere nahegelegene Stätten (wie die Calzada de los Frailes) lassen sich leicht zu Fuß erkunden. Die Busbahnhöfe liegen in kurzer Gehentfernung vom Zentrum.

Rund um Valladolid

In dieser faszinierenden Ecke Yucatáns kann man antike Pyramiden erklimmen und gemächlich mit einem Boot durch artenreiche Feuchtgebiete gondeln.

TOP TIPP

An schwülen Tagen kann man sich wunderbar im X'Canché abkühlen, einem Cenote mit Seilrutsche, Seilschaukel und der Möglichkeit zum Abseilen in der Nähe von Ek' Balam.

Nördlich von Valladolid führt der von Wald gesäumte Highway 295 an Feldern und ruhigen Dörfern vorbei, wo sich Überreste der kolonialen oder präkolumbischen Vergangenheit verbergen. Die Straße endet im verschlafenen Río Lagartos („Fluss der Kaimane"), einem Fischerdorf, das sich der größten Flamingo-Populationsdichte in ganz Mexiko rühmt. Der Ort ist eine gute Ausgangsbasis für Abenteuer in der Gegend, von Wildtierbeobachtungen bis zur Erkundung einsamer Strände.

Auf dem Weg zur Küste lohnt sich ein Halt an den malerischen Ruinen von Ek' Balam. Diese kompakte Maya-Stätte umfasst einige eindrucksvolle Tempel und ist von der Größe her viel überschaubarer (und weniger überlaufen) als Chichén Itzá. Fein gearbeitete Stuckfassaden, Reliefs und Stelen geben Einblick in einen Ort, der vor 1000 Jahren aus unbekannten Gründen aufgegeben wurde.

Ek' Balam

YASEMIN OLGUNOZ BERBER/SHUTTERSTOCK ©

LIYA_BLUMESSER/SHUTTERSTOCK ©

Ek' Balam

Antike Tempel erklimmen

MAYA-RUINEN IM WALD

Die faszinierende Ruinenstadt **Ek' Balam** erlebte ihre Blüte im 8. Jh. n. Chr., bevor sie plötzlich verlassen wurde. Hinein gelangt man auf einem **Sacbé** (einer weißen, von den Maya angelegten Straße), vorbei an den Überresten der Stadtmauern und einem eindrucksvollen Eingangsbogen.

Man geht nach rechts und passiert den **Ovalen Palast**, der vage an eine Schichttorte aus Stein erinnert. Ein kleiner Tempel, vielleicht für astronomische Beobachtungen benutzt, krönt die Spitze. Neben dem Ovalen Palast stehen zwei ähnliche Gebäude, bekannt als **Los Gemelos** („Die Zwillinge"). In ihrer Nähe zeigt eine große Stele zwei Figuren: Bei der unteren handelt es sich wahrscheinlich um Ukit Kan Le'k Tok', den großen Herrscher von Ek' Balam. Über ihm befindet sich die Figur eines anderen Herrschers (oder Ahnen), der ihm die Herrschergewalt überträgt. Die Inschrift auf der Stele nennt das Jahr 840 n. Chr.

Weiter Richtung Norden passiert man einen **Juego de pelota** (Ballspielplatz), während man sich der **Acrópolis** nähert, dem größten Gebäude von Ek' Balam. Bevor man die 32 m hohe Pyramide besteigt, bemerkt man die 160 m lange Galerie, die tatsächlich aus einer Reihe separater Kammern besteht. Auf einem Absatz vor Erreichen der Spitze kommt man an einem Tempel mit einem weit aufgerissenen Jaguarmaul vorbei, das als Eingang zum **Grabmal des Ukit Kan Le'k Tok'** fungiert. Unter dem Maul befinden sich Schädel aus Stuck und rechts darüber eine ausdrucksvolle Figur. Auf der rechten Seite stehen mit Flügeln versehene menschliche Figuren (wahrscheinlich Schamanen oder Heiler). Von der Spitze des Gebäudes hat man einen prächtigen Blick über die Ruinen und den umliegenden Wald.

AUF DEM WEG GEN NORDEN

Wenn man hinauf zur Küste fährt, lohnt sich ein Halt in Tizimín, um einen Blick auf die im 16. Jh. erbaute **Iglesia de los Santos Reyes** (Kirche der Heiligen Drei Könige) und das angeschlossene Kloster zu werfen. Die drei leeren Nischen in der oberen Ebene sind angeblich für Bilder der drei Könige bestimmt, denen die Kirche geweiht ist.

Rund 6 km nordwestlich von Tizimín ist der gemeindebetriebene **Cenote Kikil** eine schöne Badestelle, umgeben von hübsch gestalteten Gärten und einem Restaurant. Wenn man nicht gerade am Wochenende kommt, hat man das türkisblaue Wasser fast für sich allein.

EINZIGARTIGE UNTERKÜNFTE RUND UM VALLADOLID

Hacienda Kaan Ac
Man wohnt auf einem Landgut aus dem 16. Jh., das zu einem von Gärten umgebenen Hotel voller Kunst umgewandelt wurde. **$$$**

Casona los Cedros
Die von Franzosen geführte Pension in Espita hat stilvolle Zimmer, einen malerischen Pool und ein ausgezeichnetes Restaurant. **$$$**

Genesis Eco-Oasis
Die nette, umweltfreundliche Pension außerhalb von Ek' Balam ist ein tolles Standquartier für Kulturtourismus. **$$**

LOCAL TIPP: VOGELVIELFALT

Diego Antonio Nuñez Martinez, ein Ökotourismus-Pionier und Gründer von Río Lagartos Adventures, gibt Einblicke in die Wunder des Biosphärenreservats.

Man findet hier eine überraschende Zahl unterschiedlicher Ökosysteme auf relativ kleinem Raum. Es gibt Küstendünen, Feuchtgebiete, niedrige Wälder, Laubbauminseln, Mangroven und, weiter im Hinterland, Regenwald. Leichte Unterschiede der Höhe können große Veränderungen der Landschaft bedeuten. Es gibt hier endemische Vögel und Pflanzen, weshalb die Region von Ornithologen oft besucht wird, die hier u. a. Goldtrupiale, Blatthühnchen, Yucatanblauraben, Karibikkarakaras und Yucatanamazilien finden. Die Region ist aber auch für Nichtspezialisten interessant; während des Vogelzugs zwischen September und April kann man viele verschiedene Vogelarten bewundern.

Rosafarbene Lagune, Las Coloradas

Abenteuer an der Nordküste

FLAMINGOS, BOOTSFAHRTEN UND ROSAFARBENE LAGUNEN

Die **Reserva de la Biosfera Ría Lagartos**, eines der großen Naturschutzgebiete Yucatáns, beherbergt eine große Palette an Pflanzen und Tieren in einem von Mangroven gesäumten Ästuar. Viele Anbieter veranstalten Ausflüge, besonders zu empfehlen ist der Ökotourismus-Pionier **Río Lagartos Adventures**.

Wer eine Bootstour am frühen Morgen oder zum Sonnenuntergang bucht, hat die besten Chancen, Wildtiere zu sichten. Bei der dreistündigen Exkursion sieht man Alligatoren und eine unbeschreibliche Vielfalt von Vögeln: Fregattvögel, Fischadler, Kormorane, Königsseeschwalben, Eisvögel und diverse Reiher- und Fischreiherarten (darunter Nacktkehlreiher) sowie natürlich die berühmten Flamingos. Die Guides zeigen ihre Liebe für die Region und vermitteln viele Einsichten in dieses Biotop.

Das Fischerdorf **San Felipe,** rund 13 km westlich des Ortes Río Lagartos, ist ein weiterer toller Halt. Von einem Pier nahe der Calle 6 veranstaltet eine Kooperative Bootsausflüge zur **Isla Cerritos**. Die winzige Insel, rund 5 km westlich von San Felipe, war ein wichtiges Handelszentrum der Maya, ist heute aber verlassen – abgesehen von riesigen Meeresvögel-Kolonien.

Die andere Attraktion von San Felipe ist die **Isla Bonita**, ein Inselstrand gegenüber dem Dorf. Es gibt ein Restaurant mit dem frischen Tagesfang, das von einer jungen Familie geführt wird – **Cejas** (WhatsApp 986-118-1630) kann einen auf die Insel hinüberfahren; er veranstaltet außerdem auch Touren.

24 km östlich des Ortes Río Lagartos findet man **Las Coloradas** mit einer in Betrieb befindlichen Salzgewinnungsanlage und einer Reihe von Lagunen, die zu bestimmten Zeiten (meist mittags bei vollem Sonnenschein) rosa leuchten. Man muss für den Eintritt bezahlen und sich für eine Führung zu Fuß, per Fahrrad oder in einem offenen Lastwagen entscheiden.

UNTERWEGS VOR ORT

Colectivos nach Ek' Balam starten in Valladolid (grüne Taxispur an der Calle 37 zwischen Calle 42 und 44). Um zur Küste zu kommen, nimmt man von Valladolids Hauptbusbahnhof (an der Kreuzung der Calles 46 und 39) einen Bus nach Tizimín und steigt dann in einen Noreste-Bus nach Río Lagartos um. Von Río Lagartos nach San Felipe kommt man mit einem *tricitaxi* (eine Motorrad-Rikscha).

CHICHÉN ITZÁ

Chichén Itzá, die berühmteste und am besten restaurierte Maya-Stätte in Yucatán, ist zwar immens überlaufen, beeindruckt aber noch den abgebrühtesten Traveller. Es war wahrlich keine Überraschung, dass die Stätte 2007 in die Liste der Neuen Sieben Weltwunder aufgenommen wurde.

Chichén Itzá wurde etwa im 6. Jh. n. Chr. erstmals besiedelt und blieb bis um das Jahr 1000 eine reine Maya-Stadt. Zu dieser Zeit geriet die Stadt (entweder durch Eroberung oder kulturellen Austausch) unter den Einfluss der Tolteken, eines Volkes aus dem zentralen Hochland von Mexiko. Die Ruinen von Chichén Itzá sind durch die Verschmelzung der Architekturstile aus dem Hochland und der Puuc-Region einmalig auf der Halbinsel Yucatán: Überall in der Stadt findet man Bilder des Maya-Regengottes Chaac und der gefiederten Schlange (Quetzalcóatl; auf Mayathan Kukulcán).

Nicht einmal die Fachleute wissen, warum diese große Stadt im 15. Jh. verlassen wurde, aber noch viele Jahre später pilgerten Maya zu der Stätte.

TOP TIPP

Zur Tagundnachtgleiche im Frühjahr und Herbst (um den 20. März und 22. September) schafft die Morgen- und Nachmittagssonne aus Licht und Schatten die Illusion einer Schlange, die auf der Seite der Treppe von El Castillo hinauf- oder hinunterkriecht. Diese Illusion wird nachts (außer Mo) in der Sound-and-Light-Show nachgestellt, die um 19 Uhr (sommers um 20 Uhr) beginnt.

SEHENSWERTES
- **1** Edificio de las Monjas
- **2** El Caracol
- **3** Gran Juego de Pelota
- **4** Plataforma de Venus
- **5** Plattform der Schädel
- **6** Plattform der Adler und Jaguare
- **7** Plaza de Mil Columnas
- **8** Pyramide des Kukulcán
- **9** Cenote Sagrado

0 — 200 m

Cenote de Yokdzonot (17,5 km)

Cenote Xtoloc

Cenote Ik-Kil (3 km)

Die große Maya-Stadt erkunden

ANTIKE, IN STEIN GEHAUENE WUNDER

Beim Betreten von Chichén Itzá erhebt sich vor den Besuchern sogleich die **Pyramide des Kukulcán** (El Castillo) in all ihrer Pracht. Der erste Tempel an dieser Stelle stammte aus der Zeit vor den Tolteken und wurde gegen 800 n. Chr. errichtet, aber die gegenwärtige, 30 m hohe Konstruktion, mit der die erste überbaut wurde, zeigt auf den Treppen die gefiederte Schlange, und auf dem Portal an der Spitze des Tempels sind die Reliefs toltekischer Krieger zu sehen.

Das ganze Gebäude ist ein gewaltiger, aus Stein errichteter Maya-Kalender. Die neun Geschosse von El Castillo sind durch Treppenstufen in zwei Hälften geteilt; die 18 separaten Terrassen stehen für die 18, jeweils 20 Tage umfassenden Monate des Haab-Kalenders. Die vier Treppen haben je 91 Stufen; nimmt man die oberste Plattform hinzu, ergibt sich eine Summe von 365 – die Anzahl der Tage des Jahres. Auf jeder Fassade der Pyramide befinden sich 52 flache Paneele, die den 52 Jahren der Kalenderrunde der Maya entsprechen.

Nordwestlich der großen Pyramide spaziert man durch die Mitte des **Gran Juego de Pelota**, des größten und eindrucksvollsten Ballspielplatzes in Mexiko. Tempel flankieren die beiden Enden, während die hohen, parallelen Wände des Ballspielplatzes mit Steinreliefs verziert sind, darunter Szenen, auf denen Spieler geköpft werden.

In der Nähe erblickt man die **Plattform der Schädel** (mit dem Náhuatl-Wort als Tzompantli bezeichnet). Die T-förmige Plattform ist wegen der Reihen im Flachrelief dargestellter Schädel gar nicht zu verkennen. In der Antike wurden auf der Plattform die Schädel Geopferter aufgestellt.

Gleich neben der Plattform der Schädel zeigen die Reliefs an der **Plattform der Adler und Jaguare** jene Tiere, die – grausam anzusehen – menschliche Herzen in ihren Klauen halten. Man nimmt an, dass diese Plattform Teil eines Tempels war, der den Kriegervereinigungen geweiht war, die Gefangene für die rituellen Menschenopfer bereitstellten.

Die angrenzende **Plataforma de Venus** zeigt große, geschmückte und wunderbar erhaltene Köpfe der gefiederten Schlange zu beiden Seiten der Treppen. Man vermutet, dass oben von der Plattform aus der Planet Venus beobachtet wurde, der eine wichtige Bedeutung für den Maya-Kalendar besaß; die weitere Bedeutung dieser Stätte ist aber unklar.

Von der Plataforma de Venus führt ein 400 m langer *sacbé* (Pfad) aus rauen Steinen gen Norden zum **Cenote Sagrado**, einer mit Wasser gefüllten Doline, in der Menschen den Göttern

DAS AUSBAGGERN DES CENOTE SAGRADO

Um 1900 kaufte Edward Thompson, Harvard-Professor und US-amerikanischer Konsul für Yucatán, die Hazienda, zu der Chichén Itzá gehörte. Zweifellos fasziniert von den Geschichten über Jungfrauen, die den Maya-Gottheiten geopfert worden waren, indem man sie in den auf dem Gelände befindlichen Cenote warf, machte sich Thompson daran, den Cenote auszubaggern.

Gold- und Jadeschmuck aus allen Teilen Mexikos, ja noch aus Kolumbien, kamen zum Vorschein, außerdem andere Artefakte und viele menschliche Knochen. Es scheint, dass alle möglichen Leute – Kinder und Alte, Kranke und Verletzte, Junge und Starke – gewaltsam gezwungen wurden, ein ewiges Bad im Cenote Sagrado von Chichén Itzá zu nehmen.

UNTERKÜNFTE NAHE CHICHÉN ITZÁ

Hacienda Chichén
In der Nähe des Eingangs nach Chichén Itzá bietet dieses gartenartige Resort und Spa hübsche Bungalows. **$$$**

Villas Arqueológicas
Das kleine Hotel mit gutem Preis-Leistungs-Verhältnis, einem Restaurant und einem Pool liegt in der Nähe der Ruinen. **$$**

La Casa de las Lunas
Die Zimmer dieser beliebten Unterkunft in Pisté, fünf Fahrtminuten von den Ruinen, öffnen sich zu einem kleinen Hof. **$$**

Edificio de las Monjas

geopfert wurden. Der Cenote gab der Stadt ihren Namen: Chichén Itzá bedeutet „Maul der Quelle der Itzá" (die Itzá waren ein frühes Maya-Volk).

Nun geht es auf dem Weg zurück zur **Plaza de Mil Columnas** (Platz der tausend Säulen), einem Wald aus Pfeilern, der sich nach Süden und Osten erstreckt. Die Hauptattraktion hier ist der **Templo de los Guerreros** (Kriegertempel), der mit Stuck und Steinreliefs von Tiergottheiten verziert ist.

Südöstlich davon erhebt sich das als **El Caracol** (der Schneckenturm) bekannte runde Observatorium, eines der faszinierendsten Gebäude in Chichén Itzá. Masken des Maya-Regengottes Chaac schmücken die vier äußeren, nach allen Himmelsrichtungen weisenden Türen, während die Fenster in der Kuppel des Observatoriums auf das Erscheinen bestimmter Sterne zu bestimmten Terminen ausgerichtet sind. Von der Kuppel aus könnten die Priester die Termine für Rituale, Feiern, die Aussaat des Getreides und die Ernte bekannt gegeben haben.

Das sogenannte **Edificio de las Monjas** (Nonnenkloster) mit seinen vielen Räumen, vermutlich ein Adelspalast der Maya, erinnerte die Konquistadoren an ein europäisches Kloster, daher der Name. Ein kleineres, im Osten angrenzendes Gebäude, das **La Iglesia** (die Kirche) genannt wird, ist fast vollständig von Reliefs bedeckt.

NATURWUNDER IN DER NÄHE VON CHICHÉN ITZÁ

Cenote de Yokdzonot
Dieser von Maya geführte Cenote und Park im wenig besuchten Ort Yokdzonot westlich von Chichén Itzá verspricht nach einem Tag zwischen den sonnenverbrannten Ruinen einen erfrischenden Zwischenstopp. Da es vor Ort ein Restaurant gibt, kann man hier auch ordentlich zu Mittag essen.

Cenote Ik-Kil
Eine kurze Fahrt südöstlich von Chichén Itzá liegt dieser zu einer himmlischen Badestelle ausgebaute Cenote. Kleine Wasserfälle fließen hinunter von dem hohen, von grüner Vegetation umgebenen Kalksteindach. Man sollte zur Öffnungszeit (9 Uhr) kommen, um den Reisegruppen zu entgehen, die sich nach 11 Uhr einstellen.

MAYA-TEMPEL-TRAIL

Chichén Itzá ist nur eine Maya-Stätte im Bundesstaat Yucatán. Man kann antike Baukunst auch in Uxmal bewundern (mit Sound-and-Light-Show) und weitere Maya-Wunder auf der Ruta Puuc (S. 276) entdecken.

UNTERWEGS VOR ORT

Busse erster Klasse aus Cancún, Playa del Carmen, Tulum, Mérida und anderen größeren Orten halten direkt am Eingang zu den Ruinen. Auf manchen Strecken fährt allerdings nur ein Bus pro Tag. Um flexibler zu sein, kann man im 45 km östlich gelegenen Valladolid Quartier beziehen und von dort ein *colectivo* nehmen; diese fahren den ganzen Tag über.

CAMPECHE

Von allen Städten Yucatáns ist Campeche (eigentlich San Francisco de Campeche) mit seinen imposanten Mauern rund um ein fußläufiges historisches Zentrum zweifellos die hübscheste und ganz und gar einmalig. Die in Pastelltönen getünchten und weiß umrandeten Häuser wirken wie Geburtstagstorten und nicht wie Architektur. Die Kathedrale, eine der ältesten in der Region, ist am Tag attraktiv und bei Nacht spektakulär, und die ganze Stadt liegt an dem hinreißenden, jadegrünen Meer. Campeche bietet fantastische Restaurants sowie angenehme Aktivitäten und ist eine Zwischenstation für Menschen auf dem Weg von Mérida ins mexikanische Hauptgebiet. Im Jahr 1995 erhielt die Stadt den Status einer UNESCO-Welterbestätte.

Die Geschichte der Stadt ist Teil ihres Charmes, obschon man es im 17. Jh. bestimmt nicht als sonderlich reizvoll empfand, alle paar Jahre von Piraten heimgesucht zu werden. Die Stadtmauer, die solche Überfälle verhindern sollte, steht noch. Sie ist eine Hauptattraktion für Tourist:innen und trägt zu dem angenehmen Erscheinungsbild der Stadt bei.

TOP TIPP

Die Casa Vieja del Río mit Blick auf die Plaza Grande und die Kathedrale bietet sich für die Mittagspause oder ein Abendessen an, aber auch zum Verweilen bei einem Kaffee oder zu Cocktails bei Sonnenuntergang. Das Essen ist ordentlich – und angesichts des weiten Blicks vom säulenbestandenen Balkon des Restaurants mit der schönsten Lage in Campeche schmeckt alles einfach wundervoll.

Plaza de la Independencia

Das historische Zentrum entdecken

MALERISCHE STRASSEN UND BLICK AUFS WASSER

In Campeche gibt es viel zu sehen und zu tun, aber vor allem ist die Stadt einfach schön. Die Straßen und ihre Gebäude sind so hübsch dekoriert, dass man meinen könnte, sie wären mit Zuckerguss überzogen. Natürlich gibt es auch hier Trubel und Verkehr, aber doch in sehr viel entspannterem Tempo als im nahegelegenen Mérida. Man schlendert rund um die **Plaza de la Independencia**, beobachtet Leute, sucht nach Souvenirs, steigt auf die Stadtmauer, um von dort auf das Gewirr der Dächer einer jahrhundertealten Stadt zu blicken, und schaut sich ein, zwei Museen an. Abends speist man in einem Café und betrachtet vor der Kulisse der spektakulären Kathedrale die kleinen Elektrofahrzeuge der Polizei, während Kinder stolz neonbeleuchtete Ballons in die Höhe halten und Eiscremeverkäufer mit ihren Glocken läuten, um Kunden anzulocken.

Nachdem man nach Herzenslust und ausgiebig durch das historische Zentrum spaziert ist, geht's hinaus auf den schönen *malecón*, der sich in beide Richtungen kilometerweit am Wasser entlang erstreckt. Wer hungrig ist, holt sich etwas Leckeres von den Buden, die Garnelen und frische Meeresfrüchte anbieten. Man kann auch ein Boot mieten, sich im Rhythmus der Wellen schaukeln lassen und den Blick vom Wasser aus genießen.

CALLE 59

Campeche besitzt viele nette Locations, wo man essen, trinken und lustig sein kann, und die Plaza bildet einen wunderbaren Ausgangspunkt. Nicht weit von ihr wurde die Calle 59 in eine Fußgängerstraße verwandelt. Hier stellen die Cafés Tische, Stühle und Sonnenschirme auf die Straße, sodass ihre Gäste im Freien essen können, ohne von Autos gestört zu werden. Abends, wenn die Lichter angehen, gibt's Musik, Tanz, Drinks und ganz andere Vergnügungen. Es macht Spaß, die Straße hinauf und hinab zu spazieren, die verschiedenen Restaurants und Bars abzuchecken und sich zu überlegen, ob man nicht irgendwo einkehren will.

ESSEN IN CAMPECHE

Chocol Ha
Der richtige Ort für Schokolade: Hier gibt's Riegel, Schokobonbons, Kakao-Waren und eine heiße Schokolade nach Maya-Tradition. **$**

Casa Vieja del Río
Über eine schmale Treppe gelangt man zu diesem Lokal im 2. Stock mit Ausblick auf die Kathedrale. **$$**

La Parrochia
Das nette, altmodische Café hat ordentliches Essen und eine wundervolle Obsttorte. **$$**

JOSU OZKARITZ/SHUTTERSTOCK ©

Panamahüte, Bécal

BÉCAL & POMUCH

Die beiden Kleinstädte zwischen Campeche und Mérida lohnen einen Zwischenstopp, wenn man genügend Zeit hat.

Bécal

Dieser ruhige Ort ist berühmt – und zwar wegen seiner Panamahüte. Die auf Spanisch *jipijapa* genannten Kopfbedeckungen sind die echten. Sie werden unterirdisch in von Hand ausgehauenen Höhlen gewebt, da dort die ideale Feuchtigkeit herrscht. Man kann an einer Führung teilnehmen und sich vielleicht sogar einen Panama kaufen – sie sind schon schick!

Pomuch

Dieses verschlafene Städtchen ist bekannt für sein Brot – und seine Toten. Die Bäcker produzieren ein weiches, samtiges Brot, das die Leute aus ganz Yucatán anlockt. Die Stadt besitzt außerdem eine ungewöhnliche Begräbnistradition, bei der die Knochen der Verstorbenen öffentlich ausgestellt werden. Bei einem Besuch auf dem Friedhof grinsen einen die Schädel an.

Verteidigung der Stadt gegen die Piraten

EINDRUCKSVOLLE FESTUNG MIT GROSSARTIGER AUSSICHT

Das Fort **Fuerte de San Miguel** thront auf einem Hügel hoch über der Stadt Campeche und dem Golf von Mexiko. Es wurde im späten 17. Jh. im Rahmen der Verteidigungsmaßnahmen erbaut, die die Stadt gegen Plünderer sichern sollten. Die Wälle unten schützten die Stadt. Von dem Fort aus konnten die Verteidiger feindliche Schiffe schon fern am Horizont ausmachen und sie mit Kanonen beschießen.

Heute dient die Festung als schön gestaltetes Museum der Gegend. Die Räume zeichnen die Regionalgeschichte mithilfe vieler präkolumbischer Artefakte, einiger Piraten-Memorabilien und einiger interaktiver Exponate nach. Eines der Highlights ist eine aus Jade gefertigte Maske aus den Grabmälern in Calakmul. Auch Keramiken, Werkzeuge und Schriften sind ausgestellt, und es gibt sogar einen Graben und eine Zugbrücke.

Nachdem man sich das Museum angeschaut hat, sollte man die Spitze des Gebäudes erklimmen. Eine Rampe führt hinauf auf ein flaches Dach, von dem man eine herrliche Aussicht genießt. Der leuchtend ockerfarbene Innenhof und der blendend weiße Laufgang oben machen das Areal noch eindrucksvoller.

Von der Stadt aus zum Fort zu gelangen, ist per Bus nicht ganz einfach, da die Busse den steilen Hügel nicht hochfahren, über den man zum Parkplatz des Museums gelangt. Man muss daher von der Bushaltestelle aus zu Fuß gehen oder ein Taxi heranwinken.

UNTERWEGS VOR ORT

Innerhalb der Stadtmauern kommt man gut zu Fuß herum, alternativ fährt man im Auto durch die Einbahnstraßen. Die Parkplätze sind allerdings oft frustrierend weit vom Ziel entfernt. Sammeltransporter befördern die Menschen zu entfernteren Zielen. Campeches Hauptbusbahnhof ist der ADO-Busbahnhof (1.-Klasse-Busbahnhof). Er befindet sich rund 2,5 km südlich der Plaza und hat verlässliche Verbindungen nach Mérida, Cancún und anderen wichtigen Zielen. Der Maya-Zug (S. 220) wird in Zukunft Campeche mit anderen Orten auf der Halbinsel Yucatán verbinden.

CALAKMUL & DER ARCHÄOLOGISCHE KORRIDOR

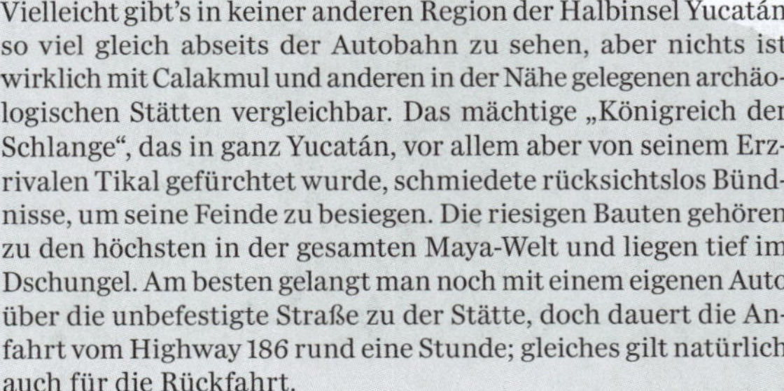

Vielleicht gibt's in keiner anderen Region der Halbinsel Yucatán so viel gleich abseits der Autobahn zu sehen, aber nichts ist wirklich mit Calakmul und anderen in der Nähe gelegenen archäologischen Stätten vergleichbar. Das mächtige „Königreich der Schlange", das in ganz Yucatán, vor allem aber von seinem Erzrivalen Tikal gefürchtet wurde, schmiedete rücksichtslos Bündnisse, um seine Feinde zu besiegen. Die riesigen Bauten gehören zu den höchsten in der gesamten Maya-Welt und liegen tief im Dschungel. Am besten gelangt man noch mit einem eigenen Auto über die unbefestigte Straße zu der Stätte, doch dauert die Anfahrt vom Highway 186 rund eine Stunde; gleiches gilt natürlich auch für die Rückfahrt.

Calakmul ist ein Muss, aber es gibt noch andere schöne Stätten für einen Halt, z. B. den versteckten Fries in einem Gebäude in Balamkú. Wenn möglich, sollte man sich für den Archäologischen Korridor viel Zeit nehmen und an so vielen Ruinen wie nur möglich einen Halt einlegen.

TOP TIPP

Will man einige Zeit bleiben, bietet sich Xpujil als Standquartier an. Einige Ruinen sind vom Ort aus mit dem Taxi leicht zu erreichen, und man hat Zugang zu Calakmul und weiteren Stätten wie Rio Bec. In Xpujil sind mehrere renommierte Tourveranstalter ansässig, darunter Ka'an Expeditions, das Ausflüge nach Calakmul anbietet.

Ansicht aus der Vogelperspektive, Calakmul (S. 294)

DER FLEDERMAUS-TORNADO

Fährt man von Xpujil Richtung Westen nach Calakmul, kommt man an einem Schild vorbei, das vor kreuzenden Fledermäusen warnt und seltsam deplatziert wirkt, wenn man mitten am Tag daran vorbeikommt. Bei Dämmerung braucht man hingegen nur einen kurzen Spaziergang zu unternehmen, um zu einer Höhle am Grund eines ausgetrockneten Cenote zu gelangen. Jeden Abend fliegen hier Fledermäuse in einem wirbelnden Tornado hinaus – einer der unglaublichsten Schwärme, den man sich nur vorstellen kann. Erst kommt eine Fledermaus, dann zwei, dann fünfzig, und schließlich schwirrt die ganze Höhle. Am Ende fliegen die Tiere ins Freie, wo sie im Wald pro Tag bis zu einem Drittel ihres eigenen Körpergewichts an Insekten fressen. Dieses Schauspiel ist wirklich sehenswert, zumal hier einmal die Moskitos die Gejagten sind.

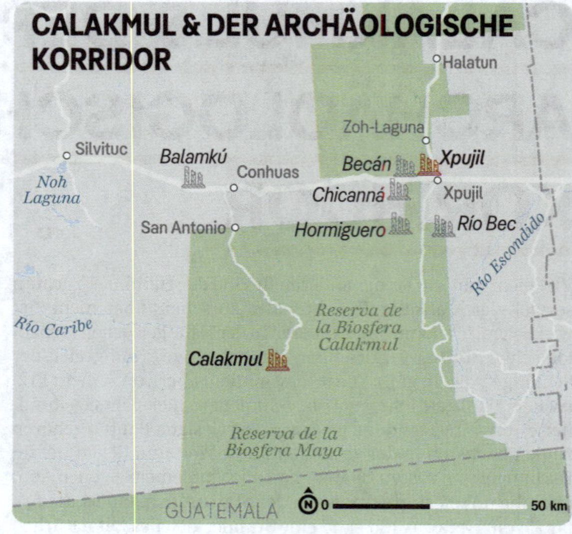

Calakmul, das Königreich der Schlange

EINE PRÄCHTIGE, FURCHTEINFLÖSSENDE, VERLORENE STADT

Calakmul ist so abgelegen, wie ein Ort nur sein kann. Um hinzugelangen, ist eine einstündige Anfahrt durch den Dschungel der Biosphera Calakmul erforderlich – hier ist alles ganz anders als in Chichén Itzá mit seinen Reisebussen, Warteschlangen und Selfie-Knipsern. Calakmul ist, so weit das Auge reicht, vom Dschungel umgeben. Kommt man zur richtigen Zeit, muss man sich die Stätte nur mit Affen Truthühnern teilen.

Calakmuls majestätische Tempel ragen über die Baumwipfel empor. Zu ihrer Blütezeit dominierte die Stadt die Halbinsel Yucatán: Sie besiegte u. a. die Rivalen Tikal und Palenque und dehnte ihren Einfluss über die gesamte Halbinsel aus. Ihre Herrscher schmiedeten mit List, offener Gewalt und Heiraten Bündnisse und unterwarfen andere Städte, die zu Tributzahlungen verpflichtet wurden, von Calakmul gebilligte Herrscher akzeptieren oder ihre Handelsverbindungen abtreten mussten. Die Ruinenstätte umfasst mehr als 6000 Gebäude, von denen viele noch nicht ausgegraben sind. Immer noch werden neue Entdeckungen gemacht, etwa von großen Kanälen und Wasserreservoiren, die das Überleben der Stadt trotz des Fehlens von Seen und Flüssen in ihrer Nähe sicherten. Man sollte es nicht versäumen, die Estructura II zu erklettern, eine der höchsten und

UNTERKÜNFTE LÄNGS DES ARCHÄOLOGISCHEN KORRIDORS

Hotel Puerta Calakmul
Dieses Luxushotel liegt dem Eingang zu den Ruinen am nächsten. **$$$**

Hotel Maya Balam
Das schlichte Hotel ein paar Blocks abseits der Hauptstraße bietet spartanische Zimmer und Parkplätze auf dem Gelände. **$**

Río Bec Dreams
Das angenehme Hotel hat ein Restaurant und Eigentümer, die Experten für die Ruinen sind. **$$**

Xpujil

JAVARMAN/SHUTTERSTOCK ©

massivsten Pyramiden der Maya-Welt, und die größte im Bundesstaat Campeche. Von der Spitze aus kann man sogar El Mirador in Guatemala sehen, wenn man weiß, wonach man Ausschau halten muss. Vielleicht besteigt man danach noch die Estructura I, falls man noch Energie übrig hat – denn es ist heiß, schwül, und die Moskitos wirken so groß wie Kolibris.

Xpujil

TOLL ZU ERKUNDEN

Die kleine, oft übersehene Ortschaft Xpujil (Schpu-hiel) ist eine wunderbare Ausgangsbasis zur Erkundung der vielen Ruinenstätten in der Gegend, von denen eine (damit keine Verwirrung aufkommt) ebenfalls Xpujil heißt. Letztere fasziniert besonders mit ihrer wundervollen Drillingspyramide, Estructura I. Vor Ort finden sich aufwendige Dekorationen im Chenes- und Rio-Bec-Stil sowie einige eindrucksvolle Portale, Treppenanlagen und Räume. Bis vor Kurzem konnte man noch über eine Treppe in einem der Tempel nach oben steigen und den Ausblick genießen, doch diese wurde inzwischen gesperrt, um das Gebäude zu schützen. Einige Forscher:innen glauben, dass die hohen „falschen" Tempel die Architektur in Tikal, Guatemala, nachahmen sollten. Falls das zutrifft, wäre dies interessant, da Tikals Erzrivale, das mächtige Calakmul, genau zwischen den beiden Orten lag. In allen drei Scheintempeln der Estructura I wurde je ein Zeremonialmesser aus Feuerstein entdeckt.

Die moderne Ortschaft liegt am Haupt-Highway und bietet diverse Restaurants und ein paar Hotels. Die Ortschaft ist noch ruhig – was sich mit der Eröffnung des Tren Maya ändern dürfte –, aber immerhin die größte Stadt der Region. Sie ist das richtige Standquartier, wenn man Tagesausflüge nach Calakmul oder Hormiguero oder die Rio-Bec-Tour unternehmen will.

DIE BESTEN RUINENSTÄTTEN DER GEGEND

Jede dieser Ruinenstätten sollte auf der Liste stehen, wenn man die Gegend besucht.

Río Bec
Die abgelegene Stätte im Dschungel ist nur mit Geländewagen erreichbar. Ihre Gebäude gaben dem Río-Bec-Stil seinen Namen.

Becán
Faszinierende Gebäude und ein Schutzgraben gehören zu der leicht erreichbaren Ruinenstätte nahe Xpujil.

Chicanná
Ausgezeichnet erhaltene Ruinenstätte im Chenes-Stil mit einem furchterregenden Schlangenmaulportal.

Hormiguero
Eine weitere Ruinenstätte im Chenes-Stil mitten im Dschungel, mit Scheintempeln und Affen in den Bäumen.

Balamkú
Die Stätte ist berühmt für ihren 15 m langen Fries.

UNTERWEGS VOR ORT

Der Tren Maya (Maya-Zug) ist derzeit im Bau, das erste Teilstück wurde im Dezember 2023 eröffnet. Die komplette Fertigstellung der Strecke wird für Anfang 2024 erwartet. Derzeit gelangt man immer noch am besten mit dem Auto nach Calakmul – oder in einer Kombination von Bus und Taxi.

Oben: Cascadas de Agua Azul (S. 310); gegenüber: Ruinen von Palenque (S. 304)

CHIAPAS & TABASCO

URALTE RUINEN, DSCHUNGEL UND WASSERFÄLLE

Unberührte Seen inmitten von Kiefernwäldern, kühle Bergstädte und traumhafte Wasserfälle: In Mexikos südlichsten Bundesstaaten warten ein paar der wildesten und am wenigsten besuchten Orte des Landes.

Von schwülen Tropenwäldern bis hin zu schäumenden Wasserfällen: Die vielen Naturschätze in Chiapas und Tabasco werden nur sehr wenig besucht. Imposante Berge und undurchdringliche Wälder trennen die beiden Bundesstaaten im äußersten Süden schon immer vom übrigen Mexiko.

Neugierige Reisende mit einem Faible für unkonventionelle Ziele werden hier mit wilder Natur und charakteristischen indigenen Kulturen in angenehm ruhiger Atmosphäre belohnt. Im Zentrum der Region liegt deren kulturelle Hauptstadt: Viele kolonialzeitliche Wahrzeichen und indigene Dörfer in der Umgebung prägen San Cristóbal de las Casas. Der nahegelegene Nationalpark Cañón del Sumidero lockt Outdoorfans mit steilen Felswänden, einem smaragdgrünen Tal und zahllosen Tierarten. Droben im Norden liegen die Maya-Ruinen von Palenque, die zu den am besten erhaltenen des Landes zählen. Dort findet man auch Tabascos Seen und Sümpfe.

1994 erschütterte ein bewaffneter Zapatisten-Aufstand die Region. Regierungstruppen trieben die Rebellen aber wieder schnell in den Dschungel zurück. Bis heute kämpfen lokale indigene Gruppen für Gleichberechtigung und Zugang zu öffentlichen Dienstleistungen. Die politische Spannung ist daher weiterhin hoch. Dennoch lässt sich die Region generell sicher erkunden. Deren langsame Entwicklung macht jeden Besuch zum echten Abenteuer.

DIE WICHTIGSTEN ZIELE

PALENQUE Großartige Maya-Ruinen. S. 302

SAN CRISTÓBAL DE LAS CASAS Kulturhauptstadt. S. 313

CAÑÓN DEL SUMIDERO Spektakuläre Ausblicke und Bootsfahrten. S. 325

COMITÁN Tor zu herrlichen Wasserfällen und Seen. S. 331

TABASCO Olmeken-Stätten, Flüsse und Mangroven. S. 339

Tabasco, S. 339

Der kleine, aber faszinierende Bundesstaat am Golf von Mexiko ist mit Olmeken-Stätten und artenreichen Wasserläufen gesegnet.

Cañón del Sumidero, S. 325

In dem großartigen Nationalpark schwimmen Krokodile in jadegrünem Wasser. Hier schwingen sich auch Klammeraffen durch die Bäume, während Geier über steilen Felswänden kreisen.

San Cristóbal de las Casas, S. 313

Die Kulturhauptstadt von Chiapas kombiniert viele Hügelkirchen mit labyrinthischen Märkten und zapatistischer Straßenkunst. Im umliegenden Hochland pflegen traditionelle Tzotzil- und Tzeltal-Dörfer bis heute uralte und einzigartige Bräuche.

Erste Orientierung

In Chiapas und Tabasco erstrecken sich große wilde Regenwälder und Hochland-Zonen voller Kiefern. An den folgenden Orten lassen sich die ungezähmte Natur und die einzigartige indigene Kultur der Region am besten erkunden.

Palenque, S. 302

Einer von Mexikos größten nationalen Schätzen: In der Archäologiezone Palenque ragen mächtige Pyramiden und Tempel aus dem Dschungel empor.

BUS

Die Region lässt sich am besten per Bus erkunden: Zwischen den großen und kleinen Städten verkehren sichere, klimatisierte und verlässliche Reisebusse von ADO. Minibusse und *colectivo*-Sammeltaxis bedienen die Dörfer und ländlichen Gebiete.

AUTO & MOTORRAD

Kurvige Bergstraßen voller Schlaglöcher und potenzielle Raubüberfälle machen Roadtrips in Chiapas nicht gerade einfach. Autovermieter gibt's nur an den Flughäfen von Villahermosa und Tuxtla Gutiérrez.

GEFÜHRTE TOUREN

Bei wenig Zeit sind geführte Gruppentouren eine gute Alternative. Anbieter wie **Tulum Transportadora Turística** (transtulum.com) veranstalten Tagestrips mit Abholen in Palenque und Absetzen in San Cristóbal de las Casas (oder umgekehrt). Unterwegs werden atemberaubende Wasserfälle und Ruinen besucht.

Comitán, S. 331

Dieses Städtchen liegt zwischen blaugrünen El-Chiflón-Wasserfällen und den malerischen Seen von Montebello.

Perfekte Tage

Wälder und Hochland prägen diese Region, die man am besten langsam erkundet. Ob Erklimmen alter Pyramiden, Wandern in Eichenwäldern oder Baden unter Wasserfällen: Keine Hektik!

San Cristóbal de las Casas

Kurztrip

Bei wenig Zeit: Auf nach **San Cristóbal de las Casas** (S. 313) für etwas Chiapas-Kultur. Nach einem regionalen Kaffee im **Cafeología** (S. 320) geht's zur **Plaza de la Paz** (Friedensplatz; S. 315) mit der **Kathedrale** (S. 315) in Gelb- und Ockertönen. Der folgende Spaziergang entlang des verkehrsberuhigten **Real de Guadalupe** (S. 315) führt zur **Iglesia de Guadalupe** (S. 316) auf einem Hügel mit weiter Aussicht.

Mittagessen gibt's auf dem größten lokalen Markt: dem **Mercado Municipal** (S. 317). Dann nebenan auf dem **Mercado de Dulces y Artesanías** (S. 318) nach Kunsthandwerk stöbern. Und unbedingt auch das interessante Museum **Centro de Textiles del Mundo Maya** (S. 317) besuchen.

Beste Reisezeit

Die Trockenzeit (Nov.–Mai) eignet sich am besten für Besuche: Unter klarem Himmel steigen dann überall Feste.

JANUAR

Chiapa de Corzo feiert zwölf Tage lang die **Fiesta de Enero** mit Regionalküche, Musik und dem berühmten Parachico-Maskentanz.

FEBRUAR

Comitán ehrt seinen Schutzheiligen San Caralampio mit **Umzügen** und **Feuerwerk**.

APRIL

Wie anderswo in Mexiko: Chiapas und Tabasco begehen die **Semana Santa** andächtig mit

Drei Tage Zeit

● Nach einem Tag im tollen San Cristóbal geht's am zweiten Tag per Pferd zum nahen indigenen Dorf **San Juan Chamula** (S. 322), um spirituelle Reinigung durch einen Schamanen zu erfahren. In **San Lorenzo Zinacantán** (S. 323) warten anschließend ein Blumenmarkt und Läden mit Tzotzil-Kunsthandwerk.

● Am dritten Tag auf zum **Cañón del Sumidero** (S. 325): Dort fährt man bei grandioser Aussicht am Schluchtrand entlang und bewundert bei einem Bootstrip die steilen Felswände. Die letzte Station ist das ruhige, historische **Chiapa de Corzo** (S. 329) am Fluss Grijalva.

Zwei Wochen Zeit

● Bei mehr Zeit geht's über **Comitán** (S. 331) zu den mehrstufigen **Cascadas El Chiflón** (S. 336), die in minzgrüne Naturbecken hinabstürzen. Hier zur größten Kaskade namens **Velo de Novia** (S. 336) hinaufwandern. Bei der folgenden Fahrt zu den **Lagos de Montebello** (S. 338) gibt's Zwischenstopps an den **Lagunas de Colores** (S. 338) und der **Laguna Bosque Azul** (S. 338) in intensiven Farbtönen.

● Dann gen Norden nach **Palenque** (S. 302) fahren, wo eine der eindrucksvollsten Archäologiestätten Mexikos lockt: Hier erklimmt man das größte Gebäude namens **Templo de las Inscripciones** (S. 304) und besichtigt das Grab der legendären Roten Königin in dessen Innerem.

MAI

Tabascos größtes Jahresfest namens **Feria Tabasco** steigt mit Viehausstellungen, Gastro-Märkten und traditionellen Tänzen.

JUNI

Auf dem Höhepunkt der Regenzeit feiern die Einheimischen **Fronleichnam**.

NOVEMBER

Am **Día de Muertos** (Tag der Toten) errichten die Mexikaner aufwendige *ofrendas* (Altäre) und wachen nachts auf den Friedhöfen.

DEZEMBER

Vor allem im Hochland wird es kalt. Die Region feiert **Weihnachten** mit einem Mix aus katholischen Traditionen und indigenen Ritualen.

PALENQUE

Mexico City
Palenque

Zu Recht das Top-Ziel in Chiapas: Die Ruinen von Palenque sind stimmungsvolle Überreste eines mächtigen Maya-Reichs. Aus dem dichten Dschungel ragen hier uralte Pyramiden und zugewucherte Tempel empor. Palenques mächtigster Herrscher namens Pakal errichtete vor Ort viele Adelspaläste und religiöse Komplexe (am markantesten: der Templo de las Inscripciones).

Palenque fasziniert nicht nur geschichtlich, sondern auch in puncto Natur: Über herumspringenden Brüllaffen in den Bäumen kreisen hier Arakangas mit kunterbunten Flügeln. Der ökologisch wichtige Wald rund um die Ruinen steht unter dem strengen Schutz des Parque Nacional Palenque.

Rund 9 km östlich der Stätte liegt Palenque-Stadt – trist und recht hässlich, aber mit mehreren Restaurants und preiswerten Hotels. Viele Tourist:innen meiden das Zentrum und übernachten lieber im Dschungel-Schlupfwinkel El Panchán oder im grünen Viertel La Cañada.

TOP TIPP

Der nächstgelegene Flughafen befindet sich 133 km nordwestlich von Palenque in Villahermosa (Tabasco). Dort besteht Verbindung nach/ab Mexico City, Cancún, Mérida, Monterrey und Guadalajara. Komfortable ADO-Minibusse fahren vom Flughafen direkt zum Busbahnhof an der Glorieta de la Cabeza Maya in Palenques Zentrum.

Ruinen von Palenque (S. 304)

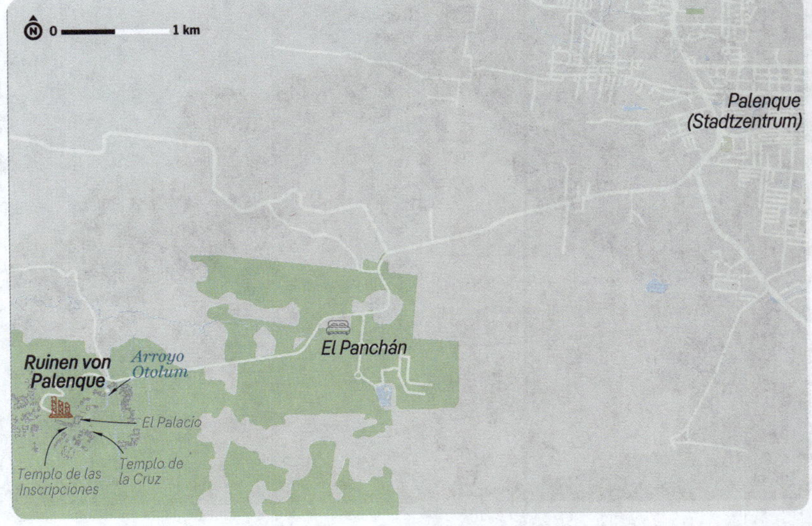

Spaziergang durch Palenque (Stadt)

ERKUNDUNGEN ZU FUSS

Mit seinen heißen, staubigen Straßen und seinem tristen Zentrum wirkt Palenque-Stadt auf den ersten Blick potenziell recht unattraktiv. Hier kann man jedoch anständig in diversen günstigen Hotels und versteckten Dschungel-*cabañas* übernachten. So ist dies eine komfortable Ausgangsbasis – ob für Naturwanderungen im Ruinenbereich oder für Outdoor-Aktivitäten an bzw. in den umliegenden Wasserfällen und Naturparks.

Den Haupteingang zur Stadt markiert der Kreisverkehr **Glorieta de la Cabeza Maya** mit einer Riesenstatue eines Maya-Häuptlingskopfs. An der Kreuzung des Hwy 199 mit der Av Juárez (Palenques Hauptstraße) liegt hier auch der ADO-Busbahnhof. Gegenüber davon findet man eine der besten lokalen Optionen für Übernachtungen: das üppig grüne Viertel **La Cañada** mit mächtigen Kapok-Bäumen, baumelnden Schlingpflanzen, schönen Hotels und stimmungsvollen Restaurants. Diese praktische Ausgangsbasis für Tagestrips erstreckt sich zwar nur über drei Blocks, ist aber weitaus einladender als das Stadtzentrum.

Rund 3 km weiter westlich liegt der **Aluxes Ecoparque** an der Straße zu den Ruinen. Die erste Wildtier-Auffangstation in

PALENQUES BESTE FRÜHSTÜCKSLOKALE

Café Jade
Eine der beliebtesten Adressen in La Cañada. Serviert regionalen Kaffee in einem üppig grünen Garten. $

Cafe de Yara
Belebtes Café mit herzhaften mexikanischen Klassikern und Bio-Kaffee aus Chiapas. $

La Tradición
Konditorei mit Frühstückskarte, u. a. mit *conchas*, Baiser-Torten und Waffeln mit heißem Kakao. $

Kinich Kan Balam
Palapa-Restaurant mit leckeren und sehr preiswerten Frühstücksmöglichkeiten. $

ÜBERNACHTEN IN PALENQUE (STADTZENTRUM)

Misión Palenque
Gehört zu einer mexikanischen Spitzenklasse-Hotelkette und ist eine gute Wahl für wohlsituierte Menschen. $$$

Casa 5 B&B
Zentral gelegenes, gemütliches B&B ein paar Blocks unterhalb vom Hauptplatz. Große Zimmer mit Klimaanlage. $$

Hotel Maya Rue
Modernes, schlichtes Budgethotel mit super Preis-Leistungs-Verhältnis. $

ANTON_IVANOV/SHUTTERSTOCK ©

SEHENSWÜRDIGKEIT

Die Ruinen von Palenque

Palenque zählt zu Mexikos bedeutendsten Archäologiestätten: Zwischen den Bäumen ragen hier uralte Pyramiden sowie labyrinthische Paläste mit Innenhöfen und Säulenreliefs empor. Dazwischen verlaufen unbefestigte Pfade und moosbedeckte Treppenfluchten. Der anstrengende Aufstieg zu den Pyramidenspitzen belohnt einen mit grandiosem Rundumblick auf die herrlichen Dschungelgebiete und Ebenen im Nordosten von Chiapas.

NICHT VERPASSEN

- Templo de las Inscripciones
- El Palacio
- Tumba de la Reina Roja
- Templo del Sol
- Templo de la Cruz
- Baño de la Reina
- Museo del Sitio

Templo de las Inscripciones

Hinter dem Eingang führt ein Pfad in den Wald hinein, bis die Bäume plötzlich aufhören. Nun schaut man ungehindert auf eine Reihe mächtiger Pyramiden. Die größte und eindrucksvollste davon ist Palenques Wahrzeichen: Der **Templo de las Inscripciones** (Tempel der Inschriften; Abbildung oben) mit dem Grab des Pakal ist der am häufigsten fotografierte Bau der Stätte.

Die zentrale Treppe der achtstöckigen Konstruktion führt zu mehreren kleinen Kammern hinauf. Im Inneren erzählen drei Wandreliefs mit umfangreichen Maya-Inschriften die Geschichte von Palenque. Der mexikanische Archäologe Alberto Ruz Lhuillier benannte den Tempel einst nach diesen Reliefs. Oberhalb davon führt eine Treppe zum Grab des Pakal. Dieses ist nun für Besucher:innen gesperrt, um weitere Beschädigungen zu verhindern. Jedoch ist eine Replik im Museo Nacional de Antropología (Mexico City) zu sehen.

La Tumba de la Reina Roja

Rechts vom Templo de las Inscripciones steht der Templo XIII mit dem **Grab der Roten Königin** (Reina Roja): 1994 entdeckten Archäologen die letzte Ruhestätte von Tz'ak-b'u Ajaw (Pakals Gemahlin). Deren sterbliche Überreste waren mit Zinnober rot eingefärbt. Unter den Grabbeigaben waren 1000 Jadestücke und eine Maske aus Malachit.

El Palacio

Schräg gegenüber vom Templo de las Inscripciones findet man **El Palacio** (Der Palast). Der gewaltige Bau diente einst zeremoniellen und politischen Zwecken: Hier wurden Feste gefeiert und ausländische Würdenträger empfangen. Ein labyrinthisches Netz aus Korridoren und unterirdischen Gängen verbindet die zwölf Innenräume miteinander.

Das markanteste Element des Palasts ist sein vierstöckiger Turm mit weitem Blick auf die Umgebung. Archäologen zufolge beobachtete der Maya-Adel dort oben die Sonnenstrahlen während der Wintersonnenwende. Der Turm ist jedoch für Besucher:innen gesperrt. Der Bach neben dem Komplex mündet in einen Aquädukt mit angeblich über 190 m³ Fassungsvermögen.

Templo del Sol

Südöstlich des Palasts repräsentieren die drei Pyramiden der Grupo de las Cruces (Gruppe der Kreuze) die Dreifaltigkeit der lokalen Götter. Sie wurden einst von Kan B'alam II. (Pakals Sohn) entworfen. Der **Templo del Sol** (Sonnentempel) am Westrand hat Palenques eindrucksvollsten Dachkamm. Die makellos erhaltenen Reliefs im Inneren zeigen Kan B'alam II. als Neugeborenen und Thronfolger. Angeblich beweist der eindrucksvolle Bau, wie kreativ Palenques Erbauer durch den Konsum der regionalen psychoaktiven Pilze wurden – man urteile selbst.

Templo de la Cruz

Eine steile Treppe führt zur Spitze des **Templo de la Cruz** (Kreuztempels) mit Palenques bester Aussicht: Von hier oben schaut man auf die weitläufige Archäologiestätte und das üppig grüne Dschungelmeer in der Ferne. Kan B'alam II. erbaute auch diesen Tempel. Die Basreliefs im Inneren erinnern an seine Thronbesteigung nach Pakals Tod – ebenso an seine Abstammungslinie und deren Anfang.

Museo del Sitio

Ein Palenque-Besuch endet am besten mit dem **Museum** der Stätte. Dessen große und klimatisierte Säle zeigen vor Ort entdeckte Artefakte. Dazu gibt's Hintergrundinfos auf Spanisch und Englisch. Ein Highlight ist die Sonderausstellung zur Roten Königin: Neben Funden aus deren Grab umfasst sie auch Videos, die während der Endeckung gedreht wurden.

ANREISE ZU DEN RUINEN

Ab dem Parque Central in Palenque fahren Kombis mit Kennzeichnung Ruinas zu den Ruinen. Diese ermöglichen auch beliebiges Aus- und Zusteigen entlang der Zufahrtsstraße. Am besten nimmt man einen Kombi zum oberen Haupteingang, erkundet die Stätte und folgt dann dem Dschungelpfad durch den Nationalpark zum Museum.

TOP TIPPS

- Gleich zur Öffnung herkommen: Morgens werden die Pyramiden attraktiv vom Nebel verhüllt.
- Sonntags wegbleiben: Freier Eintritt für Mexikaner und ortsansässige Ausländer sorgt dann teils für starken Betrieb.
- Das Museum besuchen (Öffnungszeiten Di–Sa 9–16 Uhr).
- Eine gute Führung buchen: Der Verband der Maya-Guides erweckt die Ruinen mit englischsprachigen Privattouren (1300 Mex$, 2 Std.) ab dem oberen Haupteingang zum Leben.
- Die begrenzte Essensauswahl bedenken: Diese beschränkt sich auf Tacos und kochend heiße *pozoles* (Suppen) in ein paar Cafeterias am oberen Eingang.
- Vor psychoaktiven Pilzen hüten: Einheimische verkaufen diese Drogen mitunter an der Straße zu den Ruinen.

MIROSLAW SKORKA/SHUTTERSTOCK ©

Ruinen von Palenque

DIE BESTEN RESTAURANTS IN PALENQUE

Café Haki Palenque
Bei Travellern für eiskaltes Bier und preiswerte internationale Küche beliebt. Am Hauptplatz gelegen. $

Restaurante Las Tinajas
Lokale Institution mit vielerlei mexikanischen Gerichten in üppigen Potionen. $$

Chivo's
Hippe Bar mit klassischen Tacos, Ceviche, gegrilltem Seafood und Gartentischen. $$

Bajlum
Eine Seltenheit an der Straße zu den Ruinen: Gehobenes Restaurant mit Maya-Traditionsgerichten. $$$

Chiapas kooperiert mit den lokalen Behörden, um tierische Patienten zu retten und zu pflegen. Ein Teil der Eintrittsgebühren fließt in aktuelle Aluxes-Projekte (z. B. die Auswilderung von Aras).

Gen Osten führt die Av Juárez zum Parque Central (Hauptplatz) im Stadtzentrum. In den kühleren Abendstunden erwacht dieser kräftig zum Leben. Hier kann man Fotos vor farbenfrohen Gebäuden knipsen und am östlichen Platzrand in Cafés relaxen. Die Lokale servieren meist frisch gemachte Obst-Smoothies und Bier zu *comida económica* (günstige Gerichte). Die benachbarte **Parroquia Santo Domingo de Guzmán** (Palenques Hauptkirche) ist dem Schutzheiligen der Stadt geweiht. Das Gotteshaus hat eine nüchterne weiße Fassade mit gelbem Mittelbogen und zwei Glockentürme an seinen Gebäudeenden.

Vier Blocks weiter westlich vermittelt der **Mercado Guadalupe** einen weiteren Eindruck vom lokalen Leben. Der kleine, aber belebte Markt ist tagsüber die beste Option für günstiges Essen. Jeden Abend säumen dann winzige Taco-Karren und *marquesita*-Stände die 2a Avenida Sur Ote einen Block südlich vom Hauptplatz.

ÜBERNACHTEN IN LA CAÑADA

Hotel Chablis Palenque
Gehobenes Hotel mit modernen Zimmern, einladendem Poolbereich und relaxter Atmosphäre. $$

Maya Tulipanes Express
Großes Hotel vor einer Dschungel-Kulisse. Top für Naturfreunde. $$

Casa Janaab Palenque
Ruhige Budgetoption mit Hängematten und blitzsauberen Schlafsälen. $

Palenque-Stadt

Relaxen in El Panchán

SCHLUPFWINKEL IM DSCHUNGEL

Palenque-Stadt selbst bietet einige Einrichtungen und Vorzüge. Zwischen dem Zentrum und den Ruinen liegt jedoch ein Areal mit vielen zauberhaften Orten: Zwischen rauschenden Bächen springen hier Brüllaffen durch die Dschungelbäume.

Abseits der Straße zu den Ruinen versteckt sich der Traveller-Favorit El Panchán im dichten Wald. Diese unkonventionelle Hippie-Enklave auf früherem Ackerland ist bei alternativen Typen sehr beliebt. Sie existiert dank der großzügigen Familie Morales, die viel zum Erforschen der Ruinen beigetragen hat.

Zwischen Dschungelbächen stehen hier schlichte, rustikale Budget-*cabañas* mit einfachen Betten und Moskitonetzen. Die meisten davon warten auch mit eigenen Restaurants, täglichen Trommelkursen und Abendunterhaltung auf. Gäste können zudem ihren Geist in einem Temascal reinigen, im örtlichen Tempel meditieren und generell ihr Bewusstsein erweitern.

DIE BESTEN UNTERKÜNFTE IN EL PANCHÁN

Chato's Cabañas by Panchan
Holzhütten mit Wandschmuck und guten Moskitonetzen an den Fenstern. Langjähriger Traveller-Favorit. $

Cabañas Kin Balam
Cabañas mit Poolblick in nur 3 km Entfernung zum Palenque-Nationalpark. Bei Backpackern extrem beliebt. $$

Hotel La Aldea del Halach Huinic
Hotel mit *palapa*-Dach und zentralem Pool in Stufenform. Kombiniert Dschungel-Vibe mit modernem Komfort. $$$

UNTERWEGS VOR ORT

Palenques kleines Zentrum ist sehr gut zu Fuß erkundbar und die Umgebung mit den Öffis erreichbar. Ab dem Parque Central fahren tagsüber regelmäßig Kombis zu den 9 km entfernten Ruinen. Hierbei ermöglichen sie beliebiges Aus- und Zusteigen entlang der Carretera Palenque-Ruinas. Alternativ warten weiße Taxis am ADO-Busbahnhof und am Hauptplatz.

Rund um Palenque

Im Dschungel rund um Palenque warten herrliche Wasserfälle, indigene Dörfer und wenig besuchte Ruinen in nächster Nähe.

TOP TIPP

Die meisten Reisebüros in Palenque bieten günstige Tagestrips zu den umliegenden Wasserfällen und Ruinen an. Entlang des Hwy 199 halten Kombis an den Abzweigungen zu den herrlichen Wasserfällen.

Rund um Palenque erstreckt sich ein Gobelin aus wildem Dschungel und wunderschönen Wasserfällen mit Naturbecken. Zudem bieten hier weniger bekannte Maya-Stätten eine Alternative zu den berühmteren Pendants.

Wer dem Hwy 199 südwärts folgt, schaut auf den funkelnden Río Tulijá, der sich durch die Felder zwischen Palenque und Ocosingo schlängelt. Ein Stück weiter empfehlen sich mehrere Zwischenstopps. Dabei bewundert man den schmalen Misol-Há-Wasserfall, schwimmt im malerischen Agua Clara und vergnügt sich in den Naturbecken von Agua Azul.

Südöstlich von Palenque passiert die befestigte Carretera Fronteriza (Hwy 307) mehrere wenig bekannte Archäologiestätten und Lacandón-Dörfer. Die Fahrt zu den uralten Städten Bonampak und Yaxchilán ist recht abenteuerlich, aber sehr lohnenswert.

Rio Tulijá

JOYCE CASANOVA/SHUTTERSTOCK ©

MARITXU/SHUTTERSTOCK ©

Misol-Há

SICHER REISEN

Die Straße zwischen Palenque und San Cristóbal de las Casas (Hwy 199) gilt als unsicher: Hier kommt es mitunter zu Raubüberfällen mit Straßensperren. Alle ADO-Busse benutzen daher die Alternativstrecke über Tuxtla Gutiérrez. Jedoch besteht Diebstahlgefahr an Bord von Nachtbussen: Wertsachen sind im verschlossenen Gepäckabteil potenziell besser aufgehoben. Vergleichsweise sicherer sind geführte Tagestouren mit Absetzen in San Cristóbal de las Casas. Selbstfahrer mit Mietwagen sollten möglichst auf Nachtfahrten verzichten und für den Fall eines Überfalls immer Bargeld bereithalten.

Wasserwelten

NATURBECKEN, STROMSCHNELLEN & KASKADEN

Zwischen Palenque und Ocosingo weiter südlich wartet ein Naturspektakel mit einladenden Felsbecken, reißenden Wasserfällen und rauschenden Stromschnellen. Der azurblaue **Río Tulijá** formte diese geologischen Phänomene im Lauf der Zeit.

Die lokalen Maya tauften den Fluss auf den Namen Yaks-Ha (Blaues Wasser) – kein Wunder: Der Kalkgrund reflektiert das Sonnenlicht, was dem glasklaren Wasser einen blau- bis minzgrünen Farbton verleiht. Leider ist dieser Effekt nicht ganzjährig sichtbar. Denn in der Regenzeit (ca. Aug.–Jan.) wird das Wasser durch eingespülte Sedimente erdbraun.

Rund 20 km südlich von Palenque erreicht der Hwy 199 den fotogensten Wasserfall des Rio Tulijá: Der atemberaubende Misol-Há („Wasserfall" auf Maya) stürzt von einem halbrunden Felsüberhang ca. 35 m tief in ein funkelndes Naturbecken inmitten von Büschen. Dessen indigoblaues Wasser ist in der Regenzeit teils zu tief zum Baden.

ÜBERNACHTEN IN RÍO TULIJÁ

Centro Turístico Ejidal Cascada de Misol-Há
Einfache Holzhütten zwischen den Bäumen. Mit Ventilatoren, Moskitonetzen und Warmwasserduschen. $

Cabañas Yax-Ha
Neue, saubere Hütten mit WLAN und eigenen Bädern. Direkt an den Agua-Azul-Wasserfällen. $

Posada Agua Azul
Rustikale Option mit einfachen Zimmern und Moskitonetzen. Kurzer Fußmarsch bis zu den Wasserfällen. $

Cascadas de Agua Azul

CASCADA DE ROBERTO BARRIOS

Definitiv einen Abstecher wert: Östlich des Hwy 199 liegt 30 km südlich von Palenque das Dorf Roberto Barrios. Hier lockt ein herrliches Emsemble aus aquamarinblauen Naturbecken und schäumenden Wasserfällen. Die **Cascada de Roberto Barrios** ist so grandios wie die Agua-Azul-Fälle, aber weitaus unbekannter. So verzeichnet sie auch viel weniger Besucher:innen. Wie die Einheimischen kann man über ihre verkalkten Felsen hinabrutschen. Zudem führen hier unbefestigte (Schlamm-)Pfade zu versteckten Buchten und Sprungplätzen. Anreise: Nordwestlich von Palenques Hauptplatz ein *colectivo* ab der Cuarta Pte Nte (zw. 5a Av Pte Nte & Sexta Av Pte Nte) nehmen.

Hinter dem Gischtvorhang des Wasserfalls führt ein rutschiger Weg am Fuß der Felswand zu einer tiefen Höhle. Wer diese erkunden will, muss Eintritt an eine separate *ejido* (kommunale Landgesellschaft) entrichten. Drinnen geht's über einen kurzen Pfad (Lampe benutzen!) zu einer Fledermauskolonie an der Höhlendecke.

Auf halber Strecke zwischen Palenque und Ocosingo (60 km weiter südlich) liegen mit den wilden **Cascadas de Agua Azul** die beliebtesten Wasserfälle der Region. Der Rio Tulijá vereint sich hier mit dem Río Shumuljá und entwickelt so besonders viel Kraft. Zusammen donnern die beiden Flüsse über mehrere Kalksteinstufen mit zahllosen Stromschnellen, Mini-Wasserfällen und -becken in die Tiefe. Das Wasser stürzt schließlich in eine Klamm, an der sich wagemutige Einheimische gegenseitig zu Sprüngen herausfordern. Aber Vorsicht beim Schwimmen: Hier bestehen Gefahren durch unerwartet hohen Strömungsdruck und versunkene Hindernisse (z. B. tote Bäume).

Vom Eingang führt ein Betonpfad zur oberen Fallkante. Unterwegs geht's über Abzweigungen zu *miradores* (Aussichtspunk-

ÜBERNACHTEN IM LACANDÓN-DSCHUNGEL

Santuario de Cocodrilo Tres Lagunas
Mittelklasseoption mit recht neuen, rustikal-eleganten Zimmern. Unglaublicher Seeblick. **$$**

Topche Centro Ecoturístico
Komfortable Quartiere mit Betonmauern plus *palapa*-Hütten mit Moskitonetzen und Gemeinschaftsbädern. **$**

Campamento Río Lacanjá
Holzhütten mit viel Dschungel-Atmosphäre in der Nähe des Río Lacanjá. **$**

ten) und ausgewiesenen Badestellen. Souvenir- und Imbissstände verkaufen Krimskrams, T-Shirts und Essen entlang des Hauptwegs. Je weiter man flussaufwärts läuft, desto weniger werden die aufdringlichen Händler:innen und die anderen Besucher:innen. Achtung: Diebstähle sind hier keine Seltenheit – darum immer gut auf die eigenen Besitztümer aufpassen!

Die Carretera Fronteriza

VERSTECKTE RUINEN & LACANDÓN-DÖRFER

Lust auf noch mehr Wildnis und indigene Kultur? Dann der Carretera Fronteriza gen Südosten folgen: Diese führt tief in die Selva Lacandona (Lacandón-Dschungel hinein). Im entlegensten und am schwächsten besuchten Gebiet der Region leben hier bedrohte Tierarten in freier Wildbahn. Mitten im Wald verstecken sich zudem kleine Dörfer der Lacandón-Maya.

Zugang zur Gegend ermöglicht nun die befestigte Carretera Fronteriza (Hwy 307; Palenque–Lagos de Montebello), die parallel zur Grenze zwischen Mexiko und Guatemala verläuft. Auf direktem Weg zwischen Chiapas und der Region Petén in Nord-Guatemala verbindet die Straße ein paar wenig besuchte Archäologiestätten und Ökotourismus-Projekte.

Rund 150 km südöstlich von Palenque liegt das bemerkenswert gut erhaltene Bonampak im dichten Dschungel. Bis 1946 war die uralte Stadt international unbekannt. Als erste Ausländer kamen damals zwei Entdecker aus den USA (Charles Frey und John Bourne) mit einem Lacandón-Guide hierher.

Die Hauptgebäude des Areals (2,4 km²) konzentrieren sich auf den Umkreis der zentralen Gran Plaza. Die eindrucksvollsten erhaltenen Bauten wurden von Chan Muwan II. (reg. ca. 776–95 n. Chr.) errichtet. Bonampak bedeutet "bemalte Mauern" auf Maya. Der Name basiert auf den höchst detailreichen Fresken im unscheinbaren Templo de las Pinturas (Tempel der Malereien). Die Darstellungen in leuchtenden Türkis- und Rottönen portraitieren das königliche Leben im 7. Jh. n. Chr.

Die vergleichsweise weitläufigeren Ruinen von Yaxchilán säumen spektakulär eine hufeisenförmige Kurve des Río Usumacinta. Dieser Fluss ist eine natürliche Grenze zwischen Mexiko und Guatemala. Dank seiner Lage und erfolgreicher Bündnispolitik stieg Yaxchilán zu einer der bedeutendsten Maya-Städte der Region auf: Es eroberte kleinere Pendants wie Bonampak und kämpfte auch gegen größere Konkurrenten (inkl. Palenque).

Unter Itzamnaaj B'alam II. und dessen Nachfolger Pájaro Jaguar IV. erlebte Yaxchilán seinen Machthöhepunkt (681–800 n. Chr.). Das Schild- und Jaguar-Wappen ziert viele örtliche Gebäude. Insgesamt wissen Archäologen mehr über die Jaguar-Dynastie als über andere Herrscherhäuser der Maya. Yaxchiláns

BEDROHTES PARADIES

Die **Selva Lacandona** (Lacandón-Dschungel) ist eine Schatztruhe der natürlichen Ressourcen und der Biodiversität. Ihr außergewöhnlicher Artenreichtum umfasst z.B. Jaguare, Tapire und Harpyien. Doch leider schrumpft das große Wildnisgebiet durch den Einfluss von Holzfällern, Viehzüchtern und Ölsuchern immer schneller: Von seinen ca. 15000 km² in den 1950er-Jahren sind heute nur noch geschätzte 2500 bis 3500 km² übriggeblieben.

ESSEN IM LACANDÓN-DSCHUNGEL

Restaurante de Doña Mary (Frontera Corozal)
Familiengeführtes Lokal mit kalorienreichen Klassikern. **$**

Restaurante Colibrí
Glühend heißes Grillfleisch und selbstgekochte Eintöpfe in großen Schüsseln. **$**

Restaurante La Selva
Palapa-Restaurant mit schlichter Kost (z.B. Ceviche und Chilaquiles). **$**

Río Lacanjá

ZAPATISTEN-ZONE

Die Zapatistische Armee der Nationalen Befreiung ist vor allem entlang der Carretera Fronteriza und im Umkreis der Reserva de la Biósfera Montes Azules aktiv. Militärische Kontrollpunkte säumen die Straße zum Lacandón-Dschungel, um die Region gegen die Rebellen abzusichern. Alle Grenzübergänge zu Guatemala sollten grundsätzlich nur bei Tag passiert werden.

eindrucksvolle Highlights sind seine prachtvollen Fassaden, Dachkämme und Türstürze mit Reliefs von zeremoniellen Szenen. Der am besten erhaltene Tempel namens Edificio 33 verfügt über eine steile Treppe, die ebenfalls mit herrlichen Reliefs verziert ist.

Das größte der Lacandón-Mayadörfer heißt Lacanjá Chansayab und liegt 12 km südöstlich von Bonampak. Seine Familienanwesen haben meist große Rasenflächen und grenzen hinten an den Río Lacanjá. Ein paar der Familien betreiben schlichte Homestays mit Hängematten und Essen. Sie führen Interessierte auch durch den Lacandón-Dschungel, wobei ein paar halb freigelegte Ruinen und die 2,5 km lange Laguna Lacanjá besucht werden. Der Sendero Ya Toch Kusam (2,5 km) zum gleichnamigen Wasserfall kann auf eigene Faust in Angriff genommen werden. Wandern zu den Ruinen erfordert aber einen Guide.

UNTERWEGS VOR ORT

Regionale Erkundungen auf eigene Faust sind potenziell zeitaufwendig und teuer. An der **Glorieta de la Cabeza Maya** (südlich vom ADO-Busbahnhof) in Palenque starten Mininbusse zur Grenzstadt Frontera Corozal am Fluss. Unterwegs halten die Fahrer auf Wunsch an der **Crucero Bonampak** (Abzweigung zu den Ruinen; 2 Std.). Nach dem Erkunden der Stätte geht's per Kombi oder Taxi weiter nach Frontera Corozal. Von dessen *embarcadero* (Anleger) schippern Motorboote nach Yaxchilán (40 Min.).

Geführte Regionaltouren sind praktisch, wenn man nicht selbst fahren will. Viele örtliche Anbieter organisieren neben sehr langen Tagestrips auch mehrtägige Ausflüge mit Übernachtung in Lacanjá Chansayab.

SAN CRISTÓBAL DE LAS CASAS

Mexico City

San Cristóbal de las Casas

Oberhalb eines Hochlandtals liegt San Cristóbal de las Casas auf 2200 m Höhe. Diesige Berge, Hügelkirchen und Maya-Dörfer umgeben die kolonialzeitliche Stadt. Uralte Kopfsteinpflasterstraßen, rote Dachziegel und so faszinierende wie berühmte Kunsthandwerks- bzw. Textilmärkte prägen das historische Zentrum.

San Cris ist eine super Ausgangsbasis für Trips zu den traditionellen Tzotzil- und Tzeltal-Dörfern an den umliegenden Hängen. Diese indigenen Gemeinden mixen einzigartige, vorkoloniale Bräuche und Glaubensvorstellungen mit alten katholischen Traditionen.

Vor Ort gibt's eine gute Tourismus-Infrastruktur sowie hervorragende Cafés und Restaurants. Dies lockt Budget-Traveller und künstlerisch veranlagte Auswander:innen schon seit langem hierher. Heute beheimatet die Stadt auch eine tolle Gemeinschaft von NRO-Aktivisten, die die indigenen Gemeinden unterstützen. Ebenso vertreten sind hier digitale Nomaden, die Wert auf schnelles Internet und leicht zugängliche Attraktionen legen.

TOP TIPP

Der nächstgelegene Flughafen ist der **Ángel Albino Corzo International Airport** in Tuxtla Gutiérrez (1½ Fahrtstd.). Von dort rollen OCC-Minibusse täglich zum Busbahnhof in San Cristóbal de las Casas. Dieser liegt nur zehn Gehminuten südlich vom historischen Zentrum.

San Cristóbal de las Casas

SAN CRISTÓBAL DE LAS CASAS

SEHENSWERTES
1 Centro de Textiles del Mundo Maya
2 Iglesia de Guadalupe
3 Iglesia de San Cristóbalito
(siehe 1) Museo de los Altos de Chiapas
4 Museo del Café
5 Museo San Cristóbal de las Casas
6 Na Bolom
7 Plaza 31 de Marzo

ESSEN
8 Esquina San Agustín
9 Mercado Municipal

AUSGEHEN & FEIERN
10 Café la Selva
11 Cafeología
12 Libre Café

UNTERHALTUNG
13 Plaza Libertad

Plaza 31 de Marzo

BARNA TANKO/SHUTTERSTOCK ©

Plaza de la Paz (Friedensplatz)

Kirchen, Plätze & Aussichtspunkte

STADTSPAZIERGANG AUF EIGENE FAUST

Die kleine Altstadt mit grünen Parks und Fußgängerzonen lässt sich leicht per pedes erkunden: Los geht's an der **Plaza 31 de Marzo** (Hauptplatz) mit Straßenhändlern und Schuhputzern. In entspannter Hochland-Atmosphäre gibt's hier viel zu sehen.

Etwas weiter nördlich kombiniert die markante **Kathedrale** eine Barockfassade in Gelb- und Ockertönen mit opulentem Blattgold im Inneren. Ihr Bau begann 1528, wurde aber erst 1815 nach mehreren Naturkatastrophen abgeschlossen. Danach beschädigten mehrere Erdbeben das Gebäude. Darunter war auch das Beben der Stärke 8,1, das Chiapas im Jahr 2017 erschütterte. Nach fünfjähriger Restaurierung wurde die Kirche kürzlich wiedereröffnet.

Westlich davon erstreckt sich die stimmungsvolle **Plaza de la Paz** (Friedensplatz), die ihren Namen nach dem Zapatisten-Aufstand erhielt: Im Lauf der Zeit hat der Platz viele regierungsfeindliche Proteste und friedliche Demonstrationen erlebt.

Von hier aus geht's nun entlang der verkehrsberuhigten **Real de Guadalupe** mit hippen Cafés und Kunsthandwerksläden

DIE BESTEN RESTAURANTS IN SAN CRISTÓBAL DE LAS CASAS

Restaurante Taniperla
Authentische, spitzenmäßige Hausmannskost à la Chiapas. $

Restaurante Las Pichanchas
Institution mit Regionalküche, einheimischen Getränken und traditionellen Tänzen. $$

Fogón de Jovel
Alteingesessene Institution, die regionale Küche serviert. $$

El Secreto
Regionale Spezialitäten in modernen Gourmet-Varianten. $$$

Esquina San Agustín
Trendiger Foodcourt mit gehobener peruanischer Fusionküche, japanischem Essen und modernen mexikanischen Gerichten. $$

ÜBERNACHTEN IN SAN CRISTÓBAL DE LAS CASAS

Sereno Art Hotel
Künstlerisch angehauchtes Hotel mit kühner Farbgestaltung, einzigartigen Gemälden und relaxter Atmosphäre. $$

Co.404 San Cris
Einladendes Hostel in einem ruhigen Wohnviertel der Stadt. Bei digitalen Nomaden sehr beliebt. $

Hotel Sombra del Agua
Erschwingliches Hotel in einem eleganten, weiß verputzten Bau von 1907. Befindet sich im historischen Zentrum. $

SL-PHOTOGRAPHY/SHUTTERSTOCK ©

Weberin, San Cristóbal de las Casas

gen Osten. Unterwegs lockt das alternative Kulturzentrum **Kinoki** (kinoki.com.mx) mit Independent-Filmen, Ausstellungen und prima Aussicht vom Dach. Noch weiter östlich erreicht man dann die belebte **Plaza Libertad**. Diese moderne Kunstgalerie rückt lokale Kreative (u. a. Bildhauer) ins Rampenlicht. Tagsüber veranstaltet sie Töpfer-Workshops und Malkurse. Abends serviert ihr Hausrestaurant leckere Holzofenpizzen und Mezcal-Cocktails.

Am Ende der Flaniermeile erhebt sich der **Cerro de Guadalupe** mit der großartigen **Iglesia de Guadalupe**. Die weiß-gelbe Kirche wurde 1712 am früheren Standort eines Aztekentempels errichtet. Zu ihren Toren führen 79 Stufen hinauf – auf dieser Höhe potenziell etwas anstrengend, aber aufgrund der tollen Aussicht sehr lohnenswert. Achtung: Die Gegend gilt bei Dunkelheit als unsicher und sollte daher unbedingt vor Sonnenuntergang wieder verlassen werden!

Jetzt zurück zur Plaza 31 de Marzo und dann südwärts zur Fußgängerzone **Andador Turístico** entlang der Miguel Hidalgo: Auf diese belebte Straße konzentrieren sich die angesagtesten Bars und Restaurants der Stadt unter bunten *papel-picado-Fahnen*. Hier empfiehlt sich eine Stärkung im stilvollen Foodcourt

DIE BESTEN AUSSICHTSPUNKTE IN SAN CRISTÓBAL DE LAS CASAS

Cerro de Don Lauro
Berggipfel mit grandioser Aussicht. Anstrengender Aufstieg (30 Min.) ab der Av Insurgentes).

Cerro de Guadalupe
Kleiner Hügel mit einer Kirche und super Aussicht. Erreichbar über 79 Stufen östlich der Stadt.

Cerro de San Cristóbal
Hügel mit Panoramablick und einer Kirche, die dem Schutzheiligen der Stadt geweiht ist. Erreichbar über 240 Stufen östlich vom historischen Zentrum.

ÜBERNACHTEN IN SAN CRISTÓBAL DE LAS CASAS

Casa del Alma
Elegantes Hotel im Kolonialstil. Klare Linien, minimalistisches Dekor und ein Designer-Korridor. **$$**

Casa Lum Hotel
Lauschiges Hotel mit veredelten Recycling-Elementen (Holz, Fliesen, Möbel) und Textilien von indigenen Kunsthandwerkern. **$$$**

Hotel Bo
Unkonventionelles, ultramodernes Fünfsternehotel mit strahlenden Farben und avantgardistischer Einrichtung. **$$$**

Esquina San Agustín mit vielen internationalen (Gourmet-) Gerichten.

Anschließend weiter gen Süden zum **Arco del Carmen** aus dem 17. Jh.: Der rosenrote Torbogen im Mudejar-Stil markierte einst den Stadteingang. Heute ist er für Livemusik und Straßentheater beliebt.

Zum Schluss führt eine extrem steile Treppe westwärts zur Spitze des **Cerro de San Cristóbal**. Von diesem Aussichtspunkt schaut man weit über die historische Stadt. Die Umgebung der örtlichen **Iglesia de San Cristóbalito** wird am 25. Juli zum Festplatz: Dann feiert San Cris seinen Schutzheiligen.

SCHNAPS AUS CHIAPAS

Aus Chiapas stammt die Spirituose *pox* (Aussprache "posch") auf Zuckerrohr-, Mais- und Weizenbasis. Die Wurzeln des Schnapses liegen in vorkolonialer Zeit: Damals brauten die Tzotzil-Maya ein bestimmtes Maisbier für rituelle Zwecke. Bis heute verwenden sie *pox* ("Medizin" auf Tzotzil) noch häufig für religiöse Rituale. Moderne handgebrannte *pox*-Varianten werden teils mit Schokolade, Früchten oder Honig verfeinert. Die **Posheria** (posheria.mx) zählt zu San Cristóbals bekanntesten Adressen für das Verkosten hochwertiger *pox-Sorten.* Bei den pox-Proben von **La Espirituosa** (laespirituosa.com) geht es spaßig zu.

Indigene Volkskunst

MEXIKOS SCHÖNSTES KUNSTHANDWERK

Chiapas steht schon immer für Kunsthandwerk: Die indigenen Handwerksmeister des regionalen Hochlands zählen zu den talentiertesten in ganz Mexiko. Und in San Cris gibt's besonders hochwertige *huipiles* (ärmellose Umhänge), Webarbeiten und Decken. Handwerksprodukte sind für moderne Maya-Gemeinden eine bedeutende Kunstform. Vor allem dank engagierter Frauen entstehen sie bis heute.

Seit einiger Zeit wird das lokale Kunsthandwerk jedoch durch importierte Fälschungen aus China bedroht: Diese werden auf regionalen Märkten immer wieder für mexikanische Originale gehalten. Sie sind meist grell gestaltet und fast immer günstiger. Souvenirkäufer sollten wissen: Originale sind immer einzigartig – kein Stück gleicht dem anderen.

Das großartige **Centro de Textiles del Mundo Maya** im Ex-Convento de Santo Domingo gibt Interessierten einen Crashkurs in puncto indigene Textilien: Dieses Museum zeigt über 500 handgewebte Stücke aus Maya-Gemeinden in ganz Mexiko und Mittelamerika. Unter den *huipiles* der Dauerausstellung (zwei Säle) ist auch ein 1000 Jahre altes Exemplar aus Baumrinde.

Etwas weiter die Straße runter präsentiert und verkauft **Sna Jolobil** („Weberhaus" auf Tzotzil) ein paar der hochwertigsten Textilien der Stadt (*huipiles,* Läufer, Blusen). Die indigene Kooperative (gegr. 1970) vertritt aktuell über 800 Hochland-Weberinnen, die halb vergessene Gestaltungsmuster und Arbeitstechniken erhalten.

Markterlebnisse

REGIONALKÜCHE, FRISCHWAREN & KUNSTHANDWERK

Wo kann man am besten ins lokale Leben eintauchen? Definitiv auf dem **Mercado Municipal**: Am interessantesten Ort in San Cris liegt Chili- und Mangoduft in der Luft. Unter neonfarbenen

BESTE BARS IN SAN CRISTÓBAL DE LAS CASAS

El Paliacate
Kulturzentrum mit Boheme-Vibe und alternativer Livemusik (inkl. Tzotzil-Rock).

La Viña de Bacco
Beliebteste Weinbar der Stadt. Erschwinglicher vino und Gratis-Tapas in geselliger Atmosphäre.

Café Bar Revolución
Stets belebt dank allabendlicher Livemusik (Rock, Jazz, Reggae).

INDIGENE GEMEINDEN IN CHIAPAS

In ganz Mexiko hat Chiapas hat einen der größten indigenen Bevölkerungsanteile: Nachfahren der alten Maya stellen ca. ein Viertel seiner 4,8 Mio. Einwohner. Dabei bilden sie acht indigene Hauptgruppen mit jeweils eigenen Sprachen, Bräuchen und Glaubensausprägungen. In San Cristóbal sieht man hauptsächlich Angehörige der Tzotzil und Tzeltal, die an ihren komplexen und bunten Trachten zu erkennen sind.

Die meisten indigenen Gruppen praktizieren religiöse Mischformen aus Katholizismus und Elementen aus der vorkolonialen Zeit.

Bis heute gelten sie als Mexikaner zweiter Klasse und leben hauptsächlich in Gebieten ohne Wasser- und/oder Stromanschluss. Ihre langjährige Misshandlung und Benachteiligung schürten den zapatistischen Chiapas-Aufstand, der die regionalen Probleme ins Rampenlicht rückte.

piñatas gibt's hier auch frisch gemachte Tacos und *tamales*. Ein Bummel durch den berauschenden Mix aus Obstständen und winzigen Nippesläden überlastet fast die Sinne. Verirren ist Teil des Spaßes.

Der Imbissbereich des Markts ist in der Stadt die beste Adresse für authentische Regionalküche à la Chiapas. Dies gilt vor allem für die lokaltypische *sopa de pan* (Brühe mit Brot, gekochten Eiern, Kochbananen und grünen Bohnen). Empfehlenswert sind auch die *tamales jacuanés* (Bohnen und Garnelen in *hoja-santa*-Blättern) oder die *tacos de cochito* (gefüllt mit mariniertem Schweinefleisch, in Safran-Soße geschmort).

Ein ganz anderes Erlebnis bietet der benachbarte **Mercado de Santo Domingo**. Dieser Kunsthandwerksmarkt besteht aus einem Gewirr von provisorischen Zelten. Zu Schnäppchenpreisen gibt's hier *huipiles*, Stickwaren, handgewebten Krimskrams, Bernsteinschmuck und Lederwaren aus Chiapas. Auch ein Besuch ohne Käufe ist bereits ein Fest für die Augen.

Gen Süden führt die Av Insurgentes zum kleinen, aber gleichsam belebten **Mercado de Dulces y Artesanías** mit Kunsthandwerksläden und Süßwarenständen. Naschkatzen finden hier ein riesiges Angebot an regionalen Spezialitäten. Darunter sind z. B. Kokos-Bonbons, karamellisierte Früchte oder die beliebten *chimbo* (süße Brötchen mit Honig-Zimt-Überzug).

Jede Menge Museen

CRASHKURS IN REGIONALGESCHICHTE & -KULTUR

Kleine, aber faszinierende und lehrreiche Museen lassen einen tief in die Geschichte von Chiapas eintauchen. Hierbei reicht das Spektrum von altehrwürdigen Institutionen bis hin zu Nischen-Museen, die die indigenen Kulturen der Region und deren jeweilige Geschichte beleuchten.

Teils Museum, teils Forschungszentrum: **Na Bolom** erzählt von dem dänischen Archäologen Frans Blom und von dessen Frau, der Schweizer Anthropologin Gertrude Duby-Blom. Frans erforschte jahrelang uralte Maya-Stätten in ganz Chiapas. Gertrude kämpfte für den Schutz der indigenen Lacandón im Osten des Bundesstaats. Ihr Wohnhaus namens Na Bolom ("Jaguar-Haus" auf Tzotzil) ist heute ein stimmungsvolles Museum. Dieses zeigt Fotos und Artefakte, die die beiden im Lauf von 50 Jahren gesammelt haben. Seit Gertrudes Tod ehrt Na Bolom das Erbe des Paars durch Fortsetzen der Forschung über die indigenen Kulturen und die Natur von Chiapas.

Das **Museo de los Altos de Chiapas** im zentral gelegenen Ex-Convento de Santo Domingo beeindruckt mit archäologischen Funden und Artefakten aus dem 19. Jh. Es portraitiert San

AUTHENTISCHES KUNSTHANDWERK AUS DER REGION KAUFEN

Camino de los Altos
Tolles Gemeinschaftsprojekt von französischen Modedesigner:innen und 160 Frauen aus indigenen Gemeinden.

Casa Folklora
Designerladen in einheimischem Besitz. Authentisches Kunsthandwerk (u.a. Decken, Umhängetücher) aus über 20 Maya-Gemeinden.

Táabal
Nachhaltiges Projekt unter einheimischer Leitung. Hochwertige Produkte von über 126 Kunsthandwerker:innen aus dem Hochland.

BERNARDO RAMONFAUR/SHUTTERSTOCK ©

Na Bolom

Cristóbals Geschichte von der vorspanischen Zeit und der Kolonisationsphase bis hin zur Stadtgründung. Das Ticket gilt auch für das benachbarte Centro de Textiles del Mundo Maya.

Das **Museo San Cristóbal de las Casas** (MUSAC) im früheren Rathaus beleuchtet die wichtigsten Ereignisse in 400 Jahren Stadtgeschichte. Seine Dauerausstellung in vier Sälen beginnt mit San Cristóbals Gründung im 16. Jh. Auch das Gebäude selbst ist sehenswert: Die neoklassizistische Villa von 1885 (Architekt: Carlos Z. Flores) zählt zu den schönsten lokalen Wahrzeichen.

Koffein-Kultur

KAFFEE FÜR ALLE GESCHMÄCKER

An fast jeder Ecke in San Cris duftet es lecker nach Koffeingetränken: Im Rahmen der Dritten Kaffeewelle verarbeiten hier immer mehr Kaffeehäuser und hippe Cafés ein paar von Mexikos besten Bio-Bohnensorten.

Der fruchtbare Boden und das kühle Hochlandklima in Chiapas erzeugen Bohnen, die zu den besten und berühmtesten der Welt zählen. Allein in diesem Bundesstaat werden über 40%

DIE ZAPATISTEN

Am 1. Januar 1994 stürmte die indigene Ejército Zapatista de Liberación Nacional (EZLN; Zapatistische Armee der Nationalen Befreiung) kurz nach 24 Uhr völlig überraschend sechs Städte in Chiapas. Die bewaffneten Rebellen erklärten Mexikos Regierung den Krieg, wobei sie Landreformen und mehr Rechte für indigene Gruppen forderten.
Nach elf Tagen der gewaltsamen Auseinandersetzung zogen sich die Zapatisten in den Lacandón-Dschungel zurück. Anschließend führten sie einen anhaltenden Propagandakrieg über das Internet. Nach Verhandlungen mit der Regierung unterzeichneten die Zapatisten im Jahr 1996 das Abkommen von San Andrés. Dieses sollte der Ausgrenzung, Diskriminierung und Ausbeutung indigener Gemeinden ein Ende bereiten – was jedoch nicht umgesetzt wurde.

STRASSENKUNST IN SAN CRISTÓBAL DE LAS CASAS

Calle Belisario Domínguez
Straßenmauern mit Bildern von jungen einheimische Künstler:innen.

Calle Tonalá
Dynamische und schöne Wandbilder am Rand von Kopfsteinpflaster.

Avenida Cristóbal Colón
Psychedelische Großstadtkunst an den berühmten Treppen des hügeligen Barrio del Cerrillo.

WARUM ICH SAN CRISTÓBAL DE LAS CASAS LIEBE

Nellie Huang, Autorin

Vielleicht sind es das gemächliche Lebenstempo und die künstlerische Atmosphäre. Oder auch die faszinierenden indigenen Traditionen und der hartnäckige Gleichberechtigungskampf der Einheimischen. Jedenfalls fesselt mich San Cris von Anfang an: Nur wenige mexikanische Städte sind gleichzeitig so traditionell, progressiv, fröhlich und melancholisch. Die Einwohner verachten die Regierung, sind aber ungemein stolz auf ihre einzigartige Heimatstadt mit grandioser Umgebung, großartigen Menschen und uralten Traditionen. Ich habe viele Teile Mexikos bereist – aber irgendwie zieht es mich immer wieder hierher zurück.

AINDIGO/SHUTTERSTOCK ©

Kaffeebohnen

der gesamten Kaffeproduktion des Landes erzeugt. Im schicken **Cafeología** kann man das Rösten der legendären Regionalbohnen beobachten und daraus frisch hergestellte Gebräue probieren. Bei den hauseigenen Kaffee-Erlebnissen werden verschiedene Sorten mit passenden Backwaren kombiniert.

Das **Café la Selva** zählt zu den ältesten Kaffeehäusern der Stadt. Diese lokale Institution serviert weiterhin 100%igen Bio-Kaffee aus dem Lacandón-Dschungel. Das winzige, aber tolle **Libre Café** quetscht eine riesige Röst- und Mahlmaschine zusammen mit ein paar Stühlen in einen einzigen Raum. Die Kaffeequalität sorgt hier jedoch für treue Stammgäste.

Das **Museo del Café** ermöglicht einen tieferen Einstieg ins Thema: Das Mini-Museum beleuchtet die Geschichte des Kaffeeanbaus in Chiapas. Betrieben wird es von der Kooperative Coopcafe, die über 17000 regionale Kaffee-Farmer (hauptsächlich indigen) vertritt. Nach der Besichtigung empfiehlt sich eine Tasse im Hauscafé.

UNTERWEGS VOR ORT

Wenn man mit dem Auto nach San Cristóbal de las Casas fährt, parkt man es am besten in einem Parkhaus außerhalb des historischen Zentrums. Die engen kopfsteingepflasterten Straßen sind schwer zu befahren und oft verstopft. Der **ADO-Busbahnhof** (Av Insurgentes 66) liegt etwas außerhalb der Altstadt, aber manche Fahrer setzen ihre Fahrgäste an der Plaza 31 de Marzo ab.

Das historische Zentrum von San Christóbal lässt sich hervorragend zu Fuß erkunden. Wer in diesem Teil der Stadt übernachtet, erreicht alles prima per pedes. Man sollte sich jedoch darauf einstellen, dass in dieser hügeligen Stadt diverse steile Straßen und unebene Pfade mit Kopfsteinpflaster zu meistern sind. Geeignete (Wander-)Schuhe sind darum ein Muss.

Rund um San Cristóbal de las Casas

San Cris verdankt seinen Charme auch den Dörfern und der wilden Natur in seiner Umgebung.

TOP TIPP

Die meisten Kombis zu Zielen in der Umgebung starten am **Mercado Municipal** (Calle Utrilla). Alternativ gibt's vor Ort auch günstige und leicht zu arrangierende Tagestouren.

San Cristóbals Hauptattraktion ist der Mix aus Stadt und Land: Seine historische Kolonialarchitektur wird von Hochlandflächen mit Maisfeldern und grasendem Nutzvieh umgeben. Die vielen faszinierenden Höhlensysteme in den umliegenden Hügeln bilden ein herrliches Wunderland der geologischen Art. Auswärtige Erkundungen locken bereits in relativer Stadtnähe: Nur eine Fahrstunde vom Zentrum entfernt warten Naturschutzgebiete und Maya-Dörfer.

Geologiefans freuen sich über die Tropfsteine in the Grutas del Mamut und die schroffen Felswände von El Arcotete. Wer sich für indigene Kulturen interessiert, kann tage- oder gar wochenlang die vielen Maya-Dörfer im Hochland von Chiapas (Los Altos de Chiapas) erkunden. Zu diesen Gemeinden zählen z. B. San Juan Chamula und San Lorenzo Zinacantán.

Templo de San Juan Chamula (S. 322)

THE ROAD PROVIDES/SHUTTERSTOCK ©

Portal, Templo de San Juan

TRADITIONELLE TRACHTEN DER CHAMULAN

Die Chamulan sind stolz auf ihre traditionellen Trachten: Ihre Frauen tragen meist schlichte Blusen und markante schwarze Röcke aus grober Wolle. Weite Umhänge aus weißer Wolle sind typisch für die meisten Männer. Die Stammesoberhäupter sind an weißen Kopftüchern und schwarzen Umhängen ohne Ärmel zu erkennen. Interessanterweise kennzeichnet die Faserlänge der Bekleidung den jeweiligen sozialen Status: Je flauschiger die Wolle, desto teurer – und desto angesehener der Träger oder die Trägerin.

Begegnungen mit den Chamulan

HEILER, RÄUCHERWERK & RITUALE

Das berühmteste indigene Dorf in der Umgebung von San Cris: San Juan Chamula ist das religiöse Zentrum der extrem eigenständigen Tzotzil, die auch Chamulan genannt werden. Deren synkretische Traditionen und Rituale kombinieren katholische und vorkoloniale Elemente. Das autonome Dorf liegt nur 10 km nordwestlich von San Cris, ist aber vergleichsweise grundverschieden. Tagestrips ab der Stadt sind sehr zu empfehlen: Direkt vor Ort erfährt man weitaus mehr über die Glaubenswelt der Chamulan. Guides bewahren einen dabei vor versehentlicher Verletzung der lokalen Verhaltensregeln.

Der markante **Templo de San Juan** am Dorfplatz ist Chamulas Hauptkirche. Bogen in strahlenden Grün- und Blautönen zieren das weiße Gebäude. Mit dem schummrigen Inneren betritt man eine andere Welt: Zahllose Kerzen flackern hier in düsterer Atmosphäre. Der Geruch von Kopal-Räucherwerk liegt in der Luft. Gläubige knien betend auf einem Bodenbelag aus Kiefernreisig. Dabei werden sie von *curanderos* (Schamanen) mit Eiern eingerieben. Die traditionellen Heiler trinken große Mengen von *pox* (Spirituose auf Zuckerrohr- und Maisbasis) und Coca-Cola, um böse Geister hinauszurülpsen.

ESSEN IN SAN JUAN CHAMULA

Restaurante El Mirador
Eins der wenigen guten Lokale vor Ort. Anständiges Essen und grandiose Aussicht. **$$**

Restaurante Al Toque!
Ein erschwingliches, familiengeführtes Restaurant in einer zentralen Lage. **$**

Restaurante Nichim
Zwangloses Diner mit leckeren Suppen im regionalen Stil. **$**

Kamera bzw. Handy unsichtbar wegpacken und nur beobachten: Knipsen und Filmen sind hier strikt verboten! Die lokalen Verhaltensregeln werden rigoros durchgesetzt und sind daher unbedingt zu beachten. Die Dorfhäuptlinge haben schon mehrfach Aufnahmegeräte von Besucher:innen beschlagnahmt und Geldstrafen für Regelverstöße verhängt. Die Chamulan misstrauen Fremden und hassen jegliche Störung ihrer religiösen Rituale. Respekt und Höflichkeit werden von ihnen aber freundlich honoriert.

Auf dem Wochenmarkt (So) direkt vor der Kirche verkaufen Chamulan-Frauen im Freien dieselben charakteristischen Röcke aus grober Wolle, die sie auch selbst tragen. Dann ist im Dorf stets am meisten los: Aus den Hügeln strömen die Menschen hierher, um einzukaufen und im Templo zu beten.

Zinacantáns Traditionen

TRACHTEN & BLUMEN

San Lorenzo Zinacantán (kurz: Zinacantán) duftet schon aus großer Distanz: Ein Flickenteppich aus Blumenfeldern und Hügeln voller Kiefern umgibt die kleine, aber lebendige Stadt mit 45 000 Einwohner:innen. Zudem überziehen riesige Gewächshäuser das hiesige Tal, was von oben an ein Schachbrettmuster erinnert. Nur 10 km nordwestlich von San Cristóbal werden hier seit Jahren Blumen kultiviert und u. a. nach Mexico City exportiert.

Von Zinacantáns Liebe für Blumen zeugen auch die lokalen Trachten: Die Einheimischen (indigene Tzotzil wie die Chamulan) tragen *chals* (Schals), Röcke und Umhänge mit bunten Mustern, die die regionale Blütenpracht widerspiegeln. Die Motive entstanden ursprünglich auf traditionellen Webstühlen. Heute werden sie aber oft maschinell gestickt. Dieses Kunsthandwerk lässt sich am besten in den Läden und Frauen-Kooperativen der Stadt bewundern. Die Produktionsstätten sehen äußerlich wie Wohnhäuser aus. An ihren Innenwänden hängen jedoch viele grellrosa Umhänge, violette *chals* und blaue Damenkleider mit aufwendigen Blumenmustern. Interessierte können die Weberinnen beim Arbeiten beobachten – ebenso deren Kolleginnen, die in den Hinterhöfen Tortillas backen und Bohnenmus zubereiten. Hinweis: Wenn man nichts kauft, wird eine Spende erwartet.

Vor allem sonntags lohnt sich ein Besuch des Hauptplatzes mit der **Iglesia de San Lorenzo** (zum Recherchezeitpunkt gerade wegen Renovierung geschlossen): Auf dem Wochenmarkt verkaufen einheimische Frauen dann frische Schnittblumen und Textilien.

FRAUEN-KOOPERATIVE IN ZINACANTÁN

Seit 2009 verbessern ca. 60 indigene Weberinnen ihr Leben mit der Kooperative **Mujeres Sembrando la Vida** ("Frauen säen Leben"): Bis heute verkaufen sie ihre regionalen Textilien (sowie anderes Kunsthandwerk) erfolgreich landesweit und in alle Welt. Die flotten und innovativen Designs folgen nicht nur traditionellen Mustern. Zur gesicherten Weitergabe der Handwerks-Kompetenzen betreibt die Kooperative zudem die Schule Yo'onik, die Kinder gratis im Weben und Sticken unterrichtet.

ESSEN IN ZINACANTÁN

Cocina Regional los Arcos
Leckere regionale Hausmannskost im Wohnhaus eines Einheimischen. $

Bar Garden Zinacantan
Vor Ort eine Seltenheit: Prima Gemeinschaftsteller und Getränke in fröhlicher Atmosphäre. $$

Tio Tono Restaurante Familiar y Botanero
Zwangloses Lokal mit gesunder, authentischer Hausmannskost à la Mexiko. $

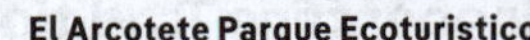
El Arcotete Parque Ecoturistico

DIE BESTEN NATURPARKS RUND UM SAN CRISTÓBAL DE LAS CASAS

El Arcotete
Der beliebteste Park mit einem markanten natürlichen Steinbogen zum Klettern.

Grutas del Mamut
Ähnlich attraktiver Park etwas nördlich von El Arcotete.

Parque Ecoturístico Rancho Nuevo
Hat das vergleichsweise größte Höhlensystem mit Kathedralendecken und einem betonierten Fußweg.

Die Höhlen von San Cristóbal

UNTERIRDISCHE GROTTEN & SCHLUCHTEN

Nur ein paar Kilometer östlich von San Cris wurde ein schroffes Höhlensystem mit unterirdischen Flüssen in eine Reihe kleiner Naturparks umgewandelt. Die Grotten zählen nicht zu den eindrucksvollsten in Chiapas, bieten aber etwas Natur in relativer Stadtnähe. Am beliebtesten ist dabei der **El Arcotete Parque Ecoturístico** mit Kiefernwäldern, Felsbogen und Schaukeln über Bächen. Anreise ab San Cris: *Colectivos* starten zwei Blocks nördlich der Iglesia de Guadalupe an einer Kreuzung (Nicolás Ruiz & Av Remesal).

El Arcotetes Highlight ist eine halboffene Höhle (Länge 400 m) mit einem eindrucksvollen Tropfstein-Labyrinth, durch das ein Fußweg führt. Unterwegs kann man seinen Kopf durch Felsspalten hinausstrecken und auf die endlosen Kiefernwälder schauen. Unterhalb des Höhleneingangs führen Stufen hinunter zum Fluss, über dem sich ein natürlicher Felsbogen erstreckt. Die Steilwand ist ein populärer Kletterspot.

Weniger Wagemutige gleiten entlang der örtlichen Seilrutsche entspannt über den Wald hinweg. Mehrere Wanderwege durchziehen die Kiefernwälder des Parks. Auf dem Fluss sind Trips per *lancha* (Motorboot) möglich.

UNTERWEGS VOR ORT

Die umliegenden Naturparks und indigenen Dörfer sind stressfrei per *colectivo*-Minivan ab dem Zentrum erreichbar (15 Mex$/Fahrt). Bei den meisten Kombis stehen die jeweiligen Ziele gut erkennbar an der Frontscheibe: Einfach heranwinken und einsteigen (genügend Kleingeld bereithalten!).

Ab dem **Mercardo Municipal** (Calle Utrilla) fahren *colectivos* nordwärts nach San Juan Chamula und Zinacantán. Unterhalb der **Iglesia de Guadalupe** starten *colectivos* gen Osten zu den Naturparks. Die Reisebüros an der Real de Guadalupe organisieren erschwingliche Tagestrips (meist spanischsprachig).

CAÑÓN DEL SUMIDERO

Mächtige Felswände (Höhe 1006 m) flankieren das grüne Wasser und die baumreiche Landschaft des Cañón del Sumidero. Dieser ist so tief, dass seine Wände von 35 Mio. Jahren Erdgeschichte zeugen. Der Canyon ist seit 1980 ein Nationalpark (218 km²), der auch verkarstete Berge und bemooste Felsformationen schützt.

Etwa zur selben Zeit wie der Grand Canyon in den USA wurde die Schlucht vom mächtigen Río Grijalva geschaffen. Sie ist zwar nur 25 km lang, aber dennoch sehr eindrucksvoll. Dies beweisen die vielen tollen Aussichtspunkte an ihrem Rand.

Ab Tuxtla Gutiérrez ist der Nationalpark leicht erreichbar. Die Nähe zur größten Stadt in Chiapas verursacht aber auch gewisse Umweltprobleme. Zudem sammelt sich sehr viel angeschwemmter Müll von stromaufwärts gelegenen Forstbetrieben und Dörfern in der Schlucht. Während der Regenzeit (Mai–Okt.) ist dieses Phänomen am schlimmsten.

TOP TIPP

Der Nationalpark liegt 18 km nördlich von Tuxtla Gutiérrez (Zentrum) und ist am leichtesten mit einem eigenen Fahrzeug erreichbar. Alternativ organisieren alle Reisebüros in San Cristóbal de las Casas und Tuxtla Gutiérrez auch ganztägige Trips. Diese beinhalten meist eine Bootsfahrt (2 Std.), alle Aussichtspunkte und freie Zeit (2 Std.) in Chiapa de Corzo.

Wasserfall Árbol de Navidad (S. 327)

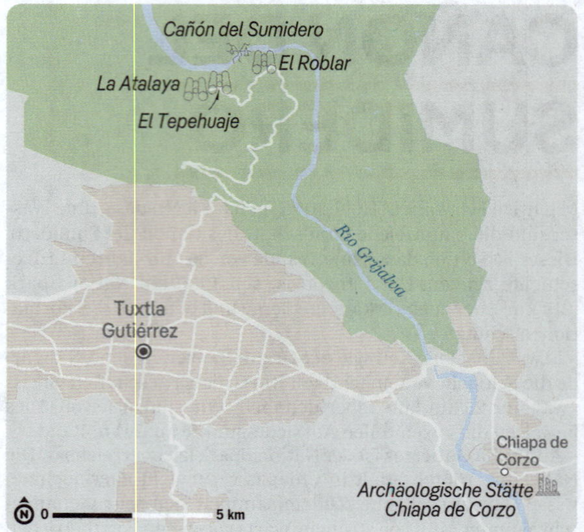

DER CHICOASÉN-STAUSEE

Vor über 30 Jahren war der Río Grijalva noch so wild und gefährlich, dass er nicht einmal von extrem erfahrenen Bootsleuten befahren werden konnte. Doch ab 1981 änderte sich dies komplett: Der Bau des Chicoasén-Staudamms verwandelte den Fluss in eine tiefe und ruhige Talsperre (Länge 25 km), auf der Tourboote problemlos herumschippern können. Deren Betreiber-Kooperativen ermöglichen Canyon-Trips mit ca. 60 Kähnen.

Hinaus aufs Wasser

BOOTSTRIPS AUF DEM RÍO GRIJALVA

Der Cañón del Sumidero ist ein Produkt des Río Grijalva: Beim Graben der Schlucht hat der Fluss eine herrliche Landschaft mit bewaldeten Ufern, Steilwänden und rieselnden Wasserfällen geschaffen. Diese erkundet man am besten mit *lanchas,* die auf dem Wasser zwischen den Felswänden hindurchflitzen. Die Boote starten am Anleger in **Chiapa de Corzo** sowie 5 km weiter nördlich am **Embarcadero Cahuaré**. Los geht's generell erst, wenn alle Plätze belegt sind (max. 20 Pers./Boot). Das ist aber meist nach höchstens 30 Minuten der Fall.

Die Trips von einem Flussende zum anderen (2 Std.) passieren mächtige Felsen und winzige Inselchen mit bedrohten Tierarten. So kann man vom Wasser aus nicht nur die gewaltigen Dimensionen der Schlucht erfassen, sondern auch super nach Tieren spähen: Potenziell zu sehen gibt's hier z. B. Kormorane auf Bäumen, fischende Reiher, schwimmende Schildkröten und sonnenbadende Krokodile am Ufer.

Unterwegs weisen die Skipper auf diverse besondere Felsformationen hin. Darunter ist z. B. die schroffe **Cueva de los Colores**: Eingesickertes Magnesium färbt deren Fels pastellrosa. Die Höhle beherbergt auch einen Schrein für die Jungfrau von Guadalupe, der am Día de la Virgen de Guadalupe (12. Dez.) von

HIGHLIGHTS IM CAÑÓN DEL SUMIDERO

Berlin-Ruinen
Uralte Festung der indigenen Chiapa, die nach dem deutschen Entdecker Heinrich Berlin benannt wurde.

Árbol de Navidad
Größter Wasserfall der Schlucht, der optisch an einen Weihnachtsbaum erinnert.

Isla Maria
Flussinsel mit großen Kormoran- und Reiherschwärmen.

Wasserfall Árbol de Navidad

vielen Pilger:innen besucht wird. Der nahegelegene **Árbol de Navidad** („Weihnachtsbaum"; Höhe 106 m) ist in Wirklichkeit ein Wasserfall: In der Regenzeit fließt er über dicke Schichten aus Hängemoos und erinnert dabei an einen funkelnden Weihnachtsbaum.

Am Embarcadero Cahuaré gibt's Snacks und Getränke. Unterwegs machen schwimmende Läden mit Chips, Softdrinks und Bier neben den Ausflusbooten fest. Für richtiges Essen begeben sich die meisten Traveller nach Chiapa de Corzo: Dort findet man ein paar gute Restaurants mit regionalen Spezialitäten.

Fahrt am Schluchtrand

GRANDIOSER PANORAMABLICK

Gleich beim Erreichen des Nationalparks wird einem klar: Dies ist ein besonderer Ort. Der Blick vom Wasser aus ist zweifellos wunderschön. Doch die Aussicht vom Schluchtrand (Calzada al Sumidero) ist noch viel spektakulärer: Umgeben von einem endlosen grünen Meer schaut man von hier oben auf den hufeisenförmigen Canyon, in dem sich der Río Grijalva durch verkarstete Bergareale voller Regenwälder schlängelt.

Über den ganzen Schluchtrand verteilen sich sechs miradores (Aussichtspunkte). Diese lassen sich jeweils mittels einer kurzen,

WANDERWEGE IM CAÑÓN DEL SUMIDERO

Circuit Cañón del Sumidero
Mittelschwerer Rundweg (6,1 km) durch den Regenwald.

Cerro Colorado
Anspruchsvoller Rundweg (3,9 km) zum Gipfel des Cerro Colorado mit einer tollen Aussicht. Östlich des Chicoasén-Stausees.

Miradores del Sumidero
Route zu drei Aussichtspunkten (10,8 km; Start am Mirador La Coyota).

BESTE AUSSICHTSPUNKTE IM CAÑÓN DEL SUMIDERO

Atayala
Letzter Aussichtspunkt mit super Panorama, Cafeteria und Kinderspielplatz.

Los Chiapas
Höchster Punkt der Route mit Rundumblick über die Sumidero-Schlucht.

La Ceiba
Von diesem Aussichtspunkt (*mirador*) kann man sehen, wie sich die Schlucht zu formen beginnt.

Luftansicht der Schlucht

ESSEN IN CHIAPA DE CORZO

Jardínes de Chiapa Restaurante
Stimmungsvolles Lokal mit toller Gartenterrasse und Regionalküche (z.B. *cochinito al horno* bzw. Schweinebraten). $$

El Campanario
Traditionelle Taverne mit Klassikern à la Mexiko und Chiapas. $$

Mercado Municipal
Beste Adresse für günstige und authentische Regionalküche. $

schönen Autofahrt ab Tuxtla Gutiérrez oder Chiapa de Corzo besuchen. Die Anfahrt entlang der steilen Serpentinenstraße zum Schluchtrand ist nicht ganz einfach. Oben geht's aber stressfrei und gemütlich von einem *mirador* zum nächsten. Der Canyon ist nicht mit öffentlichen Verkehrsmitteln erreichbar. In Tuxtla gibt's aber günstige Mietwagen. Manche Tagestrips besuchen ebenfalls die Aussichtspunkte.

Der erste davon heißt **La Ceiba** und liegt am Anfang der Schlucht. **La Coyota** bietet dann einen ersten Blick auf die Steilwände. Weiter oben wird der Canyon bei **El Roblar** langsam breiter. Nach einer Kurve genießt man bei **El Tepehuaje** ein spektakuläres Panorama. Neben einem überdachten Aussichtsturm gibt's hier auch einen großen Parkplatz. Die nächste Station namens **Los Chiapas** empfängt ihre vielen Gäste mit Rundumblick, Toiletten, einem kleinen Museum und einem Souvenirladen. Den Abschluss macht **La Atalaya** mit einem Kinderspielplatz im Freien und einer Cafeteria mit warmen *tamales*. Hinweis: Dienstags sind die Aussichtstürme wegen Wartung geschlossen – darum sollte man an einem anderen Tag herkommen.

ÜBERNACHTEN IN CHIAPA DE CORZO

Hotel La Ceiba
Das nobelste Hotel vor Ort mit einladendem Pool und attraktivem Garten. $$

Yaxché
Schlichtes Hotel in zentraler Lage. Kolonialstil größtenteils aufs Äußere beschränkt. $

Hotel De Santiago
Spartanische Pension im Kolonialstil. Direkt neben dem rotweißen Templo de Santo Domingo. $

Chiapa de Corzo

SPAZIERGANG DURCHS PROVINZLEBEN

Im ländlichen Chiapa de Corzo am Nordufer des Río Grijalva starten Bootstrips durch den Cañón del Sumidero. Die verschlafene Kolonialstadt ist aber viel mehr als nur eine Ausgangsbasis für Tourist:innen und ein unterschätztes Ziel für sich: Ihre vielfältige Geschichte reicht bis ins Jahr 1200 v. Chr. zurück.

Vor der spanischen Eroberung lebten hier die indigenen Chiapa. Der kriegerische Stamm kämpfte gegen die eintreffenden Konquistadoren und war für diese ein großes Problem. Beim erfolgreichen Angriff von Diego de Mazariegos (1528) wollten zahllose Chiapa nicht kapitulieren: Sie stürzten sich stattdessen im Canyon zu Tode. Mazariego gründete vor Ort eine Siedlung und nannte sie Chiapa de los Indios.

Wie die meisten mexikanischen Städte erstreckt sich auch Chiapa de Corzo rund um seinen Hauptplatz. Dessen schmucker Springbrunnen aus Backstein heißt **La Pila** (alias Fuente Colonial). Er entstand 1562 im Mudejar-Stil und ähnelt optisch der spanischen Königskrone. An schwülen Tagen ist der grüne Platz der beste Ort, um auf einer Sitzbank mit einem *elote* (gegrillten Maiskolben) zu relaxen und die belebte Atmosphäre zu genießen.

Zum Bootsanleger führt die Calle 5 de Febrero mit zahllosen Kunsthandwerksläden und dem markanten, rot-weißen **Templo de Santo Domingo de Guzmán**. Im früheren Konvent nebenan zeigt das sehenswerte **Museo de la Laca** die Spezialität der lokalen Kunsthandwerker: lackierte Kalebassen.

Ältere Stadtgeschichte wartet 1,5 km östlich vom Hauptplatz: Die archäologische Stätte **Chiapa de Corzo** schützt erhaltene Überreste der vorkolonialen Siedlung. Jahrelange Ausgrabungen legten hier drei Zoque-Pyramiden auf Fundamenten aus dem Jahr 750 v. Chr. frei. In einer davon entdeckten Archäologen 2010 eine 2700 Jahre alte Krypta, die zu Mesoamerikas ältesten bekannten Pyramidengräbern zählt.

ESSEN IN TUXTLA GUTIÉRREZ

Taquitos Casa Blanca
Örtliche Legende mit leckeren *tacos de cochito* (Tacos mit Pulled Pork). Unterhält neben dem Stammsitz (Blvd La Salle) auch ein paar Filialen in der ganzen Stadt. **$**

Las Pichanchas
Belebtes Restaurant in einem Innenhof. Berühmt für Regionalküche, Marimba-Livemusik (tgl. abends) und traditionelle Tänze. **$$**

Restaurante La Mansión
Tuxtlas bestes Steakhaus mit mehrgängigen Abendmenüs. **$$$**

Tuxtla Gutiérrez

MARIMBA & KAFFEE IN DER STAATSHAUPTSTADT

Tuxtla Gutiérrez ist ein Paradebeispiel für das moderne Mexiko: Die größte Stadt in Chiapas kombiniert kolonialzeitliche Kirchen mit Glasdach-Bauten und US-Ketten mit traditionellen Kunsthandwerksläden. Die meisten Tourist:innen benutzen nur den funkelnden modernen Flughafen oder Busbahnhof zwecks Durchreise. Die Staatshauptstadt eignet sich aber auch prima für eine erste Orientierung.

ÜBERNACHTEN IN TUXTLA GUTIÉRREZ

The Lu'um House
Apartment-Hotel mit großen, stilvollen und gut ausgestatteten Suiten. Prima für längere Aufenthalte. **$$**

Hotel Casa del Agua
Zauberhaftes Hotel im Kolonialstil. Geräumige Zimmer plus großem, einladenden Pool. **$**

Hotel del Carmen
Zentral gelegenes Budget-Hotel. Blitzsaubere Zimmer zu super Preisen. **$**

DIE BESTEN MUSEEN

Museo de la Marimba
Das Museum informiert kompakt über die Geschichte der Marimba-Musik und deren berühmte lokale Vertreter.

Regionalmuseum der Anthropologie und Geschichte von Chiapas
Größtes Museum in Chiapas und landesweit eines der bedeutendsten seiner Art.

Museo de las Artesanías de Chiapas
Beleuchtet das berühmte Kunsthandwerk des Bundesstaats (inkl. Symbologie, geschichtlicher Hintergrund).

Museo Chiapas de Ciencia y Tecnología
Interaktives Wissenschafts- und Technologiemuseum. Bespaßt Kinder u.a. mit vielen digitalen Displays und Dinosaurier-Figuren.

Tuxtla Gutiérrez

Tuxtla ist eine Ableitung des Nahuatl-Worts *tuchtlán* ("Ort der zahllosen Kaninchen"). Zu Ehren des Lokalpolitikers und Generals Joaquín Miguel Gutiérrez wurde später noch dessen Nachname hinzugefügt. Statt Kaninchen findet man hier heute viele Restaurants, Bars, Malls und andere Einrichtungen.

Regierungsgebäude säumen die **Plaza Cívica** (Hauptplatz), die sich über zwei Blocks erstreckt. Die weiß verputzte **Catedral de San Marcos** am Südende ist für ihr musikalisches Glockenspiel bekannt. Die Fassade der Kirche dient auch als Leinwand für eine Multimedia-Lightshow (Do–So ab 20 Uhr).

Einen Block östlich der Plaza informiert das staatliche **Museo del Café** über den Kaffee-Anbau in Chiapas: Besucher:innen erfahren alles über Mexikos beliebteste Bohnen und können im Museumshof auch Koffeingetränke probieren. Vor Ort gibt's Konzerte, Filmvorführungen und sogar Barista-Wettbewerbe.

Für Einblicke ins Lokalleben läuft man am besten abends zum grünen Parque **de la Marimba** hinunter: Acht Blocks westlich der Plaza gibt's hier jeden Abend kostenlose Marimba-Konzerte im zentralen Pavillon. Rund um diesen steigt dann eine Tanzparty im Freien – am Wochenende scheint daran die ganze Stadt teilzunehmen. Das winzige **Museo de la Marimba** am Parkrand liefert weitere Infos zur Marimba. Neben alten und modernen Modellen des typisch mexikanischen Musikinstruments warten hier auch Details zu dessen berühmtesten Bedienern.

UNTERWEGS VOR ORT

Zum und im Nationalpark gibt's keine direkten öffentlichen Verkehrsmittel. Jedoch fahren Busse bzw. *colectivos* ab Tuxtla Gutiérrez und San Cristóbal de las Casas nach Chiapa de Corzo. In Tuxtla starten *colectivos* regelmäßig an der la Av Sur Oriente (zw. Calle 5a & 7a Oriente Sur), während OCC-Busse an der Av Insurgentes aufbrechen. Ab dem örtlichen Bootsanleger (Chiapa de Corzo) schippern *lanchas* in kurzer Zeit zur Schlucht.

Der Nationalpark lässt sich am besten per Leihwagen erkunden. In Tuxtla Gutiérrez selbst und am Flughafen sind diverse Autovermieter vertreten. Selbstfahrer brauchen aber genügend Erfahrung, um die steilen Straßen mit Haarnadelkurven sicher zu meistern. Vor allem an den Aussichtspunkten gibt's viele Gratis-Parkplätze.

COMITÁN

Rund 90 km südöstlich von San Cristóbal de las Casas liegt eine der unbekannteren Perlen aus der regionalen Kolonialzeit auf einer Hochebene: Das ruhige Comitán de Domínguez verzeichnet nur wenige Übernachtungsgäste. Hauptgrund für einen Besuch ist seine Nähe zu den himmelblauen El-Chiflón-Wasserfällen.

Die Stadt mit angenehmer Hochland-Atmosphäre wurde 1527 von den Spaniern gegründet. Ihr Zentrum markiert ein zauberhafter Platz mit vielen modernen Skulpturen und Bäumen, deren Kronen makellos flach getrimmt sind. Drum herum liegen neun Stadtviertel mit gleichmäßigem Straßenraster und pastellfarbenen Häusern.

An der Panamericana (Hwy 190) ist dies die letzte Stadt vor den funkelnden Seen an der Grenze zu Guatemala. Auf dem Weg ins Nachbarland kann man sich hier gut mit allem Nötigen eindecken. Dank verbesserter Infrastruktur hat Comitán nun auch diverse günstige Hotels und anständige Restaurants.

TOP TIPP

Westlich vom Parque Central führt der Hwy 190 mitten durch Comitán. Am OCC-Busbahnhof (Ecke Hwy 190 & Cristóbal Colón) besteht Linienverbindung nach San Cristóbal de las Casas (2 Std.), Tuxtla Gutiérrez (3 Std.) und Palenque (7 Std.). Gegenüber vom OCC-Terminal starten Kombis zum Stadtzentrum.

SEHENSWERTES

1 Casa Museo Dr Belisario Domínguez
2 Centro Cultural Rosario Castellanos
3 Iglesia de Santo Domingo
4 La Pila
5 Museo Arqueológico de Comitán
6 Museo de Arte Hermila Domínguez de Castellanos
7 Parque Central Benito Juárez

Centro Cultural Rosario Castellanos (S. 332)

SIMON MCGILL/GETTY IMAGES ©

Palacio Municipal

Der Parque Central

COMITÁNS PULSIERENDES HERZ

Das kolonialzeitliche Stadtzentrum mit vielen *taquerías* und kleinen *posadas* lässt sich leicht zu Fuß erkunden. Mittelpunkt des übersichtlichen Bezirks ist der **Parque Central Benito Juárez** ein paar Blocks östlicher Kreuzung von Hwy 190 und Central Pte. Getrimmte Bäume, Blumenbeete und Skulpturen prägen den grünen Platz, der vor allem abends sehr belebt ist: Tanzwütige Locals lauschen dann kostenlosen Marimba-Konzerten. Am Wochenende findet man hier auch Kunsthandwerks- und Street-Food-Stände, bei denen heiße Tacos verkauft werden.

Am Platzrand liegen das **Centro Cultural Rosario Castellanos** (Kulturzentrum), der **Palacio Municipal** (Rathaus) und das örtliche Highlight: die eindrucksvolle **Iglesia de Santo Domingo** (erb. 16.–17. Jh.) mit einer pastellgelben Fassade im neoklassizistischen Stil. Ein markantes Merkmal der Kirche ist die ungewöhnliche Blendarkade am Turm im Mudejar-Stil. Das frühere Kloster nebenan hat eine schmucke Veranda mit Holzpfeilern und einem großen Wandbild, das Szenen aus der Stadtgeschichte zeigt.

Comitáns Held

LOKALE KULTUR ERLEBEN

Das kleine Comitán hat überraschend viele Geschichtsmuseen. Die **Casa Museo Dr. Belisario Domínguez** gleich südlich vom Hauptplatz ist dem größten Lokalhelden gewidmet: Dr. Domínguez, der auch Teil des Stadtnamens ist. Der Arzt und politische

DIE BESTEN RESTAURANTS

Camino Secreto
Ziemlich verstecktes Lokal mit einer guten und günstigen Regionalküche. $

Ta Bonitío
Restaurant mit vielen regionalen Spezialitäten und internationalen Gerichten. Bei Einheimischen sehr beliebt. $$

Mercado San José
Hipper, stimmungsvoller Foodcourt mit Glasdecke, Wandbogen und kosmopolitischer Atmosphäre. $$

ÜBERNACHTEN IN COMITÁN

Hotel Casa Delina
250 Jahre alte Villa. Acht luxuriöse Zimmer mit Mix aus kolonialzeitlicher Pracht und schickem Industriestil. $$

Hotel Nak'An Secreto Maya
Stilvolle, moderne Zimmer in super zentraler Lage mit dem besten Preis-Leistungs-Verhältnis vor Ort. $$

Capital O Hotel Jardín de Tereza
Kolonialzeitliches Hotel rund um einen hübschen Innenhof. Große Zimmer mit Balkendecken. $

Comitán

Aktivist wurde am Ende seiner politischen Karriere ermordet. Das Museum, das in seinem früheren Wohn- und Praxishaus untergebracht ist, gibt faszinierende Einblicke in das regionale Leben im frühen 20. Jhs.

Einen Block weiter südlich beherbergt das **Museo de Arte Hermila Domínguez de Castellanos** die Kunstsammlung des Dr. Domínguez. Ausgestellt sind hier auch Werke berühmter mexikanischer Kunstschaffender (z. B. José Luis Cuevas, Rufino Tamayo). Das Museum veranstaltet mitunter Seminare bzw. Workshops in Kunstgeschichte und -erziehung. Um die Ecke beleuchtet das **Museo de la Ciudad** verschiedene Perioden der Stadtgeschichte von den alten Maya bis hin zum 19. Jh.

Die vielen Artefakte im **Museo Arqueológico de Comitán** gleich östlich vom Hauptplatz stammen von den vielen archäologischen Stätten der Gegend (z. B. Tenam Puente, S. 336). Im Hauptsaal warten schematische Darstellungen der ersten Jäger und Sammler sowie Stücke aus der präklassischen Periode. Freier Eintritt; Infotexte nur auf Spanisch.

Stimmungsvolles La Pila

BASTION EINES SCHUTZHEILIGEN

Unbedingt erkunden: Die belebten *barrios* (Stadtviertel) sind Comitáns Herz und Seele. Das älteste davon heißt **La Pila** und liegt nur drei Blocks nordöstlich vom Hauptplatz.

Über Kopfsteinpflaster hängen hier die Holzbalkone von Häusern mit roten Ziegeldächern. Teil des lokalen Alltags sind auch alte VW Käfer und Straßenhändler, die *paletas* (Stieleis) und *pozoles de elote* (dickflüssige Getränk auf Maisbasis) verkaufen.

LOKALE SPEZIALITÄTEN

Comiteco Comitáns eigene traditionelle Mezcal-Variante. Gebrannt aus *maguey*-Agavenherzen und *piloncillo* (gekochtes Zuckerrohr).

Pozol de cacao o cacahuate Dickflüssiger Mix aus *masa* (Maismehl-Teig), Wasser und Kakao oder Erdnüssen.

Cascara preparada Großes, lockeres Weizenmehl-Fladenbrot in Rechteckform. Üppig garniert mit Käse, Mais, Chili und Sahne.

Chinculguajes Dicke Tortillas mit Füllung aus Bohnen, Koriander und Chili.

Pan compuesto Runde *torta* (Sandwich) mit Hähnchenfleisch, eingelegter Roter Bete, Karotten und Frischkäse.

Hueso Comiteco Schweinshaxe mit Knochen. Langsam in süßsauerer Soße gegart.

BESTE CAFÉS IN COMITÁN

Monarca – café de especialidad Stilvolles Dachcafé mit ein paar der besten Kaffee-Varianten in ganz Chiapas. **$$**

La Comiteca 1948 Super Frühstücksadresse mit leckeren, frischen Backwaren (z. B. *concha*-Brötchen). **$$**

Perro Caffé Modernes Bäckerei-Café mit vielerlei Frappés, Kuchen und Bagels. Prima für Naschkatzen. **$$**

DIE UNABHÄNGIGKEIT VON CHIAPAS

Als erste Stadt in Chiapas erklärte Comitán seine Trennung vom spanischen Kolonialreich. 1821 beschlossen die dortigen Führer, aus Chiapas eine eigenständige Nation zu machen. Angesichts Guatemalas wachsender Kontrolle über die Region entschied sich Chiapas aber schließlich 1824, Mexiko als 19. Bundesstaat beizutreten.

An diese unsichere Zeit erinnert eine große Replik der regionalen Unabhängigkeitserklärung: Das sogenannte **Buch** ziert eine Böschung auf Comitáns Hügelfriedhof. Drum herum stehen leuchtturmförmige Säulen mit Fliesenmosaiken, die die Wappen von Chiapas und Mexiko darstellen.

JCAD/SHUTTERSTOCK ©

Templo de San Caralampio

Der **Templo de San Caralampio** ist das Schmuckstück des Viertels. Die orange-rote Kirche im neoklassizistischen Stil glänzt mit karierten Treppen und vielen prachtvollen Reliefs. Comitán verehrt den griechisch-orthodoxen Heiligen St. Caralampio so sehr, dass es ein zehntägiges Fest zu dessen Ehren veranstaltet: Die Fiesta de San Caralampio (10. Feb.) beginnt stets mit einer traditionellen Prozession ab El Chumís am südwestlichen Stadtrand. Maskierte Männer und Teufelsfiguren paradieren und tanzen vor dem Templo. Dann strömen die Gläubigen ins Innere, um zu beten und Blumen darzubringen.

UNTERWEGS VOR ORT

Das übersichtliche Comitán lässt sich komplett zu Fuß erkunden. Gleich nördlich vom OCC-Busbahnhof gibt's *colectivo*-Terminals am Hwy 190 (zw. Calle 1a & 2a Sur Poniente). Diese bieten Verbindung nach San Cristóbal und Tuxtla Gutiérrez. Rund um den Hauptplatz warten zudem viele weiße Taxis.

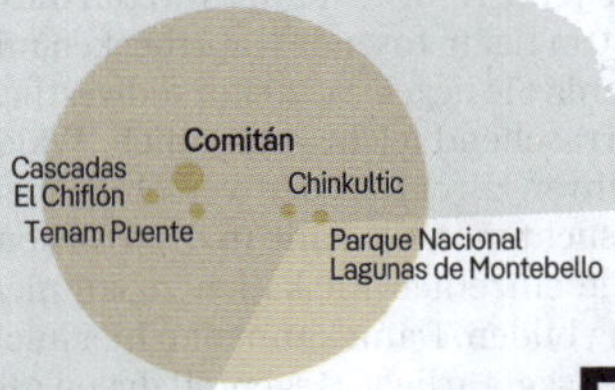

Rund um Comitán

Comitán ist ein tolles Tor zu natürlichen und historischen Highlights in der Umgebung.

TOP TIPP

Bei geführten Tagestouren bleibt pro Ziel nur begrenzte Zeit. Es empfehlen sich längere Individualtrips mit Übernachtungen.

Maximal zwei Fahrtstunden von Comitán entfernt warten viele funkelnde Seen und archäologische Stätten. Nahe der Grenze zu Guatemala liegen diese Ziele im äußersten Südwesten von Chiapas und werden daher kaum besucht. Überlandreisen nach Guatemala lassen sich leicht in herrliche Roadtrips verwandeln: Der Hwy 190 passiert zahlreiche Naturwunder.

Die saphirblauen El-Chiflón-Wasserfälle südwestlich von Comitán sind das Aushängeschild von Chiapas und Südmexikos sinnbildliches Symbol. Südöstlich der Stadt liegen die Stufenpyramiden von Chinkultic und die Festungsruinen von Tenam Puente. Noch weiter östlich umrahmen Kiefernwälder die schimmernden Seen des Parque Nacional Lagunas de Montebello.

Cascadas El Chiflón (S. 336)

BATECHENKOFF/SHUTTERSTOCK ©

TOP TIPPS FÜR DEN BESUCH

Geführte Touren Reisebüros in Comitán organisieren täglich Gruppentrips (ca. 400 Mex$/Pers. inkl. Lagos de Montebellos). Diese haben aber meist ein recht hohes Tempo und bieten keine Badegelegenheit. **Auf eigene Faust** Von seinem Busterminal in Comitán fährt Autotransportes Cuxtepeques zur Abzweigung nach El Chiflón (6–19 Uhr stündl.).

Beste Besuchszeit Außerhalb mexikanischer Urlaubsperioden (z.B. Semana Santa) mit viel Betrieb und doppeltem Eintritt.

Ausrüstung Schwimmkluft, Badeschuhe, Insektenspray, biologisch abbaubares Sonnenschutzmittel.

Restaurants Gibt's in beiden centros. Die Alternativen sind eigener Proviant und die Imbisswagen an den umliegenden Straßen.

Rettungsschwimmer:innen An den Badebereichen nicht vorhanden. Darum Vorsicht!

El Chiflón

KASKADEN, NATURBECKEN & SINTERTERRASSEN

Die schäumenden **Cascadas El Chiflón** gelten als schönste Wasserfälle in Chiapas. Über eine Abbruchkante stürzen diese himmelblauen Kaskaden 120 m tief in tosende Naturbecken mit kobaltblauem Farbton hinunter. Sie liegen ca. 20 km südwestlich von Comitán und sind überraschend leicht zugänglich: Waldpfade und Plankenstege führen direkt zu den verschiedenen Abschnitten. Am besten besucht man die Fälle in der Trockenzeit (ca. Feb.–Juli), wenn die einzelnen Kaskaden zusammen einen schäumenden Vorhang bilden. Dann kann man hier auch sicher schwimmen. Das lebensgefährliche Gegenteil davon gilt in der Regenzeit, die das Wasser schlammbraun einfärbt und für extrem starke Strömung sorgt.

Zwei kommunale Öko-Tourismuszentren verwalten die Wasserfälle. Das erste davon heißt **Centro Ecoturístico Cascadas el Chiflón** und punktet mit diversen tollen Einrichtungen. Darunter sind rustikale cabañas am Fluss, Seilrutschen, ein Campingplatz und ein kleines Infozentrum mit Details zur örtlichen Natur. Vom Parkplatz aus folgt man zuerst der Zufahrtsstraße (1 km) und dann einem Waldpfad (1,3 km) entlang des Flusses. Schließlich kommt eine Kaskadenreihe in Sicht, die stückweise immer spektakulärer wird. Der Pfad endet dann direkt am rechten Rand des höchsten Wasserfalls von El Chiflón: Der **Velo de Novia** („Brautschleier"; 120 m) durchnässt einen mit spritzender Gischt.

Das zweite Zentrum namens **Centro Ecoturístico Cascada Velo de Novia** kombiniert weitere Badestellen mit vergleichsweise neueren und etwas günstigeren *cabañas*. Hier führen Pfade zur linken Seite des Velo de Novia. Das Panorama ist hier vergleichsweise besser, muss aber aus größerer Entfernung zum Wasser genossen werden. Unterwegs überspannen diverse Seilrutschen den Fluss. Bei genügend Zeit übernachtet man am besten in den *cabañas* und besucht beide Zentren, um die Fälle aus verschiedenen Perspektiven zu bewundern.

Unbekannte Ruinen

IN STEIN GEMEISSELTE GESCHICHTEN

Die archäologische Stätte **Tenam Puente** liegt 11 km südlich von Comitán. Sie ist international fast unbekannt und wird daher kaum besucht. Doch der kleine Abstecher auf dem Weg nach El Chiflón lohnt sich sehr: Dies ist einer der zauberhaften Orte, der gleichsam mit wilder Naturatmosphäre und in Stein gemeißelten Geschichten fasziniert. Tenam Puente war ein kleineres Maya-Machtzentrum der klassischen Periode und existier-

WEITERE NATURATTRAKTIONEN RUND UM COMITÁN

Cenote Chukumaltik
Offene, bis zu 70 m tiefe Cenote rund 13 km westlich von Tenam Puente. Gilt als bestgehütetes Geheimnis des Bundesstaats.

Piedras de Oro
15 Naturbecken mit künstlichen Wasserrutschen gleich südlich der Laguna Koila. Am Wochenende bei einheimischen Familien sehr beliebt.

Laguna Koila
Kleiner, klarer und flacher See. Perfekt zum Abkühlen im heißen Sommer.

SVETLANA BYKOVA/SHUTTERSTOCK ©

Archäologische Stätte Tenam Puente

te wohl bis in die postklassische Periode hinein (evtl. bis 1200 n. Chr.) Unter den weitläufigen Ruinen an einem bewaldeten Hang sind z. B. eine Stufenpyramide (Höhe 20 m) und drei Ballspielplätze. Die Hauptgebäude sind nun komplett restauriert, während dichte Vegetation weiterhin andere Bauten der Stätte bedeckt. Dies sorgt für eine wilde und geheimnisvolle Atmosphäre.

Einen kurzen Zwischenstopp wert ist auch die archäologische Stätte **Chinkultic**, die 39 km südöstlich von Comitán an der Straße zu den Lagos de Montebello liegt. 200 Erdhügel verteilen sich hier über ein großes Areal in spektakulärer Lage. Nur ein paar davon wurden bislang freigelegt. Dennoch kann man sich die Stätte leicht während ihrer Blütezeit vorstellen. Die Ruinen bilden zwei Gruppen: Der Pfad links hinter dem Eingang führt zu einem der größten örtlichen Gebäude namens E3, das fast ganz vom Dschungel bedeckt ist. Danach geht's zu einem grasbewachsenen Platz mit mehreren unrestaurierten Stelen und einem Ballspielplatz am rechten Rand. Ein weiterer Pfad führt zur Plaza Hundida (Versunkene Plaza) und dann steil hinauf zur Acrópolis. Der teilrestaurierte Tempel auf einem Felsvorsprung bietet ungehinderte Aussicht auf die umliegenden Seen und Wälder. In den Cenote ca. 50 m unterhalb davon warfen die Maya einst Opfergaben (Knochen, Keramiken, Messer aus Obsidian).

ANREISE ZU DEN RUINEN

Von seinem Terminal in Comitán (3a Av Poniente Sur 8) schickt **Transporte Ejidal Tenam Puente** täglich Kombis nach Tenam Puente (7–16 Uhr, alle 45 Min.). Alternativ nimmt man ein Taxi (hin & zurück ca. 400 Mex$; inkl. 1 Std. an den Ruinen).

Wer nach Chinkultic will, nimmt einen beliebigen Kombi nach Lagos de Montebello und lässt sich unterwegs an der befestigten Abzweigung zur Stätte (2 km gen Norden) absetzen.

ÜBERNACHTEN IN LAGOS DE MONTEBELLO

Cabañas Islas de Tziscao
Erschwingliche, komfortable und geräumige Hüttten am Südufer des Lago Tziscao. **$**

Villa Tziscao
Tolles Land-Refugium mit komfortablen Hotelzimmern, cabañas am See und Kajaks zum Ausleihen. **$$**

Parador-Museo Santa María
Schmucker Mix aus Hotel und Kunstmuseum (in einer umgebauten Kapelle) auf dem Gelände einer restaurierten Hacienda. **$$**

MADRUGADA VERDE/SHUTTERSTOCK ©

Laguna de Montebello

REGIONALE KONTROLLPUNKTE

Comitán bietet gute öffentliche Verkehrsverbindungen: Auf dem Weg zu den Lagunas Bosque Azul und Tsizcao halten Vans auch an den Abzweigungen zu weiteren Seen (z.B. Chinkultic). Gleich jenseits der Lagos de Montebello erstreckt sich jedoch die Grenze zu Guatemala. So gibt's in der Gegend zusätzliche Kontrollpunkte der mexikanischen Polizei. Nutzer öffentlicher Verkehrsmittel müssen daher jederzeit mit einer Überprüfung rechnen – Reisepass bereithalten!

Lagos de Montebello

MALERISCHE BERGSEEN

Etwa 56 km südöstlich von Comitán schützt der **Parque Nacional Lagunas de Montebello** über 50 kleine Seen mit smaragdgrünem und blauem Wasser. Rund um die Gewässer erstrecken sich dichte gemäßigte Kiefern- und Eichenwälder. An der Grenze zu Guatemala ist die Landschaft hier herrlich naturbelassen, kühl und friedvoll.

Am Parkeingang gabelt sich die Straße: Nordwärts geht's zu den **Lagunas de Colores**, gen Osten zum Dorf **Tziscao**. Die Lagunas de Colores bestehen aus den fünf separaten Lagunas Agua Tinta, Esmeralda, Encantada, Ensueño und Bosque Azul (am größten) in schimmernden Farben von Minz- bis Olivgrün. Auf dem Parkplatz an der Laguna Ensueño bieten Einheimische diverse Ausritte zu mehreren Seen an. Diese besuchen z. B. Dos Cenotes (zwei Dolinen im Wald) und die Laguna de Montebello. Vor Ort gibt's auch ein paar schlichte *comedores* mit einfachen Gerichten und Getränken.

An der Straße gen Osten beginnt nach 3 km der Weg zur **Laguna de Montebello**, die zu den größeren Seen der Gegend zählt. Die lokale *ejido* verlangt eine Extragebühr für den Zugang zu den Seen an der Straße nach Tziscao (Quittung gut aufbewahren!). In Dorfnähe führt ein Pfad (1 km) nordwärts zur indigoblauen **Laguna Pojoj**. Die Insel in deren Mitte lässt sich per Bambusfloß besuchen. Nahe der Abzweigung zur Laguna Pojoj liegt die **Laguna Tziscao** an der Grenze zu Guatemala. Schließlich erreicht man Tziscao selbst. Das reizende Nest (die Einwohner sprechen Chuj) erstreckt sich an einem Hang bis hinunter zum See.

UNTERWEGS VOR ORT

Ziele außerhalb von Comitán sind leicht per Kombi oder *colectivo* erreichbar. Man sollte aber früh starten oder mindestens einmal am jeweiligen Ort übernachten. Das *colectivo*-**Terminal** liegt etwa 500 m nördlich vom OCC-Busbahnhof. Dort besteht stündlich Verbindung zur El-Chiflón-Abzweigung am Hwy 226. Vom selben Terminal geht's regelmäßig über die Laguna Bosque Azul zu den Lagos de Montebello. Die Grenze zu Guatemala verläuft etwa 4 km weiter südlich bei La Mesilla und wird regelmäßig von Kombis bzw. Taxis überquert.

TABASCO

Nördlich von Chiapas erstreckt sich Tabasco entlang der Golfküste. Der kleine Bundesstaat ist vor allem für seine Ölindustrie bekannt. Jedoch hat er auch wilde Regenwälder, Biosphärenreservate und Naturschutzgebiete. Diese machen Tabasco als ökotouristisches Ziel nun immer beliebter. Zudem warten hier u. a. riesige Steinskulpturen der Olmeken.

Auf Landkarten wirkt Tabasco wie ein Flickenteppich aus Seen, Flüssen und Sümpfen. Das Regionalklima ist stets heiß und feucht. An der windigen Küste und in den südlichen Hügeln ist die Schwüle aber weitaus schwächer. Die Golfküste und die Gegend rund um Villahermosa leiden unter saisonalen Überflutungen. Vor dem Start sollte man sich daher nach entsprechenden Warnungen erkundigen.

Tabasco profiliert sich auch zunehmend mit seiner vielfältigen Geschichte: Mit der Olmekenkultur florierte hier einst die älteste aller mesoamerikanischen Zivilisationen. Villahermosas Freilichtmuseum schützt die Überreste von La Venta (größte bekannte Olmekenstadt).

TOP TIPP

Der Villahermosa International Airport liegt 13 km östlich vom Zentrum. Hier besteht Flugverbindung nach/ab Mexico City (tgl.), Cancún, Mérida, Monterrey und Guadalajara. Tickets für die ADO-Minibusse nach/ab Palenque (stündl.) gibt's am entsprechenden Flughafenschalter. Busse zu/ab anderen Zielen benutzen das ADO-Terminal an der Lino Merino 925.

Parque Museo La Venta

LEV LEVIN/SHUTTERSTOCK ©

SCHOKOLADEN-PARADIES

Comalcalco ist für Kakaoproduktion und kleine Schokoladenfabriken bekannt. Nur 300 m vom zentralen Parque Juárez entfernt liegt hier die **Hacienda La Luz** (haciendalaluz.mx) mit informativen Betriebsführungen. Diese besichtigen u.a. die hauseigenen Gärten und Kakaoplantagen. Besucher:innen erfahren auch, wie selbst angebaute Kakaobohnen auf traditionelle Weise zu Schokolade werden (inkl. Verkostung). Englischsprachige Führungen sind rechtzeitig über die Website zu reservieren.

Villahermosa

MUSEEN & OLMEKENKÖPFE

Der Name täuscht: Villahermosa ist weder eine *villa* (Kleinstadt) noch *hermosa* (wunderschön). Wie in vielen modernen Großstädten Mexikos rangiert hier Funktionalität über optischer Attraktivität. Die flache, heiße und feuchte Staatshauptstadt beheimatet über ein Viertel von Tabascos Bevölkerung. Die meisten Tourist:innen nutzen lediglich ihren internationalen Flughafen als Ausgangspunkt für Trips durch Chiapas und das übrige Land.

Lokale Hauptattraktion ist der faszinierende **Parque Museo La Venta**. Das Freilichtmuseum wurde 1958 gegründet, um die höchst bedeutende Olmekensiedlung La Venta vor der Zerstörung durch industrielle Erdölsucher zu retten. Archäologen haben die bedeutendsten Skulpturen von deren Originalstandplatz (130 km entfernt) hierher gebracht.

Zusammen mit Infotafeln (spanisch und englisch) säumen die Statuen nun den archäologischen Skulpturenpfad (1 km) des Parks. Der Weg beginnt an einem riesigen, 120 Jahre alten Kapokbaum: Diese Gewächse waren den Olmeken und Maya einst heilig. Sehr eindrucksvoll sind z.B. Stele 3 (ein Bärtiger mit Kopfputz) und Monumento 1 (ein gewaltiger Kriegerkopf mit

ÜBERNACHTEN IN VILLAHERMOSA

Hotel Boutique Menta & Cacao
Vornehmes Hotel in einem 100 Jahre alten Gebäude. Fröhliche Farben und modernes, vielfältiges Dekor. **$$$**

Sleep Inn Villahermosa
Blitzsauberes Mittelklasse-Businesshotel mit Schreibtischen in den Zimmern. Nur einen Block vom Parque Juárez entfernt. **$$**

La Maja Suites
Behagliche Budget-Suiten mit einem super Preis-Leistungs-Verhältnis. Nur einen kurzen Fußmarsch vom Zentrum entfernt am Fluss. **$**

MATTGUSH/GETTY IMAGES ©

Comalcalco

Helm). Stele 1 zeigt eine junge Göttin und ist damit eine Seltenheit: Die Olmeken stellten ansonsten kaum Frauen dar. Im ganzen Park laufen übrigens Nasenbären und Schwarze Agutis frei herum.

Rund 4 km weiter südlich ist das hervorragende **Museo de Antropología** in einem funkelnden modernen Gebäude untergebracht. Hier warten eindrucksvolle Ausstellungen zu den Olmeken, Maya, Nahua und Zoque in Tabasco. Am interessantesten ist dabei der Tortuguero 6: Auf der berüchtigten Tafel basierten die finsteren Weltuntergangsprognosen für den 12. Dezember 2012.

Comalcalco

URALTE MONUMENTE & LECKERE SCHOKOLADE

Comalcalco liegt 55 km nordwestlich von Villahermosa und ist gesichtslos bis unattraktiv. Im dichten Dschungel drum herum warten jedoch ein paar historische Attraktionen, die angenehm schwach besucht sind: Die Maya-Ruinen der winzigen, aber eindrucksvollen Archäologiestätte **Comalcalco** liegen innerhalb Mexikos am weitesten westlich. Weitere Besonderheit: Viele der örtlichen Gebäude bestehen aus Backsteinen und/oder Mörtel aus Austernschalen. Die alte Stadt erlebte ihre Blütezeit unter

BESTE RESTAURANTS

El Teapaneco
Tabascos beste Frühstücksadresse mit diversen leckeren *tamales* und Eierspeisen. $

La Cevichería Tabasco
Super Seafood-Restaurant mit sowohl leckeren, als auch kunstvoll präsentierten Gerichten. $$

La Lupita
Exzellente Meeresfrüchte zu erschwinglichen Preisen (Tipp: die *caldo de marisco* bzw. Seafood-Suppe). $$

Mar & Co
Fangfrisches und recht günstiges Seafood am Paseo Tabasco. $$

ESSEN IN COMALCALCO

Cocina Chontal
Erweckt halb vergessene Traditionsgerichte à la Tabasco zu neuem Leben. Gleich außerhalb der archäologischen Stätte. $

Barbacoa Chauly
Burritos und Tacos mit langsam gegartem *barbacoa* im spartanischen Ambiente. $

Los 4 Acuerdos
Mehrstöckiges *palapa*-Restaurant mit Rasengelände und moderner Küche. Für Familienfeiern sehr beliebt. $$

GILBERTO VILLASANA/SHUTTERSTOCK ©

Tapijulapa

den Chontal (600–1000 n. Chr.) und blieb während weiterer Jahrhunderte ein wichtiges Handelszentrum.

Das kleine Museum am Eingang der Stätte zeigt diverse Skulpturen mit Reliefs (Menschenköpfe, Götter, Symbole, Tiere). Das nächste Gebäude ist dann der eindrucksvolle **Templo I** aus Backstein. Unter den großen Gipsskulpturen am Fuß der Stufenpyramide sind auch die Beine einer riesigen geflügelten Kröte. Weitere Tempel säumen die Plaza Norte. Einer davon ist die **Gran Acrópolis** am südöstlichen Platzrand. Deren Spitze bietet eine grandiose Aussicht auf ein Palmenmeer und den Golf von Mexiko. Die Grabpyramide **Templo V** gegenüber der Acrópolis wurde einst rundum von Skulpturen (Menschen, Reptilien, Vögel, Meerestiere) flankiert.

ADO-Linienbusse pendeln zwischen Villahermosa und Comalcalco. Die beste Option zu den Ruinen sind die Vans ab dem Comalli-Firmenterminal an der Reforma Sur 503 (7–22 Uhr; Abfahrt bei Vollbelegung). Ab Comalcalcos Zentrum fahren auch Taxis zur Stätte (einfache Strecke ca. 80 Mex$).

BLINDE SARDINEN

Während der Semana Santa (Karwoche) feiert Tapijulapa eins der außergewöhnlichsten Rituale in ganz Tabasco: Die uralte *pesca de la Sardinas Ciega* (Fischen blinder Sardinen) aus vorkolonialer Zeit hat hier bis heute überlebt. Nach einer Messe in der örtlichen Kirche laufen die Teilnehmer in traditionellen weißen Regionaltrachten zur heiligen **Cueva de las Sardinas Ciegas (Höhle der Blinden Sardinen)**. Mit Kopal-Körben in der Hand tanzen sie vor deren Eingang und singen dabei auf Zoque. Drinnen wird dann *cueza* (gemahlene Königskerzen-Samen) ins schwefelhaltige Wasser gestreut, um die Fische (eigentlich Höhlenmollys bzw. Atlantikkärpflinge) zu betäuben. Mit dem Einsammeln der Beute beginnt schließlich ein großes Fest.

Tapijulapa

FLORIERENDER ÖKOTOURISMUS

Rund 85 km südlich von Villahermosa liegt Tapijulapa nahe der Grenze zu Chiapas. Das *pueblo mágico* in den dicht bewaldeten Hügeln der Sierra de Tabasco gilt als hübscheste Ortschaft des Bundesstaats.

Wohl im 5. und 6. Jh. n. Chr. siedelten sich hier die ersten Zoque an. Archäologische Funde aus den **Höhlen von Cuesta**

ÜBERNACHTEN IN TAPIJULAPA

Mesón de la Sierra
Kleine Pension mit mediterranem Touch. Top-Lage zwei Blocks nördlich vom Hauptplatz entfernt. **$**

Hotel Comunitario Villa Tapijulapa
Kommunal betriebenes Hotel mit sauberen, gepflegten und günstigen Zimmern. **$**

Kolem Jaa
Öko-Refugium mit bunten Bungalows und diversen Aktivitäten (z.B. Abseilen, Seilrutschen). Liegt ein paar Kilometer außerhalb der Stadt. **$$**

Chica beweisen, dass Tapijulapa während seiner Blütezeit ein zeremonielles Zentrum war. Das malerische Dorf von heute erstreckt sich rund um eine Kirche aus dem 17. Jh. Topfpflanzen zieren seine markanten weißen Häuser mit roten Ziegeldächern.

Etwa 4 km südlich der Stadt liegt die wunderschöne **Reserva Ecológica Villa Luz** am Zusammenfluss der Flüsse Oxolotán und Amatán. Hier warten verschiedenfarbiges Wasser und dichter Dschungel mit Brüllaffen in den Bäumen. Das Schutzgebiet erreicht man am einfachsten per Boot (5 Min.) ab dem *embarcadero* im Dorf. Von hier aus führt ein Fußmarsch (1 km) zur **Casa Museo** in der früheren Villa von Tomás Garrido Canabal (ein anti-religiöser Gouverneur von Tabasco). Über mehrere weitere Pfade geht's dann zu traumhaften Wasserfällen mit Naturbecken, die zum Baden einladen. Die Route passiert auch schaukelnde Hängebrücken inmitten dichter Vegetation. Sie endet schließlich an der **Cueva de las Sardinas Ciegas**. In deren schwefelhaltigem Höhlenfluss leben blinde Fische.

YUMKÁ-SAFARIPARK

Rund 17 km östlich von Villahermosa wartet dieser Park in Flughafennähe mit weiteren Tierbegegnungen auf. Statt afrikanischen Großwilds gibt's hier vor allem regionale Arten (z. B. Brüllaffen, Jaguare, Arakangas, Tukane) zu sehen. Dennoch sind die Touren per Gästezug (von einem Traktor gezogen) eine nette Option für Familien. Die drei Parkzonen (Dschungel, Savanne, Seen) repräsentieren Tabascos wichtigste Ökosysteme. 2015 geriet Yumká wegen schlechter Haltungsbedingungen in die Kritik. Dank Umgestaltung unter neuer Verwaltung geht es den Tieren aber nun deutlich besser.

Pantanos de Centla

SEEN, MANGROVEN & SÜMPFE

Die **Reserva de la Biósfera Pantanos de Centla** schützt seit 1992 ein mehr als 3030 km² großes Feuchtgebiet. Sie liegt ca. 90 km nordöstlich von Villahermosa und ist von dort aus leicht per Tagestrip erreichbar: Einfach einen ADO- oder Cardesa-Bus nach Frontera nehmen. Dort starten wiederum *colectivos* und Taxis (ca. 100 Mex$) zum Schutzgebiet (jeweils ca. 15 Min.). Die beste Besuchszeit ist während der Vogelbrutzeit (März–Mai).

Naturfreunde erhalten hier Einblicke in die wilden Sümpfe rund um den Usumacinta und Grijalva (zwei von Mexikos größtem Flüssen). Die örtlichen Flussmündungen, Mangroven, Inseln und Savannen bilden ein ruhiges Habitat für viele (teils bedrohte) Tiere. Darunter sind beispielsweise Karibik-Manatis, Krokodile, Tapire, Ozelots, Jaguare, Brüllaffen, 52 Fischarten und 255 Vogelarten.

Los geht's am Informationszentrum: Die **La Casa del Agua** (casadelagua.org.mx) liegt 13 km südlich von Frontera an der Straße nach Jonuta. Von einem 20 m hohen Aussichtsturm schaut man hier auf den Zusammenfluss des Grijalva, Usumacinta und San Pedrito (alias Tres Brazos bzw. Drei Arme). Bei genügend Zeit: Örtliche Gemeinden veranstalten Bootstouren durch die Mangroven (2 Std.). Bei den Trips mit primitiven *lanchas* gibt's potenziell Kaimane, Leguane, Vögel und (mit etwas Glück) Brüllaffen zu sehen.

UNTERWEGS VOR ORT

Ab Villahermosa fahren Linienbusse in andere Teile von Tabasco. Die meisten starten am Central de Autobuses de Tabasco (Hauptbusbahnhof; Ecke Av Ruíz Cortines & Calle Castillo). Zudem hat die Stadt ein modernes ADO-Terminal (Ecke Calle Coronel Lino Merino & Av Francisco Javier Mina).

OAXACA

EINE KULTURELL REICHE UND EINZIGARTIGE ECKE MEXIKOS

Mit erstaunlich biodiversen Küsten-, Tal- und Bergregionen, mit einer pulsierenden Kultur voller künstlerischer Kreativität und tief verwurzelten indigenen Traditionen hat Oaxaca alles zu bieten, was Mexiko so besonders macht.

Nachdem der britische Bestsellerautor Oliver Sacks im Jahr 2000 mit Freunden der Fern Society Oaxaca besucht hatte, beschrieb er diese wunderbare neuntägige Reise in seinem Reisebericht *Oaxaca Journal* als „Offenbarung". Aber nicht nur „die reichste Flora in Mexiko" beeindruckte den berühmten Neurologen und Naturforscher zutiefst. Wie für die meisten Reisenden, die diese fantastische Ecke Südmexikos zum ersten Mal besuchen, brachte jeder Tag neue Überraschungen. Sacks lernte nicht nur eine der biologisch vielfältigsten Regionen Mexikos kennen, sondern auch einen Ort von unglaublich kulinarischer, sprachlicher und kultureller Diversität, die stark von alten, indigenen Traditionen geprägt ist. In der Hauptstadt des Bundesstaates Oaxaca ist das Rezept des würzigen *mole*-Gerichts, das es überall gibt, möglicherweise älter als die Stadt selbst. Und in den umliegenden Städten stellen Kunsthandwerker:innen seit prähispanischen Zeiten wunderschöne Textilien und Keramiken her. Sacks schwärmt auch in höchstem Maße von den spektakulär positionierten Ruinen Monte Albáns, einer überwältigenden, auf einem Berg gelegenen Zapoteken-Stadt „die etwas Göttliches an sich hat". Ebenso himmlisch sind Oaxacas bewaldetes Hochland, die von felsigen Klippen gesäumten Strände und die Meeresbuchten mit ihrer sagenhaften Flora und Fauna. Und nicht zu vergessen, das Land des Mezcal: Hier wird den Gästen nicht nur gezeigt, wie die Familien seit Jahrhunderten das unverkennbare alkoholische Agavengetränk herstellen, sie werden sogar nach Hause eingeladen, um es zu kosten.

EMILIANO BARBIERI/SHUTTERSTOCK ©

DIE WICHTIGSTEN ZIELE

OAXACA CITY
Historische und kulturelle Hauptstadt.
S. 350

SIERRA NORTE
Einladende Zapoteken-Städte in den Bergen.
S. 371

SIERRA SUR
Flora, Fauna und Kaffeeland.
S. 374

PUERTO ESCONDIDO
Heimat der mexikanischen Pipeline.
S. 377

Oben: Hierve El Agua (S. 369); Gegenüber: Mazunte (S. 383)

MAZUNTE & ZIPOLITE
Unkonventionelle Küstenorte.
S. 383

BAHÍAS DE HUATULCO
Neun wunderschöne, zerklüftete Buchten.
S. 388

ISTHMUS VON TEHUANTEPEC
Dünenstrände und urbane Zapoteken-Kultur.
S. 393

SANTIAGO APOALA
Wunderbare mixtekische Bergwelt.
S. 396

Erste Orientierung

Oaxaca ist flächenmäßig Mexikos fünftgrößter Bundesstaat und in etwa so groß wie Ungarn. Oaxaca City ist ein guter Ausgangspunkt für die Erkundung der umliegenden Täler und Berge. Zu den bedeutendsten Küstenorten zählen Bahías de Huatulco und Puerto Escondido.

Santiago Apoala, S. 396

Das winzige Mixteken-Bergdorf mit seinen stufenförmigen Wasserfällen, unberührten Lagunen, tiefen Schluchten und antiken Felszeichnungen verspricht spannende Outdoor-Abenteuer.

Oaxaca City, S. 350

Oaxacas historische und kulturelle Hauptstadt verwöhnt seine Gäste mit erlesener Gastronomie, gemütlichen Mezcal-Bars, atmosphärischer Architektur sowie mit kreativer Kunst und Kunsthandwerk.

KELLI HAYDEN/SHUTTERSTOCK ©

Puerto Escondido, S. 377

Das stetig wachsende Surf-Zentrum ist die Heimat der mexikanischen Pipeline, einer florierenden Gastro-Szene, vieler Outdoor-Aktivitäten sowie einer grandiosen Flora und Fauna.

Mazunte & Zipolite, S. 383

Eine Aneinanderreihung von Strandorten mit niedrigen Häusern und gewollt rustikalen Hotels für unerschrockene Freaks; außerdem gibt es viele Möglichkeiten zur Tierebeobachtung.

AUTO

Für Bergdörfer, Ruinen, Mezcal-Brennereien und kleine Küstendörfer, die man kaum mit öffentlichen Verkehrsmitteln erreichen kann, ist ein eigenes Fahrzeug am besten. Sein Auto sollte man aber stehenlassen, wenn man länger in der verkehrsreichen Hauptstadt bleiben möchte.

BUS

Oaxacas effizientes, bequemes und relativ erschwingliches 1.-Klasse-Busnetz ist generell die beste Art, auf Hauptstraßen zu reisen. Die älteren 2.-Klasse-Busse fahren viele kleinere Städte an, Vans fahren über die kurvigen Bergstraßen an die Küste, in die Sierra Norte und die Sierra Sur.

COLECTIVOS

Colectivos (Sammeltaxis) sind oft die günstigste und schnellste Möglichkeit, um Ziele in der Stadt und Vororten zu erreichen. Einige dieser Fahrzeuge in Küsten- und Bergstädten sind Pickups mit Verdeck; in Oaxaca City und den Valles Centrales (Zentraltäler) sind es meist viertürige Wagen.

Sierra Norte, S. 371

Die Zapoteken-Dörfer in der tier- und pflanzenreichen Bergwelt bieten erholsame Tage in der Wildnis. Die Gegend ist von großer historischer Bedeutung, denn hier ist Mexikos erster indigener Präsident geboren.

Isthmus von Tehuantepec, S. 393

Dieser relativ unerschlossene Küstenabschnitt mit seinen weißen Sandstränden und Dünen sieht nur wenige Gäste. Die glühend heißen Städte im Landesinneren bieten eine der besten regionalen Küchen Oaxacas.

Bahías de Huatulco, S. 388

Neun schöne Buchten schmiegen sich an die zerklüftete Küste. Das Stadtzentrum mit erschwinglichen Taco-Lokalen, geselligen Strandbars und einem wuseligen Hauptplatz sorgt für echtes Mexiko-Feeling.

Sierra Sur, S. 374

Der magische Blick von den nebelverhangenen Bergen in San José del Pacífico hinterlässt einen bleibenden Eindruck, ebenso wie die faszinierenden Landschaften im Kaffeeland.

Perfekte Tage

Man kann problemlos mehrere Wochen hier verbringen und Oaxacas Hauptstadt sowie die Täler in den umliegenden Regionen erkunden, ganz zu schweigen von den verschiedenen Bergstädten und Strandgemeinden.

JAVARMAN/SHUTTERSTOCK ©

Árbol del Tule (S. 368)

Wenig Zeit

- Die Kulturhauptstadt **Oaxaca City** (S. 350) eignet sich perfekt als Basis, um die vielen verlockenden kulinarischen Köstlichkeiten zu probieren, in die florierende Kunstszene einzutauchen, in coolen Mezcal-Kneipen abzuhängen und erstklassige Museen zu besuchen. Auch die antiken Zapoteken-Ruinen von **Monte Albán** (S. 364), eine faszinierende Stätte auf dem Berg mit umwerfendem Panorama, dürfen keinesfalls im Programm fehlen.

- Wenn noch Zeit übrig ist, besucht man die grandiosen Kunsthandwerkshops in **Teotitlán del Valle** (S. 368), **San Bartolo Coyotepec** (S. 367) und **San Martín Tilcajete** (S. 367) und schaut den Meistern bei der Herstellung von Zapoteken-Teppichen, schwarzen Töpferwaren und traumhaft bemalten Tierskulpturen aus Holz über die Schulter.

- Und auch der dickste Baum der Welt im absolut sehenswerten **El Tule** (S. 368) lohnt einen Besuch.

VON LINKS NACH RECHTS: HEATHER PAUL/GETTY IMAGES ©, WANDERING VIEWS/SHUTTERSTOCK ©, DANITA DELIMONT/SHUTTERSTOCK ©

Beste Reisezeit

Trockene Winter locken Wale an die Küste, die regenreichen Sommer sind Hochsaison zum Surfen. Im Juli findet das Fest Guelaguetza statt, und im November wird der Tag der Toten gefeiert.

JANUAR

Angenehm kühle Zeit für einen Besuch und der ideale Monat, **vorbeiziehende Buckelwale** vor der Küste von Puerto Escondido zu sehen.

FEBRUAR

Das Wetter ist noch mild und trocken, genau das Richtige für den ausgelassenen **Karneval** in farbenfrohen Kunsthandwerksdörfern wie San Martín Tilcajete.

MÄRZ

Am dritten Montag im März feiert Oaxaca den **Geburtstag des hier geborenen Benito Juárez**, Mexikos erstem indigenen Präsidenten.

Fünf Tage in Oaxaca

- Wer ein paar Tage mehr Zeit hat, besucht die Stätte **Mitla** (S. 369) mit ihren außergewöhnlichen Steinarbeiten. Am selben Tag kann man dann auch noch gleich einen Zwischenstopp in **Hierve El Agua** (S. 369) einlegen und die spektakulär am Rand einer Klippe gelegenen Mineralquellen und Gesteinsformationen bewundern. Wer Mezcal probieren möchte, kann dies im benachbarten **Matatlán** (S. 366) tun, dort ist die Hauptstraße gesäumt von Brennereien, die diesen hochprozentigen Agavenschnaps herstellen.

- Wer lieber in die Natur möchte, fährt in die Sierra (Bergkette), um dort zwischen den **Pueblos Mancomunados** (S. 372), acht gastfreundlichen Zapoteken-Bergdörfern, zu wandern oder zu radeln.

Länger Zeit

- Wer sich eine Woche oder länger in Oaxaca aufhält, verbringt die meiste Zeit bestimmt an der grandiosen Pazifikküste. Zum Surfen zieht es einen an die mexikanische Pipeline in **Puerto Escondido** (S. 377), Menschen mit alternativen Lifestyle tauchen in das Alles-ist-erlaubt-Ambiente in **Mazunte** und **Zipolite** (S. 383) ein und tummeln sich an dem von Lagunen gesäumten Strand im **Parque Nacional Lagunas de Chacahua** (S. 381).

- Auf dem Weg zur Küste lohnt sich ein Zwischenstopp im Kaffeeparadies **Pluma Hidalgo** (S. 376) oder in **San José del Pacífico** (S. 375), einem wolkenverhangenen Bergdorf in der schönen Sierra Sur.

JULI
In diesem feuchten Monat steigen die Temperaturen, was aber den Geist des indigenen Kulturevents **Guelaguetza** nicht beeinträchtigt.

SEPTEMBER
Die Feierlichkeiten am **Unabhängigkeitstag** beginnen mit einem Knall; und in dieser Jahreszeit kommen Tausende **Meeresschildkröten** zum Nisten an Land.

NOVEMBER
Die Regenzeit endet vor den lebhaften Festlichkeiten zum **Tag der Toten** am 1. und 2. November; es ist Oaxacas **Hauptreisezeit**.

DEZEMBER
Die Temperaturen sinken, die Hotelpreise steigen und in der Hauptstadt findt am 23. Dezember die traditionelle **Noche de Rábanos** statt.

OAXACA CITY

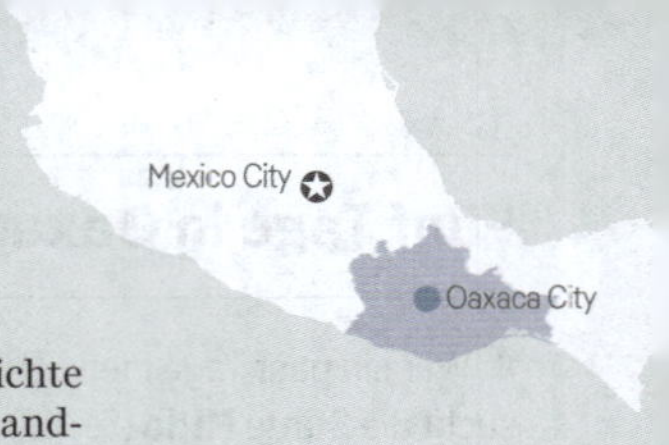

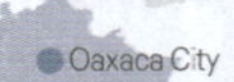

Der Reiz der Stadt Oaxaca City beginnt mit ihrer Geschichte und Kultur, mit althergebrachter Kunst und Kunsthandhandwerk, mit tief verwurzelten indigenen Traditionen und einer innovativen Gastro-Szene, die sich uralter Rezepte bedient. Tatkräftig und doch für eine große Stadt überraschend unbeschwert gibt es in der kolonialen Hauptstadt stets etwas zu feiern, vor allem im Juli und Anfang November, wenn ganze Horden von Besuchern zu dem Kulturspektakel Guelaguetza und zum Día de Muertos (Tag der Toten) in die Stadt einfallen. Es herrscht Faschingsstimmung, wenn Blaskapellen und traditionelle Tanzgruppen durch die engen Straßen ziehen. Da es in Oaxaca viele Übernachtungsangebote, Restaurants und Ausgehmöglichkeiten gibt, benutzen Reisende die Stadt oft als Basis für Ausflüge zu den antiken Ruinen und in die umliegenden Zapoteken-Städte, in denen beeindruckendes Kunsthandwerk hergestellt wird. Kulturbegeistere kommen wegen der erstklassigen Museen und Galerien in die Stadt. Im Gegensatz dazu vermitteln provokative Straßenkunst und stimmungsvolle Mezcal-Lokale einen Eindruck von der düsteren Seite der Stadt.

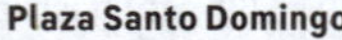

TOP TIPP

Wer das Stadtzentrum wirklich kennenlernen will, sollte es zu Fuß erkunden, denn so stößt man auf coole Kunstworkshops, winzige Cafés und Bars. Auch vermeidet man ohne Auto die extrem schwere Suche nach einem Parkplatz und umgeht die häufigen Straßensperren.

Plaza Santo Domingo

GONZALO AZUMENDI/GETTY IMAGES ©; RECHTS: JACKKPHOTO/SHUTTERSTOCK ©

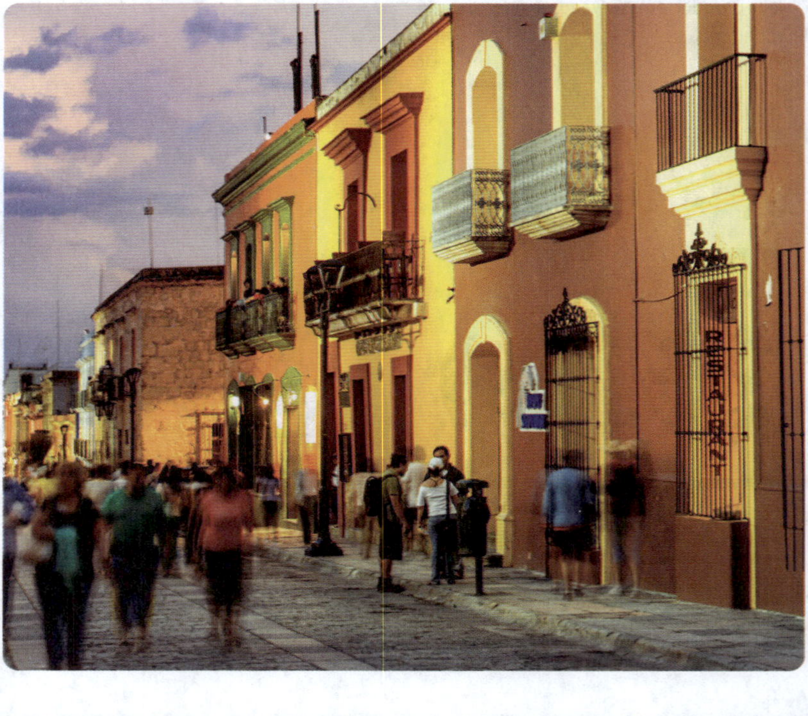

HIGHLIGHTS
1 Museo de las Culturas de Oaxaca
2 Templo de Santo Domingo
3 Zócalo

SEHENSWERTES
4 Andador Turístico
5 Basilica de Nuestra Señora de la Soledad
6 Catedral Metropolitana
7 Cerro del Fortín
8 Jardín Etnobotánico
9 La Mano Mágica
10 Museo Textil de Oaxaca

KURSE & TOUREN
11 Alma de Mi Tierra
12 Becari Conzatti Language School
13 Mundo Ceiba
14 Ollin Tlahtoalli
15 Spanish Immersion School

ESSEN
16 Casa Oaxaca
17 El Destilado
18 Los Danzantes
19 Mercado de la Merced
20 Rito

AUSGEHEN & FEIERN
21 Chimalapa Cacao on Origen
22 In Situ
23 Mezcaloteca
24 Sabina Sabe

UNTERHALTUNG
25 Auditorio Guelaguetza
26 Centro Cultural San Pablo
27 Teatro Macedonio Alcalá

SHOPPEN
28 Mercado 20 de Noviembre
29 Mercado Benito Juárez
30 Texier
31 Voces de Copal

KAFFEE GENIESSEN IN OAXACA CITY

Boulenc
Das französische Restaurant mit Bäckerei verkauft Biokaffeespezialitäten aus der Region der Mixteken. Dazu sollte man sich ein Mandelcroissant gönnen.

Cafébre
In dem modernen Café im Stadtzentrum bekommt man sortenreinen Kaffee aus der Region Sierra Sur. Die Zubereitungsart kann man selbst bestimmen.

Café Brújula
Minikette mit mehreren Filialen im Stadtzentrum. Der hier ausgeschenkte *café* stammt aus der Nähe der Küste von Oaxaca.

BESTE KUNSTAUSSTELLUNGEN IN OAXACA CITY

Instituto de Artes Gráficas de Oaxaca
Großartige Sammlung grafischer Kunst, die von dem bekannten Maler Francisco Toledo zusammengestellt wurde.

Museo de Arte Prehispánico de México de Rufino Tamayo
Das Museum beherbergt eine faszinierende Ausstellung prähispanischer Artefakte in farblich gestalteten Schaukästen mit Hintergrundbeleuchtung.

Centro Fotográfico Manuel Álvarez Bravo
In dieser nach dem mexikanischen Fotografen Manuel Álvarez Bravo benannten Galerie werden skurrile und wunderschöne Fotos gezeigt.

Museo de los Pintores Oaxaqueños
In einem schönen Gebäude aus dem 17. Jh. im Stadtzentrum zeigen vorwiegend Künstschaffende aus Oaxaca ihre zeitgenössischen Arbeiten.

Bummel durch das historische Zentrum

EIN CRASHKURS IN ARCHITEKTUR

Oaxacas Herz schlägt im Centro-Viertel. Mit schätzungsweise 1200 historischen Monumenten hat das Stadtzentrum den Titel als UNESCO-Weltkulturerbestätte wahrhaft verdient. Zunächst besichigt man den **Templo de Santo Domingo**, eine prachtvolle Barockkirche mit kunstvollen, dreidimensionalen Reliefs und Gemälden, u. a. einem faszinierenden Deckengemälde mit dem Konquistador Hernán Cortés und einem Lebensbaum mit anderen einflussreichen Persönlichkeiten. Auch die kunstvoll verzierte **Rosenkranzkapelle** an der Südseite des Gebäudes sollte man nicht verpassen.

Anschließend bummelt man durch den Andador Turístico, auch Calle Alcalá genannt, eine Fußgängerzone mit Häusern aus der Kolonialzeit, in denen sich heute Cafés, Galerien, Kunsthandwerksläden und Mezcal-Bars befinden.

Ein paar Blocks weiter südlich ist der Zócalo mit der angrenzenden Plaza Alameda de León, wo Musikbands, Marimba-Gruppen und Blaskapellen für Unterhaltung sorgen, und das alles vor einem grandiosen Hintergrund mit der **Catedral Metropolitana** (Kathedrale der Metropole) aus dem 16. Jh. und dem **Palacio de Gobierno** (Regierungspalast). Pause gefällig? Dann nichts wie rein in eines der schönen Straßencafés unter den Arkaden des Zócalo.

Ein weiteres Barockwunder befindet sich fünf Blocks westlich des Zócalo (an der Avenida de la Independencia). Der rötlich und goldfarben schimmernde Innenraum der Basílica de Nuestra Señora de la Soledad ist ein wahrer Augenschmaus. Sowohl die Basilika als auch der Templo de Santo Domingo besteht aus extrem dicken Wänden, um den starken Erdbeben in Oaxaca standzuhalten.

Etwas Kultur gefällig?

DAS MUSEO DE LAS CULTURAS – EIN MUSEUM VON WELTRANG

Wer während seines Aufenthalts in Oaxaca nur Zeit für den Besuch eines Museums hat, sollte ins **Museo de las Culturas de Oaxaca** gehen. Man benötigt mehrere Stunden, um die 14 Säle in diesem riesigen Museum – einem ehemaligen Dominikanerkloster – zu erkunden, aber allein die majestätische Architektur aus dem 16. Jh. lohnt den Eintrittspreis.

Das Museum ist nicht nur ein Muss für Geschichtsbegeisterte, es bietet auch umfassendes Hintergrundwissen für alle, die beabsichtigen, die in der Nähe gelegenen Zapoteken- und Mixteken-Ruinen zu besichtigen.

ÜBERNACHTEN IN OAXACA CITY

Ollin Bed & Breakfast
Die Zimmerpreise halten sich angesichts des Gourmet-Frühstücks, des Pools und der hilfsbereiten Angestellten im Rahmen. **$**

Hotel Las Mariposas
Das gut geführte, mit Solarenergie betriebene Hotel hat moderate Preise. Die mit Ventilator ausgestatteten Zimmer sind um ruhige, begrünte Innenhöfe angeordnet. **$$**

Santa Cecilia Hotel
Ausgezeichnetes Mittelklassehotel im ruhigen Xochimilco, einem der ältesten Stadtviertel Oaxacas. **$$**

PHOTOSTOCK BY LEONARDO EM/SHUTTERSTOCK ©

Templo de Santo Domingo

FÜR GARTENFANS

Im **Jardín Etnobotánico de Oaxaca (S. 362)** hinter dem Museo de las Culturas de Oaxaca werden informative Führungen durch den gepflegten botanischen Garten mit Pflanzen aus ganz Oaxaca angeboten.

Der Fokus der Exponate liegt auf der regionalen Geschichte und Kultur von prähispanischen Zeiten bis heute. In Saal III ist ein Mixteken-Schatz aus dem 14. Jh. zu sehen, der 1932 in Grab 7 von Monte Albán gefunden wurde. Man stelle sich nur einmal vor, wie überrascht der Archäologe Alfonso Caso y Andrade gewesen sein muss, als er einen alten, mit einem Türkismosaik überdeckten Schädel, kunstvoll gearbeitete Silbergegenstände, Perlen, geschnitzte Knochen, Kristallkelche und viele andere prächtige Gegenstände entdeckte, die die alten Mixteken zusammen mit einem König in ein wiederverwendetes Zapoteken-Grab gelegt hatten. Heute ist es eine sehr lohnenswerte Ausgrabungsstätte.

Zum Museum gehört auch eine beeindruckende **Bibliothek** mit über 300 000 Werken, wovon einige über 500 Jahre alt sind. Von dem Museumskomplex bietet sich auch ein schöner Blick über den Jardín Etnobotánico de Oaxaca, eine ehemalige, aus der Kolonialzeit stammende Obstplantage.

Köstliches Essen genießen

VON STREETFOOD BIS MOLE

Oaxaca hat eine der besten Food-Szenen Mexikos zu bieten, und das will was heißen in einem Land, das in der ganzen Welt für seine kreative Küche bekannt ist. Typisch sind Gerichte mit

DIE BESTEN RESTAURANTS IN OAXACA CITY

Casa Oaxaca
Wer auf der Dachterrasse in einem der besten Restaurants von Oaxaca einen Platz bekommen möchte, sollte rechtzeitig reservieren. Das Markenzeichen von Chefkoch Alejandro Ruiz sind Ente und geschmorte Rippchen in *mole*. **$$$**

Levadura de Olla
Thalia Barrios, das aufsteigende Chefkoch-Sternchen, serviert ein köstliches Menü aus beliebten Festtagsgerichten, vorzügliche *moles* und herzhafte *tamales*. **$$**

Los Danzantes
Das alteingesessene Restaurant ist noch immer eines der besten Lokale, in dem man oaxacanische Fusion-Küche und den hauseigenen Mezcal genießen kann. **$$$**

PREISWERT ÜBERNACHTEN IN OAXACA CITY

Hostal de las Americas
Blitzsaubere Unterkunft im Stadtzentrum mit Schlafsälen, privaten Zimmern und einer gut eingerichteten Küche. **$**

Azul Cielo
Beliebte Backpacker-Adresse mit Schlafsälen und Zimmern, die um einen sonnigen Garten angeordnet sind. **$**

Casa Ángel
Das zentral gelegene Hostel bietet von Schlafsälen im Kapsel-Style bis hin zu Zimmern mit Bad so ziemlich alles. **$**

Barro negro **(schwarze Keramik)**

HEILIGE MOLE

Oaxaca ist weltberühmt für seine köstlichen sieben *moles*, „Soßen" auf Náhuatl. *Mole*-Gerichte gab es schon in prähispanischen Zeiten. Was die Menschen damals aßen, sah aber anders aus als das, was heutzutage in Oaxaca aus der Küche kommt, nämlich eine Vielzahl mehrfarbiger Soßen aus Dutzenden Zutaten, u.a. Chilis, Tomaten, Nüsse und/oder Schokolade. Drei der altbewährten Lieblings-*moles* im sich stets weiterentwickelnden *mole*-Universum sind *mole negro* (schwarze Mole), *coloradito* (rote Mole) und *manchamanteles* (rote „Tischdeckenfärber"). Die Restaurants **Ancestral**, **Casa Oaxaca** und **Levadura de Olla** bereiten aufwändige, köstliche *mole*-Gerichte zu, Marktbuden wie **La Cocina de Frida** (im nahe gelegenen Ocotlán) servieren köstliche, gutbürgerliche Versionen dieses Klassikers aus Oaxaca.

mole (eine Art Chilisoße), *salsa de queso* (Käse in einer pikanten Soße auf Tomatenbasis), *tlayudas* (große, gegrillte Tortillas gefüllt mit Käse, gebackenen Bohnen und optional mit Rindfleisch oder mexikanischer Wurst) und *garnachas istmeñas* (gebratene Tortillas mit Rinderhack und eingelegtem Kohl).

Um die ganze Bandbreite an Geschmacksrichtungen zu erleben, sollte man eines der Gourmet-Restaurants besuchen, die zu den besten ganz Mexikos gehören. Aber auch das Essen auf den Straßen und Märkten ist nicht zu verachten. Es wird von den Einheimischen als absolut authentisch angesehen. Der **Mercado de la Merced** ist der perfekte Ort, um traditionelle Gerichte zu genießen.

Auf dem Mercado 20 de Noviembre im Stadtzentrum gibt es *chapulines* (knusprige Heuschrecken), die man mit einem schaumigen *tejate*, einem prähispanischen Getränk aus geröstetem Mais und Kakao, hinunterspülen kann. Neben Streetfood bekommt man an den allgegenwärtigen Buden und Fahrradkarren auch *barbacoa*-Tacos mit langsam gegartem Rind- oder Lammfleisch, *marquesitas* (gerollte Crêpes) und *tamales*. Die köstlichen *tostiesquites* (mit Maiskörnern, Mayonaise, Käse, Limette, scharfer Soße und gemahlenem Heuschreckensalz gefüllte Tostitos) werden gern als Snack spätabends gegessen. Angeboten werden sie am Andador Turístico.

Oaxacking organisiert beliebte Gastro-Touren unter der Leitung des sachkundigen Omar Alonsos.

ESSEN AUF DEN MÄRKTEN IN OAXACA CITY

La Cosecha
Kleiner Bauernmarkt, auf dem Bioprodukte aus Oaxaca und die prähispanischen Getränke *tejate* und *pulque* serviert werden. **$**

Mercado 20 de Noviembre
Der *pasillo de humo* (geräucherte Grillfleisch-Variation) gehört zu den klassischen Erfahrungen in Oaxaca. **$**

Fonda Florecita
Im Mercado de la Merced sollte man sich pikante *salsa de queso* und eine köstlich würzige, heiße Schokolade bestellen. **$**

Erinnerung an geliebte, verstorbene Menschen

EIN FEST DES LEBENS UND DES TODES

Alljährlich Ende Oktober gedenkt Oaxaca am **Día de Muertos** (Tag der Toten, S. 54) den Verstorbenen, ein Fest, das auf alten europäischen und prähispanischen Traditionen basiert. Zu dem Fest kommen jedes Jahr mehr und mehr Gäste nach Oaxaca City, und die Stadt wurde mit allen Vor- und Nachteilen zu Mexikos Hauptanziehungspunkt. Der Día de Muertos, offiziell auch Tag der Toten, fällt auf den 1. und 2. November; die kulturellen Events beginnen aber schon am 28. Oktober.

Es ist leicht zu verstehen, warum der Día de Muertos in Oaxaca der Renner ist. Ähnlich wie am Mardi Gras ziehen Blaskapellen, traditionelle Tänzer:innen und Einheimische in festlich-makabren Kostümen durch die Straßen der Stadt. Im Umland, wie z. B. in San Agustín Etla (S. 365), El Tule (S. 368) und Mitla (S. 369), sind die farbenfroh geschmückten Altäre und spätabendlichen Feste wahrhaft legendär.

Tagsüber kann man den Mercado Benito Juárez besuchen, wo so ziemlich alles angeboten wird – von *papel picado* (Deko aus Seidenpapier) und *pan de muerto* (süßes Brot) bis hin zu *cempasúchil*, die gelb und orange leuchtenden Ringelblumen, mit denen die Altäre geschmückt werden. In vielen Restaurants werden *pozole* (Eintopf aus Maismehl) und köstliches *mole* – zwei der traditionellsten Día-de-Muertos-Gerichte – serviert.

Hotelzimmer und Flüge müssen für diese Zeit lange im Voraus gebucht werden. Auch sollte man sich auf Hauptsaisonpreise einstellen. Auf Friedhöfen bitte den Familien, die Opfergaben für ihre Verstorbenen ausbreiten, höchsten Respekt zollen.

BESTE DÍA-DE-MUERTOS-FESTE

Panteones de Xoxocotlán
Die Kerzenmahnwachen auf den Friedhöfen von Santa Cruz Xoxocotlán, ca. 6 km südlich des Stadtzentrums, werden wegen der farbenfrohen Altäre und der beherzten Serenaden gern besucht.

Barrio de Jalatlaco
Die Avenidas Hidalgo und Aldama sind ganzjährig mit kreativen Tag-der-Toten-Wandmalereien geschmückt und bilden die ideale Kulisse für *comparsas* (Musikparaden), die durch die Kopfsteinpflasterstraßen des Stadtviertels ziehen.

Nazareno Etla
Etwa 20 km nördlich von Oaxaca finden in diesem erfrischend untouristischen Stadtviertel *muerteadas* (Kostümparaden, Blaskapellenwettbewerbe und allgemeine Unterhaltung) bis in die frühen Morgenstunden statt.

Der Traum aller Shopaholics

EINZIGARTIGE VOLKSKUNST

In Oaxaca wird zweifelsohne die qualitativ hochwertigste volkstümliche Handwerkskunst Mexikos hergestellt. In den Geschäften und Galerien, die hauptsächlich am Andador Turístico (S. 352) angesiedelt sind, wird von poliertem *barro negro* (schwarze Keramik) und *alebrijes* (bunt bemalte Tierskulpturen) bis hin zu handgewebten Zapoteken-Teppichen und Körben aus Palmenblättern so ziemlich alles angeboten. Alles unter einem Dach bekommt man auf dem Mercado Benito Juárez im Stadtzentrum sowie auf dem in der Nähe gelegenen **Kunsthandwerksmarkt Oaxaca**. Auf diesen Märkten reihen sich zahlreiche Stände aneinander, die schicke Handtaschen, *huipiles* (traditionelle, bunt bestickte Tuniken) und Kunsthandwerk anbieten.

ESSEN IN OAXACA CITY

Tendajón
Gute oaxacanische Fusion-Gerichte, wie geräucherte Shrimps-Fettuccine mit *huitlacoche* (Maispilze).

Terraza Istmo
Wer wissen will, was man in der Oaxaca-Isthmus-Region isst, sollte in diesem Dachterrassenrestaurant *garnachas istmeñas* und *molotes* probieren. **$$**

Ancestral
In dem Freiluftrestaurant Xochimilco gibt's traditionelle Oaxaca-Gerichte für Feinschmecker:innen. **$$$**

BESTE KUNSTHANDWERKS-GESCHÄFTE IN OAXACA CITY

Voces de Copal
Die *alebrijes* in dieser Galerie im Stadtzentrum sind recht teuer, man sollte sich die großartigen Arbeiten aber unbedingt anschauen.

La Mano Mágica
In diesem von dem Meisterweber Arnulfo Mendoza gegründeten Geschäft gibt es farbenfrohe, am Trittwebstuhl hergestellte Teppiche sowie eine gute Auswahl an handgefertigten Skulpturen und Schmuck.

Aripo
Zum Oaxacan Handicrafts Institute, alias Aripo, gehören mehrere kleine Geschäfte, die traditionelle Kleidung, Silberschmuck, *alebrijes*, wunderschön designte Handtaschen und Keramik verkaufen.

Sofern möglich, sollte man Kunsthandwerksgegenstände direkt an bei den Produzenten kaufen. Webarbeiten in dem Weberdorf im Teotitlán del Valle(S. 368), Keramik in San Bartolo Coyotepec (S. 367) und *alebrije* in San Martín Tilcajete (S. 367). So kann man sicher sein, dass das Geld direkt an die Kunsthandwerker geht und die Gemeinschaften unterstützt. Außerdem ist es faszinierend, die Werkstätten zu besichtigen und den Handwerkern über die Schulter zu schauen.

Wer mehr über die alten Textiltraditionen im Bundesstaat erfahren möchte, kann das Museo Textil de Oaxaca besuchen, das eine Sammlung von über 10 000 Exponaten aus Oaxaca und aller Welt beherbergt; viele davon sind über 100 Jahre alt. In Ausstellungen, Workshops und einer Bibliothek erfährt man alles über traditionelle Stoffe aus verschiedenen Regionen. Es gibt auch einen kleinen Laden, der geschmackvolle, wenn auch teure Kleidungsstücke und Kunstbücher zum Thema Textilien verkauft. Die Preise in den meisten Kunsthandwerksläden sind Festpreise, es ist aber in Ordnung, wenn man auf Märkten mit den Verkäufern ein bisschen handelt.

Das Guelaguetza-Spektakel

OAXACAS BESTES KULTUREVENT

Die **Guelaguetza** ist ein kulturelles Spektakel der indigenen Bevölkerung und eines der ausgelassensten Feste des Jahres mit Volkstanz, Musik und Essen aus den acht Regionen Oaxacas. Das in den letzten beiden Juliwochen stattfindende Event bietet hervorragende traditionelle Tanzvorführungen unter freiem Himmel im **Auditorio Guelaguetza**, einer an einem Hang gelegenen Veranstaltungsstätte mit 11 000 Sitzplätzen und einem Traumblick über die Stadt.

Guelaguetza ist ein Begriff der Zapoteken, der sich frei mit „gegenseitigen Opfergaben" übersetzen lässt. Das Fest hat seinen Ursprung in prähispanischen Zeiten, in denen sich indigene Gemeinschaften alljährlich trafen, um Centéotl, der Gottheit des Maises, zu huldigen. In der heutigen Form reicht die Guelaguetza bis ins Jahr 1932 zurück. Neben den Shows im Auditorium, die in der Regel an den ersten beiden Montagen nach dem 16. Juli stattfinden, gibt es zwei Wochen lang viele Veranstaltungen, die Tausende Menschen anziehen, u. a. *calendas* (Straßenparaden mit Blaskapellen), Gratis-Konzerte, Kunstausstellungen, Gastro-Feste und eine Mezcal- und Craftbiermesse.

Einige Einheimische bevorzugen kleinere, intimere Guelaguetza-Feste in der Umgebung der Hauptstadt, z. B. in Tlacolula (S. 366), Atzompa (S. 364), Mitla (S. 369) und San Agustín Etla (S. 365), wo es nicht ganz so kommerziell zugeht wie in Oaxaca.

MEZCAL TRINKEN IN OAXACA CITY

Cuish
Hier kann man in kleinen Mengen hergestellten Mezcal probieren und anschließend ein Drei-Flaschen-Set in wunderschön designten Schachteln kaufen.

Mezcaloteca
Sorgfältig ausgewählter Mezcal, *sotol* und *destilados de agave* (Mezcal-ähnliche Getränke).

In Situ
Große Auswahl an kunsthandwerklich hergestellten Mezcals, darunter eine seltene, in Kuhhautfässern fermentierte Variante.

Aquädukt in Oaxaca

Hotelzimmer und Flüge sollten für diese Zeit lange im Voraus gebucht werden.

Wer nicht im Juli in der Gegend ist, kann im **Hotel Quinta Real Oaxaca** an einer der wöchentlich stattfindenden Guelaguetza-Dinner-Shows teilnehmen. Weitere bemerkenswerte Locations für Konzerte und ähnliche Veranstaltungen sind u. a. das Centro Cultural San Pablo und das Teatro Macedonio Alcalá.

Die Welt des Mezcal

DER FÜR OAXACA TYPISCHE SCHNAPS

In Oaxaca gibt es Unmengen von Restaurants, stimmungsvollen *mezcalerías* (kleine Mezcal-Bars) und Verkostungsstuben, in denen man Mezcal probieren kann. Diese Spirituose erlebt gerade einen überraschenden Boom, da Tequila für immer mehr Agave-Fans zu sehr Mainstream geworden ist.

Selbst wer dem Alkohol nicht besonders zugewandt ist, wird es faszinierend finden, mehr über die unzähligen Agavenspezies und die interessanten Produktionsmethoden des Mezcal zu erfahren.

Um sich mit den unterschiedlichen Geschmacksrichtungen von Mezcal und *destilados de agave* (eine alternative Bezeichnung für gleichartig hergestellte Agavengetränke) vertraut zu machen, die in Oaxaca und anderswo hergestellt werden, sollte man an einer Verkostung in der Mezcaloteca teilnehmen. Dort erklären Experten alles über die Produktionsstätten des Mezcal,

OAXACAS KULT-AQUÄDUKT

Wer an Oaxacas außergewöhnlichem Steinaquädukt Cantera entlanglangschlendert, wird feststellen, dass einige der Bögen Eingänge in Wohnungen und Kleinstbetriebe sind. Das liegt daran, dass der berühmte *acueducto* nach etwa 190 Jahren, in denen das Wasser von den umliegenden Hügeln von San Felipe in die Stadt geführt wurde, im Jahr 1940 außer Betrieb gesetzt wurde. Heute ist es als integriertes Denkmal erhalten geblieben. Die Bögen kommen einem vielleicht bekannt vor – sie waren in einer Szene in dem Film *Nacho Libre* aus 2006 zu sehen, in dem ein geselliger Klosterkoch (gespielt von Jack Black) in einen komischen Straßenkampf gerät. In Xochimilco, dem *barrio* (Stadtviertel) der Weber nördlich des Hwy 190, bildet der Aquädukt die Wand im hinteren Innenhof des netten Freiluftrestaurants **Ancestral.**

COCKTAILS SCHLÜRFEN IN OAXACA CITY

Selva
Nach einem Abendessen im hervorragenden Los Danzantes eignet sich die moderne Location perfekt für einen Absacker.

Sabina Sabe
Die gut zubereiteten Cocktails in dieser exklusiven Mezcal-Bar schmecken sowohl Fremden als auch Einheimischen.

El Destilado
Wie wär's mit Maiswhiskey oder einem innovativen Cocktail? Beides passt wunderbar zu Fisch-Tacos.

LOCAL TIPP: WO MAN STREET-ART BEWUNDERN KANN

Uriel Barragán Cruz (alias Bouler), Muralist und bildender Künstler, teilt gern seine Lieblingsspots für innovative Kunst in Oaxaca. @bouleroaxaca

Jalatlaco und Xochimilco
Wandgemälde und Graffiti gibt es überall in der Stadt, aber Jalatlaco und Xochimilco sowie das Centro bieten die größte Auswahl an Wandgemälden und Protestkunst.

EnmolArte
Hier gibt es viel Skurriles zu entdecken, z.B. Gemälde mit *mole* auf den Straßen. Zudem verfügen die Künstler über eine eigene Werkstatt, die man besichtigen kann.

Casa Bestia und Espacio Zapata
Location mit Fokus auf zeitgenössische Kunst und Jugendkultur. Ich mag Casa Bestia und Espacio Zapata wirklich sehr. Für mich sind die besten Galerien in Oaxaca aber auf der Straße, denn dort habe ich selbst als Graffiti-Künstler begonnen.

ESDELVAL/SHUTTERSTOCK ©

Agave

den Produktionsprozess eines jeden Getränks und woran man die unterschiedlichen Geschmacksrichtungen der verschiedenen *maguey*-Pflanzen (eine Agavenart) erkennt, von denen einige 25 Jahre reifen. In Situ ist ebenfalls ein guter Ort, um interessante Details über Mezcal zu erfahren.

Wer einfach nur in Gesellschaft etwas trinken möchte, findet viele Möglichkeiten. Sabina Sabe, El Destilado und **Selva Oaxaca** bieten die besten Marken Oaxacas an und mixen Mezcal-Cocktails mit Zutaten wie mexikanischen Blattpfeffer, Kakao und Salz mit gemahlenen *maguey*-Würmern und Chili.

Mezcal hat es in sich, das darf man nicht vergessen (in der Regel 40 bis 50 % Alkoholgehalt, manchmal sogar mehr). ¡Salud!

Die richtigen Worte finden

SPRACHUNTERRICHT – SPANISCHE UND INDIGENE SPRACHEN

Eines ist sicher: Es gibt kein besseres Mittel, in eine fremde Kultur einzutauchen, als ein Sprachkurs. Auch wenn man in den Touristenzentren von Oaxaca mit Englisch gut klarkommt, so macht man doch weitaus bessere Erfahrungen, wenn man sich mit Einheimischen in ihrer Muttersprache unterhalten kann. Klar, Spanisch ist die Hauptsprache und darüber hinaus gut aussprechbar, denn die Worte klingen oft so wie sie geschrieben werden. Zapotekisch und Mixtekisch verlangen von den Lernenden hingegen mehr tonale Flexionen. **Ollin Tlahtoalli** und die **Becari Conzatti Language School** (mit Zweigstelle in Bravo) bieten Kurse in Spanisch und Zapotekisch. Die **Spanish Immersion School** bietet flexiblen Einzelunterricht an.

SCHOKOLADE GENIESSEN IN OAXACA CITY

Chimalapa Cacao Con Orgien
Wer keine Zeit für eine Kakaoverkostung hat, kann hier exquisite Schokoriegel kaufen. $

Texier Chocolatería
Die Schoko-Haselnuss-Riegel und „Kakao-Knusperstückchen" machen auf der Stelle süchtig. $

Caracol Púrpura
Hier sollte man den neuen Tag mit einem starken Kaffee und einem bittersüßen Mandel-Meersalz-Schokoriegel begrüßen. $

STREETART-WALK

Einheimische Künstler:innen haben die Straßen von Oaxaca in eine Freiluftgalerie verwandelt. Wandgemälde und satirische Schablonenzeichnungen zieren die Mauern der historischen Zentren von Jalatlaco, Xochimilco und Centro. Die Stadtviertel liegen dicht beieinander und können im Rahmen einer Audiotour gut zu Fuß erkundet werden.

In der 1 **Calle Hidalgo**, 2 **Calle 5 de Mayo** und 3 **Calle Aldama** sind in Jalatlaco vom Día de Muertos inspirierte Wandgemälde zu sehen – viele davon sind Werke des berühmten oaxacanischen Muralisten Bouler. Als nächstes steht Boulers Geschäft, 4 **Escarabajo**, auf dem Programm, in dem der Künstler seine Grafiken und signierte Zeichnungen verkauft. Die von ihm angebotenen Streetart-Touren umfassen auch einen Besuch in seinem Atelier.

Wenn man in Jalatlaco ist, sollte man auch den fünf Blocks südlich gelegenen Workshop/Laden von 5 **Efedefroy** besuchen, einem Straßenkünstler, der für seine lustigen Gemälde aus Weizenpaste bekannt ist. Er stellt u. a. mexikanische Filmikonen in neu interpretierten Szenarien dar, z. B. María Félix, Star aus dem Goldenen Zeitalter, im Outfit von Prinzessin Leia neben Luke Skywalker.

Wer durch 6 **Centro** bummelt, wird in den Kunstwerken innovative Techniken erkennen, z. B. *mole*-Wandgemälde, die mit roter und brauner *mole*-Soße erstellt wurden.

Weiter geht's in das Viertel Xochimilco mit leuchtenden Wandgemälden in der 7 **Calle Alavez** und der 8 **Calle Santo Tomas**. Ein paar Blocks südlich kann man Kunstschaffenden im 9 **EnmolArte Studio** zusehen, wie sie mit *mole* malen. Hier werden Künstlerresidenzen angeboten für alle, die länger in Oaxaca bleiben möchten.

Coyote Aventuras bietet Streetart-Radtouren durch drei Stadtviertel an. Unterwegs werden Stopps für den Besuch mehrerer Ateliers eingelegt.

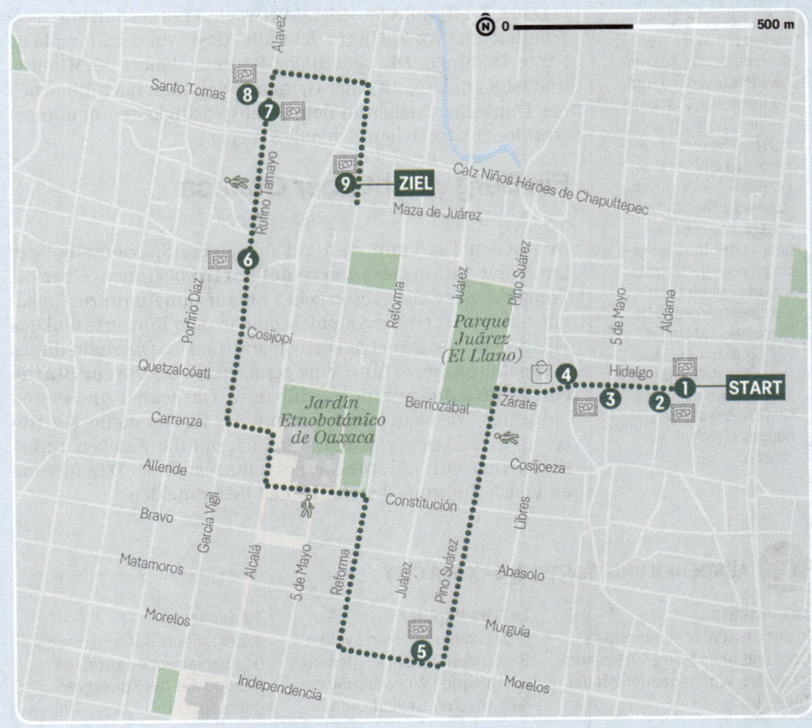

Kochkurse mit Profis

DIE GEHEIMNISSE DER OAXACA-KÜCHE

Wer hat sich nicht schon mal gefragt, wie man eigentlich köstliche *mole* oder echtes Oaxaca-*tamales* zubereitet. In einem Kochkurs erfährt man nicht nur, was in die typischen Gerichte gehört, man erfährt auch vieles über die jeweilige Geschichte, wie z. B. des prähispanischen Getränks *tejate*. Zahlreiche Restaurants in der Hauptstadt bieten Kochkurse an, viele beinhalten auch Marktbesuche. Wer die ländliche Küche kennenlernen möchte, fährt in die Weberstadt Teotitlán del Valle und besucht Reyna Mendozas **El Sabor Zapoteco**. Reyna hat mit dem amerikanischen Starkoch Rick Bayless zusammengearbeitet und unterrichtet jetzt in ihrer tollen Outdoor-Küche. In Oaxaca City bietet Nora Valencia in ihrer Kochschule **Alma de Mi Tierra** fünfstündige Kurse in ihrem malerischen Haus in Jalatlaco an.

MEZCAL VS. TEQUILA

Mezcal und Tequila sind die kommerzialisiertesten Schnäpse Mexikos. Sie haben eines gemeinsam, sie werden beide aus der Agave-Pflanze destilliert, weisen aber dennoch bedeutende Unterschiede auf. Einer der wichtigsten ist, dass Mezcal aus ca. 40 verschiedenen Agavenarten hergestellt wird und Tequila aus nur einer, der Blue Weber, auch unter dem Namen Blaue Agave bekannt.

Auch die Produktionsmethoden sind unterschiedlich: das *Agavenherz* (Mezcal *piña)* wird normalerweise langsam in einer Feuergrube gegart und bekommt so seinen rauchigen Geschmack. Im Vergleich dazu wird Tequila typischerweise in Backstein- oder Tonöfen geröstet oder gedämpft.

Und zu guter Letzt darf Mezcal gemäß Denomination of Origin (DO) in 10 Bundesstaaten hergestellt werden, Tequila jedoch nur in fünf Bundesstaaten, hauptsächlich in Jalisco.

Radeltour durch die Geschichte

NÄCHTLICHE RADTOUREN

In puncto Fahrradkultur muss in Oaxaca noch so einiges passieren. Es werden aber nächtliche Radtouren unter dem Namen **Paseos Nocturnos** organisiert, die mit Sicherheit dazu beigetragen haben, dass die Stadt fahrradfreundlicher wurde. **Mundo Ceiba** verleiht Fahrräder und organisiert abends gesellige Touren durch die idyllischen Straßen im Zentrum von Oaxaca. Treffpunkt ist jeden Mittwoch, Freitag, Samstag und Sonntag kurz vor 21 Uhr in der Calle Álcalá vor dem Templo de Santo Domingo. Die gemütliche Radtour dauert 90 Minuten und ist 8 km lang. In einer Gruppe radelt man nach Einbruch der Dunkelheit sicher an den Sehenswürdigkeiten und angestrahlten historischen Gebäuden vorbei.

Ein Berg wacht über Oaxaca

DIE HAUPTSTADT AUS DER VOGELPERSPEKTIVE

Den neuen Tag kann man gut mit einem Spaziergang oder Dauerlauf auf Oaxacas **Cerro del Fortín** beginnen. Über die Treppe an der Calle Crespo geht's hinauf zum Auditorio Guelaguetza (S. 356), einem Amphitheater, in dem Konzerte und das alljährliche Guelaguetza Festival stattfinden. Oberhalb dieses Veranstaltungsorts führt eine gepflasterte Straße zur **Statue von Benito Juárez** (dem gebürtigen Oaxacaner und ersten indigenen Präsident Mexikos). Ende des 15. Jhs. diente der Hügel als strategischer Militärstandort, um die Azteken zu besiegen. Den oberen Teil des Berges sollte man in der Dämmerung und nach Einbruch der Dunkelheit lieber meiden.

AUSGEHEN UND TANZEN IN OAXACA CITY

La Cantinita
In der kleinen, schummerigen Cocktailbar im Hotel Sin Nombre ist an den Wochenenden oft der Teufel los.

La Otra Popular
In der immer brechend vollen Bar stehen DJs am Plattenteller. Hungrig? Wie wär's mit *cenizo*-(Asche)-Ceviche.

Txalaparta
In der Saloon-Bar wird *cumbia* (kolumbianische Tanzmusik) live und aus der Konserve geboten.

Kakaobohnen

Eine Portion Schokolade gefällig?

KAKAO- UND SCHOKO-TOUR

Mexikos Liebe zu Kakao begann schon vor ca. 4000 Jahren, vielleicht auch früher. Die alten Olmeken und Maya tranken Kakao zu zeremoniellen Anlässen zu Ehren der Götter, später wurde Kakao dann auch von Azteken und Zapoteken genossen. Das Wort Kakao ist auf den alten Olmeken-Begriff *kakawa* zurückzuführen, „Schokolade" jedoch stammt von dem Náhuatl-Wort *xocolātl* ab.

Im modernen Oaxaca werden die alten Kakao-Traditionen gepflegt. Auf dem Markt auf der 20 de Noviembre (S. 354) und auf dem Benito Juárez Markt (S. 355) gibt es Stände, die cremige *tejate* und andere warme, süße Schokoladen-Getränke mit modernem Touch anbieten.

Kakaobohnen sind die Hauptzutat von Schokolade. Sie kommen in drei unterschiedlichen Sorten daher. Probieren kann man sie auf Verkostungen bei **Chimalapa Cacao Con Origen**. Ervit Hernández, der Gründer, zeigt seinen Gästen auch, wie man heiße Schokolade auf Oaxaca-Art zubereitet. Wer tiefer in die Kakao-Materie eindringen will, kann an einer mehrtägigen Exkursion in eine abgelegene Kakao-Region teilnehmen.

Ein weiteres Muss für Schoko-Fans ist **Rito**, eine *chocoloteria,* die für ihr cremiges Schokoladeneis mit Kakao-Stückchen bekannt ist.

Auf der To-Do-Liste sollte auch Texier stehen. Der französische Chocolatier David Texier kreiert süchtig machende Schokostücke und -riegel. Für die Riegel benutzt er Zutaten wie gemahlene Heuschrecken und *pasilla* (Chilipfeffer).

OAXACAS VERSCHWINDENDE SPRACHEN

In Oaxaca leben die meisten Menschen Mexikos, die eine indigene Sprache sprechen. Etwa ein Drittel der Bevölkerung beherrscht eine von 16 Sprachen. Wenn man in Oaxaca über Märkte und öffentliche Plätze bummelt, hört man höchstwahrscheinlich Menschen, die sich auf zapotekisch oder mixtekisch, den beiden meistgesprochenen indigenen Sprachen unterhalten. Aber trotz Oaxacas beeindruckender linguistischer Diversität sind einige dieser Sprachen vom Aussterben bedroht, da ein immer größerer Teil der jungen indigenen Bevölkerung Jobs in der vorwiegend englisch- und spanischsprachigen Tourismusbranche in Oaxaca annimmt. Trotz alledem besteht noch immer ein gewisser Stolz der indigenen Gemeinschaften in Oaxaca, der hoffentlich stark genug sein wird, um einige der langsam verschwindenden Sprachen vor dem Aussterben zu retten.

KNEIPENBESUCH IN OAXACA CITY

El Salón de la Fama
Klassische Kneipenatmosphäre erwartet die Gäste hinter den Schwingtüren dieses abgewetzten Lokals.

Pollos Bar
Coole Musik aus der Jukebox und angenehme Eckkneipenstimmung – was will man denn mehr.

Pulquería Mayahuel
Nettes, kleines Lokal, in dem man pulque, ein zähflüssiges alkoholisches Getränk aus fermentierter Agave, probieren kann.

BESTE UNTERKÜNFTE IN OAXACA CITY

NaNa Vida
Umwerfender Service, zentrale Innenstadtlage und stylische Zimmer mit Kunstwerken aus der Region. $$$

Casa de las Bugambilias
Die zehn Zimmer in diesem B&B sind wahre Schmuckstücke mit buntem Dekor. Es gibt auch ein hervorragendes Restaurant. $$$

La Casa de Mis Recuerdos
Die einladende Pension bietet gemütliche Zimmer mit Blick auf einen zentralen Innenhof und eine ausgezeichnete Kochschule. $$$

Hostal Guelaguetza
Hier gibt es keine Schlafsäle, nur fünf kleine, aber feine Zimmer in idealer Lage im netten Bezirk Jalatlaco. $

Casa Antonieta
Kloster aus der Kolonialzeit mit großen Hotelzimmern und dem tollen Muss Cafe. $$$

Quinta Real Oaxaca
Das Kloster aus dem 16. Jh. ist jetzt ein Fünf-Sterne-Hotel. $$$

La Casona de Tita
Exklusives, historisches Hotel mit einem Mix aus alten Möbeln und moderner Kunst. $$$

JESS KRAFT/SHUTTERSTOCK ©

Jardín Etnobotánico de Oaxaca

Der Jardín Etnobotánico

TOUR DURCH DEN BOTANISCHEN GARTEN

Das Wort Oaxaca lässt sich von dem Náhuatl-Begriff *Huāxyacac* ableiten und bedeutet so viel wie „Ort des *guaje*-Baums“. Außerdem gibt es in Oaxaca mehr Chilipfeffersorten und mehr Pflanzenarten als in jedem anderen mexikanischen Bundesstaat. Dies und vieles mehr erfährt man auf einer Führung durch den **Jardín Etnobotánico de Oaxaca**, dem idealen Ort, um sich mit der vielfältigen Flora des Bundesstaates vertraut zu machen, bevor man die großartige Natur Oaxacas erkundet.

Das ehemalige Klostergelände hinter dem Templo de Santo Domingo, auf dem sich in der Kolonialzeit eine Obstplantage befand, erhielt 1998 ein völlig neues Gesicht, als Botaniker:innen und einheimische Kunstschaffende begannen, den heutigen botanischen Garten anzulegen. Im Rahmen englisch-, spanisch-, deutsch- und französischsprachiger Führungen spaziert man über gepflegte Sandwege, die von Pflanzen und Bäumen aus unterschiedlichen Klimazonen gesäumt sind, und bekommt dabei eine Vorstellung von der faszinierenden Biodiversität Oaxacas. Verschiedne Arbeiten von Künstlern wie Francisco Toledo und Luis Zárate mischen sich hier mit der Natur: Es gibt z. B. einen Springbrunnen mit Zapoteken-Thema und ein Becken, in dem sich ein riesiger Orgelpfeifenkaktus spiegelt.

Um Vandalismus zu vermeiden, ist der Garten nur im Rahmen einer Führung zu besichtigen. Man sollte sich 15 Minuten vorher einfinden, da die Besucherzahlen begrenzt sind.

UNTERWEGS VOR ORT

Mit Stadtbussen, *colectivos* (Sammeltaxis) und Taxis über den App-Dienst DiDi kommt man in Oaxaca gut voran. Taxis sind in der Regel sicher, man sollte aber vorher den Preis aushandeln. Das Stadtzentrum kann man gut zu Fuß erkunden. Leihwagen bieten sich für den Besuch umliegender Städte an, es gibt aber auch Taxis und öffentliche Verkehrsmittel, die am 2.-Klasse-Busbahnhof abfahren. Von der Hauptstraße vor dem 1.-Klasse-ADO-Terminal fahren „Juárez“-Stadtbusse zum Zócalo. „Tinoco y Palacios“-Busse fahren auf einer Route drei Blocks westlich des Zentralplatzes. Man kann im Bus bezahlen, die Fahrer halten auf Handzeichen an jeder Ecke an.

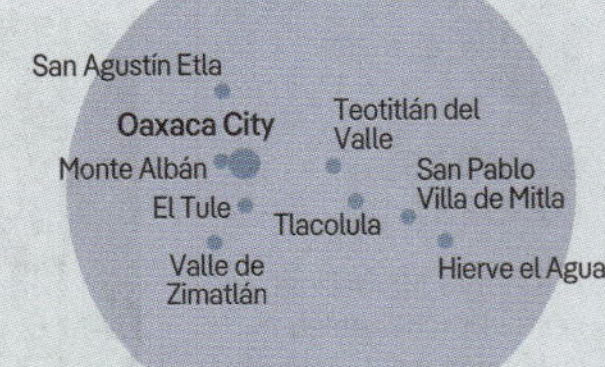

Rund um Oaxaca City

Rund um Oaxaca City liegen die Valles Centrales mit antiken Ruinen, Zapoteken-Kultur, lebhaften Märkten und grandioser Volkskunst.

Oaxacas Valles Centrales, die drei Zentraltäler in den malerischen Bergen der Sierra Madre, sind seit prähispanischen Zeiten das regionale Zentrum der Zivilisation. 50 km östlich der Stadt befindet sich das Valle de Tlacolula mit dem Weberdorf Teotitlán del Valle, dem Mezcal-Mekka Santiago Matatlán, den versteinerten Wasserfällen Hierve El Agua und der archäologischen Zapoteken-Stätte Mitla. 40 km nördlich erstreckt sich das Valle de Etla mit einem Kunstzentrum von Weltklasse. Etwa 100 km südlich von Oaxaca kann man im Valle de Zimatlán die spektakulär gelegenen Ruinen Monte Albáns besuchen sowie zahlreiche Kunsthandwerksstätten, in denen die traditionellen Holzskulpturen und polierten schwarzen Keramiken hergestellt werden. Diese Orte – überwiegend Zapoteken-Städte – sind ideale Ziele für einen Tagesausflug von Oaxaca aus.

TOP TIPP

Wer die Zentraltäler ausgiebig erkunden möchte, sollte sich einen Mietwagen nehmen. Alternativ kann man die meisten Orte aber auch mit preisgünstigen Bussen und Sammeltaxis erreichen.

Teotitlán del Valle

AURORA ANGELES/SHUTTERSTOCK ©

BEVOR ES LOSGEHT

Um Monte Albán in all seiner Pracht genießen zu können, sollte man sich frühmorgens auf den Weg machen. So umgeht man die größte Hitze und den Reisebusrummel. Zu den Ruinen kommt man mit Bussen von Transportaciones Turísticas Mitla (aka Autobúses Turísticos), die stündlich von Mina 501 im Zentrum von Oaxaca abfahren. Die Gran Plaza von Monte Albán, das Herzstück der Stätte, ist rollstuhlgerecht. Wer einen tieferen Einblick in die sagenumwobene Geschichte bekommen möchte, sollte vor dem Ticketschalter einen Englisch sprechenden Guide anheuern. Wer über ein eigenes Fahrzeug verfügt, sollte auch die in der Nähe gelegenen Zapoteken-Ruinen **Atzompa** besuchen. Hier hat man (anders als im viel besuchten Monte Albán) die Chance, die Anlage für sich allein zu haben.

Ballspielplatz, Monte Albán

Mysteriöses Monte Albán

ZAPOTEKEN-RUINEN MIT AUSSICHT

Angesichts des traumhaften Rundumblicks über die Täler und die Berge Oaxacas in der Ferne ist es kein Wunder, dass die alten Zapoteken vor ca. 2700 Jahren diesen Hügel als Ort für ihre Hauptstadt wählten. Es folgte eine 1300-jährige Geschichte. Die Stadt erreichte ihre Blütezeit zwischen 300 und 700 n. Chr. Es ist noch immer ein Rätsel, warum die Siedlung aufgegeben wurde. Aufgrund der noch intakten Strukturen kann man sich die Pracht der Tempelanlage mit den großen, abgestuften Plattformen, den majestätischen Palästen und den terrassenförmig angeordneten Wohnstätten, in denen einst geschätzt 30 000 Menschen lebten, gut vorstellen.

Den besten Blick auf **Monte Albán** bekommt man von der **Plataforma Norte** (Nordplattform) und dem Zeremonialkomplex **Patio Hundido** (abgesenkter Hof), einem Tempel und zwölf Säulenbasen. Wenn man über die mit Gras bewachsene **Gran Plaza**, einen 300 m langen Platz, schaut, sieht man am gegenüberliegenden Ende die **Plataforma Sur** (Südplattform), Monte Albáns größte Stätte. Wer hinaufgeht, kommt in den Genuss eines spektakulären Rundumblicks. An diesem Aussichtspunkt kann man sich leicht vorstellen, wie schwierig es für die Zapoteken gewesen sein muss, diese breite Bergkuppe einzuebnen.

Unten an der Westseite der Plaza steht das **Edificio de los Danzantes**, wo Repliken und eingemeißelte Reliefs von *danzantes* (Tanzfiguren) auf den möglichen Einfluss der Olmeken auf die Zivilisation der Zapoteken hinweisen. In einem schmalen Durchgang sind hier original erhaltene Figuren in tänzerischer Haltung zu sehen. Mehr Infos über Monte Albán bekommt man im dazugehörigen Museum in der Nähe des Eingangs, in dem Keramiken, *stelae* (Stelen) und Skelettreste ausgestellt sind.

ESSEN, BEVOR MAN MONTE ALBÁN BESUCHT

Restaurante Monte Albán
Von der Terrasse des Restaurants in Monte Albán hat man einen schönen Blick. **$$**

La Abuelita
Seit fünf Generationen gibt es dieses klassische oaxacanische Frühstückslokal im Mercado 20 de Noviembre im Stadtzentrum. **$**

Memelas Doña Vale
Auf dem Markt Central de Abastos bereitet Doña Vale köstliche *memelitas* mit *salsa morita* zu. **$**

Kultur in Etla tanken

MODERNE KUNST IN SICH AUFSAUGEN UND WANDERN

Das am Ausläufer der Sierra Norte gelegene **San Agustín Etla** bietet als ruhige Kleinstadt eine willkommene Pause vom Trubel in Oaxaca City. Viele kommen für einen Tag nach Etla (18 km nördlich von Oaxaca City), um dort Ausstellungen, Konzerte und gelegentlich stattfindende Tanzvorstellungen im **Centro de las Artes de San Agustín** zu besuchen. Die ehemalige Textilfabrik aus dem 19. Jh. wurde von dem Künstler Francisco Toledo in ein Zentrum für moderne Kunst umgestaltet. Das CASA, wie das Zentrum genannt wird, präsentiert außergewöhnliche Kunst in einem innovativ-ökologisch designten Komplex (mit Becken als Teil eines von der Schwerkraft angetriebenen Wassersystems, das der Kühlung des Gebäudes dient).

Wer sonntags in Etla ist, sollte den traditionellen Open-Air Gastro- und Kunsthandwerksmarkt **Los Eucaliptos** besuchen und durch die umliegenden Gärten bummeln. Für eine kleine Wanderung bietet sich der nahe gelegene **Aqueduct Trail** an, der mit herrlichem Blick über das Valle de Etla hinauf in die Berge führt. Der Weg verläuft parallel zum Aquädukt, der Etla mit Wasser versorgt, und zu einem verlassenen Wasserwerkgebäude, in dem es spuken soll. Eigentlich sollte man sich vorab in der Agencia Municipal (Avenida Independencia) registrieren lassen, aber die unregelmäßigen Öffnungszeiten sind der Grund dafür, dass das nicht immer klappt. **Coyote Aventuras** bietet geführte Wanderungen auf dem Trail an. Wer Anfang November in der Stadt ist, sollte Etlas *muerteadas* (Feierlichkeiten zum Tag der Toten mit Blaskapellen und Tänzern) nicht verpassen.

Ein Treffen mit Mezcal-Herstellern

EINE FAHRT DURCHS MEZCAL-LAND

Wer noch nie eine der unter dem Namen *palenques* bekannten Mezcal-Brennereien besichtigt hat, sollte wissen, dass dies eine „berauschende" Erfahrung ist. Man kann beim Herstellungsprozess von Oaxacas Agavengetränk zuschauen und es auch probieren. Für den Besuch sollte man einen zweisprachigen Guide engagieren, der über die Pflanzensorten, Anbautechniken, Destilliermethoden und die Geschichte der Familienbetriebe Bescheid weiß. Eine Führung hat außerdem den Vorteil, dass man das Autofahren anderen überlassen kann. Nach ein paar starken Mezcals wird man sicherlich froh darüber sein!

Für maßgeschneiderte Mezcal-Touren wendet man sich am Besten an den Profi Leyver Ramírez von **Xolo Trips** (www.instagram.com/xolo_trips). Auf den lehrreichen Ausflügen werden auch Stopps in traditionellen Kunsthandwerks-Shops und

DAS TOLEDO-ERBE

Die großen Errungenschaften des berühmten Künstlers und Philanthropen Francisco Toledo wirken sich noch immer enorm auf die Kunst und Kultur in Oaxaca aus. Der Zapoteken-Künstler wurde berühmt durch seine einzigartigen Gemälde, auf denen mythische Tierfiguren zu sehen sind. Auch war er ein überzeugter Verfechter von Oaxacas kulturellem Erbe. Er gründete das **Centro de las Artes de San Agustín**, Oaxacas **Graphic Arts Institute** und das **Centro Fotográfico Manuel Álvarez Bravo**. Diese erstklassigen Kunsträume sind für die Öffentlichkeit frei zugänglich! Toledo führte bekanntermaßen auch einen Protest an, durch den verhindert wurde, dass auf dem Zócalo (Hauptplatz) der Hauptstadt eine McDonald's-Niederlassung eröffnet wird. Mit der Parole „Tamales, ja! Hamburger, nein!" erinnert die Demo alle *oaxaqueños* (Oaxacaner) daran, wie wichtig es ist, die kulinarischen Traditionen zu bewahren.

ESSEN UND TRINKEN IN SAN AGUSTÍN ETLA

Cervecería La Cura
Nach der Besichtigung der Kleinbrauerei La Cura kann man im dazugehörigen Biergarten Craft-*cerveza* (Bier) probieren. **$$**

Casa Maria
Kleines Hotel mit lohnenswertem Restaurant und Cocktailbar. Zimmer mit gutem Preis-Leistungs-Verhältnis. **$$**

Mia Arroz
Das asiatische Restaurant am Rand von Maisfeldern bietet eine nette Abwechslung von der Oaxaca-Küche. **$$**

LOCAL TIPP: SO TRINKT MAN MEZCAL

Eduardo 'Lalo' Ángeles, Brennmeister und Inhaber von Mezcal Lalocura, hat ein paar Tipps, was man beim Besuch einer Brennerei in Oaxaca berücksichtigen sollte. @lalocuramezcal

Es ist wichtig zu wissen, welche Brennereien echten Mezcal herstellen, denn dann kann man entscheiden, welche der vielen Mezcal produzierenden Gemeinschaften abseits der *Ruta de Mezcal*, dieser gut besuchten, von Unternehmen und der Regierung beworbenen Touristenroute, man besichtigen möchte. Santa Catarina Minas ist die nächstgelegene Stadt, wenn man den Produktionsprozess unter Verwendung von Tondestillierapparaten kennenlernen möchte. Zum Besuch einer Mezcalbrennerei gehört auch der Aufenthalt in dem Haus des Herstellers, denn für uns ist Mezcal mehr als nur ein In-Drink: Mezcal ist Teil einer geliebten Kultur, die man gern mit anderen teilt.

weniger bekannten Lokalen eingelegt. Der Mezcal- und Tequila-Guru Clayton Szczech von **Experience Agave** organisiert Tagesausflüge sowie mehrtägige Camping-Touren, auf denen man am Herstellungsprozess von Mezcal teilnehmen kann.

Natürlich kann man das Mezcal-Land auch auf eigene Faust erkunden. **Santa Catarina Minas**, eine Stadt ca. 40 km südlich von Oaxaca City, ist die Heimat von **Mezcal Lalocura**. Das Unternehmen produziert erstklassigen Mezcal nach uralten Methoden (auf Holzfeuer gekochtes, von Hand zerriebenes *maguey* wird in Tontöpfen destilliert). In **Santiago Matatlán**, der Hauptstadt des Mezcal, säumen Mezcal-Fabriken die Hauptstraße. Und man kann dann auch noch die nahe gelegenen Zapoteken-Ruinen von Mitla besichtigen.

Märkte & Ruinen der Zapoteken

DIE AROMEN DER INDIGENEN BEVÖLKERUNG IN TLACOLULA

Jeden Sonntag findet in **Tlacolula** einer der größten und ältesten Open-Air-*mercados* von ganz Oaxaca statt. Über Jahrhunderte diente der Markt als beliebter Treffpunkt der in den umliegenden Dörfern lebenden Zapoteken, die hierher kamen, um Haushaltswaren zu kaufen und selbstgefertigtes Kunsthandwerk zu verkaufen. An den Ständen gibt es so ziemlich alles – von *huipiles* und handgewebten Teppichen bis hin zu *alebrijes* und verlockendem Streetfood. Auf dem Lebensmittelmarkt der Stadt, dem **Mercado Municipal**, sitzen die Stammkunden zusammen und genießen köstliches *barbacoa*. An anderen Ständen werden frisches *pan dulce* (süßes Brot) und *tejate* angeboten.

Nach dem Marktbesuch bietet sich die Besichtigung des **Templo de Santa María de la Asunción** mit seiner barocken Kapelle voller indigen beeinflusster Dekorationen an. In der kunstvollen Deckenverzierung sind u. a. Märtyrer aus Gips dargestellt, die ihre eigenen abgetrennten Köpfe in den Händen halten.

Und wenn man schon in der Gegend ist, sollte man auch der archäologischen Stätte **Yagul** einen Besuch abstatten, die nach dem Niedergang von Monte Albán als bedeutende Zapoteken-Siedlung im Zentraltal entstand. Das an einem kleinen Hügel gelegene Pueblo Viejo (Altes Dorf) ist ideal, wenn man Ruinen ohne Touristenmassen mag. Der Ballspielplatz ist nach dem Platz in Chichén Itzá der größte in Mesoamerika.

Kunsthandwerk pur

ZUSCHAUEN, WIE TRADITIONELLES KUNSTHANDWERK ENTSTEHT

In mehreren Orten im **Valle de Zimatlán** bieten Kunsthandwerker kostenlose Führungen und Vorführungen in ihren urigen Werkstätten an. So kann man dabei zusehen, wie einige der

MEZCAL TRINKEN IM MEZCAL-LAND

Real Minero
Wer an einer Verkostung in dieser berühmten Destillerie in Santa Catarina Minas teilnehmen möchte, muss vorab reservieren.

Fabricas de Mezcales el Sabino
In Santiago Matatlán ansässiger Hersteller von Mezcal Macurichos, einem von Oaxacas besten alten Agaveschnäpsen.

Mezcal Lalocura
Nach der Besichtigung der Destillerie kann man ein Dutzend nachhaltig, nach alten Verfahren hergestellte Mezcals probieren.

ALFREDO MARTINEZ/GETTY IMAGES ©

Mezcal-Destillerie, Santiago Matatlán

QUALITATIV HOCHWERTIGES KUNSTHANDWERK

Die Galerie **Voces de Copal** in Oaxaca City (S. 356) verkauft edle Tierfiguren aus Holz und Keramiken aus der Werkstatt von Jacobo und María Ángeles in San Martín Tilcajete.

bedeutendsten Volkskunstgegenstände Oaxacas entstehen. Wer mehr über das *barro-negro*-Verfahren wissen möchte, sollte ins Keramik-Mekka **San Bartolo Coyotepec** (15 km südlich von Oaxaca) fahren und die **Alfarería Doña Rosa** besuchen. Dort wurde die Methode des Polierens mit Quarzstein erfunden, um dem *barro negro* den charakteristischen Glanz zu verleihen. Die Technik wurde in den 1950er-Jahren erfunden, die Tradition der schwarzen Keramik ist aber schon über 2000 Jahre alt. Anschließend schlendert man über den Hauptplatz und besucht das kleine, aber lohnenswerte **Oaxaca Popular Art Museum**.

Etwa 14 km südlich von San Bartolo Coyotopec nimmt man den Abzweig nach **San Martín Tilcajete**, Oaxacas *alebrije*-Zentrum, wo sich auch die Werkstätte von **Jacobo und María Ángeles** befindet. Bei einem Besuch erfährt man alles über den arbeitsintensiven Herstellungsprozess der wunderschön bemalten Tierfiguren. Die Herstellung einzelner Figuren kann Monate, manchmal sogar Jahre dauern. Wer mehr wissen möchte, sollte sich nach Malerei- und Keramik-Workshops erkundigen.

Nach der Führung stärkt man sich in dem nahe gelegenen **Almú**, einem malerischen oaxacanischen Open-Air-Restaurant mit nachhaltigem Anbau von Kopalbäumen, der Holzquelle für *alebrijes*. Beim Verlassen der Stadt hält man dann Ausschau nach den kreativen Wandgemälden in der **Calle Progreso**.

KUNSTVOLLE ALEBRIJES

Merkwürdigerweise wurden die für Oaxaca typischen, hölzernen Tierfiguren, *alebrijes*, von Pedro Linares, einem Künstler aus Mexico City, erfunden. Linares, der auch den Begriff *alebrijes* (imaginäre Tierfiguren) prägte, sagte, dass ihm der Gedanke in einem Fiebertraum gekommen sei. Es war aber der oaxacanische Bildhauer Manuel Jiménez Ramírez, der dieser Kunst ein neues Gesicht verlieh, indem er anfing, Holz statt Pappmaché für die Herstellung der großartigen Kreaturen zu verwenden. Mit der in Oaxaca steigenden Touristenzahl wurden die *alebrijes* zum Renner. In San Martín Tilcajete, einer kleinen Stadt ca. 28 km südlich von Oaxaca, sind Dutzende von Familienwerkstätten ausschließlich mit der Herstellung dieser exquisiten Stücke beschäftigt.

ESSEN UND TRINKEN IN TLACOLULA

Barbacoa Juanita
Barbacoa sollte man am Marktstand oder in dem ruhigeren Restaurant in der Calle Zaragoza genießen. Nur sonntags. **$**

Tejate Ofe
Sich bei Ofelia Martínez im Mercado Municipal einen erfrischenden *tejate* gönnen. **$**

Doña Adolfa
Ausschau halten nach der beliebten Marktbude, in der man Lamm- und Ziegen-*barbacoa* in hausgemachten Tortillas bekommt. **$**

LOCAL TIPP: WORAN MAN HOCHWERTIGE TEXTILIEN ERKENNT

Bulmaro Pérez, Webermeister in Teotitlán del Valle, erklärt, woran man einen gut gemachten Teppich erkennt. @bulmaroperez_rugs

Naturfarben
Von den vielen Weberfamilien in Teotitlán benutzen nur etwa sechs Naturfarben wie Indigo, Afalfa und Karmin. Damit arbeiteten unsere Vorfahren, und wir wollen diese Tradition bewahren.

Faserqualität
Wir verwenden viele importierte Fasern wie Mohair und Alpaka wegen der guten Beschaffenheit und Haltbarkeit. Textilien aus *ixtle* (eine *maguey*-Pflanzenfaser) halten Hunderte von Jahren.

Einzigartige Muster
Wir verwenden noch immer Muster im traditionellen Zapoteken-Stil, so wie man sie in der archäologischen Stätte von Mitla vorfindet. Manchmal nehmen wir auch Maya-, Olmeken- und Toltekenmuster.

JOSEPH SORRENTINO/SHUTTERSTOCK ©

Teppichweberei, Teotitlán del Valle

Der dickste Baum der Welt

DEN JAHRTAUSENDEALTEN TULE-BAUM BEWUNDERN

Im Valle de Tlacolula ist die Zapoteken-Kultur seit prähispanischen Zeiten lebendig. Zuerst bewundert man in **El Tule** den weltweit dicksten Baum, den **Árbol del Tule,** mit einem Durchmesser von 14 m. Der *ahuehuete* (Mexikanische Sumpfzypresse) soll mindestens 2000 Jahre alt sein. Er wuchs hier also schon, als Monte Albán noch in den Kinderschuhen steckte. Der 42 m hohe *El Árbol del Tule* überragt die daneben stehende Kirche aus dem 17. Jh. Anschließend stärkt man sich auf dem Markt von El Tule oder bestellt sich im **El Milenario**, einem bei Einheimischen beliebten Restaurant, z. B. eine klassische oaxacanische *salsa de queso* (Käse in pikanter Tomatensoße).

Uralte Zapoteken-Traditionen

WEBERN BEI IHRER ARBEIT ÜBER DIE SCHULTER SCHAUEN

Nach dem Besuch in El Tule legt man in **Teotitlán del Valle** einen Stopp ein, einem Weberdorf, das für seine Zapoteken-Teppiche und -Decken bekannt ist. Im **Centro Cultural Comunitario**, einem kleinen Gemeindemuseum, taucht man ein in die Textilgeschichte und das kulinarische Erbe der Stadt. Wer einen Einblick in die traditionelle Produktion bekommen möchte, besucht den Meisterweber **Bulmaro Pérez** in seiner Werkstatt. Pérez ist einer von wenigen Webern im Ort, die für ihre Teppiche Naturfarben verwenden. Er erklärt seinen Gästen gern, wie das geht. Im El Sabor Zapoteco (S. 369) lernt man die gutbürgerliche, regionale Küche kennen und in der Outdoor-Küche von Reyna Mendoza die Zubereitung zapotekischer Gerichte.

ESSEN IM VALLE DE ZIMATLÁN

La Cocina de Frida
Die schmackhaften *mole*-Gerichte werden von der freundlichen Inhaberin serviert, die die Künstlerin Frida Kahlo sehr verehrt; Mercado Morelos in Ocotlán. **$**

Carnes Asadas Conchitas
Die in diesem Restaurant in Ocotlán servierten Grillfleischplatten sind eines Königs würdig. **$$**

Almú
In dem Restaurant im ländlichen San Martín Tilcajete werden gutbürgerliche oaxacanische Gerichte auf Holzkohlengrills zubereitet. **$$**

Zapoteken-Ruinen im alten Mitla

KOMPLEXE STEINARBEITEN BEWUNDERN

Die alten, auch nur unter dem Namen Mitla bekannten Ruinen von **San Pablo Villa de Mitla** haben vielleicht nicht denselben Status wie das benachbarte Monte Albán, doch bei einem Blick auf die außergewöhnlichen Steinmosaiken wird schnell klar, dass es sich hier um etwas wahrhaft Besonders handelt.

Mitla bedeutet auf Náhuatl „Ort der Toten", der seinen Höhepunkt nach seiner Gründung als wichtigstes religiöses Zapoteken-Zentrum zwischen 750 und 1520 n. Chr. erreichte. Es wird vermutet, dass die allgegenwärtigen geometrischen Muster, die auf Spanisch *grecas* genannt werden, Himmel und Erde, eine gefiederte Schlange und andere bedeutende Wesen symbolisieren. Jedes der kleinen Steinstücke oder „Mosaiken" wurde einzeln in die Mauer eingesetzt. Die komplexe Architektur lässt sowohl zapotekische als auch mixtekische Einflüsse erkennen, da die Mixteken die Siedlung von 1000 bis 1200 unter ihrer Kontrolle hatten.

Mitla besteht aus fünf Gebäudegruppen. Man sollte zunächst die beeindruckendsten Arbeiten in der **Grupo de las Columnas** (Säulengruppe) bewundern und anschließend in der **Grupo Norte** (Nordgruppe) durch einen Gang gehen, der zu einem Palast mit einigen der schönsten Steinarbeiten Mitlas führt.

Aufgrund der Geschichte Mitlas als bedeutende Begräbnisstätte der Zapoteken ist der Tag der Toten noch immer das wichtigste Fest der Stadt. Das einwöchige Fest Día de Muertos (S. 355) findet Ende Oktober statt und bietet riesige Altäre, prähispanische Tanzvorführungen und Paraden.

BESTE LOKALE & UNTERKÜNFTE IN MITLA

Casa Lyobaa
B&B mit Solaranlage, kunstvoll dekorierten Zimmern und einem einladenden Pool inmitten eines großen Gartens. **$$$**

Restaurante Doña Chica
Wer nach der Besichtigung der Ruinen von Mitla hungrig ist, kann hier köstliche *mole* und ein paar vor Ort hergestellte Mezcals probieren. **$$**

Panadería del Centro
Berühmte Bäckerei für *pan de muerto* und Zuckerguss-Kurse im November. **$**

Erstaunliche Quellen am Klippenrand

EINZIGARTIGE BADE- UND WANDERERLEBNISSE

Der viel besuchte **Hierve El Agua** mit seinen am Klippenrand gelegenen Mineralquellen und einem spektakulären Blick über die Berglandschaft ist eine wahre Naturschönheit. 50 m über der Talsohle liegend, sind die **cascada chica** (kleiner Wasserfall) und die benachbarte **cascada grande** (großer Wasserfall) überkrustet mit versteinertem Kalziumkarbonat und anderen Mineralienablagerungen, wodurch der Eindruck entsteht, dass der Wasserfall gefroren sei. Die *cascada chica*, die nahe am Besucherparkplatz liegt, hat vier natürliche und künstliche, mineralhaltige Becken mit Wasser, das heilende Eigenschaften haben soll. Hierve El Agua heißt „das Wasser kocht", was sich aber eher auf das Sprudeln der Quellen als auf die Wassertemperatur bezieht, die recht kühl ist. Vor über 2000 Jahren begannen die Felsformationen Gestalt anzunehmen. Damals fanden die alten

ESSEN IN TEOTITLÁN DEL VALLE UND EL TULE

Teotitlán del Valle Markt
Auf keinen Fall versäumen sollte man ein traditionelles Marktessen mitten im Land der Zapoteken. **$**

El Milenario
Hausgemachte Tortillas, schaumige, heiße Schokolade und scharfe Eierspeisen. Ein besseres Frühstück gibt's in El Tule nicht. **$$**

El Sabor Zapoteco
Auch wer keinen Kochkurs bucht, kann in dieser Kochschule in Teotitlán dienstags und freitags zu Mittag essen. **$$**

BESTE RAD- & WANDERAUS-FLÜGE

Zapotrek
Der fließend Englisch sprechende Inhaber Eric Ramírez hat Zapotrek in Tlacolula gegründet und sich auf Wander-, Fahrrad- und Autotouren in indigene Zapoteken-Dörfer abseits der Tourismuspfade spezialisiert.

Tierraventura
Angeboten werden Wanderungen zu selten besuchten Orten, u.a. zu den prähistorischen Höhlen von Mitla, einer UNESCO-Welterbestätte, wo man 12000 Jahre alte Malereien bewundern kann.

Bicicletas Pedro Martínez
Der Laden in Oaxaca City gehört dem Olympioniken Pedro Martínez. Er organisiert Wander- und Radtouren in die Gegend rund um Mitla. Die Fahrradtour La Culebra-Las Salinas führt zu Naturbecken und einem Wasserfall.

KOSHKINA TATIANA/SHUTTERSTOCK ©

Hierve El Agua (S. 369)

Zapoteken heraus, wie man das Wasser zur Bewässerung über Kanäle umleiten kann. Nach dem Sprung ins kühle Nass lässt man die Menschenmassen hinter sich und kommt über einen **Rundweg** zur *cascada grande* und weiter hinunter in die Talsohle, in der sich eine Halbwüste erstreckt. Der Blick von unten auf die in den Himmel aufragenden Felsformationen liefert eine völlig neue Perspektive. Örtliche Guides bieten Ausritte abseits der ausgetretenen Pfade an.

Zapotrek organisiert anspruchsvolle Touren, u.a. eine 9 km lange Wanderung zu einem abgelegenen Wasserfall und Naturbecken und weiter bergauf nach Hierve El Agua.

Hierve El Agua ist meist ab mittags gut besucht, deshalb sollte man früh da sein. Ab 9 Uhr starten in Mitla Pick-ups nach Hierve El Agua. Los geht's an der Avenida Zempoaltépetl, wenn genügend Fahrgäste da sind. Wer mit dem eigenen Auto über die holprige *libre* (gebührenfreie Straße) fährt, kommt in den Genuss eines tollen Panoramas, allerdings sollte man die schmale Schotterstraße in der Regenzeit meiden. Alternativ fährt man durch Mitla und nimmt den Hwy 179, der parallel zu einer Mautstraße verläuft. Nach 18 km, östlich von Mitla, nimmt man den Abzweig nach Hierve El Agua. Wer dort wandern möchte, darf die ausgeschilderten Wege ohne offiziellen Guide nicht verlassen.

UNTERWEGS VOR ORT

Wer größere Strecken zurücklegen oder schwer erreichbare Ruinen und Mezcal-Brennereien besuchen möchte, sollte sich ein Auto mieten oder ein privates Taxi anheuern. Günstige *colectivos* verkehren auf festen Strecken in und um Oaxaca, 2.-Klasse-Busse fahren in die meisten Städte im Zentraltal. Einige Busse lassen ihre Fahrgäste an den Highway-Abfahrten aussteigen, sodass man ein paar Kilometer bis in den Ort laufen muss. Man kann problemlos in nahe gelegene Gemeinden wie San Bartolo Coyotepec und Teotitlán del Valle radeln. Von Oaxaca City führt ein Radweg entlang der Avenida Ferrocarril nach El Tule.

Tipps für Fahrten im *colectivo*

Colectivos sind billiger als Taxis, dafür muss man sich aber mit mindestens drei weiteren Fahrgästen das Auto teilen, und oft gibt es großen Andrang. Die braun-weiß gekennzeichneten Taxis sind meist schneller als 2.-Klasse-Busse und günstiger, wenn man Städte in den Zentraltälern besuchen möchte. Wer gen Osten ins Valle de Tlacolula will, sollte hinter dem Stadion Eduardo Vasconcelos Ausschau nach *colectivos* halten. Ins Valle de Etla starten Taxis an der Calle Trujano beim 2.-Klasse-Busbahnhof. An der Windschutzscheibe vieler Taxis ist der Zielort angeschrieben.

Mexico City
Sierra Norte

SIERRA NORTE

Die Sierra Norte (oder Sierra de Juárez) mit dem bewaldeten, artenreichen Hochland, den einladenden Zapoteken-Bergdörfern und erfolgreichen gemeindebetriebenen Ökotourismusprojekten ist der Traum eines jeden Naturfreaks. Die Pueblos Mancomunados, eine Gemeinschaft aus acht Dörfern, widmen sich der Landwirtschaft zur Eigenversorgung und nachhaltigem Tourismus. Über 100 km miteinander verbundene Wege durch eine unberührte Landschaft bieten sich für Wander-, Reit-, Mountainbike- und Vogelbeobachtungstouren an.

Wer in noch entlegenere, untouristische Gebiete möchte, macht sich auf den Weg gen Norden nach San Pablo Guelatao, den Geburtsort von Benito Juárez, den ersten indigenen Präsidenten Mexikos. Eine entspannte Zeit kann man auch in der kühlen Bergluft des nahe gelegenen Orts Capulálpam de Méndez verbringen, der für seine traditionellen Medizinzentren und den grandiosen Blick über die umliegende Sierra bekannt ist. All diese ruhigen Ziele bieten einen faszinierenden Einblick in das Leben in Zapoteken-Dörfern mit gemeinsamen Selbstverwaltungssystemen.

TOP TIPP

Die Städte in der Sierra Norte erreicht man am besten mit dem Auto. Mit einem Mietwagen ist man flexibler und kommt schneller in abgelegene Gegenden. Busverbindungen bestehen nur beschränkt. Alternativ kann man bei Expediciones Sierra Norte in Oaxaca City, ein Reisebüro in Gemeindehand, Tagesausflüge, Übernachtungen und mehrtägige Touren buchen.

Brücke über Benito Juárez (S. 372)

JACK MIELL/SHUTTERSTOCK ©

DIE PUEBLOS MANCOMUNADOS BESUCHEN

Die hilfsbereiten Leute der in Oaxaca City ansässigen Organisation **Expediciones Sierra Norte** beantworten gern alle Fragen bezüglich des Besuchs der Pueblos Mancomunados und anderer Orte in der Sierra Norte. Das Reisebüro in Gemeindehand hilft bei der Buchung von Unterkünften, Transport und verschiedenen Outdoor-Aktivitäten. Wandersleute, die sich allein auf den Weg machen, müssen für Wanderungen ab 8 km eine Zugangsgebühr bezahlen. Expediciones Sierra Norte verkauft einfache Karten, aber aufgrund fehlender Beschilderungen an einigen Wegen, sollte man eine App, wie Gaia GPS, benutzen, die ausgezeichnete Offline-Möglichkeiten bietet. Warme Kleidung ist ein Muss.

Öko-Spritztour in Zapoteken-Dörfer

DURCH MAJESTÄTISCHE NEBELWÄLDER WANDERN

Die **Pueblos Mancomunados**, eine Gemeinschaft von acht Bergdörfern, sind ein gutes Beispiel dafür, wie ein erfolgreiches Ökotourismus-Programm aussehen sollte. Sie wurden 1998 mit dem Ziel gegründet, die indigenen Gemeinschaften zu stärken und die natürlichen Ressourcen der Region zu schützen. Heute gehören zu dem nachhaltigen Tourismusprojekt die Orte Amatlán, **Benito Juárez**, Cuajimoloyas, La Nevería, Lachatao, Latuvi, Llano Grande und Yavesía. Dort kann man in Lehmhütten übernachten und kommt in Kontakt mit den Einheimischen.

Die von **Expediciones Sierra Norte** organisierten Wanderungen führen zu tiefen Canyons, Wasserfällen und Aussichtspunkten. Die Kiefern- und Eichenwälder bieten etwa 400 Vogel- und fast 4000 Pflanzenarten einen Lebensraum und sind eine faszinierende Region für Vogel- und Botanikfans. Man kann mehrere Tage damit zubringen, in Höhenlagen von 2200 bis 3200 m zu wandern. Eine machbare Tageswanderung von 3 ½ Stunden führt von **Cuajimoloyas** zum Aussichtspunkt **Piedra Larga**, wo man auf eine Felsformation kraxeln und einen Traumblick auf den **Pico de Orizaba**, Mexikos höchsten Gipfel, genießen kann. Wer mehr Zeit hat, sollte die landschaftlich schöne **Schluchtenwanderweg Latuvi-Lachatao** unternehmen.

ÜBERNACHTEN IN DER SIERRA NORTE

Centro Ecoturístico Cabañas Latuvi
Morgens und am späten Nachmittag hat man von diesen Lehmhütten in Latuvi einen spektakulären Blick. $

Centro Ecoturístico Cuajimoloyas
Die rustikalen Hütten bieten eine gute Ausgangsbasis für Tagesausflüge und Radtouren in die umliegenden Dörfer. $

Cabañas Xhendaa
In Capulálpam de Méndez bieten die gemütlichen, auf einem Berggipfel stehenden Hütten mit großem Balkon Ruhe pur. $$

NATALIAEC/SHUTTERSTOCK ©

Capulálpam de Méndez

Mountainbikes kann man in **Benito Juárez** mieten und von dort den **Circuito Taurino Mecinas Caballos** zum malerischen **Latuvi** in Angriff nehmen. Es besteht auch die Möglichkeit, zum alljährlich im Juli oder August stattfindenden Pilzfest in Cuajimoloyas zu reiten.

Abseits der Tourismuspfade

HISTORISCHE STÄTTE UND TRADITIONELLE MEDIZIN

Wie wär's mit einem oder zwei Tagen in verschiedenen Bergorten voller Geschichte und unverfälschtem Lokalkolorit? Los geht's in Oaxaca. In San Andrés Huayápam legt man mittags einen Zwischenstopp bei **Luz de Luna** ein und genießt leckere Rippchen in *salsa chicatana* (Soße aus fliegenden Ameisen).

Weiter geht's in das winzige Dorf **San Pablo Guelatao**, wo Benito Juárez, Mexikos erster indigener Präsident, geboren ist. Neben dem See in der Dorfmitte befindet sich eine Statue des jungen Benito als Schäfer und ein Nachbau des Hauses, in dem er als Kind wohnte. Ein kleines **Museum** am Dorfplatz beherbergt eine Ausstellung über seinen Werdegang bis zur Präsidentschaft. Bevor man den Ort verlässt, kann man von einem **Aussichtspunkt** mit Glasboden einen Blick auf Guelatao werfen.

13 km östlich von Guelatao liegt **Capulálpam de Méndez**, ein farbenfrohes Bergdorf mit einer Steinkirche aus dem 16. Jh. im Zentrum. Es ist ein idealer Ort, um unter der Aufsicht von indigenen Heilern abzuschalten oder Energie zu tanken. Traditionelle Medizinzentren wie **Manos Que Curan** führen mit uralten Heilmethoden *limpias* (spirituelle Reinigungen), Tiefengewebemassagen und Dampfbäder im Temascal durch.

Die am Hang gelegenen Hütten von **Cabañas Xhendaa** bieten einen schönen Blick auf die umliegende Landschaft. Gleiches gilt für das **El Verbo de Méndez Café**, wo man einen Kaffee oder Mezcal trinken und den Sonnenuntergang genießen kann.

OAXACAS LIEBLINGSSOHN

Benito Juárez wurde 1861 zum ersten indigenen Präsidenten Mexikos gewählt. Seine unglaubliche Lebensgeschichte begann in San Pablo Guelatao als armer Schäfer. Mit zwölf zog Juárez nach Oaxaca City, wo er Jura studierte und als Rechtsanwalt, Justizminister, Staatsgouverneur und schließlich als Präsident von Mexiko Karriere machte.

Zu den bedeutendsten Leistungen des liberalen Führers zählt eine Reihe von Gesetzesreformen, die die Macht der katholischen Kirche brechen sollten. Er sorgte dafür, dass Grundschulunterricht kostenlos und Pflicht ist. Unzählige Märkte, Plätze und Straßen halten sein Andenken aufrecht. Selbst der offizielle Name der Hauptstadt, Oaxaca de Juárez, huldigt diesen grandiosen Nationalhelden.

UNTERWEGS VOR ORT

Nach San Pablo Guelatao und Capulálpam de Méndez kommt man am besten mit dem Auto. Alternativ kann man einen der Vans nach Ixtlán de Juárez nehmen, die am Depot unweit des ADO-Busbahnhofs abfahren. In Ixtlán de Juárez steigt man in ein *colectivo* nach Capulálpam um. Guelatao und Capulálpam kann man gut zu Fuß erkunden.

SIERRA SUR

Die meisten Reisenden fahren durch die Region Sierra Sur nur durch – auf dem Weg in wärmere Gegenden an Oaxacas Küste, und jetzt, da der neue Puerto Escondido Highway die Reisezeit zwischen der Hauptstadt und dem Strand halbiert, ist die kurvige Sierra-Sur-Strecke weniger befahren. Diese bemerkenswerte Gegend sollte aber nicht in Vergessenheit geraten. San José del Pacífico liegt in den Bergen hoch oben in einem himmlischen, nebelverhangenen Wald und bietet einen Traumblick auf die umliegenden Dörfer, faszinierende Ausflüge in die Wildnis und traditionelle Temascal-Dampfbäder, in denen man Körper und Seele reinigen kann.

Weiter im Süden abseits der mit Schlaglöchern übersäten Straße nach Bahías de Huatulco kommt man an den Abzweig nach Pluma Hidalgo, eine zauberhafte Kaffeeanbauregion in den Bergen, in der man relaxen und eins mit der Natur sein kann. Wer mag, wandert zu einem Wasserfall oder plaudert einfach nur mit Einheimischen in einem der schön an Klippen gelegenen Cafés und genießt einen starken Kaffee.

TOP TIPP

San José del Pacífico liegt an der halben Strecke zwischen Oaxaca City und der Küste und bietet sich für alle, die an Reiseübelkeit aufgrund der kurvenreichen Bergstraßen leiden, als Zwischenstopp an.

San José del Pacífico

Vogelbeobachtung & Entgiften

DIE NATUR NEU ERLEBEN

Wer in **San José del Pacífico** nur eine Sache unternehmen möchte, sollte die goldene Stunde genießen, wenn die großen Wolkenformationen kurz vor Sonnenuntergang von der Küste herüberziehen. Das kleine Bergdorf liegt etwa 2500 m über dem Meeresspiegel und ist vor allem für seine Zauberpilze bekannt. Der Konsum ist in Mexiko offiziell verboten, man braucht die „Shrooms" auch nicht, um die tolle Landschaft zu genießen. Viele Reisende kommen wegen des Yoga-Angebots und der Möglichkeiten der Vogelbeobachtung hierher. **Oaxaca Birding Tours** in Teotitlán del Valle organisiert Ausflüge in einen Wald, in dem Mexikoschattenkolibris, Graukappenspechte und andere endemische Spezies leben. Wer nur wenig Zeit hat, kann alternativ zum höchsten Aussichtspunkt der Stadt laufen (Ausschau halten nach dem an Hollywood erinnernden **Mirador-Schild**).

San José ist auch bekannt für seine Temazcal-Dampfbäder, ein uraltes Detox-Ritual mit zeremoniellen Gesängen und Kräuterdämpfen. **Teteo innan Alma**, am Südrand des Ortes, verfügt über eine rustikale Schwitzhütte. Das Restaurant veranstaltet im Juli oder August ein kleines, aber lohnendes Wildpilzfest.

Wenn möglich, sollte man auch einen Ausflug ins benachbarte **San Mateo Río Hondo** (19 km südöstlich) unternehmen.

BESTE RESTAURANTS IN DER SIERRA SUR

Huitzil
Kleines Restaurant unter freiem Himmel mit einer Vorliebe für herzhafte Suppen und *moles* mit Wildpilzen. **$$**

Tatsu
Das idyllisch am Hang gelegene Lokal bietet asiatische Klassiker wie Pad Thai und mongolische Rindfleischgerichte. **$$**

Taberna de los Duendes
In der „Taverne der Elfen" werden großzügige Portionen Pasta und oaxacanisches Craftbier serviert. **$$**

Rancho Colibri
In dem Restaurant in San Mateo Río Hondo kommen die Gäste in den Genuss köstlicher italienischer Speisen und eines ebenso köstlichen Blicks. **$$**

La Morenita
Die Location für erschwingliche Gerichte wie Pilz-Quesadillas. **$**

ÜBERNACHTEN IN SAN JOSÉ UND SAN MATEO

Posada Yegoyoxi
Die Lage und der herzliche Empfang machen diese Unterkunft in San Mateo Río Hondo zu einer beliebten Backpacker-Bleibe. **$**

Refugio Terraza de la Tierra
Solarbetriebene, rustikale Hütten in den Bergen mit Wasserfall, Yoga-Raum und veganem Restaurant. **$**

La Puesta del Sol
Gemütliche, holzgetäfelte Hütten mit privater Terrasse und traumhaftem Blick auf unvergessliche Sonnenuntergänge. **$$**

BESTE UNTERKÜNFTE IN PLUMA HIDALGO

Casa Niebla
Der Blick von diesen modernen, auf einem Hügel stehenden Hütten reicht bis zur Pazifikküste. Man sollte unbedingt etwas Zeit auf dem Balkon einplanen und die traumhaften Sonnenuntergänge in vollen Zügen genießen. $$$

Finca Don Gabriel
Die schlichten Zimmer und Hütten sind recht behaglich, aber der Pool am Hang, der üppig grüne Garten und das Open-Air-Restaurant machen aus diesem Ort etwas ganz Besonderes. $$

Finca Margaritas
Hier genießt man die grüne Anlage der Finca mit ihren Wasserfällen, Temazcal-Dampfbädern und natürlich den ausgezeichneten Kaffee und schönen Blick auf die Berge. $$$

Posada Isabel
Einfache, minimal ausgestattete Zimmer für alle mit kleinem Budget. $

MARI TERESHUTTERSTOCK ©

Kaffeebohnen, Pluma Hidalgo

Das coole Bergdorf ist genau wie San José ein Magnet für Menschen mit alternativen Lifestyle. Ein Highlight in San Mateo ist **Rancho Colibri**, ein abgelegenes italienisches Restaurant, in dem man neben Pasta und Wein auch noch in den Genuss eines traumhaften Blicks über die bergige Landschaft kommt.

In die Kaffee-Kultur eintauchen

WANDERN UND KAFFEEFARMEN BESUCHEN

In dem ruhigen Kaffeeanbaugebiet **Pluma Hidalgo** ist nicht viel los, aber genau darin liegt der Reiz. Beginnen sollte man mit einem starken Kaffee, vorzugsweise in der **Cafetería Origen Mágico**, ein am Hang gelegenes Café mit einer Terrasse, die einen schönen Blick über die Berge bietet. Die Coffee-Shops auf dem kleinen Stadtplatz und die meisten Hotels können Besuche auf Kaffeefarmen organisieren. Wer alles im Detail wissen möchte, bucht eine Exkursion mit dem englischsprachigen Guide Oscar Velásquez, dem sachkundigen Gründer von **Oscar Tours** in Huatulco. Ebenfalls lohnend ist eine Wanderung zur **Cascada Arcoirís**, einem 70 m hohen Kaskadenwasserfall, mit einem flachen Naturbecken. Der Weg führt durch einen tropischen Regenwald, vorbei an einer Kaffeefarm mit einer kleinen Kapelle. Wer wenig Zeit hat, kann in der Stadt ein Mototaxi anheuern und sich zu dem Wasserfall bringen lassen.

In Pluma Hidalgo gibt es nur ein begrenztes Angebot an Lokalen. Ein zuverlässiges Restaurant bietet die **Finca Don Gabriel**, eine Kaffeeplantage mit einem winzigen Museum und gepflegten Anlagen. Wer mehr über den Kaffeeanbau wissen will, sollte auf der **Finca Margaritas**, einer der ältesten und schönsten Kaffeefarmen in ganz Oaxaca, übernachten.

UNTERWEGS VOR ORT

Nach Pluma Hidalgo kommt man mit den Vans von Huatulco 2000, die häufig zwischen Bahías de Huatulco und Oaxaca City verkehren. Die gleichen Vans halten auch in San José del Pacífico.

Colectivos fahren die 7 km lange Strecke von der Abfahrt vom Hwy 175 nach San Mateo Río Hondo. In den Städten selbst kann man mit preiswerten Mototaxis fahren oder auch gut zu Fuß gehen.

PUERTO ESCONDIDO

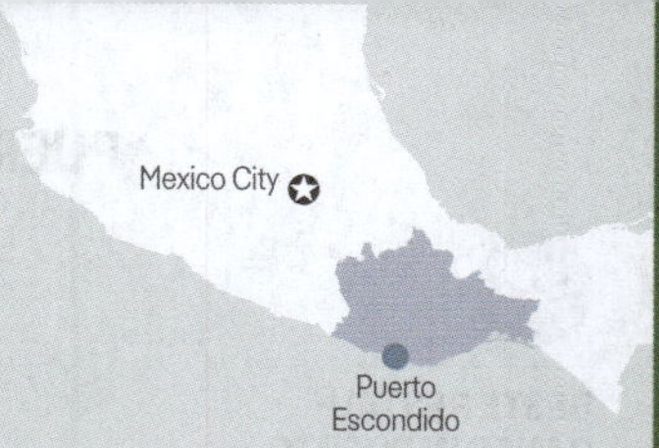

Lange bevor man über die Asphaltstraßen diesen Teil von Oaxaca erreichte, war Puerto Escondido nur ein kleines Fischerdorf, das seinem Namen als „Versteckter Hafen“ alle Ehre machte. Fast 50 Jahre später entpuppte sich der Ort zu einem legendären Surfspot und zu einem der am schnellsten wachsenden Urlaubsorte Oaxacas. Auch wer nicht beabsichtigt, der 6 m hohen Tube der Mexican Pipeline die Stirn zu bieten, wird sich an diesem breiten Küstenabschnitt nicht langweilen. Tagsüber kann man Schnorcheln, Tauchen und in der Wanderzeit von November bis März vielleicht auch Wale sehen. Abends vergnügt man sich in Restaurants, Cafés, Bars und auf Tanzparties mit Livemusik, vor allem in der Gegend um den Surfspot Zicatela. Viele Gäste besuchen Surf- oder Spanischkurse, einige Schulen bieten sogar beides auf einen Streich an.

TOP TIPP

Surfsaison ist in Puerto Escondido von Ende April bis September. Wer noch nicht surfen kann, sollte es von November bis Mitte April lernen, denn dann ist das Wasser in der Bucht der Playa Carrizalillo relativ ruhig. An der Playa Zicatela gibt es eine ausgesprochen starke Unterströmung, die für unerfahrene Surfer:innen und andere Wasserratten gefährlich werden kann.

Puerto Escondido

ARKADIJ SCHELL/SHUTTERSTOCK ©

BESTE RESTAURANTS IN PUERTO ESCONDIDO

Almoraduz
Das Gourmetrestaurant der blühenden Gastroszene in Rinconada serviert Probiermenüs und innovative Seafood-Vorspeisen. **$$$**

Chicama
Das ausgezeichnete peruanische Restaurant mit Sand auf dem Fußboden bereitet superfrisches Ceviche in Tiger's Milk und erlesenes Fisch-Tartar mit Mango und Avocado. **$$$**

Pez Gallo
Nachdem man in diesem Strandclub Fischtacos oder Shrimps mit Kokoskruste genossen hat, kann man an der Playa Bacocho ins kühle Nass springen. **$$$**

Mercado de Zicatela
Open-Air-Frühstückslokale wie das Restaurante Aleli servieren klassische Gerichte wie *salsa de huevo* mit Meerblick. **$**

HIGHLIGHTS
1 Playa Zicatela

SIGHTS
2 Mercado Benito Juárez
3 Playa Carrizalillo

ACTIVITIES, COURSES & TOURS
4 Big Wave Diving
5 Gina's Tours
6 Instituto de Lenguajes Puerto Escondido
7 Omar's Sportfishing

DRINKING & NIGHTLIFE
8 Mar & Wana
9 Puerto Brewing Company

Spaß am und im Wasser

SURFEN, TAUCHEN, WALE BEOBACHTEN UND ANGELN

Es ist nicht verwunderlich, dass die meiste Action in der Surfhauptstadt im und am Wasser stattfindet. Das Zentrum des Geschehens ist die **Playa Zicatela** mit ihrer Mexican Pipeline, die Surffreaks und Neugierige aus aller Welt anlockt, vor allem im November, wenn in der Stadt der internationale Surfwettkampf stattfindet. Um hier eine gute Zeit zu verbringen, muss man kein Surfprofi sein.

Puerto Surf, in dem In-Stadtviertel **Punta Zicatela**, bietet Einzel- und Gruppenunterricht. Wer einen mehrtätigen Surfkurs bucht, kann in einem der sieben Gästezimmer übernachten. Surfbretter kann man an der schönen, hufeisenförmigen **Playa Carrizalillo** leihen. Dort bieten auch Surflehrer:innen ihre Dienste an, denn die Wellen sind hier anfängerfreundlich. Zudem kann man hier gut schwimmen.

ÜBERNACHTEN IN PUERTO ESCONDIDO

Hostal One Love
Echte Budgetunterkunft, angefangen von den runden, musikthematischen Zimmern bis hin zu dem zwanglosen Restaurant und dem üppig grünen Garten. **$**

Villas Carrizalillo
Von den Privatvillen „Mitla" und „Colorada" sieht man traumhafte Sonnenuntergänge. Das Restaurant Espadín ist hervorragend. **$$$**

Hotel Casa de Dan
Oberhalb der Playa Zicatela wohnt man im Obergeschoss in luftigen, geräumigen Apartments. **$$**

Wer von November bis März in der Stadt ist, sollte unbedingt an einer Walbeobachtungstour teilnehmen. Omar's Sportfishing veranstaltet dreistündige Touren in eine geschützte Walbeobachtungszone, wo man meistens Buckelwale zu sehen bekommt. Omar bietet auch Angelausflüge an, auf denen man sowohl wilde Delfine beobachten als auch Gestreifte Marlins und Fächerfische angeln kann.

In diesen Wintermonaten veranstaltet **Big Wave Diving** Tauch- und Schnorcheltouren, denn dann sind die Wasserbedingungen optimal und die Sicht bestens. Zwischen den Riffs entdeckt man Gefleckte Adlerrochen, Schildkröten und große Fischschwärme.

Von einem Stadtviertel ins nächste

DIE VIELEN SEITEN VON PUERTO ESCONDIDO ERKUNDEN

Wer Puerto Escondido wirklich kennenlernen will, sollte sich auf den Weg in die verschiedenen Stadtviertel machen. Starten könnte man mit etwas Zeit an dem am Nordrand der Stadt gelegenen Strand. Die dortige **Playa Coral** ist nicht allzu überlaufen. Später am Nachmittag geht man dann an die angrenzende **Playa Bacocho**, wo man zuschauen kann, wie ganzjährig Schildkröten in die Freiheit entlassen werden.

Südlich der Playa Bacocho bietet sich der ruhige Wohnbezirk **Rinconada** als Ausgangspunkt für den Besuch der **Playa Carrizalillo**, einer beliebten (wenn auch immer populärer werdenden) Bucht an, an der man wunderbar schwimmen kann und Surfneulinge üben können. Anschließend geht's in die Benito Juárez Straße, den kulinarischen Hotspot mit geselligen Straßenlokalen und Bars wie der **Puerto Brewing Company**.

Wer Appetit auf preiswerte Hausmannskost hat, besucht den Mercado Benito Juárez (S. 355), den ältesten Lebensmittel- und Kunsthandwerksmarkt der Stadt. Anschließend kann man etwas Zeit an der Playa Zicatela verbringen und wie ein Surffreak in Strandbars wie dem Mar & Wana chillen.

Im In-Viertel **La Punta** südlich von Zicatela gibt's eine explodierende Hotel-, Bar- und Restaurantszene. Sie wächst in der Tat dermaßen schnell, dass einige Einheimische den Entwicklungsboom abfällig als „Tulumification" von Puerto Escondido bezeichnen und sich dabei auf den sich schnell gentrifizierenden Ort Tulum an der mexikanischen Karibikküste beziehen.

Mit Gina's Tours geht's zu den Schildkröten-Nistplätzen an der Playa Escobilla (S. 382) oder man bucht eine der spaßigen Restauranttouren. Das Instituto de Lenguajes Puerto Escondido ist eine gute Wahl für alle, die sowohl Spanisch lernen als auch Wanderungen zu unberührten Stränden unternehmen möchten.

LOCAL TIPP: ESSEN WIE DIE EINHEIMISCHEN

Gina Machorro, eine äußerst sachkundige und tatkräftige Führerin, die Gastro- und Kulturtouren in und um Puerto Escondido anbietet, empfiehlt ihre Seafood-Lieblingsrestaurants. @GinaPuerto

Am Adoquín gefällt mir das **Restaurante Alicia** wegen des schönen Blicks und der köstlichen *camarones a la diabla* (Shrimps in roter Chilisoße). Das **Sabor a Mar** an der Playa Marinero in Zicatela ist ein toller Ort für frischen in Folie zubereiteten Fisch. Im außerhalb gelegenen **Horno Escondido** gibt's hervorragenden, im Ofen gebackenen Fisch in Knoblauchsoße. Im Stadtviertel Rinconada lohnt der Besuch des **Metxcalli**, wo es Pulpo in Chilisoße gibt, wie man ihn noch nie gegessen hat – nicht allzu scharf und einfach nur köstlich.

UNTERWEGS VOR ORT

Erschwingliche *colectivos*, alias *camionetas* (Pickup-Trucks), fahren regelmäßig auf einer festen Strecke die Küstenstraße rauf und runter. Preiswerte Busse mit der Aufschrift „Zicatela" oder „La Punta" fahren zum Busbahnhof in der Innenstadt und zum Mercado Benito Juárez. In der Stadt kosten Taxis normalerweise zwischen 50 und 150 Mex$, je nach Entfernung und Verhandlungsgeschick. In Puerto Escondido gibt es keine Rideshare-Optionen.

Parque Nacional Lagunas de Chacahua
Laguna de Manialtepec
Puerto Escondido
Playa Escobilla

Rund um Puerto Escondido

Naturfreaks und Aussteiger:innen kommen in der tierreichen Gegend um Puerto Escondido und in den alten Fischerdörfern mit viel Lokalkolorit voll auf ihre Kosten.

Puerto Escondidos artenreiches Umland bietet ein paar einzigartige Outdoor-Aktivitäten in einer wilden Küstenregion. Die Mangrovengebiete im Parque Nacional Lagunas de Chacahua sind Heimat zahlreicher Vogel- und Pflanzenspezies, ganz zu schweigen von einer großen Krokodilpopulation. Die kleinen Siedlungen am Strand laden zum Relaxen in früheren Fischerdörfern ein. Die **Laguna de Manialtepec** ist ein bedeutender Ort für Vogelfreaks. Zudem ist Manialtepec ein biolumiszentes Gewässer, in dem nächtliche Bootstouren angeboten werden. An der Playa Escobilla südlich von Puerto Escondido befinden sich die Nistplätze von Schildkröten. Es ist ein wahrhaft beeindruckendes Naturschauspiel, wenn Tausende von Meeresschildkröten in der Nistzeit an Land kommen und ihre Eier legen.

TOP TIPP

Man sollte sich bei seriösen Reisebüros nach der besten Zeit erkundigen, wenn man Interesse an Biolumineszenz und dem Eierlegen der Schildkröten hat.

Laguna de Manialtepec

ELISA LOCCI/SHUTTERSTOCK ©

Parque Nacional Lagunas de Chacahua

Tierreiches & cooles Chacahua

BOOTFAHREN, SURFEN UND WANDERN IM NATIONALPARK

Es gibt wohl keine schönere Fahrt zu Oaxacas entlegenstem und biodiversestem Strand als die mit dem Motorboot durch die an Tunnel erinnernden, von Mangroven gesäumten Kanäle, in denen sich unzählige Wasservögel tummeln. Herzlich willkommen im **Parque Nacional Lagunas de Chacahua**, einem 149 km² großen Nationalpark mit fünf tierreichen Lagunen und einer coolen Strandgemeinschaft mit einem Touch von Afromestizo-Kultur (Menschen mit afrikanischen, indigenen und europäischen Wurzeln).

Während des Aufenthalts sollte man unbedingt eine **Bootstour** in die Mangrovenwälder unternehmen, in denen es 130 Vogelspezies, Krokodile, verschiedene Meeresschildkröten und über 240 Pflanzenarten gibt.

Eine Mündung unterteilt Chacahua in zwei Stadtviertel. Die meisten Traveller halten sich auf der „La Isla" genannten Westseite auf, wo es mehr Unterkünfte und Restaurants gibt. Zur Ostseite „La Grua" ist es nur eine kurze Fahrt mit dem Wassertaxi. Der Spaziergang durch den Ort führt zu einem **Leuchtturm**, von dem man einen Rundumblick über die umliegenden Lagunen hat, zum **arco de piedra** (ein Felsbogen am Strand)

BESTE UNTERKÜNFTE IN CHACAHUA

Cabañas La Isla
Die Hütten am Strand sind recht einfach, aber die Bedingungen zum Surfen sind perfekt. In der Mündung direkt vor der Haustür kann man wunderbar schwimmen. $$

Cabañas Altamar
Einige der Hütten mit Ventilator und Blick aufs Meer sind modern eingerichtet. Die Zimmer mit Balkon im Obergeschoss verfügen über Hängematten, in denen man die frische Seeluft genießen kann. $$

Hotel Sanmara
Eine für Chacahua-Standard hochpreisige Unterkunft. Dieses „Luxus"-Hotel bietet Annehmlichkeiten wie bequeme Betten, Klimaanlage und einen kleinen Pool mit Bar auf dem Dach. $$$

Cabañas El Piojo
Einfache Hütten und Zimmer am Strand mit vielen Hängematten zum Relaxen. Beliebte Budgetunterkunft. $

ESSEN IN CHACAHUA UND MANIALTEPEC

Restaurante 2 Hermanos
In dem Restaurant am Marktplatz gibt's preiswertes Frühstück, Suppen, Meeresfrüchte und Maissnacks. $

Lia del Mar
Das gesellige Restaurant gehört einem Fischer aus Chacahua, man kann also sicher sein, dass nur absolut frischer Fisch aus der Küche kommt. $$

El Punto
In dem Restaurant mit Strohdach in Chacahua werden ganze Fische wie beispielsweise Wolfsbarsch perfekt zubereitet. $$

WARUM ICH DIE KÜSTE VON OAXACA LIEBE

John Hecht, Schriftsteller

Oaxacas schöne, schroffe Küste ist mir stets in Erinnerung, selbst wenn ich woanders bin. Im Unterschied von einigen anderen Strandzielen in Mexiko, die in letzter Zeit vergleichsmäßig schnell gewachsen sind (sorry, liebe Riviera Maya), ist Oaxacas unberührte Pazifikküste noch immer interessant, denn die Küstenstraße führt zu kleinen Fischerdörfern, kaum bekannten Surfspots und in eine großartige Natur, in der sich unzählige Tiere tummeln. Selbst in Bahías de Huatulco, einem für oaxacanische Verhältnisse großen Urlaubsort, geht es relativ geruhsam zu, vor allem in den etwas abgelegeneren, von unberührtem Dschungel gesäumten Buchten.

DOLEESI/SHUTTERSTOCK ©

Baby-Schildkröte, Playa Escobilla

und zu einem kleinen **Krokodilschutzgebiet** mit mehreren Hundert Krokodilen und Kaimanen.

In La Isla geht das Leben geruhsam zu. Tagsüber kann man surfen, durch die Sandsträßchen bummeln und in den Strandrestaurants mit Strohdach frischen Fisch und ein kühles Bier genießen. Die meisten dieser Restaurants bieten einfache Unterkünfte. In Chacahua und den Siedlungen an der Grenze zwischen Oaxaca und Guerrero leben zahlreiche Afro-Mexikaner:innen, die von entflohenen Versklavten der Spanier abstammen.

Ein einzigartiges Schildkrötenphänomen

AN DER PLAYA ESCOBILLA TIERE BEOBACHTEN

Wer noch nie eine *arribada* gesehen hat, dieses spektakuläre Schauspiel, wenn Tausende Schildkröten an den Strand kommen, um ihre Eier abzulegen, hat wirklich etwas ganz Besonderes verpasst. Von Juli bis Februar kommen über eine Million Oliv-Bastardschildkröten an die **Playa Escobilla**, einen geschützten, 15 km langen, nicht erschlossenen Strand ca. 30 km östlich von Puerto Escondido. Die meisten Schildkrötenweibchen kommen in einem Zeitraum von etwa sieben Tagen wenn Vollmond ist. Genaue Infos über dieses Naturschauspiel bekommt man bei Gina's Tours (S. 379). Wer nicht zu den Glücklichen gehört, einer *arribada* beizuwohnen, kann an der Playa Escobilla im **Centro Ecoturístico Escobilla** nachmittags zuschauen, wie Schildkröten freigelassen werden. So bekommt man die aufregende Gelegenheit zu beobachten, wie winzige Schlüpflinge das erste Mal in den Ozean trippeln.

UNTERWEGS VOR ORT

Pickups nach Pinotepa Nacional starten an der Avenida Hidalgo. Fahrgäste können an der Laguna de Manialtepec und am Abzweig nach El Zapotalito aussteigen. Von dort fahren Taxis zu den Motorbooten, die nach Chacahua schippern. Weiter geht's mit Sammel-Skiffs oder privaten *lanchas* (Motorboote). Vorsicht: Einige Bootsinhabende verlangen unverschämte Preise. Alternativ kann man preisgünstig in zehn Minuten über die Lagune und dann weiter mit einem Pickup-Truck in die Stadt fahren. Allerdings ist die Szenerie dann nicht ganz so grandios. Die Playa Escobilla erreicht man am besten mit dem Auto oder mit Gina's Tours.

MAZUNTE & ZIPOLITE

Mazunte und Zipolite, zwei heitere Strandenklaven, die internationale Sonnenhungrige, Yogagurus und Kiffende anziehen, ist es gelungen, sich ihren unkonventionellen Touch zu bewahren, obwohl in beiden eine schnelle Entwicklung zu spüren ist. Zipolite, der größte mehrerer benachbarter Strandorte an diesem schmalen Küstenabschnitt, ist bekannt für seinen FKK-Strand, die guten Seafood-Restaurants mit *palapas* (Strohdächer) und eine kleine, aber interessante Gegenkulturszene. Wer es dezenter mag, fährt ins ca. 4 km westlich gelegene San Agustinillo, wo man an der wunderbaren Playa Elefantes schwimmen und auch surfen lernen kann. Weiter im Westen liegt Mazunte, das Gegenstück zu Zipolite. Dort befindet sich ein großes Schildkrötenzentrum mit Indoor-Aquarium. Abends bewundert man dann am Aussichtspunkt Punta Cometa den traumhaften Sonnenuntergang. In La Ventanilla, einem kleinen Strandort 4 km westlich von Mazunte, kann man Bootsausflüge in die Lagune unternehmen und Krokodile, Schildkröten und Vögel beobachten.

TOP TIPP

Von Zipolite kommt man mit *camionetas* und Taxis problemlos nach San Agustinillo und Mazunte. Man darf aber nicht vergessen, dass in Zipolite und Mazunte eher Feierstimmung herrscht als im ruhigen San Agustinillo. Wer in Zipolite schwimmen will, sollte vorsichtig sein, denn es gibt starke Unterströmungen. Nicht ohne Grund ist es der „Strand der Toten“.

Zipolite

MAZUNTE & ZIPOLITE

HIGHLIGHTS
1 Centro Mexicano de la Tortuga
2 Punta Cometa

SEHENSWERTES
3 Playa del Amor
4 Playa Elefantes
5 Playa Mermejita
6 Playa Rinconcito
7 Playa Zipolite

KURSE & TOUREN
8 Instituto Iguana
9 Piña Palmera

UNTERHALTUNG
10 Cine Luciernaga

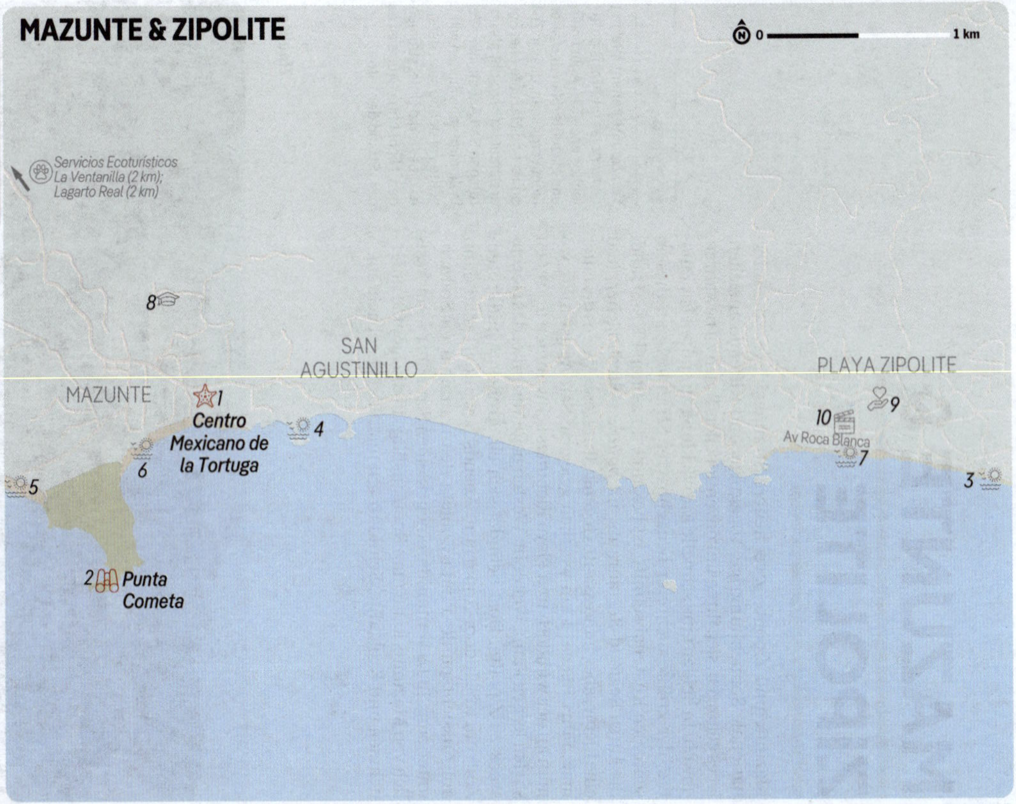

Punta Cometa (S. 386)

ANGELA N PERRYMAN/SHUTTERSTOCK ©

Avenida Roca Blanca

Einmal ein Boheme sein

IN ZIPOLITES ALTERNATIVEN LEBENSSTIL EINTAUCHEN

Zipolite, diese jahrzehntealte Bastion der Gegenkultur, lockt geistig unabhängige Traveller an, die wegen der FKK-Strände, der unbekümmerten Partyszene und der coolen, alles-ist-erlaubt Atmosphäre hierherkommen.

Die meiste Action findet an dem langen Strand und der Uferpromenade **Avenida Roca Blanca** mit Seafood-Restaurants, gewollt rustikalen Hotels und *palapa*-Bars statt. Am westlichen Ende der Playa Zipolite genießen Nackte die Strandatmosphäre. Am östlichen Ende befindet sich der andere FKK-Strand **Playa del Amor**, der besonders bei Schwulen beliebt ist.

Aktive können über die Calle Pelícano bummeln und die interessanten Kunsthandwerksläden besuchen. Bei Piña Palmera, einem Zentrum für Resozialisierung und soziale Integration behinderter Menschen aus Landgemeinden, kann man Kunsthandwerk kaufen oder in Workshops lernen, wie man Holzgegenstände und Töpferwaren herstellt. Ein paar Blocks weiter südlich bietet die talentierte Designerin April Shannon bei **Taller La Joya** Batik- und Schmuckherstellungskurse an. Zudem weiß sie so ziemlich alles über Zipolite und die Umgebung.

Eine weitere einzigartige Erfahrung kann man in der Zirkusschule **La Galera de Zircolite** machen. Gegen eine kleine Gebühr lernt man hier Akrobatik, Feuerjonglage und afrikanischen Tanz.

BESTE RESTAURANTS IN ZIPOLITE

Boca del Mar
Die Fisch-Tacos in diesem unscheinbaren *palapa*-Restaurant werden zu Recht hoch gelobt. **$$**

Mao Mau
Wer keinen Appetit auf Seafood hat, geht in dieses asiatische Open-Air-Restaurant und bestellt sich Gerichte wie grünen Papaya-Salat oder Phat Thai. **$$**

La Providencia
Das Restaurant mit moderner mexikanischer Küche ist in Zipolite zwar eines der Besten, bietet aber dennoch ein recht lockeres Ambiente. Rechtzeitig reservieren. **$$$**

Sal y Pimienta
Der *pescado a la talla al ajo* (ganzer gegrillter Fisch mit Knoblauch) ist der Renner. **$$$**

Orale Café
Das Café mit tropischem Garten serviert das beste Frühstück im ganzen Ort. **$**

ÜBERNACHTEN IN ZIPOLITE

Casa Kalmar
Infinitypool, Zimmer mit Meerblick und aufmerksamer Service: An diesen Aufenthaltwird man sich erinnern. **$$$**

Las Casitas
Sechs preisgünstige Bungalows mit Küche und großem Bereich zum Relaxen auf einem terrassierten Gelände. **$$**

Castillo Oasis
Guesthouse mit gutem Preis-Leistungs-Verhältnis, einem tropischen Garten und geschmackvoll eingerichteten Zimmern. **$**

BESTE RESTAURANTS IN MAZUNTE

Armadillo
Unbedingt probieren sollte man vegane Gerichte wie köstliche marokkanische Platten und gerösteten Blumenkohl mit Kartoffeln und Kurkuma. $$$

La Pizzería
Das italienische Open-Air-Restaurant serviert leckere Pizzas aus dem Holzkohleofen, Calzones und himmlisches Tiramisu. $$

Maralto
Maralto stellt eigenes Gebäck und Brot her und bereitet schmackhafte Sandwiches. Dazu gibt's Kaffee aus Pluma Hidalgo, einem der besten Kaffeeanbaugebiete Oaxacas. $$

La Cuisine
Preiswertes französisches Restaurant mit einem Menü, das sich täglich nach dem jeweiligen Marktangebot richtet. $$

La Baguette
Kleine Bäckerei, die für ihre süchtig machenden *libritos*, Schoko-Riegel aus mehreren Schichten, bekannt ist. $

JOEL CARILLET/GETTY IMAGES ©

Playa Mermejita

Von Dezember bis März öffnet das behelfsmäßige Kino Cine Luciernaga seine Pforten und zeigt vorwiegend englischsprachige Filme mit spanischen Untertiteln. Manchmal finden in dieser Open-Air-Location auch Livemusik und Karaoke-Abende statt.

Schildkröten hautnah erleben

TIERE UND SONNENUNTERGÄNGE IN MAZUNTE

Mazunte wächst schnell, aber dennoch ist es ein schöner Ort mit Sandstränden, rustikalen Restaurants und Hotels. Ähnlich wie in Zipolite geht es auch hier modern-primitiv zu.

Mazunte ist vor allem für sein Centro Mexicano de la Tortuga, eine Forschungs- und Resozialisierungseinrichtung für viele Schildkrötenarten, bekannt. Dort kann man Meeresschildkröten aus der Nähe beobachten, wie sie im Aquarium durch die großen Becken schwimmen. Einige Schildkröten, wie die Echte Karettschildkröte, sind überraschend groß. In Mexiko leben sieben Spezies von Meeresschildkröten und 29 Arten von Sumpf- und Dosenschildkröten. Durch seit Kurzem unternommene Erhaltungsbemühungen konnten gefährdete Schildkrötenarten wie die Oliv-Bastardschildkröte vor dem Aussterben bewahrt werden. Mit nur einem das Erwachsenenalter erreichenden Schlüpfling von 1000 ist das ein schweres Unterfangen.

Unbedingt sehenswert ist auch Punta Cometa, ein felsiges Kap, das bei Sonnenuntergang einen spektakulären Blick über die Küste bietet. (Dann tummeln sich dort auch viele Menschen). Der Weg zur Punta Cometa beginnt am Camino Mermejita. Folgt man dem Camino Mermejita in Richtung Süden führt eine Straße zur **Playa Mermejita**, ein goldfarbener Sandstrand, der nicht so überlaufen ist wie die **Playa Rinconcito**, Mazuntes Hauptstrand. Unterwegs stolpert man über den **Mermejita**

ÜBERNACHTEN IN MAZUNTE

Cabañas Amaia
Gut geführtes B&B mit makellosen *cabañas*, hervorragendem Service und viel Ruhe. $$

Oceanomar
Nett eingerichtete Zimmer und ein grandioser Pool mit Blick auf die Playa Mermejita. $$$

Hotel Casa Pan de Miel
Am Ostrand von Mazunte, in bevorzugter Lage auf einer Felskuppe mit Meerblick. Nur Erwachsene. $$$

Circus (ja, Zirkuskultur ist hier in). Hier kann man Kontorsionen und Luftakrobatik, zeitgenössischen Tanz und weitere Performing Arts unter einem Strohdach lernen. Wer während seines Aufenthalts in Mazunte Spanisch lernen möchte, kann das Instituto Iguana besuchen, wo maßgeschneiderter Einzelunterricht angeboten wird.

Entspannung in San Agustinillo

AM STRAND DIE SEELE BAUMEN LASSEN UND SURFEN

Das ungezwungene **San Agustinillo** liegt an dem vielleicht nettesten Küstenabschnitt in dieser Gegend. Hier bekommt man all das, was man sucht, wenn man absolut nichts machen möchte. Die meisten Hotels und Restaurants säumen die Küstenstraße, die durch den Ort führt. Immer mehr Pensionen sind seit Kurzem an den Berghängen zu finden. Idyllischer als an der **Playa Elefantes**, die ihren Namen der elefantenförmigen Felsformation am Strand verdankt, kann man wohl nirgendwo baden und surfen. Eine Surfschule mit kleinem Büro an der Hauptstraße bietet Surfunterricht an und verleiht Bretter. Die **Casa Bagus**, ein Hotel mit sechs Zimmern, liegt direkt an der Playa Elefantes. Gemütliche, gute Budget- und Mittelklasseunterkünfte sind **Posada Recinto del Viento** und **Bambú Ecocabañas**.

Tierbeobachtung in La Ventanilla

BOOTSTOUR IN EINER ARTENREICHEN LAGUNE

Etwa 2 km nordwestlich von Mazunte weist ein Schild an der Straße den Weg nach **La Ventanilla**, eine kleine Strandgemeinde, die Ökotouren durch die von Mangroven gesäumte Lagune anbietet, in der Hunderte von Flusskrokodilen, Meeresschildkröten und eine Vielzahl von einheimischen und ziehenden Wasservögeln leben. Zwei konkurrierende Kooperativen bieten Ausflüge an: **Lagarto Real** und **Servicios Ecoturísticos La Ventanilla**. Im Großen und Ganzen unterscheiden sich die Leistungen kaum. Zu den Touren des Letzteren gehört aber der Besuch einer Insel mit Gehegen für Hirsche, Klammeraffen und Nasenbären. Beide Veranstalter bieten Touren an, auf denen man Vögel und das Freilassen von Schildkröten beobachten kann. So kann man zuschauen wie gerade geschlüpfte Oliv-Bastardschildkröten, Lederschildkröten und Grüne Meeresschildkröten zum ersten Mal ins Wasser krabbeln. Bevor man sich auf den Weg zurück in die „Zivilisation" macht, sollte man in La Ventanilla eines der ruhigen am Meer gelegenen Seafood-Restaurants besuchen.

BESTE RESTAURANTS IN SAN AGUSTINILLO

El Navegante
Der katalanische Küchenchef bereitet in diesem Restaurant mit Sandfußboden hauptsächlich köstliche Meeresfrüchtegerichte zu. Vorab Reservieren. **$$**

Restaurante La Mora
Eine Institution in San Agustinillo. In dem Restaurant und Guesthouse werden köstliches Frühstück mit Fair-Trade-Kaffee und abends italienische Gerichte und Seafood serviert. **$$**

La Termita
Unbedingt erwähnenswert ist die Holzofenpizza im La Termita. Stammgäste behaupten, es sei die beste Pizza an der ganzen Küste. Aber das muss man für sich selbst entscheiden. **$$$**

Bistro Paloma
Das schattige Café in dem Gasthaus bereite schmackhafte *chilaquiles* (gebratene Tortillas mit grüner Salsa). **$**

UNTERWEGS VOR ORT

Man kann größtenteils alles zur Fuß erreichen. Wer von einem Ort in den nächsten will, springt einfach hinten auf eine *camioneta* oder ein *colectivo*, die man per Handzeichen überall an der Küstenstraße anhalten kann. Eclipse 70 und Líneas Unidas fahren mit Vans von San José del Pacífico und Oaxaca City, beide Unternehmen fahren auch mehrmals täglich ab Zipolite. Taxis fahren von Mazunte und Zipolite in Nachbarstädte und zu den Flughäfen in Puerto Escondido und Bahías de Huatulco. Von Pochutla, dem regionalen Knotenpunkt für Busse, kommt man überall hin.

BAHÍAS DE HUATULCO

Bis Mitte der 1980er-Jahre gab es in Huatulco nur ein paar entlegene Fischerdörfer. Dann kam eine von der Regierung finanzierte Tourismusagentur und veranlasste den Bau eines großen Urlaubsorts rund um die neun malerisch zerklüfteten Buchten. Seither ist aus Huatulco eines der größten Tourismuszentren an der Küste von Oaxaca geworden, aber selbst mit dem Bau eines Terminals für Kreuzfahrtschiffe ist die Regierung hier sanfter vorgegangen als in anderen Mega-Resorts wie Cancún. Bei der Entwicklung wurde Wert auf ökologische Aspekte gelegt. Große Bereiche des Primärwaldgebiets und der Meereslebensräume sind Teil eines Nationalparks, sodass es eine wahre Freude ist, in den ruhigen Buchten zu wandern, zu schnorcheln und zu schwimmen. Im Hauptort La Crucecita befindet sich die höchste Konzentration an Restaurants, Hotels und Bars. Dennoch können die Gäste hier inmitten von Weberwerkstätten, quirligen Essensmärkten und Straßenrestaurants mit Blick über den von der Sonne verwöhnten Hauptplatz und auf die Kirche im Kolonialstil viel Lokalkolorit genießen.

TOP TIPP

Im Innenstadtbereich von La Crucecita, etwa 1 km nördlich von Santa Cruz Huatulco, gibt es zahlreiche Budget- und Mittelklasseunterkünfte, Bushaltestellen und preiswerte Restaurants. In Tangolunda an der Küste stehen ein paar Luxushotels. Im zentral gelegenen Chahué befinden sich einige etwas erschwinglichere Unterkünfte.

Huatulco

SPACEWALK/GETTY IMAGES ©

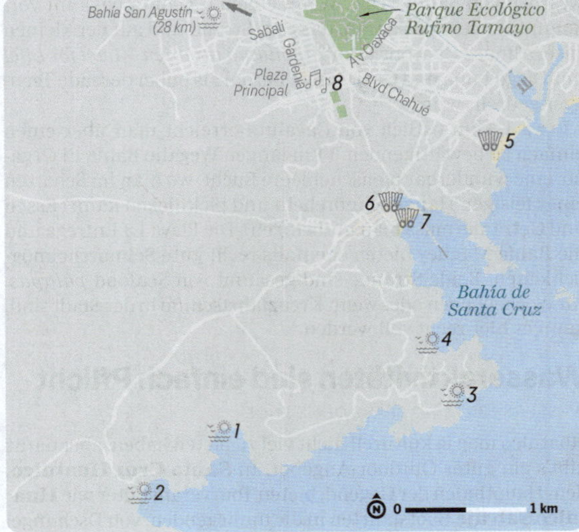

SEHENSWERTES
1 Bahía El Órgano
2 Bahía Maguey
3 Playa el Violín
4 Playa La Entrega

KURSE & TOUREN
5 Huatulco Dive Center
6 Huatulco Salvaje
7 Hurricane Divers

UNTERHALTUNG
8 La Crema

Wildes Huatulco

WANDERN, SCHNORCHELN UND NATUR PUR

Zum 119 km² großen, aus Land, Meer und Küste bestehenden **Parque Nacional Huatulco** gehören ein großes Dschungelareal mit vielen Tieren, Feuchtgebieten und Traumstränden. Der Nationalpark hat Wale, Delfine, Meeresschildkröten, über 300 Vogel- und ca. 9000 Pflanzenspezies sowie etwa 45 ha Korallenriffs zu bieten.

Viele besuchen die entlegensten Buchten des Parks im Rahmen von Bootstouren ab **Santa Cruz Harbor**. Das ist eine gute Entscheidung, wenn man verschiedene Strände sehen und zwischendurch schnorcheln möchte. Aber auch auf Wanderungen durch Huatulcos dichten Dschungel hat man Zugang zu mehreren Stränden. Die **Playa Cacaluta** ist ein wenig besuchter Strand an einem der fünf Buchten innerhalb des Parks. Man erreicht ihn über den 2,5 km langen **Sanate Trail** (4 km

BESTE RESTAURANTS IN HUATULCO

Ocean Restaurant
In diesem luftigen *palapa*-Restaurant am Meer kommen hauptsächlich *pulpo zarandeado* (gegrillter Tintenfisch) und *garnachas istmeñas* (ein für die Region Oaxaca typischer Snack) aus der Küche. $$$

Rocoto
Frisches Ceviche und gefüllte Blaukrabben sind in diesem altbewährten Lieblingsloka. in La Crucecita der Renner. $$$

Aroma
Das Fusion-Restaurant im Quinta Bella Hotel bietet innovative asiatische und oaxacanische Gerichte. $$

Cafe Huatulco
Das Essen ist hier ganz okay, aber es ist der Pluma Hidalgo Kaffee, der aus diesem Kiosk im Park den idealen Ort macht, um den neuen Tag zu begrüßen. $

ÜBERNACHTEN IN BAHÍAS DE HUATULCO

Quinta Bella Hotel
Hotel mit Blick auf die mit Blauer Flagge ausgezeichnete Playa Chahué und mit einigen der besten Restaurants in Huatulco.
$$$

Misión de los Arcos
Gemütliches Mittelklassehotel im Kolonialstil abseits des Hauptplatzes. Preiswertes, aber unberechenbares WLAN.
$$

Hotel Nonni
Eins der besten Budgethotels im Ort. Im Restaurant auf dem Dach wird köstliches Frühstück serviert. $

westlich von Santa Cruz). Wenn einem Cacaluta bekannt vorkommt, so liegt das daran, dass am Strand und auf der kleinen Insel Alfonso Cuaróns Film *Y tu mamá también – Lust for Life!* mit Diego Luna und Gael García Bernal als pubertierende Teenager gedreht wurde.

Etwa 1,3 km östlich von Cacaluta erreicht man über einen einfach zu bewältigenden, 1 km langen Weg die Bahía El Órgano, eine wunderbar menschenleere Bucht, wo man im Schatten eines felsigen Hangs schnorcheln und picknicken kann (Essen und Getränke muss man mitbringen). Die Playa La Entrega und die Bahía Maguey bieten ebenfalls recht gute Schnorchelmöglichkeiten. Beide Strände sind gesäumt von Seafood-*palapas*. An Wochenenden oder wenn Kreuzfahrtschiffe in der Stadt sind, kann es hier recht voll werden.

BESTE RESORT-HOTELS IN HUATULCO

Las Palmas
Die geschmackvoll eingerichteten Wohnungen und Villen mit Blick über die vom Dschungel gesäumte Playa el Violín sind ideal für Familien, die viel Platz haben möchten. $$$

Quinta Real
Die marokkanische und mexikanische Architektur dieses ruhigen an der Tangolunda Bay gelegenen Luxushotels bietet 28 durch und durch elegante Suiten. $$$

Secrets Huatulco Resort & Spa
Die Zimmer mit Balkon in diesem Hotel nur für Erwachsene mit Traumblick auf die Playa Conejos haben die Größe von Superzimmern und -suiten à la Las Vegas. $$$

Wasseraktivitäten sind einfach Pflicht

WASSERSPORT UND SPASS OHNE ENDE

Huatulco mag ja kulturell nicht viel zu bieten haben, aber dafür gibt's ein gutes Outdoor-Angebot. In **Santa Cruz Huatulco**, dem Haupthafen der Gegend, bieten Tourveranstalter wie **Huatulco Salvaje** Bootsfahrten in die umliegenden, von Dschungel gesäumten Buchten an, in denen man schnorcheln und schwimmen kann. Von November bis März sind auch Ausflüge im Angebot, auf denen man die Möglichkeit hat, Vögel und Wale zu beobachten oder zuzusehen wie Schildkröten freigelassen werden. Tauchgänge mit zwei Flaschen bietet das **Huatulco Dive Center** an der **Playa Chahué**. Für Neulinge gibt's Discover-Kurse im Salzwasserpool. Die über 30 Tauchspots haben eine durchschnittliche Sichtweite von 6 bis 15 m. Auf Tauchgängen bekommt man etwa 150 Fischarten, Meeresschildkröten und in der Wanderzeit auch Buckelwale zu sehen.

Tolle Schnorchelmöglichkeiten gibt es u. a. an den Korallenbänken an der Playa La Entrega, Bahía San Agustín, Playa el Violín und der Playa Cacaluta (S. 389) an der küstennahen Seite der Insel. Schnorcheltouren bietet Hurricane Divers in Santa Cruz an. Raftingtouren, Klasse I bis III, auf dem Río Copalita bieten die Profis von **Rancho Tangolunda Huatulco** an. In der Regenzeit von Juli bis Oktober wird man hier von starken Stromschnellen herausgefordert. Direkt westlich des Río Copalita führt ein Fußweg zur **Playa Conejos**, einer hufeisenförmigen Bucht mit goldfarbenem Sand und Naturbecken.

Wenn es abends dann etwas kühler ist, schwingt man in der Strandbar **La Papaya** in Chahué das Tanzbein oder rockt nach Livemusik im La Crema, einer Institution in Huatulco.

UNTERWEGS VOR ORT

An den Hauptplätzen in La Crucecita and Santa Cruz Huatulco sind an den Taxiständen die Preise zum Flughafen und zu den umliegenden Buchten aufgehängt. Vom Hafen in Santa Cruz kommt man mit *lanchas* an die meisten Strände. Auch hier sind die Preise ausgehängt. Blau-weiße Busse verkehren zwischen La Crucecita und Santa Cruz Huatulco. Wer in La Crucecita wohnt, kann bequem die 2 km zum nächsten Strand, der Playa Chahué, laufen. Wer abgelegene Strandorte außerhalb der Region von Huatulco erkunden möchte, sollte sich ein Auto mieten.

Rund um die Bahías de Huatulco

Bahías de Huatulco
Barra de la Cruz
Playa La Bocana
Barra de Cuatunalco, Playa El Arroyito & Playa Salchi

Die malerische Gegend um die Bahías de Huatulco bietet prima Spots zum Surfen und sorgenlosen Schwimmen. Einfach alles loslassen, entspannen und die faszinierende Gegend genießen.

Wenn man sich auf den Weg macht, um Huatulcos Umgebung zu erkunden, wird man reich belohnt, vor allem wenn man auf der Suche nach tollen Wellen oder einfach nur menschenleeren Stränden und von Dschungel gesäumten Buchten ist. In Barra de Cuatunalco und Playa Salchi, ca. 20 km südöstlich des Flughafens, gibt es mehrere versteckte Strände, die man vielleicht sogar ganz für sich alleine hat. Etwa 10 km westlich des Stadtzentrums weisen Schilder den Weg zur Playa La Bocana, ein zwangloser Surfspot mit einem exzellenten Boutiquehotel. Echte Surffreaks fahren wegen der Righthander Point-Breaks nach Barra de la Cruz, ein kleiner Ort, an dem schon viele internationale Wettbewerbe stattfanden. Die Wellen erreichen ihren Höhepunkt in der Hauptsaison im Juni und Juli.

TOP TIPP

Zu den abgelegenen Strandorten an den Bahías de Huatulco kommt man am besten mit dem Auto. Man sollte viel Bargeld in der Tasche haben und sich darauf einstellen, dass es WLAN – wenn überhaupt – nur hier und da gibt.

Barra de la Cruz **(S. 392)**

BESTE HOTELS RUND UM HUATULCO

Hotel El Risco
Im ruhigen Barra de Cuatunalco gelegenes Hotel oben auf einem Hügel und tollen kleinen Buchten in der Nähe. $$

Casa Mauna
Boutiquehotel an der Playa Salchi mit sechs modernen Suiten mit Balkon und Meerblick. $$$

Casa Bocana
Auch wer in diesem tollen Hotel an der Playa La Bocana nicht übernachtet, sollte in dem dazugehörigen Restaurant essen. $$$

Bungalows Buena Vista
Beste Unterkunft in Barra de la Cruz am Strand, wenn man den Surfurlaub in vollen Zügen genießen will. $$$

Posada Blanca
Gut geführte Budgetunterkunft in Barra de la Cruz mit gemütlichen Zimmern und Klimaanlage. $

BRUCE RAYNOR/SHUTTERSTOCK ©

Playa La Bocana

Rauf auf die Welle & die Sonne anbeten

SURFEN UND SONNEN

Bahías de Huatulco fühlt sich nicht hektisch an, wer aber entschleunigen will, macht einen Tagesausflug in einen der umliegenden Strandorte oder übernachtet dort sogar. Für einen netten Tag am Meer fährt man vom Flughafen 20 km gen Osten, hält Ausschau nach dem Abzweig nach **Barra de Cuatunalco** und erreicht schließlich die **Playa El Arroyito**, eine wenig besuchte Bucht mit Felsnasen. Hier ist die Wahrscheinlichkeit groß, dass man das Wasser für sich alleine hat, wie auch an der benachbarten **Playa Salchi**. Hier ist das Meer allerdings nicht so ruhig. In dieser Gegend ist nicht viel los und es gibt reichlich Unterkünfte, in denen man Ruhe und Entspannung findet.

Auf dem Weg zurück nach Huatulco sollte man einen Zwischenstopp einlegen in einem der *palapa*-Seafoodrestaurants in dem Fischerdorf Bahía San Agustín, einer ansprechenden sichelförmigen Bucht mit weißem Sand und ruhigem, türkisfarbenem Wasser. Wer Surfen möchte, fährt von La Crucecita auf dem Blvd Benito Juárez ca. 10 km gen Osten und biegt dann zur **Playa La Bocana** ab. Dort gibt es gute Righthander Breaks, mehrere Seafood-*comedores* (Lokale) und die **Bocana Surf School**, in der man Surfen lernen und Bodyboards leihen kann. Erfahrene Surffreaks würden allerdings die langen Double-Overhead-Breaks an der **Barra de la Cruz** vorziehen, einem bekannten Surfspot ca. 20 km östlich der Playa La Bocana. Hier kann man Surf- und Bodyboards am Strand leihen. Große Wellen gibt's von März bis Oktober, die größten im Allgemeinen im Juni und Juli.

UNTERWEGS VOR ORT

Colectivos fahren vom Nationalpark nach Barra de la Cruz direkt östlich der ADO-Bushaltestelle in La Crucecita. Barra de Cuatunalco, Playa Salchi und Bahía San Agustín erreicht man am besten mit dem Auto oder Taxi. Nachdem man sich dort eine Bleibe gesucht hat, kann man die meisten Orte zu Fuss oder mit einem preislich erschwinglichen Mototaxi erreichen und erkunden. Die Taxifahrt vom Stadtzentrum an die Playa La Bocana dauert 15 Minuten.

ISTHMUS VON TEHUANTEPEC

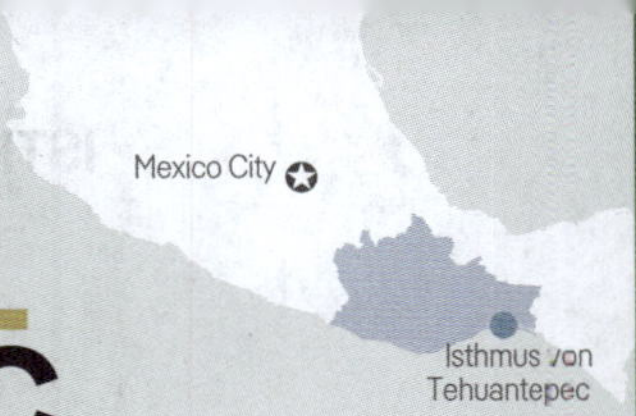

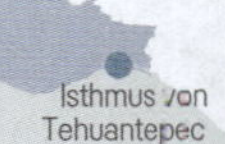

Der als *Istmo* bekannte Isthmus von Tehuantepec mit heißen Temperaturen ist das am seltenste besuchte Ziel in Oaxaca. Reisende kommen wegen der schmackhaften Speisen, der Zapoteken-Kultur und der von Dünen gesäumten Strände. Der Istmo, der sich ca. 200 km von Veracruz bis zum Golf von Tehuantepec erstreckt, bildet Mexikos schmalste Stelle zwischen Atlantik und Pazifik, wodurch er schon in Kolonialzeiten eine Haupttransportroute war. Er durchlebte eine bewegte Geschichte politischen Widerstands, vor allem als 1496 die Zapoteken die eindringenden Azteken von ihrer prähispanischen Festung Guiengola zurückschlugen. Und angesichts der häufigen Straßensperren durch Demonstranten scheint die Widerstandsbewegung bis heute nicht zu ruhen. Jeden Monat wird in den einzelnen Bezirken von Tehuantepec der jeweilige Schutzheilige mit voller Inbrunst gefeiert, wohingegen an der Küste die Dünen an der Playa Chipehua und der Playa Azul wie aus einer anderen Zeit anmuten.

TOP TIPP

Der Hauptbusbahnhof von Tehuantepec am Nordrand der Stadt ist 1,3 km vom Zentrum entfernt und fußläufig zu erreichen. Wer nach Juchitán will, nimmt einen der auf der Straße direkt von dem Terminal gen Osten fahrenden Busse. Auf der Straße in Juchitán sollte man vor allem nach Einbruch der Dunkelheit keine Motortaxis anhalten. Strandorte erreicht man am besten mit dem eigenen Auto. Dort gibt es auch recht anständige Unterkünfte.

Tänzerin, Isthmus von Tehuantepec

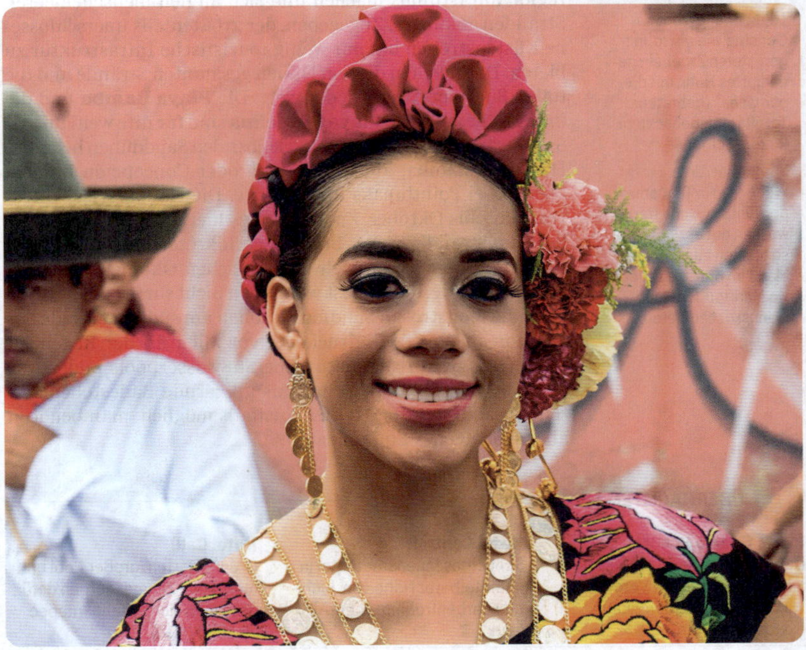

JON G. FULLER/VWPICS/ALAMY STOCK PHOTO ©

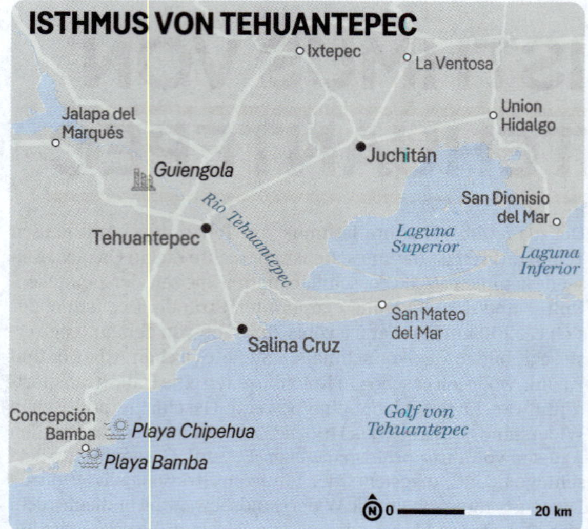

BESTE RESTAURANTS IM ISTHMUS

Na' Vicenta
In diesem stimmungsvollen Lokal in dem Fischerdorf Santa María Xadani wird Backfisch in Tonöfen über Holz gegart. **$$**

Lidxi Guendaro
Traditionelle *istmeña*-Gerichte wie *mixto*, in gerösteten Zwiebeln gedämpftes Huhn mit drei *garnachas* (gebratene Tortillas mit gehacktem Rindfleisch). **$$**

Jesús Carranza Markt
Wenn man in Tehuantepec Einheimische fragt, wo man gut essen kann, so nennen alle diesen Markt im Stadtzentrum, wo Marktbuden Hausmannskost anbieten. **$**

Surfen & von Dünen gesäumte Strände

EINE SELTEN BESUCHTE KÜSTENREGION ERKUNDEN

Wenn es anfängt, in den Städten im Landesinneren unerträglich heiß zu werden, sollte man sich auf den Weg in die wilde Küstenregion am Isthmus machen und sich an den menschenleeren Stränden abkühlen. Zugegeben, der größtenteils unerschlossene Küstenstreifen hat nur wenig touristische Infrastruktur zu bieten. Das machen die von Dünen gesäumten Strände und die tollen Surfspots aber wieder wett. Die **Playa Bamba** und die in der Nähe gelegene **Playa Chipehua** sind für ihre weitläufigen Sandstrände, hohen Wellen und kolossalen Sanddünen bekannt. Die Playa Bamba, alias La Bamba oder Concepción Bamba, bietet zwei Pointbreaks in der Mitte. Die Hauptsurfsaison ist von März bis Oktober. Zudem gibt es hier ein geschütztes Gehege am Strand, wo Oliv-Bastardschildkröten und Grüne Meeresschildkröten gesammelt und zwischen Oktober und März freigelassen werden. Selbst wenn man nicht surft, sind in Chipehua die monströsen Sandformationen am südlichen Ende des Strands absolut beeindruckend, vor allem in der Regenzeit (Mai–Okt.), wenn sich natürliche Süßwasserpools bilden, die sich über die Sandlandschaft als glitzernde Badestellen verteilen. Sandboarding ist hier ebenfalls möglich, man benötigt aber sein eigenes Equipment.

ÜBERNACHTEN AM ISTHMUS

Punta Conejo Resort
Das Mittelklasse-Surf-Resort am Strand macht im Vergleich zur Konkurrenz einen relativ exklusiven Eindruck. **$$**

Hotel Central
Schlichtes Innenstadthotel in unmittelbarer Nähe von Juchitáns farbenfrohem Open-Air-Markt. **$**

Hotel Calli
Grüner Garten, großer Pool und makellose Zimmer sorgen dafür, dass man sich in Tehuantepec wohl fühlt. **$$**

Traditionelle *istmeña*-Gerichte wie *pescado al horno* (im Ofen gegarter Fisch) kann man im **Hotel Las Palmas** probieren. Dies ist eins von ein paar Dutzend *palapa*-Seafoodrestaurants im Ort. Ein paar sind auch minimal ausgestattete Budgetunterkünfte. An der **Playa Azul** gibt es noch mehr riesige Dünen, weiter östlich in der Nähe der beliebten Surfer-Bleibe **Punta Conejo Resort** kann man auf einen von Kakteen übersäten Aussichtspunkt klettern. Von dort hat man einen weitreichenden Blick über die Küste und die in der Nähe gelegenen Lagunen.

So schmeckt Juchitán

EINE EINZIGARTIGE REGIONALE KÜCHE KENNENLERNEN

Meist reist man durch Isthmus-Region nur auf dem Weg nach Chiapas oder zu den Bahías de Huatulco, aber **Juchitáns** einzigartige Küche und die Lebensweise der Zapoteken sind es wert, einen Zwischenstopp einzulegen. In und um den **Parque Benito Juárez** und den Open-Air-Markt **5 de Septiembre** sieht man Frauen in traditioneller Zapoteken-Kleidung, die regionale Köstlichkeiten wie *bupú* (ein schaumiger prähispanischer Kakao-Drink), *garnachas istmeñas* und *molotes* (gefülltes Gebäck auf Maisbasis) verkaufen. An der **Playa Vicente** wird in Seafood-Restaurants frischer Fisch in alten Tonöfen zubereitet.

Das US State Department rät Besucher:innen, in Juchitán wegen der hohen Kriminalität äußerst vorsichtig zu sein. Mototaxis sollte man meiden. Zudem sollte man nachts nicht durch unbekannte Stadtviertel laufen!

In Tehuantepec feiern

NACHBARSCHAFTSFESTE UND MARKTLOKALE

In Tehuantepec sollte man unbedingt den Hauptmarkt besuchen und dort die gutbürgerliche *istmeña*-Küche probieren oder nach traditionellen *huipiles* und anderem regionalen Kunsthandwerk Ausschau halten. Der von Frauen betriebene **Jesús Carranza Markt** ist ein faszinierender Mikrokosmos in Tehuantepecs vorwiegend matriarchalischen Gesellschaft. Die nette, aber hektische Stadt besteht aus 15 Barrios. Jedes Stadtviertel hat seine eigene kolonialzeitliche Kirche und seinen eigenen Schutzheiligen. Im Juli und August spielt also immer irgendwo eine Blaskapelle.

Wer trekken möchte, für den bieten sich die in der Nähe gelegenen Zapoteken-Ruinen **Guiengola** an, wo König Cosijoeza 1496 die Azteken erfolgreich zurückschlug. Hier gerät man zwar nicht ins Schwärmen wie bei anderen Zapoteken-Stätten, es ist aber ein guter Grund, ins hügelige Umland zu fahren.

WUNDERBARE MUXE-KULTUR

Juchitán ist bestens bekannt für seine *muxes* – ein drittes Geschlecht, das sich offen zur Homosexualität und oft auch zum Transvestismus, d. h. urspünglich als männlich geborene Personen, bekennt. Beim Bummel durchs Stadtzentrum sieht man gelegentlich *muxes* in *huipiles*. Im November findet in Juchitán eine fröhliche *vela* (Nachtwache) statt, auf der alles in Zusammenhang mit *muxe* mit Paraden, Tanz und der jährlichen „Krönung der Königin" gefeiert wird. Aufgrund von Juchitáns berühmter Toleranz gegenüber *muxes*, wurden bereits auf HBO und Vice Doks und Filme über die Kultur des dritten Geschlechts gezeigt. Die Tatsache, dass sich indigene Männer wie Transvestiten kleiden und in die Rolle von Frauen schlüpfen, verdient wahrhaft Respekt und spricht Bände über eine Gesellschaft, die progressive Werte hoch schätzt.

UNTERWEGS VOR ORT

2.-Klasse-Istmeños-Busse verkehren auf dem Hwy 185 häufig zwischen Tehuantepec und Juchitán. In Tehuantepec kann man Mototaxis problemlos nehmen, in Juchitán sollte man sie aber meiden (und stattdessen mit zugelassenen Taxis fahren). Die Zentren der beiden Städte kann man gut zu Fuß erkunden. Die Küstenorte erreicht man mit Bussen, die zwischen Bahías de Huatulco und Salina Cruz fahren und ihre Fahrgäste an den Highway-Abfahrten auf Wunsch rauslassen. Von dort kann man mit einem Mototaxi oder einem Taxi in die jeweiligen Orte fahren. Wer die Küstenregion erkunden möchte, sollte sich für ein eigenes Fahrzeug entscheiden.

SANTIAGO APOALA

Mexico City
Santiago Apoala

Apoala bedeutet „Fluss, aus dem die Götter stammen" und die Szenerie in dem Bergdorf Santiago Apoala ist in der Tat göttlich. Der Legende nach ist der Ort eine der ersten antiken Mixteken-Siedlungen. Er liegt in einem Tal auf einer Höhe von 1970 m über dem Meeresspiegel und ist eingerahmt von dramatischen Felsformationen à la Yosemite. Santiago Apoala ist eine Bauernschaft von unglaublicher Schönheit und die 1000 dort lebenden Mixteken wissen sehr wohl, dass sie an einem besonderen Ort leben. Besonders beeindruckend sind zwei mächtige Wasserfälle, die vor allem in der Regenzeit mit außergewöhnlicher Wucht in Naturpools stürzen. Außer zu den Wasserfällen führen Wanderwege auch noch zu einer Reihe von türkisfarbenen Lagunen und zu antiken Schnitzereien und Malereien. Auch anspruchsvolle Klettertouren kann man unternehmen (jedoch vorausgesetzt, dass man das entsprechende Equipment hat). Abgesehen von unvergesslichen Outdoor-Erlebnissen tun die Einheimischen hier alles, damit sich Gäste in ihrem kleinen Bergparadies wohl fühlen.

TOP TIPP

Nach der Ankunft in Santiago Apoala muss man beim Tourismusbüro der Gemeinde eine symbolische Besuchergebühr zahlen, in der eine kostenlose Führung enthalten ist. Man kann die Gegend auch auf eigene Faust erkunden, aber die Guides wissen, wo die antiken Felsmalereien sind. Auch sind sie bezüglich der hiesigen Flora und Fauna eine ausgezeichnete Informationsquelle.

Wasserfall Cola de Caballo

Wunderbare Mixteken-Region

NACHHALTIG WANDERN UND SCHWIMMEN

Santiago Apoala, ein abgelegenes Bergdorf in dieser Region, bietet die Möglichkeit, die ausgetretenen Pfade zu verlassen und Aktivitäten wie wandern, schwimmen und klettern in vollen Zügen zu genießen. Nach der Ankunft sollte man sich bei Ecoturismo Comunal Yutsa To'on, dem Gemeinschaftstourismusverband melden. Dort zahlt man eine Besuchergebühr, die eine geführte Tour auf einer der drei Wanderrouten enthält. Die eindrucksvollste Strecke, die man auch problemlos ohne Guide bewerkstelligen kann, führt zu den Wasserfällen **Cola de Serpiente** (Schlangenschwanz) und **Cola de Caballo** (Pferdeschwanz). Sie sind beide über 50 m hoch und erstaunlich schön. Weiter unten auf dem Weg kommt man zu einer Reihe von türkisfarbenen Schwimmlöchern. Wenn man auf der zweiten Strecke neben einem Fluss in Richtung der **Peñas Gemelas**, zwei durch eine enge Schlucht getrennte Gipfel, unterwegs ist, zeigen einem die Guides versteckte Höhlen und alte Felsmalereien. Die dritte Route führt hinauf zur **Cueva del Diablo** (Teufelshöhle), zu einer *danzante* (ein altes Felsbild, das eine tanzende Figur darstellt) und zum Aussichtspunkt **El Mirador**, von dem aus man einen traumhaften Blick über die grüne Landschaft hat.

Das Ökotourismuszentrum vermietet für ein bis zwei Nächte rustikale *cabañas* (Hütten) und Zeltstellplätze an einer ruhigen Stelle am Fluss. Die *cabañas* haben Bäder mit Warmwasser und bequeme Betten. Vor der Tür befinden sich zwei Open-Air-Restaurants, in denen Hausmannskost serviert wird. Im Ort gibt's ein Lebensmittelgeschäft, Restaurants und eine winzige Bücherei mit der Kopie eines Buchs mit altem Mixteken-Kodex.

TIPPS FÜR DEN BESUCH VON SANTIAGO APOALA

Die meisten Traveller erreichen Santiago Apoala über eine Straße aus Asunción Nochixtlán, einer Stadt 83 km nordwestlich von Oaxaca City. Wer beabsichtigt, zu campen oder zu klettern, muss seine eigene Ausrüstung mitbringen und sich in Nochixtlán mit Proviant eindecken. Auch sollte man viel Bargeld in der Tasche haben und daran denken, dass WLAN in diesem entlegenen Bergdorf höchst unzuverlässig ist. Ein eigenes Fahrzeug ist ideal, denn so kann man in den selten besuchten Bergdörfern an der Strecke einen Zwischenstopp einlegen und auf der Fahrt hinauf in die Sierra Mixteca die spektakuläre Aussicht genießen. **Tierraventura** und **Coyote Aventuras** organisieren Tagesausflüge und zweitägige geführte Touren nach Santiago Apoala.

UNTERWEGS VOR ORT

Busse nach Nochixtlán fahren regelmäßig am 1.-Klasse-Busbahnhof in Oaxaca ab. Ohne Auto kommt man von Nochixtlán am schnellsten mit dem Taxi nach Santiago Apoala. Alternativ nimmt man eine erschwingliche *camioneta*, die an der Ecke 2 de Abril und Altamirano abfahren (Mi, Sa & So, gegen 11 Uhr, Zeiten und Tage können abweichen). In Santiago Apoala ist alles fußläufig.

BUTABANATRAVEL/SHUTTERSTOCK ©

Oben: Mazatlán (S. 404); gegenüber: Puerto Vallarta (S. 415)

ZENTRALE PAZIFIKKÜSTE

STRÄNDE, SURFEN, KÜSTENSTÄDTE & BERGDÖRFER

Entlang der Pazifikküste warten aufregende Metropolen, uralte Felszeichnungen, grandiose Surf-Spots, unerschlossene Küstenabschnitte und, in der Sierra Madre, historische Städte.

Gewaltige aquamarinblaue Wellenbrecher bilden die Kulisse eines jeden Besuchs an der zentralen Pazifikküste Mexikos. Hier liegen unzählige Ferienorte und einige der schönsten Strände des Landes. Die ehemalige Hollywood-Hochburg Acapulco, deren Glanz zwar etwas verblasst ist, begeistert immer noch mit Tauchspektakeln, der herrlichen Bucht und den charakteristischen Villen an den grünen Hängen von Zihuatanejo. In Puerto Vallarta –Mexikos Schwulen-Hauptstadt – tobt das Leben in den Clubs bis zum Morgengrauen, und die gepflasterten Straßen sind gesäumt von Galerien mit psychedelischen Huichol-Kunstwerken. Das alte Mazatlán bietet *banda*-Musik und tropische neoklassizistische Architektur.

Zwischen den einzelnen Ferienorten liegen einige der wildesten und unberührtesten Küstenabschnitte Mexikos, mit kleinen Siedlungen und Surf-Spots, die nur von Eingeweihten besucht werden. Im Landesinneren verbirgt der Nebelwald, der die Sierra Madre bedeckt, eine Handvoll jahrhundertealter *pueblos mágicos* (magische Dörfer) und Felszeichnungen – Zeugnisse der jahrtausendealten Anziehungskraft dieser Region auf die Menschen. Egal, ob man einen unbeschwerten Strandurlaub mit unvergesslichen Sonnenuntergängen, Wellen zum Surfen ganz für sich allein, wunderbares Seafood und originelle Cocktails, Buckelwale am Horizont oder eine antike Stadt, die einst mit der Hochburg der Azteken konkurrierte, sucht, hier findet man alles.

DIE WICHTIGSTEN ZIELE

MAZATLÁN
Küstenstadt; tolles Seafood. S. 404

PUERTO VALLARTA
Mexikos Strandparadies der Schwulen. S. 415

TRONCONES
Klasse Surf-Revier. S. 446

ACAPULCO
Strandresort mit Klippenspringen. S. 457

Mazatlán (S. 404)
Diese hübsche Küstenstadt liegt an einer Reihe weißer Sandstrände und groovt zu den Rhythmen von *la banda* – eine Anspielung auf ihr deutsches Erbe.

Puerto Vallarta (S. 415)
Zu den Vorzügen Vallartas gehören das ausgelassene Nachtleben der LGBTIQ+-Szene, hervorragende Restaurants, zahlreiche Kunstgalerien, herrliche weiße Sandstrände, Walbeobachtungen und Wassersport in Hülle und Fülle – um nur einige zu nennen.

Erste Orientierung

Die zentrale Pazifikküste bietet einige der besten Badeorte Mexikos, aber auch Bergstädte und den abgelegenen Küstenabschnitt von Michoacán. Hier kommen die Orte, die die Geschichte, die Outdoor-Aktivitäten, die indigene Kultur und die Naturschönheiten am besten widerspiegeln.

WASSERTAXI

Günstige und effiziente Wassertaxis verbinden den Pier von Puerto Vallarta in Los Muertos mit den Strandorten südlich von Vallarta, darunter Colomitos, Las Ánimas, Quimixto, Majahuitas und Yelapa. Mit etwas Glück sieht man unterwegs Wale und Delfine.

BUS, *COLECTIVO* & KOMBI

Abgesehen vom Küstenabschnitt zwischen Troncones und Manzanillo, der nur tagsüber und selten von Bussen angefahren wird, sind alle größeren Städte untereinander und mit den umliegenden Dörfern durch ein Netz von klimatisierten Bussen, billigeren nicht klimatisierten Bussen und klimatisierten combis und *colectivos* (Kleinbussen) verbunden.

AUTOVERMIETUNG

Einige Surf-Spots liegen sehr abgelegen; ohne Auto wird es schwierig, diese Wellen zu erreichen. Ansonsten kommt man mit öffentlichen Verkehrsmitteln und Taxis gut von A nach B. Große Autovermietungen gibt's in Mazatlán, Puerto Vallarta, Zihuatanejo/Ixtapa und Acapulco. Die Gebühren für Drop-Offs sind hoch.

Perfekte Tage

Die zentrale Pazifikküste, die zu den zerklüftetsten und am wenigsten erschlossenen Küsten Mexikos gehört, hat alles zu bieten: unberührte Strände, Weltklasse-Surfen, aufregende Küstenstädte voller Kunst, Überreste vorhispanischer Zivilisationen und jahrhundertealte Bergstädte.

Ein verlängertes Wochenende

● Hat man nur ein paar Tage Zeit, sollte man diese in **Puerto Vallarta** (S. 415) verbringen – mit dem Besichtigen von Kunstgalerien und Spaziergängen entlang der *malecón* (Strandpromenade) und durch das *centro histórico*. Vom Aussichtspunkt Mirador del Cerro de la Cruz aus hat man einen fantastischen Blick auf die Stadt.

● An der **Playa de los Muertos** lohnen sich ein paar Stunden in der Zona Romántica (S. 423), die Restaurantszene in Versalles bietet allerlei Gaumenfreuden und die Bars und Clubs der Stadt sind bis in die frühen Morgenstunden geöffnet.

● Bei einer Fahrt mit dem Wassertaxi nach **Yelapa** (S. 428), südlich von **Vallarta** (S. 424), kann man Wale beobachten, bevor man zu einem Wasserfall wandert und im dortigen Wasser schwimmt oder den botanischen Garten besucht.

ESKYSTUDIO/SHUTTERSTOCK ©

Pier, Playa de los Muertos (S. 423)

Beste Reisezeit

Die zentrale Pazifikküste ist zwar eigentlich ganzjährig ein gutes Reiseziel, allerdings ist hier von Dezember bis März am meisten los – dann werden auch zahlreiche Feste gefeiert. Die Regenzeit dauert von Juli bis September.

JANUAR

Der perfekte Monat, um in den Gewässern um Puerto Vallarta Buckelwale zu beobachten; gelegentlich werden auch Walhaie und Grauwale gesichtet.

FEBRUAR

In der Woche vor Aschermittwoch finden in Mazatlán Mexikos farbenprächtigste Karnevalsfeiern statt, mitsamt gigantischem Feuerwerk.

MÄRZ

Puerto Vallartas zweitägiges *raicilla*-Festival bietet Verkostungen dieses wiederentdeckten Feuerwassers inklusive Gaumenfreuden und Livemusik.

VON LINKS NACH RECHTS: GERARD SOURY/GETTY IMAGES ©, AUREGAU/SHUTTERSTOCK ©, SANDRA FOYT/SHUTTERSTOCK ©

Eine Woche

Los geht's mit zwei oder drei Tagen in der Sierra Madre. Hier bummelt man durch die gepflasterten Gassen von **San Sebastián del Oeste** (S. 439), steigt zum **Gipfel des La Bufa** (S. 440) auf, isst im außergewöhnlichen **Jardín Nebulosa** (S. 440) und macht einen Ausflug zu den alten Felszeichnungen in der Nähe von **Mascota** (S. 440).

Zurück an der Küste kann man in **Sayulita** (nördlich von Vallarta; S. 430) surfen oder paddeln, köstlich essen und in den Läden fair gehandelte Produkte kaufen.

Weiter nördlich warten eine Dschungelwanderung zu den **Altavista-Petroglyphen** (S. 435) in der Nähe von Chacala und Vogel- und Krokodilbeobachtungen in **San Blas** (S. 437), bevor es wieder zurück nach Puerto Vallarta geht.

Länger Zeit

An der zentralen Pazifikküste könnte man locker einen Monat verbringen: Die Klippenspringer:innen von **Acapulco** (S. 460) werden einem den Atem rauben, das gilt auch für die antike Stadt **Xihuacan** (S. 455). In **Zihuatanejo** (S. 452) bietet sich ein Strandspaziergang an, hier kann man auch klasse Kaffee kaufen, und bei Strandaufenthalten in **Troncones** (S. 447) und im benachbarten **Saladita** (S. 451) kann man die Seele baumeln lassen.

Für eine Erkundungsfahrt entlang der wilden **Küste von Michoacán** (S. 450) sollte man sich ein paar Tage Zeit nehmen, damit man auch an abgelegenen Surf-Spots und Fischerdörfern Halt machen kann. Man könnte auch von San Blas aus nach Norden fahren und dort per Boot in die Heimat der Azteken, **Mexcaltitán** (S. 413), übersetzen und dann mehrere Tage damit verbringen, die **Altstadt von Mazatlán** (S. 404), die Restaurantszene und die Strände zu genießen.

APRIL

Das Mexi Log Fest – ein beliebtes Surffestival – findet jedes Jahr an einem anderen Ort statt, so z. B. in Saladita oder Sayulita.

MAI

Die ausgelassenen Pride-Feiern in Puerto Vallarta ziehen Tausende an und bieten Livemusik, Paraden und vieles mehr.

NOVEMBER

Am 2. November – dem Tag der Toten – zieht es die Einheimischen auf die Friedhöfe. In Vallarta findet ein Gourmet-Festival statt, und Mascota feiert den *raicilla*.

DEZEMBER

Anfang Dezember ehrt Mexiko die Jungfrau von Guadeloupe, die Schutzpatronin des Landes. Besonders lebhaft sind die Feierlichkeiten in Vallarta und Mazatlán.

Mazatlán

Mexico City

MAZATLÁN

Dank der 30 km langen Sandstrände wurde Mazatlán (was in der Náhuatl-Sprache „Ort der Hirsche“ bedeutet) Mitte des 20. Jhs. zu einem der beliebtesten Strandziele Mexikos – nachdem es zuvor als Schmugglernest und dann florierender Pazifikhafen bekannt war. Obwohl die Stadt ab den 1980er-Jahren in eine Flaute geriet, sind inzwischen die Kreuzfahrtschiffe zurück, und Mazatláns charakteristisches „tropisch-neoklassizistisches“ *centro histórico* (historisches Zentrum) hat einen zweiten Frühling erlebt, auch wegen der vielen originellen Restaurants und den wunderbar renovierten Gebäuden aus dem 19. Jh. Heute ist Mazatlán eine höchst charmante Küstenstadt, deren kosmopolitisches Erbe sich in der Architektur widerspiegelt und deren deutscher Einfluss in den Klängen des lokalen *banda* (Big-Band-Musik) und im kalten, frischen Geschmack eines Pacífico-Biers weiterlebt. Auch Aktive kommen hier dank erstklassigem Hochseefischen, einer Vielzahl von Wassersportarten und vielem mehr auf ihre Kosten.

TOP TIPP

Wer Mazatlán wirklich erleben will, sollte sich in die Zona Dorada (Goldene Zone) begeben, um die Strände zu erkunden, und dann durch die Straßen der Altstadt schlendern. Danach beobachtet man auf dem *malecón* (Strandpromenade) den Sonnenuntergang und die Menschen. Ein Besuch während der schwülen und regnerischen Sommermonate ist nicht zu empfehlen.

Strand von Mazatlán

PHOTOMATZ/SHUTTERSTOCK ©

SEHENSWERTES
1 Isla de Chivos
2 Isla de la Piedra
3 Isla de Pájaros
4 Isla de Venados
5 Mazatlán International Center
6 Playa Bruja
7 Playa Cerritos
8 Playa Las Gaviotas
9 Playa Los Pinitos
10 Playa Norte
11 Playa Olas Altas
12 Playa Sábalo
13 Punta Camarón

AKTIVITÄTEN
14 El Acuario Mazatlán

ESSEN
15 El Muchacho Alegre
16 Mercado Pino Suárez
(siehe 19) Mi Ranchito de Osuna
17 Tacos El Veneno
18 Taquería Playa Sur
19 Taquería San Pablo

SHOPPEN
20 Casa Etnika
21 Gandarva Bazar
22 Nidart

Strand-Hopping in Mazatlán

DIE BESTEN STRÄNDE

Nachdem die Große Depression die verarbeitende Industrie Mazatláns zum Erliegen gebracht hatte, erfand sich die Stadt als Fischerhafen und Badeort neu. Besonders die Sandstrände sind bis heute bei Travellern aus dem In- und Ausland beliebt.

Bei über 20 km Strand hat man die Qual der Wahl. Die folgenden Strände sind in geografischer Reihenfolge aufgeführt, von Süden nach Norden.

In der Altstadt von Mazatlán liegt die sichelförmige **Playa Olas Altas**, die in den 1920er-Jahren das Zentrum des hiesigen Tourismus war; der Strand wird von starker Brandung umspült und ist bei Bodyboard-Fans beliebt, zum Schwimmen aber nicht geeignet. Direkt westlich der Spitze der Landzunge liegt die kleine, geschützte Bucht **Playa Los Pinitos**, die bei einheimischen Familien wegen des ruhigen Wassers sehr populär ist.

Hinter der Promenade voller Jogger:innen befindet sich nördlich der Altstadt von Mazatlán, hinter der Spitze der Landzunge, der goldene Sand der **Playa Norte**. Das südliche Ende wird von Fischerbooten dominiert (frühmorgens trifft man hier auf Fischer:innen, die regen Handel mit ihrem Fang betreiben), und dann wären da noch die Restaurants entlang des Strandes – darunter das **El Muchacho Alegre** (S. 407). Die Brandung kann heftig sein, daher ist die Playa Norte eher zum Spazieren als zum Schwimmen geeignet. Der Strand zieht sich bis **Punta Camarón**, einer felsigen Spitze, die von dem auffälligen, burgähnlichen Nachtclubkomplex Fiesta Land dominiert wird.

Hinter Punta Camarón liegen an der hübschen **Playa Las Gaviotas** und an der **Playa Sábalo**, die sich nördlich der Zona Dorada erstreckt, vor allem Luxushotels. Geschützt von malerischen Inseln ist das Wasser hier in der Regel ruhig und ideal zum Schwimmen und für Wassersport jeder Art, auch Parasailing und Fahrten mit Bananenbooten werden angeboten.

Weiter nördlich, hinter der Marina El Cid und der sich ständig weiterentwickelnden Marina Mazatlán, warten die **Playa Bruja** – ein oft ruhiger Strand, hinter dem sich die Megaresorts von Nuevo Mazatlán befinden – und die **Playa Cerritos**. Beide Strände verfügen über eine Reihe von Fischrestaurants und gute Brandung. Um diese nördlichen Strände zu erreichen, nimmt man den Bus „Cerritos-Juárez“ entlang der Avenida Camarón Sábalo in der Zona Dorada.

QUALLEN, HAIE & EIN MEERES-MOSAIK

Das **El Acuario Mazatlán**, eines der größten Aquarien Mexikos, liegt einen Block von der Playa del Mar entfernt, auf halbem Weg zwischen dem *centro histórico* und der Zona Dorada. Es verfügt über Becken mit Hunderten von Arten von Süßwasser-, Hochsee- und Rifffischen (hauptsächlich aus den Gewässern Mexikos). Besonders faszinierend sind die Quallenbecken. Das Museum vor Ort zeigt ein Grauwalskelett und furchterregend aussehende Haifischkiefer. Die Tiershows sollte man allerdings meiden.

Das **Mazatlán International Center** (in der Nähe des Marina-Mazatlán-Golfplatzes) ist eine Taxifahrt wert. Es präsentiert das Leben im Meer in Form eines 25 m hohen Mosaiks – dem größtem der Welt –, das den Namen „Sea of Cortes“ trägt. Es bedeckt eine ganze Außenwand und zeigt einen Eroberer, eine Meerjungfrau und allerlei Untertanen Poseidons – von Delfinen und Walen bis hin zu Tintenfischen und Rochen.

Mazatláns Inselfluchten

BOOTSFAHRTEN ZU INSELN

Die drei fotogenen, an gestrandete Wale erinnernden Inseln, die etwa 2 km vor der Zona Dorada aus dem Meer ragen, bieten

ÜBERNACHTEN IM CENTRO

Casa de Leyendas
Acht Zimmer in einer eleganten zweistöckigen Hacienda mit Whirlpool, Tequila-Verkostungsraum und Terrasse. Nur für Erwachsene. **$$$**

Las 7 Maravillas
Gemütliches B&B mit sechs Zimmern im Landhausstil, hervorragendem Frühstück und Jacuzzi mit Aussicht. **$$$**

Villa Serena Centro
Ehemalige Zigarrenfabrik aus dem 19. Jh. mit hohen Decken, voll ausgestatteter Küche und Pool im Innenhof. **$$**

KHAIRIL AZHAR JUNOS/SHUTTERSTOCK ©

Isla de la Piedra

ruhige Strände und klares Wasser, das sich ideal zum Schnorcheln eignet, sowie Scharen von Robben und Meeresvögeln. Die Inseln sind Teil eines Naturschutzgebietes, das zum Erhalt der lokalen Vogel- und Meereswelt eingerichtet wurde. Auf der linken Seite befindet sich die **Isla de Chivos** (Ziegeninsel), auf der rechten die **Isla de Pájaros** (Vogelinsel). Die **Isla de Venados** (Hirschinsel), die meistbesuchte Insel, liegt dazwischen und ist mit 1,8 km Länge auch die größte. Hier gibt es Gezeitenbecken zum Schnorcheln, einen kleinen weißen Sandstrand und einen Kajakverleih. Jeder Bootsanbieter kann einen hierherbringen; Tagestouren starten meist um 9.30 Uhr von der Marina El Cid und kehren um 16 Uhr zurück. Die Preise (ca. 1500 Mex$) beinhalten das Mittagessen, Aktivitäten und die Getränke.

Die **Isla de la Piedra** (eigentlich keine Insel) liegt südöstlich der Altstadt von Mazatlán auf der anderen Seite des Hafens und ist bei den Einheimischen ein beliebtes Halbtagesausflugs-Ziel. Die Halbinsel bietet einen schönen, langen, von Kokospalmen gesäumten Sandstrand. Surf-Fans kommen wegen der Wellen, und die einfachen **palapa**-Restaurants (mit Strohdach), die Gerichte wie den Tagesfang und *aguachile* (rohe Garnelen mit einer scharfen Chilisalsa) servieren, locken mexikanische Familien an, vor allem sonntags. Wassertaxis fahren regelmäßig vom *embarcadero* (Anlegestelle) nahe des Fährterminals von Mazatlán ab, die „Playa Sur"-Busse starten an der Ecke Serdán und Escobedo, zwei Blocks südöstlich der Plaza Principal in Mazatláns Altstadt.

DIE BESTEN RESTAURANTS IN MAZATLÁNS CENTRO

Nao Kitchen Bar
Die einfallsreiche Küchenchefin Andrea Lizarraga kombiniert regionale Zutaten mit fernöstlichen Einflüssen und kreiert so Gerichte wie *ceviche verde* und langsam gegarte Rippchen nach koreanischer Art. $$

Cenaduria Chayito
Familiengeführtes sinaloanisches Restaurant: Es gibt Tacos mit *machaca*, *chilorio* (geschmortes Schweinefleisch), *pozole* (Eintopf aus Maismehl und Schweinefleisch) und *menudo* (Eintopf mit Innereien). $

Pedro y Lola
Das stilvolle Lokal an der Plaza Machado serviert hervorragende Garnelen- und Tintenfischgerichte und Tacos mit langsam gegartem Schweinefleisch. An den Wochenenden gibt's Live-Jazz. $$

El Muchacho Alegre
Lokale Institution mit Blick auf die Playa Norte, Live-*banda*-Musik und ausgezeichnetem Seefood, einschließlich *aguachile*. $$

FRÜHSTÜCKEN IM CENTRO

Looney Bean
Großartiges Strandcafé mit starkem Kaffee, Säften, Smoothies und reichhaltigem mexikanischen oder amerikanischen Frühstück. $$

La Olivia
Hier warten Haferflocken, Eier nach Wahl, Waffeln mit Beeren, French Toast und *chilaquiles* – und ausgezeichneter Kaffee. $$

Totem
Sehr gutes mexikanisches Frühstück sowie Kaffeespezialitäten in einem Dachgarten. Am Abend verwandelt sich das Lokal in einen angesagten Nachtclub. $$

RADTOUR

Alt-Mazatlán

Diese Radtour vereint das Beste der vielfältigen Attraktionen des historischen Mazatlán, darunter der Hauptplatz, die wichtigsten Museen, ein waghalsiger Tauchplatz und tolle Aussichtspunkte. Bei Baikas (baikas.com.mx) kann man sich ein Rad mieten. Für die Strecke sollte man sich mind. vier Stunden Zeit nehmen (die Wanderung auf den El Faro dauert ca. eine Stunde). Man sollte früh aufbrechen und viel Wasser mitnehmen – die Hitze und die steile Küstenstraße sind nicht zu unterschätzen.

1 Playa Olas Altas

Los geht's am *malecón* der sichelförmigen Playa Olas Altas (wo der Tourismus in den 1920er-Jahren seinen Anfang nahm). Das Meer hier ist nicht zum Schwimmen geeignet, aber Surf-Erfahrene können bei Looney Bean (S. 407) ein Brett mieten.

Die Route: Der Küstenstraße 2,5 km gen Süden bis zum Fuß des Hügels Faro Mazatlán folgen, unterwegs Pausen an den Aussichtspunkten Paseo Claussen und Observatorio Mazatlán machen.

2 Faro Mazatlán

Am südlichen Ende der Halbinsel Mazatlán erhebt sich ein markanter Felsen mit einem Leuchtturm aus dem Jahr 1879 in 135 m Höhe über dem Meeresspiegel. Über einen gepflasterten Zickzack-Weg erreicht man in etwa 20 Minuten den durchsichtigen Miradór de Cristal aus Plexiglas, von dem aus man einen herrlichen Blick auf die Stadt und die Küste hat.

Die Route: Rückfahrt zur Playa Olas Altas und dann rechts in die Calle Sixto Osuna einbiegen.

3 Museo Arqueológico de Mazatlán

Dieses faszinierende Museum befasst sich mit den prähispanischen Zivilisationen in Sinaloa. Zu den herausragenden Exponaten gehören Töpferwaren aus Aztatlán (900–1200 n. Chr.), eine Totenurne, *malacates* (Spindeln), ein aufwendiger Oberkörperschmuck aus 1922 Muschel- und Korallenstücken und eine bucklige Statue, *Jorobado*

Blick vom Faro Mazatlán

MEHDI3330/SHUTTERSTOCK ©

de la Nautical, der besondere Kräfte zugeschrieben werden. Das Mammutskelett erinnert an die Zeit, als diese mächtigen Tiere in Sinaloa umherzogen.

Die Route: Fahrt auf der Calle Sixto Osuna in Richtung Osten bis zur palmengesäumten, von Restaurants umgebenen Plaza Machado.

4 Teatro Ángela Peralta

Das an der Plaza gelegene und nach einer Sopranistin aus dem 19. Jh. (die im Hotel nebenan starb) benannte Theater mit 1366 Plätzen wurde zwischen 1869 und 1874 erbaut und ist seit über einem Jahrhundert das Herz des kulturellen Lebens von Mazatlán. Sein opulentes, dreistöckiges Interieur, das restauriert wurde und nun in früherer Pracht erstrahlt, ist ebenso sehenswert wie die wechselnden Kunstausstellungen.

Die Route: Von der Plaza Machado geht's zwei Häuserblocks auf der Avenida Carnaval in Richtung Norden und dann rechts in die Calle Flores – Ziel ist die Plaza República.

5 Catedral de la Inmaculada Concepción

Die romanische und neugotische Kathedrale aus dem 19. Jh. beeindruckt mit ihren gelben Zwillingstürmen. Der dramatische Innenraum hat vergoldete Deckenrosen, die Kronleuchter in wechselnden Farben tragen.

Die Route: Weiter geht es auf der Calle Flores in westlicher Richtung bis zum *malecón*. Anschließend folgen 200 m nach Norden.

6 El Clavadista

Sie sind zwar nicht so berühmt und spektakulär wie die Klippenspringer:innen von Acapulco, aber auch die lokalen *clavadistas* werfen ihre Körper zur großen Begeisterung des Publikums von einigen Plattformen am gleichnamigen Aussichtspunkt in die tückische Brandung des Ozeans. Ein Trinkgeld wird gern genommen. Die *clavadistas* treten in der Regel gegen 11 Uhr und am späten Nachmittag auf – sobald sich genügend Fans eingefunden haben.

MATT MAWSON/GETTY IMAGES ©

Streetfood-Stand

STREETFOOD IN VALLARTA & ZIHUATANEJO

Fan von Tacos? Dann sollte man sich durch die besten Streetfood-Stände von Vallarta (S. 419) futtern oder sich in Zihuatanejo (S. 453) mit Tortillas vollstopfen.

MAZATLÁNS BESTE BARS

Cervecería Tres Islas
Mazatláns älteste Craftbrauerei bietet vier Standardbiere (IPA, American Amber Ale, Blonde Ale und Stout) sowie fünf saisonale Biere.

Metl Mezcaleria
Rafa und Barbara machen einen gern mit Mezcal bekannt – entweder pur oder als Cocktail.

Joe's Oyster Bar
Nach 23 Uhr verwandelt sich diese Strandbar in eine Disko mit DJ-Sounds, in der die Studierenden auf den Tischen und miteinander tanzen.

Veintiocho
Diese Restaurant/Bar-Kombo in der Zona Dorada wird von Ausgewanderten aus Seattle betrieben. Leckeres Pacífico-Bier und klasse Live-Bands.

Von Taquerías bis hin zu Märkten: Mazatláns bestes Streetfood

TACOS, MÄRKTE UND HAUSMANNSKOST

Zu jeder Tageszeit gibt's einige der besten Häppchen der Stadt in den einfachen *taquerías* (Taco-Ständen), an anderen Streetfood-Ständen und auf den belebten Märkten von Mazatlán. Man kann die Stadt auf eigene Faust erkunden oder an einer **Flavor Teller Tour** in kleiner Gruppe mit der Niederländerin und langjährigen Mazatlán-Bewohnerin Maaike teilnehmen, die auf 15 Jahre Erfahrung in Sachen Streetfood zurückblicken kann – sie zeigt einem das Beste der typischen Gerichte der Stadt. „Mercado & More" bietet Spaziergänge durch die Altstadt von Mazatlán, bei den Ausflügen „Barrio Bites" und „Night Eats" (mit einem *auriga*, d. h. einem Pickup) kommt man mehr rum.

Am Abend lockt südlich des *centro histórico* die **Taquería Playa Sur** mit Grillaromen. Die drei Spezialitäten sind Rindfleisch-Tacos, *chorreada* (dicke, in Schweinefett gebratene Tortilla mit Rindfleisch, Käse und Zwiebeln) und *papa loca* (gebackene Kartoffel mit geschmolzenem Käse, Rindfleisch und mehr).

Auf dem zentralen Markt in der Altstadt von Mazatlán, dem **Mercado Pino Suárez** (Mo–Sa 6–18, So bis 14 Uhr), kann man sich zur Mittagszeit mit Marlin-Tacos und *tostadas de camarón* (frittierte Garnelen-Tortillas) eindecken.

ÜBERNACHTEN IN DER ZONA DORADA

Wandering Monkey Guesthouse
Voll ausgestattete Pension in Strandnähe mit Pool, Küchen, Hängematten, Feuerstelle und Fahrrad-/Surfbrettverleih. **$**

Motel Marley
Gemütliche Apartments direkt am Meer mit gut ausgestatteten Küchen, Pool und Liegewiese am Meer samt Strandzugang. **$$**

Inn at Mazatlán Resort & Spa
Das beste der familienfreundlichen Resorts in Mazatlán, mit zahlreichen Wassersportmöglichkeiten, ausgezeichnetem Spa, Jacuzzis und Pools. **$$$**

Die Avenida Rafael Buelna bildet die südliche Grenze der Zona Dorada und ist gesäumt von preisgünstigen *taquerías*. Eine der beliebtesten ist die **Taquería San Pablo** (12–2 Uhr), die sich auf Tacos und *vampiros* (knusprige sinaloanische Tacos mit geschmolzenem Käse), *asada* (gegrilltes Rindfleisch) und *pastor* (Schweinefleisch) sowie Garnelen-Tacos und Quesadillas spezialisiert hat.

Ebenfalls in der Avenida Rafael Buelna liegt **Mi Ranchito de Osuna** (8–20 Uhr), ein kleines Restaurant, das für seinen freundlichen Service und seine deftigen sinaloanischen Gerichte bekannt ist. Hier gibt es Frühstückseier mit Marlin oder gekochte *nopales* (Kaktusblätter) mit Tomaten und Chilis, *chilaquiles* mit *machaca* (Trockenfleisch) oder langsam zubereitetes Fleisch.

Ledermasken, Webarbeiten und Keramiken

EINKAUFEN IN ALT-MAZATLÁN

Alt-Mazatlán glänzt mit Kunst und hochwertigem Kunsthandwerk aus dem ganzen Land.

Die familiengeführte **Casa Etnika** bietet hochwertige, von mexikanischen Kunsthandwerker:innen hergestellte Geschenkartikel an, von Huichol-Perlenarbeiten, psychedelischen, farbenfrohen Webarbeiten und winzigen, bunt bemalten Pappmaché-Skeletten bis hin zu Schmuck aus Kupferdraht und Wolle, mutiger zeitgenössischer Kunst und fair gehandeltem Kaffee.

Direkt um die Ecke, in Richtung Plaza Machado, geht es durch die von Schlingpflanzen überwucherte Hofgalerie, anschließend muss man von Stein zu Stein über einen kleinen Graben springen, bevor man im **Gandarva Bazar** tolle bunte mexikanische Masken und Puppen aus Kürbissen findet. Zu den weiteren Angeboten gehören afrikanische Masken, handgefertigte mexikanische Tagebücher und interessante Reproduktionen von Chinesco-Keramik (einer Kultur aus dem frühen ersten Jahrtausend in Nayarit).

Einen Block südlich der Plaza Machado hat sich die Galerie **Nidart** auf handgefertigte Ledermasken der Kunstschaffenden Rak Garcia und Loa Molina sowie auf Skulpturen und schöne Keramikschalen und Kaffeebecher aus dem eigenen Atelier spezialisiert. Toll sind auch die Acrylbilder, 3D-Kunstwürfel und Fotografien.

DIE BESTEN RESTAURANTS IN DER ZONA DORADA

Pancho's
Riesige Margaritas und eiskaltes Bier, dazu gibt's große Seefood-Platten und *aguachile*: an der Playa Las Gaviotas. $$

Los Arcos
Wunderbare Pazifik-Garnelen, mit geräuchertem Marlin oder gebacken mit Chipotle, oder süße Teacapán-Austern. $$$

F.I.S.H.
Beliebtes Bistro mit einem halben Dutzend Ceviche-Sorten, Sashimi und Fish & Chips. $$

Rico's Café
Crêpes, Waffeln, Salate und Burritos, dazu „sündhaft starker" Kaffee. Zwei weitere Zweigstellen in der Stadt. $

NOCH MEHR KUNSTHANDWERK

Fährt man die Küste entlang gen Süden, sollte man die Galerien in Vallarta (S. 420) besuchen, wo man hochwertige Keramik, Kunst und Textilien aus diversen Teilen Mexikos kaufen kann. Auch in Zihuatanejo (S. 453) kann man toll shoppen.

UNTERWEGS VOR ORT

Mazatlán ist ideal zum Radfahren: Der *malecón* (Strandpromenade) erstreckt sich vom *centro histórico* bis zur Zona Dorada. Baikas (baikas.com.mx) bietet Stadträder und teurere Hybridräder an.

Die Sábalo-Centro-Busse verbinden den Mercado Centro mit der Zona Dorada, und die „Playa Sur"-Busse fahren vom Mercado Centro zum Fährterminal und zum Leuchtturm.

Mazatláns einzigartige *pulmonía*-Taxis (umgebaute, offene VW-Käfer) verkehren entlang des *malecón* zwischen dem *centro histórico* und der Zona Dorada. Fahrten innerhalb einer Zone kosten ungefähr 50 Mex$, zwischen den beiden Zonen werden (je nach Verhandlungsgeschick) 80 bis 100 Mex$ fällig. Es gibt auch *aurigas* (Pickup-Trucks mit schattigen Sitzplätzen hinten), die für eine Fahrt zwischen den Zonen etwa 50 Mex$ kosten, sowie normale Taxis. Für eine Fahrt mit dem Taxi zum Flughafen bezahlt man ca. 400 bis 500 Mex$.

Cosalá
Las Labradas
Concordia
Mazatlán
El Rosario
Mexcaltitán

Rund um Mazatlán

Jahrtausendealte Petroglyphen, hübsche, jahrhundertealte Städte mit Kopfsteinpflaster und die Heimat der Azteken liegen nur einen Tagesausflug von Mazatlán entfernt.

Auf den vulkanischen Felsen von Las Labradas, etwa 60 km nördlich von Mazatlán, sind Hunderte von alten Felszeichnungen zu sehen. Es wird angenommen, dass sie mit der Sommersonnenwende zusammenhängen. Eine weitere historische Stätte – die jedoch immer noch bewohnt wird – ist eine schildförmige Insel inmitten eines Mangrovensumpfs und liegt drei Stunden südlich von Mazatlán. Einige Historiker:innen glauben, dass das, was heute ein verschlafenes Krabbendorf ist, einst Aztlán war, die ursprüngliche Heimat der Azteken, von wo aus die furchterregenden Krieger Mexikos ins legendäre Tenochtitlán (Mexico City) zogen. In den Ausläufern der dschungelbedeckten Sierra Madre, die im Schatten der Küste liegt, befinden sich ein paar reizvolle Städte, die mit ihren jahrhundertealten Kirchen, den mit Bougainvillea bewachsenen Lehmhäusern und der Keramikindustrie zusätzliche Anziehungspunkte bieten.

TOP TIPP

Bevor man sich in die Sierra Madre aufmacht, sollte man unbedingt Infos zur momentanen Sicherheitslage einholen: In den Städten kommt es gelegentlich zu Problemen wegen der örtlichen Kartelle.

Mexcaltitán

Historische Zeichnungen am Meer

DIE ÄLTESTEN PETROGLYPHEN SINALOAS

Hier befinden sich einige der ältesten prähispanischen Kunstwerke Mexikos und etwa 640 Petroglyphen (Felsbilder), die in vulkanisches Gestein entlang der Küste, 60 km nördlich von Mazatlán, graviert wurden. **Las Labradas** wurde über 3000 Jahre lang ununterbrochen als Zeremonialzentrum von den indigenen Völkern der Küstenregion von Sinaloa genutzt, bevor es 1200 n. Chr. aufgegeben wurde. Viele der Bilder stehen wohl im Zusammenhang mit der Sommersonnenwende, so gibt es Sonnen- und geometrische Gravuren sowie Darstellungen menschlicher Figuren und von Meeresbewohnern (man beachte die Stachelrochen!). Las Labradas ist nicht nur die älteste archäologische Stätte Sinaloas, deren Petroglyphen geschätzte 4500 Jahre alt sind, sondern auch ein großartiges Ausflugsziel, bei dem man einen wellenumtosten Strand meist für sich allein hat.

Eine Halbtagestour oder eine 45-minütige Fahrt von Mazatlán aus über den Highway 15 und den Highway 15D bringt einen zu der unbefestigten Straße kurz nach Km 51. Nach weiteren 5,5 km erreicht man den Parkplatz und das neue, informative Museum (tägl. 9–17 Uhr; 50 Mex$).

Mexcaltitán: Die ursprüngliche Heimat der Azteken

MYTHISCHE MANGROVENINSEL

Dieses Inseldorf liegt drei Autostunden südlich von Mazatlán inmitten von Mangroven vor der Küste. Während sich das Boot seinen Weg durch das grüne Labyrinth bahnt, kann man Reiher im seichten Wasser und die fernen Silhouetten kleiner Krabbenkutter auf der Heimfahrt sehen.

Heutzutage sind Garnelen die Daseinsberechtigung von Mexcaltitán, und wenn man durch die schmutzigen Straßen dieses sehr ruhigen Dorfes schlendert, sieht man, wie sie in großen Haufen auf dem Boden trocknen, während ihr stechender Geruch die Luft schwängert. Vor Tausenden von Jahren soll das „Venedig von Nayarit", dessen Straßen sich während der Regenzeit in Kanäle verwandeln, nichts anderes gewesen sein als Aztlán, die ursprüngliche Heimat der Azteken. Die Legende besagt, dass die Azteken um 1091 n. Chr. auf Anweisung ihrer Götter, eine neue Heimat zu suchen, ihre generationenlange Wanderung nach Tenochtitlán (dem heutigen Mexico City) begannen. Viele sehen diese Annahme wegen der verblüffenden Ähnlichkeiten zwischen dem kreuzförmigen Design der Straßen von Mexcaltitán und dem frühen Stadtplan von Tenochtitlán als belegt. Ein

MAZATLÁNS FIESTAS

In Mazatlán wird der mexikanische Karneval mit einem gigantischen Feuerwerk zelebriert. In der Woche vor Aschermittwoch wird in der Stadt pausenlos gefeiert.

Die Stadt begeht auch den Tag der Schutzpatronin Mexikos, El Día de Nuestra Señora de Guadalupe (12. Dezember), mit großem Eifer, u. a. in der Kathedrale und mit Prozessionen, an denen auch bunt gekleidete Kinder teilnehmen.

Wer ein Fest ohne religiösen Hintergrund erleben möchte, sollte das Festival Cultural Mazatlán besuchen, bei dem zwischen Oktober und Dezember verschiedene Theater- und Musikaufführungen im und um das Teatro Ángela Peralta stattfinden.

ÜBERNACHTEN UND ESSEN IN MEXCALTITÁN

Hotel La Gran Tenochtitlán
Das schönere der beiden schlichten Hotels des Dorfes; mit einfachen Zimmern samt Bad und Klimaanlage. **$**

La Alberca
Zum Blick auf die Lagune gibt's Krabben-Empanadas, Ceviche und Krabben-*albóndigas* (Fleischbällchen) in einer schmackhaften Krabbenbrühe. **$**

La Camichina
Besonders empfehlenswert sind der *pescado zarandeado* (über Mangrovenholz gegrillter Fisch) und die Krabben in Krabbenbrühe. **$**

AUSFLUG NACH MEXCALTITÁN

Einige der Busse, die zwischen Mazatlán und Tepic verkehren, halten in Santiago Ixcuintla, 7 km westlich des Highway 15 und 52 km nordwestlich von Tepic. Von Santiago aus nimmt man ein *colectivo* (45 Min., 4-mal tägl.) oder ein Taxi (200 Mex$) zur 32 km entfernten Anlegestelle La Batanga, von wo aus *lanchas* (Motorboote) nach Mexcaltitán ablegen. Die Bootsfahrt dauert 15 Minuten und kostet 150 Mex$ für bis zu fünf Personen; für 300 Mex$ gibt's eine Tour durch die Lagune.

Wer mit dem eigenen Auto aus dem Süden kommt, erlebt eine wunderschöne Fahrt von San Blas nach La Batanga durch Zuckerrohrfelder, Obst- und Kokospalmenplantagen und grüne Täler. Vor Abfahrt sollte man sich nach dem Straßenzustand informieren – insbesondere während der Regenzeit (Juli bis Okt.), da die Straße durch das Feuchtgebiet nach La Batanga bei starken Regenfällen unpassierbar werden kann.

Parroquia de San Sebastián, Concordia

in der Gegend gefundenes prähispanisches Flachrelief aus Stein wird ebenfalls als Beweis angeführt – es zeigt einen Reiher, der eine Schlange umklammert, eine Anspielung auf jenes Zeichen, das die Azteken im gelobten Land zu finden hofften.

In dem kleinen **Museum** (keine festen Öffnungszeiten) an der Plaza erfährt man mehr über die prähispanischen Zivilisationen, die die Region einst bewohnten. Die bescheidene Sammlung von Keramiken und Petroglyphen sowie die Reproduktion einer faszinierenden Schriftrolle (Códice Boturini) erzählen die Geschichte der Reisen der Azteken.

Koloniale Juwelen der Sierra Madre

REIZVOLLE HISTORISCHE STÄDTE

In den Ausläufern der Sierra Madre bieten sich mehrere kleine, malerische Städte mit beeindruckender Barockarchitektur für Tagesausflüge von Mazatlán aus an.

Concordia, 1565 gegründet, hat eine Kirche aus dem 18. Jh. mit barocker Fassade und kunstvoll verzierten Säulen, zudem ist der Ort für die Herstellung hochwertiger Töpferwaren bekannt.

Etwa 76 km südöstlich von Mazatlán (über den Highway 15) liegt **El Rosario**, eine Bergbaustadt. Das berühmteste Merkmal der 1655 gegründeten Stadt ist der riesige Altar mit Blattgold in der Kirche Nuestra Señora del Rosario. Ebenfalls sehenswert ist das Haus der beliebten Sängerin Lola Beltrán, die Mitte des 20. Jhs. mit ihrer langen Plattenkarriere *ranchera* (Mexikos urbane Country-Musik) populär machte.

Cosalá, ein besonders reizvolles Bergbaudorf nördlich von Mazatlán, stammt aus dem Jahr 1550. Zu seinen Attraktionen gehören eine Kirche aus dem 18. Jh., ein Bergbaumuseum an der Plaza und das hübsche Hotel Quinta Minera im Hacienda-Stil.

UNTERWEGS VOR ORT

Von einer kleinen Station hinter dem Hauptbusbahnhof von Mazatlán fahren täglich Busse zu den Dörfern Cosalá, Concordia und El Rosario.

Für Las Labradas braucht man entweder ein eigenes Auto oder man schließt sich einer geführten Tour von Mazatlán aus an.

PUERTO VALLARTA

Puerto Vallarta
Mexico City

Straßenmusik erfüllt den *malecón*, die Leute schwimmen im warmen Ozean vor den weißen Sandstränden oder fahren auf Bananenbooten übers Wasser, oder sie sitzen in den blühenden Innenhöfen der unzähligen Restaurants, die sich entlang der gepflasterten Straßen im Herzen Puerto Vallartas verteilen. Bei Sonnenuntergang pulsiert das Leben in den Bars der Zona Romántica – dann stürmen die Nachtschwärmer die Tanzflächen und Herrenclubs der schwulen Hauptstadt Mexikos.

Natürlich hat sich Puerto Vallarta verändert, seit das ehemals ruhige Fischerdorf in den 1960er-Jahren von Hollywood entdeckt wurde. Heute ist diese freundliche, weitläufige Stadt, die sich entlang der glitzernden blauen Bahía de Banderas vor der Kulisse der dschungelbewachsenen Sierra Madre erstreckt, eines der beliebtesten Reiseziele an der mexikanischen Küste. Kein Wunder bei all den Kunstgalerien, aufregenden Restaurants, dem Wassersportangebot und dem Faulenzerleben am Strand.

TOP TIPP

Die beste Zeit für Walbeobachtungen ist von Dezember bis März.

Playa de Los Muertos (S. 423)

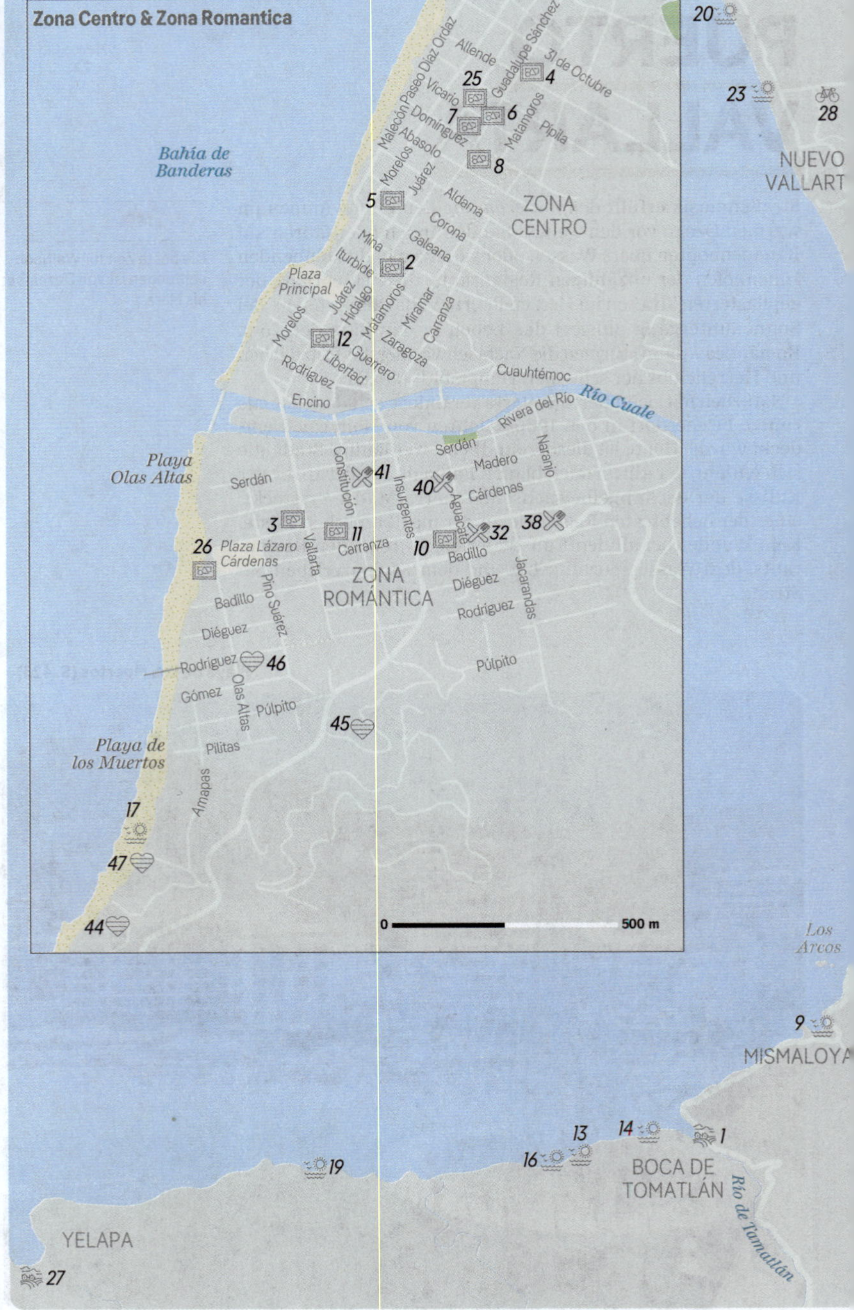
Zona Centro & Zona Romantica
Bahía de Banderas
ZONA CENTRO
ZONA ROMÁNTICA
Plaza Principal
Playa Olas Altas
Plaza Lázaro Cárdenas
Playa de los Muertos
Río Cuale
Allende
Guadalupe Sánchez
31 de Octubre
Malecón Paseo Díaz Ordaz
Vicario
Domínguez
Abasolo
Morelos
Juárez
Matamoros
Pípila
Aldama
Corona
Galeana
Mina
Iturbide
Hidalgo
Miramar
Carranza
Zaragoza
Guerrero
Libertad
Rodríguez
Encino
Cuauhtémoc
Rivera del Río
Serdán
Madero
Naranjo
Constitución
Insurgentes
Cárdenas
Aguacate
Badillo
Vallarta
Diéguez
Jacarandas
Pino Suárez
Púlpito
Gómez
Olas Altas
Pilitas
Amapas
0
500 m
NUEVO VALLART
Los Arcos
MISMALOYA
BOCA DE TOMATLÁN
Río de Tomatlán
YELAPA
1
2
3
4
5
6
7
8
9
10
11
12
13
14
16
17
19
20
23
25
26
27
28
32
38
40
41
44
45
46
47

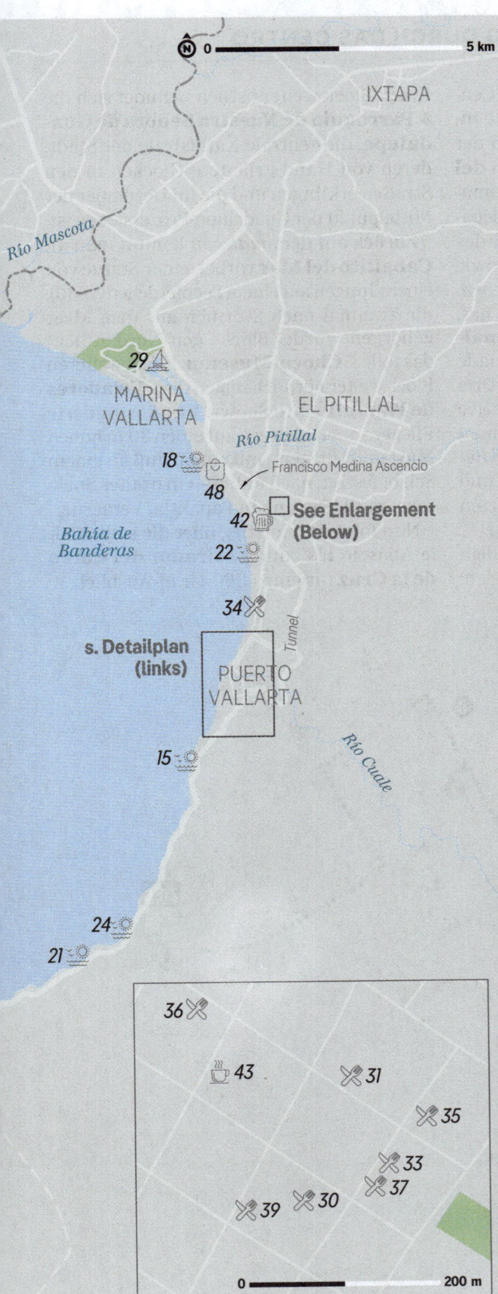

SEHENSWERTES
1 Boca de Tomatlán
2 Caballito de Mar
3 Galería Alpacora
4 Galería Colectika
5 Galería de Ollas
6 Galeria Omar Alonso
7 Galerie des Artistes
8 Mannmade Mexico
9 Mismaloya
10 Mundo de Azulejos
11 Olinalá
12 Peyote People
13 Playa Caballo
14 Playa Colomitos
15 Playa Conchas Chinas
16 Playa de las Ánimas
17 Playa de Los Muertos
18 Playa de Oro
19 Playa de Quimixto
20 Playa Flamingos
21 Playa Las Gemelas
22 Playa Los Tules
23 Playa Nueva Vallarta
24 Playa Palmares
25 Posters International
26 Tierra Huichol Olas Altas
27 Yelapa

KURSE & TOUREN
28 B Tempo
29 Marina Vallarta

ESSEN
30 Abulón Antojería del Mar
31 Barrio Bistro
32 Carnitas Lalo
33 Cha'
34 El Carboncito
35 El Puerco de Oro
36 Hola Arepas PV
37 Mama Chula
38 Marisma Fish Taco
39 OPA Greek Bistro
(siehe 10) Tacos de Birria Chanfay
40 Tacos de Cabeza el Chulo
41 Taquería El Moreno

AUSGEHEN & FEIERN
42 Cervecería Los Cuentos
43 Espresso 45
44 Blue Chairs
45 Casa Cupola
46 Hotel Mercurio
47 Mantamar Beach Club

SHOPPEN
48 La Isla

SPAZIERGANG DURCH DAS CENTRO

Der malerische Spaziergang durch das Centro (Altstadt) beginnt auf der Isla Cuale inmitten des Flusses, der das Centro von der Zona Romántica trennt. Im 1 **Museo del Cuale** kann man eine gut präsentierte Sammlung prähispanischer Keramik der Chupícuaro-Kultur (400 v. Chr.–200 n. Chr.) und des Volkes der Aztatlán (900–1200 n. Chr.) sowie für die Region typische Schachtgräber sehen.

Nachdem man die Brücke überquert hat, geht es über die Calle Rodríguez zum 2 **malecón**, Vallartas schöner Strandpromenade mit Wandmalereien und Skulpturen. Drei Blocks weiter nördlich liegt das interaktive 3 **Museo Naval**, das sich der maritimen Geschichte Mexikos widmet – von der Bedeutung der Wasserwege für die Maya und die Belagerung von Tenochtitlán bis hin zum Handel des Landes mit den Philippinen.

Danach geht's zur 4 **Plaza Principal**, dem Herzen des Centro, wo abends Bands spielen. Einen Block weiter östlich befindet sich die 5 **Parroquia de Nuestra Señora de Guadalupe**, die zentrale Kathedrale der Stadt, deren von Hand geläutete Glocken in den Straßen erklingen und die im Dezember der Mittelpunkt der Guadelupe-Prozessionen ist.

Zurück auf dem *malecón* kommt man an **Caballito del Mar** vorbei, einer Statue von einem Jungen auf einem Seepferdchen (1960), die zweimal nach Stürmen aus dem Meer geborgen wurde. Blocks gen Norden liegt das tolle 7 **Choco-Museum**. Einen weiteren Block weiter nördlich zeigen die 8 **Voladores de Papantla** ihre Shows: Vier kostümierte Flieger:innen klettern auf einen 30 m hohen Mast und „fliegen", mit einem Fuß an einem Seil befestigt, nach unten – ein uraltes Spektakel mit Ursprung in Papantla, Veracruz.

Nun folgt der Aufstieg über die steile Calle Abasolo bis zum 9 **Mirador del Cerro de la Cruz** für einen 360-Grad-Ausblick.

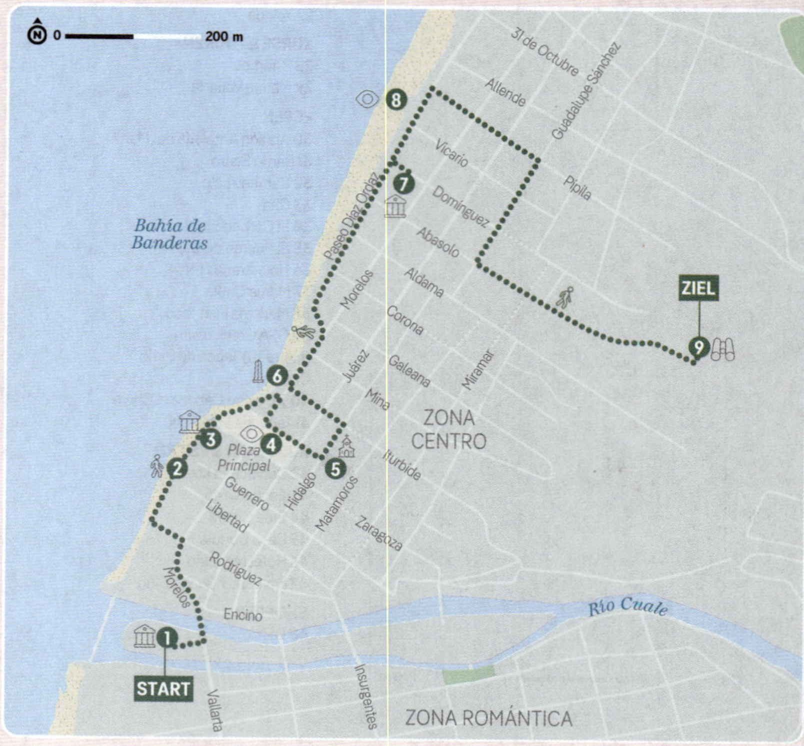

Mirador del Cerro de la Cruz

Vallartas Streetfood

PUERTO VALLARTAS BESTE TACO-STÄNDE

Wie auch in anderen mexikanischen Städten gehören Tacos zu Vallartas Grundnahrungsmitteln. Manche Füllungen werden nur morgens gegessen, andere sind etwas für Nachtschwärmer, und wieder andere füllen die Lücke dazwischen. Die jeweils beliebtesten Taco-Stände erkennt man daran, wieviel Betrieb dort herrscht, oder indem man sich einer der **Vallarta Food Tours** (vallartafoodtours.com) anschließt, die von der tacolastigen „Downtown"-Tour über die aktivere „Bikes & Bites"-Tour bis hin zu den speziellen Tequila- und Mezcal-Verkostungen reichen. Einige der besten Taco-Stände der Stadt sind die folgenden:

Tacos de Birria Chanfay (Carranza 373; 10–16 Uhr) An diesem Taco-Stand werden seit 1972 nur vier Dinge serviert: Tacos, entweder *blanditos* (weich) oder *dorados* (knusprig), gefüllt mit *birria* (Ziege), würzigem Rinderhack, Schweinefleisch oder – für Kenner:innen – *chafayna* (Mix aus Herz, Leber und Lunge). Dazu gibt's drei kräftige Salsas und eine Tasse der scharfen Brühe.

Carnitas Lalo (Ecke Carranza und Aguacate; Mo–Fr 9–18, Sa 10–14 Uhr) Hierher sollte man früh kommen, denn der Taco-Stand schließt, sobald er ausverkauft ist – und die *mejilla de cerdo* (Schweinsbäckchen) ist als erstes weg. Sollte man zu spät sein, einfach um Tacos mit dem Mix aus zerkleinertem Schweinefleisch und knuspriger Schweinehaut und der *pico-de-gallo*-Salsa bitten.

TEQUILA: WEIL ER GLÜCKLICH MACHT

Keine Zeit für einen Besuch der Stadt Tequila, den Geburtsort des beliebten mexikanischen Feuerwassers? Kein Problem. In Vallarta gibt es mehrere Tequila-Destillerien, die jeden Durst stillen, sowie Expertinnen und Experten, die Tequila-Neulinge einweihen.

Die zentral auf der Isla Cuale gelegene **Oscar's Tequila Distillery** ist zwar in erster Linie ein Restaurant, aber die kleine Destillerie vor Ort bietet auch Führungen und Verkostungen an.

20 Autominuten nördlich des Flughafens, am Highway 200, liegt **Tequila Mama Lucia** (Tel. 329-296 5024), eine familiengeführte Destillerie, die nach Voranmeldung besichtigt werden kann.

Vallarta Tequila Tastings (vallartatequila tastings.com) bietet eine Vielzahl von Getränken und erklärt, wie man handwerklich hergestellte Sorten von Massenware unterscheidet.

Vallarta Food Tours (vallartafoodtours.com) macht eine „Mexology"-Tour, bei der Tequila, Mezcal und *raicilla* (eine tequilaähnliche Destillation aus wilden Agaven) probiert werden.

ÜBERNACHTUNGSOPTIONEN FÜR LGBTIQ+-REISENDE IN VALLARTA

Casa Cupola
Hübsche, individuell gestaltete Zimmer für Schwule und Lesben, mit privaten Whirlpools, drei Pools, einem Fitnessraum und einer Bar. **$$**

Almar Resort
Puerto Vallartas einziges luxuriöses LGBTIQ+-Resort. Es gibt einen Spa, eine Rooftop-Bar und einen Infinity-Pool. Tolle Lage auf einem Felsen. **$$$**

Piñata PV Gay Hotel
Charmantes, reines Männerhotel mit acht Zimmern im Pop-Art-Stil; Zugang über einen Smoothie-Laden. **$$**

VALLARTA AUF ZWEI RÄDERN

Während Fahrradwege in Vallarta noch weitgehend unbekannt sind, gibt es zumindest einen entlang des fußgängerfreundlichen *malecón*, der sich über 16 Blocks entlang der Bahía de Banderas erstreckt. Sechs Häuserblocks nördlich des *malecón* kann man bei **Xiutla Riders** (xriderspv.com) Fahrräder mieten. Xiutla Riders bietet auch interessante zweistündige Radtouren zu historischen Sehenswürdigkeiten inklusive Mittagessen an.

Allen, denen der Sinn nach Abenteuerlichem und Anstrengenderem steht und die die Stadt gegen die tropische Landschaft eintauschen möchten, bietet **Ecoride** (ecoridemex.com) Mountainbike- und E-Bike-Touren in den Ausläufern der Sierra Madre an. Diese dauern zwischen 2½ und 5½ Stunden und richten sich sowohl an Neulinge als auch an Erfahrene. Man kann einen Wasserfall oder beschauliche Dörfer besuchen oder eine der aufregendsten Abfahrten Jaliscos in Angriff nehmen.

ELENA BERD/SHUTTERSTOCK©

Puerto Vallarta

Taquería El Moreno (Madero 343; Fr–Mi 9–12.30 Uhr) Noch nie Kutteln probiert? Hier ist die Gelegenheit! In dieser *taquería* wird einem ein *taco de tripa* vorgesetzt … den sollte man testen. Das Fleisch ist zäh und rauchig und voller Geschmack, dazu gibt's Bohnen und einen Schuss Salsa. Auch die mit *birria* und *carne asada* gefüllten Quesadillas sind ein Genuss.

Marisma Fish Taco (Naranjo 320; 10–18 Uhr) Diese sehr beliebte *taquería* am Straßenrand serviert köstliche Tacos mit Garnelen, geräuchertem Marlin oder gebratenem Fisch. Man kann dabei zusehen, wie die Köchinnen und Köche frische Tortillas pressen und Köstlichkeiten aus einer einfachen, aber sättigenden Speisekarte zusammen mit frischen Salsas zaubern.

El Carboncito (Honduras 127; Di–So 19–3.30 Uhr) Es ist Nacht und die Köchinnen und Köche dieses nicht gekennzeichneten Taco-Stands machen regen Umsatz. Mit viel Geschick zerteilen sie rotgefärbte, am Spieß gegrillte, marinierte Schweinefleischstücke und servieren die nach Meinung der Einheimischen besten *tacos al pastor* der Stadt. Ihr Geheimnis? Mesquite-Holzkohle und eine spezielle Salsa, deren Rezept streng gehütet wird.

Tacos de Cabeza El Chulo (Aguacate 263; Do–Di 17.30–1 Uhr) Abends stehen die Leute Schlange, um all das, was aus den gedämpften Rinderköpfen herausgeholt wird (Rinderbäckchen, Augäpfel, Lippen, Hirn), mit einer scharfen Tomatillo-Salsa zu genießen.

Vallartas Kunst-Rundgang

PUERTO VALLARTAS BESTE KUNSTGALERIEN

Man kann „Vallarta" nicht ohne *„art"* (Kunst) buchstabieren. Was passend ist, denn die Stadt ist reich an Kunst, vor allem an mexikanischer – wenn man weiß, wo man hingehen muss. Von Ende Oktober bis Mitte Mai nehmen 16 Galerien in der Innen-

ESSEN IN DER ZONA HOTELERA UND DER MARINA VALLARTA

El Coleguita Mariscos
In diesem Seafood-Tempel in der Marina gibt's wunderbare Fischtacos, Fischmignon, Ceviche und Hummer. **$$**

La Leche
Die raffinierten Hauptgerichte und das siebengängige Degustationsmenü, zubereitet aus saisonalen Zutaten, werden in tollem Ambiente serviert. **$$$**

Sonora Grill Prime
Hier wird hervorragendes Fleisch (Porterhouse, Rib Eye) fachmännisch gegrillt. **$$$**

stadt von Vallarta am donnerstagabendlichen ArtWalk (puertovallartaartwalk.com) teil, an dem sie später als gewöhnlich geöffnet haben und Getränke anbieten. Einige sind Teil von Vallartas Kunstbezirk, mit einer besonders dichten Ansammlung von Galerien entlang der Calles Vicario, Sánchez, Juárez und Domínguez im *centro histórico*, während andere unabhängig sind. Die Broschüren *Vallarta ArtWalk* und *Art District* gibt's bei den Tourismusinformationen.

Wenn man nur Zeit hat, ein einziges Kunstgeschäft in Vallarta zu besuchen, sollte die **Galería Colectika** (peyotepeople.com) das Ziel sein. Die Huichol-Perlenarbeiten, die hier angeboten werden, sind größtenteils Unikate, und es gibt auch einige schöne Huichol-Garnkunstwerke, Metallarbeiten aus Chiapas und Keramik aus Oaxaca und Chihuahua. Der Besitzer Kevin arbeitet seit über 20 Jahren mit vielen der Kunstschaffenden zusammen, und die Stücke werden mit Echtheitsstempeln versehen. Auf Anfrage werden Kurse für Huichol-Perlenarbeiten angeboten.

Eine weitere gute Anlaufstelle für hochwertige Huichol-Perlenarbeiten ist das nahe gelegene **Tierra Huichol Olas Altas**, auch wenn es sich bei dem Angebot hier eher um kommerzielle Stücke als um Unikate handelt. Hier findet man große, aufwendige Stücke: Tukane, Papageien, Jaguare sowie Skelettfiguren aus Michoacán. Eine Zweigstelle liegt in der Zona Romántica.

Die **Galería Omar Alonso** in der Nähe der Galería Colectika war Vallartas erste Galerie für zeitgenössische Kunst. Sie hat sich auf Fotografie und abstrakte Kunst spezialisiert.

Gleich um die Ecke befindet sich das eher nischenhafte **Posters International**, die weltweit größte private Sammlung alter polnischer Plakate aus den Bereichen Film, Theater, Musik, Politik und mehr. Der Besitzer ist ein interessanter Gesprächspartner. Man achte auf das seltene Foto von Elizabeth Taylor.

Die **Galerie des Artistes** auf der anderen Straßenseite beherbergt eine eklektische Kunstsammlung, die von Bronzeskulpturen mexikanischer Meister bis hin zu abstrakten Werken aufstrebender Kunstschaffender reicht. In der Nähe setzt sich **Mannmade Mexico** für modernes Design ein und zeigt Werke, die traditionelle Volkskunst mit modernen Techniken verbinden.

Wer keine Zeit hat, bis ins Dorf Mata Ortiz in Chihuahua zu fahren, sollte sich einen Besuch in der **Galería de Ollas** nicht entgehen lassen. Hier werden exquisite, einzigartige Keramikvasen ausgestellt, die von über 300 Kunstschaffenden hergestellt werden. Jedes Stück ist mit einem bemerkenswerten Design verziert, die Farben werden aus natürlichen Farbstoffen gewonnen.

Im fantastischen **Caballito de Mar** werden Einzelstücke ausgestellt, die die Besitzerinnen Savannah und ihre Mutter Gloria auf ihren jährlichen Sommerreisen durch Mexiko erworben

WALBEOBACHTUNG IN VALLARTA

Man stelle sich vor, man sitzt an Deck und blickt auf den Ozean. Plötzlich türmt sich etwas auf. Eine Welle? Oder könnte es sich doch um die Andeutung einer riesigen Flosse handeln? Und dann erhebt sich eine gewaltige, dunkle Gestalt in einem Gischtwirbel aus dem Wasser, dreht sich in der Luft und erlaubt einen unvergesslichen Blick auf ihren Rumpf und ihre Flossen, bevor sie mit einem gewaltigen Platschen wieder gen Meeresgrund stürzt. Zwischen Dezember und März liegt Vallarta genau auf der jährlichen Wanderroute der Buckelwale, die zum Kalben in die Bahía de Banderas kommen. **OceanFriendly Tours** (oceanfriendly.com) ist der beste der Anbieter und bietet drei- bis fünfstündige Touren an, die von zweisprachigen Meeresforschenden geleitet werden und sich durch eine umweltfreundliche Ethik auszeichnen. Gelegentlich hat man Glück und kann Wale sogar von den Wassertaxis aus sehen, die zu den südlichen Stränden fahren.

ESSEN AN VALLARTAS STRÄNDEN

Los Conos (Playa Los Ánimas)
Die Zehen stecken im Sand, während Austern, Hummer und gegrillter Snapper auf den Tisch kommen. **$$**

Los Pescadores (Playa Mismaloya)
Charmante *palapa* mit super *camarones zarandeado* (Garnelen in kräftiger Salsa) und anderen Seafood-Spezialitäten. **$**

Tacos Los Abuelos (Yelapa)
Die Tacos mit gegrilltem Oktopus sind besonders lecker! Zu allen Hauptgerichten gibt's einen Salat in XXXL. Direkt am Meer gelegen. **$**

VALLARTAS WASSERFREUDEN

Abgesehen vom Stand-up-Paddling, das man an verschiedenen Stränden mit **Vallarta SUP & Adventure** (vallartasup.com) machen kann, ist Puerto Vallarta eines der besten Tauchziele Mexikos – mit einer Fülle von Wracks, Höhlen, Riffen und Meereslebewesen (von Clownfischen bis hin zu Delfinen, Walen und Meeresschildkröten) und mit einer ausgezeichneten Sichtweite von bis zu 30 m (am besten im Sommer). Das hochprofessionelle Unternehmen **Vallarta Undersea** (vallartaundersea.com.mx) bietet Zertifizierungskurse sowie Tauchausflüge u.a. im Los Arcos National Marine Park und vor Islas Marietas an. Los Arcos und Strände wie Majahuitas und Quimixto eignen sich hervorragend zum Schnorcheln. Man erreicht sie auf eigene Faust oder mit einem Anbieter wie **Vallarta Adventures** (vallarta-adventures.com).

FRANCISCO J RAMOS GALLEGO/SHUTTERSTOCK ©

Jardín Botánico de Vallarta

haben. Die Werke werden direkt von einzelnen Kunstschaffenden in neun mexikanischen Bundesstaaten, darunter Oaxaca, Michoacán und Chihuahua, bezogen, um deren Arbeit zu fördern und ihnen die Möglichkeit zu geben, ihr traditionelles Handwerk weiter auszuüben. Hier findet man handgewebte Tischläufer und andere Textilien, handbemalte Volkskunstmasken, außergewöhnlich feine schwarze Tonkeramik aus Oaxaca sowie Silberschmuck und Lithografien. Nach den Maulbeerbaumrindenbildern fragen – es lohnt sich.

Peyote People (peyotepeople.com), das sich im selben Besitz wie die Galería Colectika befindet, unterstützt indigene Kunsthandwerkergemeinschaften und verkauft Huichol-Perlenarbeiten und -Garnkunst von ausgezeichneter Qualität sowie Holzschnitzereien aus dem Bundesstaat Oaxaca.

In der Zona Romántica verkauft **Olinalá** seit 1978 authentische mexikanische Tanzmasken, Volkskunst und ländliche Antiquitäten an echte Kunstbegeisterte.

Zarte, bunt bemalte Holzfiguren von Tieren und Fabelwesen aus Oaxaca, feine Keramik aus Chihuahua, Skelettfiguren, handgewebte Tischläufer und andere Textilien – die **Galería Alpacora** in der Zona Romántica ist kaum zu übertreffen.

Wer auf funktionale Schönheit und Ausgefallenes Wert legt, sollte zu **Mundo de Azulejos**, eine lokale Institution, die seit Jahrzehnten farbenprächtige Talavera-Fliesen und Keramiken herstellt. Hier gibt's alles, von gefliesten Waschbecken bis hin zu skurrilen Kacheln zum Aufhängen. An den Wänden werden Fotos von Prominenten präsentiert, die den Laden besucht haben, sowie Dankesschreiben aus den Büros von Tony Blair, Bill Clinton, Michelle Bachelet und anderen Staatschefs. Im Obergeschoss kann man bei der Handbemalung zusehen.

FRÜHSTÜCKEN IN VALLARTA

A Page in the Sun
Bei Expats beliebter Buchladen mit Café. Kaffee, Smoothies, ganztägig Frühstück mit Bagels, *huevos rancheros* und mehr. $$

Puerto Café
Rockmusik und eine riesige Weltkarte bilden den Rahmen in Vallartas führendem Koffeinlabor. $

Mi Café
Sepia-Fotos von Vallarta, ausgezeichneter Kaffee und reichlich Pfannkuchen, Waffeln, Eierspeisen und *chilaquiles*. $$

Im Jardín Botánico de Vallarta

VALLARTAS BOTANISCHE GÄRTEN

Orchideen, Bromelien, Agaven und wilde Palmen säumen die Wege von Vallartas dschungelartigen **botanischen Gärten** (vbgardens.org), die 30 km südlich der Stadt liegen. Hierfür sollte man sich mindestens einen halben Tag Zeit nehmen und gute Wanderschuhe sowie Insektenschutzmittel mitbringen. Das 26 Hektar große, hügelige Gelände mit seiner üppigen heimischen Flora ist von acht Wanderwege durchzogen.

Los geht's im großartigen, zentral gelegenen Restaurant Hacienda de Oro, wo man vom Balkon im 2. Stock aus Kolibris beobachten und füttern kann, dann sollte man im nahen Orchideen-Konservatorium vorbeischauen. Es folgt der etwas anstrengende Jaguar-Pfad, dann geht's die steilen Stufen, die einen Teil des Chachalaca-Pfads bilden, hinunter zum Río Los Horcones – in dem smaragdfarbenen Pool zwischen den Felsen kann man schwimmen. Anschließend geht es zurück auf den Jaguar-Pfad und an einem Fluss entlang, bis man auf dem Río-Pfad in der Nähe des Pavillons landet. In der Nähe gibt es eine Reihe kurzer, gelegentlich steiler Wege sowie Brücken, die zu weiteren Überraschungen führen: eine Vanilleplantage, eine Würgefeige mit einem Baum in ihrem tödlichen Griff, ein Kakteenhaus und Nistkästen für Aras (die Gärten sind sehr aktiv im Naturschutz). Ehe man sich versieht, geht die Sonne unter ...

Herkommt man mit dem Bus „El Tuito" (45 Min.) von der Ecke Carranza und Aguacate in Puerto Vallarta, mit dem eigenen Auto auf der Route 200 nach Süden oder per Taxi (ca. 400 Mex$).

Regenbogen in der Zona Romántica

VALLARTAS BESTE SCHWULE ERLEBNISSE

In Puerto Vallarta wird die Regenbogenfahne mit Stolz hochgehalten. Jährlich strömen Unzählige in die Zona Romántica wegen der beeindruckenden Auswahl an Bars, Restaurants, Nachtclubs und Hotels sowie wegen der Veranstaltungen für Schwule und Lesben. In der Broschüre *Gay Guide Vallarta* und auf der Website (www.gayguidevallarta.com) gibt's Informationen sowie eine hilfreiche Karte, um schwulenfreundliche Geschäfte zu finden. Wenn möglich, sollte man die Stadt während der **Mardi-Gras-Events** im Februar/März besuchen, zu denen auch Umzugswagen gehören, oder während der neuntägigen **Vallarta Pride**-Veranstaltung im Mai, bei der die LGBTIQ+-Gemeinschaft mit mehr als 10 000 Teilnehmern und Themenpartys in der Zona Romántica mit Inbrunst gefeiert wird.

Tagsüber dreht sich alles ums Strandleben . Das südliche Ende der **Playa de Los Muertos** ist bei schwulen Travellern besonders

PUERTO VALLARTAS BESTE GAY CLUBS

Paco's Ranch
Superbeliebte, altehrwürdige Disco-Cantina, die ab 22 Uhr mit lauter Musik und toller Atmosphäre mitreißende Drag-Shows veranstaltet.

CC Slaughters
Nach Mitternacht schwitzen attraktive Menschen auf der Tanzfläche zu House- und Techno-Beats.

Anthropology
In diesem brodelnden Gay-Tanzmekka und Stripper-Treffpunkt heißt es: „it's raining men" – und zwar in knappen Outfits (oder auch gleich ganz nackt).

Kinky Karaoke Bar
Lounge-Bar mit vornehmlich LGBTIQ+-Publikum – in der aber alle willkommen sind, die gerne singen.

GÜNSTIG ÜBERNACHTEN IN VALLARTA

Casa Kraken
Vallartas bestes Hostel mit Chillout-Bereich, Wandmalerei, Kletterwand und Terrasse mit Meerblick. Bietet Touren an. $

Ten to Ten
Dachterrasse und japanisches Café sind die Extras des netten Hostels mit bunten Schlafsälen und Doppelzimmern. $

Los Muertos Hostal
Gemütliche Schlafsäle und Netflix-Raum mit Kissen; liegt einen halben Block vom Strand entfernt. $

TOLL SCHLAFEN & ESSEN IM CENTRO

Hotel Rosita
Versuchen, ein Zimmer mit Blick aufs Meer und die malecón zu ergattern! (Puerto Vallartas ältestes Hotel – aus dem Jahr 1848). $$

Hacienda San Ángel
Hübsche Hacienda mit Himmelbetten, *azulejo*-Kachelbögen und handgewebten Teppichen. Super Restaurant. $$$

Hotel Catedral
Vier kühn gestaltete Zimmer mit Blick auf den Templo de Guadalupe. Hervorragende Lage in der Nähe der Uferpromenade. $

Café des Artistes
Bei Kerzenlicht im Garten oder im Speisesaal gibt's Lamm mit Pistazien und andere französisch-mexikanische Gerichte. Reservieren. $$$

El Banquito
Taco-Laden, der sich auf *taco de birria dorado* (mit gebratener Ziege) spezialisiert hat. $

La Capella
Auf der eleganten italienischen Terrasse kommt Pasta *Fresca* und Ossobuco vom Schwein auf den Tisch. Legendärer Sonntagsbrunch. $$$

Gaby's
Beliebtes Restaurant mit gefüllter Paprika, Tamales und mit Tequila flambierte Enchiladas. Kochkurse. $$

beliebt. Der Beach Club **Blue Chairs** (bluechairsresort.com) bietet Tagespässe für den Pool, und der schicke **Mantamar Beach Club** (mantamarvallarta.com) gewährt Zugang zu seinem Fitnessstudio und gibt DJ-Tanzpartys für Schwule.

Man kann auch mit **Diana's Gay Vallarta Day Cruise** zum Sonnen (mit Bar) und Schnorcheln aufs Meer hinausfahren (dianastours.com), oder mit **Wet & Wild Gay Cruise** (pvsunset partycruise.com; Mi & Sa) zum Schnorcheln im Los Arcos National Marine Park aufbrechen – mitsamt Go-Go-Boys an Deck.

Nachmittags finden Poolpartys statt: am Samstag in der **Casa Cupola** (ohne Kleiderzwang) und am Sonntag bei Beers, Boys & Burgers im **Hotel Mercurio** (hotel-mercurio.com).

Online kann man eine **Gay Vallarta Bar-Hopping Tour** (gaybarhop.com) buchen – eine unterhaltsame Einführung in Vallartas schwules Nachtleben und eine gute Möglichkeit, Leute kennenzulernen. Man hat die Wahl zwischen einem Drei-Gänge-Menü und Drinks in fünf verschiedenen Bars, wie Garbo, Bar Frida und La Noche, oder einfach nur Drinks.

Versalles: Vallartas Gourmetparadies

FEINSCHMECKERVIERTEL

Auf den ersten Blick wirkt Versalles wie ein angenehmes, aber unscheinbares Viertel, dessen Gebäude mit Bougainvillea gesäumt sind. Doch in den vergangenen Jahren hat sich das keilförmige Wohnviertel zwischen dem Zentrum und Marina Vallarta dank seiner sich ständig weiterentwickelnden, vielfältigen Restaurantszene zu Vallartas aufstrebendstem Viertel entwickelt.

Wer den Fokus auf Kulinarik legt, kann hier tagelang essen und trotzdem nicht alles entdecken, was Versalles zu bieten hat. **El Puerco de Oro** (Calle España) – eine *Frühstücks-taquería* – ist der richtige Ort für den Anfang. Von den fünf Gerichten auf der Karte sind die Tacos mit Schweinebauch besonders lecker.

Das **Cha'** (Calle Hamburgo), direkt um die Ecke, ist ein angesagter Brunch-Spot mit kunstvollen Variationen von French Toast, *chilaquiles*, Pfannkuchen und mehr.

Nebenan lockt **Mama Chula** mit authentischen karibischen Gerichten wie Jerk-Hühnchen, Curry-Ziege und Ochsenschwanz mit Bohnen ein lebhaftes Publikum an.

Schräg gegenüber von Mama Chula bereitet man im Open-Air-Lokal **Abulón Antojería del Mar** großartige Meeresfrüchte zu. Bei Oktopus, Fisch- oder Garnelen-Tacos und *pescado zarandeado* (gegrillter Fisch mit Zwiebeln, Tomaten, Paprika und Gewürzen) kann man hier nichts falsch machen.

Im **Barrio Bistro**, ebenfalls in der Calle España, hat Chefkoch Memo Wulff mit seinen Experimenten mit regionalen, saisona-

ÜBERNACHTEN IN DER ZONA HOTELERA UND DER MARINA VALLARTA

Casa Velas
Klassisches mexikanisches Dekor trifft auf moderne Skulpturen in einem von Vallartas besten Rückzugsorten für Erwachsene. Preisgekröntes Restaurant. $$$

Hotel Puerto de Luna
Pastellfarbene Zimmer und Suiten mit Kochnische. Haustierfreundlich, zudem Ermäßigungen bei längerem Aufenthalt. $$

Fiesta Inn Puerto Vallarta Isla
Klassisches Resort in Strandnähe mit schönen Zimmern; mit Whirlpools, Pool und Fitnessstudio. $$

GREG VAUGHN/VWPICS/ALAMY STOCK PHOTO ©

Zona Romántica

WISSENSWERTES ÜBER RAICILLA

Im Barrio Bistro auf den Geschmack gekommen? Dann auf nach Sebastián del Oeste (S. 439), um in Brennereien *raicilla*-Feuerwasser zu probieren. Oder in Vallarta und Mascota (S. 439) ein *raicilla*-Festival besuchen und bei einer Vallarta-Tour teilnehmen (S. 419).

len Produkten Wellen geschlagen. Die Speisekarte wechselt wöchentlich, und die hauseigenen Mixologen kreieren wunderbare, originelle *raicilla*-Cocktails (S. 438). Vorab reservieren.

Einen Block weiter südlich befindet sich das **OPA Greek Bistro** (Calle Francia), das im klassischen Weiß und Meeresblau der Kykladen gestrichen ist und dessen über offenem Feuer gegrillte *saganaki* (Käse), Oktopus nach ägäischer Art, Dolmades (gefüllte Weinblätter) und Garnelen nach kretischer Art nicht enttäuschen.

Ebenfalls auf der España stillt **Hola Arepas PV** jeden Appetit auf echtes venezolanisches Essen mit frisch zubereiteten, prall gefüllten Arepas, riesigen *cachapas* (Maisteigpfannkuchen) und hausgemachten Salsas.

Um die Ecke, in der Calle Havre, befindet sich **Espresso 45**, das Spezialitäten-Café im Viertel, mit den besten Espressi – was auch sonst?

Wo es gutes Essen gibt, gibt es oftmals auch gutes Craft Beer. Die **Cervecería Los Cuentos**, vier Häuserblocks weiter südlich gelegen, hat einen einladenden Schankraum, in dem man tropisches IPA, Chocolate Stout und knackiges Lagerbier probieren kann.

WARUM ICH PUERTO VALLARTA LIEBE

Anna Kaminski, Autorin

Es gibt keine andere mexikanische Stadt, die so ist wie Puerto Vallarta. Seit ich als 20-jährige Rucksacktouristin zum ersten Mal hier gelandet bin und mich im Getümmel des Día de Muertos auf der *malecón* wiederfand, mit einem Gesicht, das wie ein *calavera* (Schädel) angemalt war, verbinde ich mit dieser Stadt nur die besten Erinnerungen. Bei jedem Besuch gibt's Neues zu entdecken: Die besten *tacos de cabeza* (Tacos mit Kuhkopffleisch) vor einem Straßenstand, Huichol-Kunstwerke aufstrebender Talente in meiner Lieblingsgalerie, einen versteckten Wasserfall hinter einem Dorf am Strand, eine neue Speakeasy-Cocktailbar und, und, und ...

ÜBERNACHTEN IN DER ZONA ROMÁNTICA

Rivera del Río
Schwulenfreundliches Hotel mit acht auffallend unterschiedlichen Zimmern; die Ausstattung reicht von italienischen Fresken bis zum Glamour der 1920er-Jahre. **$$**

Hotel Yasmin
Günstige, schlichte Zimmer rund um einen Pool in Strandnähe. **$**

Casa Nicole
Geräumige, minimalistische Zimmer mit Holzbalkendecken, Möbeln aus hellem Holz und Regenduschen. Ausgezeichnetes Frühstück. **$$$**

Erkundung von Vallartas Norden

VALLARTAS GEHOBENE STRANDVIERTEL

Die lange, schmale Zona Hotelera, die das Zentrum mit dem Jachthafen verbindet, umfasst ein Trio von Stränden – **Playa de Oro**, **Playa Flamingos** und **Playa Los Tules** –, wo vor allem Vallartas erschwinglichere, oft familienfreundliche Strandresorts liegen. Beliebter Treffpunkt ist das Einkaufszentrum **La Isla** mit einem Springbrunnen und dem exzellenten Kino **Cinépolis VIP**, das Blockbuster auf Spanisch und Englisch zeigt.

Die **Marina Vallarta**, weiter nördlich, ist ein Jachthafen mit einer Reihe guter Restaurants. Von hier aus starten einige Walbeobachtungstouren. An der Promenade findet zwischen November und April donnerstagabends ein Markt statt, auf dem neben Kunsthandwerk auch Essen angeboten wird.

Nördlich des Flughafens liegt Nuevo Vallarta, ein speziell für den Tourismus gebautes Viertel. Vallartas höchste Konzentration an gehobenen (größtenteils All-Inclusive-)Strandresorts liegt zwischen der attraktiven, 13 km langen **Playa Nuevo Vallarta** und den Golfplätzen. Die Strandbedingungen sind ideal für Paddleboarding, Kajakfahren und Bodyboarding. Die **Playa Flamingos**, nördlich von Nuevo Vallarta, ist ein erstklassiger Kite- und Windsurfing-Spot (Ausrüstung kann bei Tron gemietet werden, tron.com.mx). Nuevo Vallarta ist auch gut zum Radfahren; ein Fahrrad kann man bei **B Tempo** mieten – und dann etwa zum Fischerdorf Bucerías (9 km) radeln.

BESTE RESTAURANTS IN DER ZONA ROMÁNTICA

Tintoque
Küchenchef Joel Ornelas verblüfft mit kreativen Neuinterpretationen klassischer Gerichte. Die saisonalen Degustationsmenüs sind fantastisch. Reservierung erforderlich. $$$

Icú
Degustationsmenüs mit besten Zutaten oder Gerichte à la carte wie mit gerösteter Knoblauch-Salsa gefüllte *chili ancho*. Im Voraus reservieren. $$$

Maria Baja
Sieben frisch zubereitete Salsas, riesige Säfte und die besten Fischtacos der Stadt. Dieses Fisch-*pastór* ist der Hammer. $

Bonito Kitchen
Mit Rippchen gefüllte Teigtaschen, Schweinerippchen nach Shanxi-Art mit Sichuan-Pfefferkörnern und hausgemachte Ramen-Nudeln. $$

Strand-Hopping von Vallarta aus

DIE BESTEN STRÄNDE PUERTO VALLARTAS

Eine Reihe schöner Buchten und Strände ziert den Küstenabschnitt direkt südlich des Zentrums von Vallarta, der mit dem Bus leicht zu erreichen ist.

Etwa 3 km südlich des Stadtzentrums befindet sich die schöne **Playa Conchas Chinas**. Die Bucht selbst ist in mehrere kleinere Buchten mit weißem Sand und ruhigem Wasser unterteilt, die von Familien wegen der flachen, geschützten Gezeitenpools bevorzugt werden, die durch das weiter draußen liegende Riff entstehen (dort haben Schnorchler ihren Spaß). Es gibt einige Strandrestaurants – und auch Rettungsschwimmer.

Die etwa 6 km südlich der Zona Centro gelegene **Playa Palmares** – benannt nicht nach den (nicht vorhandenen) Palmen, sondern nach der gleichnamigen Wohnanlage – ist ein weitläufiger, mit Blauer Flagge ausgezeichneter weißer Sandstrand. Die malerischen türkisfarbenen Untiefen werden von Einheimischen zum Schwimmen bevorzugt, da der Strand weit entfernt von Flüssen liegt und das Wasser das ganze Jahr über klar ist.

AUSGEHEN IN VALLARTA

Los Muertos Brewing
Diese Kleinbrauerei begeistert alte und neue Fans mit ihrem „Revenge"-IPA und dem malzigen „Hop On!".

Los Otros Blondies
Schwulenfreundliche Bar mit Rennern wie Brassy, Spicy, Classy oder Platinum Blondie (Slushie mit Tequila).

Nacho Daddy
Coole Bar mit Fußball-Übertragungen und großzügig bemessenen Margaritas.

BGSTOCK72/SHUTTERSTOCK ©

Playa de las Ánimas

Weiter südlich liegt die **Playa Las Gemelas** („Die Zwillinge"), zwei weiße Sandbuchten mit sanften Wellen, aber wenig Einrichtungen, also ein Picknick einpacken. Abgesehen von den Wochenenden hat man den Ort die meiste Zeit für sich allein.

Mismaloya, der Schauplatz des Films *Die Nacht des Leguan* von 1964, liegt etwa 12 km südlich von Puerto Vallarta: Das verfallene Leguan-Schild steht noch immer am Straßenrand. Die winzige malerische Bucht wird von einem riesigen Resort dominiert und verfügt über mehrere *palapa*-Restaurants, die Meeresfrüchte servieren. Mismaloya ist auch der Ausgangspunkt für Schnorchel- und Tauchausflüge zu der vorgelagerten Inselgruppe Los Arcos, wo man zwischen Rifffischen schwimmen kann; Bootsausflüge hierher kosten etwa 500 Mex$ pro Person.

Boca de Tomatlán ist ein lebhaftes Küstendorf 16 km südwestlich von Puerto Vallarta, mit unbefestigten Straßen und den typischen Meeresfrüchtegerichten in *palapa*-Restaurants am Strand. Wenn die Wassertaxis aus Yelapa (S. 428) oder Vallarta ankommen, herrscht am Pier reges Treiben. Boca ist auch der Ausgangspunkt für eine landschaftlich reizvolle Wanderung zu den Stränden Las Ánimas und Quimixto. Der hügelige, dschungelartige Weg (3 km) ist gut ausgeschildert und bietet unterwegs herrliche Ausblicke auf die Küste. Er führt an der zuckerfarbenen Bucht **Playa Colomitos** und dem weißen Sandstrand **Playa Caballo** vorbei, bevor er Las Ánimas erreicht.

Die spektakulär gelegene **Playa de las Ánimas** ist ein langer Sandstrand, der von türkisfarbenem Wasser umspült und von einem Fischerdorf mit *palapa*-Restaurants gesäumt wird. Der Strand ist perfekt für Wassersport aller Art, von Parasailing bis hin zu Bananenbootfahrten. Hier beginnt auch der wenig begangene Küstenpfad zur Playa de Quimixto (2 Std./Strecke).

AUSFLUG NACH BUCERÍAS

Einst ein verschlafenes Fischerdorf, lockt das nördlich von Nuevo Vallarta gelegene **Bucerías** heutzutage Besucher:innen aus Vallarta (man kann mit dem Fahrrad dorthin fahren) mit seinem 8 km langen goldenen Strand, dem kopfsteingepflasterten Dorfkern, frischen Meeresfrüchten und dem wöchentlichen **Art Walk** (Nov.–April, Do 19–21 Uhr), der durch die Dutzend Galerien des Bucerías Art District führt, der sich in der Nähe der „Kissing Bridge" befindet. Bei **Splash of Glass** findet man kunstvolle mundgeblasene Kreationen, und **Soñé** hat Kunsthandwerk und handgefertigten Wohnaccessoires im Angebot. Bucerías bedeutet „Ort der Taucher", entsprechend kann man jeden Morgen bei **Mariscos El Payo** auf dem Hauptplatz oder an den zahlreichen Ständen probieren, was Austerntaucher zuvor an Land gebracht haben.

Roxy Rock House
Hier tobt jeden Abend ein feierfreudiges Publikum zu Coverbands – von Rammstein bis hin zu Depeche Mode.

Bar Morelos Mezcalería
Freundliches Personal erklärt inmitten von Spiegeln, Glitzer und Chrom die umfangreiche Mezcal-Auswahl.

Elixir Mixology
Kuschelige Bar mit originellen Cocktails, die fachmännisch aus hochwertigen Zutaten gemixt werden.

Hinter der palmengesäumten **Playa de Quimixto** liegt ein kleines Fischerdorf, und an den felsigen Ausläufern, die den Strand begrenzen, kann man gut schnorcheln. Vom Restaurant Los Cocos aus führt ein 1,5 km langer Pfad in das dschungelbewachsene Tal, der an einem Wasserfall mit Tauchbecken endet. Es ist eine halbstündige Wanderung oder ein kürzerer Ausritt; Pferde kann man am Strand mieten (400 Mex$/Std.).

Busse mit der Aufschrift „Boca" halten sowohl in Mismaloya als auch in Boca de Tomatlán (10 Mex$); der „Mismaloya"-Bus fährt nur bis Mismaloya. All diese Busse fahren auch zur Playa Conchas Chinas und zur Playa Palmares.

AUF GEHT'S ZUM MARKT!

Jeden Sonntag zwischen November und April erwacht das kleine Fischerdorf **La Cruz de Huanacaxtle**, nordwestlich von Puerto Vallarta, zum Leben. Dann erfüllen die Gerüche und Geräusche des Bauernmarktes – des größten entlang der Bahía de Banderas – die Luft. Mehr als 200 Stände locken mit einem vielfältigen Angebot, das von Bioprodukten, frischem Brot und Käse bis hin zu Kunsthandwerk von hervorragender Qualität reicht, darunter Metallarbeiten, Holz und Keramik. Mariachi-Musik und einheimische Rockbands sorgen für Unterhaltung, und wenn nach all den Einkäufen am Jachthafen von Riviera Nayarit der Hunger kommt, kann man sich an den Essens- und Getränkeständen am Rande des Marktes stärken.

Tagesausflug nach Yelapa

ISCHERDORF MIT SPEKTAKULÄREM WASSERFALL

Das von Klippen umrahmte, ruhige Fischerdorf **Yelapa** ist ein beliebtes Ziel für einen Tagesausflug von Puerto Vallarta aus. Neben der hügeligen, gepflasterten Hauptstraße, die von mit Wandmalereien verzierten Häusern gesäumt ist, und dem Flair einer Zeitkapsel, die einst Berühmtheiten wie Bob Dylan und Jack Nicholson anzog, ist der goldene, halbmondförmige Strand mit einer Handvoll Restaurants am Wasser die Hauptattraktion. Am Strand trifft man wahrscheinlich auf Chelly Rodríguez, auch bekannt als Yelapa Pie Lady, die hier ihre nach jahrzehntealten Rezepten hausgemachten Kuchen (Zitrone, Schokolade, Käse und Kokosnuss) verkauft.

Ein Tag in Yelapa ist nicht perfekt ohne eine **Wasserfall-Wanderung**. Es gibt zwei Möglichkeiten: einen 15-minütigen Spaziergang vom „Stadtpier" aus zu bescheideneren Kaskaden, gekrönt von einem Bad darunter, oder eine 6 km lange Dschungelwanderung entlang eines Flusslaufes (1,5 Std./Strecke) zu den größeren Wasserfällen. Den Hinweisschildern folgen, der seichte Fluss lässt sich an zwei Stellen durchqueren. Um zu den Wasserfällen selbst zu gelangen, muss man ein wenig kraxeln, aber am Ende wartet ein tiefes Schwimmloch, in dem man sich abkühlen kann.

Wassertaxis von Puerto Vallartas Los Muertos-Pier (450 Mex$; 45 Min.) und von Boca de Tomatlán (250 Mex$; 25 Min.) setzen Passagiere an Yelapas „Strandpier" und „Stadtpier" ab. Das letzte Boot nach Vallarta/Boca fährt um 17/18 Uhr.

UNTERWEGS VOR ORT

Vallartas Stadtzentrum lässt sich wunderbar zu Fuß erkunden. Zwischen weiter entfernten Vierteln nutzt man am besten ein Taxi. Die sind hier nicht tarifgebunden, vielmehr basieren die Preise auf Zonen – also die Kosten klären, bevor man einsteigt.

Alternativ kann man an den blauen Bushaltestellenschildern in einen der häufig verkehrenden Busse (10 Mex$) einsteigen, die mit dem jeweiligen Ziel-Stadtviertel gekennzeichnet sind (Aeropuerto, Hotelera, Mojoneras und Juntas in Richtung Norden; Centro in Richtung Süden. Der Mojoneras-Bus hält auch am Fernbus-Terminal von Puerto Vallarta). Einige der Busse in Richtung Süden fahren im Übrigen durch einen *tunel*, der das Centro umgeht.

Weiß-orangefarbene „Boca de Tomatlán"-Busse (10 Mex$) fahren von der Ecke Badillo und Constitución entlang der Küstenstraße durch Mismaloya nach Boca de Tomatlán.

Von der Anlegestelle Los Muertos in der Zona Romántica fahren mehrmals täglich Wassertaxis nach Boca de Tomatlán, Yelapa und zu anderen Strandorten.

San Blas
Tepic
Chacala
Altavista
San Pancho
Sayulita
San Sebastián del Oeste
Puerto Vallarta
Mascota
Barra de Navidad

Rund um Puerto Vallarta

Entlang der Küste nördlich und südlich von Puerto Vallarta warten Top-Wellen und Traumstrände; in der Sierra Madre locken uralte Städte.

Nördlich von Puerto Vallarta lockt die Riviera Nayarit Surfbegeisterte nach Sayulita, Vogelfans nach San Blas und eigentlich alle zu den Stränden und Restaurants von Punta de Mita.

Im Süden kann man einen Roadtrip entlang der Costalegre (der „glücklichen Küste") mit ihrer Mischung aus beschaulichen Fischerdörfern, exklusiven Resorts und lebhaften Strandorten wie Barra de Navidad unternehmen. Unterwegs bietet sich ein Halt in Vallartas bemerkenswerten botanischen Gärten und eine Wanderung in den Ausläufern der Sierra Madre an.

Im Landesinneren warten die 500 Jahre alten *pueblos mágicos* von San Sebastián del Oeste, Mascota und Talpa de Allende mit ihren Zeugnissen der Kolonialgeschichte, jahrtausendealter indigener Kultur und Wanderausflügen zu abgelegenen Gipfeln und Felsmalereien.

TOP TIPP

Wer in die Sierra Madre will, sollte entsprechende Kleidung mitnehmen – die *pueblos mágicos* liegen hoch oben inmitten des Nebelwaldes; nachts wird's hier recht frisch!

San Sebastián del Oeste (S. 439)

GEOFFREY CHANDLER/SHUTTERSTOCK ©

Surfen, Sayulita

BESTE BOUTIQUE-HOTELS IN SAYULITA

Siete Lunas
Die Bungalows mit ihren raumhohen Fenstern, bequemen Betten und privaten Terrassen liegen an steilen Hängen und bieten eine spektakuläre Aussicht auf die Küste. **$$**

Avela
In diesem designorientierten Hotel prägt modern-mexikanische Ästhetik die um einen Pool gelegenen 15 Zimmer. **$$$**

Distrito 88
Rückzugsort nur für Erwachsene mit acht luftigen, sonnendurchfluteten Suiten mit Blick auf den nierenförmigen Pool, das Meer und/oder die üppigen Gärten. **$$$**

Hotel Playa Escondida
Von Dschungel umgebenes Refugium mit Bio-Mahlzeiten, Yoga, Massagen und einem Infinity-Pool mit Wasserfall und direkt am Strand. **$$**

Sayulitas Wellen

DIE BESTEN SURFSPOTS UM SAYULITA

Bevor das kleine Sayulita mit Ferienvillen, Boutiquehotels und Fair-Trade-Läden (und jeder Menge Golfwagen) „gentrifiziert" wurde, war es Ziel erfahrener Surffanatiker:innen, die von Kalifornien aus anreisten. Der Beachbreak am südlichen Ende der Playa Sayulita bietet mit seinen langen, sanften Wellen hervorragende Lernbedingungen für Neulinge, während die anspruchsvolleren Breaks in der Nähe Erfahrenere anziehen. In Sayulita finden auch Surfwettbewerbe statt, darunter auch immer wieder das Mexi Log Fest (mexilogfest.com).

Einige der ursprünglichen Surfer und Surferinnen haben sich hier niedergelassen, und auch an Surfkursen herrscht kein Mangel. Zu den empfehlenswerten Anbietern gehören Patricia's Surf School (sayulitalife.com/patricia) in der Calle Las Gaviotas, WildMex Surf School (wildmex.com) in der Calle Pelícanos und Lunazul Surfing (lunazulsurfing.com) in der Calle Marlín. Der Verleih von Surfbrettern kostet in der Regel 10 US$ pro Stunde, der Unterricht etwa 75 US$ pro Stunde (für 1–2 Pers.).

Stand-up-Paddleboarder sind oft schon am frühen Morgen in der Brandung der Playa Sayulita anzutreffen – dann sind die Bedingungen in der Bucht am ruhigsten. Bei Lunazul gibt's Leihbretter für 20 US$ pro Stunde.

Neben dem Hauptstrand von Sayulita gibt's auch im benachbarten San Francisco (San Panco) und Punta de Mita mindestens ein Dutzend Spots. Einige davon erreicht man nur per Boot, was über die Surfläden in Sayulita und anderswo organisiert wird. Hier sind einige der besten Plätze:

ÜBERNACHTEN IN SAN SEBASTIÁN DEL OESTE

Hotel del Puente
Wunderschöne 200 Jahre alte Hacienda mit stilvollen Lehmziegelzimmern und einladendem Innenhof mit Brunnen. **$**

Hotel Los Arcos de Sol
Zimmer im Hacienda-Stil um einen Innenhof mit blühendem Garten; unweit des Hauptplatzes. **$**

Hotel Mansion Real
Stimmungsvolles Hotel (seit 1750) in zentraler Lage, mit hohen Decken, riesigen Betten und Möbeln aus dunklem Holz. **$$**

San Pancho Starker, schneller Left-Hander vor San Franciscos Hauptstrand. Die höhere Dünung im Sommer eignet sich nur für Fortgeschrittene und Profis.

Playa Sayulita Die Right- und Left-Hander am Hauptstrand sind ideal für Neulinge und Stehpaddler. Bei hoher Dünung ist hier auch für Fortgeschrittene ordentlich Spaß geboten, zumal am Nordende des Strandes.

Playa Litibu Sanfter Beachbreak an einem wenig besuchten Strand, der gut mit dem Auto erreichbar und perfekt für Neulinge ist.

Caleta/The Cove Meist Right-Hander, gut für Shortboarder. Nur für Fortgeschrittene und Profis sowie ausschließlich per Bootsshuttle von El Anclote aus erreichbar; am besten früh am Morgen.

El Faro Kraftvolle Right-Hander am Leuchtturm Punta de Mita. Nur für Fortgeschrittene und Profis, am besten per Bootsshuttle erreichbar (zu Fuß sind's von El Anclote rund 20 Minuten).

El Anclote Sanft und langsam, der längste Right-Hander der Region – gleich südlich der Punta de Mita tummeln sich hier viele Neulinge, Longboarder und Stehpaddler.

Stinky's Nahe El Anclote liegt dieser Right-Hander, der ebenfalls bei Wellen-Neulingen beliebt ist. Die Dünung ist aber nur im Sommer hoch genug.

Palmitas Bei mittlerer bis hoher Flut; starker Beachbreak nur für Shortboards. Fünf Minuten Fußweg von La Lancha.

La Lancha Langer, anfängerfreundlicher Right- und Left-Hander südlich der Punta de Mita, der auch bei Fortgeschrittenen beliebt ist. Hierher führt ein Fußmarsch durch den Dschungel (10 Min.).

Burros Lange Right- und (gelegentlich) Left-Hander südöstlich der Punta de Mita. Zwar recht sanft, aber für Neulinge eventuell doch etwas zu heftig.

Paredon Right-Hander mit langen Rides, besser bei Flut.

Veneros Schnelle Left- und Right-Hander; nur Shortboards. Ideal bei mittlerer bis hoher Flut.

SAYULITAS BESTE RESTAURANTS

Don Pedro's
Institution am Strand. Im Angebot sind Meeresfrüchte, Pasta, Pizza und vegetarische Gerichte. Montags ist Salsa-Abend. $$

La Rústica
Dieses hippe Bistro serviert die heiligste aller Kombinationen: Pizza aus dem Holzofen mit Craft-Bier. Wunderbar! $$

Barracuda
Ideal zum Leutebeobachten – begleitet von *tostadas* mit frischem Thunfisch, Garnelen, Oktopus und anderen Meeresköstlichkeiten. $$

La Katrina
Auch wegen seiner leckeren Ribeye-Steaks, *chiles rellenos* und Buffalo Wings ist dieses Restaurant abends immer gut besucht. $$

Strand-Hopping in Sayulita

SAYULITAS BESTEN STRÄNDE

Wo auch immer man in **Sayulita** wohnt, zum Strand ist es nie weit. Das Zentrum wird von einem langen, namensgebenden Strand flankiert, dessen südliches Ende besonders beliebt und belebt ist – mit Snack-Verkauf, Salsa-Musik aus nahe gelegenen Restaurants und Liegestuhlverleihern. Das nördliche Ende des Strandes, jenseits der Flussmündung, ist ruhiger und kieseliger, mit stärkeren Wellen und einer gewissen Unterströmung.

ESSEN IN SAN SEBASTIÁN DEL OESTE

Comedor La Lupita
Großes, farbenfrohes, familiengeführtes Restaurant mit riesigen Portionen *chilaquiles* und anderen Frühstücksgerichten. $

El Fortín de San Sebastián
Tolles mexikanisch-italienisches Restaurant/Café mit Blick auf die Plaza; der Laden verkauft Kaffee und Soßen. $$

Las Catrinas de los Arrayanes
Frische Säfte, üppige Enchilada-Portionen und köstliche Mole in farbenfrohem Ambiente. $

Vom südlichen Ende der Playa Sayulita aus der Küstenstraße am Hotel Villa Amor vorbei folgen, dann links abbiegen und bergauf den Friedhof queren – dessen Mausoleen und Gräber während und nach den Feierlichkeiten zum Día de Muertos am 2. November besonders farbenfroh sind. Dann geht es bergab und nach rechts. 10 Minuten später erreicht man die **Playa de los Muertos**, eine kleine, ruhige Bucht mit weißem Sand, Liegestühlen, abgesperrtem Badebereich und Imbissen.

Die wunderschöne weiße Sandbucht **Playa las Cuevas** liegt nur 20 Minuten vom Zentrum Sayulitas entfernt und ist über einen (gelegentlich steilen) Weg vom nördlichen Ende der Playa Sayulita aus zu erreichen. Ein klar definierter Weg führt die Klippe hinauf, wobei man ein wenig kraxeln muss, bevor er abflacht und nach Norden durch ein Waldgebiet führt. Unbedingt auf die Gezeiten achten, denn bei Hochwasser kann der Weg von und zur Playa las Cuevas abgeschnitten sein. Bei Ebbe kann man um die felsige Landzunge herum zur **Playa Malpasos** wandern, ansonsten nimmt man den Fußweg. Die Playa Malpasos ist ein 2 km langer, oft menschenleerer, wilder, weißer Sandstrand, der dem offenen Meer zugewandt und wegen der starken Unterströmungen nicht zum Baden geeignet ist, sich aber hervorragend für eine Strandwanderung eignet.

ABENTEUER IN SAYULITA

Einer der tollsten Wanderwege in der Nähe von Sayulita ist nicht wirklich anstrengend, misst rund 6 km und führt zum Gipfel des **Cerro de Mono** (Affenberg). Affen wird man zwar keine zu Gesicht bekommen, dafür hat man von der Spitze dieses erloschenen Vulkans einen fantastischen 360-Grad-Blick auf die Küste und den Dschungel. Der Ausgangspunkt liegt auf halber Wegstrecke nach Playa Pátzcuaro, 2 km südlich von Sayulita, an der Straße nach Punta de Mita.

Unweit der Stadt sausen im familienfreundlichen **Rancho MiChaparrita** (michaparrita.com) 13 Seilrutschen mit 30 km/h durch die Dschungelkronen. Auch Quad-Fahrten und Ausritte am Strand sind im Angebot. In einem Temazcal (prähispanisches Dampfbad) in **Villas Sayulita** (villassayulita.com) kann man den Tag ausklingen lassen.

Sayulitas wunderbare Geschäfte

DIE BESTEN EINKAUFSMÖGLICHKEITEN IN SAYULITA

Sayulita ist seinen künstlerisch-intellektuellen Wurzeln treu geblieben. Zahlreiche Geschäfte haben sich auf handgefertigte, kunsthandwerkliche und fair gehandelte Produkte aus ganz Mexiko spezialisiert und bieten Designerkleidung, handbemalte Keramik aus Sonora, Silber- und Goldschmuck, zarte Huichol-Perlenarbeiten und handwerklich hergestellte Spirituosen an. Ist man auf der Suche nach etwas weniger Raffiniertem, sollte man sich die T-Shirt-, Hängematten- und Malerei-Stände an der Manuel Rodríguez Sanchez, Playa Azul, Pelícanos und Avenida de Palmar im Osten des Zentrums von Sayulita ansehen.

Zu den herausragenden Geschäften gehören:

Tierra Huichol (terrahuichol.com) Der Laden einer Kooperative bietet eine hervorragende Einführung in die farbenfrohen Perlenkunst-Skulpturen der Huicholes, die zu anständigen Preisen verkauft werden. Hier gibt es einige spektakuläre Tierkreationen, und oft kann man Kunstschaffenden bei der Arbeit zusehen. Das Fair-Trade-Kunsthandwerk trägt zum Lebensunterhalt der Menschen in den Huichol-Gemeinden bei.

Pinche México Te Amo ist spezialisiert auf T-Shirts mit Siebdruck und Hipster-Strandtaschen – wie wäre es mit dem revolutionären Emiliano Zapata, der einen Blumenstrauß oder

ÜBERNACHTEN UND ESSEN IN MASCOTA

Santa Elena Hotel Boutique
200 Jahre alte Hacienda, zwei Blocks von der Plaza entfernt, mit charaktervollen Zimmern und ausgezeichnetem Restaurant. **$$$**

Santa Lucía Hotel Boutique
Hübsches Hotel mit sechs Zimmern um einen Garten und mit Pool. Man spricht Englisch. **$$**

Café Napoles
Ausgezeichnetes Restaurant mit Kaffeespezialitäten, leckeren Burritos und weiteren mexikanischen sowie italienischen Gerichten. **$**

JACKKPHOTO/SHUTTERSTOCK ©

Sayulita

ABSTECHER NACH TEPIC

Das um das Jahr 1530 gegründete Tepic – die geschäftige Hauptstadt des Bundesstaates Nayarit – rühmt sich einer kunstvollen Kathedrale mit Blick auf die Plaza Principal, aber die Hauptattraktion ist das ausgezeichnete **Museo Regional de Nayarit**. Es zeigt Huichol- und andere vorhispanische Keramiken, die größtenteils aus Gräbern von etwa 200 v. Chr. bis 600 n. Chr. stammen, sowie solche aus der Aztátlan-Kultur (800 n. Chr. bis 1350 n. Chr.). Die Figuren stellen Schwangere, Häuser, Krieger, Ballspieler und Musiker dar. Anthropomorphe Graburnen aus der lokalen Mololoa-Kultur (spätes 1. Jt. n. Chr.) mit erschrockenen Gesichtern und der Inhalt eines nachgebauten Schachtgrabes sind ebenfalls zu sehen

Nördlich des Zentrums gibt's bei **Artesanías Bertha Chia** hochwertige Huichol-Perlenkunst, von kleinen Souvenirs bis hin zu größeren Objekten, darunter Jaguare, Kojoten, Leguane und Totenköpfe in allen Farben.

ein Surfbrett/Skateboard hält? Außerdem gibt's hier ausgefallenen Schmuck und skurrile dekorative Kunstwerke, darunter außergewöhnliche Skelette aus Pappmaché.

Sayulita Wine Shop (sayulitawineshop.mx) Hier werden ausschließlich mexikanische Weine verkauft, mit besonderem Schwerpunkt auf Tropfen aus dem Valle de Guadalupe, sowie handwerklich hergestellte Tequilas, Mezcals und die weniger bekannten *raicilla*- und Sotol-Feuerwasser.

Manyana (manyana.co) Dieser Concept Store verkauft zeitgenössische Keramik, stilvolle Leinenbekleidung, flippige Brillen, Kupferlampen, Hanf-T-Shirts von Mollusk, Surferkleidung von Quality People und vieles mehr.

Pachamama (pachamamasayulita.com.mx) Halsketten aus schwarzen Tahiti-Perlen, Traumfänger und wunderschöne handbestickte Kleidung, die von den ortsbekannten Mignot-Schwestern verkauft wird.

Nakawé Trading (nakawetrading.com) Fair gehandelter Schmuck, Modeartikel, handgewebte Teppiche, Kissenbezüge, feine Vasen und andere handgefertigte Artikel von Kunstschaffenden aus ganz Mexiko.

Ein perfekter Tag in San Pancho

SURFEN, BOTANISCHE GÄRTEN UND ESSENGEHEN

Die Sonne ist gerade aufgegangen, aber man dümpelt bereits im Wasser auf einem Brett, das man im **Nativa Surf Shop** geliehen hat, um den rasenden San Pancho-Left-Hander zu reiten.

RAICILLA IN SAN SEBASTIÁN DEL OESTE

Hacienda Don Lalin
In diesem ländlich gelegenen Restaurant gibt's zum Mittagessen *raicilla reposado* (in Fässern gereift).

Tesoro del Oeste
Diese Destillerie am östlichen Stadtrand hat sich auf Bio-*raicilla* spezialisiert, der aus der Agave Maximiliana gebrannt wird.

Jardín Nebulosa
Unbedingt den Nimfa probieren, ein *raicilla*, der hier aus besonders intensiven Kräutern destilliert wird.

GREG VAUGHN/ALAMY STOCK PHOTO ©

San Pancho

ESSEN IN SAN PANCHO

Bistro Orgánico
Im begrünten Innenhof gibt's originelle Fisch- und vegetarische Gerichte. Ideal für ein gemütliches Frühstück. $$

Taquería Los Arbolitos
Gute Adobo-, Chorizo-, Käse- und *nopal*(Kaktus)-Tacos. $

Maria's
San Panchos bestes Frühstückslokal. Bietet *huevos divorciados* und Pfannkuchen; ab Mittag gibt's zudem Salate und Fischtacos. $$

La Perla
Palapa am Strand mit klasse Burgern, Fischsandwichs, mit Ceviche gefüllten *tostadas*, gegrilltem Fisch und Hummer. $$

Nach ein paar Stunden im Wasser geht man am Strand entlang zum **San Pan Cafe** mit Blick aufs Meer, um einen Kaffee und frische Pfannkuchen zu genießen und die Menschen zu beobachten, während San Francisco zum Leben erwacht.

San Francisco, auch bekannt als San Pancho, ist ein Fischerdorf, das sich in den 1970er-Jahren in einen Urlaubsort verwandelt hat. Der weiße Sandstrand hat dank des vielen Treibholzes eine fast künstlerische Anmutung und ist weniger von Gringos geprägt als das benachbarte Sayulita.

Wenn man mit dem Frühstück fertig ist, haben Kunst- und andere Händler ihre Stände auf dem **Plaza del Sol Market** (nur dienstags) aufgebaut, der nur einen Häuserblock entfernt liegt. In aller Ruhe schaut man sich ihre Waren an, bevor man sich für ein paar Stunden auf den Weg zum **Lo de Perla Jardín de Selva** (lodeperla.org) macht (nachdem man am Vortag angerufen hat). Dieser dschungelartige botanische Garten, der nur nach Reservierung zugänglich ist, beherbergt sage und schreibe 300 Schmetterlingsarten, eine reiche Vogelwelt und eine ebenso reiche Insektenwelt (gut, wenn man Insektenschutzmittel dabeihat). Nachdem man in Las Lomas, auf halbem Weg zwischen San Francisco und Lo de Marcos, 4 km nördlich von San Pancho, abgeholt wurde, geht es zur kostenlosen geführten Tour. Der Guide erzählt etwas über die Geschichte der Einheimischen, während man zwischen Farnen, Kakteen und Bromelien wandelt und die Sammlung endemischer Orchideen bestaunt (besonders wenn man eine Schwäche für Orchideen hat).

Zurück in San Pancho gönnt man sich in der **Ikan Cocina Marina** Eiweiß in Form von *camarón adobado* (Garnelen in einer roten Salsa) und Ceviche und lässt sich dann von einem örtlichen Gaucho zu einem Ausritt am Strand überreden.

Abends bummelt man die Hauptsraße Avenida Tercer Mundo entlang, begutachtet die Schaufenster und geht vielleicht ein

ÜBERNACHTUNGSOPTIONEN FÜR SURFBEGEISTERTE AN DER RIVIERA NAYARIT

Casa Buena Onda (Sayulita)
Surfertreffpunkt mit zwei farbenfrohen Zimmern und einem luftigen, strohgedeckten Bungalow. $

Punta Mita Surf Lodge
Boutique-Apartments (2/3 Schlafzimmer) mit Blick auf den Salzwasserpool. Massagen, Unterricht, Boardverleih. $$$

ONDA Surf Hotel (Punta de Mita)
Gemütliche Zimmer in ehemaligen Schiffscontainern; nettes Café, Board- und Radverleih. $

bisschen shoppen, bevor es einen ins **El Pocas** zieht, für *tacos al pastór*. Bei Livemusik und einem IPA in der **Ceveceria Artesanal** lässt man den Tag ausklingen.

In Chacala chillen

STRÄNDE & WASSERSPORT

Das kleine, nicht unbedingt „hübsche" Fischerdorf **Chacala** (300 Ew.) hat sich seine Authentizität bewahrt und wurde, trotz der Schönheit der Landschaft in der Umgebung (und im Gegensatz zu einigen seiner Nachbarn), bislang nicht von den Massen überrannt. Chacala liegt 96 km nördlich von Puerto Vallarta und 10 km westlich von Las Varas am Highway 200 und besteht nur aus einer sandigen Hauptstraße und ein paar gepflasterten Seitenstraßen, die sich entlang eines feinen Sandstrandes erstrecken, der von grünen Hängen und schroffen schwarzen Felsformationen gesäumt wird.

Die meiste Action bietet das Meer. Schwimmen in den ruhigen Gewässern vor der **Playa Chacala** ist die meiste Zeit des Jahres sicher und eignet sich zum Paddeln (Xplore Chacala vermietet Surf- und Paddelbretter am Nordende des Strandes). Ganz in der Nähe, in der Marina Chacala, kann man sich ein *panga* (Boot) mieten. Einheimische Bootsbesitzer bieten **Walbeobachtung** und **Angelausflüge** an und können einen zu weniger zugänglichen Stränden bringen, wie der idyllischen **Playa Chacalilla**, nördlich der Landzunge, oder der **Playa La Caleta**, 3,5 km nördlich von Chacala (auch über eine mit einem Allradfahrzeug befahrbare Dschungelpiste erreichbar), wo sich ein toller Pointbreak mit Left-Hander befindet. Schnorchler sollten **Las Cuevas** (vulkanische Höhlen südlich von Chacala) besuchen, die nur mit dem Boot erreichbar sind (Ausrüstung mitbringen).

Die große Attraktion von Chacala aber sind die Altavista-Petroglyphen, die man auf eigene Faust oder mit **Xplore Chacala** (xplorechacala.wixsite.com) besuchen kann.

ESSEN UND AUSGEHEN IN CHACALA

Mauna Kea
Mit etwas Glück kann man in diesem saisonal geöffneten Dachrestaurant bei Morgenkaffee, Pekannusspfannkuchen, Waffeln und Eiern Wale beobachten. Ausgezeichnetes B&B. $$

Restaurante Acela
Die lässige *palapa* am Strand bietet gegrillten Oktopus, Ceviche und Garnelen – alles schmeckt exzellent. $$

Antojitos Mexicanos Jade
Fast als wäre man bei einer einheimischen Familie zu Gast: hausgemachte mexikanische Küche, serviert auf frischen Tortillas. $

Onda Brewing
Die nur am Wochenende geöffnete saisonale Mikrobrauerei (und Hotspot des Dorfes) hat fünf Biersorten (top sind das Ahorita-IPA und das Tormenta Stout) und originelle Knabbereien.

Geheimnisse der Vergangenheit

ATEMBERAUBENDE PETROGLYPHEN

Altavista – die größte und am besten erhaltene Petroglyphen-Stätte in Nayarit– befindet sich am Fuße einiger vulkanischer Formationen und ist über einen gut ausgeschilderten, wunderschönen Dschungelpfad zu erreichen (3 Std. hin und zurück). Die auffälligen Felsformationen und bewachsenen Flussufer am Ende des Weges sind mit Dutzenden von Felsbildern bedeckt, deren Alter auf mindestens 2000 Jahre geschätzt wird – das Werk des Volkes der Tecoxquines, das dieses Gebiet einst bewohnte. Einige stellen spiralförmige Wirbel dar, während

MEHR PETROGLYPHEN

Antike Felszeichnungen findet man auch In Las Labradas (S. 413) nördlich von Mazatlán und im hoch über Acapulco gelegenen Palma Sola (S. 460), das schon vor Jahrtausenden ein wichtiger Wallfahrtsort war.

CAMPEN (ODER GLAMPEN) AN DER RIVIERA NAYARIT

Aldea Bamboo Village (San Pancho)
Anspruchsvolle lieben die über dem Boden schwebenden Hütten mit Außenduschen. $$$

Sayulita Trailer Park & Bungalows
Campingplatz am Strand; Plätze für Zelte oder Wohnmobile und spartanische Zimmer. $

Tailwind Jungle Lodge (San Pancho)
Meerblick von Hängematten auf privaten Terrassen, Suiten und Glamping-Bungalows. $$

BOOTSAUSFLÜGE IN LA TOVARA

Eine der beliebtesten Aktivitäten in San Blas ist eine Bootsfahrt zum Süßwasser-Schwimmloch im **La-Tovara-Nationalpark**, wo man Krokodile beobachten kann. Die dreistündigen Fahrten finden regelmäßig zwischen 9.30 und 14.30 Uhr statt und führen den San Cristóbal Estero (Flussmündung) hinauf zur Quelle und durch von Mangroven gesäumte Feuchtgebiete, wo man Leguane, Schildkröten und Watvögel beobachten kann. Man sollte frühmorgens aufbrechen, um möglichst viele Tiere zu sehen (und ein Insektenschutzmittel auftragen). Das Schwimmloch ist eingezäunt, sodass man keine Angst haben muss, von einem Krokodil gefressen zu werden.

Die Boote legen, sobald sie voll sind, am *embarcadero* (Anlegestelle) am östlichen Rand von San Blas ab – häufiger jedoch an der Hauptanlegestelle 4,5 km weiter östlich an der Straße nach Matanchén, die man mit den *combis* von San Blas nach Tepic erreicht.

andere menschliche Figuren zeigen. Der Maismann – eine menschliche Figur mit einer Maisähre als Kopf, die den Mais verkörpert, und das große Steingesicht mit zwei horizontalen Schlitzen, bei dem es sich um das weinende Gesicht des Regengottes Tlaloc handeln soll, deuten darauf hin, dass diese Stätte besonders wichtig für die Verbindung mit Gottheiten war, die die Jahreszeiten und die Ernte kontrollierten und somit für die Tecoxquines existenziell bedeutsam waren. Unterhalb der Bildnisse befinden sich herrlich erfrischende, von Quellen gespeiste Schwimmlöcher sowie Schreine, die von den Huichol gepflegt werden, denen dieser Ort heilig ist.

Wenn man von Süden über den Highway 200 kommt, dem Schild in Richtung Alta Vista folgen (nachdem man das Schild für Lima de Abajo passiert hat). Dann der asphaltierten Straße 1 km folgen, dann den unbefestigten Weg nach links bis zu einem Tor fahren und schließlich rechts auf eine gepflasterte Straße abbiegen, die zum Parkplatz führt (Eintritt gegen Spende).

Spaziergang durch San Blas

JAHRHUNDERTEALTE STADT; BEMERKENSWERTE WAHRZEICHEN

Heute würde man das zwar kaum vermuten, aber das Fischerdorf **San Blas** war zwischen dem späten 16. und dem 19. Jh. ein wichtiger spanischer Hafen. San Blas ist zwar auf beiden Seiten der Hauptstraße nur ein weiteres verschlafenes Küstennest, die weiß getünchten Fassaden auf der Avenida Juárez vermitteln dennoch Charme. Dank der neuen Autobahn von Guadalajara an die Küste profitiert San Blas inzwischen von einem Zustrom von Wochenendausflüglern, und im Ort herrscht reges Treiben.

Am besten beginnt man seinen Streifzug am östlichen Ende der Stadt bei den Überresten der Festung **La Contaduría**, die zum Schutz spanischer Handelsgaleonen vor britischen und französischen Piraten errichtet wurde. Der Hügel, auf dem sich die Ruinen aus dem 18. Jh. befinden – von wo aus einst die geplünderten Reichtümer nach Mexico City oder auf die Philippinen verschifft wurden – bietet herrliche Blicke auf die Stadt. Auf halben Weg zurück nach unten sollte man bei den Ruinen der Kirche (**Templo de la Virgen del Rosario**, erbaut 1768) eine Pause einlegen. Anschließend geht es weiter entlang der Avenida Juárez bis zu einem attraktiven Platz und der neu gestalteten **Casa de La Cultura** ein paar Häuserblocks weiter westlich. Hier werden interessante Wechselausstellungen (Kunst, indigene Kultur) gezeigt, und im hinteren Teil des Gebäudes befinden sich eindrucksvolle Ruinen. Einen weiteren Block weiter westlich liegt der **Pier** mit einem Skulpturenpfad und einem Hafengebäude, das in Erwartung der Popularität der neuen Zwei-Nächte-Bootsfahrten zu den **Islas Marías**, einem aus vier Inseln bestehenden Biosphärenreservat, gebaut wurde.

AUSGEHEN IN SAYULITA

YamBak
Hipster-Magnet, der sein eigenes IPA braut. An den meisten Abenden DJ-Sets – von Funk bis Drum'n'Bass.

Sayulita Public House
Beliebter Craft-Bier-Spot mit noch beliebterem Barbereich, tollen Burgern und Cornhole-Spielen im Obergeschoss.

Bar Don Pato
Zu Livemusik (oder DJ-Sets) spielt man hier Tischfußball – oder macht dienstags bei Open-Mic-Sessions mit.

Anlegestelle, San Blas

San Blas' Tiere – mit Federn und Klauen

VOGELBEOBACHTUNG UND EINE KROKODILAUFFANGSTATION

Die sieben verschiedenen Ökosysteme, die San Blas umgeben, machen es zu einem der biologisch vielfältigsten Orte Lateinamerikas, ja der Welt, für **Vogelbeobachtungen**. Hier leben 250 endemische Arten, darunter Inkatäubchen, Gelbbürzelkassike und Rotaugenkuhstärling. Die beste Reisezeit für Vogelfreunde ist von Ende Oktober bis Ende März, wenn die Vogelwelt durch zahlreiche Zugvogelarten ergänzt wird. Vogelbegeisterte strömen seit 1973 zur **San Blas Christmas Bird Count** – einer Veranstaltung der Audubon Society. Das einwöchige **International Migratory Bird Festival** Ende Januar/Anfang Februar bietet Führungen mit englischsprachigen Ornitholog:innen, Seminare und abendliche Unterhaltung auf der Plaza. **Westwings** (westwings.com) und **Nayarit Adventures** (nayaritadventures.com) organisieren Vogelbeobachtungstouren.

Am Fluss befindet sich **Cocodrilario Kiekari** (8–18 Uhr), eine Krokodilaufzuchtstation, deren Reptilien im Rahmen eines Wiederansiedlungsprogramms in die freie Wildbahn entlassen werden. Es gibt auch einige nicht ausgewilderte Krokodile, Katzen (Jaguare und Luchse) und andere gerettete Tiere. Die Anlage ist über eine Straße erreichbar (10,5 km von San Blas) bzw. lässt sich mit einer Bootstour nach La Tovara (S. 436) kombinieren, wenn man an der Bootsanlegestelle La Aguada startet.

Sonne, Sand und Meer in San Blas

SAN BLAS' BESTE STRÄNDE

Abgesehen von der Tierwelt zeichnet sich San Blas durch das zeitlose Vergnügen des Faulenzens an einladenden Sandstränden aus. Nur fünf Gehminuten vom Zentrum entfernt befindet

AUSFLUG ZU DEN ISLAS MARÍAS

Seit Dezember 2022 werden von San Blas (S. 436) und Mazatlán aus Pauschaltrips zum Archipel der Islas Marías angeboten. Von 1905 bis 2019 war María Madre, eine der vier Inseln des Meeresschutzgebiets, Teil des mexikanischen Gefängnissystems. Zu den Highlights einer Übernachtung auf der Insel (in einfachen, aber bequemen Zimmern) gehören die 2,5 km lange Wanderung zur nachgebildeten Christus-Erlöser-Statue, die den Hafen von Balleto überblickt, Führungen durch ein Auditorium mit Wandmalereien von Gefangenen und ein Ausflug zu den Salzgewinnungs- und Garnelenverarbeitungsanlagen (die von den Häftlingen wegen der harten Zwangsarbeit sehr gefürchtet waren). Zweitägige Ausflüge vom Festland aus – inklusive Mahlzeiten in Buffetform, Unterkunft und Bootsüberfahrt – kosten 2500 Mex$.

TACOS IN SAYULITA

Naty's Kitchen
Tortillas gefüllt mit *poblano*-Paprika, geräuchertem Marlin, Huhn mit Mole oder Schweinefleisch und *nopal*. $

Tacos Al Pastor Talivan
Exzellente Tacos mit mariniertem, gegrilltem Schweinefleisch, Koriander, Zwiebeln und Ananas. $

Mary's
Fischtacos und gegrillte Garnelen auf handgemachten Tortillas. Unbedingt die *poblano chilis* probieren. $

DIE BESTEN RESTAURANTS RUND UM SAN BLAS

La Isla
Dieses kitschige Fischrestaurant mit seinen Fischernetzen gibt es schon seit Jahrzehnten. Besonders beliebt sind die *camarones a la diabla*. Nur Barzahlung. **$$**

Ofro's
Familienbetrieb mit köstlicher Hausmannskost: deftiges Frühstück sowie Fisch und Huhn mit Gemüse, Reis und Guacamole. **$**

Caballito del Mar
Eins der besten Meeresfrüchte-*enramadas* (Freiluftrestaurants) an der Playa Borrego. Mit dem *pescado zarandeado* (gegrillter ganzer Fisch) liegt man hier immer richtig. **$$**

El Choya (Aticama)
In Aticamas „Austerngasse" gibt's Austern-Shooter, preisgünstigen gegrillten Hummer, Riesenmuscheln und *aguachile*. **$**

REIMAR/SHUTTERSTOCK ©

San Sebastián del Oeste

sich die **Playa El Borrego**, ein langer grauer Sandstrand mit anständigen Wellen für Surfer, an dem sich auch eine Reihe Bar-Restaurants anbietet. Die besten Strände liegen südöstlich der Stadt rund um Bahía de Matanchén, beginnend mit der **Playa Las Islitas** (7 km von San Blas entfernt), eine Handvoll geschützter Buchten und ein langer weißer Sandstrand mit einigen Strandlokalen und vereinzelten Surfern. Die an Las Islitas angrenzende **Playa Matanchén** ist ein langer und breiter Strand mit einem Pier auf halber Strecke, mehreren Resorts und einigen *palapa*-Restaurants. Die attraktive *malecón* entlang der schmalen **Playa Aticama** verbindet das südliche Ende der Playa Matanchén mit dem Fischerdorf Aticama, einem hervorragenden Ort, um Hummer, Riesenmuscheln und Austern zu essen.

Von der Hauptstraße in Richtung Tepic führt eine asphaltierte Straße nach Süden bis Matanchén, von wo aus eine unbefestigte Straße nach Osten zur Playa Las Islitas führt.

Raicilla – Jaliscos beliebtestes Feuerwasser

JALISCOS ANTWORT AUF MEZCAL

Agavenspirituosen wie Tequila und Mezcal sind schon seit einiger Zeit in aller Munde (wortwörtlich), *raicilla* hingegen galt bis vor Kurzem bestenfalls als ihr armer Cousin. *Raicilla* wird wie Mezcal aus dem gerösteten Herz der Agave destilliert, und die Herstellung von *raicilla* reicht Jahrhunderte zurück. Lange Zeit war es ein schlichtes, billiges Feuerwasser, das von Landarbeitern getrunken wurde. Nach der spanischen Eroberung wurde es verboten und stark besteuert, sodass die Produktion nur noch im Geheimen stattfand.

GÜNSTIG ÜBERNACHTEN IN SAYULITA

La Redonda Sayulita
Gemütliche, strohgedeckte Pension in Strandnähe mit komfortablen Schlafsälen und gutem Frühstück. **$**

Selina Sayulita
Gemütliche Kojen mit Sichtschutzvorhängen und hübsche, mit Rinderschädeln geschmückte Zimmer. **$$**

Hotel Sayulita Central
Superzentraler Billiganbieter nur einen Katzensprung vom Strand entfernt, mit Mini-Zimmern, freundlichem Personal und Gästeküche. **$**

Während Mezcals traditionell doppelt destilliert werden, wird *raicilla* in der Regel einfach destilliert. Die Destillation erfolgt entweder in Kupferkesseln (die von philippinischen Einwanderern an der Küste Jaliscos eingeführt wurden, die sie zur Destillation von Kokosnüssen verwendeten) oder in Oberflächenöfen.

Raicilla ist vor allem im Bundesstaat Jalisco verbreitet (man sieht immer noch örtliche Hersteller, die ihn in nicht gekennzeichneten Behältern am Straßenrand verkaufen), der neben dem Bundesstaat Oaxaca über die größte Artenvielfalt an Agaven verfügt. Aber Jalisco gehörte nicht zu den Bundesstaaten, in denen Mezcal nach dem System der Herkunftsbezeichnung (Denominación de Origen) hergestellt werden durfte, das die lokal hergestellten Spirituosen klassifiziert.

Im Jahr 2019 wurde *raicilla* schließlich als immaterieller Bestandteil der Kultur Jaliscos anerkannt und erhielt den Status einer Ursprungsbezeichnung. Jetzt findet man ihn auf den Speisekarten von renommierten Restaurants in ganz Jalisco, vom Barrio Bistro in Puerto Vallarta (S. 424) bis hin zum Jardín Nebulosa (S. 440) in San Sebastián del Oeste, sowohl pur als auch als Teil raffinierter Cocktails. Wie Mezcal hat *raicilla* einen rauchigen Nachgeschmack, kann aber auch würzige, kräuterartige oder sogar zitrusartige Noten aufweisen. Trinkt man ihn in einer Brennerei pur, sollte man wissen, dass *raicilla de punta* (aus dem ersten Liter, der bei der Destillation entsteht) besonders mild ist. Will man *raicilla* kaufen, als Souvenir vielleicht, ist La Venenosa die Marke, auf die man am ehesten stoßen wird.

DIE BESTEN RAICILLA-FESTE IN JALISCO

An einem Wochenende Mitte Mai findet in Puerto Vallarta im Centro Cultural Cuale auf der Isla Cuale das **Damajuana Festival de Raicilla** statt. Zahlreiche Produzenten aus ganz Jalisco nehmen daran teil und es gibt jede Menge *raicilla*-Verkostungen, Vorträge, Livemusik und reichlich Essen. Auch das **Festival de Raicilla, Mezcal y Cerveza Artesanal** widmet sich am ersten Märzwochenende im Jachthafen von Puerto Vallarta diesem ganz speziellen Feuerwasser. Und im November geht's zum **Festival de Raicilla** in Mascota (S. 440), wenn die örtlichen Destillerien ihre Pforten für Gäste öffnen und man sich auf dem Hauptplatz zu Verkostungen, Mix-Wettbewerben und (natürlich) zum Essen und zu *raicilla* trifft.

Spritztour nach San Sebastián del Oeste

CHARMANTE HISTORISCHE STADT

Wer eine echte Abwechslung zu Puerto Vallarta sucht, sollte sich in die kühlen Gefilde von **San Sebastián del Oeste** aufmachen, eine ehemalige Silberminenstadt, die 1605 gegründet wurde und inmitten von Nebelwäldern in der Sierra Madre auf 1483 m über dem Meeresspiegel liegt (Pullover einpacken).

Einst lebten hier 20 000 Menschen, heute sind es nur noch etwa 600. Der größte Reiz liegt darin, die gepflasterten Straßen mit den weiß getünchten, rot gedeckten Lehmhäusern zu erkunden, im Rosengarten auf der Plaza Principal zu verweilen, die neoklassizistische Kirche aus dem 17. Jh. zu bewundern und eine Tasse Kaffee aus lokaler Produktion zu trinken.

Um die verlassene **Silbermine Santa Gertrudis** zu besichtigen, 1 km stadtauswärts in Richtung Osten auf dem Paseo del Norte fahren und dann links abbiegen. Sofern man den 60 m langen Abschnitt des Schachts, der für die Öffentlichkeit zugänglich ist, erkundet will, eine Taschenlampe mitbringen.

ÜBERNACHTEN IN SAN PANCHO

Hotel Cielo Rojo
Gutes Hotel mit vier individuell gestalteten Zimmern, die mit Kunstgegenständen ausgestattet sind. Vermietet auch Fahrräder und Strandausrüstung. **$$**

Hostal Shaka Surf House
Angenehmes Surfer-Hostel, einen Block vom Strand entfernt, mit drei Schlafsälen, Küche und kostenlosem Frühstück. **$**

Agua de Luna
Minimalistisches, charmantes All-Suite-Hotel mit Lounge auf dem Dach, Salzwasserpool und Whirlpools. Nur für Erwachsene. **$$$**

Aufstieg zum La Bufa

DER HÖCHSTE GIPFEL DER SIERRA MADRE

Cerro de la Bufa (2650 m), der höchste Aussichtspunkt der Region, überragt San Sebastián del Oeste und bietet einen spektakulären Blick auf die Sierra Madre, der bei gutem Wetter bis zur Küste von Vallarta reicht. Eine 9 km lange Straße – teils aus altem Kopfsteinpflaster, teils aus Erde und Schotter – führt von der Ostseite San Sebastiáns in steilen Serpentinen durch Kiefernwälder zum Gipfel. Man kann den Weg auch zu Fuß zurücklegen (6–7 Std. hin & zurück), aber vor allem an Wochenenden atmet man dabei den Staub der vorbeifahrenden ATVs und Pickups ein, die Ausflugsgruppen auf den Gipfel bringen. ATVs lassen sich auf dem Hauptplatz (500 Mex$/2 Std.) mieten. Man kann aber auch bei einem Anbieter vor Ort (neben dem Jardín Nebulosa, am Ortseingang) die Teilnahme für eine zweistündige ATV-Tour (1500 Mex$/Pers.) buchen. Man ist zwar im Wesentlich auf sich allein gestellt, aber in den Haarnadelkurven gibt's Unterstützung, und auf dem Rückweg hält man an dem winzigen Weiler **Real Alto**, um einen Blick in dessen Kirche aus dem 17. Jh. zu werfen.

JARDÍN NEBULOSA: EIN GARTEN IRDISCHER FREUDEN

Im Jardín Nebulosa (jardinnebulosa.com) erreicht die lokale Küche dank eines Teams von Biologen und des Spitzenkochs Nicolás Cano neue Höhen. Das Restaurant verfügt über eine eigene Brauerei und eine *raicilla*-Brennerei und verarbeitet die besten Zutaten aus der Sierra Madre – einige stammen aus den örtlichen Obstgärten, andere wurden im Wald gesammelt. Im üppigen Garten kommt ein Degustationsmenü mit kleinen, saisonalen Gerichten auf den Tisch, darunter Ceviche von der Flussforelle, langsam gegartes Lamm mit Hoja-Santa-Kräutern und mit *chapulines* (Heuschrecken) und Agavenwürmern gefüllte Insekten-Tacos. Dazu gibt's ein Gran Jaguar IPA oder einen raffinierten *raicilla*-Cocktail von den talentierten Mixologen des Restaurants. Reservierung erforderlich.

Mascotas Zeugnisse der Vergangenheit

PETROGLYPHEN UND BEGRÄBNISSTÄTTEN

Eine Autostunde südlich von San Sebastián del Oeste auf der landschaftlich reizvollen, kurvenreichen Route 70 in Richtung Guadalajara liegt **Mascota**, ein *pueblo mágico* aus dem 16. Jh., in einem von Vulkanen gesäumten Tal. Die gepflasterten Straßen mit ihren bunt bemalten Lehmhäusern führen zu einem attraktiven, schattigen Hauptplatz. Das Gebiet wurde ursprünglich vor etwa 3000 Jahren von den Teco besiedelt. An mehreren Orten in der Umgebung von Mascota – El Refugio, Mesa Colorada, El Ocotillo, El Platano, Santa Rita und anderen – wurden über 12 000 gut erhaltene Felszeichnungen gefunden, die meist Fruchtbarkeit, Sonne und Regen thematisieren.

Es lohnt sich, Mascotas **Museo Arqueológico** (montags geschl.) einen Besuch abzustatten. Es bietet eine gründliche Einführung in die archäologischen Funde von El Platano sowie einigen der anderen 160 Grabstätten, die rund um Mascota gefunden wurden. Zu sehen gibt es mumifizierte Überreste, Schmuck, Keramik und Werkzeuge, die der Archäologe Joseph B. Mountjoy ausgegraben hat. Um die wichtigsten Felszeichnungen von Mascota zu besichtigen, sollte man sich an den Museumswärter wenden. Die Fundstätte **El Refugio** ist problemlos auf eigene Faust zu besichtigen, da der Weg dorthin ausgeschildert ist – einfach

ÜBERNACHTEN IN CHACALA

Casa Norma
Drei ordentliche Zimmer – zwei davon mit teilweisem Meerblick und Küche; geführt von einer sehr netten Familie. **$**

Hotel Casa Chacala
Schlichte, geflieste Zimmer mit Meerblick. Zu den Annehmlichkeiten gehören ein Tauchbecken, Hängematten und ein kostenloses Frühstück. **$$**

Mar de Jade
Das vom Dschungel umgebene, am Strand gelegene Yoga-Retreat ist um zwei gewundene Pools, einen Whirlpool und ein Spa herum angelegt. Vegetarierfreundliches Buffet. **$$$**

STOCKCAM/GETTY IMAGES ©

Barra de Navidad

die Calle Periférico Mariano Escobedo in Richtung Süden zum Corinchis-Stausee nehmen. Die Petroglyphen und einige alte Querne zum Mahlen von Mais sind in fünf Minuten zu Fuß durch ein Feld zu erreichen.

Lagune und Meer: Barra de Navidad

WASSERSPORT & STRÄNDE

Die Stadt **Barra de Navidad** liegt auf einer schmalen Landenge zwischen dem Pazifik und der gleichnamigen Lagune, und empfängt einen mit sanftem Charme, der Traveller schon seit vielen Jahren in den Bann zieht. Barra erlangte erstmals 1564 Berühmtheit, als die Werft die Galeonen herstellte, mit denen der Eroberer Miguel López de Legazpi und Pater André de Urdaneta die Philippinen an König Felipe von Spanien übergaben. Um 1600 wurden die meisten Eroberungen jedoch von Acapulco aus durchgeführt, und Barra fiel in einen Dornröschenschlaf, bevor es durch Traveller, hauptsächlich aus den USA und Kanada, wiederbelebt wurde. Es überrascht nicht, dass die größten Attraktionen der Stadt im Wasser liegen.

Da der schmale Kieselstrand, der Barras Meeresseite flankiert, erodiert, fährt man mit dem Auto (indem man den Highway 200 nimmt und nach Osten abbiegt) oder mit dem Wassertaxi (250 Mex$) zur abgelegenen **Playa Secreta** mit Felsformationen und unberührtem weißen Sand. Sie liegt auf der anderen Seite der Isla Navidad (die allerdings eine Halbinsel und keine Insel ist). Alternativ nimmt man ein Wassertaxi zum Grand Isla Navidad Resort (25 Mex$) und schlängelt sich am Dorf La Culebra vorbei zum Strand (4 km). Die Playa Secreta befindet sich am Ende der 14 km langen **Playa Los Cocos**, einem recht unbebauten, umtosten Strand, an dem man spazieren gehen kann.

ANGENEHM ÜBERNACHTEN & ESSEN IN BARRA DE NAVIDAD

Hotel Delfín
Gemütliches, zentral gelegenes Hotel mit Zimmern mit Ventilator und Klimaanlage, einer Dachterrasse und Poolbereich. Günstigste Option in Barra. $$

Hotel Barra de Navidad
Bietet u.a. Zimmer mit Meerblick und einen nierenförmigen Pool. $$

Tacos de Cabeza
Aushängeschild der lebhaften *taqueria*-Szene von Barra, serviert seit 1982 Kuhkopffleisch-Tacos mit kräftiger Salsa. $

El Manglito
Dieses *palapa*-Restaurant verwöhnt mit Austern oder *aguachile* aus der Region und Blick über die Lagune. $$

Bananas
Mexikanische und nordamerikanische Frühstücksspezialitäten, von Bananenpfannkuchen über Eier bis hin zu *chilaquiles*. $$

La Bruja
Informeller Treffpunkt für Expats mit super Oaxaca-Kaffee und einer wechselnden Auswahl an Kuchen. $

El Horno Francés
Croque Monsieurs, ausgezeichnetes französisches Gebäck und guter Kaffee. $

ESSEN & ÜBERNACHTEN IN TEPIC

Hotel Real de Don Juan
Wunderschöne Hacienda mit Blick auf die Plaza Constituyentes, mit Kingsize-Betten, schönen Bädern und gutem Restaurant. $$

Emiliano
Hervorragendes Frühstück und regionale Gerichte aus Nayarit, gepaart mit guten Weinen – bestes Restaurant in Tepic. $$

Loma 42
Trendiges Bistro am Park, das sich auf frische Pasta, Pizza aus dem Holzofen sowie Steaks und gegrillten Oktopus spezialisiert hat. $$

AUTOTOUR

Das Beste der Costalegre

Die Costalegre („Glückliche Küste") erstreckt sich etwa 230 km südlich von Puerto Vallarta bis Barra Navidad und umfasst einige der schönsten (und nicht überlaufenen) Strände Jaliscos, unvergessliche Ozeanblicke und üppig grüne, mit Palmen gesprenkelte Hänge. Außerdem wartet eine 500 Jahre alte Stadt. Zeitbedarf: zwei Tage; besser eine Woche.

1 Puerto Vallarta

Los geht's in Puerto Vallarta (S. 415), Jaliscos unbändiger Strandhauptstadt mit pulsierender mexikanischer Kunstszene, einem knackigen (schwulen) Nachtleben und ausgezeichneten Restaurants.

Die Route: Dem Highway 200 52 km nach Süden folgen; nach Boca de Tomatlán ins Landesinnere abbiegen. Der „Palms to Pines Highway" führt in Serpentinen durch Pinien- und Eichenwälder.

2 El Tuito

Diese zauberhafte, 500 Jahre alte Stadt besteht aus Gassen mit bunten Lehmhäusern, die sich strahlenförmig vom Hauptplatz ausbreiten. Zwei Häuserblocks vom Platz entfernt liegt die Galería Copelia (11–16 Uhr), das frühere Haus des Künstlers Manuel Lepe, das heute als Ausstellungsraum für Kunstschaffende dient. Die Besitzerin Maria Santander stellt Travellern gerne El Tuitos Handwerksbetriebe vor: darunter auch solche, die Tortillas aus blauem Mais, *racilla* und frischen Panela-Käse herstellen. Einfach nachfragen.

Die Route: In die Calle Iturbide einbiegen und den Schildern nach Mayto folgen, westlich entlang der 39 km langen asphaltierten Straße zur Küste.

3 Mayto, Tehuamixtle & Villa del Mar

Mayto verfügt über einen schönen, 19 km langen Strand, der von starker Brandung umspült wird und zum Spazierengehen einlädt, sowie über ein Schildkrötenschutzgebiet. Einige Kilometer südlich von Mayto kann man in zwei Strandrestaurants die Austern von Tehua probieren. Hier gibt es auch einen Wrack-Tauchplatz (Vallartas Tauchausrüster bieten Ausflüge an). Villa del Mar, auf der anderen Seite der Bucht, bietet großartige Kajaktouren durch eine Flussmündung.

JOSHUA JAY KOPPELMAN/SHUTTERSTOCK ©

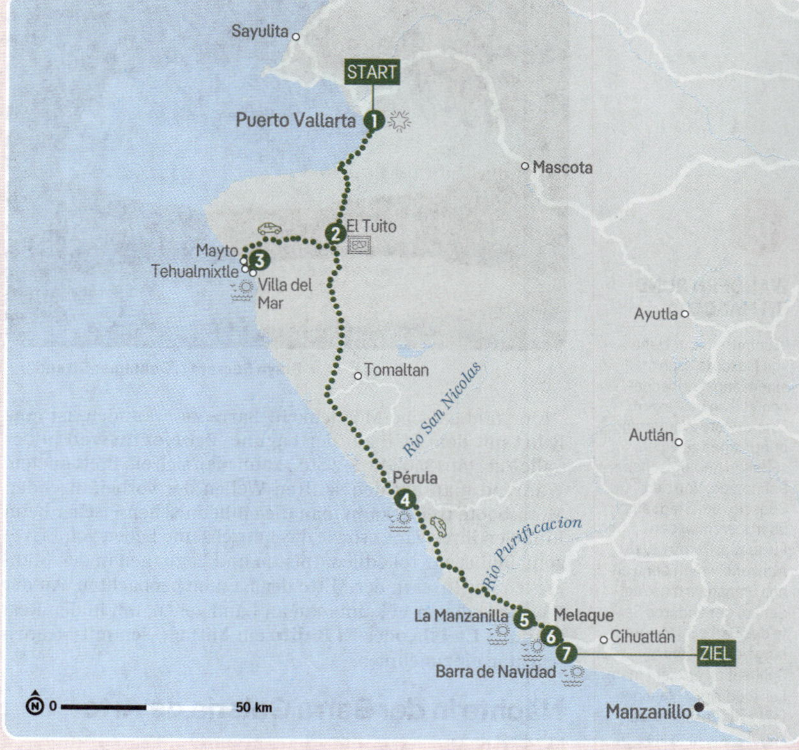

Die Route: Zurück zum Highway 200 und dann 90 km nach Süden fahren, anschließend rechts in die Stadt einbiegen.

4 Pérula

Der einst unbeachtete Strandort, der von einer Landzunge und einer Lagune begrenzt wird, erfreut sich zunehmender Beliebtheit bei US-amerikanischen und kanadischen Winterflüchtlingen. Ein Dutzend Boutique- und Strandhotels liegt einen Steinwurf vom breiten Sandstrand entfernt, der sich bestens zum Schwimmen eignet. Die wenigen Inseln der Bahía de Chamela laden zu einer Erkundung mit dem Kajak ein.

Die Route: Auf dem Highway 200 67 km nach Süden fahren.

5 La Manzanilla

In diesem beliebten Fischerdorf gibt es etliche ausgezeichnete Restaurants, einen lebhaften Wochenmarkt, ein Krokodilschutzgebiet und drei herrliche Strände: den weißen Sandstrand der Stadt selbst, dann die Playa Boca de Iguanas (mit dem Auto oder Boot erreichbar) und die Playa Tentacita, eine kurze Fahrt nach Norden.

Die Route: Nach einer 17 km langen Fahrt Richtung Süden entlang des Highway 200 erreicht man Melaque.

6 Melaque

Melaque (s. Bild), eine Arbeiterstadt am nördlichen Ende der Bahía de Navidad, ist der Zugang zur herrlichen Playa Cuastecomates, dem ersten vollständig zugänglichen Strand Jaliscos mit prima Restaurants und flachem, ruhigem Wasser – ideal für Familien.

Die Strecke: Für die letzten 5 km vom Highway 200 nach Süden abbiegen.

7 Barra de Navidad

Diese entspannte Strandgemeinde (S. 441) liegt am Ende der Straße und ist ideal für Strand-Hopping und Wassersport.

Playa Secreta („Geheimer Strand")

WANDERN RUND UM MASCOTA

In unmittelbarer Nähe von Mascota kann man einen längst erloschenen Vulkan besteigen. Eine weitere Wanderung bringt einen zu einem seltenen geologischen Phänomen: Von der Südseite der Stadt aus überquert man den Fluss zum Parque 10 de Abril und nimmt dann einen unmarkierten Weg, der auf der anderen Seite des Parks 30 Minuten lang bergauf führt. Schließlich erreicht man Las Piedrotas – fast perfekt zylindrische Lavakugeln, wie man sie auch anderswo in Mexiko und Costa Rica findet. Alternativ kann man den Volcán Molcajete besteigen, von wo aus man einen herrlichen Blick auf die Stadt und das Tal hat. Vom Fuß des Vulkans, 3,5 km nordöstlich von Mascota entlang der Calle Aldama, entweder der Umzäunung folgen oder einen eigenen Weg nach oben finden (45 Min., einfache Strecke).

Eine fantastische Möglichkeit, Barra zu erkunden, ist eine Fahrt mit dem SUP auf der Lagune. Bei **Northswell** in der Calle Yucatán (350 Mex$/2 Std.) kann man sich ein Brett mieten. Während man auf den sanften Wellen der vorbeifahrenden Motorboote treibt, kann man die einheimischen Fischer beim Einholen ihres Fangs sowie das betriebsame Leben von Eisvögeln, Reihern, Krokodilen, Ibissen und Leguanen in den Mangroven der Insel in der Mitte der Lagune beobachten. An der Westseite der Insel kann man an Land gehen, um in den Restaurants **La Isla** oder **El Bajito** ein Mittagessen mit Meeresfrüchten einzunehmen.

Nächte in der Barra Galería de Arte

KUNST, LIVEMUSIK & TEQUILA

Wenn es Abend wird in Barra de Navidad, erklingt Blues- oder Latino-Musik aus dem mit Lichterketten geschmückten, üppig grünen Garten im Innenhof der **Barra Galería de Arte** (Mo, Di, Do & Fr 17.30–22.30 Uhr). Der originelle Nachtclub und das Restaurant sind *der* Treffpunkt in Barra. Der Laden ist eine Idee des Fotografen Robert, dessen beeindruckende Schwarz-Weiß-Porträts und Landschaftsbilder die beiden angrenzenden Galerien schmücken, und seiner Frau Rosy, die nach Familienrezepten kocht (Schweinefleisch mit *salsa verde*, mit Shrimps gefüllte Chilis, Marlin-Fajitas ...), derentwegen alteingesessene Gäste schon Wochen im Voraus reservieren

Im Inneren des Gartens befindet sich die **Tequila Lounge** – die beste an der Pazifikküste –, in der eine Reihe seltener Spirituosen probiert werden kann (Verkostungen nach Vorbestellung), während man mit Robert, einem Tequila-Kenner, über

ÜBERNACHTEN IN SAN BLAS

Quinta Alberto Boutique Hotel
Familienfreundlicher Ort in zentraler Lage mit mehreren Pools und gefliesten Zimmern in neutralen Farbtönen. **$$**

Hotel Hacienda Flamingos
Atmosphärische Hacienda aus den 1880er-Jahren mit geräumigen, hohen Zimmern rund um einen begrünten Innenhof. Tolles Restaurant. **$$$**

Bungalows Conny
Die gemütlichen Bungalows und vier modernen Zimmer unter kundiger Leitung sind um den Pool herum angeordnet. **$**

die jeweiligen Vorzüge diskutiert. Oder man kommt einfach, um Roberts Sammlung durchzuprobieren, die Mezcal, *raicilla*, Sotol und *acanora* (sonoranische Version von Tequila) umfasst.

Nur Barzahlung. Reservierung erforderlich.

Punta de Mitas Wasserattraktionen

STRÄNDE UND WASSERSPORT

Der quirlige Strandort **Punta de Mita** (42 km nordwestlich von Puerto Vallarta) war noch bis in die 1990er-Jahre ein Fischerdorf. Heutzutage ist der Ort vor allem für die exklusive Gated Community an der Westspitze der Halbinsel bekannt, wo sich die Prominenz tummelt. Aber es ist auch ein Zentrum für Wassersport, mit Paddelboards zum Ausleihen und Surf-Outfits, die Ausflüge zu lokalen Hot Spots anbieten (S. 431), sowie ein Ausgangspunkt für die Islas Marietas und einige der schönsten Strände der Region (mit exklusiven Strandresorts). Die 5 km lange Playa Distiladeras zieht mit zuckerweißem Sand und dem ruhigen Wasser Familien an, während die Playa el Anclote ein Paradies für Paddelboarder und Surf-Neulinge ist.

Ausflug zu den Islas Marietas

VULKANISCHE INSEL UND EIN „VERSTECKTER STRAND“

Etwa 10 km vor der Küste von Punta de Mita liegen zwei unbewohnte vulkanische Inseln, die **Islas Marietas**. Sie bilden einen geschützten Meerespark, in dem es von Rifffischen, Mantarochen und Meeresschildkröten nur so wimmelt und in dem saisonal Buckelwale wandern. Die Islas Marietas sind vor allem für die **Playa Secreta** („Geheimer Strand“) im Osten der Insel bekannt. Da der Strand in einem Vulkankrater liegt, muss man durch die 200 m lange, alte Lavaröhre schwimmen oder schnorcheln, um ihn zu erreichen. Der Zutritt ist auf 116 Personen pro Tag beschränkt, und man darf den Strand nur besuchen, wenn man zwischen 10 und 65 Jahre alt und guter Schwimmer ist (Mi–So). Im Westen der Insel liegt die weiße **Playa La Nopalera** – sie ist auf wesentlich weniger abenteuerliche Art erreichbar.

Carillo Tours, einer der vielen Anbieter entlang der Avenida de Anclote in Punta de Mita, bietet Touren zu den Islas Marietas an, die Schnorchelstopps und Zugang zum „Geheimen Strand“ beinhalten. Wer die Unterwasserwelt erkunden will, kann einen ganztägigen Tauchausflug mit **Vallarta Undersea** (vallartaundersea.com) buchen. Einige Tauchplätze rund um die Inseln sind für frischgebackene PADIs geeignet, während andere mehr Erfahrung erfordern.

DIE BESTEN RESTAURANTS IN PUNTA DE MITA

Tuna Blanca
Exquisites Restaurant am Strand mit Meeres- und Landleckereien und fünfgängigem Degustationsmenü. Vorab reservieren. $$$

Norma's Tacos
In diesem beliebten Lokal gibt's u.a. *asada*, *adobada* (Fleisch in Tomaten-, Kreuzkümmel- und Achiote-Soße), Kutteln und Chorizo-Tacos. $

ParrotFish
Minimalistischer Fisch- und Meeresfrüchte-Tempel, bekannt für seine originellen Sushi-Varianten und Käsemakkaroni mit Hummer. $$

Teresa's Tacos
Tacos, Quesadillas, Burritos und Enchiladas, gefüllt mit *asada*, Huhn, *deshebrada* (Rinderhack) und Gemüse. $

UNTERWEGS VOR ORT

Regelmäßig verbinden Busse Puerto Vallarta mit Sayulita, Punta de Mita, San Blas und anderen Zielen im Norden; die Busse starten beim Walmart am Hwy 200 in der Nähe von Marina Vallarta. *Combis* und *colectivos* fahren auch; einfach heranwinken.

Die Fernbusse von Primera Plus, die vom Terminal de Autobuses in Vallarta abfahren, verbinden Vallarta mit Melaque (einige fahren weiter nach Barra de Navidad), aber ein eigenes Fahrzeug ist praktischer, wenn man auch die kleinen Dörfer entlang der Costalegre besuchen möchte. Vom Hauptbusbahnhof von Vallarta werden im Übrigen auch Ziele wie Mazatlán und Mexico City angefahren.

TRONCONES

Mexico City
Troncones

Obwohl ein ganzjähriges Surfrevier von Weltklasse (am besten für Neulinge sind die Monate von November bis März), hat es Troncones geschafft, relativ unauffällig zu bleiben und eine ungezügelte Entwicklung zu vermeiden. Trotzdem gibt's entlang der langen Strandstraße, die das eigentliche Dorf mit der traditionellen Fischergemeinde La Majahua verbindet, Boutiquehotels, Fusion-Restaurants, Expat-Häuser und Orte, die Yoga bei Sonnenaufgang anbieten. 2020, als ein Großteil der Welt verschlossen war, wurde Troncones auch von wohlhabenden Großstadteinheimischen „entdeckt".

Die Attraktionen liegen auf der Hand: unberührte Strände, darunter der lange Sandstrand von La Majahua, eine entspannte Atmosphäre und Surfen für alle Ansprüche. Wenn man mehr als nur „abhängen" will, kann man sich in den Hügeln beim Mountainbiken vergnügen, in den Mangroven und Flussmündungen an der Küste Kajak fahren, in einer nahe gelegenen Höhle Felszeichnungen besichtigen und in heißen Quellen baden. Tropische Stürme und Wirbelstürme sind von Juli bis Ende Oktober an der Tagesordnung. Einige Geschäfte sind in dieser Zeit geschlossen.

TOP TIPP

Troncones ist ziemlich weitläufig, also am besten ein Fahrrad mieten (oder sich auf ausgedehnte Fußmärsche einstellen).

Reiten, Troncones

DAVID PANIAGUA GUERRA/SHUTTERSTOCK ©

SEHENSWERTES
1 Boca de Lagunillas
2 Cueva de Majahua

AKTIVITÄTEN, KURSE & TOUREN
3 Capitan Mantaraya
4 Costa Nativa
5 Prime Surfboards
6 Troncones Point
7 Tsunami Surf

Surfparadies Troncones

TRONCONES BESTE WELLEN

Troncones bietet **das ganze Jahr über hervoragende Wellen**. Der kilometerlange, menschenleere Strand zwischen Troncones und Troncones Point ist von Sandbänken unterbrochen, die Left- und Right-Hander bieten (einer nahe der Casa Oasis), ideal für kurze, intensive Ritte für Erfahrene, insbesondere für Shortboarder (bei Einheimischen über felsige Bereiche informieren und im Sommer auf Felsen achten).

Longboarder schwärmen vom **Troncones Point**, einem der besten Pointbreaks Mexikos. Wenn er klein ist, ist der Absprung direkt über den Felsen (Seeigel!), und bietet einen steilen Drop und eine schnelle Wand über ein flaches Riff. Wenn er groß ist, ist er kräftig und rollt über die halbe Bucht, mit gelegentlichen Barrels. Am besten vom Inn at Manzanillo Bay zugänglich.

Wer noch nie gesurft ist, oder wer das schon getan hat, sich aber hier nicht auskennt, sollte Fachkundige vor Ort

DIE BESTEN RESTAURANTS

La Mexicana
Lichtdurchfluteter, luftiger Ort mit kreativen Fusion-Gerichten (Mahi Mahi mit Quinoa, Gemüse *chili en nogada*). Donnerstags Livemusik. $$

Chencho's
Familiengeführtes Restaurant, das sich auf mexikanische Hausmannskost spezialisiert hat. Wie wär's mit Krabben-Enchiladas *con salsa verde* und *chiles rellenos* (mit Fleisch oder Käse gefüllte Chilis)? $$

Toro del Mar/Johny's
Mit ein wenig Glück kann man hier bei gegrilltem Snapper oder Kokosnussgarnelen mit Kochbananen Pelikane über der Playa Majahua bestaunen. $$

Brisas Mexicanas
Marisquería (Meeresfrüchte-Restaurant) am Strand, die Tagesfang (*al ajillo* oder paniert) und *aguachile* serviert. $

SURFEN IN NAYARIT & ENTLANG DER KÜSTE VON MICHOACÁN

Auf der Suche nach mehr Surf-Hotspots? Wie wär's mit Sayulita (S. 430) oder Punta de Mita (S. 445), Nexpa (S. 450) oder La Ticla (S. 451) an der Küste von Michoacán?

ÜBERNACHTEN IN TRONCONES

Troncones Point Hostel
Fantasievoll gestaltetes Hostel mit gemütlichen Schlafsälen, „Luxus"-Zelten, *palapa*-Küche/Bar und netten Betreibern. $

Casa Oasis
Drei voll ausgestattete Surf-Apartments mit Tauchbecken direkt am Strand; ideal für längere Aufenthalte. $$

Lo Sereno
Rückzugsort für Erwachsene mit Zimmern mit Meerblick, Regenduschen im Freien, Infinity-Pool und Gourmetrestaurant. $$$

nach den besten Hot Spots fragen. Zum Beispiel bei Mike Linn von **Tsunami Surf** (tsunamisurftroncones.com), einem Surflehrer mit über 20 Jahren Erfahrung. Einfach im Büro an der Hauptstraße des Dorfes vorbeischauen. Hier kann man sich auch ein Surfbrett oder ein SUP mieten oder sich für Surfstunden und Bootsausflüge zu den besten Breaks anmelden. Ein weiterer beliebter Anbieter ist **Capitan Mantaraya** (tronconestours.com), der Gruppen- und Privatunterricht sowie Ausflüge mit Schnorcheln, Segeln und Paddleboarding anbietet.

Für maßgefertigte Surfbretter, Board-Reparaturen und Tipps zu Swells sollte man bei **Prime Surfboards** vorbeischauen, das sich auf der Landseite der Strandstraße nördlich der Brücke befindet, und dort mit dem Surfer Bruce Grimes sprechen.

LOCAL TIPP: UNSERE LIEBLINGS-RESTAURANTS

Tom Donne und Lizzett Blanco, Besitzer des Troncones Point Hostel

Indigo
Perfekt für ein Date. Argentinische Steaks, tolle Pizza, angenehmes Ambiente. Eines der besseren Restaurants von Troncones.

Cenaduria Rufi
Ausgezeichnete und preiswerte Hausmannskost direkt in Troncones. In der Nähe gibt's weitere *cenadurias* (günstige Restaurants).

Café Pacifico
Ausgiebiges mexikanisches Frühstück, guter Kaffee und Fischtacos.

Amor Tropical
Top-Cocktails, Top-Musik und Top-Essen. Direkt am Wasser (vor der Bar dümpeln die *pangas* der Fischer).

Kajakfahrt durch Mangroven am Morgen

PADDELN & WILDTIERE

Augen schließen, Fantasie anschmeißen: Aufstehen vor Sonnenaufgang, dann gemächliches Paddeln mit dem Kajak durch die **Boca-de-Lagunillas-Mündung**, während die aufgehende Sonne die Mangroven streichelt. Die Stille wird nur von Vogelgezwitscher und dem leisen Plätschern der Paddel durchbrochen. Ab und zu zeigt der einheimische Guide Alejandro von **Costa Nativa** (costanativa.com.mx) per Handbewegung an, innezuhalten, und weist auf die Tierwelt um einen herum hin: Reiher und Ibisse, die im seichten Wasser fischen, ein Leguan, der sich auf einem Ast sonnt, Schildkröten, die auf einem Felsen ein paar der ersten Sonnenstrahlen des Tages erhaschen, oder sogar den nur teilweise untergetauchte Kopf eines Krokodils.

Sierra Madre & Majahua-Höhle

HÖHLEN, FELSBILDER & WASSERFÄLLE

Die mäßig anstrengende halbtägige Dschungelwanderung zur **Cueva de Majahua** ist eine schöne Abwechslung zu den Aktivitäten am Meer. **Costa Nativa** (costanativa.com.mx) ist einer von mehreren Anbietern, die Ausflüge in kleinen Gruppen zu der Höhle anbieten. Die erstaunlich gut erhaltenen, schönen und jahrtausendealten Felszeichnungen im Inneren lassen vermuten, dass die Höhle einst den indigen Bewohnern der Gegend als Zeremonialzentrum und astronomisches Observatorium zur Vorhersage von Regen- und Dürrezyklen diente. Besonders beeindruckend sind die Tropfsteinformationen in der Hauptkammer der Kalksteinhöhle.

Eine weniger anspruchsvolle Halbtageswanderung von Troncones aus führt entlang der **Boca-de-Lagunillas-Mündung**, gefolgt von einem erfrischenden Bad im Tauchbecken unterhalb des **Wasserfalls El Salto** und einem Mittagessen bei einer einheimischen Familie im kleinen Dorf **Boca**.

UNTERWEGS VOR ORT

Busse fahren von der Abzweigung des Highway 200 nach Troncones, von wo aus man einen Bus nach Osten bis Zihuatanejo und nach Westen bis Lázaro Cárdenas (für die Weiterreise an die Küste von Michoacán) nehmen kann.

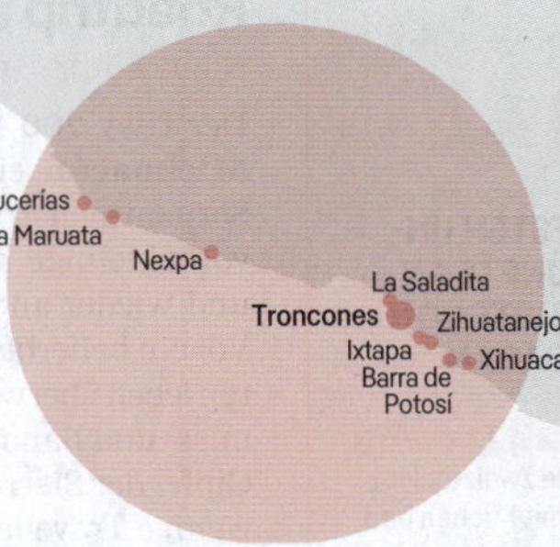

Rund um Troncones

Faro de Bucerías
Playa Maruata
Nexpa
La Saladita
Troncones
Zihuatanejo
Ixtapa
Xihuacan
Barra de Potosí

Die wilde Küste von Michoacán nördlich von Troncones bietet fantastische Möglichkeiten zum Surfen und zu Erkundungen abseits ausgetretener Pfade – entschleunigen und die Landschaft genießen!

Eine kurze Fahrt südlich von Troncones entfernt liegt Ixtapa – ein klassischer Badeort mit bebauter Uferpromenade. Das benachbarte Zihuatanejo, berühmt geworden durch den Film *Die Verurteilten,* ist wesentlich charaktervoller, erstreckt sich um eine schöne Bucht und hat viel von seinem historischen Charme bewahrt. Weiter südlich liegt Xihuacan – eine antike Stadt, die derzeit ausgegraben wird, sowie die Laguna de Potosí, ein wichtiges Vogelschutzgebiet mit dazugehörigem Dorf.

Nur wenige Traveller, abgesehen von Surf-Begeisterten, zieht es weiter nördlich von Troncones entlang der dünn besiedelten Küste Michoacáns; ihr schlechter Ruf eilt ihr voraus. Leider. Denn wer sich hierherwagt, wird reich belohnt: hier scheinen die Berge der Sierra de Coalcomán direkt in den Ozean zu stürzen, und die spektakuläre Küste ist von unberührten Stränden durchzogen.

TOP TIPP

Um überraschende Straßensperren zu meiden, sollte man entlang der Küste von Michoacán früh am Tag fahren. Nie bei Nacht fahren!

Playa Madera (S. 452)

DIE BESTEN UNTERKÜNFTE AN DER KÜSTE VON MICHOACÁN

Cabañas Alba (Nexpa)
Rustikale zweistöckige Hütten mit Küchen und Balkonen mit Meerblick. Vor Ort gibt's ein Restaurant (in der Hauptsaison) und einen Tempel. $

Parador Turistico de Ticla
Strohgedeckte Bungalows mit Blick auf die Wellen. Spartanische, aber bequeme Bungalows sowie ein gutes Restaurant. $$

Enramada Quirino García (Playa Maruata)
Der schönste Campingplatz in Maruata, mit Zeltverleih, sauberen Sanitäranlagen und einem Restaurant, das Hausmannskost serviert. $

Cabañas y Enramada Mauricia (Faro de Bucerías)
Gemütliche *cabañas* am Nordende des Strandes, mit großartigem Seafood direkt nebenan. $

Roadtrip an der Küste von Michoacán

WILDE KÜSTE, TOLLE SURFSPOTS

Der Hwy 200 folgt meist der 250 km langen Küstenlinie von **Michoacán**, einem der schönsten Bundesstaaten Mexikos. Die Serpentinenstraße führt an Dutzenden unberührten Stränden vorbei, einige mit goldenem Sand, andere in felsigen Buchten und wieder andere an Flussmündungen, die eine Vielzahl von Vögeln beherbergen. Viele Strände sind menschenleer, an anderen leben überwiegend indigene Gemeinschaften. Mango-, Kokosnuss- und Bananenplantagen säumen den Highway; die grünen Gipfel der Sierra Madre del Sur bilden eine üppige Kulisse. Nur wenige Traveller bekommen all diese Schönheit zu sehen, weil die Gegend einen schlechten Ruf hat (S. 451) und weil die Fahrt abgeschieden wirkt (und ist – es gibt kaum Telefonsignale, und in einigen Dörfern besteht die einzige Möglichkeit, mit der Außenwelt in Kontakt zu treten, darin, einen Zugangscode für die langsamste WLAN-Verbindung der Welt zu kaufen). Aber die, die sich hierherwagen, werden belohnt. Und zwarsehr.

Bei Km 55,6, nördlich der Puente Nexpa-Brücke und 1 km vom Hwy 200, liegt an einer gepflasterten Straße die kleine Gemeinde **Nexpa**, ein von Gischt umnebeltes Dörfchen. Der Ort ist seit langem ein Paradies für Surfer, die sich von der Sandbank und dem langen Left-Hander an der Flussmündung angezogen fühlen, der hoch aufragen kann.

Dank türkisfarbenen Wasser und traumhaften Sandstränden ist **Playa Maruata** (km 150) wohl der schönste Strand Michoacáns. Das Nahua-Fischerdorf hat einen gewissen Hippie-Ruf und zieht Strandbegeisterte von überall her an. Es ist ein ruhiger Ort, an dem man mit seinem Lieblingsmenschen oder einem Stapel Taschenbücher campen kann. Er ist auch ein wichtiger Nistplatz für grüne Meeresschildkröten (nachts von Juli–Dez. zu sehen). Von den drei Stränden ist der 3 km lange Oststrand eine unberührte Sichel mit ruhigen Wellen – ideal zum Schwimmen. Der mittlere Strand, der durch eine felsige Landzunge mit Höhlen, Tunneln und Blaslöchern durchbrochen und im Meer durch die ungewöhnliche Formation Dedo de Dios (Finger Gottes) gekennzeichnet ist, ist nur für geübte Schwimmer geeignet. Gefährliche Strömungen und heftige Wellen prägen die westliche Playa de los Muertos, die zum Spazierengehen und diskreten Nacktsonnenbaden in einer abgelegenen Bucht einlädt. Man sollte sich aber nicht von der Flut überraschen lassen.

Faro de Bucerías (km 173) ist ein von Wellen umtoster Strand mit goldenem Sand. Am südlichen Ende ist das Wasser ruhig genug, um darin zu planschen. Die hiesigen Nahua betreiben eine Reihe von *palapa*-Restaurants mit Meeresfrüchten sowie Campingplätze am Strand, wo man ein Zelt unter einer *palapa*-

ESSEN AN DER KÜSTE VON MICHOACÁN

La Casa del Taco (La Ticla)
Abgesehen von tollen Fischtacos gibt's in diesem familiengeführte Lokal auch gute Pizzas und Frühstücksgerichte. $

Mariscos El Gran Márquez (Faro de Bucerías)
In der netten *enramada* am Strand gibt's Garnelen in unterschiedlichsten Variationen. $

El Parador (San Juan de Alima)
Hervorragende Meeresfrüchte, vor allem die *camarones zarandeados* (Garnelen in pikanter Soße). Wunderbar! $$

Faro de Bucerías

Markise mieten und das Leben barfüßiger, durch und durch entspannter Gestrandeter führen kann.

La Ticla (km 187) ist ein weiteres bekanntes Surfrevier und liegt etwa 2,5 km von der Hauptstraße entfernt. Es ist ein kompaktes, staubiges, wenig sehenswertes Dorf, aber bekannt für seinen brillanten, langen Left-Hander. Der lange Strand wird durch einen Süßwasserfluss, in dem man schwimmen kann, geteilt. Direkt am Strand gibt's mehrere *palapa*-Restaurants, die sehr frische Meeresfrüchte servieren.

„Hanging 10" in La Saladita

LEGENDÄRER SURF BREAK

Wer in den 1960er-Jahren in Malibu war, fühlt sich hier vielleicht ein bisschen wie in einer Zeitschleife: Wenn man in **La Saladita** am Strand steht und die Longboarder beobachtet, die zur Wave Machine (auch bekannt als Ubliam oder Reverse Malibu) paddeln – dem schönen, langsam brechenden Pointbreak – und dann auf Zehenspitzen auf dem Brett stehen und in einem scheinbar endlosen, sanften Ritt unterwegs sind, wird man fast die Beach Boys im Hintergrund „Surfin' USA" singen hören. Der Spot eignet sich auch hervorragend für Neulinge, denn die sanfteren Wellen südlich des Haupt-Pointbreaks bieten viel Platz zum Üben.

La Saladita liegt 25 Minuten nördlich von Troncones in Richtung Los Llanos am Hwy 200, aber wer ein Fahrzeug mit hoher Bodenfreiheit hat, kann die malerische Landschaft in 20 Minuten auch abseits der Straße durchqueren.

SICHER REISEN IN MICHOACÁN

Der 150 km lange Küstenabschnitt von Michoacán zwischen Las Brisas und Caleta de Campos wird seit jeher von Kartellen kontrolliert. Nach den Kartellkriegen und Einsätzen der Regierung sind diese Organisationen deutlich geschwächt – was allerdings nicht für deren Hauptgeschäftszweig gilt. Wie auch an anderen Orten gibt es hier „Selbstverteidigungsgruppen" von Dorfbewohnern, die versuchen, sich gegen die Kartelle zu wehren. Es gibt keine Polizei- oder Militärstützpunkte, auch wenn man gelegentlich militärische Kontrollpunkte zu sehen bekommt. Die Lage hier ändert sich ständig.

Die Kartellaktivitäten richten sich nicht gegen Traveller. Man sollte jedoch nie nachts fahren und sich darauf einstellen keinen Telefonempfang zu haben – und dass gelegentlich Straßensperren errichtet werden, die einen stunden- (oder tagelang) aufhalten können. Unbedingt vor Ort nach „Hot Spots" erkundigen!

ÜBERNACHTEN & ESSEN IN SALADITA

Saladita Beachside Inn
Drei hübsche Zimmer mit Meerblick. Gästeküche, Hängematten, Surfbretter – und ausgezeichneter Kaffee. **$$**

La Casita
Nach den Wellen kann man in der Casita entspannen – bevor man sein Abendessen in der Freiluftküche zubereitet. **$$**

Lourdes Bar & Grill
Beliebt bei Surfern … auch dank der Holzofenpizzas, Fischtacos, Fajitas, Smoothies und dem Bier. **$$**

WIRESTOCK CREATORS/SHUTTERSTOCK ©

Playa La Ropa

DIE BESTEN RESTAURANTS IN ZIHUATANEJO

Restaurante Mexicanos Any
Folkloristisches Dekor und traditionelle Guerrero-Küche – von Eierspeisen mit *nopal* bis *pozole* (Suppe oder dünner Eintopf). $$

Angustina
Hervorragende Ceviche und andere Fischgerichte sowie typische Mezcal-Cocktails (*mezcaltinis, mazcalinas*, Mezcal-Mojitos…). $$

El Suspiro
Grandios gebratener Thunfisch, Risottos, Pasta und andere mediterrane Gerichte, begleitet von herrlichen Sonnenuntergängen. $$$

Bistro del Mar
Nur wenige Meter von den Wellen entfernt kombiniert dieses Bistro lateinamerikanische, europäische und asiatische Aromen mit regionalem Fisch und Meeresfrüchten. $$

Über und unter den Wellen Zihuatanejos

STRÄNDE & WASSERSPORT

Zihuatanejo, oder Zihua, ist ein Fischerdorf, das sich in den 1970er-Jahren zu einer geschäftigen und attraktiven Stadt entwickelt hat. Zihua erstreckt sich um eine schöne Bucht und hat viel von seinem historischen Flair bewahrt. Noch immer treffen sich die Fischer jeden Morgen am Strand am **Paseo del Pescado**, um ihren Tagesfang zu verkaufen. Abends flanieren die Einheimischen entlang der Uferpromenade. In den engen Kopfsteinpflasterstraßen der Innenstadt verbergen sich einige tolle *taquerías*, Restaurants, Bars, Boutiquen und Kunsthandwerksateliers. Kein Wunder, dass Andy und Red in *Die Verurteilten* ihre Zeit nach dem Gefängnis hier verbrachten (obwohl die Szene tatsächlich auf den Jungferninseln gedreht wurde, was aber egal ist).

Die Strände machen einen Großteil der Anziehungskraft Zihuas aus. Die **Playa Municipal** im Zentrum ist praktisch, vor allem, wenn man in der Nähe wohnt, aber man findet viel saubereres Wasser an anderen Stellen der Bucht. Ein fünfminütiger Spaziergang nach Osten entlang einer Promenade führt zur **Playa Madera**, die für ihr flaches, schwimmbares Wasser bekannt ist.

Über einen steilen Hügel von Playa Madera aus erreicht man die **Playa La Ropa**. Einige der besten Hotels und Restaurants der Stadt sind hier angesiedelt, und der lange weiße Sandstrand bietet gute Bedingungen zum Schwimmen und Wasserskifahren. SUPs können bei **Badfish** (+52 755 136 13 74; Calle Galeana 5) gemietet und an die Playa La Ropa geliefert werden, wo das ruhige Wasser (vor allem morgens) ideal zum Paddeln ist, und wo man die Leute auf Bananenbooten beobachten kann.

Auf der anderen Seite der Bucht liegt die **Playa Las Gatas**, die in der mexikanischen Urlaubssaison im Juli und August sowie während der Winterferien sehr überfüllt ist. Sobald sich aber die

GÜNSTIG ÜBERNACHTEN IN ZIHUATANEJO

Hotel del Pescador
Farbenfrohes, zentral gelegenes Hotel mit geräumigen, gefliesten, ventilatorgekühlten Zimmern mit Blick auf die Promenade. $

Hotel Adelita
Freundliche Menschen betreuen große Doppel-, Dreier- und Familienzimmer in Strandnähe. $

Hotel JB
Sympathischer Billiganbieter in der Nähe der Playa La Ropa mit hell dekorierte Zimmer und Hängematten am Pool. $

Menschenmassen lichten, ist der Strand ein guter Ort zum Schnorcheln. Boote nach Las Gatas (hin & zurück 80 Mex$) fahren von Zihuatanejos Hauptpier ab, wo auch ganztägige Hochseeangelausflüge organisiert werden (ca. 4500 Mex$ für bis zu 4 Pers.). Es warten Fächerfische (ganzjährig), Blauer oder Schwarzer Marlin (März–Mai), *Nematistius pectoralis* (Sept. & Okt.), Wahoo (Okt.), Mahi-Mahi (Goldmakrele; Nov. & Dez.) und *Scomberomorus* (auch Spanische Makrele; Dez.).

Zum Big-Wave-Surfen ist die **Playa Larga** ideal. Der Strand liegt etwa 12 km südlich des Zentrums. Wer dort hin will, nimmt an der Ecke Juárez und Gonzalez einen „Coacoyul"-Kombi bis zur Abzweigung Playa Larga und fährt dann mit einem anderen Kombi zum Strand.

Die nahe der Playa Larga gelegene **Playa Manzanillo** gilt als einer der besten Schnorchelplätze der Region und zieht weniger Menschen an als die Playa Las Gatas. Aufgrund des Zusammentreffens von Strömungen ist die Unterwasserwelt hier besonders reich, und die Sicht ist super – in trockenen Monaten bis zu 35 m weit. Der Strand ist am besten mit dem Boot zu erreichen.

Ein Blick in Zihuas Vergangenheit

ARCHÄOLOGISCHES MUSEUM

Nach einem Spaziergang entlang der *malecón* im Zentrum sollte man das kleine, aber informative **Museo Arqueológico de la Costa Grande** besuchen. Es bietet einen ausgezeichneten Einblick in die Geschichte, Archäologie und die vorhispanischen Kulturen der Küste von Guerrero, von den frühesten bekannten Siedlungen bis zur Ankunft der spanischen Konquistadoren. In den sechs Sälen rund um den Innenhof werden Schmuck, Steinwerkzeuge, Felszeichnungen und Keramik mit Elementen aus der Olmeken-, Teotihuacán-, Tarascan- und Mexica-Kultur aus wichtigen Fundstätten wie Tierras Prietas und Cerro de la Madera gezeigt. Wer die Beschriftungen lesen will, sollte aber sein Spanisch auf Vordermann bringen.

Teufel, Kaffee & handgewebte Teppiche

ZIHUATANEJOS BESTE SHOPPING-ERLEBNISSEMÖGLICHKEITEN

In mehreren Straßen der Innenstadt von Zihua – vor allem nahe der Uferpromenade – gibt es viele Läden, die alles, von hochwertiger Surfausrüstung über Silberschmuck bis zu Bio-Kaffee, anbieten. Selbst auf dem großen **Kunsthandwerkermarkt** an der Calle 5 de Mayo, auf dem vor allem Massenware verkauft wird, gibt's hochwertiges Kunsthandwerk wie Tierschnitzereien aus Eisenholz aus der Sonora und Taschen aus recycelbaren Materialien. Einige Geschäfte stechen jedoch heraus …

DAS BESTE STREETFOOD FÜR NACHTSCHWÄRMER IN ZIHUATANEJOS

La Flechita Roja
Beliebte 24-Stunden-Bude in der mexikanische Spezialitäten wie Augäpfel, Zunge u.a. auf frischen Tortillas auf den Teller kommen. $

Tacos Mi Barrio
Taqueria mit Sitzgelegenheit, die hervorragende *tacos de suadero*, *lengua* (Zunge) und *barbacoa* sowie viele *tacos especiales* serviert. $

La Papa Loca
Mit Käse überbackene Kartoffeln mit *pastor* (mariniertes Schweinefleisch), Sahne und mehr. $

Taquería Mi Ranchito
U.a. Tacos und Quesadillas mit Chorizo, *pastor, bistec* oder *tripa*. Mittwoch geschlossen. $

AUSGEHEN IN ZIHUATANEJO

Tasting Room por Capricho del Rey
Gemütliche kleine Bar mit vier Originalbieren aus Zihua und weiteren aus Guerrero.

Barracuda Bar
Hier kann man mit Einheimischen Fußball schauen und dabei riesige Margaritas schlürfen.

Bar La Playa
Familiengeführte Bar mit geselliger Atmosphäre, kaltem Bier und riesigen amerikanische Cheeseburgern.

Teufel, Engel, Jaguare und andere fantastische Kreaturen blicken von den Wänden von **El Jumil** am Paseo del Pescador herab. Masken sind ein traditionelles Kunsthandwerk des Bundesstaates Guerrero, das vor allem bei Festen verwendet wird. Es gibt aber auch einige dekorative Stücke, die aus Rinderschädeln geschnitzt sind, moderne Masken und alte Holzschnitzereien aus Jaliaca de Campo, die die sieben Todsünden darstellen.

Wenn man sich für handgewebte Dinge interessiert – *sarapes* (Poncho-Decken), Teppiche oder Hängematten – sollte man **La Zapoteca** (in der Nähe des Fischerhafens) aufsuchen. Die Webereien stammen alle aus Teotitlán del Valle in Oaxaca, einem Dorf, das für seine hochwertigen Textilien bekannt ist.

Das **Café Caracol** in der Calle Álvarez verkauft drei Sorten köstlichen Bio-Kaffees aus dem Dorf Atoyac de Álvarez im Bundesstaat Guerrero sowie Vanille und Honig – probieren lohnt sich.

DIE BESTEN BOUTIQUEHOTELS IN ZIHUATANEJO

Hotel Tentaciones
Refugium nur für Erwachsene mit Marmor, Strohdach, Wasserspielen und lichtdurchfluteten, schlichten Zimmern. Hervorragendes Restaurant. $$$

Solana Boutique B&B
Nach dem Sundowner am Infinity-Pool inmitten üppiger Gärten hoch über der Bucht warten individuell gestaltete Studios. $$$

La Casa Que Canta
Strohgedecktes Hotel nur für Erwachsene mit exquisit eingerichteten Suiten mit Meerblick, einige mit privaten Terrassen und Tauchbecken. $$$

Amuleto
Designhotel mit fünf individuell gestalteten, mit Stein, Keramik und Holz verkleideten Suiten. Allein das Fusionrestaurant ist einen Besuch wert. $$$

Strandvergnügen in Ixtapa

BADEORT

Zihuas Nachbar, **Ixtapa**, wurde in den 1970er-Jahren von einer Kokosnussplantage in einen Ferienort im Stil von Cancún verwandelt. Das Ergebnis sind mehrere Hochhaus-Hotels, die den schönen Strand **Playa El Palmar** flankieren. Ixtapa ist ziemlich unaufregend, was vor allem jene zu schätzen wissen, die einen stressfreien Strandurlaub suchen. Von der Playa Linda mit ihrem grauen Sandstrand nördlich von Ixtapa fahren regelmäßig Boote zur **Isla Ixtapa** mit ihrem türkisfarbenen Wasser, das sich gut zum Schnorcheln eignet. Die Playa Corales, auf der anderen Seite der Insel, ist der ruhigste Ort mit weichem, weißem Sand – aber mehr Dünung. Die strohgedeckten *enramada*-Restaurants unter freiem Himmel laden zu einem Seafood-Mittagessen ein.

Vogelbeobachtung und Schnorcheln

GEFIEDERTES UND BEFLOSSTES LEBEN

Das Fischerdorf **Barra de Potosí** liegt etwa 26 km südöstlich von Zihuatanejo an der äußersten Spitze der Playa Larga, einem scheinbar endlosenSandstrand, und an der Mündung der **Laguna de Potosí**, einer etwa 6,5 km langen Salzwasserlagune, die von Mangroven gesäumt ist und in der mindestens 212 Vogelarten leben, z. B. Reiher, Eisvögel, Kormorane und Pelikane.

Etwas landeinwärts der Strandpromenade, etwa 3,5 km nördlich der Stadt, liegt das 7 ha große **El Refugio de Potosí** (elrefugiodepotosi.com), das sich verletzten Wildtieren wie Gürteltieren, Wildkatzen, Nasenbären und Ottern widmet und Schmetterlinge und Papageien züchtet. Zudem trägt es zur Umweltschulung in der Region bei. Das Gelände beherbergt Aras,

ÜBERNACHTEN IN IXTAPA

Villas Victoria
Familiengeführte Pension nahe des Mirador Ixtapa (Aussichtspunkt), mit gemütlichen Zimmern mit Blick auf den Pool. Nicht in Strandnähe. $

Barceló Ixtapa
Fünf-Sterne-All-Inclusive-Hotel am Strand mit Spa, mehreren Restaurants, Bars und Pools. Die Villen bieten zusätzliche Privatsphäre. $$$

Posada Real Ixtapa
Dieses Hotel direkt am Strand bietet mehrere Pools und familienfreundliche Einrichtungen. Unweit des Golfplatzes von Ixtapa. $$$

HEATHER PAUL/GETTY IMAGES ©

Küste von Ixtapa

Leguane und ein 18 m langes Pottwalskelett. Der Park ist nur an den Wochenenden für die Öffentlichkeit zugänglich, kann aber an jedem Wochentag mit einem örtlichen Guide besucht werden.

Im Restaurante Rosita bietet die englischsprachige Führerin **Araceli „Cheli" Oregón** (Handy 755-1306829) zweistündige Bootstouren durch die Lagune, während der eine Vielzahl von Vögeln und Krokodilen zu sehen ist. Aracelie bietet auch vier- und sechsstündige Schnorchel- und Angeltouren an. Auf Ausflügen zu den **Morros de Potosí**, einer Ansammlung massiver Felsen, die etwa 20 Minuten vor der Küste liegen, lässt sich die Leidenschaft für das gefiederte und das geschuppte Leben miteinander verbinden. Die Boote umrunden die Morros und bieten einen Blick auf die Seevögel, die hier nisten, bevor es zur nahen Playa Manzanillo (S. 453) mit ihrem Reichtum an Rifffischen geht.

Ein Besuch in der Vergangenheit

EINE ANTIKE STADT DIE TEOTIHUACÁN GLEICHKOMMT

Das Dorf Soledad de Maciel (lokal „La Chole") liegt auf der größten und bedeutendsten archäologischen Stätte im Bundesstaat Guerrero: **Xihuacan**. Seit Beginn der Freilegung (2007) wurden hier u. a. ein Platz, ein Palast, ein Ballspielplatz und drei Pyramiden entdeckt. Die Bauwerke stammen von prähispanischen Kulturen wie den Tepozteken, Cuitlateken und Tomilen. Gäste haben Zugang zum Ballspielplatz, der ca. 500 m südlich des Museo de Sitio Xihuacan liegt, sowie zur kürzlich ausgegrabenen Pyramide Montículo B, die 300 m hinter dem Ballspielplatz liegt.

Auf Nahuatl bedeutet „Xihuacan" („Schih-wah-kahn") etwa „Ort der Menschen, die die Ewigkeit kontrollieren". Die alte Stadt wurde ca. 800 v. Chr. gegründet. Von 200 bis 800 n. Chr.

DIE BESTEN ORTE ZUM ESSEN & AUSGEHEN IN IXTAPA

Lili Cipriani
Das beste Restaurant auf der Isla Ixtapa serviert gegrillten Fisch mit handgemachten Tortillas und scharfer Habanero- und *chili de arbol*-Salsa. $$

El Tiburón de la Costa
Großzügige Meeresfrüchteplatten, gegrillter Fisch und Krabbengerichte – dazu gibt's gewaltige Margaritas. $$

Ruben's Hamburgers
Burger mit Käse, gegrillten Zwiebeln, Speck und gebackener *chayote* (Kaktusfeige) als Beilage. $

Generals Sports Bar
Zu eiskalten Pacíficos gibt's auf dem großen Bildschirm Fußball. $

ÜBERNACHTEN & ESSEN IN BARRA DE POTOSÍ

La Casa del Encanto
Ein Labyrinth aus farbenprächtigen offenen Räumen, Hängematten, Springbrunnen und Treppen mit Kerzenlicht – unter Leitung der kundigen Laura. $$

Bungalows Solecito
Suiten mit Ventilatoren und stilvolle, komplett ausgestattete Bungalows mit Meerblick umgeben einen Pool in einem tropischen Garten. $$

Enramada Rosita
Familiengeführtes Restaurant am Strand mit wunderbaren *aguachile*, Ceviche und gegrilltem Fisch. $

GEFÄHRLICHER START INS LEBEN

Der Küstenabschnitt von Guerrero, der Troncones, Ixtapa und Zihuatanejo umfasst, ist ein wichtiger Nistplatz für die gefährdeten Lederschildkröten und Oliv-Bastardschildkröten. Jedes Jahr zwischen Juni und November kommen sie hier an Land, um ihre Eier abzulegen, wobei das Schlüpfen in der Regel im August, September, Oktober und Anfang November stattfindet. Angesichts diverser natürlicher Feinde an Land und im Wasser sowie der Wilderer, die die Eier stehlen, stehen die Chancen einer Babyschildkröte, das Erwachsenenalter zu erreichen, etwa 1 zu 1000. Schildkrötenschutzcamps entlang der Küste, darunter das Ayotlcalli Turtle Camp in der Nähe von Zihuatanejo und das Campamento de Tortugas Majahua in Troncones, tun ihr Bestes, um die Überlebenschancen der Schlüpflinge zu erhöhen. Zwischen August und März können Traveller bei der Freilassung helfen.

GLASS AND NATURE / SHUTTERSTOCK ©

Küste von Guerrero

erlebte sie den Höhepunkt ihrer Bedeutung und Macht: Damals war dies das größte Siedlungszentrum zwischen Acapulco und Zacatula. Zudem war Xihuacan wohl auch ein wichtiges religiöses Zentrum, in dem diverse prähispanische Ethnien (z. B. Cuitlateken, Tarasca, Mixteken, Azteken, Zapoteken, Totonaken) ihre jeweiligen Gottheiten verehrten. Ein paar örtliche Reliefs lassen noch ältere Einflüsse der Olmeken vermuten. Und ein kreisförmiger Stein sowie einige menschliche Überreste weisen darauf hin, dass hier auch Menschenopfer praktiziert wurden.

Dem Instituto Nacional de Antropología e Historia zufolge sind die Ruinen von Xihuacan etwa so bedeutend wie ihre Pendants in Teotihuacán oder Chichén Itzá: In der mesoamerikanischen Chronologie decken sie die prä- bis postklassische Periode ab. Hier entdeckte Gegenstände lassen darauf schließen, dass Xihuacan lang Handelsbeziehungen mit Teotihuacán unterhielt.

Um 850 wurde Xihuacan vom Meer überschwemmt und dann aufgegeben – der Palast, die Pyramiden und der 55 m lange Ballspielplatz (der zweitgrößte in Mexiko nach dem von Chichén Itzá) verschwanden unter Tonnen von Sand (die typischen Folgen einer Tsunamiwelle).

In der Nähe von Xihuacan zeigt das **Museo de Sitio Xihuacan** (www.inah.gob.mx) Artefakte, die an der Ausgrabungsstätte gefunden wurden, darunter zwei Granitringe, die auf dem Ballspielplatz als „Tore“ dienten. Zu den Highlights gehören ein Stein mit dem eingemeißelten Stadtnamen „Xihuacan“ aus der späten vorkolonialen Periode und eine runde Steinplatte mit dem Abbild der Gottheit Tlaltecuhtli, die Götter und Menschen am Ende ihrer Lebenszyklen verschlang.

UNTERWEGS VOR ORT

Entlang des Hwy 200 fahren regelmäßig Busse zwischen Zihuatanejo und dem Zentrum von Lázaro Cárdenas über Ixtapa, sowie zwischen Zihuatanejo und Acapulco im Süden. Obwohl Busse aus Petatlán und Acapulco bis zu den Abzweigungen zu den Orten fahren, empfiehlt sich für Xihuacan und Barra de Potosí ein eigenes Auto. Nach Xihuacan geht's auch mit einer geführten Tour.

Nördlich von Troncones geht dann ohne eigenen Wagen nahezu nichts mehr. Sofern es an der Küste von Michoacán keine Straßensperren gibt, verbindet zwar ein Bus Lázaro Cárdenas mit dem Fischerhafen von Manzanillo, doch ein eigenes Fahrzeug ist die einzige Möglichkeit, die Surfspots und Dörfer entlang des Hwy 200 zu erreichen.

ACAPULCO

Sofern man nicht gerade als Einsiedler in einer Höhle lebt oder in den vergangenen 70 Jahren auf einer unbewohnten Insel Schiffbruch erlitten hat, hat man sicher schon einmal von Acapulco gehört. Seit den 1950er-Jahren wurde die ursprüngliche Partystadt Mexikos als „Perle des Pazifiks" bezeichnet – vor allem während ihrer Blütezeit als Tummelplatz für die Reichen und Berühmten, als jeder, der etwas auf sich hielt (Frank Sinatra, Elvis Presley, Elizabeth Taylor), hier zu Gast war. Obwohl Acapulcos Ruf bei internationalen Travellern schon lang nicht mehr so gut ist und auch keine Hollywood-Größen mehr vorbeikommen, ist es für die High Society von Mexico City immer noch der Ort, an dem man gesehen werden will.

Neben den waghalsigen Klippenspringer:innen – dem berühmtesten Spektakel hier – ist die Topographie der Stadt ein weiterer Anreiz: Acapulco erstreckt sich um eine herrliche Bucht mit goldenem Sand, und auf den Klippen südlich der Stadt liegen Luxusvillen und intime Boutiquehotels inmitten des Dschungelgrüns.

TOP TIPP

Die Hauptsaisons Acapulcos sind Dezember bis April und die Hurrikan-Saison im Juli und August. Die teure, überlaufene Weihnachtszeit und die Semana Santa sollte man meiden. Trotz erschreckender Statistiken, was den Drogenkrieg angeht, beschränkt sich die Gewalt in der Stadt weitgehend auf Kartellstreitigkeiten, die sich nicht gegen Traveller richten. Trotzdem sollte man nur offizielle Taxis nutzen und vermeintlich günstige „Angebote" meiden.

SEHENSWERTES
1 Isla La Roqueta
2 La Quebrada
3 Playa Condesa
4 Playa El Morro
5 Playa Hornitos
6 Playa Hornos
7 Playa Icacos
8 Playa Tamarindo

Küste von Acapulco

RADTOUR

Das Centro Histórico

Diese Radtour kombiniert die Sehenswürdigkeien des historischen Zentrums von Acapulco, darunter den ältesten Platz der Stadt, einige hervorragende Museen, einen tollen Ort, um Sonnenuntergänge zu beobachten, Küstenstraßen und das letzte Haus von Diego Rivera. Bei ACA Bike (acaenbici.com) in der Avenida Costera Miguel Alemán kann man sich ein Fahrrad mieten. Für die Tour sollte man sich mindestens vier Stunden Zeit nehmen – und früh aufbrechen sowie viel Wasser mitnehmen.

1 Zócalo

Dieser begrünte Platz mit Springbrunnen liegt am Westende der Bucht von Acapulco. Tagsüber ist es hier ruhig, doch abends wird er von Mariachis belebt. Der Platz wird von der 1930 erbauten Catedral de Nuestra Señora de la Soledad dominiert, die durch ihre blaue, neobyzantinische Kuppel auffällt.

Die Route: Der Avenida Costera Miguel Alemán nach Westen folgen, vorbei an der Playa de Tlacopanocha (dem Ausgangspunkt für Bootstouren) und dann in Richtung Süden entlang der Halbinsel Las Playas fahren.

2 Playas Caleta & Caletilla

Diese beiden kleinen Strände, die durch einen Felsvorsprung getrennt sind, strahlen eine familiäre Fiesta-Stimmung aus und sind bei einheimischen Familien sehr beliebt. Zur Isla La Roqueta (S. 461) ein Wassertaxi nehmen.

Die Route: Die Avenida Adolfo López Mateos entlang der Westküste der Halbinsel nehmen und sich links halten, wenn man die Playa Langosta passiert.

3 Sinfonía del Mar

Hier sollte man innehalten und den Blick auf die Küste von diesem Platz aus genießen, dessen Aussichtsplattformen hoch über dem Meer liegen. Gelegentlich finden hier Konzerte statt, aber vor allem kann man von hier aus den Sonnenuntergang beobachten.

Die Route: Die Avenida Adolfo López Mateos entlangfahren, vorbei an der Plaza de la Quebrada. So planen, dass man die 13-Uhr-Vorstellung der *clavidistas* (S. 460) sehen kann. Dann der Inalámbrica nach Süden folgen.

Fuerte de San Diego

4 La Casa de los Vientos

Diese Villa ist der Ort, an dem Diego Rivera seine letzten Jahre (1955–1957) mit seiner Muse und Geliebten, der mexikanischen Kunstsammlerin Dolores „Lola" Olmedo, verbrachte. Die beiden spektakulären Wandgemälde aus Kacheln und Muscheln, die Quetzalcóatl, die gefiederte Schlange, und Tláloc, den aztekischen Gott des Regens, darstellen, sind besonders sehenswert.

Die Route: Auf der Inalámbrica zur Küste hinunterfahren, dann über die Avenida Costera Miguel Alemán und die Calle Hornitos fahren.

5 Museo de la Máscara

Die Zeit hat nicht gereicht, das epische Maskenmuseum in Zacatecas zu besuchen? Dann in dieser Galerie vorbeischauen, in der (hauptsächlich) in Guerrero hergestellte Teufels-, Konquistadoren- und Jaguarmasken ausgestellt sind. Die zeremoniellen Masken aus Pferdehaar und Ziegenhorn sowie die Mensch-Tier-Hybride aus mexikanischen Legenden sind faszinierend, besagen sie doch, dass jeder Mensch ein Wächtertier hat.

Die Route: Anschließend geht's 150 m entlang der Calle Hornitos nach Westen.

6 Fuerte de San Diego

Dieses 1616 erbaute Fort schützte einst die spanischen *naos* (Galeonen) vor holländischen und englischen Seeräubern. Innen zeichnet das Museo Histórico de Acapulco die Geschichte der Region nach, von der Besiedlung durch die Yopes und Tepozteco-Völker bis zu Acapulcos Schlüsselrolle auf den Handelsrouten zwischen Mexiko und den Philippinen, die für den asiatischen Einfluss auf die mexikanische Kunst verantwortlich ist. Zu sehen gibt es u. a. den Querschnitt einer Galeone, ein japanisches Katana in einer kunstvollen Elfenbeinscheide. Zudem erfährt man mehr über das Leben des Kriegerpriesters José María Morelos, der im Unabhängigkeitskrieg maßgeblich an der Eroberung dieser Festung von den Spaniern beteiligt war.

BEGEGNUNG MIT DEM AZTEKISCHEN REGENGOTT

Eine von Acapulcos besten Attraktionen ist gleichzeitig am überraschendsten und am wenigsten bekannt: Hoch über der Stadt liegt auf dem Hügel La Cuesta Palma Sola, eine Zeremonial- und Pilgerstätte aus der Zeit von 450 v. Chr. bis 650 n. Chr. mit wunderbar erhaltenen Felsmalereien bzw. -reliefs. Der höchste Punkt der Stätte bietet den besten Panoramablick auf Acapulco.

Der steile Aufstieg zwischen Granitblöcken passiert Darstellungen von Menschen – teils seltsam mit Ankern kombiniert. Einige der Figuren tragen rituelle Masken oder tanzen. Die Stätte liegt am Zusammenfluss zweier Bäche. Dies weist auf ihre Bedeutung für die Verehrung des Regengottes Tláloc hin, der mit fließendem Wasser in Verbindung gebracht wird. Unbedingt sehenswert ist die Höhle mit den Petroglyphen, die den Schöpfungsmythos darstellen. Das Museum ist montags geschlossen. Taxis aus dem Zentrum von Acapulco kosten etwa 350 Mex$, einschließlich Wartezeit.

BENEDEK/GETTY IMAGES ©

La Quebrada

Die Draufgänger von La Quebrada

UNERSCHROCKENE KLIPPENSPRINGER

Die Klippenspringer von **La Quebrada** – Acapulcos berühmteste Touristenattraktion – führen seit den 1920er-Jahren waghalsige Sprünge von den Klippen von La Quebrada vor, doch erst 1934 wurden die *clavadistas* (clavadistaslaquebrada.com) zu einem organisierten Spektakel, das derart beeindruckend ist, dass es sogar in dem Film *Acapulco* (1963) verewigt wurde, in dem Elvis Presley selbst als *clavadista* auftrat. (Spoiler-Alarm: Presleys Sprünge wurden von einem Stunt-Double ausgeführt).

Während sich die Zuschauer auf der Aussichtsplattform unterhalb der Klippe versammeln (früh kommen, um sich einen guten Platz zu sichern), springt ein Team von sieben geschmeidigen jungen Tauchern in die aufgewühlten Wellen, bevor sie die senkrechte Klippe gegenüber hinaufsteigen. Abends werden am Schrein der Jungfrau Maria auf der Klippe Fackeln entzündet, um sie um Schutz zu bitten, bevor die Show beginnt. Die meisten Taucher springen von der unteren Plattform (25 m) – zuerst ein Einzeltaucher, dann ein Paar gleichzeitig, dann drei Taucher, die anmutig synchron springen. Der letzte Taucher springt von ganz oben (35 m).

TACOS ESSEN IN ACAPULCO

Tacos Tumbras
Die *tacos al pastor* und *tacos de bistec* sind seit Jahren bei den Nachtschwärmern der Zona Dorada beliebt. $

Tacos El Guamuchil
Dieser Taco-Stand In der Nähe des Mercado Central zaubert allmorgendlich wunderbare Dinge aus gekochtem Kuhkopffleisch. $

Taquería El Cheff
Spezialisiert auf Tacos und *panuchos* (mit Bohnen gefüllte Tortillas), gefüllt mit *cochinita pibil* (Schweinefleisch nach yucatanischer Art). $

Der Trick ist das Timing: Die Springer müssen die ankommende Welle treffen, sonst reicht das Wasser in der aufgewühlten Bucht nicht aus, um ihren Sturz abzufedern, und das Publikum hält kollektiv den Atem an, während es zusieht, wie die Taucher ihren Weg aus dem Meer finden, ohne gegen die Felsen zu prallen. Das Spektakel dauert etwa 20 Minuten. Die Vorstellungen finden um 13, 19, 20, 21 und 22 Uhr statt. Bei der letzten Show taucht der letzte Taucher mit zwei brennenden Fackeln in die Dunkelheit (dafür wird das Flutlicht ausgeschaltet). Unbedingt sehenswert!

Ausflug zur Isla La Roqueta

BEWALDETE INSEL MIT UNTERWASSER-STATUE

Vom Eingang des Mágico Mundo Marino zwischen den Playas Caleta und Caletilla (S. 458) fahren Wassertaxis in acht Minuten über den Kanal zur mit Dschungel bewachsenen, hügeligen **Isla La Roqueta**. Man landet am gleichnamigen Strand, der sauber (und an Wochenenden überfüllt) ist und an dem man gut schwimmen kann. Alternativ kann man einen kurzen, mäßig steilen Weg zum kleinen Leuchtturm am höchsten Punkt der Insel hinaufsteigen, von dem aus man einen hervorragenden Blick auf die Stadt hat – oder man mietet sich eine Schnorchelausrüstung in einem der zahlreichen *palapa*-Restaurants und schlendert zur gegenüberliegenden Seite der Insel, wo es einen guten Schnorchel-Spot gibt. Im Hafen nahe der Insel befindet sich eine versunkene Bronzestatue der Virgen de los Mares. Sie ist am einfachsten von einem der Glasbodenboote von **Yates Fondo de Cristal** (yatesacapulco.com.mx) aus zu sehen. Die Boote fahren 45 Minuten lang vom Strand in der Nähe des *zócalo* zur Insel. Während der Fahrt werden einem die Häuser mexikanischer Berühmtheiten gezeigt.

Strand-Hopping in der Zona Dorada

ACAPULCOS UNZÄHLIGE STRÄNDE

Die Strände von Acapulco stehen bei den meisten Besuchern ganz oben auf der Liste der „Must-Dos". Die Strände, die sich vom *zócalo* aus östlich um die Bucht herum erstrecken – die **Playas Tamarindo**, **Hornos**, **Hornitos**, **El Morro**, **Condesa** und **Icacos** – sind die beliebtesten, auch wenn es am westlichen Ende von Hornos manchmal nach Fisch riecht, der morgens gefangen wurde. Zusammen flankieren die Strände die so genannte Zona Dorada, die sich von der großen mexikanischen Flagge in der Nähe des *centro histórico* bis zur Landzunge erstreckt, hinter der das exklusive Diamante liegt. An der Playa Tamarindo gibt es mehrere gute *palapas mit* Meeresfrüchten,

DIE BESTEN RESTAURANTS IN DER ZONA DORADA

La Casa de Tere
Am Donnerstag gibt es *pozole verde* und sonntags *barbacoa de carnero* (langsam gegartes Lamm. $$

Chile, Maíz y Frijol
Klitzekleines Familienrestaurant, das Frühstück mit Eiern und *chilaquile*, Enchiladas, Quesadillas und Meeresfrüchte mit hausgemachten Salsas serviert. $$

El Amigo Miguel
Minikette in Acapulco. Besonders lecker: Shrimps *al ajillo* (Knoblauchbutter) oder *a la diabla*, Ceviche, gegrillter Hummer und Fischtacos. $$

Suntory Acapulco
Teppanyaki-Gerichte werden am Tisch zubereitet. Fantasievolles Sushi und ausgezeichnete Weine. $$$

ÜBERNACHTEN IM CENTRO UND IN CALETA

Hotel Mirador Acapulco
In diesem Hotel aus den 1930er-Jahren kann man die *clavadistas* (Klippenspringer) vom hauseigenen Restaurant und den Pools aus beobachten. $$

Pier D Luna
Gemütlicher Rückzugsort in Caleta mit Blick auf die Bucht, Salzwasserpool und französisch-mexikanischen Gerichten (nach Vereinbarung). $$

Hotel Elcano Acapulco
Eines der besten familienfreundlichen Strandresorts der Zona Dorada mit Blick auf Playa Icacos und zahlreichen Annehmlichkeiten. $$$

die bei den Einheimischen sehr beliebt sind. Besonders belebt ist der *malecón* zwischen dem Diana-Glorieta-Denkmal im Kreisverkehr und dem Hotel Fiesta Americana mit zahlreichen Restaurants direkt am Meer – inklusive schmetternden Salsa-Beats und Paradise-Bungy-Action. Wenn man an einem Fallschirm hinter einem Schnellboot hängend über das Meer schweben oder sich auf einem Bananenboot über die Wellen ziehen lassen möchte, bucht man dies einfach an einem der Kioske an den vier Hauptstränden der Zona Dorada.

DIE BESTEN HOTELS & RESTAURANTS IN DIAMANTE

Banyan Tree Cabo Marqués
Schickes All-Inclusive-Resort in Acapulco mit Villen, Infinitypool, Spa und Thai-Restaurant. **$$$**

Encanto Acapulco
Minimalistisches Designhotel an einer Steilküste, das auch als Kunstgalerie dient, mit offenen, modernen Zimmern, preisgekröntem Spa und Infinitypool. **$$$**

Zibu
Gehobenes *palapa*-Restaurant mit Blick auf den Sonnenuntergang und mexikanisch-thailändischer Fusionküche mit Seafood. Beeindruckende Weinkarte und Mango-Martinis. **$$$**

Paititi del Mar
Gartenlokal mit Spezialitäten wie Ceviche-*paraiso* (Thunfisch mit Mango), gegrilltem Oktopus oder Oktopus nach *ajillo*-Art und anderen Meereskköstlichkeiten. **$$**

Romantik pur im exklusiven Diamante

LUXURIÖSE REFUGIEN & ABGELEGENE STRÄNDE

Am Südende der Bucht von Acapulco steigt der vom Dschungel umgebene Hwy 200 an, wobei sich rechts ein spektakulärer Blick auf die Bucht eröffnet, wenn man Richtung Flughafen und das ehemalige Fischerdorf Barra Vieja fährt. Dort, wo die Straße abflacht, ragt eine dicht bewaldete Landzunge ins Meer. Zusammen mit der Punta Diamante umrahmt sie die tief eingeschnittene Bucht von Puerto Marqués. Südlich davon liegt der lange Sandstrand Playa Revolcadero, der von einer starken Dünung umspült wird und an dem sich Fünf-Sterne-Strandresorts befinden. Zusammen bilden sie **Diamante**, den wohlhabendsten Vorort von Acapulco. Mit Luxusvillen und den exklusivsten Hotels der Stadt, die aus dem üppigen Grün hoch über dem Meer herausragen, scheint der Name treffend zu sein. Neben dem Faulenzen auf dem weißen Sand der Playa Marqués und den angrenzenden Buchten Playa Palmita Sola und Playa Majahua sowie dem Schwimmen im ruhigen Wasser der Bucht sind es vor allem die luxuriöse Abgeschiedenheit und die opulenten Einrichtungen der exklusiven Hotels, die hier locken (sowie einige der originellsten Restaurants Acapulcos).

Faulenzen an der Lagune

BESCHAULICHER BADEDORT; GEWALTIGE LAGUNE

Nur 10 km nördlich von Acapulco liegt das ruhige Küstenviertel **Pie de la Cuesta**, wo der Strand endlos zu sein scheint und wo man auf dem Rücken eines Pferdes (direkt bei den Gauchos oder über das Hotel zu buchen) an der Brandung und den mit *palapas* überdachten Fischrestaurants vorbeireiten kann. Doch es ist die seltene Kombination aus Sonnenuntergängen am langen Strand und blutigen Sonnenaufgängen über der Lagune, die Pie de la Cuesta berühmt gemacht hat, denn der Ort liegt auf einem schmalen Streifen Land, der vom Pazifik und der **Laguna de Coyuca** (wo ein Teil von *Rambo: Der Auftrag* gedreht wurde) eingerahmt wird. Die Ruhe und Naturnähe von Pie de la Cues-

ESSEN IM CENTRO

Marisqueria El Tiburón Costeño
Lokal in La Quebrada mit Plastiktischen, schlichtem Dekor, Austern im Dutzend und *aguachile de camarón*. **$**

El Nopalito
Uriges Lokal mit Tageskarte, auf der donnerstags und sonntags auch *mole verde* (grüne Chilisoße) steht. **$**

Mariscos Nachos
Kleines Restaurant mit hausgemachten gegrillten Schnapper- und Krabbengerichten zu eiskaltem Corona-Bier. **$$**

MARIO VARGAS9/SHUTTERSTOCK ©

Strandclub, Diamante

ta zieht Wochenendausflügler aus Acapulco an, sodass die Stadt am Freitag- und Samstagabend sehr belebt ist. Die riesige, von Palmen gesäumte Süßwasserlagune stellt die Bucht von Acapulco in den Schatten und ihr Reichtum an Vögeln lockt passionierte Vogelfans an. Die drei Inseln der Lagune, mit Ausnahme der Isla Pájaros, einem Vogelschutzgebiet, können mit örtlichen Anbietern besucht werden. Mehrere Unternehmen bieten Bootsausflüge auf der Lagune an. Die Preise hängen von der Zahl der Personen und der Länge der Bootstour ab, aber die Bootsausflüge bieten meist eine Mittagspause mit lokalen Spezialitäten auf der Isla Montosa und Zeit zum Schwimmen.

Wasserski und Wakeboarding auf der Lagune sind ebenfalls ein beliebter Zeitvertreib. An der Hauptstraße gibt es mehrere Wasserskiclubs, die alle um die 1000 Mex$ pro Stunde verlangen, darunter der Club de Ski Cadena.

DIE BESTEN HOTELS UND RESTAURANTS IN PIE DE LA CUESTA

A&V Hotel Boutique
Gemütliches Hotel mit schrulliger Kunst, Hängematten in den Zimmern und Balkonen mit Blick auf den Pool und das Restaurant. **$$**

Hotel Baxar
Entspannter Ort im Barfuß-Stil. Zimmer mit Rattan-Lampenschirmen und Moskitonetzen. Leih-Kajaks gibt's kostenlos. **$$**

Restaurante Ricarda Yopes
Mexikanische Standards zum Frühstück – und sonst gibt's den Fang des Tages und Pazifikgarnelen. **$**

La Cabañita
Familiengeführtes Restaurant in der Nähe des südlichen Endes der Lagune, das gegrillten Fisch und *cabeza de cabrito* serviert. **$**

UNTERWEGS VOR ORT

Die Avenida Costera Miguel Alemán („La Costera") ist Acapulcos 10 km lange Hauptstraße und erstreckt sich rund um die Bucht. Am einfachsten von A nach B kommt man mit der Buslinie „Base-Caleta", die den *zócalo* und die Playa Caleta mit der Zona Dorada verbindet. Die ehemaligen US-Schulbusse im *Pimp My Ride*-Stil, die zum „Zócalo" oder nach „Condesa" fahren, verwandeln sich abends in Salsa-lastige Raves auf Rädern und machen besonders Spaß. Die Taxitarife für die weiß-blauen VW-Käfer variieren je nach Verhandlungsgeschick, die weiß-gelben Sammeltaxis, die auf der Costera verkehren, liegen preislich zwischen den Bussen und den Taxis.

Die „Pie de la Cuesta"-Busse fahren von der Avenida Costera ab (gegenüber vom Postamt).

WESTLICHES ZENTRAL-HOCHLAND

MEXIKOS KULTURELLE WURZELN

In diesem Gebiet liegen die Ursprünge der Mariachi-Musik, des Tequila und der Rituale zum Tag der Toten. Außerdem erwarten Traveller die zweitgrößte Stadt Mexikos, aktive Vulkane sowie Millionen von Monarchfaltern.

Westlich von Mexico City, in den zentralen Regionen Michoacán, Colima und Jalisco bis zur Grenze zu Nayarit, liegen die Ursprünge vieler Traditionen, die man mit Mexiko in Verbindung bringt. Die Mariachi-Musik entstand hier. Ebenso die *charrería* (mexikanische Reiterspiele), Tequila, *birria* (Ziegenfleisch in Brühe) und *carnitas* (Pulled Pork). In diesen hochgelegenen Ebenen, wo das Wetter das ganze Jahr über mild ist, lockt Guadalajara mit einer attraktiven Restaurant- und Barszene, einem faszinierenden historischen Stadtkern und attraktiver Volkskunst. Rund um Guadalajara gibt es ein Meer von blauen Agaven, 2300 Jahre alte indigene Ruinen, beschauliche Städte an Mexikos größtem Süßwassersee und Pferdefarmen. In Michoacán kann man eine von Mexikos beeindruckendsten architektonischen Städten besichtigen, auf dem jüngsten Vulkan Amerikas eine Bergwanderung unternehmen und einige der lebhaftesten Día-de-Muertos-Feiern Mexikos miterleben und danach in den Kunsthandwerk-Städten herumstöbern. Colima ist ebenfalls einen Besuch wert, denn hier gibt es einen schneebedeckten Vulkan, *pueblos mágicos* (magische Dörfer), perfekt erhaltene Grabfiguren und eine aufstrebende Szene für Kleinbrauereien. Im westlichen Zentralhochland trifft man kaum auf ausländische Tourist:innen – aber vielleicht nicht mehr lange. Deshalb solltest du es wie die Millionen Monarchfalter machen, die jeden Herbst in den Osten Michoacáns ziehen, und so schnell wie möglich kommen. Diese Region ist einfach zu schön, um sie zu verpassen!

DIE WICHTIGSTEN ZIELE

GUADALAJARA
Junger Künstler-Hub. **S. 470**

TEQUILA
Brennerei-Touren in einem *pueblo mágico*. **S. 487**

MORELIA
Stadt aus rosa Stein nahe bei den Monarchfaltern. **S. 492**

PÁTZCUARO
Kunsthandwerk und Día de Muertos. **S. 498**

COLIMA
Ruinen und Vulkane. **S. 504**

JESUS CERVANTES/SHUTTERSTOCK ©

Oben: Agavenbauer, Tequila; gegenüber: Morelia (S. 492)

Guadalajara, S. 470

Die zweitgrößte Stadt Mexikos besitzt eine wunderschöne Altstadt in Form eines Kreuzes, hippe Cafés und Bars sowie attraktive Volkskunst.

Tequila, S. 487

Hier erfährst du, wie Mexikos beliebter Agavenschnaps hergestellt wird und kannst in den Brennereien dieses hektischen *pueblo mágico* ein paar Kostproben nehmen.

Colima, S. 504

Hier kann man 1000 Jahre alte Ruinen besichtigen, einen Vulkan besteigen, um einen aktiven Vulkankegel zu sehen, der immer noch raucht, und eine charmante Stadt besichtigen.

Erste Orientierung

Diese Region erstreckt sich über 48 km von Osten nach Westen und 224 km von Norden nach Süden und ist trotz ihrer Höhenlage überwiegend flach. Unterwegs gibt es zauberhafte Städte zu entdecken.

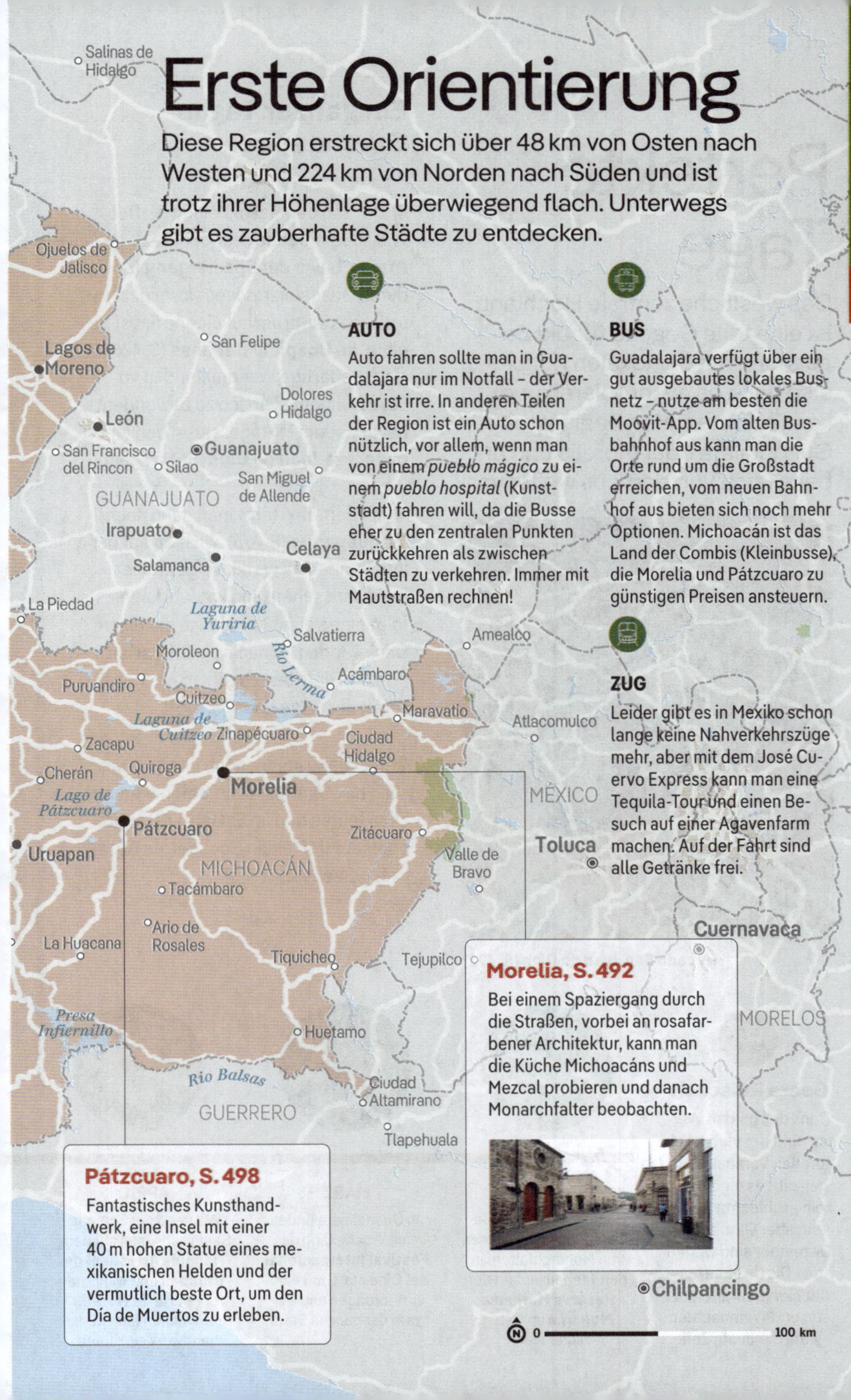

AUTO

Auto fahren sollte man in Guadalajara nur im Notfall – der Verkehr ist irre. In anderen Teilen der Region ist ein Auto schon nützlich, vor allem, wenn man von einem *pueblo mágico* zu einem *pueblo hospital* (Kunststadt) fahren will, da die Busse eher zu den zentralen Punkten zurückkehren als zwischen Städten zu verkehren. Immer mit Mautstraßen rechnen!

BUS

Guadalajara verfügt über ein gut ausgebautes lokales Busnetz – nutze am besten die Moovit-App. Vom alten Busbahnhof aus kann man die Orte rund um die Großstadt erreichen, vom neuen Bahnhof aus bieten sich noch mehr Optionen. Michoacán ist das Land der Combis (Kleinbusse), die Morelia und Pátzcuaro zu günstigen Preisen ansteuern.

ZUG

Leider gibt es in Mexiko schon lange keine Nahverkehrszüge mehr, aber mit dem José Cuervo Express kann man eine Tequila-Tour und einen Besuch auf einer Agavenfarm machen. Auf der Fahrt sind alle Getränke frei.

Morelia, S. 492

Bei einem Spaziergang durch die Straßen, vorbei an rosafarbener Architektur, kann man die Küche Michoacáns und Mezcal probieren und danach Monarchfalter beobachten.

Pátzcuaro, S. 498

Fantastisches Kunsthandwerk, eine Insel mit einer 40 m hohen Statue eines mexikanischen Helden und der vermutlich beste Ort, um den Día de Muertos zu erleben.

Perfekte Tage

Das westliche zentrale Hochland ist eine tolle Gegend für die Begegnung mit der lokalen Kultur – also heißt es ausprobieren und kennenlernen. Man beginnt mit Guadalajara oder Morelia und arbeitet sich von dort aus weiter vor.

ARTURO PEÑA ROMANO MEDINA/GETTY IMAGES ©

Mercado San Juan de Dios (S. 472)

Ein ganzer Tag in Guadalajara

● Der Tag beginnt mit einem Kaffee und süßem Gebäck auf der **Plaza de Armas**, bevor der **Spaziergang** (S. 476) durch Guadalajaras kreuzförmiges historisches Zentrum auf eigene Faust beginnt. Im **Hospicio Cabañas** (S. 476) sind großartige Wandmalereien von José Clemente Orozco zu bewundern, bevor es zum Mittagessen in den **Mercado San Juan de Dios** (S. 472) geht.

● Mit dem Taxi fährt man dann nach **Tlaquepaque** (S. 475), wo man auf der Independencia erstklassiges Kunsthandwerk sehen (und kaufen) kann.Es folgt eine Verschnaufpause mit einem Drink vor den Mariachis im **El Parián** (S. 477); Platz lassen für ein Abendessen in der **Casa Luna** (S. 475)!

● Wer dann immer noch Energie hat, kann mit dem Taxi nach Colonia Americana fahren und im **El Gallo Altanero** oder im **PIMP** einen Cocktail als Absacker genießen.

VON LINS NACH RECHTS: JOHN ELK/GETTY IMAGES ©, PEDRO MARTIN GONZALEZ CASTILLO/GETTY IMAGES ©, OCTAVIANO MERECIAS FOTOGRAFIA PHOTOGRAPHY/GETTY IMAGES ©

Beste Reisezeit

Dank des milden Wetters und der vielen kulturellen Veranstaltungen gibt es eigentlich keine schlechte Reisezeit, aber Oktober bis Dezember sind wegen des Día de Muertos, der Monarchfaltersaison und Weihnachten wohl die beste Zeit.

FEBRUAR

Hochsaison für die Beobachtung von Millionen von Monarchfaltern in den Tannenwipfeln der **Reserva Mariposa Monarca** im Osten Michoacáns.

MÄRZ

In Guadalajara findet eine Woche lang das **Festival Internacional del Cine** statt, mit Filmvorführungen und Partys in der ganzen Stadt.

APRIL

Während der Semana Santa kann man auf dem **Tianguis Artesanal de Uruapan** und während der **Feria de Morelia** drei Wochen lang Kunsthandwerk einkaufen.

Drei vollgepackte Tage

● Nach dem Tag in **Guadalajara** (S. 470) kann man einen Bus nehmen, ein Auto mieten oder an einer Tour durch Tequila teilnehmen. Stopps empfehlen sich bei **Tequila Cascahuín** (S. 486) und **Cantaritos La Tequilera** (S. 485) in El Arenal, wo man eine Führung durch die Brennerei, leckere Krabben-Tacos und natürlich Tequila-Cocktails bekommt.

● In **Tequila** (S. 487) sollte man eine Tour mitmachen – **Mundo Cuervo** (S. 489) und **Hacienda La Cofradía** (S. 490) sind gute Anbieter – und die Plaza erkunden. Nach dem vielen Alkohol bietet sich ein Essen in **La Taberna del Cofrade** (S. 490) oder **La Antigua Casona** (S. 489) an, bevor es zurück nach Guadalajara geht; vielleicht mit einem Zwischenstopp für eine Tanzparty im **Cantaritos el Güero** (S. 485).

Viel Zeit für Michoacáns Zentrum

● Einen Tag Zeit für **Morelia** (S. 492) darf man sich schon gönnen, um die schöne Architektur zu bewundern und die Küche und den Mezcal von Michoacán zu probieren (z.B. im **Tata**, S. 495), bevor der Abend im **Nameless** (S. 495), einer Flüsterkneipe hinter einem *taquería*-Kühlschrank, endet.

● Am nächsten Morgen wartet ein unvergesslicher Ausflug zu Millionen von Schmetterlingen, die am östlichen Rand des Bundesstaates in der **Reserva Mariposa Monarca** überwintern (S. 496; Nov.–März).

● Am nächsten Tag fährt man mit einem Sammeltaxi nach **Pátzcuaro** (S. 498) und umrundet den wunderschönen See auf der Suche nach interessanten kunsthandwerklichen Schätzen. Ein paar Tage später besteigt man noch den **Volcán Paricutín** (S. 503), den jüngsten Vulkan des amerikanischen Kontinents.

JUNI

Beim **Marcha del Orgullo GDL** kann man den zweitgrößten LGBTQI+-Marsch in Mexiko und den neuntgrößten in Lateinamerika erleben.

AUGUST

Beim **Encuentro Internacional del Mariachi** sind Tausende von Mariachis aus ganz Mexiko zu hören. Außerdem gibt es *charrería*(Reiterspiele)-Veranstaltungen.

NOVEMBER

Am **Día de Muertos** kann man in Pátzcuaro und den umliegenden Städten die flackernden Lichter und die Blumen bewundern. Rechtzeitig im Voraus buchen.

DEZEMBER

In den Städten rund um den Lago de Pátzcuaro finden um Weihnachten traditionelle Tanzveranstaltungen statt, und die großen Plätze der Stadt sind beleuchtet.

GUADALAJARA

Guadalajara ist zwar groß (6 Mio. Einwohner:innen im Stadtgebiet), aber es fühlt sich nicht so an. Es sei denn, man steckt im Stau. Guadalajara wurde 1531 erobert und nach einer spanischen Stadt mit einem arabischen Namen benannt. Die Temperaturen liegen das ganze Jahr über bei milden 21 °C und von Oktober bis Juni regnet es fast nie. Diese Stadt ist die kulturelle Wiege der Mariachi-Musik, der *charrería* und der mexikanischen Küche. Das wunderschöne historische Zentrum in Form eines Kreuzes ist gespickt mit architektonischen Schätzen aus dem 16. und 17. Jh., und die Colonia Americana im Westen ist mit ihren Vintage-Läden und supercoolen Cafés, Bars und Restaurants, die es mit der Hauptstadt aufnehmen können, unglaublich hip. In den magischen Städten Tlaquepaque und Tonalá in der Peripherie wartet ein Paradies der Volkskunst auf Interessierte. Ausländische Tourist:innen halten sich nur selten hier auf, da sie die Stadt nur als Ausgangspunkt für Tequila nutzen – aber das ist ihr Pech. Diese junge Stadt wird einfach schon viel zu lange unterschätzt.

TOP TIPP

Guadalajara liegt eben im Hochland, das heißt, man muss stets die Höhe von 1566 m im Hinterkopf behalten. Ein Spaziergang kann schnell anstrengend werden, vor allem wenn es um anspruchsvolle Wanderungen wie in der Barranca de Huentitán (S. 480) geht. Die Stadt selbst ist glücklicherweise ziemlich flach.

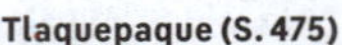

Tlaquepaque (S. 475)

SIEHENSWERTES
1 Café Correcto
2 Macondo
3 MUSA Museo de las Artes
4 Museo Pantaleón Panduro
5 Parque Revolución (Parque Rojo)
6 Selina
7 Templo Expiatorio del Santísimo Sacramento
8 U-Co Gdl Coliving

AKTIVITÄTEN, KURSE & TOUREN
9 Son, Golpe & Tumbao

SCHLAFEN
10 Casa Habita
11 Dalí Plaza Hotel
12 Hospedarte Centro Histórico
13 Hotel Isabel
14 La Villa del Ensueno

ESSEN
15 Birriería las **9** Esquinas
16 Bruna
17 Café PalReal
18 Cocina Prana
19 Jamaica
20 Jardín Hidalgo
21 La Flaca
22 Tacos La Choza
23 Tortas Migue

AUSGEHEN & NACHTLEBEN
24 De La O Cantina
25 El Gallo Altanero
26 Patan Ale House
27 PIMP
28 Tejuino Marcelino

UTERHALTUNG
29 Arena Coliseo de Guadalajara
30 El Parián

SHOPPEN
31 Antigua de México
32 Chamula
33 Del Corazón de la Tierra
34 El Baúl
35 Preciado Galerias
36 Taller Paco Padilla

TRANSPORT
37 José Cuervo Express

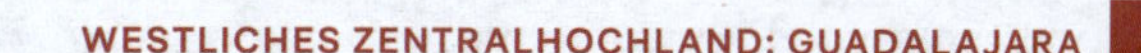

WESHALB ICH GUADALAJARA LIEBE

Joel Balsam, Autor

Als ich zum ersten Mal plante, nach Guadalajara zu fahren, dachte ich, es sei nur eine Großstadt wie jede andere. Da lag ich aber völlig daneben. Trotz ihrer Größe ist Guadalajara erstaunlich gemütlich, mit einem überschaubaren historischen Zentrum und einer Fülle von flippigen Bars und Cafés. Ich liebe die Volkskunst in **Tlaquepaque** und **Tonalá**, und meine Wohnung sieht langsam aus wie ein Laden dort. Ich war in den letzten zwei Jahren dreimal in Guadalajara, und sie ist einfach zu einzigartig, um sie nicht mit anderen zu teilen.

In der Markthalle herumstöbern

DER GRÖSSTE ÜBERDACHTE MARKT LATEINAMERIKAS

Westlich des historischen Zentrums erstreckt sich der **Mercado San Juan de Dios** (auch bekannt als Mercado Libertad) in alle Richtungen und verkauft alles, von *charro*-Stiefeln über Sporttrikots bis hin zu Tacos. Mit einer Fläche von über 40.000 Quadratmetern ist er der größte überdachte Markt Lateinamerikas und ein absolutes Chaos – aber ein Besuch dort ist ein Muss, wenn man in Guadalajara ist.

Der Markt ist grob in Bereiche unterteilt. Im obersten Stockwerk werden Schuhe, Kleidung, Sporttrikots, Videospiele und traditionelle Heilmittel angeboten. Eine Etage tiefer findet man Schmuck, Handtaschen und Sonnenbrillen sowie einige Fischrestaurants. Im nächsten Stockwerk gibt es Unmengen von Taschen und Sporttrikots (schon wieder) sowie öffentliche Toiletten (5 Mex$) am südlichen Rand des zentralen Platzes. Das untere Stockwerk bietet die beste Auswahl an *charro*-Artikeln, von Hüten bis hin zu Ledergürteln und Stiefeln, sowie alberne Souvenirs und zuckrige Tequila-Getränke. Dort gibt es auch viele **Essensstände**, an denen man anhand von Bildern erkennen kann, was man bestellt. Hier solltest du die Gelegenheit nutzen und die Lieblingsgerichte der *tapatíos* (Einheimischen) wie *tortas ahogadas* und *birria* probieren.

Kulinarische Köstlichkeiten

LECKERES ESSEN IM ÜBERFLUSS

Die *tapatíos* werden mit einigen der einzigartigsten und schmackhaftesten Gerichte Mexikos verwöhnt. Am beliebtesten in der Stadt sind *tortas ahogadas*, bestehend aus *birote* (Brötchen), das mit scharfer roter und/oder grüner Chilisoße übergossen und mit *carnitas* gefüllt ist. Man isst diese Mahlzeit mit einem Löffel oder, für zwischendurch, aus einer *bolsita* (kleine Plastiktüte), zerdrückt alles und isst es direkt aus der Tüte. Die Beliebtheit der *tortas ahogadas* in Guadalajara ist der Grund, warum die Sandwichs, die anderswo in Mexiko *tortas* genannt werden, hier *lonches* heißen. Wo man am besten *tortas ahogadas* probiert, darüber lässt sich streiten, aber bei **Tortas Migue** in Colonia Americana kann man nichts falsch machen, und wenn es einem nicht schmeckt, gibt es eine Geld-zurück-Garantie.

Das beliebteste Gericht Guadalajaras (eigentlich Jaliscos), das man im ganzen Land findet, ist *birria*, zartes *chivo* (Zicklein), das mit einem Hauch von Jalapeño gekocht und mit warmen Tortillas serviert wird. Besonders lecker ist es in der **Birriería las 9 Esquinas**, die zwei gegenüberliegen-

VOLKSKUNST FINDEN

Wer kunsthandwerkliche Volkskunst sucht, wird im Mercado San Juan de Dios nicht fündig. Stattdessen sollte man in **Tlaquepaque** (S. 475) oder **Tonalá** (S. 478) in den Außenbezirken Guadalajaras suchen.

ÜBERNACHTEN IN GUADALAJARA

Dalí Plaza Hotel
Sauberes Hotel mit einer tollen Lage in der Nähe des Zentrums. Die beste Aussicht hat man von den Zimmern an der Ostseite. **$$**

Hotel Isabel
Hübsche Zimmer im Motel-Stil mit Liegestühlen, beheiztem Pool, Orchideengarten und Restaurant von 1959, das für seine *chilaquiles* bekannt ist. **$**

Hospedarte Centro Histórico
Witziges Hostel, das vor allem junge Reisende anzieht und über Standorte in der Innenstadt und in Americana verfügt. **$**

Torta ahogada

de Sitzbereiche hat – einen in einer Küche im mexikanischen Stil und den anderen in einem 200 Jahre alten Bankgebäude.

Nicht zu verwechseln mit *birria* ist *carne en su jugo*, ein mariniertes Rindersteak, das gegrillt und dann mit einer würzigen Bohnenbrühe übergossen wird. Essen solltest du es im **Karne Garibaldi Santa Tere**, das mit 13,5 Sekunden den Guinness-Weltrekord für das am schnellsten servierte Gericht aufstellte.

Ein beliebtes Getränk aus der präkolumbianischen Zeit ist *tejuino*, das in ganz Jalisco und bis hinauf nach Chihuahua getrunken wird. Früher hieß es *texuino*; es ist ein dickflüssiges, gegorenes Getränk aus Maisbrei. Im **Tejuino Marcelino** wird *tejuino* mit Limette, Meersalz und *nieve* (Eis) gemischt. Einige Bars in Guadalajara, darunter die **De la O Cantina**, kombinieren *tejuino* mit Cocktails und haben es so ins 21. Jh. überführt.

Hippe Cafés & tolles Nachtleben

BERECHTIGTER HYPE

Die **Colonia Americana** in Guadalajara gilt im Guten wie im Schlechten als eines der angesagtesten Stadtviertel der Welt – und es ist leicht zu begreifen, warum. Americana vollgepackt ist mit einer schwindelerregenden Anzahl von hervorragenden Restaurants, Cafés und Bars, die die lokale Küche auf ein neues Niveau heben. Hier gibt es die besten Burger, asiatische Küche und andere international inspirierte Leckerbissen und Getränke. Allein schon ein Spaziergang durch die von Bäumen und

JOSÉ CLEMENTE OROZCO

Lange vor Banksy und der Neuauflage der politisch aufgeladenen Straßenkunst setzten mexikanische Muralisten kühne Statements mit riesigen öffentlichen Wandbildern, die revolutionäre Ideale zum Ausdruck brachten. Auch Jalisco leistete dank José Clemente Orozco (1883–1949) aus dem nahe gelegenen Ciudad Guzmán einen wichtigen Beitrag zu diesem Genre. Zusammen mit Diego Rivera und David Alfaro Siqueiros gilt Orozco als einer der „Großen Drei" der mexikanischen Wandmalerei. Seine Pinselstriche stellen feurige, dunkle und dramatische Szenen dar, meist in Schwarz- und Rottönen. Orozcos Werke schmücken Treppen, Decken und eindrucksvolle Kuppeln von New York bis Mexico City, aber sein persönlichstes Werk findet sich in Guadalajara. Einige von Orozcos schönsten Wandmalereien lassen sich im Hospicio Cabañas (S. 476), im Palacio de Gobierno (S. 476) und im MUSA Museo de las Artes (S. 474) bewundern.

La Villa del Ensueño
Ruhiges, mit Kunst angefülltes Hotel in Tlaquepaque mit Pool. Vorhänge und Kissen könnten eine Überholung vertragen. **$$$**

Villa Ganz Boutique Hotel
Hier fühlt man sich in die 1930er-Jahre zurückversetzt, allerdings mit modernen Matratzen. Wunderschöne Wannen mit Regenbogenfliesen. **$$$**

Casa Habita
Hotel im Retro-Schick in einem Gebäude aus den 1940er-Jahren. Für den Pool auf dem Dach gibt es Tageskarten. **$$$**

DIE BESTEN LIVE PERFORMANCES

Teatro Degollado
Erstaunlich preiswertes, mit Gold verziertes Theater, in dem Orchester-, Schauspiel- und Tanzaufführungen gezeigt werden. Am besten persönlich reservieren.

1er Piso Jazz Club
Jazzkonzerte am Wochenende unter Kronleuchtern, dazu werden Cocktails serviert. Bei Google heißt es Segundo Piso Music.

Cafe Andre Breton
Französisches Restaurant, Bar und Café mit allabendlichen Konzerten bei Kerzenschein.

Teatro Diana
Modernes Theater für Broadway-Shows, Musikkonzerte und Tanzaufführungen.

Bar Americas
Dunkler Club mit noch dunklerem Techno, der Top-DJs aus Deutschland und anderen Ländern anzieht.

Tanzen auf der Av Chapultepec

Blumen gesäumten Straßen des Viertels ist ein gelungener Tagesausflug, und es gibt viele, manchmal revolutionäre **Wandmalereien**, die an das Erbe José Clemente Orozcos anknüpfen.

Die Av Chapultepec ist das Zentrum des Geschehens. Sie ist gesäumt von Restaurants und Bars, in denen bis in die Nacht hinein aus allen Rohren Musik ertönt (lass dich nicht von der Schlange für die Tacos bei Tomate täuschen, sie sind nicht besonders gut). Jeden Nachmittag und Abend ist der gepflasterte Mittelstreifen der Chapultepec mit Ständen gesäumt, an denen lokales Kunsthandwerk verkauft wird. **Son, Golpe & Tumbao** bietet Tanzkurse in der Nähe von José G Montenegro an (19–21 Uhr, 40 Mex$, oder 5 Kurse für 150 Mex$). Salsa-Kurse finden dienstags, freitags und samstags statt, *salsa en linéa* gibt's mittwochs und sonntags, *cumbia* (aus Kolumbien stammende Tanzmusik) mittwochs und *bachata* (ein Tanz aus der Dominikanischen Republik) donnerstags und samstags.

Gegenüber der Universität von Guadalajara, durch die das junge Lebensgefühl der Colonia Americana geprägt wird, befindet sich das **MUSA Museo de las Artes** mit einem Theater, das mit fantastischen Wandmalereien von Orozco bemalt ist, und wechselnden Kunstausstellungen. Im Süden liegt der **Templo Expiatorio del Santísimo Sacramento**, ein neugotisches Meisterwerk, das 1972 fertiggestellt wurde und dessen Bau 75 Jahre dauerte. Und wer auf der Suche nach Secondhand- und Vintage-Kleidung

NOMAD HUBS IN MEXIKO

Mobiles Arbeiten in Mexiko ist nicht nur in Guadalajara beliebt. Auch in anderen Städten Mexikos gibt es Nomad-Hubs, darunter in Mexico City (S. 58).

ESSEN IN GUADALAJARA

Tacos La Choza
Bescheidener Wagen mit außergewöhnlichen Tacos, etwa mit Kaninchen, Enten-Confit und Wildschwein sowie großartigen Salsas. **$$**

Café PalReal
Köstlicher Kaffee und Brunch aus Puebla. Unbedingt probieren: *encaca-hua-tadas* (enchiladas in Erdnusssoße), *chilaquiles* oder *lonche* mit Schweinebauch. **$$**

La Cafetería
Fantastische *chilaquiles* mit Petersilienmandeln und *chipotle*-Kürbissalsa. Nur Barzahlung. **$**

ist, sollte in den Geschäften rund um den **Parque Revolución** vorbeischauen, insbesondere im **El Baúl**. Der Park selbst füllt sich am Samstag von 9 bis 18 Uhr mit über 100 Händler:innen.

Kunstladen in einem Pueblo Mágico

GUADALAJARAS KUNSTHANDWERKLICHES ZENTRUM

Nur 8 km vom Zentrum Guadalajaras entfernt, aber scheinbar eine andere Welt, ist **Tlaquepaque** ein absolutes Muss. Technisch gesehen ist Tlaquepaque eine eigene Stadt, obwohl es vor langer Zeit in Guadalajaras Stadtgebiet eingegliedert wurde. Das *pueblo mágico* ist voll von pastellfarbenen Häusern und Geschäften, blühenden Bäumen und Efeu. Hier kann man dank der Handwerksbetriebe einige der besten Geschäfte Mexikos finden.

Viele der interessantesten Läden befinden sich in der Independencia, aber auch in den angrenzenden Straßen kann man fündig werden und die Kunsthandwerker:innen in ihren Werkstätten besuchen. Einer der besten Shops ist **Preciado Galerias** mit einem großartigen Angebot von Lampen und Kronleuchtern mit starkem Einfluss aus dem Nahen Osten; **Antigua de Mexico** mit königlich anmutenden (und teuren) Möbeln und einem Garten, der an Andalusien erinnert; und **Del Corazón de la Tierra** mit einem beeindruckenden Sortiment an indigener Kunst aus ganz Mexiko. Im **Taller Paco Padilla** in der Priscilliano Sánchez werden die einzigartigen Teller und Töpferwaren des lokalen Keramikers ausgestellt.

Im **Museo Pantaléon Panduro**, einem ehemaligen Krankenhaus, das in ein Museum für Volkskunst umgewandelt wurde, sind einige der berühmtesten Keramiken Mexikos und die Gewinner:innen des Nationalen Pantaleón-Panduro-Keramikpreises zu sehen, der seit 1977 verliehen wird. Auf Anfrage wird eine kostenlose Führung durch das 450 Jahre alte Gebäude angeboten, bei der man unter die Erde geführt wird, um kunstvolle Steintunnel zu besichtigen, oder auf das Dach, von dem aus man einen herrlichen Blick über die Stadt genießen kann.

Zur Stärkung bietet sich ein *elite* (Mais mit Limette und Salz oder mit Mayo und Käsepulver und pikanter Soße) im **Jardín Hidalgo** an, dazu Salzkartoffeln oder *chayote* (grüner Kürbis).

Mit Mariachis singen

GEBURTSORT DES KULTIGEN MUSIKGENRES

Die sombrerotragenden, *vihuela* (Laute), *guitarrón* (Bassgitarre) und Harfe spielenden, singenden Mariachis, die ein Synonym für Mexiko sind, repräsentieren ein Genre, das in Guadalajara und den umliegenden Regionen entstand. Die Mariachi-Musik, die 2011 von der UNESCO als immaterielles Kulturerbe anerkannt

HUB FÜR MOBILES ARBEITEN

Aufgrund der steigenden Zahl digitaler Nomaden strömen Fernarbeitende nach Guadalajara und konzentrieren sich vor allem in der Colonia Americana, wo zahlreiche Einrichtungen zur Verfügung stehen, die Mietpreise jedoch auch entsprechend hoch sind. In Americana gibt es inzwischen etwa ein Dutzend Coworking-Spaces, darunter das **Selina**, sowie einen freundlichen Coliving-Space mit 10 Räumen, das **U-Co GDL Coliving**. Die meisten Cafés in der Nachbarschaft sind auch für Gäste offen, die über ihre Laptops gebeugt sind – darunter das **Café Correcto** und **Macondo** im nahegelegenen Obrera-Viertel. Man sollte aber darauf achten, alle paar Stunden etwas zu bestellen. Wer Expats kennenlernen und/oder sein Spanisch verbessern möchte, kann sich bei Expats in Guadalajara oder Intercambio Guadalajara auf Facebook anmelden.

La Fonda de la Noche
Bei dem Besitzer Carlos aus Durango fühlt man sich wie zu Hause. Wer die ganze Speisekarte durchprobieren will, bestellt nur halbe Portionen. **$$**

Casa Luna
Das berühmteste Restaurant von Tlaquepaque besticht durch seine prächtige Beleuchtung und köstliches Essen. **$$$**

Bruna
Unvergessliche Kulisse und Kunstgalerie, in der moderne mexikanische Küche im Michelin-Stil serviert wird, z.B. Ferkel-Confit mit rosa Mole. **$$$**

SPAZIERGANG DURCH GUADALAJARA

Dieser Spaziergang durch das historische Zentrum von Guadalajara beginnt an der **1 Plaza Guadalajara** vor der **2 Catedral de Guadalajara**, einem Meisterwerk, dessen Bau 47 Jahre dauerte und 1618 vollendet wurde. Im Inneren kann man die Krypta besichtigen, in der drei Kardinäle begraben sind. Nördlich gelangt man zur von Jacaranda-Bäumen gesäumten **3 Rotonda de los Jaliscienses Ilustres**, einem „Walk of Fame" für Guadalajaras Helden wie den Ingenieur Jorge Matute. Der westlich gelegene **4 Palacio Municipal** wurde von 1949 bis 1952 erbaut, wirkt aber älter. Im Osten beherbergt das **5 Museo Regional de Guadalajara** Huichol-Artefakte, dunkle religiöse Kunst und ein beeindruckendes Wollmammut-Skelett, das 12.000 Jahre alt ist. Weiter Richtung Süden am linken Arm des Kreuzes liegt die **6 Plaza de Armas** mit einem Kiosco, einem Geschenk Frankreichs, wo am Wochenende abendliche Tanz-, Orchester- oder Jazzkonzerte stattfinden. Auf der Uhr des **7 Palacio de Gobierno** kann man das Einschussloch aus der Pistole des Revolutionärs Pancho Villa erkennen. Im Inneren ist das Wandgemälde von José Clemente Orozco von 1937 zu sehen, das das Gemetzel des Zweiten Weltkriegs vorwegnimmt. Auf der **8 Plaza de la Liberación** steht ein Denkmal des Helden des Unabhängigkeitskrieges, Miguel Hidalgo, der die Ketten der Sklaverei sprengte, und es lohnt sich, eine Vorstellung im Teatro Degollado zu besuchen. Dahinter liegt die **9 Plaza Fundadores**, auf der die Gründung der Stadt im Jahr 1542 dargestellt ist. Snack gefällig? Zwischendurch bei **10 Lonches Amparito** anstellen, um Guadalajaras bestes Sandwich zu essen und/oder einen Becher *tejuino* von einem Imbisswagen zu trinken. So kommt man an der Skulptur der Schlange auf der **11 Plaza Tapatía** vorbei. Das Kreuz endet am **12 Hospicio Cabañas**, einem von der UNESCO gelisteten Waisenhaus aus dem 19. Jh., das heute ein Museum ist, mit einem alptraumhaften Werk von Orozco an der Decke der Hauptkapelle und zeitgenössischer Kunst. Zum Schluss bietet sich ein Bummel im **13 Mercado San Juan de Dios** an.

Hospicio Cabañas

wurde, hat ihre Ursprünge in der Zeit, als die spanischen Streichinstrumente aufkamen. Als afrikanische Sklaven, Indigene und Mestizen diese Instrumente in die Hände bekamen, schlossen sie sich zu Gruppen zusammen und sangen Volkslieder – das, was wir heute als Mariachi-Musik kennen. Als die Menschen aus den ländlichen Gebieten von Jalisco, Nayarit, Colima und Michoacán nach Guadalajara strömten, zog das Genre die Stadt ebenso in den Bann wie die Plaza Garibaldi in Mexico City.

Heute sind Mariachis überall in Guadalajara anzutreffen, vor allem in der Nähe von Touri-Lokalen, aber der bekannteste Ort, um sie zu sehen und zu hören, ist El Parián in Tlaquepaque. Das runde Gebäude besteht aus mehreren Restaurants, die mexikanische Gerichte servieren, und in der Mitte spielen die Mariachis Serenaden. Die Preise hier, insbesondere für *cazuelitas* oder *cantaritos* (fruchtige Tequila-Cocktails, die in einer Keramikschale serviert werden), sind absurd.

Mariachi-Kapellen findet man auch im Stadtzentrum an der Plaza de los Mariachis, rund um die Mariachi-Statue bei Álvaro Obregón und Lic Primo Verdad y Ramos, wenn auch längst nicht so zahlreich. Mit einer Tüte *tostilocos* (eine würzige Mischung aus Schweinefleisch, Gemüse, Erdnüssen, *queso* und Jalapeños mit Tostidos-Chips) in der Hand kann man hier sehr gut mitsingen.

TUNNEL IM UNTERGRUND

Tief unter Guadalajara, unter historischen Stätten wie der **Catedral de Guadalajara** und dem **Palacio de Gobierno**, befindet sich ein geheimnisumwobenes Tunnelnetz. Es heißt, dass die Tunnel, die manchmal so breit sind, dass ein Pferd und eine Kutsche hineinpassen, während des mexikanischen Unabhängigkeitskrieges als Fluchtweg benutzt wurden, auch von Miguel Hidalgo selbst. Vielleicht dienten sie auch Staatsbeamten als Ort heimlicher Trinkgelage oder Geistlichen als Verbindungsweg zwischen den religiösen Stätten. Oder aber die Tunnel wurden einfach genutzt, um Trinkwasser ins Stadtzentrum zu transportieren. Leider sind diejenigen, die die Wahrheit kennen, längst verstorben. In der Krypta auf der Rückseite der Catedral de Guadalajara kann man eine Zugangstür zu den Tunneln besichtigen und sich selbst Gedanken machen, wofür sie wohl genutzt wurden.

VEGETARISCH ESSEN IN GUADALAJARA

Jamaica
Mittag- und Abendessen im Reggae-Stil mit kreativen, meist veganen Kompositionen wie *elote*-Rippchen, Live-Musik und Cocktails. **$$**

Cocina Prana
Viele vegetarische und vegane Angebote wie veganer Tofu und Shakshuka mit Kimchi sowie hausgemachter Kombucha. **$$**

La Flaca
Veganer:innen können in diesem freundlichen Outdoor-Lokal Spezialitäten aus Guadalajara wie *birria* und *tortas ahogadas* probieren. **$**

LOCAL TIPP: BARS, DIE EINHEIMISCHE LIEBEN

Yolanda Hernández aus Guadalajara verrät ihre liebsten traditionellen Bars.

La Última Lucha
Mit Wänden voller Masken, Spielzeug und mexikanischen Wrestling-Postern macht diese *pulque*-Bar (prähispanisches gegorenes Getränk) ihrem Namen alle Ehre und bietet eine einzigartige Atmosphäre. Es ist mein Lieblingsort, um mich nach der Arbeit mit Freund:innen zu treffen.

Cantina la Fuente
Eine außergewöhnliche Cantina im historischen Zentrum der Stadt, in die man allein oder mit Freund:innen gehen kann. Hier kann man wunderbar abschalten oder seinen Herzschmerz besingen. Es gibt Live-Musik, und die Leute singen alle mit.

Pulquería La Mestiza
Wer mehr über *pulque* wissen möchte, kann hier verschiedene Sorten probieren und sich von den Barkeepern erklären lassen, wie er hergestellt wird.

POSZTOS/SHUTTERSTOCK ©

Catedral de Guadalajara

Ende August und Anfang September kommen Mariachis aus ganz Mexiko nach Guadalajara, um zu jammen, zu wetteifern und das Encuentro Internacional del Mariachi Festival zu feiern.

Kunsthandwerkliche Meisterstücke

KUNSTSCHNÄPPCHEN OHNE ENDE

Tonalá, 16 km östlich von Guadalajara, ist zwar staubiger und rauer als Tlaquepaque, aber auch hier kann man sich hervorragend mit wunderschöner Volkskunst eindecken. In den Läden vor Ort findet man Kunst von höchster Qualität, die jedoch viel erschwinglicher ist als in Tlaquepaque, was Kaufleute aus der ganzen Welt nach Tonalá zieht.

In der **Galería Bernabé** bieten Töpfer in der vierten Generation filigrane Keramiken zum Kauf an. Auf Wunsch kann man die Gebrüder Bernabé bei einer Führung in Aktion erleben. Weitere spektakuläre Läden sind das **Mexicanía**, in dem Kunst aus zehn Regionen des Landes angeboten wird, und die **Casa de Artesanos**, wo Kleidung, Figuren und Küchengeräte von Künstler:innen aus Tonalá zu günstigen Preisen erhältlich sind.

Im **Museo de los Tastoanes** kann man sich über die traditionsreiche Geschichte der Maskenherstellung in Tonalá informieren. In diesem kostenlosen Museum sind wilde und furcht-

AUSGEHEN IN GUADALAJARA

Romea
Weinbar mit Kerzenlicht und Tapas in entspannter Atmosphäre – die Krawatte lässt man besser zu Hause.

Patan Ale House
Eine Bar für Bierfans, in der lokale Craft Brews flaschenweise, als Pint oder als Flight serviert werden. Dazu gibt's kleine Snacks.

De La O Cantina
Schummrige Cocktailbar mit freiliegenden Backsteinwänden und toller Atmosphäre. Unbedingt irgendwas mit *tejuino* probieren.

erregende Masken ausgestellt, die indigene Krieger und spanische Kolonisatoren während der Kämpfe im 16. Jh. darstellen. Die Masken werden oft mit echten Tierzähnen und Pferde- oder Kuhhaaren gearbeitet. Das kostenlose **Museo de la Cerámica** ist ebenfalls einen kurzen Besuch wert, denn hier ist auf zwei Etagen Keramik ausgestellt. Das Highlight ist jedoch die wilde Architektur des Gebäudes, die vom einheimischen Kunsthandwerker Jorge Wilmot gestaltet wurde.

Die beste Zeit für einen Besuch in Tonalá ist zum Straßenmarkt (Donnerstag und Sonntag). Entlang der Tonaltecas und in weiten Teilen des Zentrums von Tonalá gibt es Tausende von Ständen, an denen alles verkauft wird, von T-Shirts über Kerzen bis hin zu riesigen *lonches*. Zwar findet man auf dem Markt nicht die beste Kunst – in den Geschäften an der Seite gibt es viel bessere Angebote für Masken, Kacheln und vieles mehr –, aber er hat eine authentische, unvergessliche Atmosphäre.

LGTBIQ+ IN GUADALAJARA

Mexikos zweitgrößte Stadt ist auch eine der gayfreundlichsten – ungeachtet ihrer katholischen Bevölkerung. Ende Juni findet hier eine der größten und ältesten (es gibt sie seit 40 Jahren) Gay-Pride-Paraden Lateinamerikas statt, die **Marcha del Orgullo GDL**. Und im November 2023 durfte die Stadt sogar die 11. **Gay Games** ausrichten, das größte LGBTIQ+-Sportevent der Welt.

Guadalajaras sogenanntes „Gay-Ghetto" erstreckt sich zwar nur wenige Häuserblocks von der Ecke Ocampo und Sánchez aus, aber in der Av Chapultepec gibt es immer mehr Lokale, die sich an eine Gay-Klientel richten. Hot Spots und schwulenfreundliche Lokale unter www.gaymexicomap.com.

Die mexikanischen Cowboys

LEGENDÄRE TRADITION IN GUADALAJARA

Charros (mexikanische Cowboys) mit ihren auffallenden und kunstvoll bestickten Sombreros, Jacken und Hosen sind im Norden Mexikos schon seit Jahrhunderten präsent. Ihre Ursprünge gehen auf die Zeit der spanischen Landnahme zurück, als sich die Viehzüchter kostümierten, um den Reichtum ihrer Ranches zur Schau zu stellen. Später erfuhr die *charrería* eine Neubewertung, da Emiliano Zapata, General in der mexikanischen Revolution und gefeierter Revolutionär, oft in einem *charro*-Outfit gesehen wurde.

Heute ist die *charrería* tief in der Kultur Guadalajaras verwurzelt und lässt sich am besten bei einer Live-Vorführung erleben, ähnlich wie bei einem amerikanischen Rodeo. Seit mehr als einem Jahrhundert finden im Campo Charro Jalisco, einem Stadion gleich hinter dem Parque Agua Azul, *charro*-Vorführungen statt, und zwar auch heute noch jeden Sonntag um 12 Uhr mittags (100 Mex$). In der von Betontribünen umgebenen Manege verblüffen die Reiter (oft mit markantem Schnurrbart) die Zuschauer:innen mit verschiedenen Geschicklichkeitswettbewerben, bei denen sie ihr Pferd im Kreis drehen, sprinten, abrupt anhalten und – nicht gerade unumstritten – Rinder am Schwanz umdrehen. Wenn man Glück hat, treten bei der Show auch *escaramuzas* auf (Reiterinnen in aufwendigen Kleidern, die synchron tanzen). An den meisten Tagen werden Privatstunden in *charro*-Fertigkeiten angeboten, z. B. das Werfen und Aufrollen von Lassos, einschließlich einer Tequila-Verkostung (600 Mex$). Reservierung einer privaten Tour unter www.entrecharros.com. *Charro*-Wettbewerbe

RANCHLAND JALISCO

In Tapalpa (S. 484) kann man Ranch-Kultur erleben und auf einem Pferd um massive Vulkanfelsen herumreiten. Wer schon mal da ist, kann auch einen der höchsten Wasserfälle Mexikos erklimmen.

El Gallo Altanero
Superhippe Cocktailbar hinter einem Café in einem Innenhof. Leckere Palomas und gefühlvolle Musik.

PIMP
Hinter dem Bücherregal über einer Pizzeria verbergen sich samtbezogene Möbel, Cocktails in Vintage-Gläsern und DJs.

California's Bar
Guadalajaras freundlichste und bekannteste Schwulenbar seit fast zwei Jahrzehnten. Hier ist erst spät richtig was los.

sind auch ein fester Bestandteil des Festivals **Encuentro Internacional del Mariachi** zwischen Ende August und Anfang September.

SPORTVERRÜCKTE STADT

Guadalajara liebt den Sport, vor allem seine Fußballmannschaften. Der Club Deportivo Guadalajara, auch „Las Chivas" (Die Ziegen) genannt, besteht seit mehr als 116 Jahren und setzt in seinem Stadion, dem **Estadio Akron**, in der Liga MX nur mexikanische Spieler ein. Der etwas neuere Verein Atlas FC spielt im **Estadio Jalisco**. Wenn eines der beiden Teams die Meisterschaft gewinnt, wie es Atlas 2021 nach einer 70 Jahre währenden Durststrecke gelang, wird kräftig gefeiert. Guadalajara hat auch eine Baseballmannschaft, Charros de Jalisco, die im **Estadio Panamericano** in Zapopan, Guadalajaras Partnerstadt, spielt.

Lucha Libre: lautes und deftiges Spektakel

WARNUNG: ES GEHT WILD ZU

Man könnte meinen, dass *lucha libre* (maskierte Wrestler, die zeitlose Geschichten von Gut und Böse im Ring ausfechten) inzwischen ein wenig veraltet ist. Immerhin geht die Tradition auf das Jahr 1863 zurück. Aber *lucha libre* ist in Guadalajara nach wie vor sehr lebendig.

Jeden Dienstagabend sind die Fans in der **Arena Coliseo de Guadalajara** völlig aus dem Häuschen, wenn die *luchadores* sich im Ring verprügeln. Die Kämpfe selbst sind eine unglaubliche Leistung an Geschicklichkeit und Athletik. Häufig springen die Kämpfer vom obersten Seil und landen dabei gefährlich auf der Brust eines oder mehrerer Kämpfer. Die an Royal Rumble erinnernden Kämpfe mit einem Dutzend Wrestlern im Ring sehen aus wie die reinste Verletzungsorgie, aber die Kämpfer schaffen es, unbeschadet davonzukommen.

Aber das Beste an *lucha libre* in Guadalajara ist das Publikum, vor allem auf den billigen Plätzen ganz oben. Eine Kapelle im hinteren Teil des Saals schlägt Trommeln und bläst auf Instrumenten, während Männer und Frauen in Masken und Hemden die Fans auf den unteren Plätzen anfeuern und mit erhobenen Fäusten Sprechchöre rufen. Das hört sich gruselig an, aber die Stimmung ist ansteckend, und Fans jeden Alters machen mit. Zugegeben, die riesigen Biere und *micheladas* (scharfe, salzige Tomatengetränke), die von den umherlaufenden Händler:innen verkauft werden, tragen zusätzlich zur Stimmung bei.

Tickets für die billigen Plätze auf der Tribüne kosten 200 Mex$, für Sitzplätze am Ring mit richtigen Stühlen 300 Mex$.

Wanderung eine alte Bahntrasse hinauf

2610 M BIS GANZ OBEN

Nach all der *birria* und den *tortas ahogadas* tut ein bisschen Bewegung gut, und in Guadalajara ist der beliebteste Ort dafür die **Barranca de Huentitán**. Aber Vorsicht, es ist ein stark frequentierter und wirklich steiler Weg.

Dass man sich am Ausgangspunkt des Weges im Nordosten der Stadt befindet, erkennt man sofort an den vielen Verkaufsständen, die Smoothies, gesunde Sandwichs, Fisch-Tacos und

SHOPPEN IN GUADALAJARA

Chamula
Stylisher Amerikana-Laden, der handgefertigte Keramik-Pop-Art verkauft. Infos auf Instagram unter @chamula.hechoamano.

Del Corazón de la Tierra
Ein Laden voller schöner Dinge in Tlaquepaque, der lebendige indigene Volkskunst von Meister:innen aus ganz Mexiko und Guatemala verkauft.

Mexicanía
Geschäft in Tonalá, das in einem Gebäude aus dem Jahr 1533 Kunst aus zehn mexikanischen Bundesstaaten anbietet. Versendet Einkäufe auch ins Ausland.

BARBORAKUPCOVA/GETTY IMAGES ©

Barranca de Huentitán

Kokosnussfleisch mit scharfem *tajín* (Chilipulver) anbieten, aber das sollte man sich lieber für nach dem Wandern aufheben. Der Weg beginnt mit Stufen, dann geht es über faustgroße Felsbrocken abwärts. Aufpassen, dass man nicht ausrutscht, denn die Steine sind von den Tausenden, die hier wandern, glatt geschliffen worden. Schon bald bietet sich ein atemberaubender Blick auf die Schlucht und den Fluss im Tal.

Es gibt verschiedene Wanderwege, von denen einige bis zu 19 km lang sind. Wer allerdings die Bahntrasse (6,5 km, 610 Höhenmeter) in Angriff nehmen will, muss den ganzen Weg bis zum Fluss hinunterlaufen, wo einige Leute ein erfrischendes Bad nehmen. Dann hält man sich rechts, bis man eine verlassene Geisterstadt erreicht. Von dort aus sieht man die stillgelegten Bahngleise, die gerade den Berg hinaufführen. Und zwar auf direktem Weg nach oben. Mutige können die Gleise erklimmen, manchmal auf allen Vieren. Natürlich kann man die Gleise auch links liegen lassen und einfach den Weg zurückgehen, den man gekommen ist. Für die Bahntrasse braucht man etwa 2½ Stunden, inklusive Zeit zum Ausruhen.

DIE BESTEN TOUREN IN GUADALAJARA

Camina GDL
Kostenlose Stadtrundgänge und eine Reihe von kostenpflichtigen Angeboten wie eine Architektur- und Biertour. Außerdem werden Ausflüge nach Tequila (S. 487) und Guachimontones (S. 485) angeboten.

José-Cuervo-Express
Besonders reizvolle Zugfahrten nach Tequila mit Besichtigung von Mundo Cuervo und der Farm (S. 489).

Experience Agave
Alteingesessener Tour-Veranstalter mit zweisprachigen Guides, der Verkostungen von Tequila, Mezcal und *ráicilla* (tequilaähnlicher Brand aus wilden Agaven) anbietet.

UNTERWEGS VOR ORT

Guadalajaras betriebsamer, gerade erst renovierter Aeropuerto Internacional Miguel Hidalgo liegt 19 km südlich des Stadtzentrums und bietet Direktflüge zu Zielen in ganz Mexiko sowie in die USA, nach Kolumbien und Spanien an. Die Flughafenbusse (Aeropuerto) fahren bis zum Parque Agua Azul, wo man in einen anderen Bus, ein Taxi oder ein Rideshare-Fahrzeug umsteigen kann. Ridesharing-Dienste wie Uber sind am Flughafen nicht erlaubt. Für ein offizielles Taxi muss man innerhalb des Terminals bezahlen (etwa 300–400 Mex$).

Stadtbusse sind eine erschwingliche, effiziente Option, sich fortzubewegen, insbesondere nach Tonalá und Tlaquepaque. Zum Planen der Fahrten ist die App Moovit besser als Google Maps.

Guadalajara hat zwei Hauptbusbahnhöfe – Nueva Central Camionera und Antigua Central Camionera. Von Nueva aus werden weiter entfernte Ziele wie Morelia, Mexico City und Puerto Vallarta angefahren, während Antigua wiederum für Ziele rund um Guadalajara, wie Ajijic, Tapalpa und Tequila, zuständig ist.

Die U-Bahn von Guadalajara, Siteur, besteht aus drei Linien, die die Stadt durchziehen. Der Mi Tren L3, der 2020 fertiggestellt wurde, verkehrt zwischen Zapopan und Tlaquepaque und kann an der Station Plaza Universidad genommen werden. Man muss eine Zugkarte (30 Mex$) an den Automaten im Bahnhof kaufen, die für die erste Fahrt gilt. Jede weitere Fahrt kostet dann 9,50 Mex$.

El Arenal
Guachimontones
Guadalajara
Ajijic
Isla de Mezcala
Tapalpa

Rund um Guadalajara

Im Umkreis von zwei Stunden um Guadalajara kann man einen Ausflug nach Tequila machen, am See entspannen, indigene Ruinen besichtigen und zu einem gigantischen Wasserfall wandern.

Wer den Trubel von Guadalajara hinter sich lässt, wird feststellen, dass es interessante Erlebnisse im Überfluss gibt. Im Westen lassen sich einige der bedeutendsten indigenen Ruinen Westmexikos sowie eine Tequila-Destillerie besichtigen, die vermutlich besser ist als die in Tequila. Im Süden liegt der Lago de Chapala, der größte Süßwassersee Mexikos, mit einem hübschen *pueblo mágico* und entspannten Rentnern sowie einer Insel, auf der indigene Rebellen im 19. Jh. vier Jahre lang gegen die Spanier ankämpften. Im Südwesten, in den Bergen, liegt das Pferdegebiet, wo man wunderbar wandern und in einer *cabaña* (Holzhütte) entspannen kann. Alle diese Ausflüge können auf eigene Faust unternommen oder über Reisebüros in Guadalajara gebucht werden.

TOP TIPP

Autofahrer aufgepasst: Mautstraßen können teuer werden. Mautstraßen sind mit einem ‚D' hinter der Nummer gekennzeichnet, z.B. die Autobahn 54D nach Colima.

Lago de Chapala

Wellness-Stadt & heiße Quellen

OMA HAT DEN BOGEN RAUS

Die Menschen, die in **Ajijic** (sprich: a-chi-chik) leben, sagen, dass man zehn Jahre länger leben kann, wenn man hierher zieht. Vielleicht ist der Grund das perfekte Wetter, das hier das ganze Jahr über herrscht? Die Temperatur sinkt nämlich selten über oder unter 21 °C bis 25 °C. Oder vielleicht liegt es am Blick auf den **Lago de Chapala**, den größten See Mexikos, am entspannten Lebensstil, den guten Restaurants oder den fürsorglichen Ärzten? Was auch immer es ist, Ajijic, eine Stunde südlich von Guadalajara mit dem Auto oder Bus (von Antigua Central Camionera), ist seit Jahrzehnten ein Anziehungspunkt für amerikanische Rentner:innen. Hier kann man glückliche Gringos beim Joggen auf dem *malecón* (Strandpromenade) oder beim Flanieren auf den kopfsteingepflasterten Gehwegen beobachten. Ajijic, das 2020 zum *pueblo mágico* ernannt wurde, ist einfach ein umwerfender Ort mit farbenfrohen Häusern, den besten Restaurants und Hotels der Gegend sowie malerischen Wanderwegen in den Bergen im Hinterland.

Knapp 10 km westlich können im Spa Termal Tlalocan, einem Hotel und *balneario* (Badeort) mit mehr als einem Dutzend Pools und Whirlpools, die von vulkanischen Quellen beheizt werden, Körper, Geist und Seele entspannen. Der Eintritt kostet 380 Mex$ für die Pools und ein natürlich beheiztes Temazcal (Dampfbad), das bis zu 35,5 °C warm wird. Für das VIP-Erlebnis in der Nähe des Sees lohnt es sich, 220 Mex$ auszugeben. Bei diesem zweistündigen Programm verbringt man 15 Minuten in verschiedenen Becken voller Mineralien, die heilende Eigenschaften haben. Apfelessig hilft bei Hautproblemen und fördert die Durchblutung. Blütenblätter wirken stimmungsaufhellend. Magnesium wirkt entzündungshemmend und entspannt die Muskulatur. Der Kaffee-Pool und die Maske machen munter, während Haferflocken gut für die Haut sind. Der VIP-Bereich verfügt auch über einen Ozonraum und Steine, auf denen man zur Reflexzonenmassage laufen kann. Auch Massagen und Gesichtsbehandlungen werden angeboten.

Besuch einer Rebellen-Hochburg

EPISCHE GESCHICHTE

Etwa 7 km mit dem Boot von der Stadt Mezcala am Lago de Chapala entfernt, liegt die **Isla de Mezcala**, eine Insel mit einer wahrhaft unglaublichen Geschichte, die wie geschaffen für einen Film wäre. Im Jahr 1812 folgten Gruppen indigener Völker rund um den See, darunter auch die Vorfahren der Cocas, die noch heute in der Stadt Mezcala

BESTE RESTAURANTS IN AJIJIC

Cenaduría Memo
Einheimische kommen aus Guadalajara und Umgebung, um im Klassiker bei der Plaza *pozole* (Suppe) zu essen. $

Vegan Town
Üppiger Garten mit veganen, glutenfreien Gerichten wie Pizzen, Baguette-Sandwichs, Salaten und Kombucha. $$

Kamellos
Food Truck eines palästinensisch-mexikanischen Inhabers mit Falafel- und *kamellos* (Schawarma)-Sandwichs und Limonade. $$

Ajijic Tango
Lieblingslokal der Gringos in der Nähe des *malecón* mit Steaks, Fisch, Pizza und warmen Brötchen. $$$

Teocintle Maiz
Küchenchefin Gloria zaubert kreative Gerichte und Cocktails, die vor Geschmack strotzen. Reservierung erforderlich. Barzahlung. $$$

POOLS BEI TEQUILA

Nach der Verkostung des beliebten mexikanischen Agaven-Destillats in Tequila bietet sich ein Besuch im **Balneario La Toma** (S. 491) an, einem Spa mit Kaltwasserbecken und herrlichem Blick auf den Dschungel.

ÜBERNACHTEN RUND UM GUADALAJARA

Hotel Villa San Francisco
Elegantes, auf Musik ausgerichtetes Hotel mit Pool in Chapala, direkt am *malecón*. Frühstück inklusive. $$$

Nueva Posada
Hotel in Ajijic mit gemütlicher Oma-Atmosphäre. Leckeres Frühstück, schöner Pool und Seeblick. Weiche Matratzen. $$

Las Margaritas
Hübsches, ruhiges Hotel in Tapalpa abseits des Hauptplatzes mit Wendeltreppen außen und sauberen Zimmern. $

leben, dem Aufruf von Miguel Hidalgo und leisteten während des mexikanischen Unabhängigkeitskrieges Widerstand gegen die spanische Herrschaft. Vier Jahre lang kämpften mindestens 1000 indigene Rebellen mit Steinschleudern, Obsidianpfeilen und Kanonen gegen spanische Schiffe.

Am 25. November 1816 schlossen die spanischen Streitkräfte und die Rebellen einen Waffenstillstand. Ein Vertrag garantierte den Indigenen die Freiheit in den nahe gelegenen Städten, die von den Spaniern wiederaufgebaut wurden, und die Insel selbst sollte als Gefängnis für Gefangene aus dem gesamten lateinamerikanischen Reich dienen. Auch die Rebellen auf der Insel wurden bis zu ihrem Tod in diesem Gefängnis festgehalten.

Um die Isla de Mezcala zu besichtigen, sollte man sich am Anleger von Mezcala einen Guide suchen (500 Mex$ für den Bootsführer plus Trinkgeld für den Guide) oder im Voraus Maria de Los Angeles Hernandez Sanabria (+52 33 1425 0753) kontaktieren. Der Guide von Coca führt die Touren auf Spanisch durch, kann aber einen englischsprachigen Guide vermitteln (500 Mex$ extra). Auf der Insel befinden sich Denkmäler, eine aus dem See geborgene Marienstatue, die Kirche, zu deren Bau die Gefangenen gezwungen wurden, und Gefängniszellen. Es gibt auch eine nächtliche Tour mit Fackeln, bei der man in den Gefängniszellen übernachtet, aber Achtung: Es soll dort spuken.

VERSCHMUTZTER CHAPALA-SEE

Der größte Süßwassersee Mexikos ist seit Hunderten von Jahren von zentraler Bedeutung für die Region und nach wie vor die wichtigste Wasserquelle für Guadalajara und die landwirtschaftlichen Betriebe in der Umgebung. Allerdings ist das Baden im Lago de Chapala nicht ungefährlich, und die Fische im See enthalten viel Quecksilber. Der Grund dafür ist der Rio Lerma, ein Fluss, der den Chapala-See mit Wasser speist, das durch Schwermetalle und unzureichende Abwasserreinigung verschmutzt ist. Der Eintrag von Düngemitteln und die Bleikäfige im See haben das Problem noch verschärft. Weitaus beunruhigender als das Problem, an einem warmen Tag nicht baden zu können, ist jedoch die Tatsache, dass der See seit Jahrzehnten austrocknet und laut einigen Schätzungen nur noch ein Viertel seines historischen Wasservolumens aufweist.

Rustikale Stadt, Wasserfälle und Felsen

AUSFLUG INS PFERDEGEBIET

In den Bergen, zwei Stunden (129 km) südwestlich von Guadalajara, liegt das weiß getünchte und mit roten Ziegeln gedeckte **Tapalpa**, das seiner Bezeichnung als *pueblo mágico* absolut gerecht wird. Pferde traben über die kopfsteingepflasterten Straßen, und alle Leute strömen zu der malerischen Plaza, um handgewebte Kleidung und Holzarbeiten zu kaufen oder ein Steak in einem Restaurant wie **Paulino's** zu essen.

Fast 6,5 km nördlich von Tapalpa befindet sich **Las Piedrotas**, eine Attraktion am Wegesrand. Riesige Felsbrocken ragen aus dem Tal heraus, und man kann fast bis ganz nach oben klettern, durch die malerische Gegend wandern oder auf einem Pferd reiten. Der Eintritt kostet 30 Mex$ und ein 20-minütiger Ausritt 100 Mex$.

Noch sehenswerter, wenn auch viel anstrengender, ist die **Cascada el Salto del Nogal**, ein 106 m hoher Wasserfall, der 30 Minuten von Tapalpa entfernt liegt und auf holprigen Kopfsteinpflasterstraßen zu erreichen ist. Die 3 km lange Wanderung führt 20 bis 30 Minuten lang über einen steilen Pfad hinunter zu einem Schild, das den Weg nach rechts entlang eines Baches und zum Wasserfall weist. Der Blick auf den Wasserfall ist

ESSEN UND AUSGEHEN RUND UM GUADALAJARA

Bonanza
In dieser Bar in Ajijic direkt am See treffen sich Locals und Tourist:innen (hauptsächlich Gringos).

Paulinos
Preisgünstiges Restaurant mit Blick auf die Plaza von Tapalpa, bekannt für *carne asada* und *adobada*-Rindfleisch. $

La Palapa de Don Juan
Waffeln, *chilaquiles* und Crêpes in einer modern wirkenden *palapa* mit Blick auf den Lago de Chapala. $

spektakulär – er stürzt über eine natürliche Stufe in die Tiefe, bevor er in einem weißen Gischtnebel auf den Bach trifft. Die umliegenden Berge in der Schlucht sind ebenfalls faszinierend, mit der Schwerkraft trotzenden Agaven, die aus den zerklüfteten Felswänden herausragen. Eine Verschnaufpause tut gut, denn es geht 233 m hoch und dauert weitere 30 bis 40 Minuten.

Green Sierra Tapalpa Tours (+52 341 147 4962) bietet an Wochenenden geführte Ausflüge nach Las Piedrotas (250 Mex$) und freitags zum Wasserfall (450 Mex$) an. Das Unternehmen vermietet auch Allradfahrzeuge (500 Mex$/Stunde).

Man kann den Aufenthalt in Tapalpa auf ein ganzes Wochenende ausdehnen, indem man in einer *cabaña* übernachtet. Diese Blockhütten reichen von Hotels aus Holz bis hin zu ruhigen, romantischen Hütten mit atemberaubender Aussicht auf die Berge. Cabañas gibt es auf Buchungsseiten wie Airbnb oder in verschiedenen Läden in Tapalpa.

Antike runde Pyramiden

EINZIGARTIGE STUFENPYRAMIDEN

Einige der bedeutendsten Ruinen Westmexikos liegen etwa 90 Autominuten von Guadalajara entfernt, oder zwei Stunden mit dem Bus. Unglaublich, dass man vor der Entdeckung von **Guachimontones** durch Phil Weigand und Celia García de Weigand in den späten 1960er-Jahren nicht glaubte, dass es im Westen Mexikos Ruinen für Zeremonien von dieser Größe gab.

Das Volk der Teuchitlán, das noch heute in der gleichnamigen Stadt in der Nähe lebt, nutzte diese einzigartige Gruppe von zehn konzentrischen Kreispyramiden ab 350 v. Chr. ausschließlich für spirituelle Zwecke – niemand lebte hier. Die größte Pyramide, Gran Guachi, hat einen Durchmesser von 125 m und ist von zwölf rechteckigen Plattformen umgeben. Man nimmt an, dass ein Loch auf dem Gipfel der Pyramide dazu diente, eine Stange zu halten, an der sich die Priester herunterließen und damit den Flug eines Vogels nachahmten. Zur gleichen Zeit tanzten Tausende Schulter an Schulter, um für Regen oder Fruchtbarkeit zu beten. Die Anlage verfügte auch über zwei *pelota*-Spielplätze und unterirdische Gräber, die bis zu 21 m tief lagen.

Guachimontones hat auch ein kürzlich modernisiertes, rundes Museum, das einen hervorragenden Überblick über die Ruinen und die Menschen, die hier religiöse Kulte pflegten, bietet. Das Museum ist an einigen Stellen interaktiv, mit einem informativen 15-minütigen Dokumentarfilm und einer großartigen Sammlung von Schmuck, Töpferwaren und Obsidianwerkzeugen, von denen viele in den Gräbern gefunden wurden. Interessant: Jalisco verfügt über das drittgrößte Obsidianvorkommen der Welt.

CANTARITO-KNEIPENTOUR

Auf der Fahrt nach Tequila stößt man auf zahlreiche Lokale, die für *cantaritos* werben – alkoholische Getränke, die in Keramikbechern oder -schalen (*cazuelas*) serviert werden. *Cantaritos* sind Cocktails mit Tequila, Zitrusfrüchten, Squirt Soda, Mineralwasser und Salz.

Kurz vor dem Ortseingang von El Arenal macht **Cantaritos La Tequilera** gute *cantaritos*, wobei auch Cascahuín-Tequila zum Einsatz kommen kann. Auch das Essen ist hervorragend – der *camarón-especial*-Garnelen-Taco ist eine würzige, knusprige Köstlichkeit.

Das näher an Tequila gelegene **Cantaritos el Güero** an der Autobahn 15 ist eine wilde Location, an der sich Gäste aus Reisebussen volllaufen lassen und tanzen. Wer eine *cantarito*-Tour plant, sollte einen zugelassenen Fahrer dabei haben.

INDIGENE ORTE IM HOCHLAND

Die indigene Geschichte der *pueblos hospitales* (Kunststädte; S. 500) in Zentral-Michoacán reicht bis in die Zeit vor der Ankunft der Spanier zurück; dort kann man nach Kunstwerken stöbern.

SHOPPEN RUND UM GUADALAJARA

Huizache
Durch ein Tor und eine Allee zwei Türen östlich von Estrellita's gelangt man zu diesem Geschäft für mexikanische Volkskunst in Ajijic.

Galeria di Paola
Laden in Ajijic mit mexikanischer Kunst, Gemälden und Drucken der italienischen Besitzerin sowie Espresso.

Tienda de Artesanias
Geschäft an der Plaza von Tapalpa mit attraktiven handgefertigten Produkten wie Jacken, Kissen und geblümten Hemden.

DIE DUNKLE GESCHICHTE DER HACIENDAS

Die Haciendas im Norden Mexikos spielten bei der frühen spanischen Kolonisierung eine zentrale Rolle. Sie boten Unterkunft für Arbeitskräfte im Bergbau und in der Landwirtschaft, während die reichen Landbesitzer in den nahe gelegenen Städten lebten. Ähnlich wie die Plantagen in den USA befanden sich die Haciendas auf gestohlenem Land, und die Beschäftigten waren häufig afrikanische Sklaven, Indigene oder Mestizen, die für ihre harte Arbeit nicht oder nur sehr gering bezahlt wurden. Die Ungleichheit auf den Haciendas war eine jener Ungerechtigkeiten, die den mexikanischen Revolutionär Emiliano Zapata aufbrachte, der 1897 verhaftet wurde, weil er zusammen mit den Bauern seines Dorfes gegen die Haciendas protestiert hatte, die ihnen ihr Land gestohlen hatten. Im 20. Jh. wurde das ausbeuterische Hacienda-System abgeschafft. Heute wird auf einigen Haciendas weiterhin Landwirtschaft betrieben, während andere als luxuriöse Hotels genutzt werden, in denen häufig Familienfeiern und Hochzeiten stattfinden.

Guachimontones (S. 485)

Der Eintritt zu den Ruinen und dem Museum kostet 30 Mex$ und beinhaltet kostenlose Führungen, die etwa jede Stunde stattfinden.

Verkostung von traditionell hergestelltem Tequila

KLEINE BRENNEREI UND VERKOSTUNGEN

Viele nutzen Guadalajara als Ausgangspunkt für einen Besuch in Tequila, aber in der 48 km entfernten Stadt El Arenal kann man eine Brennerei-Besichtigung machen, die wohl besser und authentischer ist als alles, was man in dem trinkfreudigen *pueblo mágico* finden kann.

Die Familie, die Tequila Cascahuín betreibt, ist seit 1904 im Besitz von *agaveros*, erzeugt aber erst seit 1955 Tequila. Die Produktion von Cascahuín ist zwar nicht so alt wie die von José Cuervo, aber sie ist viel traditioneller und ergibt lediglich einen Bruchteil der Flaschen pro Jahr (etwa 100 000 l). Führungen durch die Brennerei können entweder nur für einen Besuch oder für drei oder fünf Verkostungen gebucht werden. Am besten ist es, eine Führung im Voraus zu vereinbaren (WhatsApp +52 33 3225 7659). Englischsprachige Guides sind verfügbar.

Auf der Tour durch Cascahuín kann man riesige *piñas* (ananasförmige Agavenherzen) sehen, die nach sieben bis zehn Jahren geerntet werden, und in die 16 t schweren Öfen hineingehen. Im Gärraum können die Fässer aus nächster Nähe betrachtet werden, in denen die natürliche Hefe aus der Luft den zerstampften Saft zum Blubbern bringt. Bei der Besichtigung der Destillationstanks lernt man, wie daraus Alkohol wird, und man kann 70-prozentigen Tequila probieren (wenn man das denn möchte). Außerdem erfährt man mehr über den Reifungsprozess in Whiskeyfässern, sieht, wie Arbeiter:innen die Flaschen etikettieren und auf Mängel überprüfen, und am Ende kommt das Beste: Tequila verkosten!

UNTERWEGS VOR ORT

Ziele rund um Guadalajara sind mit Bussen erreichbar, die regelmäßig von Guadalajaras Bahnhof Antigua Central Camionera abfahren. Mit lokalen Bussen kann man sich in Chapala, Tapalpa und El Arenal fortbewegen, und es gibt auch Taxis. Autofahrer:innen sollten beachten, dass auf den Autobahnen 54D und 15D etwa alle 30 Minuten eine Mautgebühr erhoben wird.

TEQUILA

In Mexiko sind nur wenige Getränke so allgegenwärtig wie Tequila, aber die wenigsten Leute wissen, dass der Großteil des Agavengetränks in einer Stadt namens Tequila, eine Stunde nordwestlich von Guadalajara, abgefüllt wird. Obwohl Tequila seit 2006 ein *pueblo mágico* und UNESCO-Weltkulturerbe ist, mit farbenfrohen Häusern, Kopfsteinpflasterstraßen und einer hübschen Kirche aus dem 17. Jh., ist klar, warum die Menschen eigentlich herkommen: wegen des Getränks. In Tequila sieht man amerikanische und mexikanischen Bachelor(ette)-Partys mit Tequila-Fässern auf Rädern, und Betrunkene, die mit einem *cantarito* (Tequila-Cocktail) in der Hand im Zickzack herumlaufen. Es ist ein wildes Durcheinander, aber es macht Spaß, es als Tagesausflug von Guadalajara aus zu besuchen.

TOP TIPP

Tequila-Touren unbedingt vorab buchen. Die von lokalen Anbietern beworbenen Touren sind zwar billig, aber nicht besonders gut, und sie sind oft schon früh ausgebucht. Auf S. 490 gibt es eine Liste mit einigen der besten Touren in Tequila.

Eine Fahrt mit dem Tequila-Zug

PUNKT AUF DER BUCKET LIST

Im Großraum Guadalajara verkehren keine Nahverkehrszüge mehr, aber im José Cuervo Express kann man auf dem Weg in die Stadt Tequila Cocktails trinken und auf ein Meer von blauen Agaven blicken. Die Zugtouren mit der ältesten Tequila-Brennerei sind nicht billig – Tickets gibt es ab 2590 Mex$ –, aber es ist eine unterhaltsame Art, Tequila zu erleb.

Die beliebte „Sunrise"-Tour beginnt an der José Cuervo Express-Station an der Av Circunvalación Agustín Yáñez südlich des Stadtzentrums von Guadalajara – um 8 Uhr morgens muss

Plaza Principal Tequila (S. 489)

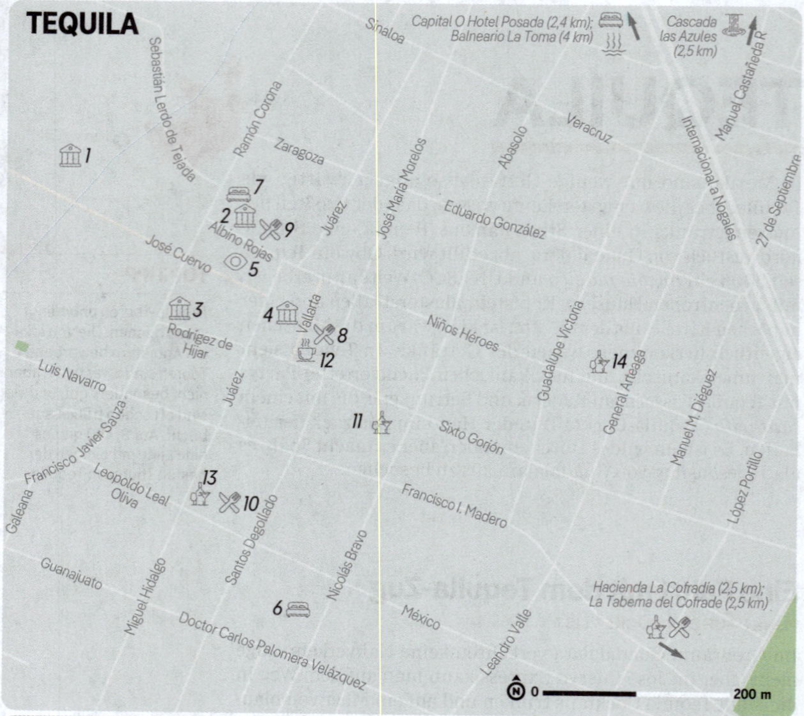

TEQUILA

Capital O Hotel Posada (2,4 km); Balneario La Toma (4 km)
Cascada las Azules (2,5 km)
Hacienda La Cofradía (2,5 km); La Taberna del Cofrade (2,5 km)
0 200 m

SEHENSWERTES
1 Centro Cultural Juan Beckman Gallardo
2 Museo Los Abuelos
3 Museo Nacional del Tequila
4 Parroquia Santiago Apóstol
5 Plaza Principal Tequila

SCHLAFEN
6 Casa Hotel La Gran Señora
7 Solar de las Ánimas

ESSEN
8 Callejon del Hambre
9 La Antigua Casona
10 Patio Mayahua

AUSGEHEN & FEIERN
11 Bar Tequila
12 El Palomar
13 La Capilla
14 Ophe Club Tequilero

man dort sein, um sich anzumelden und kann dann einen *café de olla* (Kaffee mit Zimtgeschmack) oder heiße Schokolade und eine *concha* (Gebäck) genießen. Um 9 Uhr geht es an Bord des alten José-Cuervo-Express, 10 Minuten später beginnt das Trinken. Die Fahrt dauert ein paar Stunden und umfasst einige Cocktails, eine Verkostung (auf Spanisch) und einen Snack.

In Tequila angekommen gibt es eine weitere Verkostung (auf Englisch) und dann geht es ins **Centro Cultural Juan Beckmann Gallardo**, ein wunderschönes Museum, das 2018 eröff-

ÜBERNACHTEN IN TEQUILA

Solar de las Ánimas
Elegantes Cuervo-Hotel nahe der Plaza mit Fitnessraum, Sauna, Pool und Skybar sowie ausgezeichnetem Restaurant. **$$$**

Casa Hotel La Gran Señora
Familiengeführtes Hotel in Zentrumsnähe mit einem hübschen Garten. Die Zimmer sind etwas ältlich, aber sauber. **$$**

Capital O Hotel Posada
In dieser bescheidenen *posada* (Gasthaus) aus Stein und Holz auf einem Hügel liegt der Duft von blauen Agaven in der Luft. **$**

net wurde und Exponate aus den Bereichen Pop Art, *charrería* und indigene Keramik zeigt. Der Eintritt (inkl. Führung) kostet 135 Mex$, wenn man nicht mit dem Zug anreist.

Für Eisenbahnfans geht es weiter mit einem Besuch der Destillerie **La Rojeña** in **Mundo Cuervo,** die 1812 eröffnet wurde und täglich 50 000 Liter Tequila herstellt. Die Besichtigung der Brennerei ist kurz, aber beeindruckend. Danach folgen 2½ Stunden Freizeit, um den Ort Tequila zu erkunden, bevor es mit dem Bus zur Farm geht, wo die *jimadores* (Agavenbauern) den Ernteprozess zeigen. Danach steigt eine ausgelassene Tanzparty, bevor der Bus die Gäste zurück nach Guadalajara bringt. Die „Sunset"-Tour ist die gleiche Tour in umgekehrter Reihenfolge, wobei der Zug die Gäste zurück nach Guadalajara bringt.

Mehr als nur Schnaps in Tequila

TEQUILA HAT MEHR ZU BIETEN ALS NUR ALKOHOL

Wenn man von den riesigen Tequila-Fässern auf Rädern, den wilden Junggesellinnenabschieden und der Tatsache absieht, dass man oft wie ein Dollarzeichen und nicht wie ein Mensch behandelt wird, ist Tequila ein wunderschönes *pueblo mágico* – die **Plaza Principal Tequila** bildet ein weitläufiges Zentrum und es ist immer viel los. Es gibt Straßenbars, die *cantaritos, chapulines* (geröstete Heuschrecken) und *voladores de papantla* aus Veracruz anbieten, die sich um eine Stange drehen. Es gibt auch Anbieter:innen, die im Auftrag des Fremdenverkehrsamtes geführte Wanderungen (150 Mex$) und Brennereibesichtigungen, meist in den erwähnten Fässern, anbieten (ab 250 Mex$). Vorsicht vor den Glücksspielen, die einen Preis versprechen, wenn man eine bestimmte Zahl trifft – das ist Betrug und praktisch unmöglich zu gewinnen.

Die **Parroquia Santiago Apóstol** (17. Jh.) beherrscht den Platz, im Inneren hängen wunderschöne goldene und blaue Vorhänge von der Decke, außerdem ist ein bekleideter Jesus mit Dornenkrone zu besichtigen. Auf diesem Kirchenplatz gibt es auch viele Händler:innen und ein gutes Café, **El Palomar,** das Frühstück, Crêpes, Baguettes, *quesadillas* und Salate serviert.

Tequila hat zwei nicht ganz so großartige Museen, in die man für ein paar Minuten hineinschnuppern kann. Das Museo Nacional del Tequila bietet Informationen über die Stadt und den Vulkan auf Spanisch und Wissenswertes über die Tequila-Ernte auf Englisch und Spanisch. Die Informationen sind nur dann interessant, wenn du nicht an einer Brennerei-Tour teilnimmst. Das **Museo Los Abuelos** (Führung auf Spanisch inklusive) zeigt die Geschichte der Familie Sauza mit einer traditionellen Küche, Erntegeräten und einer skurrilen Sammlung von Eulenskulpturen.

EIN TAG IM LEBEN

José Cuervo Jimador Manuel Rivera schildert einen normalen Tag auf den Agavenfeldern.

Ich stehe um 5 Uhr morgens auf, trinke einen *afé de olla* und esse Brot. Um 6 Uhr machen wir uns an die Arbeit, um die heiße Sonne zu vermeiden. Dann ernten wir, das heißt, wir schaben die Blätter der Agave ab. Wir schneiden sie mit einem *coa de jima*, einem großen runden Löffel mit einer scharfen Kante. Um 10 Uhr gibt es ein Frühstücksbuffet mit Speisen wie *chilaquiles* und Bohnen. Jedes Team besteht aus 10 *jimadores*. Die von uns geschnittenen Agaven werden noch am selben Tag zur Destillerie gebracht. Dort werden die *piñas* zum Kochen in die Öfen gelegt, dann wird der Saft vergoren und destilliert.

MEZCAL

Für leckeren Mezcal musst du nicht nach Oaxaca fahren. **Morelia** (S. 492) im benachbarten Michoacán besitzt eine blühende Mezcal-Szene und außerdem viele gute Restaurants.

ESSEN IN TEQUILA

La Antigua Casona
Gehobenes Restaurant im Besitz von Cuervo mit mexikanischen Gerichten, Burgern und Salaten in einem schönen Garten. **$$$**

Patio Mayahua
Beliebtes Brunch-Restaurant, bekannt für handgemachte Tortillas, *birria, menudo*-Suppe und *chilaquiles*. **$$**

Callejon del Hambre
Gegen den Kater von morgen hilft schon heute ein gefüllter Taco (oder vier) von einem dieser beliebten Stände. **$**

TEQUILA-GESCHICHTE

Schon vor der Ankunft der Spanier tranken die indigenen Völker Getränke auf Agavenbasis wie *pulque* (ein sirupartiges Getränk mit niedrigem Alkoholgehalt), aber Tequila (damals Mezcal genannt) wurde erst ab Mitte des 16. Jhs. mit europäischen Destillationstechniken hergestellt. Nachdem das Getränk in Mexiko jahrhundertelang sehr beliebt war, gelangte es während der Prohibition in die USA und gewann weltweit an Popularität. Aus Sorge, der Tequila könne verloren gehen, verlieh Mexiko dem Getränk 1974 eine Ursprungsbezeichnung, die besagt, dass es nur aus einer von 200 Agavenarten *(azul)* hergestellt und ausschließlich in bestimmten mexikanischen Bundesstaaten produziert werden darf: Jalisco, Nayarit, Michoacán, Tamaulipas und Guanajuato. Diese Regeln verliehen dem Tequila eine ähnliche Attraktivität wie dem Champagner in Frankreich, verdrängten aber gleichzeitig den Mezcal bis vor Kurzem in die Bedeutungslosigkeit.

Tequila-Verkostung und Übernachtung in einem Fass

HACIENDA AUF EINEM HÜGEL

Die **Hacienda La Cofradía** liegt auf einem Hügel voller blauer Agaven und bietet eine der besten Brennerei-Besichtigungen in Tequila sowie faszinierende Unterkünfte und kulinarische Angebote. Die Brennerei ist relativ neu – sie wurde 1991 auf einer Hacienda aus dem Jahr 1933 eröffnet –, hat sich aber zu einer der größten Destillerien entwickelt (Jahresproduktion: 3 Mio. Liter, Vertrieb in 50 Länder). Ein Guide erklärt den Tequila-Produktionsprozess und führt die Besucher:innen zu den riesigen Fässern, wo sie die rohen Agaven probieren – und einen Schluck nehmen können. Interessanterweise ist die Destillerie an einem Hang gebaut, sodass die Säfte durch die Schwerkraft von den Öfen und der Mühle in die Gärtanks und schließlich in die Destillieranlagen und Fässer transportiert werden. Die Führung endet mit einer Verkostung. In den Führungen sind drei Drinks und eine Margarita inbegriffen. In der Regel werden die Führungen auf Spanisch angeboten, für eine englischsprachige Führung solltest du es um 13:30 Uhr versuchen.

Nach so viel Alkohol musst du nicht in die Stadt zurück, denn du kannst in einem der 35 riesigen Tequila-Fässer auf der Hacienda übernachten. Die Fässer sind erst vor Kurzem gebaut worden; jedes ist mit einem eigenen handgemalten Wandgemälde versehen.

Die Cofradía hat zudem ein cooles (im wahrsten Sinne des Wortes) höhlenartiges Restaurant, **La Taberna del Cofrade**, das Live-Mariachi-Musik und Speisen aus vier mexikanischen Bundesstaaten anbietet. Zu den Gerichten gehören *arrachera* (Skirt Steak) aus Jalisco, Tamarinden-Garnelen aus Michoacán und *enchiladas* aus Guanajuato.

Wenn du noch mehr Destillerien kennenlernen möchtest – diese hier sind allesamt erstklassig:

Tequila Cascahuín (S. 486) Traditionelle Destillerie außerhalb von Tequila in der Stadt El Arenal. Persönlicher als die Touren in Tequila. Die Cantarito-Bars auf dem Weg dorthin (S. 485) eignen sich hervorragend für einen Abstecher, wenn man eine:n Fahrer:in dabei hat, die/der keinen Alkohol trinkt.

Mundo Cuervo (S. 489) Die Destillerie von José Cuervo im Zentrum der Stadt bietet eine Reihe von Touren an, darunter auch mit dem Zug. Im Voraus buchen.

Casa Sauza Zweitgrößter Tequila-Produzent. Bietet Führungen durch die Tequila-Fabrik und die Agavenplantagen an.

Casa Orendain Drittälteste aktive Tequila-Destillerie. Inklusive Fassfahrt, Werksbesichtigung und kleiner Verkostung. Nur auf Spanisch.

AUSGEHEN IN TEQUILA

Ophe Club Tequilero
Neonbeleuchteter Tanzclub, ein paar Blocks von der Plaza entfernt.

Bar Tequila
Party-Bar mit 35 Sorten Tequila und preisgünstigen Cocktails. In der ersten Etage über dem Abasolo.

La Capilla
Alte Tequila-Bar mit authentischer Spelunkenatmosphäre. Unbedingt probieren: *Batanga* (Tequila-Cola-Cocktail).

JOEL BALSAM / LONELY PLANET ©

Hacienda La Cofradía

Wasserfall- & Quellwanderungen

KUREN GEGEN DEN KATER

Falls du dich nach all dem Tequila völlig fertig fühlst, gibt es in der Nähe der Stadt ein paar Aktivitäten, die dir wieder auf die Beine helfen. Im Nordosten kannst du eine kurze, aber schwierige Wanderung zu einer Gruppe von Wasserfällen, **Cascada las Azules**, unternehmen. Vom Ausgangspunkt aus geht es an Agavenfeldern entlang und dabei hältst du dich rechts, bis du auf eine Felswand stößt. Wenn du dich durch Gestrüpp kämpfen oder in eine kleine Schlucht abtauchen musst, hast du die falsche Abzweigung genommen. Entlang der Felswand führt der Weg über ein paar Serpentinen bergab zu einer T-Kreuzung. Hier hältst du dich links und erreichst ein paar kleine Becken, in denen du dich erfrischen kannst. Dieser Bereich ist wegen herumliegende Schläuche nicht gerade ansehnlich, aber wenn du weiter an der Felswand entlanggehst, wirst du bald einen wunderschönen Wasserfall sehen, der von der Klippe herabstürzt. Danach geht es zurück zum Ausgangspunkt, von wo aus es nur noch ein kurzer Spaziergang zurück in die Stadt ist.

Nördlich von Tequila bietet das **Balneario La Toma** ein deutlich entspannteres Abenteuer. Aus zehn natürlichen Becken stürzt das Quellwasser über rotes Vulkangestein, es bietet sich ein herrlicher Blick auf die Urwaldschlucht unter ihnen. Das Spa ist ruhig und in der Regel nicht zu stark frequentiert, sodass es eine heilsame Pause vom Chaos in Tequila bietet. Am besten erreicht man es mit dem Taxi oder Auto. Von der Stadt aus erreichst du es auch zu Fuß – Dauer etwa eine Stunde.

TEQUILA KONTRA MEZCAL

Kurz gesagt: Jeder Tequila ist Mezcal, aber nicht jeder Mezcal ist Tequila. Der Agavenbrand wurde ursprünglich als Mezcal hergestellt, indem *piñas* (ananasförmige Agavenherzen) vor der Destillation in einer Erdgrube geröstet wurden, wodurch er seinen rauchigen Geschmack erhielt. Als die Familie José Cuervo das Getränk 1795 zum ersten Mal in Flaschen abfüllte, nannte sie es „mezcal de tequila". Aber 1893 wurde der Name Mezcal, der als Getränk der armen Leute bekannt geworden war, gestrichen. Danach nannte man das Getränk „Tequila", die Produktion wurde zunehmend industrialisiert und rationalisiert, indem man blaue Agaven verwendete und sie dämpfte anstatt sie zu rösten, wodurch sichergestellt wurde, dass der Geschmack stabil blieb. Erst in jüngster Zeit erlebt der Mezcal, der 1994 eine eigene Bezeichnung erhielt, einen Aufschwung, auch wenn er im Ausland noch relativ selten ist.

UNTERWEGS VOR ORT

Busse nach Tequila fahren alle 30 Minuten von der Antigua Central Camionera in Guadalajara ab (Dauer: 1 Std. 40 Min.). In El Arenal kann man einfach aus- und wieder einsteigen. Eine andere Möglichkeit ist der José-Cuervo-Express (S. 488), der einen mit dem Bus oder dem Zug zurück nach Guadalajara bringt, je nachdem, für welches Paket man sich entscheidet.

In Tequila gibt es keine Busse und auch keine Rideshares. Um ein Taxi zu bekommen, muss man sich in der Straße José María Morelos an der Ecke Sixto Gorjón anstellen.

MORELIA

Morelia
Mexico City

Viele fahren auf ihrem Weg nach Pátzcuaro oder zur Reserva Mariposa Monarca an Morelia vorbei, dabei lohnt es sich, ein paar Tage in der majestätischen Hauptstadt Michoacáns zu bleiben. Die 1541 als Valladolid gegründete Stadt, die nach dem Helden des Unabhängigkeitskrieges José María Morelos y Pavón in Morelia umbenannt wurde, ist ein architektonisches Schmuckstück mit rosa-grauen Steinbauten im Stadtzentrum. Das Highlight ist die Catedral de Morelia, das vielleicht schönste Gebäude im Kolonialstil in Mexiko. Morelia punktet mit großartigen Restaurants und Bars, in denen oft Mezcal aus Michoacán serviert wird, der es mit dem aus Oaxaca aufnehmen kann. Mehrere Museen und Kunstgalerien in der Stadt zeigen Werke des Wandmalers Alfredo Zalce, Michoacáns Antwort auf José Clemente Orozco und Diego Rivera, und es gibt tolle Angebote für Kunsthandwerk und Volkskunst. Viele ausländische Besucher:innen gibt es in Morelia nicht, wahrscheinlich weil Michoacán den Ruf hat, gefährlich zu sein, aber das ist eigentlich schade, denn diese hübsche Stadt hat eine ganze Menge zu bieten.

TOP TIPP

Michoacán hat sich wegen der Verbrecherkartelle einen Ruf als gefährlicher Bundesstaat erworben. Zum Zeitpunkt der Erstellung dieses Beitrags hat die US-Regierung aufgrund von Kriminalität und Entführungen eine Reisewarnung für Michoacán ausgesprochen. Morelia selbst ist jedoch davon ausgenommen. Wer durch den Bundesstaat reist, sollte vor allem Tierra Caliente meiden.

SEHENSWERTES
1 Centro Cultural Clavijero
2 Museo de Arte Contemporáneo Alfredo Zalce (MACAZ)
3 Museo del Estado de Michoacán
4 Museo Regional Michoacano
5 Palacio de Gobierno

ESSEN
6 Carnitas Don Raúl
7 Chango
8 Cuish
9 Gaspachos La Cerrada
(siehe 9) La Guarecita
10 LU Cocina Michoacana
11 Mammut
12 Mercado de Dulces y Artesanías
13 Museo del Dulce

AUSGEHEN & FEIERN
14 Escapulario
(siehe 11) Nameless
15 Tata
16 Tatita

SHOPPEN
17 Casa de las Artesanías

Dorilocos

Essen & Ausgehen in Morelia

FÜR DEN GROSSEN APPETIT

Morelia hat eine spektakuläre Gastronomie-Szene. Als Vorspeise sollte man Michoacáns üppiges Geschenk an Mexiko probieren: *carnitas* in einem riesigen Taco (*surtido* genannt) oder in einer *quesadilla* bei **Carnitas Don Raúl**. *Uchepos* (süße Mais-Tamales, die meist in einer Chilisoße und Sahne schwimmen) gibt es bei *Cuish*, aber man findet sie auch an Straßenständen in der ganzen Stadt. Wenn du die Hidalgo-Straße in der Nähe der Plaza de Armas entlangläufst, wirst du wahrscheinlich hören, wie jemand „Gaspacho!" ruft. Nein, das ist keine kalte Suppe wie in Spanien, sondern ein verrücktes Fruchtgetränk mit Ananas, *jicama* (mexikanische Steckrübe) und Mango, dem man wahlweise noch *cotija* (Käse), Limettensaft, Zwiebel, gehackte grüne Chili und scharfe Soße hinzufügen kann. Die Person, die da ruft, arbeitet wahrscheinlich bei **Gaspachos La Cerrada**. Wenn du dann immer noch Hunger hast und dich richtig mutig fühlst, solltest du an der Ecke Hidalgo und La Corregidora ein paar *dorilocos* (scharfe Doritos-Chips mit allem Drum und Dran) essen.

Morelia ist auch für seine Süßigkeiten bekannt. Es gibt *cocadas* (klebrig-knusprige Pyramiden aus karamellisierter Kokosnuss), *frutas cubiertas* (kandierte Früchte wie Kürbis, Feigen und Ananas), *glorias cellophane* (eingewickelte Karamellrollen aus Ziegenmilch, die mit Pekannüssen bestückt sind), *jamoncillo de leche* (Karamell-ähnliche Milchbonbons, die in Form

DIE BESTEN RESTAURANTS IN MORELIA

La Guarecita
Kaffee- und Kakaorösterei mit gutem Frühstück, Pizza und Spezialitäten aus Michoacán. $

Cuish
Höhlenartiges Restaurant, in dem man Gerichte aus Oaxaca und Michoacán sowie aromatisierte *atole* (heißes Masa-Getränk) probieren kann. $$

LU Cocina Michoacana
Großartiges Plaza-Restaurant mit kreativen Interpretationen mexikanischer Klassiker, Frühstück und vegetarischen Angeboten. $$

Mammut
Die Pizza mit luftiger Kruste kann man in diesem teuren, aber guten Restaurant im neapolitanischen Stil an einem Tisch auf dem Bürgersteig genießen. $$$

Chango
Elegantes Surf- & Turf-Restaurant mit einer romantischen Terrasse, von der aus man wunderbar den Sonnenuntergang beobachten kann. $$$

ÜBERNACHTEN IN MORELIA

Hotel de la Soledad
Hast du schon mal in einem 300 Jahre alten Hotel übernachtet? Das erste Hotel in Morelia ist auch heute noch der Gipfel des Luxus. $$$

Hotel Mesón de los Remedios
Fünfzehn Jahre altes Hotel in einem Gebäude von 1670 mit sauberen Zimmern, die zum Stil der Stadt passen. $$

Hostal Mich by Rotamundos
Schönes Gebäude mit cleveren Etagenbetten, die mit Fensterläden für Privatsphäre sorgen. Könnte freundlicher sein. $

ARCHITEKTUR-SPAZIERGANG DURCH MORELIA

Eine der schönsten Städte Mexikos mit ihrer kolonialen Architektur kannst du zu Fuß erkunden. Zu Beginn solltest du einen Blick in die **1 Biblioteca** Pública de la Universidad Michoacana aus dem 17. Jh. werfen, die mehr als 20 000 Bücher und Manuskripte besitzt. Die Wandmalereien stammen aus den 1950er-Jahren, eine zeigt – unter dem jüdischen Gebet „Shema Yisrael" – ein Porträt von Albert Einstein. Um die Ecke befindet sich das **2 Centro Cultural Clavijero**, eine ehemalige Jesuitenschule, in der heute Kunstausstellungen rund um einen Platz mit einem Brunnen aus rosa Stein stattfinden. Dann geht es zurück zur Hauptstraße, um die **3 Catedral de Morelia** zu bewundern. Die über hundert Jahre lang (1660–1774) erbaute Kathedrale ist innen wie außen eine Mischung aus verschiedenen architektonischen Stilen. Jeden Samstagabend um 21 Uhr wird sie mit einem fünfminütigen Feuerwerk in Szene gesetzt. Als nächster Halt steht der **4 Palacio de Gobierno** von Michoacán auf dem Programm. Der **5 Templo de San Francisco de Asís** aus dem 16. Jahrhundert, der nur ein paar Blocks entfernt liegt, wird nachts oft im Rahmen einer Lichtshow angestrahlt. Ein Muss ist das **6 Instituto del Artesano Michoacano** nebenan, das beeindruckende Kunstwerke aus der ganzen Region zeigt. Nach einem Spaziergang entlang der Calle Bartolomé de las Casas, in der sich die besten Bars und Restaurants Morelias befinden, biegst du am Ende links ab, um die **7 Fuente de las Tarascas** zu besichtigen, eine Skulptur mit drei Frauen, die eine Obstschale halten. Abseits des belebten Dreiecks befinden sich die **8 Callejón del Romance**, wo Tauben zwischen blühenden Weinstöcken turteln, und Morelias 2 km langer **9 Acueducto**, der die Stadt von 1788 bis 1910 mit Wasser versorgte. Den Abschluss bildet ein Besuch der **10 Plaza Morelos** mit der majestätischen Statue des Helden des Unabhängigkeitskrieges und dem goldenen **11 Santuario de Nuestra Señora de Guadalupe**.

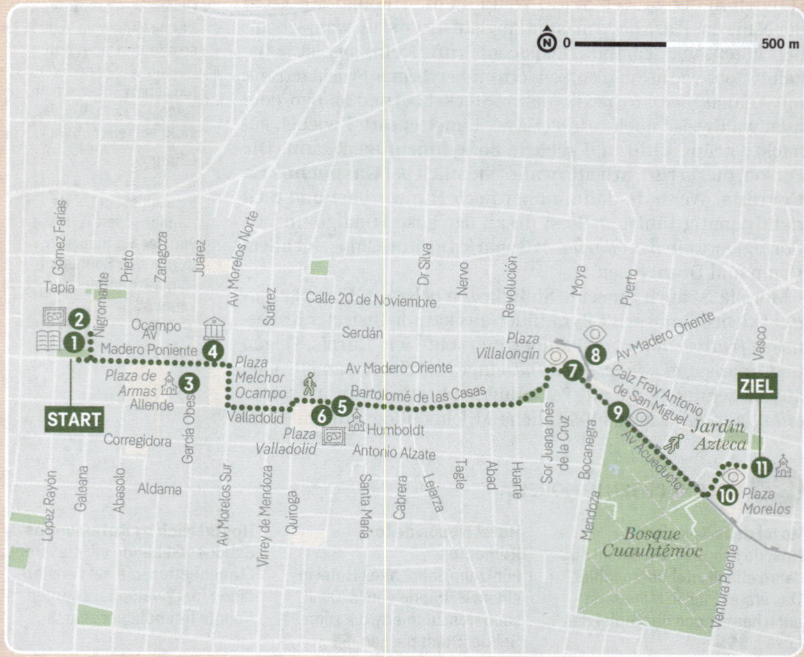

von Rechtecken oder Nüssen verkauft werden), *obleas con cajeta* (klebriges Karamell zwischen zwei dünnen, runden Waffeln), *ollitas de tamarindo* (winzige Tontöpfchen, gefüllt mit einer süß-salzig-herben, an Tamarindenmarmelade erinnernden Paste) und *rompope* (ein aromatisiertes, eierlikörähnliches Getränk aus Aguardiente, Eiern und Milch). Dies alles kannst du im **Museo del Dulce** oder im **Mercado de Dulces y Artesanias** probieren.

Museen, Kunst & Shoppen

KUNST AUS MICHOACÁN

Hinter den rosafarbenen Steinmauern von Morelia verbergen sich zahlreiche Museen, die nicht alle richtig toll sind. Ein Museumsbesuch lohnt sich aber trotzdem, vor allem, um die großartigen Wandgemälde von Alfredo Zalce (1908–2003) zu betrachten, einem in Pátzcuaro geborenen Zeitgenossen von Diego Rivera und David Siqueiros. Einige seiner besten Werke befinden sich im Treppenhaus und auf dem Balkon der zweiten Etage des **Palacio de Gobierno** sowie im **Museo Regional Michoacano,** in dem Zalces Werk *pueblos del mundo contra la guerra atómica* (Völker der Welt gegen den Atomkrieg) aus dem Jahr 1951 zu sehen ist.

Wer mehr über die reiche Kunstgeschichte dieses Bundesstaates erfahren möchte, sollte ins kostenlose **Museo del Estado de Michoacán** gehen, ein gut kuratiertes Museum, das im obersten Stockwerk Teppiche aus lokaler Produktion, schwarze Keramik und vor allem verblüffende Masken aus ganz Mexiko ausstellt. Zeitgenössische Kunst findet man im kostenlosen **Centro Cultural Clavijero,** das mehrere wechselnde Ausstellungen rund um einen Brunnen zeigt, und im ebenfalls kostenlosen **Museo de Arte Contemporáneo Alfredo Zalce (MACAZ),** das ein Sammelsurium von Gemälden, aber seltsamerweise nichts von dem Künstler selbst bietet.

Wenn du jetzt Lust auf Kunst aus Michoacán bekommen hast, kannst du in der **Casa de las Artesanías** auf Shoppingtour gehen. Dieser große Laden neben einer prächtigen Kirche ist nach Stilrichtungen aufgeteilt, wobei viele Stücke in den *pueblos hospitales* von Michoacán hergestellt werden. Es gibt *catrinas* (Skelettpuppen) aus Capula, *alebrijes* (Fantasiewesen) aus Ocumicho, *esmalta negra* (schwarze Keramik) aus Santa Fe de la Laguna, *cobre* (Kupferkeramik) aus Santa Clara, *chuspata-* und *tule*-Schilfarbeiten und Hemden aus Tzintzunzan, Masken, Möbel, zarte Gemälde aus Federn und vieles mehr. Bei Fragen hilft das Personal gern weiter.

DIE BESTEN MEZCAL-BARS IN MORELIA

Escapulario
Peppige kleine Bar mit reichlich Mezcal, Snacks und vegetarischen Gerichten. An den Wochenenden gibt's Live-Musik.

Tata
Flippiges Neon-Restaurant, das für seinen Mezcal ebenso berühmt ist wie für seine Gastronomie, darunter Kaninchentartar und Osso Buco.

Tatita
Das kleine Schwesterlokal von Tata bietet Mezcal-Verkostungen und Snacks sowie mexikanische Erotik-Comics an der Bar.

Nameless
Tolle Kneipe mit großartigen Cocktails und einer Discokugel. Man betritt sie durch den Kühlschrank der Taquería El Chiflido.

BESUCH IN PÁTZCUARO

In **Pátzcuaro** (S. 498) und den *pueblos hospitales*, die den See umgeben, findet man Kunsthandwerk direkt an der Quelle, und die Preise sind besser als in Morelia.

UNTERWEGS VOR ORT

26 km nördlich der Stadt hat Morelia den internationalen Flughafen Aeropuerto Internacional General Francisco Mujica mit Flügen nach Los Angeles, Denver und den wichtigsten mexikanischen Flughäfen. Sowohl am Flughafen als auch am Terminal de Autobuses sind Uber-Taxis nicht erlaubt, die offiziellen Taxis sind oft überteuert. Stattdessen solltest du unter der Fußgängerbrücke den Roja 1 Combi (10 Mex$) anhalten oder außerhalb des Bahnhofs Uber anrufen. Zurück zum Bahnhof kommt man am einfachsten mit dem Roja 1 Combi ab Francisco I Madero Ote.

Rund um Morelia

Freu dich auf Millionen von Monarchfaltern, kühle Bergluft und das Mysterium, wie diese erstaunliche Wanderung jedes Jahr stattfindet.

Das östlich von Morelia gelegene Reserva Mariposa Monarca ist ein großes Naturwunder, das man zumindest einmal erlebt haben sollte. Jedes Jahr im November erheben sich in Kanada Millionen von Monarchfaltern in die Lüfte, um gut 4800 km entfernt in den Schutzgebieten im Osten Michoacáns und im Bundesstaat Mexiko zu überwintern. Wie ein zartes Insekt, das weniger als eine Büroklammer wiegt, eine Strecke zurücklegen kann, die der eines Menschen entspricht, der elf mal um die Erde läuft, ist eigentlich unvorstellbar (Lepidopterologen glauben, dass Monarchfalter einen „Landkartensinn" haben und nach dem Azimut, also dem Winkel auf dem Horizontkreis der Sonne navigieren). Das selbst zu erleben ist noch besser. Mach dich bald auf den Weg, denn die große Wanderung, die seit 20 000 Jahren stattfindet, ist durch Aktivitäten des Menschen stark gefährdet.

TOP TIPP

Du kannst einfach mit dem Auto zu den Schutzgebieten fahren, aber Touranbieter in Morelia wie **Mich Mex Guide Tours** ersparen dir die Mühe.

WANDERNDE SEELEN

Die Einheimischen sagen, dass die Schmetterlingswanderung in Wirklichkeit die Rückkehr der Seelen ihrer Verwandten zum **Día de Muertos** ist. Diese lebendige Tradition kann man in Pátzcuaro und den umliegenden Orten selbst erleben (S. 499).

Monarchfalter

PHOTO SPIRIT/SHUTTERSTOCK ©

Wunderschöne Wanderung der Monarchfalter

EIN EINMALIGES ERLEBNIS

Als die Spanier hier ankamen, dachten sie zunächst, es handele sich um eine Seuche. Die Einheimischen sagen, es seien die Toten, die nach dem Día de Muertos nach Mexiko zurückkehrten. Was auch immer man glauben mag, die Reserva Mariposa Monarca ist ein unvergleichliches Erlebnis. Jeden Herbst machen sich Millionen von orangefarbenen Monarchfaltern auf die unvorstellbare Reise aus dem hohen Norden Kanadas, um in den Tannenwäldern auf den Hügeln von Michoacán und im Bundesstaat Mexiko zu überwintern. Die Schmetterlinge bleiben von November bis Februar oder März, wenn sie sich schließlich paaren (bis zu 16 Stunden lang!). Dann sterben die Männchen und die Weibchen fliegen nach Norden, um im Süden der USA Seidenpflanzen zu finden und Eier zu legen. Danach ziehen drei Generationen von Monarchen auf der Suche nach Seidenpflanzen nach Norden, bevor schließlich eine vierte oder fünfte „Supergeneration" die gesamte Strecke nach Süden fliegt.

Es gibt vier Schutzgebiete, die für die Öffentlichkeit zugänglich sind: **El Rosario** und **Sierra Chincua** in Michoacán sowie **Cerro Pelón** und **Piedra Herrada** in Mexiko. Das am einfachsten zu erreichende und beliebteste ist El Rosario, 8 km von der ehemaligen Goldgräberstadt **Angangueo** entfernt. Der Eintritt kostet 50 Mex$ pro Fahrzeug plus 80 Mex$ am Eingang, einschließlich eines örtlichen Guides. Die 3 km lange Strecke kannst du, begleitet von Schmetterlingen, die vor deinem Gesicht herumschwirren, schnell zur Seite ausweichen oder manchmal auch gegen deinen Körper fliegen, entweder zu Fuß über steile Treppen oder auf dem Rücken eines Pferdes zurücklegen (150 Mex$/Strecke). Oben angekommen kannst du beobachten, wie sich die Schmetterlinge im Sonnenlicht wie Solarzellen aufladen, bevor sie auf der Suche nach Nektar und Wasser weiterfliegen. Die nahe gelegene Sierra Chincua, 9,5 km von Angangueo entfernt, ist weniger frequentiert und umfasst eine harmlosere Wanderung. Der Cerro Pelón im Bundesstaat Mexiko ist abgelegener und der Aufstieg ist schwieriger, aber er lohnt sich. Piedra Herrada, 24 km von Valle de Bravo entfernt, liegt am nächsten zu Mexico City und weist überwiegend asphaltierte Wege auf, aber weniger Monarchen.

BEDROHTE POPULATION

2022 wurden die wandernden Monarchfalter auf der Roten Liste der bedrohten Tierarten der IUCN auf „gefährdet" zurückgestuft. Illegale Rodungen in Mexiko, extreme Wetterbedingungen aufgrund des Klimawandels und eine Landwirtschaft, die Seidenpflanzen zerstört (die einzige Pflanze, auf der Monarchen ihre Eier ablegen), sorgen für schwankende Überwinterungspopulationen in der Reserva Mariposa Monarca. 2021 bevölkerten die Monarchen eine Fläche von 2,85 ha – ein Plus von 35 % gegenüber 2020, aber immer noch weit unter dem Ziel von 6,05 ha für eine nachhaltige Population. Manche Mexikaner:innen, die sich für den Schutz der Monarchfalter einsetzten, wurden getötet, dennoch gibt es Möglichkeiten zu helfen: Nordamerikaner können Seidenpflanzen in ihrem Garten anpflanzen, sich für den Schutz von Gebieten einsetzen, in denen die Pflanze natürlich wächst, und Schmetterlinge markieren, damit wir mehr über diese wunderbare Wanderung erfahren – und darüber, wie wir die Tiere retten können.

UNTERWEGS VOR ORT

Die beiden Naturschutzgebiete von Michoacán liegen weniger als drei Autostunden von Morelia entfernt. Mit dem Bus geht es zunächst nach Zitácuaro (drei Stunden und 15 Minuten von Morelia entfernt), dann nach Angangueo, von wo aus ein Combi bis zum Schutzgebiet fährt. Am einfachsten und informativsten ist es, in Morelia einen Guide zu engagieren. Tagestouren kosten 900 Mex$ und man muss mindestens zu zweit sein. Das staatliche mexikanische Naturschutzgebiet Cerro Pelón erreicht man ebenfalls am besten von Zitácuaro aus und dann mit dem Taxi. Combis (mit der Aufschrift Aputzio de Juárez) fahren nur bis zur Staatsgrenze, danach braucht man ohnehin ein Taxi.

Piedra Herrada ist zwei Stunden von Mexico City entfernt. Man kann mit dem Auto oder mit dem Bus bis Valle de Bravo fahren und von dort aus ein Taxi nehmen.

PÁTZCUARO

Nur wenige Orte in Mexiko sind so reich an indigener Kultur und Handwerkskunst wie Pátzcuaro und der See. Vor der Ankunft der Spanier war Pátzcuaro 200 Jahre lang eine Purépecha-Stadt, die mit Tzintzuntzan und Ihuatzio, anderen Städten am See, verbündet war. Gemeinsam wehrten sie jahrelang die Angriffe der Azteken ab, doch als die Spanier kamen, versuchten sie eine neue Strategie: Sie hießen sie willkommen. Eine schlechte Entscheidung, denn der Konquistador Nuño de Guzman nahm das Gebiet mit brutaler Gewalt ein. 1536 rief Bischof Vasco de Quiroga die Städte rund um den See dazu auf, christlich orientierte Handwerke zu entwickeln und *pueblos hospitales* zu werden – eine Idee, die von Thomas Morus' *Utopia* inspiriert war. Heute stellen die Kunsthandwerker:innen in diesen Städten erstaunliche und sehr unterschiedliche Kunstwerke aus Kupfer, aber auch psychedelische Skulpturen und Gitarren her, wie man im Disney-Film *Coco* sehen kann, der größtenteils in dieser Gegend von Michoacán spielt. Pátzcuaro selbst ist ein wunderschönes *pueblo mágico* mit der zweitgrößten Plaza Mexikos (nach dem Zócalo in Mexico City), mit attraktiven Läden und charmanten Unterkünften.

TOP TIPP

Die beste Zeit für einen Besuch ist von Ende Oktober bis zum 2. November zum **Día de Muertos**, wenn in Pátzcuaro und den Städten rund um den See einige der buntesten und beliebtesten Feste Mexikos gefeiert werden. Unbedingt rechtzeitig anmelden, denn die Unterkünfte sind immer ausgebucht.

Fischen mit Schmetterlingsnetzen, Isla deJanitzio (S. 501)

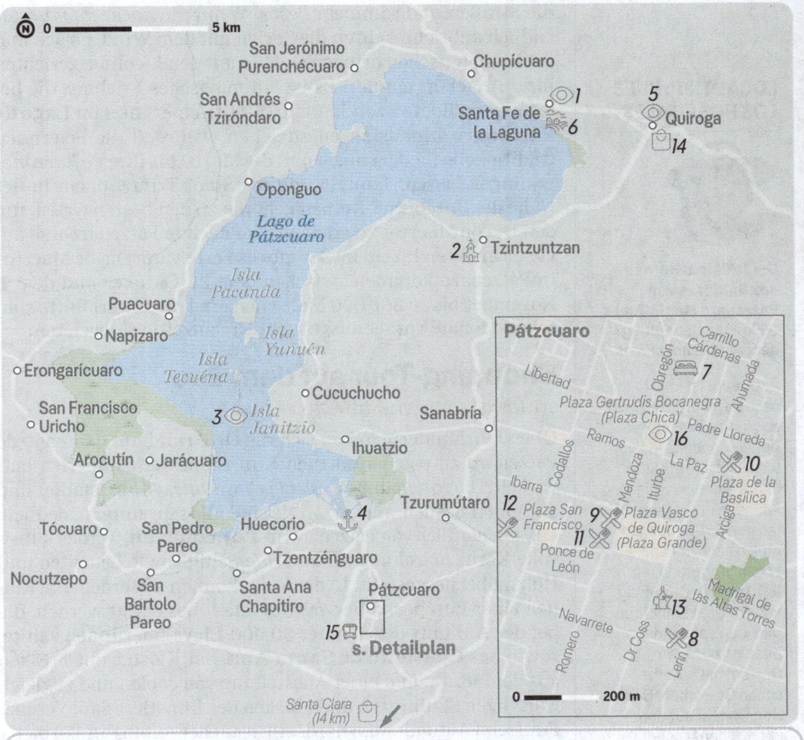

SEHENSWERTES
1 Casa da Mamá Coco
2 Convento de Santa Ana
3 Isla de Janitzio
4 Muelle General
5 Plaza Principal de Quiroga
6 Santa Fe de la Laguna

SCHLAFEN
7 OYO Posada

ESSEN
8 Cenaduria Lulú
9 La Surtidora
10 Restaurante Axolotl
11 Restaurante Axolotl
12 Verde Limone

AUSGEHEN & FEIERN
13 Mezcalería San Miguel

SHOPPEN
14 Tianguis

TRANSPORT
15 Central de Autobuses de Pátzcuaro
16 Plaza Gertrudis Bocanegra (Plaza Chica)

Tag der Toten

DIE BESINNLICHSTE TRADITION MEXIKOS

In Mexiko werden die Toten mit großen Feiern geehrt, eines der größten und strahlendsten Feste findet in und um Pátzcuaro statt. In den Wochen vor dem Día de Muertos am 1. November schmücken die Dorfbewohner:innen Gräber und errichten *ofrendas* (Altäre) mit leuchtenden *cempasúchil* (Ringelblumenblüten, die Seelen anlocken sollen), *pan de muerto* (Gebäck), Kerzen und Bechern mit Mezcal oder Tequila, um die Seele ihrer Lieben zur Rückkehr zu bewegen. Am 31. Oktober ziehen Kinder, die als *catrinas* (Skelette, die ursprünglich von dem mexikanischen Künstler José Guadalupe Posada geschaffen wurden) oder in anderen Kostümen gekleidet sind, mit kleinen Kürbissen durch

TRADITIONEN ZUM DÍA DE MUERTOS

Der Día de Muertos in Michoacán konkurriert mit den Feierlichkeiten in Oaxaca, wo die Traditionen etwas anders sind . Mehr dazu auf S. 355

LOCAL TIPP: PUEBLOS HOSPITALES

Guide Jaime Hernández Balderas von Patzcuaro Magic Tours erklärt die Bedeutung der *pueblos hospitales*.

Pátzcuaro ist eine magische Region, die Heimat des indigenen Volkes der Purépecha, und voller Geschichte, Kultur und Traditionen. Die Gemeinden in der Region um den See begannen gleich nach der spanischen Eroberung um 1500 mit der Gründung von sozialen Einrichtungen, den sogenannten *pueblos hospitales*, Dörfern mit spezifischen Gewerben. Der Begriff geht auf den spanischen Bischof Vasco de Quiroga zurück, der die indigenen Völker zum Christentum bekehren und ihre Wirtschaft fördern wollte. Die *pueblos hospitales* sind nach wie vor von zentraler Bedeutung für die kulturelle Nachhaltigkeit der Region und bieten eine hervorragende Möglichkeit, die Verschmelzung von indigenen und spanischen Bräuchen zu erleben.

die Straßen und sammeln Pesos. Wenn die *noche de muertos* endlich anbricht, kehren die Seelen mit dem Wind zurück und die Einheimischen bringen Gefäße mit den Lieblingsgerichten ihrer Angehörigen mit. Es ist ein magisches Erlebnis, die beleuchteten Boote nach Janitzio (S. 501), einer Insel im **Lago de Pátzcuaro** hinausfahren zu sehen, während die Feiernden traditionelle Lieder singen und die Mariachis ihre *guitarrones* erklingen lassen. Janitzio und die Stadt Tzintzuntzan in der Nähe der Purépecha-Ruinen gehören zu den besten Orten, um den Día de Muertos zu erleben, aber auch in Pátzcuaro und auf vielen anderen Inseln im See gibt es Feste. Zum Día de Muertos in Pátzcuaro kommen zwischen dem 31. Oktober und dem 1. November bis zu 300 000 Menschen, und die Unterkünfte sind schon Monate vorher ausgebucht – rechtzeitig reservieren!

Shopping-Tour auf dem See

SOOO VIELE KUNSTHANDWERKER:INNEN

Über Jahrhunderte haben sich die Orte rund um den Lago de Pátzcuaro zu eigenen kleinen Kunsthandwerksimperien entwickelt. Die so genannten *pueblos hospitales* (Kunststädte) sind alle einen Besuch wert, denn sie sind alle sehr unterschiedlich.

16 km nördlich von Pátzcuaro, in **Tzintzuntzan**, werden kunstvolle Körbe aus *chuspata* und *tule*-Schilf sowie Leuchten und Holzmöbel hergestellt. In der Stadt können außerdem die Ruinen einer Purépecha-Verwaltungsstadt besichtigt werden, die bei der Ankunft der Spanier 30 000 Einwohner:innen zählte, sowie das **Convento de Santa Ana**, ein Kloster mit Fresken aus dem 16. Jh. und einer Ausstellung von coolen und zugleich gruseligen Skulpturen und Masken des Künstlers Saúl Verona. Fünfzehn Autominuten nordöstlich auf der Autobahn 120 bietet **Quiroga** Produkte aus der Umgebung des Sees an, ist aber auf Holzkunst spezialisiert, wie etwa die Teller der 75-jährigen Estella Hernandez, die ihr Handwerk seit einem halben Jahrhundert ausübt. Hernandez' Arbeiten und mehr gibt es bei **Tianguis** in Quiroga. Hungrig? Auf der **Plaza Principal de Quiroga** bieten Straßenhändler:innen *carnitas* und *birría* an, die direkt in den Mund geschoben werden. Zehn Minuten westlich liegt **Santa Fe de la Laguna**, die echte Santa Cecelia aus Disneys Coco. Hier kann man sich vor den rot-weißen Mauern aus dem Film und in der **Casa de Mamá Coco** fotografieren lassen. Dreißig Minuten südlich von Pátzcuaro liegt **Santa Clara**, das für seine Kupferarbeiten bekannt ist. Das kostenlose **Museo Nacional del Cobre** zeigt Werke verschiedener Künstler:innen anhand einer historischen Zeitschiene. Mit dem QR-Code erhält man eine hilfreiche Karte, die auf Google Maps einen Spaziergang zu den Kupferkünstler:innen erstellt.

ÜBERNACHTEN IN PÁTZCUARO

Hotel Encantada
Große, geflieste Zimmer, einige mit Kamin und Küche, angeordnet um einen üppigen Garten. Frühstück inklusive. **$$$**

Posada Yolihuani
Zauberhaftes Hotel mit einem atemberaubenden Garten und 10 Zimmern, alle mit hohen Decken. Frühstück inbegriffen. **$$**

Oyo Posada
Ruhiges, preiswertes Hotel mit Zimmern entlang eines kleinen Gartens. Keine Heizung oder Klimaanlage. **$**

EVE OREA/SHUTTERSTOCK ©

Día de los Muertos, Tzintzuntzan

Aufstieg auf einen Helden

FAST WIE DER CRISTO IN RIO

Mit Taxi oder Combi (blau) fährst du zum Hafen **Muelle General** nördlich von Pátzcuaro und steigst in eine *lancha* (Motorboot), um ein *pueblo mágico* mitten im Lago de Pátzcuaro zu besuchen. Die **Isla de Janitzio** (im Film *Coco* zu sehen) ist ein beliebtes Ziel für Tourist:innen. Eine Fähre fährt hin und zurück; die Besichtigung dauert etwa drei Stunden.

Unterwegs wirst du schnell die Hauptattraktion von Janitzio erblicken: eine riesige, 39,5 m hohe Statue des Helden des Unabhängigkeitskrieges José María Morelos Pérez y Pavón. Die Statue wurde 1934 erbaut und ist mit einer Treppe ausgestattet, über die man bis zur Spitze hinaufsteigen kann. An den Wänden befinden sich Wandmalereien, die in den 1930er-Jahren von Ramón Alva de la Canal gemalt wurden und die Geschichte von Morelos erzählen. Leider sind viele der Tafeln verblasst und kaum noch lesbar. Ganz oben befindet sich eine winzige Treppe, die auf den Arm von Morelos führt und einen Blick über die Insel und den See bietet. Hier muss man mit einer Warteschlange rechnen.

Die Insel selbst ist ziemlich touristisch, mit vielen Restaurants, die Fisch wie *charalea* (winziger frittierter Seefisch), *micheladas* (Tomaten-Bier-Getränk) und billige Souvenirs verkaufen. Aber es macht Spaß, durch die Straßen zu gehen und den Blick über den See und die Ziegeldächer der Insel zu genießen.

DIE BESTEN RESTAURANTS & BARS IN PÁTZCUARO

Cenaduria Lulú
Essen wie die Einheimischen in diesem bodenständigen Restaurant in der Nähe der Plaza. Abendessen von Freitag bis Montag. **$**

Restaurante Axolotl
Ganztägig geöffnetes Restaurant mit toller Aussicht und den besten Backwaren im Hochland. Es gibt auch ein Café auf der Plaza. **$**

La Surtidora
Atmosphärisches Plaza-Café aus dem Jahr 1916 mit mexikanischen Spezialitäten zum Frühstück, Mittag- und Abendessen. **$$**

Verde Limone
Schickes italienisches Restaurant im Freien inmitten einer *casona* mit frischer Pasta, Holzofenpizza und Desserts. **$$**

Mezcalería San Miguel
Hier kannst du Mezcal probieren, der in kleinen Mengen auf der Farm des Besitzers hergestellt wird. Wundere dich nicht, wenn du Kinder an der Bar sitzen siehst.

UNTERWEGS VOR ORT

Pátzcuaro ist mit Auto oder Bus eine Stunde von Morelia entfernt – es gibt keine Direktverbindungen von Guadalajara aus. Sammeltaxis aus dem Stadtteil Xingari von Morelia fahren bis zu einer dreiarmigen Kreuzung am Monumento A Lázaro Cárdenas. Von dort aus fährt das blau gestreifte Combi-Taxi bis in die Nähe der Plaza. Die gleiche Linie fährt auch bis zur Muelle General, wo man eine Fähre zur Isla Janitzio nehmen kann. Busse aus Morelia, Uruapan und anderen Orten halten am Central de Autobuses de Pátzcuaro. Von dort aus geht es per Taxi oder zu Fuß weiter. Die Städte im Norden sind leicht mit den Combis zu erreichen. Geh zur Plaza Gertrudis Bocanegra (auch: Plaza Chica) und sag der Frau in Blau an der Ecke gegenüber der Biblioteca Gertrudis Bocanegra, wohin du willst.

Rund um Pátzcuaro

Na, mutig? Dann klettere doch auf einen ruhenden Vulkan, vorbei an pechschwarzen Lavafelsen. In der Umgebung von Pátzcuaro gibt es zudem zahlreiche Städte mit Kunsthandwerk. Gerade einmal 70 Jahre ist es her, dass die Erde bebte und sich der Volcán Paricutín aufbaute, ein Vulkan 88,5 km westlich von Pátzcuaro, der nach wie vor einer der jüngsten der Welt ist. Überraschenderweise ist dieser Vulkan, der zwei Städte verschlungen hat, selbst bei der mexikanischen Bevölkerung nicht besonders bekannt, aber ein Aufstieg ist ein unvergessliches Erlebnis. Achte auf das einzige Gebäude, das von den beiden Städten übrig geblieben ist: ein Kirchturm, der aus den schwarzen Lavafelsen herausragt. Ansonsten liegen rund um Pátzcuaro die *pueblos hospitales*, die sich dem Kunsthandwerk verschrieben haben. Besonders interessant sind **Paracho**, wo Gitarren hergestellt werden, und **Capula**, das für seine schönen *catrinas*-Skulpturen bekannt ist, doch es gibt auch noch viele weitere Orte.

TOP TIPP

Das geschäftige Uruapan ist ein guter Ausgangspunkt und verfügt über einen schönen Nationalpark mit Wasserfällen.

Antigua Iglesia de San Juan Parangaricutiro

ESDELVAL/SHUTTERSTOCK ©

RUBI RODRIGUEZ MARTINEZ/SHUTTERSTOCK ©

Volcán Paricutín

Auf den jüngsten Vulkan Amerikas

ER RAUCHT IMMER NOCH

Am 20. Februar 1943 pflügte der Bauer Dionisio Pulido aus Purépecha gerade sein Maisfeld, als der Boden zu beben begann und Dampf, Funken und heiße Asche spuckte. Der Bauer rannte sofort los, und das war auch gut so, denn ein Vulkan begann sich aus der Erde zu erheben. Der **Volcán Paricutín,** wie er jetzt genannt wird, hat während der neun Jahre seiner Entwicklung mit seiner Lava zwei Dörfer verschluckt: San Salvador Paricutín und San Juan Parangaricutiro. Die mehr als 5000 Einwohner:innen konnten fliehen. Was blieb ist die **Antigua Iglesia de San Juan Parangaricutiro**, eine Kirche, deren Steinturm allen Widrigkeiten zum Trotz immer noch steht.

Wer sich traut, auf einem schlafenden Vulkan zu wandern, kann hier etwas wirklich Außergewöhnliches erleben! Am besten suchst du dir einen Guide im Dorf **Angahuan**. Man sollte nicht auf eigene Faust klettern, denn es gibt verschiedene unmarkierte Wege nach oben – eine Gruppe ohne Führer verirrte sich kürzlich und wurde erst um 3 Uhr morgens gerettet ... Eine beliebte Route führt auf direktem Weg 808 Höhenmeter über tiefschwarzen Sand und ein Meer von Lavabrocken hinauf, bevor es dann steil und rutschig den Kegel hinauf geht. Du kannst deine Hand über die Rauchschwaden halten, aber berühre sie auf keinen Fall: Sie sind heiß! Danach gleitest du über glatten schwarzen Sand ins Flachland, wanderst durch Avocado-Felder zur eindrucksvollen, von Lava bedeckten Kirche, wo es Essensstände gibt, bevor du in die Stadt zurückkehrst. Für die 21 km lange Strecke braucht man etwa sechs Stunden, also frühzeitig aufbrechen.

ÜBERNACHTEN UND ESSEN

Cabañas Vistas del Paricutín Angahuan
Die am nächsten zum Vulkan gelegene Unterkunft. Einfache Hütten, tolle Aussicht und ein Restaurant. $

Hotel Mi Solar
Ausgezeichnetes Hotel in Uruapan in einem hübschen Gebäude aus dem 19. Jh. Auch das Burger-Restaurant Uno ist gut. $

La Pérgola
Trendiges Café in Uruapan, in dem man mit dem Laptop arbeiten kann, mit angeschlossenem Sushi- und Ramen-Restaurant. $$

Los Arcos
In Paracho, der Gitarrenstadt, unbedingt hier das Vier-Gänge-Tagesmenü probieren. $$

BESTEIGUNG DES VULKANS VON COLIMA

Man kann auch den **Volcán Nevado de Colima** besteigen, einen erloschenen Vulkan gegenüber dem rauchspeienden **Volcán de Fuego de Colima**. Mehr dazu auf S. 506.

UNTERWEGS VOR ORT

Busse nach Angahuan fahren von La Charanda ab, einer Bushaltestelle in Uruapan an der Ampel an der Ecke Calz Benito Juárez und Juan Delgado. Die Fahrt dauert 30 Minuten. Von der gleichen Stelle in Angahuan aus kann man mit dem Bus (der letzte fährt um 20 Uhr) oder dem Taxi zurückfahren.

COLIMA

Die gleichnamige Hauptstadt eines der kleinsten Bundesstaaten Mexikos, die 1523 gegründete Stadt Colima, war die dritte spanische Siedlung in Nueva España, allerdings hat sie nicht annähernd die Anziehungskraft der beiden älteren Städte Mexico City und Veracruz. Die (gemessen an der Einwohnerzahl) junge Stadt hat einen hohen Anteil an Studierenden, die ihr ein paar coole Cafés und Craft-Brauereien einbrachten, vor allem rund um die schöne Plaza. Das Klima hier ist das wärmste im westlichen zentralen Hochland, und Colima verfügt über zwei Ruinenstätten innerhalb der Stadtgrenzen, die erstaunlich gut erhalten sind (und selten besucht werden). Ansonsten hat die Stadt nicht viel zu bieten, daher sollte man den Aufenthalt hier kurz halten und Colima als Ausgangspunkt nutzen, um den riesigen, schneebedeckten, schlafenden Vulkan Volcán de Colima zu erkunden und Comala, eines der charmantesten *pueblos mágicos*, zu besuchen.

TOP TIPP

Vom Busbahnhof Central de los Rojos in Colima mit dem Bus nach Comala. Die Busse fahren den ganzen Tag über im Halbstundentakt.

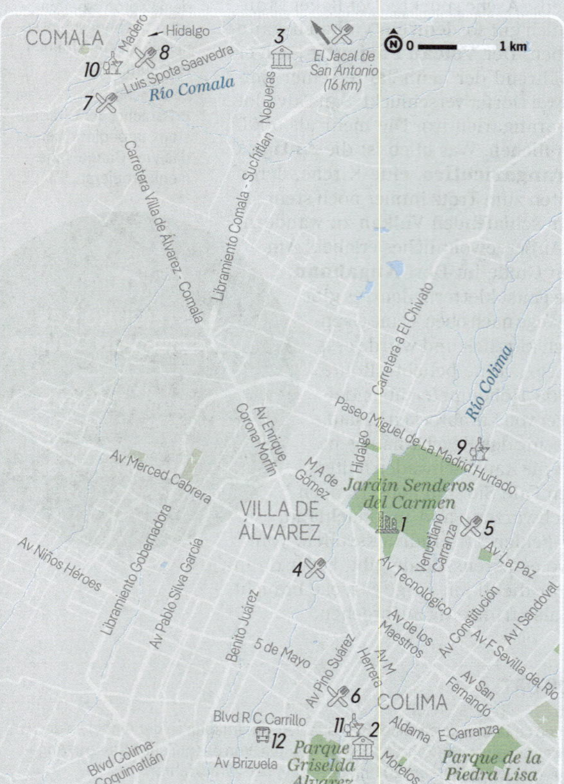

SEHENSWERTES
(siehe 3) Hacienda y Ecoparque Nogueras
1 La Campana Archaeological Site
2 Museo Regional de Historia de Colima
3 Museo Universitario Alejandro Rangel Hidalgo Nogueras

ESSEN
4 Cenaduría Julia
5 Chepe
6 El Charco de la Higuera
7 El Don Comalón
8 Oktli

AUSGEHEN & FEIERN
9 Bravo Café Bar
10 Comalala
11 DMT

TRANSPORT
12 Central de los Rojos

ANGELA N PERRYMAN/SHUTTERSTOCK ©

Archäologische Stätte La Campana

Alte Geschichte

PRÄHISPANISCHE RUINEN UND FIGUREN

Lange vor der Ankunft der Spanier war Colima von verschiedenen indigenen Gruppen bevölkert, von denen wunderbare Ruinen und Figuren in den Gräbern der Region erhalten sind.

Das **Museo Regional de Historia de Colima** auf der Plaza de Colima zeigt eine großartige Sammlung von aus Vulkangestein gearbeiteten Figuren und Skulpturen, teils realistische Darstellungen von Menschenpaaren, teils Hundefiguren und Masken. Das Museum in einer *casona* aus der Kolonialzeit enthält auch ein nachgebautes Grab unter einem Glasboden, in dem ein menschliches Skelett mit einem Skelett eines Hundes zu sehen sind. Die Informationen sind auf Spanisch.

Zehn Minuten nördlich des Stadtzentrums befindet sich die archäologische Stätte **La Campana**, deren Ursprünge bis ins Jahr 1500 v. Chr. zurückreichen und die eine Reihe rätselhafter rechteckiger Pyramiden beherbergt – dass die Stätte nur selten besucht wird, trägt zum Rätsel bei. Einige Bauten waren Wohnhäuser, andere Zeremonialbauten, und es gibt einen *tlachtli*-Platz (Ballspielplatz). Top Tipp: Unbedingt geschlossene Schuhe tragen, denn es gibt hier jede Menge Feuerameisen.

Weiter nördlich liegen, von einem Wohnviertel umgeben, noch atemberaubendere Ruinen – doch ist es nicht einfach,

DIE BESTEN RESTAURANTS IN COLIMA & UMGEBUNG

Cenaduria Julia
Restaurant in vierter Generation (drei davon unter der Leitung von Frauen), spezialisiert auf *sopitas* (kleine frittierte Tacos). $

El Charco de la Higuera
Belebtes Restaurant an einem ruhigen kleinen Platz neben der Kirche San José. $

El Don Comalón
Riesiger Saal in Comala mit Live-Musik und *botanas* (Snacks), die zu jedem Getränk serviert werden. $$

Oktli
Restaurant9n Comala, das internationale Küche serviert, teilweise, zum Warmhalten, auf einem Lavastein. $$$

Chepe
Trendiges argentinisches Steakhaus, in dem alles auf dem Grill zubereitet wird. $$$

GUACHIMONTONES

Westlich von Guadalajara liegt **Guachimontones** (S. 485) mit mehreren runden Pyramiden. An Stangen ließen sich wahrscheinlich die Priester herunter und ahmten damit den Flug eines Vogels nach.

ÜBERNACHTEN IN COLIMA

Hotel Aldama
Charmantes Budget-Hotel mit einem hübschen Innenhof. Leider gibt es in einigen Bädern Schimmel. $

La Casona de Don Jorge
Ehemaliges Herrenhaus, das in ein hübsches Boutique-Hotel mit Restaurant umgewandelt wurde. Es liegt gegenüber dem Jardín Núñez. $$

Hotel Casa Alvarada
Fünf-Zimmer-Hotel in Comala mit einem Boho-Lounge-Bett im Garten. Tolle Bäder. $$

KRIMINALITÄT IN COLIMA

Aktuell haben die USA Colima wegen „Kriminalität und Entführungen" auf ihre „Do Not Travel"-Liste gesetzt und Regierungsangestellten verboten, irgendwohin außer nach Manzanillo und auf der Mautstraße 54D zu fahren, und das auch nur bei Tageslicht. Diese Einstufung erscheint zwar extrem – Tausende Tourist:innen besuchen den Bundesstaat jedes Jahr ohne Probleme, doch hat die Gewalt in Colima zugenommen. Im Januar 2022 führte ein Kampf im Gefängnis zwischen Mitgliedern des Colima-Stadtkartells Los Mezcales und des Cartel Jalisco Nueva Generación (CJNG) zu einem Krieg zwischen den beiden Gruppen, der das ganze Jahr über andauerte.

JROMEROCREATIVES/SHUTTERSTOCK ©

Colima

sie zu finden. Die archäologische Stätte El Chanal erlebte ihre Blütezeit zwischen 1100 und 1400 n. Chr.; eine Besonderheit ist ein Altar, der für Menschenopfer diente. Es gibt keine Hinweisschilder, die von den Hauptstraßen aus zu der Stätte führen, und auch keine Parkplätze. Sie befindet sich in einer Seitenstraße zwischen Aniceto Castellanos und El Chanal/La Capacha.

Auf einen schneebedeckten Vulkan

TRAUMHAFTE TOUR UND AUSBLICKE

Weniger als 32 km nördlich von Colima blicken zwei Vulkane bedrohlich auf die Stadt herab, die beide im Lauf ihres Daseins verheerende Schäden angerichtet haben. Der **Volcán de Fuego de Colima** ist mit einer Höhe von 3763 m der aktivste Vulkan Nordamerikas, über seinem Kegel hängt auch heute noch eine Rauchwolke. Bei Ausbrüchen im Jahr 2017 warf er Asche auf die 22,5 km entfernt gelegene Stadt Ciudad Guzmán, 2019 verursachten kleinere Ausbrüche Erdrutsche und Explosionen.

Dagegen sind die Zeiten der Lavaausbrüche des **Volcán Nevado de Colima** inzwischen vorbei. Der schneebedeckte Gipfel (4496 m) kann in etwa zwölf Stunden erklommen werden – ohne Auto dauert es zwei Tage. Mit einem Guide geht es viel einfacher. **Admire Mexico** bietet Touren an, die um 5:30 Uhr morgens beginnen und dich auf den Gipfel und vor Sonnenuntergang

AUSGEHEN IN COLIMA

Bravo Café Bar
Hippes Café, Restaurant und Bar in Colima inmitten des Dschungels, geöffnet von morgens bis abends.

Comalala
Hier kannst du mit Unterstützung des fachkundigen Personals Mezcals und Craft Beer aus ganz Mexiko probieren.

DMT
Gigantische schwarz beleuchtete Rockbar mit einer Terrasse mit Blick auf die Plaza von Colima, Karaoke- und Mezcal-Räumen.

wieder hinunter bringen. Die Aussicht auf dem Weg nach oben ist spektakulär – die Rauchschwaden des Fuego vor der Kulisse des Pazifischen Ozeans. Die Gipfeltour von Admire Mexico schließt ein Mittagessen ein. Der Veranstalter bietet auch Vogelbeobachtungen, Trekking- und Kajaktouren sowie eine kombinierte Tour mit Kakao- und Bierverkostung durch den Nationalpark an (im Voraus buchen; mindestens zwei Personen).

Wer nicht klettern will, kann mit Auto oder Taxi zum **El Jacal de San Antonio** hinauffahren, einem Restaurant mit gutem Essen und vier schönen Aussichtspunkten – der beste ist ganz oben mit Blick auf den Fuego.

ZONA MÁGICA

Wenn du von Comala aus den Vulkan hinauffährst, wirst du Schilder sehen, die das Gebiet als *zona mágica* (magisches Gebiet) ausweisen. Die Magie, wenn man es so nennen will, liegt in der Steigung der Straße, wenn man den Berg hinauffährt. Kurz vor dem MagicZone Café schalten manche Fahrer in den Leerlauf. Das Auto rollt dann rückwärts – scheinbar aber bergauf. Wer hier unterwegs ist, sollte mit Fahrern rechnen, die sich dieses kleine Experiment nicht verkneifen können.

Hübsches Städtchen & atemberaubende Kunst

LIEBENSWERTES DORF MIT WEISSEN MAUERN

Nur 9,5 km von Colima entfernt liegt **Comala**, ein *pueblo mágico*, das du nicht verpassen solltest, wenn du in der Gegend bist. Die weiß getünchten Mauern und Terrakotta-Dächer erinnern an die *pueblos blancos* in Andalusien, und der Ort verfügt über einige hübsche Geschäfte und Restaurants. Ein guter Zeitpunkt für einen Besuch ist im April während der **Feria del Ponche, Pan y Café**, bei der Punsch (Alkohol!), Kaffee und Brot im Mittelpunkt stehen – im Grunde die besten Dinge des Lebens.

Am nordöstlichen Stadtrand sind das **Museo Universitario Alejandro Rangel Hidalgo Nogueras** und die **Hacienda y Ecoparque Nogueras** nebenan ebenfalls einen Besuch wert. Das von der Universität betriebene Museum widmet sich dem Werk des in Colima geborenen Autodidakten Alejandro Rangel Hidalgo (1923 – 2000). Das Museum zeigt Hidalgos verschiedene Stilrichtungen, darunter bemalte Möbel und hyperrealistische Leinwandbilder. Leih dir ein Vergrößerungsglas aus und schau dir die unglaublichen Details an. Das Museum zeigt auch Figuren, die in Gräbern gefunden wurden und auf das Jahr 500 v. Chr. zurückgehen, eine traditionelle mexikanische Küche und einige der Projekte, die Hidalgo für Unicef durchgeführt hat. Auf Wunsch öffnet das Personal den Raum nebenan, in dem Hidalgos Atelier zu sehen ist. Im Eintrittspreis ist ein Guide inbegriffen, einige von ihnen sprechen Englisch. In dem Gebäude gegenüber dem Haupteingang werden Drucke von einigen Gemälden Hidalgos angeboten, insbesondere von Bildern mit menschlichen Figuren.

In Hidalgos **Hacienda** nebenan kann man Schmetterlinge beobachten, wie sie in einem herrlichen Garten mit pädagogischem Ansatz von Blüte zu Blüte tanzen. Dort gibt es verschiedene Agavenarten, Bananenstauden, hoch aufragenden Bambus und Kakteen sowie Schildkröten, die sich in Teichen tummeln.

MAGISCHE DÖRFER

Das Hochland ist voll von *pueblos mágicos*, staatlich anerkannten Touristenorten. Beispiele: **Tlaquepaque** (S. 475), **Tonalá** (S. 478), **Tequila** (S. 487), **Ajijic** (S. 483), **Tapalpa** (S. 484), **Pátzcuaro** (S. 498).

UNTERWEGS VOR ORT

Busse fahren den ganzen Tag über halbstündlich 30 bis 40 Minuten nach/von Colimas Central de los Rojos und setzen dich in der Nähe des Hauptplatzes ab. Taxis und Uber-Taxis brauchen etwa 15 Minuten und kosten um die 100 Mex$ pro Strecke.

Oben: Cascada de Tamul (S. 538); Gegenüber: San Miguel de Allende (S. 521)

DIE WICHTIGSTEN ZIELE

GUANAJUATO
Raue historische Silberstadt. **S. 514**

SAN MIGUEL DE ALLENDE
Schick und smart: das „Aspen" von Mexiko. **S. 521**

SAN LUIS POTOSÍ
Kunstvolle Architektur und surrealistische Museen. **S. 530**

LA HUASTECA POTOSINA
Surreale Gärten und tolles türkisfarbenes Wasser. **S. 537**

NÖRDLICHES ZENTRALHOCH-LAND

KOLONIALE PRACHT UND NATURWUNDER

Halbwüste, Silberstädte, koloniales Erbe, Nebelwald, reiche indigene Kulturen und Kunsthandwerk: Mexikos Kernland ist ungemein facettenreich.

Das zentrale Mexiko wirkt wie eine Reise durch die verschiedenen Zeitalter des Landes. Das riesige Gebiet erstreckt sich über mehrere mexikanische Bundesstaaten – Guanajuato, Querétaro, Zacatecas, San Luis Potosi und das Naturreservat Sierra Gorda – und ist überaus vielfältig. Jenseits des üppigen Dschungels der Sierra Gorda und des türkisblauen Wassers von Huasteca Potosina liegt eine von Kakteen gespickte Halbwüste. Hier reist man keineswegs durch Niemandsland, dafür sorgen verschiedene Kolonialstädte und historische spanische Schätze in Form von kunstvollen Kirchen, Villen und Palästen. Die Städte gelten als Wiege der Unabhängigkeit, da sie in irgendeiner Form zum Kampf für Autonomie von Spanien beitrugen.

FERRANTRAITE/GETTY IMAGES ©

Zu den Highlights gehören das orange leuchtende, wunderschöne San Miguel de Allende, ein Bad unter den lauwarmen Wasserfällen der Huasteca Potosina, eine Erkundungstour durch die Nebenstraßen der Silberstädte Guanajuato und Zacatecas und ein Spaziergang durch die spröden kopfsteingepflasterten Dörfer, die einst reiche Silberminen beherbergten und dann zu Geisterstädten wurden.

Hinzu kommen reiche indigene Kulturen, regionale Spezialitäten sowie kultivierte Restaurants und Bars. Neben prähispanischen Stätten locken interessante Museen, nächtliche Vergnügungen und Feste sowie eine große Auswahl an lokalen *artesanías* (Kunsthandwerk). Die Städte trennen oft mehrstündige Auto- oder Busfahrten, die Mühe lohnt sich jedoch.

QUERÉTARO
Unabhängigkeits- und Kunstmuseen. **S. 541**

RESERVA DE LA BIOSFERA SIERRA GORDA
Spektakuläre Natur und Kirchenmissionen. **S. 549**

ZACATECAS
Erstklassige Kunstmuseen. **S. 552**

Erste Orientierung

Das nördliche Zentralhochland nimmt einen großen Teil der Landesfläche ein. Einen Überblick über mexikanische Lebensart sowie urbane Geschichte und Kultur liefert eine Rundreise, alternativ besucht man nur ein oder zwei Ziele.

Zacatecas, S. 552

Herausragende Spitzenmuseen dominieren die Kolonialgebäude der stolzen abgeschiedenen Stadt Zacatecas.

Guanajuato, S. 514

Die historische Silberstadt windet sich ein Tal hinab und unterhält mit Sehenswürdigkeiten, Studentenbars und mexikanischem Flair.

San Miguel de Allende, S. 521

Das mexikanische „Aspen" zeigt, was es hat: Prachtvolle Villen in Terrakotta und Orange bergen Boutique-Hotels, schicke Kneipen und Luxusläden.

Querétaro, S. 541

Das entspannte Querétaro zählt zu den am schnellsten wachsenden Städten Mexikos und kämpfte leidenschaftlich für die Unabhängigkeit des Landes. Exzellente Cafés und Unterkünfte machen es zu einem perfekten Stopp vor der Sierra Gorda.

AUTO
Die abgeschiedenen Gebiete der Huasteca Potosina und der Sierra Gorda sowie kleinere Dörfer lassen sich am besten mit dem Auto erkunden. Einheimische fahren oft schnell und unberechenbar, darüber hinaus sind die Straßen am Klippenrand in der Sierra Gorda sehr kurvig.

GEFÜHRTE TOUREN
Exzellente ein- und mehrtägige geführte Touren in entlegene Teile der Sierra Gorda und der Huasteca Potosina sind eine gute Option, wenn man nicht selbst fahren möchte oder keine Zeit für eine mehrstündige Busfahrt hat.

BUS
Eine Alternative zum Auto ist das exzellente Bussystem, das alle größeren Städte sowie die meisten Dörfer jenseits davon – Ausnahmen sind die Huasteca Potosina und Mineral de Pozos – miteinander verbindet. Jede Region hat eigene Busunternehmen der ersten und zweiten Klasse.

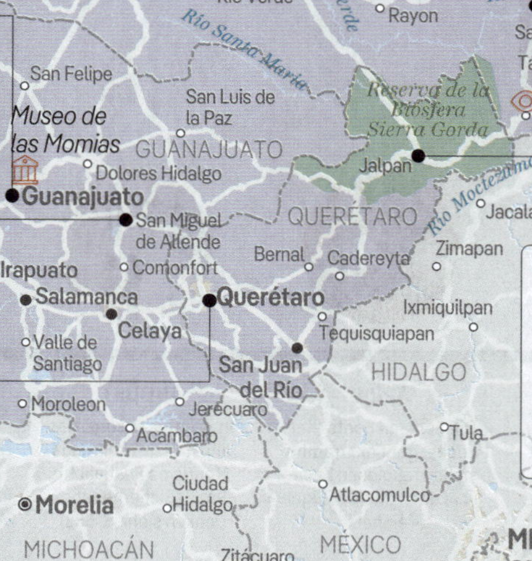

San Luis Potosí, S. 530
Die große, gut funktionierende Stadt dient als Einfallstor und hat miteinander verbundene Plätze und zahlreiche exzellente Museen wie das neue surrealistische Museo Leonora Carrington.

La Huasteca Potosina, S. 537
Ein abgeschiedenes dampfig heißes Feuchtgebiet mit Badestellen, Wasserfällen und überaus gastfreundlichen Einheimischen (Husteken oder Tének).

Reserva de la Biosfera Sierra Gorda, S. 549
Die spektakuläre üppig grüne Sierra Gorda birgt exzellente Wanderwege, Vögel, Krater, fünf eindrucksvolle franziskanische Missionskirchen, Ökotourismus-Aktivitäten und eine reiche indigene Kultur.

Perfekte Tage

Im riesigen abwechslungsreichen nördlichen Zentralhochland kann man sich die Rosinen herauspicken, ob prähispanische Stätten und Naturwunder in abgeschiedenen Schutzgebieten, Kunst- und Geschichtsmuseen in Kolonialstädten oder frühere Bergbaudörfer.

MINT IMAGES/GETTY IMAGES ©

San Miguel de Allende (S. 521)

Ein langes Wochenende

- Los geht's mit zwei Tagen Kolonialgeschichte in **Guanajuato** (S. 514). Das verkehrsberuhigte Zentrum erstreckt sich ein Tal hinab, gespickt von Prachtbauten und mexikanischen Kneipen. Ein **Stadtspaziergang** (S. 515) führt zu architektonischen Meisterwerken, darunter das Teatro Juárez, danach bieten sich oben vom Pípila Panoramablicke.

- Nun geht's mit dem Taxi zum Restaurant **Las Mercedes** (S. 515) und danach zur Mine **La Valenciana** (S. 515) oder ins **Museo de las Momias** (S. 516) und seinen mumifizierten Exponaten (nichts für schwache Mägen!).

- Bei Sonnenuntergang laden die vielen Dachbars zu einem Drink ein. An Tag drei steht ein Tagesausflug nach **San Miguel de Allende** (S. 521) an.

Beste Reisezeit

Von Mai bis September regnet es viel, vor allem in Guanajuato. Wegen der Niederschläge kann man die Huasteca Potosina im September nicht besuchen, denn die Straßen sind teils gesperrt. In Real de Catorce wird's kalt.

FEBRUAR

Die Huasteca Potosina ist jetzt sicher und gut zugänglich, zudem ist der Touristenansturm vorüber.

APRIL

Die Semana Santa (Karwoche) geht mit traditionellen religiösen Feierlichkeiten und Umzügen einher.

AUGUST

In Zacatecas sorgt das alljährliche dreitägige Mourismo Festival für Spaß (Sicherheitsbedenken siehe S. 552).

VON LINKS NACH RECHTS: RUBI RODRIGUEZ MARTINEZ/SHUTTERSTOCK ©, BORIS DRAGOSANI/SHUTTERSTOCK ©, MATT GUSH/SHUTTERSTOCK ©

Fünftägige Tour

- Zunächst sieht man sich die Straßen von **San Miguel de Allende** (S. 522) samt umfunktionierten Kolonialgebäuden und Kunsthandwerkermarkt genauer an. Am nächsten Tag geht's zu den faszinierenden prähispanischen Ruinen **Cañada de la Virgen** (S. 528), danach lockt San Miguel mit Läden und schicken **Dachbars** (S. 522).

- Am nächsten Tag steht das **Sanctuario de Atotonilco** (S. 528) an, gefolgt von einem Thermalbad und Mittagessen in einem nahen **Weingut** (S. 528) oder einem Ausflug nach **Dolores Hidalgo** (S. 519), das Unabhängigkeitsgeschichte, skurrile Eissorten und farbenfrohe Keramik bietet.

- Alternativ verbringt man den Tag in **Mineral de Pozos** (S. 526; man kann mit Bici Buro herradeln).

Länger Zeit

- Bei einem Tagesausflug nach **Aguascalientes** (S. 536) stehen zwei bemerkenswerte Museen zum Thema Tod auf dem Programm.

- In **San Luis Potosí** (S. 530) unternimmt man eine **Mezcal-Tour** (S. 535). Wer noch einen weiteren Tag Zeit hat, verbringt diesen in der abgelegenen Geisterstadt **Real de Catorce** (S. 535) oder – wenn keine Sicherheitsbedenken bestehen – in **Zacatecas** (S. 552) mit seinen wirklich herausragenden Kunstmuseen.

- Alternativ lohnt sich ein Tag in und um **Querétaro** (S. 541, dann geht's über **Tequisquiapan** oder **Bernal** (S. 546) in die **Reserva de la Biosfera Sierra Gorda** (S. 549).

- In Xilitla erwartet die Besucher:innen mit **Las Pozas** (S. 540) eine surreale Gartenlandschaft, bevor man sich in der **Huasteca Potosina** (S. 537) Wasserfälle hinabstürzt.

SEPTEMBER

Am 16. September feiert Dolores Hidalgo (S. 519) seine Rolle in der Unabhängigkeitsbewegung.

OKTOBER

Dank dem Festival Cervantino, einem alljährlichen internationalen Kunstfestival, herrscht in Guanajuato Partystimmung.

NOVEMBER

Viel Sonne und milde Temperaturen locken „Snowbirds" aus Nordamerika an; die Besucherzahlen sind niedrig.

DEZEMBER

Das angenehme trockenere Klima eignet sich perfekt für die Naturattraktionen der Sierra Gorda.

GUANAJUATO

Guanajuato, ein bemerkenswertes UNESCO-Welterbe und die Hauptstadt des Bundestaates, wurde 1559 aufgrund der reichen Silber- und Goldvorkommen der Region gegründet. Heute bedecken eindrucksvolle baumbestandene Plätze und farbenfrohe Häuser die steilen Hänge des Tals. Die gepflasterten Straßen säumen Kolonialgebäude (viele davon aus der ausbeuterischen Vergangenheit), die exzellente Museen und Theater beherbergen. Die Hauptstraßen der Stadt winden sich um die Berge herum und verschwinden in langen, dunklen Tunneln, die früher Flüsse waren.

Die Stadt wird vermehrt als Event-Hotspot beworben. Tatsächlich ist der Veranstaltungskalender, auf dem auch die renommierte jährliche Kunstmesse Festival Cervantino steht, prall gefüllt. Das farbenfrohe, lebendige Guanajuato hat das ganze Jahr über etwas zu bieten. Die Dynamik, das leicht Abgründige, das Nachtleben und die zahlreichen kulturellen Aktivitäten, von *callejoneadas*, Kino, Theater und Orchestern bis hin zur lebhaften Straßenszene, sind auf die 20 000 Studierenden der Universität von Guanajuato zurückzuführen.

TOP TIPP

In Guanajuato braucht man kein Auto. Die Straßen sind größtenteils verkehrsberuhigt und schmale Einbahnstraßen erschweren das Fahren. Lärmempfindliche sind in den Hotels am Paseo de la Presa richtig, allerdings gehören diese vorwiegend zum Boutique-Segment und das Zentrum ist 15 bis 30 Gehminuten entfernt.

Basílica de Nuestra Señora de Guanajuato

SEHENSWERTES
1 Alhóndiga de Granaditas
2 Basílica de Nuestra Señora de Guanajuato
3 Callejón del Beso
4 El Pípila
5 Jardín de la Unión
6 Museo del Pueblo de Guanajuato
7 Museo Iconográfico del Quijote
8 Museo y Casa de Diego Rivera
9 Teatro Juárez
10 Templo de la Compañía de Jesús
11 Templo de San Diego

SHOPPEN
12 Mercado Hidalgo

Mercado Hidalgo

Stadtspaziergang durch Guanajuato

MUSEEM, KIRCHEN, PLÄTZE UND MEHR

Wer sich Zeit für einen Spaziergang durch die engen Straßen von Guanajuatos historischem Zentrum nimmt, wird mit Kunst, Kultur, prachtvoller Architektur und religiösen Relikten belohnt.

Los geht's vor dem **Templo de San Diego** gegenüber dem **Jardín de la Unión**, dem tatsächlichen und figurativen Herzen der Stadt. Er wurde 1663 von Mitgliedern der Ordensgemeinschaft San Diego von Alcántara errichtet und die Fassade aus rosa Bruchstein ist ein Paradebeispiel für den mexikanischen Churriqueresque-Stil. Linker Hand steht das **Teatro Juárez**. Es wurde zwischen 1873 und 1903 erbaut und vom Diktator Porfirio Díaz eingeweiht. Hier lohnt sich ein Blick ins Innere oder der Besuch einer Vorstellung.

Nordwestlich entlang der Calle Sopeña thront die gelbrote **Basílica de Nuestra Señora de Guanajuato** über der gepflegten Plaza de La Paz. Die Basilika birgt eine mit Juwelen besetzte Jungfrau Maria, die Schutzheilige von Guanajuato. Nun führt der Weg bergauf zum **Mercado Hidalgo**, der einem Pariser Bahnhof nachempfunden ist. Dann geht's weiter ostwärts zur **Alhóndiga de Granaditas** (S. 519) und über die hübsche Plaza de San Fernando die Calle Positos entlang. Nachdem man die

DIE ROLLE DES SILBERS

1558 wurde einer der reichsten Silberadern der nördlichen Hemisphäre entdeckt, die Mine La Valenciana. Über 250 Jahre produzierte sie 20 % des weltweiten Silbers. Kolonialbarone waren empört, als König Karl III. von Spanien 1765 ihnen ihren Anteil streitig machte. Ein königliches Dekret von 1767 vertrieb die Jesuiten aus den spanischen Herrschaftsgebieten und entfremdete die reichen Barone und die armen Minenarbeiter noch weiter von den Spaniern, die beide treu zu den Jesuiten gestanden hatten. Der Konflikt entlud sich im Unabhängigkeitskrieg. Der Reichtum spiegelt sich im Templo La Valenciana, 6 km nördlich der Stadt, wider, den kunstvolle goldene Altäre, filigrane Schnitzarbeiten und riesige Gemälde schmücken. Auch hier gibt es zwei Silberminen, die benachbarten Bocamina de San Ramón und Bocamina de San Cayetano. Beide können besichtigt werden.

ESSEN UND AUSGEHEN IN GUANAJUATO

Las Mercedes
Überzeugt mit traditioneller mexikanischer Küche nach Großmutters Art, langsamer Zubereitung und Gourmet-Gerichten. **$$$**

Mestizo
Schöne Ausblicke sucht man hier vergeblich, dafür gibt's jedoch leckere Steaks und guten Service. **$$$**

Café Tal
Guanajuatos bester Kaffee aus hausgerösteten Bohnen, gute Espresso-Getränke und heiße Schokolade. **$**

ESKYSTUDIO/SHUTTERSTOCK ©

Callejon del Beso

Gässchen passiert hat, stößt man auf die Calle Positos und weiter östlich auf verschiedene interessante Museen. Das **Museo del Pueblo de Guanajuato** in der früheren Villa des Minenbesitzers de San Juan de Rayas lohnt einen Besuch.

Kunstinteressierte sollten das **Museo y Casa de Diego Rivera** ansteuern, wo der Künstler Diego Rivera 1886 geboren wurde. Heute findet man hier einen Nachbau des Wohnhauses der Familie Rivera und ein exzellentes Museum. Ganz in der Nähe liegt die **Universidad de Guanajuato**, deren Befestigungsmauern über großen Teilen der Stadt wachen. Der mit Zinnen versehene Giebel stammt aus den 1950er-Jahren. Der **Templo de la Compañía de Jesús** nebenan gehört zu den größten vollendeten Bauwerken der Jesuiten in Mexiko.

Das besondere Guanajuato

ÜBER UND UNTER DER ERDE

Guanajuatos **Museo de las Momias** zählt zu den bekanntesten historischen Attraktionen der Stadt. Vielen Auswärtigen mögen die 100 exhumierten Leichname bizarr erscheinen, vielleicht stehen sie jedoch nur sinnbildlich dafür, dass Mexiko den Tod akzeptiert und sogar feiert.

Die unterirdischen Fußwege der Stadt sind nach oben hin offen und wurden ursprünglich als Kanäle zum Schutz vor Überflutung erbaut. Heute dienen sie wie die geschlossenen Tunnel, die nach Guanajuato und wieder hinaus führen, als Straßen. Manche Tunneleingänge ziert interessante Straßenkunst.

Weiter südlich talabwärts liegt der **Callejón del Beso** (Gasse des Kusses), die schmalste von Guanajuatos Gassen. Hier be-

LOCAL TIPP: GUANAJUATOS BESTE FOTOMOTIVE

Alan Vega (@alan_vega00), Fotograf und Instagrammer

Centro Histórico (Historisches Zentrum)
Bei Sonnenaufgang ist das Licht perfekt und die Besucherströme noch nicht da. Es ist einfach wunderbar, die Stadt beim Erwachen zu erleben.

El Pípila
Am besten kommt man zur *puesta del sol* (Sonnenuntergang). Das eindrucksvolle Panorama, das mit ein paar Wolken am Himmel besonders schön wirkt, kontrastiert mit den hübschen bunten Häusern.

Hotel Chocolate
Mein persönliches „Geheimnis“. Man kommt abends (am besten per Taxi), bestellt sich ein Getränk im Restaurant und erlebt Guanajuato und seine beeindruckenden Lichter von der Terrasse aus.

DACHBARS IN GUANAJUATO MIT PANORAMABLICKEN

Bartola, El Rector
Im Luxushotel El Rector fährt man mit dem Aufzug nach oben und lässt sich vor dem weiten Talpanorama genüsslich eine Margarita schmecken.

La Notaría
Schicke, sehr zentrale Bar mit großartiger Aussicht vom Dach, entspannter Musik und guten Cocktails.

Antigua Trece (13)
Die wunderbare Dachbar nahe dem Callejón del Beso überrascht mit spektakulärer Aussicht und hervorragenden leckeren Cocktails.

rühren sich die Balkone zweier Häuser fast. Nach einer hiesigen Legende lebte einst eine vornehme Familie in der Gasse, deren Tochter sich in einen gewöhnlichen Bergarbeiter verliebte. Sie durften einander nicht sehen, deswegen mietete der Bergarbeiter ein Zimmer im Haus gegenüber und die Liebenden tauschten auf den Balkonen verstohlene *besos* (Küsse) aus, bis ihr Geheimnis entdeckt wurde und ihre Liebe tragisch endete.

Literaturinteressierte sind im **Museo Iconográfico del Quijote** richtig, das Kunst und Dokumente zu Cervantes, dem Autor von *Don Quijote*, zeigt. Das „Quijote-Konzept" war eine Werbeidee einiger Studierender in den 1960er-Jahren und gab dem **Cervantino Festival** seinen Namen.

Schwindelfreie können mit dem **funícular** zum Denkmal von **El Pípila** hinauffahren. Der Panoramablick ist überwältigend.

Eine Callejoneada feiern

TRADITIONELLE PARTY

Die *callejoneada* von Guanajuato ist bei mexikanischen und ausländischen Reisenden gleichermaßen beliebt. Professionelle Sänger und Musiker in traditioneller Tracht beginnen an einem zentralen Ort wie einer Plaza zu musizieren, eine (in diesem Fall bezahlte) Menschenmenge sammelt sich und dann ziehen alle gemeinsam durch die Gassen, Straßen und über die Plätze, und tanzen und singen dabei mit Herzblut. Wegen der Beteiligung Studierender wird das Spektakel in Guanajuato auch *estudiantinas* (studentische Musikgruppen) genannt, auch wenn heute – entgegen häufiger Behauptungen – kaum noch Studierende beteiligt sind. Zwischen den Liedern werden Geschichten, Witze und kurze (teils veraltete, teils schmutzige) Gesangseinlagen dargeboten, die sich oft auf Legenden der Gassen beziehen. In Guanajuato gibt es mehrere konkurrierende Gruppen, die jedoch alle dasselbe Konzept habe. Hauptunterschiede sind die Lautstärke, die Gesangsqualität und die Fähigkeit, das Publikum mitzureißen.

Tickets für das Spektakel verkaufen den ganzen Tag über die Gruppen selbst vor dem Teatro Juárez. Zu erkennen sind sie an ihren Samtuniformen. Los geht's in der Regel täglich gegen 20 Uhr. Alles wird ausschließlich auf Spanisch vorgetragen. Wer laute Musik mag und andere, insbesondere mexikanische Reisende, gerne feiern sieht, für den lohnt sich das Ganze wegen der Atomsphäre.

GESCHICHTSTRÄCHTIGES GEBÄUDE

Die zwischen 1798 und 1808 errichtete Alhóndiga war ursprünglich ein Getreidelager. 1810 wurde sie zur Festung umfunktioniert, als 20 000 Rebellen unter der Führung Miguel Hidalgos versuchten, Guanajuato zu erobern und 300 spanische Soldaten und spanientreue Loyalisten sich hier verschanzten. Am 28. September 1810 ließ sich ein junger Bergarbeiter mit dem Spitznamen El Pípila eine Steinplatte auf den Rücken binden und setzte, so geschützt vor den Kugeln der Spanier, das Tor in Brand. Die Rebellen rückten vor und töteten alle in der Festung. Die Statue, die über Guanajuato thront, stellt El Pípila dar.

HISTORISCHES HIDALGO

Wer sich für die Ursprünge der Unabhängigkeitsbewegung interessiert, ist in Dolores Hidalgo richtig (S. 519).

UNTERWEGS VOR ORT

Guanajuato ist fürs Autofahren denkbar ungeeignet. Mit ihren verkehrsberuhigten Kopfsteinpflasterstraßen und unterirdischen Fußwegen lässt sich die Stadt bestens zu Fuß erkunden. Aufgrund der teils schmalen Bürgersteige ist gutes Schuhwerk von Vorteil. Wer mit dem Auto unterwegs ist, parkt am besten auf einem der Parkplätze, die über die unterirdischen Straßen (also die „offenen" Tunnel, nicht die geschlossenen am Ortseingang) zugänglich sind. Das Tunnelnetz flößt beim Hineinfahren in die Stadt Respekt ein, ist mit GPS und den Schildern jedoch ganz gut zu meistern. Zu den Stätten am Stadtrand (z. B. La Valenciana und das Museo de las Momias) gelangt man am besten mit einem lokalen Bus oder einem grünweißen Taxi.

Rund um Guanajuato

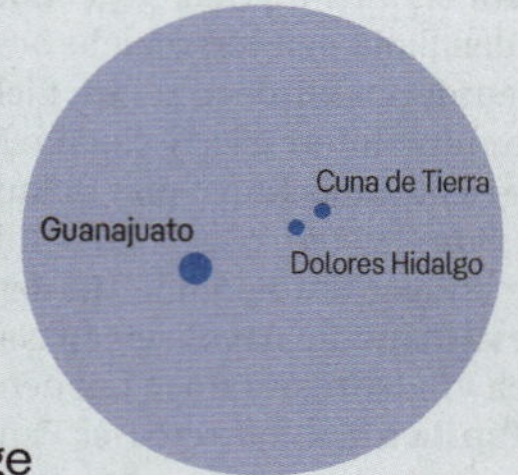

Auf dem Weg nach Dolores Hidalgo, der Wiege von Mexikos Unabhängigkeit und einem Zentrum für Keramik und Eis, locken Weingüter.

Im Umland Guanajuatos erstreckt sich die hügelige, baumbestandene Sierra de Santa Rosa, die man auf dem Weg in die kleine, 60 km entfernte Stadt Dolores Hidalgo passiert. Hierher bietet sich ein halb- oder ganztägiger Ausflug an. Das *centro histórico* (historisches Zentrum) hat eine hübsche, mit Bäumen gespickte Plaza und einen lebendigen Markt. Hauptattraktionen sind die Stätten zur Unabhängigkeit, Werkstätten für bunte Keramik und *nieves*, das bekannte Eis. Zudem wurde hier Mexikos bekannter Ranchera-Musiker José Alfredo Jiménez geboren. Sowohl aus Guanajuato als auch aus San Miguel de Allende kommend, passiert man verschiedene Weingüter, die in den letzten Jahren entstanden. Neben Weinproben gibt es dort Mahlzeiten. Ein Besuch bietet sich auf der Fahrt nach oder aus San Miguel de Allende an.

TOP TIPP

Dolores, Guanajuato und San Miguel de Allende formen jeweils einen Punkt eines Dreiecks. Die Fahrt ab San Miguel de Allende ist kürzer (1 Std.), jedoch auch weniger schön als die Straße aus Guanajuato (1½ Std.).

Dolores Hidalgo

ROBERTO GALAN/GETTY IMAGES ©

ROBERTO GALAN/GETTY IMAGES ©

Parroquia de Nuestra Señora de Dolores

WEINGÜTER-BOOM

Cuna De Tierra, das erste Weingut in der Region Guanajuato, liegt direkt vor Dolores Hidalgo. Vor allem in den letzten zehn Jahren kamen rund um Dolores Hidalgo und San Miguel de Allende zahlreiche hinzu. Weiteres zur Weinroute siehe S. 528.

Dolores Hildalgo: Wiege der Unabhängigkeit

SCHREI NACH UNABHÄNGIGKEIT

Am **Hauptplatz** befinden sich die **Hidalgo-Statue** und die **Parroquia de Nuestra Señora de Dolores**, wo Hidalgo seinen berühmten Grito erschallen ließ. Sie steht im Zentrum der alljährlichen Feierlichkeiten der Stadt rund um den Unabhängigkeitstag. Westlich davon gibt das **Museo Bicentenario 1810–2010** im Gebäude der einstigen Presidencia Municipal den kulturellen und historischen Kontext zu den ersten 100 Jahren der Unabhängigkeit. Das **Museo de la Independencia Nacional** dokumentiert den dramatischen Rückgang der indigenen Bevölkerung in Nueva España zwischen 1519 (geschätzte 25 Mio. Menschen) und 1605 (1 Mio.) und die heroischen letzten zehn Monate in Hidalgos Leben. Das **Museo Casa de Miguel Hidalgo**, in dem er in seiner Zeit als Gemeindepriester von Dolores lebte, ist heute ein Schrein für den Volkshelden.

Das **Museo José Alfredo Jiménez** ist der Geburtsort des in Mexiko hochverehrten Königs der música ranchera. Ein Highlight ist das **Wandbild** von Octavio Ocampo, in dem sich viele Figuren und Symbole verstecken.

Das **Museo del Vino de Guanajuato** widmet sich der Geschichte des Weines in der Region und der Weinerzeugung. Die **Zona Artesanal** an der Avenida Jiménez säumen Werkstätten für Majolika-Keramik, dem wichtigsten Kunsthandwerk in Dolores seit Padre Hidalgo im frühen 19. Jh. die ersten Keramikateliers gründete.

MIGUEL HILDALGO UND EL GRITO

Am 16. September 1810 um 5 Uhr läutete der visionäre Priester Pater Miguel Hidalgo y Costilla die Glocken, um seine Gemeinde in der Kirche zu versammeln, und stieß den Grito de Dolores, den Schrei nach Unabhängigkeit, aus. Hidalgo führte seine stetig wachsende Anhängerschaft von Dolores nach San Miguel, Celaya und Guanajuato, nördlich nach Zacatecas, südlich bis fast nach Mexico City und westlich nach Guadalajara. Die Spanier ließen ihn festnehmen und von einem Hinrichtungskommando erschießen. Sein Kopf wurde an einer Ecke der Alhóndiga de Granaditas in Guanajuato zur Schau gestellt.

ESSEN UND AUSGEHEN IN DOLORES HIDALGO

Cantina La Hiedra
In der traditionellen Cantina ging der große ranchero José Alfredo Jiménez ein und aus. $

Cantina El Faro
Die authentische, sehr atmosphärische Cantina gibt es bereits seit Anfang des 19. Jhs. $

DaMónica
Das hervorragende, schicke, einladende italienische Lokal serviert Lasagne, Pizza und Gourmet-Meeresfrüchte. $$

MARCVILN/GETTY IMAGES © UNTEN RECHTS: ELENI MAVRANDONI/SHUTTERSTOCK ©

Talavera

LOCAL TIPP: DREI EISSORTEN, DIE MAN PROBIERT HABEN SOLLTE

Señor Jesús Torres, Eishersteller und Besitzer des Eiscremestands Helados El More.

Mantecado
Die traditionellste Geschmacksrichtung, Vanille mit Trockenfrüchten und Nüssen (mit Milch), gibt es seit 1912.

Zanahoria
Die Sorte mit Karotte und Nüssen enthält am wenigsten Zucker und ist somit die „gesündeste".

Garambullo
Traditionelles Wassereis aus den rosaroten traubenähnlichen Früchten einer regionalen Kaktusart. Wir zerstampfen sie mit der Schale, was für eine tolle Farbe sorgt.

Keramik & Eis

KUNST BESTAUNEN UND PROBIEREN

Der Gemeindepriester und Held der mexikanischen Unabhängigkeit Padre Hidalgo soll Anfang des 19. Jhs. das Keramikhandwerk in Dolores Hidalgo eingeführt haben, um Arbeitsplätze für Einheimische zu schaffen. Heute entsteht die Keramik noch immer vor Ort aus lokalem Lehm. Die Farben werden von Hand auf eine weiße Glasur aufgetragen. Viele Werkstätten und Brennöfen liegen etwas abseits, die Endprodukte wiederum gibt's in der **Zona de Artesanias** an der Avenida Jose Alfredo Jimenez oder in Geschäften in der Stadt wie **Talavera JMB** in der Puebla 60 und **Talavera Vazquez** in der Puebla 58.

Mexikos Original-*nieves* (wörtlich: Plural von Schnee; Eis auf Wasserbasis) wurden aus Eiswürfeln und Fruchtaromen hergestellt, Milch kam erst später hinzu. Dolores Hidalgos Tradition innovativer handgemachter Eiscreme wird weithin auf einen einheimischen *nevero* (Eishersteller) namens Don Victorio González zurückgeführt, der um 1912 damit begann, in Containern aromatisiertes Wassereis herzustellen und zu verkaufen. Ein paar Familien folgten seinem Beispiel und heute werden die Eiswagen rund um den Garten von *neveros* der dritten und vierten Generation betrieben, die miteinander um die ausgefallensten Geschmacksrichtungen wetteifern. Welchen man ansteuert, hängt von den jeweiligen Vorlieben ab, so reicht die Auswahl von traditioneller Zitrone oder Limette über Garnele und Avocado bis hin zu *chicharrón* (Schweineschwarte). Eine Alternative zu den Ständen ist die preisgekrönte Eisdiele **La Flor de Dolores**.

UNTERWEGS VOR ORT

Busse von Flecha Amarilla verkehren alle halbe Stunde zwischen Dolores Hidalgo und Guanajuato (1½–2 Std.) sowie San Miguel de Allende (1 Std.). Der Busbahnhof von Dolores ist praktisch im Zentrum gelegen.

SAN MIGUEL DE ALLENDE

Das Orange leuchtende San Miguel de Allende beeindruckt mit seinen Kopfsteinpflasterstraßen, Gebäuden und Gärten. Im letzten Jahrhundert zog es viele Kunstschaffende und Kreativköpfe an und weist eine große nordamerikanische Gemeinde auf. Insbesondere am Wochenende kommen viele Gutbetuchte aus Mexico City. Die Stadt gefällt nicht jedem, wer jedoch Lust auf ein mexikanisches Aspen mit einer landesweit einzigartigen kosmopolitischen Atmosphäre hat, ist hier genau richtig.

Neben zahlreichen gehobenen Restaurants gibt es exzellente *comedores* mit lokalen Gerichten. Zudem locken viele Galerien, großartige Märkte für *artesanías* (Kunsthandwerk), Literaturfestivals mit englischem Fokus sowie Feuerwerke, Umzüge und einige andere kulturelle Aktivitäten auf der wunderschönen baumbestandenen Plaza.

TOP TIPP

Die schmalen Kopfsteinpflasterstraßen von San Miguel sind mit dem Auto eine Herausforderung. Für die Stadt selbst benötigt man kein Auto, fürs Umland kann es hingegen praktisch sein. Die meisten Sehenswürdigkeiten sind auch auf geführten Touren, mit dem Bus oder dem Taxi zu erreichen.

SEHENSWERTES

1 Capilla de la Tercera Orden
2 Centro Cultural Ignacio Ramírez 'El Nigromante'
3 Colegio de San Francisco de Sales
4 Museo Histórico Casa de Allende
5 Oratorio de San Felipe Neri
6 Parroquia de San Miguel Arcángel
7 Plaza Cívica
8 Teatro Ángela Peralta
9 Templo de la Concepción
10 Templo de Nuestro Señora de la Salud
11 Templo de San Francisco

Centro Cultural Ignacio Ramírez El Nigromante **(S. 522)**

Spaziergang durch San Miguel

REISE IN DIE VERGANGENHEIT

Startpunkt ist San Miguels Herz, die **Plaza Principal (El Jardín)**, vor **La Parroquia de San Miguel Arcángel**. Die bekannteste Sehenswürdigkeit machen die rosafarbenen „Hochzeitstorten"-Türme aus, die über der Stadt thronen. Die eigenartigen Spitztürme wurden Ende des 19. Jhs. von dem indigenen Steinmetz Zeferino Gutiérrez entworfen, die restliche Kirche stammt hingegen aus dem späten 17. Jh. Sie birgt das hochverehrte Bildnis von Christus der Eroberung, das wohl im 16. Jh. in Pátzcuaro aus Maisstängeln und Orchideenzwiebeln entstand.

Am Hauptplatz lohnt das faszinierende **Museo Histórico Casa de Allende**, wo der Held der Unabhängigkeit Ignacio Allende 1769 geboren wurde, einen Besuch. Das Gebäude beherbergt zudem das Geschichtsmuseum der Stadt, das sich mit der interessanten Vergangenheit der Gegend rund um San Miguel beschäftigt. Die neueste Attraktion des Museums namens *Izcuinapan* ist eine herausragende Sammlung prähispanischer archäologischer Stücke.

Ein Block nordwestlich der Plaza steht die **Capilla de la Tercera Orden** aus dem 18. Jh. Sie gehört zu einem franziskanischen Klosterkomplex und die Hauptfassade zieren der hl. Franz und Symbole des Franziskanerordens. Die kunstvolle Fassade aus dem späten 18. Jh. im Churrigueresque-Stil nebenan gehört zum **Templo de San Francisco**.

Zwei Blocks westlich thront der **Templo de la Concepción**. Den inneren Eingang zieren verschiedene Sprüche, die vor dem Eintreten zum Innehalten anhalten sollen. Mit dem Bau der Kirche wurde Mitte des 18. Jhs. begonnen. Ende des 19. Jhs. ergänzte der umtriebige Zeferino Gutiérrez die Kuppel.

Dahinter befindet sich das **Centro Cultural Ignacio Ramirez „El Nigromante"**, ein ehemaliges Kloster, das 1938 zu einer Kunstschule umfunktioniert wurde. Bemerkenswert sind die Wandbilder von Pedro Martínez und der **Siqueiros-Raum** mit dem eindrucksvollen unvollendeten Wandbild von David Alfaro Siqueiros am anderen Ende des Komplexes.

Das **Teatro Ángela Peralta** in der Nähe wurde 1873 erbaut. Es zeigt lokale Produktionen, Klassikkonzerte und andere kulturelle Veranstaltungen.

Vier Blocks weiter östlich steht an der hübschen **Plaza Cívica** das **Colegio de San Francisco de Sales**. Die einstige Hochschule wurde Mitte des 18. Jhs. vom Orden San Felipe Neri gegründet und gehört heute zur Universität von León. Viele der Revolutionäre von 1810 lernten hier; als später dann die Rebellen San Miguel einnahmen, wurden in dem Gebäude spanische Adlige gefangen gehalten.

DIE BESTEN DACHBARS

Azotea Die einladende Bar überblickt den Hügel jenseits der Stadtgrenzen – bei Sonnenuntergang einfach großartig.

Bekeb Freche, moderne Cocktailbar mit fachkundig gemixten Drinks.

Fátima 7 Etwas versnobt, die Terrasse, die fast die San-Francisco-Kirche berührt, ist jedoch grandios.

Luna Rooftop Tapas Bar Gehört zum Rosewood Hotel und bietet eine großartige Perspektive vom Cocktailglas über das gesamte San Miguel.

Quince Hübscher Ort mit versnobtem Flair, teurem Essen und Blicken auf die Parroquia.

ARCHÄOLOGISCHE SCHÄTZE

Viele der archäologischen Stücke der Ausstellung *Izcuinapan* in der Casa de Allende wurden in Cañada de la Virgen (S. 528) gefunden.

ÜBERNACHTEN IN SAN MIGUEL

Casa Maricela
Gemütlich, sauber und unprätentiös mit exzellentem Frühstück und toller Lage. **$$**

Antigua Capilla
Stilvolles, um eine Kapelle aus dem 17. Jh. erbautes B&B mit erstklassigem Frühstück und einem wunderschönen Hof voller Pflanzen. **$$$**

Posada Corazón
Das wunderschöne Haus aus der Mitte des 20. Jhs. beherbergt ein luftiges B&B im Herzen von San Miguel in einem grünen Garten. **$$**

Templo de la Salud

Im Westen steht der **Templo de Nuestra Señora de la Salud** (Kirche Unserer Lieben Frau der Gesundheit). Er beeindruckt mit der Fassade im Churrigueresque-Stil, der blaugelb gefliesten Kuppel und einer großen, in den Stein gemeißelten Muschel über dem Eingang. Einst gehörte das Gebäude zum Colegio de Sales und die Gemälde im Inneren stammen u.a. von San Javier von Miguel Cabrera. San Javier (hl. Franz Xaver; 1506–1552) war ein Gründungsmitglied der Jesuiten. Das **Oratorio de San Felipe Neri** nebenan ist eine Kirche aus dem 18. Jh. mit mehreren Türmen und einer Kuppel. Die blassrosa Hauptfassade ist im Barockstil mit indigenen Einflüssen gehalten. Rechts der Fassade ziert den Eingang eines Korridors das Bildnis von Nuestra Señora de la Soledad (Unsere Liebe Frau der Einsamkeit). Im Inneren der Kirche zeigen 33 Ölgemälde Szenen aus dem Leben von San Felipe Neri, dem Florentiner aus dem 16. Jh., der den katholischen Orden Oratorio gründete.

San Miguels Grünflächen

KAKTEENGÄRTEN UND GEPFLEGTE PARKS

Zu Beginn der 1990er-Jahre setzte sich eine Gruppe besorgter Einheimischer für den Schutz einer Gegend nordwestlich der Stadt ein. Das Ergebnis ist **El Charco del Ingenio**, ein groß-

SPIELERISCH TRADITIONEN BEWAHREN

Das helle, moderne Museum La Esquina: Museo del Juguete Popular Mexicano ist ein Muss für alle großen und kleinen Kinder. Die Spielzeugsammlung wurde in 50 Jahren von Angélica Tijerina zusammengetragen. Ziel ist es, mexikanische Traditionen der Spielzeugherstellung zu bewahren und zu fördern. Die Stücke in unterschiedlichsten Formen bestehen vorwiegend aus Weizen, Stroh, Textilien, Holz und recycelten Materialien. Sie werden in Mexiko seit Menschengedenken hergestellt. Bemerkenswert sind die beweglichen Puppen, Seiltänzer und andere geniale bewegliche Erfindungen. Um die Traditionen aufrechtzuerhalten, zeigt das Museum außerdem Werke eines alljährlichen Spielzeugwettbewerbs.

Wenn man sich alles angesehen hat, wartet noch der exzellente hauseigene Geschenkeladen.

VEGAN ESSEN IN SAN MIGUEL

La Cabra Illuminada
Ausschließlich pflanzenbasierte Kost in elegant-minimalistischem Ambiente. Serviert Frühstück und Brunch. **$$**

Don Taco Tequila
Wunderbare vegane Varianten mexikanischer Klassiker, von neu interpretierten Tacos bis hin zu Quinoa-Salaten. **$$**

La Raíz de la Tierra
Gehobenere Pflanzenküche mit hübschen Gerichten und guter Teeauswahl. **$$**

KUNST & MÄRKTE

In San Miguel gibt es einige wunderbare Märkte, ob mit hochwertiger *artesanía* (Kunsthandwerk) oder lokalen Essensständen. Die beste Adresse für Kunsthandwerk ist der Mercado de Artesanías, eine Fußgängerzone, die am Mercado Ignacio Ramírez, San Miguels zentralem Essensmarkt (Zugang über die Calle Colegio), startet. Die Auswahl reicht von Otomí-Stickarbeiten bis zu handgemaltem *alebrije* (traditionelle holzgeschnitzte Fantasiewesen). Der Mercado de San Juan de Díos, 15 Gehminuten westlich des Zentrums, ist ein belebter untouristischer mexikanischer Essensmarkt mit *comedores* (Essensständen). An der Calzada de La Aurora befindet sich die Fabrica La Aurora, eine umgebaute Fabrik für Rohbaumwolle mit Galerien für zeitgenössische Kunst, Designateliers und einem guten Café.

R.M. NUNES/SHUTTERSTOCK ©

Skull artesanía

artiges 67 ha großes Schutzgebiet mit einer Schlucht. Das Herzensprojekt mit einem Garten und einem Tierreservat ist seit 1991 öffentlich zugänglich.

Es macht großen Spaß, das weitläufige Wegenetz durch Sumpfgebiete und den Lebensraum großartiger Kakteen und einheimischer Pflanzen zu entdecken. Hinter jeder Ecke warten interessante Flora und Fauna in Form von Vögeln und seltenen Pflanzen, malerische Ausblicke über Stauseen und Skulpturen und historische Ruinen wie eine ehemalige Wassermühle. Am Grund der tiefen Schlucht sprudelt die namensgebende Süßwasserquelle El Charco del Ingenio.

Jeden Dienstag und Donnerstag um 10 Uhr starten zweistündige Führungen (auf Englisch). Vor Ort gibt es zudem ein großartiges Informationszentrum, einen Souvenirladen und ein exzellentes Café, das frische Salate serviert.

Zurück in der Stadt lohnt es sich, die Lorbeerbäume des Hauptplatzes hinter sich zu lassen und den wunderschönen schattigen **Parque Benito Juárez** drei Blocks südlich anzusteuern, der zum Entspannen und Spazieren einlädt. Der historische Park wurde 1904 eröffnet und geht auf das Engagement des früheren Gemeindepräsidenten Ignacio Hernandez Macías zurück, wobei europäische Parks als Vorbild dienten (der diktatorische Präsident Porfirio Diaz war frankophil). 1916 wurde er nach dem Präsidenten Benito Juarez umbenannt.

In der nordöstlichen Ecke des Parks sprudelt ein 1960 erbauter Springbrunnen. Versorgt wird er von der Wasserquelle El Chorro, wegen der die Stadt gegründet wurde. Bis vor wenigen Jahren waren hier öffentliche Waschzuber in Gebrauch.

UNTERWEGS VOR ORT

In San Miguel de Allende braucht man kein Auto, dafür jedoch robustes Schuhwerk – die Stadt ist hügelig und die gepflasterten Straßen sind oft rutschig. Zudem sind die Gehwege sehr schmal. Es gibt jedoch auch viele fußgängerfreundliche Straßen und Viertel. Ortsbusse und Taxis fahren den Busbahnhof an und man findet leicht Taxis zu Zielen wie dem Garten El Charco.

Rund um San Miguel de Allende

Prähispanische Stätten, Maya-Bäder, exklusive Weingüter, koloniale Kirchen und Heiligtümer, Schluchten und Wüste: Die Region ist breit aufgestellt.

Unweit von San Miguel de Allende erstreckt sich die Halbwüste der Region Guanajuato, deren verschiedene Kakteen in der grüneren Regenzeit blühen. Auch hier locken grüne Schluchten und eindrucksvolle prähispanische Stätten, von denen Cañada de la Virgen die bekannteste ist.

Nur einen Tagesausflug per Taxi, Bus oder Fahrrad entfernt locken vor den Stadttoren zahlreiche bemerkenswerte Orte, Aktivitäten und Gourmeterlebnisse, darunter Weingüter mit Verköstigungen und Führungen. Das Ziel, das ohne eigenes Auto am schwersten zu erreichen ist, ist die ehemalige Bergbaustadt Mineral de Pozos, unmöglich ist es jedoch nicht.

TOP TIPP

Bici-Burro (bici-burro.com) in San Miguel organisiert Fahrradtouren nach Atotonilco und Mineral de Pozos.

Cañada de la Virgen (S. 528)

JAVROB/SHUTTERSTOCK ©

Minenruinen, Mineral de Pozos

ESSEN & AUSGEHEN IN MINERAL DE POZOS

Posada de las Minas
Die restaurierte Hacienda aus dem 19. Jh. hat ein Bar-Restaurant und das beste Essen der Stadt. **$$**

El Secreto
Die drei Zimmer dieses charmanten B&Bs verstecken sich in einem hübschen Garten mit Kakteen, Blumen und Vögeln. **$$**

Hotel Boutique Casa Diamante
Die überraschend schicke Bleibe zählt zu Pozos' anständigen, sauberen Optionen. **$$**

Mineral de Pozos

LEBENDIGE GEISTERSTADT

Vor etwas mehr als 100 Jahren war Mineral de Pozos ein florierendes Silberbergbauzentrum , in dem 70 000 Menschen wohnten, doch mit der Revolution von 1910 und der Überflutung der Minen schrumpfte die Bevölkerung. Zerfallene Häuser, eine große unvollendete Kirche und stillgelegte Grubenschächte sind das geisterhafte Erbe der verlassenen Stadt.

In den letzten Jahrzehnten rückte der winzige Ort allmählich wieder in den Fokus, wenn auch sehr langsam. Über die Jahre wurden hier und dort Häuser restauriert und vor allem am Wochenende sind die Straßen wieder lebendig. Unter der Woche bleibt der Ort jedoch eine windgepeitschte Geisterstadt mit niedrigen, vom Berglicht beschienenen Häusern.

Die lokale Reiseagentur **Cinco Señores** (nur am Wochenende; auch auf Englisch) bietet geführte Touren zu den Häuserruinen und ins faszinierende Umland mit mehreren stillgelegten Minen. Wer die einstündige Fahrt auf eigene Faust unternehmen möchte, braucht ein eigenes Auto, denn mit dem Bus ist man den ganzen Tag unterwegs. Eine Alternative sind die Radtouren ins Dorf des Fahrradanbieters **Bici Burro** (bici-burro.com) in San Miguel de Allende.

FESTE IN & UM SAN MIGUEL DE ALLENDE

Señor de la Conquista
Das Bildnis von Christus in der Parroquia de San Miguel Arcángel wird am ersten Freitag im März gefeiert.

Fiesta de la Santa Cruz
Spirituelles Fest Ende Mai mit einem Schaukampf, geschmückten Ochsen und riesigen Puppen in Valle del Maíz, 2 km von San Miguel entfernt.

Fiesta de los Locos
Farbenfroher karnevalsähnlicher Umzug Mitte Juni durch die Stadt mit Wagen und Tanzenden, die Süßigkeiten in die Menge werfen.

Neben Galerien gibt es in der Stadt viele Kunsthandwerkgeschäfte, in denen Einheimische ihre Arbeiten verkaufen. Manos Creativas unter der Leitung lokaler Frauen ist Teil eines wirtschaftlichen Förderprogramms und verkauft Puppen in handgemachter regionaler Tracht.

Am nördlichen Stadtrand baut die hübsche Lavendelfarm **Rancho Lavanda** Lavendel für Kosmetikprodukte an.

Wer von der Stille des Dorfes beeindruckt ist und eine geruhsame Nacht ohne Feuerwerk, Kirchenglocken und Barmusik erleben möchte, kann hier auch übernachten.

Thermalquellen

IN HEISSEM WASSER ENTSPANNEN

Mehrere heiße Mineralquellen umgeben San Miguel. Sie liegen jeweils nur wenige Kilometer voneinander entfernt und wurden in kommerzielle *balnearios* (Thermalbäder) verwandelt. Die meisten haben hübsch angelegte Gärten und Picknickplätze mit Snackbars und Spa-Angebot. Das Wasser ist bis zu 38 °C warm. Am Wochenende werden die Bäder überrannt, unter der Woche geht es jedoch ruhig zu, vor allem am frühen Morgen.

La Gruta (lagruta-spa.com.mx) mit drei kleinen Becken unterschiedlicher Temperatur, in die das Thermalwasser geleitet wird, ist bei Einheimischen und Auswärtigen besonders beliebt.

Escondido Place (escondidoplace.com) bietet sieben kleine Außenbecken und drei miteinander verbundene Innenbecken mit ansteigender Temperatur.

Der familienfreundliche Wasserpark **Balneario Xote** (xoteparqueacuatico.com.mx) mit Wasserrutschen und Badebecken liegt 3,5 km abseits der Schnellstraße an einer Kopfsteinpflasterstraße.

Im neuesten Thermalbad, den **Mayan Baths** (mayanbaths.com), dreht sich alles um Luxus und das nötige Kleingeld. Für die reine Nutzung der Bäder sind 2700 Mex$ fällig und man muss reservieren.

Die *balnearios* sind über die Schnellstraße nördlich von San Miguel zugänglich, wobei das nächste 20 bis 30 Fahrminuten entfernt liegt. Das bequemste Transportmittel ist ein Taxi (rund 200 Mex$/Strecke; nach Absprache kann man sich zu einer vereinbarten Zeit wieder abholen lassen). Alternativ steigt man am Busbahnhof von San Miguel in einen Bus nach Dolores Hidalgo oder an der Calzada de la Luz in einen Ortsbus mit der Aufschrift „Santuario“ (stündlich). Die Busse halten vor den Eingängen oder an den Abzweigungen zu den *balnearios*, von wo aus man laufen muss. Für den Rückweg in die Stadt ruft man am besten ein Taxi (oder organisiert dieses vorab).

KOFFEINKICK IN SAN MIGUEL

Angesichts des breiten Freizeitangebots in der Region rund um San Miguel werden Koffeinfans einen starken Kaffee am Morgen für die anstehenden Abenteuer zu schätzen wissen. Tatsächlich gibt es in der Stadt einige tolle Optionen für den morgendlichen Kick.

Ki'bok hat hochwertigen Espresso und eine charmante Terrasse im Obergeschoss. San Miguels Geheimtipp, das Café Zenteno, ist winzig, hält jedoch exzellente aromatische Kaffeegetränke bereit. Im Lavanda zeugen lange Schlangen von der hohen Qualität.

Guanajuato International Film Festival
Kurzfilme im Juli. Beim Cine entre Muertos werden Horrorfilme auf Friedhöfen gezeigt.

Fiestas Patrias
Zweimonatiges Kulturprogramm Ende August. In der Tourismusinformation gibt's einen ausführlichen Veranstaltungskalender.

San Miguel Arcángel
Tausende Feuerwerke und Feierlichkeiten bis spät in die Nacht zu Ehren des wichtigsten Schutzpatrons der Stadt Ende September.

Cañada de la Virgen

PRÄHISPANISCHE KULTUREN

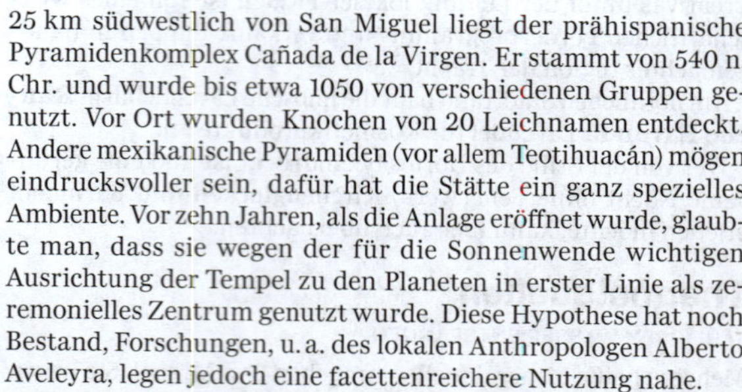

25 km südwestlich von San Miguel liegt der prähispanische Pyramidenkomplex Cañada de la Virgen. Er stammt von 540 n. Chr. und wurde bis etwa 1050 von verschiedenen Gruppen genutzt. Vor Ort wurden Knochen von 20 Leichnamen entdeckt. Andere mexikanische Pyramiden (vor allem Teotihuacán) mögen eindrucksvoller sein, dafür hat die Stätte ein ganz spezielles Ambiente. Vor zehn Jahren, als die Anlage eröffnet wurde, glaubte man, dass sie wegen der für die Sonnenwende wichtigen Ausrichtung der Tempel zu den Planeten in erster Linie als zeremonielles Zentrum genutzt wurde. Diese Hypothese hat noch Bestand, Forschungen, u. a. des lokalen Anthropologen Alberto Aveleyra, legen jedoch eine facettenreichere Nutzung nahe.

Besonders bemerkenswert ist u. a. der Stil der Gebäude, der die umliegende Landschaft widerspiegelt. Aveleyra glaubt, dass die Stätte aufgrund ihrer Lage in der letzten von sieben Schluchten, die man durchqueren musste, eine bedeutende letzte Pilgerstation war und ein Ort der Erkenntnis für alte indigene Bewohner:innen.

Von San Miguel gelangt man mit dem Auto oder Taxi in 45 Minuten hierher. Die bequemste und schönste Variante ist allerdings eine vierstündige Tour ab San Miguel unter der Führung von Aveleyra (artesanosdeltiempo.mx). Während des zweistündigen Aufenthalts auf der Anlage erklärt er den kulturellen und historischen Kontext der zeremoniellen Straße, des runden Tempels des Nordens, des Hauses der längsten Nacht und der Hauptpyramide, dem Haus der dreizehn Himmel.

In Cañada de la Virgen muss man den Shuttlebus nutzen, der zwischen Ticketschalter und den 7 km entfernten Ruinen verkehrt (Abfahrten zwischen 10 und 16 Uhr zur vollen Stunde). Gutes Schuhwerk ist wichtig.

SANCTUARIO DE ATOTONILCO

Auf dem Weg zu den Thermalquellen lohnt sich ein Stopp bei dieser Kirche im Dörfchen Atotonilco, 11 km nördlich von San Miguel. Wegen ihrer kunstvollen volkstümlichen Wandbilder, die der lokale Künstler Martinez de Pocasangre anfertigte, um „unkultivierten" Indigenen Bibelgeschichte zu vermitteln, gilt die ikonische Stätte auch als Sixtinische Kapelle Mexikos. 1810 kamen die Nationalhelden Ignacio Allende und Miguel Hidalgo sowie rebellische Unabhängigkeitskämpfer hier auf ihrem Weg von Dolores nach San Miguel vorbei, um das Tuch des Schreins der Jungfrau von Guadalupe als ihre Fahne zu verwenden. Vor Ort starten Pilgernde ihre feierliche Prozession zwei Wochenenden vor Ostern und tragen dabei das Bildnis von Señor de la Columna zur Kirche San Juan de Dios in San Miguel.

Weinproben, Ballonfahrten und Ausritte

AM BODEN UND IN DER LUFT

Weingüter

San Miguel hat zahlreiche Weingüter, die im letzten Jahrzehnt in einem Radius von 30 km entstanden. An einem Tag lassen sich problemlos zwei bis drei besuchen. Manche sind Familienbetriebe, andere gehören zu landesweiten Konzernen. Die Qualität der Weinsorten varriert sehr. Zum Standardprogramm gehören schicke Probierräume (teils architektonische Schätze), Restaurants sowie Weingutführungen mit Verköstigungen. Die Führungen dauern in der Regel rund 1½ Stunden und informieren über die Weinbaugeschichte der Region, bevor es in den

ESSEN AUF DEM WEG NACH ATOTONILCO

Nirvana
Hotel-Restaurant-Anlage mit Gärten und mexikanischer Speisekarte in praktischer Nähe zur Kirche. **$$**

El Vergel
Hübsches Lokal direkt hinter San Miguel an der Straße nach Dolores mit guter Küche. **$$**

Los Senderos
Entspannte Anlage mit einem Weingut, einem Restaurant und sogar einem Strand am See. **$$**

Weingut, San Miguel de Allende

Weinkeller geht. Zum Abschluss gibt es eine Weinprobe (meist eine bis drei Rebsorten) und – je nach Weingut – noch einen Käse- und Wurstteller. Die bequemste Art, einige Winzereien zu besuchen, ist **Follow Me Tours** (fmtours.mx) in San Miguel de Allende.

Ballonfahrten

Wortwörtliche Höhenflüge bieten die einstündigen Ballonfahrten bei Sonnenaufgang über San Miguel von **Globo San Miguel** (globosanmiguel.com). Das Tal ist in die unglaublichen Rosa-, Orange- und Gelbtöne getaucht, für die die Stadt bekannt ist, während sich Panoramablicke auf den Berg „Los Picachos" und den hiesigen See bieten.

Reiten

Abenteuer auf dem Pferderücken führen durch Schluchten, durch die Kakteen der Halbwüste oder einfach durch die Stadt. Das Angebot reicht von einstündigen Ausritten bis zu ganztägigen Wanderritten mit Mittagessen auf einer Ranch durch die Canyon-Landschaft. **Coyote Canyon Adventures** (coyotecanyonadventures.com) und **Rancho Xolotar** (xotolarranch.com) bieten tägliche Ausritte ab San Miguel.

DIE BESUCHERFREUNDLICHSTEN WEINGÜTER

San Lucas
Gehört zu einem großen Zusammenschluss verschiedener Weingüter und bietet das attraktivste Gesamtpaket mit schickem Restaurant und hübschem Lavendelgarten. Hier lässt sich ein toller Nachmittag verbringen.

Dos Bujos
Liegt San Miguel de Allende mit am nächsten und bietet Weinproben sowie ein Restaurant mit einem charmanten Hof.

Cuna da Tierra
Das renommierte Weingut ist das älteste der Region und der Pionier unter den hiesigen Winzereien. Nur 20 Fahrminuten von Dolores Hidalgo entfernt.

UNTERWEGS VOR ORT

Zum Sanctuário de Atotonilco, Mineral de Pozos, Cañada de la Virgen und den Weingütern rund um San Miguel gelangt man gut mit dem Auto. Für letztere ist eine Tour ab San Miguel bequemer. Atotonilco erreicht manam besten per Taxi oder Bus. Taxis ab San Miguel kosten einfach rund 150 bis 200 Mex$. Busse mit der Aufschrift „Atotonilco" oder „Cruz del Palmar" fahren an der Calzada de La Luz ab (13 Mex$, 45 Min.). Bei öffentlichen Verkehrsmitteln ist immer Vorischt geboten.

SAN LUIS POTOSÍ

San Luis Potosí
Mexico City

Die koloniale Grande Dame eignet sich perfekt für einen Spaziergang. Der historische Stadtkern birgt verschiedene Plätze und gepflegte Parks, die hübsche verkehrsberuhigte Straßen miteinander verbinden. San Luis Potosí ist nicht so eindrucksvoll wie Zacatecas oder so magisch wie San Miguel de Allende oder Guanajuato), dennoch versprüht es lebendiges Flair. Für kulturelle Eleganz stehen die Architektur, das imposante Theater und mehrere exzellente Museen, zudem gibt es jede Menge zu entdecken.

San Luis wurde 1592 gegründet und liegt 20 km westlich der Silbervorkommen des Cerro de San Pedro. Der Name Potosí geht auf die ungemein reiche bolivianische Silberstadt zurück, der die Spanier nacheiferten. Der Ort war einst ein revolutionärer Hotspot, eine bedeutende Bergbaustadt und imposanter Regierungssitz. Heute behauptet sich San Luis als wohlhabende Hauptstadt des Bundesstaates, organisiertes Industriezentrum und Universitätssitz, auch wenn recht wenige Reisende kommen.

TOP TIPP

Wissenswertes zur Stadt bietet die Tourismusinformation an der Ostseite der Plaza de Armas. Wenn man die entlegeneren Regionen der Huasteca Potosina und das ferne Xilitla entdecken möchte, lohnt sich ein Besuch der regionalen Vertretung der staatlichen Tourismusbehörde Sectur (visitasanluispotosi.com), die gute Karten und Infos zu Attraktionen abseits der Touristenwege auf Lager hat.

Cerro de San Pedro

CLAUDIO BRIONES/SHUTTERSTOCK ©

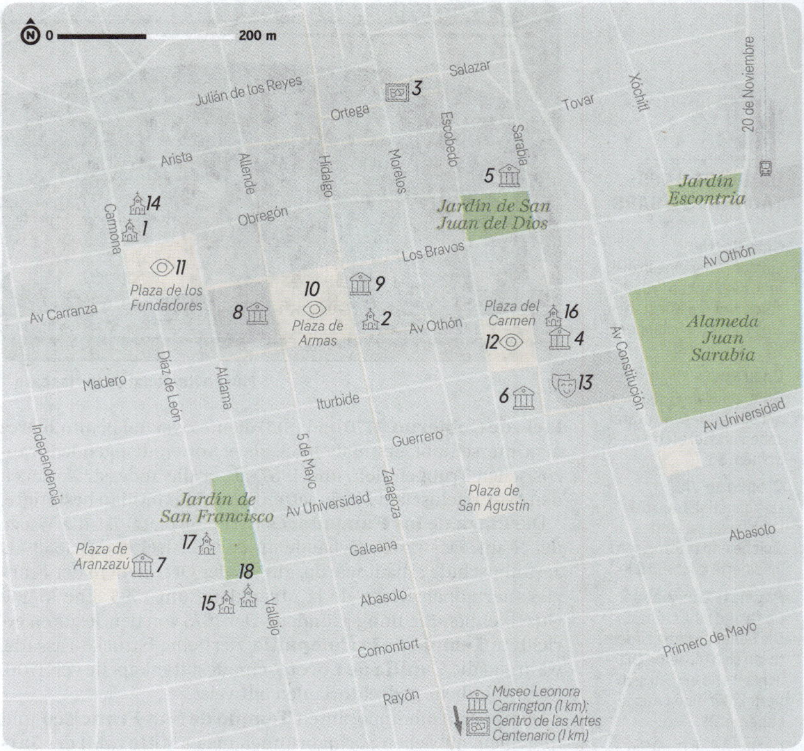

0 200 m

Salazar
Julián de los Reyes
Ortega
Tovar
Xóchitl
20 de Noviembre
Arista
Allende
Hidalgo
Morelos
Escobedo
Sarabia
Jardín Escontría
Carmona
Obregón
Jardín de San Juan del Dios
Los Bravos
Av Othón
Plaza de los Fundadores
Av Carranza
Plaza de Armas
Av Othón
Plaza del Carmen
Av Constitución
Alameda Juan Sarabia
Madero
Díaz de León
Aldama
Iturbide
Av Universidad
Independencia
Guerrero
5 de Mayo
Zaragoza
Plaza de San Agustín
Jardín de San Francisco
Av Universidad
Plaza de Aranzazú
Galeana
Abasolo
Vallejo
Abasolo
Comonfort
Primero de Mayo
Rayón
Museo Leonora Carrington (1 km);
Centro de las Artes Centenario (1 km)

SEHENSWERTES
1 Capilla de Loreto
2 Catedral Metropolitana de San Luis Potosí
3 Museo de Arte Contemporáneo
4 Museo del Virreinato
5 Museo Federico Silva
6 Museo Nacional de la Máscara
7 Museo Regional Potosino
8 Palacio de Gobierno
9 Palacio Municipal de San Luis Potosí
10 Plaza de Armas
11 Plaza de los Fundadores
12 Plaza del Carmen
13 Teatro de la Paz
14 Templo de la Compañía
15 Templo de la Tercera Orden
16 Templo de Nuestra Señora del Carmen
17 Templo de San Francisco
18 Templo del Sagrado Corazón

Von Platz zu Platz

HISTORISCHE ARCHITEKTUR

Einen guten Eindruck von San Luis Potosí bietet ein Spaziergang zu den verschiedenen Plätzen mit historischen Gebäuden in unterschiedlichsten Stilen. Die Fußwege zwischen den Plätzen sind auch dann lohnenswert, wenn man sich nicht für Architektur und Kolonialgeschichte interessiert.

Die dreischiffige barocke **Catedral Metropolitana de San Luis Potosí** (1660 und 1730) an der **Plaza de Armas** zieren Repliken von Statuen der Basilika San Juan de Letràn in Rom. Der **Palacio Municipal** aus dem 19. Jh. war von 1892 bis 1915 der Sitz von Bischof Ignacio Montes de Oca. Ein Stadtwappen aus Buntglas überblickt die Flügeltreppe. Der neoklassische **Pa-**

Templo de Nuestra Señora del Carmen

DIE BESTEN RESTAURANTS & BARS

Cafe Cortáo
Einfach, aber eine Institution in Sachen Frühstück. Vor der Tür stehen Einheimische Schlange. **$$**

Chau Resto
Gute, zentrale Option mit bewährten mexikanischen und lokalen Gerichten. **$$**

Croque La Vie
Das günstige französische Lokal serviert Quiche und französisch inspirierte Küche. **$$$**

Papalote Guateque & La Oruga y La Cebada
Die benachbarten Läden teilen sich dieselbe Örtlichkeit und eignen sich perfekt für einen Ausgehabend. **$$**

La Histórica Cantina de Autor
Echte Cocktailkunst, u.a. mit exzellenten Mezcal- und Tequila-Kreationen. **$$**

La Piqueria
Die einfache kleine Bar serviert Cocktails mit Fokus auf Mezcal. **$$**

ADDI_SETYAWAN/SHUTTERSTOCK ©

Museo Nacional de la Mascara

lacio de Gobierno (1770 und 1816) diente zweimal Benito Juárez als Unterschlupf, erstmals 1863, als er vor eindringenden französischen Truppen floh, und 1867, als er die Todesstrafe gegen den österreichischen Marionettenkaiser Maximilian bestätigte.

Die **Plaza de los Fundadores** (Gründerplatz) ist die Wiege der Stadt. Das große Gebäude an der Nordseite, das 1653 als Jesuitenschule erbaut wurde, gilt als der Ort, an dem der Franziskanermönch Diego de la Magdalena um 1585 eine kleine Guachichilen-Siedlung gründete. Der 1675 von den Jesuiten errichtete **Templo de la Compañía** ziert eine barocke Fassade, während die **Capilla de Loreto**, eine Jesuitenkapelle von 1700, ungewöhnliche gedrehte Säulen aufweist.

Dominiert vom imposanten **Templo de San Francisco** und mit einem hübschen Springbrunnen in der Mitte zählt der **Jardín de San Francisco** zu den attraktivsten Plätzen der Stadt. Der Altar des Templo de San Francisco aus dem 17. und 18. Jh. wurde im 20. Jh. neu gestaltet, doch die Sakristei (der Ankleideraum des Priesters) rechts des Altars mit hübscher Kuppel und rosa Stein ist noch das Original. Das **Museo Regional Potosino** gehörte ursprünglich zu einem Franziskanerkloster von 1590 und widmet sich dem prähispanischen Mexiko, vor allem den indigenen Huasteca. Der kleine **Templo de la Tercera Orden** (1694 und 1960 restauriert) und der **Templo del Sagrado Corazòn** (1728–31) gehörten beide einst zum Franziskanerkloster und thronen am Südende des Platzes.

Die **Plaza del Carmen** dominiert der spektakulärste Bau der Stadt, der **Templo de Nuestra Señora del Carmen** (1749–64). An der lebendig verzierten Steinfassade zeugen schwebende Engel von indigenen Einflüssen. Eingang und Dach der Camarín

DIE BESTEN UNTERKÜNFTE IN SAN LUIS POTOSÍ

Hotel Museo Palacio de San Agustín
Das restaurierte Gebäude voller Antiquitäten beherbergte einst Mönche im Ruhestand. **$$$**

City Centro
Die neue Vertretung der Hotelkette im Zentrum ist eine gute Wahl. **$$**

Gran Hotel Concordia
Das angenehme, unprätentiöse Hotel punktet mit seiner Lage an der Plaza de las Armas. **$$**

de la Virgen schmückten verschiedene kleine Gipsfiguren. Das **Museo del Virreinato** zeigt Gemälde und Artefakte aus dem spanischen Vizekönigreich sowie zeitgenössische Ausstellungen. Das neoklassische **Teatro de la Paz** (1889-94) beherbergt einen Konzertsaal, eine Kunstgalerie und ein Theater (Infos zu anstehenden Veranstaltungen gibt's vor Ort). Das großartige **Museo Nacional de la Máscara** hat eine faszinierende Sammlung zeremonieller Masken aus Mexiko und der ganzen Welt.

Das **Museo Federico Silva** am **Jardín de San Juan de Dios** birgt ein exzellentes Museum, das dem Werk des **mexikanischen Künstlers Federico Silva** (geb. 1923) gewidmet ist. Das Gebäude aus dem 17. Jh. war einst ein Krankenhaus und dann eine Schule. Beim Umbau zu einem Skulpturenmuseum wurde der neoklassische Stil des Baus auf eindrucksvolle Art mit den eindringlichen monolithischen Skulpturen Silvas verwoben.

Alte Bauten in neuem Gewand

MODERNE KUNST AN HISTORISCHEN ORTEN

San Luis ist stolz auf seine Kunstgebäude, bei denen es sich oft um großartig restaurierte historische Bauten handelt. Architekturfans werden begeistert sein und auch Kunstinteressierte kommen auf ihre Kosten. Das 2018 eröffnete **Museo Leonora Carrington** (leonoracarringtonmuseo.org) ist ein grandios umgebautes Gefängnis aus dem 19. Jh. Ursprünglich handelte es sich um ein Panoptikum, bei dem verschiedene Gebäude von einem zentralen Turm bewacht werden, heute birgt es die bemerkenswerten Werke von Leonora Carrington. Die britisch-mexikanische Künstlerin lebte ein bewegtes Leben, das sie schließlich nach Mexiko führte, wo sie weiterhin künstlerisch tätig war. Ihre surrealistischen Bilder und Skulpturen enthalten Elemente des magischen Realismus. Edward James, bekannt durch sein Schaffen in Xilitla, war ein Fan und sammelte ihre Werke.

Das eindrucksvolle **Centro de las Artes Centenario** (centrodelasartesslp.gob.mx) war bis 1999 ein Gefängnis, in dem Francisco Madero kurz eingesessen haben soll. 2009 wurde es unter Beibehaltung des Grunddesigns in ein Kunst- und Kulturzentrum umfunktioniert – ein Pflichtstopp für Architekturfans!

Zurück im historischen Zentrum wartet das einstige Postamt der Stadt, das auf clevere Art ins **Museo de Arte Contemporáneo** (MAC; macsanluispotosi.com) verwandelt wurde. Die Kunstausstellungen wechseln alle drei Monate und reichen je nach Geschmack von außergewöhnlich bis gewöhnungsbedürftig. Vertreten sind u.a. bekannte und aufstrebende Kunstschaffende aus San Luis.

BEGINN EINER REVOLUTION

San Luis war im 19. Jh. für seine prachtvollen Häuser und importierte Luxuswaren bekannt und während der französischen Intervention in den 1860er-Jahren zweimal Regierungssitz des Präsidenten Benito Juárez. 1910 ließ der diktatorische Präsident Porfirio Díaz seinen liberalen Gegenspieler Francisco Madero in San Luis während des Präsidentschaftswahlkampfs inhaftieren. Nach seiner Freilassung ersann dieser seinen Plan de San Luis Potosí, der die Absetzung von Díaz zum Ziel hatte. Im Oktober 1910 präsentierte er ihn in San Antonio, Texas, der Öffentlichkeit. Madero erklärte die Wahl für ungültig, ernannte sich selbst zum Übergangspräsidenten und bestimmte den 20. November als Beginn des Aufstands in Mexiko – die Mexikanische Revolution war geboren.

DIE WELT DES SURREALISMUS

Weitere Lithographien, Zeichnungen und Skulpturen von Leonora Carrington zeigt das Museo Leonora Carrington (S. 540) in Xilitla.

UNTERWEGS VOR ORT

Das historische Zentrum aus miteinander verbundenen Plätzen lässt sich am besten zu Fuß erkunden. Für einige Museen braucht man allerdings ein Taxi. Ortsbusse fahren vom Busbahnhof ins Zentrum (Aufschrift „Centro" oder Bus 46). Taxitickets verkauft ein Stand im Busbahnhof. Erste-Klasse-Busse verkehren zu größeren Städten, zudem gibt es praktische Verbindungen nach Matehuala (für Real de Catorce) und Xilitla (für die Huasteca Potosina).

Rund um San Luis Potosí

Real de Catorce
Mezcal Campanilla
San Luis Potosí

Hier kann man ein paar Tage mit dem Genuss von Mezcal und der Erkundung der einsamen Wüstenlandschaft zu Fuß, zu Pferde oder in umgebauten Jeeps verbringen.

Die zwei Hauptattraktion von San Luis sind Touren zu lokalen Mezcal-Herstellern und ein Ausflug nach Real de Catorce, einer früheren Silberminenstadt und wiederbelebten Geisterstadt tief in den trockenen Hügeln der Sierra Madre Oriental. Die Mezcal-Touren dauern einen Tag, für einen Trip ins 250 km nördlich gelegene Real muss man eine Übernachtung einplanen. Es lohnt sich!

Die karge Landschaft mit weiten Blicken auf die Hochwüste und die geisterhafte Stadt, in der der Wind Türen zuschlägt und Kopfsteinpflasterstraßen abrupt enden, sorgen für einen faszinierenden Besuch.

Die Ausblicke lassen sich bei einer Wanderung, einem Ausritt oder einer Jeepfahrt genießen.

TOP TIPP

Man sollte sich auf extreme Temperaturen einstellen und auf verstecke Schachte rund ums Dorf achtgeben. Bei Ausritten werden keine Helme gestellt.

Real de Catorce

Hochwüste in Real de Catorce

WANDERUNGEN, PFERDE UND JEEPS

Abenteuerlustige und Kulturinteressierte kommen in Real de Catorcem voll auf ihre Kosten. In San Luis Potosí steigt man in einen Bus nach Matehuala (3 Std.) und nimmt dort eine der vier täglichen Verbindungen nach Real (1½ Std.).

Wandern

Eine einfache einstündige Route führt von Real in die Geisterstadt **Pueblo Fantasma** in den Bergen. Man kann auch zum **Socavón de Purísima**, dem Kamin einer früheren Mine, wandern; unterwegs passiert man einen gespaltenen Felsen, den Cerro Trocado.

Reiten

Mehrere geführte Reitwege führen durch die karge, faszinierende Wüstenlandschaft rund um Real. Die beliebteste Route für geführte Reitausflüge führt zu **El Quemado**, dem heiligen Berg der Huicholes.

Jeepfahrten

Holprige Touren in „Jeep Willys" führen zu ähnlichen Zielen wie die Ausritte und werden vor allem am Wochenende angeboten.

Dorfrundgang

KIRCHEN & MUSEEN

Tausende mexikanische Pilger kommen jedes Jahr (Ende September bis Anfang Oktober) zum **Templo de la Purísima Concepción**, um das angeblich wundertätige Abbild des hl. Franz von Assisi im vorderen Teil der Kirche zu sehen.

Gegenüber befindet sich das **Centro Cultural de Real de Catorce**. In der einstigen Münze wurden Mitte der 1860er-Jahre Geldstücke im Wert von 1489 405 Pesos geprägt, heute beherbergt sie ein Kulturzentrum und eine Galerie.

Eigentliches Highlight ist es, die schmalen Kopfsteinpflasterstraßen hinaufzusteigen und sich das Dorf im 19. Jh. vorzustellen, als opulente Häuser und Geschäfte die Straßen säumten und eine Stierkampfarena für Unterhaltung sorgte.

Mezcal-Tour

MEZCAL-GRUNDKURS

Seit über 200 Jahren wird Mezcal im *altiplano* (Hochland) von San Luis Potosí produziert. Viele Hersteller bauen die regionale Agavensorte *agave salmiana* an. Die Verarbeitung ist aufwändig: Die Pflanze wird geerntet, geschnitten, gekocht und gemahlen, bevor man den Sanft destillieren kann.

HEIMAT DER HUICHOLEN

Die abgeschiedene Sierra Madre Occidental ist die Heimat der Huicholen, eine der charakteristischsten und ältesten indigenen Gruppen in Mexiko.

Jedes Jahr verlassen die Huicholen ihr entlegenes Gebiet und pilgern zur Sierra de Catorce. In der kargen Wüstenregion suchen sie nach dem Peyote-Kaktus *Lophophora williamsii*. Die kugelförmigen Pflanzen enthalten eine stark halluzinogene Substanz, die eine zentrale Rolle bei den Ritualen und dem komplexen spirituellen Leben der Huicholen spielt.

Peyote ist in Mexiko illegal, die Huicholen dürfen es jedoch für spirituelle Zwecke nutzen. Reisenden, die dies missachten, drohen empfindliche Straßen. Die Huicholen empfinden den willkürlichen Gebrauch als Sakrileg.

ESSEN, AUSGEHEN UND ÜBERNACHTEN IN REAL DE CATORCE

Mesón de Abundancia
Das Restaurant in einem Hotel ist das beste einer recht bescheidenen Auswahl und serviert italienische und mexikanische Küche. **$$**

Bar Amor y Paz
Originelle Mezcal-Bar mit Antiquitäten, Retro-Stühlen und skurrilen Kerzenleuchtern.

Café Azul
Das freundliche Café unter Schweizer Leitung serviert schon seit vielen Jahren gesunde, leichte Snacks. **$**

TODESMUSEEN IN AGUASCALIENTES

Wer sich für Mexikos Faszination für den Tod interessiert, ist in Aguascalientes mit seinen zwei großartigen Museen richtig, dem Museo Nacional de la Muerte und dem Museo José Guadalupe Posada. Ersteres bietet eine der umfangreichsten Ausstellungen weltweit zum Thema Tod. Zu verdanken hat es dies dem Sammler und Graveur Octavio Bajonero Gil (1940-2019), der über 2500 Stücke, Zeichnungen, Literatur, Textilien, Spielsachen und Miniaturen zusammentrug, zu denen auch Mexikos bekanntes bekleidetes Skelett *La Catrina* gehört.

Das zweite Museum, das faszinierende Museo José Guadalupe Posada, bietet eine andere Perspektive auf das Schicksal, das uns alle ereilen wird. Der einstige Aguascalientes-Bewohner José Guadalupe Posada (1852-1913) legte den Fokus auf die *calavera* (Schädel oder Skelett). Das oft dargestellte Skelett mit satirischer Kleidung *La Catrina* ist sein Werk.

SCHOENING/ALAMY STOCK PHOTO ©

Museo Nacional de la Muerte

Heute kann man manche dieser *mezcalerias*, von denen viele in Original-Haciendas untergebracht sind, besichtigen. Dabei gibt's Einblicke in den Destillationsprozess – die alte traditionelle Methode in Lehmtöpfen, die handwerkliche und/oder die industrielle – und Wissenswertes über die Unterschiede zwischen *pulque* und Mezcal.

Die **Mezcal-Route** der Region bezeichnet verschiedene Routen zu mehreren Mezcal-Fabriken. Tourveranstalter haben ihre Favoriten im Programm; viele davon liegen an der Straße nach Zacatecas und sind meist nicht mehr als zwei Stunden entfernt. Dazu gehören z.B. **Mezcal Campanilla** in Mexquitic de Carmona (San Luis am nächsten) sowie **Ex-haciendas Laguna Seca** und **Santa Isabel**.

Während der Tour lohnen sich verschiedene Zwischenstopps in Ortschaften und Kirchen, zudem kann man lokale Spezialitäten wie *gorditas* probieren und etwas über *chinicuiles*, die Würmer am Boden mancher Mezcal-Flaschen, lernen.

Die Hersteller erklären den Produktionsprozess und geben auf Nachfrage auch ein paar Geheimnisse preis.

Zu den besten Anbietern von Mezcal-Touren zählt **Operatour Potosina** (operatourpotosina.com.mx), wo der englischsprachige kulturelle Guide Lori auch Attraktionen des Dorfes erläutert. Eine Alternative ist der Mezcal-Experte und Guide Miguel von **Auténtico San Luis**, der ebenfalls Englisch spricht und Interessierte auf eine faszinierende Mezcal-Reise mitnimmt (autenticosanluis.com). Start- und Zielpunkt ist San Luis Potosí.

UNTERWEGS VOR ORT

Wanderfreudige können sich in Real de Catorce einige Tage vergnügen, für die Kopfsteinpflasterstraßen ist allerdings festes Schuhwerk vonnöten. Mit dem Auto führt eine 25 km lange Kopfsteinpflasterstraße in die Stadt. Wenn viel los ist, kommt man eventuell nicht in den Ogarrio-Tunnel, muss das Auto am östlichen Tunneleingang stehen lassen und mit einem Pickup weiterfahren. Wer mit dem Bus nach Real kommt, muss am Eingang des 2,3 km langen Ogarrio-Tunnels in einen kleineren Bus umsteigen. Um nach Real de Catorce zu gelangen, nimmt man einen Bus in der Stadt Matehuala (1½ Std.; ca. 4-mal tgl.) nach San Luis Potosí (3 Std.) und Querétaro (5½ Std.).

LA HUASTECA POTOSINA

Die abgeschiedene Region La Huasteca Potosina ist Welten entfernt von den prachtvollen Kolonialstädten und der Halbwüste, die das restliche zentrale Hochland ausmachen. Stattdessen wartet hier ein feuchtheißer Landstrich mit dichtem Dschungel, farbenfrohen tropischen Blumen und versteckten leuchtend blauen Wasserfällen und Schwimmbecken (die intensive Farbe beruht auf dem hohen Kalziumgehalt der umliegenden Felsen). Mexiko ist stolz auf die Region und die reiche Kultur der hier lebenden Huasteken (Tének). Bis vor wenigen Jahren war die Gegend vor allem Einheimischen ein Begriff und es wagten sich nur wenige internationale Reisende hierher. Wer das mehrtägige Abenteuer wagt, wird in jedem Fall mit atemberaubender Landschaft, spektakulären Dolinen und der Vogelwelt belohnt.

Von hier führt die hügelige kurvige Straße durch das Dorf Xilitla mit Las Pozas, dem surrealen Garten des Exzentrikers Edward James, in die Sierra Gorda.

TOP TIPP

Im September ist von einem Besuch abzuraten, denn dann sind die Regenfälle am stärksten und Straßen nicht passierbar. Am besten eignet sich die Trockenzeit zwischen November und März, wenn die Region gut zugänglich ist und das Wasser in einem wunderschönem Blau leuchtet.

Cascada de Tamul (S. 538)

LEICHTES SPIEL FÜR VOGELFANS

Zwei außergewöhnliche Kalksteindolinen sind bekannt für tausende *vencejos* (Halsbandsegler, keine Schwalben), die in den Höhlen nisten. Das Spektakel ist bei Tagesanbruch (und in der Abenddämmerung) zu bestaunen, wenn die Tiere die Höhlen verlassen und dabei lautstark zum Ausgang flattern bzw. im Sturzflug zurückkehren. Die erste, Sótano de las Golondrinas oder „Schwalbenhöhle", liegt mehrere Kilometer westlich von Aquismón. Eine 30-minütige Fahrt südlich von Aquismón befindet sich die zweite Höhle, Sótano de las Huahuas. Das Erdloch mitten im Dschungel birgt zehntausende Halsbandsegler sowie grüne Papageien und ist weniger touristisch als der Sótano de las Golondrinas, jedoch auch schwerer zu erreichen.

Abenteuer im Wasser

NASSER SPASS IM DSCHUNGEL

Die gesamte Region lockt mit Wasserfällen, Badestellen und Aktivitäten im Wasser. Auch für Landratten lohnt sich ein Besuch wegen der malerischen Kulisse. Ohne eigenes Auto sollte man für die verschiedenen Attraktionen mehrere Tage einplanen, um genug Zeit zum Wandern und Genießen zu haben.

Über **Ciudad Valles** oder **Aquismón** gelangt man zur **Cascada de Tamul**, deren milchig blaues Wasser über 105 m in den unberührten **Río Santa Maria** (der später zum Tampaón wird) stürzt. Der Wasserfall ist zweifellos der spektakulärste der Huasteca Potosina, dasselbe gilt für die Kulisse in einer Schlucht

ÜBERNACHTEN IN DER HUASTECA POTOSINA

Refugio Huasteco Hotel Boutique
Kleine, saubere, gepflegte Option mitten in Tamasopo. **$$**

El Molino
Die hübsche frühere Zuckerrohrfabrik aus dem 18. Jh. bietet sich bei einem Zwischenstopp in Rioverde an. **$$**

Hotel Salto de Meco
Charmante Hütten und ein Pool mit Blick auf das türkisfarbene Wasser unterhalb der Cascada El Meco. **$$**

Götterbrücke

inmitten dichten Dschungels. Wegen der abgeschiedenen Lage hat man den Ort oft für sich allein.

Der beste und sicherste Weg zu den Wasserfällen ist eine Fahrt flussaufwärts in einer hölzernen *lancha* (Kanu). Insgesamt dauert der Trip 3½ Stunden. Touren kann man bei Ankunft in Tanchachín oder La Morena buchen.

Eine zweistündige Fahrt nordwestlich von Ciudad de Valles punktet die eindrucksvolle 38 m hohe **Cascada El Meco** mit dem Ausblick. Das **Restaurante El Mirador del Salto del Meco** überblickt den Wasserfall und wird auf dem Weg zur Aussichtsplattform passiert. Wer diese Station auslässt, für den lohnen sich weiter südlich, eine 78 km lange Fahrt nordwestlich von Ciudad Valles, die wunderschönen **Minas Viejas**. Es gibt einen 55 m hohen Wasserfall, ein eindrucksvolles Badebecken und mehrere kleinere terrassenförmige Kaskaden. Bei Abenteuertouren vor Ort springt man über diese Terrassen.

Weiter südlich, 24 km nordwestlich von Ciudad Valles, befindet sich **Los Micos** mit sieben unterschiedlich hohen Wasserfällen, die sich in ein Flussbett ergießen. Der Ort gehört zu den am meisten besuchten und die vielen Veranstalter am Parkplatz bieten Bootstouren (Mindestanzahl 4 Pers.) oder Ausflüge, bei denen man die sieben Wasserfälle hinabspringt (Helm und Rettungsweste werden gestellt).

Direkt westlich von Tamasopo, 55 km westlich von Ciudad Valles, birgt die hübsche **Cascada de Tamasopo** drei Wasserfälle und Badestellen. Sie ist gut zu erreichen und entsprechend überlaufen, vor allem am Wochenende. Mit den vielen Bars und Cafés vor Ort ist der Komplex mit Abstand der kommerziellste der Gegend.

LOCAL TIPP: REGIONALE KÜCHE & KAFFEE

Lori Jones, Inhaberin des unabhängigen Tourveranstalters Operatour Potosina.

Zacahuil Huastekische Tamale aus Maisteig, gefüllt mit Schweine- und Hühnerfleisch und einer Tomatensoße, die in ein Bananenblatt eingewickelt wird.

Kaffee Xilitlas Berge sind von wilden Kaffeepflanzen bedeckt. Einheimische ernten und rösten die Bohnen, während viele Cafés vor Ort große Kaffeebecher servieren.

Enchiladas Huastecas Enchiladas Potosinas (Enchiladas aus mit Chili verfeinerten Mais-Tortillas), gefüllt mit Rührei und serviert mit einem Stück Fleisch namens *cecina* sowie schwarzen – nicht den üblichen braunen – Bohnen.

ÜBERNACHTEN IN XILITLA

Posada El Castillo
Mit skurriler Kunst und Antiquitäten dekoriertes Haus, in dem Edward James während seiner Zeit in Xilitla lebte. **$$$**

Hotel Tapasoli
Ebenfalls im surrealen Stil gehaltenes „Hobbit"-Haus mit Hütten und Zimmern, die Vogelnestern ähneln. **$$**

Hotel San Jose
Saubere Zimmer und ein Pool rund 500 m vom Hauptplatz in Aquismón entfernt. **$$**

VERRÜCKTER SCHÖPFER: EDWARD JAMES

Der Erschaffer von Las Pozas, der exzentrische Engländer Edward James (1907–1984), war mit einer ausgeprägten Fantasie und Reichtum gesegnet. Ende der 1930er-Jahre wurde er zu einem Förderer Salvador Dalís und trug dann die weltweit größte Privatsammlung surrealistischer Kunst zusammen. 1945 kam er nach Xilitla, wo er Plutarco Gastelum traf, der ihm beim Bau von Las Pozas half. Alles begann mit 40 einheimischen Arbeitskräften, die an einem Bach im Dschungel gigantische bunte Betonblumen formten. In den folgenden 17 Jahren schufen James und Gastelum immer größere und skurrilere Bauten, von denen viele nie fertig gestellt wurden, und die schätzungsweise 5 Mio. US$ kosteten.

Rund 5 km nordöstlich von Tamasopo führt eine holprige Straße zum **Puente de Dios**. Vor Ort gibt es einen 600 m langen Holzsteg (und 300 Treppenstufen) mit großartigen Ausblicken in den Regenwald und tollen Bademöglichkeiten. Die Hauptattraktion, die **Götterbrücke**, ist ein türkisblaues Wasserloch mit angrenzendem Höhleneingang; bei hohem Wasserstand nicht zu empfehlen.

Über den Ort Rioverde zugänglich ist die abgelegenere **Laguna de la Media Luna**. Die unwirkliche mintgrüne Lagune wird von sechs Thermalquellen gespeist, deren Temperaturen zwischen angenehmen 27 und 30 °C liegen. Wegen der längeren Anreise lohnt sich ein Besuch für Schnorchel- und Tauchbegeisterte, auf die Wasserlilienbeete, ein versteinerter urzeitlicher Wald und verschiedene Fischarten warten. Viele Stände auf dem Gelände verleihen Schnorchelausrüstung.

Die einfachste Art einige dieser Wasserfälle zu besuchen, gepaart mit einem Trip nach Xilitla, ist eine Tour mit Lori Jones von **Operatour Potosina** (operatourpotosina.com.mx) in San Luis Potosí, die Englisch spricht.

Surreale Gärten & Museen

SCHRÄGE SKULPTUREN, PFLANZEN UND WASSERFÄLLE RUND UM XILITLA

Das kühne, verrückte Projekt **Las Pozas** lässt sich nur im Rahmen einer geführten Tour erleben. Das magische Gartenlabyrinth mit surrealen Skulpturen erstreckt sich über ein 36 ha großes idyllisches Dschungelgelände an den steilen Hängen der Sierra Madre Oriental und birgt bizarre Betonpagoden, Brücken und Wendeltreppen, die ins Nirgendwo führen. Touren müssen vorab online unter en.laspozasxilitla.org.mx reserviert werden; die auf Englisch starten täglich um 10 Uhr.

Kreative Köpfe werden in Las Pozas viel Spaß haben. Man muss beim Guide bleiben, der einen eine gute Stunde durch die labyrinthartigen Wege führt und die Hintergründe des Projekts erklärt. Einerseits ist es frustrierend in einem Garten, der danach schreit, erkundet zu werden, limitiert zu sein – andererseits schützt dies die Skulpturen und den Garten.

Zu Redaktionsschluss stand die Eröffnung des neuen **Edward James Museum** gegenüber dem Garteneingang kurz bevor. Ansonsten lohnt in Xilitla das **Museo Leonora Carrington** (leonoracarringtonmuseo.org/xilitla) einen Besuch, das – passenderweise – surreale Skulpturen zeigt. Wer komplett in die unwirkliche Welt eintauchen möchte, findet vor Ort einige Hotels im surrealen Stil.

SÜCHTIG NACH SURREALEM?

Eingefleischte Fans surrealer Skulpturen, die Leonora Carrington schätzen, finden in San Luis Potosí ein weiteres **Museo Leonora Carrington** (S. 533).

UNTERWEGS VOR ORT

Busse fahren in die Städte Xilitla und Ciudad Valles (über San Luis Potosí oder Jalpan, wenn man zuerst die Sierra Gorda besucht), wegen der Abgeschiedenheit der Region ist ein eigenes Fahrzeug jedoch die beste Wahl. Eine Option sind lokale Touranbieter in Xilitla and Ciudad Valles. Bei weniger Zeit, ist ein Tourguide ab San Luis Potosí die einfachste Variante (S. 536).

QUERÉTARO

Das charmante Herz von Querétaro besteht aus Plätzen, die durch verkehrsberuhigte, von zahlreichen historischen Kirchen, erstklassigen Museen und Galerien gesäumte Straßen miteinander verbunden sind. Hinzu kommen gute Bars, exzellente Cafés und anständige Unterkünfte, wodurch sich hier ein paar interessante Tage verbringen lassen. Ein weiterer Vorteil ist, dass man nicht an jeder Ecke über andere Reisende stolpert, zudem überzeugt der besucherfreundliche Grundriss der Stadt mit verschiedenen Schwerpunkten.

Die meisten Sehenswürdigkeiten der Stadt stammen aus der Kolonialzeit. Es gibt nur wenige prähispanische Überreste, obwohl die Otomí hier im 15. Jh. eine Siedlung gründeten. Diese übernahmen später die Azteken und 1531 die Spanier. Franziskanermönche nutzten den Ort als Missionsbasis, während Querétaro im frühen 19. Jh. ein Zentrum der Intrigen unzufriedener criollos wurde, die Mexiko von der spanischen Herrschaft befreien wollten. Heute trifft man viele Mazehua-Otomí in der Stadt, von denen manche Kunsthandwerk verkaufen.

TOP TIPP

Hat man genug Sehenswürdigkeiten besichtigt (und guten Kaffee getrunken), lockt die umtriebige Craft-Bier-Szene von Querétaro mit dem Brewer Gastro Pub (cervezatoro.com/brewer), der Cervecería Hércules (facebook.com/jardinhercules) und Mutt Brewing Co (facebook.com/muttbrewing). Diese haben Biergärten und brauen teils vor Ort.

Aquädukt von Querétaro (S. 543)

QUERÉTARO

SEHENSWERTES
1 Catedral de Querétaro, San Felipe Neri
2 Jardín Guerrero
3 Jardín Zenea
4 Museo Casa de la Zacatecana
5 Museo de Arte Contemporáneo de Querétaro
6 Museo de Arte de Querétaro
7 Museo de la Ciudad
8 Museo Regional de Querétaro
9 Museum of the Calendar (Mucal)
10 Plaza de Armas
11 Teatro de la República
12 Templo de Santa Clara
13 Templo de Teresitas
14 Templo San Francisco
15 Templo y Convento de Santa Rosa de Viterbo

SHOPPEN
16 Cedai
17 Elaborarte Manos Vivas

Escobedo
Allende
Juárez
Av Corregidora
Vega
Calle 16 de Septiembre
Altamirano
Gutiérrez Nájera
Peralta
Morelos
Hidalgo
Plaza de la Corregidora
Pasteur
Calle 5 de Mayo
Mirador (300 m)
Carranza
Independencia
Matamoros
Jardín Guerrero
Jardín Zenea
Plaza de Armas
Plaza de los Fundadores
Balvanera
Madero
Libertad
Plaza de la Constitución
Independencia
Pasteur
Río de la Loza
Dr Lucio
Calle 20 de Noviembre
Guerrero
Ocampo
Montes
Pino Suárez
Juárez
Av Corregidora
Vergara
Reforma
Av Zaragoza
Acuña
Arteaga
Plaza Mariano de las Casas
Calz de las Artes
San Luis Potosí
Guanajuato
Pasteur
Alameda Hidalgo
Av Zaragoza
Allende
Tolsá
Colón
Balvanera
Tapia
0 — 200 m

Querétaro

ROBERTO GALAN/SHUTTERSTOCK ©

Spaziergang durch Querétaros Vergangenheit

GESCHICHTE UND PLAZAS

Bei einem Spaziergang durch das Zentrum von Querétaro lässt sich die majestätische Architektur der Stadt und ihre wichtige Rolle in Mexikos Geschichte am besten erleben. Startpunkt ist die große **Plaza de Armas** aus dem 18. Jh., die Kolonialgebäude, Villen, üppige Bäume und ein Springbrunnen mit einer Statue des **Marquis de la Villa del Villar del Aguila**, der das **Aquädukt** der Stadt baute, zieren. Weiter südlich gibt das **Museo Casa de la Zacetecana**, ein restauriertes Gebäude aus dem 17. Jh., gute Einblicke in das Leben im kolonialen Querétaro.

Zurück an der **Plaza de Armas** läuft man über den **Templo San Francisco** zum **Jardín Zenea** mit dem kunstvollen **Kiosk aus dem 19. Jh.** und einem **Brunnen** mit einer Skulptur der griechischen Göttin Hebe. In der Nähe zeigt das **Museo Regional de Querétaro** Exponate zum prähispanischen Mexiko, zu archäologischen Stätten, zur spanischen Besatzung und zu den indigenen Gruppen des Bundesstaates. Die Ausstellung im Obergeschoss widmet sich Querétaros Rolle in der Unabhängigkeitsbewegung und der Geschichte nach der Unabhängigkeit. Weiter nordwestlich steht eine Statue von **Josefa Ortiz de Domínguez.**

Nächste Station ist das **Teatro de la República**. In dem alten, noch genutzten Theater entschied 1867 ein Tribunal über das Schicksal von Kaiser Maximilian, zudem wurde hier am 31. Januar 1917 Mexikos Verfassung unterzeichnet. Nun geht's südwestlich zum **Jardín Guerrero**, den der **Templo de Santa Clara** säumt, und weiter zum **MUCAL** (S. 544). Die **Catedral** aus dem 18. Jh. weiter westlich weist barocke und neoklassische Elemente auf; angeblich leitete Padre Hidalgo (S. 519) die erste Messe in der Kathedrale.

Querétaros Kunstszene

LOKALE KUNST IN JEDER FORM

Indigenes Kunsthandwerk, koloniale Fresken, religiöse Architektur und progressive junge Kunstschaffende sorgen für eine faszinierende Kunstszene, was sich in den vielen öffentlichen Galerien, Museen und Kirchen der Stadt widerspiegelt.

Vom **mirador** überblickt man den außergewöhnlichen „künstlerischen" Bau des 1,28 km langen Aquädukts und der 74 hochaufragenden Sandsteinbögen. In der Nähe zeigt das neue **Museo de Arte Contemporáneo de Querétaro** (MACQ) in einem großartig restaurierten Gebäude zeitgenössische Werke lokaler, nationaler und internationaler Kunstschaffender.

QUERÉTAROS ROLLE WÄHREND DER UNABHÄNGIGKEIT

Konspirateure, darunter Miguel Hidalgo (S. 519), trafen sich heimlich im Haus von Doña Josefa Ortiz (La Corregidora), der Frau des früheren *corregidor* (Distriktverwalter) von Querétaro. Als die Verschwörung aufflog, soll Doña Josefa in ihrem Haus, dem heutigen Palacio de Gobierno, eingesperrt worden sein, es jedoch geschafft haben, dem Mitverschwörer Ignacio Pérez durch das Schlüsselloch zuzuflüstern, dass ihre Verbündeten in Gefahr seien. Daraufhin folgte Padre Hidalgos Aufruf zu den Waffen. Dieses Schlüsselereignis wird heute jeden September zu Mexikos Unabhängigkeitsfeierlichkeiten zelebriert. Die Plaza de la Corregidora ziert eine Statue von Doña Josefa Ortiz de Domínguez, die die Flamme der Freiheit trägt, aus dem Jahr 1910.

ESSEN UND AUSGEHEN IN QUERÉTARO

Monono
Der kleine moderne Laden zählt zu den besten Cafés der Gegend und serviert neben erstklassigem Kaffee leckeres Gourmet-Frühstück.

Brewer Gastro Pub
Lokale Brauerei und ein großartiges Küchenteam sorgen für tolle Biere und exzellente Gerichte in lässiger Kneipenatmosphäre. **$$**

Tikua
Authentische südöstliche mexikanische Küche, von xi'i, einem Pilzsalat, bis zu Chorizo-Rezepten nach Oaxaca-Art. **$$**

SPANNENDES KALENDERMUSEUM

Das außergewöhnliche Museum **MUCAL** (mucal.mx) in einer großartig restaurierten Villa ist unerwartet faszinierend. Gegründet wurde es vom Besitzer des Unternehmens Calendarios Landin, dessen Kalender seit Jahrzehnten viele Wohnzimmer Mexikos zieren. Die ungewöhnlichen Kunstwerke verteilen sich auf 19 Ausstellungsräume, wobei es nicht nur mexikanische Kalender zu sehen gibt. Zu Beginn wird erklärt, wie die Galaxie – und somit die Zeit – funktioniert, bevor es auf eine Reise durch die letzten Jahrzehnte mit dem Fokus auf Kalendern mit alten Kunstwerken und den Zeitmessern selbst geht. Das exzellente entspannte Gartencafé lädt dazu ein, um über die spannenden und politisch inkorrekten Darstellungen der alten Kalender zu sinnieren.

Museo Regional de Querétaro

Im historischen Zentrum geht's zum **Museo de Arte de Querétaro** (MAQRO) in einem prachtvollen Kloster aus dem 18. Jh. *Der Auszug aus Ägypten* (*Huida a Egipto*) des Barockkünstlers Juan Rodríguez Juárez wurde im Louvre und anderen bekannten Galerien ausgestellt.

In dem ehemaligen Kloster und alten Gefängnis, in dem der entthronte Kaiser Maximilian inhaftiert war, zeigt das **Museo de la Ciudad** zeitgenössische Kunst. Das **Templo de Teresitas** aus dem 19. Jh. ist das einzige neoklassische Gebäude der Stadt und weist Cantera-Stein und sechs ionische Säulen auf.

Der **Templo y Convento de Santa Rosa de Viterbo** aus dem 18. Jh. ist Querétaros prachtvollste barocke Kirche. Dafür sorgen eine viereckige Uhr, ein Pagoden-ähnlicher Uhrenturm, gewellte Stützpfeiler und ein üppig dekorierter Innenraum.

Lokales Kunsthandwerk verkaufen die Otomí in Form von selbstgemachten Lele-Puppen. Ein „Hippie"-Sortiment mit handgefertigtem Schmuck und Traumfängern gibt's bei **Manos Vivas** (Independencia 20), während das **Cedai** (Centro de Dessarrollo Aresanal Indígena; Calle Ignacio Allende Sur 20), ein indigenes Gemeindeprogramm, einzigartigen Schmuck, Spielzeug, Puppen und Dekoration aus Handarbeit verkauft.

UNTERWEGS VOR ORT

Dank der verschiedenen miteinander verbundenen Plätze lassen sich fast alle Attraktionen Querétaros zu Fuß erkunden; ein Auto ist nicht vonnöten. Querétaros moderne Central Camionera liegt 5 km südöstlich des Zentrums. Taxis und Ortsbusse fahren in die Innenstadt (die Nummern ändern sich, besser nachfragen). Vom Zentrum zum Busbahnhof verkehrt der Stadtbus „Central" (Central Camionera) ab Calle Zaragoza sowie alle Busse mit der Aufschrift „TAQ" (Terminal de Autobuses de Querétaro) oder „Central", die an der Ostseite der Alameda Hidalgo nach Süden fahren.

Rund um Querétaro

Die Orte im Umland Querétaros, ob landwirtschaftliche Zentren oder Otomí-Dörfer der Sierra Queretano, geben Einblicke jenseits der kolonial geprägten Hauptstadt.

Der Bundesstaat Querétaro ist für Weingüter und Käseproduktion bekannt. Ein Großteil der Weinindustrie ist rund um Tequisquiapan ansässig. Die kleine Stadt 63 km südöstlich von Querétaro vermittelt wie Bernal Eindrücke des Alltags in Provinzstädten. Schon bei einem Tagesausflug lässt sich wunderbar die hiesige Lebensart erleben. Freitags kommen Einheimische, um Erledigungen und Einkäufe zu machen, während am Wochenende Reisende dominieren.

Abseits der Touristenpfade lockt die Sierra Queretana, die ländliche Region der Otomí, und vor allem das atmosphärische Dorf Amealco de Bonfil. Hier kann man etwas über die Kultur der Otomí lernen und die wunderschönen Lele-Puppen, für die Amealco bekannt ist.

TOP TIPP

Der wunderbare Markt Mercado de la Cruz ist ein toller Ort, um lokale Snacks zu kosten, vor allem Tacos und *gorditas* (Tortilla-ähnliche Maistaschen, u.a. mit Käse und Fleisch gefüllt).

Peña de Bernal **(S. 546)**

MAGISCHES BERNAL

Dem Monolith von Bernal werden mystische Kräfte zugesprochen. Zur Tagundnachtgleiche im Frühjahr versammeln sich tausende Pilgernde an dem Felsen, um die positive Energie in sich aufzunehmen. Bernal ist außerdem für leckere *gorditas* bekannt, besonders für die mit einer Füllung von *nopales en penca* (Käsesoße mit Feigenkaktus). Einfach vor Ort nach dem Weg zum Lebensmittelmarkt fragen. Gut shoppen kann man bei La Aurora (bernalmagico.com), einem interessanten *artesanías*-Geschäft und einem der letzten Orte, wo nach am Webstuhl gearbeitet wird. Wer nachfragt, kann in der angrenzenden Werkstatt beim Weben zusehen.

Muñecas de Lele

Tequisquiapan & Bernal

ZWEI MAGISCHE STÄDTE AUF EINEN STREICH

Die hübschen Städte Bernal und Tequisquiapan (teh-kies-kie-*ap*-an) lassen sich gut auf einem Tagesausflug von Querétaro aus besichtigen und sind ein beliebtes Besucherziel der Region. Bernal wird von dem eindrucksvollen riesigen Felsen **Peña de Bernal** überragt, dem drittgrößten Monolith der Welt. Ansonsten gibt es nicht viel zu tun, außer durch das hübsche Zentrum mit Läden für Käse, Süßigkeiten und Straßenküche zu spazieren. Am Wochenende kommen viele Reisende aus Mexiko, unter der Woche findet man hingegen eine friedliche, geschäftige Provinzstadt vor.

Tequisquiapan weiter östlich ist traditionell ein beliebtes landwirtschaftliches Dorf mit einer tollen, von einer eindrucksvollen Kirche gesäumten Plaza, farbenfrohen Kolonialgebäuden und exzellenten Märkten. Mittlerweile kommen vermehrt gut betuchte Reisende, was das Stadtbild etwas verändert hat, so öffneten schicke Restaurants und Boutique-Hotels an den hübschen, von Bougainvilleen gesäumten Straßen. Hier kann man wunderbar in entspannter Atmosphäre spazierengehen.

ESSEN IN TEQUISQUIAPAN

Los Agaves
Wird dem eigenen Anspruch – gehobene mexikanische und internationale Küche – ganz gut gerecht. **$$$**

Camino a Bremen
Erstklassige Holzofenpizza und selbstgemachte Pasta vor sehr legerer Kulisse. **$$**

Origens
Tequis' angehende Gourmetadresse serviert gute mexikanisch-mediterrane Gerichte, das eigentliches Highlight ist jedoch der Hof. **$$**

Amealco de Bonfil & die Muñeca de Lele

STOFFPUPPEN UND EIN WOLLHAARMAMMUT

Die meisten Reisenden nehmen die 1½-stündige Anfahrt nach **Amealco de Bonfil** auf sich, um das kleine, aber interessante **Museo de la Muñeca** (täglich von 10 bis 17 Uhr geöffnet) zu besuchen. Es zeigt verschiedene Puppen aus der ganzen Welt sowie preisgekrönte Versionen der Muñeca de Lele aus dem gesamten Land.

Die Muñeca de Lele („lele" bedeutet im Otomí-Dialekt „Baby") ist eine farbenfrohe Puppe mit einem traditionellen Kleid, zwei Zöpfen und Kopfschmuck aus Bändern. Heute gelten die Otomí der Gemeinde Amealco, insbesondere die Gemeinschaften von San Ildefonso Tultepec und Santiago Mexquititlán, als „offizielle" Hersteller, vielleicht wegen der starken Produktion und der Werbestrategien. Für die Herstellung einer Puppe werden mehrere Tage benötigt. Auf den Straßen und Plätzen von Querétaro sieht man oft Frauen, die diese nähen und verkaufen.

„Lele"-Fans können lernen, wie man die Puppen herstellt. Das Museum bietet jeden Samstag Kurse, bei denen sachkundige Otomí ihre Techniken zeigen.

Wer genug von Puppen hat, kann sich die Fossilien eines Wollhaarmammuts ansehen, zudem locken die hübsche Plaza, der hiesige Markt und lokale Leckereien.

Käse- & Weinroute

QUERÉTARO FÜR GOURMETS

Die Weingüter und Käsereien der Region lassen sich in Eigenregie besuchen, eine organisierte Tour ist allerdings die einfachere Alternative, bei der man zudem problemlos den einen oder anderen Wein kosten kann. Eine Standardtour ab Querétaro oder Tequisquiapan beinhaltet in der Regel einige Bodegas und eine Käserei inklusive Verköstigungen sowie einen Kurzbesuch in Bernal. Der etablierte Anbieter **Descubre Turismo** (descubremex.com.mx) mit englischsprachigen Guides bietet Gruppentouren ab Querétaro. Es empfiehlt sich, einige Tage im Voraus zu reservieren. Alternativ ist es für eine Gruppe nur wenig teurer, eine private Tour zu organisieren. Der Veranstalter kooperiert z. B. mit der Käserei Bocanegra sowie exklusiven Weingütern und die Guides bieten sachkundige Erklärungen.

Wer in Eigenregie loszieht, fragt bei der Tourismusinformation in Tequisquiapan nach Informationen über Bodegas, die besichtigt werden können. Eine der besucherfreundlichsten sowie größten und wichtigsten Bodegas in Mexiko ist die **Finca**

VIEL MEHR ALS EINE PUPPE: DIE MUÑECA DE LELE

Dank cleveren Marketings hat sich die Stoff- oder Babypuppe Muñeca de Lele zu einem wichtigen Symbol für den Bundesstaat Querétaro entwickelt. Ihre Ursprünge sind unklar. Manche glauben, dass sie auf traditionelle Puppen aus Ton, Mais und Palmensträngen zurückgeht. Andere glauben, dass sie von Guadalupe Rivera Marín, Tochter des mexikanischen Malers Diego Rivera, eingeführt wurde. Als Leiterin eines sozialen Kunsthandwerkprogramms brachte sie die Puppenherstellung Otomí- und Mazahua-Frauen bei, die aus dem Bundesstaat México, Michoacán, Querétaro und Guanajuato in die Hauptstadt kamen, um dort Arbeit zu finden.

SHOPPEN IN AMEALCO DE BONFIL

Keramik
Der Markt verkauft lokale Töpferware wie Blumentöpfe.

Panchito
Das männliche Pendant zu Lele ist Panchito mit Halstuch und Cowboy-Hut.

Lele-Puppe
„Leles" gibt's in allen Größen, von der Minivariante als Schlüsselanhänger bis hin zu riesigen Puppen.

LOCAL TIPP: DREI GEHEIMTIPPS IN DER REGION QUERÉTARO

Mariana Álvarez Díaz Barriga, Inhaberin des lokalen Touranbieters Descubre Turismo.

Cañon del Caracol, Maconí
Eine unglaubliche dreitägige Wanderung für Abenteuerlustige eine schmale Schlucht hinauf mit großartigen Felsformationen, z.B. in Form einer Schnecke.

La Casita Ecológica, Jalpan
Die wunderschöne Hütte besteht aus ökologischen Materialien und lädt dazu ein, den Alltag zu vergessen und in die Natur einzutauchen.

Pulque of Amealco de Bonfil
Amealco bewahrt die indigene Tradition, pulque zuzubereiten. Die Pulquería Don Frederico bietet Verköstigungen sowie Geschichte und Hintergründe des Getränks

Weingut nahe Tequisquiapan

Sala Vivé von **Freixenet México**. Die regelmäßigen Führungen (auf Englisch täglich um 12 Uhr sowie Montag bis Freitag um 16 Uhr) beinhalten einen Besuch der Weinkeller und natürlich eine Weinprobe.

Auch in Tequisquiapan starten Touren. Der professionelle Anbieter **Viajes y Enoturismo** (viajesyenoturismo.com.mx) ist auf Wein- und Käsetouren spezialisiert und veranstaltet interessante Tagesausflüge in die Region Tequisquiapan und ins Umland. Diese sind etwas teurer als die Touren ab Querétaro.

UNTERWEGS VOR ORT

Busse von Flecha Amarilla fahren regelmäßig von Querétaros zentralem Busbahnhof nach Tequisquiapan (1½ Std.) und Bernal (1 Std.). Um nach Bernal und Tequisquiapan zu kommen, muss man in Ezequiel Montes umsteigen. Amealcenses-Busse bedienen die Route zwischen Querétaro und Amealco. Für andere Ziele in der Region oder Fahrten zwischen den Dörfern ist ein eigenes Fahrzeug ratsam. Beim Benutzen von öffentlichen Verkehrsmitteln immer wachsam sein.

RESERVA DE LA BIOSFERA SIERRA GORDA

Wer Mexiko abseits der Touristenpfade erleben möchte, macht sich am besten zum „grünen Juwel" des Landes auf, der dicht bewachsenen Reserva de la Biosfera Sierra Gorda in der zerklüfteten Bergkette Sierra Madre Oriental im nordöstlichen Querétaro. Sie bedeckt 32 % der Fläche des Bundesstaates (383 567 ha), ist das Schutzgebiet mit den facettenreichsten Ökosystemen des Landes, das atemberaubende Wildnis, alte Nebelwälder und Halbwüsten birgt.

Tatsächlich gibt es in der Sierra Gorda fünf Franziskanermissionen aus dem 18. Jh., die an einem (langen) Tag zu erreichen sind. Die restaurierten Kirchen zieren farbenfrohe Fassaden mit eingravierten symbolischen Figuren, faszinierende und wunderschöne Interpretationen der indigenen Menschen, die sie bauten.

TOP TIPP

Wer in einer der exzellenten empfehlenswerten Ökolodges außerhalb von Jalpan übernachten möchte, muss vorab über **Sierra Gorda Eco Tours** (sierragordaeco tours.com) buchen. Die Ökotouren der lokalen Organisation unterstützen die Alianza por la Conservación de la Sierra Gorda und örtliche Gemeinden mit ihren Kleinstunternehmen.

Cuatro Palos

SEHENSWERTES
1 Cuatro Palos
2 El Chuveje
3 Las Adjuntas
4 Misión Francisca del Valle de Tilaco
5 Misión Nuestra Señora
6 Misión San Miguel Concá
7 Misión Santa María del Agua de Landa
8 Misión Santiago Apóstol de Jalpan
9 Puente de Dios
10 Sótano del Barro

Missionen der Sierra Gorda

MISSIONEN, INDIGENE KUNST & REICHE KULTUREN

Mitte des 18. Jhs. wurden in den entlegenen Regionen der Sierra unter Leitung des Franziskaners Fray Junípero Serra fünf Missionen errichtet: **Santiago Apóstol de Jalpan** (die erste, 1751–1758), **Nuestra Señora de la Luz de Tancoyol**, **Santa María del Agua de Landa**, **San Francisco del Valle de Tilaco** und **San Miguel Concá**.

Alle fünf sind im ähnlichen barocken Stil gehalten und weisen einen kreuzförmigen Grundriss, ein Atrium, einen sakramentalen Eingang, Prozessionskapellen und einen Kreuzgang auf. Die Grundidee der Missionare bestand darin, biblische Geschichten durch Bildersprache zu vermitteln. Einheimische schnitzten so ihre eigenen Interpretationen religiöser Ikonografie in lokale Steine. Entstanden sind u.a. ausdrucksstarke Gesichter von Engeln, Heiligen und Jungfrauen sowie Flora und Fauna der Sierra wie Jaguare, Kaninchen und das mexikanische Symbol des Doppeladlers.

Mit dem eigenen Auto kann man die Missionen in Eigenregie besuchen und sollte dafür einen Tag einplanen. Alternativ gibt es Touren zu den Missionen von **Aventurate** (aventurate.mx; 441-1033129), **Sr. Arnoldo Montes Rodríguez**, einem unabhängigen Guide, der kein Englisch spricht (441-108-88-24; bis zu 4 Pers. 3500 Mex$), oder **Sierra Gorda Ecotours**.

MISSION GEGLÜCKT?

Bis zur Ankunft der franziskanischen Missionare hatten sich die einheimischen indigenen Gemeinschaften – Huasteken, Chichimeca, Jonaces, Ximpeces und Pame – Eroberern und Missionaren widersetzt, die versucht hatten, sie zu kolonialisieren und zum christlichen Glauben zu bekehren. Fray Junípero Serras Einfluss (ob gut oder schlecht) hingegen war enorm. Um die Einheimischen zum Katholizismus zu bekehren, lernte er deren Sprache, versorgte sie mit Lebensmitteln und lehrte sie Bautechniken, wobei viele ihm Zwangskonvertierungen vorwerfen.

Hinein ins grüne Juwel

WANDER- UND NATURABENTEUER

Die Region lockt mit wunderschönen Wanderungen zu Wasserfällen und Flüssen. Auf dem Weg nach **Jalpan** passiert man die Abzweigung nach **Cuatro Palos** (der Zugang liegt kurz vor Pinal de Amoles). Er zählt zu den malerischsten Orten der Gegend und überblickt die spektakulärsten Gebirgskämme der Sierra Gorda. Hier treffen Eichenwälder auf die Halbwüste.

Einen 20-minütigen gemütlichen Spaziergang vom Hauptparkplatz entfernt, liegt **El Chuveje**, ein spektakulärer 30 m hoher Wasserfall. In der Nähe sorgen hübsche Pappeln für Schatten.

Der **Puente de Dios** ist eine wunderbare, recht sportliche Wanderung (hin & zurück 3½ Std.) entlang des **Rio Escanela**. Die Gebühr von 120 Mex$ beinhaltet einen Guide für eine bis vier Personen.

Nur 30 km bzw. 45 Fahrminuten nördlich von Jalpan trifft man auf **Las Adjuntas**, den Zusammenfluss der Flüsse Ayutla und Santa María. Das kalte Wasser des Ayutla führt durch felsige Flussbetten mit guten Badestellen, während der Río Santa Ma-

ÜBERNACHTEN IN DER SIERRA GORDA

Mision Jalpan
Das beste von vielen durchschnittlichen Hotels (meist der unteren und mittleren Preisklasse) mit praktischem Serviceangebot. **$$**

Cabaña Sierra Gorda
Die beste Budgetunterkunft in Jalpan ist einfach, aber charmant und liegt 15 Gehminuten vom Zentrum entfernt nahe der presa (Stausee). **$$**

Öko-Hütten
Sierra Gorda Eco Tours vermittelt umweltfreundliche Alternativen. **$$**

GLASS AND NATURE/SHUTTERSTOCK ©

El Chuveje

ría wärmer und seichter ist. Wenn keine Sicherheitsbedenken bestehen, kann man hier schwimmen.

Eine echte Herausforderung ist die Route zum **Sótano del Barro**, der mit 410 m Tiefe zweitgrößten Doline der Welt. Bei Tagesanbruch kann man hier lebende Aras beim Verlassen der Höhle beobachten, dazu muss man jedoch mitten in der Nacht aufbrechen. Alternativ nächtigt man in der einzigen Unterkunft der Gegend, einer einfachen, aber gemütlichen Hütte (siehe sierragordaecotours.com).

SIERRA GORDA ECOTOURS

Sierra Gorda Ecotours (sierragordaecotours.com) ist die bedeutendste Tourismusorganisation der Region und gehört zur Alianza por la Conservación de la Sierra Gorda, einer Gruppe lokaler Verbände, die sich für den Schutz der Reserva de la Biosfera Sierra Gorda einsetzen. Sie führt eine Liste aller Gemeindeprogramme, darunter Unterkünfte (meist Ökohütten), gastronomische Angebote (legere Lokale oder Essensstände) und Attraktionen. Die Website ist eine große Hilfe bei der Reiseplanung.

UNTERWEGS VOR ORT

Der Transport in der Region erfordert Planung: Der einfachste Weg zu den Missionen führt über einen lokalen Tourguide (ab Jalpan oder Querétaro), zu den Startpunkten der Wege zu Wasserfällen und dergleichen ist man jedoch auf ein eigenes Fahrzeug angewiesen. Täglich verkehren Busse zwischen Jalpan und Querétaro sowie Xilitla und Ciudad Valles.

Zacatecas
Mexico City

ZACATECAS

Das abgeschiedene Zacatecas, die nördlichste von Mexikos Silberstädten und ein UNESCO-Welterbe, drängt sich in ein schmales Tal und wird von einem steilen imposanten Hang gesäumt. Das faszinierende historische Zentrum bietet Unterhaltung für einige Tage. Dafür sorgen zahlreiche Kolonialgebäude, großartige Museen und abschüssige, gewundene Straßen und Gassen voller Charme.

Für Kunstinteressierte bietet die Stadt einige der besten Galerien des Landes. Deren Bandbreite reicht von auffälligen modernen Werken bis zu einigen der wertvollsten historischen Stücke der Welt. Wer genug von Picasso und Dalí hat, macht sich in die luftigen Höhen von La Bufa auf oder geht unter Tage zu einer früheren Mine.

Zu Redaktionsschluss galt eine dringende Reisewarnung des Auswärtigen Amts für Zacatecas und den Bundesstaat Zacatecas (weitere Infos siehe Top Tipp). Vor einem Besuch sollte man immer die aktuellen Empfehlungen nachlesen.

TOP TIPP

In den letzten Jahren waren Zacatecas und umliegende Dörfer wie das hübsche Jerez Gewalt-Hotspots aufgrund der Revierkämpfe von Drogenkartellen. Regelmäßig werden Menschen getötet. Auch wenn sich die Gewalt in der Regel nicht gegen Reisende richtet, leidet der Tourismus der Region aufgrund von Reisewarnungen verschiedener Botschaften für die Stadt und die Region enorm.

Zacatecas

Mina El Edén, La Bufa & Guadalupe

ZACATECAS BEWEGTE GESCHICHTE

Der Besuch einer der reichsten Minen Mexikos, der **Mina El Edén** (1584–1960er-Jahre), gibt ernüchternde Einblicke in den furchtbaren Preis, der für den Reichtum an Bodenschätzen gezahlt wurde. Versklavte Indigene mussten unter unmenschlichen Bedingungen nach Silber, Gold, Eisen und Zink graben. Täglich starben bis zu fünf Menschen wegen Unfällen oder Krankheiten.

Heute bietet sich eine andere Szenerie: Eine Schmalspurbahn (540 m) bringt Reisende in den **Cerro del Grillo**, wo sie von Guides über etwa 350 m lange beleuchtete Gänge an Schächten vorbei und über unterirdische Becken geführt werden. Ausgrabungsgeräusche im Hintergrund sollen für mehr Authentizität sorgen und der Fossilienraum zeigt Fischfossilien und Gestein aus der ganzen Welt, einen kleinen Meteoriten sowie Silber und Gold im Rohzustand. In der Mine ist es kalt, deswegen ist eine Jacke wichtig.

MUSEO VIRREINAL DE GUADALUPE

Das 7 km von Zacatecas entfernte Dorf Guadalupe lohnt einen Besuch. Das frühere Kloster beherbergt das Museo Virreinal de Guadalupe mit den religiösen Originalgemälden des Gebäudes von Miguel Cabrera, Juan Correa, Antonio Torres und Cristóbal Villalpando. Öffentlich zugänglich ist zudem die Bibliothek mit ihren 9000 Originalbänden von 1529.

AUSGEHEN IN ZACATECAS

Cantina las Quince Letras
Der meist gut besuchte Klassiker von 1906 zeigt auch Werke von bekannten lokalen und internationalen Kunstschaffenden. **$$**

Mina Club
Hier wird im Tunnel der Mina El Edén gefeiert (nur Donnerstag bis Samstag; minaeleden.com.mx). Zugang über den Socavón La Esperanza. **$$**

Bar Quinta Real
Lust auf einen Cocktail mit Blick auf eine Stierkampfarena aus dem 17. Jh.? **$$$**

ERSTKLASSIGER KUNSTSPAZIERGANG

Startpunkt ist das 1 **Museo Rafael Coronel** in den stimmungsvollen Ruinen des hübschen 2 **Ex-Convento de San Francisco** im 16. Jh. Die mexikanische Volkskunst mit der unglaublichen Maskensammlung stammt von Rafael Coronel, Künstler aus Zacatecas und Schwiegersohn von Diego Rivera. Abstrakt wird's im 3 **Museo del Arte Abstracto Manuel Felguérez** mit einer eindrucksvollen Sammlung entsprechender Gemälde und Skulpturen, wobei besonders das Werk von Manuel Felguérez aus Zacatecas ins Auge sticht.

Zurück im Zentrum auf der 4 **Plazuela de Santo Domingo** zählt das 5 **Museo Pedro Coronel** in einer früheren Jesuitenschule aus dem 17. Jh. zu einem der besten Kunstmuseen der mexikanischen Provinz mit Werken aus dem 20. Jh. von Picasso, Rouault, Dalí, Goya und Miró (!) sowie beeindruckenden prähispanischen mexikanischen Artefakten und Masken.

Südöstlich davon thront Zacatecas' bedeutendste 6 **Catedral**, zwischen 1729 und 1752 errichtet. Sie steht mit ihrem rosa Stein sinnbildlich für mexikanischen Barock. Den prachtvollen Altar von Javier Marín, einem berühmten mexikanischen Künstler, zieren zehn große Bronzefiguren und ein Bildnis Christi vor Goldklötzen.

Fünf Gehminuten südwestlich liegt das 7 **Museo Zacatecano**, Zacatecas' frühere Münzanstalt. Das zeitgenössische Museum zeigt religiöse Bildsprache des 19. Jhs., zacatecano-Kunst sowie bemerkenswerte Huichol-Stücke.

Am **Parque de Sierra de Alica** mit Blick auf das imposante Aquädukt beherbergt das 8 **Museo Francisco Goitia** Werke von Kunstschaffenden aus Zacatecas des 20 Jhs.

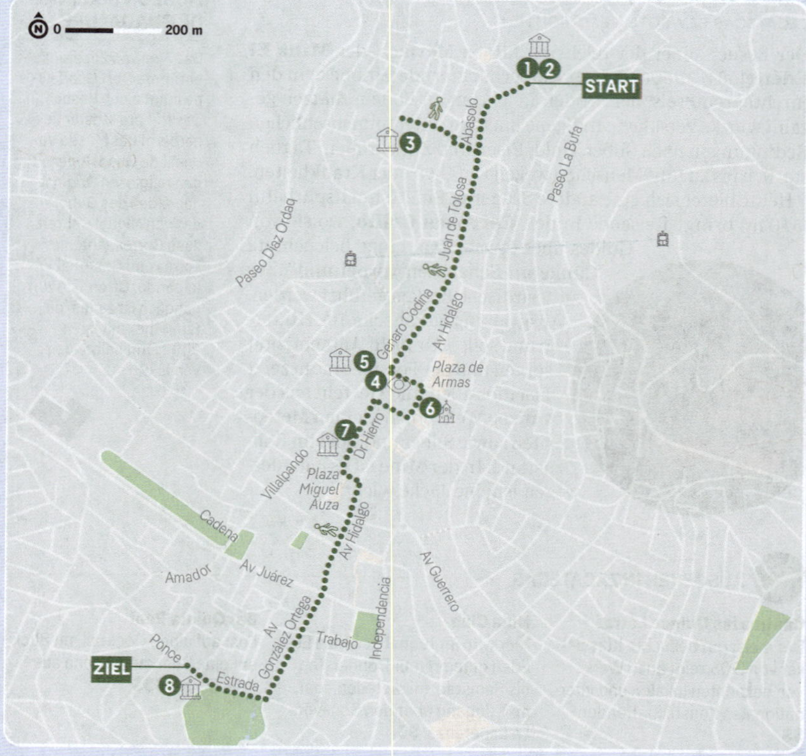

Seilbahn zum Cerro de la Bufa

Schwindelfreie können zu Fuß oder mit der Seilbahn den Cerro de la Bufa erklimmen, die eindrucksvolle Felsnase mit toller Aussicht über die Stadt. Vor Ort erinnert das **Museo Toma de Zacatecas** an die Schlacht, die 1914 in den Hängen des **Cerro de la Bufa** unter Führung der Revolutionäre Pancho Villa und Felipe Ángeles gegen die Truppen des Präsidenten Victoriano Huerta gekämpft wurde. Zudem befindet sich hier das **Mausoleo de los Hombres Ilustres de Zacatecas**, das Gräber von Zacatecas Helden von 1841 bis heute birgt.

LAS MORISMAS DE BRACHO

Las Morismas de Bracho ist eine dreitägige Theaterveranstaltung in Querétaro am letzten Augustwochenende. Eine religiöse Gruppe, die Bruderschaft des hl. Johannes des Täufers, bringt den Theaterzyklus – den Erlass von König Herodes, den hl. Johannes den Täufer köpfen zu lassen, Karl der Große und Oliveros sowie das aufwändigste Stück, die Schlacht von Lepanto von 1571, den entscheidenden Sieg christlicher Staaten über die Osmanen auf See – auf die Bühne.

Zwischen 10 000 und 14 000 Einheimische in traditionellen Soldatenuniformen (die „Türken“ sind wie französische Soldaten aus dem 19. Jh. gekleidet) spielen die Schlachten nach. Der zugänglichste Programmpunkt für Auswärtige ist der Umzug mit Reitern, Königen und Soldaten jeden Alters durch die Stadt.

UNTERWEGS VOR ORT

Im fußgängerfreundlichen Zacatecas braucht man kein Auto. Der *teleférico* (Seilbahn) fährt zum La Bufa. Der zentrale Busbahnhof, Central de Autobuses Zacatecas, liegt eine bequeme 3 km lange Taxifahrt südwestlich der Innenstadt. Hier verkehren Busse der Luxus-, ersten und zweiten Klasse.

BAJA CALIFORNIA

EINE WUNDERSCHÖNE WÜSTENLANDSCHAFT & DER MAJESTÄTISCHE OZEAN

Eine der längsten Halbinseln der Welt und grandiose Fahrten entlang der Küste locken mit jeder Menge Überraschungen.

Baja California erstreckt sich in all seiner geheimnisvollen Schönheit über 1250 km, vom rauen Tijuana bis nach Los Cabos. Dazwischen liegen fantastische Weinberge, schneebedeckte Gipfel, ausgedörrte Wüsten und türkis leuchtendes Meer – allesamt atemberaubende Landschaften, die zusammen eine einzigartige Kulisse bilden.

Die Region bietet außerdem eine erstaunliche Vielfalt an Pflanzen, Tieren, Vögeln und Menschen. Ob Hippie, sonnenverwöhnter Surfer oder Großstadtfan – hier findet jeder etwas Passendes oder einen Ort nach seinem Geschmack. Die Einheimischen sind sehr stolz auf ihren Bundesstaat, und die Farmer produzieren auf dem trockenen, oft kargen Land einige der besten Fleischsorten Mexikos.

Wie so viele Gebiete in Mexiko, wurde auch diese Region zuerst von Jesuitenmissionaren besiedelt, die sich durch weite Wüstengebiete kämpften, um die Einheimischen zu bekehren – was katastrophale Folgen hatte. Heute ist dieses Erbe noch an den zahlreichen Missionen zu erkennen: Einige sind Ruinen, aber andere, wie Loreto, sind noch in Betrieb.

Jim Morrison, der Sänger der Doors, erlag dem Zauber von Baja bei seinen regelmäßigen Besuchen von San Miguel, in der Nähe von Ensenada. Die Region ist für Sportfischen, Tauchen, Surfen und Windsportarten bekannt, vor allem auf der Seite des Golfs von Kalifornien, wo im Winter heftige Passatwinde wehen. Surfer:innen schwärmen von den Wellen des Pazifiks, die so regelmäßig sind, dass man seine Uhr danach stellen kann.

DIE WICHTIGSTEN ZIELE

LOS CABOS Hier beginnt die Erholung. S. 562

LA PAZ Authentischer Charme. S. 570

LORETO Ruhe und Entspannung. S. 578

ENSENADA Elegant und groß. S. 582

TIJUANA Rau, aber charmant. S. 590

GREY82/SHUTTERSTOCK ©

Oben: Strand der Scheidung (S. 564); links: Ensenada (S. 582)

San Diego
KALIFORNIEN (USA)
El Centro
Calexico
Yuma
ARIZONA (USA)
Tijuana
Puerto Nuevo
Mexicali
Cuervos
San Luis
Rosarito
Valle de Guadalupe
Laguna Salada
Guadalupe
Guadalupe Victoria
Río Colorado
Ensenada
La Bufadora
Lázaro Cárdenas
San Vicente
Colnett
Colonia Camalu
San Felipe
San Quintín
BAJA CALIFORNIA
Puertecitos
El Rosario

Tijuana, S. 590

Diese Stadt hat wegen Grenzproblemen und Drogenkriminalität einen schlechten Ruf, bietet aber dennoch gute Einblicke in das authentische Mexiko.

Ensenada, S. 582

Südlich von Tijuana ist Ensenada ein Mega-Ziel für Kreuzfahrtschiffe und für diejenigen, die von der US-Grenze aus nach Süden fahren.

AUTO

Baja bietet einen der schönsten Roadtrips der Welt – und dafür braucht man ein Auto. Ein Geländewagen ist schön, aber optional: Die meisten Orte, die man erreichen möchte, benötigen keinen Allradantrieb.

BUS

Ein Robussssssst (verstehst du das Wortspiel?) Bussystem verbindet alle wichtigen Ziele in Baja. Wenn man mit einer 24-stündigen Busfahrt einverstanden ist, kann man problemlos von einem Ende der Halbinsel zum anderen reisen.

BOOT

Glück ist, in einem Boot zu sitzen und eine langsame, aber wunderschöne Fahrt entlang der atemberaubenden, azurblauen Küste von Baja zu unternehmen. Die Buchten und das offene Meer sind unvergleichlich, und im Winter kann man sogar Grauwalen begegnen.

Caborca
Magdalena
Santa Ana
SONORA
Isla Ángel de la Guarda
Isla Tiburón
Hermosillo
Agua de Las Flores
Río Yaqui
Isla Cedros
Bahía Sebastián Vizcaíno
Sea of Cortez (Golf von Kalifornien)
Pazifik
Guerrero Negro
Río Mayo
Laguna Ojo de Liebre
Reserva de la Biosfera El Vizcaíno
Guaymas
CHIHUAHUA
Bahía de Tortugas
Ciudad Obregón
Santa Rosalía

Erste Orientierung

Baja ist ein Ort, an dem sich viele spannende Erlebnisse bieten, mit sehr unterschiedlichen Regionen im Norden und Süden. Wir haben die besten Orte ausgewählt, an denen man eine tolle Zeit verbringen kann

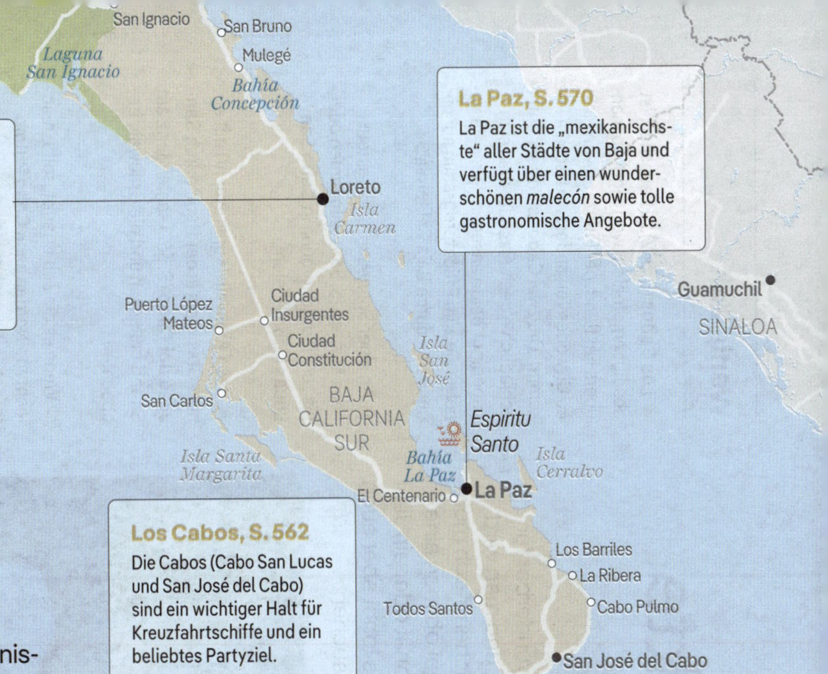

Loreto, S. 578
Das elegante und bescheidene Loreto beherbergt eine der wenigen überlebenden Jesuitenmissionen und bietet viele maritime Köstlichkeiten.

La Paz, S. 570
La Paz ist die „mexikanischste" aller Städte von Baja und verfügt über einen wunderschönen *malecón* sowie tolle gastronomische Angebote.

Los Cabos, S. 562
Die Cabos (Cabo San Lucas und San José del Cabo) sind ein wichtiger Halt für Kreuzfahrtschiffe und ein beliebtes Partyziel.

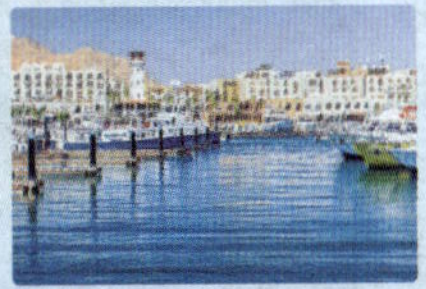

San Ignacio
San Bruno
Mulegé
Laguna San Ignacio
Bahía Concepción
Loreto
Isla Carmen
Puerto López Mateos
Ciudad Insurgentes
Ciudad Constitución
San Carlos
BAJA CALIFORNIA SUR
Isla San José
Espiritu Santo
Isla Santa Margarita
Bahía La Paz
Isla Cerralvo
El Centenario
La Paz
Guamuchil
SINALOA
Los Barriles
La Ribera
Todos Santos
Cabo Pulmo
San José del Cabo
Cabo San Lucas
Land's End
0 — 200 km

Perfekte Tage

Baja bietet sich wunderbar für Erkundungen an, und man wird sich immer wünschen, noch mehr Zeit zu haben, egal ob man eine Woche, einen Monat oder ein Jahr eingeplant hat. Es lohnt aber auch, nur ein Ziel zu besuchen.

SCSTOCK/SHUTTERSTOCK ©

El Arco (S. 563)

Wenig Zeit

- **Los Cabos** (S. 562) zu besuchen, ist absolut empfehlenswert, egal ob man übers Festland, per Flugzeug von Mexico City oder von anderswo nach La Paz kommt. Die zwei Cabos sind sehr unterschiedlich – deshalb sollte man sich unbedingt beide ansehen. Für viele gehören sie zum Pflichtprogramm auf einer Reise durch Baja California.

- An einer Sonnenuntergangstour nach **El Arco** (S. 563) teilnehmen oder bis zum Morgengrauen in **Cabo San Lucas** (S. 564) feiern.

- Beim Art Walk (Kunst-Nacht) mit einem Glas Wein in der Hand durch **San José del Cabo** (S. 562) schlendern, am Strand faulenzen und die Grauwale beobachten.

- Wenn es die Zeit erlaubt, sollte man Richtung Norden nach **Cabo Pulmo** (S. 569) oder nach **Todos Santos** (S. 568) fahren.

Beste Reisezeit

Ironischerweise ist es im Norden von Baja California im Sommer (und Winter!) oft heißer als im Süden, wo eine erfrischende Pazifikbrise weht; aber es ist immer heiß und trocken mit gelegentlichen Hurrikanes im Herbst.

JANUAR

Wer gerne feiert und nicht viel Schlaf braucht, für den gibt's nichts Besseres, als **Silvester** in Los Cabos zu verbringen.

FEBRUAR

Die **Wanderung der Grauwale** (S. 581) ist auf ihrem Höhepunkt. Man kann die anmutigen Tiere oft vom Ufer oder Boot aus sehen.

MÄRZ

Das 250 km lange **Baja-250-Straßenrennen** beginnt und endet im normalerweise verschlafenen San Felipe.

Drei Tage zum Erkunden

Am ersten Tag erkundet man Los Cabos (s. links), dann mietet man sich ein Auto und erkundet die Umgebung. In Todos Santos (s. links) geht man surfen und übernachtet in **La Paz** (S. 570).

Man unternimmt eine Kajaktour oder stürzt sich von den Klippen in **Espíritu Santo** (S. 576) und besucht die **Playa Balandra** (S. 574).

Man fährt runter zum Golf von Kalifornien (Sea of Cortez) und legt auf dem Weg einen Zwischenstopp im ruhigen **Cabo Pulmo** (S. 569) ein.

Wer genügend Zeit hat, macht einen Abstecher nach **La Ventana** (S. 577) für erstklassiges Kitesurfen und Schnorcheln, bevor es weiter Richtung Süden geht.

Länger Zeit

Wer eine oder zwei Wochen Zeit hat, sollte die gesamte Halbinsel bereisen. Baja lässt sich in drei Regionen aufteilen: die „grüne Wüste" des Südkaps von Los Cabos (s. links) bis nach La Paz (s. links); der mittlere Teil bis hinauf nach **Loreto** (S. 578) und das Grenzgebiet in der Nähe der US-Grenze mit **Ensenada** (S. 582) und **Tijuana** (S. 590).

Es gibt hier einfach so viel zu sehen, dass ein kurzer Absatz nicht ausreicht, um alles zu beschreiben. Aber die traumhaften Ausblicke und die faszinierende Wüste, die auf beiden Seiten in azurblaues Wasser mündet, werden einem den Atem rauben.

JULI
Es herrscht **Sommerpause**, und es ist einfach nur heiß. Wer Baja für sich allein haben möchte, sollte jetzt kommen.

SEPTEMBER
In der **Nebensaison** sind viele Geschäfte und Restaurants einen oder zwei Monate lang geschlossen.

NOVEMBER
Das 1000 km lange **Baja 1000** lockt jedes Jahr im November zahlreiche Teilnehmer:innen in „Truggys" und anderen aufgemotzten Geländefahrzeugen an.

DEZEMBER
Ho, ho, ho, der Weihnachtmann kommt ... um zu FEIERN! Die rote Weihnachtsmütze aufziehen und sich ins weihnachtliche Partygetümmel stürzen.

LOS CABOS

Los Cabos
Mexico City

Los Cabos besteht aus zwei ganz unterschiedlichen Städten: Cabo San Lucas und San José del Cabo, die direkt nebeneinander liegen und nicht gegensätzlicher sein könnten. CSL, wie Cabo San Lucas oft genannt wird, ist der wilde, verrückte Party-Ort im Stil von Las Vegas mit Clubs, die bis in die frühen Morgenstunden geöffnet haben, und Polonaisen, bei denen einem Kellner:innen im Vorbeigehen Tequila in den Mund schütten. An einem Freitag- oder Samstagabend (oder überhaupt an jedem Abend) passieren hier unglaubliche Dinge. Es ist nur die Frage, ob man sich hinterher noch daran erinnern kann.

San José del Cabo hingegen ist ein ruhiger und beschaulicher Ort, in dem sich erstklassige Kunstgalerien mit tollen Restaurants, Eisdielen und Cafés abwechseln. Beim beliebten Art Walk (aktuell donnerstags) sind die Straßen voller Menschen, die sich Vorführungen ansehen, Galerien besuchen und in Lokalen zu Abend essen. Einige wenige Dachterrassenbars haben zwar bis spät in die Nacht geöffnet, aber hier legt man eher wert auf angeregte Unterhaltungen als auf exzessiven Partyspaß bis in die frühen Morgenstunden.

TOP TIPP

Anders als in den USA ist bei Mietwagen eine Einwegmiete nicht möglich, denn in Baja wird das nicht angeboten. Wer mit einem Mietauto Richtung Norden zur Grenze fahren möchte, muss also auch wieder den ganzen Weg zurückfahren.

Souvenirs, San José del Cabo

KARTINKIN77/SHUTTERSTOCK ©

Land's End

CABOS SPEKTAKULÄRE STEINKLIPPEN

Auch wenn hier manchmal ein, zwei oder sogar drei Kreuzfahrtschiffe ankern, ist Land's End definitiv einen Besuch wert. Die spektakulären Klippen bilden das Ende von Baja – weiter geht es nicht. Mit einem Wassertaxi geht's hinaus zum **El Arco** (Steinbogen), um ein Selfie oder malerische Fotos zu machen, sich den freundlichen Seelöwen zu nähern und vielleicht einige Pelikane zu sehen.

Die meisten kombinieren einen Besuch von El Arco mit einem Abstecher zur nahe gelegenen **Playa del Amor** (Strand der Liebe). Die meisten Wassertaxis setzen Besucher:innen entweder ab und kommen (wenn man ausgiebig Sonnenbaden möchte) nach ein paar Stunden wieder zum Abholen vorbei oder warten 15 bis 30 Minuten, während man ein paar Fotos macht. Wer Handyempfang hat, kann sich auch einfach den Namen und die Nummer des Kapitäns einspeichern und ihn anrufen, wenn man abgeholt werden möchte.

Wassertaxis sind die preiswerteste und gängigste Art, Land's End zu erkunden, aber es gibt auch andere Möglichkeiten. Wer keine Lust auf Schnorcheln hat, kann von Glasbodenbooten aus einen Blick auf die Unterwasserwelt werfen, und Katamarane bieten Sonnenuntergangs- und Partytouren an. Letztere halten

DIE BESTEN GÜNSTIGEN TACOS

La Taquiza
Brechend voller Laden, in dem es günstiges Essen gibt, vor allem Tacos. Auf das rosa Schild achten. $

Taquería el Paisa
In dem sehr beliebten Restaurant direkt an der Hauptstraße Lázaro Cárdenas gibt's preiswerte Tacos. $

María Jiménez
Etwas abseits des Trubels, östlich der Marina, werden hier köstliche Tacos und vieles mehr serviert. $$

Taquería El Venado
Eines der preiswertesten, aber auch besten Taco-Lokale in der Nähe von Niños Heroes. $

DIE SCHICKSTEN HOTELS IN LOS CABOS

Pueblo Bonito Pacifica
Die große Hotelkette hat oft tolle Angebote und einen wunderschönen Blick auf das Meer. $$$

Finisterra
All-inclusive-Resort mit Blick auf den Pazifik, riesigen Pools und einem tollen Spa. $$$

Bungalows Breakfast Inn
Wunderschöne Bungalows und Zimmer in einem ruhigen, schönen Garten mit Pool und einem tollen Frühstück. $$

zwar in der Regel nicht an den Stränden, bieten aber die Möglichkeit, die Felsen und die Seelöwenkolonie zu sehen, und oft gibt's Getränke und Snacks an Bord.

Gutes Essen

EIN PARADIES FÜR GOURMETS

Wer mexikanisches (oder anderes) Essen liebt, wird kaum woanders eine größere Auswahl finden als in Los Cabos. Von gegrilltem Fleisch bis zu frischen Meeresfrüchten gibt es hier alles, und das für jeden Geldbeutel: Man kann entweder viel Geld für ein exquisites Essen ausgeben oder auch einfach nur einen bunten Taco für ein paar Pesos an einem Straßenstand kaufen – köstlich schmeckt hier alles.

Die beste Wahl ist natürlich, wenn man sich an mexikanisches Essen hält – und dafür gibt es ein breites Angebot. In den All-inclusive-Hotels werden meist auch mexikanische Gerichte serviert, und in den Restaurants einiger Hotels sind auch Nicht-Gäste erlaubt. Auf den Speisekarten ist praktisch alles zu finden.

Zu den mexikanischen Spezialitäten gehören die berühmten *chiles en nogada*, mit Schweine- und Rindfleisch gefüllte Chilis in einer cremigen Walnusssoße. Mit Granatapfelkernen bestreut, erinnern sie mit den Farben Grün, Weiß und Rot an die mexikanische Flagge.

Gegrilltes Fleisch gibt es hier praktisch an jeder Ecke, und Fleischliebhaber sind begeistert von dem Geschmack, was zum Teil daran liegt, dass ein Großteil des Fleisches in der Region produziert wird.

Meeresfrüchte wurden nur wenige Stunden zuvor gefangen, bevor sie auf dem Teller landen. Eine weitere Spezialität sind die Langusten, aber Vorsicht: Wenn sie schlecht zubereitet werden, können sie zäh sein. Eine Enttäuschung, wenn man dafür viel Geld bezahlt hat. Bei Garnelen- oder Fischgerichten ist man da eher auf der sicheren Seite.

In Los Cabos gibt es auch jede Menge preiswertes und köstliches Street Food. An Ständen, vor denen jede Menge Einheimische stehen, macht man nichts falsch.

Zeit zum Feiern!

DURCHDREHEN!

Los Cabos (vor allem Cabo San Lucas) ist genauso fürs Feiern bekannt wie Vegas oder Cancún, und das aus einem guten Grund. Die Clubs und das Nachtleben können es mit jedem anderen Ort der Welt aufnehmen. Egal, ob man mit Rockstars im Cabo Wabo abhängt, mit wilden Junggesellinnenabschieden im **Vaquita** feiert oder im **El Squid Roe** den Kellner:innen beim

LIEBE ... ODER SCHEIDUNG, DAS ENTSCHEIDET MAN SELBST

Der weiße Sandstreifen kurz vor El Arco hat zwei Namen. Auf der Seite von Cabo heißt er **Strand der Liebe** und eignet sich gut zum Sonnenbaden. Gleich hinter der Landspitze, auf der Pazifikseite, gelangt man zum **Strand der Scheidung**. Es ist nicht klar, warum die Strände so heißen, aber der zweite ist wegen der starken Meeresströmung und der unberechenbaren Wellen nicht zum Schwimmen geeignet. Wer gute Wanderschuhe hat, kann den Weg über die Felsen auf der nördlichen Seite zu einem **Aussichtpunkt** hinaufwandern. Der Weg ist spektakulär, wenn auch sehr steinig und mit Kakteenstacheln übersät. Man sollte seiner besseren Hälfte nicht vorschlagen, den Weg barfuß entlang zu wandern – sonst weiß man schon bald, warum dieser Ort Strand der Scheidung heißt.

ESSEN IN CABO SAN LUCAS

Los Ajos
Eine Alternative zu den vielen Hotels, am Stadtrand gelegen, mit einem köstlichen Buffet und hausgemachten Gerichten. **$**

Mariscos Mazatlan
Meeresfrüchteliebhaber kommen hier voll auf ihre Kosten, und die maritimen Wandmalereien sorgen für ein stimmungsvolles Ambiente. **$$**

Mi Casa
Es wird Mariachi-Musik gespielt, und es gibt riesige Margaritas und leckere, wenn auch für Tourist:innen angepasste Gerichte. **$$$**

CLAUDIA G COOPER/SHUTTERSTOCK ©

Strand der Liebe

Tanzen auf den Tischen zusieht – hier erlebt man mit Sicherheit eine wilde und verrückte Zeit und sammelt tolle Erinnerungen.

Auf das Feiern sollte man sich allerdings gut vorbereiten. Es gibt nur wenige Parkplätze. Am besten also nicht mit dem eigenen Auto herkommen. Alkohol am Steuer ist strengstens verboten. Wer doch mit dem Auto kommt, sollte sicherstellen, dass der Fahrer nüchtern bleibt. Wer nach illegalen Substanzen Ausschau hält, kann schnell in Schwierigkeiten geraten. Davon ist also dringend abzuraten.

Wenn man aber mal so richtig durchfeiern, einen über den Durst trinken und jede Menge Spaß haben möchte, ist man in Cabo genau richtig. Von den lauten, vibrierenden Clubs, den Partyspielen und dem vielen günstigen Alkohol wird man nicht unbedingt seiner Großmutter erzählen wollen. Und es gibt jede Menge Tattoostudios, die einem jedes Motiv tätowieren.

Auf & unter dem Wasser

NASS, WILD UND WUNDERSCHÖN

Los Cabos – genauer gesagt, Cabo San Lucas, San José del Cabo und das weniger bekannte Cabo Pulmo (S. 569) – bieten nicht nur an Land, sondern auch im und unter Wasser jede Menge Spaß und Nervenkitzel. Hier kann man viele grandiose Aktivi-

EL SQUID ROE

Von allen verrückten Clubs in Cabo ist El Squid Roe der verrückteste und eine allseits beliebte Institution. Es gibt zwar auch andere tolle Orte zum Feiern (s. u.), aber wenn man noch nie einen Tequila eingeflößt bekommen hat, während man mit spärlich bekleideten Kellner:innen und Gästen ausgelassen Polonaise tanzt, sollte man unbedingt herkommen.

Tagsüber wirkt El Squid Roe recht unauffällig, sogar etwas schäbig. Aber das ändert sich nach Einbruch der Dunkelheit, wenn sich der Club mit vielen Menschen füllt, von feierwütigen Kreuzfahrtschiffpassagieren bis hin zu Einheimischen, die in Partylaune sind. Trommelfellzerreißende Musik, Kellner:innen, die Schnäpse verteilen, während sie oben ohne auf den Tischen tanzen, und andere alkoholbedingte Verrücktheiten machen den Besuch hier zu einem unvergesslichen Erlebnis.

BOOTSTOUREN IN CABO

Jungle Booze Cruise
Wie der Name schon sagt, handelt es sich hierbei um eine wilde Tour, bei der der Schwerpunkt auf dem Konsum von Alkohol und jeder Menge Spaß liegt.

Cabo Blue Trimaran
Der Veranstalter organisiert mitunter erstklassige Sonnenuntergangs- und Schnorcheltouren.

Pez Gato
Der etablierte Katamaranveranstalter bietet tolle Schnorchel- und romantische Sonnenuntergangstouren an.

ZIPPERS

Viele der Surf-Hotspots wie Cerritos (S. 568) liegen an der Pazifikküste. Einer der am besten zugänglichsten in der Region Los Cabos ist Zippers, ein hübscher Strand, den man von der Ausfahrt bei Kilometer 17 auf der Straße zwischen Cabo San Lucas und San José del Cabo (unter dem Namen „El Corredor" bekannt) aus schon erspähen kann. Um Zippers richtig zu erleben, braucht man südliche Dünung, aber wenn die Wellen anrollen, muss man aufpassen: Die Wellen brechen direkt über einem flachen Riff und sind nicht leicht zu surfen. Aber wer sich aufs Brett schwingt, wird mit einer tollen Fahrt bis zum Strand belohnt, die es durchaus mit dem Break von San Miguel (S. 588) bei Ensenada aufnehmen kann.

Katamaran, El Arco (S. 563)

täten unternehmen, von Schnorcheltouren mit einem großen Katamaran bis hin zu spektakulären Angeltrips und Surfabenteuern auf den riesigen Pazifikwellen. Das kristallklare Wasser des Golfs von Kalifornien, insbesondere auf der ruhigeren Seite, ist einmalig.

Viele Angler:innen kommen zum Sportfischen hierher, und die Marina ist voll belegt mit allen möglichen Booten, die ausschwärmen, um das Beste zu fangen, was das Meer zu bieten hat. Die attraktiven Riffe und Gesteinsformationen sind schon seit Jahrzehnten bei **Schnorchelfans** beliebt. Wer auf die Giganten der Meere steht, wird von den vorbeiziehenden Grauwalen begeistert sein. Es gibt aber auch noch viele andere Lebewesen, die hier zu Hause sind, darunter Buckelwale, Adler- und Teufelsrochen, Seelöwen und den einen oder anderen Hai.

Die ganze Pracht und Vielfalt der Unterwasserwelt kann man am besten auf einem Tauchgang erleben. Es gibt zahlreiche seriöse Tauchanbieter, doch man sollte genau nachfragen, welche und wie viele Tauchgänge im Preis inbegriffen sind.

Aber nicht nur unter Wasser ist es hier spektakulär – Surfer:innen strömen zu den zahlreichen Surfspots und können fast das ganze Jahr hindurch erstklassige Wellen reiten.

UNTERWEGS VOR ORT

Shuttlebusse fahren entlang des „El Corredor" zu Hotels und B&Bs zwischen den zwei Cabos. Vorsicht vor Anbietern am Flughafen, die als Gegenleistung für die Teilnahme an einer Timesharing-Präsentation einen Transport oder andere kostenlose Leistungen anbieten. Das ist eine Betrugsmasche.

Rund um Los Cabos

Einige der schönsten Erlebnisse der Region liegen außerhalb der Stadt, wenn man in Richtung Norden oder Osten fährt.

Los Cabos ist toll, aber irgendwann möchte man sich nicht mehr mit hämmernden Kopfschmerzen fragen müssen, was man die letzte Nacht getan hat. Wer sich auf den Weg macht, um die Umgebung zu erkunden, kann hier tolle Dinge erleben, die etwas schonender für die Leber sind. Im Westen, an der Pazifikküste, liegen das malerische Todos Santos und die boomende Suferstadt Pescadero. Südlich davon befindet sich der weiße Sandstrand Los Cerritos, einer der besten Strände in Baja mit einer Brandung, die alle Surfer – von Anfängern bis Fortgeschrittenen – begeistert. Wer tauchen und schnorcheln will, ist auf der anderen Seite am Ostkap in Cabo Pulmo genau richtig. Hier gibt's unter Wasser jede Menge zu entdecken!

TOP TIPP

Die Straße von Los Cabos nach Todos Santos ist mittlerweile ein vierspuriger Highway. Mit einem Mietwagen muss man also nicht mehr den krassen Schlaglöchern ausweichen (im Moment zumindest nicht).

Surfen, Baja California

JAVIER GARCIA/SHUTTERSTOCK ©

RHFLETCHER/SHUTTERSTOCK ©

Hotel California

DER STRAND LOS CERRITOS

Südlich von Todos Santos liegt das kleine Städtchen **Pescadero**, einst eine Ansammlung von Surfer-Bungalows und Hütten für die einheimischen Fischer. Heute erfreut es sich stetig wachsender Beliebtheit: Der Strand Los Cerritos ist einfach wunderschön mit seinem feinen, goldfarben glitzernden Sand, der durch die Wellen schimmert, und mit den tollen Wellen, die Surfer:innen aus der ganzen Welt anlockt. Bisweilen kann es hier ziemlich voll werden. Fortgeschrittene Surfer sollten deshalb lieber etwas nördlich nach **La Pastora** ausweichen, wo die Wellen auf Felsen so groß wie Wassermelonen brechen und nichts für Anfänger:innen sind.

Heiliges Dorf

EIN MALERISCHES DORF IM WANDEL

Todos Santos, etwa 40 Autominuten nördlich von Los Cabos entfernt, liegt an der Pazifikküste und war einst ruhig, nicht überlaufen und häufig unbeachtet ... bis vor Kurzem. Die Leute kamen von Cabo her, um die Restaurants zu besuchen oder Fotos im Hotel California zu machen (nicht *das* Hotel California, obwohl sich die Gerüchte hartnäckig halten). Das änderte sich, als der Ort in die Liste der *pueblos mágicos* (magische Dörfer) Mexikos aufgenommen wurde. Seither boomt der Tourismus, und einige der alteingesessenen Bewohner:innen sehnen sich nach den vergangenen Zeiten. Es ist immer noch ein schöner Ort, um Ruhe und Kultur zu genießen, und (zumindest aktuell) sind die Straßen noch nicht voller Schlepper, und die Restaurants bieten eine Mischung aus leckeren lokalen Spezialitäten und touristischen Gerichten. Bröckelnde Ziegel- und Lehmfassaden stehen neben nagelneuen Gebäuden, und winzige Läden reihen sich an Stände mit veganen Gerichten und Bio-Produkten.

In der Stadt kommen auch Kunstliebhaber:innen auf ihre Kosten. Es gibt zahlreiche Galerien und Studios, und viele der Künstler lassen sich von der nahen Wüste inspirieren, die manche als das Sedona Mexikos bezeichnen. Wie Sedona liegt auch Todos Santos an einer wichtigen „Wirbelkonvergenz", was zu der weit verbreiteten Annahme führt, dass hier spirituelle Kräfte wirken. Ob man das nun glaubt oder nicht – zweifellos ist es ein wunderschöner, historischer und malerischer Ort, der viele Menschen anzieht, die herkommen, um dem hektischen Treiben in den beiden südlichen Cabos zu entfliehen.

ESSEN RUND UM TODOS SANTOS

Tre Galline
In einem romantischen Hof mit vielen Pflanzen und Kerzen auf den Tischen werden einige der besten italienischen Gerichte in Todos Santos serviert. **$$$**

Café Todos Santos
Das alteingesessene Lokal mit einer schönen Bäckerei hat zum Frühstück und zum Mittagessen geöffnet. **$$**

Baja Beans
Das Kaffeehaus in Pescadero serviert den besten Kaffee in der Gegend und köstliche Backwaren. Es gibt auch einen Bauernmarkt. **$**

Tauchen am Cabo Pulmo

Schnorcheln & Tauchen am Korallenriff

EIN RIFF IM GOLF VON KALIFORNIEN

Cabo Pulmo ist das oft vergessene dritte Kap und liegt an der Ostseite der Halbinsel. Die Anreise wird von Jahr zu Jahr einfacher, da am Ostkap zwischen Cabo Pulmo und San José del Cabo immer mehr gebaut wird. Aber im Moment gibt es nur eine unfertige Straße mit einigen Schlaglöchern. Das Dorf besteht hauptsächlich aus Hütten von Fischern und Tauchern und ein paar Restaurants, Hotels und Bungalows. An Land gibt es nicht viel zu sehen, aber im Wasser sieht das ganz anders aus.

Hier befindet sich eines der nördlichsten Korallenriffe der Welt, das trotz der Bautätigkeiten an Land seit 1995 unter Naturschutz und seit 2005 auf der UNESCO-Weltnaturerbeliste steht. Seitdem haben sich die Fischbestände sowie die gesamte Unterwasserwelt wieder erholt, sodass es ein fantastischer Ort zum Schnorcheln und Tauchen ist. Die meisten kommen zwar für Aktivitäten unter Wasser hierher, aber auch der Strand von **Los Arbolitos** wird von Paaren und Familien gerne zum Sonnenbaden genutzt. Ein schöner Uferwanderweg führt von dort zu dem abgelegenen Felsen Cabo del Shiro. Anfangs muss man ein bisschen klettern und es kann stellenweise etwas steinig sein, aber man wird mit einem grandiosen Blick auf wellenumspülte Felsformationen und der Möglichkeit, in nahezu völliger Einsamkeit zu schwimmen und zu schnorcheln belohnt, da man diesen Ort wahrscheinlich nur mit wenigen anderen teilen muss.

LOCAL TIPP: EINEN SPANISCHKURS MACHEN

Ivonne Benítez Guzmán ist die Gründerin und Besitzerin von Hablando Mexicano, eine Sprachschule für Spanisch in Todos Santos. hablandomexicano.com

Wenn man ein fremdes Land besucht, lernt man es über die Sprache am besten kennen. Selbst die Tacos schmecken besser, wenn man sie auf Spanisch bestellt. Die Menschen freuen sich, wenn man sie in ihrer Sprache begrüßt. „¡Hola! ¿Qué tal?" Beim Spanischlernen geht es nicht nur darum, die Grammatik zu lernen. Man erfährt auch etwas über die Kultur, das Essen und die Musik. Ich habe Hablando Mexicano gegründet, weil ich mein Land mit anderen teilen wollte. Und genau das tun wir: Wir zeigen den Menschen, wie liebenswert Mexiko ist!

UNTERWEGS VOR ORT

Um in diese abgelegenen Regionen zu gelangen, fährt man am besten mit dem Bus oder auch per Anhalter, aber wer ein Surfbrett dabei hat, sollte mit dem eigenen Fahrzeug herkommen. Die Preise für Mietwagen bewegen sich um die 50 Mex$ pro Tag.

LA PAZ

La Paz
Mexico City

La Paz bedeutet „der Frieden", und wer eine Weile in der Stadt ist, versteht schnell, wieso der Name so zutreffend ist. Trotz ihrer Größe – man braucht 30 bis 40 Minuten, um einmal durch die Stadt zu fahren – ist sie mit dem schönen *malecón*, der vielen Sonne, den tollen Bootsfahrten und Wassersportangeboten sowie den Wandermöglichkeiten in der nahegelegenen Sierra de la Laguna eine der entspanntesten Städte Mexikos – sogar noch entspannter als Städte wie Mérida. Man kommt an und spürt innerhalb von wenigen Stunden eine einsetzende innere Ruhe. Am besten sucht man sich einen Tisch, bestellt ein kühles Getränk, prostet dem strahlend blauen Himmel zu und trinkt einen Schluck, während man Pelikane beobachtet, die mit ihren Flügelspitzen Muster im glasklaren Wasser der Bucht hinterlassen. Einatmen und ausatmen. Alles wird gut.

TOP TIPP

Man sollte sich ein Hotel in Fußnähe des *malecón* suchen, damit man in der Nähe aller Sehenswürdigkeiten ist. Wer einen leichten Schlaf hat, sollte die Unterkünfte mit direktem Blick auf die Bucht wegen des Verkehrslärms eher meiden, da die Straße unmittelbar parallel zum Ufer verläuft.

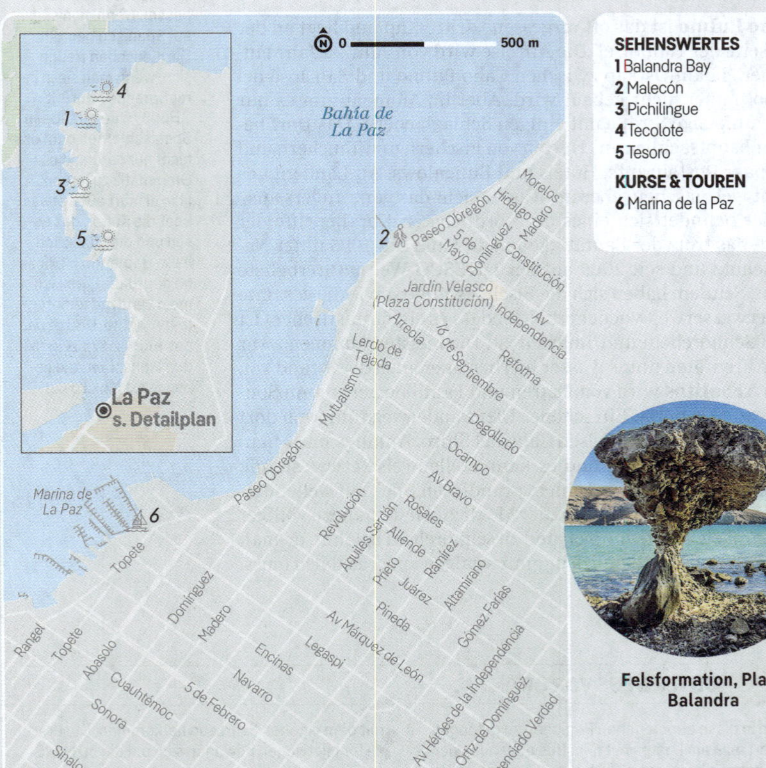

SEHENSWERTES
1 Balandra Bay
2 Malecón
3 Pichilingue
4 Tecolote
5 Tesoro

KURSE & TOUREN
6 Marina de la Paz

Felsformation, Playa Balandra

DESMOCHICCO/SHUTTERSTOCK ©; LINKS: LDUARTE/SHUTTERSTOCK ©

La Paz

Der Malecón

DAS ZENTRUM VON LA PAZ

Der *malecón* ist ein fester Bestandteil vieler mexikanischer Städte, und La Paz bildet da keine Ausnahme. Die lange Promenade verläuft am gesamten Hafen entlang, von der Marina im Westen bis zum Ende der Touristenzone im Osten, wo die Straße weiter nach **Pichilingue** und **Balandra Bay** führt. Sie ist der Dreh- und Angelpunkt des Geschehens, ein Ort für sportliche Betätigungen (Laufen, Spazierengehen, Yoga, sogar Demonstrationen) und Treffpunkt für alle möglichen Ausflüge und Bootstouren. Straßenmusiker:innen geben ihre Lieder zum Besten, Familien gehen spazieren, Volleyballmannschaften treffen sich hier, bevor sie im Sand loslegen. Auf dem *malecón* kann man das wahre Leben von La Paz beobachten.

Es ist ein wunderschöner Ort, vor allem, wenn die Sonne die Bucht erleuchtet und das Wasser jadegrün schimmert. Hier kann man Paddelboote, SUPs oder Kajaks ausleihen und sich auf eigene Faust auf Entdeckungstour begeben. Oder man macht eine Fahrt mit einer *panga* (Skiff) an der Bucht entlang oder sogar hinüber zur Isla Espíritu Santo.

Am Abend ist es vorbei mit den Aktivitäten, die Pelikane und Fregattvögel setzen sich für die kommende Nacht zur Ruhe, und der Himmel erstrahlt in allen erdenklichen Pastelltönen. Es weht eine leichte Brise, im Wasser spiegeln sich die Wolken, und die Jogger drehen bei den milderen Temperaturen eine Runde.

MARINA DE LA PAZ

Am westlichen Rand der Bucht von La Paz liegt die Marina, die nicht nur für Schiffsbegeisterte jede Menge zu bieten hat. Hier beginnen die Touren vieler Veranstalter, und es ist ein beliebter Treffpunkt für Auswanderer:innen aus aller Welt, um zu essen oder zu trinken, Geschichten auszutauschen und sich über Neuigkeiten zu informieren. Auch wer nicht auf einem Boot ist, kann sich bei einem Bier mit anderen Reisenden austauschen. Hier ist es einfacher, mit Fremden ins Gespräch zu kommen als in den vollen Clubs entlang des *malecón*.

ÜBERNACHTEN IN LA PAZ

Hotel 7
Das schicke, gehobene Hotel 7 direkt am *malecón* bietet jede Menge Komfort. **$$**

Hotel Lorimar
Einfache, saubere und praktische Zimmer in einer Seitenstraße, einen Block vom Meer entfernt. **$**

Posada de las Flores
Die luxuriöse Unterkunft im äußersten Osten der Stadt bietet ruhige Zimmer, weiche Betten, heißes Wasser und überall Blumen. **$$$**

Nach Einbruch der Dunkelheit treffen sich die Jugendlichen mit Freunden, die Clubs drehen die Lautstärke auf, und die Restaurants freuen sich über hungrige Gäste. Der *malecón* ist in all seiner wechselnden Pracht das Herzstück von La Paz.

WIESO ICH LA PAZ SO LIEBE

Ray Bartlett, Autor

La Paz ist in vielerlei Hinsicht die perfekte Stadt für mich. Ich liebe das tolle Wasser, die Buchten, die Strände, die Pelikane und die Fregattvögel. Sogar die Sonnenschirme im *palapa*-Stil am Strand in der Nähe des *malecón* lassen mein Herz höher schlagen. Das Beste aber ist, dass La Paz im Gegensatz zu Los Cabos im Süden nicht vom Tourismus überlaufen ist. Es ist authentisch, und auch wenn es eine beliebte Hotelzone gibt, macht diese nur einen kleinen Teil der Stadt aus.

Essen zum Niederknien

GROSSARTIGES ESSEN

La Paz ist mit unzähligen Essensoptionen gesegnet, von köstlichen (und unglaublich günstigen!) Tacos an Straßenständen bis hin zu noblen und ausgefallenen, hochpreisigen Restaurants. Ein Grund für diese große Auswahl ist die Lage: frische Meeresfrüchte, die Gärten in den Hügeln mit frischen Produkten und nahe gelegene *ranchos*, die das beste Rindfleisch und Geflügel der Region produzieren. Das Essen ist frisch, lokal und köstlich.

Es gibt auch einige Ausnahmen, wie z. B. die bekannten Ketten, die in jedem kleinen Einkaufszentrum zu finden sind und auf Reisende abzielen, die verzweifelt auf der Suche nach dem vertrauten Geschmack von Zuhause sind. Wer aber kulnarisch gern Neues ausprobiert, der ist in La Paz genau richtig. Mexikanische Spezialitäten findet man an jeder Ecke und darüber hinaus noch zahlreiche weitere, überraschend vielfältige Optionen: So bekommt man hervorragendes italienisches Essen, das weit über gewöhnliche Pizza und Pasta hinausgeht, sowie Meeresfrüchte, die zum Großteil direkt aus den Gewässern der Umgebung stammen. Langusten sind eine gute, wenn auch teure Option für die, die etwas mehr ausgeben möchten. Oktopus und Calamari sind ebenfalls hervorragend.

Für den Nachtisch findet man auf dem *malecón* Eisdielen, mexikanische *helados* (Eiscreme), *aguas frescas* (Säfte aus frischem Obst), Kuchen und Kaffee. Das ist alles köstlich, und es gibt kaum etwas Schöneres, als nach einem tollen Essen einige Kalorien bei einem Spaziergang in der lauen Nacht zu verbrennen, während man dem Rauschen der Wellen lauscht.

Junge Walhaie beobachten

DIE KLEINE VERSION DER RIESENHAIE

Es gibt nur wenige Orte auf der Welt, an denen man mit Walhaien schwimmen kann. Die ausgewachsenen Tiere sind riesig (das längste gemessene Exemplar hatte eine Länge von 18 m), die meisten sind jedoch nur etwa 9 m lang. Direkt vor der Halbinsel, die die Bucht von La Paz begrenzt, versammeln sich junge Walhaie, um sich in den warmen Gewässern satt zu fressen, bevor sie weiterziehen. Über diese faszinierenden Lebewesen ist nur wenig bekannt, und es wird derzeit erforscht, ob die Walhaie in andere Teile der Weltmeere abwandern oder ob sie im Golf von Kalifornien bleiben.

ESSEN IN LA PAZ

Tatanka
Mit Liebe und Sorgfalt zubereitete, kreative Meeresfrüchtegerichte. **$$**

Super Tacos Hermanos Gonzales
Tolle Tacos mit vielen leckeren Salsas und Toppings aus einem Food Truck vor der Pension California. **$**

Oliva del Mar
Das ausgezeichnete italienische Essen wird in einem romantischen und eleganten Ambiente mit Blick auf die Bucht serviert. **$$$**

LEONARDO GONZALEZ/SHUTTERSTOCK ©

Seelöwen

Es gibt zahlreiche Veranstalter, die Touren zu den Walhaien anbieten, manche sogar mit der Möglichkeit, in der Nähe der großen Meerestiere zu schwimmen (nicht mit ihnen, denn das ist verboten). Die besten Touren finden mit einem Team von Biologen statt, die interessante Einblicke in die Erforschung der Haie geben und interaktive Mithilfe ermöglichen. Man bekommt z. B. die Aufgabe, die Länge einer Rückenflosse zu messen, indem man hinuntertaucht und einen Messstab in die Nähe des Tieres hält, während jemand ein Foto macht. Diese Touren haben den Vorteil, dass man dabei noch mehr über die Anatomie, das Leben und die Besonderheiten der Walhaie erfährt und diese meist auch häufiger zu Gesicht bekommt, denn die geschulten Augen der Wissenschaftler:innen sehen die Haie oft schneller als ein *panga*-Kapitän. Die Häufigkeit der Touren ist variabel, da sich der Bedarf danach richtet, welche wissenschaftlichen Studien gerade laufen.

Strandvergnügen

WUNDERSCHÖNE, EINSAME STRÄNDE

Selbst aus der Luft ist La Paz mit seinen langen, geschwungenen, puderweißen Sandstränden, die an grüne, azurblaue Buchten grenzen, atemberaubend. Der *malecón* ist ein beliebter Ort zum Sonnenbaden, aber am besten macht man sich zu einem der

DIE NIEDLICHEN SEELÖWEN

An vielen Orten in der Umgebung von La Paz gibt es Seelöwenkolonien. Die agilen, anmutigen Flossenfüßer begeistern mit ihren niedlichen Gesichtern, ihren lustigen Spielen und fotogenen Posen.

Doch so nett sie auch anzusehen sind, sollte man nicht unbedingt mit ihnen schnorcheln. Wer einen Seelöwen in der Nähe schwimmen sieht, sollte am besten einen großen Bogen um ihn machen. Falls er auf einen zuschwimmt, heißt es ruhig bleiben, hektische Bewegungen vermeiden und ihn in Ruhe alles erkunden lassen. Danach wird er sich wahrscheinlich einer interessanteren Sache zuwenden, wie dem Fang seines Abendessens.

STRÄNDE IN LA PAZ

Pichilingue
Der Strand direkt am Hafen ist perfekt, um das Kommen und Gehen der Fähren und Tanker zu beobachten.

Tecolote
Tecolote ist der nächstgelegene Strand bei Espíritu Santo und wimmelt nur so von Sonnenanbetern. Eine gute Alternative, wenn die Playa Balandra voll oder geschlossen ist.

Tesoro
Tesoro ist ein beliebter Strand auf der La-Paz-Seite von Pichilingue. Es gibt ein Restaurant, und er ist ein großartiger Ort zum Baden.

DIE BALANDRA-BUCHT

Der mit Abstand beste Strand – sozusagen das Kronjuwel unter den Stränden – ist die Playa Balandra, die aus drei miteinander verbundenen Buchten besteht, in denen das Wasser manchmal nur kniehoch und manchmal wiederum tiefer als ein Swimmingpool ist. Der Strand hat wunderbar weichen, weißen Sand, und Abenteuerlustige können zu dem berühmten Walschwanzfelsen am Eingang wandern.

Da es nur sehr wenige Parkplätze gibt, sollte man so früh wie möglich kommen, um noch einen zu ergattern. An bestimmten Tagen sind an dem Strand nur Einheimische erlaubt. Das sollte man also einplanen. Wenn er geschlossen ist, kann man nach Tecolote, Tesoro oder Pichilingue ausweichen.

SPACEWALK/GETTY IMAGES ©

Balandra-Bucht

vielen kleinen Strände zwischen der Hotelzone von La Paz und dem am weitesten entfernten Strand **Tecolote** auf. Diese Strände bieten oft nur Platz für ein halbes Dutzend Autos, haben aber alles, was man braucht: ein Restaurant, ein paar (oft schäbige) Toiletten, Getränke, ein paar Plastikstühle im Sand und flaches Wasser ohne Strömungen, in dem jeder baden kann. Wer kein eigenes Auto hat, nimmt einfach ein Taxi oder fährt mit dem Fahrrad hin.

Unbedingt immer wieder mit Sonnenschutz eincremen. Die Sonne ist erbarmungslos.

Es gibt hier kaum Gewaltverbrechen, aber manchmal werden Autos aufgebrochen, vor allem in abgelegeneren Gegenden. Wertsachen sollte man verstecken und das Handy bei sich behalten. Auch am Strand sollte man vorsichtig sein. Handtuch und Schuhe werden eher nicht geklaut, aber wenn man sein Handy darin versteckt, sind sie vielleicht verschwunden, wenn man vom Schwimmen zurückkommt.

UNTERWEGS VOR ORT

Vom Fährterminal in Pichilingue fahren zwei Fähren zum Festland. Eine nach Mazatlán (12 Std.) und die andere nach Topolobampo (ca. 8 Std.).

Auf beiden Fähren sind Autos erlaubt. Passagiere ohne Auto sollten sich spätestens 30 Minuten vor Abfahrt einfinden, mit Auto eine Stunde vorher.

Isla Espíritu Santo
La Paz
La Ventana

Rund um La Paz

Die Region rund um La Paz bietet einige der abwechslungsreichsten und schönsten Landschaften der Gegend: Kakteenwüste, grünes Buschland, Sandstrände und vieles mehr.

Die weitläufige Gegend rund um La Paz findet man entweder eintönig oder aufregend: Es gibt eine kilometerweite, atemberaubende „grüne Wüste" voller Cardón-Kakteen (die oft mit Saguaro verwechselt werden, aber zu einer anderen Gattung zählen), Palo-Verde-Bäumen, Cholla-Kakteen und anderen Wüstengewächsen. Stürme können hier Sturzfluten mit sich bringen, Dürreperioden lassen das Land austrocknen, aber egal, ob Regen oder Sonnenschein, die Natur zeigt sich hier von ihrer besten Seite und ist Heimat vieler seltener Vögel und anderer Tiere, sogar Großkatzen wie Berglöwen. Außerdem gibt es spannende Touristenattraktionen an der Küste und tolle Möglichkeiten zum Schwimmen, Tauchen, Fischen und Schnorcheln. Vor allem aber ist es immer noch eine Region, in der man sich wirklich entspannen und dem Trubel entfliehen kann.

TOP TIPP

Insektenschutz nicht vergessen! Am besten nimmt man ihn von zu Hause mit, da die lokalen Produkte nicht so gut wirken.

Ebbe in der Nähe von La Ventana

NICOLE GLASS PHOTOGRAPHY/SHUTTERSTOCK ©

LOCAL TIPP: UNTER WASSER

Tim Hatler ist seit 2003 der Besitzer von Palapas Ventana und Cerralvo Island Adventure Service. @palapasventana

La Ventana ist eine gute Ausgangsbasis zur Meerestierbeobachtung. Wale, Walhaie, Rochen, Delfine, Köderbälle, Seelöwen und vieles mehr sind hier häufig zu sehen.

Die besten Orte zum Schnorcheln und Tauchen sind:

La Reina Riesige Mantarochen und verspielte Seelöwen.

Punta Norte Strömungstauchen über Korallen hinweg, das man nie vergessen wird.

La Reinita Ein von Meerestieren verkrusteter Felsvorsprung mit Tintenfischen und Seepferdchen.

Tacote Ein Traum für Videofilmer mit leuchtenden Korallen, Schildkröten und tropischen Pflanzen.

Punta Sur Ein Spielplatz für Seelöwen.

Pargon Villa Ein Versteck für Schnapper.

Roca Montaña Super-Highway vieler Fische.

Maske und Flossen immer griffbereit halten. Man weiß nie, auf was man trifft!

VG FOTO/SHUTTERSTOCK ©

Espíritu Santo

Der Geist der Heiligen

EINE WASSERWUNDERWELT

Wer das Glück hat, **Espíritu Santo** besuchen zu können, wird verstehen, wieso der Name der Insel „Geist der Heiligen" bedeutet. Es ist eine zutiefst mystische, fast spirituelle Insel, deren Schönheit auf Schritt und Tritt zu sehen ist. Am besten erkundet man diese Trauminsel auf einer Kajakfahrt, im Idealfall mit Übernachtung. Wer nicht so viel Zeit hat, nimmt an einer vom El-Tecolote-Strand oder von der La-Paz-Bucht aus startenden Tagestour teil, die einen in wenigen Stunden herbringt.

Die **Fingerbuchten** sind lange, schmale Kanäle, die im Lauf von Jahrmillionen von Wellen geformt wurden, die den porösen, rosafarbenen Sandstein umspülten und dadurch unregelmäßige „Finger" entstehen ließen, die sich heute als Kanäle tief in den Fels ziehen. Die Strände und Buchten sind atemberaubend schön, sowohl von oben betrachtet als auch vom Kajak oder Boot aus. Auf den Touren findet das Mittagessen oft an einem malerischen Ort statt, wo man schnorcheln oder die Gegend erkunden kann. Die Seelöwenkolonie ist auch sehr beliebt, aber wer hier schnorchelt, sollte vorsichtig sein. Die Tiere sind zwar in der Regel harmlos und sanftmütig, aber es sind trotzdem wilde Tiere und als solche unberechenbar. Vielleicht wird man als Paarungsgefährte oder Bedrohung angesehen. Also sollte man immer so viel Abstand wie möglich zu den Tieren halten.

Wer Glück hat, darf hier sein Nachtlager aufschlagen, über einem Feuer kochen und Reisegeschichten austauschen, während die Sterne am Himmel immer heller leuchten und näher kommen, bis sie zum Greifen nah erscheinen.

ESSEN IN LA VENTANA

Pizza San Antonio
Großartige Pizza, Livemusik und Tischtennis. **$**

Marlin Azul
Leckeres, authentisches mexikanisches Essen unter einem hellen, luftigen *palapa*-Dach. **$**

Palapas Ventana
Die gemütlichen Bungalows haben ein tolles, für alle zugängliches Restaurant. **$$**

JOHN ELK/GETTY IMAGES ©

El Triunfo

Mit dem Wind reiten

WINDSPORTPARADIES

La Ventana auf der östlichen Seite der Halbinsel La Paz hat sich von einem unbekannten Ort, der vor 20 Jahren noch ein Geheimtipp war, zu einem angesagten Reiseziel für Windsurfer entwickelt – oder sollte es zumindest sein, da dieser Küstenstreifen wegen der hervorragenden Passatwinde im Winter, ein Traum für Windsurfer, Kitesurfer und Foil Surfer ist. Zuweilen ist der gesamte Horizont voller bunter Segel und Drachen. Aber hier hat man nicht nur auf, sondern auch unter Wasser jede Menge Spaß. Es gibt tolle Schnorchel- und Tauchspots rund um die **Isla Cerralvo**. Die kleineren Felsen sind von kristallklarem Wasser umgeben, was wahrscheinlich daran liegt, dass es im Golf von Kalifornien kaum Strömungen gibt. Wer die Gegend an Land erkundet, findet hier faszinierende indigene Klippenmalereien und Petroglyphen sowie großartige Wanderwege.

Hier hat man die Möglichkeit, eine authentische Gegend kennenzulernen, die noch völlig frei von der unerbittlichen Seite des mexikanischen Tourismus ist. Man kann mit neugewonnenen Freunden bei einem Bier plaudern, an einsamen Stränden entspannen oder sogar eine *panga* chartern und einen Platz auf Cerralvo finden, der einem ganz alleine gehört, zumindest für einen Tag. Und abends schimmert der Mond silbern über dem Wasser und den Wellen. Dann sollte man mit Freunden ein Gläschen trinken und einfach nur den Moment genießen.

EL TRIUNFO

El Triunfo war einst die bevölkerungsreichste Stadt des südlichen Baja California, aber ihre Geschichte ist wie die vieler anderer Bergbaustädte von Aufschwung und Niedergang geprägt. Dank der nostalgischen Schornsteine der Schmelzöfen und der Gebäude, die immer noch wie eine Filmkulisse aus dem 19. Jh. aussehen, erlebte die Stadt einen touristischen Aufschwung. Die Wild-West-Atmosphäre wird sich vielleicht bald ändern, aber im Moment bekommt man noch einen guten Eindruck davon, wie das Leben hier vor Jahrhunderten ausgesehen hat. Das originelle **Klaviermuseum** ist eine von vielen Sehenswürdigkeiten. Der **Friedhof** ist ein weiterer fotogener, wenn auch gruseliger und makabrer Grund für einen Besuch. Die Tore, Mauern und Gräber sind wunderschön, aber auch ein bisschen unheimlich.

UNTERWEGS VOR ORT

Es ist recht einfach, im Stadtzentrum von La Paz oder in der Hotelzone ein Auto zu mieten. Mit einem Mietwagen kommt man am bequemsten zu Orten außerhalb der Stadt. Minibusse verkehren auch, aber mit einer offiziellen Tour kommt man am besten zur richtigen Zeit am richtigen Ort an.

LORETO

Loreto war einer der wenigen Orte, an denen die Jesuiten trotz Dürren und Krankheiten eine Missionsstation aufrechterhalten konnten, und ist heute eine attraktive Stadt, die im Osten von der blauen Weite des Golfs von Kalifornien und im Westen von den zerklüfteten, steilen Bergen der Sierra de la Giganta (Gebirge der Riesen) begrenzt wird. Sie sind wirklich imposant und gigantisch, und ihre spektakulären Gipfel und Felsnadeln ragen senkrecht aus der umliegenden Landschaft empor. Loreto liegt eingebettet in die relativ kleine Schwemmebene zwischen dem Ozean und den Bergen und ist daher ein ausgezeichnetes Ziel für alle möglichen Outdooraktivitäten, von Kajakfahren, Tauchen und Schnorcheln bis hin zum Wandern und Klettern. Etwas weiter entfernt zeugen alte Felsmalereien von längst vergangenen Zivilisationen, die ihre Spuren hinterlassen haben.

Loreto
Mexico City

TOP TIPP

Beim Wassersport muss man vorsichtig sein, da man im Kajak oder Boot oft davon überrascht wird, dass das sanfte Meer in kürzester Zeit heftigen Seegang entwickelt. Also immer vorsichtig sein und das Wasser bei einem aufkommenden Sturm rechtzeitig verlassen.

Misión de Nuestra Señora de Loreto Conchó

Loretos Mission

DAS ERBE DER JESUITEN

Die Missionen in und um Loreto haben eine komplexe Geschichte aufgrund der Auswirkungen der Kolonialisierung und der Ausbeutung der indigenen Bevölkerung. Allzu oft kam ein Priester in eine jahrhundertealte Siedlung, und innerhalb weniger Jahrzehnte wüteten Krankheiten und löschten die Bevölkerung teilweise sogar völlig aus. Dennoch sind die verbliebenen Gebäude – einige gut erhalten und immer noch in Betrieb, andere nur noch Ruinen – ein interessanter Teil der Geschichte Bajas. Obwohl es heute Straßen gibt, kann man sich die schwierigen Herausforderungen vorstellen, die die Missionare bewältigen mussten, wenn sie Hunderte von Kilometern durch die Wüste oder über raue, unbekannte Meere reisten.

Die Misión de Nuestra Señora de Loreto Conchó (auch Loretos Mission genannt) ist innen und außen wunderschön mit einem versetzten Kirchturm, einer Glocke und Bögen, die vor allem nachts ein tolles Fotomotiv abgeben (obwohl sie erst Mitte der 1950er-Jahre hinzugefügt wurden und nicht Teil des ursprünglichen Gebäudes sind). Die Mission wurde Ende des 17. Jhs. gegründet und hat seitdem trotz Angriffen der Monqui, Stürmen, Erdbeben und anderen Katastrophen überlebt. Sie war einst die wichtigste Mission in Baja und ein zentraler Ort der Jesuiten in der Gegend. Aufgrund der Übergriffe der zunehmend feindlich gesinnten Monqui waren die Mission und das umliegende Gelände zeitweise von dicken Mauern umgeben. Nach einigen Erdbeben und Wirbelstürmen wurde die Mission schließlich 1829 geschlossen. Heute wird sie für wichtige katholische Zeremonien genutzt und ist das schöne Wahrzeichen der Stadt.

MISSIONSSTATIONEN IN DER NÄHE

Von den 27 Missionsstationen, die es einst auf der Halbinsel gab, sind nur noch wenige übrig, aber sie sind beliebte Ziele für Geländewagenfahrer:innen und Geschichtsinteressierte und eignen sich gut für einen Tagesausflug.

Die wunderbare abgelegene **Misión San Francisco Javier de Viggé-Biaundó** (San Javier) ist immer noch in Betrieb, und in ihrem Garten stehen wunderschöne alte Olivenbäume. Die **Misión San Luis Gonzaga Chiriyaqui** (San Luis Gonzaga) ist ein wunderschönes verlassenes Gebäude mitten in der Wüste in der Nähe von Ciudad Constitución.

Nicht alle Missionen liegen mitten im Nirgendwo: Die von San José del Cabo ist das Herzstück der Plaza im Zentrum, und auch San Ignacio im Norden hat eine Mission mitten in der Stadt.

ESSEN IN LORETO

Alma del Sur
Köstliche südmexikanische Gerichte wie Pulled Pork oder Rippchen gibt's in dem freundlichen, zwanglosen Restaurant mit einer gut bestückten Bar. **$$**

Cafe Ole
Das trubelige Frühstückslokal erinnert an ein Diner und verfügt über Sitzplätze im Freien in der Nähe der Mission. **$**

Las Islas
Ein beliebtes Lokal für Meeresfrüchte und vieles mehr in der Nähe des *malecón* mit einem tollen Blick aufs Wasser. **$$**

Rund um Loreto

Eine außergewöhnliche und spektakuläre Mischung aus Bergen, Wüsten, Farmen, Feldern, Vulkanen und tollen Ausblicken auf den Ozean.

Loreto liegt inmitten einer Region mit großer geologischer Vielfalt. Abseits der Küste findet man weite Wüstenlandschaften und große Ranches. Doch Städte wie San Ignacio, Mulegé und Santa Rosalía sind sehr abwechslungsreich. Jede hat ihren eigenen Charakter, und einige sind von der Straße aus gar nicht zu sehen. In den *arroyos* (Bachbett) ist man plötzlich umgeben von Palmen, eine wahre Oase inmitten von Kakteen und Kühen. Weiter nördlich stößt man auf die Grenze. Die mondähnlichen Felsen von Cataviña, Walbeobachtungen, die köstlichen Pismo-Muscheln… Trotz der scheinbaren Monotonie der weiten Ebenen gibt es hier jede Menge zu sehen und zu erleben.

TOP TIPP

Keine Angst vor einem Snack am Straßenrand: Die *pitayas* (Drachenfrüchte), Datteln und Muscheln sind alle frisch und köstlich.

Misión Santa Rosalía

GEOFFREY ROBINET/SHUTTERSTOCK ©

ANDREA IZZOTTI/SHUTTERSTOCK ©

Misión San Ignacio Kadakaamán

Lohnenswerte Sehenswürdigkeiten auf dem Weg

POTENITELLE LIEBLINGSORTE

Die Region zwischen Ensenada und Loreto ist sehr vielfältig. Hier sind einige tolle Orte für einen Zwischenstopp aufgelistet.

San Quintín ist für seine köstlichen Pismo-Muscheln (werden an der Straße in kleinen Hütten zubereitet) und für den Kalifornischen Kondor bekannt, den man (wenn man Glück hat!) im nahe gelegenen Nationalpark **San Pedro Mártir** beobachten kann. Der Park liegt so hoch, dass man vielleicht sogar Schnee sieht. Hier leben trotz der Wüste in der Ebene Rotluchse, Rehe und viele andere Tiere.

Cataviña ist sehenswert wegen seines bizarren, mondähnlichen Felsenfeldes, das plötzlich wie aus dem Nichts auftaucht, sowie wegen der Kakteen rund um die Felsen.

San Ignacio ist eine verschlafene Oase mit üppigen Dattelpalmen und einer restaurierten Jesuitenmissionsstation, der **Misión San Ignacio Kadakaamán**.

In **Mulegé** leben viele Expats, und außerdem thront hier die wunderschöne, restaurierte **Misión Santa Rosalía** über einem von Palmen gesäumten Fluss.

Santa Rosalía liegt am Golf von Kalifornien. Die katholische Kirche **Iglesia de Santa Bárbara** wurde von Gustave Eiffel entworfen. Die Stadt wird häufig wegen des Namens Rosalía mit Mulegé verwechselt, aber hier gab es nie eine Missionsstation.

Die Städte **Puerto San Carlos** und **Puerto López Mateos** in der Nähe von Ciudad Constitución sind beide für die Beobachtung von Grauwalen bekannt. Die majestätischen Tiere kommen in die seichten Buchten, um ihre Jungen zu gebären, und scheinen keine Angst vor den vielen Booten zu haben, die zu ihnen hinausfahren.

HOTEL CALIFORNIA

In Baja California und Baja California Sur gibt es mindestens drei, möglicherweise auch mehr Hotel Californias. Aber man sollte sich nicht täuschen lassen: Laut den Eagles hat es das Hotel California nie gegeben. Es war eine Metapher für den gesamten Bundesstaat. Das hat einige Hotels aber nicht davon abgehalten, mit dem Namen Geld zu verdienen. Die Eagles verklagten sogar die Besitzer des Hotel California in Todos Santos, weil sie behaupteten, das Hotel verdiene Geld mit der Werbung für eine Verbindung, die es nie gab.

Es gibt ein Hotel California in Ensenada, ein Hotel Las Californias in Insurgentes and natürlich das berühmte und oft fotografierte Hotel California in Todos Santos. Und wer weiß, vielleicht entdeckt man auf dem Weg noch das eine oder andere mehr!

UNTERWEGS VOR ORT

Zahlreiche Busse fahren in Richtung Norden und Süden und halten unterwegs in jedem der hier aufgeführten Orte. Daher ist es relativ einfach, alle Orte zu erreichen, mit Ausnahme der Hafenstädte, in denen man Wale beobachten kann. Die erreicht man mit einem Shuttle-Bus oder Taxi.

Ensenada

Mexico City

ENSENADA

Wie jede Stadt, in der Kreuzfahrtschiffe ein- und auslaufen, hat Ensenada einen etwas zwiespältigen Charakter. In der Nacht kann es sehr ruhig sein, fast ausgestorben, und am nächsten Tag strotzt die Stadt plötzlich nur so vor Energie. Es gibt jede Menge Straßenhändler:innen, die ihre Waren anbieten, aber man findet auch schnell einen ruhigen Ort, an dem man mit Einheimischen ins Gespräch kommen oder sich mit anderen Reisenden in Ruhe unterhalten kann. Ensenada hat sich in letzter Zeit für Essen einen Namen gemacht, darunter hervorragende mexikanische und italienische Gerichte.

Es gibt hier auch jede Menge historische Gebäude, darunter die berühmte Hussong's Cantina, die älteste Bar in ganz Baja. Die Hussong's Cantina und die nahe gelegene Bar Andaluz behaupten beide, die Margarita erfunden zu haben. Unabhängig davon, welche Legende wahr ist, kann man in beiden Bars hervorragende Margaritas genießen. In der Haupttouristenstraße gibt es fast alles: Bars, Geschäfte, Restaurants und sogar einige Kettenrestaurants.

TOP TIPP

Der Charakter von Ensenada ändert sich drastisch mit der Ankunft und Abfahrt der Kreuzfahrtschiffe. Wer geballtes Nachtleben in einer Bar erleben möchte, sollte an einem Abend ausgehen, wenn ein oder zwei Schiffe im Hafen liegen. Ansonsten ist die Stadt relativ ruhig.

Papas & Beer, Ensenada

DARRYL BROOKS/SHUTTERSTOCK ©

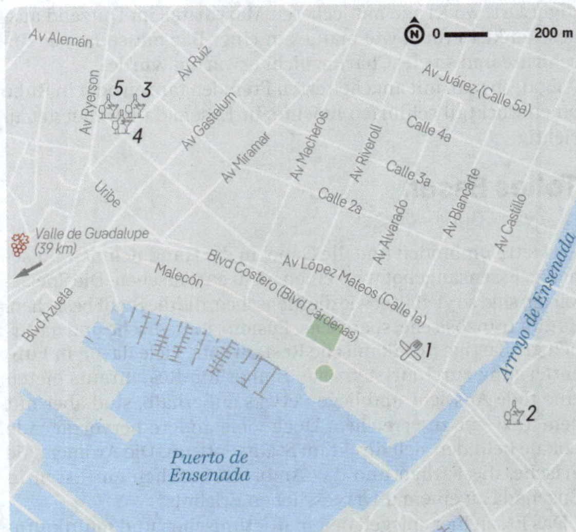

ESSEN
1 Il Massimo

AUSGEHEN & FEIERN
2 Bar Andaluz
3 Hussong's Cantina
4 Mango Mango
5 Papas & Beer

Das Nachtleben in Ensenada

ALLES IST MÖGLICH

Ensenada ist berühmt für ausgelassenes Feiern während des Spring Break, und es kann ziemlich heftig zugehen, je nachdem, wann man hier ist. In den Clubs dröhnt die Musik so laut, dass man sie schon von Weitem hört, und wenn man näher kommt, muss man seine Augen vor dem Neonlicht und den Lasern schützen. Aber die Stadt hat noch viel mehr zu bieten. Ensenada hat auch eine ruhige, sanfte Seite , und wer ein paar Nächte bleibt, wird sicher einen Ort finden, der den eigenen Bedürfnissen und Vorlieben entspricht.

Feierwütige sind in den Straßen López Mateos und Ruiz gut aufgehoben, wo die meisten Clubs und Bars zu finden sind. Dort wird jede Menge Unterhaltung geboten: Im **Papas & Beer**, **Mango Mango** und in anderen Bars im Stil von Cancún gibt's günstige, jedoch oft wässrige Drinks (häufig mit Flatrate-Angeboten). Eine gute Alternative in direkter Nachbarschaft ist die Hussong's Cantina, die den Charme des 19. Jhs. versprüht und in der eine völlig andere Atmosphäre herrscht. Am anderen Ende der Stadt, in der Bar Andaluz, kann man große, wenn auch massenproduzierte Margaritas in einem historischen Gebäude mit originalen Wandmalereien genießen. Es ist ein merkwür-

HUSSONG'S CANTINA

Jeder, der Ensenada besucht, muss unbedingt einmal in die Hussong's Cantina, Bajas älteste Bar. Sie wurde im 19. Jh. eröffnet und ist immer noch so, wie sie damals ausgesehen haben muss: doppelflügelige Salontüren, eine Bar, die einen großen Teil des Raums einnimmt, und Holzdielen, die von den Schritten der Gäste über die Jahrhunderte hinweg blank poliert wurden. Außerdem behaupten sie hier (wie in der nahe gelegenen Bar Andaluz), dass hier die berühmte Margarita erfunden wurde. Es scheint seltsam, dass zwei Bars in Ensenada unabhängig voneinander zur selben Zeit dasselbe Getränk erfunden haben sollen. Es kann nur eine Wahrheit geben, aber das kann man heute nicht mehr klären. Am besten also beide ausprobieren!

ÜBERNACHTEN IN ENSENADA

America Hotel
Ein freundliches, wenn auch in die Jahre gekommenes, preiswertes Hotel mit grüner Neonbeleuchtung außerhalb der Touristenzone. Das Parken vor Ort ist ein Vorteil. $

Hotel Santo Tomas
Das schicke, gehobene Hotel befindet sich nur wenige Schritte vom Hafen Ensenadas entfernt. Der moderne Aufzug versprüht Star-Trek-Feeling. $$

Santa Isabel
Das preisgünstige Hotel in der Touristenzone liegt mitten im Geschehen und bietet saubere Mittelklasse-Zimmer. $$

diger Ort, wo Krüge mit leckeren Margaritas im Dutzend ausgeschenkt werden, wie man es in einer Bar mit so langer Geschichte und so viel Charme nicht erwarten würde.

Egal, ob man mit angeheiterten Fremden tanzen oder in Ruhe einen Cocktail schlürfen möchte, in Ensenada ist man genau richtig.

Tolles Essen

SICH VERWÖHNEN LASSEN!

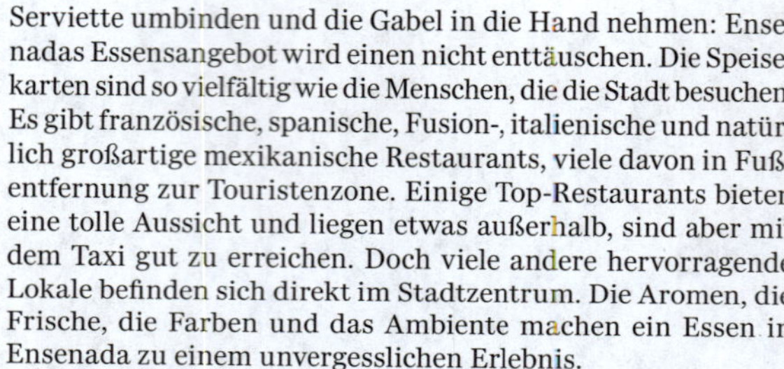

Serviette umbinden und die Gabel in die Hand nehmen: Ensenadas Essensangebot wird einen nicht enttäuschen. Die Speisekarten sind so vielfältig wie die Menschen, die die Stadt besuchen. Es gibt französische, spanische, Fusion-, italienische und natürlich großartige mexikanische Restaurants, viele davon in Fußentfernung zur Touristenzone. Einige Top-Restaurants bieten eine tolle Aussicht und liegen etwas außerhalb, sind aber mit dem Taxi gut zu erreichen. Doch viele andere hervorragende Lokale befinden sich direkt im Stadtzentrum. Die Aromen, die Frische, die Farben und das Ambiente machen ein Essen in Ensenada zu einem unvergesslichen Erlebnis.

Das Essen hier spiegelt den multiethnischen und multikulturellen Charakter Ensenadas wider. Die Stadt ist eine vielfältige Mischung, ein kunterbunter Mix, wie die Bergleute und Glückssuchenden, die im 19. Jh. hierher kamen. In den Seitenstraßen, parallel zur López Mateos, gibt's großartiges Street Food. Am Meer, in der Nähe der Marina, findet man ausgezeichnete Fischrestaurants, und in den beiden Hauptstraßen Cárdenas und López Mateos etwas teurere, aber sehr zu empfehlende Restaurants. Der Platz reicht nicht aus, um hier alles aufzulisten. Man kann sich auch bei Einheimischen tolle Empfehlungen holen. Zu so manchem Essen passen die guten lokalen Weine aus dem nahe gelegenen Valle de Guadalupe oder San Ignacio.

IL MASSIMO

Es gibt italienische Gerichte und es gibt Gerichte, bei denen man denkt, man sei tatsächlich in Italien – und dann gibt es Il Massimo, ein kleines, gemütliches, einladendes Lokal in Cárdenas, nur wenige Minuten von der Marina und vom Hafen entfernt. Das Essen wird frisch, mit Liebe zum Detail und einem Sinn für das Wesentliche serviert, was selbst in den besten Restaurants oft fehlt. Der Koch und Besitzer Massimo wird wahrscheinlich lächelnd an den Tisch kommen und vielleicht sogar empfehlen, welches Dessert am besten passt. Nach dem Essen sollte man einen der selbstgemachten Liköre probieren. Sie sind nicht nur köstlich, sondern haben auch eine medizinische Wirkung: Sie helfen bei der Verdauung der wunderbaren Mahlzeit.

Wein zum Genießen

DAS BERAUSCHEND SCHÖNE VALLE DE GUADALUPE

Valle de Guadalupe war einst auf dem besten Weg, Bajas Version von Napa oder Sonoma zu werden, mit sanften Hügeln und riesigen Weinbergen so weit das Auge reicht. Aber 15 Jahre später hat sich viel verändert, und manche würden sagen, nicht zum Besseren: Die meisten der prächtigen Weinreben sind verschwunden, und die Gegend ist jetzt ein Flickenteppich aus Mauern, Häusern, unbefestigten Straßen und einigen Hotels.

Aber das gute Angebot an Weinproben hat sich nicht geändert. Viele der größeren Weingüter sind nach wie vor hier vertreten, auch wenn die Trauben aus anderen Tälern wie San Ignacio

BAR-HOPPING IN ENSENADA

Cuatros Cuatros
In dem schicken Hotel außerhalb der Stadt gibt's tolle Weinverkostungen bei spektakulärer Aussicht.

Bloodlust
Tolle Cocktails und ausgezeichnete Wein-Flights in einem abgefahrenen Gebäude, das wie ein riesiger Kürbis aussieht.

La Bête Noire
Bequeme Ledersofas und selbstgemachte Cocktails machen dieses Lokal zum idealen Startpunkt für einen Abend in der Stadt.

JORGE MALO PHOTOGRAPHY/GETTY IMAGES ©

Weinberge, Valle de Guadalupe

stammen. Die Trauben und der Prozess der Weinherstellung, sind gereift, sodass Weinliebhaber:innen einen tollen Tag mit der Nase im Glas verbringen können. Es gibt gute ausgewogene, kräftige Rotweine, einige überraschend gute Naturweine (die mit natürlicher Hefe vergoren werden und geschmacklich an Kombucha erinnern) sowie köstliche Rosés.

Wer eine Tour bucht, sollte sich selbst und der Region einen Gefallen tun und sich nicht für eine entscheiden, die abends mit einer lauten Party endet. Diese clubähnlichen Veranstaltungen schaden der Ruhe dieser schönen, ländlichen Region und führten schon häufig zu Streit unter Nachbarn und Weinbauern. Stattdessen sollte man ein Angebot wählen, bei dem kleine Häppchen mit Käse- oder Wurstspezialitäten zum Wein gereicht werden und man die herrliche Aussicht oder den Sonnenuntergang in Ruhe genießen kann.

WEINGÜTER IM VALLE DE GUADALUPE

Hier gibt es jede Menge zu entdecken, aber die folgenden Weingüter sind schon mal ein guter Anfang:

Pedro Domecq
Eines der besten Weingüter der Region, das zu seiner großen Auswahl an Weinen, die in Flights, Gläsern, Flaschen oder Kisten erhältlich sind, hervorragende Tapas und andere Häppchen anbietet.

Baron Balché
Tolle Verkostungen in einer romantischen Villa mit schönem Garten.

Vena Cava at Villa de Valle
Das Hotel und Weingut baute seine *cava* (Weinkeller) aus gekenterten Booten und veranstaltet unterirdische Verkostungspartys.

Torres Alegre
Das familiengeführte „Happy Towers" ist ein kleines, aber engagiertes Weingut mit einer herrlichen Aussichtsterrasse und ausgezeichneten Weinen.

Die Kreuzfahrtindustrie

EIN TEIL DES LEBENS IN ENSENADA

Kreuzfahrtschiffe gehören zum Leben in Ensenada dazu und haben zur Wiederbelebung der Wirtschaft und des Tourismus in der Stadt beigetragen, aber sie haben das Leben hier auch

ESSEN IN ENSENADA

Humo y Sal
Das ausgefallene Lokal in Betonoptik hat eine kleine, aber tolle Speisekarte und serviert mit die besten Tacos in der Gegend. **$$**

El Rey Sol
Das französische Restaurant ist ein bewährter Klassiker und liegt direkt in der Hotelzone. Unbedingt noch Platz für ein Dessert lassen! **$$**

Calma
Das Lokal mit schöner Terrasse und unglaublich tollen Cocktails ist genau das Richtige für anspruchsvolle Genießer. **$$$**

SHERRY V SMITH/SHUTTERSTOCK ©

Arroyo de Ensenada

NEUGIERIG AUF CURIOS?

Die Suche nach einem guten Souvenir in dem riesigen Angebot in den Straßen der Hotelzone kann einen leicht überfordern. Aber wer einen freundlichen, familiengeführten Laden, in dem auch Englisch gesprochen wird, sucht, ist im **Rosario's Curios** auf der Blancarte nahe der Ecke zur Cárdenas genau richtig. In dem vollgepackten Laden gibt es alle möglichen Souvenirs, von Postkarten über Decken und Amuletten bis hin zu Hüten und T-Shirts. Es gibt nicht alles, aber wer etwas Bestimmtes sucht, fragt am besten Rosario, die gute Tipps geben kann, wo man Dinge findet, die sie nicht in ihren Regalen hat.

auf eine Art verändert, die manche als problematisch empfinden. Die Schiffe bringen Hunderte von landhungrigen Tourist:innen her, von denen viele meist wenig Erfahrung mit der mexikanischen Mentalität haben und die Einheimischen nicht immer mit dem nötigen Respekt behandeln. Doch sie halten andererseits auch viele Unternehmen am Leben, und als gewöhnlicher Reisender wird man immer als potentieller Kunde betrachtet.

Es hat auch etwas Majestätisches, ein riesiges Schiff in den Hafen einlaufen zu sehen, das die umliegende Landschaft überragt. Die Hauptstraßen López Mateos und Lázaro Cárdenas sind überfüllt mit Angeboten, von Geländewagentouren bis hin zu Reitausflügen. Die Geschäfte bleiben bis spät in die Nacht geöffnet, die Restaurants sind voll und in den Clubs und Bars kommen diejenigen auf ihre Kosten, die noch nicht wieder an Bord gehen wollen.

Aber wenn die Schiffe ablegen, ist es plötzlich wieder still und ruhig, und die Stadt kann aufatmen. Man findet wieder freie Parkplätze und kann ohne Reservierung in einem Restaurant essen. Egal, ob man nun ein Fan oder ein Kritiker der Branche ist, ist sie in Ensenada allgegenwärtig und unvermeidlich, und das hat sowohl seine guten als auch seine schlechten Seiten.

UNTERWEGS VOR ORT

Ensenada ist gut mit öffentlichen Verkehrsmitteln angebunden. Wer eine Weinverkostung im Valle de Guadalupe machen möchte, sollte mit einem Taxi oder im Rahmen einer Tour hinfahren, aber sich nicht selbst ans Steuer setzen, da Alkohol am Steuer in Mexiko streng geahndet wird.

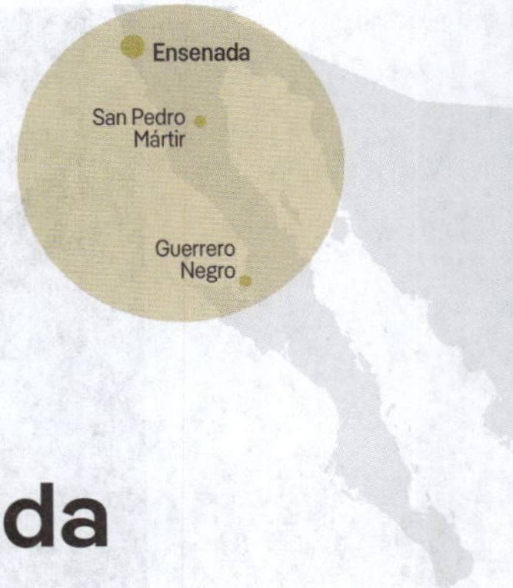

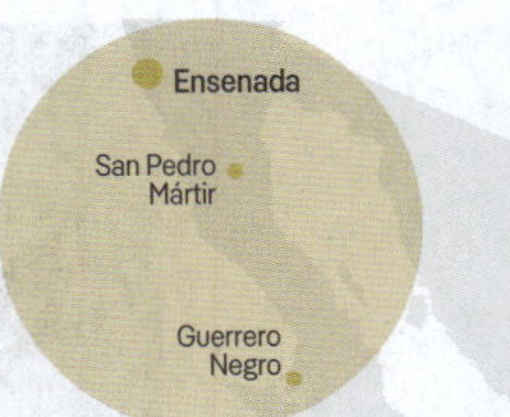

Rund um Ensenada

Ensenada ist der Ausgangspunkt für eine ganze Reihe von Aktivitäten und Möglichkeiten.

Ensenada liegt versteckt an der Küste und wird oft als Ausflugsziel übersehen, aber es gibt jede Menge toller Aktivitäten jenseits der Stadtgrenze. Die Gebirgszüge im Osten und Süden haben am meisten zu bieten. Nur wenige Stunden von Ensenada entfernt hat man das Gefühl, man sei in den Rocky Mountains, umgeben von hoch aufragenden Kiefern und üppigen Nadelwäldern, mit all den Vögeln und Tieren, die man eher weiter nördlich vermuten würde. Die einzigartige Geografie dieser Gebirgskämme führt dazu, dass sich der geschmolzene Schnee und der Regen in riesigen flachen Lagunen sammelt, was in einer sonst so trockenen Gegend ein besonderes Erlebnis ist.

TOP TIPP

Die Gegend erkundet man am besten mit einem Mietwagen, denn abseits der Busrouten erlebt man am meisten.

Highway in Richtung Sierra de San Pedro Mártir (S. 588)

DR. JUERGEN BOCHYNEK/SHUTTERSTOCK ©

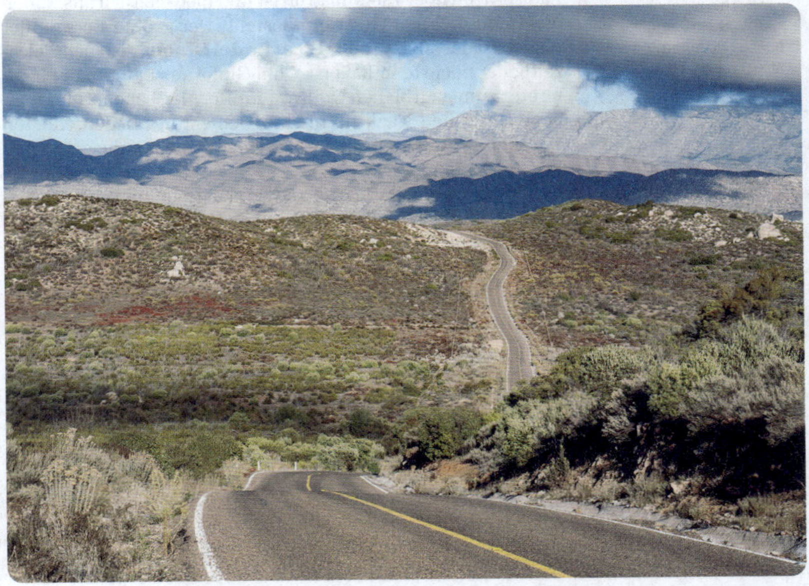

ENRIQUE AGUIRRE AVES/GETTY IMAGES ©

Pelikan, Guerrero Negro

DIE LAGUNA HANSON

Wer etwas Außergewöhnliches erleben will, sollte die Laguna Hanson besuchen. Es handelt dich dabei um ein flaches Sumpfgebiet auf der Bergkette Sierra Juárez. Da das Gebiet keinen natürlichen Abfluss hat, wird es in der Regenzeit bis zu mehrere Meter hoch überflutet, sodass Bootfahren und andere Wassersportarten möglich sind. Wer ein Fernglas oder einen guten Zoom an der Kamera hat, kann hier auch hervorragend Vögel beobachten.

Selbst in der Trockenzeit ist sie einen Besuch wert: Die Pinienbäume und die kühlere Luft bieten eine erfrischende Abwechslung von der Hitze der Stadt, und die Menschen kommen zum Picknicken her, sie entspannen, reden und genießen die frische Luft.

Der Flug des Kondors

NADELWALD UND DER KALIFORNISCHE KONDOR

Wer denkt, Baja bestünde nur aus Staub, Wüste und Küste, war noch nicht in dem wunderschönen Nationalpark **Sierra de San Pedro Mártir**, eine riesige Wildnis, die sich östlich von Ensenada erhebt, über 730 km² groß ist und mehrheitlich aus Nadelwald und dichtem Gestrüpp besteht. Der größte Berg in der Region ist der 3096 m hohe **Picacho del Diablo**, der auch gleichzeitig der höchste in Baja ist. Vom Gipfel aus kann man bis hinunter zum azurblauen Golf von Kalifornien sehen. Oder man beobachtet den Nachthimmel mit einem der bedeutendsten Teleskope Lateinamerikas, das sich auf einem nahe gelegenen Berggipfel befindet.

Hier leben auch Rotluchse und Pumas, aber man sieht die beeindruckenden Wildkatzen nur selten. Noch seltener, aber dafür umso spektakulärer ist es, einen Kalifornischen Kondor über sich schweben zu sehen. Die Spezies wurde hier wieder angesiedelt, und die Population ist zumindest aktuell noch stabil.

SURFSPOTS RUND UM ENSENADA

K-38
Ein toller Riff-Break für alle Surfer:innen, die von der anderen Seite der Grenze nach Mexiko surfen wollen.

Rosarito
Der Surfspot kann manchmal überfüllt sein. Da er von Tijuana aus leicht zu erreichen ist, ist er sehr beliebt.

San Miguel
Ein toller Point Break. Jim Morrison, der Sänger der Doors, kam gerne hierher.

Man erkennt sie sofort an der großen Nummer auf ihrem Flügel. Wer das Glück hat, einen zu sehen, sollte sich ihm nicht nähern oder mit ihm kommunizieren, da das die Tiere stresst und verboten ist. Wenn ein Vogel krank oder verletzt zu sein scheint, sollte man das den örtlichen Behörden melden, anstatt ihm auf eigene Faust zu helfen.

Die Fahrt nach San Pedro Mártir allein ist schon ein Erlebnis für sich. Man fährt mehr als zwei Stunden über eine kurvenreiche, gewundene Straße, die zuerst durch die Wüste führt, dann durch Buschland und Eichenwald und nach einigem Auf und Ab durch die hoch aufragenden Nadelbäume. Es ist so windig und sogar kalt, dass man nicht glauben kann, dass die ausgedörrte Wüste nur eine kurze Autofahrt entfernt liegt.

Wandernde Tierarten

SALZ, WALE UND VÖGEL

Guerrero Negro ist ein zusammengewürfelter Ort, ungefähr in der Mitte von Baja, am Pazifik. Seine einzigartige Geographie ist ideal für die Salzproduktion, und viele Reisende kommen, um die weißen **Salzebenen** zu bestaunen, die sich bis zum Horizont erstrecken und das Gebiet zu einem der größten Salzproduzenten der Welt machen. Andere kommen wegen der vielen **Grauwale**, die jedes Jahr aus nördlichen Gewässern herwandern, um in den flachen Buchten und Lagunen, wie der **Laguna Ojo de Liebre** (auch Scammon's Lagoon genannt), ihre Kälber zur Welt zu bringen. Die Grauwale sind nur in den Wintermonaten zu sehen, und die besten Chancen, Jungtiere zu sichten, bestehen im Februar und im März. In der Saison findet man überall *pangas*, die Reisende entweder alleine im Rahmen einer privaten Tour oder als Teil einer größeren Gruppe hinausfahren. Auch wenn man den sanften, neugierigen Tieren wahrscheinlich sehr nahe kommen wird, sollte man sie nicht berühren oder mit ihnen interagieren, da dies zur Verbreitung von Zoonosen führen kann, die sowohl für den Menschen als auch für die Wale gefährlich sind.

Guerrero Negro ist zwar nur ein kleiner, ruhiger Ort (es gibt kein Nachtleben), aber die Gegend eignet sich hervorragend zur **Vogelbeobachtung**. In den großen Lagunen nördlich und westlich der Stadt kann man das ganze Jahr über viele verschiedene Vogelarten sehen. In der Stadt herrscht eine ruhige, entspannte, fast altertümliche Atmosphäre, die viele sehr anziehend finden, fast so, als wäre man in einer alten Westernstadt aus der Zeit der Schwarzweißfilme.

PISMO-MUSCHELN

Auf dem Weg von der Grenze nach Süden in Richtung Guerrero Negro kommt man an dem ruhigen Städtchen San Quintín vorbei. Kurz dahinter gibt es jede Menge Hütten an der Straße, die die köstlichen Pismo-Muscheln anbieten. Das sind große, handflächengroße Muscheln mit viel Fleisch. Üblicherweise bereitet man sie so zu, dass man eine Muschel öffnet, eine süße Zwiebel, eine Tomate, eine Jalapeño und eine Avocado hinzuzufügt, alles in Alufolie einwickelt und etwa 10 Minuten auf dem Feuer gart. Das Ergebnis ist eine Muschelschale voller Köstlichkeiten, für die sich ein Stopp definitiv lohnt. Einige der Hütten sind mit Walschädeln und Skeletten geschmückt, andere haben ausgefallene bunte Schilder, aber die Muscheln sind überall köstlich, und die Hütten werden allzu oft von Reisenden ignoriert, die vorbeiflitzen und nicht wissen, was sie verpassen.

UNTERWEGS VOR ORT

Egal, ob man mit dem Bus, dem Auto, dem Boot oder dem Flugzeug anreist, sollte man unbedingt seinen Pass abstempeln lassen. Die Vorgaben ändern sich ständig, und am sichersten ist es, einen Stempel im Reisepass zu haben. Dann darf man sich 180 Tage in Mexiko aufhalten. Hat man keinen Stempel, kann man nicht nachweisen, wann man ins Land eingereist sind. Wenn eine Behörde also behauptet, dass man sich schon länger als die erlaubten 24 Stunden im Land aufhält, hat man keine Möglichkeit, das Gegenteil zu beweisen.

TIJUANA

Tijuana, auch TJ genannt, hat oft einen schlechten Ruf wegen der Reisenden, die aus Gründen hierher kommen (Drogen, Sextourismus usw.), die sie schnell in Schwierigkeiten bringen können. Keine Frage: Wer Ärger sucht, findet ihn hier schnell. Aber wer nicht aus einem dieser Gründe kommt (und das hoffen wir wirklich), wird hier eine tolle Zeit haben. Es gibt fantastisches Essen, ein ausgiebiges Nachtleben, tolle Einkaufsmöglichkeiten, und es herrscht eine einzigartige Atmosphäre. Der Großteil des Tourismus konzentriert sich auf die berühmte Hauptstraße La Revolucíon, auch Av Revo oder kurz Revo genannt. Ein spektakulärer Bogen markiert den Beginn des Touristenviertels, und von dort bis zum Palacio Jai Alai gibt es schöne Geschäfte, Restaurants, Clubs und Bars. Man kann auch nur für einen Tagesausflug über die Grenze kommen. Die Stadt ist auch ein guter Start- oder Endpunkt für einen Trip durch Baja California.

TOP TIPP

Wer nicht aktiv nach Ärger sucht, wird hier keine Probleme bekommen, aber um es noch einmal mit aller Deutlichkeit zu sagen: Man sollte nicht herkommen, um etwas Illegales zu tun. Die Strafen für Drogenkonsum oder Sextourismus sind hoch, und wer etwas Illegales kauft, trägt zur Macht der Kartelle bei, die in der gesamten Region unsägliches Leid verursachen.

„Zonkey"

Avenida Revolucíon

Avenida Revolucíon

HIER PASSIERT ALLES

Für viele Tourist:innen *ist* die Av Revo Tijuana. Viele sehen nur diesen Teil der Stadt. Vielleicht sieht man sogar einen gelangweilt dreinblickenden Esel, der wie ein Zebra bemalt ist und einen Serape und einen Viva Mexico-Sombrero trägt. Aber es gibt auch noch mehr zu entdecken. Auf der Revo gibt es großartige Einkaufsmöglichkeiten, tolle Restaurants, Bars und Nachtclubs, in denen man so ziemlich alles findet, nur keine Ruhe. Wer Letztere sucht, hat Pech, denn die Einwohner:innen von TJ wissen, wie man feiert. Am besten beginnt man am Bogen und geht Richtung Süden. Es gibt mehrere Museen, den schönen **Palacio Jai Alai** sowie tolle Lokale für ein Mittagessen, einen Snack oder ein schickes Abendessen und Souvenirläden. Wer es authentischer mag, erkundet die Seitengassen und isst Street Food, das oft besser schmeckt als so mancher überteuerte Snack.

Wer über Nacht bleibt, sollte die Av Sexta, eine tolle Straße voller Bars, Clubs und Karaoke-Bars, erkunden. Hier kann man hervorragend ausgehen und feiern.

ZONA RÍO

Nur eine kurze Taxifahrt entfernt befindet sich ein weniger besuchter und stilvollerer Teil von TJ: die Zona Río. In dem hippen und noblen Viertel gibt es bessere Hotels, Restaurants und Clubs als auf der La Revolucíon. In der Zona Río wird TJ zu einer richtigen Stadt, mit Einkaufszentren, erstklassigen Restaurants und schöneren Hotels anstelle der auf Tourist:innen ausgerichteten Zone in der Nähe des Grenzübergangs. Hier hat man das Gefühl, sich in einer normalen, aufstrebenden Stadt zu befinden und nicht in einer Show. Einige der spektakulärsten Gebäude Tijuanas befinden sich hier, darunter **The Towers**, ein Wolkenkratzerpaar, in dem sich das Grand Hotel Tijuana befindet. Das Hotel ist eine der schönsten Unterkünfte in der gesamten Stadt.

UNTERWEGS VOR ORT

Den Grenzübergang San Ysidro kann man gut mit oder ohne Auto überqueren. Mit dem Auto kann man einfach rüberfahren, aber man muss vorher eine mexikanische Fahrzeugversicherung in einem der vielen Geschäfte vor den Grenzübergängen abschließen. Deswegen sollte man Zeit mitbringen. Die normale Versicherung gilt in Mexiko nicht. Wer kein eigenes Auto hat, kann mit San Diegos Straßenbahn bis zur Grenze in San Ysidro fahren und die Grenze dann zu Fuß überqueren. Aber unbedingt den Pass abstempeln lassen, damit man die Einreise beweisen kann. Dann darf man bis zu 180 Tage im Land bleiben, bevor man wieder ausreisen muss.

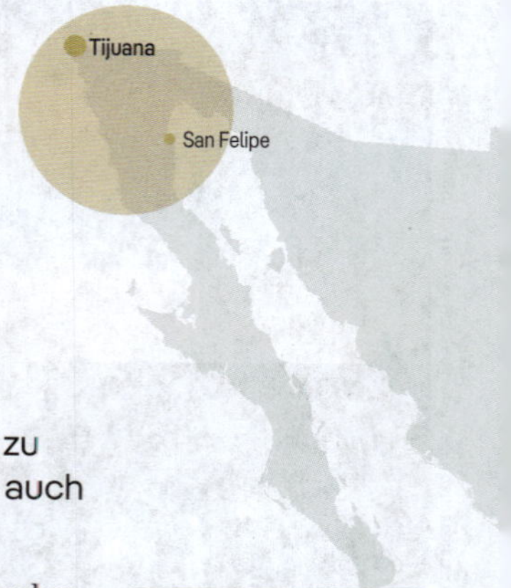

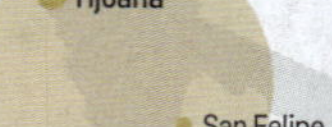

Rund um Tijuana

Rund um TJ gibt es jede Menge zu sehen und zu unternehmen, sowohl entlang der Grenze als auch in Richtung Süden.

Die Region rund um Tijuana wird von Reisenden oft übersehen, aber die Ein- und Ausreise in Tecate und Mexicali ist in der Regel unkomplizierter und einfacher, und die kleineren Städte in der Umgebung versprühen nicht die nüchterne und etwas deprimierende Atmosphäre der Grenzstadt Tijuana. Aus Tecate kommt das berühmte Tecate-Light-Bier, das in ganz Baja und darüber hinaus getrunken wird. In San Felipe gibt es wunderschöne einsame Strände und man kann toll abseits der Straße querfeldein fahren. Wer genug Zeit hat, sollte sich diese Städte unbedingt ansehen. Geologieinteressierte finden hier eine faszinierende Landschaft: Die Gneisfelsen von La Rumorosa sehen fast wie Menschen aus. Die vielfältige Vogel- und Tierwelt ist ebenfalls einen Besuch wert.

TOP TIPP

Die Grenze überquert man am besten in Tecate, da hier viel weniger Verkehr herrscht und die Grenzüberquerung in beide Richtungen reibungsloser verläuft.

Blick auf die Grenze zwischen Mexiko und den USA, La Rumorosa

CRYPTOGRAPHER/SHUTTERSTOCK ©

Golf von Kalifornien

Eine sehr entspannte Stadt

EINE RUHIGE OASE AM GOLF VON KALIFORNIEN

San Felipe ist ein ruhiges Fleckchen am Golf von Kalifornien und ein herrlicher Ort zum Schwimmen, Spielen und (um ehrlich zu sein) Trinken in der Sonne und auch zum Surfen. Die Ruhe wird nur durch das berühmte (oder berüchtigte) **San Felipe 250** gestört, ein 250 km langes Offroad-Rennen, das jedes Jahr Hunderte Teilnehmer:innen anzieht und zu einem festen Bestandteil der lokalen Wirtschaft geworden ist. Große Trucks, Truggys, Buggys und andere Fahrzeuge überschwemmen dann die Stadt und sorgen für benzinfressenden, staubtreibenden Off-Road-Spaß. Wer Ende Februar an den Festivitäten und dem lautstark röhrenden Spektakel teilnehmen oder es sich ansehen möchte, sollte frühzeitig reservieren, damit die Hotels der Stadt nicht bereits ausgebucht sind.

Im restlichen Jahr ist San Felipe ein ruhiger Ort, der bei Expats, Wohnmobilfahrer:innen und Familien mit Kindern, die Mexiko erleben, aber den Komfort direkt hinter der Grenze nicht allzu weit hinter sich lassen möchten, sehr beliebt ist. Die Stadt war in der Vergangenheit von der Fischerei abhängig, und das ist auch heute noch so. Angeltouren und Meeresfrüchte sind ein wichtiger Bestandteil der hiesigen Wirtschaft. Auf dem ruhigen *malecón* findet man tolle Souvenirs, und am Strand kann man sich vor der Kulisse der sanften Wellen perfekt entspannen. In den nahe gelegenen Bergen kann man herrlich wandern oder von San Felipe aus den höchsten Gipfel in Baja California, den Picacho del Diablo (Devil's Peak) in der Sierra de San Pedro Mártir im Westen, besteigen.

LA RUMOROSA

Die ungewöhnlich aussehende und spektakuläre Felsenlandschaft liegt westlich von Tijuana. Auf dem Weg nach Tecate und weiter nach Mexicali kommt man direkt daran vorbei. Das riesige Gebiet besteht hauptsächlich aus Gneisfelsen, die entstanden sind, als sich die Berge unter hohem Druck bildeten und erodierten. Die Formen, die denen in Joshua Tree oder in anderen Teilen des amerikanischen Südwestens ähneln, erinnern an Gesichter, Tiere und uralte Höhlenmalereien an einem Ort, der El Vallecito (das kleine Tal) genannt wird, sowie an Töpferwaren und andere Artefakte. Die Straße durch La Rumorosa schlängelt sich in Haarnadelkurven dahin und ist eine nervenaufreibende Angelegenheit, vor allem, wenn man die vielen Autowracks weit unterhalb jeder Kurve sieht.

UNTERWEGS VOR ORT

Diese Gebiete werden von Bussen aus Tijuana oder Mexicali angefahren sowie von einigen privaten Limousinen-Shuttles, die die Grenze überqueren.

Die Busse fahren beängstigend schnell um die engen Haarnadelkurven. Mit einem eigenen Fahrzeug kann man etwas langsamer fahren und somit einen Herzinfarkt vermeiden.

SERGIO MENDOZA HOCHMANN/GETTY IMAGES ©

Oben: Monterrey (S. 621); Gegenüber: Barranca del Cobre (S. 600)

BARRANCA DEL COBRE & NORDMEXIKO

COWBOYS, WÜSTEN UND SCHLUCHTEN

Mexikos Grenzland ist eine magische Kulisse aus weiten Wüsten, zerklüfteten Schluchten und hübschen Bergbaustädten.

Die imposanten Berge, kakteenbewachsenen Wüsten und tief eingeschnittenen Schluchten Nordmexikos bildeten die Kulisse für unzählige Westernfilme. Die Menschen sind so vielfältig wie die Landschaften dieser riesigen Region: Revolutionäre wie Pancho Villa haben hier ihre Spuren hinterlassen, während *rancheros* (Farmer) mit Cowboyhüten weiterhin die Kultur der *norteños* verbreiten und indigene Gemeinschaften jahrhundertealte Traditionen bewahren.

Von allem, was es in Nordmexiko zu sehen gibt, reicht nichts an die Barrancas del Cobre (Kupferschlucht) mit ihren majestätischen Bergrücken, kiefernbewachsenen Bergen und faszinierenden Rarámuri (Tarahumara)-Gemeinden heran. Eine der wohl beeindruckendsten Zugreisen der Welt, eine Fahrt mit der Ferrocarril Chihuahua Pacifico (Chepe-Eisenbahn), führt tief in das Herz der Barranca del Cobre und bietet nach jeder Kurve eine atemberaubende Aussicht. Chihuahua, die östliche Endstation der Bahn, ist eine Stadt mit großer historischer Dimension und bietet dir mit ihren zahlreichen Museen und Denkmälern so etwas wie eine Zeitreise. Das kosmopolitische Monterrey im Nordosten hingegen versetzt dich mit seinen schicken Geschäftsvierteln, Kultureinrichtungen und einladenden Grünflächen direkt in dieses Jahrhundert zurück. Im Süden erwartet dich Durango mit einem beeindruckenden kolonialen Zentrum und Kulissen für Hollywood-Cowboy-Filme.

Obwohl die Drogenkriege den Norden in den letzten Jahrzehnten stark in Mitleidenschaft gezogen haben, hat sich die Lage inzwischen deutlich beruhigt, und ein Besuch ist heute viel sicherer als früher. Heutzutage sind ausländische Besucher:innen im Norden Mexikos immer noch rar gesät, sodass du häufig ganz für dich allein unterwegs sein wirst.

DIE WICHTIGSTEN ZIELE

BARRANCA DEL COBRE
Die spektakulärste Schlucht in ganz Mexiko. S. 600

CHIHUAHUA
Cowboys und Revolutionäre. S. 613

MONTERREY
Kosmopolitische Atmosphäre. S. 621

DURANGO
Der Wilde Westen. S. 631

Erste Orientierung

Mazatlán

Nordmexiko umfasst einige der größten Bundesstaaten des Landes, die durch riesige Wüsten und gewaltige Berge getrennt sind. Um die Entdeckung dieses oft missverstandenen Teils Mexikos zu erleichtern, haben wir die Gebiete zusammengestellt, die diese einzigartige Region am besten charakterisieren.

Islas Marías

ZUG

El Chepe erklimmt die Berge von Chihuahua und durchfährt die Barranca del Cobre auf einer der landschaftlich reizvollsten Eisenbahnfahrten der Welt. Die Planung der Reiseroute und die Online-Buchung von Zugtickets sind einfacher als je zuvor. Die Züge halten in Dörfern am Rande der Schlucht und bieten die Möglichkeit zu unvergesslichen Wanderungen und Reittouren.

BUS

Busse sind die günstigste Möglichkeit, die Region zu erkunden. Busunternehmen wie Grupo Estrella Blanca, Tufesa und Azules del Noroeste bieten regelmäßige Verbindungen zwischen den Städten und Dörfern an. Tickets sind online auf den Websites der Unternehmen zu kaufen und beim Einsteigen muss nur der QR-Code gezeigt werden.

FLUGZEUG

Inlandsflüge sind eine einfache und schnelle Möglichkeit, den Norden Mexikos zu bereisen. Monterrey, Chihuahua, Hermosillo und Torreón haben internationale Flughäfen, die gut mit dem Rest des Landes und den USA verbunden sind. Von Los Mochis und Durango gibt es gute inländische Verbindungen.

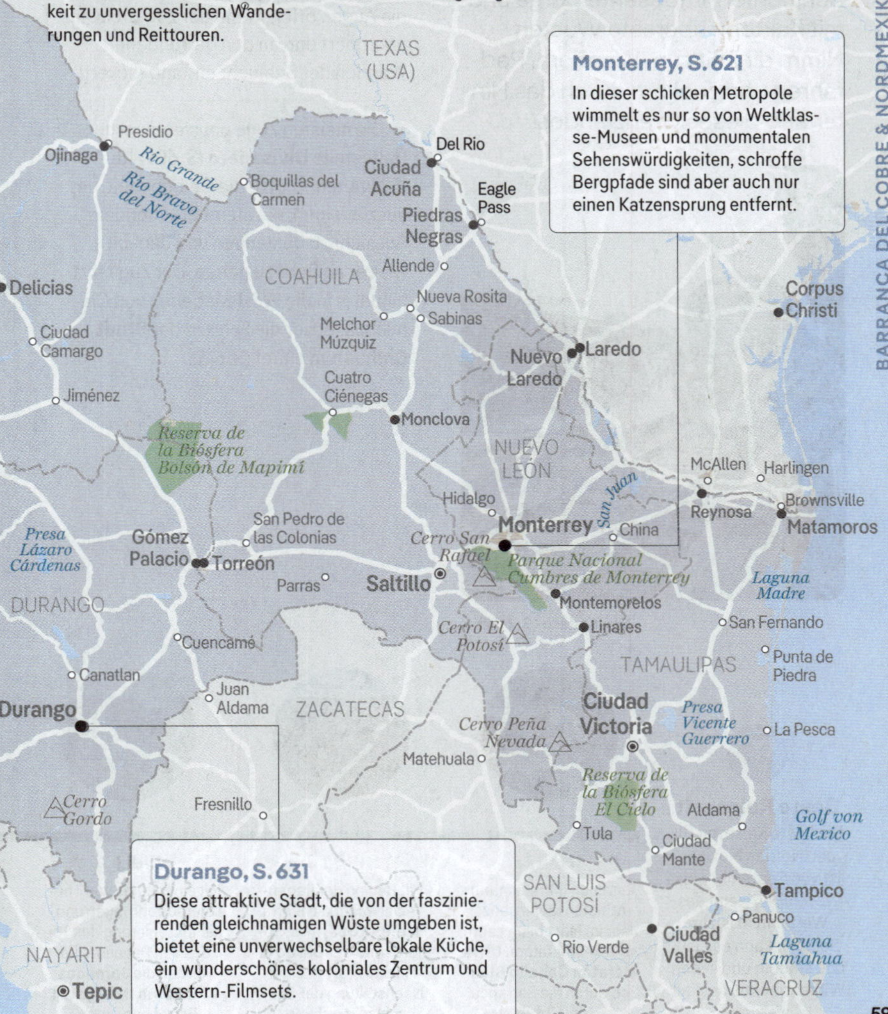

Monterrey, S. 621

In dieser schicken Metropole wimmelt es nur so von Weltklasse-Museen und monumentalen Sehenswürdigkeiten, schroffe Bergpfade sind aber auch nur einen Katzensprung entfernt.

Durango, S. 631

Diese attraktive Stadt, die von der faszinierenden gleichnamigen Wüste umgeben ist, bietet eine unverwechselbare lokale Küche, ein wunderschönes koloniales Zentrum und Western-Filmsets.

Perfekte Tage

Nordmexiko bietet faszinierende Schluchten, imposante Berge und mit Kakteen übersäte Wüsten. Nimm dir Zeit zum Wandern, Radfahren und Tuckern durch das Hinterland dieses Grenzlandes.

ALEX BORDELINE/SHUTTERSTOCK ©

Divisadero (S. 609)

Kurztrip

● In Los Mochis in Sinaloa wartet mit dem **Ferrocarril Chihuahua Pacífico** (El Chepe; S. 602) die Zugfahrt deines Lebens auf dich. Man kann in zehn Stunden von der Pazifikküste bis in die Höhen der **Barrancas del Cobre** (Kupferschlucht; S. 600) hinauffahren. Halte die Augen offen, wenn der Zug Brücken überquert und an den gewundenen Wänden der Schlucht entlang tuckert!

● Die meisten Züge pausieren an der Haltestelle **Divisadero** (S. 609) für 15 Minuten – nutze die Gelegenheit, um auszusteigen, die atemberaubende Aussicht zu bestaunen und danach wieder an Bord zu gehen. Der Zug fährt hinunter in die Wüstenebenen von Chihuahua, bevor die Fahrt in der **Stadt Chihuahua** endet (S. 613).

Beste Reisezeit

Die beste Reisezeit für den Norden Mexikos ist von September bis November, wenn das Wetter mild ist. Im Sommer kann es heiß und staubig und in den Wintermonaten eiskalt werden.

MÄRZ

Rarámuri (Tarahumara)-Athleten laufen jedes Jahr im März beim Langstreckenmarathon **Ultra Maratón Caballo Blanco** durch die Barranca del Cobre.

JUNI

Mit Beginn der Regenzeit erwacht die Sierra Madre. In Guaymas, Sonora, wird der **Dia de la Marina** u. a. mit einer Nachstellung der Seeschlacht gefeiert.

JULI

Mit einer Reihe von Theateraufführungen und der Inszenierung des Todes von Pancho Villa werden die **Jornadas Villistas** in Hidalgo del Parral begangen.

VON LINKS NACH RECHTS: PEDRO PARDO/GETTY IMAGES ©, JEJIM/SHUTTERSTOCK ©, HULTON ARCHIVE/GETTY IMAGES ©

Drei Tage Zeit

- Divisadero eignet sich hervorragend als Zwischenstopp auf der Zugstrecke des El Chepe, denn es liegt direkt am Rand der Schlucht und der **Parque de Aventura Barrancas del Cobre** (S. 609) ist nur 1,5 km vom Bahnhof entfernt. Am besten checkst du im **Hotel Divisadero Barrancas** (S. 609) ein, dem einzigen Hotel am Ort, und genießt von deinem Zimmer aus die Aussicht auf die Schlucht.

- Am nächsten Tag solltest du früh aufstehen, um den Sonnenaufgang zu erleben und dann auf dem Wanderweg am Canyonrand zum Abenteuerpark zu wandern. Dort kannst du mit der längsten Seilrutsche der Welt zum **Mesón de Bacajípare** (S. 609) fahren und anschließend den *teleférico* (Seilbahn) nehmen. Am nächsten Tag geht es dann weiter mit El Chepe bis zur Endstation der Reise in Chihuahua.

Zwei Wochen Zeit

- In der Barranca del Cobre kann man leicht eine Woche verbringen. Dafür legst du einen ersten Stopp in **Bahuichivo** (S. 610) ein und wanderst die steile Serpentinenstraße hinunter zum Dorf Urique (S. 610), das am Fuß der Schlucht liegt, um dort am Flussufer entlangzuwandern. Nach einer Übernachtung in **Divisadero** (S. 609) steigst du wieder in den Zug nach **Creel** (S. 606), wo unzählige Wasserfälle und heiße Quellen warten.

- Am Ende der Fahrt schaust du dir Chihuahua an und erfährst im **Museo Francisco Villa** (S. 619) mehr über seine revolutionäre Geschichte. Weiter geht es mit dem Flugzeug ins kosmopolitische **Monterrey** (S. 621), wo man entlang der Flusspromenade Paseo Santa Lucía (S. 624) zur grünen Lunge der Stadt, dem **Parque Fundidora** (S. 624), flanieren kann.

AUGUST

Das **Festival Internacional Chihuahua** bringt über 600 Künstler:innen für Tanzaufführungen, Konzerte und Theatervorstellungen in die Stadt.

SEPTEMBER

Der **Unabhängigkeitstag** wird mit Feuerwerk, *música norteña* und dem traditionellen Unabhängigkeitsruf der Anführer gefeiert: *¡Viva México! ¡Viva la independencia!*

NOVEMBER

Im Norden Mexikos wird, wie im übrigen Land, der **Día de Muertos** gefeiert, mit aufwendigen *ofrendas* (Altären) und Totenwachen auf den Friedhöfen.

DEZEMBER

In der Barranca del Cobre herrschen niedrige Temperaturen, sogar Schnee fällt. **Weihnachten** wird mit stimmungsvollen *posadas* (Festen) gefeiert.

DIE BARRANCA DEL COBRE

Barranca del Cobre

Mexico City

Von kiefernbewachsenen Gipfeln und steil abfallenden Bergkämmen geprägt ist die Barranca del Cobre (Kupferschlucht) eine der großartigsten Naturlandschaften Mexikos. Eingebettet in die legendäre Sierra Madre erstreckt sich dieses Labyrinth aus sechs Hauptschluchten über eine Fläche, die viermal so groß ist wie der Grand Canyon in Arizona und dabei tiefer und grüner als das Pendant in Amerika.

Die Barranca del Cobre ist reich an Geschichte und Legenden – gefallene Krieger haben hier ebenso ihre Spuren hinterlassen wie gemarterte Missionare. Heute lebt hier hauptsächlich das Volk der Rarámuri (Tarahumara).

Das Hochlanddorf Creel ist ein idealer Ausgangspunkt mit ausgezeichneten Hotels, Tourveranstaltern und Ausflugszielen in unmittelbarer Nähe. Weiter hinten in der Schlucht liegen Divisadero, Arepo und Cerocahui, die alle an oder in der Nähe der berühmten Eisenbahnlinie Ferrocarril Chihuahua Pacífico (El Chepe) liegen. Wer tiefer in den Canyon vordringen möchte, sollte sich etwas Zeit für die abgelegenen (aber leicht zugänglichen) Dörfer Batopilas und Urique auf dem Grund des Canyons nehmen.

TOP TIPP

Die Barranca del Cobre ist vor allem durch den El Chepe-Zug berühmt geworden, obwohl es durchaus möglich ist, die Region mit dem Bus zu erleben. Der Bus ist schneller, viel billiger und fährt häufiger als der Zug. Die Busverbindungen zu den Dörfern am Fuß der Schlucht wie Urique und Batopilas richten sich nach dem Zugfahrplan.

Valle de los Monjes (S. 606)

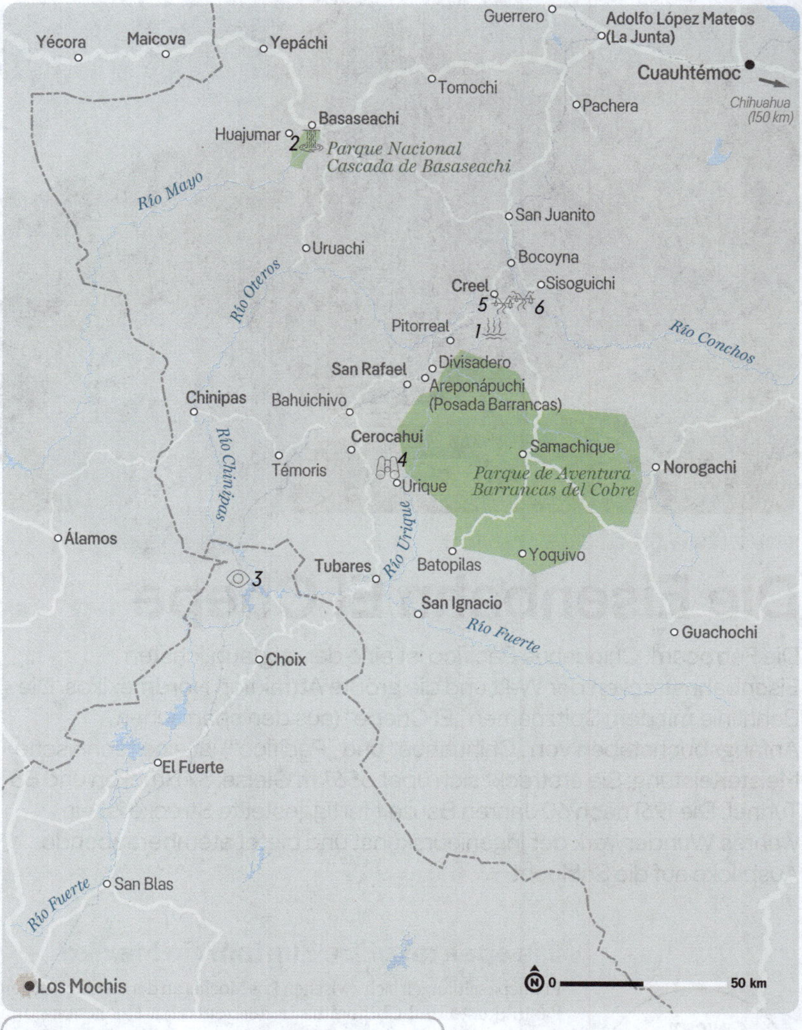

Yécora
Maicova
Yepáchi
Guerrero
Adolfo López Mateos (La Junta)
Cuauhtémoc
Chihuahua (150 km)
Tomochi
Pachera
Basaseachi
Huajumar
2
Parque Nacional Cascada de Basaseachi
Río Mayo
San Juanito
Uruachi
Bocoyna
Río Oteros
Creel
Sisoguichi
5
6
Pitorreal
1
Río Conchos
San Rafael
Divisadero
Areponápuchi (Posada Barrancas)
Chinipas
Bahuichivo
Cerocahui
Samachique
Témoris
4
Urique
Parque de Aventura Barrancas del Cobre
Norogachi
Río Chinipas
Río Urique
Álamos
3
Tubares
Batopilas
Yoquivo
San Ignacio
Río Fuerte
Guachochi
Choix
El Fuerte
San Blas
Río Fuerte
Los Mochis
0 50 km

SEHENSWERTES
1 Aguas Termales Recowata
2 Cascada de Basaseachi
3 El Chepe-Zug
4 Mirador Cerro del Gallego Cañón de Urique
5 Valle de las Ranas y los Hongos
6 Valle de los Monjes

Valle de los Monjes (S. 606)

ROBERTO MICHEL/SOURCE IMAGERY/ GETTYIMAGES ©

SEHENSWÜRDIGKEIT

Die Eisenbahn El Chepe

Die Ferrocarril Chihuahua Pacífico ist eine der unglaublichsten Eisenbahnstrecken der Welt und die größte Attraktion Nordmexikos. Die Bahnlinie mit dem Spitznamen „El Chepe" (aus den spanischen Anfangsbuchstaben von „Chihuahua" und „Pacifico") ist eine technische Meisterleistung: Sie erstreckt sich über 656 km Gleise, 37 Brücken und 86 Tunnel. Die 1961 nach 60 Jahren Bauzeit fertiggestellte Strecke ist ein wahres Wunderwerk der Ingenieurskunst und bietet atemberaubende Ausblicke auf die Schlucht.

Die spektakuläre Zugfahrt in Mexiko

El Chepe schlängelt sich zwischen Los Mochis an der mexikanischen Pazifikküste und Chihuahua in der zentralen Hochebene und folgt einer kurvenreichen Route vom Meeresspiegel bis auf über 2400 m an ihrem höchsten Punkt. Diese fantastische Bahnstrecke verläuft direkt am Rand der Barranca del Cobre und bietet hinter jeder Kurve atemberaubende Ausblicke.

Eigentlich kann man die ganze Strecke in 10 Stunden durchfahren – aber dann verpasst man die Chance, diese wilde und raue Region zu erkunden. Das größte Highlight der Bahnfahrt ist Divisadero, wo man von einem Aussichtspunkt neben dem Bahnhof in die eigentliche Barranca del Cobre blicken kann. Wer hier übernachtet, kann den Pfad am Rand der Schlucht zum nahegelegenen Parque de Aventura Barrancas del Cobre wandern und sich auf einer der längsten Seilrutschen Mexikos über halsbrecherische Abgründe schwingen.

NICHT VERPASSEN

- Divisadero
- Parque de Aventuras Barrancas del Cobre
- Creel
- Urique
- Batopilas
- El Fuerte

Die Landschaften der Barranca del Cobre

Die Landschaft ist in beiden Richtungen beeindruckend, doch die meisten Reisenden entscheiden sich für die Fahrt in Richtung Osten, von Los Mochis nach Chihuahua, da der spektakulärste Abschnitt der Reise – zwischen El Fuerte und Creel – bei Tageslicht erlebt werden sollte. Wer sich für den Zug in Richtung Osten entscheidet, sollte unbedingt einen Sitzplatz auf der rechten Seite buchen, um die beste Aussicht zu haben (im Zug in Richtung Westen sitzt du am besten links).

Von Los Mochis aus tuckert der Zug durch flaches Ackerland und beginnt dann über mit dunklen Kakteensäulen gesprenkelte Hügel zu klettern. Nach etwa vier Stunden Fahrt überquert der Zug die lange Brücke über den Río Fuerte und durchfährt den ersten der 86 Tunnel. Der Zug schmiegt sich an die Ränder der immer tiefer werdenden Schluchten und fährt in einem spektakulären Zickzackkurs in einen Tunnel oberhalb von Témoris, hinter dem an den Hängen Kiefern auftauchen.

Bei der nächsten Station, Bahuichivo, ist man im Hochland der Sierra Madre angelangt, wo mit Blumen übersäte Wiesen eine wunderschöne Berglandschaft schmücken. Nach dem Passieren von Divisadero – die meisten Züge halten hier für 15 Minuten – dreht der Zug eine komplette Schleife, um am passend benannten El Lazo (Lasso) an Höhe zu gewinnen, bevor er weiter nach Creel und Chihuahua tuckert.

Chepe Regional im Vergleich zum Express

Die Gesellschaft betreibt zwei verschiedene Züge – den luxuriösen Chepe Express und den langsameren, einfacheren Chepe Regional. Die Fahrpreise für die Züge sind relativ hoch, die Express-Tickets sind fast doppelt so teuer wie die für den Regionalzug. Die meisten Tourist:innen werden den Express nutzen, da dies der einzige Zug ist, der online gebucht werden kann.

Der Express verfügt über neuere Züge (die seit 2018 verkehren) mit komfortabler Innenausstattung, Vintage-Design und einem separaten Speisewagen mit ausgezeichneten Speisen. Es gibt drei Klassen: *turista* ist die günstigste, *ejecutiva* kostet 25 % mehr, während die Preise für *primera*-Sitze doppelt so hoch sind. Wer sich für die *primera*-Klasse entscheidet hat außerdem Zugang zu einem Panoramawagen mit beneidenswerter Aussicht. Der Express verkehrt nur zwischen Creel und Los Mochis und mit nur drei Zwischenhalten (Divisadero, Bahuichivo und El Fuerte).

Der Regionalzug verfügt über zwei Klassen, wobei sich die Abteile *turista* und *econômica* kaum unterscheiden – erstere haben ein Speiseabteil, letztere eine Kantine. Den Wagen sieht man ihr Alter an (sie stammen aus den 1980er-Jahren), aber beide Klassen verfügen über Klimaanlage, Heizung und verstellbare Sitze mit viel Beinfreiheit. Der Regionalzug hält häufig zwischen Chihuahua und Los Mochis.

Tickets kaufen

Fahrkarten für den Chepe Express können über das Online-Buchungssystem gekauft werden, Tickets für den Regionalzug sind jedoch nur per E-Mail (chepe@ferromex.mx), telefonisch (+52 5585264804) oder direkt an den Bahnhöfen zu buchen.

WIE LANGE DAUERT DIE FAHRT?

Eine direkte Fahrt mit El Chepe (ohne Zwischenstopps) dauert nur 10 Stunden – aber da kann man nicht aussteigen und die Barranca del Cobre erkunden. Am besten planst du für die Fahrt mit dem Chepe-Zug mindestens eine Woche ein und legst unterwegs vier Stopps ein (Creel, Divisadero, Bahuichivo und El Fuerte), an denen du jeweils eine Nacht verbringst. Alternativ kannst du die Highlights auch in vier Tagen sehen, wenn du dich auf Divisadero und Creel beschränkst.

TOP TIPPS

- Warme Kleidung, gute Wanderschuhe, ein Hut mit Krempe und Sonnenschutzmittel sind für die Barranca del Cobre unerlässlich. In den Wintermonatennimmst du am besten eine dicke Jacke und eine Fleecejacke mit, da die Temperaturen bis auf null Grad sinken können.
- Stell dich darauf ein, dass du in einigen Teilen des Canyons keinen Empfang hast – vor allem auf dem Boden der Schlucht gibt es keinen Telefonempfang. Die meisten Hotels verfügen über WLAN.
- Nimm genügend Pesos mit – in den Dörfern gibt es keine Geldautomaten. Die meisten Hotels akzeptieren Kreditkarten.
- Für Ausflüge abseits der ausgetretenen Pfade solltest du dich an einen vertrauenswürdigen lokalen Guide wenden, um Drogenanbaugebiete und von Kartellen oder Banden kontrollierte Gebiete zu vermeiden.

UNBEDINGT BEACHTEN

Die Straßen in der Barranca del Cobre sind in relativ gutem Zustand. Mit dem Auto (am besten in Los Mochis oder Chihuahua mieten) kann man viel Zeit und Geld sparen, aber da einige Gebiete von Drogenkartellen kontrolliert werden, ist Vorsicht geboten. Mit einem normalen Pkw kann man die Straßen gut befahren, aber für die Fahrt hinunter in die Schlucht ist Allradantrieb erforderlich.

Wenn möglich, sollte man immer *cuotas* (gebührenpflichtige Straßen) benutzen. Am besten nur bei Tageslicht fahren, vor allem in abgelegenen Gegenden. Wie immer in Nordmexiko musst du die Sicherheitslage vor Ort prüfen, bevor du dich auf den Weg machst!

Für den Chepe Express muss man die Fahrkarten vorab kaufen (in der Hochsaison und an Feiertagen einen Monat im Voraus). Die Website akzeptiert internationale Kreditkarten und verfügt über eine Live-Chat-Funktion mit prompter Kundenbetreuung. Nach dem Kauf muss man die Fahrkarten ausdrucken oder man zeigt sie beim Einsteigen auf dem Smartphone vor.

Für den Chepe Regional wird empfohlen, die Fahrkarten in der Hauptsaison ein paar Wochen im Voraus zu reservieren; zu anderen Zeiten einen Tag im Voraus. Wenn es freie Plätze gibt kann man ohne Ticket einsteigen und beim Schaffner bezahlen, aber es ist besser, am Bahnhof eine Fahrkarte zu kaufen.

Zugfahrplan

Da die Züge nur zweimal pro Woche verkehren (in der Hochsaison fahren die Expresszüge dreimal), ist die Planung der Zugfahrt nicht immer einfach. Wer mehrere Zwischenstopps einlegen möchte, nimmt am besten eine Kombination aus Express- und Regionalzügen. Dabei ist zu bedenken, dass der landschaftlich reizvollste Teil der Bahnfahrt zwischen El Fuerte und Creel liegt. Auf den übrigen Abschnitten verpasst man nicht viel, wenn man mit dem Auto oder dem Bus unterwegs ist.

Der Chepe Express fährt in der Hochsaison (April, Juli, August, Dezember und die ersten beiden Januarwochen) montags, mittwochs und freitags um 8 Uhr von Los Mochis nach Creel und dienstags, donnerstags und sonntags um 8 Uhr von Creel nach Los Mochis. In der übrigen Zeit verkehrt der Expresszug in Richtung Osten (Los Mochis nach Creel) montags und freitags und in Richtung Westen (Creel nach Los Mochis) dienstags und sonntags. Ohne Zwischenstopp dauert die Fahrt etwa 10 Stunden.

Der Chepe Regional fährt von Los Mochis am Donnerstag und Sonntag um 6 Uhr und von Chihuahua am Mittwoch und Samstag um 7 Uhr ab. Offiziell dauert die Fahrt 15,5 Stunden, aber der langsam fahrende Zug hält häufig an und hat oft ein bis zwei Stunden Verspätung.

ARTERRA/GETTY IMAGES ©; OBEN RECHTS: NINO CAPOTINO/SHUTTERSTOCK ©

Die Fahrpläne ändern sich und beide Züge haben oft Verspätung, sodass die Fahrpläne nur eine grobe Orientierung bieten. Zwischen Los Mochis und Chihuahua gibt es keinen Zeitzonenwechsel.

An- & Weiterreise

An beiden Enden der Chepe-Bahnstrecke gibt es Flughäfen und Busverbindungen. Die östliche Endstation, Chihuahua, verfügt über einen Flughafen mit internationalen Direktflügen nach Denver und Dallas und Inlandsflügen nach Mexico City, Tijuana, Cancún, Guadalajara, Hermosillo und Monterrey. Die Busse kommen am Hauptbusbahnhof von Chihuahua an, der 7 km östlich des Zentrums liegt. Die westliche Endstation, Los Mochis, hat einen kleinen Flughafen mit Verbindungen nach Mexico City, Hermosillo, Tijuana, Mazatlán und Guadalajara.

CHEPE EXPRESS (Hauptsaison)

Station	Mo., Di., Fr.	Di., Do., Sa.	Primera (M$)	Ejecutiva (M$)	Turista (M$)
Los Mochis	8.00 (Abfahrt)	17.40 (Ankunft)			
El Fuerte	10.20	15.35	2145	1625	1300
Bahuichivo	14.25	11.25	3966	2697	2023
Divisadero	16.15	9.55	4724	3212	2409
Creel	17.40 (Ankunft)	8.00 (Abfahrt)	5641	3836	2877

CHEPE REGIONAL

Station	Abfahrt von Chihuahua 7 Uhr (Mi. & Sa.)	Abfahrt von Los Mochis 6 Uhr (Do. & So.)	Turista (M$)	Económica (M$)
Cuauhtémoc	9.25	19.07	734	385
La Junta	10.24	18.12	–	533
San Juanito	12.00	16.23	1468	770
Creel	12.47	15.39	1639	860
Pitorreal	13.42	14.45	1849	970
Divisadero	14.41	14.14	1959	1028
Posada Barrancas	14.52	13.46	1981	1040
San Rafael	15.16	13.28	2037	1069
Cuiteco	15.58	12.35	2175	1141
Bahuichivo	16.12	12.24	2213	1161
Témoris	17.12	11.24a	2429	1274
Loreto	19.14	9.23	–	1515
El Fuerte	20.19	8.19	3157	1657
Sufragio	21.26	7.10	–	1778
Los Mochis	22.28	6.00	3604	1891

Abenteuer in Creel

WASSERFÄLLE, HEISSE QUELLEN UND FELSTÄLER

Idealer Ausgangspunkt für die Erkundung der umliegenden Naturattraktionen ist das Bergstädtchen Creel. Rund um den Bahnhof gibt es eine Handvoll guter Hotels und Restaurants.

Die Rarámuri (Tarahumara), die ihre bunte traditionelle Kleidung tragen, kommen oft in die Stadt, um Kunsthandwerk zu verkaufen. Wer mehr über ihre Kultur erfahren möchte, sollte sich nur wenige Schritte vom Bahnhof entfernt das ihnen gewidmete **Museo Tarahumara** ansehen. Es zeigt interessante Exponate über die Rarámuri, darunter eine Mumie, die 1994 in der Barranca del Cobre gefunden wurde.

Auf der anderen Seite der Bahngleise befindet sich der Hauptplatz **Plaza de Creel** mit einem Musikpavillon in der Mitte. Wenn du Kunsthandwerk der Rarámuri kaufen und damit einen Beitrag zur lokalen Gemeinschaft leisten möchtest, gehst du am besten zu **Artesanías Misión** nördlich des Platzes. Mit dem Erlös des Ladens wird die Klinik Santa Teresita unterstützt, die den Rarámuri kostenlose medizinische Versorgung bietet.

Für einen Blick auf Creel aus der Vogelperspektive kannst du auf einem Hügel 2,3 km nördlich der Stadt zur **Cristo-Rey-Statue** hinaufwandern. Die Treppe westlich der Straße Gran Visión führt bis ganz nach oben.

Das Besondere an Creel ist die Mischung aus einzigartigen Felsformationen, heißen Quellen und Wasserfällen, die alle innerhalb eines Tages zu Fuß oder mit dem Auto zu erreichen sind, sodass sich eine Übernachtung lohnt. Du kannst dir ein Fahrrad oder einen einheimischen Guide mieten und die folgenden Sehenswürdigkeiten auf einer Ganztagestour besuchen. Eine Tagestour kostet in der Regel etwa 800 Mex$ pro Person.

Im Rarámuri-*ejido* (kommunaler Landwirtschaftsbezirk) San Ignacio, 1 km südöstlich von Creel, leben über 4000 Indigene in Höhlen und kleinen Hütten inmitten des Ackerlandes. In der Nähe des Eingangs zum *ejido* befindet sich eine von 14 Rarámuri bewohnte Höhle, die von Tourist:innen besucht werden kann (Spenden sind willkommen).

Zwei Kilometer weiter liegt das **Valle de las Ranas y los Hongos** (Tal der Frösche und Pilze) mit Felsen, die die Form von Fröschen und Pilzen haben. Hier kann man zwischen den Felsformationen umherwandern und auf den Gipfel des Hügels steigen, um das felsige Tal von oben zu betrachten. In der Nähe befindet sich die Missionskirche San Ignacio aus dem 18. Jh., ein bröckelndes Gebäude mit Steinmauern, in dem sich alle Rarámuri des *ejido* sonntags versammeln.

Das **Valle de los Monjes**, etwa 7 km weiter östlich, besteht aus einer Reihe senkrechter Felsformationen, die sich imposant

DIE RARÁMURI

Die Rarámuri (Tarahumara) leben an den zerklüfteten Hängen der Barranca del Cobre und haben Jahrhunderte der Eroberung durch die Europäer, fremde Krankheiten und in jüngster Zeit auch die Modernisierung überstanden. Die meisten von ihnen leben noch immer auf traditionelle Weise in Höhlen oder unter Felsvorsprüngen und ernähren sich von lokalen Feldfrüchten wie Mais und Bohnen.

Der Name „Rarámuri" bedeutet „die schnell laufen". Rarámuri-Läufer:innen können die Berge hinauf- und hinunterlaufen, manchmal bis zu 20 Stunden lang, ohne anzuhalten. Jedes Jahr im März findet in Urique ein Langstreckenmarathon, der Ultra Maratón Caballo Blanco (S. 610), statt. Im Jahr 2018 war María Lorena Ramírez die erste Rarámuri-Frau, die an einem europäischen Ultramarathon teilnahm.

ÜBERNACHTEN IN BATOPILAS

Hotel Casa Real de Minas de Acanasaina
Stimmungsvolles umgebautes Stadthaus mit Innenhöfen und antik eingerichteten Räumlichkeiten. **$$**

Riverside Lodge
Elegantes Herrenhaus im Kolonialstil, geschmackvoll eingerichtet mit aufwendigen Wandmalereien und Eichenmöbeln. **$$$**

Hotel Juanitas
Saubere, gepflegte Zimmer und ein gemeinsamer Innenhof mit Blick auf den Fluss zeichnen dieses tolle preisgünstige Hotel aus. **$**

CURTIS PENNER/SHUTTERSTOCK ©

Cascada Cusárare

über die angrenzenden Kiefernwälder erheben. Es ist leicht zu verstehen, warum die Rarámuri dieses Gebiet Bisabírachi nannten, was so viel wie „Tal der erigierten Penisse" bedeutet. Wenn du schon mal hier bist, solltest du die kurze Fahrt nach Süden zum **Lago Arareko** machen, einem U-förmigen, blaugrünen See, in dessen Wasser sich die umliegenden Nadelbäume und Felsen spiegeln. Am Ufer kannst du Paddelboote mieten (100 Mex$), um die Umgebung zu erkunden und gute Badestellen zu finden.

Nach 14 km auf der Straße nach Arareko gelangt man in das Rarámuri-Dorf **Cusárare**. Dort solltest du die Misión Cusárare aus dem 18. Jh. besichtigen, die von Jesuiten als religiöse Begegnungsstätte und als Schule gebaut wurde, um den Einheimischen Spanisch und verschiedene Berufe beizubringen. Das Museo Loyola beherbergt eine außergewöhnliche Sammlung von Gemälden aus der Kolonialzeit, ist jedoch nur für Führungen geöffnet. Etwa 3 km von der Stadt entfernt befindet sich die **Cascada Cusárare**, ein wunderschöner, 30 m hoher Wasserfall in einem weitläufigen Hochlandtal. Der Weg von der Straße zum Wasserfall ist ein angenehmer schattiger Spaziergang.

Ein weiteres beliebtes Ausflugsziel von Creel aus sind die **Aguas Termales Recowata**, 35 km südlich des Ortes. Herrlich warmes, sprudelndes Wasser wird in mehrere einladende Badebecken geleitet, die zwischen den Schluchten eingebettet sind und unter denen ein Fluss verläuft. Der Weg dorthin führt über eine unbefestigte Straße von der Autobahn bis zum Parkplatz, von wo aus man über einen 3 km langen, holprigen Kopfsteinpflasterweg zu Fuß zu den heißen Quellen gelangt. Alternativ bieten Einheimische auch einen Transfer mit Allradfahrzeugen vom Parkplatz aus an.

UNTERKÜNFTE & RESTAURANTS IN CREEL

Hotel Ecológico Temazcal
Das günstigste Hotel der Stadt, mit preiswerten Zimmern und gastfreundlichen Betreiber:innen. **$**

Hotel La Estación
Renoviertes Hotel im Eisenbahn-Stil, direkt neben dem Bahnhof gelegen, mit gutem Preis-Leistungs-Verhältnis. **$$**

Hotel Colibrí
Relativ neues modernes Hotel, das von einem ehemaligen Lehrer geführt wird, der sich in Sachen Creel bestens auskennt. **$$**

Kino's
Café mit einem kleinen, aber gemütlichen Innenbereich, mit ausgezeichnetem Kaffee, süßen Leckereien und Frühstück. **$**

El Tungar
Zwangloses, beliebtes Lokal in der Nähe des Bahnhofs, in dem es leckere *pozoles* und *caldos* gibt. **$**

La Cabaña
Ein fester Bestandteil der Restaurantszene von Creel. Dieses altehrwürdige Lokal ist dafür bekannt, dass es bestes Fleisch serviert. **$$**

ESSEN IN BATOPILAS

Doña Mica
Einfaches, kleines Diner, das mit deftigen hausgemachten Gerichten punktet. **$**

Restaurant Carolina
In diesem familiengeführten Restaurant, einen Block hinter dem Hauptplatz, kann man gutbürgerliche Küche genießen. **$$**

Restaurante La Nevada
Beliebtes Lokal für Meeresfrüchte und Steaks beim Rathaus. **$$**

ENTWICKLUNGSPROJEKT BARRANCA DEL COBRE

Der 65 Millionen US-Dollar teure internationale Flughafen Barrancas del Cobre (Creel) sollte im Jahr 2023 eröffnet werden. Die Fertigstellung des Flughafens war für 2016 geplant, aber Streitigkeiten mit den örtlichen *ejido* (kommunale Ländereien)-Besitzern der Rarámuri haben zu erheblichen Verzögerungen geführt. Der Flughafen ist Teil eines als **Megaproyecto Barrancas del Cobre** bezeichneten Erschließungsprojekts. Die Einheimischen begrüßen im Allgemeinen die Aussicht auf mehr Arbeitsplätze und hoffen, dass das Projekt den Tourismus in der Region beleben wird. Es existieren unverbindliche Pläne für einen Vergnügungspark mit einer Canyon-Lip-Achterbahn, aber da der Tourismus in der Barranca del Cobre zurückgeht, ist die Zukunft des Projekts ungewiss.

Batopilas

134 km nordwestlich von Creel befindet sich eine der beeindruckendsten Sehenswürdigkeiten der Region: die **Cascada de Basaseachi**. Ganzjährig stürzt eine Wasserfontäne 246 m tief in die azurblauen Becken darunter, in denen man schwimmen kann. In dem Gebiet um den Wasserfall – ein Nationalpark – leben Pumas, Weißwedelhirsche und Halsbandpekaris. Die beste Möglichkeit, die Wasserfälle zu sehen, ist eine Wanderung hinunter (Dauer: hin und zurück drei Stunden). Die Sicht auf die Candameña-Schlucht ist unvergleichlich.

Von Creel aus brauchst du einen ganzen Tag, um die Fälle zu besichtigen – dazu musst du ein Auto mieten oder eine Tagestour bei einer Agentur buchen.

Abstieg nach Batopilas

BERGBAUSTADT AM BODEN DER SCHLUCHT

Über schwindelerregende Serpentinen geht es an den Steilwänden der Barranca de Batopilas hinunter zu der bezaubernden gleichnamigen Stadt auf dem Grund der Schlucht. Die Temperatur steigt und das Wetter wechselt von gemäßigt kühl zu subtropisch trocken.

Die 1708 gegründete Stadt Batopilas verdankte ihren Wohlstand den Silberminen und wurde dadurch zu einer der reichsten Städte Mexikos. Die Architektur der Herrenhäuser und Haciendas zeugt noch heute von ihrer wohlhabenden Vergangenheit. Die **Hacienda San Miguel** war einst eines der prunkvollsten Gebäude der ganzen Stadt, doch heute ist nur noch ihre ehemals prächtige Außenhülle aus Stein erhalten. Das **Museo de Batopilas** gibt einen guten Überblick über die Geschichte der Stadt, mit einer Nachbildung der Silbermine und einigen interessanten Artefakten.

ÜBERNACHTEN IN CEROCAHUI

Hotel Misión Cerocahui
Holzbalkendecken, Kamine und lederne Chesterfield-Sofas verleihen diesem Hotel eine unglaublich charmante Atmosphäre. **$$$**

Cabañas San Isidro
In den Hügeln oberhalb von Cerocahui gelegen ist dieser Bauernhof Ausgangspunkt für Wanderungen durch die Schlucht und für Reitausflüge. **$$**

Hotel Jade
Dieses einfache und gemütliche Hotel mit schönen Wandmalereien zeichnet sich durch seine hervorragende Gastfreundschaft aus. **$**

Sechs km von der Stadt entfernt ist die Missionskirche **Satevó** bequem entlang des Flusses zu erreichen. Hinter einer Biegung erblickt man plötzlich die Konturen der einsamen weißen Kirche. Das Gebäude hat einen schönen, dreistufigen Glockenturm und drei Kuppeln. Heute leben keine Rarámuri (Tarahumara) mehr im Satevó, aber die Größe der Kirche deutet darauf hin, dass es hier einst eine größere Rarámuri-Gemeinschaft gab.

Nach Batopilas gelangt man mit einem Minibus der Transportes Turísticos vom Hauptplatz in Creel aus. Sie fahren jeden Morgen außer sonntags. Wer ein eigenes Auto hat, kann Batopilas problemlos besuchen – für die asphaltierte Straße von Creel ist kein Allradfahrzeug erforderlich. Aber für die Nebenstraße von Batopilas nach Urique braucht man einen geländegängigen Wagen, um den Río Urique zu überqueren, der nur von November bis April passierbar ist.

Spektakel und Nervenkitzel in Divisadero

BESTE AUSSICHT AUF DIE SCHLUCHT

Falls man auf der Zugfahrt mit El Chepe nur für einen Zwischenstopp Zeit hast, sollte man diesen in **Divisadero** einlegen. Der Bahnhof dort ist für viele das größte Highlight der Zugfahrt. Er liegt nahe am Rand der Schlucht und bietet nur wenige Meter von den Gleisen entfernt einen Panoramablick. Die meisten Züge halten hier 15 Minuten lang – genug Zeit, um auszusteigen, die Schlucht zu bewundern und wieder einzusteigen. Aber Divisadero ist durchaus auch eine Übernachtung wert, denn in der Nähe gibt es einen Abenteuerpark und eine Reihe von Wanderwegen und Aussichtspunkten am Rand der Schlucht.

Am Bahnhof Divisadero gibt es zwar kein Dorf, dafür aber einen belebten Souvenir- und Lebensmittelmarkt mit zahlreichen Ständen, an denen *chiles rellenos* und *gorditas* gebrutzelt werden, gleich neben dem Bahnsteig. Direkt vor dem Bahnhof steht das Hotel Divisadero Barrancas, das einzige Hotel hier (der nahe Ort Arepo bietet viele weitere Unterkünfte). Nach einer Übernachtung kannst du mit der Sonne aufstehen und die Aussicht auf die Schlucht zur magischen Stunde genießen. Hier bieten sich auch verschiedene Wanderungen durch die Schlucht, Reitausflüge und Quad-Abenteuer (darunter eine kostenlose geführte Wanderung zu einer Rarámuri-Höhle) an.

Nur 1,5 km südlich des Bahnhofs liegt der **Parque de Aventura Barrancas del Cobre**, der am stärksten frequentierte Teil der Barranca del Cobre. Der Abenteuerpark steckt voller aufregender Aktivitäten, darunter Mexikos längste Kette von *tirolesas* (Seilrutschen), die über die tiefe Schluchtszenerie gespannt sind.

Die sieben Seilrutschen des Parks befördern dich von 2400 m Höhe bis zum **Mesón de Bacajípare**, der auf halbem Weg zum

ANREISE NACH AREPO

Der Bahnhof Posada Barrancas ist nur wenige Gehminuten von Arepo entfernt, aber hier hält nur der Regionalzug El Chepe. Wenn du den Chepe Express nimmst, steige am besten in Divisadero aus und nimm vom Bahnhof aus einen Bus nach Arepo. Diese Busse kommen normalerweise mit den Zügen zusammen an und fahren ab, wenn der letzte Zug Divisadero verlässt. Wenn du nicht zu viel Gepäck mitnimmst, kannst du auch den 3,3 km langen Wanderweg am Rand der Schlucht von Divisadero nach Arepo wandern und unterwegs wunderbare Ausblicke genießen.

ÜBERNACHTEN IN AREPONÁPUCHI

Cabañas Díaz
Familiengeführte Lodge mit dunklen Hütten und leckeren hausgemachten Gerichten. $

Cabañas Los Portales
Bestes Preis-Leistungs-Verhältnis der Stadt, mit freundlichem Personal und Heizung in den sauberen und geräumigen Zimmern. $

Hostal Font's
Relativ neues Hostel mit warmem Schlafsaal, sauberen Gemeinschaftsbädern und ansprechenden Gemeinschaftsbereichen. $

Boden der Schlucht liegt. Von dort aus kann man mit dem teleférico wieder nach oben fahren. Wer den Nervenkitzel sucht, wird den **ZipRider** lieben, die 2,5 km (!) lange Seilrutsche, wer mehr Zeit hat, sollte sich an die *via ferrata* wagen, eine Kombination aus Abseilen und Klettern. Das Parkzentrum wurde über einer Spalte in den Wänden der Schlucht erbaut. Hier kann man auch Abseilen, Klettern und Downhill-Biking ausprobieren.

In Areponápuchi (liebevoll Arepo genannt), direkt am Rand der Schlucht, befinden sich weitere Unterkünfte, die von rustikalen *cabañas* bis zu Lodges am Rand der Schlucht reichen. Das unscheinbare Dorf liegt 3,3 km südwestlich von Divisadero und dient als Ausgangspunkt für Reisende, die den Erlebnispark besuchen, bevor sie wieder auf den El Chepe-Zug umsteigen.

Ein Wanderweg führt entlang des Randes der Schlucht von Divisadero nach Arepo, einen Guide brauchst du dafür nicht. Die meisten Unterkünfte organisieren Ausritte, Ausflüge in die Schlucht und Campingtouren entlang der Felswände.

ULTRAMARATHONS IN URIQUE

In Urique finden mehrere Ultramarathons statt, die zu Ehren der örtlichen Rarámuri veranstaltet werden, die auf eine jahrhundertealte Tradition von Langstreckenläufen zurückblicken können. Die Carrera de los Pies Ligeros (‚Rennen der leichten Füße'), die jedes Jahr im Dezember stattfindet, ist ein *rarajipari*, ein Langstrecken-Staffellauf der Rarámuri, bei dem zwei Teams einen Ball über die Strecke kicken. Der Ultra Maratón Caballo Blanco ist ein 82 km langer Ultramarathon, der jedes Jahr im März auf schwierigen Schluchtpfaden stattfindet. Er wurde von Micah True ins Leben gerufen, einem legendären amerikanischen Läufer, der jahrelang in der Barranca del Cobre lebte und als Caballo Blanco („Weißes Pferd") bekannt war.

Wanderungen am Fluss in Urique

LANDSCHAFTLICH SCHÖNE WEGE UND AUSSICHTSPUNKTE

Der nächste Halt von El Chepe, Bahuichivo, ist eine winzige Siedlung mit einer Kirche und einigen Hotels. Die meisten Reisenden begeben sich direkt nach Cerocahui, 17 km südlich des Bahnhofs. Nach der Ankunft des letzten Zuges des Tages fährt ein lokaler Bus vom Bahnhof Bahuichivo nach Cerocahui.

Cerocahui ist ein verschlafener Ort mit einer freundlichen und entspannten Atmosphäre. Eine hübsche Kirche mit gelber Kuppel, **San Francisco Javier de Cerocahui**, dominiert den Hauptplatz, an dem sich eine Handvoll Restaurants und *abarrote* (Lebensmittel)-Läden befinden. Vorsicht: In den letzten Jahren kam es hier zu Schießereien und Entführungen im Zusammenhang mit Drogen; im Jahr 2022 wurden hier ein Tourguide ermordet und vier Tourist:innen gekidnappt. Vor einem Besuch solltest du dich unbedingt über die Sicherheitslage informieren.

Der 24 km südöstlich von Cerocahui gelegene **Mirador Cerro del Gallego Cañón de Urique** ist ein spektakulärer Aussichtspunkt, der die Urique-Schlucht in ihrer ganzen Pracht zeigt. Er liegt an der Serpentinenstraße nach Urique – du kannst mit jedem Bus, der nach Urique fährt, dorthin gelangen. Von hier aus sieht man, wie sich die Straße von Urique im Zickzackkurs zum Grund der Schlucht hinunterschlängelt.

Das Dorf Urique am Fuße der Schlucht ist nur 40 km von Cerocahui entfernt, aber der tückische – wenn auch landschaftlich außerordentlich reizvolle – Weg dorthin kann mit einem lokalen Bus bis zu 3½ Stunden dauern. Die Anzahl der Mahn-

ÜBERNACHTEN IN URIQUE

Hotel Villa de Urike
Dieses Hotel ist zwar nur halb fertig, ist aber trotzdem das beste, mit modernen Zimmern, einem herrlichen Pool und der Lage direkt am Fluss. **$$**

Entre Amigos
Wunderschön gestaltetes Areal in der Nähe des Flussufers, mit gemütlichen Steinhütten, Schlafsälen und Campingplätzen. **$**

Hotel El Paraíso Escondido
Dieses preiswerte und saubere Motel liegt an der Hauptstraße und befindet sich in zentraler Lage. **$**

WILLIAM HAMMER/SHUTTERSTOCK ©

Ansichten der Barranca del Cobre

male am Straßenrand lässt erahnen, wie viele Menschen auf dieser gefährlichen Straße ums Leben gekommen sind.

Die Lage von Urique könnte nicht dramatischer sein – am Boden der tiefsten aller Schluchten, am Westufer des türkisfarbenen **Río Urique**. Entlang der unbefestigten Straße am Flussufer sind Wanderungen leicht zu bewältigen, flussaufwärts geht's 7 km zum Dorf **Guadalupe Coronado**, flussabwärts 4 km weit nach **Guapalaina**, wo ein schöner Weg an den Wänden der Schlucht entlang und vorbei an mehreren Rarámuri-Häusern zum azurblauen Naturbecken **Charco Verde** führt.

Die Festungsstadt El Fuerte

FLÜSSE, WÄLDER UND PETROGLYPHEN

Wenn du die Berghänge hinuntergefahren und an drei künstlichen Seen vorbeigerauscht bist, solltest du deine Jacke gegen etwas Leichteres tauschen, wenn der Zug in die schwülen Küstenebenen von El Fuerte, Sinaloa, einfährt. El Fuerte ist bei Weitem besser als Start- und Endpunkt des El Chepe-Zuges als Los Mochis und auch eine Übernachtung wert, um eine Fahrt auf dem nahen Fluss zu unternehmen. Die 1564 gegründete Stadt erhielt ihren Namen von der Festung aus dem 17. Jh., die auf dem markanten **Cerro de las Pilas** errichtet wurde, um die Bevölkerung vor Angriffen der Indigenen zu schützen. Heute befindet sich auf dem Hügel ein Museum, das der alten Festung nachempfunden ist. Das **Museo Mirador El Fuerte** zeigt Kunsthandwerk, Keramik und Artefakte der Mayo. Von der Dachterrasse aus hat man einen herrlichen Blick auf den Río Fuerte.

Am Ufer des **Río Fuerte** werden häufig Eisvögel, Fischadler und Fliegenschnäpper gesichtet. Viele der hier vorkommenden Arten sind endemisch. Der Vogelbeobachtungsführer Miguel

DIE BESTEN UNTERKÜNFTE UND RESTAURANTS IN EL FUERTE

Mansion Serrano Hotel
Mit kolonialer Fassade, einladenden Zimmern und sogar einem Pool mit Wasserrutsche. $$

Posada del Hidalgo
Hacienda aus der Kolonialzeit, die in ein stilvolles Hotel mit viel Charme umgewandelt wurde. $$$

Hotel Torres del Fuerte
400 Jahre alte Hacienda mit thematisch gestalteten Zimmern, eleganter Inneneinrichtung und einem Gourmetrestaurant. $$$

El Supremo
In diesem zwanglosen Lokal gibt es das beste *machaca* (geschnetzeltes trockenes Rindfleisch) der Stadt. $

El Malecón Restaurante
Im 1. Stock dieses Restaurants am Flussufer gibt es ein reichhaltiges Frühstück und köstliche Meeresfrüchte. $$

Restaurante El Texano
Mit Sitzplätzen im Freien mit Blick auf den Hauptplatz und einer vielfältigen Speisekarte. $$

El Mesón del General
Traditionelles Restaurant mit Schwerpunkt auf Fisch und Meeresfrüchten sowie Kombinationen aus Delikatessen aus dem Fluss. $$$

ESSEN IN URIQUE

Restaurante del Centro
Dieses Lokal in unmittelbarer Nähe des Hauptplatzes punktet mit typisch mexikanischen Gerichten. $$

Jardín de Mama Tita
Das gemütliche Restaurant wird von der warmherzigen und freundlichen Mama Tita geführt. $$

Club 10
Die einzige Bar der Stadt serviert erstaunlich gute *aguachile* und *mariscadas* (gemischte kalte Meeresfrüchte). $$

DIE BESTEN UNTERKÜNFTE UND RESTAURANTS IN LOS MOCHIS

Hotel Fénix
Zentral gelegenes Budget-Hotel mit kleinen, aber sauberen Zimmern. $

Hotel Santa Anita
In die Jahre gekommen, aber sehr preiswert mit geräumigen Zimmern. Nur einen Block hinter dem Hauptplatz. $$

Best Western
Business-Hotel, die Zimmer haben Teppichboden und moderne Bäder. Direkt neben dem Hauptplatz. $$$

La Cabaña de Doña Chayo
Dieses alteingesessene Restaurant ist für seinen *machaca* bekannt. $

Isleño
Einfaches Fischrestaurant mit den besten *camarones y pulpo al ajillo* (Garnelen und Oktopus mit Knoblauch) von Los Mochis. $$

El Farallón
Legendäres Lokal der gehobenen Klasse, das eine Reihe sinaloanischer und trendiger Gerichte wie den *torre de marisco* (Meeresfrüchte-Turm) serviert. $$$

Angel León von El Fuerte Tours bietet lehrreiche und unterhaltsame Bootsausflüge (350 Mex$/Pers.) auf dem Fluss an, einschließlich einer Wanderung zu einigen der über 300 Petroglyphen, die rund um den Cerro de la Máscara verstreut sind. Die meisten dieser uralten geometrischen Felszeichnungen stellen menschliche Gesichter oder Masken dar. Hier steht auch der **Bosque Secreto** (geheimer Wald), einer der letzten erhaltenen tropischen Trockenwälder Lateinamerikas.

Kurzer Stopp in Los Mochis

DAS ENDE DER BAHNREISE

Los Mochis, die erste oder letzte Station mit El Chepe, ist hauptsächlich ein Verkehrsknotenpunkt. In der Stadt gibt es nicht viel, was zum Verweilen einlädt, doch wer hier übernachten muss, findet anständige Essens- und Schlafmöglichkeiten vor.

Los Mochis wurde 1893 von amerikanischen Sozialisten gegründet und war ursprünglich auf den Zuckerrohranbau ausgerichtet. Heute ist die gesichtslose Stadt relativ modern, ohne wirkliche Sehenswürdigkeiten oder einen Grund für einen Aufenthalt. Nennenswert ist das **Museo Regional del Valle del Fuerte**, ein kleines Institut, das die Geschichte Sinaloas präsentiert – auf Spanisch. Einen Block weiter südlich befindet sich das **Trapiche Museo Interactivo de Los Mochis** mit spannenden Ausstellungen und Experimenten für Kinder. Auf der anderen Straßenseite erstreckt sich der **Jardín Botánico Benjamin Francis Johnston**, eine prächtige Grünanlage auf dem ehemaligen Anwesen des gleichnamigen amerikanischen Zuckerbarons. Los Mochis ist vor allem für seine Meeresfrüchte bekannt, die zu den besten in Nordmexiko gehören sollen.

Wer die Seele baumeln lassen möchte, sollte 24 km südwestlich der Stadt nach Topolobampo fahren, einer bescheidenen Hafenstadt am Meer von Cortez. Hier kann man über den *malecón* (Strandpromenade) schlendern und den frisch gegrillten *pescado zarandeado* (in getrocknetem Chili und Bier marinierter Fisch, der vom Kopf bis zum Schwanz in zwei Hälften geteilt wird) probieren. In der Gegend werden einige Bootstouren angeboten, am beliebtesten ist eine Fahrt zur Isla Farallón, um die dortige Seelöwenkolonie zu beobachten (Okt. – April). Die Busse der Azules del Noroeste fahren stündlich vom Terminal in Los Mochis nach Topolobampo.

UNTERWEGS VOR ORT

Die Verbindungen innerhalb der Region sind gut, alle Bahnhöfe der Chepe-Bahn werden regelmäßig von Bussen angefahren – deren Fahrtzeiten orientieren sich an denen der Bahn. Die Busse von *Autotransportes Noroeste* fahren regelmäßig nach Creel, Divisadero und Areponápuchi. *Transportes Turísticos* bietet täglich Minibusse von Creel nach Batopilas und Bahuichivo nach Cerocahui und Urique an. Die Straßen von Chihuahua nach Creel und weiter nach Divisadero, Batopilas und Bahuichivo sind asphaltiert. Die ungepflasterte, tückische Straße hinunter nach Urique sollte man nicht befahren. Vor jeder Fahrt solltest du dich unbedingt vergewissern, dass das Gebiet nicht von Drogenkartellen kontrolliert wird.

Von Topolobampo aus kann man mit einer Fähre das Meer von Cortez überqueren und Baja California Sur erreichen (S. 581). *Baja Ferries* bietet Verbindungen nach Pichilingue, 38 km nördlich von La Paz, an, auf denen auch Autos transportiert werden können. Nach La Paz fährt *Ecobajatours* stündlich mit dem Shuttle-Bus.

CHIHUAHUA

Chihuahua

Mexico City

Die gleichnamige Hauptstadt von Chihuahua liegt abseits der Touristenströme und ist vor allem bekannt als Endstation der Eisenbahnlinie Ferrocarril Chihuahua Pacifico (El Chepe), die durch die Schlucht fährt. Die Stadt mag zwar etwas rau wirken, aber sie strotzt nur so vor revolutionärer Geschichte und hippen Studierendenlokalen. Häufig trifft man auf den Straßen auf Farmer mit Cowboyhüten, die *banda*-Musik spielen, während der Duft von *carne asada* (mariniertes, gegrilltes Rindfleisch) in der Luft liegt.

Lange hielten die Drogenkriege im Bundesstaat Chihuahua Reisende auf Abstand. Heute ist er ein relativ sicheres Reiseziel für alle, die vernünftige Vorsichtsmaßnahmen ergreifen. Dennoch sollte man das Gebiet des Goldenen Dreiecks – wo der Süden Chihuahuas, der Nordwesten Durangos und der Nordosten Sinaloas zusammentreffen – meiden, das für seine Opiumproduktion und erhöhte Gewalt berüchtigt ist. Abseits der üblichen Pfade sollte man sich auf keinen Fall ohne Guide bewegen.

TOP TIPP

Der Flughafen von Chihuahua liegt nur 15 km nordöstlich des Zentrums und bietet Direktflüge nach Denver und Dallas. Es gibt regelmäßige Verbindungen nach Mexico City, Tijuana, Cancún, Guadalajara, Hermosillo und Monterrey. Am Taxischalter im Bahnhof bekommt man einen Transfer, der für eine einfache Fahrt ins Zentrum etwa 300 Mex$ kostet.

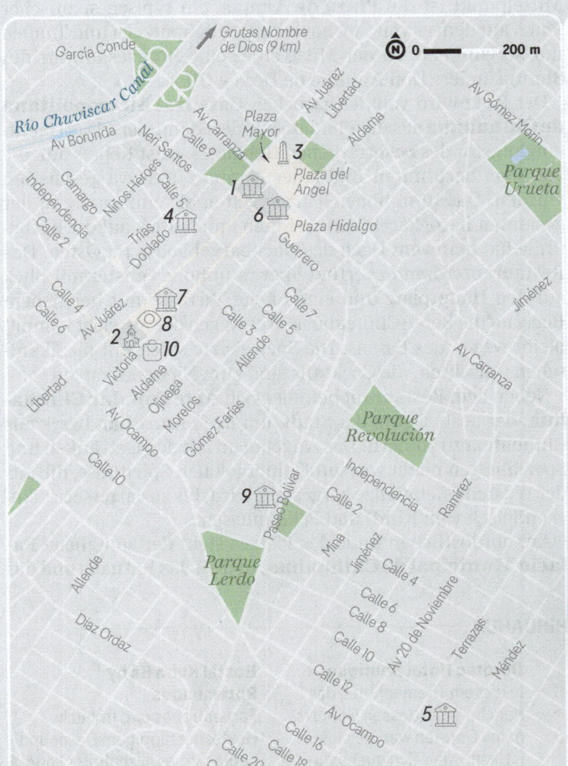

SEHENSWERTES

1 Casa Chihuahua
2 Catedral Metropolitana de Chihuahua
3 Homenaje al General Francisco Villa
4 Museo de la Lealtad Republicana Casa Juárez
5 Museo Historico de la Revolución
6 Palacio de Gobierno
7 Palacio Municipal de Chihuahua
8 Plaza de Armas
9 Quinta Gameros

SHOPPEN

10 Arte Popula Chihuahua

Catedral Metropolitana de Chihuahua

ESSEN & AUSGEHEN IN CHIHUAHUA

Escuadrón Montados y Burritos
Die Einheimischen schwärmen von den *montados* (eine Art Burrito) hier. $

Nómada
Hier kann man die witzigen Gerichte auf der vielseitigen Speisekarte probieren und gleichzeitig die Aussicht auf die Stadt bewundern. $$

Los Mezquites
Die Adresse für die erstklassigen *cortes clásicos* (Fleischstücke), für die Chihuahua berühmt ist. $$

La Casona
Im eleganten Herrenhaus (19. Jh.) mit schöner Terrasse kann man die berühmten Steaks und Meeresfrüchte Chihuahuas genießen. $$$

La Sotolería
Witzige Hipster-Cowboy-Bar mit einer überwältigenden Auswahl an *sotol* und Cocktails, sowie gegrilltem Fleisch und *botanas* (Snacks).

Momposina
Diese kultige Bar mit Bohème-Atmosphäre zieht die Kreativen an.

La Antigua Paz
Klassische Cantina mit Revolutions-Memorabilia an den Wänden und einer guten Mischung aus Studierenden, Cowboys und Millennials.

Casa Chihuahua

Plaza de Armas

DAS LEBENDIGE HERZ CHIHUAHUAS

Chihuahuas historisches Zentrum ist bequem zu Fuß zu erkunden und verfügt über mehrere autofreie Boulevards. Der Mittelpunkt ist die **Plaza de Armas**, ein typisch spanischer Platz, auf dem es von Cowboyhüten, Schuhputzern und Tauben nur so wimmelt. In der Mitte steht eine Bronzeskulptur des Stadtgründers Don Antonio de Deza y Ulloa.

Der Platz wird von der barocken **Catedral Metropolitana de Chihuahua** aus dem 18. Jahrhundert dominiert. Das Haupteingangstor des ockerfarbenen Gebäudes weist Reliefs auf, die von dem berühmten Bildhauer Antonio de Nava geschaffen wurden. Die 40 m hohen Türme gelten als einzigartig in der gesamten Barockarchitektur. Einen guten Blick auf die Kathedrale hat man vom Dach des Nachbargebäudes im Osten. Das Restaurant *Nómada* verfügt über raumhohe Fenster mit Blick auf den Hauptplatz und eine offene Terrasse mit herrlichem Blick auf die Berge Chihuahuas. Wer wegen der Aussicht kommt, bleibt wegen des Essens: Die Speisekarte spielt mit mexikanischen Gerichten, die Cocktails sind zum Niederknien gut.

Neben dem Restaurant befindet sich **Arte Popular Chihuahua**, der beste Ort in der Stadt, um nach Kunsthandwerk aus Chihuahua zu stöbern. Das Angebot an lokalen Getränken und Spezialitäten reicht von sotol (einer lokalen Spirituose, die aus der Wüstenlöffelpflanze hergestellt wird) bis zu carne seca (Trockenfleisch vom Rind) und Pekannüssen.

Am nordöstlichen Ende des Platzes steht der königliche **Palacio Municipal de Chihuahua**, in dem das Rathaus und das

ÜBERNACHTEN IN CHIHUAHUA

Central Hotel Boutique
Dieses ehemalige Kloster versprüht romantischen europäischen Charme, ist modern eingerichtet und verfügt über ein ausgezeichnetes Restaurant. $$$

Doroteo Hotel Boutique
In diesem Themenhotel, das Pancho Villa (dessen Geburtsname Doroteo war) gewidmet ist, kann man sich gut ausruhen. $$

Hostal Kuira Bá by Rotamundos
Farbenfrohes und fröhliches Hostel mit flippigem Dekor und coolen Vibes in zentraler Lage. $

Büro des Präsidenten von Chihuahua untergebracht sind. Das von korinthischen Säulen und Buntglasfenstern geprägte Gebäude ist ein perfektes Beispiel für den architektonischen Stil der Porfirio-Ära: Neoklassizismus mit Einflüssen aus der französischen Beaux-Arts-Architektur.

Denkmäler & Paläste

CRASHKURS IN CHIHUAHUAS GESCHICHTE

Chihuahua war einst die wichtigste Stadt der Provinz Nueva España Provincias Internas und spielte eine entscheidende Rolle in der Geschichte Mexikos. Ein Rundgang durch das historische Zentrum gibt Einblicke in die Vergangenheit der Stadt.

An der Fußgängerzone Calle Libertad steht der graue, strenge Palacio de Gobierno mit seiner perfekt erhaltenen Fassade. Im Inneren dieses Regierungsgebäudes kann man die Wandgemälde von Aarón Piña Mora aus den 1950er Jahren bewundern. Die lebendigen Gemälde, die ganze Wände im Innenhof bedecken, illustrieren die Geschichte Chihuahuas – von der prähispanischen Zeit über die Kolonialisierung bis hin zur mexikanischen Revolution.Hier wurde Miguel Hidalgo 1811 von den Spaniern hingerichtet. Mehr über den revolutionären Priester und den Unabhängigkeitskrieg ist im **Museo de Hidalgo** und in der **Galería de Armas** zu erfahren, die sich im *palacio* befinden.

Auf der anderen Straßenseite steht die **Casa Chihuahua**, der ehemalige Palacio Federal (erbaut 1908–1910), der als Münzanstalt, Kloster und Militärkrankenhaus diente und heute ein Kulturzentrum und Museum mit einer ausgezeichneten Sammlung von Exponaten ist. Das Highlight ist der Calabozo de Hidalgo, der unterirdische Kerker, in dem Miguel Hidalgo vor seiner Hinrichtung eingesperrt war. Eine Gedenktafel erinnert an die Verse, die der Priester in seinen letzten Stunden an die Wand seiner Zelle schrieb, um sich bei seinen Entführern für ihre Freundlichkeit zu bedanken.

Auf der gegenüberliegenden Seite der Av. Venustiano Carranza sind die bunten „Chihuahua"-Schriftzüge und das **Homenaje al General Francisco Villa** zu sehen, ein riesiges Bronzedenkmal, das Pancho Villa, seine Armee und den Moment darstellt, als er in seinem offenen Dodge erschossen wurde.

Weiter südlich an der Av Juárez befindet sich das kastanienbraune Gebäude, in dem das **Museo de la Lealtad Republicana Casa Juárez** untergebracht ist. Hier lebte der ehemalige Präsident Benito Juárez von 1864 bis 1866 im Exil. Die Exponate und Dokumentarfilme zeigen, wie Juárez mit seinem Feldzug, der von Chihuahua aus geführt wurde, Mexiko gegen die französische Invasion verteidigte.

UNBEDINGT PROBIEREN!

Queso Chihuahua Traditioneller Käse aus Kuhmilch. Er ist geschmeidig, mild und buttrig, schmilzt außerordentlich gut und wird oft für gebackene Gerichte verwendet.

Montado Ein für Chihuahua typisches Gericht aus Weizenmehltortillas, die mit verschiedenen Schmorgerichten aus dem Norden gefüllt und mit einer Schicht aus cremigem, hausgemachtem Käse überzogen werden.

Sotol Destillat mit etwa 40 % Alkohol, das aus der in der Chihuahuawüste vorkommenden Wüstenlöffelpflanze hergestellt wird. Das Volk der Rarámuri fermentierte den *sotol*-Saft bereits vor 800 Jahren zu einem bierähnlichen alkoholischen Getränk.

Tesgüino Die Rarámuri stellen seit Jahrhunderten *tesgüino*-Bier aus gemälztem Mais her. Die Maiskörner werden mit Wasser gekocht und zusammen mit Kräutern, Wurzeln oder Rinde vergoren, um ein dickflüssiges alkoholisches Getränk herzustellen.

DIE BESTEN WEINKELLEREIEN IN CHIHUAHUA

Bodegas Pinesque Gegründet im Jahr 2009 nach mehr als 15 Jahren als Hobby betriebenem Weinbau. Führungen und Verkostungen werden angeboten.

Vinícola Casa Chávez Winzer in vierter Generation im Delicias-Tal, wo man Wein probieren und zu klassischen *norteño*-Gerichten genießen kann.

Tres Ríos Dieses Weingut ist stolz auf seine Weine, die auf ihre Art Nordmexiko repräsentieren. Es bietet ganztägige Verkostungstouren auf zwei seiner Haciendas an.

MEXIKOS REVOLUTIONÄRER HELD

Kein Held in der Geschichte Mexikos ist so schillernd und widersprüchlich wie Francisco „Pancho" Villa. Bevor er zum Anführer der mexikanischen Revolution wurde, widmete er einen Großteil seines Erwachsenenlebens Raubüberfällen und der Verfolgung von Frauen. Geboren als José Doroteo Arango als Sohn von Hacienda-Arbeitern im Norden Durangos wandte er sich im Alter von 16 Jahren dem Banditentum zu und nahm zu Ehren seines Großvaters den Namen Francisco Villa an. Im Jahr 1910 wurde Villa von Abraham González, dem Anführer der revolutionären Bewegung, um Unterstützung gebeten. Villa stellte bald eine Kampftruppe auf, die sich der Revolution anschloss, die am 20. November 1910 begann.

Besichtigung des Herrenhauses von Pancho Villa

VEREHRUNG EINES LOKALEN HELDEN

Während der mexikanischen Revolution eroberten die Truppen von Pancho Villa Chihuahua und richteten hier ihr Hauptquartier ein. Villa rief verschiedene soziale Projekte ins Leben und wurde dadurch zum Lokalhelden. Heute ist das Herrenhaus mit 48 Zimmern ein Museum, in dem Geschichten über Verbrechen und Observierungen im Hollywood-Stil erzählt werden.

Nach seiner Ermordung 1923 meldeten 25 von Villas „Ehefrauen" Ansprüche auf seinen Nachlass an. Ermittlungen der Regierung ergaben, dass Luz Corral de Villa die rechtmäßige Ehefrau des *generalísimo* war. Das Herrenhaus wurde ihr zugesprochen und dann „Quinta Luz" genannt. Nach dem Tod von Luz wurde es 1981 von der Armee erworben und in ein Museum umgewandelt. Das 1982 eröffnete **Museo Histórico de la Revolución** beherbergt heute die größte Sammlung von persönlichen Gegenständen und Fotos Villas in ganz Mexiko.

Der vordere Teil des Museums war Villas Schlafzimmer, Küche und Essbereich und ist um einen Innenhof im Mudéjar-Stil gruppiert. Seine Möbel, Fotos und Geräte sind in den verschiedenen Räumen zu sehen. Im Hinterhof steht der von Kugeln durchsiebte schwarze Dodge, den Villa fuhr, als er ermordet wurde. Zudem wird die mexikanische Revolutionsgeschichte anhand von Waffen, anderen Artefakten und detaillierten Informationstafeln in Spanisch und Englisch dargestellt.

Herrenhaus im europäischen Stil

AUFWENDIGE ARCHITEKTUR

Die **Quinta Gameros** wurde 1907 vom Minenbesitzer Manuel Gameros als Geschenk für seine Frau erbaut und ist eine der beeindruckendsten Villen Mexikos. Das historische Gebäude im Stil der Belle Époque ist mit Buntglas, kunstvoll geschnitztem Holz und komplexen Stuckarbeiten geschmückt. In den Räumen finden sich Möbel aus der damaligen Zeit und historische Kunstwerke. Es gilt unter Historikern als das am besten erhaltenen Jugendstil-Gebäude in Mexiko.

Das Herrenhaus ist ein wichtiger Teil der Geschichte Chihuahuas – nachdem Gameros 1913 während der mexikanischen Revolution aus dem Land geflohen war, wurde sein Haus vom Militär übernommen. Es diente zunächst als persönlicher Wohnsitz von Carranza, wurde dann in ein Militärkrankenhaus und staatliche Büros umgewandelt und beherbergt heute ein Museum, das der Autonomen Universität von Chihuahua gehört.

HIDALGO DEL PARRAL

Fans von Pancho Villa sollten sich in den Süden nach **Hidalgo del Parral** (S. 619) begeben. In dem Gebäude, von dem aus er erschossen wurde, befindet sich heute das Museo Francisco Villa.

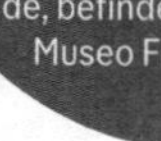

NOCH MEHR MUSEEN IN CHIHUAHUA

Museo Casa Redonda
Dieses renovierte Lagerhaus war früher eine Lokomotivwerkstatt und beherbergt heute das kleine, aber feine Museum für moderne Kunst der Stadt.

Museo Sebastián
In dieser sorgfältig restaurierten Galerie aus den 1880er-Jahren werden kleine Versionen der Skulpturen des Künstlers Sebastián aus Chihuahua ausgestellt.

Museo Casa de Juárez
Ein kleines Museum, das in der Residenz von Präsident Benito Juárez eingerichtet wurde.

MARISOL RIOS CAMPUZANO/SHUTTERSTOCK ©

Quinta Gameros

Das Haus besteht aus vier Stockwerken und verfügt über einen weitläufigen Garten mit Springbrunnen. Die exquisite Sammlung von Jugendstilmöbeln befindet sich hauptsächlich im Erdgeschoss; mithilfe von QR-Codes kann man eine Audiotour machen. Im Obergeschoss ist ein Raum der bedeutenden archäologischen Fundstätte Paquimé gewidmet.

Die Grutas Nombre de Dios

TOR ZUR UNTERWELT

Am nördlichen Stadtrand (10 km vom Zentrum entfernt) befindet sich ein unterirdisches Höhlennetz mit beeindruckenden Stalagmiten, Stalaktiten und Felsformationen. Die Höhlen, die Teil der Sierra de Nombre de Dios sind, wurden 1896 entdeckt.

In den **Grutas Nombre de Dios** wurde ein Weg mit Betonrampen und -stufen angelegt, der durch die 17 riesigen Kalksteinkammern und -galerien führt. Bei der Besichtigung wird man auf markante Formationen wie den „Turm von Pisa" und die „Kaskade" aufmerksam gemacht. Die auffälligste Formation ist vielleicht das „Herz der Höhle", ein Gewölbe mit einem herzförmigen Eingang.

Der Zugang ist nur im Rahmen einer einstündigen Führung möglich, in der Regel in Gruppen von 15 bis 20 Personen. Führungen auf Englisch sind möglich, müssen aber beim Kauf der Eintrittskarten an der Rezeption angemeldet werden. Die Fahrt mit dem Taxi kostet etwa 100 Mex$. Chihuahua Bárbaro führt hier auch Gruppenführungen durch (300 Mex$/Pers.). In den Höhlen kann es heiß und feucht sein, und wer unter Platzangst leidet, sollte die Höhlen lieber nicht betreten.

FAHRT MIT DEM TROLLEYBUS

Chihuahua Bárbaro bietet Trolleybus-Touren zu den wichtigsten historischen Sehenswürdigkeiten Chihuahuas (mit Erläuterungen auf Spanisch) und Umgebung an. Eine dreistündige Stadtrundfahrt (130 Mex$) beginnt am Ticketschalter und führt durch das Stadtzentrum zum Pancho Villa Museum und zur Quinta Gameros. Die Veranstalter bieten auch Tages- und Mehrtagestouren mit verschiedenen Routen an, die zur archäologischen Stätte Paquimé, zu den Mennonitenfarmen in Cuauhtémoc und zum Abenteuerpark in der Barranca del Cobre führen.

UNTERWEGS VOR ORT

Chihuahua hat ein relativ neues Bussystem, Vivebús, mit klimatisierten, barrierefreien Bussen, die auf ausgewiesenen Busspuren verkehren. Bargeld wird nicht akzeptiert; Tickets kann man an den Automaten an den Bushaltestellen kaufen, jede Fahrt kostet 10 Mex$. Taxis und Rideshares fahren vom Zentrum aus in alle Teile der Stadt. Eine Fahrt vom Zentrum zum Bahnhof kostet etwa 50 Mex$, zum Busbahnhof 100 Mex$ und zum Flughafen 200 Mex$.

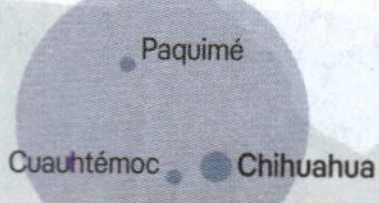

Rund um Chihuahua

Die Stadt Chihuahua ist zwar selbst nicht besonders attraktiv, aber die faszinierenden Mennonitengemeinden und die prähispanischen Stätten in unmittelbarer Nähe sind ein guter Grund, hierher zu kommen.

Wie die Nummernschilder des Bundesstaates verkünden, handelt es sich hier um die Tierra del Encuentro (das Land der Entdeckung). Den größten Teil des Staates nimmt die Desierto Chihuahuense (Chihuahua-Wüste) ein, die größte Wüste Nordamerikas. Die wunderschöne, trockene Region ist übersät mit stacheligen Kakteen und Cowboy-Ranches. Man könnte meinen, man sei in einen Westernfilm geraten (tatsächlich wurden viele berühmte Western in Durango gedreht).

Um einen Eindruck von der Chihuahua-Wüste zu bekommen, fährst du am besten in Richtung Nordwesten nach Nuevo Casas Grandes, einem staubigen ländlichen Städtchen, von dem aus du die prähispanischen Ruinen von Paquimé und das Töpferzentrum von Mata Ortiz erkunden kannst. In südlicher Richtung liegt die kleine Stadt Cuauhtémoc, in der die größte Mennonitengemeinde Mexikos beheimatet ist. Hier kannst du das Mennonitenmuseum besuchen und ihre campos (Felder) besuchen.

TOP TIPP

Vom Hauptbusbahnhof aus fahren regelmäßig Busse nach Cuauhtémoc, Nuevo Casas Grandes und Creel. Die wichtigsten Busunternehmen sind Rápidos Cuauhtémoc und Autotransportes Noroeste.

Chihuahua-Wüste

JAMES WILLIAM SMITH/SHUTTERSTOCK ©

ALTRENDO IMAGES/SHUTTERSTOCK ©

Museo y Centro Cultural Menonita

Begegnung mit den Mennoniten

DIE GRÖSSTE MENNONITEN-GEMEINDE MEXIKOS

Die Mennoniten leben seit über 100 Jahren in Mexiko, ihr Hauptzentrum liegt in der kleinen Stadt **Cuauhtémoc**, 103 km westlich von Chihuahua. Aufgrund ihres Glaubens sind die Mennoniten immer wieder mit den Regierungen in Konflikt geraten, sodass sie in großer Zahl von einem Land ins andere gezogen sind. In den 1920er-Jahren verließen etwa 6000 Mennoniten Kanada und gingen nach Nordmexiko, wo sie in eng verbundenen Gemeinden um Cuauhtémoc leben.

Heute kann man auf den Feldern von Cuauhtémoc oft Mennoniten mit blonden Haaren und blauen Augen sehen – Männer in weiten Latzhosen und karierten Hemden, Frauen in langen dunklen Kleidern und mit Kopftüchern. Sie sprechen einen plattdeutschen Dialekt, die meisten aber auch Spanisch und Englisch. Ihr Haupterwerbszweig ist die Landwirtschaft, wobei sie sich vorwiegend mit der Viehzucht beschäftigen und den berühmten *queso menonita* (Mennonitenkäse) herstellen.

Im gut konziperten **Museo y Centro Cultural Menonita** im Norden der Stadt sind Werkzeuge und andere Utensilien aus den frühen Jahren der Besiedlung durch die Mennoniten ausgestellt. Das Museum – im Wesentlichen eine Nachbildung eines traditionellen Mennonitenhauses – bietet Einblicke in das Leben der Mennoniten. Nach dem Besuch dort kannst du im Kunsthandwerksladen stöbern und im Museumscafé hausgemachte mennonitische Backwaren genießen. Am besten buchst du eine Tour von Chihuahua oder Creel aus, um die *campos* zu besuchen, denn so erfährst du mehr und kommst in Kontakt mit den Mennoniten. Wenn du keine Führung gebucht hast, erkundige dich im Museum. Ein Taxi vom Stadtzentrum Cuauhtémocs kostet etwa 200 Mex$.

PANCHO & PARRAL

250 km südlich von Cuauhtémoc liegt die kleine Stadt Hidalgo del Parral, die in der mexikanischen Geschichte eine wichtige Rolle spielt. Hier wurde Pancho Villa am 20. Juli 1923 ermordet. In dem Gebäude, von dem aus Pancho Villa erschossen wurde, befindet sich heute das **Museo Francisco Villa**. In dem zweistöckigen Museum werden Schwarz-Weiß-Fotos von Villa sowie seine Waffen und Erinnerungsstücke ausgestellt. Wer sich um den 20. Juli in der Nähe von Parral aufhält, sollte die spektakulären Feierlichkeiten der **Jornadas Villistas** anlässlich seines Todes nicht verpassen.

ESSEN UND ÜBERNACHTEN IN NUEVO CASAS GRANDES

Quiero Ligero
Dieses moderne Café im Stadtzentrum bietet günstige und gesunde Smoothies, Sandwiches und Salate. **$**

Hotel Hacienda
Vom Wilden Westen inspiriertes Hotel mit zentraler Lage und renovierten Zimmern. **$$**

Pompeii
Das schickste Lokal der Stadt serviert moderne mexikanische Küche mit Schwerpunkt auf der regionalen Spezialität *pavo* (Truthahn). **$$**

TÖPFERDORF MATA ORTIZ

Dieser staubige Ort, 27 km südlich von Paquimé, ist ein wichtiges Keramikzentrum. Die Kunsthandwerker:innen hier verwenden Techniken und dekorative Stile, die von der Paquimé-Kultur inspiriert sind. Viele ihrer Stücke werden weltweit zu hohen Preisen verkauft. Wirf einen Blick in die Werkstatt und den Ausstellungsraum von Juan Quezada Celado, der die Töpfertradition in den 1970er-Jahren wiederbelebte. Bei einem Spaziergang durch das Dorf kommst du an zahlreichen Töpfereien vorbei und kannst den Menschen bei der Arbeit zusehen. Für die Fahrt dorthin kann man ein Taxi von Nuevo Casas Grandes nehmen (Kosten: ca. 600 Mex$).

JEJIM/SHUTTERSTOCK ©

Paquimé

Die Ruinen von Paquimé

DIE GRÖSSTE ARCHÄOLOGISCHE STÄTTE CHIHUAHUAS

Die Ruinen von **Paquimé** liegen in einem breiten Tal 300 km nordwestlich von Chihuahua-Stadt und enthalten die Überreste der wichtigsten Handelssiedlung Nordmexikos. Die UNESCO-Weltkulturerbestätte ist ein Labyrinth aus rosaroten Lehmmauern mit engen Gängen und kleinen Kammern.

Paquimé war einst das Zentrum der Casas-Grandes-Kultur, die den größten Teil von Chihuahua beherrschte und sich im Norden bis nach New Mexico und Arizona ausdehnte. Die Eliten lebten in der Stadt Paquimé und kontrollierten die Bewässerungssysteme, die landwirtschaftliche Produktion und den Handel mit Rohstoffen. Die Wüste, die Täler und die Berge waren durch Wachtürme und Straßen miteinander verbunden. Die Stätte wurde um 1340 geplündert, vermutlich von Apachen. Die Ausgrabungen begannen in den 1950er-Jahren; 1998 erklärte die UNESCO die Stätte zum Weltkulturerbe.

Nicht verpassen sollte man das **Museo de las Culturas del Norte** (im Eintrittspreis enthalten), in dem die Verbindung zwischen den indigenen Kulturen Nordmexikos und des Südwestens der USA erläutert wird. Auf den Informationstafeln (spanisch und englisch) finden sich faszinierende Details zu den Stätten, etwa zu den Grubenöfen, in denen Mezcal für wichtige Feste hergestellt wurde, zur Unterkunft eines *curandero* (Heiler) u.v.m. Die Paquimé waren großartige Töpfer und stellten außergewöhnliche cremefarbene Töpferwaren mit geometrischen Mustern her. Einige erstaunliche Originalstücke sind im Museum ausgestellt, moderne Reproduktionen stehen zum Verkauf.

UNTERWEGS VOR ORT

Vom Hauptbusbahnhof Chihuahuas (Juan Pablo II) fahren regelmäßig Busse, sodass es relativ einfach ist, die Stadt auf eigene Faust zu erkunden. Um zum Busbahnhof zu gelangen fährst du mit dem Bus „Circunvalación Sur“ in Richtung Nordwesten auf der Carranza. Rápidos Cuauhtémoc hat eine neue Haltestelle in der Innenstadt von Chihuahua, aber man sollte früh dort sein oder das Busticket im Voraus buchen. Trolleybus-Touren ab Chihuahua Bárbaro sind eine praktische Möglichkeit, die Region zu entdecken, wenn du nicht selbst mit dem Auto fahren möchtest.

MONTERREY

Das kosmopolitische Monterrey hat eine lebendige Kulturszene und ist ein starker Finanzplatz. Als wirtschaftliches Kraftzentrum wartet die drittgrößte Stadt Mexikos mit hoch aufragenden Wolkenkratzern und gigantischen Einkaufszentren auf – aber auch mit einer beeindruckenden Liste von erstklassigen Museen, Kunstzentren und Unterhaltungsangeboten.

Das Zentrum der Stadt ist die Macroplaza; östlich davon liegt das historische Stadtzentrum, das Barrio Antiguo, das – bis vor Kurzem heruntergekommen – nun durch hippe Bars, Kunstläden und einen Sonntagsmarkt wiederbelebt wurde. Im Westen befindet sich die Zona Rosa, ein lebhaftes modernes Viertel mit Fußgängerzonen. Der Parque Fundidora weiter östlich ist die Lunge der Stadt mit einer Reihe von Museen und Erlebnisparks.

Der Name Monterrey bedeutet „König der Berge“, und es ist leicht zu erkennen, wie die Stadt zu ihrem Namen kam: Sie wird von den gewaltigen Bergen der Sierra Madre Oriental eingerahmt, sodass in den Außenbezirken eine Menge Outdoor-Aktivitäten möglich sind.

TOP TIPP

Der Flughafen von Monterrey (27 km vom Stadtzentrum entfernt) bietet Direktflüge nach Dallas, Houston, Miami und New York. Außerdem werden alle größeren Städte Mexikos angeflogen. Vom Flughafen aus gelangt man mit dem Noreste-Bus (der stündlich verkehrt) zum Hauptbusterminal, dem Central de Autobuses, 2 km nördlich des Stadtzentrums.

SEHENSWERTES
1 Catedral Metropolitano de Monterrey
2 Faro del Comercio
3 Macroplaza
4 Museo de Arte Contemporáneo
5 Museo de Historia Mexicana
6 Palacio de Gobierno
7 Paseo Santa Lucía

ESSEN
8 Me Muero de Hambre
9 Mercado Barrio Antiguo

AUSGEHEN & FEIERN
10 Almacén **42**
11 La Oveja Negra Taverna

UNTERHALTUNG
12 Café Iguana

SHOPPEN
13 D'michaus
14 Libros Café Y Detalles

LOCAL-TIPP: HIER GIBT'S LIVE MUSIK

David Navas, Tänzer und afrikanischer *Djembe*-Trommler, der die TTMDA Mexico (Tam Tam Mandingue Djembe Academy) leitet, gibt Tipps für einige der besten Bars und Live-Musik-Locations in Monterrey.

Café Iguana
Eine Institution in Monterrey, die ein breites Spektrum an Musik bietet, von ethnischem Tanz bis zu Hip-Hop.

Almacén 42
Lebhafter Hipster-Laden mit 42 Sorten Craft-Bier vom Fass, untergebracht in einem Industriecontainer, der zur Bar umfunktioniert wurde.

Nirvana Rock Joint
Das traditionelle Haus des Rock in San Pedro ist ein großer und offener Veranstaltungsort für Live-Auftritte.

TopazDeluxe
Der beste Club für elektronische Musik hat eine treue Fangemeinde unter den jungen Leuten der Stadt.

Saxy Jazz Club
Ein neues Lokal für das besser betuchte Publikum mit Live-Jazz und Latin-Music.

Macroplaza

Im Herzen von Monterrey

MUSEEN, BERGE UND PLÄTZE

Die meisten Sehenswürdigkeiten Monterreys konzentrieren sich um die **Macroplaza**, einen der größten Plätze der Welt. Dieses umstrittene, aber erfolgreiche Sanierungsprojekt wurde erst in den 1980er Jahren durch den Abriss eines großen Gebäudes verwirklicht. Der städtische Raum wirkt immer noch kahl und steril, mit nur wenigen Bäumen und Grünflächen.

Die Macroplaza wird von dem 70 Meter hohen, ziegelroten **Faro del Comercio** (Leuchtturm des Handels) dominiert, der wie ein Leuchtturm gestaltet ist. Das schlanke monolithische Wahrzeichen erhellt jeden Abend den Nachthimmel mit grünen Lasern. Auf der anderen Straßenseite gegenüber dem Faro befindet sich die barocke **Catedral Metropolitana de Monterrey**, die im Vergleich zu ihrem Pendant in Mexico City erstaunlich klein ist. Der Sakralbau hat ein zentrales Kirchenschiff in Form eines Kreuzes, das von Nischenkapellen flankiert wird. Südlich der Kathedrale befindet sich das **Museo de Arte Contemporáneo** (MARCO), eines der besten Museen für zeitgenössische Kunst des Landes.

Zurück an der Macroplaza geht es weiter in Richtung Norden zur **Esplanada de los Héroes** (Promenade der Helden), die mit Denkmälern mexikanischer Helden wie Miguel Hidalgo und Benito Juárez gesäumt ist. Von hier aus sieht man den **Palacio de Gobierno** aus dem Jahr 1908 mit seiner prächtigen neoklassizistischen Fassade, die durch Buntglasfenster zusätzlich verschönert wird.

DIE BESTEN CAFÉS IN MONTERREY

Trece Lunas
Buntes multikulturelles Slow-Food-Café im Barrio Antiguo mit einer umfangreichen Speisekarte mit Schwerpunkt auf *botanas* (Teller zum Teilen). $

Tierra Libre
Noch ein gemütlicher Laden, in dem es Bio-Kaffee aus mexikanischem Anbau und spanischsprachige Bücher gibt. $

Libros Café Y Detalles
Bibliophile werden diese Café-Buchhandlung mit ihren Wänden voller Bücher und der üppigen Speisekarte lieben. $

Im Osten bildet die **Plaza 400 Años** mit ihren Springbrunnen und Wasserbecken einen beeindruckenden Zugang zum modernistischen **Museo de Historia Mexicana** (Museum der mexikanischen Geschichte), einem mehrstöckigen Museum, das die Geschichte Mexikos von der prähispanischen Zeit bis zum 20. Jh. zeigt. Über 1200 Artefakte sind hier ausgestellt, darunter Olmeken-Steinköpfe und eine echte Lokomotive. Der Eintritt gilt auch für das **Museo del Noreste**, mit dem es über eine Glasbrücke verbunden ist. Dieses Museum befasst sich mit der Geografie, Kultur und Geschichte des Nordostens von Mexiko.

Rundgang im Barrio Antiguo

BELEBUNG DES HISTORISCHEN STADTZENTRUMS

In den letzten Jahren hat das Barrio Antiguo, das historische Stadtzentrum von Monterrey, einen Aufschwung erlebt. Die Gewalt, von der die Stadt Anfang der 2000er-Jahre heimgesucht wurde, zeigte sich in vielen Bars und Nachtclubs dieses Viertels und vertrieb viele Unternehmen aus der Gegend. Aber inzwischen geht es aufwärts, denn Third-Wave-Cafés, Craft-Beer-Läden und Indie-Boutiquen kehren zurück und locken die Menschen wieder in das alte Viertel. Der Prozess ist noch nicht abgeschlossen, aber es liegt ein Hauch von Hoffnung in der Luft.

Von der Macroplaza aus geht es in Richtung Osten entlang der Fußgängerzone Calle Morelos, wo sich hippe Bars, Biergärten und Spezialitätengeschäfte aneinanderreihen. Der erste Stopp ist der **Mercado Barrio Antiguo**, eine lebendige Markthalle mit reichlich Streetfood und Craft Beer. Hol dir einen *antojito* (Snack) und geh weiter zum **Libros Café Y Detalles**, einem charismatischen Buchladen, der gleichzeitig ein Café ist und dessen Regale bis zur Decke mit Büchern und Krimskrams gefüllt sind.

Schräg gegenüber befindet sich das extravagante, in leuchtenden Pastellfarben gehaltene Restaurant **Me Muero de Hambre**. Das Lokal liegt an der belebtesten Kreuzung des Barrio Antiguo und bietet eine zwanglose Ecke für *tacos*, eine andere für kreative mexikanische Gerichte und eine offene Dachterrasse mit schöner Aussicht und begehrten Holzofenpizzen.

Rechtwinklig zur Calle Morelos verläuft die autofreie Calle Mina, die sich sonntags in den **Corredor del Arte** verwandelt und eine skurrile Sammlung von Antiquitäten, Kunsthandwerk und Schnickschnack bietet. Das ganze Viertel erwacht zum Leben, wenn die Einheimischen zwischen Stapeln von Secondhand-Kleidung, alten Schallplatten und antiken Haushaltsgegenständen nach originellen Stücken stöbern. Weiter südlich stößt man auf die Calle Jardón, wo sich die Antiquitätengeschäfte der Stadt konzentrieren. **D'michaus** besitzt einen Schrottplatz

MUSIKFESTIVALS IN MONTERREY

Monterrey ist bekannt für seine zahlreichen namhaften Festivals und erstklassigen Veranstaltungsorte für Live-Musik und damit ein beliebtes Ziel für Musikfans. Hier einige der wichtigsten Veranstaltungen, die jedes Jahr in Monterrey stattfinden:

Pa'l Norte Dieses Mega-Musikfestival wird jedes Frühjahr im Parque Fundidora veranstaltet und präsentiert so bekannte Stars wie Carlos Santana.

Hellow Festival Monterreys ältestes Musikfestival erobert die Stadt jedes Jahr im August mit einem vielfältigen Programm aus verschiedenen Genres, von Hip-Hop bis EDM.

Beyond Wonderland Dieses über mehrere Bühnen verteilte Festival unter dem Motto „Alice im Wunderland" ist ein Spektakel aus elektronischer Tanzmusik, interaktiven Ausstellungen und einer bunten Lichtshow.

Coffee with Aliens
Hierher kommen die Gäste wegen der Kaffeespezialitäten – und sie bleiben wegen des Ambientes. $$

BreAd Panaderos Artesanales
In dieser Bäckerei in San Pedro, die sich auf europäisches Brot und Gebäck spezialisiert hat, bekommt Frühstück eine neue Bedeutung. $$

Mon Paris – Gomez Morin
In diesem französischen Café in San Pedro fühlt man sich bei köstlichen Crêpes und Pains au Chocolat nach Frankreich versetzt. $$

GABRIELBAHENA/SHUTTERSTOCK ©

Paseo Santa Lucía

mit Schätzen aus Metall und einen Innenraum, der randvoll gefüllt ist mit Bronzeskulpturen, Repliken von Gemälden aus der viktorianischen Ära und alten Ledersesseln.

Abends kann man im ultracoolen **Almacén 42** abhängen, wo Schiffscontainer zu einer urbanen Hipster-Bar umgebaut wurden. Zweiundvierzig Craft-Biere vom Fass sowie eine solide Speisekarte mit Tellern zum Teilen und Tacos stehen zur Auswahl. Auf der anderen Straßenseite liegt die **La Oveja Negra Taverna**, eine Craft-Bier-Kneipe mit deutschen Bieren und überraschenden deutschen Gerichten wie Bratwurst und Eisbein. Das nahe gelegene **Café Iguana** ist eine Institution, in der schon die größten Bands aus den verschiedensten Musikrichtungen aufgetreten sind. Der Nachtclub bildet das Epizentrum der alternativen Szene Monterreys.

SICHERHEIT IN MONTERREY

Noch 2012 war Monterrey Schauplatz von Drogenkriegen, aber in den letzten fünf Jahren sind Gewalt und Kriminalität deutlich zurückgegangen. Sowohl das Barrio Antiguo östlich der Macroplaza als auch die belebte Zona Rosa im Westen der Stadt gelten als weitgehend sicher bei Tag und Nacht. Es ist immer ratsam, sich an die Hauptstraßen zu halten und nach Einbruch der Dunkelheit nicht allein unterwegs zu sein. Meiden sollte man vor allem das von Kriminalität geprägte Viertel Colonia Independencia, das sich auf der anderen Seite der Autobahn gegenüber dem Centro befindet.

Die grüne Lunge der Stadt

FLUSSWANDERUNGEN, FAHRRADTOUREN UND MUSEUMSBESUCHE

Ein künstlich angelegter Fluss schlängelt sich durch das Herz der Industriestadt Monterrey, seinem Lauf folgt eine lange Promenade, der **Paseo Santa Lucía**. Hier kann man gemütlich spazieren gehen oder in die Flussboote steigen, die an der Anlegestelle an der Plaza 400 Años ablegen (am Wochenende lange Wartezeit!). Der Fluss wird von 24 Brücken überspannt und von 13 Springbrunnen belebt, an seinem westlichen Ende befinden sich einige Restaurants.

Am östlichen Ende des Paseo Santa Lucía liegt der **Parque Fundidora**, die weitläufige Lunge der Stadt, die aus einem ehemaligen Industriegebiet entwickelt wurde. Heute durchzieht ein Netz von Wegen den Park und gibt den Blick auf den be-

NOCH MEHR SEHENSWÜRDIGKEITEN IM PARQUE FUNDIDORA

Arena Monterrey
Die größte Arena in Monterrey, in der die meisten Konzerte und Sportveranstaltungen stattfinden.

Papalote Museo del Niño
Dieses Museum für Kinder ist ein unterhaltsamer Ort mit Dinosaurierfossilien, interaktiven Hydrokultur-Exponaten und einem 3D-IMAX-Kino.

Parque Expedición Amazonia
Wildpark mit 80 Vogel- und anderen Tierarten, Dinosaurierfiguren und spannenden Fahrgeschäften.

MONICA GARZA 73/SHUTTERSTOCK ©

Cerro de la Silla

rühmten Berg Cerro de la Silla frei. Hier kann man problemlos den ganzen Tag verbringen – einfach ein Fahrrad ausleihen oder mit einem Ruderboot auf dem See herumschippern und anschließend die verschiedenen Museen und Ökoparks besuchen.

Wer jedoch nur Zeit für eine einzige Attraktion hat, sollte sich das **Museo del Acero Horno3** ansehen. Der ehemalige Hochofen wurde auf geniale Weise in ein beeindruckendes Hightech-Museum zum Anfassen umgewandelt, das der mexikanischen Stahlindustrie gewidmet ist. Schon beim Betreten des Museums ist man überwältigt: von den dampfenden Steinen am Eingang bis hin zum Aufzug, der unter freiem Himmel zum Gipfel führt und von dort aus einen atemberaubenden Blick auf Monterrey bietet. Der Höhepunkt ist die dramatische Hochofen-Show, die stündlich vom Hauptteil des Horno3 ausgestrahlt wird. Wer den Nervenkitzel sucht, sollte einen Besuch am Wochenende planen, denn dann kann man von der Turmspitze aus eine Seilrutschen- und Abseiltour machen. Um sicher einen Platz zu ergattern sollte man vorab online buchen. Das moderne Café-Restaurant des Museums, **El Lingote**, ist an sich schon ein lohnendes Ziel für Feinschmecker. Es serviert kreative Fusionsküche und Craft Beer mit Blick auf den Park.

Panorama-Ausblicke

GESCHICHTE UND AUSSICHTEN

In einer von Bergen umgebenen Stadt wie Monterrey mangelt es nicht an Gipfeln und Aussichtspunkten, von denen man einen atemberaubenden Blick auf die Umgebung hat. Der am leichtesten zugängliche ist der **Cerro del Obispado** (Bischofshügel),

ESSEN IN MONTERREY

Mercado Barrio Antiguo
Dieser angesagte Markt ist ein belebter Ort mit Gemeinschaftstischen und einem Dutzend kleiner Verkaufsstände. $

Palax Linda Vista
Dieses Lokal ist rund um die Uhr geöffnet. Hier gibt es die beliebtesten *norteño*-Gerichte wie *tacos de lengua* (Zungen-Tacos) und *machaca* (getrocknetes Rindfleisch). $

El Rey de Cabrito
Ein skurriles, aber unterhaltsames Lokal, in dem man Monterreys typisches Gericht *cabrito al pastor* (Zickleinbraten) probieren kann. $$

Madre Oaxaca
Dieses charmante Restaurant ist mit allerlei Volkskunst geschmückt und serviert authentische Gerichte aus Oaxaca. $$

ÜBERNACHTEN IN MONTERREY

Safi Royal Luxury Metropolitan
Ultra-luxuriöses modernes Hotel im gehobenen Stadtteil San Pedro, mit Blick auf die Sierra Madre rundherum. $$$

Gamma Monterrey Gran Hotel Ancira
Überraschend günstige Zimmer in einem neoklassizistischen Gebäude von 1912 in zentraler Lage. $$

Hoteles Antigua Casona Allende
Schickes Boutique-Hotel im Barrio Antiguo mit Mosaikböden und freiliegenden Backsteinwänden. $

SERGIO MENDOZA HOCHMANN/GETTY IMAGES ©

Cerro del Obispado (S. 625)

der 4 km westlich des Stadtzentrums liegt und mit dem Auto zu erreichen ist.

Auf der Spitze des Hügels (775 m) befindet sich ein großer runder Aussichtspunkt, von dem aus man einen spektakulären Rundumblick über die Stadt und die umliegenden Berge der Sierra Madre Oriental hat. In der Mitte des **Mirador del Obispado** steht die größte Monumentalflagge Mexikos mit einem 100 m hohen Mast. Am mexikanischen Unabhängigkeitstag finden hier Tanzvorführungen, Lichtshows und Feuerwerke statt. Am Eingang des Parks gibt es einen Parkplatz, Bänke und Toiletten.

Direkt unter dem Mirador steht der senfgelbe **Palacio del Obispado**, der ursprünglich als Sitz der geistlichen Führung im Bundesstaat Nuevo León errichtet wurde. Im Jahr 1902 wurde er von Präsident Porfirio Díaz in das **Museo Regional de Nuevo León El Obispado** umgewandelt, seit 1952 zeigt es eine Sammlung von Artefakten aus der religiösen Geschichte des Gebäudes.

NOCH MEHR AUSSICHTSPUNKTE IN MONTERREY

Cerro de la Silla
Der charakteristische Sattelberg von Monterrey bietet mit seiner stillgelegten Seilbahnpromenade einen spektakulären Panoramablick (der Aufstieg dauert etwa 90 Minuten).

Cerro del Chupón
Ein 4,8 km langer Rundweg südlich des Stadtzentrums führt zum Gipfel des Schnullerhügels und bietet großartige Ausblicke.

UNTERWEGS VOR ORT

In einer Megastadt von der Größe Monterreys muss man mit ausgesprochen viel Verkehr rechnen. Außerhalb des Stadtzentrums und des Barrio Antiguo ist die Stadt sehr ausgedehnt, und man braucht ein Auto, um sich in dem Wirrwarr von Autobahnen und Überführungen zurechtzufinden. Wer mit dem Auto fahren möchte, sollte sich vor rücksichtslosen Fahrern in Acht nehmen und viel Geduld mitbringen.

Monterrey verfügt über ein modernes Metrosystem, das jedoch hauptsächlich das Stadtzentrum bedient. Metrorrey umfasst derzeit drei Linien: Die Linea 1 fährt oberirdisch vom Nordwesten in die östlichen Vororte; die Linea 2 beginnt unterirdisch an der Macroplaza und fährt in die nördlichen Vororte; die Linea 3 verbindet die Station Zaragoza mit den nordöstlichen Gebieten. Regelmäßig verkehrende Busse fahren zu Orten, die mit der U-Bahn nicht erreichbar sind; dabei ist es wichtig, Kleingeld dabei zu haben. Ansonsten sind Rideshares und Taxis verbreitet und preisgünstig.

Rund um Monterrey

Jenseits der ausgedehnten Vorstädte von Monterrey versprechen die majestätischen Berge der Sierra Madre Oriental eine Welt voller Abenteuer.

In einer Stadt, in der die Bergwildnis in unmittelbarer Nähe des städtischen Lebens liegt, ist jeder Tag ein neues Abenteuer. Die Berge der Sierra Madre Oriental, die sich rund um Monterrey erheben, bieten eine Fülle von Wanderwegen und Kletterrouten, die unglaublich problemlos zugänglich sind.

Der Stadtteil San Pedro ist nur eine Stunde Fußmarsch von der Hochebene des Parque Ecológico Chipinque entfernt, in dem noch Bären frei herumlaufen. Im Westen der Stadt können Abenteuerlustige die steilen Felswände im Parque Ecológico La Huasteca erklimmen. Schon außerhalb der Stadt beeindruckt das 3,5 km lange Höhlensystem von Grutas de García.

Wer mehr Zeit zur Verfügung hat, sollte weiter westlich in den Bundesstaat Coahuila fahren, der mit hügeligen Weinanbaugebieten und einzigartigen Wüstenökosystemen aufwartet. Zu den Höhepunkten gehören das idyllische Weinmekka Parras, die von Stromatolithen gesäumten *pozas* (Wasserbecken) von Cuatro Ciénagas und die Wüstenstadt Saltillo.

TOP TIPP

Ein Mietwagen ist die bequemste Art, die Berge von Monterrey zu erkunden, aber man muss sich auf Haarnadelkurven und steile Steigungen einstellen.

Parque Ecológico La Huasteca

EINFACHERE TAGESAUSFLÜGE VON MONTERREY AUS

Wer auf der Suche nach harmloseren Abenteuern oder einer kulturellen Abwechslung ist, findet in der Nähe von Monterrey eine Fülle von Ausflugsmöglichkeiten.

Villa de Santiago Die Einheimischen von Monterrey strömen an den Wochenenden in dieses charmante Städtchen 45 km südöstlich der Großstadt, um die ruhige Atmosphäre, die entspannte Stimmung und die Restaurants am Fluss zu genießen.

Cascada Cola de Caballo Monterreys beeindruckendster Wasserfall am Stadtrand von Santiago ist ein atemberaubender Anblick. Am besten lässt er sich von der Brücke aus beobachten, die den Wasserfall überspannt.

Termas San Joaquín Eine natürliche heiße Quelle mit Bädern im maurischen Stil und Resort-Annehmlichkeiten mitten in der Wüste von Coahuila.

Linares, ein *pueblo mágico* 130 km südöstlich von Monterrey, ist vor allem für seine *glorias* und *marquesitas* bekannt, Süßigkeiten aus gekochter Milch und Nüssen.

ESKYSTUDIO/SHUTTERSTOCK ©

Graubrusthäher, Parque Ecológico Chipinque

Wildnis in der Umgebung von Monterrey

BERGGIPFEL, SCHLUCHTEN UND HÖHLEN

Über Monterrey erhebt sich eine Reihe von zerklüfteten Gipfeln, die den riesigen Parque Nacional Cumbres de Monterrey bilden. Dieser Park schützt über 1770 km² schroffe Schluchten, stürzende Wasserfälle und viele der *cerros* (Hügel), die die Skyline von Monterrey prägen.

Morgendliche Wanderungen in Chipinque

Der am besten zugängliche Punkt des Nationalparks ist der **Parque Ecológico Chipinque** 19 km südwestlich des Stadtzentrums. Das auf einem Berggipfel gelegene Naturschutzgebiet ist eine 15-minütige (steile) Autofahrt von den Straßen des Nobelviertels San Pedro entfernt. Dieser unglaublich gut geschützte nördliche Teil der Sierra Madre Oriental bietet fantastische Wandermöglichkeiten, z. B. auf den 2200 m hohen Copete de las Águilas, sowie Mountainbikestrecken durch Laubwälder.

Im Besucherzentrum am Eingang erhält man Karten, Tipps für Wanderungen und Genehmigungen. Vorsicht ist geboten, denn in diesem Gebiet leben Schwarzbären, und es kommt durchaus vor, dass sie gesichtet werden. Man sollte also möglichst nicht allein wandern oder vom Weg abkommen. Die Eintrittskarten (70 Mex$) müssen im Voraus online gekauft werden. Mit dem Bus 130 fährt man von der Kreuzung Vasconcelos und Gómez in San Pedro; eine Fahrt mit Uber aus dem Stadtzentrum sollte nicht mehr als 150 Mex$ kosten.

ABENTEUERTOUR-VERANSTALTER IN MONTERREY

Yeti Adventures
Dieser Ausrüster organisiert Canyoning und Wanderungen in kleinen Gruppen in der Umgebung von Monterrey.

Ibo Adventures
Monterreys größter Abenteuerspezialist veranstaltet Canyoning-Touren, Bungee-Jumping und Fallschirmspringen.

Hiking MTY
Hiking MTY bietet regelmäßig Gruppenwanderungen in der Umgebung von Monterrey sowie Canyoning- und Bergsteigerexpeditionen weiter außerhalb an.

Klettern in der Huasteca-Schlucht

Kletterfans und sportliche Wander:innen können sich im **Parque Ecológico La Huasteca**, 16 km westlich des Zentrums am Rande des Bezirks Santa Catarina, einen Adrenalinkick holen. Der Parque Ecológico La Huasteca, der auch zu den Cumbres de Monterrey gehört, bietet eine völlig andere Landschaft als Chipinque. Über den schwindelerregenden Wänden des Cañón de la Huasteca ragen kolossale Stacheln aus Karstkalkstein steil in den Himmel. An den Wänden befinden sich Petroglyphen, die vor Tausenden von Jahren entstanden sind und die Geschichte des Huichol-Volkes erzählen, das hier Pilgerfahrten unternahm.

Heute zieht die Schlucht mit ihrer großen Auswahl an Kletterrouten – von anfängerfreundlichen bis hin zu anspruchsvollen – Kletterfans aus der ganzen Welt an. Anfahrt mit dem Bus 505 von der Av. Doctor Ignacio Morones Prieto aus oder mit einem Rideshare für etwa 200 Mex$ pro Strecke.

Die Grutas de García

Die **Grutas de García** , eines der beeindruckendsten Höhlensysteme Mexikos, erstrecken sich über 3,5 km im Inneren der Sierra del Fraile, nur 64 km nordwestlich des Stadtzentrums von Monterrey. Die Höhlen sollen sich vor etwa 60 Mio. Jahren gebildet haben, als sie noch unter dem Meeresspiegel lagen. Wer genau hinsieht, kann in die Höhlenwände eingebettete Meeresfossilien entdecken.

Ein landschaftlich reizvoller *teleférico* führt in nur fünf Minuten 750 m hinauf zur Höhle. Allerdings war die Höhle lange wegen Reparaturarbeiten geschlossen; daher sollte man sich unbedingt vorher informieren. Der 1,5 km lange Aufstieg über einen gut gepflasterten Weg ist gut zu bewältigen. Beim Betreten der Höhle gibt es zwei Routen: Die eine ist 2,5 km lang und führt durch 16 verschiedene Kammern, die andere ist kürzer, 1 km, und führt durch elf Kammern. Die Höhlen an beiden Wegen sind geprägt von Kammern voller Stalaktiten und Stalagmiten. Zu den Highlights gehören *La Octava Maravilla* (das achte Wunder), eine riesige Säule, die aus der Verschmelzung eines Stalagmiten mit einem Stalaktiten entstand, und *El Mirador de la Mano*, ein Stalagmit, der einer riesigen Hand ähnelt.

AKTIVITÄTEN IN DER NÄHE VON MONTERREY

Canyoning
Die Matacanes-Schlucht in der Sierra de Santiago, südlich von Monterrey, bietet im Sommer eine 12 km lange Route entlang unterirdischer Flüsse, Wasserfälle und natürlicher Wasserrutschen.

Klettern
Nur 45 km nordwestlich von Monterrey liegt das weltberühmte Potrero Chico, die Kletter-Hochburg Mexikos.

Klettersteige
Im Parque Ecológico La Huasteca gibt es zwei *via ferrata*-Routen (Rutas Vertigo und Ignis) für erfahrene Wander- und Kletterfans.

Paragliding
Tandem-Flüge mit einem Paragliding-Lehrer über den Bergen von Santiago, 45 km südöstlich von Monterrey.

Der Bundesstaat Coahuila

WEINGÜTER, WÜSTEN UND NEBELWÄLDER

Nur 50 km westlich von Monterrey liegt der beschauliche Bundesstaat Coahuila, der (außer in Torreón) weitaus ruhiger und entspannter ist als die benachbarten Bundesstaaten und dennoch bei Ausländer:innen praktisch unbekannt ist.

Gaia Xtreme
Führt beliebte Canyoning-, Paragliding- und Wandertouren rund um Monterrey sowie Aktivitäten in anderen Regionen Mexikos durch.

Emoción Extrema
Erfahrener Anbieter von Bergsteige-, Canyoning- und Abseiltouren mit Sitz in Monterrey.

GEO Aventuras
Bietet Klettersteigtouren und mehrtägige Canyoning-Touren mit Übernachtung in der eigenen Lodge in der Sierra Madre Oriental an.

DIE BESTEN UNTERKÜNFTE IM BUNDESSTAAT COAHUILA

Hotel Rancho el Morillo
Am Rande von Saltillo liegt diese 1934 erbaute, stilvolle Hacienda auf einem weitläufigen Gelände mit Wanderwegen rund um den hauseigenen Obstgarten. **$$**

Finca del Rocío
Familiengeführte Finca mit üppigem Garten, Außenpool und preisgünstigen Zimmern. **$$**

Casona del Banco
Historische Bank in Parras, die zum Hotel umfunktioniert wurde und kolonialen Luxus im großen Stil bietet. **$$$**

Hacienda 1800
Das mondänste Hotel in Cuatrociénegas mit schicken Villen und organisierten Aktivitäten im Herzen der Coahuila-Wüste. **$$$**

Saltillo

In diesem Teil Nordmexikos ist die Natur so präsent wie nirgendwo sonst. Besonders hervorzuheben ist die **Area de Protección de Flora y Fauna Cuatrociénegas**, ein 843 km² großes Naturschutzgebiet inmitten des Desierto Chihuahuense, das mit Hunderten von schimmernden azurblauen *pozas* (natürlichen Tümpeln) gespickt ist. Cuatrociénegas beherbergt über 75 endemische Arten und Stromatolithen, die älteste noch lebende Lebensform der Erde.

Wer die Wüste von Coahuila genauer kennenlernen möchte, sollte das imformative und unterhaltsame (auch wenn man kein Spanisch spricht) **Museo del Desierto** in der Stadt Saltillo besuchen. Außerdem gibt es ein Reptilienhaus, Dinosaurierfiguren und einen botanischen Garten mit über 400 Kakteenarten. Wenn möglich solltest du auch die Gelegenheit nutzen, Saltillo (gegründet 1577) kennenzulernen, die älteste Stadt im Nordosten Mexikos mit schönen Kolonialgebäuden.

Etwa 160 km westlich von Saltillo liegt die malerische Oasenstadt **Parras**, das wichtigste Weinanbaugebiet der Region. Dank des gemäßigten Klimas und der natürlichen Bewässerung (unterirdische Bäche aus der Sierra) wird hier seit dem 16. Jh. Wein angebaut. Das Weingut **Casa Madero** ist die älteste Weinkellerei Amerikas. An den Wochenenden bietet sie einstündige Führungen durch die Weinberge an, zu Pferd oder mit der Kutsche. Natürlich kann man sich auch auf eine Weinprobe beschränken – 300 Mex$ für drei Weine, die im Gebäude neben der Kapelle ausgeschenkt werden. Im August findet alljährlich in Parras die **Feria de la Uva** (Traubenmesse) statt, bei der die Casa Madero eine wichtige Rolle spielt.

UNTERWEGS VOR ORT

Die Busse zu den Nationalparks und in die nahe gelegenen Bundesstaaten fahren alle von Monterreys riesigem Busbahnhof, der Central de Autobuses, ab. Es gibt regelmäßige Verbindungen nach Saltillo und Parras (alle 45 Minuten), aber die Naturparks und Wildnisgebiete erkundet man am besten mit dem eigenen Fahrzeug. In Cuatrociénegas ist es schwierig, sich ohne Guide im Schutzgebiet zurechtzufinden, denn die Wüstenwege sind nicht immer ausgeschildert. Auch für Wanderungen und Klettertouren sollte man einen Guide engagieren.

DURANGO

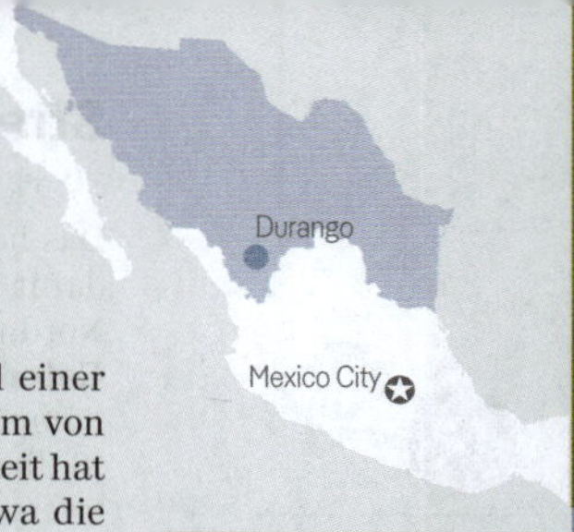

Eingeschlossen von den Bergen der Sierra Madre und einer riesigen Wüste ist der Binnenstaat Durango seit Langem von anderen Teilen des Landes isoliert. Diese Abgeschiedenheit hat einzigartige regionale Merkmale hervorgebracht – etwa die unverwechselbare lokale Küche und den schrägen Humor.

Die Wüstenlandschaft hat Durango auch in der Welt bekannt gemacht – hier wurden viele Western-Klassiker gedreht. Die Filmkulissen, die nur wenige Kilometer von der Hauptstadt entfernt liegen, sind heute Themenparks im Saloon-Stil, in denen es Shows mit Revolverhelden gibt, die sich Schießereien liefern.

Die gleichnamige Hauptstadt des Wüstenstaates ist eine angenehme Überraschung. Das attraktive und gut erhaltene Stadtzentrum ist mit über 70 historischen Gebäuden übersät, von denen viele in interessante Museen umgewandelt wurden. Mit seinen freundlichen Einwohnern und einer Fülle von historischen und kulturellen Sehenswürdigkeiten ist Durango ein interessantes Reiseziel abseits der ausgetretenen Pfade.

TOP TIPP

Durangos Flughafen Aeropuerto Guadalupe Victoria liegt 15 km nordöstlich der Stadt. Es gibt Flüge nach Dallas, Mexico City und Tijuana. Ein Taxi zum/vom Zentrum kostet 300 bis 350 Mex$. Central Camionera de Durango, Durangos wichtigster Busbahnhof, ca. 5 km östlich des Zentrums gelegen, bietet Verbindungen nach Zacatecas, Mazatlán, Los Mochis und Chihuahua.

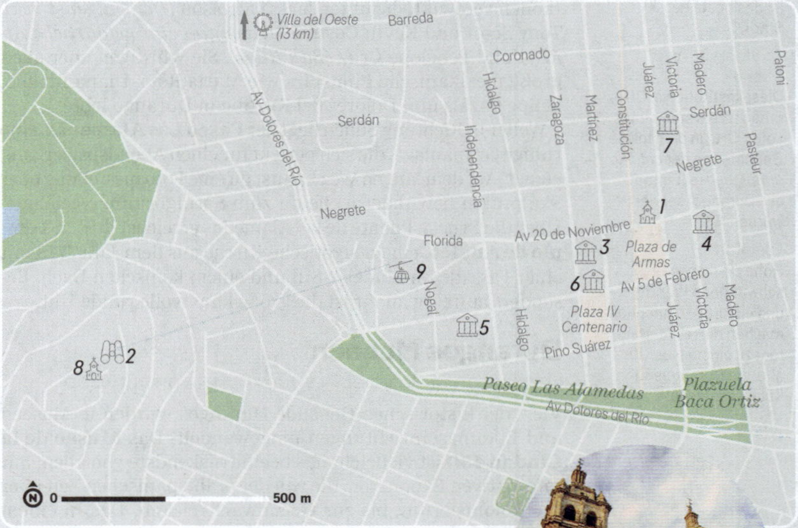

Sehenswertes
1 Catedral Basílica Menor
2 Mirador de los Remedios
3 Museo de Arqueología de Durango Ganot-Peschard
4 Museo de la Ciudad 450
5 Museo de las Culturas Populares
6 Museo Francisco Villa
7 Museo Regional de Durango
8 Templo de los Remedios
9 Paseo Teleférico

Catedral Basílica Menor (S. 632)

Streifzug durch das historische Zentrum

MUMIEN, LEGENDEN UND HOLLYWOODSTARS

Das herrlich entspannte Zentrum von Durango ist vor allem dafür bekannt, dass es die meisten historischen Gebäude in Nordmexiko besitzt. Das Highlight ist die atemberaubende **Catedral Basílica Menor** mit Blick auf die von Brunnen und Bäumen gesäumte Plaza de Armas. Die Ende des 17., Anfang des 18. Jhs. erbaute Kathedrale ist durch ihr barockes Äußeres und zwei markante Glockentürme an den Seiten geprägt.

In der Mitte der Plaza de Armas kannst du in den dunklen, aber faszinierenden **Paseo Túnel Mineria Durango** (Bergbautunnel) hinabsteigen, einen unterirdischen Gang mit Schautafeln und audiovisuellen Präsentationen, die die Bergbaugeschichte der Stadt und die teils gruseligen Legenden von Durango thematisieren. Eines der merkwürdigsten Exponate ist die Mumie eines Vampirkindes, das angeblich in Nombre de Dios aufgetaucht ist; ein anderes ist ein Chaneque-Kobold, der der Legende nach sein Unwesen in den Zechen treibt.

Die **Calle Constitución**, die Straße, die westlich der Plaza de Armas verläuft, gehört zu den attraktivsten autofreien Straßen Mexikos und ist von Restaurants und Cafés gesäumt. Auf dem Weg durch die Fußgängerzone nach Süden stößt man auf lebensgroße Bronzestatuen von Filmstars, die hier vor der Kamera standen. Auf Durangos Walk of Fame sind viele Hollywood-Ikonen verewigt, darunter Jack Nicholson *(Der Galgenstrick)*, Tony Scott und Kevin Costner *(Revenge – eine gefährliche Affäre)* und Penélope Cruz *(Bandidas)*. Sie würdigen aber auch große mexikanische Filmstars wie María Rojo, Diana Bracho, Felipe Cazals und Dolores del Río (die in Durango lebte).

Weiter in Richtung Süden liegt der **Paseo Las Alamedas**, eine ruhige Grünanlage, die sich perfekt für einen Abendspaziergang eignet. Auf dem langen Weg kannst du eine Fotoausstellung oder Skulpturen bewundern, ehe du zum Springbrunnen gelangst. Über die Brücke Puente de las Alamedas erreichst du den **Templo de Analco**, eine neugotische Kirche aus dem Jahr 1778 mit einer Fassade im Mudéjar-Stil und einem konischen Dach. Besonders auffällig an ihr ist die große kunstvolle runde Uhr.

Durangos Museen

REVOLUTIONÄRE GESCHICHTE UND KULTUR VON DURANGO

Viele der historischen Gebäude Durangos wurden in Museen und Bildungseinrichtungen umgewandelt. Das **Museo de la Ciudad 450** ist vielleicht das beeindruckendste von allen, mit interaktiven Exponaten, die von der prähispanischen Zeit über die Kolonisierung bis zur Gegenwart reichen. Das in einem

ESSEN IN DURANGO

Wallander
Wunderbares Feinkostgeschäft, das die selbst angebauten Produkte der Familienfarm Wallander verkauft. **$**

Fonda Antigua Usanza Cocina Duranguense
Man kann dieses einfache Lokal leicht übersehen, aber das *pollo pipian verde* (Huhn in scharfer grüner Soße) ist das beste der Stadt. **$**

Fonda de la Tía Chona
Diese Institution in Durango ist ein stimmungsvoller Ort, an dem lokale Gerichte wie der *caldillo duranguense* (Eintopf aus Durango) serviert werden. **$$**

Esquilón
Hohe Decken, geschwungene Wände und ein großer Innenhof machen dieses Restaurant zu einem Muss für alle, die Durangueño-Küche schätzen. **$$**

ÜBERNACHTEN IN DURANGO

La Casona Real
Preisgünstiges Hotel mit kleinen, aber neuen und blitzsauberen Zimmern. **$**

Hostal de la Monja
In einem Herrenhaus aus dem 19. Jh. mit Blick auf die Kathedrale, luxuriösen Zimmern und einem großzügigen Innenhof. **$$**

Posada de Maria
Denkmalgeschütztes Hotel mit leicht angestaubten, aber attraktiven Zimmern, einem Pool auf dem Dach und einer Terrasse mit Blick auf die Kathedrale. **$$$**

Museo Francisco Villa

Gebäude aus dem Jahr 1901 untergebrachte Museum verfügt über eine ganze Abteilung, die der Filmindustrie gewidmet ist und in der 130 Filme gezeigt werden, die in und um die Stadt gedreht wurden, darunter *Zorro* (1997) und *Texas Rising* (2015).

Zwei Häuserblocks weiter nördlich befindet sich das **Museo Regional de Durango**, das in einem palastartigen Herrenhaus im französischen Stil untergebracht ist. Es zeigt Exponate zur Geschichte und Kultur des Bundesstaates Durango, wobei ein besonderer Schwerpunkt auf dem in Durango geborenen Revolutionshelden Pancho Villa liegt. Villa-Fans können sich im **Museo Francisco Villa** westlich der Plaza de Armas noch stärker in die Geschichte des berühmtesten Sohnes der Stadt vertiefen, denn hier erzählen persönliche Gegenstände und Exponate (meist in spanischer Sprache beschriftet) aus seinem Leben.

Unmittelbar nördlich davon befindet sich das **Museo de Arqueología de Durango Ganot-Peschard**, ein kleines, etwas in die Jahre gekommenes Museum mit einer Sammlung von Artefakten der indigenen Völker, die seit der Altsteinzeit in der Region ansässig sind. Kinder werden sich über die Nachbildung einer archäologischen Fundstätte freuen – mit schummriger Beleuchtung, Skeletten …

Nur zwei Blocks weiter in westlicher Richtung liegt das **Museo de las Culturas Populares**, in dem Kunsthandwerk der indigenen Tepehuanes und Huicholes aus dem Bundesstaat Durango ausgestellt ist. Ein besonderes Highlight sind die kunstvoll geschnitzten Masken – sie sind ergreifend schönt.

FERIA NACIONAL DURANGO

Die beste Zeit für einen Besuch in Durango ist wohl die jährliche Feria, die im Juli drei Wochen lang stattfindet. Mit *charreadas* (mexikanische Rodeos) und einem *duranguense* Musikfest feiert die Stadt ihre ländlichen Wurzeln. Fahrgeschäfte im Vergnügungspark und Streetfood runden das Event ab. In der Regel wird ein kostenloser Transport zum 9 km entfernten Messegelände angeboten; weitere Informationen auf der Website.

CHIHUAHUA

Pancho Villa war Anführer der mexikanischen Revolution, sein Hauptquartier errichtete er in Chihuahua. Eines seiner Herrenhäuser wurde in das **Museo Histórico de la Revolución** (S. 616) umgewandelt – der beste Ort in Mexiko, um etwas über Villa zu erfahren.

DIE BESTEN CAFÉS UND BARS IN DURANGO

Wirikuta Cafe
Eines der wenigen Lokale in Nordmexiko, das die Kaffeekultur ernst nimmt. **$**

Luum Coffee Bar
Gut geschulte Baristas zaubern in diesem Third-Wave-Coffee-Shop einen umwerfend guten Kaffee. **$$**

Cantina Tradicional Juan Matador
Diese moderne Cantina ist seit Langem ein lokaler Favorit und bietet an Wochenendabenden ein lebhaftes und ausgelassenes Ambiente. **$$**

DIE HÖCHSTE BRÜCKE AMERIKAS

Die **Puente Baluarte** erhebt sich sagenhafte 402 m über den Río Baluarte und ist eine unglaubliche technische Meisterleistung. Sie ist eine von vielen beeindruckenden Brücken auf der Straße von Durango nach Mazatlán, einer großartigen Mautstraße, die mit spektakulären Tunneln durch Berge, Haarnadelkurven und atemberaubenden Ausblicken zu den landschaftlich reizvollsten Strecken Mexikos zählt. Wenn du deine Mexiko-Route planst, sollte diese Strecke nicht fehlen.

PIXELESAEREOS/SHUTTERSTOCK ©

Puente Baluarte

Western-Themenparks

HOLLYWOOD-FILMSETS

Von den 1950er- bis zu den 1990er-Jahren waren die wilden Wüsten und zerklüfteten Berge von Durango Schauplätze für die Filmindustrie Hollywoods und Mexikos. John Wayne, Steve McQueen und Clark Gable haben hier alle vor der Kamera gestanden. Auch der Western-Blockbuster *Bandidas* mit Salma Hayek und Penélope Cruz wurde 2006 hier gedreht.

Nur 12 km außerhalb der Stadt Durango befindet sich der **Paseo del Viejo Oeste**, ein ehemaliger Drehort, wo viele der großen Cowboys ihre Spuren hinterlassen haben. Heute ist diese Kulisse ein mit Souvenirs vollgestopfter Themenpark, in dem schießwütige Cowboys um den Saloon herum galoppieren und sich an den Wochenenden Schießereien liefern (Sa./So. 13.30 und 15.30 Uhr). Es gibt Restaurants, Souvenirläden, Pferdeverleihe und Planwagenfahrten, sodass Kinder und Erwachsene hier einen ganzen Tag lang Spaß haben können.

An Wochenenden fährt eine halbe Stunde vor jeder Vorstellung ein Bus von Durangos Plaza de Armas ab und zwei Stunden später wieder zurück. An Wochentagen gelangt man mit jedem Bus in Richtung Norden dorthin; man muss dem Fahrer nur sagen, wo man hin will. Ein Taxi vom Stadtzentrum aus kostet etwa 200 Mex$, Wartezeit nicht eingerechnet.

NATURPARKS IN DER NÄHE VON DURANGO

Providencia Sierra Durango
Dieser riesige Ökopark mit Schluchten, Hochebenen und Eichenwäldern bietet hervorragende Möglichkeiten für Wanderungen, Radtouren und Seilrutschen.

Parque Ecológico El Tecuán
In diesem herrlichen Wildnisgebiet nur 67 km südwestlich von Durango kann man durch Kiefernwälder wandern und Hirsche beobachten.

Parque Natural Mexiquillo Durango
Paradies mit großartigen Wasserfällen, Wäldern und Schluchten mit Abseil- und Klettermöglichkeiten.

M. ÁNGEL NAVA/ALAMY STOCK PHOTO ©

Mirador de los Remedios

Fahrt mit der Seilbahn

HOCH HINAUS!

Für einen Blick auf Durango aus der Vogelperspektive steigst du am Cerro del Calvario, einem kleinen Hügel im Stadtzentrum, in den **Paseo Teleférico**. Die moderne, gut gewartete Seilbahn bringt dich hinauf zum Aussichtspunkt **Mirador de los Remedios**.

Auf dem Gipfel des Hügels steht der **Templo de los Remedios**, eine Kirche, die 1640 an einem für das indigene Volk der Tepehuan heiligen Ort errichtet wurde. Außen ganz in Weiß gehalten, beeindruckt der Tempel innen mit türkisfarbenen Wänden und wunderschönen Darstellungen der Virgen de los Remedios.

Vom Aussichtspunkt aus hat man einen atemberaubenden Blick auf die Stadt – ein beliebter Ort für junge Paare, um den Sonnenuntergang und das goldene Leuchten der nächtlichen Lichter zu beobachten (die Seilbahn fährt täglich von 10 bis 21 Uhr). Es gibt auch eine Cafeteria und einen Souvenirladen. Regelmäßig finden hier kulturelle Veranstaltungen wie Open-Air-Kino und Tanzshows statt.

DIE URALTEN-PYRAMIDEN VON DURANGO

La Ferrería, die nördlichste antike Pyramide Amerikas, liegt nur 9 km südlich des Zentrums von Durango. Tatsächlich erfordert die Stätte eine gewisse Vorstellungskraft, da nicht viel erhalten geblieben ist. Aufgrund der Fundamente von Rundtempeln, Ballspielplätzen und Pyramiden gehen Archäolog:innen jedoch davon aus, dass dies die größte und am stärksten besiedelte Stätte im Guadiana-Tal war.

UNTERWEGS VOR ORT

Die Central Camionera de Durango ist der wichtigste Busterminal der Stadt – von hier aus fahren Busse zu anderen Zielen im Bundesstaat Durango oder in die benachbarten Bundesstaaten Zacatecas und Sinaloa. Am Parkplatz halten die Busse „Centro“ oder „ISSSTE“, die zur Plaza de Armas fahren. Taxis bis ins Zentrum kosten zwischen 50 und 70 Mex$. Vom Stadtzentrum zum Busbahnhof gelangt man mit dem „Camionera“-Bus in der Calle Negrete, südlich des Museo Regional.

PRAKTISCHES

Die wichtigsten Informationen für die perfekte Reise nach Mexiko im Überblick. Nützliche Tipps, Tricks und Hintergründe zur Orientierung und Vorbereitung.

Centro Histórico, Mexico City (S. 64)

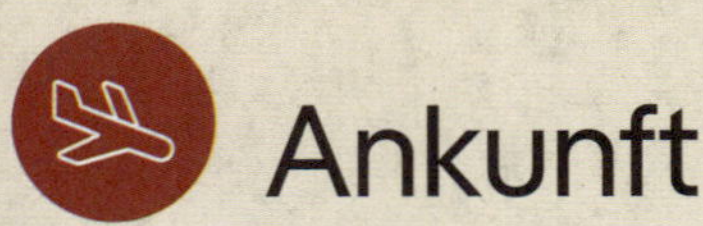

Ankunft

Die meisten Tourist:innen reisen über den Aeropuerto Internacional Benito Juárez (alias Aeropuerto Internacional de la Ciudad de México) in Mexico City ein. Dort bestehen zudem Inlandsverbindungen zu über 75 anderen Städten im ganzen Land. Am praktischsten in die Stadt geht's dann mit Flughafentaxis und Mitfahr-Apps (Uber, Didi). Die Hauptstadt hat auch noch einen kleineren Zweitflughafen namens Aeropuerto Internacional Felipe Ángeles.

Visa

Reisende aus EU-Ländern und der Schweiz können visumfrei nach Mexiko einreisen. Sie benötigen aber jeweils eine „Touristenkarte", die auch bei der Ausreise vorzulegen ist.

SIM-Karten

Handys aus Europa funktionieren mit mexikanischen SIM-Karten (Kompatibilität vorab ermitteln). Diese gibt's z. B. bei den Gemischtwarenläden der Kette Oxxo. Deren Flughafen-Filialen verkaufen „Chips" und Prepaid-Datenpakete. Telcel bietet die beste Netzabdeckung.

Einreise

Alle (außer Amerikaner:innen) brauchen für die Einreise nach Mexiko einen gültigen Reisepass nach aktuellem Standard.

WLAN

In den beiden Hauptterminals des Flughafens kann man per Gratis-WLAN z. B. Mitfahr-Apps herunterladen oder die genaue Lage seines Hotels digital ermitteln. Auch ansonsten ist Drahtloszugang in Mexiko weit verbreitet.

Vom Flughafen in die Stadt

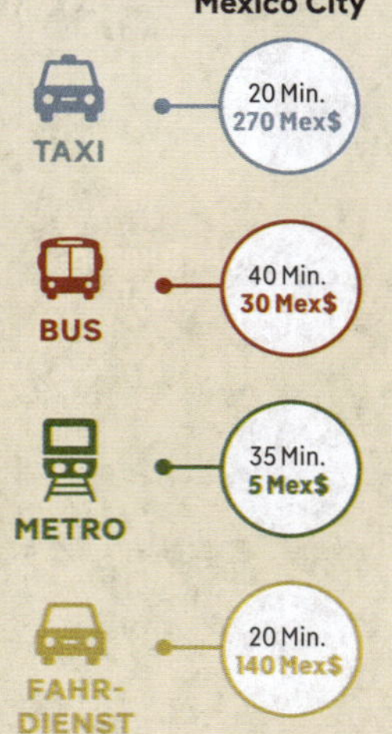

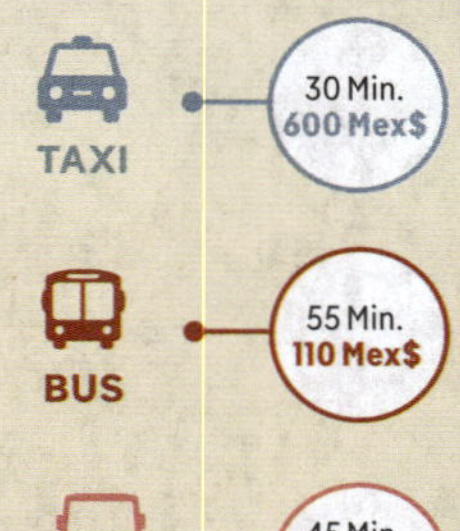

SICHERHEIT GEHT VOR

Offizielle Flughafentaxis und Mitfahrdienste (z. B. Uber, Didi) sind die **sichersten** und praktischsten Optionen für die Fahrt in die Stadt. **Niemals Taxis außerhalb vom Flughafen auf der Straße anhalten!** Die Metro (Station nahe Terminal 1) ist am günstigsten. Vor allem mit sperrigen Koffern und/oder während der Spitzenzeiten wird die Fahrt aber potenziell stressig. In der oft überfüllten Metro zudem immer gut aufs Gepäck achten: An Bord gibt es Taschendiebstähle. Sichere, schnelle und erschwingliche Transitbusse von Metrobús verbinden die beiden Flughafenterminals mit dem historischen Stadtzentrum.

Unterwegs vor Ort

Die Semana Santa (Karwoche), die einheimische Urlaubszeit (Juli & Aug.) und das Jahresende (Weihnachten–Neujahr) sind die Spitzenzeiten im mexikanischen Reiseverkehr. Mietwagen und Flugtickets sind dann am teuersten.

REISEKOSTEN

Mietwagen
Ab 700 Mex$ /Tag

Tanken
Ca. 23 Mex$/l

Busticket Mexico City–Puerto Vallarta
1400 Mex$

Flugticket Mexico City–Cancún (hin & zurück)
Ab 2000 Mex$

Mietwagen

In Mexiko benötigen man für Mietwagen einen gültigen nationalen Führerschein, einen gültigen Reisepass und eine Kreditkarte. Die meisten Leihverträge beinhalten unbegrenzte Fahrtkilometer und eine Haftpflichtversicherung (*daños a terceros*). Kreditkarten bieten ebenfalls einen gewissen Kfz-Versicherungsschutz (beim jeweiligen Aussteller nachfragen).

Tipps für Autotrips

Nachtfahrten möglichst vermeiden: Bei Dunkelheit ist mit schlechter Straßenbeleuchtung, schwer erkennbaren Bodenschwellen und potenziellen Highway-Überfällen zu rechnen. Für Langstreckentrips empfehlen sich die besser gewarteten Mautstrecken. Einheimische teilen Überholabsicht oft durch Aufblenden des Fernlichts oder Setzen des linken Blinkers mit.

TIPP
Die verlässlichen Ángeles Verdes (Tel. 078) bieten kostenlose Pannen- und Abschlepphilfe auf Mexikos Bundes-Highways.

FAHREN IN MEXIKO

In Mexiko sollten Selbstfahrende bedenken: Die meisten einheimischen Kraftfahrer:innen haben keine Führerscheinprüfung absolviert. Denn hier können und dürfen alle nach Belieben herumkurven. Entsprechend werden rote Ampeln und Tempolimits sehr oft ignoriert. Plötzliches Linksabbiegen von Mittelspuren ist leider ebenfalls üblich. Viele Straßen sind in schlechtem Zustand. Darum immer wachsam sein! Zudem ist in Großstädten und auf nicht mautpflichtigen Straßen mit nächtlichen Raubüberfällen (inkl. Autodiebstahl) zu rechnen.

UNBEDINGT BEACHTEN!

In Mexiko herrscht Rechtsverkehr.

Die zulässige Höchstgeschwindigkeit beträgt 110 km/h auf Highways (Bargeld für Mautstrecken mitführen).

0.8

Die Promillegrenze liegt bei 0,8 (meiste Bundesstaaten).

Bus

Mexikos leistungsfähiges Fernbusnetz punktet mit komfortablen und erschwinglichen Fahrten. Die großen Busgesellschaften verkaufen Online-Tickets und gewähren Rabatte bei Vorabbuchung. Deluxe-, Executive- und 1.-Klasse-Busse bieten Vorzüge (z. B. Klimaanlage, Liegesitze mit viel Beinfreiheit).

Flugzeug

In der Nachsaison sind rabattierte Inlandsflüge teils günstiger als Busreisen. Billigfluglinien wie VivaAerobus und Volaris haben meist die besten Angebote. Bei der Landesfluglinie Aeromexico gibt's mitunter aber auch Schnäppchen.

Colectivos, Combis & Vans

Sammeltaxis (Vans, Combis, *colectivos*) auf festen Routen verkehren meist häufiger als Busse und sind vergleichsweise günstiger. Man kann sie überall heranwinken und den Fahrern dann einfach den gewünschten Aussteigepunkt mitteilen: *La próxima esquina, por favor* (Nächste Ecke, bitte).

Geld

LANDESWÄHRUNG: MEXIKANISCHER PESO (MEX$)

Geldautomaten

In großen und mittelgroßen Städten gibt's viele Geldautomaten. In ländlichen Gebieten sieht's aber oft anders aus. In Kleinstädten mit wenigen Geräten sind diese mitunter leer.

Feilschen

Die meisten Läden verlangen Festpreise. Im Straßenverkauf und an Marktsständen kann aber gefeilscht werden. Bei Taxis ohne Gebührenzähler den Fahrpreis immer vor dem Einsteigen aushandeln!

Kreditkarten

In Mexikos Großstädten werden Kreditkarten überall akzeptiert. Dies gilt vor allem für Restaurants, Läden und Hotels ab der Mittelklasse aufwärts. Beim Besuch von Kleinstädten sollte man aber immer genügend Bargeld mitführen. Die meisten Tankstellen akzeptieren Visa und Mastercard. Manche Geschäfte erheben bei Zahlungen per Kreditkarte eine sogenannte „Provisionsgebühr".

Trinkgeld

Gepäckträger 25 Mex$ /Gepäckstück

Hotels Rund 5–10 % des Zimmerpreises

Restaurants 10–15 %

Tankwarte & Parkwächter 5–10 Mex$

Taxifahrer:innen Erwarten generell kein Trinkgeld, freuen sich aber stets darüber

Tourguides 10–20 %

WIEVIEL KOSTET ...

Ein Mittelklasse-Hotelzimmer
800–1200 Mex$

Eine kurze Taxifahrt
35–50 Mex$

Eine geführte Tour
2000–3000 Mex$

Eine Busfahrt (2 Std.)
250–300 Mex$

WIE ... Ein paar Pesos sparen

Einige skrupellose Restaurant- und Barbetreiber knöpfen Travellern heimlich ein doppeltes Trinkgeld ab: Sie erhöhen die Rechnung einfach um eine versteckte „Servicegebühr" oder um ein „obligatorisches Trinkgeld", ohne die Gäste vorab darüber zu informieren. Das ist illegal: Trinkgeld ist in Mexiko eine freiwillige Angelegenheit. Bezahlen mit einer bekannten Kreditkarte ist stets zu empfehlen: So lassen sich schlechte Wechselkurse und extrem hohe Transaktionsgebühren an Geldautomaten umgehen.

LOCAL TIPP

Stets genügend Bargeld mitführen: Selbst in Mexikos Großstädten funktionieren Kreditkartenterminals mitunter nicht. Allerdings sollte man immer nur den jeweiligen Tagesbedarf dabeihaben.

TRINKGELD ERWÜNSCHT

Viele Angestellte im mexikanischen Dienstleistungssektor verdienen sehr wenig und sind daher auf Trinkgeld angewiesen. Üblich ist Trinkgeld z. B. beim Eintüten, Parken und an Tankstellen. Restaurant- und Hotelpersonal freut sich ebenfalls über ein anständiges Trinkgeld. Im Rahmen der Schattenwirtschaft kann durchaus gefeilscht werden. Aber nicht vergessen: Auch solche Händler:innen müssen ihren Lebensunterhalt bestreiten.

Übernachten

B&Bs & Spitzenklassehotels

In Mexiko gibt's viele Spitzenklasse-Optionen. Darunter sind z. B. Privatvillen mit grandioser Aussicht, elegante B&Bs in tollen historischen Anwesen, familienfreundliche All-Inclusive-Resorts oder kinderfreie Luxushotels mit Paaren als Zielgruppe. Solche Bleiben punkten meist mit attraktiven Designkonzepten, hervorragender Gastronomie und Top-Service. Zu Spitzenzeiten erhöhen sie ihre Preise aber sehr stark.

Pensionen & Cabañas

Geräumige *cabañas* (Hütten) sind gute Mittelklasse-Alternativen zu kastenartigen Hotelzimmern. Sie verfügen oft über voll ausgestattete Küchen, Essbereiche und Balkone oder Veranden. In *casas de huéspuedes* (Pensionen) kann man sich prima unter die anderen Gäste mischen und teils auch mit den Gastgeber:innen plaudern (z. B. beim Frühstück oder bei Drinks am Nachmittag).

Hostels

Hier reicht das Spektrum von Bleiben mit spottbilligen Schlafsaalbetten und spartanischen Privatzimmern bis hin zu Optionen mit blitzblanken Quartieren, moderner Einrichtung und vielen Aktivitäten. In geselliger Atmosphäre können Hostelgäste gut Kontakte zu anderen Travellern knüpfen (z. B. beim Frühstück oder bei geführten Touren). Bei Barzahlung und/oder mehreren Übernachtungen gibt's potenziell Rabatt.

PREIS FÜR EINE ÜBERNACHTUNG

Hostel-Schlafsaal
200–500 Mex$

Pension
800–2500 Mex$

Spitzenklasse-B&B oder -Resort
2000–5000 Mex$

Camping

Hostels, Budgethotels und Wohnmobilparks vermieten teils auch günstige Zeltstellplätze. Man kann unter den Sternen schlafen und dabei das größtenteils warme Wetter genießen. Mitunter gibt's dort auch spartanische Hütten für kühle oder insektenreiche Tage. Vor allem in schlichten Strandorten lassen sich zudem oft Hängematten für sehr wenig Geld mieten (Achtung: genügend Insektenspray erforderlich!).

Posadas

Mexiko hat auch viele *posadas* (Gasthöfe; oft familiengeführt) mit gutem Preis-Leistungs-Verhältnis. Diese ähneln teils *casas de huespedes*. Während es jedoch Pensionen für jeden Geldbeutel gibt, fallen *posadas* meist in den Budget- oder Mittelklassebereich. In entlegenen Regionen ohne Telefonanschluss nutzen sie oft Apps (z. B. Whatsapp, Messenger) für Reservierungen und Informationen.

MIETWOHNUNGEN & AIRBNB

In Mexiko gibt's zahllose Mietwohnungen für kürzere und längere Aufenthalte. Sie lassen sich über Branchenriesen wie Airbnb und Vrbo spielend leicht finden. Doch nicht alle Einheimischen betrachten den schnell wachsenden Privatunterkunftssektor als positiv: Die Einwohner:innen von Tulum machen Airbnb zumindest teilweise für den örtlichen Übertourismus verantwortlich. In Mexico City steigern wohlhabende Digitalnomaden die Mietpreise und vertreiben so die Locals aus deren Heimatvierteln. Ein umstrittenes Thema! Per Online-Suche sind aber auch viele Alternativen zu den großen Vermittlungsplattformen ermittelbar.

Reisen mit Kindern

Das familienorientierte Mexiko ist ein äußerst einladendes Ziel für Reisen mit Kindern: Hier warten unterhaltsame Parks, bunte Plätze mit spaßiger Straßenkunst, interaktive Museen, spannende Wasser-Aktivitäten und Tierbeobachtungen. Und fast alle Restaurants und Hotels heißen Kids herzlich willkommen. Die familienfreundliche Atmosphäre ist auch für Eltern sehr angenehm.

Top-Ziele für Familien

Cancún, die Riviera Maya und mehrere nahegelegene Inseln eignen sich ideal für Eltern mit Kindern. Dort warten familienfreundliche Resorts, Badeparks, natürliche Badelöcher und super Schnorchelmöglichkeiten. Bei faszinierenden Bootstrips an der Pazifikküste lassen sich riesige Wale, wildlebende Delfine und Meeresschildkröten beobachten. Der Chapultepec-Park in Mexico City beglückt Kids mit zahllosen Aktivitäten.

Übernachten

Vor dem Buchen sollten Eltern ermitteln, ob das jeweilige Hotel oder Resort auch Kinder akzeptiert. All-Inclusive-Optionen eignen sich perfekt für Familien, die viele Aktivitäten in sicherer Umgebung wollen. Oft werden Kinder- oder Extrabetten gratis zur Verfügung gestellt. Apartments bzw. Ferienwohnungen haben meist voll ausgestattete Küchen und oft auch Pools.

HITS FÜR KIDS

Barranca del Cobre
(S. 602)
Weltberühmter Zug mit Zwischenstopps in unterhaltsamen Bergstädtchen.

Cobá
(S. 257)
Alte Maya-Stätte mit Seilrutsche und Leihfahrrädern für Trips auf Dschungelpfaden.

Bosque de Chapultepec
(Mexico City; S. 111)
Park mit einem interaktiven Kindermuseum und einer tollen Burg.

Playa Escobilla
(Oaxaca; S. 382)
Sommerbrutplatz von zahllosen Meeresschildkröten.

Ermäßigungen

Museen, archäologische Stätten, Badeparks und sogar manche Hotels bieten Rabatte für Kids. Kinderfreundliche Attraktionen verkaufen teils auch vergünstigte Familientickets. Bei Bus- oder Flugtickets gibt's oft 50 % Ermäßigung für Gäste zwischen fünf und zwölf Jahren.

Essen

Mexikos vielfältige Küche bietet etwas für alle Geschmäcker. Snacks auf Maismehlbasis (z. B. Tacos) führen Kinder ideal in die Regionalküche ein. Ansonsten gibt's vor Ort auch viele Fastfood-Optionen (z. B. Burger, Pizza).

TIPPS FÜR ELTERN

Schlafunterbrechungen und Hitze stressen Kinder mehr als Erwachsene. Sie brauchen daher potenziell Zeit zur Akklimatisierung. Lange Ärmel und Hosenbeine schützen den Nachwuchs vor der Sonne. Mittel zur Behandlung von Sonnenbrand sind ebenfalls sinnvoll. Für Kinder geeignetes Insektenspray hält Moskitos fern. Am Strand immer gut auf Kids aufpassen: Mancherorts gibt's lebensgefährliche Brandungsrückströme. Vorsicht auch beim Überqueren von Straßen: Hier wird mitunter keinerlei Rücksicht auf Fußgänger:innen genommen. In der Öffentlichkeit sollten Kinder stets beaufsichtigt werden. Große Resorts haben teils verlässliche Babysitter-Services, damit die Eltern abends auch mal in Ruhe alleine ausgehen können.

Sicher reisen

MEXIKO: EIN SICHERES REISEZIEL?

Trotz der Schlagzeilen über den jahrzehntelangen Drogenkrieg ist Mexiko weiterhin ein recht sicheres Reiseziel: Die Brutalitäten spielen sich meist zwischen rivalisierenden Banden ab – Reisende waren und sind davon kaum betroffen. Leider gab es zahllose einheimische Todesopfer. Mexikos Regierung bekommt das organisierte Verbrechen bislang nur begrenzt in den Griff. Vor Ort niemals Drogen kaufen! Auch die Reisewarnungen des Auswärtigen Amt sollte man checken, da dort einige Orte aus dem Buch gelistet sind.

Erdbeben

Mexiko liegt in einer seismisch aktiven Zone: Vor allem Oaxaca und Mexico City leiden unter (potenziell starken) Erdbeben. Mancherorts gibt's Sirenensysteme für Erdbebenwarnungen. Dann sollte man ruhig bleiben und Freiflächen abseits gefährlicher Objekte (z. B. hohe Gebäude, Stromleitungen) aufsuchen, an Küsten auf höheres Terrain flüchten.

Höhenkrankheit

Sie droht in über 2500 m bei zu schnellem Aufstieg. In hochgelegenen Städten wie Mexico City Vorsicht bei Überanstrengung und Alkohol!

Stiche & Infektionskrankheiten

Im regnerischen Südmexiko übertragen Aedesmücken Krankheiten wie Denguefieber und Zika-Virus. Symptome umfassen Fieber, Gelenkschmerzen und Müdigkeit; Ruhe und ausreichend Wasser sind ratsam. Vor Skorpionen schützen: Schuhe und Bettzeug gründlich überprüfen, Stiche sofort mit Eis kühlen und ärztliche Hilfe suchen.

MEDIZINISCHE VERSORGUNG

Privatpraxen und -kliniken sind in Mexiko relativ günstig. Auf dieser Basis gibt's in Mexico City, Guadalajara und Mérida jeweils eine ganze Tourismus-Gesundheitsindustrie.

SICHER SCHWIMMEN UND BADEN

Grüne Flagge
Sicherer Badestrand

Gelbe Flagge
Sicher am Ufer, aber kein Hinausschwimmen

Rote Flagge
Gefahr, Schwimmen und Baden verboten

Schwarz
Strandsperrung wegen Gesundheitsgefahr (selten)

Alleinreisende Frauen

Machismo ist Alltag: Es ist ratsam, potenziell gefährliche Situationen zu vermeiden, wie Trampen, einsame Orte bei Dunkelheit oder das alleinige Trinken in Bars. Hochgeschlossene Kleidung kann dazu beitragen, unerwünschte Aufmerksamkeit zu vermeiden. In Mexico City gibt es ein Taxiunternehmen mit Fahrerinnen extra für weibliche Fahrgäste.

EMPFOHLENE IMPFUNGEN

Mexikos Gesundheitsbehörde (CDC; www.cdc.gov) schreibt keine bestimmten Impfungen vor, gibt aber folgende Empfehlungen:

- **Diphtherie** Bei Abstechern in ländliche Gebiete
- **Hepatitis A** Alle Reisende (Ausnahme: Kinder unter einem Jahr)
- **Hepatitis B** Bei Langzeitaufenthalten
- **Masern** Kinder zwischen sechs und elf Monaten
- **Tetanus** Alle Reisende
- **Tollwut** Bei potenziellem Kontakt mit Tieren
- **Tuberkolose** Alle Reisende
- **Typhus** Alle Reisende

Essen, Trinken & Feiern

Wann?

Desayuno (Frühstück; meist 8–11 Uhr) Klassiker wie *chilaquiles* (Tortillas mit Salsa) oder *huevos rancheros* (ein Eiergericht).

Comida (Mittagessen; meist 13.30–16.30 Uhr) Hauptmahlzeit des Tages. Oft als *comida corrida* bzw. *menú del día* (dreigängiges Tagesgericht) in günstigen Restaurants.

Cena (Abendessen; meist 19–22 Uhr) Leichte Gerichte bzw. Snacks wie Tamales oder *pan dulce* (Gebäck).

Wo?

Cantinas Traditionelle Bars mit Snacks (teils auch Gratis-Häppchen zu jeder Runde).

Fondas & Comedores Zwanglose Lokale mit Hausmannskost und günstigen Dreigänge-Menüs.

Mercados Leckere, günstige Marktgerichte plus hervorragende Hausmannskost.

Puestos Straßen- bzw. Marktstände mit diversen Köstlichkeiten.

Taquerías Mexikos kultigste Snacks im stimmungsvollen Ambiente.

Restaurantes Von Billiglokalen bis hin zu Spitzenrestaurants mit aufwendigen *mole*-Gerichten.

KULINARISCHES

A la parilla Vom Holz- oder Holzkohlegrill
Al pastor Spießbraten (Schweinefleisch)
Aves Geflügel
Barbacoa Langsam gegartes Fleisch (Rind, Ziege, Lamm)
Bebida Getränk
Botanas Snacks (oft gratis in Bars)
Bien cocida Durchgegart (Fleisch)
Cóctel Cocktail
Casi cruda Blutig (Fleisch)
Carne Fleisch
Cerveza Bier
Empanada Teigtasche
Ensalada Salat
Entrada Vorspeise
Fruta Obst
Jugo Saft
La cuenta Die Rechnung
Mariscos Seafood
Menú degustación Probiermenü
Michelada Bier-Cocktail
Mole Reichhaltige Soßen (teils mit Schokolade oder Nüssen) für Fleisch- und Gemüsegerichte
Pan Brot
Pescado Fisch
Para llevar Zum Mitnehmen
Plato fuerte Hauptgericht
Puerco, cerdo Schweinefleisch
Postre Dessert
Propina Trinkgeld
Salsa picante Pikante Salsa
Sopa Suppe
Término medio Medium (Fleisch)
Vegano Vegan
Vegetariano Vegetarisch
Verduras Gemüse
Zarandeado Gegrillter Fisch

WIE... Restaurants besuchen

Die Einheimischen legen kaum Wert auf Etikette. Ein paar Verhaltensregeln können Restaurant- und Barbesuche jedoch erleichtern. Generell sollte man Geduld mit dem Personal haben – vor allem in ländlichen Ecken, wo der Service meist langsamer ist. Beim Essen erscheinen potenziell mobile Händler:innen am Tisch. Wer ihnen nichts abkaufen will, sagt am besten freundlich *Gracias, ahorita no* (Danke, nicht jetzt). Denn schließlich wollen diese Leute nur ihren Lebensunterhalt verdienen. *Gracias, igualmente* (Danke, ebenfalls) ist eine respektvolle Reaktion auf den Wunsch *Buen provecho* (Guten Appetit). In Mexiko muss man meist das Personal um die Rechnung bitten (*la cuenta, por favor*): Aus Höflichkeit wird generell keine Rechnung gestellt, solange die Gäste noch essen bzw. trinken.

PREISE FÜR ESSEN & TRINKEN

Cappuccino
40–80 Mex$

Cocktail
ab 150 Mex$

Abendessen (Spitzenrestaurant)
500–1000 Mex$

Hauptgericht (Markt)
50–80 Mex$

Mezcal oder Tequila
70–150 Mex$

Taco
15–40 Mex$

comida corrida (drei Gänge)
60–100 Mex$

WIE... Essen & Trinken wie die Einheimischen

Mexiko zählt zu den vielfältigsten Gastro-Zielen der Welt. Die folgenden Tipps helfen echte Lokalküche zu entdecken. In einer *taquería* bestellt man am besten außerhalb der Speisekarte einen *campechano* (falls möglich): So ein Taco mit mehreren Fleischvarianten (z. B. Rind, mexikanische *chorizo*-Wurst) ist eine köstliche Cholesterinbombe! Bei Lust auf günstige Hausmannskost einfach Einheimische nach den besten Budget-Lokalen fragen: Die Antwort wird stets *mercado* (Markt) lauten. Dort und in billigen Restaurants gibt's herzhafte Menüs (unter 5 US$) mit drei höchst authentischen Gängen. Diese umfassen oft auch händisch gemachte Tortillas und *agua fresca* (ein erfrischendes Fruchtsaft-Getränk). *Botana*- bzw. Snackbars servieren oft kostenlose Häppchen zu jeder Getränkebestellung. Diese sind im Vergleich zur Küche altmodischer *cantinas* mitunter überraschend lecker. Bei genug bestellten Runden kann sich so eine ganze Gratis-Mahlzeit ergeben. Unbedingt auch Experimente wagen: Unter den zahllosen Facetten der Regionalküche sind z. B. super *moles*, *chiles en nogada* (gefüllte Poblanos) oder *tacos al pastor* (Tacos mit Schweinefleisch vom Bratspieß). Zudem wird in Mexiko nichts verschwendet: Auf abenteuerlustige Gaumen warten hier u. a. knusprige Heuschrecken, *escamoles* (Ameisenlarven; erinnern optisch an Kaviar), *gusanos de maguey* (Agavenwürmer), *seso* (Rinderhirn) und Tacos mit *lengua* (Zunge).

Übrigens

Mexikos grandiose Kochtradition zählt zum Weltkulturerbe: Die UNESCO spricht von einer „kunstvollen und symbolträchtigen" Küche, die uralte Methoden mit einheimischen Zutaten kombiniert.

AUSGEHEN IN MEXIKO

Urbane Ausgeh-Abende starten potenziell um ca. 19 Uhr mit einem leichten Abendessen in einem (zwanglosen) Restaurant. Dabei gibt's z. B. Tacos, *tortas* (Sandwiches) oder Snacks auf Maismehlbasis (Tamales, *tostadas*). Idealerweise stärkt man sich so in Gesellschaft alter oder neuer Reisebekanntschaften. Danach beginnt die Party in einer *cantina* oder lauschigen Mezcal-Bar. Aber immer langsam: Mexikos Agavenbrände (z. B. Mezcal, Tequila) haben es in sich. *Mezcalerías* haben generell länger geöffnet als traditionelle *cantinas*, die um ca. 24 Uhr schließen. Nach einem Kneipenbummel geht's dann zu einer pulsierenden Disco, belebten Livemusik-Location oder schicken Cocktailbar. Diese Optionen haben alle lang geöffnet und kommen oft erst ab 23 Uhr in Schwung – zu späterer Stunde ist die Atmosphäre dann belebter. Bei frühem Erscheinen vor dem Hauptansturm kann man jedoch in manchen Salsa-Clubs wie dem Mama Rumba (Mexico City) oder dem Bodeguita del Medio (Playa del Carmen) an Gratis-Tanzkursen teilnehmen. Das lohnt sich! Nach einem turbulenten Party- und Tanzabend schließt sich der Kreis dann oft mit einem späten Nachtmahl (meist in einem belebten Taco-Schuppen). All dies gilt natürlich nur für Großstädte: In verschlafenen Bergstädtchen geht man wahrscheinlich eher hungrig zu Bett.

Verantwortungsbewusst reisen

Reisen & Klimawandel

Nicht zu ignorieren: Jede Reise verursacht klimaschädliche Emissionen. Lonely Planet fordert daher alle Traveller auf, nachhaltig zu reisen und ihren CO2-Fußabdruck möglichst gering zu halten. Über zahlreiche Online-Kohlenstoffrechner (z. B. resurgence.org/resources/carbon-calculator.html) lässt sich die Emissionsmenge pro Trip einschätzen. Diese kann dann oft proportional in Spendenbeträge an internationale Klimaschutz-Initiativen umgerechnet werden. Auch viele Fluglinien und Buchungsportale bieten diese Möglichkeit, die Lonely Planet weiterhin für alle Angestelltenreisen nutzt. Dennoch ist uns bewusst, dass das mehr Schadensminderung als Lösung ist.

Nachhaltige Unterkünfte

Echte Öko-Unterkünfte legen den Schwerpunkt auf Umweltschutz (z. B. Mülltrennung, nachhaltige Entwicklung). Achtung: Selbsternannte „Öko-Luxushotels" in Tourismushochburgen wie Tulum betreiben teils nur Greenwashing.

Sanfte Walbeobachtungen

Die Bootstrips von Sea & Land Tours beobachten die weltgrößten Tiere auf sanfte Weise: Die verlässliche Tourfirma in Loreto (Baja California Sur) verzichtet auf Schnorcheln mit Blauwalen, um die friedlichen Riesen möglichst wenig zu stressen.

Schildkrötenschutz

An der Riviera Maya sowie in Nayarit und Michoacán kann man diverse Schutzprojekte für Meeresschildkröten (z. B. die Isla Mujeres Turtle Farm) besuchen. Auch im übrigen Land geht es einigen bedrohten Schildkrötenarten dank Naturschutz nun wieder besser.

In Mexiko gibt's viele gemeinnützige Naturschutzorganisationen mit kurz- und langfristigen Freiwilligenjobs. Pronatura, das Campamento Majahua und das Centro Ecológico Akumal freuen sich über ehrenamtliche Unterstützung.

Gondeln fahren hinaus zu den schwimmenden Gärten von Xochimilco (Mexico City): Auf den künstlichen Inseln werden Lebensmittel produziert und verkauft. Viele dieser Mini-Farmen beliefern immer mehr Restaurants mit frischen regionalen Zutaten.

Kunsthandwerk am besten direkt bei den Produzenten kaufen: Dies stärkt die lokale Wirtschaft und garantiert faire Gewinnanteile. Das gilt vor allem in indigenen Gemeinden draußen auf dem Land.

RICH CAREY/ SHUTTERSTOCK ©, MARTI BUG CATCHER/SHUTTERSTOCK ©, FRANCISCO J RAMOS GALLEGO/SHUTTERSTOCK ©

Entlegene Zapotekendörfer ermöglichen Radeln und Wandern in herrlichen Hochlandwäldern. Die acht Bergdörfer der Pueblos Mancoumunados (sierranorte.org.mx) betreiben gemeinsam eins der erfolgreichsten Öko-Tourismusprojekte des Landes.

Wasser sparen

Vor allem das dürregeplagte Nordmexiko leidet unter starkem Mangel an Wasser. Auch in Großstädten wie Monterrey und Mexico City wird dieses Problem immer schlimmer. Reisende können darauf z. B. mit kürzerem und seltenerem Duschen reagieren.

Öko-Bewusstsein

Als einer von vielen botanischen Gärten stärkt der Jardin Botánico de Vallarta das lokale Umweltbewusstsein auch mit wichtigen Naturschutzprojekten. Gäste erfahren hier etwas über Mexikos vielfältige Flora und können in einem Dschungelfluss baden.

Unter Mexikos vielen Ökotourismus-Optionen sind 67 Nationalparks und 40 UNESCO-Biosphärenreservate.

Zu Mexikos schlimmsten Öko-Problemen zählen Abholzung, Umweltverschmutzung, Überentwicklung und die Abhängigkeit vom Erdöl.

Sein Mix aus gemäßigten und tropischen Zonen macht Mexiko zu einem der artenreichsten Länder der Welt. Gleichzeitig zählt es global zu den 15 Nationen mit dem höchsten CO2-Ausstoß.

CO2-Rechner

Über den CO2-Rechner von Sustainable Travel International (sustainabletravel.org) kann man die CO2-Gesamtmenge einer Reise (inkl. Flugzeug, Auto, Schiff) vorab einschätzen und über Spenden an Naturschutzorganisationen ausgleichen.

WEITERE INFOS

goabroad.com
Natur- und Umweltschutzprojekte

transitionsabroad.com
Verzeichnisse mit Studien- und Arbeitsmöglichkeiten

florafaunaycultura.org
Meeresschildkrötenschutz an der Karibikküste

Wer sich sozial engagieren will, kann sich z. B. in der Casa de los Amigos (Mexico City) ehrenamtlich um Flüchtlinge aus Mittelamerika kümmern. Junax leistet wichtige Unterstützung für indigene Gemeinden in Chiapas.

LGBTIQ+-Traveller

Je nach Region werden Sexualität und Gender-Identität in Mexiko sehr unterschiedlich betrachtet. Der konservative Katholizismus ist hier weiterhin stark vertreten. Vor allem in Tourismushochburgen und linksgerichteten Großstädten steigt aber auch gleichzeitig die Toleranz. Im Großteil der 32 Bundesstaaten sind gleichgeschlechtliche Ehen nun legal. Dennoch kommt es immer noch zu Hassverbrechen.

Beste Szene-Ziele

Mexico Citys lebendige LGBTIQ+-Szene konzentriert sich auf zwei Bereiche im Zentrum: das Viertel Zona Rosa und die Straße República de Cuba mit ein paar der bekanntesten Schwulenbars der Stadt. In den schicken Bezirken Roma und Condesa gibt's nun auch ein paar LGBTIQ+-freundliche Hotels. Berühmte Strandziele für homosexuelle Männer sind die Playa del Amor im unkonventionellen Zipolite (Oaxaca), das Blue Chairs Resort (Puerto Vallarta) und der Mamitas Beach (Playa del Carmen). Beliebt bei LGBTIQ+-Travellern sind auch Guadalajara, Cancún, Tulum und Mérida.

MEXIKOS GRÖSSTE PRIDE-PARADE

In einigen mexikanischen Städten gibt's fröhliche Pride-Paraden mit bunten Umzugswagen, Tanzvorführungen und Begleitevents in Bars bzw. Discos. Die größte davon zieht über die breite Baumallee der Av Paseo de la Reforma (Mexico City) und geht mit legendären Partys zu später Stunde einher.

MUXES & MARIMACHAS

Geburtsunabhängig erlaubt die Zapotekenkultur das freiwillige Annehmen des jeweils anderen Geschlechts: Biologische Männer werden so zu *muxes* (*muhschais*), Frauen zu *marimachas* (*mari-maschas*). Über dieses Thema gibt's diverse Dokus und Filme. Juchitán (Oaxaca) zählt landesweit zu den tolerantesten Orten in puncto Gender-Wechsel: Im November feiert die Stadt die *muxe*-Kultur mit einer Art Nachtwache (inkl. Umzüge, Tänze und „Königinnen-Krönung“).

LGBTIQ+-Strandhauptstadt

Die Zona Romántica in Puerto Vallarta (S. 423) hat viele LGBTIQ+-Hotels, Restaurants und Bars mit spaßigen Travestieshows. Ende Mai treffen sich hier zahllose Besucher:innen an der Pazifikküste, um eine Woche lang das Vallarta Pride mit bunten Umzügen und besonders wilden Partys zu feiern. Bleiben in der Zona Romántica sind dann oft schon lange vorher ausgebucht – darum entsprechend planen.

WEITERE INFOS

Online-Portale wie www.gaymexicomap.com und www.gaycities.com liefern LGBTIQ+-Reiseinfos zu Mexiko. Out Adventures (www.outadventures.com) bietet neben Tourverzeichnissen und Hotelempfehlungen ebenfalls allgemeine Details zu LGBTIQ+-freundlichen Zielen im ganzen Land (z. B. Mexico City, Guadalajara, Mérida).

Medizinische Versorgung

Die staatliche Clinica Condesa (Mexico City) ist auf (LGBTIQ+-) Sexualgesundheit spezialisiert und behandelt auch Ausländer:innen gratis. In Mexico City, Guadalajara, Oaxaca, Mérida, Cuernavaca und Tijuana führt AHF Mexico (www.pruebadevih.com.mx) u. a. HIV-Schnelltests (prueba rapida de VIH) durch.

Barrierefrei reisen

In vielen Teilen Mexikos ist die Barrierefreiheit weiterhin gering. So sind z. B. abgesenkte Bordsteine und Fußgängerampeln mit akustischen Signalen hier bis heute oft selten. Die Tourismushochburgen und Großstädte des Landes machen diesbezüglich aber gewisse Fortschritte. Auch immer mehr Hotels, Restaurants, Strände und archäologische Stätten verfügen nun über barrierefreie Einrichtungen.

Nahverkehr

Mexikanische Stadtbusse sind teilweise barrierefrei. Bei modernen, schnellen Nahverkehrssystemen wie Metrobús (Mexico City) ist die Wahrscheinlichkeit dafür am höchsten. Die Metrostationen von Mexico City und Guadalajara haben Bodenleitsysteme.

Flughäfen

Die meisten Traveller reisen über die Flughäfen von Mexico City und Cancún ein. Dort gibt's jeweils Unterstützung (inkl. Shuttles) für Personen mit Handicap. Gleiches gilt auch für andere größere Flughäfen des Landes.

Übernachten

Kettenhotels und moderne Resorts in Großstädten oder Tourismus-Hotspots bieten die beste Barrierefreiheit. Und sogar bei Bleiben ohne Rollstuhlrampen oder Aufzüge zeigt sich meist die große Hilfsbereitschaft der Einheimischen.

WEITERE INFOS

Wheelchair Traveling *(www.wheelchairtraveling.com)* Zahllose Infos zu barrierefreien Touren, Verkehrsmitteln und Hotels in Mexiko.

Wheel the World *(www.wheeltheworld.com) Buchungsservice für barrierefreie Hotels, Aktivitäten und* mehrtägige Pauschaltouren in mexikanischen Tourismushochburgen (z. B. Los Cabos, Puerto Vallarta, Riviera Maya).

Mobility International USA *(www.miusa.org)* Nützliche Infos zu Austauschprogrammen mit Studienmöglichkeiten und Freiwilligenjobs.

TOILETTEN

Selbst in Mexikos Großstädten sind barrierefreie Toiletten nicht unbedingt zahlreich vorhanden. Hotels, Museen und Kettenrestaurants sind diesbezüglich oft die besten Optionen.

Mobilität

In kolonialzeitlichen Städten mit Kopfsteinpflaster und schmalen Gehsteigen kommen Rollstuhlfahrer:innen teils nur schwer voran. Mancherorts (z. B. in Guanajuato) kommen auch noch steile Straßen hinzu.

Barrierefreie Strände

Auf mexikanische Küstenorte (z. B. Cancún, Puerto Vallarta, Los Cabos) verteilen sich über 60 Strände mit Blue-Flag-Kennzeichnung. Diese zeigt an, dass vor Ort zumindest teilweise Zugang über Rollstuhlrampen besteht.

ETWAS BEWIRKEN

Im Strandort Zipolite (Oaxaca) kümmert sich das soziale Rehabilitations- und Integrationszentrum Piña Palmera um Ansässige mit Handicap. Besucher:innen können Freiwilligenarbeit leisten, an Kunsthandwerks-Workshops teilnehmen und Handwerksprodukte der Betreuten kaufen.

In Cancún, Puerto Vallarta und Los Cabos gibt's barrierefreie Shuttles und Vans (auch für geführte Touren). Dort lassen sich jeweils auch amphibische Strandrollstühle und andere Mobilitätshilfen ausleihen.

Sprache

Mexikos spanische Dialekte unterscheiden sich vor allem durch die Aussprache von „ll" und „y": Mancherorts hört man „ll" wie in „Million", meist aber ein „y" wie in „Bayern".

Nützliches

Hallo. Hola. *o·la*
Auf Widersehen. Adiós. *a·djos*
Ja. Sí. *sii*
Nein. No. *no*
Bitte. Por favor. *por fa·vor*
Danke. Gracias. *gra·sjas*
Entschuldigung. Perdón. *per·don*
Tut mir leid. Lo siento. *lo sjen·to*
Wie heißen Sie? ¿Cómo se llama usted? *ko·mo se ja·ma uu·ste*
Ich heiße ... Me llamo ... *me ja·mo*
Sprechen Sie Englisch/Deutsch? ¿Habla inglés/alemán? *a·bla iin·gles/aleman*
Ich verstehe nicht. Yo no entiendo. *jo no en·tjen·do*

Unterwegs

Wo ist (der Bahnhof)? ¿Dónde está (la estación)? *don·de es·ta (la es·ta·sjon)*
Wie lautet die Adresse? ¿Cuál es la dirección? *kwal es la dii·rek·sjon*
Könnten Sie das bitte aufschreiben? ¿Puede escribirlo, por favor? *pwe·de es·krii·biir·lo por fa·vor*
Können Sie mir das zeigen (auf der Karte)? ¿Me lo puede indicar (en el mapa)? *me lo pwe·de iin·dii·kar (en el ma·pa)*

Schilder

Abierto Geöffnet
Cerrado Geschlossen
Entrada Eingang
Prohibido Verboten
Salida Ausgang
Servicios/Baños Toiletten

Uhrzeit & Datum

Wieviel Uhr ist es? ¿Qué hora es? *ke o·ra es*
Es ist (10) Uhr. Son (las diez). *son (las djes)*
Es ist 30 Min. nach (1 Uhr). Es (la una) y media. *es (la uu·na) ii me·dja*
Morgen mañana *ma·nja·na*
Nachmittag tarde tar·de
Abend noche *no·che*
Gestern ayer *a·jer*
Heute hoy *oj*
Morgen mañana *ma·nja·na*

Notfall

Hilfe! ¡Socorro! *so·ko·ro*
Gehen Sie weg! ¡Vete! *ve·te*
Ich bin krank. Estoy enfermo/a. *es·toj en·fer·mo/a (m/w)*
Rufen Sie ...! ¡Llame a ....!. *ja·me a*
einen Arzt un médico *uun me·dii·ko*
die Polizei la policía *la po·lii·sii·a*

Essen & Ausgehen

Ich hätte gerne einen Tisch für (zwei) Personen. Quisiera una mesa para (dos) personas. *kii·sje·ra uu·na me·sa pa·ra (dos) per·so·nas*
Ich esse kein (Fleisch). No como (carne). *no ko·mo (kar·ne)*
Was würden Sie empfehlen? ¿Qué recomienda? *ke re·ko·mjen·da*
Prost! ¡Salud! *sa·luu*
Das war lecker! ¡Estaba buenísimo! *s·ta·ba bwe·nii·sii·mo*
Die Rechnung, bitte. La cuenta, por favor. *la kwen·ta por fa·vor*

ZAHLEN

1 **uno** *uu·no*
2 **dos** *dos*
3 **tres** *tres*
4 **cuatro** *kwa·tro*
5 **cinco** *siin·ko*
6 **seis** *sejs*
7 **siete** *sje·te*
8 **ocho** *o·tscho*
9 **nueve** *nue·ve*
10 **diez** *djes*

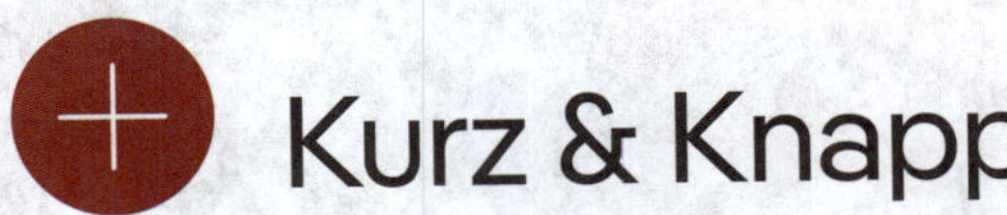

Kurz & Knapp

ÖFFNUNGSZEITEN

Die Öffnungszeiten variieren landesweit. In Tourismus-Hotspots haben manche Läden und Restaurants während der Zwischen- bzw. Nachsaison geschlossen.

Banken Mo–Fr 9–16 Uhr; teils auch Sa

Bars 13–24 Uhr

Einzelhandel 9–20 Uhr

Restaurants 9–23 Uhr

Toiletten

Vor allem bei Langzeittrips gilt: Für Mexikos öffentliche Toiletten (meist 5 Mex$) stets Händedesinfektionsmittel und Toilettenpapier mitführen.

Rauchen

In Mexiko gilt Rauchverbot für alle öffentlich zugänglichen Gebäude (inkl. Hotels) und Freiflächen (inkl. Stände, Parks). Die Bußgelder bei Verstößen sind hoch.

GUT ZU WISSEN

Zeitzone
Winter/Sommer
MEZ -8/-7 Std.

Landesvorwahl
+52

Notfallnummer
911

Bevölkerung
129 Mio.

GESETZLICHE FEIERTAGE

Año Nuevo (Neujahr) 1. Januar

Día de la Constitución (Verfassungstag) Erster Montag im Februar

Natalicio de Benito Juárez (Geburtstag von Benito Juarez) Dritter Montag im März

Día del Trabajo (Tag der Arbeit) 1. Mai

Día de la Independencia (Unabhängigkeitstag) 16. September

Día de la Revolución (Revolutionstag) Dritter Montag im November

RELIGIÖSE FEIERTAGE

Día de los Santos Reyes (Dreikönigstag) 6. Januar

Día de Muertos (Tag der Toten) 1. und 2. November

Día de Nuestra Señora de Guadalupe (Tag Unserer Lieben Frau von Guadalupe) 12. Dezember

Día de Navidad (Weihnachten) 25. Dezember

Internetzugang
WLAN ist an den meisten Orten vorhanden (Ausnahme: einige entlegene Gebiete).

Leitungswasser
In Mexiko niemals trinken und nur Eiswürfel aus *agua purificada* (gefiltertem Wasser) verwenden!

Strom 120 V/60 Hz

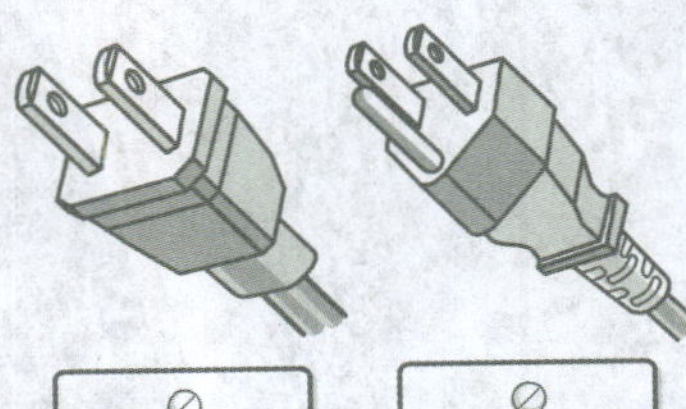

Typ A
120 V/60 Hz

Typ B
120 V/60 Hz

STORYBOOK

Mit vier Reportagen tief in den mexikanischen Alltag eintauchen.

Parade, Mexico City Zócalo (S. 74)

DIE GESCHICHTE MEXIKOS IN 15 ORTEN

Mexikos Geschichte ist bewegend und komplex. Das Land erlebte den Aufstieg und Fall von Hochkulturen, die Plünderung und Verwüstung durch äußere Mächte und anhaltende Machtkämpfe im Inneren. Trotz allem gedeiht es weiterhin. Denn letztlich ist die Geschichte dieses Landes nicht eine des bloßen Überlebens, sondern eine der Differenzierung, der Anpassung und des Wachstums.

AUF REISEN DURCH MEXIKO sind die Zeugnisse seiner langen und verwickelten Geschichte überall sichtbar. In prähistorischer Zeit war das heutige Mexiko ein Gebiet mit großen Wasserflächen und primitiven Lebensformen, von denen man in bestimmten Arealen heute noch einen Eindruck gewinnen kann. Auch die antike menschliche Geschichte ist hier präsent, wie sich in zahlreichen archäologischen Stätten, Erkenntnissen über einst blühende Gesellschaften und die Menschen zeigt, die vor langer Zeit auf diesem Land lebten. Mexikos Städte und Ortschaften sind häufig eindrucksvoll anzuschauende Wunder kolonialer Architektur, die aber auch an düstere Zeiten erinnern, als die spanischen Konquistadoren das Aztekenreich stürzten und Millionen durch Seuchen, Terror und Religion unterwarfen. Heute wird die Unabhängigkeit von Spanien an jedem 16. September in allen kleinen und großen Ortschaften mit der Nachstellung von „El Grito" gefeiert, dem Ruf zu den Waffen. Echos der Mexikanischen Revolution des 20. Jhs. finden sich überall in der Kunst und im Alltag: von Straßennamen und politischen Parteien bis hin zu kulturellen Bezugnahmen und schnurrbärtigen Leitbildern. Selbst Klippentauchende erzählen eine Geschichte des modernen Mexiko – das eines der weltweit besten Strandziele ist – und von der beständigen Weiterentwicklung des Landes. Während die Gewalt der Drogenkartelle eine beklemmende Realität bleibt, überwinden die Mexikaner:innen weiterhin ihre Schwierigkeiten auf dem Weg in die Zukunft.

1. Area de Protección de Flora y Fauna Cuatrociénegas

DER ANFANG DES LEBENS

Hunderte türkisblauer *pozas* (Teiche) glitzern im Tal von Cuatrociénegas und geben einen Eindruck davon, wie Mexiko einst aussah: ein seichtes Meer angefüllt mit Stromatolithen, primitiven, felsartigen Organismen, die mit der Entstehung der sauerstoffreichen Atmosphäre der Erde und den Anfängen des mikrobiellen Lebens verbunden sind. Stromatolithen, von denen die meisten auf ein Alter von mehr als 3,5 Mrd. Jahren geschätzt werden, säumen heute noch viele dieser *pozas*. Die umliegende Chihuahua-Wüste ist indessen zu einem der artenreichsten Orte der Welt geworden. Das seit den 1960er-Jahren erforschte Schutzgebiet ist ein unschätzbarer Ort zur Erforschung der Evolution durch die NASA und der UNAM (Universidad Nacional Autónoma de México). *S. 630*

2. Parque Museo La Venta

DER BEGINN DER ZIVILISATION

Ein gewundener Pfad im Parque Museo La Venta (Abb. rechts) in Villahermosa führt vorbei an eindrucksvollen Skulpturen, Stelen und kolossalen Steinköpfen, die hierher aus der Archäologischen Zone von La Venta gebracht wurden, einer wichtigen, 130 km entfernten Stadt der Olmeken. Die Olmeken, die zwischen 1200 und 400 v. Chr. an der mexikanischen Golfküste siedelten, schufen die erste bekannte mesoamerikanische Hochkultur mit großen Städten, einem Schriftsystem, polytheistischen Glaubensvorstellungen und eindrucksvoller Kunst. Die als „Mutterkultur“ angesehene Zivilisation der Olmeken übte einen tiefgreifenden Einfluss auf spätere indigene Kulturen in Mexiko und darüber hinaus aus. Die Gründe für ihren Niedergang sind noch unbekannt, auch wenn Forschende die Hauptgründe in Klimawandel und Kriegen vermuten. *S. 340*

3. Cobá

DER AUFSTIEG UND FALL DER MAYA

Die Maya-Zivilisation erreichte ihre Blüte zwischen 250 und 900 n. Chr. und bestand aus unabhängigen Stadtstaaten, die sich von der Halbinsel Yucatán über Chiapas bis nach Mittelamerika erstreckten. Insgesamt erreichten die Maya eine Höhe des künstlerischen und architektonischen Ausdrucks und einen Wissensstand in Astronomie und Mathematik, die von keiner anderen präkolumbischen Gesellschaft übertroffen wurden. Mit rund 40 000 Einwohner:innen war Cobá eine der größten Maya-Städte. Sie ist vor allem berühmt für das weite Netz der *sacbeob* (erhöhten Straßen) und für ihre 42 m hohe Pyramide, die zu den größten der Maya-Welt zählt. Wie viele andere Maya-Städte wurde Cobá im 10. Jh. aufgegeben, weil ihre Bevölkerung durch Dürren und Konflikte dezimiert worden war. *S. 257*

4. Templo Mayor

DAS ZENTRUM DES AZTEKISCHEN UNIVERSUMS

Die Azteken erlebten ihren Aufstieg zur Macht zwischen dem 14. und 16. Jh., als sie mehr als 5 Mio. Menschen in Mexiko durch ein komplexes Tributsystem beherrschten. Tenochtitlán war ihre Hauptstadt, ein raffiniertes Gemeinwesen mit 400 000 Bewohner:innen an der Stelle, wo sich heute Mexico City erhebt. Der größte Tempel, der Templo Mayor, nahm das Zentrum des aztekischen Universums ein und diente als Bezugspunkt des religiösen, politischen und gesellschaftlichen Lebens. Im Jahr 1521 verbündeten sich die spanischen Konquistadoren mit unterdrückten indigenen Völkern, belagerten die Stadt und zerstörten den Templo Mayor: das Ende der aztekischen Herrschaft und der Beginn der spanischen Kolonisierung. *S. 66*

5. Misión de Nuestra Señora de Loreto Conchó

KOLONISIERUNG DURCH RELIGION

Die 1697 erbaute Mission war die erste dauerhafte in Kalifornien und der Ausgangspunkt für die Gründung von Jesuiten- und Dominikanermissionen auf der Halbinsel Niederkalifornien. Wie die Missionen, die im 16. und 17. Jh. in anderen Teilen Mexikos erbaut wurden, half die Arbeit der Kirche in Loreto Spanien dabei, die Kontrolle über die gewaltige Kolonie zu intensivieren, indem Millionen Indigene zum Katholizismus bekehrt und gezwungen wurden, ihre traditionelle Lebensweise aufzugeben. Durch die Mönche verbreiteten sich europäische Krankheiten in den indigenen Gemeinden, was zu einem drastischen Bevölkerungsrückgang führte. *S. 579*

6. Die ummauerte Stadt

PIRATENANGRIFFE

Während der Kolonialzeit hatten viele mexikanische Hafenstädte unter wiederholten Angriffen von Piraten zu leiden, die oft von Spaniens Erzrivalen Frankreich und England unterstützt wurden. San Francisco de Campeche (kurz Campeche), eine wohlhabende, für den Export von Tropenhölzern, Gold und Silber berühmte Hafenstadt, war ein häufiges Ziel. Nach einer besonders verheerenden Piratenattacke im Jahr 1663 machten sich die Bewohner:innen Campeches an den Bau einer Schutzmauer. Die mit indigener Arbeit gebauter und aus Kalksteinen aus nahegelegenen Höhlen bestehende Mauer, erstreckte sich 2,5 km rund um das Stadtzentrum und erreichte eine Höhe von 8 m. Die Fertigstellung zog sich über mehr als 50 Jahre hin, aber die Mauer erwies sich als effektiv. Heute ist Campeche mit seiner Stadtmauer eine Welterbestätte der UNESCO. *S. 290*

7. Real de Catorce

SIBERSCHATZ

Spaniens Hauptinteresse an der Neuen Welt bestand in deren natürlichen Ressourcen. In Mexiko beuteten die Spanier die reichlich vorhandenen Silbervorkommen aus. Im späten 18. Jh. wurden die Minen rund um die Stadt Real de Catorce (Abb. rechts) zu den ertragreichsten Mexikos. Der größte Teil des Silbers wurde nach Spanien verschifft, um Kriege, Kirchen und Paläste sowie das Luxusleben der Oberschicht zu finanzieren. Die Minen blieben noch lange nach der mexikanischen Unabhängigkeit in Betrieb, und Real de Catorce stand bis ins frühe 20. Jh. in Blüte. Als dann der Silbermarkt einbrach, wurde der Ort praktisch zu einer Geisterstadt. *S. 535*

8. Parroquia de Nuestra Señora de Dolores

DER RUF NACH UNABHÄNGIGKEIT

Die Unzufriedenheit mit der spanischen Herrschaft tat sich schon im späten 18. Jh. kund, aber der Auslöser der Rebellion kam 1808, als Frankreich Spanien okkupierte, und die direkte Herrschaft Spaniens über Mexiko unterbrochen war. Am 16. September 1810 läutete Pater Miguel Hidalgo y Costilla die Glocken der Parroquia de Nuestra Señora de Dolores, um die Menschen seiner Gemeinde zusammenzurufen. Dort veröffentlichte er den berühmten *Grito de Dolores* (der heute nur El Grito, wörtlich „der Hilferuf" genannt wird), mit dem der mexikanische Unabhängigkeitskrieg offiziell begann. Im Jahr 1821 wurde nach schweren Verlusten auf beiden Seiten ein Vertrag unterzeichnet, der die Souveränität Mexikos anerkannte. Damit war die dreihundertjährige spanische Herrschaft zu Ende. *S. 519*

9. Castillo de Chapultepec

KRIEG MIT DEN VEREINIGTEN STAATEN

Das Castillo de Chapultepec war eine ehemalige Militärakademie und 1847 Schauplatz einer entscheidenden Schlacht im Mexikanisch-US-amerikanischen-Krieg. Die mexikanischen Soldaten und Kadetten erhielt angesichts der Übermacht der vorrückenden US-amerikanischen Invasionstruppen den Befehl zum Rückzug. Sechs junge Kadetten verweigerten den Rückzug und kämpften bis zu ihrem Tod. Diese *Niños Héroes* (wörtlich „Kinderhelden") sind zu Gefeierten des mexikanischen Patriotismus geworden. Doch trotz ihres Heldenmuts ging Chapultepec verloren, was zum Fall von Mexico City und dann zur Kapitulation Mexikos führte. Mit dem Vertrag von Guadalupe Hidalgo musste Mexiko 55 % seines Territoriums abtreten, Gebiete, die heute einen großen Teil der USA im Westen ausmachen. *S. 114*

10. Museo Histórico de la Revolución

VIVA LA REVOLUCIÓN

Das Museum in Chihuahua erzählt die wechselvolle Geschichte der mexikanischen Revolution (1910–20), die mit der die Diktatur von Porfirio Díaz endete. Die Revolution, verursacht von der großen Ungleichheit und der Ausbeutung, unter der die Mexikaner:innen litten, wurden von mehreren charismatischen Führungspersönlichkeiten getragen, die alle unterschiedliche Vorstellungen von der Zukunft Mexikos hatten, was die Auseinandersetzungen verlängerte. Wichtige Reformen wurden durchgesetzt, insbesondere in der Frage des Landbesitzes, aber mit hohen Verlusten in der Bevölkerung. Das Museum residiert in dem Wohnhaus und zeitweiligen revolutionären Hauptquartier von Pancho Villa, einem General, Guerrilla-Führer und Volkshelden. *S. 616*

11. Palacio Nacional

EINPARTEIENSTAAT

Der prächtige Palast diente seit dem Sturz des Aztekenreichs als Regierungssitz. Keine politische Partei hat in diesem Haus mehr Einfluss ausgeübt als der Partido Revolucionario Institucional (PRI, Partei der institutionalisierten Revolution). Die PRI wurde nach der Revolution gegründet und wollte sich für echte soziale Gleichheit einsetzen, wurde aber zunehmend isolierter und repressiver. Durch Wirtschaftsförderungen und die Unterdrückung oppositioneller Stimmen klammerte sie sich eisern an die Macht. Trotz weitverbreiteter Korruption und Beschuldigungen von Menschenrechtsverletzungen blieb die Partei fast 70 Jahre ununterbrochen an der Macht und verlor erst im Jahr 2000 erstmals die Präsidentschaftswahlen. *S. 70*

12. Hospicio Cabañas

DER MEXIKANISCHE MURALISMO

Nach der Revolution beauftragte die Regierung 30 Jahre lang Kunstschaffende mit der Anfertigung von Wandmalereien, die die Massen über die mexikanische Geschichte

und die Notwendigkeit eines sozialen Wandels unterrichten sollten. Der Hospicio Cabañas gehört zu den berühmtesten Orten jener Ära, die als mexikanischer Muralismo bekannt geworden ist. Die Kapelle des in ein Kunstmuseum umgewandelten Waisenhauses wurde von dem mexikanischen Künstler José Clemente Orozco mit 57 Wandgemälden geschmückt, die in qualvollen Bildern des präkolumbischen Jalisco und der spanischen Eroberung den archetypischen Kampf um Freiheit darstellen. Diese und andere Wandmalereien überall im Land hatten eine starke Auswirkung auf die Kunstwelt und gaben Mexiko eine Vorreiterrolle in der modernen Kunst. *S. 476*

13. Acapulco

DIE ENTSTEHUNG DER STRANDRESORTS

Acapulco war Mexikos erster größerer Urlaubsort und ist seit den 1920er-Jahren beliebt bei mexikanischen Strandurlauber:innen. Seine berühmten Klippentaucher:innen *(clavadistas de la Quebrada)* erschienen in Hollywood-Filmen und machten die Stadt international bekannt. Nun enstanden auch in anderen Orten an der Pazifikküste Urlaubsresorts, womit sich Mexikos Ruf als erstklassiges Strandziel festigte. Das Aufkommen günstiger Flugreisen brachte noch mehr Tourist:innen, was schließlich zur Erschließung von Cancún und Resorts an der mexikanischen Karibikküste führte. *S. 457*

14. Plaza de la Paz

DER AUFSTAND DER ZAPATISTAS

Die leuchtend gelbe Kathedrale von San Cristóbal de las Casas steht an der Plaza de la Paz, die seit 1994 ein Zentrum regierungsfeindlicher Demonstrationen ist. In jenem Jahr organisierte der Ejército Zapatista de Liberación Nacional (EZLN, Zapatistische Armee der nationalen Befreiung), eine linksgerichtete, von Indigenen geführte Bewegung, einen Aufstand in Chiapas, um gegen das Nordamerikanische Freihandelsabkommen (NAFTA) und gegen seit Langem bestehende Bedrohungen für die Rechte und Lebensbedingungen der Indigenen zu protestieren. Der Aufstand erlangte schnell internationale Beachtung und Unterstützung. Zwei Jahre später wurden die Friedensvereinbarungen in San Andrés unterzeichnet. Auch heute noch sind die Sturmhauben tragenden Zapatistas ein Symbol des Widerstands. Friedliche Proteste gehen u. a. in San Cristóbal weiter. *S. 315*

15. Barrio Antiguo

WECHSELNDE SZENEN

Der Barrio Antiguo ist ein stimmungsvolles Viertel Monterreys; die kopfsteingepflasterten Straßen führen zu Kleinbrauerei-Biergärten und schrillen Läden. Heute ist das Viertel ein beliebtes und sicheres Ziel, aber das war nicht immer so. Wie andere Gebiete Mexikos, vor allem im Norden des Landes, war das Viertel einst von Kämpfen zwischen Drogenkartellen geplagt. Die mexikanischen Kartelle besitzen seit den 1980er-Jahren eine wichtige Rolle im weltweiten Drogenhandel. Zu Beginn des 21. Jhs. erreichten die Gewalttätigkeiten im Kartellumfeld einen Gipfel, der zur Mobilisierung des mexikanischen Militärs führte. Die Gewalt hat seither mal zugenommen und flaute dann wieder ab. Tourist:innen sind davon nur selten betroffen. Die Anstrengungen, die Konflikte einzudämmen, z. B. durch die Verhaftung hochrangiger Akteure des Drogenhandels, gehen weiter. *S. 623*

TRIFF DIE MEXIKANER:INNEN

Sie sind ein buntes, herzliches und stolzes Volk, sie lieben ihre Familien, ihren Glauben und ihr Land auf die gleiche und frohe Weise. LIZA PRADO stellt ihre Landsleute vor.

WER DURCH MEXIKOS STRASSEN GEHT, erkennt schnell, dass wir ein buntes Volk sind. Die Mehrheit, rund 60 % sind *mestizos*, also Menschen gemischter indigener und europäischer Herkunft. Die meisten *mestizos* sind auf ihre indigenen Wurzeln sehr stolz, und verweisen auf jene Urgroßmutter und jenen Großonkel, die oder der z B. Purépecha oder Rarámuri (Tarahumara) war. Ironischerweise gehören 30 % der Mexikaner:innen, die vollständig indigener Abstammung sind, zu den ärmsten Bewohner:innen des Landes, mit beschränktem Zugang zu öffentlichen Leistungen, und leben oft am Rand der Gesellschaft. Nichtsdestotrotz gibt es in fast jedem Staat indigene Gemeinden, die zusammen 63 verschiedene Sprachen sprechen und einzigartige Traditionen, Trachten und Glaubenssysteme pflegen. Die übrigen 10 % der Mexikaner:innen sind europäischer, afrikanischer oder asiatischer Abstammung

Egal, wie wir aussehen und wo wir herkommen, die Familie ist in Mexiko das Wichtigste. Zu Familientreffen, die häufig stattfinden, werden alle eingeladen. Es gibt jede Menge Essen und Trinken, selbst wenn es sich dabei nur um *frijoles de olla* (Bohnensuppe) und *horchata* (ein Reisgetränk) handelt. Die Familie ist stets willkommen und Freunde werden oft zur Familie. Unsere Gastfreundschaft ist aufrichtig: Ich habe Cousins und Cousinen zweiten und dritten Grades, die ich nicht regelmäßig sehe, und bei denen ich dennoch anrufen und einen Tag, eine Woche oder ein Jahr bleiben könnte, ohne das Fragen gestellt würden. Gleichermaßen ist die Motivation der 10 % der Mexikaner:innen, die ihr Land verlassen, ihre Familien zu unterstützen. Die meisten von ihnen gehen in die USA. Rund 12 Mio. von uns leben dort und schicken jährlich rund 52 Mrd. US$ an ihre Familien – was 4 % des Bruttosozialproduktes Mexikos ausmacht.

Die Religion ist ein weiterer roter Faden. Rund 82 % der Bevölkerung sind römisch-katholisch. Die Flut von Kathedralen und Kirchen, selbst in den kleinsten Dörfern, ist ein unübersehbarer Beweis. Sogar Menschen, die sich selbst nicht als besonders religiös bezeichnen, lassen ihre Kinder taufen und heiraten in der Kirche. Das macht man nun mal so. Nuestra Señora de Guadalupe, die dünne Manifestation der Jungfrau Maria, ist Mexikos wichtigste Heilige. Man findet sie wirklich überall, an Schlüsselanhängern und auf Reklameschildern. In den meisten Häusern steht sie an gut sichtbarer Stelle. Nichtsdestotrotz, gehört eine kleine, aber wachsende Zahl – insbesondere Angehörige indigener Gemeinden – dem Protestantismus und evangelischen Kirchen an. In guter typisch-mexikanischer Art und Weise leben diese christlichen Gemeinden zufrieden neben den katholischen Gemeinden.

Vor allem aber sind wir Mexikaner:innen unglaublich stolz. Stolz auf unser Land, unsere Geschichte, unsere Kultur und Musik und unser Essen. Unsere Lebensfreude ist echt und hart verdient.

WOHLSTANDSGEFÄLLE

Mexikos Wohlstandsgefälle ist größer als je zuvor. Der Telekommunikationsmagnat Carlos Slim Helú, der reichste Mann des Landes, besitzt ein Vermögen von rund 82 Mrd. US$, während 44 % der Bevölkerung in Armut leben und mit nur 2 US$ am Tag zurechtkommen müssen.

JENSEITS DER GRENZE

Wie viele Millionen Mexikaner:innen lebe ich den USA. Ich bin das erste Mitglied meiner Familie, das außerhalb Mexikos geboren wurde. Als ich ein kleines Mädchen war, war ich sehr stolz darauf, das erste Familienmitglied mit binationaler Identität zu sein: *la gringuita,* wie mich mein Großvater, *abuelito* Felipe, liebevoll nannte.

Während meiner Kindheit verbrachte ich jeden Sommer in Monterrey und Mazatlán, umgeben von Cousins und Cousinen, unterwegs in Stadtbussen, von früh bis spät am Strand, mit Orangenlimonade und frischen *tortillas* vom *depósito*. Nach dem Sommer ging es zurück nach Hause, in den Westen von New York, wo ich mich scheinbar nahtlos wieder in das amerikanische Vorstadtleben einfügte – aber immer träumte ich von meinem Land, Mexiko.

Dann hatte ich die doppelte Staatsbürgerschaft. Kurz darauf, zog ich nach Mexiko, wohnte mit meinem Freund in Yucatán und Chiapas, ehe wir in Guadalajara landeten, wo wir in einer Tequila-Hacienda heirateten und wo uns *mariachis* von der Kapelle zur Tanzfläche begleiteten.

Wir leben jetzt in Colorado, aber es vergeht keine Woche, in der ich mich nicht nach Mexiko sehne.

MEXIKANISCHE VOLKSKUNST

Von farbenfrohen Keramiken und Textilien bis hin zu leuchtenden Garnmalereien – mexikanische *artesanía* ist traditionelles Handwerk vom Feinsten. Von Anna Kaminski

MEXIKO IST REICH an *artesanía* (Volkskunst). Nach alten Traditionen und Praktiken wird sowohl Dekoratives als auch Nützliches hergestellt. Verwendet wird eine Vielzahl von Materialien, die aus den natürlichen Ressourcen des Landes stammen: Leder, Lehm, Silber, Kupfer, Holz und unterschiedliche Fasern. Die hergestellten Keramiken, Textilien, Masken, Holzschnitzereien, Gemälde und Garnmalereien sind oft bunt, was Mexikos chaotisches, verspieltes, freudvolles Temperament widerspiegelt. Viele der heute verwendeten Handwerkstechniken und Designs sind prähispanischen Ursprungs. Mexikos indigene Volksgruppen sind die direkten Erben prähispanischer Kultur und führend in der *artesanías*-Herstellung.

Kleidung und andere Textilien

Textilien werden mindestens seit 1400 v. Chr. aus Yucca-, Agaven-, Palm- und Baumwollfasern an Gurtwebstühlen hergestellt und mit Naturfarben aufgepeppt. Die Spanier führten Seide, Wolle und den Schaftwebstuhl ein. Sie verbannten einige prähistorische Trachten als „unzivilisiert" und führten Kleidung im europäischen Stil ein, u. a. Damenblusen, die es jetzt in wunderschöner, handbestickter Form gibt.

Die Hauptmaterialien für indigene Webarbeiten sind Baumwolle und Wolle, obwohl auch Kunstfasern üblich sind. Naturfarben haben ein Comeback – das tiefe Blau kommt von der Indigopflanze, Rot- und Brauntöne von verschiedenen Holzarten ...

Das wichtigste indigene Webwerkzeug ist der nur von Frauen benutzte Gurtwebstuhl (*telar de cintura*), auf dem (lange) Kettfäden zwischen zwei horizontalen Balken eingespannt werden. Einer der Balken ist an einem Pfahl oder Baum befestigt, den anderen schnürt die Weberin mit einem Gurt an ihren Körper und webt dann die Schussfäden (Querfäden) in komplizierten Mustern hinein. Die so gearbeiteten *huipiles* (lange, ärmellose Tuniken) gehören zu Mexikos auffälligsten Kleidungsstücken. Drei Kleidungsstücke für Frauen, die schon vor der spanischen Eroberung getragen wurden, haben bis in unsere Zeit überlebt. *Huipil* (aus der südlichen Landeshälfte), *quechquémitl* (Schulterumhang mit einer Öffnung für den Kopf, hauptsächlich aus Zentral- und Nordmexiko) und *enredo* (eine Art Wickelrock).

Auf Trittwebstühlen, die (normalerweise von Männern) über Fußpedale bedient werden, können breitere Stoffbahnen als auf Gurtwebstühlen produziert werden. Sie werden deshalb für die Herstellung von Teppichen (Abb. oben rechts), *rebozos* (Umhänge), *sarapes* (Decken mit einer Öffnung für den Kopf) und Röcken verwendet.

Entwicklungsgeschichte von Keramik

In Mexiko wird seit Tausenden von Jahren Keramik hergestellt. Nach der Eroberung durch die Spanier traten europäische Techniken und Designs in den Vordergrund.

Der *comal* (flache Tortillopfanne) ist ein Beispiel für altes indigenes Design, wohingegen die Dorfbewohner:innen von Mata Ortiz (Chihuahua) für ihre exquisiten, äußerst komplizierten Kreationen auf die Techniken und Designs der prähispanischen Paquimé-Kultur zurückgreifen. Das Aufleben dieser alten Methoden ist auf den autodidaktischen Keramiker Juan Quezada Celado in den 1970er-Jahren zurückführen.

Ebenfalls schöne Keramiken sind die spanisch und italienisch beeinflussten Talavera, die hauptsächlich in Puebla hergestellt werden und an ihren leuchtenden Farben (besonders Blau und Gelb) und den Blumenmustern zu erkennen sind. Auch Guanajuato-Majolika (Fayencen mit historischen und mythischen Szenen) und *barro negro* sind beliebt. Die schwarze Keramik aus Oaxaca unterscheidet sich durch ihren metallischen Glanz sowie die einzigartigen Designs und Farbe.

Eine weitere typisch mexikanische Keramikform ist der *árbol de la vida* (Lebensbaum). Die kunstvollen an Tafelleuchter erinnernden Objekte werden von Hand geformt. Während prähispanische Kunsthandwerker:innen aus Metepec zunächst Bäume produzierten, wurden nach der spanischen Eroberung *árboles* mit biblischen Szenen hergestellt.

Die Kunst der Maskenherstellung

Seit Jahrtausenden tragen Mexikaner:innen bei Tänzen, Zeremonien und schamanischen Ritualen Masken. Dadurch verwandeln sich die Maskenträger:innen vorübergehend in die symbolisierte Kreatur, Person oder Gottheit. Heute noch werden Masken auf Festen getragen, insbesondere anlässlich der Feierlichkeiten für Schutzheilige, an Karneval und Weihnachten. Die größte Maskensammlung Mexikos ist im Museo Rafael Coronel in Zacatecas untergebracht. Kunstvolle Masken kann man aber auch in Museen in Städten wie San Luis Potosí und Colima sowie in Orten bewundern, die für ihre Tradition der Maskenherstellung berühmt sind, z. B. Tocuaro (Michoacán), San Francisco Ozomatlán (Guerrero) und Suchitlán (Colima).

Die meisten Masken sind aus Holz gefertigt, aber auch Pappmaché, Ton, Wachs oder Leder werden verwendet. Oft schmücken Maskenmacher:innen ihre Produkte mit echten Zähnen, Haaren, Federn oder anderen Verzierungen. Moderne Hersteller:innen verleihen alten Themen einen Touch von Modernität z. B. Steampunk-Teufelsmasken.

Die Huicholen in Jalisco, Durango, Zacatecas und Nayarit versehen die Masken und Holzskulpturen mit psychedelischen Mustern, die aus bunten Perlen bestehen. Diese Perlen werden mit Wachs und Harz befestigt. Die Tradition der Perlenstickerei kam Mitte des 20. Jhs. auf, aber die Symbole und Muster sind mehrere 100 Jahre alt. Eine weitere einzigartige Kunstform der Huicholen sind „Garngemälde", die durch das Pressen von Garn auf ein mit einer dünnen Bienenwachsschicht bedecktes Holz hergestellt werden. Die Garne werden minutiös in die Wachsschicht gedrückt und es entstehen kunstvolle Menschen-, Tier- und Pflanzenbilder. Sie stellen Nierikas (Zeremonientafeln) dar, die wie Visionen unter dem Einfluss von *peyote* (halluzinogener Kaktus) aussehen.

Bildhauerei & Deko

Die Schalen des Flaschenkürbisses werden in Mexiko seit dem Altertum als Schüsseln, Tassen und kleine Vorratsgefäße benutzt. Die aufwendigste Verzierungstechnik ist das Lackieren, wobei die Schale mit mehreren Lagen Paste oder Farbe bedeckt und dann versiegelt wird. Die Lacktechnik wird auch verwendet, um Holzkästchen, Tabletts und Möbel zu dekorieren. Die meisten der ansprechenden Lackwaren kommen aus dem entlegenen Olinalá in Guerrero. Dort arbeiten die Kunstschaffenden Muster nach der *rayado*-Methode, indem sie die oberste Farbschicht abkratzen, sodass eine andersfarbige Schicht darunter zum Vorschein kommt.

Das Volk der Seri in Sonora schnitzt aus hartem Eisenholz spektakuläre Menschen, Tiere und Meerestiere. Die Menschen in den Dörfern rund um Oaxaca stellen aus Kopalholz geschnitzte Fantasiemonster, *alebrijes* her. (Abb. links oben; S. 367).

Linares wird die enorme Popularität der modernen *calacas* (Skelette) zugeschrieben. Diese Figuren sind von zentraler Bedeutung für die mexikanische Identität und mit dem Día de Muertos verknüpft. Die berühmteste *calaca* ist die kultige La Catrina, ein weibliches Skelett in Kleid und Federboa, in Begleitung des Skelett-Dandys El Catrín.

NATUR & UMWELT

Mexikos überwältigende Topografie und Tierwelt (zu Wasser, Land und in der Luft) machen Reisen durch dieses Land zu einem spannenden Vergnügen. Von Anna Kaminski

MEXIKOS LANDSCHAFTEN sind überwältigend: von kakteenübersäten Wüsten im Norden und schneebedeckten Vulkanen im Zentrum zu tropischen Wäldern und artenreichen Lagunen im Süden. Mit seiner fast 2 Mio. km² großen Fläche ist Mexiko das dreizehngrößte Land der Welt. Die Küstenlinie Mexikos hat eine Gesamtlänge von 10 000 km, die Hälfte des Landes liegt auf über 1000 m Höhe. Die schier unglaubliche Vielzahl an Lebensräumen beherbergen über 500 Säugetierarten, über 1000 Vogelarten, über 700 Reptilienarten und über 30 000 Pflanzenarten, mehr als jedes andere Land der Welt. Obgleich die Arterhaltung eine Herausforderung ist, ist die Hälfte des Landes bereits in Nationalparks, Biosphärenreservate und andere geschützte Bereiche aufgeteilt.

Cordillera Neovolcánica

Dieser spektakuläre Gürtel verläuft von Osten nach Westen durch die Mitte Mexikos und beherbergt die bekannten aktiven Vulkane Popocatépetl (5452 m), 70 km südöstlich von Mexico City, und den Volcán de Fuego de Colima (3820 m), 30 km nördlich von Colima. Der Popocatépetl bricht seit 2005 immer wieder aus, wobei die Eruptionen lediglich niedrige bis mittlere Intensität erreichen. Über 30 Mio. Menschen leben in dem betroffenen Gebiet, sollte der rauchende „Popo" eines Tages richtig ausbrechen. Neben Vulkanausbrüchen wird das Land auch regelmäßig von Erdbeben heimgesucht.

Ebenfalls im Vulkangürtel, aber schlafend, erhebt sich Mexikos höchster Gipfel, der Pico de Orizaba (5636 m). Auch die fruchtbaren Täler im Hochland, wo sich Mexico City befindet, sind von Vulkanzügen umgeben.

Hochebene Altiplano

Diese Reihe breiter Plateaus verläuft in südlicher Richtung inmitten der nördlichen Hälfte des Landes, eingerahmt von zwei

Im Uhrzeigersinn von oben links: Barranca del Cobre (S. 600); Cascadas de Agua Azul (S. 310); Rotschwanzammer; Volcán de Fuego de Colima (S. 506)

langen Bergketten, die an die Cordillera Neovolcánica grenzen: der Sierra Madre Occidental im Westen und der Sierra Madre Oriental im Osten. Beide beherbergen kleinere Populationen von Jaguaren. Die Sierra Madre Occidental ist von spektakulär tiefen Canyons durchzogen, darunter der berühmte Barrancas del Cobre (Copper Canyon) und seine 1870 m lange Fortsetzung, der Cañón de Urique.

Die Chihuahua-Wüste bedeckt den Großteil des nördlichen Altiplano und erstreckt sich in nördlicher Richtung bis in die Bundesstaaten Texas und Neu-Mexiko. Hier sind über ein Drittel der 1500 Kaktusarten der Welt zu Hause und auch die größte Präriehundkolonie Nord- und Südamerikas. Zudem leben hier Wölfe, Pumas und Schwarzbären. Von hier aus blickt man über staubige braune Ebenen auf entfernte Berge, während am Himmel verschiedene Adler- und Geierarten sowie die hübschen Aplomadofalken kreisen. Das südliche Altiplano besteht aus sanften Hügeln. Bei El Bajío befindet sich das beste Acker- und Weideland Mexikos. Ein unvergesslicheres Spektakel bietet die Reserva de la Biósfera Santuario Mariposa Monarca, zwischen Morelia und Mexico City, wo im Winter Abermillionen Monarchfalter landen – ein orangefarbener Teppich!

Baja California

Die Baja, eine der größten Halbinseln der Welt, ist ein trockener, von Riesenkakteen übersäter Landstrich, der 1300 km in den Pazifik hinausragt. Die Halbinsel umfasst herrliche Wüsten, Vulkantafelberge, palmenübersäte Canyons, Koniferenwälder sowie Strände. In der Mitte wird sie vom bergigen Kamm der Sierra San Pedro Mártir durchzogen. Grauwale schwimmen von der Arktis hierher, um in den Küstengewässern zu kalben. Die Baja ist Heimat über eines Drittels der Meeressäugetierarten der Welt, darunter Seelöwen, -bären und -elefanten sowie Zwerg-, Pott-, und Blauwale und Orkas. Von Dezember bis März folgen Buckelwale den planktonreichen Strömungen an Mexikos Pazifikküste in südlicher Richtung und können, neben Delfinen und Meeresschildkröten, auf Bootstouren gesehen werden.

Küstenebenen

Entlang der Pazifikküste Mexikos bis in den Süden zum Tabasco-Tiefland an der Golfküste erstrecken sich zahlreiche niedrige Küstenebenen. Sie sind mit Hunderten von Lagunen, Meeresarmen und Sümpfen übersät: wichtige Lebensräume von Krokodilen und vielen Vogelarten. Der Teacapán-Meeresarm südlich von Mazatlán und die Lagunen um San Blas sind besonders reich an endemischen Wat- und Zugvögeln. Die Küsten von Baja bis Chiapas und vom Nordosten bis zur Halbinsel Yucatán gehören zu den wichtigen Nistgebieten für Meerschildkröten. Sieben der weltweit acht Arten nisten hier. Der Bundesstaat Veracruz ist eine Hauptdurchzugsgebiet für migrierende Greifvögel; rund 4,5 Mio. ziehen im Herbst hier durch. Die Schutzgebiete im tropischen Regenwald südöstlich von Veracruz beherbergen Ozelots, Jaguarundi, Spießhirsche und Brüllaffen.

Sierra Madre del Sur

Diese ikonische Bergkette erstreckt sich über die Bundesstaaten Guerrero and Oaxaca und endet am niedrig gelegenen, heißen und schwülen Isthmus von Tehuantepec, Mexikos 220 km schmaler „Taille". Südlich des Isthmus liegen die mit tropischen Regenwäldern bedeckten Tiefebenen von Chiapas, und im Hintergrund erheben sich die Wälder der Sierra Madre de Chiapas. Hier leben Quetzals und der vom Aussterben bedrohte Hornguan. Weitere spektakuläre Vogelarten findet man in der Gegend um Palenque. Hier kann man auch Brüllaffen sehen – oder zumindest hören – während im Parque Nacional Lagos de Montebello Tapire und Jaguare leben. Jenseits der Hochebenen von Chiapas geht die Landschaft in die Tiefebenen des Dschungels von Lacandón und die flachen Ausläufer des riesigen Kalksteingebirges der Halbinsel Yucatán über. Sie beherbergt viele unterirdische Flüsse und über 6000 Sinklöcher, auch Cenoten genannt, die sich hervorragend zum Schwimmen eignen.

Im tropischen und subtropischen Regenwald im Süden Yucatáns kann man alle drei Arten des mexikanischen Tukans sowie den aztekischen Sittich sehen, während am Río Lagartos und bei Celestún Flamingos Halt machen. Die Karibikküste Yucatáns wird vom zweitgrößten Wallriff der Welt flankiert, das über 400 Arten von Fischen ein Zuhause bietet, währen sich an der Isla Holbox jährlich Walhaie sammeln. Dies alles macht Yucatán zu einem der besten Tauch- und Schnorchelgebiete der Welt.

REGISTER

A

B

C

Verweise auf Karten **000**

Verweise auf Karten **000**

L

M

N

Verweise auf Karten **000**

S

T

Verweise auf Karten **000**

Dezember 1972: Lonely Planet Gründer Tony und Maureen Wheeler, Exmouth, Westaustralien

„Es ist unmöglich, hier nicht seinen perfekten Urlaubsort zu finden, sei es ein lauschiges Strandresort, ein charmantes Pueblo Mágico oder die große Metropole Mexico City."

Einzigartige Erlebnisse

Nichts verpassen mit den Empfehlungen unserer Autor:innen.

Perfekte Planung

Routen- und Tourenvorschläge für eine einfache Reiseplanung.

Neue Wege gehen

Entdeckungen abseits ausgetretener Pfade für eine unvergessliche Reise.

Plane deine individuelle Reise

- Schwimme mit Walhaien, **S. 17**
- Entdecke die Spuren der Maya, **S. 52**
- Roadtrip auf der Baja California, **S. 32**
- Genieße Mexikos kulinarische Highlights, **S. 44**

Lonely Planets Versprechen

Unsere Mission ist es, jede neue Reise wieder zur Reise deines Lebens zu machen. Unsere Autor:innen sind unabhängige Experten vor Ort, die dir zeigen, wie dein Reiseziel wirklich tickt. Mit Lonely Planet siehst du die wichtigsten Sehenswürdigkeiten von einer neuen Seite und entdeckst Überraschungen abseits der üblichen Routen.